KB206061

창조의 경륜과 하나님의 왕국의 완성

# 요한계시록 *Inside*

1~11장
그가 왕 노릇하시리로다

송명덕 지음

워킹바이블

# 추천의 글 1

김길성 목사

총신대학교 신학대학원 명예교수, 조직신학

워킹바이블에서 출간하는 송명덕 목사님의 『요한계시록 INSIDE』는 신약성경의 맨 뒤에 위치한 '요한계시록'(전22장) 중에서 1-11장에 걸친 송 목사님의 주해 및 강해의 결과물입니다.

요한계시록의 해석은 신구약성경 66권 중에서도 난해하기로 유명합니다. 사도시대부터 5세기 초까지 교회는 종말 사상의 각 요소를 의식하였으나 그것을 교의적으로 구성하지 못했습니다. 또한 첫 2세기 동안에는 천년왕국론이 지배적이었으나 종말론은 발전되지 못했습니다. 초기 그리스도인들은 그리스도의 재림을 대망하라는 교훈을 받았고, 신속한 재림을 기대한 사람들도 있었던 것이 신약성경에 나타납니다.

5세기 초부터 종교개혁기까지 교회는 그리스도의 재림을 기다리는 열정이 후퇴하고, 반 천년왕국적 견해가 성행하고, 로마 가톨릭 교회의 연옥교리가 발전되며, 교회의 중재, 미사, 죽은 자를 위한 기도, 면죄부 등, 그릇된 교리들이 생겨났습니다. 루터, 츠빙글리, 칼빈 등은 종교개혁의 기치를 들고, 성경적인 이신칭의 교리를 회복하고, 특히 종말론에 있어서 성경에서 가르친 대로 성육신과 그리스도의 죽음, 부활, 심판, 재림과 영생에 관한 교훈을 채용하고, 이 땅에 건설되는 조잡한 천년왕국론을 배격하고, 로마 가톨릭의 중간기 상태를 배격하였습니다. 17세기 영국의 청교도들이 대부분 천년기 후 재림론(후천년설)자들이었으나, 1647년에 스코틀랜드 교회가 수납한대로 웨스트민스터 신앙고백서에는 천년왕국에 대한 내용이 생략된 사실을 주의할 수 있기를 바랍니다.

평양신학교와 총신대학교 신학대학원에서 평생(1930-1972)을 가르친 박형룡 박사(1897-1978)는 "대한 예수교 장로회의 신학적 전통은 역사적 천년기 전 재림론이다."(박형룡, 『박형룡박사저작전집 VII: 교의신학 내세론』, 278)라고 하였으나, 대부분의 청교도들이 가르친 천년기 후 재림론(후천년설)과 바빙크, 벌코프 등이 가르친 무천년기 재림론(무천년설)을 개혁신학의 틀 안에서 수용하고, 단지 시대론적 재림론(세대주의)은 단호히 배격하였습니다. 역사적으로 19세기 말 이래로 당시 세기 말적인 시대론적 재림론에 대항하여 개혁교회와 장로교회에 속한 신학자들은 대부분 무천년기 재림론을 수용하여 오늘에 이르고 있습니다.

그러나 독자 여러분들께서는 송 목사님의 저서 속에서 오랜 만에 역사적 천년기 전 재림론의 입장에 선 요한계시록 강해를 마주하게 될 것입니다. 송 목사님은 총신대학교 신학대학원과 대학원을 졸업하고, 현재 제자비전교회를 담임하고 계신 목사님이시며, 워킹바이블연구소 소장으로 세미나와 저술에 활동적인 분이십니다.

아무쪼록 우리 하나님의 은혜와 긍휼과 평강 가운데 이 저서를 통하여 예수 그리스도를 믿는 우리가 어떻게 주님의 재림을 기다리며, 하루하루를 내세의 소망으로 살아갈 수 있을까를 생각하는 동시에, 오늘 우리에게 주어진 삶 속에서 주님의 십자가와 부활의 능력이 나타나는 책임 있는 그리스도인의 삶을 살 수 있을까하는 두 가지 큰 책임을 함께 고민하는 성숙한 청지기들이 되실 수 있기를 바라고 이 저서를 기쁘게 추천합니다.


## 추천의 글 2


장동민 교수
백석대학교 교목부총장, 역사신학


존경하는 동역자이신 송명덕 목사님의 요한계시록 주해와 강해집인 『창조의 경륜과 하나님의 왕국의 완성, 요한계시록 Inside, 1-11장: 그가 왕 노릇 하시리로다』 출간을 진심으로 축하드립니다. 오늘날 많은 목회자들이 교회의 성장을 위하여 목회의 기술에 집착하고 있지만 송명덕 목사님은 성경연구와 목회에 모든 것을 바친 분입니다. 하나님의 말씀을 바로 이해하고 그 말씀에 기초한 설교와 목회가 성도들의 영혼을 올바른 길로 인도한다고 믿기 때문입니다. 이미 여러 권의 저서를 통하여 한국교회 목회자와 성도들에게 좋은 영향을 미쳤는데, 이번 『요한계시록 Inside』는 지금까지 목사님이 펴내신 어떤 책보다도 방대하고도 내용이 심오합니다.

송 목사님은 개혁주의 신학자로서 웨스트민스터신앙고백서가 강조하듯이 구약과 신약 66권이 모두 성령의 감동으로 기록된 하나님의 말씀이라는 사실을 전제로 하여 계시록 주석에 임하고 있습니다. 오늘날 많은 연구자들이 계시록을 '묵시문학'의 범주에 넣어 해석하는 것이 유행처럼 되어 있습니다. 언뜻 보기에 계시록은 제2성전기 유대교 내의 문학양식인 묵시문학의 일종으로 보이기도 합니다. 그러나 '묵시문학'이라는 용어의 배후에는 성경이 한 사람 혹은 한 공동체가 만들어 낸 창작물이라는 전제가 숨어 있습니다. 송 목사님은 요한계시록은 하나님의 '계시'라는 점을 분명히 하며, 이 사실에서 출발할 때 제대로 된 해석이 가능하다고 믿는 보수적이고 복음주의적인 입장에 굳게 서 있습니다.

송 목사님은 요한계시록이 성경 전체의 일부이며 구약과 신약성경의 결론이라고 말합니다. 계시록을 바로 해석하기 위하여서는 이전에 쓰여진 모든 성경을 바로 이해하는 것이 중요하고, 반대로 이전의 성경 계시를 매듭짓기 위하여서는 반드시 요한계시록이 필요합니다. 알다시피 요한계시록의 언어는 상징이 대부분입니다. 상징은 자의적으로 해석되기 쉬운데, 바른 해석을 위하여서는 반드시 당시 사회상과 이전 성경들의 용법을 살펴야 합니다. 이 일을 위하여서 송 목사님보다 더 잘 준비된 분을 찾아보기 힘든데, 이는 그가 성경 각 권에 대한 해박한 지식을 갖추었기 때문입니다. 이 주석을 읽는 독자들은 창세기부터 계시록까지 성경이 한 줄로 꿰어지는 것을 느낄 것입니다.

전통적으로 요한계시록을 이해하는 방식은 크게 둘로 나누어집니다. 하나는 총 7개의 단락으로 구성된 계시록이 병렬적으로 나열되어 우리가 살아가는 모든 시대를 상징적으로 묘사하고 있다는 해석방식이고, 다른 하나는 직렬식으로 쓰여져서 미래에 일어날 일을 순서를 따라 예언하고 있다는 해석법입니다. 흔히들 전자를 무천년설이라 하고 후자를 전천년설이라고 합니다. 무천년설주의자들은 요한계시록 20장에 나오는 천년왕국에 관한 말씀이 예수님 초림부터 재림까지 전 세대를 상징한다고 말합니다. 반면 전천년설주의자들은 천년이 미래에 도래할 것을 의미한다고 말합니다. 글자 그대로 천 년 동안 마귀는 무저갱에 갇히고 신자들이 왕 노릇 할 것입니다. 송 목사님은 무천년설을 조목조목 비판하면서 전천년설을 주장합니다. 그 비판이 합당한 근거를 가지고 있고 논리적이어서 그의 논리를 따라가다 보면 전천년설을 이해하고 동의할 수 있게 됩니다. 그렇다고 해서 무천년설주의자들이 매도되는 것은 아니고, 형제 그리스도인으로서 논증과 대화의 대상입니다.

송명덕 목사님의 성경을 사랑하고 한국교회를 사랑하는 마음이 가득한 "요한계시록 Inside"를 통하여 꿀송이처럼 단 성경의 깊은 세계로 빠져드시기를 원합니다. 또한 우리 시대가 안고 있는 세속화와 우상숭배의 문제를 극복하고 역사의식을 가지고 주님 오실 날을 고대하기 바랍니다. 주여, 어서 오시옵소서.

## 추천의 글 3

정성욱 교수

미국 덴버신학대학원 조직신학 교수

지난 2년 동안 전세계를 강타한 코로나 팬데믹은 예수님 재림의 매우 중요한 징조였습니다. 코로나 팬데믹이 여러가지 면에서 우리들에게 고통을 가져다 준 것은 사실입니다. 그러나 한국교회로 하여금 예수님의 재림과 종말에 대한 기대와 소망을 새롭게 가지게 한 점은 팬데믹의 유익이었습니다.

하지만 안타깝게도 한국교회의 종말론은 극단적인 세대주의적 종말론과 무천년주의 종말론이 지배하고 있습니다. 이런 상황에서 박형룡, 박윤선, 김길성, 박수암, 한정건, 김형태, 민병석, 이광복 등의 학자와 목회자들을 통해 한국교회에 뿌리를 내린 역사적 전천년주의 종말론의 부흥과 회복은 매우 중요한 사안입니다.

송명덕 목사님의 "요한계시록 Inside"는 역사적 전천년주의의 관점에서 집필되었습니다.

무천년주의에 대한 체계적인 비판을 제시한 책으로서 본서는 한국교회 내에서 종말론의 새로운 이정표가 될 것입니다. 상세한 부분으로 들어가면 추천자인 저의 견해와 저자의 견해가 일치하지 않는 부분들도 있습니다. 하지만 큰 틀에서 본서는 건전한 계시록 해석을 제시했다고 믿습니다. 한국교회 목회자들과 성도들의 일독을 적극적으로 권면드립니다.

# 감사의 글

오늘날이 있기 까지 모든 것이 하나님의 은혜임을 고백한다. 마른 막대기보다 못한 자를 택하시고 영광된 목양사역에 부르시어 주님을 수종드는 자가 되게 하셨고, 지금으로부터 30년 전 요한계시록 강해집을 쓸 소원을 주셨으며, 그 이후 목회의 일선에서 사역하는 목회자와 교회를 돕기 위한 워킹바이블연구소를 설립할 비전을 주셨다. 지금도 무천년설과 전천년설이나 어느 것을 취해도 아무 문제가 없다고 것의 문제성을 깨닫게 하시고 이 시대의 또 다른 필요를 채우시기 위해서 이 책을 저술할 소원을 주셨기 때문이다. 매일 10-15시간을 쏟은 일년 여간의 기간은 마치 산고의 기간이었지만 매 순간 하나님의 은혜를 깨닫고 맛보는 시간이기도 하였다.

A4 730쪽의 원고를 탈고하고 교정하는 작업이 쉽지 않았는데, 아내 원숙희와 아들인 송주원 목사 그리고 제자비전교회 교정팀과 워킹바이블 교정팀의 수고와 헌신이 있었음을 감사드린다. 표지와 디자인을 맡아 세심한 수고를 아끼지 않은 김현진 간사님에게도 감사한다. A4 730쪽에 달하는 원고를 읽고 조언과 격려를 아끼지 않고 추천의 글을 써 주신 김길성 교수님(총신대원 명예교수)과 장동민 교수님(백석대 교목부총장)과 정성욱 교수님(미국 덴버신학대학원 조직신학) 세 분의 교수님께 깊은 감사를 드린다. 워킹바이블TV 독자로서 '북펀딩'에 참여한 한 분 한 분들에게 감사를 드리지 않을 수 없는데, 책이 나오기도 전에 미리 참여한 것은 또 다른 격려였기 때문이다. 그리고 변함없이 기도하고 후원을 아끼지 않는 든든한 믿음의 동역자인 제자비전교회 모든 성도님들께 감사드린다.

어릴 때부터 하나님 중심의 삶을 가르치셨던 안중섭 목사님(수원제일교회)과 이규왕 목사님, 첫 사역지였던 창훈대 교회의 한명수 목사님, 두 번째 사역지였던 남문교회(현 시온소교회)의 김성길 목사님, 세 번째 사역지였던 정문호 목사님(신용산교회) 등 탁월한 목회적 달란트가 있는 분들의 은혜를 입은 것도 큰 축복이었음을 감사 드린다. 총신대학교와 신대원에서 좋은 동기들을 만나고 훌륭한 교수님들의 가르침을 받았으며, 특별히 총신의 기초를 놓은 박형용, 박윤선 박사님의 그 신앙과 신학적 업적을 힘입어 그 가신 길을 따라 이 시대에 필요한 요한계시록을 세우고 수종드는데 작은 힘이나마 보태게 된 것도 감사드린다. 평양 제일노회의 존경하는 선배 목사님들과 동역자들에게도 감사의 마음을 전한다. 마지막으로 70세까지 여전도사의 사역을 마친 후에도 22년 동안 변함없이 든든한 버팀목이셨다가 이제 마지막 달려갈 길을 앞두고 병상에 계신 사랑하는 어머니 최계남 전도사님께 마음을 모아 감사를 드리지 않을 수 없다. 오늘이 있기 까지 모든 것이 하나님의 은혜이며 힘과 위로가 되었던 모든 분들께 감사드린다.

그리스도 안에서 빚진 자
송명덕

# CONTENTS

감사의 글                                                                        6
저자 서문                                                                        20

## 서론부 계시록 1:1-8                                                           26

### *Chapter 01* · 요한계시록 입문                                              28

1. 요한계시록과 묵시문학                                                        28
2. 묵시문학이란 무엇인가                                                        31
3. 묵시문학의 배경                                                              31
4. 묵시문학과 구약 예언 비교                                                    32
5. 계시와 묵시                                                                  34
6. 묵시문학에 대한 필자의 견해                                                  36
7. 요한계시록의 구조                                                            38

### *Chapter 02* · 요한계시록의 위대한 첫 구절(1:1a)                            42

1. 계시란 무엇인가?                                                             43
2. 계시의 내용                                                                  45
3. Ἰησοῦ Χριστοῦ에 대한 '주격적 소유격' 용법과 '목적격적 소유격' 용법          46
4. 예수 그리스도의 완전한 계시로서 계시록                                       48

### *Chapter 03* · 반드시 속히 일어날 일들(1:16)                                54

1. 무천년설 견해                                                                54
2. 필자의 비평 및 견해                                                          55

## Chapter 04 · 계시록에 나타난 삼위일체 하나님(1:4, 8)　　60

1. '장차 오실 자'에 나타난 암시　　61
2. 아들이신 하나님　　64

## Chapter 05 · 예수 그리스도의 구원과 그 궁극적인 목적(1:5~6)　　71

1. 소극적인 목적: 죄에서 해방　　71
2. 적극적인 목적: 왕 같은 제사장　　72

## Chapter 06 · '구름 타고 오심'은 재림인가? 승천인가?(1:7)　　74

1. 계시록 1:7을 '승천설'로 주장하는 이필찬 박사의 견해　　75
2. 무천년설: 이필찬 박사의 계시록 1:7 승천설 오류　　76
3. '엘코마이'의 현재형과 예수 그리스도의 신성　　91
4. '구름타고 오시리라'를 승천이라고 주장할 수밖에 없는 이유들　　98

## Chapter 07 · 이기는 자의 삼 요소(1:9)　　100

1. 예수 안에서　　100
2. 예수 안에서 환난에 동참하는 자　　103
3. 예수 안에서 나라(왕국)에 동참하는 자　　105
4. 예수 안에서 인내에 동참하는 자　　106
5. 밧모라는 섬: 외적 증거　　107

## Chapter 08 · 주의 날과 영 안에서(1:10)　　110

1. 주의 날　　110
2. 영 안에서　　116

## 본론부 1: 네가 본 것 계시록 1:9~20      122

### Chapter 09 · 인자 같은 분이신 그리스도(1:13~18)      124

1. 그리스도의 인성과 신성      124
2. 인자이신 예수 그리스도의 모습      126

### Chapter 10 · 네가 본 것-지금 있는 일들-장차 될 일들(1:19)      150

1. 무천년설 견해      150
2. 필자의 비평 및 견해      152
3. 계시록의 전체 구조      162

### Chapter 11 · 일곱 별: 천사인가? 사자인가?(1:20)      164

1. 오른손에 일곱 별을 붙들고 계심      164
2. 일곱 별을 천사로 보는 무천년설 견해      166
3. 필자의 비평 및 견해: 일곱 별은 일곱 교회의 사자      168

### Chapter 12 · 일곱 금 등대와 일곱 교회      175

1. 일곱 금 등대      175
2. 요한계시록에 나타난 교회들      177

#### » 요한계시록 1장 요약      183

## 본론부 2: 지금 있는 일들 계시록 2~3장      188

### Chapter 13 · 에베소 교회(2:1~7)      190

1. 에베소의 정치, 사회, 종교적인 배경      190

2. 에베소 교회에 말씀하시는 그리스도     191

3. 에베소 교회의 적극적인 면     192

4. 주님의 책망     201

5. 회개와 심판의 경고     204

6. 니골라당의 행위를 미워함     208

7. 성령이 교회들에게 주시는 약속     210

## *Chapter 14* · 서머나 교회(2:8~11)     **220**

1. 서머나의 정치, 사회, 종교적인 배경     221

2. 서머나 교회에 말씀하시는 그리스도     221

3. 주님의 인정과 칭찬     223

4. 주님의 격려와 생명의 면류관     233

5. 이기는 자의 약속 : 둘째 사망의 해를 받지 않음     235

## *Chapter 15* · 버가모 교회(2:12~17)     **238**

1. 버가모 교회의 시작과 이름의 의미     238

2. 버가모의 정치, 사회, 종교적인 배경     241

3. 버가모 교회에 말씀하시는 그리스도     241

4. 버가모 교회의 영적 상태     243

5. 주님의 두 가지 책망     246

5. 회개의 촉구     249

6. 이기는 자들이 받을 약속     250

## *Chapter 16* · 두아디라 교회(2:18~29)     **255**

1. 두아디라의 정치, 사회, 종교적인 배경     255

2. 말씀하시는 주님에 대한 계시     256

2. 두아디라 교회에 대한 칭찬     258

3. 두아디라 교회에 대한 책망     260

4. 사탄의 깊은 것     268

5. 이기는 자들과 만국을 다스리는 권세     270

» 요한계시록 2장 요약     **272**

*Chapter 17* · 사데 교회(3:1~6)     275

1. 사데의 정치, 사회, 종교적인 배경     275
2. 사데 교회에 대한 주님에 대한 계시     276
3. 사데 교회의 영적 상태     278
4. 주님의 권면과 경고     282
5. 사데 교회에 옷을 더럽히지 않는 자들     286
6. 이기는 자에게 주는 약속 1: 흰 옷을 입고 주님과 함께 다님     287
7. 이기는 자에게 주는 약속 2: 성경의 난제, 생명책에서 이름이 지워지지 않는다     289
8. 이기는 자에게 주는 약속 3 : 아버지 앞과 천사들 앞에서 그 이름을 시인함     306

*Chapter 18* · 빌라델비아 교회(3:7~13)     310

1. 빌라델비아의 정치, 사회, 종교적인 배경     310
2. 빌라델비아 교회에 대한 주님에 대한 계시     312
3. 빌라델비아 교회의 영적 상태     318
4. 이기는 자에 대한 약속     320

*Chapter 19* · 라오디게아 교회(3:14~22)     332

1. 라오디게아의 정치, 사회, 종교적인 배경     332
2. 말씀하시는 주님에 대한 계시     334
3. 라오디게아 교회의 영적인 상태     338
4. 주님의 권고     343
5. 주님의 책망과 경고     350
6. 이기는 자에 대한 주님의 약속     353

» 요한계시록 3장 요약     **358**

*Chapter 20* · 하나님의 보좌(4:1~2)                                    364

1. 하늘에 열린 문                                                        365
2. 첫 번째 광경: 하늘에 있는 보좌                                        367
3. 은혜의 보좌 vs 심판의 보좌                                            368
4. 하늘에 있는 보좌의 성격                                               369

*Chapter 21* · 보좌에 앉으신 이(4:2~3)                                 372

1. 의미                                                                 372
2. 벽옥과 홍보석 같다                                                    373
3. 홍보석과 같다                                                        376
4. 기생 라합과 붉은 줄                                                   377
5. 보좌에 둘린 무지개                                                    378

*Chapter 22* · 이십사 보좌와 이십사 장로들(4:1~4, 11~12)              380

1. 교회의 대표라는 견해                                                  380
2. 이십사 장로들이 교회를 대표한다는 관념이 가져오는 부수적인 사항들   381
3. 이십사 장로들의 첫 번째 찬양을 통한 교회와의 구별                    382
4. 14만 4천명의 찬양에 나타난 교회와 이십사 장로들의 구별              385

*Chapter 23* · 보좌 앞의 유리 바다(4:6)                                398

1. 바다의 의미                                                          398
2. 창세기의 첫 번째 바다                                                 398
3. 창세기 두 번째 바다                                                   400
4. 보좌 앞의 유리 바다                                                   401
5. 하나님의 보좌와 유리 바다의 불과의 관계                              403

*Chapter 24* · 네 생물(4:6~8)      **405**

1. 네 생물에 대한 견해와 성경의 의미      405
2. 네 생물의 세부 사항들      411
3. 네 생물과 예수 그리스도의 관계      415
4. 하늘의 경배: 네 생물과 이십사 장로들의 찬양      422
5. 이십사 장로들이 면류관을 보좌 앞에 드림      426

» **요한계시록 4장 요약**      **431**

*Chapter 25* · 어린 양 & 유다 지파의 사자(5:1~14)      **434**

1. 보좌에 앉으신 이의 오른손에 있는 두루마리      434
2. 일곱 인을 뗄 자는 누구인가      437
3. 하늘 위에나 땅 위에나 땅 아래: Nowhere      439
4. 신자는 사후 하늘에 있는 천국에 가는가      443
5. 유다 지파의 사자(Lion)      460
6. 일찍이 죽임을 당한 것 같은 어린 양      475
7. 그리스도의 '앉아 계심'(Sitting Christ)과 '서 계심'(Standing Christ)      478
8. 일곱 뿔, 일곱 눈, 일곱 영      481
9. 네 생물과 이십사 장로들의 찬양과 경배      484
10. 수많은 천사와 모든 피조물들이 드리는 전 우주적인 찬양(5:11-14)      497

» **요한계시록 5장 요약**      **508**

*Chapter 26* · 요한계시록의 기본 구조      **511**

1. 계시록에 대한 전통적인 관념과 성경적 관념      511
2. 무천년설: 이필찬 박사의 견해      512
3. 필자의 비평 및 견해      513
4. 무천년설의 직렬식 시간 관념      518

5. 무천년설의 직렬식 견해에 대한 필자의 비평 및 견해     519

6. '삽입부'에 대한 견해     521

## *Chapter 27* · 첫째 인부터 넷째 인까지(6:1-8)     **526**

1. 넷째 인까지의 공통점     526

2. 첫째 인: 흰 말과 그 탄 자(6:1-2)     527

3. 둘째 인: 붉은 말과 그 탄 자(6:3~4)     539

3. 셋째 인: 검은 말과 그 탄 자(6:5~6)     544

4. 넷째 인: 청황색(창백한) 말과 그 탄 자(6:7-8)     549

5. 첫째 인: 흰 말과 그 탄 자(6:1~2)     559

6. 성경의 원칙을 통해서 분별하기     564

7. 흰 말과 그 탄 자가 적그리스도가 아닌 증거들     568

8. 그리스도라는 견해와 오류들     570

9. 네 인이 갖는 독특성     572

## *Chapter 28* · 다섯째 인: 순교자들의 신원(6:9~11)     **577**

1. 순교자들(6:9)     578

2. '제단 아래'는 어디인가(6:9)     579

3. 순교자들의 부르짖음(6:10)     585

4. 하나님의 응답: 흰 두루마기(6:11)     590

## *Chapter 29* · 여섯째 인(6:12-17)     **593**

1. 다섯째 인과 여섯째 인의 연관성에 대한 견해     593

2. 여섯째 인을 보는 관점     596

3. 여섯째 인의 해석 원리     598

4. 여섯째 인의 내용(6:12~14)     604

## » 요한계시록 6장 요약     **612**

*Chapter 30* · 이스라엘의 열두 지파의 인 맞은 144,000 (7:1~8)     617

1. 이스라엘의 열두 지파의 인 맞은 자들은 누구인가     618
2. 이스라엘 지파 중에서 인침을 받은 십사만 사천(계 7:1-4)     623

*Chapter 31* · 능히 셀 수 없는 큰 무리(7:9~17)     663

1. 무천년설 견해     663
2. 무천년설에 대한 필자의 비평 및 견해     664
3. 능히 셀 수 없는 큰 무리     666
4. 능히 셀 수 없는 큰 무리와 144,000에 대한 전천년설(필자)의 통합적 견해     670
5. 흰 옷과 어린 양의 피     672
6. 종려 가지     682
7. 보좌 앞과 어린 양의 앞     685
8. 능히 셀 수 없는 큰 무리의 찬양     686
9. 모든 천사들의 찬양(7:11~12)     687
10. 큰 환난으로부터 나오는 자들(7:13~14)     688
11. 마태복음 24장의 '큰 환난'과 계시록 7장의 '큰 환난'은 동일한 의미인가?     695
12. '아무도 셀 수 없는 큰 무리'가 누리는 하늘의 축복들(7:15-17)     706

» **요한계시록 7장 요약**     **721**

*Chapter 32* · 일곱째 인(8:1~5)     724

1. 일곱째 인의 이해     724
2. 무천년설과 그에 대한 필자의 비평     726
3. 무천년설: 그레고리 K. 비일의 견해     729
5. 일곱째 인과 일곱 나팔 관계성에 대한 필자의 견해     730
6. 일곱째 인을 뗀 후의 광경: 반 시간쯤 고요함     735
7. 일곱 나팔을 받은 일곱 천사     737
8. 다른 천사     740
9. 금향로의 향과 함께 드려지는 성도들의 기도     746

10. 땅에 쏟아진 향로에 담아진 제단의 불      751

## *Chapter 33* · 첫째 나팔부터 넷째 나팔까지(8:6~13)      **754**

1. 나팔 심판에 대한 그레고리 K. 비일의 견해      754
2. 그레고리 K. 비일의 견해에 대한 필자의 비평      754
3. 출애굽기와 나팔 재앙의 관계      756
4. 첫째 나팔      761
5. 둘째 나팔      768
6. 셋째 나팔      775
7. 넷째 나팔      780
8. 일곱 나팔의 성격과 구분      784
9. 독수리의 경고: 세 가지 화      787

## » 요한계시록 8장 요약      **794**

## *Chapter 34* · 첫째 화, 다섯째 나팔(9:1~12)      **798**

1. 첫째 화로서의 다섯째 나팔 이해      798
2. 하늘에서 땅으로 떨어진 큰 별 하나      800
3. 아뷔쏘스(무저갱)      819
4. 무저갱에서 나온 황충들      830
5. 무저갱의 사자      846
6. 아바돈과 아폴뤼온      851
7. 무저갱의 사자와 적그리스도와의 관계      858

## *Chapter 35* · 둘째 화, 여섯째 나팔(9:12~21)      **861**

1. 후에 있을 두 개의 화      861
2. 금단으로부터 나오는 음성      864
3. 금단의 네 뿔      867
4. 네 천사      869

5. 유브라데 강 872

6. 죽임 당하는 삼분의 일의 사람 877

7. 이만 만의 마병대 880

8. 마병대의 모습 884

9. "그 년 월 일 시" 886

10. 여섯째 나팔 심판에 대한 관점 891

11. 회개치 않는 사람들의 반응 892

» 요한계시록 9장 요약 897

*Chapter 36* · 힘센 다른 천사(10:1~11) 901

1. 힘센 다른 천사 902

2. 구름으로 옷 입음 914

3. 머리 위의 무지개 919

4. 해 같은 얼굴 922

5. 풀무에 단련된 빛난 주석 같은 발 925

6. 손에 들린 작은 두루마리 책 930

7. 바다를 밟은 오른발과 땅을 밟고 있는 왼발 932

8. 사자와 같이 부르짖음 936

9. 봉인된 일곱 우렛소리 939

10. 힘센 다른 천사의 맹세 941

11. 일곱째 나팔과 하나님의 그 비밀의 성취 946

12. 작은 두루마리 책을 먹는 요한 951

» 요한계시록 10장 요약 955

*Chapter 37* · 이방인에게 짓밟힌 거룩한 성(11:1~2) 958

1. 지팡이(막대기) 같은 갈대 958

2. 하나님의 성전과 바깥 마당 961

3. 제단       967

4. 42달 동안 짓밟히는 거룩한 성       968

## *Chapter 38* · 두 증인(11:3~13)       974

1. 두 증인에 대한 두 관점       974

2. 두 증인은 누구인가       984

3. 두 증인의 사역 장소       991

4. 두 증인이 예언하는 1,260일       998

5. 두 증인이 예언하는 목적       1006

6. 두 증인이 증거를 마칠 때의 일들       1008

## *Chapter 39* · 일곱째 나팔(11:14~18)       1013

1. 일곱째 나팔과 재림의 불일치의 문제       1014

2. 일곱째 나팔은 하나님의 비밀의 성취인데 간략히 기록된 이유       1015

3. 일곱 나팔과 일곱 대접의 포함 관계       1017

4. 세상 왕국이 그리스도의 왕국이 됨       1018

5. 죽은 자들에 대한 심판       1021

6. 상 주심       1022

7. 땅을 망하게 하는 자들의 심판       1027

8. 일곱째 나팔 후의 하늘의 광경       1028

» **요한계시록 11장 요약**       **1033**

**워킹바이블연구소장의 저서 안내**       1038

# 저자 서문

필자가 처음으로 요한계시록 강해집을 출간한 때는 지금부터 만 30년 전으로, 1992년 3월 『요한계시록과 다니엘의 전반적인 조망-때를 알라 주님이 오신다』 (광야의 소리, 박아론 박사 추천, 510쪽)를 출간했다. 칼빈은 기독교 강요를 27세에 저술했는데, 필자는 그에 휠씬 미치지도 못하는 30대 중반이었다. 한국의 동역자인 목회자들과 성도들을 위한 첫 번째 사역이었다. 그 이후 강산이 세 번이 바뀌는 세월이 흘렀다. 요한계시록 전체를 각 주제별, 토픽별로 주해와 강해를 담은 집필을 해야겠다는 부담이 마음 한구석에 있었다. 그러던 중 30년이 되는 올해 출간하게 된 기쁨은 말로 표현할 수 없다. 한국을 비롯한 세계교회 목회자들과 성도들에게 가장 필요한 책이 요한계시록이라는 것을 두 말할 필요가 없을 것이다.

요한계시록은 두 권으로 나눠서 출간된다. 1-11장까지를 한 책으로, 나머지 22장까지를 한 책으로 출간한다. 이렇게 나누어 출판하는 것은 한 권의 책으로 출간하기에는 분량이 방대하기 때문이다. 상권만 하더라도 1,000쪽을 예상하고 집필했는데 1250쪽이나 되어 약 120쪽 분량을 줄이는 과정을 감내해야 했기 때문이다.

## 두 권으로 출판할 수 밖에 없는 이유

이렇게 두 권으로 나누어 출간할 수밖에 없는 근본적인 이유가 있다. 계시록은 내용적으로 두 부분으로 구성됐기 때문이다. 무천년설은 1-11장을 초림과 관련된 내용이 지배적이라고 하는데 큰 오해이다. 전반부인 1-11장은 그리스도의 승천 후부터 일곱째 나팔이 불면서 왕 노릇 하시기까지 계시록의 "전반적이고 간략한 조망"을 보여주고, 후반부인 12-12장은 "중요한 주제들에 대한 상세한 내용을 보여 준다. 전반부는 '개략적인 조감도', 후반부는 '상세부'라고 할 수 있다.

이것은 창세기의 기록과 유사하다. 창세기 1장은 전반적인 창조의 조망을 기록했고, 창세기 2장은 창조의 핵심인 아담의 창조의 상세부라고 할 수 있다. 흔히 성경의 구조를 알지 못하면, 창세기 1장에 사람의 창조가 있고, 창세기 2장에 아담의 창조의 기록을 두 번 창조한 것으로 해석하는 오류에 빠진다. 성경의 마지막 책인 요한계시록도 창세기의 창조의 기록과 같은 1-11장은 "전반적인 조망부", 12~22장은 "조망부에 대한 상세부"로 기록된 것은 놀랍다. 첫 번째 책은 "하나님의 창조의 경륜과 하나님의 왕국의 완성, 요한계시록 Inside 1~11장: 그가 왕 노릇 하시리로다"라는 제목으로, 계시록의 후반부는 요한계시록 Inside 12~22장: "할렐루야! 전능하신 이가 통치하시도다"라는 제목을 정했다.

## 하나님의 창조의 경륜의 완성

하나님의 창조의 경륜이라는 관점은 창세기로부터 요한계시록까지 성경 66권을 아우르는 핵심 주제이다. 아담의 타락은 죄와 사망을 가져왔다. 그렇다고 하나님의 창조의 경륜이 바뀌어진 것이 아니다. 그리스도를 통해 구속을 이루시고 성령님이 내주하시므로 우리의 생명이 되셔서 우리들을 성장하게 하고 성숙하게 하신다. 주님의 재림 후, 타락하기 이전의 에덴으로 회복하시며 세상 나라를 그리스도의 왕국이 되어 천 년 동안 통치하실 것이다. 그리고 교회 가운데 신실한 자들은 이기는 자들로서 그리스도와 함께 왕 노릇 할 것이다. 그 때는 회복의 시대이며, 천년왕국 후 하나님의 창조의 경륜은 구속함을 받은 교회가 새 하늘과 새 땅 새 예루살렘에서 영원토록 하나님과 함께 거하는 것이다.

필자의 첫 저술 책인 『요한계시록과 다니엘서의 전반적인 조망, 때를 알라 주님이 오신다』를 출간할 때는 1992년이었다. 당시 한국 교회는 다미선교회로부터 촉발된 "1992년 10월 휴거설"이 유포되어 적지 않은 혼란 가운데 있었다. 그 심각성을 절감한 것이 계기가 되어 우여곡절 끝에 요한계시록 강해집을 내게 되었다. 30년의 세월이 흐르면서 유튜브와 페이스북, 트위터, 카카오톡, 네이버TV 등 온라인 플랫폼 시대가 도래했다. 한편으로 신천지와 안식교를 비롯한 이단들의 주요 도구로 성도들을 미혹하고 있고, 극단적 세대주의를 비롯한 시한부 종말론과 일명 직통계시파로 불리는 천국 지옥 체험 간증자와 같은 유사한 가르침이 주류를 이루고 있고, 다른 편으로는 로마 가톨릭의 근간을 놓은 무천년설의 영향을 받고 있다.

### 책의 컨셉: 무천년설과 전천년설 견해 비교

필자는 양 극단의 상황을 인식하고 처음 책과 달리 '새로운 컨셉'에 맞춰서 집필할 필요성을 느꼈다. 무천년설의 영향을 받은 목회자들이 스스로 분별할 수 있기 위해서 무천년설의 대표적인 학자들의 견해를 소개하고, 그 견해가 과연 성경과 일치하는지 일치하지 않는지를 "주경 신학적"인 관점에서 논증하는 컨셉을 가질 수밖에 없었다. 계시록을 양대 관점을 아울러 언급한 것은 일선에서 사역하는 목회자들과 신학도들 그리고 주님의 오심을 사모하는 성도들에게 매우 의미가 있는 일일 것이다.

무천년설을 대표하는 외국 학자 중에서 『NIGTC 요한계시록』(새물결플러스)을 저술한 그레고리 K. 비일 박사, 국내 학자들 가운데서는 리차드 보쿰 교수(영국 세인트 앤드류스)에게 사사하고 "이필찬요한계시록연구소장"으로 활동하며 근래 『에덴의 회복의 관점에서 읽는 요한계시록 1-11장: 때가 가까우니라』(에스카톤)를 저술한 이필찬 박사와 트리니티 신학교에서 도날드 D. 카슨 박사에게 사사하고 요한계시록으로 박사학위를 받은 후, 『요한계시록강해 1-9장』(킹덤북스)을 저술한 김추성 박사(합동신학대학원)의 글을 인용했다.

위에 언급된 분들은 필자와 함께 예수 그리스도를 주로 믿으며 교회를 세우기 위해 사역하는 믿음의 동역자들이다. 그런데 무천년설과 전천년설은 성경을 보는 관점이 완전히 다르기 때문에 "어느 것을 선택해도 큰 문제가 되지 않는다"라는 관점은 우리 시대가 풀어야 할 과제가 아닐 수 없다. "개혁된 교회는 항상 개혁되어야 한다"는 종교개혁자들이 가졌던 모토에는 성경을 최종적 권위로 삼았고, 성경의 진리를 세우기 위한 건전한 비평과 논쟁이 교회를 건강하게 만드는 지름길로 여긴 것은 변함이 없는 진리라 믿는다.

### 목회자와 성도들을 위하여

팬데믹의 어려운 상황에서도 목회의 최전선에서 수고하는 동역자들이 우리에게 주실 상이 있어 속히 오실 재림의 주님이 오실 것을 말씀한 계시록을 바르게 가르치고 선포할 수 있기를 소원한다. 그뿐 아니라 장래 목회자로서 신학 훈련

중인 신학도들을 비롯한 신학적 훈련을 받지 못한 성도들에게도 유익한 선물이 되리라 믿는다. 필자는 무천년설의 견해를 비평하는 데 있어, 히브리어와 헬라어 원문을 사용하지 않을 수 없었다. 그럼에도 불구하고 성도님들도 이해할 수 있도록 헬라어 원문 옆에 '우리 말 발음'을 표기하고 그 단어의 뜻과 함께 파싱하여 성경원어를 배우지 않은 독자들도 이해하기 쉽도록 해설했다.

본 책의 또 다른 특징은 '도표'에 있다. 계시록을 주해하면서 자칫 향방을 잃어버리기 쉬운데 각 장의 주요 사건들마다 어느 때(일곱 인과 일곱 나팔)에 있는 일인지를 도표로 나타냈다. 이제까지 다른 계시록 주해집에서도 볼 수 없는 "88 여개의 도표"가 있어 이해를 돕도록 했을 뿐만 아니라 계시록에서의 중요한 내용들을 비교 분석한 "64개의 비교표"도 포함시켰다. 각장마다 요약을 넣어 계시록의 흐름을 한 눈에 기억하도록 첨가했다.

### 성경의 사례

이 책의 특징은 성경의 문맥을 기초로 하고, 논란이 되는 주제들은 요한계시록을 원문에 근거하여 성경의 원래 의미를 드러냈다. 논란이 되는 구절들은 번역의 문제가 있기도 하지만, 해석을 했는데 잘못 해석한 것들이 있다. 예를 들면, 계시록 5:8의 "이 향들은 성도들의 기도들이라"고 번역했는데, 원문상 "관계대명사 αἵ(하이)"는 직접적으로 향을 가리키지 않는다고, 원문상 어느 것을 가리키는 것은 독자의 몫으로 남겨뒀다. 거기에다가 문법적으로 αἵ(하이)가 금대접을 가리킴에도 불구하고 '향'을 가리키는 것으로 잘못 번역(해석)했다. 신구약 성경의 문맥은 향단의 향은 성도들의 기도가 아니라 예수 그리스도와 관련있다는 것을 간과했다. 성경의 원문은 성경의 문맥을 통해서 확실해지기 때문에 반드시 관련 성경들을 조명하고 비교 분석(QST)해야 한다. 무천년설은 이런 부분에 취약성이 있기 때문에 잘못된 결론을 내렸기 때문이다.

### 웨스트민스터 신앙고백서의 정신과 유대문헌과의 관계

무천년설이 계시록을 해석하는데 있어 유대문헌을 중요시 하는 것은 주객이 전도된 것이다. 왜냐하면 유대문헌이라는 것은 '묵시문학'을 가리키고 그것은 하나님의 계시가 아니라 저자는 자신의 이름을 감추고 익명으로, 혹은 유명한 선지자의 이름을 빌어 천사들의 계시를 받은 것처럼 기록한 것이기 때문이다. '묵시문학'인 '유대문헌'들은 계시록을 비롯한 구약 성경으로 검증받아야 할 대상에 불과한데, 오히려 묵시문헌을 통해서 계시록을 해석한다는 것은 잘못된 관점이기 때문이다.

교회사에서 웨스트민스터 신앙고백서는 성경의 진리를 요약한 것은 교회가 견지해야 할 귀중한 유산인데, 이 고백서가 특별한 것은 다른 고백서와 달리 33개의 항목 가운데 첫 번째 항목에 "성경에 관하여"를 위치시킨 것은 신앙과 교회의 기초가 하나님의 말씀인 성경관을 확립하는 것을 인식했기 때문이다. 웨스트민스터 신앙고백서는 "신구약 66권은 하나님의 감동으로 된 것으로 신앙과 생활의 법칙"이라고 정의했으며, "보통 가경이라고 부르는 책들은 하나님의 영감으로 기록된 것이 아니므로 성경의 정경(正經)의 한 부분이 아니다. 그러므로 하나님의 교회에서 아무 권위도 갖지 못하며, 또한 다른 인간적인 저작물보다 더 나을 것이 없으며 사용가치가 있는 것도 아니다"고 하며 가경과 외경들을 정경과 구별하기 위해서 특별한 조항을 제정했다. 왜냐하면 신앙의 모든 문제의 근원은 성경의 권위를 벗어나는 것으로부터 시작되기 때문에, 모든 성경뿐만 아니라 특별히 요한계시록은 더욱 강조해도 지나치지 않는다.

## 회복과 부흥은 오직 성경으로부터

요한계시록에 대한 양대 천년왕국설의 관점 즉 무천년설과 전천년설의 관점과 해석을 주경신학적으로 규명하기 위해서 책의 분량이 많아지는 것을 피할 수 없었다. 선교 100주년이 넘는 기간 동안 천년왕국설을 바로 세우기 위한 토론이 있었지만, 계시록 전체를 양대 학설의 관점을 다루면서 신학적인 논쟁이 아닌 주경신학적 논증이 없었기 때문이다. 진리를 세우는 길은 험하고 멀지만 반드시 이뤄져야 할 과제라 믿는다. 이 책의 특징은 다른 주해서와 같이 한 절씩 주해하지 않고, "39 chapter"로 구성된 각 주제별로 주해하면서 각 토픽들에 대하여 무천년설에 대한 비평과 함께 전천년설의 견해를 주경신학의 관점으로 제시했다. 목차는 설계도와 같은데 계시록의 순서를 따르면서도 중요 주제들 중심으로 제시함으로 요한계시록의 백과사전과 같이 사용할 것을 염두에 두었다.

계시록은 그 내용에 있어 성경의 결론이기 때문에 계시록에 나타난 예수 그리스도의 영광과 교회의 축복과 영광된 하나님의 경륜을 보게 되면, 초대교회가 가졌던 옛적 선한 길을 따라 신앙을 회복하는데 귀한 길잡이가 될 것이다. 부디 "요한계시록 Inside"를 통해서 더할 수도 없고 제할 수도 없는 예언의 말씀이 모든 교회와 성도들에게 열려지고, 우리 죄를 위해 십자가에 죽으시고 부활하시고 승천하셨고, 우리에게 상을 주시기 위해서 속히 다시 오실 주님께 소망을 두고, 마라나타의 신앙으로 지혜로운 처녀와 같이 성령충만하고 착하고 충성된 종들이 대한민국과 세계 곳곳에서 일어나기를 바라는 마음 간절하다. 아멘 주 예수여, 어서 오시옵소서!

2021년 12월
화성 동탄에서
송명덕

# 서론부
## 계시록 1:1-8

요한계시록은 신구약 성경 66권 중의 매우 특별한 위치를 차지한다. 하나님은 알파와 오메가, 그리고 처음과 나중이 되신다. 성경의 첫 번째 책인 창세기는 천지가 하나님의 창조로부터 말미암았음을 보여준다. 하나님의 창조에는 그 목적이 있는데 그것을 창조의 경륜이라 부른다. 옛 뱀인 마귀의 유혹으로 사람은 타락하게 되었지만, 창세기 3:15은 여자의 후손이 뱀의 머리를 상하게 할 것을 예언했다. 하나님은 그리스도의 구속을 통해서 타락한 자들을 구원하실 뿐만 아니라, 하나님의 원래의 목적인 창조의 경륜을 성취하신다. 성경은 하나님의 구속의 역사(구속사)를 시간의 흐름을 따라 보여준다. 그리스도의 초림은 하나님의 위대한 구속의 역사의 시작이었다. 하나님의 창조보다 더 심원하고 놀라운 것은 말씀이 육신이 되어 우리 가운데 거하시고, 십자가에서 구속을 성취하신 것이다.

성경의 마지막 책인 요한계시록은 하나님의 '창조의 경륜'이 초림의 중심인 '십자가의 구속'과 주의 재림을 통해서 어떻게 성취되는지를 보여준다. 요한계시록의 첫 구절, "예수 그리스도의 계시라"(계 1:1)는 말씀은 서론부 뿐만 아니라 1장으로부터 22장까지를 대표하는 말씀이고, 서론부의 핵심 구절은 "볼지어다 그가 구름 타고 오시리라"(계 1:7)는 말씀이다.

구약은 구원자이신 메시아가 오실 것을 예언하고, 복음서는 예수 그리스도의 성육신과 그의 생애와 십자가의 죽으심과 부활과 승천을 기록한다. 이 땅에서는 사도들이 복음을 전하므로 사도행전의 역사는 계속된다. 성경의 마지막 책인 요한계시록은 승천하신 그리스도의 하늘에서의 사역을 보여주고, 우리에게 주실 상을 주시기 위해서 구름 타고 오실 것과 세상 왕국이 그리스도의 왕국이 되어 그가 왕 노릇 하실 것을 말씀한다.

# Chapter 01 ·
# 요한계시록 입문

## 1. 요한계시록과 묵시문학

요한계시록에 대한 책들을 보면, '묵시문학' 혹은 '계시문학'이라는 용어를 심심치 않게 발견할 수 있다. 그런 이유는 무천년설이 요한계시록을 묵시문학으로 간주하기 때문이다. 그 대표적인 견해들을 보자.

### 1) 무천년설: 그레고리 K. 비일의 견해

그레고리 K. 비일은 『NIGTC 요한계시록』(새물결플러스, p.98~102)에서 요한계시록과 묵시문학의 관계에 대한 견해를 제시했다.

> **현대 주석가들은 요한이 묵시, 예언, 편지 등 세 장르를 이용하여 요한계시록을**
> **기록했음을 일반적으로 인정한다.**(묵시의 형식, 주제, 내용 또는 기능에 따라) 묵시를
> 정리하는 방법이 많이 있지만, 묵시는 예언의 극화로 가장 잘 이해된다. 그간 묵
> 시와 예언 장르 간에 너무도 많은 구별을 해왔다. 구약성경 중에 묵시와 예언을
> 혼합한 책들이 있다. 묵시에는 예언에서 발견되는 문학적 특성과 주제들이 더 고
> 조되고 밀집되어 있지만 묵시를 예언과 판이한 것으로 이해하지 말아야 한다. 특
> 히 요한계시록이 그런 경우이다. (중략) 그러므로 가장 좋은 입장은 이것이다. 요
> **한계시록은 청중들에게 이 책의 메시지의 초월적인 실재에 비추어 그들의 행위를**
> **바꿀 것을 촉구하기 위한 "묵시적 틀에 편지 형식으로 기록된 예언"이다.** 램지 마
> 이클스는 판단력이 있는 결론을 내린다. 마이클스는 요한계시록은 장르를 "혼합
> 한" 그리고 "독특한" 것이라고 말한다. (중 략) 다음과 같은 정의가 내려졌다. "묵

시는 이야기 구조를 지닌 계시문학의 한 장르이다. 계시는 다른 세계에 속한 존재에 의해 인간 수신자에게 전달되며, 종말론적 구원을 묘사한다는 점에서 시간적이며, 다른 초자연적 세계를 포함한다는 점에서 공간적 실체를 계시한다.(그레고리 K. 비일, 『NIGTC 요한계시록』, 새물결플러스, p.98~102)

## 2) 무천년설: 이필찬 박사의 견해

비일과 동일한 관점을 가진 이필찬 박사는 『요한계시록』(에스카톤, p. 32~33)에서 요한계시록의 장르에 관한 견해를 제시했다.

요한이 이 단어를 사용했던 시기에 이 단어가 묵시문헌을 가리키는 '전문적인 의미'를 가지고 있었는지는 불확실하지만, 요한계시록 내 묵시문헌적 요소들이 산재해 있는 것만큼은 확실하다. 그러므로 이 용어를 요한계시록에 묵시 문학적 특징을 총칭하는 것으로 이해하도록 유도하고 있을 가능성이 있다. 묵시문헌의 대표적 특징은 초월성에 있다. (중략) 콜린스는 묵시문학이 시공간의 초월적 실제를 드러내는 내러티브 틀을 가지고 있다고 제시한다. 공간적 초월의 실제는 하늘이며 시간적 초월의 실제는 종말이다. 따라서 지금 이곳에서 공간적 초월로서의 하늘과 시간적 초월로서의 종말을 경험하도록 유도하는 것이 묵시문헌의 역할이라고 보는 것이다. 요한계시록은 이러한 묵시 문학적 특징을 적용함으로써, 이 세상에 존재하는 교회 공동체가 그리스도 안에서 하늘과 종말을 이미 경험한다는 것을 표현하고자 한다.(이필찬, 요한계시록, 에스카톤, p. 32~33)

## 3) 무천년설: 김추성 박사의 견해

합동신학대학원에서 신약학을 가르치는 김추성 박사는 무천년설자이면서 앞의 두 사람과 공통되는 견해도 있고 차별되는 견해도 있다. 김 박사는 『요한계시록 1~9장 주석집』(김추성, 킹덤북스, p.53~54)에서 다음과 같이 진술했다.

요한계시록과 묵시문학의 관계에 있어서 균형 잡힌 견해가 요구된다. 요한계시록과 묵시문헌의 차이를 부각하여 요한계시록의 문헌적 요소를 배제하는 학자도 있다.(Herman) 한편 요한계시록과 묵시 문헌의 차이를 간과한 채, 묵시문헌적 요소를 지나치게 강조하여 요한계시록을 묵시문학에 의지해서 해석하려는 학자들이 있다. (중략) 묵시문헌이 정경이 아니라는 이유로 지나치게 경시할 필요는 없으며 또한 정경과 같은 권위를 갖는다거나 정경보다 높은 권위를 가지는 것으로 간주해서는 안 될 것이다. 다만 당대의 유대문헌이라는 점에서 중요한 배경 자료가 된다. 묵시문헌은 요한계시록과 비슷한 시기의 유대 사상 세계를 제공한다는 점에 있어서 유용하게 사용할 수 있다. 묵시문헌은 신구약 중간기에 발전한 유대 문학의 독특한 양식에 속한다. 요한계시록은 하늘에서 뚝 떨어진 책이 아니다. 요한은 당대의 문화와 문학적 옷을 빌려 올 수 있었다. (중략) 요한도 당대의 문학적 양식을 빌려 그 안에 새로운 내용과 실재를 담아 기록한 것으로 볼 수 있다.(김추성, 『요한계시록 1~9장 주석집』, 킹덤북스, p.53~54)

이필찬 박사는 계시록을 '묵시문학'으로 간주한다. 요한계시록을 묵시문학으로 여기는 학설들이 있기 때문에 묵시문학(문헌)이란 무엇인지 정의할 필요가 있다. 그에 반하여 김추성 박사는 묵시문학의 문헌적 요소를 배제하는 것도 경계하고, 묵시문헌적 요소를 지나치게 의지하는 것도 경계했다. 김추성 박사의 견해로 본다면, 이필찬 박사가 요한계시록을 묵시문헌으로 간주하는 것은 지나친 것이다. 김 박사는 묵시문헌에 대하여 정경이 아니기 때문에 경시할 필요도 없고, 정경과 같은 권위나 더 높은 권위를 가져서는 안 된다는 '중용적 태도'를 취한 것은 다소 긍정적이지만 필자의 관점으로 볼 때 양자의 본질을 간과한 것이다. 왜냐하면, 묵시문헌은 계시의 요소가 없이 사람의 의도와 생각으로 저작한 것이지만, 계시는 전적으로 하나님께 달린 일이기 때문이다. 물론 김 박사의 견해처럼 계시록의 '기자로서' 사도 요한이 당대 사람들이 이해하기 쉬운 용어와 표현을 빌렸다는 것은 사실이지만, 계시와 묵시문헌의 본질의 차이를 간과했다. 무천년설자인 세 학자의 견해에 대한 필자의 비평은 다음과 같다.

## 2. 묵시문학이란 무엇인가

묵시문학이란 "어떤 사람이 하나님께로부터 계시받은 것 없이 어떤 특수한 목적을 가지고 천사로부터 계시를 받은 것처럼 기록한 형식의 글"을 말한다. 묵시문학의 특징은 실제로 존재했던 위대한 인물이나 예언자의 이름을 '차용'하여 독자들에게 글의 권위를 드러내어 자신의 의도를 표현하는 장르이다. 묵시문학의 중요한 핵심은 성경과 같은 권위를 갖고자 했기 때문에, 대부분 가명이나 익명으로 쓰여져 실제 저자를 알 수 없다. 그럴 수밖에 없는 이유는 성경의 인물과 예언자들의 권위를 도용하고자 이름을 '차용'하여 썼기 때문에 자신의 '실명'을 밝힐 수 없었기 때문이다. 대표적인 묵시문학 작품은 '에녹 1서'와 '다니엘서' 그리고 '에스라 4서'와 '바룩 3서'이다.

묵시사상의 주된 주제들은 선과 악의 이원론, 천사론과 악마론, 종말론, 우주적 대이변, 구원, 메시아 등이다. 묵시사상 운동의 문학적 표현이 바로 묵시문학이었다. 묵시문학은 임박한 종말과 천상의 비밀에 대하여 말한다. 현재의 역사적 고난과 핍박의 상황을 해석하기 위해서 미래와 초월적 세계라는 빛을 사용했다. 묵시문학은 위기의 상황에 처한 이들에게 그 위기의 의미를 해석하고, 그들을 격려하고 위로하기 위한 목적으로 저작되었다고 말한다.

묵시문학에는 14권의 외경과 위경이 있고, 약 BC 3세기에서 1세기에 기록되었다. 구약의 외경은 70인역에 포함되나, 구약 히브리 정경에는 포함되지 않고, 구약의 위경은 70인역과 구약 히브리 정경에도 포함되지 않는다. 위경과 외경에 대한 인식의 차이 때문이다. 당시 외경을 신약성경에 포함시키지 않은 것에 이견이 없었다. 이런 역사적인 사실은 외경에 포함되는 묵시문학이 정경과 본질적으로 다르기 때문이었다.


## 3. 묵시문학의 배경

묵시문학과 묵시종말론의 배경과 역사성에 대하여 김정우 교수는 『구약통전』(이레서원, 2002년 p.757)에서 다음과 같은 견해를 제시했는데, 필자도 동의한다.

묵시문학과 묵시 종말론은 한때 유대교에서 크게 유행했으나, AD 70년 이스라엘이 멸망하면서 사라졌다. (중략) 그들은 종말이 곧 임박하였고, 이제 마지막 아마겟돈 전쟁에 하나님께서 개입하실 것이 확실하다고 믿었다. 묵시 종말론은 로마에 저항하자는 운동의 신학적 근거가 되었다. 결국에 AD 70년 유다 독립을 위한 전쟁이 벌어졌다. 로마의 티투스 장군은 지루한 싸움 끝에 예루살렘을 정복했다. 마사다에서 최후의 항전을 하였지만 끝내 전원이 자결을 선택하였다. 마침내 이스라엘이 멸망했다. 이후로 유대 땅에서 유대인을 완전히 추방하였으며, 이스라엘은 영토 잃은 민족이 되었다. 묵시 종말론이 유대인들에게 제시한 종말론적인 희망과 기대는 물거품처럼 사라졌다. 이제 유대인의 생존 자체가 위태로워졌다. 유대인은 정신적 고향으로 생각하는 예루살렘으로 갈 수도 없게 되었다. 뿌리 뽑힌 채 전 세계로 흩어진 유대인들은 이 모든 것의 원인이 묵시 종말론 때문이라고 생각하였다. 유대교는 그제야 기존 질서와 가치 체계와 사회를 부정하는 종말론의 위험성을 알고 구약성서(마소라 사본)에서 묵시문학을 모두 제거하였다. 유대 철학자인 마틴 부버는 "구약 선지자들의 사상과 묵시문학은 아무 상관이 없다"고 하였다. '묵시문학은 예언자들의 야웨 신앙과는 근본적으로 무관한 새로운 현상으로서, 종교적 가치가 없는 것으로 쇠퇴기의 말기 현상으로 나타난다.(김정우, 『구약통전』, 이레서원, p.757)

## 4. 묵시문학과 구약 예언 비교

구덕관 교수는 『구약신학』(대한기독교서회, p. 348~349)에서 묵시문학과 구약 예언과의 관계를 다음과 같이 밝혔다. 필자는 그의 견해에 전적으로 동의한다.

첫째, 역사관이 구약에서 이탈하였다. 묵시 종말론자들은 역사의 주관자이신 하나님을 외면하였다. 악이 세상과 역사를 주관하고 있다고 주장하였다. 둘째, 구약은 끊임없이 회개를 촉구하지만 묵시문학은 회개를 전혀 이야기하지 않는다. 묵시 종말론자들은 자기들은 선하고 의롭기 때문에 핍박받는다고 생각하였다. 그러므로 그들은 회개의 필요성을 느끼지 않았다. 셋째, 구약에서는 이방 바벨론과 앗수르를 하나님의 심판 도구로 보았지만, 묵시 종말론자들은 이방을 악의 도구로써 이스라엘을 괴롭히는 자로 생각하였다. 넷째, 묵시 종말론자들은 구약 선지자들과 달리 내세에 대하여 너무 많은 말을 만들었다. 다섯째, 구약 선지자는 모든 열방과 민족이 하나님 앞에 나와 영광과 찬양을 돌리지만, 묵시문학은 모든 이방을 철저히 심판하신다. 여섯째 구약 선지자들은 말씀으로 선포된 회개를 촉구한 후에 기록한 데 반하여, 묵시문학은 처음부터 비밀리에 기록된 문서처럼 취급하였다. 그러므로 묵시문학은 예언 문학의 정당한 후계자로 보기 어렵다.(구덕관,『구약신학』,대한기독교서회, p. 348~349)

구덕관 교수의 묵시문학과 구약의 예언(계시)의 관계에 대한 양자의 관계를 아래의 표에 요약했다.

| 내용 | 묵시문학의 관점 | 구약 예언 (계시) 의 관점 |
|---|---|---|
| 1. 역사관 | 악이 세상을 주관 | 하나님의 주권 인정 |
| 2. 회개 | 선하고 의로움<br>회개가 불필요 | 끊임없이 회개를 촉구 |
| 3. 바벨론/앗수르 | 이스라엘을 괴롭히는 자 | 하나님의 심판의 도구 |
| 4. 내세 | 많은 말을 함 | 많지 않음 |
| 5. 열방의 미래 | 이방을 철저히 심판 | 하나님 앞에 영광과 찬양드림 |
| 6. 묵시 기록 방법 | 처음부터<br>비밀문서로 취급 | 회개 촉구 후 기록함 |
| 결론 | 성경과 전혀 다르다 | 하나님의 말씀이다 |

이필찬 박사는 사도 요한이 묵시문헌의 영향을 받아서 '어떻게' 기록했다든지, 사도 요한이 어떤 의도를 갖고 '이렇게' 썼다고 말한다. 만일 무천년설 지지자들의 주장과 같이 사도 요한이 누군가의 영향을 받고, 자신의 의도와 생각을 갖고 썼다고 가정하면, 요한계시록의 '계시성'을 부인하는 것이다. 이것은 사소한 오류가 아니라 중대한 오류이다.

## 5. 계시와 묵시

### 1) 계시란 무엇인가?

계시(啓示, Revelation)란 아포칼립시스(Άποκάλυψις, Revelation)로서 '감추인 것을 드러내다', '나타내다', '폭로하다'라는 의미이다. 사전적인 의미는 "인간 스스로는 도저히 알 수 없는 감춰져 있고 덮어 있던 것을 직접 열어 보이거나 알려주는 것"을 말한다.(마 16:17; 롬 16:25~26). '啓'는 '열 개'와 '示'는 '보일 시'로 "열어서 보인다"는 것을 의미한다.

성경에서 '계시'가 쓰인 사례를 찾아보자. 마태복음 16:17에서 "예수께서 대답하여 가라사대 바요나 시몬아 네가 복이 있도다 이를 네게 알게 한 이는 혈육이 아니요 하늘에 계신 내 아버지시니라"고 말씀한다. '알게 한'이란 단어는 '계시'를 의미하는 άπεκάλυψέν(아포칼립센)으로 "덮개를 제거하다, 나타내다, 덮인 것을 열어놓다"라는 의미를 가진 άποκάλυπτω(아포칼립토)의 '3인칭 과거 능동태'로 αποκαλυψις(아포칼립시스)의 동사형이다. 베드로가 예수님을 "주는 그리스도시요 살아계신 하나님의 아들이십니다"라고 고백한 것이 아버지의 계시로 알게 되었다는 것을 가리킨다.

사울은 다메섹 도상에서 부활의 주님을 만났다. 그는 하늘에 계시는 분이 누구인지를 몰랐기 때문에 "주여 누구십니까?"라고 물었고, 주님은 "나는 네가 핍박하는 예수다"라고 말씀하셨다. 사울은 나사렛 예수가 하늘에 계셔서 지금 말씀하실 때, 그분이 메시아이시며 하나님의 아들이라는 것을 비로소 알았다. 그는 하나님을 경외한다고 확신했지만, 실상은 메시아를 핍박하고 있었음을 깨달았다. 사울의 경우 직접적으로 '계시'라는 단어가 사용되지 않았지만, 주님의 계시이다. 사울은 나사렛 예수께서 메시아이며 하나님의 아들이심을 '자신의 지식'으로 알 수 없었고, '주님의 계시'가 있을 때 비로소 알게 되었다. 사울은 그리스도인들을 핍박한 것이 하늘에 계신 주님을 핍박한 것임을 알게 되었고, 나사렛 예수를 그리스도이시며 하나님의 아들로 믿었다. 사울이 예수님을 메시아로 믿는 것은 사울 스스로 알 수 없고, 주님의 계시가 있을 때에 비로소 알게 됐음을 가리킨다.

로마서 16:25~26은 "나의 복음과 예수 그리스도를 전파함은 영세 전부터 감추어졌다가 이제는 나타내신 바 되었으며 영원하신 하나님의 명을 따라 선지자들의 글로 말미암아 모든 민족이 믿어 순종하게 하시려고 알게 하신바 그 신비의 계시(the revelation of the mystery)를 따라 된 것이니"라고 말씀한다. 여기에도 계시(ἀποκαλυψις, 아포칼립시스)가 언급된다.

갈라디아서 1:11~12에서 사도 바울은 "형제들아 내가 너희에게 알게 하노니 내가 전한 복음은 사람의 뜻을 따라 된 것이 아니니라 이는 내가 사람에게서 받은 것도 아니요 배운 것도 아니요 오직 예수 그리스도의 계시로(by the revelation of Jesus Christ) 말미암은 것이다"라고 말씀한다. 여기서의 '계시'도 'ἀποκαλυψις'(아포칼립시스)로 계시록의 "예수 그리스도의 계시"와 동일한 단어이다.

## 2) 묵시란 무엇인가?

묵시(默示)는 '默'은 '잠잠할 묵', '示'는 '보일 시'로, "직접적인 말이나 행동으로 드러내지 않고 은연중에 뜻을 나타내 보인다"라는 의미이다. 묵시문학은 그 뜻을 '드러내지 않고' 은밀하게 숨겨놓았다. '다빈치 코드'(The Da Vinci Code)는 6,050만부나 발행된 베스트 셀러로 유명한 소설이다. 이 소설은 묵시문헌의 성격과 유사한데, 거대 조직의 음모를 밝히는 스릴러 장르로서 기호학자 로버트 랭던이 파리의 루브르 박물관에서 벌어진 살인 사건을 조사하면서 시온 수도회와 오푸스 데이가 연관되며 나사렛 예수 그리스도가 막달라 마리아와 결혼하여 아이를 가졌다는 가정을 전제로 한다. 이 책은 예수 그리스도와 막달라 마리아가 결혼하여 '사라'라는 딸을 낳고, 그 사라의 후손이 프랑크의 메로빙거 왕조의 왕과 신성로마제국의 황제 혈통으로 이어졌다는 내용으로 모두 '픽션'(fiction, 허구)이다.

여기서 언급된 '다빈치 코드'는 살인 사건의 피해자가 남긴 메시지들을 말하는 것으로, 살해된 시신 옆에 수수께끼의 메시지와 함께 배 위에 '별 문양'을 피로 그려 놓았다. 다빈치 코드는 사람들의 호기심을 일으킬 만한 이슈인 예수의 결혼과 예수가 낳은 딸의 자손과 곳곳에 '숨겨진 코드들'이 있지만, 모두 허구(fiction)이다. 묵시문학은 당시 사람들의 관심을 끌 만한 '코드(code)'를 숨겨놓는 형식을 취했기에 '그 시대의 다빈치 코드'라고 할 수 있다.

　요한계시록은 다빈치 코드 같은 묵시문학류의 책이 아니라 '계시'(Ἀποκάλυψις, Revelation)이다. 요한계시록을 요한묵시록이라 부르는 것은 본질적인 차이를 간과한 것이다. 왜냐하면, 묵시문학은 사람의 생각과 의도를 묵시의 형태를 빌어 쓴 것이기 때문이다. 계시와 묵시의 차이는 아래의 표와 같이 확연히 구별된다. 묵시문학은 여러 문학 가운데 한 형태라 부를 수 있다. 그러나 계시록을 묵시문학으로 부르는 것은 계시록의 계시성을 부인하고, 사람의 저작으로 간주하기 때문에 잘못된 관점이다.

| | 계시 | 묵시 |
|---|---|---|
| 1.근원 | 하나님 | 사람 |
| 2.성령의 영감 | 성령의 영감과 계시 | 천사의 계시를 꾸밈 |
| 3. 쓴 사람 | 기자(記者) | 저자(著者) |
| 4. 기록 목적 | 하나님의 경륜 알림 | 저자의 사상 전파 |
| 5. 익명성 | 저자 밝힘<br>사도 요한 | 가명 및 익명 or<br>예언자 이름 도용 |
| 6. 독자에게 | 덮은 것을 열어 밝힘 | 은밀하게 숨김 |
| 7. 같은 종류 | 성경 66권 | 외경 및 위경들 |
| 8. 오류성 | 오류가 없다 | 오류가 많다 |
| 9. 묵시문학 | 계시(not 묵시문학) | 묵시문학 |

## 6. 묵시문학에 대한 필자의 견해

　첫째, 이필찬 박사는 "요한이 이 단어를 사용했던 시기에 이 단어가 묵시문헌을 가리키는 '전문적인 의미'를 가지고 있었는지는 불확실하지만, 그럼에도 불구하고 요한계시록 내 묵시 문헌적 요소들이 산재해 있는 것만큼은 확실하다"라고 주장한다. 이것은 스스로 불확실하다고 말하면서, 요한계시록 내에 묵시문헌적 요소들이 산재해 있는 증거들을 제시하지 않은 채 '확실하다'고 주장하는 것은 비논리적이다.

둘째, 이 박사가 계시록을 묵시문헌으로 간주하는 것은 계시록의 '영감성'과 '계시록의 계시성'을 부인하는 결과를 가져온다. 그런 이유는 요한계시록은 예수 그리스도의 계시로 말미암아 쓰여진 책이지만, 묵시문헌은 하나님의 계시가 없었는데 천사의 계시를 받은 형식을 빌어 쓴 것이기 때문이다. 위에서 구덕관 교수가 양자를 비교한 것처럼, 묵시문헌은 계시록의 근원과 방법과 내용이 전혀 다르다. 묵시문헌은 그것을 저작한 자의 사상과 의도와 상상이 더해진 것으로서 오늘날의 '다빈치 코드'와 같은 문서이기 때문에, 요한계시록을 묵시문헌으로 간주하는 것은 요한계시록의 계시성을 부인하는 결과를 가져온다.

셋째, 묵시문헌에는 14권의 외경과 위경이 있다. 이들이 정경인 성경에 포함되지 못한 것은 그것이 '사람의 문학적 작품'에 불과하기 때문이다. 이필찬 박사가 계시록을 묵시문헌으로 취급해서 양자를 동일시하는 것은 요한계시록의 권위를 훼손하고 상대적으로 묵시문헌을 성경과 같이 높이는 결과를 가져오기 때문에 중대한 오류이다.

넷째, 이 박사는 "묵시문학은 시공간의 초월적 실제를 드러내는 내러티브 틀을 가지고 있다"라는 콜린스의 견해를 인용했는데, 그것은 묵시문학의 공통된 성격을 말했을 뿐이지, 요한계시록이 묵시문학과 같다는 증거가 되지 못한다.

다섯째, 이 박사는 요한계시록은 이러한 묵시문학적 특징을 적용함으로써, 이 세상에 존재하는 교회 공동체가 그리스도 안에서 하늘과 종말을 이미 경험한다는 것을 표현하고자 한다고 주장했다. 이 땅에 존재하는 교회가 어떻게 하늘의 축복을 경험할 수 있는가? 만일 교회가 땅에 있으면 하늘에 있을 수 없고, 하늘에 있다면 이 땅에 없다는 사실을 그는 구별하지 못했다.

박해받는 서머나 교회의 예를 들어보자. 주님은 장차 '열흘 동안'(로마 10대 황제의 박해를 의미) 환난을 받을 것을 말씀하시면서 "네가 죽도록 충성하라 그리하면 내가 생명의 면류관을 네게 주리라"(계 2:10)고 약속하셨다. 이 박사의 견해대로 한다면, 박해받는 서머나 교회는 '동시에' 하늘을 이미 경험하고 있다는 것이 되는데, 그것이 가능한가? 이 말씀은 서머나 교회가 끝까지 신실하여 박해에 굴하지 않고 믿음을 지킬 때, 순교 즉 '죽임을 당할 것'을 의미한다. 이것이 이 땅에서 벌어지는 상황이다. 서머나 교회가 박해받을 때 '하늘을 경험'하는 것이 아니라, '주님의 임재'를 경험한다. 스데반도 순교를 당할 때 하늘이 열리고 보좌 우편에 서신 그리스도를 보았다. 이것은 하늘을 경험한 것이 아니라, '주님의 임재'를 경험한 것이다.(둘러서 있는 유대인들은 아무도 보지 못했다) 그 약속의 성취는 주님의 재림의 때에 그리스도의 심판석에서 인정받아 '면류관'을 받고 천년왕국의 왕으로 그리스도와 함께 통치할 때 하늘을 경험한다고 할 수 있다. 주님의 약속은 미래에 있을 일들로서, 이 땅에서 박해를 받는 서머나 교회가 '동시에' 하늘과 종말을 이미 경험하는 것이 아니다. 서머나 교회가 이 땅에서 "주님의 임재"를 경험하고 누리는 것은 "하늘의 축복을 미리 맛본다"라고 말할 수 있다.

## 7. 요한계시록의 구조

### 1) 무천년설과 전천년설이 보는 요한계시록의 구조의 비교

무천년설이 보는 요한계시록의 구조와 전천년설이 보는 구조는 전혀 다르다. 그런 이유는 계시록을 보는 관점이 전혀 다르기 때문이다. 예를 들어 1:3의 "이 예언의 말씀을 읽는 자와 듣는 자와 그 가운데에 기록한 것을 지키는 자는 복이 있나니 때가 가까움이라"는 구절을 보자. 여기의 "때가 가까움이라"는 구절을 무천년설은 예수님의 초림으로 인한 은혜로운 결과를 가리킨다고 간주한다. "때가 가깝다"는 계시록의 메시지는 '주님의 재림'을 가리키는 것임에도 불구하고 '초림'으로 해석한다. 무천년설은 심지어 1장 7절의 "볼지어다 그가 구름을 타고 오시리라"는 구절이 '주님의 재림'을 가리키는 말씀임에도 불구하고, 이필찬 박사(무천년설)는 '주님의 승천'을 가리킨다고 해석한다.(필자 주: 잘못된 해석이다) 그 결과 무천년설은 계시록 1~11장을 "예수님의 초림 사건과 관련된 내용이 지배적이다"고 간주한다.

예수님의 초림은 복음서에 기록됐다. 복음서와 가장 가까운 사도행전에서 초림에 관한 것을 찾는다면 '연목구어'(緣木求魚)일 것이다. 복음서의 마지막 장과 사도행전의 첫 장은 주님이 초림으로부터 구속 사역을 완성하시고 승천하신 것으로 일단락되었기 때문이다. 계시록은 그리스도가 승천하신 후 하늘의 대제사장으로서, 하나님의 경륜을 수행하시는 분으로서 일곱 인을 떼시는 분임을 보여준다. 계시록 1~11장은 승천 후부터 재림까지의 전반적인 조망을 간략히 보여주고, 12~22장은 주요 주제들에 대한 상세한 내용을 보여준다. 따라서 계시록의 전반부는 '조망부'이고 후반부는 '상세부'라고 할 수 있다. 계시록의 전반부는 건축설계의 '조감도'와 같은 '조망부'라고 할 수 있다.

| 계시록 | 무천년설 (이필찬) | 전천년설 (필자) |
|---|---|---|
| 1~11장 | 초림 사건과<br>관련된 내용 지배적 | 승천 후부터 재림까지<br>전반적인 조망부(조감도) |
| 12~22장 | 재림이 상대적으로 많음<br>초림 상대적으로 적음 | 중요 주제별 상세부<br>(설계도의 상세도면) |
| 해석법 | 병렬식 해석<br>(초림부터 재림까지) | 직렬식 해석<br>(승천 후부터 재림까지) |
| 원칙 | 초림은 복음서에! 다른 성경은 관계 없다 | |

## 2) 성경이 보여주는 요한계시록 구조

무천년설은 요한계시록의 구조를 '병렬식'으로 간주한다.(오류이다) 요한계시록의 문맥을 통해서 구조를 파악하는 것은 계시록을 이해하는데 중요하다. 아래의 계시록 문맥 구조 도표는 계시록을 이해하는데 유익할 것이다.

1. (1:1~8) 요한계시록 서론부
본론부
2. (1:9~20) 본론부1 - 네가 본 것들
    1) 일곱 금 등대  2)인자이신 그리스도  3) 일곱 별들
3. (2장~3장) 본론부2 - 현재 있는 것들: 일곱 교회들
4. (4장~22:5) 본론부3 - 장차 있을 일들
    A.(4장~11장) 계시록의 전반적인 "조망부"
        1) 4장 - 하늘의 보좌의 광경
        2) 5장 - 어린 양

3) 6장 - 일곱 인

4) 7장 - (삽입부) 인맞은 14만 4천과 능히 셀 수 없는 큰 무리

5) 8장 - 일곱째 인과 네 나팔

6) 9장 - 다섯째 나팔과 여섯째 나팔

7) 10장 - (삽입부) 힘센 다른 천사

8) 11:1~13 (삽입부) 거룩한 성의 짓밟힘과 두 증인

9) 11:14~19 일곱째 나팔

B. (12장~22:5) 계시록의 중요 주제들의 "상세부"

1) 12장 - 남자 아이를 낳은 여자와 붉은 용

2) 13장 - 두 짐승(적그리스도와 거짓 선지자)

3) 14장 - 첫 열매로부터 진노의 포도주틀 까지

4) 15장 - 유리 바다 가에 선 자들

5) 16장 - 일곱 대접 재앙

6) 17장 - 큰 음녀 심판

7) 18장 - 큰 바벨론 심판

8) 19:1~10 어린양의 혼인 잔치

9) 19:11~21 아마겟돈 전쟁

10) 20장 - 사탄의 감금과 천년왕국과 곡과 마곡 전쟁

11) (20:11~15) 백보좌 심판

12) (21:1~22:25) 새 하늘과 새 땅 새 예루살렘

5. (22:6~21) 계시록의 결론부

ἃ εἶδες    ἃ εἰσίν    ἃ μέλλει γίνεσθαι μετὰ ταῦτα

| 서론<br>계1:1-8 | 본 것들<br>계1:9-20 | 지금 있는<br>일들<br>계2-3장 | 장차 될 일들 계4:-22:5 | | 결론<br>계22:6-21 |
|---|---|---|---|---|---|
| | | | 전반적인 조망<br>계4-11장 | 상세한 조명<br>계12-22장 | |
| 속히 될 일 | 일곱 금촛대 | 에베소 교회 | 4장 하나님의 보좌 | 12장 여자& 붉은 용 | |
| 예언말씀 | 인자 그리스도 | 서머나교회 | 5장 어린 양 | 13장 두 짐승 | |
| 구속목적 | 일곱 별들 | 버가모교회 | 6장 일곱 인 | 14장 처음 익은열매 | |
| 구름타고<br>오리라 | | 두아디라교회 | 7장 삽입부: 두 종류 | 15장 유리바다 가에 선 자들 | |
| | | 사데 교회 | 8,9장 일곱 나팔 | 16장 일곱 대접 재앙 | |
| | | 빌라델비아 교회 | 10장 힘센 다른 천사 | 17장 큰 음녀 심판 | |
| | | 라오디게아 교회 | 11:1-13 삽입부 | 18장 큰 바벨론 심판 | |
| | | | 11:14-19 일곱째 나팔 | 19장 어린양 혼인&아마겟돈 전쟁 | |
| | | | | 20장 사탄 감금-천년왕국 | |
| | | | | 21, 22장 새 하늘과 새 땅 | |

**[요한계시록의 문맥 구조 도표]**

# Chapter 02 ·
# 요한계시록의 위대한 첫 구절(1:1a)

"예수 그리스도의 계시라"(The Revelation of Jesus Christ)

Ἀποκάλυψις Ἰησοῦ Χριστοῦ.(아포칼뤼프시스 이에수 크리스투)

요한계시록의 첫 구절은 요한계시록이 기록된 목적과 특성과 근원을 잘 보여 준다. 이 의미를 잘 이해하기 위해서 창세기의 첫 구절을 소환해 보자. 모든 성경을 비롯한 계시록의 모판과 뿌리가 되는 성경의 첫 책인 창세기는 어떤 말씀으로 시작되는가?

"태초에 하나님이 천지를 창조하시니라"

"In the beginning God created the heavens and the earth"

성경의 첫 번째 책, 첫 장 첫 절은 매우 간결하면서도 놀라운 뜻을 함축하고 있다. '태초에'(In the beginning)는 시간을 의미하며, 시작이 있음을 계시한다. 또한 그 시작은 우연한 일이 아니라 하나님에 의해 창조된 것임을 계시한다. 이것은 하나님께서 태초 전에 계신 분 즉 영원 전부터 계시는 분임을 암시한다. 천지(히브리어 원문은 שָׁמַיִם 샤마임, '하늘들' 의미)를 창조하셨다는 것은 우연히 만들어졌다는 진화론이 거짓임을 드러내고 하나님에 의해서 창조(히: 'bara, 바라' 무에서 유의 창조 의미)되었음을 계시한다. 만일 이 계시가 없었다면, 사람들은 창조의 결과만을 볼 뿐 그것이 어떻게 존재하는지를 결코 알 수 없을 것이다. 창세기의 첫 구절은 진화론을 비롯한 여러 가지 추론들을 허용하지 않고 창조의 세계관을 제공한다.

창세기의 첫 구절에 비견되는 말씀을 신약에서 찾아보자. 복음서의 네 번째 책인 요한복음의 첫 구절이 창세기와 유사하다. "태초에 말씀이 계시니라. 이 말씀이 하나님과 함께 계셨으니 이 말씀은 곧 하나님이시니라" 요한복음도 창세기와 같이 '태초에'(In the beginning)라는 동일한 구절로 시작된다. '문자적'으로 동일한 구절이기 때문에 동일한 의미로 간주할 가능성이 있다. 성경의 깊은 의미를 간과한 것이다. 창세기의 '태초에'(In the beginning)는 '천지를 창조할 때의 시작' 즉 '시간이 시작될 때의 태초'를 의미한다. 이와 반면에 요한복음의 '태초에'(In the beginning)는 그 시점이 창세기와 차이가 있는데, 말씀이신 하나님이 계실 때의 태초를 말한다. 따라서 요한복음의 '태초에'는 창세기의 '태초'를 무한으로 거슬러 올라간 '영원 과거'를 의미한다. 그런 근본적인 원인이 무엇인가? 요한복음은 사복음서의 마지막 책으로서 예수 그리스도께서 하나님이심을 계시하기 때문이다. 사람의 눈에 '나사렛 예수'는 '요셉의 아들', '목수의 아들'이었다. 그러나 그분 안에는 '영원한 하나님의 신성'이 있는 하나님이셨다.

이와 같은 성경의 특성과 원칙은 요한계시록에도 적용된다. 왜냐하면, 창세기와 요한계시록은 성령의 감동으로 기록된 하나님의 말씀이기 때문이다. 신약 성경의 마지막 책이며, 성경 전체의 마지막 책, 요한계시록의 첫 구절도 그 위치와 특성상 매우 독특하다.

"예수 그리스도의 계시라"(The Revelation of Jesus Christ)

초대 교회 시대의 사도들과 성도들은 이 위대한 첫 구절을 어떻게 읽었는가?

Ἀποκάλυψις Ἰησοῦ Χριστοῦ.(아포칼뤼프시스 이에수 크리스투)

성경의 완성을 담은 계시록의 첫 구절의 핵심 두 단어는 첫째는 예수 그리스도, 둘째는 계시이다. 이해를 돕기 위해 두 번째 핵심 단어인 계시를 먼저 상고해 보자.


# 1. 계시란 무엇인가?

계시는 헬라어 '아포칼립시스'(Ἀποκάλυψις, Revelation)이다. 이 단어는 "감추인 것을 드러내다, 나타내다, 폭로하다"라는 의미이다. 이것이 어떤 의미인지 두 방면, 즉 계시를 주시는 하나님과 계시를 받는 대상인 사람의 위치에서 상고할 필요가 있다. 계시록의 모든 말씀은 하나님의 비밀의 경륜이 담겨 있다. 따라서 인간의 지혜와 능력으로 스스로 알 수 없다. 그런데 하나님께서 이 '감추인 것들'을 교회에 드러내어 보여주기를 원하신다. 계시라는 단어에 담겨 있는 하나님의 의도는 "사람이 스스로 알 수 없는 감춰진 하나님의 비밀의 경륜들을 교회에 알게 하시기를 원하신다"라는 것을 함의한다. 하나님께서는 '드러내어'(revealed) 알게 하시기를 원하시는데, 만일 "우리가 어떻게 하나님의 계시를 알 수 있습니까?"라는 태도를 보인다면 이것은 어떤 의미인가? 첫째는 겸손, 둘째는 무지, 세째는 교만! 세 가지 중에 한두 가지에 해당할 것이다.

계시에는 일반 계시(natural revelation)와 특별 계시(special revelation)가 있다. 일반 계시란 동식물계와 물리학과 우주를 통해서 하나님의 존재와 영적인 것들에 대한 지식을 간접적으로 보여주는 것을 말한다. 사람이 타락함으로 말미암아 하나님을 알지 못하게 되었다. 그래서 하나님께서는 '특별 계시'를 주셨다. 바로 그것이 '성경'이다. 계시록을 비롯한 모든 성경은 특별 계시이다. 요한계시록은 신약뿐만 아니라 성경 전체의 마지막 책으로서 하나님의 약속과 예언이 어떻게, 언제 성취될 것인가를 보여준다. 따라서 '성경의 결론'이라고 할 수 있다. 만일 계시록이 없다면, 하나님의 구원 계획이 어떻게 성취될지 사람은 알 수 없다. 그러므로 계시록은 성경 가운데 '한 책'이지만, 그 위치와 특성상 매우 중요하다.

성경 66권 가운데 가장 멀리하고, 소홀히 여기는 책이 있다면, 아마도 요한계시록일 것이다. 흔히 "계시록은 어려운 책이다, 난해한 책이다, 칼빈도 계시록 주석을 못 썼는데 우리가 어떻게 계시록을 알 수 있는가?"라는 말이 회자된다. 그런데 그 이면을 뒤집어 보면 많은 모순을 함의하고 있음을 알게 된다. 계시록이 어려운 책인 것도 사실이고, 칼빈이 계시록 주석을 쓰지 못한 것도 사실이다. 칼빈이 유일하게 계시록 주석을 쓰지 못한 이유는 우리가 생각하는 것과 다를 수 있다. 그 시대의 이슈는 계시록이 아니라, 로마 가톨릭으로부터의 종교개혁으로, 칭의와 구원에 대한 것이었다. 각 시대마다 당면한 이슈와 문제가 있고, 따라서 다른 이슈들은 생각지 못했다는 것을 염두에 둬야 한다. 인생은 짧고 세상은 넓다고 하는데, 성경에 담긴 하나님의 진리는 그 깊이와 넓이와 높이가 가늠할 수 없이 깊고 심오하다. 계시록을 함부로 다루지 않아야 한다는 것이 옳다고 해서 다른 성경은 함부로 다뤄도 된다는 뜻은 아닐 것이다. 모든 성경은 하나님이 주신 선물로 소중하게 다뤄야 한다. 오히려 계시록은 다른 성경보다 더 어렵고 난해하기 때문에 더욱 성경을 읽고 연구하여 하나님의 선하고 온전하신 뜻을 분별하고 추구해야 한다. 오늘날 목회자와 성도들에게 계시록이 낯설고 생소하다면, 그것은 하나님의 문제가 아니라 우리들의 문제이다. 게다가 계시록에 대한 해석도 '십인십색', '이현령비현령'의 상황은 전적으로 우리들의 잘못된 태도에 기인한다. 오늘날 교회의 '참된 회복'을 위해서 '오직 성경'으로 돌아가야 한다.

## 2. 계시의 내용

　계시록은 예수 그리스도의 계시임을 밝힌다. 이 기본적인 진리에 대한 많은 대적과 도전들이 있다. 우후죽순처럼 나타나는 수많은 이단의 공통점은 계시록을 자신의 의도와 목적을 합리화하는 도구로 사용하기 때문이다. 자신을 보혜사라 주장하는 이만희가 계시를 받았다는 것은 후안무치하기 때문에 언급할 가치도 없다. 하지만 현재 많은 사람들이 미혹되고 또 계속되고 있는 상황이기 때문에 언급하지 않을 수 없다. 이단인 신천지 이만희는 "어느 날 저녁 기도 중 큰 별(천사)이 내 머리 위에 임하였고 자신만이 계시록의 진상을 보았다"라고 주장한다. 또한 그가 쓴 『계시록 완전 해설』서문에서 성령의 지시를 따라 기록했음을 스스로 밝혔다.

> 나 저자는 1957년 5월 10일 속세를 떠나 입산 수도길에서 성령체를 만나 혈서로 충성을 맹세한 후 OO교회로 인도되었고 3년 후 본교회로부터 버림을 받아 다시 시골 농민이 되었다. 그 후 1980년 봄, 구름을 입고 오시는 성령체에게 안수를 받고 책과 지팡이를 받게 되었으며, 성령에 이끌리어 가서 책에 기록된 말씀의 실체 곧 하나님의 사자들의 조직의 비밀과 사단의 사자들 조직의 비밀을 보여주시며 책에 써서 교회들에게 보내라는 성령의 지시를 따라서 기록한 것이므로 이 책은 사람의 고안이나 지식과 연구로 낸 것이 아니다. (이만희, 『계시록 완전 해설』)

이만희의 체험이 거짓이라는 증거는 스스로 자랑스럽게 말한 '혈서 충성 맹세'에도 드러난다. 하나님의 역사는 선하고 영광스럽고 또한 인격적이신데, 하나님이 이만희를 부르시는 방법과 전혀 다르다. 이만희가 성령체를 만난 후 혈서를 써서 충성 맹세를 했다는 것은 마치 예수님 당시의 독립운동을 하는 셀롯 당원들이나 일제 강점기 독립지사들이 단지를 하고 혈서를 쓰는 모습을 연상케 한다. 세상에서는 '피의 맹세'가 대단한 방법임에 틀림없지만, 성경에서는 결코 그런 종류의 충성 맹세가 없다. 하나님의 역사에는 하나님의 성품이 내재되어 있고 세상의 방법과 다르기 때문이다. 따라서 이만희가 성령체를 만나 혈서를 썼다는 것은 자신의 체험을 극대화시키기 위한 목적으로 인위적으로 자작(自作)했다는 반증이다.

만일, 이만희의 주장이 사실이라고 가정한다면, 계시록 1:1은 적어도 "보혜사 이만희의 계시다"라고 기록된 후에야 가능하다. 그런데 그렇게 편집된 성경은 신천지에도 없을 것이다. 이런 기본적인 사실은 이만희가 주장하는 체험은 안식교(제칠일 안식일 예수 재림교회)의 엘런 화이트가 하나님께서 직접 주신 계시라고 주장하며 쓴 '40여 권의 예언의 신'이나, 몰몬교로 불리는 예수 그리스도 후기 성도교회를 세운 조지프 스미스 2세가 천사 모로니의 계시를 통해 금판을 받아 번역한 '모르몬경'(Book of Mormon)을 쓴 이단들과 같은 부류의 또 다른 아류에 불과하다는 것을 의미한다.


### 3. Ἰησοῦ Χριστοῦ에 대한 '주격적 소유격'용법과 '목적격적 소유격'용법

Ἰησοῦ Χριστοῦ(이에스 크리스투, 예수 그리스도의)는 문법적으로 두 가지 용법으로 번역될 수 있다. 주격적 소유격 용법과 목적격적 소유격의 두 경우이다. 첫째, "주격적 소유격 용법"의 의미로 사용될 때 소유격은 주격이 되어 소유격이 수식하는 명사는 동사가 된다. 따라서 "예수 그리스도께서 계시하신 것이다"라는 의미가 된다. 1절도 "하나님께서 예수 그리스도에게 계시를 주었다"라고 말씀하기 때문이다. 박윤선 박사나 이필찬 박사도 이에 동의한다.

둘째, "목적격적 소유격"으로 해석될 경우이다. 이때 '예수 그리스도'는 목적어가 되고, '계시'는 동사로서 "예수 그리스도를 계시한다"는 의미가 된다. 이와 같이 두 가지 해석이 가능하다. 그런 까닭에 무천년설을 대표하는 그레고리 K. 비일은 『NIGTC 요한계시록』(새물결플러스, p.318)에서 그의 견해를 말했다.

> 그 계시가 예수 그리스도에 의하여 또는 예수로부터 주어진 것을 의미할 수 있다.(주어 소유격 또는 기원의 소유격) 하지만 그 어구는 그 계시가 예수에 관한(목적격 소유격) 것임을 말할 수도 있다(그레고리 K. 비일, 『NIGTC 요한계시록』, 새물결플러스, p.318)

김추성 박사는 『요한계시록 1~9장 주석집』(킹덤북스, p.98~99)에서 그레고리 K. 비일과 같은 '중용적 견해'를 밝혔다.

> 예수 그리스도의 계시란 무엇을 말하는가? 'Ἰησοῦ Χριστοῦ(예수 그리스도)'는 소유격으로 사용되었으며 여기서 소유격은 두 가지, 주격적 소유격과 목적격적 소유격으로 해석할 수 있다. (중략) 따라서 목적격적 소유격 의미를 굳이 배제할 필요가 없다. 다시 말해서 'Ἰησοῦ Χριστοῦ(예수 그리스도)'는 주격적 소유격과 목적격적 소유격을 모두 포함할 수 있으므로 두 가지를 첨예하게 대립시킬 필요가 없다. 요한계시록은 예수께서 주시는 계시인 동시에 예수님을 계시하는 책이다.(김추성, 『요한계시록 1~9장 주석집』, 킹덤북스, p.98~99)

무천년설 입장을 가진 그레고리 K. 비일과 김추성 박사는 'Ἰησοῦ Χριστοῦ(예수 그리스도의)'는 주격적 소유격과 목적격적 소유격을 모두 포함할 수 있기 때문에 두 가지를 대립시킬 필요가 없다는 견해를 피력했다. '문법적으로' 볼 때 두 가지 의미가 가능하기 때문에 "어떤 것을 의미하는가?"라는 학자들 간의 논쟁이 있을 수 있고, 어느 쪽을 선택해야 할 것인지 딜레마에 빠질 수 있다.

필자는 다음과 같은 근거로 '목적격적 소유격'의 의미 즉 "계시록은 예수 그리스도를 계시"한다는 견해를 밝힌다. 위의 학자들은 '문법적인 방면'을 주시했기 때문에 양쪽을 포용할 수 있다고 주장했다. 필자는 문법적인 두 가지 용례 가운데 계시록의 문맥(context) 안에서 어떤 의미인지를 찾아야 한다는 견해이다. 더 나아가 계시록은 성경 안에 있는 계시이기 때문에 모든 성경과 동일한 메시지를 담고 있다. 모든 성경이 예수 그리스도를 계시하는 것처럼, 성경의 마지막 결론인 계시록도 다른 성경에서 보여주지 않은 독특하고 완전한 계시를 담고 있기 때문이다. 'Ἰησοῦ Χριστοῦ(예수 그리스도의)'는 '목적격적 소유격'이다. 계시록은 모든 문맥에서도 예수 그리스도를 증거한다.

## 4. 예수 그리스도의 완전한 계시로서 계시록

만일 필자가 무천년설 학자들과 견해가 같다면, 이 주제를 쓸 필요가 없을 것이다. 먼저 계시록의 위치를 알기 위해서 성경 전체의 흐름과 목적을 상기할 필요가 있다. 계시록은 독불장군처럼 홀로 존재하지 않는다. 신구약 성경 전체 가운데 한 부분이다. 물론 마지막 책이고, 성경의 결론에 해당하기 때문에 중요한 위치를 차지한다. 계시록을 바로 보기 위해서 성경 전체를 통해 우리들에게 말씀하시고자 하는 핵심 메시지의 '큰 숲'을 보면서, 계시록을 이해할 때 온전한 메시지를 볼 수 있다.

하나님께서 신구약 성경을 우리에게 주신 가장 큰 목적은 무엇인가? 향방 없이 허공을 치지 말고 성경이 기록된 목적을 찾아보자. 성경을 연구할 때 빈번하게 발생하는 실수는 '일부'를 발견하고 그것을 '전부'로 여기는 데 있다. 따라서 모든 성경에서 어떻게 말씀하는지를 조명하고 연구할 때 '성경의 메시지'를 찾을 수 있다. 이것이 성경 해석의 기본 원칙 즉 QST의 원칙이다.

### 1) 요한복음 5:39

실제 사례를 찾아보자. 예수님께서 베데스다 못가의 38년 된 병자를 고치셨다. 유대인들은 안식일에 이런 일을 행한다고 예수님을 박해했다. 이런 상황에서 주님은 유대인들에게 성경에 대한 중요한 말씀을 하셨다.

> 너희가 성경에서 영생을 얻는 줄 생각하고 성경을 연구하거니와(Search the scriptures) 이 성경이 곧 내게 대하여 증언하는 것이니라(요 5:39)

성경이란 '모세와 선지자의 글들'인 '구약의 모든 성경'을 가리킨다. 주님은 모든 성경이 '내게 대하여' 즉 '예수 그리스도'에 대하여 기록되었음을 상기시키고 지적하신다. 아마 이런 의미일 것이다. "너희가 성경을 통해서 영생을 얻는 줄 생각하고 성경을 연구하지 않느냐? 그런데 그 성경이 '내게 대하여' 즉 '예수 그리스도'에 대하여 기록된 것이라는 가장 중요한 것을 잃어버렸구나. 성경에 기록된 영생은 너희 앞에 있는 '예수 그리스도'를 믿는 자에게 주어지는 선물이다. 너희들은 그림자만 붙들고 '그 그림자의 실체'인 '예수 그리스도'가 너희 앞에 있는데 나를 영접하지 않고 오히려 대적하고 있다. 성경이 증거하는 것은 다른 어떤 것이 아니라 바로 '예수 그리스도'이다"

## 2) 요나서 사례

요나서의 사례를 보자. 선지자 요나는 하나님 말씀에 불순종하여 '큰 물고기 뱃속에서 밤낮 사흘을 있다가 나왔다. 전통적으로 하나님의 능력이 무한하다는 정도로 이해한다. 이것이 전적으로 틀린 것이 아니기 때문에, 성경의 중심 주제를 놓친다. 요나의 기사는 외적으로 기적적인 일이기 때문에 하나님의 능력을 주제로 간주할 수 있다. 문제는 그것이 전부가 아니라는 데 있다. 다시 말하면, '중심 주제', '핵심 메시지'가 아니다. 모든 성경이 그러하듯이 요나서도 '내게 대한 것' 즉 '예수에 대한 것'이 중심이다.

혹자는 "그런 증거가 어디에 있는가?"라는 의문을 가질 것이다. 마태복음 12장에는 하늘에서 내려온 표적을 구하는 바리새인들에게 예수님께서 요나의 사건(이것은 전 개신대학교대학원의 김구원 교수와 숭실대의 권연경 교수가 말하듯이 '픽션'이나 '소설'이 아니다)을 언급하며 인자이신 주님의 십자가의 죽음과 부활을 말씀하셨다. 마태복음 12:39~40을 보자.

> 예수께서 대답하여 이르시되 악하고 음란한 세대가 표적을 구하나 선지자 요나의 표적(sign) 밖에는 보일 표적이 없느니라 요나가 밤낮 사흘 동안 큰 물고기 뱃속에 있었던 것 같이 인자도 밤낮 사흘 동안 땅 속에(in the heart of the earth) 있으리라 (마 12:39~40)

요나가 물고기 뱃속에서 밤낮 사흘을 있다가 나온 것은 '외적으로' 기적일 뿐만 아니라 '내적으로' 표적(sign)이다. 표적이란 주님이 어떤 분이신지를 보이는 또 다른 의미가 있음을 가리킨다. 요나를 통하여 '요나보다 더 크신 분'인 예수 그리스도께서 십자가에 죽으시고 장사되어 '땅속 심장부'에 사흘 동안 계셨다가 부활할 것을 가르치신 것이다. 따라서 요나서의 가장 중요한 메시지는 "예수 그리스도의 죽음과 부활"이다. 그런 후에 부주제로서 이방 선교도 있고, 회개도 있고, 하나님의 능력도 있다.

### 3) 누가복음 24장 엠마오로 내려가는 제자들

성경이 어떤 책인지를 예증하면서 빼놓을 수 없는 중요한 사례는 누가복음 24장이다. 실망과 절망에 빠져 엠마오로 내려가던 두 제자와 부활의 주님이 동행하시면서, 매우 중요한 말씀을 하셨다.

> 이르시되 미련하고 선지자들이 말한 모든 것을 마음에 더디 믿는 자들이여 그리스도가 이런 고난을 받고 자기의 영광에 들어가야 할 것이 아니냐 하시고 이에 **모세와 모든 선지자의 글로 시작하여 모든 성경에 쓴 바 자기에 관한 것을 자세히 설명하시니라**(눅 24:25~27)

주님의 부활의 증거를 믿지 못하는 두 제자에게 주님이 행하신 것은 어떤 기적적인 일이 아니었다. 오늘날 우리가 기대하는 것과 같은지 주목하자. 주님은 '모세와 선지자들의 모든 글'로 시작하여 모든 성경에 쓴 것이 '자기에 관한 것'임을 자세히 설명하셨다. 모든 성경의 기록된 목적이 '예수 그리스도'를 계시하기 위함이기 때문이다. 이것은 원칙이다.

성경의 모든 말씀은 하나님의 원칙(doctrine)을 담고 있다. 흔히 성경을 이현령비현령(耳懸鈴鼻懸鈴), "귀에 걸면 귀걸이, 코에 걸면 코걸이"라는 관념을 갖고 있다. 이것은 성경을 오해한 것이다. 성경에는 '오직 한 가지 의미'가 있다. 그리고 그것은 모든 사람에게 적용되는 '하나님의 원칙', '영적 법칙' 즉, '독트린'(doctrine)이다.

계시록도 성경 전체의 중요한 한 부분으로 성경의 원칙(doctrine)이 적용된다. 왜? 하나님께서는 예수 그리스도에게 주사 그의 종들에게 보이시려고 '그의 천사'(단수)를 요한에게 보내어 계시하셨는가? 예수 그리스도가 어떤 분이신지를 계시하기 위한 것이다. 모든 성경은 '예수 그리스도'를 계시한다. 만일 계시록에 기록된 '예수 그리스도의 계시' 즉 "예수 그리스도를 계시"하는 것이 없다고 하면, 성경의 계시는 완전하지 않을 것이다.

"Ἰησοῦ Χριστοῦ(예수 그리스도의, 이에수 크리스투)는 문법적으로 두 가지 용법으로 번역할 수 있는데, 목적격적 소유격만 적용되고 주격적 소유격 용법은 관계가 없다는 것인가?"라는 의문을 갖게 될 것이다. 성경 전체의 메시지와 흐름 안에서 가장 중요한 것이 '목적격적 소유격'의 의미이다. 문법적으로는 주격적 소유격 용법을 적용할 수 있지만, 요한계시록의 문맥(context)과 성경 전체의 문맥(context)에 부합하지 않다는 것을 간과하면 안된다. "Ἰησοῦ Χριστοῦ(예수 그리스도의, 이에수 크리스투)"의 의미는 '목적격적 소유격' 즉 예수 그리스도가 계시의 대상과 목적이다. 계시록에서 다른 어떤 것도 예수 그리스도보다 앞설 수 없다. 예를 들면, 계시록에 장차 일어날 일과 원수 마귀의 심판과 적그리스도와 거짓 선지자와 가증한 것들의 어미인 큰 음녀, 세상적인 바벨론이 계시되었을지라도 그것이 계시록의 중심 메시지가 아니다. 계시의 중심은 예수 그리스도이다. 그런 것들은 왕과 빛이신 그리스도가 어떤 분인지를 드러내는 어둠일 뿐이다.

## 4) 변화산 사건

마태복음 17장을 보면, 변화산에서 베드로는 예수님의 얼굴이 해 같이 빛나고 그 옷이 빛과 같이 변형되고 구약의 율법을 대표하는 모세와 선지자를 대표하는 엘리야가 예수님과 대화를 나누는 광경을 보고 황홀한 나머지 "주님! 여기 있는 것이 좋사오니 초막 셋을 지어 하나는 그리스도를 위하여 하나는 모세를 위하여 하나는 엘리야를 위해 짓겠다"라고 고백했다. 그는 자신이 무슨 말을 하는지 몰랐다. 베드로의 잘못된 관념을 바로잡기 위해서 하늘의 아버지께서 놀라운 일을 행하셨다. 갑자기 구름이 모세와 엘리야를 비롯하여 제자들을 가리웠다. 오직 예수님만 보였다. 이런 현상은 우연하게 일어난 자연적인 현상이 아니다.

하나님 아버지께서 예수 그리스도를 모세와 엘리야와 같은 반열로 생각하는 베드로의 '혼적인 생각'을 교정하시기 위한 방법이었다. 아버지의 의도는 하나님의 경륜 안에 모세와 엘리야도 어느 것도 보이지 말아야 하고, '오직 예수'만 있어야 한다는 계시였다. 하나님의 경륜 가운데 예수 그리스도만이 유일하다. 아버지는 베드로에게 계시의 유일한 목적과 주체가 예수 그리스도이심을 깨닫기를 원하셨다. 구약을 대표하는 모세가 있고, 선지자를 대표하는 엘리야가 있을지라도 "오직 예수"만이 보여야 한다. 모세가 쓴 모세 오경과 선지자의 글들은 모두 예수 그리스도를 계시하기 때문이다. 즉 모든 성경은 계시록 1:1과 같이 "Ἰησοῦ Χριστοῦ"(예수 그리스도의, 이에수 크리스투) 즉 '목적격적 소유격'으로서 예수를 증거한다. 이것이 계시록 1:1의 의미이다.

## 5) 길과 진리와 생명

요한복음 14:6은 "내가 곧 길이요 진리요 생명이니라"고 계시하셨다. 길은 목적에 이르기 위한 과정이요 방법이다. 길이신 그리스도는 구원의 방법과 하나님을 섬기는 길이 오직 예수 그리스도뿐이라는 것을 의미한다. 사도들은 위협하는 대제사장과 장로들에게 다른 이름으로 구원을 받을 수 없나니 천하 인간에 구원을 얻을 만한 다른 이름이 없음을 선포했다. '길'은 하나님 아버지께 이르는 유일한 길-과정을 의미한다. '길'이라는 것은 계시록의 '예수 그리스도의 계시'의 주격적 소유격 용법이 의미하는 것과 관계있고, '진리와 생명'은 '예수 그리스도의 계시'의 목적격적 소유격으로 계시의 대상이며 내용과 중심이신 그리스도와 관계가 있다. 예수 그리스도는 목적이 되시며 또한 방법 즉 과정이 되신다. 참된 신앙생활은 예수 그리스도를 목표하는 것이다. 만일 그 목표가 옳다 하더라도 그 방법과 과정이 그리스도와 상관이 없다면 합당하지 않은 것이다. 때때로 "주님을 위한 것이라면 어떤 방법도 문제없다", "꿩 잡는 게 매다"라는 관념을 가진 사람들을 볼 때가 있다. 이것은 하나님의 뜻을 거스르는 일이다. 그리스도를 위한 목표도 중요할 뿐만 아니라, 그것을 이루는 방법과 길도 '오직 예수 그리스도' 라야 하기 때문이다. 아브라함 링컨이 게티즈버그에서 행한 민주주의에 대한 연설의 맥락은 성경에 내재되어 있던 것이다.

"그리스도 안에서! 그리스도에 의하여! 그리스도를 위하여!"

ʼΙησοῦ Χριστοῦ(이에수 크리스투', 예수 그리스도의)의 의미가 목적격적 소유격의 의미인 것은 '성경의 기록된 목적'이 예수 그리스도이기 때문이다. 따라서 계시록의 중심 메시지도 '예수 그리스도'이다. 우리는 그리스도가 어떤 분으로 계시되었는가'를 주목해야 한다. 따라서 주격적 소유격 용법의 의미로서 "예수 그리스도께서 계시한 것"이라는 것을 적용할 수 있다는 것은 문법적인 가능성에 불과하다. 성경이 예수 그리스도를 계시하고 계시록도 동일한 원칙이 적용된다. 계시록이 예수 그리스도를 계시한다는 것은 우리들이 빠질 수 있는 오류를 바로잡는다. 계시를 알 수 있는 길과 방법이 '자의적인 해석' '이단적인 해석'은 말할 필요도 없고, 현대신학에서 성경의 동반자인 것처럼 등장하는 '묵시문학'이나 '문예적인 해석'이나 '철학적인 해석' 방법들은 모두 "예루살렘이 로마나 아테네와 무슨 상관이 있는가?"라는 것과 같이 예수 그리스도의 계시인 계시록을 해석하고 이해하는 데 아무런 관계가 없다. 양자는 그 근원과 본질이 다르기 때문이다.

## Chapter 03 ·
# 반드시 속히 일어날 일들(1:16)

## 1. 무천년설 견해

### 1) 그레고리 K. 비일의 견해

그레고리 K. 비일은 『NIGTC 요한계시록』(새물결플러스, p.316~317)에서 그의 견해를 말했다.

> 계시록의 'ἐν τάχει'(엔 타케이, 속히)와 다니엘서 2장 28~29, 45절의 '장래의 후일'의 관계성을 언급하면서 의도적으로 대체한다. 다시 말하면 요한은 이것을 'ἐν τάχει'(엔 타케이, 속히)로 바꾸었다.(그레고리 K. 비일, 『NIGTC 요한계시록』,새물결플러스, p.316~317)

### 2) 이필찬 박사의 견해

이필찬 박사는 『요한계시록』(에스카톤, p.39)에서 '속히'에 대한 그의 견해를 말했다.

> 이 단어는 아직 이뤄지지 않은 '사건들의 단순히 성급한 완성'을 예상하는 것이 아니라 신적인 목적의 확실한 성취를 나타낸다. 메트거는 이 문구에 대해 '요한은 자신의 메시지를 그의 세대를 위해 의도하고 있다'고 설명한다. 곧 요한계시록이 요한의 세대를 향한 메시지라는 것이다.(이필찬, 요한계시록 때가 가까우니라, 에스카톤, p.39)

### 3) 김추성 박사의 견해

김추성 박사는 『요한계시록 1~9장 주석집』(킹덤북스, p.102~104)에서 'ἐν τάχει' (엔 타케이, 속히)에 대한 견해를 제시했다.

> 이 표현을 올바르게 이해하는 것은 요한계시록 전체를 이해하는 것과 긴밀하게 연결되어 있다. 이는 요한에게 주시는 계시의 내용과 성격을 규정하고 있다. 이 표현을 직역하면 '곧 발생해야만 할 일'이다. 이 말씀은 계시의 미래적 성격보다 계시 성취의 필연성을 더 강조하고 있다. 물론 미래적 성격이 전제되어 있으며 그것을 부정하는 말은 아니다. 본문에 사용된 비인칭동사 'δεῖ(데이)'는 '단순히 미래 사건이 속히 성취되는 것을 강조하는 말이 아니라 하나님의 목적이 절대적으로 확실하게 성취되는 것을 강조하는 표현이다.(중략) '속히'(ἐν τάχει)는 긴박성을 강조하는 표현이다. (중략) τάχύ(속히)라는 부사는 예수께서 재림 하신다는 역사적 사실의 확실성을 강조하기 위해 사용되었다. 마찬가지로 본문에 사용된 시간적 의미를 말하는 것이 아니라 확실성을 강조하기 위해 사용된 것이다.(김추성, 『요한계시록 1~9장 주석집』, 킹덤북스, p.102~104)

## 2. 필자의 비평 및 견해

### 1) 그레고리 K. 비일의 견해에 대한 필자의 비평

그레고리 K. 비일이 다니엘서와 계시록의 관계성을 발견한 것은 긍정적이다. 그런데 요한이 의도적으로 'ἐν τάχει'(속히)로 바꿈으로 시점을 변경했다는 것은 지극히 '주관적인' 해석이다. 왜냐하면, 다니엘서나 계시록은 모두 성령의 감동으로 각각 기록된 것이고, 후대의 요한이 참조하여 상황에 맞게 '속히'로 바꾼 것이 아니기 때문이다. 근본적인 문제는 비일이 요한계시록을 묵시문헌으로 간주한데 있다. 또 다른 문제는 비일이 다니엘서를 기록할 때와 요한계시록을 기록할 때는 상당한 시간적인 차이가 있다는 것을 간과했다. 다니엘서의 기록이 성취되려면, 상당한 시간이 흘러야 한다는 것은 자명하기 때문에, 마지막 때의 일들을 '후일'로 기록하게 하셨다는 것이 문맥(context)상 자연스럽다.

일례로, 다니엘 12:9에서 "다니엘아 갈지어다 이 말은 마지막 때까지 간수하고 봉함할 것이니라"고 한 이유도 다니엘서의 예언을 "소홀히 여기라"는 의미가 아니라, 그 예언이 시대적으로 오랜 후에 성취될 일이기 때문이다. 그에 반하여 사도 요한이 계시록을 기록할 때는 다니엘서와 큰 시대적인 간격이 있었을 뿐만 아니라, '이제 본 것'을 비롯하여 장차 일어날 일들이 '속히 될 일'이라는 촉박성과 당위성 때문이다.

계시록의 흐름과 기본 구조는 "그러므로 네가 본 것과 지금 있는 일과 장차 될 일을 기록하라"(계 1:19)는 구절에 잘 나타난다. 주님께서 사도 요한에게 말씀하신 것은 그런 차례대로 보이실 것이기 때문이다. '네가 본 것'은 일곱 별과 일곱 금 등대(촛대)였고, '지금 있는 일'(the things which are)은 당시에 현존하는 소아시아의 일곱 교회이며, '장차 될 일들'(he things which shall be hereafter)은 이제 있는 일들 후에 있을 일들로서, 계시록 4장부터 마지막 장까지의 일들이다.

## 2) 이필찬 박사의 견해에 대한 필자의 비평

이 박사가 '속히'라는 단어를 아직 이뤄지지 않은 '사건들의 단순히 성급한 완성'을 예상하는 것이 아니라 신적인 목적의 확실한 성취를 나타낸다고 한 것은 객관적이지 못할 뿐더러 성경의 근거를 제시하지 않은 견해이다. 메츠거가 "요한이 그의 세대를 위해 의도하고 있다"라는 것도 그의 주관적인 견해일 뿐 성경 문맥(context)과 일치하지 않는다. '속히'로 번역된 ἐν τάχει(엔 타케이)를 KJV과 NASB는 'shortly'로 NIV 'soon'으로 번역한 것에도 잘 나타나는데, 이 단어는 시간적인 촉박성을 의미한다. 그런데 이 박사는 이런 기본적인 의미를 부인하고 "신적인 목적의 확실한 성취를 나타낸다"라고 해석하며 단어의 의미를 바꿔버린 것은 해석이 아니라 '개조'이고 '변조'이다. 그가 말하는 "신적인 목적의 확실한 성취"를 의미하는 것은 '반드시'로 번역된 δεῖ(데이)가 의미한다는 것을 간과했기 때문에 일어난 오류이다. 이것은 KJV와 NIV가 δεῖ(데이)를 'must'로 번역한 것에도 잘 나타난다. 이 박사와 김 박사가 주장하는 '확실한 성취'는 δεῖ(데이,

must)에 나타내고, ἐν τάχει(엔 타케이, soon)는 시간의 촉박성을 나타낸다는 것을 구별하지 못한 오류이다.

무천년설의 관점은 초림 때부터 재림 때까지를 '천년왕국'으로 간주하며, 계시록 대부분의 예언이 과거 로마 시대에 있었던 사건이라는 관점을 가졌기 때문에 ἐν τάχει(엔 타케이)가 의미하는 '시간의 촉박성'을 부인할 수밖에 없는 구조적인 문제를 갖고 있다.(필자 주: 이후 계속 언급되겠지만 무천년설 관점은 예언의 모든 시점을 왜곡하고 또한 그 내용조차도 상징으로 간주하여 본래 메시지를 전혀 다른 의미로 바꾸어 버린다. 따라서 무천년설과 전천년설의 관점을 서로 비교하면서 무천년설의 오류가 무엇인지를 QST하는 것이 필요하다)

### 3) 김추성 박사의 견해에 대한 필자의 비평

#### (1) 'δεῖ(데이, must)'의 의미

김 박사는 'δεῖ(데이, must)'가 '단순히 미래 사건이 속히 성취되는 것을 강조하는 말이 아니라 하나님의 목적이 절대적으로 확실하게 성취되는 것을 강조하는 표현이라고 주장했다. 필자도 동의한다. 'δεῖ(데이)'는 개역개정에서 '반드시'로, KJV은 이 단어를 'must'로 번역했다. 이 단어는 '시간적인 의미'가 아니라 '성취의 확실성'을 의미한다.

#### (2) '속히'(ἐν τάχει)의 의미

김 박사는 '속히'(ἐν τάχει)를 긴박성을 강조하는 표현으로 해석했다. 이필찬 박사와 뉘앙스의 차이는 있지만 근본적으로 동일한 견해이다. 김 박사의 '긴박성의 강조'라는 견해는 이 박사의 '확실성'이라는 것보다 성경의 원의에 근접했지만, 시간적인 촉박성의 의미를 외면했기 때문에 핵심을 놓쳤다. 이것은 무천년설에 충실한 것이지, 성경에 충실한 것이 아니다. '속히'로 번역된 ἐν τάχει(엔 타케이)라는 단어는 'soon'을 의미하지 '확실성'이라고 간주하지 않는다. 예를 들면, 'soon'은 "Coming soon"이라는 문구로 많이 사용된다. 우리 말로 표현하면 '개봉박두'이다. 이 문구가 영화를 가리킨다면, 김 박사의 견해로 말하면 "확실하게 성취(상영)될 것이다"는 뜻이 되는데, 이 세상에서 그렇게 생각하는 사람은 아무도 없다. "Coming soon"이라는 문구를 볼 때, 모든 사람들은 "얼마 있지 않아서 곧 상영되겠구나!"라고 생각한다. 김 박사는 '본래적 단어의 의미'를 무시하고 "긴박성을 강조한다"고 해석하며 단어의 의미를 바꿔버렸다. 김 박사가 '긴박성'을 강조하면서 시간적인 요소를 배제하는 주장은 '천지창조의 태초'에서 시간적인 요소를 제외하는 것과 같다.

### (3) 근본적인 원인

이 박사와 김 박사가 '속히'라는 단어에서 '시간적'인 요소를 배제한 근본 원인이 있다. '속히'라는 단어는 '미시적인 것'에 불과하고, 그 배후에 '거시적인 관점'이 있다. 김 박사는 무천년설의 관점으로 초림의 때에 천년왕국이 임했고, 따라서 마귀는 무저갱에 감금되었다고 간주한다. 요한계시록의 사건들을 로마 시대의 일로 간주한다. 계시록을 보는 기본 구조인 일곱 인, 일곱 나팔, 일곱 대접을 '병렬식' 즉 세 개의 반복되는 패턴이라는 관점으로 해석한다. 무천년설의 병렬식 해석은 시간성을 부인할 수밖에 없는 한계를 가졌다. 주요한 주제에 대한 것은 이후 논증할 것이다.

### (4) 과거주의와 미래주의 해석과의 관계

김 박사가 '반드시 속히 될 일'에서 '속히'(ἐν τάχει)에 대하여 요한계시록이 AD 70년 이전에 완료된 것으로 해석하는 것과 70년 혹은 300년에 모두 완료되었다고 해석하는 과거주의를 비판한 것은 긍정적이다. 필자도 동의한다. 계시록은 사도 요한 시대를 포함하여 전시대를 포함하고 영원까지의 창조 경륜의 완성을 보여주기 때문이다. 김 박사의 견해는 같은 무천년설자인 그레고리 K. 비일과 이필찬 박사의 과거주의 해석과 차별된다는 것은 긍정적이다. '속히 될 일'에 대한 두 극단주의가 있다. 첫째는 세대주의에 영향을 받아 '대환난'이라고 간주하는 경우이고, 둘째는 무천년설의 영향을 받아 계시록의 예언을 '마지막 때의 일'에 치우치는 세대주의를 경시하면서 '초림의 때'로 한정하는 경우이다. 객관적으로 말하자면, 양자 모두 양극단으로 치우쳤다. 세대주의는 극단의 오른쪽으로 치우쳤다고 하면, 무천년설주의는 반대 방향인 극단의 왼쪽으로 치우쳤다. 세대주의자들은 온통 '마지막 때'라는 생각에 사로잡혀 있는 반면에, 무천년설주의 자들은 온통 '과거 사건'에 사로잡혔다. 전자는 극단적인 '미래주의'로 가고, 후자인 무천년설주의자는 극단적 '과거주의'로 갔다. 계시록의 예언들은 사도 요한이 있었던 당시의 시점인 '지금 있는 일'로부터 시작하여 '장차 될 일들' 모두를 포함한다. 계시록의 첫 단추를 잘 끼우는 것은 중요하다. 만일 계시록의 첫 단추를 잘못 끼우게 된다면 도미노 현상과 같이 다양한 오류들이 연달아 발생하기 때문이다.

## Chapter 04 ·
# 계시록에 나타난 삼위일체 하나님(1:4, 8)

삼위일체 하나님에 대한 계시는 창세기로부터 전 성경에 나타난다. 계시록이 성경의 완성을 담고 있기 때문에 삼위일체에 대한 계시도 독특하다. 다른 성경에 나타나지 않은 삼위일체 하나님에 대한 표현이 있기 때문이다. 계시록의 서문에 해당하는 계시록 1:1~8에는 삼위일체 하나님이 언급된다. 따라서 계시록이 마지막 성경이기 때문에 성경에 나타난 삼위일체 하나님에 대한 최종 계시라 할 수 있다. 4~5절은 "요한은 아시아에 있는 일곱 교회에 편지하노니 이제도 계시고 전에도 계셨고 장차 오실 이와 그의 보좌 앞에 있는 일곱 영과 또 충성된 증인으로 죽은 자들 가운데에서 먼저 나시고 땅의 임금들의 머리가 되신 예수 그리스도로 말미암아"라고 말씀한다.

삼위일체 하나님이 어떻게 계시 되는가 찾아보자. '보좌 앞의 일곱 영'(the seven Spirits)은 성령님을 가리킨다.(일곱 영에 대한 것은 계시록 4장에서 자세히 다룬다) 그 뒤에 예수 그리스도에 대하여 나온다. 성자 하나님에 대한 것이 분명하다. 그렇다면 성부 하나님에 대한 것은 무엇인가? 성부 하나님은 맨 처음 언급되었다. "이제도 계시고 전에도 계셨고 장차 오실 이"는 성부 하나님을 가리킨다. 이뿐만 아니라 서문의 끝부분인 8절에도 성부 하나님이 나온다.

> 주 하나님이 이르시되 나는 알파와 오메가라 이제도 있고 전에도 있었고 장차 올 자요 전능한 자라 하시더라(계 1:8)

성부 하나님에 대한 호칭은 "이제도 계시고 전에도 계셨고 장차 오실 이"이다. 얼마나 놀라운 분이신가! 하나님은 '이제도' 계시며, '전에도' 계셨고 또한 '장차' 오실 이시다. 아담 이후로 '여호와'를 처음 계시한 것은 모세이다. 여호와께서 떨기나무 불꽃 가운데 나타나셨고 이스라엘 백성들을 애굽에서 인도할 것을 말씀하셨다. 모세는 이스라엘 자손들에게 자신을 보낸 하나님의 이름이 무엇이냐고 묻는다면 무엇이라고 대답해야 할 것을 물었고 여호와께서는 "스스로 있는 자가 나를 너희에게 보내셨다 하라"(출 3:14)고 하시며 그분의 놀라운 이름을 계시하셨다. 여호와는 '스스로 있는 자', "I AM THAT I AM"이시다.

이 구절에서 뭔가 이상한 것이 있다면 무엇인가? 문장이 완성되지 않았다. 구체적으로 말한다면 be 동사의 1인칭 단수형인 'am'의 뒤에는 반드시 '보어'가 와야 한다. 과거 중학교 영어 시간에 "I am a boy." "You are a girl"의 짧은 문장으로부터 첫발을 내디뎠다. 'be' 동사 뒤에는 '보어'가 온다는 것은 기초 상식이다.

'I AM THAT I AM' "나는 … 이다" 만일 여호와께서 실수하신 것이나 성경에 오류가 있다고 생각했다면, 성경도 오해하고 하나님도 오해한 것이다. 이 문구는 여호와의 영광과 능력과 존귀와 권세를 나타낸다. 여호와는 스스로 있는 분으로서 영문법을 초월하신다. 왜냐하면, 그분은 시간이나 공간의 제약을 받지 않으시는 '영원한 분'이기 때문이다.

왜 여호와의 이름에 '보어'가 없는가? 여호와는 영원 과거부터 영원 미래까지 스스로 존재하시기 때문이다. 이 말씀이 의미하는 또 하나의 의미는 그분이 모든 것이 되시기 때문이다. 흔히 하나님이 어떤 분인지를 '언어유희'로 표현한다. Good(세상의 모든 좋은 것)-God(하나님을 빼면)=0(zero)가 된다. 이와 반대로 0(zero, 아무것도 없음)에서 + God(하나님을 더하면) Good(좋은 것)이 된다. 단순한 '언어유희'이지만 시사하는 바가 있다. 하나님은 어떤 것에 제한되거나 매이시는 분이 아니라, '모든 것', 'Everything'이 되시기 때문이다. "I AM THAT I AM", "나는 … 이다"의 하나님은 놀라우신 분이시다. 그분은 모든 것이 되신다. 할렐루야!

## 1. '장차 오실 자'에 나타난 암시

계시록은 성경의 완성으로서 다른 성경에 언급되지 않은 아버지 하나님에 대한 계시가 있다. 그것은 "이제도 계시고 전에도 계셨고 장차 오실 이"이다. 그 의미는 앞에서 이미 다뤘다. 지금 다룰 주제는 계시록에 나타난 "이제도 계시고 전에도 계셨고 장차 오실 이"에 대한 어떤 변화가 있는지와 그 의미를 QST한다.

- 첫 번째 언급은 계시록 1:4이다. "이제도 계시고 전에도 계셨고 장차 오실 이"라고 말한다.
- 두 번째 언급은 계시록 1:8이다. "이제도 있고 전에도 있었고 장차 오실 이"로서 변함이 없다.
- 세 번째 언급은 계시록 4:8로서 하나님의 보좌 앞에 있는 네 생물의 찬양에 나타난다. 여기까지 아무런 변화가 없이 동일하다. 4:8을 보자.

> 네 생물은 각각 여섯 날개를 가졌고 그 안과 주위에는 눈들이 가득하더라 그들이 밤낮 쉬지 않고 이르기를 거룩하다 거룩하다 거룩하다 주 하나님 곧 전능하신 이여 전에도 계셨고 이제도 계시고 장차 오실 이시라(4:8)

- 네 번째 언급은 계시록 11:16~17로서 하나님 보좌 주위의 이십사 장로들의 찬양에 나타난다.

> 하나님 앞에서 자기 보좌에 앉아 있던 이십사 장로가 엎드려 얼굴을 땅에 대고 하나님께 경배하여 이르되 감사하옵나니 옛적에도 계셨고 지금도 계신 주 하나님 곧 전능하신 이여 친히 큰 권능을 잡으시고 왕 노릇 하시도다(계 11:16~17)

우리가 주목해야 할 것이 있다. 영원하신 하나님을 언급하는 데 이제까지 언급된 이름과 동일하지 않다. 여기에는 '옛적에도 계셨고 지금도 계신 주 하나님 곧 전능하신 이'만 언급되고, '장차 오실 자'가 언급되지 않는다. 이것은 어떤 의미인가? 다섯 번째 언급이 있다면 어떤 원칙을 찾을 수 있을 것이다. 계시록 11:17과 동일하게 언급되는 구절이 있다. 그곳은 계시록 16:5이다.

> 내가 들으니 물을 차지한 천사가 이르되 전에도 계셨고 지금도 계신 거룩하신 이여 이렇게 심판하시니 의로우시도다(계 16:5)

여기에도 11장처럼 '옛적에도 계셨고 지금도 계신 주 하나님 곧 전능하신 이'만 언급되고, '장차 오실 자'가 언급되지 않는다. 만일 '장차 오실 자'라는 구절이 11장에는 언급이 되지 않았다가 16장에서 '장차 오실 자'가 언급되었다면 어떤 '원칙'을 찾을 수 없다. 그러나 그것은 기우이다. 11장에도 언급되지 않고 그 이후인 16장에도 언급되지 않는다. 이것은 무엇인가 변화가 있다는 의미이다. 이것은 어떤 의미인가 '옛적에도 계셨고'는 과거에도 존재했던 분이시라는 것을 의미하고, '지금도 계신 주'라는 것은 현재에도 존재하시고 역사하는 분이라는 의미이다. '장차 올 자'라는 것은 '미래'에 이 땅에 오실 재림의 주를 가리킨다. 그렇다면 '장차 올 자'라는 구절이 계속 언급되었다가, 11장에도 16장에도 언급되지 않았다는 것은 어떤 의미인가? '장차 올 자'라는 것을 언급할 수 없는 상황이라는 것을 암시한다.

우리가 알다시피 계시록은 "일곱 인-일곱 나팔-일곱 대접"이 순차적으로 발생한다. 왜냐하면 '일곱'이라는 것은 '기수'가 아니라 '순서가 있는' '서수'이기 때문이다. 둘째가 첫째보다 먼저 일어날 수 없다. 첫째 재앙이 있은 후 두 번째 재앙이 있고 차례로 발생한다. 계시록 11:17의 찬양은 몇 번째 나팔을 불 때 발생하는 찬양인가를 보면 확연해진다. 계시록 11:15은 "일곱째 천사가 나팔을 불 매(the seventh angel sounded) 하늘에 큰 음성들이 나서 이르되 세상 나라가 우리 주와 그의 그리스도의 나라가 되어 그가 세세토록 왕 노릇 하시리로다"라고 말씀한다. '일곱 번째 천사'가 나팔을 부는 것은 거의 끝 무렵이다. 계시록의 기본적인 구조를 안다면 '일곱 나팔 재앙'이 '일곱 대접 재앙'으로 구성됐다는 것을 알 것이다.

일곱 대접 재앙의 때인 계시록 16장은 "또 내가 들으니 성전에서 큰 음성이 나서 일곱 천사에게 말하되 너희는 가서 하나님의 진노의 일곱 대접을 땅에 쏟으라 하더라"는 구절로 시작된다. 앞서 보았듯이 계시록 16:4~5에 '계시록에만 언급된 아버지의 이름'이 마지막으로 언급된다. 이때는 세 번째 대접 재앙을 쏟을 때의 일이다. 이 구절은 "셋째 천사가 그 대접을 강과 물 근원에 쏟으매 피가 되더라 내가 들으니 물을 차지한 천사가 이르되 전에도 계셨고 지금도 계신 거룩하신 이여 이렇게 심판하시니 의로우시도다"라고 말씀하며, '장차 올 자'라는 말씀이 언급되지 않는다.

만일 셋째 대접 재앙이 있을 때 물을 차지한 천사가 '장차 올 자'를 언급했더라면, 어떤 원칙도 찾을 수 없고 성경은 뒤죽박죽이 될 것이다. 성경은 모든 것이 일치한다. 일곱 나팔을 불 때도 '장차 올 자'가 언급되지 않았고, 일곱 나팔의 내용인 일곱 대접 재앙의 셋째 대접을 부을 때에 있는 찬양에도 '장차 올 자'가 언급되지 않는다. 이것은 하나의 원칙을 제공하는데, '장차 올 자'라는 것을 언급할 수 없는 상황이라는 것을 알 수 있다. 그것은 '장차 올 자'이신 주님이 임하셨다는 것을 암시한다.

또 하나의 의문이 있을 수 있다. 주님의 재림은 계시록 19:11로 "또 내가 하늘이 열린 것을 보니 보라 백마와 그것을 탄 자가 있으니 그 이름은 충신과 진실이라 그가 공의로 심판하며 싸우더라"고 말씀한다. 백마를 타신 분은 적그리스도의 군대와 싸우시는 재림의 주님이시다. 이것은 주님의 지상 재림의 상황이다. 양자가 일치하지 않는 것처럼 보인다. 그러나 성경을 세밀하게 QST하면 그 원인을 알 수 있다. 주님이 지상 재림하시기 전에 공중에 임하셨기 때문이다. 그러니까 주님의 재림 '파루시아'는 '아직'(not yet) 지상에 임하시지 않았을지라도 '이미'(already) 셋째 하늘에서 내려오셔서 '공중'(첫째 하늘, sky)에 임하셨기 때문에 네 생물이나 물을 차지한 천사가 '장차 올 자'라는 것을 언급하는 것이 적절치 않았기 때문이다.(이 부분은 계시록 10장의 주제이기 때문에 앞으로 자세히 다룰 것이다.)


## 2. 아들이신 하나님

성경의 최종 완성인 계시록은 아들이 어떤 분이신지를 최종적으로 계시한다.

### 1) 예수 그리스도

예수는 말씀이 육신이 되어 이 땅에 오실 때의 이름이다. 마태복음 11:8은 "예수 그리스도의 나심은 이러하니라(Now the birth of Jesus Christ was on this wise) 그의 어머니 마리아가 요셉과 약혼하고 동거하기 전에 성령으로 잉태된 것이 나타났더니"라고 말씀한다. 주의 천사는 요셉에게 아들의 이름에 대하여 "아들을 낳으리니 이름을 예수라 하라(you shall call his name JESUS) 이는 그가 자기 백성을 그들의 죄에서 구원할 자이심이라 하니라"(마 1:21)고 전했다. 예수라는 이름의 뜻은 "he shall save his people from their sins"라는 의미이다. '그의 백성'이라는 구절은 '모든 사람'이 아니라, '창세 전에 택하신 자들'을 가리킨다. '그들의 죄들'이란 '사람의 죄들'의 문제를 가리키고 그래서 사람에게는 '구원할 자'가 필요했고, 예수는 바로 '구원자'(Savior)이며, 구약에는 '여호와'로 계시되었다. 구약의 '여호와'가 신약의 '예수'이다. 그러므로 구약의 '여호와'만을 믿고 '예수'를 믿지 않는 여호와의 증인들의 신앙은 유대교와 같이 잘못된 것이다. 예수가 없으면 모든 것이 있을지라도 구원은 없다. '예수'라 불리는 그분은 또한 '그리스도'이시다. 'Χριστός'(크리스토스)는 '기름부음을 받은 자'라는 뜻이고, 히브리어로는 '메시아'로 동일하게 '기름 부음을 받은 자'라는 의미이다. 그리스도 즉 메시아라는 호칭에는 '신성' 뿐만 아니라 '인성'의 부분이 있다. 왜냐하면 '아들 하나님'은 영원히 아버지와 동일한 영광과 능력과 존귀를 받으실 분이시며, 성령을 부어주시는 분이신데 기름 부음 받은 자라는 것이 서로 모순처럼 보이는 것은 그리스도의 '인성의 방면'을 가리키기 때문이다. 그리스도는 '기름을 부어주는 자'라는 '능동적'인 뜻이 아니라 '기름 부음을 받은 자'라는 '수동적' 의미이다. 그분은 예수 즉 '인성 안에서' 하나님의 구원의 역사를 수행하기 위하여 '기름 부음'을 받으셨다. 예수께서 사역을 시작하실 때에 세례 요한에게 세례를 받으셨고, 하늘에서 성령이 비둘기 같이 임하신 것도 '인성 안에서' '시간 안에서' 있었던 일이다.

## 2) 충성된 증인이신 그리스도

예수님은 충성된 증인(the faithful witness)이라 불리신다. 계시록 3:14에 라오디게아 교회에 주님은 충성된 증인으로 말씀하셨다. 성경은 "라오디게아 교회의 사자에게 편지하라 아멘이시요 충성되고 참된 증인이시요 하나님의 창조의 근본이신 이가 이르시되"라고 말씀한다. 주님이 충성된 증인이라는 것을 깊이 QST해야 할 필요가 있다. '충성된'은 헬라어 'πιστός'(피스토스)로서 '신실한, 믿을만한, 진실한'이라는 의미이다.

계시록 2:10의 "죽도록 충성하라 그리하면 내가 생명의 면류관을 네게 주리라"는 말씀에도 동일한 단어 'πιστός'(피스토스)가 사용됐다. '충성된'도 좋은 뜻이지만 '신실한'이라는 것이 더 적절하다. '충성된 신자'도 많지 않지만 그런 신자를 만나는 것은 큰 축복이다. 동일한 원칙으로 성도들이 '충성된 목회자'를 만나는 것도 마찬가지다. 모든 사역자마다 "주님의 충성된 종이 되고 싶다"는 열망을 갖고 있을 것이다. 그런데 어떤 때는 '충성된 것 같은 데' '신실하지 못한' 모순적인 경우를 발견할 때가 있다. 흔히 "꿩 잡는 게 매다" "모로 가도 서울만 가면 된다"라는 사상을 갖고 주님과 교회를 섬기는 경우가 있다. '신실한'이라는 단어는 '외적'인 것뿐만 아니라 '내적'인 것도 포함하고 있다. 'πιστός'(피스토스)는 외적으로 충성될 뿐만 아니라 '내적으로' '순수하고' '흠이 없음'을 의미한다. '신실한 자'는 영어로 'the faithful'이다. 모두 알다시피 'faith'(믿음)는 중요하다. 'faith'(믿음)란 순수한 하나님의 말씀과 성령을 따르는 것을 의미한다. 바로 주님은 'the faithful'이다. '신실한 자'라는 말과 함께 '증인'이 있다. 주님이 신실한 증인이라는 것은 어떤 의미인가? 예수 그리스도께서 '신실한 증인'이라는 것이 우리를 당황케 한다. 왜냐하면, 사도행전 1장 8절에서 승천하시는 주님이 "오직 성령이 너희에게 임하시면 너희가 권능을 받고 예루살렘과 온 유대와 사마리아와 땅끝까지 이르러 내 증인이 되리라(you shall be witnesses unto me)"고 말씀하셨다. 우리가 주님의 증인이 되어야 하는데, 어떻게 예수 그리스도께서 '신실한 증인'이란 말인가? 그런 이유는 예수 그리스도는 '자신의 일'을 하기 위해서 오신 분이 아니라 '아버지의 일'을 하기 위해서 오셨기 때문이다. 주님의 모든 사역은 '아버지를 증거'하셨다. 요한복음은 이것에 대하여 많은 것들을 언급한다.

예수 그리스도께서 '신실한 증인'이라는 것은 주님이 이 땅에서 '하나님을 증거'하는 증인이셨음을 가리킨다. 주님이 없다면 어느 누구도 하나님을 알 수 없고 하나님의 뜻도 알 수 없다. 모든 것이 신실한 하나님의 증인이신 예수 그리스도를 통해서 알게 된다. 예수 그리스도께서는 이 땅에 계실 때 '하나님의 신실한 증인'으로 사셨고 또한 '아버지의 뜻'을 따라 구속의 역사를 이루셨다. 그리고 승천하실 때 제자들에게 '내 증인이 되라'고 명령하셨다. 하나님의 신실한 증인으로 사명을 이루신 인자이신 주님이시기 때문에 제자들에게 '내 증인이 되라'고 말씀하실 수 있으시다. 주님은 하나님의 신실한 증인이셨다.

## 3) 죽은 자들 가운데 먼저 나신 그리스도

아들이신 하나님은 "죽은 자들 가운데 먼저 나신 분"이시다. 부활장인 고린도전서 15장은 "그러나 이제 그리스도께서 죽은 자 가운데서 다시 살아나사 잠자는 자들의 첫 열매가(the firstfruits of them that slept) 되셨도다"라고 말씀한다. 우주의 시작은 창조이고, 그 창조는 말씀 하나님으로 말미암았다. 히브리서 1:2은 "이 모든 날 마지막에는 아들을 통하여 우리에게 말씀하셨으니 이 아들을 만유의 상속자로 세우시고 또 그로 말미암아 모든 세계를 지으셨느니라"고 말씀한다. 아들로 말미암아 모든 우주를 지으셨다는 것은 천지창조를 가리킨다. 계시록은 우주를 창조하신 아들 하나님을 언급하지 않고 복음서에도 언급이 없다. "잠자는 자들의 첫 열매"는 그리스도가 죽으신 후 살아나신 부활을 가리킨다. 로마서 1:3~4은 "그의 아들에 관하여(concerning his Son) 말하면 육신으로는 다윗의 혈통에서 나셨고 성결의 영으로는 죽은 자들 가운데서 부활하사 능력으로 하나님의 아들로 선포되셨으니 곧 우리 주 예수 그리스도시니라"고 말씀한다. '그의 아들'이란 '하나님의 아들' 즉 '신성'을 의미한다. 아들은 육신(the flesh 창세기 6장 "혈육이 부패했다"에도 쓰임)의 방면 즉 '그리스도의 인성'으로는 다윗의 자손으로 나셨고, '성결의 영'(the spirit of holiness)은 '그리스도의 신성'을 의미하며, 죽은 자 가운데서 부활하여 능력으로 '하나님의 아들'로 선포되셨다. 아들은 이미 '하나님의 아들'이셨는데, 부활하심으로 '하나님의 아들'로 선포되셨다는 것을 의아하게 생각할 수 있다. 신성 안에서 하나님의 아들이셨을뿐만 아니라, 인성 안에서도 '부활을 통해' 예수 그리스도께서 '하나님의 아들'로 선포되셨다는 것을 의미한다.

그리스도의 시편인 시편 2:7에서 "내가 여호와의 명령을 전하노라 여호와께서 내게 이르시되 너는 내 아들이라 오늘 내가 너를 낳았도다"라고 말씀하는데, 그리스도에 대한 예언이다. 그리스도가 '인성 안에서' 부활하신 것은 하나님의 아들로 '낳은 것'을 의미한다. 그리스도의 부활은 '부활의 첫 열매'이기 때문에 천지창조 후 처음으로 '부활의 첫 열매'가 되신 것이다. 그래서 계시록은 "죽은 자들 가운데 먼저 나신 분"으로 계시한다.

고린도전서 15:21 이하의 말씀을 보면 이것은 더욱 확실해진다. "사망이 한 사람으로 말미암았으니 죽은 자의 부활도 한 사람으로 말미암는도다 '아담 안에서' 모든 사람이 죽은 것 같이 '그리스도 안에서' 모든 사람이 삶을 얻으리라 그러나 각각 자기 차례대로 되리니 먼저는 첫 열매인 그리스도요 다음에는 그가 강림하실 때에 그리스도에게 속한 자요"(고전 15:21~23)라고 말씀한다.

첫 사람 아담을 통해서는 사망이 모든 사람에게 들어왔기 때문에 '아담 안에서' 모든 사람이 죽었으나 "그리스도 안에서 모든 사람이 생명을 얻으리라"는 것은 '두 번째 아담이신 그리스도'를 통해서 '생명'을 얻는다는 것을 가리킨다. 그리스도께서 부활의 첫 열매가 되신 것은 "아담 안에서 죽은 우리를 '두 번째 창조'인 부활 안에서 우리들을 낳으시기 위한 것"이다. 부활 안에 새로운 시작이 있다. 그러므로 고린도후서 5:17은 "그런즉 누구든지 그리스도 안에 있으면 새로운 피조물이라"고 선언한다. 'new creature'란 결코 말로만 부르는 것이 아니라, 우리를 실제로 '새롭게 창조하셨다'는 것을 의미한다. 어떻게 그런 일이 있을 수 있는가? 그리스도의 부활 안에서 우리들을 믿음으로 낳으셨기 때문이다. 이것이 '새로운 피조물'이 의미하는 '새 창조'이다. 하나님의 관점에서 볼 때 '천지 창조' 보다 더 위대하고 놀라운 창조가 '새 창조' 즉 '부활 안에서 창조'이다. 이것이 가능한 이유는 아들께서 "죽은 자들 가운데 먼저 나신 분"이 되셨기 때문이다. 할렐루야!

### 4) 땅의 임금들의 머리이신 그리스도

예수 그리스도는 "땅의 임금들의 머리가 되신 분"이시다. 사도 요한이 사역한 시대는 로마의 황제가 다스리던 시대였다. 멀리 중국도 중국의 황제가 다스리고, 모든 왕국마다 왕들이 다스리고 있었다. 성경의 완성인 계시록은 예수 그리스도를 '땅의 임금들의 머리'라고 말씀한다. 사람의 관점에서 볼 때 모순처럼 보인다. 분명히 유대 땅을 비롯한 로마제국의 영토는 로마의 황제가 통치하고 있었다. 그런데 예수 그리스도가 '땅의 임금들의 머리'라고 말씀한다.

주님은 승천하실 때 '하늘과 땅의 모든 권세'(마 28:18)를 아버지께로부터 받으셨다. 승천하신 후 하나님 보좌 우편에 앉으셨다. 이것은 부활하고 승천하신 주님께서 모든 땅을 다스리고 계신다는 것을 의미한다. 그런데 이 땅은 여전히 로마 황제가 다스리고 그리스도와 교회를 핍박하고 있다. 그러기 때문에 이런 사실들은 "정말로 주님은 온 땅을 다스리시는가?"라는 의문을 갖게 한다. 이 상관관계를 이해하기는 쉽지 않다. 주님에게 '하늘과 땅의 권세'가 주어졌고, 온 땅을 통치하시지만, 그의 통치는 'invisible' 즉 '보이지 않게' 역사하신다. 왜냐하면 'visible'하게 왕권(his kingdom)을 가지고 오셔서 '물리적으로' '철장 권세로' 통치하실 때는 재림하신 후이기 때문이다.

지금은 은혜의 시대로서 사도들과 교회가 '예수의 증인'으로 복음을 땅끝까지 증거할 것을 명령하셨고 이것은 주님이 세상에 대하여 '오래 참고' 기다리신다는 것을 암시한다. 그렇다고 아무 것도 하지 않으신다는 것이 아니라, 성경에 예언된 모든 말씀을 성취하시기 위하여 세계 역사를 지금도 주권적으로 섭리하신다.

예를 들어보자. 주님 승천 후 AD 70년 로마의 티투스(Titus) 장군에 의하여 예루살렘이 멸망했다. 외적으로 주님과 아무 상관이 없어 보인다. 모든 것이 로마 황제의 명령을 받은 티투스 장군의 군대에 의해서 일어났다. 그러나 주님은 예루살렘의 멸망을 말씀하셨고, 승천하셔서 하늘의 보좌 우편에 앉아 계신 주님이 땅의 권세를 갖고 주권적으로 이루신 것이다. 예루살렘 멸망 후 약 2,000여 년 동안 유대인들은 디아스포라로 전세계로 흩어졌다. 무화과나무의 비유의 말씀대로 1948년 5월 14일 이스라엘이 옛 땅을 되찾아 독립함으로 성취됐다. 이 모든 것이 국제 정세 안에 땅의 권세를 가지신 '모든 임금의 머리'이신 그리스도의 '보이지 않는 주권적 섭리'에 의하여 성취된 것이다.

감람산 강화로 불리는 마태복음 24:15에서 주님은 다니엘 선지자를 통하여 예언된 "그러므로 너희가 선지자 다니엘이 말한바 멸망의 가증한 것이 거룩한 곳에 선 것을 보거든 읽는 자는 깨달을진저"라는 구절을 인용하여 말씀하셨다. '거룩한 곳'이란 예루살렘 성전을 의미하고, '멸망의 가증한 것'이란 '우상'을 의미한다. 이때가 대환난의 때이기 때문에 계시록 13장에 기록된 '적그리스도의 우상'이 설 것을 말씀하신다.

"오늘날 예루살렘 성전이 있는가? 없는가?"라는 것은 너무나 상식적인 질문이다. 예루살렘 성전은 AD 70년 로마의 장군 티투스(Titus)에 의하여 멸망당한 후, 2021년 오늘까지 존재하지 않는다. 그러나 주님은 '장차' 예루살렘에 성전이 세워질 것을 넌지시 가르치셨다. '멸망의 가증한 것'이 '거룩한 곳'(성전)에 세워지기 위한 선결 조건은 '예루살렘 성전'이 있다는 것을 전제하기 때문이다. 장차 지어질 '예루살렘 성전'은 '제3 성전'이 될 것이다. 현재 유대인들의 최대 소망은 이슬람 사원인 '알 아고사 사원'의 터에 그들의 성전을 건축하는 것이다. 우리는 장차 '어느 날' 예루살렘 성전건축의 뉴스를 보게 될 날이 올 것이다. 왜냐하면, 세계 역사를 주관하는 것은 외적으로 유엔을 비롯한 세계의 열강들과 각 나라 통치자 같지만, 승천하신 예수 그리스도께서 '땅의 임금들의 머리'이시기 때문에 세계 정세를 주관하시고 그 말씀 하신 것을 주권적으로 성취하시기 때문이다.

# Chapter 05 ·
## 예수 그리스도의 구원과 그 궁극적인 목적(1:5~6)

## 1. 소극적인 목적: 죄에서 해방

계시록 1:5 이하는 "우리를 사랑하사 그의 피로(in his own blood) 우리 죄에서 (from our sins) 우리를 해방하시고 그의 아버지 하나님을 위하여 우리를 나라(kings) 와 제사장(priests)으로 삼으신 그에게 영광과 능력이 세세토록 있기를 원하노라 아멘"이라고 말씀한다. 계시록 5b절로부터 6절은 예수 그리스도의 사역의 알 파와 오메가를 계시한다. 알파란 "그의 피로 우리 죄에서 우리를 해방하신 것" 과 예수 그리스도가 이 땅에서 하신 '구속의 사역'을 가리킨다. 사람에겐 '죄'의 문제가 있다. 사람은 '죄와 사망의 법'(롬 8:1)에 매여있었고, '죄에 종 노릇' 하던 자들로서 해방이 필요했다. 히브리서 2:14~15은 "자녀들은 혈과 육에(flesh and blood) 속하였으매 그도 또한 같은 모양으로 혈과 육을(flesh and blood) 함께 지니 심은 죽음을 통하여 죽음의 세력(the power of death)을 잡은 자 곧 마귀(the devil)를 멸하시며 또 죽기를 무서워하므로 한평생 매여 종 노릇 하는 모든 자들(all their lifetime subject to bondage)을 놓아 주려 하심이니"라고 말씀한다. 사람의 죄로 말미 암아 죽을 수밖에 없는 영적 실상과 예수 그리스도의 구속의 필요성을 보여준다.

예수 그리스도의 십자가의 보혈은 죄로 인해 종 노릇 하는 우리를 해방하는 유일한 방법이다. 흔히 많은 사람이 우리를 죄에서 구원하신 것을 전부로 생각 하는 경향이 있다.(필자 주: 로마 가톨릭의 영향으로 "신자 사후에 하늘에 있는 천국에 간 다"라는 사상을 종교개혁 이후에도 그대로 차용했기 때문이다)

## 2. 적극적인 목적: 왕 같은 제사장

성경의 완성인 계시록은 구원의 목적을 분명히 언급한다. 그것은 "우리를 나라와 제사장으로(kings and priests) 삼으신"이란 구절이다. 그런 까닭에 그것을 '구원의 오메가'라 칭했다. 하나님의 구원은 단지 '죄로부터의 구원'이 아니라 더 높고 심원하다. '나라'는 'βασιλεία'(바실레이아)로 '왕권, 통치, 왕국'을 의미한다. 개역개정에서 '나라'로 번역한 것은 현대어로 번역한 것인데 '왕국'은 주권이 왕에게 있는 체제이고, '나라'는 '주권이 국민에게 있는 체제'이기 때문에 왕국을 나라로 번역한 것은 원래 의미를 훼손한다. 구원받은 우리를 'βασιλεία'(바실레이아, 왕국, 왕권, 통치)로 삼으신다는 것은 '왕'으로 삼으신다는 것을 의미한다.

베드로전서 2:9은 "그러나 너희는 택하신 족속이요(a chosen generation) 왕 같은 제사장들이요(a royal priesthood) 거룩한 나라요(holy nation)"라고 말씀한다. '왕 같은'은 'βασιλείος'(바실레이오스)로서 '왕국, 왕권'을 의미하는 'βασιλεία'(바실레이아)의 형용사형으로 '왕다운, 왕의'라는 의미이다. '왕권'을 의미하는 'βασιλεία'의 형용사형이 쓰여진 이유는 뒤의 '제사장'이 함께 언급됐기 때문이다. '거룩한 나라'의 '나라'는 'ἔθνος'(에드노스)로서 '민족, 국가, 국민, 무리'의 의미로, '왕국, 왕권'을 의미하는 'βασιλεία'(바실레이아)와는 차이가 있다. 계시록의 서문은 구원받은 성도들을 "나라와 제사장으로(kings and priests)" 삼으셨다는 것을 상기시키고, 결국 어떻게 성취되는지를 보여준다. 주님이 만왕으로 온 땅을 통치하시는 때는 재림 후 천년왕국으로 성취되는데 계시록 20:4~6은 다음과 같이 말씀한다.

> 또 내가 보좌들을 보니 거기에 앉은 자들이 있어 심판하는 권세를 받았더라 또 내가 보니 예수를 증언함과 하나님의 말씀 때문에 목 베임을 당한 자들의 영혼들과 또 짐승과 그의 우상에게 경배하지 아니하고 그들의 이마와 손에 그의 표를 받지 아니한 자들이 살아서 그리스도와 더불어 천 년 동안 왕 노릇 하니 … 그들이 하나님과 그리스도의 제사장이 되어(they shall be priests of God and of Christ) 천 년 동안 그리스도와 더불어 왕 노릇 하리라(shall reign with him a thousand years)(계 20:4~6)

무천년설은 천년왕국이 그리스도의 재림 후가 아니라 '그리스도의 초림부터 재림까지' 기간으로 간주하며, 오늘날 교회가 왕 노릇 하고 있다고 주장한다. 이 구절에 대한 무천년설의 견해는 "'살아서 왕 노릇을 하는 자들'을 오늘날 죄인들이 구원받을 때 '영적 거듭난 것'을 '살아서'라고 해석하고, 모든 성도가 오늘날 왕 노릇을 하고 있다"라고 주장한다. 무천년설의 특징은 계시록 20장의 말씀조차 '미래에 있을 일'이 아니라 '과거'에도 있었고 '현재에 있는 일'로 간주하는데, 이런 이유는 '상징'으로 보기 때문이다.

이에 반하여 전천년설은 주님이 왕 노릇을 하는 것이 '상징'이 아니라, '실제'로서 '문자' 그대로 성취되며, 천년왕국 전에 주님의 재림이 있다"는 견해이다. 즉 다시 말하면 '주님의 재림이 있고 난 후에 주님이 천 년 동안 이 땅을 공의로 통치하시고, 그 후에 새 하늘과 새 땅이 시작된다는 견해이다. 필자가 양대 견해를 언급하는 것은 이 기본적인 관점을 정립하지 못하면 계시록뿐만 아니라 성경의 모든 것들이 왜곡되기 때문이다.

따라서 필자는 무천년설 견해가 어떤 오류가 있는지를 구체적으로 논증하고, 전천년설의 관점이 성경과 일치하는 증거들을 제시할 것이다. 서문에 해당하는 계시록 1:6에서 "우리를 나라와 제사장으로 삼으신"이란 구절에서 구원의 목적을 언급할 뿐만 아니라, 계시록 20장 예수 그리스도 재림 후 마귀를 천 년 동안 무저갱에 감금한 후 순교자들을 비롯한 적그리스도의 우상에게 경배하지 않은 자들이 '살아서'(무천년설이 주장하듯이 영적인 부활이 아니라 몸이 실제로 부활하는 첫 번째 부활을 의미한다) 그리스도와 더불어 천 년 동안 왕 노릇 한다는 것은 '상징'이 아니라 '문자 그대로'를 뜻하는 '실제'이다. 천년왕국에 대한 주제는 계시록 20장에서 자세히 다룰 것이다.

# Chapter 06 ·
# '구름 타고 오심'은 재림인가? 승천인가?(1:7)

7절은 "볼지어다 그가 구름을 타고 오시리라 각 사람의 눈이 그를 보겠고 그를 찌른 자들도 볼 것이요 땅에 있는 모든 족속이 그로 말미암아 애곡하리니 그러하리라 아멘"이라고 말씀한다. 전통적으로 "그가 구름을 타고 오시리라"는 구절은 대부분 그리스도의 재림으로 이해한다. 필자도 의심치 않고 그렇게 이해한다. 그런데 계시록 1:7의 "구름을 타고 오시리라"는 구절을 '주님의 재림'이 아니라 '주님의 승천'이라고 주장하는 학자가 있다. 그는 '이필찬 요한계시록연구소' 소장인 이필찬 박사이다. 다음은 수원노회(예장 합동) 교육부가 2015년 10월 13~15일까지 설악산 켄싱턴 호텔 세미나실에서 노회원을 대상으로 한 세미나에서 이필찬 박사가 강의한 것을 이석봉 목사가 내용을 정리한 것이다. 이석봉 목사가 세미나 내용을 정리한 동기가 그의 글에도 나타난다.

> 이 글은 돌아오는 길에 버스 안에서 갑론을박 토론이 있는 것을 보고 필자(이석봉 목사)의 생각을 정리하여 수원노회 홈페이지 게시판에 올린 것입니다. 오해나 이 박사님의 의견이 있으면 말씀해 주시기 바랍니다.

필자가 이필찬 박사의 계시록 1:7의 승천설이라는 주장이 오류라고 비평하며 그런 근거들을 제시할 수밖에 없는 이유가 있다. 만일 필자가 경영학이나 물리학을 가르치는 사람이었다고 하면 "소가 닭 보듯이" 하겠지만, 성경을 가르치는 책임을 맡은 한 사람으로서 잘못된 학설을 많은 목회자와 성도들에게 가르치고 있는 것을 지나칠 수 없기 때문이다. 이필찬 박사를 비롯한 필자와 독자들은 모두 주 예수를 그리스도시며 하나님의 아들이라는 같은 신앙고백을 갖고 있다. 그뿐 아니라 모든 성경이 하나님의 감동으로 기록된 말씀으로 믿는 동역자이기 때문에 오류를 바로잡아 온전하고 순수한 성경의 가르침을 견지해야 하기 때문이다.

만일 이 문제가 노후 된 승용차를 교체하는데 "어떤 브랜드의 어떤 차를 사야 하는가?"라는 문제라든가, "올여름 휴가를 어디로 가야 하는가?"라는 문제라고 하면, 성경 어디를 참조하고 결정하는 것은 불필요하며, 당사자가 그의 형편과 상황에 따라 '선호대로' 하면 된다. 그런데 계시록 1:7을 주님의 승천으로 해석 하는 것은 '이래도 되고 저래도 되는' 사소한 문제가 아니다. 필자는 이필찬 박사 가 '승천설'이라고 주장하는 근거를 먼저 소개하고, 그 오류가 무엇인지를 논증 할 것이다. 만일 이런 증거들을 제시하지 않고, 다른 주장을 비평하고 자신의 견 해를 주장하는 것은 '비논리적'이고 '비신앙적'인 처사이다. 개혁주의자들이 신 조와도 같이 여겼던 것, 건전한 비평과 논쟁은 성경의 진리를 바로 세우고 건강 하게 만드는 중요한 요소이기 때문이다.

## 1. 계시록 1:7을 '승천설'로 주장하는 이필찬 박사의 견해

다음은 이필찬 박사의 강의 내용을 세미나에 참석했던 이석봉 목사가 요약한 글이다.

> 둘째로는 '구름을 타고 오시리라'의 해석에 있어서 고려할 점은 무엇인가? '구름 을 타고 오시리라'의 이필찬 박사의 견해는 승천으로 하나님께 가는 것이며 사망 권세를 깨뜨리고 승리하신 예수님이 왕으로서의 대관식으로 가르쳐서 지금까지 재림으로 알고 있는 상식에 혼동스러워 하시는 분들이 계셨습니다. 그러나 요한 계시록 1장 7절의 해석에 있어서는 여러 방면의 해석이 있을 수 있다는 것을 고 려하여 주시기 바랍니다. 그 부분에 있어서 필자의 견해를 말씀드리겠습니다.
>
> "볼지어다 구름을 타고 오시리라."
> Look, He is coming with the clouds.
> Ἰδοὺ ἔρχεται μετὰ τῶν νεφελῶν.

위 구절을 해석함에 있어서 "오시리라"의 헬라어 ἔρχομαι"를 어떻게 해석하느냐의 문제입니다. 이필찬 교수님께서는 '엘코마이'가 현재형으로 쓰였지만 '엘코마이'의 용도는 과거, 현재, 미래를 포함하기 때문에 과거형 현재로서 하나님께로 간 것으로 해석하여 계시록 1:7절을 승천이라고 하였습니다. 헬라어에는 '히스토리칼 프레즌스(Historical Presence) 즉 역사적 현재 용법이 있습니다. 역사적 현재 용법은 과거인데 현재로 말해주는 것입니다. 학자로서 그렇게 볼 수도 있습니다. 필자의 견해(이석봉 목사)는 '엘코마이'를 과거로만 해석할 것이 아니라 그것이 가지는 과거, 현재, 미래를 다 포함하여 해석하자는 것입니다. 예수님께서 과거적으로 초림하여 오셨고, 현재적으로 성령을 통하여 교회(성도) 안에 계속 오시고 계시고, 미래적으로는 종말의 끝에 재림으로 오시는 분이시라는 것입니다. 그러면서도 7절의 핵심은 미래적인 오심을 핵심으로 보인 것이라고 설명하면 무난할 것으로 보입니다.(수원노회 홈페이지와 리폼드 뉴스에 있는 이석봉 목사의 글 인용)

## 2. 무천년설: 이필찬 박사의 계시록 1:7 승천설 오류

이필찬 박사는 계시록 1:7의 "볼지어다 구름을 타고 오시리라"를 재림으로 이해하는 것은 오해이고, 오히려 승천을 의미한다고 주장한다. 그런데 필자가 볼 때 "구름 타고 오시리라"를 승천으로 해석하는 이필찬 박사의 견해야말로 오해이다. 필자는 다음과 같은 여러 가지 근거들을 통해 이 박사의 승천설이 오류라는 것을 논증한다.

### 1) '엘코마이'(ἔρχομαι)를 과거로 해석할 수 있는가?

이 박사는 '구름 타고 오시리라'의 에르케타이(오심)는 현재형이며, 엘코마이의 현재형의 용도는 미래, 과거, 현재로 모두 사용할 수 있으므로 하나님께로 간 것으로 해석하여 계시록 1:7을 승천이라고 해석한다. 엘코마이를 미래형으로 적용하면 재림이 되고, 현재형으로 이해하면 승천이 된다고 주장한다. 필자의 관점으로 그런 주장은 헬라어 문법이나 세계 어느 나라 언어의 문법에도 없는 '상식을 뛰어 넘는 비약'이다. 그가 근거로 삼은 것은 헬라어 문법의 '역사적 현재 용법'(the historical present)과 '미래적 현재 용법'(the futuristic present)이다. 헬라어 문법에서 '역사적 현재 용법'에 대한 정의는 다음과 같다.

> 시제 형태는 여러 가지 시간을 지시할 수 있는데, 예를 들어 현재 시제형은 종종 과거를 가리킨다. 이러한 용법을 역사적 현재(the historical present)라고 한다. 현재 시제형은 또한, 미래를 가리키기도 하는데, 이를 미래적 현재(the futuristic present)라 한다. 또한, 현재 시제형은 모든 시간에 통하는 잠언적 현재(the gnomic present)로 쓰이기도 한다.(Porter, 29~32)

헬라어의 '역사적 현재 용법'과 '역사적 미래 용법'은 문법의 원칙이다. 이필찬 박사가 주장하는 것처럼 '현재형인 엘코마이(ἔρχομαι)'가 미래로도 쓰일 수 있고 과거로도 쓰일 수 있다는 것은 오해이다. 즉 다시 말하면, 이 박사는 '엘코마이'가 과거와 현재와 미래로 동시에 쓰일 수 있다고 주장하는데, 누구나 아는 헬라어 문법의 원칙은 미래로 쓰이면서 과거로 쓰일 수 없고, 과거로 쓰이면서 미래로 쓰일 수 없다.

만일 이 박사의 주장대로 '엘코마이'의 현재형이 '과거와 현재와 미래'로 '자유롭게' 해석할 수 있다면, 시제라는 것은 아무 의미가 없게 된다. 만일 'ἔρχομαι'를 미래로 보면 재림으로 볼 수도 있고, 과거로 보면 승천으로 볼 수 있다면, "코에 걸면 코걸이, 귀에 걸면 귀걸이 식"이 되고 말 것이다. 모든 물체에도 물리학의 법칙이 있고, 모든 언어에도 일정한 법칙인 문법이 있다. 헬라어나 영어를 불문하고 어떤 언어든지 문법이라는 원칙이 있다. 현재 시제가 어떤 용법으로 쓰였는지를 결정하는 것은 오직 '문맥(context)'에 달렸다. 문맥의 상황이 과거라면 '역사적 현재 용법'으로 사용되고, 문맥의 상황이 미래를 가리키면 '미래적 현재 용법'이 되는데, 이필찬 박사는 이런 기본적인 사실을 잠시 잊은 것 같다. 헬라어의 역사적 현재 용법이나 미래 용법은 헬라어에만 있는 것이 아니라, 영어에서도 있다. 그런데 '아무 제한 없이' '아무 원칙 없이' 쓰이지 않는다. 오직 "시간과 조건의 부사절"에서 현재가 미래를 대신하여 쓰인다. 예를 들어보자.

If it rains tomorrow, I'll not play soccer. (내일 비가 내린다면, 축구를 하지 않겠다.)

위 문장에서 'rains'이라는 현재형 동사가 '비가 내린다면'이라는 미래의 의미로 번역된다. 어떻게 현재 동사가 미래의 의미를 나타내는가? 현재 동사가 '아무 조건 없이', '아무 때나' 미래를 의미하는 것이 아니다. 'tomorrow'라는 '미래의 때'를 나타내는 부사가 쓰인 '조건 부사절'에서 미래를 의미한다. 이런 용법은 헬라어도 마찬가지이다. 따라서 현재형 'ἔρχομαι'(엘코마이)가 '아무 원칙과 조건 없이' 과거로도 쓰일 수 있고 미래로도 쓰일 수 있다고 하는 이 박사의 주장은 "'It rains'(비가 내린다)라는 현재형 문장을 '비가 내렸다'(과거)로도 해석할 수 있고, '비가 내릴 것이다'(미래)로도 해석할 수 있다"는 주장과 같다. 이것은 작은 오류 같지만, 심각한 오류이다. 그가 이런 기본적인 문법을 몰랐다고는 생각되지 않는다. 그런데도 그런 주장을 하는 것은 계시록을 '상징'과 '과거주의 해석법'으로 해석하는 무천년설 관념의 영향 때문이라 생각된다. 무천년설이라는 신학적 관념이 '문법'까지 왜곡시킨 것이다.

## 2) 성경에 나타난 역사적 현재 용법의 예

성경에서 역사적 현재(the historical present) 용법이 쓰인 로마서 11:7을 보자.

그런즉 어떠하냐 이스라엘이 구하는 그것을 얻지 못하고 오직 택하심을 입은 자가 얻었고 그 남은 자들은 우둔하여졌느니라(롬 11:7)

'구하는'에 해당하는 헬라어 'ἐπιζητεῖ'(에피제테이)는 'ἐπιζητέω'(에피제테오)의 '3인칭 현재 시제'이다. 그런데 본문 구절 속에 나오는 또 다른 동사들은 과거 시제이다. 즉 '얻었다'라는 단어는 헬라어 'ἐπέτυχεν'(에페튕겐)으로 'ἐπιτυγχάνω'(에피튕카노)의 '3인칭 과거 시제'이고, '우둔하여졌다'를 의미하는 헬라어 'ἐπωρώθησαν'(에포로데산)은 'πωρόω'(포로오)의 '3인칭 수동태 과거 시제'이다. 우리가 알다시피 '구하는'에 해당하는 헬라어 'ἐπιζητεῖ'(에피제테이)는 다른 두 동사와 같이 시제의 일치를 위해서 '과거'로 쓰여야 함에도 불구하고 '현재형'으로 쓰였다. 이것이 과거의 역사적 사실을 현재에 일어난 것처럼 생생하게 표현하는 헬라어의 '역사적 현재 용법'(the historical present)이다. 성령님은 바울을 통하여 이러한 표현을 사용하여 이스라엘 백성들이 '행위를 통한 칭의'를 매우 열정적이고 반복적으로 추구했음을 보여준다. 그런데 이필찬 박사가 주장하는 "구름 타고 오시리라"(현재형)를 '역사적 현재 용법'이라고 주장하기 위해서는, 로마서에 언급된 것과 같이 부대 상황이 '과거 시제'여야 한다. 문법이란 '일정한' 원칙이 있기 때문이다.

계시록 1:7의 'ἔρχομαι'(엘코마이)와 함께 쓰인 구절들의 시제를 주목해 보자. 각 사람의 눈이 '주의 오심'을 '보겠고'는 'ὄψεται'(옵세타이)로서 'ὁράω(호라오)'의 '미래형'이다. 그래서 영역본에서 'will see'로 번역됐다. 이 박사가 엘코마이를 역사적 현재 용법이라고 주장하기 위해서는 '보겠고'가 미래형이 아니라, '과거 시제'인 '보았다'(saw)여야 한다. 그렇게 바꾸는 것은 불가능하다. 이 박사가 해석이라는 명분하에 '미래 시제'를 '과거 시제'로 바꿔서(결과적으로) 역사적 현재 용법이라고 주장하는 것은 문법에도 없다.

둘째의 상황은 모든 족속이 '애곡하리니'라는 구절이다. 이 단어는 헬라어 'κόψονται'(콥손타이)로서 '애곡하다, 슬퍼하다'라는 뜻의 'κόπτω(콥토)'의 '3인칭 복수 미래형'이다. 그래서 영역본도 'shall wail'(미래형)로 번역했다. 이필찬 박사가 'ἔρχομαι'(엘코마이, 현재형)를 역사적 현재 용법인 '과거'에 있었던 '승천'이라고 주장하기 위해서 '애곡하리니(shall wail)'는 '미래형'이 아니라 '과거 시제'여야 한다. 천지가 없어지는 것보다 하나님의 말씀의 일점 일획이 없어지는 것이 더 어렵기 때문에, 그것은 불가능하다. 이런 증거들은 이필찬 박사가 "구름타고 오시리라"를 '역사적 현재 용법'을 근거로 '승천'이라는 해석은 헬라어 문법을 벗어난 지극히 주관적인 주장이다.

### • 두 영역본에서의 사례

KJV(흠정역)은 원문의 'ἐπιζητεῖ'(에피제테이)가 '현재 시제'이기 때문에, 역사적 현재 용법을 살린 '원문 그대로' 현재 시제인 'seekes'로 번역했다. 즉 원문이 현재 시제이기 때문에 현재 시제로 번역했다.(원문의 '현재 시제'를 '현재 시제'로 번역한 것은 올바른 번역이다.)

What then? Israel has not obtained that which he seekes for; but the election has obtained it, and the rest were blinded.(KJV, Rom 11:7)

NIV의 경우를 보자. NIV는 '구하여'를 의미하는 'ἐπιζητεῖ'(에피제테이, 현재 시제)를 과거 시제인 'sought'로 번역했다.

What then? What Israel sought so earnestly it did not obtain, but the elect did. The others were hardened.(NIV, Rom 11:7)

KJV은 'seekes'로서 '현재 시제'로 번역했는데, NIV는 'sought'인 '과거 시제'로 '다르게' 번역했다. 따라서 양자가 다르게 번역한 것에 의문을 가질 수 있다. 그러나 KJV(흠정역)의 성격과 NIV(New International Version, 새국제 판역)의 성격을 아는 독자라면, 그 차이의 원인을 알 것이다. KJV은 성경 원문을 '그대로'(문자 그대로 의역하지 않고) 번역하기 때문에 '현재 시제'로 번역했고 반면에, NIV는 독자들의 이해를 쉽게 하기 위한 목적으로 '의역'했기 때문에 '다른 과거 시제'에 맞춰서 '과거 시제'로 번역했다.(필자 주: 선한 생각으로 의역을 했겠지만 성경은 그럴 필요가 없다) 그런 이유로 NIV는 헬라어 원문의 '에피제테이'(현재 시제)를 원래 시점인 '과거 시제'에 맞춰서 '시제를 일치'시키는 편을 택했다.

양자는 일장일단이 있다. 필자의 견해로는 '단지' 영어를 공부하려는 목적으로 영어 성경을 보려는 독자들에게는 NIV(새국제 판역)가 약간의(a little) 유익이 있을 수 있지만, 성경을 QT하고 QST하려는 독자 즉 성경을 하나님의 말씀으로서 'original meaning'을 '제대로' 연구하려는 목적을 갖는 목회자와 성도들이라면 성경의 원문을 '문자대로' 번역한 KJV(흠정역)이 좋을 것이다. 물론 가장 좋은 것은 헬라어 원문이라는 것은 두 말할 나위가 없다.

## 3) 계시록 1:7의 문맥에서 본 '엘코마이'의 의미

기본 문맥(context)인 계시록 1:7의 문맥을 주의하여 보자.

볼지어다 그가 구름을 타고 오시리라(comes) 각 사람의 눈이 그를 보겠고(shall see) 그를 찌른(pierced) 자들도 볼 것이요(shall see) 땅에 있는 모든 족속이 그로 말미암 아 애곡하리니(shall wail) 그러하리라 아멘(계 1:7)

첫째, '오시리라'로 번역된 단어는 'ἔρχεται'(엘케타이)로서 '엘코마이'(ἔρχομαι)의 '3인칭 단수 현재 중간태 디포넌트'이다. 이필찬 박사가 그의 책에서 주장하는 것처럼 '미래형이 아니라 현재형'으로, 누구나 아는 사실이다. 그래서 영역본에 서 '현재형'인 'comes'로 번역됐다. 그러면 뒤에 이어지는 문맥의 시제를 주의하 여 보자.

둘째, 각 사람의 눈이 '주의 오심'을 본다. '보겠고'는 'ὄψεται'(옵세타이)로서 'ὁράω(호라오)'의 '미래형'이다. 영역본은 'will see'로 번역했다.

셋째, "그를 찌른 자도 볼 것이요"라고 말씀한다. 주님을 찌른 자들도 '주의 오심'을 본다. '보겠고'는 앞의 단어와 동일한데, 'ὄψεται'(옵세타이)로서 'ὁράω'(호 라오)의 '미래형'이다. 영역본은 'will see'로 번역했다.

넷째, 모든 족속이 '애곡하리니'는 헬라어 'κόψονται'(콥손타이)로서 '애곡하다. 슬퍼하다'라는 뜻의 'κόπτω(콥토)'로서 '3인칭 복수 미래형'이다. 따라서 앞의 '보 겠고'와 같이 '미래형'이다. 영역본도 'shall wail'로 번역했다.

따라서 같은 문맥 안의 모든 동사가 미래형이기 때문에 '엘코마이'는 '과거'를 의미하는 '역사적 현재의 용법'으로 쓰일 수 없다. 그러면 이 구절은 어떤 용법 이 쓰인 것인가? '엘코마이'와 관련된 두 무리들의 '보겠고'(will see)와 '애곡하리 라'(shall wail)가 '미래'이기 때문에 '미래적 현재 용법'(the futuristic present)으로 쓰 였다. 그러므로 '엘코마이'를 '과거'로도 '미래'로도 볼 수도 있다는 이 박사의 주장은 어떤 언어에도 있을 수 없는 '위록지마'와 같은 일로서, 그의 견해는 오 류이다.

계시록 1:7의 엘코마이와 관련된 부대 상황을 주어와 동사의 시제를 한 눈에 보면, '역사적 현재의 용법'이 아니라는 것을 알 수 있다. 계시록 1:7은 장차 구 름 타고 재림하시는 주님의 미래적 모습을 현재에 나타나는 것처럼 생생하게 표 현하는 '미래적 현재'(the futuristic present) 용법이다. 이필찬 박사는 계시록 1:7의 문맥이 '미래적 현재 용법'이라는 것이 명백한 데도 불구하고 '역사적 현재 용법'

으로 주장하여 '재림의 상황'을 '승천의 상황'으로 뒤바꿔 버렸다. 이 구절을 '역사적 현재 용법'으로 해석하는 것은 불가능하다.

| | 주체 | 상황 | 헬라어 | KJV | 시제 |
|---|---|---|---|---|---|
| 그리스도 | 그가 | 구름 타고 오시리라 | ἔρχεται | comes | 현재 시제 |
| 대상 | 각 사람 | 그를 보겠고 | ὄψεται | will see | 미래 시제 |
| | 그를 찌른 자 | 볼 것이요 | ὄψεται | will see | 미래 시제 |
| | 모든 족속이 | 애곡하리니 | κόψονται | shall wail | 미래 시제 |

이 박사의 '엘코마이'가 역사적 현재 용법이라는 견해는 성경의 본문의 부대 상황들을 적용하면 검증할 수 있다. 만일 엘코마이가 관련된 부대 상황과 일치하면, '승천'이 힘을 얻을 것이고, 만일 일치하지 않으면 '승천'이 아니다. 엘코마이가 승천인지 재림인지는 엘코마이의 부대 상황과 밀접한 관계가 있기 때문이다. 이 박사의 주장대로 '주님의 승천'이라면 다음과 같은 상황이어야 한다.

## (1) 각(모든) 사람이 승천의 현장에 있어야 한다

이필찬 박사가 주장하듯이 '엘코마이'가 승천이라고 할 때 첫 번째 부대 상황인 "각 사람이 그를 보겠고(will see)"와 아무 문제 없이 일치해야 한다. '각 사람'이란 헬라어 'πᾶς'(파스)로서 '모든 사람'을 의미하고, KJV은 'every eyes'로 번역했다. 만일 "구름을 타고 오시리라"는 구절이 '승천을 의미한다면, 모든 사람이 승천을 목격해야 한다. 그러므로 승천에 대한 성경 말씀으로 검증할 수 있다.

주님이 승천하시기 전 상황을 기록한 마태복음 28:16~17은 "열한 제자가 갈릴리에 가서 예수께서 지시하신 산에 이르러 예수를 뵈옵고 경배하나 아직도 의심하는 사람들이 있더라"고 말씀하며, 주님은 제자들에게 "그러므로 너희는(제자들) 가서 모든 민족을 제자로 삼아 아버지와 아들과 성령의 이름으로 세례를 베풀고 내가 너희에게 분부한 모든 것을 가르쳐 지키게 하라 볼지어다 내가 세상 끝날까지 너희와 항상 함께 있으리라 하시니라"는 지상 대위임 명령을 주신 후 주님이 승천하셨다.

마태복음에는 '주님의 승천'에 대한 기록이 없는데, 주님의 탄생에서 "임마누엘 즉 하나님이 우리와 함께 계시다"라고 말씀하셨고, 대위임 명령 후에 "내가 세상 끝날까지 너희와 항상 함께 있으리라"고 약속하셨기 때문에 승천의 기록이 없다. 마태복음의 메시지는 "주님은 세상 끝까지 우리와 함께 하신다"는 것이기 때문이다. 즉 마태복음의 시작은 '임마누엘'이고 마지막도 '임마누엘'이다. 주님은 하늘로 승천하셨지만, 우리와 함께 계셔서 왕으로 목자장으로 우리를 인도하시기 때문이다.

주님이 승천하기 전에 있었던 사람들은 '열한 제자들'이었다. 이필찬 박사가 "구름 타고 오시리라"를 승천으로 주장하기 위해서 마태복음 28장에 언급된 '모든 사람'(이방 사람)이 있어야 하고, 그들이 모두 "구름 타고 가시는" 승천을 목격해야 한다. 성경에는 승천의 현장에 '모든 사람'이 없었고, 오직 열한 제자들만 있었다.

사도행전 1장은 주님이 승천하실 때에 사마리아와 땅끝까지 '내 증인'이 될 것을 말씀하신 것으로 시작한다. 사도행전 1:6은 "그들이 모였을 때에 예수께 여쭈어 이르되 주께서 이스라엘 나라를 회복하심이 이 때니이까 하니"라고 말한다. '그들은' 주님의 '열한 제자들'을 가리킨다. 주님은 때와 시기는 아버지의 권한에 두셨으니 너희가 알 바 아니고, 오직 성령이 너희에게 임하시면 권능을 받고 사마리아와 땅 끝까지 이르러 내 증인이 될 것을 말씀하셨다. 9절은 "이 말씀을 마치시고 그들이 보는데(while they beheld) 올려져 가시니 구름이 그를 가리어 보이지 않게 하더라"고 말한다.

주님이 올리워 가시는 것을 본 '그들은' '열한 제자들'을 가리킨다. 10절은 "올라가실 때에 제자들이 자세히 하늘을 쳐다보고 있는데"라고 하며, 일관되게 승천의 현장에 있던 사람들이 '제자들'이라고 말씀한다. 제자들을 향해 흰 옷 입은 두 사람(천사)이 "갈릴리 사람들아(You men of Galilee) 어찌하여 서서 하늘을 쳐다보느냐 너희 가운데서 하늘로 올려지신 이 예수는 하늘로 가심을 본 그대로 오시리라 하였느니라"(11)고 말했다.

이필찬 박사의 주장과 같이 "구름을 타고 오시리라"가 승천을 의미하는 "구름을 타고 간다"는 것을 의미하려면, '모든 사람의 눈이' 승천을 목격해야 할터인데, 성경에는 '열한 제자들'만 있고 그들은 모두 갈릴리 사람이었다. 열두 제자 중에 유일하게 갈릴리 사람이 아닌 가룟 유다는 예수님을 팔았고 결국 자살함으로 '제 곳으로' 갔다. 따라서 두 천사가 말한 '갈릴리 사람들'이란 것은 한치의 오차가 없는 사실이었다. 주님의 승천을 기록한 복음서와 사도행전에는 오직 '열한 제자들'만이 있다. 그 어디에도 '모든 사람들'이 주님의 승천을 보지 못했다. 계시록 1:7이 승천이라고 주장하는 이 박사의 견해에 동의하는 성경은 어디에도 없다.

### (2) 역사적 현재 용법이라면 '보겠고'가 '과거 시제'라야 한다

만일 계시록 1:7을 승천이라고 가정할 때의 또 다른 문제가 있다. 그것은 "각 사람이 그것을 보겠고(will see)"라는 구절이 '미래 시제'가 아니라 '과거 시제'이어야 한다. 주님의 승천은 과거에 있었던 일이기 때문에, 만일 역사적 현재 용법으로 "엘코마이"가 사용됐다면, 마땅히 그것을 '봤다'는 것은 '과거 시제'이어야 한다. 주님의 승천은 계시록의 시점에서 볼 때 '과거'의 일이기 때문이다. 그런데 성경은 '보겠고(will see)'라고 말한다. 과거 시제가 아니라 미래 시제이다. 이런 제반적인 문제들이 발생하는 원인은 계시록 1:7의 문맥이 승천을 의미하지도 않고, 문법적으로 역사적 현재 용법이 아니기 때문이다.

### (3) '찌른 자'가 승천의 현장에 있어야 한다

이 박사의 주장과 같이 '엘코마이'가 승천이라고 할 때, 두 번째 부대 상황인 "그를 찌른(pierced) 자들도 볼 것이요"라는 상황이 일치해야 한다. 주님이 승천하기 전에 있었던 사람들은 '열한 제자들'이었다. 그 자리에 어떤 다른 사람도 없다. 만일 이 박사가 '승천'이라고 주장하기 위해서, 주님을 찌른 사람들이 있어야 하는데 그들은 어디에도 없다. 한 가지 유일한 희망은 열한 제자 가운데 "주님을 찌른 자들"이 있어야 한다. '찌른 자들'이란 '한 사람'이어서는 안되고, 적어도 '두 사람' 이상이어야 한다. 제자들 중에 누가 주님을 찔렀단 말인가? 어떤 사람은 가룟 유다가 있을 것이라고 할 것이다. 가룟 유다는 스스로 목숨을 끊었고, 성경은 "제 곳으로 갔다"라고 말한다. 승천의 현장에는 가룟 유다를 제외한 '열한 제자들' 만이 있었다. 주님의 재림 시에 애통하는 자들에 대하여 스가랴

12:10은 다음과 같이 말한다.

> 내가 다윗의 집과 예루살렘 주민에게 은총과 간구하는 심령을 부어 주리니 그들
> 이 그 찌른 바(whom they have pierced) 그를 바라보고(they shall look upon me) 그를 위
> 하여 애통하기를 독자를 위하여 애통하듯 하며 그를 위하여 통곡하기를 장자를
> 위하여 통곡하듯 하리로다(슥 12:10)

다윗의 집과 예루살렘 주민은 '유대인들'이 주님의 재림을 목격할 때에 있을
일을 가리킨다. 스가랴 12장은 '그 날에'(in that day)를 여러 번(3, 4, 6, 8, 9, 11절. 여
섯 번) 언급하는 데, 모두 주님의 재림을 가리킨다. 그들은 재림의 주님을 목격하
며 2,000년 전에 십자가에 못박히셨던 나사렛 예수께서 메시아이시며 하나님의
아들인 것을 깨닫고 애통하며 회개할 것에 대한 예언이다. 승천의 현장에 열 한
제자들을 제외한 어떤 유대인도 없었다. 이것은 이 박사의 견해가 오류라는 것
을 가리킨다.

### (4) 역사적 현재 용법이라면 찌른 자도 '볼 것이요'가 '과거 시제'여야 한다

스가랴서에서도 '미래 시제'이고, 계시록 1:7에서도 '미래 시제'인 것은 사도
요한이 계시록을 쓸 때를 기준하여 '장차' 있을 일이기 때문이다.(승천은 행 1장으
로 과거에 발생했다) 계시록 1:7의 "찌른 바 그를 볼 것이요"라는 구절이 '역사적
현재 용법'으로 승천을 가리키는 것이라고 하면, 마땅히 그것을 목격한 것은 '과
거 시제'여야 한다. 다시 말하면, 이필찬 박사가 '엘코마이'를 역사적 현재 용법
이라고 주장하려면, "볼 것이요"가 '과거 시제'여야 하는데 '미래 시제'이다.

왜냐하면 '역사적 현재 용법'이란 과거에 일어났던 일을 현재에 일어났던 것
처럼 생생하게 표현하는 용법이기 때문이다. "찌른 자도 볼 것이요"의 '볼 것이
요'라는 동사는 'ὄψεται'(옵세타이)로서 '미래 시제'이다. 영역본도 원문이 미래 시
제이기 때문에 'will see'로 번역했다. 계시록 1:7은 역사적 현재 용법이라고 주장
할 수 없는 구절이다. 그런데 이 박사는 역사적 현재의 용법으로 해석할 수도 있
다고 주장하면서, "구름 타고 오시리라"는 구절을 '승천'이라고 주장한다. 이것
은 헬라어 문법도 오해하고, 성경도 오해한 것이다.

## (5) 애곡하는 사람들: '모든 족속'이 승천에 있어야 한다

이 박사가 주장하듯이 '엘코마이'가 승천이라고 할 때 세 번째 부대 상황인 모든 족속이 '애곡하리니'('κόψονται, 콥손타이, 미래 시제, shall wail)라는 것이 성경과 일치해야 한다. 흔히 마태복음의 "모든 족속"과 동일하게 여겨 '모든 이방 사람들'이라고 생각한다. 마태복음 28:19에서 "그러므로 너희는 가서 모든 민족으로 제자를 삼으라"는 구절의 '모든 족속'은 헬라어 'ἔθνη'(에드네)로 "(유대인이 아닌)지파, 족속, 민족"을 뜻하는 'ἔθνος'(에드노스)의 '목적격 복수형'이다. 이것은 개역개정과 같이 "모든 민족, 모든 이방인"을 가리킨다. 이에 반하여 계시록 1:7의 '모든 족속'은 'φυλαί'(휠라이)로서 "(유대인의)족속, 지파, 민족"을 의미하는 'φυλη'(휠레)의 '주격 복수형'이다. 난하주에 "이방 민족과 구별되는 유대인을 가리킨다"라는 해설이 있었다면 금상첨화이다. 계시록 1:7은 주님이 구름 타고 재림하실 때에 "이스라엘의 모든 지파가 볼 것이다"라는 의미이기 때문이다.

주님이 승천할 때 '모든 족속'(지파)이 애곡했는가? 주님의 승천을 목격한 사람들은 '열한 제자들' 밖에 없었다. 주님의 승천을 '모든 족속'이 보지도 못했는데, 어떻게 '모든 족속'이 애곡할 수 있는가? 또한 '애곡하리니'는 '미래 시제(shall wail)'이기 때문에 요한계시록을 기록할 때를 기준으로 과거 사건인 승천과는 시제도 일치하지 않는다.

나사로가 병들어 죽었고 주님이 가셨을 때 마리아를 비롯한 많은 사람이 울었다. 요한복음 11:33은 "예수께서 그가 우는 것과 또 함께 온 유대인들이 우는 것을 보시고 심령에 비통히 여기시고 불쌍히 여기사"라고 말한다. 이필찬 박사가 "구름 타고 오시리라"를 승천으로 주장하는 것은 나사로의 죽음으로 인해 "마리아와 유대인들이 우는 것"을 주님의 승천을 보고 우는 것이라고 주장하는 것과 같다. 그런 이유는 '장소'와 '시제'가 전혀 다르기 때문이다. 재림의 때에 모든 족속(지파)이 그를 보고 우는 것을 승천 때에 우는 것이라고 할 수 있다면, 동일한 잣대를 적용할 수 있기 때문이다. 물론 이것은 어디까지나 이필찬 박사의 승천이라는 해석이 옳다는 '가정'을 전제로 한 추론으로, 그의 견해가 오류라는 것을 가리킨다.

## (6) 역사적 현재 용법이라면 '애곡하리니'가 '과거 시제'여야 한다

계시록 1:7은 승천이 아니기 때문에 승천에 관한 성경과 일치하지 않고, 시제도 일치하지 않는다. '엘코마이'가 역사적 현재 용법이라고 주장하기 위해서, 성경의 내용을 접어 놓더라도(이것은 불가능하지만), 적어도 함께 쓰인 동사의 시제들이 '과거'여야 '역사적 현재 용법' 가능성이 '약간'(a little or little) 있다. 계시록에서 언급한 '모든 족속'이 "애곡하리니"는 헬라어 'κόψονται'(콥손타이)로서 '미래 시제'이다. 그래서 KJV은 "shall wail"로 번역했다.(미래 시제를 미래로 번역한 것은 정상적인 번역이다) 이필찬 박사가 '엘코마이'를 역사적 현재 용법이라고 주장하려면, '애곡하리니'가 '과거 시제'여야 한다. 그런데 성경은 '미래 시제'이다. 현재나 과거나 미래 시제를 불문하고 그 시제를 해석이라는 미명하에 다른 시제로 바꿀 수 없다. 이 박사가 '애곡하리니'(κόψονται, 콥손타이)가 '미래 시제'임에도 불구하고 역사적 현재의 용법을 적용하여 "구름 타고 오시리라"는 재림을 '승천'이라고 주장하는 것은 헬라어 문법도 오해하고 성경도 오해한 것이다.

## 4) 계시록 1:7과 사도행전 1:9은 같은 의미인가?

이 박사가 계시록 1:7을 재림이 아닌 '승천'으로 보는 근거에는 계시록 1:7의 '구름 타고 오시리라'는 말씀을 '구름을 타고 올려 가신' 사도행전 1:9의 승천과 동일한 것으로 보았기 때문이다. 물론 사도행전 1:9은 의심할 바 없이 주님의 승천이다. 그러면 "계시록 1:7이 재림인가? 승천인가?"라는 문제가 남는다. 사도행전 1:9은 '승천'이고, 계시록 1:7은 '재림'이라는 것을 삼척동자도 안다. 그러나 이필찬 박사는 양자를 동일한 '승천'으로 주장하기 때문에 필자는 그 차이를 언급하지 않을 수 없다. 양자의 말씀이 그가 주장하는 대로 '그리스도의 승천'을 가리킨다면, 모든 상황이 일치하고, 어떤 오류도 없을 것이다. 만일 양자의 상황이 불일치한다면 승천으로 해석하는 이 박사의 견해가 오류라는 반증이다. 양자를 비교해 보자. 이것은 어떤 신학적인 논증을 하든지 '성경 신학'(Biblical theology)이 뒷받침되어야 하기 때문이다. 왜냐하면, 성경을 떠난 신학은 번지수도 없는 무허가 건물과 같기 때문이다.

### (1) 사도행전 1:9-11 사례

주님의 승천을 기록한 사도행전 1:9~11은 다음과 같다. 승천의 상황을 주목해 보자.

> 이 말씀을 마치시고 그들이 보는데 올려져 가시니(while they beheld, he was taken up) 구름이 그를 가리어 보이지 않게 하더라 올라가실 때에(toward heaven as he went up) 제자들이 자세히 하늘을 쳐다보고 있는데 흰 옷 입은 두 사람이 그들 곁에 서서 이르되 갈릴리 사람들아 어찌하여 서서 하늘을 쳐다보느냐 너희 가운데서 하늘로 올려지신 이 예수는(this same Jesus, which is taken up from you into heaven) 하늘로 가심을 본 그대로 오시리라 하였느니라(행 1:9~11)

주님이 올리워 가실 때, 즉 승천의 광경을 본 사람들은 누구인가? 제자들이다. 그들 외에는 다른 사람들이 있었는가? 제자들 외에는 아무도 없었다. 이 박사가 계시록 1:7을 승천이라고 주장하려면, 동일한 승천을 기록한 사도행전 1장의 상황과 같아야 한다. 즉 '모든 족속'(지파)이 예수로 말미암아 애곡해야 하는데, 그들은 보이지 않는다. 이것은 어떻게 된 일인가? 두 상황이 같은 승천의 상황을 기록한 것이 아니기 때문이다. 사도행전 1장은 주님의 승천에 대한 것이고, 계시록 1:7은 재림에 대한 것이기 때문이다.

### (2) 계시록 1:7의 부대 상황

주님의 재림을 기록한 계시록 1:7은 다음과 같다. 이필찬 박사가 주장하듯이 승천을 가리키는지 아니면, 재림을 가리키는지 문맥을 주의하여 보자.

> 볼지어다 그가 구름을 타고 오시리라 각 사람의 눈이 그를 보겠고 그를 찌른 자들도 볼 것이요 땅에 있는 모든 족속이 그로 말미암아 애곡하리니 그러하리라 아멘(계 1:7)

이필찬 박사의 주장대로 "구름 타고 오시리라"가 승천을 가리킨다면, 사도행전 1:9에서 '그리스도의 승천'의 목격자인 제자들이 계시록 1:7에도 있어야 한다. 그런데 계시록 1:7의 상황에는 제자들을 찾을래야 찾을 수 없다. 그와 반대로 어떤 사람들이 주님을 보는가? '각 사람의 눈'과 '주님을 찌른 자'와 '땅의 모든 족속'이 있다. 이들은 모두 주님의 제자와 상관이 없는 유대인들을 가리킨다. 만일 이필찬 박사가 주장하듯이 사도행전 1:9과 계시록 1:7이 동일한 '그리스도의 승천'을 가리키는 것이라면, 승천의 광경을 목도하는 사람들이 일치해야 한다. 이런 상황의 불일치는 양자가 동일한 상황이 아니기 때문이다.

### (3) 양자의 목격자의 차이

성경이 말하는 그리스도의 부활과 승천과 재림의 목격자의 차이를 보자. 그리스도의 부활의 목격자는 주님의 제자들을 비롯한 500여 형제들이었고, 그리스도의 승천의 목격자는 '제자들' 뿐이었다. 장차 주님이 구름 타고 오시는 재림의 광경을 목격하는 자들은 주님의 십자가와 부활을 믿지 않는 불신자인 유대인들이다. 그래서 계시록은 오직 '각 사람의 눈'과 '주님을 찌른 자'와 '땅의 모든 족속'(φυλαὶ, 휠라이, 이방인이 아닌 유대 지파)이 볼 것을 언급한다. 이들은 주 예수를 십자가에 못박고 완악한 가운데 있는 유대인들과 복음을 믿지 않은 자들을 가리킨다.

### (4) '애곡하리니'(shall wail)가 미래 시제인 것과 승천설의 오류

"땅에 있는 모든 족속이 그로 말미암아 애곡하리니"가 '미래 시제'(shall wail)인 것은 승천이 아니라 재림의 상황이기 때문이다. 만일 이 박사의 주장대로 '구름 타고 오시리라'가 승천 시의 상황이라고 가정해 보자. 주님의 승천을 본 땅의 족속들(φυλαὶ, 휠라이)이 애곡하고, 그를 찌른 모든 유대인이 회개한다는 의미이기 때문에 구원받았다는 의미가 된다.

사도행전 1장의 상황은 모든 유대인이 애곡하기는 커녕 아무도 주님의 승천을 보지 못했다. 주님의 승천을 목격한 사람들은 오직 주님의 '열한 제자들' 즉 '갈릴리 사람들' 뿐이다. 유대인들은 주님의 부활도 믿지 않았는데 어떻게 승천의 자리에 있을 수 있겠는가? 주님의 부활 소식이 전파되는 것을 막기 위해 대제사장과 장로들이 어떤 일을 했는지를 마태복음 28장은 다음과 같이 말씀한다.

그들이 장로들과 함께 모여 의논하고 군인들에게 돈을 많이 주며 이르되 너희는 말하기를 그의 제자들이 밤에 와서 우리가 잘 때에 그를 도둑질하여 갔다 하라 만일 이 말이 총독에게 들리면 우리가 권하여 너희로 근심하지 않게 하리라 하니 군인들이 돈을 받고 가르친 대로 하였으니 이 말이 오늘날까지 유대인 가운데 두루 퍼지니라(마 28:12~15)

주님의 무덤이 비어 있는 것과 천사가 전한 주님의 부활 소식을 들은 막달라 마리아와 다른 마리아는 제자들에게 주님께서 부활하신 것과 '그들보다 먼저 갈릴리로 가셨고 거기서 제자들을 만날 것'(마 28:7)을 전했다. 열한 제자들은 갈릴리에 가서 예수께서 지시하신 산에 이르렀다.(마 28:16) 마리아를 통하여 '지시하신 그 산'이었다. 승천하시는 주님은 "오직 성령이 너희에게 임하시면 너희가 권능을 받고 예루살렘과 온 유대와 사마리아와 땅 끝까지 이르러 내 증인이 되리라"고 말씀하신 후 승천하셨다. 제자들은 예루살렘을 떠나지 않고 기도하며 약속하신 성령을 기다렸고, 오순절 날 '성령 충만'을 입었다.

우리가 주목해야 할 것은 주님의 승천을 목격하고 주님의 지시를 받은 자는 제자들뿐이다. 어떤 완악한 유대인이나 이방인들은 더더구나 있지 않았다. 주님의 승천의 자리에 있지도 않았던 사람들이 어떻게 애곡한다는 말인가? 이런 사실은 계시록 1:7을 승천으로 간주할 수 있다는 이필찬 박사의 주장이 성경의 문맥과 일치하지 않음을 보여준다. '구름을 타고 올라가시는' 주님의 승천을 목격한 사람은 주님의 제자들뿐이었다. 반면에 '구름을 타고 오시는' 주님의 재림을 목격하고 애곡하는 사람들은 주님을 찔렀던 그 땅의 모든 족속들(φυλαὶ, 휠라이, 이스라엘 족속들을 가리킴)이다. 주님의 승천과 주님의 재림의 목격자들은 다르다. 이것은 "구름 타고 오시리라"(계 1:7)는 구절이 '승천'이 아니기 때문이다.

## (5) 계시록 서문의 쐐기를 박는 마지막 말씀

계시록 서문의 마지막 구절에 해당하는 8절은 "주 하나님이 이르시되 나는 알파와 오메가라 이제도 있고 전에도 있었고 장차 올 자요 전능한 자라 하시더라"(계 1:8)고 말씀한다. '장차 올 자'(which is to come)라는 것은 '승천'을 가리키는가, '재림'을 가리키는가? 만일 이필찬 박사의 주장대로 계시록 1:7의 '구름을 타

요한계시록 INSIDE - 1~11장: 그가 왕 노릇 하시리로다

고 오시리라'가 승천을 의미한다면, 이 구절도 '승천'이라고 주장해야 하는데, 이 구절에 대하여 아무런 언급이 없는 것은 아쉽다. 왜냐하면, 바로 연결되어 '구름 타고 오시리라'고 하시면서 전능하신 주 하나님이 어떤 분이신지를 보여주기 때문이다.

"구름 타고 오시리라"를 승천으로 해석하는 이필찬 박사의 주장대로 한다면, "장차 올 자요(재림)"가 아니라 "장차 갈 자요(승천)"라고 해야 앞뒤가 맞게 된다. 그러면 "전에도 있었고"도 '과거'를 가리키고, "장차 올 자"를 "장차 갈 자"라는 뜻의 과거를 의미하므로, 과거는 '중복'되고 '장차 올 자(재림)'는 없어지게 되는 결과를 가져온다. 독자들은 이런 해석을 받아들일 수 있는가? 8절의 '장차 올 자'를 '승천'을 의미하는 '장차 갈 자'로 해석하는 것은 "해석이 아니라 왜곡"이다. 여기서는 '역사적 현재 용법'이라는 것을 거론할 수 없다. "이제도 있었고"는 '현재'를 가리키고, "전에도 있었고"는 '과거'를 가리키기 때문에, "장차 올 자"를 '승천인 과거'로 해석할 수 없다. 이런 꼬리에 꼬리를 물고 나타나는 모순들은 이필찬 박사가 재림을 의미하는 "구름 타고 오시리라"를 승천으로 해석했기 때문이다.


## 3. '엘코마이'의 현재형과 예수 그리스도의 신성

### 1) 무천년설 견해

이필찬 박사는 『요한계시록』(에스카톤, p.98~99)에서 그의 견해를 밝혔다.

> '오다'라는 엘코마이'(ἔρχομαι)가 개역개정에서는 '오시리라' '미래형'으로 되어 있기 때문에 7절의 본문을 맹목적으로 미래 시제로 여겨서 재림에 대한 내용으로 이해할 소지가 있었다.(중략) "'오다'라는 엘코마이'(ἔρχομαι) 동사의 시제가 미래 시제가 아니라 현재 시제라는 사실을 주목할 필요가 있다. 다니엘서 7장 13절의 70인역은 역자의 목적을 위해 동사의 시제를 미완료 시제(에르케토)로 변형시켰다. 헬라어에서 현재형의 용법은 현재와 미래와 과거의 시점을 나타낸다. 그러므로

본문의 '오다'라는 동사에 대하여 세 가지 가능성을 모두 가정하여 생각하는 것이 공정하며, 그렇게 할 때, 승천의 의미와 동사의 시제가 서로 상충되지 않고 조화를 이룰 가능성이 열리게 된다. 즉 '오다'라는 동사의 현재시제를 과거를 나타내는 '역사적 현재 용법(historical presence)의 용법으로 이해하는 것이 가능하다면 저자의 기록 시점에서 과거에 발생한 승천의 의미와 전혀 모순되지 않는다.(이필찬, 『요한계시록』,에스카톤, p.98~99)

## 2) 필자의 비평 및 견해

이필찬 박사가 지적한 것처럼 '오시리라'를 현재형이 아니라 미래형으로 여기는 목회자가 있을 수 있을지라도 미래(미래적 현재용법)로 문맥을 잘 이해했다는 증거이다. 여기서 "'구름 타고 오시리라'가 재림을 가리키는 말씀이 분명한데, 왜 '현재형'을 사용했는가?"라는 의문을 가질 수 있다. 이필찬 박사는 있을 수 없는 '하나의 가정' 즉 "'오다'라는 동사의 '현재 시제'를 과거를 나타내는 '역사적 현재 용법'(historical presence)으로 이해하는 것이 가능하다면 … "이라는 가정으로 시작하여 '승천'으로 끌고 가고 있다. 이것을 문법적으로 보더라도 적용 대상이 아니다.(문법적인 것은 이미 앞에서 논증했다) 이 난해한 신학 문제에 대하여 필자는 성경을 QST하면서 성경의 여러 말씀들을 통하여 '엘코마이'에 담겨진 예수 그리스도의 신성에 대한 '심오한 진리'를 발견했다.

### (1) 누가복음 20장 '살았느니라'(live)가 '현재형'인 이유

부활을 믿지 않는 사두개인들이 모세의 법인 형사취수의 문제를 들면서, 마지막 부활 때에 여자가 누구의 아내가 될 것인가를 물었다. 주님은 부활 때에는 시집가고 장가 가지 않고 하늘의 천사와 같다고 말씀하시면서, 우리에게 '예상치 못한 보너스 같은 말씀'을 주셨다. 만일 이 말씀이 없었다면, 계시록 1:7의 엘코마이가 현재 시제인 것을 비롯하여 "사탄이 번개같이 떨어지는 것을 보았다(과거형)"는 것을 '이해'하지 못했을지도 모른다. 안광철지배(眼光徹紙背)라 했다. 눈빛이 종이의 뒷면까지 뚫듯이 누가복음 20:37~38을 보자.

죽은 자가 살아난다는 것은 모세도 가시나무 떨기에 관한 글에서 주를 아브라함의 하나님이요 이삭의 하나님이요 야곱의 하나님이시라 칭하였나니 하나님은 죽은 자의 하나님이 아니요 살아 있는 자의 하나님이시라 하나님에게는 모든 사람이 살았느니라(live) 하시니(눅 20:37~38)

'살았느니라'의 동사의 시제를 주목하자. 이 단어는 헬라어 'ζῶσιν'(조신)으로 '살다, 숨쉬다'의 뜻을 가진 'ζάω(자오)'의 '3인칭 복수 현재형'이다. 그러니까 '미래 시제'가 아니라 '현재 시제'이다. 언어 특성상 동사의 시제가 잘 드러나는 영역본을 참조하자.

"for to him all are alive"(NIV)

"for all live to him"(KJV)

동사의 시제는 모두 '현재 시제'이다. 위 문맥의 시제의 불일치를 발견하게 된다면 난감할 것이다. 아브라함과 이삭과 야곱을 비롯한 모든 사람은 다(all) 죽었다. 즉 다시 말하면 '과거 완료'이다. 그런데 주님은 "하나님께서는 모든 사람이 '살았다'(현재 시제)"고 말씀한다. 어떻게 이미 '죽은 사람'을 '현재 살았다'(현재 시제)라고 하시는가? '성경의 난제'에 들어갈 만한 주제이다. 우리의 생각으로는 시제가 일치되기 위해서 "모든 사람이 살아날 것이다"라는 '미래 시제'이어야 한다. 그러므로 이 차이를 찾는 것이 문제 해결의 열쇠이다. 알프레드(Plummer, Alfred)는 『국제비평주석』(International Critical Commentary) 누가복음 주석에서 이 부분을 다음과 같이 주석했다.

아브라함이나 다른 조상들이 죽어서 더 이상 존재하지 않는다면, 하나님 역시 그들의 하나님일 수는 없다. '나는 아브라함의 하나님이다(am)'라는 말에는 아브라함이 아직 살아 있다는 것을 전제한다. 인간적인 관점에서 본다면 그 조상들은 이미 고인이다. 그러나 하나님 편에서 본다면 "모든 것이 살아 있다". 여기서 모든 것(all)은 꼭 조상들에게만 제한될 필요는 없다. 35절과 36절에 언급된 모든 사람을 포함한다는 것이다.(알프레드, 『국제비평주석』)

알프레드는 아브라함이 '아직' 살아 있다는 것을 전제한다고 했는데, 이것은 무엇인가를 오해한 것인지, 아니면 표현이 서툰 것인지 모르지만 약간의 오류가 있다. 주님이 말씀하신 '살았느니라'(현재 시제)는 구절은 '지금' 살아 있다는 것이 아니라, '장차' 부활할 것을 가리킨다. 만일 어떤 사람들이 '아브라함과 야곱과 이삭'이 살았는지 찾기 위해서 전 세계에 현상금을 걸고 찾는다고 했을지라도 찾을 수 없을 것이다. 그런데도 주님은 '하나님께는 그들이 살았다'라고 하신다. 사람의 관점에서는 모든 사람이 죽었기 때문에 '죽은 사람'이지만, 하나님의 관점에서는 '모든 사람이 살았다'(live, 현재 시제)고 하셨기 때문이다.

"이것이 '하나님의 관점'이라는 것은 어떤 구절에 나타났는가?"라는 의문을 가질 수 있다. 개역개정의 '하나님께는'이라는 구절이 있기 때문이다. 이 구절은 원문에서 'αὐτῷ'(아우토, 여격 대명사)인데 개역개정은 이해를 돕기 위해서 '하나님께는'이라고 번역했다. 'αὐτῷ'(아우토, to him)에 함의된 의미는 '하나님에게는' '산 것'이지만, '사람에게는' 즉 '사람의 관점'으로는 '살았다'(live)는 것을 보지 못한다는 것을 암시한다. 왜냐하면, 사람의 관점으로 '죽은 사람'이 살아날 때 비로소 '살았다'(live)고 할 수 있기 때문이다. 필자가 볼 때 이런 본질적 차이는 '창조주'와 '피조물'의 차이이다.

## (2) 요한복음 8장의 'I am!'

두 번째 사례는 요한복음 8장이다. 주님은 유대인들에게 "너희 조상 아브라함은 나의 때 볼 것을 즐거워하다가 보고 기뻐하였느니라"고 말씀했고, 사람들은 "네가 아직 오십 세도 못 되었는데 아브라함을 보았느냐"라고 반문했다. 아브라함은 약 2,000여 년 전의 위대한 조상인데, 이제 갓 30세를 넘기신 나사렛 예수를 보고 기뻐했다는 말씀을 이해할 수 없었기 때문이다. 이에 대하여 주님은 더 놀라운 말씀을 하셨다.(참조: 이 말씀도 "사탄이 하늘에서 떨어지는 것을 보았다(과거)"를 이해하는 열쇠가 된다는 것을 기억해야 한다.)

> 예수께서 이르시되 진실로 진실로 너희에게 이르노니 아브라함이 나기 전부터 내가 있느니라 하시니(요 8:58)

영역으로 보면 "before Abraham was born, I am!"로서 시제가 확실해진다. 만일 초등학생이 이 구절을 보더라도 문법적인 오류로 생각할 것이다. 왜냐하면, 책 중의 책이고 하나님의 말씀이라는 성경의 '시제'가 불일치 하기 때문이다. 아브라함이 '나기 전' 즉 "was born"이라고 했다면, 아브라함이 나기 전부터 계신 주님이 "I am"이라 할 수 없다. 그러나 필자의 관점에는 역설적으로 성경이 하나님의 감동으로 기록된 말씀이라는 '주님의 영광의 광채'이다. '예수 그리스도'는 얼마나 영광스럽고 놀라운 분이신가!

아브라함은 '시간의 제한'을 받는 피조물이기에 "was born"이지만, 주님은 '시간의 제한을 받지 않는 분'이기에 "I am"이시다. '시간의 제한'을 받지 않는 분은 "스스로 계시는 분" 밖에 없다. 과거 가시 떨기나무 불꽃에서 나타나신 하나님께서 그분 자신을 "나는 스스로 있는 자니라", "I am that I am"으로 계시하셨다. 이것은 주님의 '영원성'과 '신성'을 계시한다. 그러나 우둔한 유대인들은 이 말씀의 의미를 깨닫지 못했다.

하나님 아버지와 하나님의 아들이신 주님은 언제나 "I am" 즉 '현재'만이 있다. 주님은 말씀이 육신이 되어 이 땅에 오신 하나님의 아들이시기 때문에 하나님 아버지와 영광과 능력과 권세가 동일하다. '죽은 자'가 '살아날 것이다'가 아니라 '살았다'(현재)라고 말할 수 있는 분 즉 '하나님의 관점'을 가진 사람은 누구인가? 어떤 사람도 하나님의 관점을 갖지 못한다. '하나님의 관점'을 갖는 분은 오직 '주님'뿐이다. 그런 이유는 무엇인가? 예수는 참 사람(인성)이시며 참 하나님의 아들(신성)이시기 때문이다.

주님은 "사탄(Satan)이 하늘로부터 번개 같이(as lightning) 떨어지는 것을 내가 보았노라(beheld)"(눅 10:18)고 말씀한다. 우리들의 관점에서 객관적으로 말하면 '사탄의 내쫓김'은 '장차' 곧 미래에 있을 일이다.(계 9:1의 "하늘에서 땅으로 떨어진 별 하나"로 장차 있을 일이다. 무천년설은 주님의 초림 때 사탄이 떨어져서 무저갱에 감금 됐다고 해석한다) 2021년인 지금까지도 이 일은 일어나지 않았다. 이런 미래적 관점은 시간의 제약을 받는 '우리의 관점', '사람의 관점'이다. '부활의 문제'나 '사탄의 내쫓김'을 사람이 보는 때는 '미래'로 동일하다. 그런데 부활의 문제에 대한 하나님의 관점은 '현재'이고, 사탄의 쫓김의 문제에 대해 동사로서 '과거'(saw)이다. 하나님은 '산 자'(live, am)의 하나님이시기 때문이다. 우리가 볼 때, '사탄의 내쫓김'은 미래에 있을 일이다. 그러나 하나님의 관점에서 볼 때 '이미' 성취됐다. 주님이 '과거'에 보신 것으로 말씀하신 것은 이미 '이전에' 보셨다는 것을 의미한다.

만일 무천년설의 주장대로 '주님이 보셨다'는 것을 '과거에 일어난 사건'으로 간주하여 "사탄이 과거 '초림 때'에 내쫓겼다"고 가정할 때, 부딪히는 큰 장애물은 무엇인가? 주님이 아직 십자가에서 우리 죄를 대속하시지 않았음에도 불구하고 '사탄이 내쫓기고' '무저갱'에 갇혔다는 말이 된다. 만일 주님이 십자가에 죽으시지 않고도 '하나님의 구속 계획'을 성취하셨다면 십자가에 가시는 것이 필요치 않게 된다. 이런 견해는 성경과 일치하지 않기 때문에 오류이다.

### (3) 골로새서 2장에 나타난 십자가 위의 '비하인드 스토리'

골로새서 2장은 복음서에서 언급되지 않은 '십자가 비하인드 스토리'를 보여준다. 즉 주님이 십자가에 달리실 때의 '영적 세계'에서 일어난 사건을 말씀한다. 골로새서 2:12~15을 보자.

> 너희가 세례로 그리스도와 함께 장사 되고 또 죽은 자들 가운데서 그를 일으키신 하나님의 역사를 믿음으로 말미암아 그 안에서 함께 일으키심을 받았느니라 또 범죄와 육체의 무할례로 죽었던 너희를 하나님이 그와 함께 살리시고 우리의 모든 죄를 사하시고 우리를 거스르고(against) 불리하게 하는 법조문으로 쓴 증서를 지우시고 제하여 버리사 십자가에 못 박으시고 통치자들(principalities)과 권세들(powers)을 무력화하여 드러내어(openly) 구경거리로 삼으시고(made a show) 십자가로 그들을 이기셨느니라(골 2:12~15)

주님이 십자가 위에 달리실 때 일어난 '비하인드 스토리'는 사람의 눈에 보이지 않는 'invisible'한 일이지만, '실제'이다. 주님이 십자가에 못 박히실 때 일어난 일은 무엇인지 정리하자. 첫째, 우리의 죄를 사하셨다. 둘째, 우리를 거스르고 불리하게 하는 법조문으로 쓴 증서를 지우시고 제하여 버리사 십자가에 못 박았다. 이 얼마나 놀라운 일인가? 골로새서의 계시가 없었다면, '십자가에서 보이지 않게 일어난 사건'을 알 수 없었을 것이다. 셋째, 통치자들과 권세들과 하늘에 있는 악한 영들을 무력화하여 드러내어 구경거리로 삼으시고 십자가로 이기셨다.

여기에서 무천년설의 주장 즉 "사단이 이미(초림 때를 가리킴) 하늘에서 내어 쫓기고"(눅10:18), '무저갱에 갇혔다는 것'(계 20)이 성경과 일치하는 지의 여부를 분별할 수 있다. 악한 영들을 '무력화시켰다'는 것이 '사단이 하늘에서 내어쫓겼다'는 의미로 간주하고, '드러내어 구경거리로 삼으신' 것을 '사단이 하늘에서 내어쫓겼다'는 의미라고 간주할 수 있다. 물론 '전혀 다른 개념'이라기 보다 유사성이 있다. 그런데 여러 가지 상황들을 살피면 '같은 카테고리 안'에 있는 개념이지만 상당한 차이가 있다.

"무력화 시켰다"라는 것은 주님이 우리의 모든 죄를 대속하셨기 때문에 다시는 '죄'와 '죄책감'으로 정죄하거나 대적하지 못한다는 의미이다. 그 결과 이전과 같이 더이상 죄의 종이 되지 않는다. 로마서 6:6~7은 "우리가 알거니와 우리의 옛사람이 예수와 함께 십자가에 못 박힌 것은(is crucified) 죄의 몸이 죽어 다시는 우리가 죄에게 종 노릇 하지 아니하려 함이니 이는 죽은 자가 죄에서 벗어나 의롭다 하심을 얻었음이라"(롬 6:6~7)고 말씀한다. 연이은 12~14절은 "그러므로 너희는 죄가 너희 죽을 몸을 지배하지 못하게 하여 몸의 사욕(its evil desires)에 순종하지 말고 또한 너희 지체를 불의의 무기로 죄에게 내주지 말고 오직 너희 자신을 죽은 자 가운데서 다시 살아난 자 같이 하나님께 드리며 너희 지체를 의의 무기로 하나님께 드리라 죄가 너희를 주장하지 못하리니 이는 너희가 법 아래에(under law) 있지 아니하고 은혜 아래에(under grace) 있음이라"(롬 6:12~14)고 말씀한다.

## 4. '구름타고 오시리라'를 승천이라고 주장할 수밖에 없는 이유들

### 1) 무천년설의 관점의 한계

이필찬 박사는 계시록 20장의 마귀의 무저갱 감금을 '현재' 즉 '초림' 때로 보는 프레임을 갖고 있다. 그것은 '모든' 무천년설 지지자들의 공통적 견해이다. 그러므로 무천년설을 주장하는 다른 학자들과 같이 계시록 1장에서 재림이 언급되면 안 된다는 관념을 갖고 있다. 마치 이 구절은 '계륵(鷄肋)'과 같아서 계시록 1장의 초반부에 언급되는 "구름 타고 오시리라"는 구절을 승천으로 주장해야 무천년설의 정당성을 확립할 수 있기 때문이다. 신학은 성경에서 나온 것이기 때문에 권위가 있다. 그런데 무천년설이라는 학설은 무천년설이라는 '프로크루스테스의 침대(Procrustean bed)'에 모든 성경을 재단하여, 침대보다 키가 크면 큰 만큼 머리나 다리를 자르고, 침대보다 작으면 작은 만큼 몸을 잡아 늘려 버린다.

### 2) 계시록 1:7 '엘코마이'(ἔρχομαι)의 특별한 의미

이필찬 박사는 '오다'라는 엘코마이'(ἔρχομαι)가 일반 사람에게 쓰인 것과 다르게, 계시록에서 예수 그리스도와 연관해 쓰인 경우 '주님의 영원한 신성'으로 인해서 '현재 시제'로 쓰였다는 것을 발견하지 못한 것으로 보인다. 적어도 계시록 1:7의 '구름 타고 오시리라'가 그리스도의 신성과 관련된 것임을 발견했더라면, '오다'를 의미하는 '엘코마이'(ἔρχομαι)를 '가시다' 즉 '승천'으로 주장하는 일은 없었을 것이다. '이것은 '심증'이 아니라, 앞서 여러 사례를 통해서 논증한 것처럼 '일정한 원칙'(doctrine)을 근거로 한다. 삼위일체가 성경의 중요한 진리인 것처럼, '구름 타고 오시다'라는 것이 '미래 시제'가 아니라 '현재 시제'인 것은 예수 그리스도의 영광된 '신성'을 보여준다.

복음서에는 승천이 마지막 부분에 있고, 중간이나 첫 부분에 없다. 사도행전은 승천으로 시작한다. 승천은 서신서에도 찾을 수 없다. 그런데 성경의 마지막 책인 계시록 1장의 "구름 타고 오시리라"는 구절을 승천이라고 주장하는 것은 성경을 원칙이 없는 책으로 간주하는 것과 같다.

부언하자면, 예수 그리스도의 탄생은 복음서의 첫 부분에 있다. 예수님 탄생의 기록을 복음서의 중간이나 마지막 부분에서 찾든지, 사도행전과 서신서에서 찾는 사람은 성경의 흐름에 무감각한 사람과 같다. 그런데 무천년설을 주장하는 그레고리 K. 비일과 이필찬 박사를 비롯한 그 지지자들은 계시록 12장의 해와 달과 열두 별의 면류관을 쓴 여인이 낳은 '남자 아이'를 '예수님의 탄생'이라고 주장한다. 이것은 성경의 내용과 전체 흐름을 거스른다. 마치 무천년설이라는 '프로크루스테스의 침대'(Procrustean bed)에 성경을 맞춘 것에 지나지 않는다.

# Chapter 07 ·
## 이기는 자의 삼 요소(1:9)

9절은 "나 요한은 너희 형제요 예수의 환난과 나라와 참음에 동참하는 자라 하나님의 말씀과 예수를 증언하였음으로 말미암아 밧모라 하는 섬에 있었더니"라고 말씀한다. 성령님은 주권적으로 성경의 결론의 완성인 계시를 받아 계시록을 쓴 사람이 어떤 사람인가를 보여준다. 개인적으로 사도 요한이 어떤 사람인가를 보여주는 듯이 보인다. 그러나 이것은 개인적인 것이 아니라 하나님의 왕국에 대한 원칙을 보여준다. "환난과 나라와 참음"은 하나님의 왕국을 사모하는 자, 더 나가서 이기는 자의 삼대 요소라 할 수 있다. 계시록의 중요 메시지는 "세상 모든 왕국들이 우리 주와 그리스도의 왕국이 된다"(계 11:15)라는 것이다. 주님의 재림은 하나님의 통치를 이 땅에 가져옴으로 "뜻이 하늘에서 이뤄진 것처럼 땅에서도 이루어지이다"라는 주기도문의 성취이다.


## 1. 예수 안에서

먼저 언급할 것은 '예수 안에서'(ἐν Ἰησοῦ, 엔 이에수, in Jesus)이다. 이 문구에 대한 두 가지 견해가 있다. 이 문구가 "환난과 나라와 참음"에 연결된다는 견해와 또 "동참하는 자"에만 연결된다는 견해가 있다. 계시록의 흐름과 성경 전체의 흐름을 볼 때 전자가 타당하다. 즉 "예수 안에서 환난에 동참하고, 예수 안에서 왕국에 동참하고, 예수 안에서 인내에 동참하는 자"라는 의미이다.

계시록의 첫 절은 "예수 그리스도의 계시라"고 시작했다. 그러기 때문에 계시를 받은 사도 요한을 소개할 때 "나 요한은 너희 형제요 예수 그리스도 안에서(in Jesus Christ) 환난과 나라와 참음에 동참하는 자라"고 해야 더 적합하다고 생각할 수 있다. 혹시 "성경 원본에는 'in Jesus Christ'였는데, 사본을 기록할 때 'Christ'를 빠뜨려서 'in Jesus'라고 기록되지는 않았는가?"라는 생각을 할 수 있다. 이 일치되지 않는 부분의 깊은 의미를 새기기 위해서 그런 상상까지 했다. 그러나 계시록이 성령의 감동으로 기록된 것을 믿는다면 '기우'라는 것을 알 것이다. '예수'는 인성 안에서의 이름이며, '그리스도'는 '기름 부음을 받은 자'의 의미로서 하나님으로부터 임명받은 자라는 매우 영광스럽고 특별한 의미이다. 헨델의 대표작 오라토리오의 제목도 '예수'가 아니라 '메시아'이다. 예수란 이름은 인성을 입었을 때의 이름으로 '사람들이 알고 있는 이름'이었다. 심지어 주님의 입으로 나오는 은혜로운 말과 그 능력을 목격했던 고향 사람들은 "구약의 선지자들이 예언한 그 메시아시다"라고 하지 않았다. "이는 요셉의 아들이 아니냐!"(막 6:3)라고 의심하며 반문했다. 즉 다시 말하면 "우리가 아는 요셉의 아들, 목수의 아들인데, 그 은혜로운 말과 그 능력을 행하는 것은 어떻게 된 일인가?"라는 뜻이었다. 그리고 주님을 배척했다. '예수'라는 이름은 '나사렛'과 함께 붙여져서 '나사렛 예수'로 불렸다. 경건한 나다나엘도 "나사렛에서 선한 것이 날 수 있느냐?"라는 부정적인 관념을 가졌다. 따라서 '예수'라는 이름은 '사람이 되신' '인자'로서 '낮아지신 주님'을 의미한다. 반면에 "그리스도(Christ)=메시아(Messiah)"는 영광된 이름이다. 만일 유대인들이 예수님을 메시야로 믿었다면, 주를 십자가에 못박지 않았을 것이다.

따라서 '그리스도 안에' 있다는 것은 영광된 것이지만, 오늘날 세상은 예수를 '그리스도(Christ)=메시아(Messiah)'로 믿지 않고 '나사렛 예수'로만 알고 있다. 그런 까닭에 '예수 안에서'라는 것은 주님이 그리스도(메시아)로서 그의 왕권을 가지고 재림하시기 전에 있는 '오늘날의 상황', '교회의 상황'이며, 세상에서 핍박을 받는다는 것을 의미한다.

창세기 35장에서 라헬이 산고 끝에 두 번째 아들을 낳는다. 난산으로 인해 '그의 혼'이 떠날 때, 그가 낳은 아들을 '베노니' 즉 '슬픔의 아들'이라 불렀다. 어미없이 살아갈 핏덩이를 생각하니 슬픔과 염려와 걱정에 사로잡힌 모성애의 표현이었다. 야곱은 가장 사랑하는 아내의 유언과도 같은 '베노니'라는 이름을 놀랍게도 거절하면서 "이 아들은 베냐민이요"라고 응답했다. '베냐민'에서 '벤'은 '아들'이란 의미이고, '야민'은 '오른손'이란 뜻으로 '오른손의 아들', '능력의 아들'

이란 의미이다. 야곱은 변화된 사람으로서 전능하신 하나님께서 아들을 지키시고 축복해 주심을 바랐다. 모든 성경은 예수 그리스도에 대한 것이다.

베노니와 베냐민에 대한 일화조차도 예수 그리스도에 대한 것이라는 것은 놀랍다. 예수님의 인성을 보면 그분은 '베노니' '슬픔의 아들'이시다. 목수의 아들로 태어나셨고, 나사렛에서 자라셨다. 세상적인 학문과 가문과 재물과 권세와 영광은 거리가 멀었기 때문에 '나사렛 예수'로 불리셨다. 고난 받는 메시아를 예언한 이사야 53장도 그 분이 이 땅에 계셨을 때 '베냐민-오른손의 아들'이 아니라 '베노니-슬픔의 아들'임을 증거한다. 이사야 선지자는 이사야 53:2~4에서 다음과 같이 말한다.

> 그는 주 앞에서 자라나기를 연한 순 같고(a tender plant) 마른 땅(a dry ground)에서 나온 뿌리 같아서 고운 모양도 없고 풍채도 없은즉 우리가 보기에 **흠모할 만한 아름다운 것이 없도다**(no beauty that we should desire him) 그는 멸시를 받아 사람들에게 **버림받았으며** 간고를 많이 겪었으며 '질고를 아는 자'(a man of sorrows)라 마치 사람들이 그에게서 얼굴을 가리는 것같이 멸시를 당하였고 우리도 그를 귀히 여기지 아니하였도다 그는 실로 우리의 질고를 지고 우리의 슬픔을 당하였거늘 우리는 생각하기를 그는 징벌을 받아 하나님께 맞으며 고난을 당한다 하였노라 (사 53:2~4)

'질고를 아는 자'란 'a man of sorrows' 즉 '슬픔의 사람'이란 의미이다. 라헬이 난산으로 죽어가면서 불렀던 '베노니-슬픔의 아들'과 일치한다. 다른 방면으로 예수는 아버지와 동일한 영광과 능력과 권세를 가지신 하나님의 아들이셨다. 베드로가 "주는 그리스도(메시아)시요 살아계신 하나님의 아들이십니다"(마 16:16)라고 고백한 것도 '나사렛 예수'의 영광을 믿었기 때문이다. 나사렛 예수의 내면을 보면 다윗의 자손이며 십자가의 구속과 부활 그리고 '하늘과 땅의 권세'를 아버지께 받으시고 승천하셔서 하나님의 보좌 우편에 앉으신 분이시다. 장차 하나님의 왕국(왕권)을 이 땅에 가져오셔서 만왕의 왕으로 통치하실 분이시다. 예수 그리스도는 베냐민 즉 '오른손의 아들'이시다. 오늘날 '영광의 왕'이며 '베냐민'이신 주님과 함께 왕으로 들어가기 위해서 주님의 인성 안에 불렸던 이름 '베노니-슬픔의 사람'인 '예수 안에서' 그분과 함께 해야 한다. 다윗이 왕으로 즉위하기 전에 많은 고난이 있었고, 그를 따르는 사람들이 있었던 것처럼, 오늘날 다윗으로 예표된 예수님을 따르는 제자들은 '예수 안에서' 고난 받는다. 그러나 그 고난은 장차 나타날 영광과 족히 비교할 수 없다.

## 2. 예수 안에서 환난에 동참하는 자

계시록을 "누구를 통해 기록하게 하느냐?"라는 것은 전적으로 성령님의 주권이시다. 성령님은 '누구나' 사용하실 수 있다. 하지만 '아무나' 사용하시지 않으신다. '준비된 사람', '합당한 사람'을 쓰신다. 바로 사도 요한은 그런 사람이었다. 십자가에서 주님은 개인적으로 육신의 어머니 마리아에 대하여 "예수께서 자기의 어머니와 사랑하시는 제자가 곁에 서 있는 것을 보시고 자기 어머니께 말씀하시되 여자여 보소서 아들이니이다(Woman, behold your son)"(요 19:26)라고 말씀한다.

주님은 공생애를 시작하시면서 마리아와 육신의 관계가 끊어졌음을 밝힌다. 갈릴리 가나 혼인 잔치집에서 주님은 마리아를 향해 "여자여(Woman) 나와 무슨 상관이 있나이까?"라고 부르셨다. 주님은 마땅한 호칭인 '어머니'라 부르지 않고, 객관적인 명칭 '여자여'라고 부른 것은 예절에 어긋나 보인다. '여자'는 'γύναι'(귀나이)로서 '결혼한 여자에 대한 존칭'이기 때문에 예의에 벗어나지 않는 호칭이지만 개인적인 혈연의 관계 '모자 간'에 사용하지 않는 용어이기 때문에 오해를 불러일으킬 수 있다.

주님께서 "어머니라는 호칭 대신 여자"라고 부르신 이유가 무엇인가? 예수님은 이제 기름 부음을 받은 '그리스도'로서 구속 사역을 위해 공생애를 시작하신다. 갈릴리 가나의 혼인 잔치에서 행한 일이 '첫 번째 표적'이라는 것도 '공생애의 시작'임을 알 수 있다. 이것은 '소극적으로' 마리아와의 육신의 관계가 끊어진다는 것과 '적극적인 의미'로써 메시아이신 것을 암시한다. 주님의 위임은 위임을 맡은 자인 사도 요한과 관계가 있다. 그래서 주님은 요한에게 "또 그 제자에게 이르시되 보라 네 어머니라(Behold your mother) 하신대 그 때부터 그 제자가 자기 집에 모시니라"(요 19:27)고 말씀한다. 요한은 주님의 위임과 통치를 따라 순종했다. 요한은 사랑받는 제자로서 예수님의 육신의 어머니를 봉양하는 위임을 받았다. 이것은 그가 다른 사도들처럼 순교를 당하지 않는다는 것을 암시한다. 물론 또 다른 종류의 고난을 당했고, 마리아를 봉양하는 위임과 함께 성경의 마지막 완성인 계시록을 기록하는 위임이 서로 맞물려 있다.

"예수 안에" 있는 신자들은 세상에서 환난을 당할 수밖에 없다. 만일 환난을 당하지 않으려 한다면, '예수 밖으로' 나가야 하고 이것은 '세상에 굴복'한다는 것을 가리킨다. 초대 교회의 사도들과 성도들은 '예수 안에서' 핍박을 받는 길을 택했다. 마태복음 10장에서 주님은 열두 제자들을 파송하시면서 그들이 핍박받을 것을 말씀하셨다.

> 보라 내가 너희를 보냄이 양을 이리 가운데로 보냄과 같도다(as sheep in the midst of wolves) 그러므로 너희는 뱀 같이 지혜롭고 비둘기 같이 순결하라 사람들을 삼가라 그들이 너희를 공회에 넘겨 주겠고 그들의 회당에서 채찍질하리라 또 너희가 나로 말미암아 총독들과 임금들 앞에(before governors and kings) 끌려 가리니 이는 그들과 이방인들에게 증거가 되게 하려 하심이라 … 또 너희가 내 이름으로 말미암아 모든 사람에게 미움을 받을 것이나(you shall be hated of all men) 끝까지 견디는 자는 구원을 얻으리라(마 10:16~22)

요한복음 16:33에서 주님은 "이것을 너희에게 이르는 것은 너희로 내 안에서 평안을 누리게 하려 함이라 세상에서는 너희가 환난을 당하나(In the world you shall have tribulation) 담대하라 내가 세상을 이기었노라"고 말씀하신 것도 계시록과 일치한다. "No cross, no crown.", "십자가 없이 면류관 없다"는 것은 성경의 진리이다. 현재에 당하는 모든 핍박과 환난은 장차 우리가 받을 영광의 그림자이다. 사도 요한은 그런 이유로 '예수 안에서 환난에 동참하는 자'였다. 할렐루야!

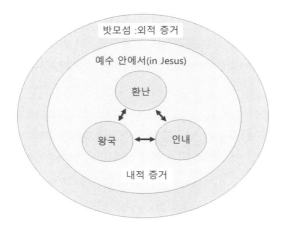

## 3. 예수 안에서 나라(왕국)에 동참하는 자

"예수 안에서 환난에 동참하는 자"에 이어, "예수 안에서 나라(왕국)에 동참하는 자"가 나온다. '나라'는 'βασιλεία'(바실레이아)로 '왕국, 왕권, 통치'를 의미한다. '나라'의 주권은 '국민'에게 있고, '왕국'의 주권은 '왕'(king)에게 있다. 따라서 '왕국'을 '나라'로 번역하면 큰 오류가 생긴다. "예수 안에서 나라(왕국)에 동참하는 자"라는 것은 매우 영광스럽다. 복음서는 예수님께서 십자가에 죽으시고 장사 되시고 부활하심으로 구속의 사역을 완성하셨음을 보인다. 복음서에 이어지는 사도행전은 주님이 부활 후 승천하시기 전, 40일 동안 '하나님의 왕국의 일'을 말씀하셨음을 보여준다. 사도행전 1:3을 보자.

> 그가 고난 받으신 후에 또한 그들에게 확실한 많은 증거로 친히 살아 계심을 나타내사 사십 일 동안 그들에게 보이시며 하나님 나라의 일을 말씀하시니라(행 1:3)

'하나님 나라의 일'이란 'the things pertaining to the kingdom of God'을 의미한다. 제자들에게 '하나님의 왕국'을 40일 동안이나 가르치셨다는 것은 '하나님의 왕국(the kingdom of God)이 매우 중요하다는 것을 가리킨다. 사도행전 8장은 사마리아에서 빌립이 복음을 전하고 많은 열매를 맺은 것을 기록한다. 빌립은 사마

리아 사람들에게 무엇을 증거했는가? 12절은 "빌립이 하나님 나라(the kingdom)
와 및 예수 그리스도의 이름에 관하여 전도함을 그들이 믿고 남녀가 다 세례를
받으니"(행 8:12)라고 말한다. 빌립이 전도한 것은 첫째, 하나님의 왕국(the king-
dom of God) 둘째, 예수 그리스도의 이름에 관한 것이었다.

사도행전 14장에서 사도 바울은 루스드라와 이고니온과 안디옥에 가서 "제
자들의 마음을 굳게 하여 이 믿음에 머물러 있으라 권하고 또 우리가 하나님의
나라에 들어가려면 많은 환난을 겪어야 할 것이라"(행 14:22)고 권면했다. 'enter
into the kingdom of God'이라는 것은 '하나님 왕국의 미래성' 즉 주의 재림으
로 시작될 천년왕국의 왕으로 들어가는 것을 의미한다. 오늘날 '하나님의 왕국'
의 '현재성'인 '주님의 통치 안에' 있게 될 때 이 세상에서는 '예수 안에서' 환난
을 당할 것이다. 환난을 당한다는 것은 '예수 안에' 있다는 '외적' 증거이다. 사도
요한은 현재 '예수 안에서 나라(왕국)에 동참하는 자'였다. 그러므로 장차 주님
의 왕국을 이 세상에 가져올 때 '그리스도의 나라(kingdom)에 동참하는 자'가 될
것이다.

## 4. 예수 안에서 인내에 동참하는 자

성경은 사도 요한이 "예수 안에서 참음에 동참하는 자"라고 말한다. '참음'은
'ὑπομονή'(휘포모네)로 '참을성 있는 인내, 견딤'의 뜻으로 KJV에서 'patience'로
번역했다. 따라서 잘 알려진 "인내는 쓰나 그 열매는 달다"라는 격언에 익숙한
우리들에게 '인내'라는 단어가 더 친숙하다. 앞서 언급한 두 요소 "예수 안에서
환난에 동참"하고, 또한 "예수 안에서 왕국"에 동참하기 위해서는 '인내'가 필
요하다. 사도 바울은 에베소의 장로들과 작별할 때 그가 어떻게 섬겼는가를 언
급했다. 사도행전 20:19은 "곧 모든 겸손과 눈물이며 유대인의 간계로 말미암아
당한 시험을 참고 주를 섬긴 것"이라고 고백했다. 인내로 참고 주님과 교회를 섬
기기 위해서 '모든 겸손과 눈물'이 동반된다. 동일한 원칙으로 사도 요한도 '참음
에 동참하는 자'로서 '모든 겸손과 눈물'로 주를 섬겼을 것이 분명하다.

성경의 완성인 계시록은 하나님의 말씀을 '인내의 말씀'이라고 부른다. 주님

은 빌라델비아 교회에 대하여 "네가 나의 인내의 말씀을 지켰은즉(Because you have kept the word of my patience) 내가 또한 너를 지켜 시험의 때를 면하게 하리니 이는 장차 온 세상에 임하여 땅에 거하는 자들을 시험할 때라"(계 3:10)고 말씀한다. 주님의 말씀대로 살고 지키기 위해서 '인내'가 필요하다. 사도 요한은 예수 안에서 환난과 왕국과 인내에 동참하는 자였다. 초대 교회의 성도들이 그러했고, 오늘날 우리도 '예수 안에' 있는 자들로서 사도 요한이 가졌던 세 가지 보화들을 소유해야 한다.

## 5. 밧모라는 섬: 외적 증거

"예수의 환난과 나라와 참음에 동참하는 자라"는 것은 매우 좋지만 추상적이다. 오늘날 "하나님을 경외하고 예수 그리스도를 사랑한다"고 말하는 것은 어떤 면에서 쉽다. 그런데 실제로 생활 가운데 하나님을 경외하고 예수 그리스도를 사랑하는 것은 결코 쉽지 않다. 믿음의 실제는 이 땅에서 '하나님의 집'이며 '그리스도의 몸'인 교회를 몸으로 섬기고 재능과 물질과 시간을 들여야 하기 때문이다. 사도 요한이 "예수의 환난과 나라와 참음에 동참하는 자라"는 믿음의 실제는 '하나님의 말씀과 예수를 증언'한 것으로 나타난다. 그 결과 사도 요한은 '밧모라는 섬'에 있었다. 이필찬 박사는 "밧모 섬에 가게 된 이유"를 『요한계시록』,에스카톤, p.134)에서 말했다.

> "요한이 밧모라는 섬에 왜 가게 되었는가?"라는 계시록의 기자 문제에 대한 세 가지 견해들이 있다. (1) 하나님의 말씀과 예수의 증거 때문에 밧모 섬에 유배 갔다. (2) 계시를 받아 하나님의 말씀과 예수의 증거들을 기록하기 위하여 밧모 섬에 갔다. (3)하나님의 말씀과 예수의 증거를 선포하기 위해서 밧모 섬에 갔다.(이필찬, 『요한계시록』,에스카톤, p.134)

사도 요한이 "예수의 환난과 나라와 참음에 동참하는 자"로서 하나님의 말씀과 예수를 증거했기 때문에 '밧모라는 섬'에 유배되었다. 이런 원칙은 모든 성도에게도 동일하다. 초대 교회 성도들은 "예수의 환난과 나라와 참음에 동참하는 자"로서 하나님의 말씀과 예수를 증거했고 굴복하지 않았기 때문에 원형 경기장에서 맹수들에게 희생되기도 하고 수치와 능욕을 당하여 죽임을 당했다. 그 외에 수많은 성도는 지하 무덤인 카타콤에서 살았다. 그들이 처한 장소는 달라도 믿음을 버리지 않았기 때문에 당한 일들이다. 만일 초대 교회 성도들이 예수로 인한 환난에 참여하지 않았다면, 그들은 로마 황제의 신상 앞에서 "시저는 나의 주시다"라고 고백했을 것이고, 어떤 박해도 받지 않았을 것이다.

아마도 사도 요한은 예수 그리스도의 계시를 받아 자신이 계시록을 쓰게 할 것을 전혀 예상하지 못했을 것이다. 디모데후서 4:7~8에서 "나는 선한 싸움을 싸우고 나의 달려갈 길을 마치고 믿음을 지켰으니(I have fought a good fight, I have finished my course, I have kept the faith) 이제 후로는 나를 위하여 의의 면류관이 예비되었으므로 주 곧 의로우신 재판장이 그 날에 내게 주실 것이며 내게만 아니라 주의 나타나심을 사모하는 모든 자에게도니라"고 말씀한다. 사도 요한도 '동일한 믿음의 원칙' 안에서 하나님의 계획 가운데 기쁘신 뜻을 따라 성경의 완성인 계시록을 기록하는 '위대한 사명'을 주셨을 것이다.

복음서에서 베드로와 안드레는 '고기를 잡다가' 부름을 입었고, 야고보와 요한은 '그물을 깁다가' 제자로 부름을 입었다. 베드로는 오순절 날 성령이 충만하여 말씀을 선포할 때 3,000여명이 회개했다. 물론 성령님의 역사이지만, 베드로를 사용하셨다는 것도 주목해야 한다. 그의 사역은 마치 그물로 고기를 잡듯이 많은 사람을 구원의 길로 인도했다. 안드레는 처음부터 예수님을 만나고 그의 형제 베드로에게 달려가 그를 데려간 사람이다. 특별히 오병이어의 표적에서 물고기 두 마리와 떡 다섯 개를 가진 한 작은 아이를 주님께 데려온 제자였다.

요한은 사복음서의 마지막 복음서인 요한복음을 기록했다. 마태가 증거하는 왕이신 그리스도가 있고, 마가가 증거하는 노예로 섬기신 그리스도가 있고, 누가가 증거하는 참 사람이신 그리스도가 있을지라도 '예수 그리스도는 하나님이시다'라는 요한복음이 없다면 복음은 완전하지 못할 것이다. 요한은 복음서의 마지막을 완성하는 사역에 쓰임 받았다. 많은 서신서가 있는데 요한이 쓴 1, 2, 3서의 서신서는 끝부분을 차지한다. 게다가 신약 성경의 마지막 책이며, 신구약 성경의 마지막 책으로 하나님의 경륜의 완성을 담고 있는 계시록도 사도 요한이 기록했다는 것은 의미가 있다. 요한계시록은 성경 66권 중 한 권에 불과하다. 그러나 만일 요한계시록이 기록되지 않았다면, 하나님의 구원의 경륜은 완성되지 못한 채 미완성 교향곡과 같았을 것이다. 하나님께서는 사도 요한의 사역을 통해서 성경을 완성케 하셨다. 사도 요한의 사역은 그물 깁는 사역, 완성케 하는 사역이었다.

지난 시대에는 사도 요한을 통해서 계시록을 기록케 하셔서 성경을 완성케 하셨다. 그런데 오늘날 교회가 이런 저런 이유들로 해서 요한계시록을 멀리 한 결과, 이단들의 전유물이 되어 많은 사람들을 미혹케 하는 상황은 요한계시록이라는 그물이 찢어졌다는 것을 보여준다. 따라서 모든 교회가 요한계시록의 영광을 되찾아 거짓 가르침을 극복할 뿐만 아니라 다시 오실 주님과 교회의 영광을 회복하여 성도들을 하나님의 사람으로 세워야 할 것이다.

하나님께서 사도 요한을 통하여 계시록을 기록케 하셔서 성경을 완성케 하실 계획이 있을지라도, 만일 사도 요한이 "예수 안에서 환난과 왕국과 인내에 동참하는 자"로 살지 못했다면 '밧모라는 섬'에 유배되는 일은 없었을 것이고, 따라서 계시록을 기록하는 영광이 주어지지 않았을 것이다. 그러나 이것은 어디까지나 하나의 가정에 불과하다. 사도 요한은 신실하게 믿음을 지켰고 그 결과 밧모 섬에 유배되었다. 사도 요한이 밧모 섬에 있다는 것은 그가 예수를 신실하게 따르고 있다는 증거였다. 그 결과 하나님의 섭리 가운데 예수 그리스도의 계시를 받아 하나님의 경륜의 완성인 계시록을 기록했다. 오늘도 '예수 안에서' 사는 자들은 환난과 왕국과 인내에 동참할 것이고, 밧모라는 섬에 있을 것이다. 각 교회마다 고난과 어려움을 당할 때도 교회와 성도들을 위하여 헌신하고 기도로 섬기는 신실한 성도들이 있다는 것은 사도 요한과 같이 영광된 주님의 길을 따르고 있다는 증거이다. 할렐루야!

# Chapter 08 ·
# 주의 날과 영 안에서(1:10)

## 1. 주의 날

### 1) 에스겔서

사도 요한이 계시를 받은 날은 '주의 날'이었다. 구약에서 계시록에 비견되는 에스겔이 계시를 받은 상황을 살펴보자. 에스겔 1:1~3은 다음과 같이 말씀한다.

> 서른째 해 넷째 달 초닷새에 내가 그발 강 가 사로잡힌 자 중에 있을 때에 하늘이 열리며 하나님의 모습이 내게 보이니 여호야긴 왕이 사로잡힌 지 오 년 그 달 초닷새라 갈대아 땅 그발 강 가에서 여호와의 말씀이 부시의 아들 제사장 나 에스겔에게 특별히 임하고 여호와의 권능이 내 위에 있으니라(겔 1:1~3)

에스겔은 하늘이 열리고 하나님의 모습을 보며 계시록에서 요한이 봤던 네 생물을 보았다. 에스겔에게 하늘이 열린 때는 '서른째 해 넷째 달 초닷새'였다. 무엇과 관계된 서른째 해인지 나와 있지 않다. 그러나 성경의 흐름과 에스겔이 '제사장'이었다는 것은 에스겔이 태어난 지 '서른째 해'라는 것을 알게 된다. 에스겔이 계시를 받은 때는 '30세'였다. 요셉이 고난의 훈련을 겪고 하나님께서 주신 꿈이 이뤄져 바로 앞에 서는 때가 '30세'였다. 예수님이 공생애를 시작할 때를 누가복음 3:23은 "예수께서 가르치심을 시작하실 때에 삼십 세쯤 되시니라(about thirty years of age)"고 말씀하는데, 모두 공통점이 '30세'이다.

에스겔 1:3은 에스겔이 스스로 "나 제사장 에스겔"이라고 밝힌다. 그는 제사장이었다. 그러므로 제사장에 대한 율법이 무엇인지 알 필요가 있다. 민수기 4

장은 "레위 자손 중에서 고핫 자손을 그들의 종족과 조상의 가문에 따라 집계할지니 곧 삼십 세 이상으로 오십 세까지(From thirty years old and upward even until fifty years old) 회막의 일을 하기 위하여 그 역사에 참가할 만한 모든 자를 계수하라"(민 4:2~3)고 말씀한다. 모세 율법에 제사장인 레위 자손이 회막에서 섬길 수 있는 때는 '30세부터'였다. 30세에 봉사를 시작한다는 것은 제사장은 '출생'뿐만 아니라, '양육과 성장' 그리고 '훈련'되어야 한다는 것을 의미한다. 에스겔은 제사장으로서 하나님을 섬길 수 있는 때인 '30세'에 계시를 받았다. 하나님께서 에스겔이 하늘의 계시를 받을 수 있었던 것은 그에게 '신앙의 성장과 성숙'이 있었기 때문이다. 하나님의 관점에서 "하나님은 에스겔이 30세가 되기까지 성장하고 성숙하도록 기다리셨다"는 것을 의미한다.

## 2) 성장과 성숙

오늘날 우리가 하나님의 말씀을 깨닫고 그 영광을 보기 위해서 어느 정도 '성장과 성숙'이 필요하다. 우리의 보편적인 관념은 "하나님은 전능하신 분이시기 때문에 에스겔이 10세나 15세 혹은 20세라도 계시를 줄 수 있으시다"고 생각한다. 이것은 미성숙한 우리들의 생각이지, 하나님의 생각이 아니다. 하나님의 생각은 우리의 생각과 다르다. 따라서 우리는 하나님의 생각(뜻)을 알아야 한다. 하나님의 생각은 그분의 말씀인 성경에 있다. 하나님은 영적인 성장과 성숙을 통해서 '30세'로 준비된 사람에게 계시하신다.

사도 요한의 경우도 원칙은 동일하다. 계시는 '사람에 의해서'(by human) 시작되는 것이 아니라 '하나님에 의하여'(by God) 시작되기 때문이다. 사도 요한도 생애의 중간에 계시가 임하지 않았다. 계시록이 기록된 때는 AD 90~96년으로 추정된다. 이때는 사도 요한의 말년에 해당한다. 세월이 흘러 '겉 사람'은 늙고 낡아졌지만 '속 사람'은 날로 새로워지고 성숙해졌다. 바로 그런 시기에 주님은 사도 요한에게 성경의 완성의 책인 계시록을 기록하게 하셨다.

### 3) 소와 송아지

사도 요한의 생애의 말년이란 그의 생애 가운데 '최고로 성장하고 성숙했다'는 것을 의미한다. 에스겔서와 요한계시록에 모두 네 생물이 있는데, 양자의 차이가 있는 생물이 '송아지'이다. 에스겔서에는 '소'인데 계시록에는 '송아지'이기 때문이다. 이런 불일치를 발견하게 될 때, 흔히 성경의 오류로 생각한다. 만일 반대의 경우라면 이해가 갈 수도 있다. 오히려 에스겔서에는 '송아지'인데 계시록에서 '소'라는 것이 자연스럽다. 왜냐하면 '송아지'가 자라서 '소'가 되기 때문이다. 그러나 성경은 우리들의 생각과는 반대로 기록됐다. 에스겔서에는 소인데 요한계시록에는 '송아지'이다. 소는 가축을 대표하는 동물로써 일평생 사람을 위해 섬기는 집의 가보이다. 마가복음은 "우리를 위해 소처럼 섬기신 노예이신 그리스도"를 보여준다. 그래서 마가복음의 별명은 '송아지 복음'이다.

에스겔서와 요한계시록을 기록한 시대의 차이는 상당하다. 에스겔이 계시를 받은 때는 BC 597년이고 사도 요한이 계시록을 기록한 때는 AD 90~96년 경이기 때문에 약 600년이라는 차이가 있다. 따라서 "소가 송아지가 되었다는 것은 우리가 주님을 소처럼 섬기면 섬길수록 늙어지는 것이 아니라 젊어진다"는 것을 보여주는 것이 아닐까?

이런 것은 각자의 체험을 통해서도 알 수 있다. 주님을 섬기는 것은 한편으로 우리의 시간과 힘과 물질과 재능과 마음을 드리는 것으로 'output'에 해당한다. 그러나 주님을 섬기면 섬길수록 하나님께서 채워주시는 놀라운 'input'의 은혜와 축복이 있다. 이것은 섬기는 자만이 체험하고 누릴 수 있는 특권이다.

성경은 '어느 날' 성령에 감동하여 나팔 소리 같은 음성을 들었다고 말씀하는가? 바로 '주의 날'이다. 다른 여러 날들이 있는 데 '주의 날'에 임한 것은 우연이 아니다. 계시를 주시는 날을 선택하는 주권은 받는 자인 사도 요한에게 있는 것이 아니라 계시를 주시는 예수 그리스도께 달려있다. '주의 날'에 계시가 임하신 것은 '주의 날'이 매우 특별한 날이라는 것을 가리킨다.

누가복음 15장의 '탕자의 비유'에서 허랑방탕하여 거지꼴로 멀리 서 있는 아들을 아버지는 먼저 보고 달려가 끌어안고 입을 맞추고 '아버지의 집'으로 데려갔다. 그에게 '가장 좋은 옷'을 입혔다. 이와 같이 예수 그리스도께서 사도 요한에게 계시를 주시는 날도 '가장 좋은 날'이다. 사도 요한이 계시를 받은 '주의 날'의 원문은 'ἐν τῇ κυριακῇ ἡμέρᾳ'(엔 테 퀴리아케 헤메라)로 영역에서는 'the Lord's day'로 번역됐다. 구약에는 '여호와의 날'(the Lord's day)에 대한 예언이 많이 있다. 예를 들면, 요엘은 '여호와의 날이 이르게 됨'을 예언한다.

- 요엘 2:1 "여호와의 날이 이르게 됨이니라",
- 요엘서 2;11 "여호와의 날이 크고 심히 두렵도다"
- 요엘 2:31 "여호와의 크고 두려운 날이 이르기 전에"
- 요엘 3:14 "심판의 골짜기에 여호와의 날이 가까움이로다"

요엘서를 비롯한 스가랴 선지자와 선지자들이 언급한 '여호와의 날'은 모두 '크고 두려운 날'로서 '심판의 날'을 의미한다. 사도 요한이 계시를 받은 날이 '주의 날'(the Lord's day)이기 때문에 요엘 선지자가 예언한 '여호와의 날'과 동일한 의미로 간주할 가능성이 있다. 성경의 흐름과 중심 메시지를 본다면 다른 의미라는 것을 알게 된다. 사도 요한이 성령에 감동한 날 '주의 날'은 '심판의 날'을 의미하지 않고, '주께 속한 날'로서 '한 주간의 첫 날' 즉 '주님께서 부활하신 날'을 의미한다.

구약에서 특별한 날은 '안식일'이다. 엿새 동안 천지를 창조하시고 이레 되는 날 안식하셨다. 안식일은 창조의 완성이다. 만일 안식일이 없었다면 창조는 미완성이었을 것이다. 오늘날에도 유대인들은 안식일을 가장 큰 날, 중요한 날로 지킨다.

만일 예수 그리스도께서 사도 요한에게 계시를 '안식일'에 주셨다면, 유대인들은 가장 크게 기뻐할 것이다. 유대인 외에 기뻐하는 무리들이 있다면 안식교라 불리는 '제칠일 안식일 예수 재림 교회'이다. 그들이 안식일을 '목숨과 같이' 지키는 것은 구약의 율법을 지켜야 구원을 받는다고 믿기 때문이다. 구약은 그림자로서 오실 예수 그리스도의 십자가의 죽음과 부활로 완성된다는 것을 알지 못한 결과이다. 구약의 안식일은 안식일의 주인이신 그리스도께서 구속의 사역을 완성하시고 부활하신 '주의 날'(the Lord's day)로 성취되었다. 사도 요한이 계시를 받은 날은 '주의 날'(the Lord's day) 즉 '주일'이었다.

## 4) 시편 118편의 예언

시편 118편은 주님의 십자가의 죽음과 부활로 완성될 '주의 날'(the Lord's day)을 예언했다. 시편 118:22~24을 보자.

> 건축자가 버린 돌이 집 모퉁이의 머릿돌이 되었나니 이는 여호와께서 행하신 것이요 우리 눈에 기이한 바로다 이 날은 여호와께서 정하신 것이라(This is the day which the LORD has made) 이 날에 우리가 즐거워하고 기뻐하리로다(we will rejoice and be glad in it)(시 118:22~24)

'건축자'(유대인)가 '버린 돌'(예수 그리스도)로써 십자가에 죽으신 그리스도께서 부활하신 날에 대한 예언이다. '안식 후 첫날'은 예수님이 십자가에 죽으시고 부활하신 날로서 '주의 날'이다. 마태복음 28:1은 "안식일이 다 지나고 안식 후 첫날이 되려는 새벽에 막달라 마리아와 다른 마리아가 무덤을 보려고 갔더니"라고 말씀한다. 결국, 여자들은 부활의 주님을 목격했다. '안식일이 다 지나고'(In the end of the sabbath)에서 안식일은 일주일 중 유대인들에게 가장 큰 날이다. "안식일이 다 지나가고"란 어떤 의미인가? 구속사의 흐름에서 "구약을 대표하는 '안식일'이 이제는 'pass over' 됐다"는 것과 '안식 후 첫날이 되려는 새벽'이 시작된다는 것을 보여 준다. 안식일이라는 '그림자'는 지나가고 '그 그림자의 실체'이며 '안식일의 주인'이신 예수 그리스도의 죽음과 부활을 통해 새로운 날이 시작되었음을 의미한다.

부활하신 예수님이 제자들에게 두 번째 나타난 날도 '안식 후 첫날' 즉 '주의 날'이었다. 요한복음 20:19은 "이 날 곧 안식 후 첫날 저녁 때에 제자들이 유대인들을 두려워하여 모인 곳의 문들을 닫았더니 예수께서 오사 가운데 서서 이르시되 너희에게 평강이 있을지어다"라고 말씀한다. 표준새번역과 우리말 성경과 바른 성경은 "그 날 곧 주간의 첫 날 저녁에"로 번역하고, 킹제임스 흠정역은 "그 뒤 같은 날 곧 주의 첫날"로 번역했다. 이것은 모두 주님이 나타나신 날이 '안식일 후 첫 날'이며 '주의 첫 날'로 일치한다. '안식 후 첫날'은 "τῇ μιᾷ σαββάτων"(테 미아 삽바톤)으로 시편 118:22~23에 예언대로 새로운 날을 시작하셨음을 의미한다. 부활한 후 첫 번째 나타나신 날도 '주의 날'이었고, 두 번째 제자들에게 나타날 때도 '주의 날'이었다. 이것은 우연이 아니다. 제자들에게 나타나셨을 때, 그 자리에 없던 제자가 도마였다. 도마는 제자들이 전한 부활의 소식을 믿지 못했다. 그래서 주님은 도마로 인하여 세 번째 나타나셔야 했다. 성경은 언제 나타나셨다고 기록하는가? 요한복음 20:26은 "여드레를 지나서(after eight days again) 제자들이 다시 집 안에 있을 때 도마도 함께 있고 문들이 닫혔는데 예수께서 오사 가운데 서서 이르시되 너희에게 평강이 있을지어다"라고 말씀한다.

'여드레'란 '팔 일 후'라는 의미이고, 이것은 '안식 후 첫날'과 동일한 날이다. 주님은 세 번이나 다른 날이 아닌 '주의 날'에 제자들에게 나타나셨다. 주님이 나타나신 날의 공통점이 의미하는 것은 하나의 원칙을 보여준다. 구약에는 안식일이 있었고, 십자가와 부활로 구속의 역사를 완성하신 이후에는 '안식일이 지나가고' 이제 '주의 날'이 있다. 안식일은 장차 올 좋은 것의 그림자였고, 예수 그리스도의 구속의 성취인 부활로 완성되었다. '주의 날'은 주님의 부활로 성취된 '새로운 날'이다. 성령강림 후 초대 교회는 언제 모였는가? 안식일인가? 주일인가? 사도행전 20:7은 이렇게 말한다.

> 그 주간의 첫날(the first day of the week)에 우리가 떡을 떼려 하여(to break bread) 모였더니(came together) 바울이 이튿날 떠나고자 하여 그들에게 강론할새 말을 밤중까지 계속하매(행 20:7)

'떡을 뗀다'(to break bread)는 것은 '성찬의 떡'을 뗀다는 것으로 주님의 찢기신 몸과 흘리신 피를 기념했다는 것을 가리킨다. 그들은 "그 주간의 첫날"(And upon the first day of the week)에 모였다. 이 날은 주님이 부활하신 날이다. 사도들과 초대 교회 성도들은 '주의 첫날' 즉 주님이 부활하신 날에 성찬의 떡을 떼려고 모였다. 바울은 이튿날 떠나야 했기 때문에 말씀을 강론하는데 밤중까지 계속했다. 초대 교회 성도들은 '한 주의 첫날'을 함께 모여 예배했다. 이것이 성경이 보여주는 놀라운 변화이다. 만일 '한 주의 첫날'을 구별하여 모이지 않았다면 오늘날 우리들에게 이 믿음이 증거될 수 있었겠는가!

## 2. 영 안에서

　개역개정은 "주의 날에 내가 성령에 감동되어"라고 번역했는데, 헬라어 원문은 'ἐν πνεύματι'(엔 프뉴마티)이다. 'πνεῦμα'는 '영, spirit, 바람, 호흡'을 의미한다. 요한복음 3장에서 예수님은 니고데모와의 대화 가운데 'πνεῦμα'(프뉴마)를 여러 번 사용하셨다. "사람이 물과 성령으로 나지 아니하면 하나님의 나라를 볼 수 없느니라"(요 3:5)에서 '성령으로' 번역된 것은 'πνεῦμα'(프뉴마)로서 '영, spirit'이다. 개역개정이 '영'을 '성령'으로 의역한 것은 아쉽다. 왜냐하면 '성령'으로 번역되려면 'πνεῦμα'(프뉴마) 뒤에 '거룩한'을 뜻하는 'ἅγιος'(하기오스)가 있어야 하기 때문이다. 그러니까 없는 단어를 추가해서 번역했다. 또 6절에서 "육으로 난 것은 육이요 영으로 난 것은 영이니"라 말씀하셨는데, '영(spirit)'은 'πνεῦμα'(프뉴마)이다. 여기선 위의 동일한 단어를 제대로 번역했다.

　8절의 "바람이 임의로 불매"에서 '바람'은 'πνεῦμα'(프뉴마)로 여기서 '영'(spirit)으로 번역하지 않은 것은 이 문맥에서 '바람'의 의미로 쓰여졌기 때문이다. 또 이어 "성령으로 난 사람도 다 그러하니라"에서 '성령'도 'πνεῦμα'(프뉴마)로서 '영, spirit'이다. 물론, 개역개정에서도 '성령으로' 번역되고, KJV에서 'the Spirit'(성령)으로 번역된 것은 완곡하게 의역되었다고 할 수 있다. 원문을 그대로 번역하면 '영으로'가 적절하다.

　요한복음 3:6은 성령과 영이 함께 쓰였다. 개역개정은 "영으로 난 것은 영이니"라고 번역했는데, 원문은 "ἐκ τοῦ πνεύματος πνεῦμά ἐστιν"(에크 투 프뉴마토스 프뉴마 에스틴)으로 "성령으로 난 것은 영이니"라고 번역되어야 한다. '성령으로'는 'ἐκ τοῦ πνεύματος'로 'πνεῦμα'(프뉴마) 앞에 영어의 정관사 'the'를 의미하는 'τοῦ'(투)가 있기 때문에, '성령'(그 영)으로 번역된다. 그러나 뒤에 나오는 'πνεῦμα'(프뉴마)는 정관사가 없기 때문에 '영'이라고 번역해야 한다. 뒤의 'πνεῦμά'(프뉴마)를 성령으로 번역할 수는 없다. 이 구절은 원문대로 잘 번역이 됐다.

　계시록 1장으로 돌아가 보자. '성령 안에서'는 'ἐν πνεύματι'(엔 프뉴마티)로서 'in spirit'(영 안에서)의 의미이기 때문에 "성령 안에서"라고 번역될 수 없다. 왜냐하면 'πνεῦμα'(프뉴마) 앞에 정관사가 없기 때문이다. 만일 'πνεῦμα' 뒤에 '거룩한'을 의미하는 'ἅγιος'(하기오스)가 있다면 그것은 '성령으로만' 번역되어야 한다. 그러므로 양자의 차이가 있다는 것을 인식해야 한다.

"영 안에서"와 "성령 안에서"는 어떻게 보면 비슷한 의미라고 할 수 있지만, 그 차이를 간과하면 안 된다. 성령님은 우리 안에 내주하신다. 이것은 사람의 힘과 능력으로 성령님이 우리 안에 내주하신다는 것을 의미하지 않는다. 아버지의 계획 가운데 아들을 통하여 성령님께서 주권적으로 우리 안에 내주하신다는 의미이다.

이와 반대의 경우 "우리가 성령 안에 있다"라는 것은 "우리가 성령 안으로 들어간다"라는 것을 함의한다. 즉 사람의 힘과 노력으로 성령 안으로 들어갈 수 있다는 것을 함의하는데, 이런 것은 가능하지 않다. 그러기 때문에 성령님께서 주권으로 우리 안에 내주하신다는 것을 잊지 말아야 한다. 하나님께서는 사람 안에 영을 지으셨다. 사람이란 존재는 데살로니가전서 5:23에 말씀하듯이 '영과 혼과 몸'으로 이뤄졌다. 아담이 타락한 이후 사람의 영은 즉시 죽었다. 그 결과 하나님과 교제하던 에덴동산에서 추방됐다. 에베소서 2:1~2은 구원받기 이전의 상태를 보여준다.

> 그는 허물과 죄로 죽었던 너희를 살리셨도다 그 때에 너희는 그 가운데서 행하여 이 세상 풍조를 따르고 공중의 권세 잡은 자를 따랐으니 곧 지금 불순종의 아들들 가운데서 역사하는 영이라(엡 2:1~2)

성경은 왜 '죽었던'(were dead)이라고 하는가? 에베소 성도들이 '구원받기 전'에도 살아 있었는데 '죽었다'라는 것은 '몸이 죽었다'는 것이 아니라 '영이 죽었다'라는 것을 의미한다. '살리셨다'는 것도 '몸이 살리심을 받았다'는 것이 아니라 '영이 살리심을 받았다'는 것을 의미한다. 니고데모에게 말씀하신 것처럼 '거듭남'을 가리킨다. 부모로부터 육적인 생명을 받은 것은 주민등록상에 해당하는 '출생'이고, '거듭남'은 '두 번째 출생'으로서 영적인 영원한 생명을 받은 것을 가리킨다. 이 거듭남은 "성령님이 우리 안에 내주하심"으로 시작된다. 그래서 생명의 영이신 성령님께서 '죄와 허물로 죽었던' 우리의 '죽은 영'을 살리신다.

사도 요한이 '영 안에' 있었다는 것은 그가 '성령님의 임재 안'에 있었다는 것을 의미한다. 마치 에녹이 하나님과 300년을 동행한 것처럼 요한은 성령님과 동행했다. 하나님이 에녹을 '죽음을 보지 않고' 데려가신 것과 같이, 요한에겐 하나님의 구원의 경륜의 완성인 계시록을 기록하게 하셨다. 이것은 요한이 "영 안에 있었다"라는 의미이다. 로마서에서 언급한 것처럼 사도 요한은 '육에 속한 사람'이나 '혼의 사람'이 아니고 '영에 속한 사람'이었다. 우리가 하나님의 뜻을 깨닫기 위해서 반드시 '영에 속한 사람'이 되어야 한다.

사도 요한이 '영 안에' '영에 속한 사람'으로 '예수 안에서' 환난과 왕국과 인내에 동참하는 자로 살고, 하나님의 말씀과 예수의 증언으로 인해 밧모라는 섬에 유배되었다. 어떤 의미에서 사도 요한은 주님을 원망하고 불평하거나 낙심하여 좌절할 수 있었다. 야고보서에서 "엘리야도 우리와 성정이 같은 사람"이라고 말하는 것처럼, 사도 요한도 우리와 성정이 같은 사람이기 때문이다.

그러나 요한은 인내했고 유배된 밧모 섬에서 '주의 날'을 맞으며 '기뻐하고 즐거워' 했을 것이다. 시편 118편은 "이 날은 여호와께서 정하신 것이라(This is the day which the LORD has made) 이 날에 우리가 즐거워하고 기뻐하리로다(we will rejoice and be glad in it)"라고 말씀한다. 하나님의 은혜 안에서 믿음으로 사는 사람은 그 상황이 고난과 우거쌈을 당할지라도 주의 날을 맞이할 때 감사와 기쁨으로 하나님께 나간다.

사도 요한이 밧모 섬에서 '영 안에' 있었고 "가로되 너 보는 것을 책에 써서 에베소, 서머나, 버가모, 두아디라, 사데, 빌라델비아, 라오디게아 일곱 교회에 보내라"(계 1:11)는 나팔소리 같은 음성을 들었다. 나팔 소리는 작은 소리가 아니다. 누구나 분별할 수 있는 큰 소리이다. 과거 이스라엘 백성들이 나팔 소리에 의하여 모든 백성들이 듣고 진행하고 멈추었다. 나팔 소리는 이스라엘 자손들의 무리가 듣기에도 작은 소리가 아니라 큰 소리이며 매우 명확한 소리이다. 엘리야를 위로하시는 하나님의 목소리는 '세미한 음성'이었다. 이와 반면에 계시록에 나타난 주님의 음성은 '나팔 소리' 같았는데, 그런 이유는 교회에 주시는 경고의 음성이기 때문이다. 물론 나팔 소리 같은 음성은 두려움을 주는 목소리가 아니라 '준엄하면서 사랑스러운 경고'의 목소리이다.

사도 요한이 나팔 소리 같은 음성을 들었을 때 어떻게 반응했는가? 계시록 1:12은 "몸을 돌이켜 나더러 말한 음성을 알아보려고 하여 돌이킬 때에"라고 말한다. 두 번이나 강조된 구절이 있다. '몸을 돌이켜'(And I turned)와 '돌이킬 때에'(And being turned)라는 구절인데, 단순한 반복으로 지나칠 수 있다. 그러나 주의 깊은 사람은 이것이 성경이 강조하는 것임을 발견할 것이다. '돌이킨다'는 것은 "나의 방향을 주님께로 바꾸는 것"이다. 사도 요한은 굳이 몸을 돌이키지 않아도 주의 음성을 들을 수 있었기 때문에 돌이키지 않을 수도 있었다. 그러나 사도 요한은 그의 몸을 돌이켰다. 이것은 주의 음성을 들어도 몸을 돌이키지 않는다면 잘못된 위치와 방향에 있을 수 있다는 것을 의미한다.

사도 요한이 몸을 돌이킨 이유는 무엇인가? 그에게 말한 음성을 알아 보기를 원했기 때문이다. 만일 주님의 음성을 듣고 몸을 돌이키지 않는다면, 커다란 손실이 있었을 것이다. 왜냐하면, 계시록 1:12b은 "돌이킬 때에 일곱 금 촛대를 보았는데"라고 말하기 때문이다. 그는 몸을 음성이 나는 쪽으로 돌이킬 때에 놀라운 것, '일곱 금 촛대'를 보았다. 만일 요한이 몸을 돌이키지 않았다면 '일곱 금 촛대'를 보지 못했을 것이다. 그리고 또 무엇을 보았는가? 13절은 "촛대 사이에 인자 같은 이가 발에 끌리는 옷을 입고 가슴에 금띠를 띠고" 있는 분, 교회들을 돌보시는 대제사장이신 예수 그리스도를 보았다.

에베소서 5:22 이하에서 사도 바울은 "아내들이여 자기 남편에게 복종하기를 주께 하듯 하라"고 말한 후에 28절 이하에서 남편들에게 말씀한다. "이와 같이 남편들도 자기 아내 사랑하기를 자기 자신과 같이 할지니 자기 아내를 사랑하는 자는 자기를 사랑하는 것이라 누구든지 언제나 자기 육체를 미워하지 않고 오직 양육하여 보호하기를 그리스도께서 교회에게 함과 같이 하나니"라고 말씀한다. 남편과 아내들에게 말하면서도 '그리스도께서 교회에게 함과 같이'(even as the Lord the church)"라고 하면서 양자의 관계를 그리스도와 교회의 관계로 언급했다. 그런 후 놀라운 결론을 제시한다. 32절을 보자.

> 이 비밀이 크도다(This is a great mystery) 나는 그리스도와 교회에 대하여 말하노라
> (but I speak concerning Christ and the church)(엡 5:32)

사도 바울은 아내와 남편에 대하여 말한 것인가? 아니면 그리스도와 교회에 대하여 말한 것인가? 아내와 남편에 대하여 말한 것도 진리이다. 그러나 바울의 관점, 성경의 관점은 아내와 남편의 관계를 통해서 '그리스도와 교회에 대하

여'(concerning Christ and the church) 말한 것이다. 사도 요한도 나팔 소리 같은 음성을 들은 후 몸을 돌이킬 때, 일곱 금 촛대와 인자이신 주님을 보았다. 이후에 말씀하듯이 '일곱 금 촛대'는 '일곱 교회'이고, 인자이신 주님은 '교회를 돌보시는 대제사장이신 그리스도'이시다. 계시록의 첫 구절은 "예수 그리스도의 계시라"는 말씀으로 시작했다. '예수 그리스도의 계시'란 성경의 중심이고 하나님의 구원 경륜의 중심인 '예수 그리스도에 대한 계시'라는 것을 의미한다. 예수 그리스도는 성경의 중심이며, 계시록의 중심이고, 우주의 중심이다. 그분은 오늘날 교회들을 그분의 신성한 능력과 사랑으로 돌보고 계신다.

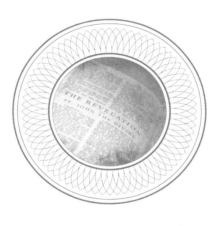

*Revelation Inside*

# 본론부 1: 네가 본 것
## 계시록 1:9~20

요한계시록의 구성은 계시록 1:19의 "그러므로 네가 본 것과 지금 있는 일과 장차 될 일을 기록하라"는 주님의 말씀을 따라 기록됐다. '네가 본 것'(the things which you have seen)을 기록한 계시록 1:9~20은 본론부의 첫 번째 내용이다. 성경은 사도 요한이 하나님의 왕국 안에서 어떤 사람이었기에 계시를 받았는가를 제시하고, 주님의 음성과 인자 같은 분과 일곱 별의 비밀과 일곱 금 촛대(등대)의 비밀을 보여준다.

# Chapter 09 ·
# 인자 같은 분이신 그리스도(1:13~18)

## 1. 그리스도의 인성과 신성

### 1) 그리스도 신성에 대한 아리우스 논쟁

교회사에서 중요한 신학 논쟁 중에 그리스도에 대한 논쟁이 있다. 당시 기독교는 알렉산드리아와 안디옥을 중심으로 형성되었다. 예루살렘, 에베소, 로마 지역을 중심으로 한 알렉산드리아의 대주교는 알렉산더(Alexander I of Alexandria, 250~328)였다. 그리스 철학의 영향을 받은 아리우스(Arius, 250~336)는 하나님만이 모든 존재의 궁극적인 원인이 되신다는 사실을 강조했다. '한 하나님'을 강조한 나머지 하나님 외에 다른 신성적 존재가 있다는 사실에 철저히 반대했다. 예수 그리스도를 하나님의 신성을 갖춘 분으로 언급하는 성경 구절에 대해 아리우스는 "완전한 피조물이신 성자를 공경하기 위한 표현일뿐, 진정으로 하나님과 예수의 동일성을 주장하는 것은 아니다"라는 견해를 갖고 "예수 그리스도에게 하나님과 동등된 지위를 부여하는 것"에 반대했다. 즉 "예수 그리스도는 신의 피조물 중 최고이자 으뜸인 존재이고, 오직 성부만이 신성과 주권이 있고 예수는 성부보다 낮은 지위에 있다"고 주장했다. 당시 주교였던 알렉산더는 아리우스의 주장을 배격하고, 자체 회의를 열어 아리우스를 정죄했다.(AD 320년). 아리우스는 그의 주장을 굽히지 않고 물의를 일으켜 전체 제국을 혼란으로 몰아넣었다. 심지어 당시에 시장에서도 알렉산더와 아리우스의 논쟁이 모든 사람에게 회자될 정도였다.

## 2) 니케아 종교회의

니케아 종교회의(325년 5월 20일)를 소집한 사람은 콘스탄티누스 대제였다. 그는 아리우스 논쟁을 다루기 위해 318명이 참석한 회의에 따른 일체 경비와 필요를 황제가 제공했다. 황제는 "교회의 분열은 영혼의 문제와 관련된 것이기 때문에 전쟁보다 더 나쁜 것"임을 개회사에서 피력했다. 아리우스는 "하나님만이 죄를 용서하실 수 있고, 피조물은 피조물을 구원할 수 없기 때문에 예수는 참 하나님이시다. 그런데 하나님은 한 분이기 때문에 아들인 예수는 피조물로서 하나님보다 낮다. 예수 그리스도는 신의 피조물 중 최고이자 으뜸인 존재이지만 하나님의 신성과 주권에 미치지 못한다"고 예수의 신성을 부인했다.

이때 알렉산더 대주교의 비서로 니케아 회의에 참석한 30세의 아타나시우스 (Athanasius 295~373)가 성부와 성자는 본질에 있어 완전히 '동일하다'는 동일 본질 '호모우시오스(homoousios)론을 강력히 주장했다. 아타나시우스의 뛰어난 주장으로 20여 명 외에 대부분의 참석자들이 찬성하여 그리스도의 신성을 확립한 니케아 신경이 완성되었다.

아리우스가 주장한 '호모이우시오스(homoiousios)'의 앞 단어 'homoi'(호모이)는 '유사한', '비슷한'이라는 뜻이고, 'ousia'(우시아)는 '본질'을 뜻하는 합성어이다. 이와 반면에 아타나시우스가 주장한 동일본질 '호모우시오스'(homoousios)는 '하나'를 뜻하는 'homo'(호모)와 '본질'을 뜻하는 'ousia'(우시아)가 결합한 것이다. 양자는 거의 비슷해서 같아 보인다. 차이는 단 하나의 그리스어 문자 '이오타'(i)가 더해지는가 제외되는가의 차이지만 그리스도의 본질에 대한 중대한 의미를 내포한다.

결국, 니케아 공회의에서 아리우스의 주장은 배격되어 정죄되었고, 아타나시우스의 견해가 채택되었다. 그 후 두 주장의 타협을 추구하였던 신학자들은 성부와 성자가 '유사 본질'이라는 의미의 '호모이우시오스'(homoiousios)라는 용어를 이 논쟁의 결론으로 선택했다. 이들의 관점은 기독론적 논의가 사변적으로 빠지는 것을 막기 위해 "성부와 성자가 근접해 있다"는 것으로 논의를 확증하려 했다. 이와 반대의 입장에 있는 신학자들은 "성부와 성자 사이의 '동일 본질'을 의미하는 '호모우시오스'(homoousios)"라는 용어를 주장했다. 이 논쟁은 결국 '동일

본질', '동일 존재'를 의미하는 '호모우시오스'(homoousios)가 우세하여 아리우스는 이단으로 정죄 되었고 381년 개최된 니케아-콘스탄티노플 신경에서 그리스도와 성부가 '동일 본질'에 속한다고 선포되어 오늘날까지 이르게 되었다.

사도 요한은 그에게 말한 음성을 알아보려고 몸을 돌이킬 때에 '일곱 금 촛대'를 보았고, 그 촛대 사이에 다니시는 '인자 같은 이'를 보았다. '인자'란 'υἱὸν ἀνθρώπου'(휘온 안드로푸)로 '사람의 아들'이란 뜻이다. 사도 요한이 본 것은 '인자-사람의 아들'이 아니었다. 인자 앞에 '같은'(like)이란 뜻을 가진 'ὅμοιον'(호모이온)이 있다. '인자-사람의 아들'과 '인자 같은'의 차이는 오십보 백보 같아도 매우 큰 차이가 있다. 왜 계시록은 '인자-사람의 아들'을 봤다고 하지 않고, '사람의 아들 같은 이'를 봤다고 기록했는가? 예수 그리스도는 마리아에게 잉태된 '완전한 사람'이지만, '성령으로' 잉태된 '하나님의 아들'이시기 때문이다. 만일 '인자-사람의 아들'로 봤다고 하면 외적으로 틀리지 않는다. 그렇지만 내적으로 그분의 '신성'에 오류의 여지를 남기기 때문에 이로 인해 뜻밖의 그리스도의 신성에 대한 논쟁이 발생할 수 있다. 그러나 'ὅμοιον'(호모이온)이 있음으로 '인자 같은-사람의 아들 같은'이라는 구절은 그리스도의 인성과 신성을 동시에 내포하기 때문에 신학적 논쟁의 여지를 남기지 않는다. 예수 그리스도는 우리와 같은 완전한 사람이시고 또한 완전한 신성을 가지신 하나님의 아들이시다. 할렐루야!

## 2. 인자이신 예수 그리스도의 모습

### 1) 발에 끌리는 옷을 입으신 그리스도

인자는 '발에 끌리는 옷'(clothed with a garment down to the foot)을 입고 계셨다. 이사야도 사도 요한과 같이 주의 옷자락 이상을 보았다. 이사야 6:1~3을 보자.

> 웃시야 왕이 죽던 해에 내가 본즉 주께서 높이 들린 보좌에 앉으셨는데 그의 옷자락은 성전에 가득하였고(his train filled the temple) 스랍들이 모시고 섰는데 각기 여섯 날개가 있어 그 둘로는 자기의 얼굴을 가리었고 그 둘로는 자기의 발을 가리

었고 그 둘로는 날며 서로 불러 이르되 거룩하다 거룩하다 거룩하다 만군의 여호와여 그의 영광이 온 땅에 충만하도다 하더라(사 6:1~3)

이사야가 본 주의 옷자락이 성전에 가득한 이상은 스랍들의 찬양이 증거하듯이 "여호와의 영광이 온 땅에 충만하다"는 의미이다. 성경의 모판이 되는 모세 오경인 출애굽기는 제사장의 옷에 대하여 말씀한다. 출애굽기 28:4에서 "그들이 지을 옷은 이러하니 곧 흉패와 에봇과 겉옷과 반포 속옷과 관과 띠라 그들이 네 형 아론과 그 아들들을 위하여 거룩한 옷을 지어 아론이 내게 제사장 직분을 행하게 하라"고 말씀한다. '겉옷'은, 대제사장의 옷인 'a robe'를 의미한다. '발에 끌리는 옷'을 입고 계시다는 것은 인자이신 주님께서 대제사장으로서 일곱 금 촛대인 교회를 목양하고 계시다는 것을 가리킨다. 히브리서 7장은 그리스도께서 아론의 반차를 따른 대제사장이 아니라 멜기세덱의 반차를 따른 대제사장이심을 증거한다(히 7:15~17).

승천하신 그리스도는 멜기세덱의 반차를 따른 영원한 제사장으로서 교회들 가운데 걸으시면서 목양하시고 돌보고 계신다. 그리스도는 본질적으로 하늘의 보좌 우편에 앉아 계시지만, 또 한편으로 이 땅에 있는 교회들을 대제사장으로서 목양하신다. 그리스도는 주님의 양들을 먹이고 돌보고 또 먹이는 많은 목자를 갖고 계신 목자장이시다. 성경에서 제사장의 옷을 처음 언급한 곳은 출애굽기 28:31~34이다.

## 2) 가슴에 금띠를 띠신 그리스도

인자이신 그리스도는 '가슴에 금 띠'를 띠었다. 구약의 제사장들은 출애굽기 28:4에서 "그들이 지을 옷은 이러하니 곧 흉패와 에봇과 겉옷과 반포 속옷과 관과 띠(a girdle)라"고 말씀한다. 이 띠(a girdle)는 제사장이 성소에서 직무를 행하기 위해 '허리'를 묶는 역할을 했다. 제사장의 옷은 '긴 옷'이었으므로 반드시 허리를 동여매야 직무를 수행할 수 있었다. 베드로전서 5:5에서 "젊은 자들아 이와 같이 장로들에게 순종하고 다 서로 겸손으로 허리를 동이라"고 말씀한다. 구약의 제사장들이 허리에 띠를 띠고 직무를 행했듯이, 주님과 교회를 섬기기 위해서 '허리를 동이라'고 말한다. 구약에는 '물리적인 띠'였지만, 신약에서는 '겸손이라는 띠'를 띠고 섬기라고 말씀한다. 이것은 구약과 신약이 말씀하는 섬김의 동일한 원칙이다.

계시록에서 대제사장이신 인자께서는 '띠'가 아니라 '금 띠'를 띠셨다. '금'은 하나님의 영원한 신성의 본성을 의미한다. 마태복음에서 동방 박사들이 왕이신 그리스도를 경배하러 왔을 때 '황금과 유향과 몰약'을 드렸다. 황금은 '하나님의 신성'과 '왕권'을 의미한다. 고대로부터 왕들은 자신의 왕권을 나타나기 위해서 '황금'을 사용했다. 이집트의 파라오는 황금을 '태양신의 눈물'이 땅에 떨어진 것으로 생각할 정도였다. 그래서 일반 백성들은 금을 소유하지 못하게 하고 파라오의 왕권을 나타내는 데 사용했는데, 왕권이 태양신에게로부터 온 것이라는 것은 의미심장하다. 왜냐하면, 지구상에 존재하는 수많은 광석 가운데 오직 아름다운 빛을 발하면서 변치 않고 흔하지 않고 매우 희귀한 물질이기 때문이다. 금광이란 약 1톤의 광석을 제련할 때 금 3g정도 (금 1돈은 3.75g)가 생산되면 경제성이 있다고 한다. 금은 동서고금을 막론하고 신성과 왕권을 결부시킨 유일한 물질이다.

멜기세덱의 반차를 따른 영원한 대제사장은 '금 띠'를 띠고 계신다. 그분의 신성한 본성 안에서 교회를 돌보시고 목양한다는 것을 의미한다. '금 띠'는 허리에 매지 않고 '가슴'에 띠었다. 아론의 반차를 따른 제사장들이 '허리에 띠'를 두른 것은 직무를 행하기 위함이다. 베드로 사도가 '겸손으로 허리를 동이라'는 것도 모두 직무 즉 '섬기고 행하기 위한 것'이다. 그런데 그리스도는 '금 띠'를 허리가 아닌 '가슴'에 띠었다. 이것은 금 띠가 매우 특별하다는 것을 암시한다. 사람에게 가슴은 '사랑'을 의미한다. 탕자를 본 아버지가 달려가서 입을 맞추고 '끌어안을 때' '가슴'으로 안은 것은 '사랑 안에서' 받아들였다는 것을 의미한다. 사람들 사이에도 사랑하는 가족이나 연인들이 '포옹'하는 것도 그 때문이다. '가슴에 띤 금띠'는 대제사장이신 그리스도께서 교회를 목양하실 때 금 띠로 상징된 '신성한 능력과 권세'와 '가슴'으로 상징된 '사랑으로 돌보신다'는 것을 의미한다. 그분의 사랑은 '잠시'의 사랑이 아니라 '영원한 사랑'이다.

## 3) 흰 양털 같은 머리카락을 가지신 그리스도

사도 요한은 인자이신 그리스도의 머리와 머리카락을 보았다. 계시록 1:14은 "그의 머리와 털의 희기가 흰 양털 같고 눈 같으며"라고 말씀한다. 매우 독특한 모습이 아닐 수 없다. 주님은 이 땅에 계실 때 머리카락은 다른 유대인들과 같이 '검은색'이든 '갈색'이었을 것이다. 그런데 승천하신 그리스도의 머리카락은 전혀 다르다. 그것은 주님의 머리카락의 색깔이 변했다는 것을 가리키지 않는다. 계시록에 나타난 인자이신 그리스도의 모습은 모두 눈으로 볼 수 없는(invisible) '신성과 능력'을 상징한다. 우리는 성경을 보면서 무엇이 '문자적 의미'이고, 또한 무엇이 '상징적 의미'인지 알 수 있다. 성경의 흐름과 원칙은 구약과 신약이 동일하기 때문이다. 구약에서 하나님의 보좌의 이상(vision)을 본 사람은 다니엘이다. 다니엘 7:9은 하늘의 보좌와 앉으신 이에 대하여 다음과 같이 증거한다.

> 내가 보니 왕좌가 놓이고 옛적부터 항상 계신 이가 좌정하셨는데 그의 옷은 희기가 눈 같고 그의 머리털은 깨끗한 양의 털 같고(the hair of his head like the pure wool) 그의 보좌는 불꽃이요(단 7:9)

다니엘과 사도 요한이 살던 시대는 달랐지만, 하늘의 보좌에 앉으신 분은 동일하기에 사도 요한이 본 것과 일치한다. 그레고리 K. 비일이나 이필찬 박사와 신학자들은 이런 일치들을 발견할 때, 후대의 사도 요한이 다니엘서를 참조해서 인용했다고 말한다. 성경에 대한 잘못된 관점이다. 성경은 성령의 감동으로 기록된 것으로 기록은 사람(기자)이 했지만 그 주권은 성령님께 있다. 하나님의 보좌의 환상을 다니엘도 보았고, 사도 요한도 보았다. 그러기 때문에 당연히 일치하는 부분이 있고, 다른 것도 있다. 왜냐하면, 각 성경이 보여주고자 하는 관점의 차이 때문인데, 이것은 '틀림'이 아니라 '다름'의 문제이다.

이 땅에서 '흰 머리'는 '연로함, 나이 많음'을 의미한다. 레위기 19:32은 "너는 센 머리 앞에서 일어서고 노인의 얼굴을 공경하며 네 하나님을 경외하라 나는 여호와이니라"고 말씀한다. 여기서 '센 머리'란 'strong hair' 즉 '강도가 강한 머리카락'의 의미가 아니라 'the hoary head', '백발의 머리'를 의미한다. 이어서 "노인의 얼굴을 공경하라"는 것도 같은 맥락이다.

잠언 16:31에서도 "백발은 영화의 면류관이라"(The hoary head is a crown of glory) 고 말씀한다. 백발은 그대로 '물리적으로 흰 머리'를 의미한다. 따라서 '흰 머리'는 모두 '나이 많음'과 일치한다. 이 땅에서는 사람이 나이를 먹으면서 외적으로 '검은 머리'가 '희게' 변한다. 대제사장이신 그리스도는 머리와 털의 희기가 '흰 양털' 같았다. 멜기세덱의 반차를 따른 대제사장이신 그리스도는 땅에 있었던 아론의 반차를 따르는 제사장과 전혀 다르고, 우리와도 전혀 다르다. 사람의 백발은 '늙어짐'으로 '희게 변한 것'이지만, 그리스도는 '원래부터' 양털과 같이 희기 때문이다. 양의 털은 태어날 때 검은 색이나 회색이었다가 희어진 것이 아니라, '원래부터' '본질적으로' 흰 것이다. 사람의 백발은 원래 검은 머리카락이었는데 늙어짐으로 희게 변한 것이고, 양의 흰 털은 하나님이 창조하실 때부터 주어진 것이다.

요한복음 1:1은 "태초에 말씀이 계시니라 이 말씀이 하나님과 함께 계셨으니 이 말씀은 곧 하나님이시니라"고 말씀한다. '태초에'는 창세기의 '태초'와 '문자적'으로 동일하기 때문에 동일한 의미로 생각하기 쉽다. 그러나 그 의미를 상고하면 창세기의 '태초에'는 '시간이 시작'될 때의 태초이고, 요한복음의 '태초에'는 '하나님이 계실 때'의 태초를 의미하기 때문에 무한대의 차이가 있다. 요한복음은 예수 그리스도께서 하나님이심을 증거하기 때문에 '태초에'라는 의미도 이와 같이 심원하다.

그리스도는 언제부터 계셨는가? 그리스도의 탄생을 예언한 미가 5:2은 "베들레헴 에브라다야 너는 유다 족속 중에 작을지라도 이스라엘을 다스릴 자가 네게서 내게로 나올 것이라 그의 근본은 상고에, 영원에 있느니라"고 예언했다. 장차 마리아에게서 잉태될 그리스도는 시간 안에서 '작은 아기'였다. 그러나 그의 근본은 '상고와 영원에' 있었다. KJV은 "from of old, from everlasting"으로 번역했다. 그리스도의 근원과 기원은 '상고와 영원'이다. 그런 까닭으로 '양의 흰털'로 상징했다.

## 4) 눈(snow)과 같은 흰 머리카락을 가지신 그리스도

성경은 그리스도의 머리와 머리털을 '양의 흰털' 뿐만 아니라 '눈'(snow)으로 묘사했다. '눈'(snow)이 아니라 '눈과 같이 희다'(as white as snow)고 말한다. 왜냐하면 '눈'(snow)은 하늘에서 지상에 내려오는 것으로 그리스도의 신성한 영광을 나타낼 수 없기 때문에 '같이'라는 단어를 통해 '직유적'으로 표현했다. "양의 흰털 같다"라고 했으면 충분할텐데 또다시 '눈과 같이 희다'라는 표현을 부가한 것은 "양의 털과 같다"는 사례로 충분히 표현하지 못했기 때문이다.

성령님께서는 주권적으로 그리스도의 신성을 의미하는 또 다른 속성을 '눈과 같이 희다'(as white as snow)라는 것을 통해서 그리스도의 속성을 나타내신다. 사람과 양은 모두 땅에 속한 것이지만, 눈(snow)은 하늘에서 내린다. 눈이란 물리적으로 수증기가 하늘로 증발하여 구름을 형성하고 온도가 내려가면 결빙이 되어 땅에 내리는 결정체이다. 눈의 모양은 단순한 것 같지만 눈을 현미경으로 관찰하면 경탄을 자아내게 한다.

눈이 일정한 모양의 결정을 가지고 있다는 사실을 처음 밝혀낸 사람은 독일의 신학자이자 철학자이며 물리학자인 알베르트 마그누스(1193/1206~1280년)인데, 그는 1,260년경 자신의 책에 떨어지는 눈을 자세히 살펴보면서 눈이 독특한 모양의 결정을 갖고 있음을 발견했다. 최초로 눈의 결정을 사진으로 기록한 사람은 윌슨 벤틀리(1865~1931년)이다. 1885년 검은색 판자에 떨어지는 눈을 현미경과 사진기를 직접 연결해 만든 장비로 눈 결정체를 사진으로 찍는 것에 성공했고, 그 후 약 5,000여개의 결정 사진을 찍었고, 1931년 '눈 결정'(Snow Crystals)이라는 책을 출판했다. 그런 결과 비로소 사람들은 다양한 눈 결정체의 모양을 알게 되었다. 눈의 결정은 온도와 습도에 따라 바뀐다. 온도에 따라 판 모양, 기둥 모양, 경우에 따라 판과 기둥이 더해진 모양들이 나타나고, 습도가 높을수록 정교한 가지들이 뻗어 나간 형태를 만든다. 그런데 5,000여 가지의 눈 결정체는 모두 하나의 원칙을 갖고 있는데, '육각형'의 모양을 갖고 있다.

산상수훈이라 불리는 천국의 헌장에서 주님은 "하나님이 그 해를 악인과 선인에게 비추시며 비를 의로운 자와 불의한 자에게 내려주심이라"(마 5:45b)고 하셨다. 누구나 알 수 있는 하나님의 사랑과 은혜는 '햇빛과 비'이다. 모두 하늘에서 내려서 땅에 있는 것을 자라게 하고 열매를 맺게 한다. 비는 투명하다. 하늘에 있는 물방울이 영하로 내려가면 '흰 눈'(snow)이 되어 온 땅을 덮는다. 이 땅 위에 흰색을 가진 '말'(horse)도 있고 흰색을 가진 '꽃'도 있고 흰 양털을 가진 '양'(sheep)이 있을지라도, 하늘에서 내리는 '눈'(snow)의 '흰색'과는 차이가 있다. 왜냐하면 모두 동일한 흰색일지라도, 다른 모든 것은 '땅에 속한' 흰색이지만, '눈'(snow)의 '흰색'은 '하늘에 속한' 흰색이기 때문이다. 그것이 생성되는 '위치'가 서로 다르다. 계시록에서 그리스도의 신성을 나타낼 때 '머리와 머리카락'을 "흰 양털과 같다"고 하고, 또다시 "눈과 같이 희다"(as white as snow)고 한 것은 주님의 신성을 의미하는 '상고와 영원성'이 '하늘에 속한 것'임을 보여주기 위한 것이다.

## 5) 불꽃 같은 눈을 가지신 그리스도

계시록은 예수 그리스도의 눈(eyes)이 어떤 눈인지 보여준다. "그의 눈은 불꽃 같다"고 말씀한다. KJV은 "his eyes were as a flame of fire" 즉 "불의 화염 같다"고 번역했다. 원문상 '불꽃 같고'라기 보다 '불의 화염 같다'가 더 적절하다. 다니엘 10:6에서도 "그의 눈은 횃불 같고"(his eyes as lamps of fire)라는 것과 일치한다. "화염 같은 눈"은 주님의 눈이 매우 특별하다는 것을 의미한다. 왜냐하면 '화염 같은 눈'으로 바라보는 것을 사랑하는 자의 눈으로 보기 어렵기 때문이다.

주님이 이 땅에 계실 때 어떤 눈을 가지고 있었는지 생각해 보자. 물론 구체적으로 어떤 눈이라고 말하는 것은 난해하다. 사진이 있었던 것도 아니고, 구스타브 도레(Paul Gustave Doré)의 삽화도 있지 않기 때문이다. 그러나 주님께서 죄인들을 긍휼히 여기시고 병을 고쳐주시고, 배고픈 자들을 먹이시는 등 주님의 행적과 그 말씀으로 충분히 미루어 짐작할 수 있다. "주님의 눈은 긍휼히 여기시는 눈이시고 사랑과 은혜가 충만한 눈이시다."고 말할 수 있다. '아가서'는 솔로몬 왕과 술람미 여인의 사랑의 노래를 통해서 그리스도와 교회의 관계가 사랑의 관계라는 것을 보여 준다. 아가서라는 제목은 'Song of songs', '노래 중의 노래'라는 의미이다. 아가서는 우리를 사랑하시는 그리스도의 눈이 "시냇가의 비둘기 눈 같다"(His eyes are as the eyes of doves by the rivers of waters)(아 5:12)고 말씀하고, 주님을 사랑하는 자를 "바위 틈 낭떠러지 은밀한 곳에 있는 나의 비둘기야"(아 2:14)라고 말씀한다.

성경에서 비둘기가 처음 나온 것은 창세기 8장으로 노아가 땅의 물이 감했는 지를 알기 위해서 처음에는 '까마귀와 비둘기'를 내어놓았다. 비둘기는 온 지면에 물이 있기 때문에 발 붙일 곳을 찾지 못해 방주로 돌아왔고 노아는 그 상황을 알게 된다. 또 칠 일이 지난 후에 다시 비둘기를 방주에서 내놓았는데 저녁 때에 비둘기가 돌아왔고, 그 입에는 '감람나무 새 잎사귀'를 물고 왔다.(창 8:11) 이 것을 통해서 노아는 물이 감했음을 알게 된다. 비둘기가 '감람나무 새 잎사귀'를 물고 온 것은 비둘기의 본성과 일치하기 때문이다. 감람나무는 올리브 나무로서 기름이 충만한 올리브 열매를 맺는다. 성경에서 '올리브 기름'은 성령님을 상징한다. 왕과 제사장이나 선지자를 세울 때 그 머리에 올리브(감람) 기름을 부어 보이지 않는 성령님이 함께 하심을 나타내고 위임했다.

예수 그리스도께서 공생애를 시작하기 전에 세례 요한에게 세례를 받으실 때 성령님이 비둘기 같이 임했다. 왜 성령님은 '독수리 같은 모양'으로 임하지 않고, '비둘기 모양'으로 임했는가? 비둘기는 썩은 고기를 먹지 않고 오직 감람나무 잎사귀를 물고 온 것처럼, 생명이 충만한 것들을 먹는다. 창세기로부터 아가서와 모든 성경에 이르기까지 비둘기는 '생명의 성령님'뿐만 아니라 주님을 사랑하는 성도들의 눈을 상징한다. 왜냐하면, 주님이 이 땅에 계실 때 '은혜의 해'를 증거 하셨고 그 입에는 '은혜로운 말씀'이 나왔다. 오늘 이 시대는 '은혜의 시대'이다.

그러나 은혜의 시대가 지나가고, 이제까지 참고 인내하셨던 그리스도의 공의의 심판이 이 땅 위에 내려지기 시작하는데, 계시록은 그것을 보여준다. 물론 계시록에 있는 심판은 '땅에 대한 심판', '세상'에 대한 것이지 '교회'에 대한 것이 아니다. 그리스도는 세상을 심판하시기 위해서 '화염 같은 눈'으로 모든 것을 살펴셔야 한다. 계시록은 이전의 '은혜의 시대'가 지나고 '심판의 시대'가 시작됨을 보여준다. 따라서 하나님의 보좌도 '은혜의 보좌'가 아니라 '심판의 보좌'이다. 동일한 원칙에서 이 땅에 계셨을 때 주님의 눈은 한없는 긍휼과 은혜가 많은 분이셨지만, 마지막 시대에는 '화염 같은 눈'으로 상징되는데, 이것은 세상을 심판하시기 위한 것이다.

창세기에서 아담이 타락한 후 에덴동산에서 쫓겨났고, 여호와께서는 '그룹들과 두루 도는 불 칼'(Cherubims, and a flaming sword)(창 3:24)을 두어 생명나무로 가는 길을 막으셨다. '불 칼'은 원문에서 '화염 검'(a flaming sword)을 의미한다. 계시록의 주님의 눈이 '화염같은 눈'이라는 것과 일치한다. '불'에 대하여 히브리서 12:29은 "우리 하나님은 소멸하는 불이심이니라"고 말씀한다. 그분의 거룩성으로 인해서 모든 죄를 소멸하신다는 의미이다. 그러므로 '불'이란 '하나님의 거룩성'과 관계 있고, 상대적으로 '세상의 죄'와 '우리들의 죄와 허물'의 문제가 심각하다는 것을 보여준다. 다니엘이 "하나님의 보좌에서 불이 강같이 흐르는 것"(단 7:9~10)을 목격한 것도 심판을 의미한다.

하나님의 보좌는 세상에 대한 심판과 관계있다. 그리스도의 눈이 '화염 같은 눈'이라는 것은 전적으로 세상에 대한 것이지만, 그렇다고 해서 교회와 전혀 관계가 없지 않다. '화염 같은 눈'은 교회에 대하여 다른 관점에서 동일한 원칙을 적용할 수 있다. 마지막 어두운 시대, 배교의 시대, 하나님을 대적하는 시대 속에 있지만, 세상에 속하지 않고 자신을 지키며 대환난의 덫을 능히 피하고 '인자 앞에 서기 위하여' 즉 '휴거 되기 위하여' 항상 기도하고 깨어있어 주님의 오심을 예비해야 한다. 모든 신자는 '그리스도의 심판석'에 서게 될 것이고, 구원받은 후 어떻게 주를 섬겼는지 '회계-결산'할 것이기 때문이다. 따라서 교회에 대하여도 주님은 '세밀하게' 우리들의 모든 것을 살피시고 지켜보신다. 신자들이 계시록에 나타난 주님의 눈이 '화염 같은 눈'이라는 것을 깨닫는다면, 오늘날 우리들의 신앙생활은 달라질 것이다. 이것은 두려움을 주는 것이 아니라 우리가 연약할 때의 사랑스러운 경고이다.

### 6) 풀무불에 단련한 빛난 주석 같은 발을 가지신 그리스도

계시록은 그리스도의 발이 어떤 발인지를 보여준다. "그의 발은 풀무불에 단련한 빛난 주석 같고"(And his feet like unto fine brass, as if they burned in a furnace)(14)라고 말씀한다. 다니엘 10:6에서도 "그의 팔과 발은 빛난 놋과 같고"(his arms and his feet like in colour to polished brass)라는 말씀과 일치한다. 이것은 후대의 사도 요한이 다니엘서를 참조해서 계시록을 작성한 것이 아니라, 그리스도의 계시로 동일한 것을 보고 기록했기 때문이다.

'발'은 움직이고 행하기 위한 기능을 가진 지체이다. 짐승의 왕인 사자도 발을 다친다는 것은 달릴 수 없고, 사냥할 수 없기 때문에, 따라서 죽음을 의미한다. 일반 초식 동물들은 말할 필요도 없이 달리는 발이 있어야 생존할 수 있다. 사람도 발을 다치면 걷지도 못하고, 아무 일도 하지 못한다. 주님의 발도 "주님의 걷고 행하심"을 의미한다. 이미 주님을 일곱 금 촛대 사이에서 거니시는 분으로 계시되었다. 그리스도는 대제사장으로서 교회들을 돌보고 목양하심을 의미한다. 그런데 주님의 발이 '주석' 즉 '빛나는 청동 같다'(fine brass)고 말씀한다.

이스라엘 백성들이 애굽에서 영광의 탈출을 한 후 광야에서 성막을 건축했다. 성막에는 여러 기구들이 있다. 성막에 들어가면 첫 번째로 만나는 것이 '제단'(번제단)이다. 제단은 제물이 죽임당하는 곳으로 십자가를 예표한다. 그런데 그 제단은 '금'이나 '은'으로 만들지 않고 '청동(놋)'으로 만들었다. 성막의 모든 것은 사람의 생각과 계획으로 되지 않고, 모두 여호와로부터 말미암은 것이다. 그래서 성막도 하나님의 계시이고 방주도 하나님의 계시이다. 어떤 사람도 자신의 지혜로 성막을 만들 수 없다. 성경의 모든 것은 하나님의 계시이다. 금은 하나님의 영원히 변치 않는 신성을 의미한다. 여호와께서는 왜 십자가를 예표하는 제단을 '청동'으로 만들도록 하셨는가? 제단은 제물들이 죽는 장소이다. 제물이 죽어야 하는 이유는 하나님의 공의로 죄를 심판하시기 때문이다. 예수 그리스도를 믿는 우리는 '그리스도안에서' '그리스도와 함께' 십자가에서 심판받았다. 이것이 복음이다. '일사부재리'의 원칙에 의해서 더 이상 어떤 심판도 없다. 그러나 불신자들은 그리스도 안으로, 믿음으로 들어가지 않았기 때문에 심판받은 적이 없고, 장차 '홀로' 심판을 받아야 한다. 제단은 심판받는 곳으로서 하나님은 주권적으로 '금'이 아닌 '청동'으로 만들게 했다. 성막 기구의 성격과 그 재료는 서로 일치한다. 이처럼 '주석-놋-청동'은 '거룩하신 하나님의 심판'을 의미하고, '빛난다'는 것은 '시험을 이기고 승리했다'는 것을 의미한다.

사복음서를 보면 주님은 이 땅에서 행하실 때 '빛나는 주석과 같은 발'로 다니셨음을 보게 된다. 마귀의 유혹도 물리치심으로 주님의 발은 '빛나는 놋'과 같았다. 만일 마귀의 유혹에 넘어가서 '돌덩이로 떡'을 만드셨다면 주님은 유혹을 이기지 못했고 공생애로 들어갈 자격을 잃으셨을 것이다. 마귀가 천하만국의 영광을 보이면서 자신에게 절하면 모든 권세를 다 주겠다고 유혹했다. 만일 십자가 없는 영광을 취하셨더라면 구속의 역사를 이루지 못했을 것이다. 그러나 이런 일은 결코 있을 수 없다. 예수님은 "오직 하나님께 경배하고 그를 섬기라"고 하시며 마귀의 유혹을 물리치셨다. 주님의 발은 세 번째의 큰 시험을 이기심으로 '빛나는 주석 같은 발'이셨다.

예수님은 직접 마귀에게 시험받으셨지만, 다른 한편으로 성령님에 이끌려 마귀에게 시험받으러 가셨기 때문에, 아버지 앞에서 시험을 통과해야 했다는 것을 의미하기도 한다. 주님은 유혹과 여러 가지 시험을 이기셨다. 유월절 어린양은 나흘 간 검사를 받은 후 '흠이 없는 것'만을 유월절 양으로 잡을 수 있었다. 유월절 어린 양이신 그리스도는 마지막 유월절을 앞 두고 시험하는 자들의 세 가지 시험을 받으셨다.

마태복음 22:17은 바리새인들이 "가이사에게 세금을 바치는 것이 옳으니이까 옳지 않으니이까?"라는 로마의 정치에 관련된 질문으로 주님을 시험했다. 주님은 "가이사의 것은 가이사에게, 하나님의 것은 하나님께 바치라"(21)고 하시면서 시험을 이기시고 십자가로 가실 수 있으셨다. 주님의 발은 '빛나는 놋과 같은 발'이시다.

한 시험하는 자를 이기자 또 다른 시험하는 자가 왔다. 마태복음 22:23은 부활이 없다고 믿는 사두개인들이 부활의 문제로 주님을 시험했다. 형사취수를 거론하며 있지도 않은 일을 가정하면서 "일곱 형제 모두 죽었다고 하면 그 여자는 부활 때에 이전에 남편이었던 일곱 중에서 누구의 아내가 되겠는가?"라는 '간교한 가상 난해 질문'이었다. 주님은 하나님의 지혜로 말씀하셨다.

> 예수께서 대답하여 이르시되 너희가 성경도, 하나님의 능력도 알지 못하는 고로 **오해하였도다** 부활 때에는(in the resurrection) 장가도 아니 가고 시집도 아니 가고 하늘에 있는 천사들과 같으니라(but are as the angels of God in heaven) 죽은 자의 부활을 논할진대 하나님이 너희에게 말씀하신 바 나는 아브라함의 하나님이요 이삭의 하나님이요 야곱의 하나님이로라 하신 것을 읽어 보지 못하였느냐 **하나님은 죽은 자의 하나님이 아니요 살아 있는 자의 하나님이시니라**(마 22:29~32)

주님의 발(foot)은 사두개인의 간교한 시험을 이길 뿐만 아니라 하나님이 어떤 분이신지를 밝히심으로 '빛나는 주석'과 같았다. 그리고 십자가로 한 걸음 한 걸음 나가셨다. 사두개인들이 예수로 말미암아 대답할 수 없게 되었다는 것을 들은 바리새인이 마지막으로 시험하기 위해 온 것이었다. 한 율법사가 "율법 중에 어느 계명이 큰가?"라는 문제로 시험했다. 주님은 솔로몬보다 더 크신 분으로서 대적들을 놀라게 하는 말씀을 하셨다. 마태복음 22:37~40을 보자.

> 네 마음을 다하고 목숨을 다하고 뜻을 다하여 주 너의 하나님을 사랑하라 하셨으니 이것이 크고 첫째 되는 계명이요 둘째도 그와 같으니 네 이웃을 네 자신 같이 사랑하라 하셨으니 이 두 계명이 온 율법과 선지자의 강령이니라(마 22:37~40)

유월절 어린 양을 점검하는 것은 양 잡기 나흘 전이었다. 유월절 어린 양이신 주님은 유대교를 대표하는 무리에게 세 가지 시험을 받았지만, 모두 시험을 통과하고 승리하심으로 십자가의 길로 당당히 나가셨다. 계시록에는 주님의 발이 '빛나는 주석과 같다'고 말씀한다. 주님은 이 땅에 계실 때 마귀와 모든 대적자의 시험을 이기시고 승리하심으로 '풀무불에 연단한 빛나는 주석 같은 발'을 가지신 분이시다. 그런 자격을 가지신 그리스도이기 때문에 온 땅을 심판하실 자격이 있다.

## 7) 많은 물 소리 같은 음성

계시록은 "그의 음성은 많은 물 소리와 같으며"(his voice as the sound of many waters.)(15b)라고 말씀한다. 에스겔 1:24은 전능자의 소리를 들었는데, "생물들이 갈 때에 내가 그 날개 소리를 들으니 많은 물 소리와도 같으며 전능자의 음성과도 같으며 떠드는 소리 곧 군대의 소리와도 같더니"(the voice of speech, as the noise of an host)라는 말씀과 일치한다.

그리스도께서 이 땅에 계실 때에 그 입에서 '은혜로운 말씀'이 나왔다. 누가복음 4:22은 "그들이 다 그를 증언하고 그 입으로 나오는 바 은혜로운 말을 놀랍게 여겨(wondered at the gracious words)"라고 말씀한다. 그런데 계시록에 나타난 그리스도의 음성은 '많은 물소리'와 같다. '많은 물소리'는 엘리야에게 말씀하신 '세미한 소리'가 아니다. 에스겔에서 표현하듯이 '많은 군대의 소리' 같았다. '많은 물

소리'를 들을 수 있는 곳은 폭포이다. 나이아가라 폭포나 빅토리아 폭포에 가면 엄청난 물들이 떨어지는 소리는 크고 장엄해서 듣는 귀와 보는 시야를 압도한다. 계시록에 나타난 '많은 물소리 같은' 주님의 음성은 '매우 크고 장엄하고 위엄'이 넘친다는 뜻이다. 계시록에서 하나님의 보좌는 '심판하는 보좌'이기 때문에 우리에게 때를 분별하고 '깨어 있으라는 경고'와 함께 '회개의 경고'를 주신다.

## 8) 입에서 나오는 좌우의 날선 검을 가지신 그리스도

16b절은 "그의 입에서 좌우에 날선 검이 나오고"(and out of his mouth went a sharp twoedged sword)라고 말씀한다. '검'(sword)은 싸우고 전쟁을 위한 것이다. 주님이 잡히실 때 베드로는 칼로 제사장의 종인 말고의 귀를 잘랐다. 주님은 칼을 넣으라고 하시면서 "칼을 든 자는 칼로 망한다"고 가르치셨다. 하나님의 왕국은 칼로 세워지지 않기 때문이다.

계시록의 검은 '그냥 검'이 아니라 '좌우의 날선 검'(a sharp twoedged sword)이다. 구약에서 제사장들이 제물을 가르고 자르는 데 사용하는 도구가 '좌우의 날선 검'이었다. 히브리서는 구약적 배경지식을 가지고 있는 신자들 즉 '히브리인'을 위한 서신이다. '히브리'의 어원은 '하삐루(Habiru)'로서 '강을 건넜다'라는 의미인데, 여기에서 '히브리(Hebrews)'가 파생됐다. 따라서 "히브리인이란 강을 건넌 자"라는 뜻이다. 최초의 강을 건넌 자는 믿음의 조상인 아브라함이다. 히브리서 4:12은 이 검에 대하여 말씀한다.

> 하나님의 말씀은 살아 있고 활력이 있어 좌우에 날선 어떤 검보다도 예리하여 혼과 영(soul and spirit)과 및 관절과 골수(the joints and marrow)를 찔러 쪼개기까지 하며 또 마음의 생각과 뜻을 판단하나니(히 4:12)

좌우의 날선 검은 전쟁에서 사람을 죽이는 데 사용되는 칼이 아니다. '관절과 골수를 찔러 쪼개기까지'라는 구절이 있듯이 하나님께 드리는 제물들의 '관절과 골수'(the joints and marrow)까지 찔러 쪼개는데 사용한 칼이다. 제물은 반드시 각을 떠야 했다. '관절'과 '골수'는 하나로 붙어있지만 서로 다른 부분이다. 하나님께 드리는 제물은 반드시 쪼개어 드려야 하기 때문에 '관절과 골수'는 찔러 쪼개져야 했다. 이 둘은 거의 하나와 같이 붙어 있기 때문에 반드시 '좌우에 날선 검'이 필요했다.

성경은 '이 검'을 하나님의 말씀에 비유한다. 따라서 '좌우에 날선 검'을 사용하는 대상은 불신자가 아니라 '하나님의 백성들'이다. 구약에 제물이 관절과 골수까지 쪼개져야 하나님께 드려질 수 있었듯이, 영적 승리자들인 히브리인들이 되기 위해서 '영과 혼'이 '좌우의 날선 검' 같은 하나님의 말씀에 의해서 쪼개져야 한다. 육적으로 '관절과 골수'(the joints and marrow)가 하나처럼 붙어 있듯이, 영적으로 '영과 혼'(soul and spirit)이 하나로 붙어 있기 때문이다. '영과 혼'은 서로 다른 것임에도 불구하고 'invisible'하기 때문에 하나로 간주하기 쉽다.

예를 들면, 무천년설자들은 대부분 사람을 "영혼과 몸"으로 구성됐다는 '이분설'을 주장한다. 따라서 성경에 나오는 '혼'(soul)을 이분설의 관념을 따라 '영혼'으로 번역했다. 이것은 번역이 아니라 오역이고 변개이다. 성경은 '영혼'이라는 단어가 한 사례도 없다.

실제적인 예를 들면, '자기 생각'을 하나님의 말씀과 동일한 것으로 간주하는 사례다. 누구나 흔히 범하는 실수이다. 마태복음 16장에서 베드로는 "주는 그리스도시요 살아계신 하나님의 아들이십니다"(You are the Christ, the Son of the living God)(마 16:16)라는 놀라운 고백을 했다. 그런 후 주님이 대제사장들과 장로들에게 고난을 받고 십자가에 죽으실 것을 말씀하셨을 때 무엇이라고 대답했는가?

"베드로가 예수를 붙들고 항변하여 이르되 주여 그리 마옵소서 이 일이 결코 주께 미치지 아니하리이다"(마 16:22)라고 말했다. 개역개정에서는 '항변하여'라고 완곡하게 번역됐다. '항변하다'는 헬라어 'ἐπιτιμάω'(에피티마오)로서 '잘못을 지적하다, 꾸짖다, 책망하다'라는 의미이다. KJV은 "began to rebuke him" 즉 "예수를 꾸짖기 시작하여"라고 번역했다. 동일한 단어 'ἐπιτιμάω'(에피티마오)가 마태복음 8:26에 사용됐다는 것도 흥미롭다. 성경은 다음과 같이 말씀한다.

> 예수께서 이르시되 어찌하여 무서워하느냐 믿음이 작은 자들아 하시고 곧 일어나사 **바람과 바다를 꾸짖으시니**(rebuked) 아주 잔잔하게 되거늘(마 8:26)

베드로가 주님을 꾸짖었던 것은 그만큼 자신의 생각이 확고하다는 증거였다. 이 얼마나 담대한 행동인가? 이런 베드로에게 주님은 무엇이라고 대답하셨는가? 그 유명한 '사탄아!'라는 호칭이 베드로에게 주어졌다. 성경은 "예수께서 돌이키시며 베드로에게 이르시되 사탄아 내 뒤로 물러가라 너는 나를 넘어지게 하는 자로다 네가 하나님의 일을 생각하지 아니하고 도리어 사람의 일을 생각하는도다"(마 16:23)라고 말씀한다.

베드로를 사탄이라고 부른 이유를 주목하자. "하나님의 일을 생각하지 않고 사람의 일을 생각한 것"이 주님을 넘어지게 하려 한 것이고, 그것이 사탄이었다는 의미이다. 베드로가 사탄의 도구가 된 것은 '그의 생각' 때문이었다. '사람의 관점'에서 주님이 십자가에 죽는 것을 막는 것은 좋은 일이다. 그러나 '하나님의 생각'은 주님을 넘어지게 하는 것으로 '사탄의 생각'과 같았다. 계시록에서 주님이 '좌우에 날 선 검'을 가지신 분으로 계시된 것은 바로 그런 '베드로의 생각', '사람의 생각' '사람의 일만'을 생각하는 '혼의 생각'이 '영의 생각'이 아니기 때문에 반드시 쪼개져야 한다는 것을 의미한다.

사람마다 '자기 생각'이 거부되고 쪼개지는 것을 기뻐할 사람은 없다. 그러나 하나님의 말씀으로 '내 생각' '사람의 생각'이 쪼개지지 않으면, 베드로와 같이 열심이 있을지라도 사탄의 도구가 될 수밖에 없다. 계시록 시대에는 세상 것들이 교회 안에 들어오고 심지어 하나님의 말씀이 대적 받는 시대이다. 우리들의 혼의 생각이 쪼개질 때 '영의 생각'인 '하나님의 말씀'과 '성령의 인도하심'을 따라 온전한 길을 갈 수 있다.

## 9) 해 같이 빛나는 얼굴의 그리스도

16c절은 "그 얼굴은 해가 힘있게 비치는 것 같더라"(his countenance was as the sun shineth in his strength)고 말씀한다. 주님이 이 땅에서 가장 영광을 받으실 때가 마태복음 17장의 변화산 사건이다. 장차 하나님의 왕국을 이 땅에 가져오실 때 그분의 영광을 나타내실 것을 보이신 사건이기 때문이다. 마태복음 16:28에서 "진실로 너희에게 이르노니 여기 서 있는 사람 중에 죽기 전에 인자가 그 왕권(his kingdom)을 가지고 오는 것을 볼 자들도 있느니라"고 말씀하셨고, 이어지는 마

태복음 17:1에서는 "엿새 후에 예수께서 베드로와 야고보와 그 형제 요한을 데리시고 따로 높은 산에 올라가셨더니"라고 시작한다. 언제로부터 '엿새 후'라는 것인가? 앞에서 언급하신 말씀으로 "인자가 그의 왕권을 가지고 오는 것 즉 재림의 주님을 볼 자가 있으리라"는 말씀을 한 후 '엿새 후'이다. 그런 후에 "그들 앞에서 변형되사 그 얼굴이 해 같이(as the sun) 빛나며 옷이 빛과 같이 희어졌더라 그 때에 모세와 엘리야가 예수와 더불어 말하는 것이 그들에게 보이거늘"(마 17:2~3)이라고 말씀한다.

예수님은 완전한 하나님이시며 완전한 사람이셨다. 사람이 볼 수 있는 것은 '나사렛 예수'였지만, 영광스런 하나님의 아들이셨다. 성경과 성령이 증거하는 것을 통해서 나사렛 예수가 그리스도(메시아)이며 하나님의 아들인 것을 제자들과 따르는 무리는 믿었다. 세상 사람들이 예수님께서 하나님의 아들인 것을 '눈으로'(visible) 목격할 때가 재림하실 때이다. 주님은 주권적으로 세 제자에게 주님이 어떤 분이신지를 나타내셨다. 이것 또한 계시이다. 주님은 세 제자 앞에서 변형되어 주의 얼굴이 해와 같이 빛났다. 그 영광의 광채가 예수 안에 있는 하나님의 신성의 영광이었다. 심지어 주의 옷이 '빛 같이' 희어졌다. 주님이 이 땅에 계셨을 때 주의 영광의 광채를 세 제자는 목격했다. 사도 요한은 이처럼 승천하신 그리스도의 얼굴이 해와 같이 힘 있게 빛나는 모습을 보았다. 오늘날 사람들이 예수님이 하나님의 아들이심을 믿지 못하는 이유는 무엇인가? 그 원인을 고린도후서 4:3~4은 이렇게 말씀한다.

> 만일 우리의 복음이 가리었으면 망하는 자들에게 가리어진 것이라 그 중에 이 세상의 신(the god of this world)이 믿지 아니하는 자들의 마음을 혼미하게 하여(has blinded) 그리스도의 영광의 복음의 광채(the light of the glorious gospel of Christ)가 비치지 못하게 함이니 그리스도는 하나님의 형상이니라(고후 4:3~4)

하나님은 사람들이 복음 즉 전도의 미련한 것으로 구원하시기를 기뻐하시는데, 복음을 '그리스도의 영광의 광채'라고 한다. 이 광채를 이 세상 신인 마귀가 믿지 않는 사람들의 마음을 혼미케 하여 깨닫지 못하게 한다. 은혜의 복음은 그리스도의 영광의 광채이시다. 이것은 내적이고 영적인 것이지만, 주님이 다시 오실 때는 그의 얼굴은 '물리적으로' 해와 같이 힘있게 비춰시므로 자신을 나타내실 것이고 모든 민족을 심판하실 것이다. 마태복음 25장에서 주님이 이 땅에 재림하셔서 살아있는 '모든 민족들'(all nations, 열국, 불신자)을 소환하셔서 심판하실 때 "영광의 보좌에 앉으신다"는 것은 그분 자신의 영광을 세상 사람들에게 나타내신다는 것을 의미한다.

## 10) 처음과 마지막이신 그리스도

17b절은 "나는 처음이요 마지막이니"(I am the first and the last)라고 말씀하신다. 이 말씀은 사도 요한이 해 같이 빛나는 얼굴을 볼 때 "그의 발 앞에 엎드러져 죽은 자 같이 되매 그가 오른 손을 내게 얹고 이르시되 두려워하지 말라 나는 처음이요 마지막이니"라고 말씀한다. 사도 요한이 그리스도의 발 앞에 엎드러져 죽은 자와 같이 된 것은 피조물과 그리스도의 신성의 본질 때문이다. 사람의 상태가 그리스도의 신성 앞에 얼마나 보잘 것 없는 것인지! 이사야가 주의 옷자락이 성전 가득한 것을 보았고 스랍들의 "거룩하다! 거룩하다! 거룩하다!"라는 찬양을 들을 때, 그의 입술에서 어떤 탄식이 새어 나왔는가? 이사야 6:5은 "그 때에 내가 말하되 화로다 나여 망하게 되었도다 나는 입술이 부정한 사람이요 나는 입술이 부정한 백성 중에 거주하면서 만군의 여호와이신 왕을 뵈었음이로다"라고 탄식했다. 누가복음 5장에서 주님은 베드로를 제자로 부르시기 위해 찾아가셨다. 베드로는 밤새도록 한 마리의 고기도 잡지 못했는데, 주님은 "깊은 곳에 가서 그물을 내려 고기를 잡으라"고 하셨다. 그가 순종할 때 그물이 찢어질 정도의 많은 물고기를 잡았다. 그 때 베드로는 주님께 무엇이라고 고백했는가? 누가복음 5:8은 이렇게 말씀한다.

> 시몬 베드로가 이를 보고(saw it) 예수의 무릎 아래에 엎드려 이르되 주여 나를 떠나소서(depart from me) 나는 죄인이로소이다(for I am a sinful man)(눅 5:8)

시몬의 이해할 수 없는 반응은 무엇을 의미하는가? 물고기 잡는 표적을 통해서 나사렛 예수가 영광의 하나님이심을 보았고, 이사야의 체험과 같이 자신의 죄를 발견했기 때문이다. 사도 요한은 해 같이 빛나는 얼굴을 보았을 때 죽은 자와 같이 되었다. 인자께서 오른손을 요한에게 얹으셨다. '오른손'은 창세기에서 '베냐민-오른손의 아들'로 예표된 '주님의 능력의 손'이다. 주님은 먼저 "두려워하지 말라"고 하셨고, "나는 처음과 마지막이다"라고 말씀하셨다. 이것은 요한에게 위로와 격려의 말씀이 되었을 것이다.

빌립보서 1:6에서 "너희 안에서 착한 일을 시작하신 이가(he which has begun a good work) 그리스도 예수의 날까지 이루실 줄을 우리는 확신하노라(will perform it)"고 말씀한다. 승천하신 그리스도께서는 '처음과 마지막'이 되시기 때문에 우리 안에 착한 일을 시작하신 주님께서 반드시 이루신다. 왜냐하면, 그분이 '마지막'이 되시기 때문이다. 구원받은 우리는 모두 '처음이신 그리스도'로 말미암아 시작되었다. 하나님의 구원은 어느 누구도 '자기 자신'에 의해서 시작한 사람은 없다. 우리의 구원은 하나님으로부터 시작되었다. 우리의 믿음의 여정 가운데 어떤 상황이 닥칠지라도 염려하고 두려워할 필요가 없다. 왜냐하면 '시작'이 되신 그리스도께서 '마지막'(the last)도 되시기 때문이다. 모든 것이 그리스도 안에 있다. 이것은 우리들에게 큰 위로요 격려이다.

## 11) 죽었다가 살아나신 그리스도

18절은 "곧 살아 있는 자라(I am he that liveth) 내가 전에 죽었었노라(was dead) 볼지어다 이제 세세토록 살아 있어(I am alive for evermore)"라고 말씀한다. 주님의 세 가지 상태를 보여준다. '전에는' 죽었던 분이고, '현재는' 살아 있는 분이며, 장차 '영원토록 살아 있는 분'이시다. 주님이 가지신 생명은 죽음을 이기는 '부활의 생명'이며, 하나님이 가지신 '조에(zoe)'의 생명 '영원한 생명'이다. 그리스도로부터 모든 피조된 생명 있는 것들이 나왔다. 생명의 원칙은 "생명은 생명으로부터 나온다"는 것이다. 창조의 셋째 날에 식물들을 모든 종류대로 만드시고 물고기와 새들과 가축들과 짐승들과 기는 것과 사람은 모두 생명의 하나님으로부터 나왔다. "태초에 천지를 창조하시니라"는 말씀은 하나님이 모든 것들의 근원자가 되신다는 것을 의미한다.

우주의 75%를 차지하여 가장 많이 존재하는 원소는 '수소(H)'이다. 주기율표의 원소 기호 1번인 수소(H)조차도 '우연히' '스스로' 존재하는 것은 불가능하다. 들녘에 있는 한 가닥 들풀조차도 우연히 존재할 수 없다. 우주 안에 있는 모든 것은 생명의 근원 되시는 하나님께서 창조하셨고, 그래서 존재한다. 하나님은 영원한 생명을 가지신 "스스로 있는 분"이시다. 우리 주님도 전에 우리를 위해 '죽었던 분'이었으나, 이제는 '살아 있고' 또한 '세세토록 살아 있는 분'이시다. 이 분이 대제사장으로 우리들을 돌보고 목양하신다. 할렐루야!

## 12) 사망과 음부의 열쇠를 갖고 계신 그리스도

18b절은 "이제 세세토록 살아 있어 사망과 음부의 열쇠를 가졌노니"라고 말씀한다. 이 구절에서 핵심 단어는 '사망'과 '음부'이다. 사망과 음부를 동의어라고 간주할 수 있다. '사망과 음부'는 $τοῦ\ θανάτου\ καὶ\ τοῦ\ ἄδου$(투 사나투 카이 투 하두)로서 사망과 음부 사이에 'καὶ'(카이, and)라는 접속사가 있다. 이것은 양자가 서로 구별된다는 것을 의미한다. 성경에서 사망을 무엇이라고 말하는지 찾아보자. '부활장'이라 불리는 고린도전서 15장은 "사망이 한 사람으로 말미암았으니 죽은 자의 부활도 한 사람으로 말미암는도다"(21)라며 사망과 부활에 관계된 두 사람을 말한다. 모두 알다시피 전자의 '한 사람'은 '첫 사람' 아담을 가리킨다. 아담을 통하여 사망이 들어왔다. 아담의 불순종 즉 선악을 알게 하는 나무의 열매를 먹음으로 사망이 들어왔다. 이 사망은 아담 후손인 인류의 가장 큰 문제인데, 그 때로부터 인류에게 사망이 왕 노릇 하게 되었기 때문이다. 후자의 언급된 '한 사람'은 '두 번째 아담'이신 '그리스도'를 가리킨다. 로마서에서는 '아담은 오실 자의 표상'이라고 하며 '두 번째 아담'이 오실 것을 언급했다. 아담 안에서 모든 사람이 죽은 것 같이, 그리스도의 부활로 그리스도 안에서 모든 사람이 살게된다. 사망은 인류의 중대한 문제이고, 하나님은 그리스도의 부활 안에서 모든 사람에게 생명을 주신다.

인류의 첫 문제이면서 가장 큰 문제는 '죄와 사망의 문제'였다. 그리스도는 부활 안에서 우리들을 살리셨다. 그렇다면 사람의 관점에서 사망의 문제는 종결됐다. 그런데 고린도전서 15:26은 그 사망에 대한 하나님의 심판을 선언한다. "맨 나중에 멸망 받을 원수(The last enemy)는 사망(death)이니라"고 말씀한다. 하나님께서 '마지막 원수'를 마귀라 하지 않고, 사망이라고 한 것은 의아스럽다. 왜 하나님은 사망을 '마지막 원수'로 여기시는가? 그리스도의 구속으로 사람의 죄의 문제가 해결되었을지라도, 사람의 죄로 말미암아 들어온 사망의 문제는 하나님의 관점에서 끝난 것이 아니기 때문이다. 왜냐하면, 사망 그 자체는 여전히 존재하기 때문이다. 하나님이 생명의 하나님이시기 때문에 생명을 해치는 사망을 완전히 없애시기를 원하신다.

계시록 20:10은 천년왕국 후에 마귀와 그 짐승과 거짓 선지자가 불과 유황 못에 던져져 세세토록 밤낮 괴로움을 받는다. 그런 후 "사망과 음부도(death and hell) 불 못(the lake of fire)에 던져지니 이것은 둘째 사망 곧 불 못이라"(계 20:14)고 말한다. 그런 후에 새 하늘과 새 땅과 새 예루살렘 즉 영원이 시작된다. 이것은 옛 하늘과 옛 땅의 마지막에 '사망과 음부'가 멸망된다는 것을 의미한다. 고린도전서 15장의 말씀(예언 or 계시)의 성취이다.

사망도 비밀이지만 '음부'도 더욱 그러하다. 오늘날 음부의 실체를 거의 보지 못하는 것 같다. 왜냐하면 음부를 '무덤'으로 해석하여 대체했기 때문이다. 이런 기저에는 무천년설의 영향이 크다. 미국의 경우 전천년설(세대주의 포함)을 대다수가 지지하는 반면, 우리나라의 경우 과거에는 전천년설을 가르쳤는데 신학교 교수들이 세대교체 되면서 거의 모든 신학대학원에서 무천년설을 가르치고 있다. 무천년설은 '음부'(ᾅδης, 하데스)를 '무덤'으로 해석한다. 그 결과 성경에서 음부를 삭제한 것은 아니지만, 그 실체를 바꿨기 때문에 없앤 것과 같게 되었다.

승천하신 그리스도께서 "사망과 음부의 열쇠를 가졌다"는 것은 사망이나 음부가 실재한다는 것을 의미한다. 이 구절만 상고해도 "음부가 무덤이 아니다"라는 것을 알 수 있다. 또한 "사망과 음부도(death and hell) 불 못(the lake of fire)에 던져지니"(계 20:14)라는 구절도 '사망과 음부'가 상징이 아니라 실재하는 장소라는 것을 가리킨다. 음부가 무덤이라면 무덤을 불 못에 던진다는 의미가 되는데, 그러면 어떤 무덤을 던진다는 것인가? 외형적인 무덤을 던지는 것은 아무 의미가 없으며, 무덤은 단지 죽은 사람의 몸을 장사지낸 것에 불과하기 때문이다.

예수님은 '성경대로' 십자가에 죽으시고 어디로 가셨는가? 복음서에는 주님의 몸이 어떻게 되었는지 보여준다. 마태복음 27:57에서 아리마대 사람 요셉이 빌라도에게 예수의 시체를 달라고 요청했고, 요셉은 예수님의 시체를 깨끗한 세마포로 싸서 자기의 새 무덤에 안장했다. 주님의 몸은 굴에 안장됐다. 예수님의 혼은 어떻게 되었는가? 일각에서는 십자가 사후 예수님의 영혼이 하늘에 올라갔다고 생각하는데, 이것은 오해이다. 사도행전 2장에서는 오순절 성령 강림 후 베드로가 예수의 십자가의 죽음으로부터 시작하여 부활과 승천과 성령 주심을 증거했으며, 23절에서 유대인들의 죄를 지적했다. "너희가 법 없는 자들의 손을 빌려 못 박아 죽였으나 하나님께서 그를 사망의 고통에서 풀어 살리셨으니 이는 그가 사망에 매여 있을 수 없었음이라"고 말씀하며 27절은 다윗의 시편을 인용하여 말한다.

> 이는 내 영혼(soul)을 음부(hell)에 버리지 아니하시며 주의 거룩한 자로 썩음을 당하지 않게 하실 것임이로다(행 2:27)

다윗이 그리스도에 대하여 예언했기에 '내 영혼'은 '예수님의 영혼'을 의미한다. '내 영혼'은 'τὴν ψυχήν'(텐 프쉬켄)으로 '혼, soul'을 의미하는 'ψυχή'(프쉬케)의 목적형이다. 성경에 '영혼'이라고 말하는 곳은 한 곳도 없다. '영'이든지 '혼'을 따로 구별하여 말씀한다. 개역개정의 '영혼'은 모두 (두 사례 제외: 예수님의 죽으심의 '영이 떠남'과 스데반의 기도 "내 영을 받으시옵소서") 번역자가 '영과 혼을 하나로 보는' 이분설의 관념을 갖고 번역했기 때문이다.

데살로니가전서 5:23은 "너희의 온 영과 혼과 몸이 우리 주 예수 그리스도께서 강림하실 때에 흠 없게 보전되기를 원하노라"고 말씀한다. '영과 혼과 몸'은 "τὸ πνεῦμα καὶ ἡ ψυχὴ καὶ τὸ σῶμα"이다. 'πνεῦμα'(프뉴마)는 영(spirit)'을 의미이고, 'ψυχὴ'(프쉬케)는 '혼(soul)'을, 'σῶμα'(소마)는 '몸(body)'을 의미한다. 그래서 사람의 세 본질인 '영과 혼과 몸'을 언급하면서 단어 사이에 'and'를 의미하는 접속사 'καὶ'(카이)가 있는 것도 세 요소가 서로 구별되기 때문이다.

만일 '영과 혼'이 하나라고 하면 '영 곧 혼'이라고 기록되었을 것이다. 개역개정에서 '영혼'이라고 번역된 것은 모두 '혼, soul'을 의미하는 'ψυχὴ'(프쉬케)를 영과 혼을 하나로 보는 이분설 관념을 따라 '영혼'으로 번역했다. 이것은 오역이다.

다윗이 예수님의 십자가 사후 음부에 가셨다는 것을 예언한 "이는 내 영혼을 음부에 버리지 아니하시며"라는 구절은 '예수의 혼'을 음부에 버려두지 않는다는 것을 의미한다. '음부에 버려두지 않는다'는 것은 무엇을 전제하는가? "예수의 혼이 음부에 있다"는 것을 전제한다. 십자가 사후 예수의 혼이 음부로 가시지 않았다고 하면 음부를 언급하실 필요도 없다. 사람이 죽으면 몸은 무덤에 장사되고, 그의 혼은 음부(ᾅδης, 하데스, 구약엔 스올로 동일한 의미)로 내려간다. 그런 까닭에 구약에서 모든 믿음의 선진들은 '스올을 내려가는 곳'으로 인식했다. 야곱은 요셉이 죽었다는 소식을 들은 상황을 창세기 37:35은 이렇게 말씀한다.

> 그 모든 자녀가 위로하되 그가 그 위로를 받지 아니하여 가로되 내가 슬퍼하며 스올(sheol)로 내려(down) 아들에게로 가리라(will go) 하고 그 아버지가 그를 위하여 울었더라 (창 37:35)

> 야곱이 이르되 내 아들은 너희와 함께 내려가지 못하리니 그의 형은 죽고 그만 남았음이라 만일 너희가 가는 길에서 재난이 그에게 미치면 너희가 내 흰 머리를 슬퍼하며 스올(sheol)로 내려가게(bring down) 함이 되리라 (창 42:38)

'스올'(sheol)은 죽은 자들이 내려 가는 곳으로서, 나사로가 죽은 후 아브라함의 품에 있다고 말씀하신 곳이며, 주님께서 구원받은 강도에게 "오늘날 네가 나와 함께 낙원에 있으리라"(눅 23:43)고 하며, 믿는 자들은 '음부의 낙원'에 내려가고, 부자는 '음부의 불꽃' 가운데 고통을 받는 곳임을 가르치셨다.

성경에서 "스올로 올라간다"라는 구절을 찾는 것은 불가능하다. 어떤 사람은 음부를 천국(하늘과 같은 의미로 생각함)으로 주장할지도 모르는데, 그런 근거를 성경에서 찾는 것은 불가능하다. 따라서 주님이 부활하신 것은 음부에 있는 '예수의 혼'이 음부의 문을 열고 나오셔야 한다는 것을 의미한다. 계시록 1:18은 주님은 '사망과 음부의 열쇠'를 갖고 계심을 계시하고, 그런 권세를 가지신 분이기 때문에 부활하실 수 있음을 보여준다.

"주의 거룩한 자로 썩음을 당하지 않게 하실 것임이로다"(27)라는 구절은 예수님의 몸에 대한 것이다. '썩음을 당하지 않게 하신다'는 것은 주님의 몸이 썩음을 당하셨다는 것을 전제한다. 주님의 몸은 십자가 사후 사흘 동안 무덤에 있었고 썩음을 당했다. 따라서 예수께서 부활하신다는 것은 "썩어진 몸이 다시 살아나야 한다"는 것을 의미한다. 베드로는 예수의 죽음과 부활에 대하여 사도행전 2:30~31에서 다시 말씀한다.

> 그는 선지자라 하나님이 이미 맹세하사 그 자손 중에서 한 사람을 그 위에 앉게 하리라 하심을 알고 미리 본 고로 그리스도의 부활을 말하되 그가(his soul) 음부(ᾅδης, 하데스, hell)에 버림이 되지 않고 그의 육신이(his flesh) 썩음을(corruption) 당하지 아니하시리라 하더니 이 예수를 하나님이 살리신지라(행 2:30~31)

다윗의 시편에 있는 예언은 예수님의 부활에 대한 것이었다. 그래서 성경은 다윗을 선지자라고 부른다. '음부에 버림이 되지 않는 것'은 '예수님의 혼'이며, '썩음을 당하지 않는 것'은 '예수의 육체'로 확연히 구별된다. 예수께서 죽으신 것은 '사망이란 실체'가 있기 때문이고, 사망에 삼킨 바 되었을 때 사람의 눈으로 볼 수 있는 것은 '장사 되는 몸(flesh, body)'이고, 사람이 볼 수 없지만 혼(soul)은 '음부'에 간다. 베드로는 부활을 "이 예수를 하나님이 살리셨다"라고 증거한다. 예수는 인성 안에서의 이름이다. '그리스도의 인성' 면에서 하나님이 살리셨다는 것을 가리킨다. 다른 한편으로 성경은 "예수께서 스스로 살아나셨다"라는 것을 증거한다. 마치 하나님이 살리셨다는 것과 모순으로 보이고, 성경의 오류로 생각할 수 있다. 그것은 하나 알고 둘은 모르는 것과 같다. 예수 그리스도는 하나님이시기 때문에 '신성의 방면'을 보여준다. 예수 그리스도는 완전한 사람이시며 또한 완전한 하나님이시다. 이 얼마나 놀라운 분이신가!

계시록은 예수 그리스도가 "사망과 음부의 열쇠를 갖고 계시다"(계 1:18)라는 것을 계시한다. 사망과 음부의 열쇠를 갖고 계시기 때문에 예수님은 부활하실 수 있으셨다. 그리고 그리스도 안에서 죽은 모든 성도를 사망에서 건지시고, 음부에 있는 '성도들의 혼'을 다시 불러내실 수 있는 것도 '음부의 문의 열쇠'를 갖고 계시기 때문이다. 계시록은 예수 그리스도의 계시이다. 예수 그리스도가 사망과 음부의 열쇠를 갖고 계시다는 것을 보여준다. 이것은 사도 요한과 모든 시대 성도들에게 큰 위로와 격려이다.

이 세상에서 사망과 음부의 열쇠를 갖고 있는 자는 아무도 없다. 석가모니도 죽어서 무덤을 남겼다. 그러나 주님의 무덤은 '빈 무덤'이며, 다시 살아나셨다.

세상의 영웅이라 불리던 많은 정복자들이 다 죽어 무덤이 있고 그들의 혼은 음부에 있다. 초대 교회 시대는 환난과 핍박의 시대였다. 로마제국 안에는 황제 숭배가 극에 달했다. 황제를 신으로 숭배했기 때문에 다른 신을 섬기는 것은 불법으로 여겼고, 제국의 안녕과 질서를 파괴하는 행위로 간주됐다. 그리스도인들은 예수의 증거로 인해서 고난 가운데 박해를 받았다. 많은 신자가 로마의 원형경기장에서 구경거리가 되어 맹수의 먹이로 희생되었다. 어떤 이들은 이때까지 누렸던 모든 것을 버리고 카타콤의 지하 무덤에 살면서 예수님에 대한 믿음을 지켰다.

예수 그리스도는 성경의 완성인 계시록을 통하여 "내가 사망과 음부의 열쇠를 가졌노라"고 밝히신다. 신격화된 로마 황제는 사람의 목숨을 취할 권세는 있지만, 살릴 권세는 없다. 신의 자리를 취한 황제일지라도 자신에게 임할 사망의 권세를 이길 수 없다. 그러나 예수 그리스도는 사망과 음부의 열쇠를 가졌다. 그를 믿는 모든 자를 사망과 음부의 열쇠로 부활시키실 것이다. 그뿐만 아니라 하나님의 말씀과 예수의 증거로 인해 죽임을 당한 모든 순교자들을 부활시킨 후, 그리스도와 함께 천 년 동안 왕 노릇 하실 것이다. 예수 그리스도는 하늘과 땅의 모든 권세를 가지신 분이고, 또한 사망과 음부의 열쇠를 가지셨다. 우리를 위해 죽으시고 부활하시고 승천하신 그리스도께서 사망과 음부의 열쇠를 가지고 계시니, 예수의 제자로 따를 때 고난과 환난과 핍박이 있을지라도 예수 안에서 환난과 왕국(통치)과 인내에 동참하는 자가 되는 것을 막을 수 있는 것은 아무 것도 없다.

# Chapter 10 ·
# 네가 본 것-지금 있는 일들-장차 될 일들(1:19)

## 1. 무천년설 견해

이필찬 박사는 네가 본 것과 지금 있는 일들과 장차 될 일들에 대하여 『요한계시록』(에스카톤, p.182~183)에서 다음과 같이 진술했다.

①19b절에서는 과거형인 '네가 본 것들'(ἃ εἶδες, 하 에이데스)이 사용된 반면, 11절에서는 '네가 보는 것'(Ο βλέπεις, 호 블레페이스)이라는 현재형이 사용되었다. 이런 차이를 어떻게 설명할 수 있을까? 보는 것의 대상이 시차에 따라 다를 수 있을까? ③ 1장 2절에서도 '그가 본 것들'(ὅσα εἶδεν, 호사 에이덴)이라는 과거형이 사용된 바 있다. 여기에서 사용된 과거 시제는 독자들의 관점에서 이미 발생한 것으로 간주하는 서신적 과거 용법이라 할 수 있다. 이러한 서신적 과거 용법을 19b절에서 적용할 수 있을 것이다. ④ 19b절에 '네가 본 것들', 19c절에 '지금 있는 것들'(ἃ εἰσὶν, 하 에이신)이라는 문구가 덧붙여지고 있다. 이것은 요한이 본 것을 체험한 시점의 차이를 나타내려는 것이 아니다. ⑤ 어떤 학자들은 보는 시점에 차이를 두고 '내가 본 것들'과 '지금 있는 것들'과 '이것들 후에 반드시 되어져야만 하는 것들'을 3등분하고, '네가 본 것들'은 1장 12~20절의 내용을, '지금 있는 것들'은 2~3장을, '이것들 후에 반드시 되어져야만 하는 것들'은 미래적 사건으로 가르치는 것으로 간주함으로서 이 문제를 해결하려 한다. ⑥ 그러나 이러한 부분은 요한계시록의 내용을 과도하게 단순화시키는 오류를 낳는다. 2~3장에도 미래적 종말적 사건을 예시하는 내용이 있으며 4장 이후에도 단순히 미래적 사건만 나오는 것이 아니라 현재적 사건이 서술되기도 한다. 요한계시록은 1장부터 22장까지 전체에 걸쳐 현재적 사건과 미래적 사건이 혼합적으로 구성되어 있다. 그러므로 시점을

구분함으로써 지나치게 단순화하는 것은 요한계시록에 대한 올바른 이해를 가로막는 장애물이 될 수 있다. ⑦ 더 나아가서 19절에 '네가 본 것들'이라는 말이 진행되는 동안에도 요한의 환상적 경험은 여전히 진행 중이고 그가 보는 것은 아직 끝나지 않은 상태이므로, 요한계시록 전체를 삼등분하여 19절의 '네가 본 것들'이란 표현이 12~20절의 환상을 과거적 경험으로 간주한다고 주장하는 것은 타당하지 않다.

먼저 이러한 시제 차이는 관점의 차이에서 왔다고 볼 수 있다. 11절의 '네가 보는 것'(현재형)은 요한이 환상을 보고 있는 관점에서 기록하고 있는 것이고, 19절의 '네가 본 것들'(부정 과거형)은 이미 완성된 상태에 있는 요한계시록의 독자들의 입장에서 표현하고 있는 것이다.(이것을 '서신적 부정과거 epistolary aorist이라고 부른다) ⑪ 이러한 용법 외에 19절의 '네가 본 것들', '지금 있는 것들', '이것들 후에 반드시 되어져야만 하는 것들'이라는 삼중적 표현은 당시 헬레니즘의 영향을 받아 매우 보편적으로 사용되는 ⑫ 묵시문학적 형식으로서 과거와 현재와 미래를 삼등분 하는 '헬라적 삼중적 예언 형식'을 변형시켜 사용한 것으로 간주 할 수도 있다. ⑬ 오비디우스의 작품에서는 아폴로가 '앞으로 있을 것, 전에 있었던 것, 그리고 지금 있는 것들의 계시자'로 표현된다. 그리고 사이스(Sais)의 이시스(Isis) 동상에는 다음과 같은 비문이 적혀 있다. '나는 전에도 있었고 지금도 있고 앞으로도 있을 모든 것'이다. 삼중적 표현이 사용되는 요한계시록의 또 다른 본문인 1장 4절과 8절에는 '지금 계시고 전에도 계셨고 장차 오실 이'란 표현이 사용되기도 한다.

⑭ 그러므로 이러한 삼중적 형식에 맞추기 위해 요한은 '보는 행위'가 현재 시제임에도 불구하고 과거형으로의 변형을 시도했고, 동시에 그 과거형을 서신적 과거형으로 활용하는 이중적 목적을 달성한다.⑮ 그렇다면 19b절의 '네가 본 것들'(서신적 부정과거형)이란 11절의 '네가 보는 것'(현재형)과 동일한 의미로서 요한계시록 전체를 가리키는 것으로 이해할 수 있다. ⑯ ⑰ 11b절에 '네가 보는 것을 책에 쓰라'(Ο βλέπεις γράψον εἰς βιβλίον, 호 블레페이스 그랍손 에이스 비블리온) 및 2c절의 '그가 본 것'(ὅσα εἶδεν, 호사 에이덴) 및 3절에 '그 안에 기록된 것들'(τὰ ἐν αὐτῇ γεγραμμένα, 타 엔 아우테 게그람메나)과 언어적, 의미적 평행을 이루고 있으므로, 19b

절의 '네가 본 것들'과 함께 모든 계시록의 일부가 아니라 전체를 가리킨다고 할수 있다.(이필찬, 『요한계시록』에스카톤, p.182~183)

## 2. 필자의 비평 및 견해

위에서 인용한 이필찬 박사의 각 견해에 번호(①에서 ⑰까지)는 독자들의 이해를 돕기 위해 필자가 넣은 것으로, 필자의 견해의 번호는 이필찬 박사의 견해가 어느 부분인가를 보여준다. 무천년설을 주장하는 이 박사의 견해에 어떤 오류가 있는지를 논증하면서 필자의 견해를 제시한다.

### 1) 과거형과 현재형

이필찬 박사는 19b절에서는 과거형인 '네가 본 것들'(ἃ εἶδες.하 에이데스)이 사용된 반면, 11절에서는 '네가 보는 것'(Ο βλέπεις ,호 블레페이스)이라는 현재형이 사용된 차이를 해결하려 한다. 그는 19b절의 '과거형'과 11절이 '현재형'이라는 '팩트'를 그대로 받아들이지 않는다. 그 이유는 무천년설의 관점과 어긋나기 때문이다.(이것을 아는 독자는 통찰력이 있다.) 그래서 1:2에서 '그가 본 것들'(ὅσα εἶδεν, 호사 에이덴)이라는 '과거형'이 사용된 것이 '서신적 과거 용법'이라고 말하면서, 이 용법을 19b절에서 적용할 수 있다고 말한다. 이런 경우 실수로 인한 오류가 아니라, 의도적으로 시제를 바꾼 것이다. 성경에 기록된 시제라는 '팩트'를 바꾸는 것은 '해석'이 아니라 '편집' or '변조'라는 말이 적절하다.

### 2) 각 시제들 관계

아래는 성경의 시제와 이필찬 박사의 견해(해석) 정리 표이다. 편의상 각 구절을 ⓐ ⓑ ⓒ의 번호를 붙였다. 이 박사는 19b와 11절이 '네가 본 것들'인데 전자는 '과거형'이고 후자는 '현재형'이라는 '팩트'를 받아들이지 못하고, 11절의 '현재형'을 1:2의 예를 들면서 '과거형'으로 바꾸려 한다. 성경 구절의 시제는 '변할 수 없는' '팩트'이다. 그런데 그는 이것을 동일한 과거형으로 바꾸려 한다. 이것은 해석이 아니라 '변조'이고 '훼손'이라는 것을 모르는 것 같다. 흔히 이해하지 못할 때 자신의 이해의 틀에 끼워 맞추려는 성향이 있다. 이런 원인의 뿌리는 그의 무천년설 관념에 있다. 검은 선글라스를 끼고 세상을 보면 온 세상이 검게 보이듯이, 무천년설의 관념이 팩트인 '현재형'까지 '과거형'으로 만들게 했다.

| 성경의 팩트 | 시제 | 이필찬 박사 견해 |
|---|---|---|
| ⓐ 19b 네가 본 것들<br>(ἃ εἶδες, 하 에이데스) | 과거형 | 필자 동의 |
| ⓑ 11절 네가 보는 것<br>(Ὁ βλέπεις, 호 블레페이스) | 현재형 | 현재형을 과거형으로(오류)<br>해석하려 함–1:2을 근거로 |
| ⓒ 1:2 그가 본 것들'<br>(ὅσα εἶδεν, 호사 에이덴) | 과거형 | 필자 동의 |
| 성경 구절 | 평가 | 주관적 해석 섞임 |

### 3) 서신적 과거 용법과 현재형 관계

이필찬 박사는 1:2의 '그가 본 것들'(ὅσα εἶδεν, 호사 에이덴)이 과거로 쓰인 것을 독자들의 관점에서 이미 발생한 것으로 간주하는 서신적 과거 용법이라고 말하면서, 11절의 '네가 보는 것'(현재형)을 과거로 해석한다. 이것은 논리적이지도 않고 성경의 흐름과도 맞지 않는다. 1:2을 이해하기 위해서 계시록의 구조를 이해해야 한다. 모든 성경이 그러하듯이 서신도 서론이 있고 본론이 있고 결론이 있다.

계시록도 동일하다. 계시록 1:1~8은 서론 부분이다. 1:2에서 "요한은 하나님의 말씀과 예수 그리스도의 증거 곧 자기가 본 것을(과거형) 다 증언하였느니라"는 것은 계시록의 서론으로서 본론에 해당하는 1:9로부터 22장에 이르는 '모든 것들'을 가리킨다. 만일 이것이 서론이라는 것을 부인한다면, 내용 자체에 문제가 생긴다. 요한은 "내가 본 것(과거형)을 다 증언했다"고 하는데, 무엇을 다 봤다는 것인가? 아무런 계시와 본 것이 없는데, 무엇을 다 봤다는 것인가?

성경의 문맥에 일치하지 않는다. '자기가 본 것(과거형)'은 계시록의 서론으로서 이후 본론에 해당하는 모든 것을 가리킨다. 계시록은 다른 성경과 마찬가지로 사도 요한은 보고 들은 것을 기록한 '기자(記者)'이다. 기자(記者)와 '저자(著者)'는 비슷한 것 같아도 큰 차이가 있다. 기자는 보고 들은 것을 '그대로' 기록한 사람인 반면에 저자는 자신의 생각과 의도와 목적을 갖고 자유롭게 쓰는 사람이기 때문이다. 따라서 이필찬 박사와 그레고리 K. 비일 및 무천년설자들이 자주 사용하는 '문학적 장르'와 '헬라적 영향'을 받았다는 것은 사도 요한을 '저자(著者)'로 간주한 잘못된 관념이다. 무천년설의 관점은 영점을 잘못 잡은 소총과 같기 때문에, 누가 쏘든지 과녁을 빗나간다.

### 4) 네가 본 것들과 지금 있는 것들

이필찬 박사는 "19b절에 '네가 본 것들, 19c절에 '지금 있는 것들'($\mathring{\alpha}$ εἰσίν. 하 에이신)이 요한이 본 것을 체험한 시점의 차이를 나타내려는 것이 아니다"고 말하는데, 필자도 동의한다. 왜냐하면, 이 말씀은 인자이신 주님께서 오른손을 얹고 요한에게 말씀하신 것이기 때문이다. 주님께서 그 말씀하신 대로 사도 요한에게 보이셨다.

### 5) 이필찬 박사의 잘못된 관점

이필찬 박사는 "어떤 학자들은 보는 시점에 차이를 두고 '네가 본 것들'과 '지금 있는 것들'과 '이것들 후에 반드시 되어져야만 하는 것들'을 3등분하고, '네가 본 것들'은 1장 12~20절의 내용을, '지금 있는 것들'은 2~3장을, '이것들 후에 반드시 되어져야만 하는 것들'은 미래적 사건을 가리키는 것으로 간주함으로서 이 문제를 해결하려 한다"고 비판한다. 이 말씀은 주님께서 사도 요한에게 한 것으로, 그 말씀대로 사도 요한이 기록할 것을 가르치신 것이다. 19절은 주님의 말씀으로 '팩트'로서 "네가 본 것들"은 '과거 시제'이다. 그런 이유는 사도 요한이 본 것은 일곱 별과 일곱 금 촛대와 인자이신 그리스도를 본 것이 1:12~16이기 때문이다. 그래서 '본 것들'(복수)이다.

"지금 있는 일들"은 계시록 2~3장의 소아시아의 일곱 교회를 가리키기 때문에 '현재형'이고, "장차 될 일들"은 4장으로부터 22장에 이르는 것으로 '미래에 있을 일'이기 때문에 '미래형'이다. '과거 시제'와 '현재 시제'와 '미래 시제'라는 것은 해석이 필요없는 '팩트'인데, 이 박사는 이런 이해를 잘못됐다고 비판한다. 성경의 문맥(context)과 시제는 서로 일치하는 '팩트'이기 때문에, 성경의 팩트를 오류라고 하는 이 박사와 무천년설의 해석은 오류이다. 시제라는 팩트를 의도적으로 바꾸는 것은 '변조'라는 말이 적절하다.

무천년설이 그렇게까지 하는 이유는 무엇인가? 계시록이 무천년설의 원칙에 맞지 않기 때문이다. 그래서 무천년설자들은 양자를 일치시켜야 할 필요성이 있다. 그 결과 무천년설의 관념(원칙)을 바꾸기보다 문제가 되는 성경을 바꾸는 것을 택했다. 이것이 무천년설의 실상이다. 무천년설의 뿌리는 로마 가톨릭에 있기 때문에 성경과 일치하지 않는다. 로마 가톨릭에 선한 것이 없듯이, 로마 가톨릭이 만든 교리에도 선한 것이 없다. 계시록에서 로마 가톨릭은 17장에 계시되는데, 큰 음녀이며 모든 가증한 것들의 어미라 부른다.

| 계시록 1:19 주님의 말씀 | "기록하라"는 내용 |
|---|---|
| 1. 네가 본 것들-과거 | 1:12~16, 19절<br>이전 일=과거 |
| 2. 지금 있는 일들-현재 | 2장~3장 일곱 교회들<br>지금(기준 시점) |
| 3. 장차 될 일들-미래 | 4~22장: 이후에 될 일 |

## 6) 계시와 묵시문학의 차이

이필찬 박사는 계시록의 내용을 삼등분하여 보는 것을 "요한계시록의 내용을 과도하게 단순화시키는 오류를 낳는다"고 주장한다. 만일 계시록이 예수 그리스도의 계시가 아니라 '묵시문학'이라고 하면 그의 견해가 설득력이 있다. 왜냐하면, 묵시문학이라는 장르는 저자의 의도와 목적을 단순하게 나타내지 않고 '은밀하게' '코드화'하여 숨겨놓았기 때문이다. 계시록의 '계시'라는 의미를 다시 상기하여 보자. "계시(啟示, Revelation)란 아포칼립시스(Ἀποκάλυψις)로서 '감추인 것을 드러내다', '나타내다', '폭로하다'라는 의미이다. 사전적인 의미는 "인간 스스로는 도저히 알 수 없게 감춰져 있고 덮여 있던 것을 직접 열어 보이거나 알려주는 것"을 말한다. 이 박사가 "과도하게 단순화 시키는 오류를 낳았다"고 주장하며 비판하는 견해는 계시록의 성격을 묵시문학으로 간주한 것으로서 잘못된 관념이다. 계시록 1:19은 '깊은 해석'이 필요한 휴거나 적그리스도나 큰 음녀의 이상(vision)의 비밀에 대한 것이 아니라, 단순히 어떤 것을 보이실 것과 사도 요한이 어떤 것을 기록해야 할지를 '간략히' 말씀하신 '개괄적 안내'이다. 경부선 열차를 탔다고 가정할 때 서울을 출발해서 대전과 대구를 경유하여 부산에 도착한다는 안내 방송과 같다. 이것을 '과도하게 단순화 시켰다'고 말하는 것은 잘못된 관점이다. 이런 까닭에 "무천년설은 계시록을 다빈치 코드와 같은 '은밀한' 책으로 만든다"는 비판을 받기도 한다.

## 7) 과거 시제를 부정함

이필찬 박사는 "19절의 '네가 본 것들'이란 표현이 12~20절의 환상을 과거적 경험으로 간주한다고 주장하는 것은 타당하지 않다"고 말했다. 그는 '네가 본 것들'이 '과거 시제'인데, 과거 시제가 의미하는 과거 경험이라는 것을 부정한다.

| 계시록 1:11~16 (현재 시점) | 계시록 1:19 | 계시록 1:20 |
|---|---|---|
| 네가 보는 것(현재)<br>일곱 금 촛대<br>일곱 별<br>대제사장이신 그리스도 | 1. 네가 본 것들(복수) 과거형 | 네가 본 것(과거)<br>계시록 1:11~16<br>가리킴<br>이전 일 |
| | 2. 지금 있는 일들(복수) - 현재형 = 2,3장 | |
| | 3. 장차 될 일들(복수) - 미래형<br>4~22장: 이후의 될 일 | |

위 표를 보면 모든 상황을 확실히 구별할 수 있다. 계시록 1:11~16은 사도 요한이 보고 있는 '현재 시점'이다. 사도 요한은 일곱 금 촛대와 일곱 별과 대제사장이신 그리스도를 본다. 계1:19에서 "네가 본 것들"은 과거형으로 계시록 1:11~16을 가리킨다. 왜냐하면, 계시록 1:19은 시간이 흘러 앞의 것들은 과거의

일이기 때문이다. 계시록 1:20에서 "네가 본 것들"은 그 구절에서 "네가 본 것은 내 오른손의 일곱 별의 비밀과 또 일곱 금 촛대라 일곱 별은 일곱 교회의 사자요 일곱 촛대는 일곱 교회니라"고 말씀하는 것과 같이 계시록 1:11~16을 가리킨다. 시제가 과거인 것은 시간이 흘러 이전 일이기 때문이다. 이런 자연스런 시제의 관계를 무천년설은 "과도하게 단순화시키는 오류를 낳았다"라고 하면서 다른 해석을 시도하는 것은 논리적이지도 않고 성경의 문맥조차 생각하지 않은 것이다.

## 8) 세 상황들의 시점

위의 표와 이후의 그림을 보면 세 상황을 잘 이해할 수 있다. 각 세 구절은 '각 시점'을 갖고 있다. 처음 상황인 계시록 1:11의 '네가 보는 것'(현재형)은 이 시점으로 볼 때 현재이기 때문에 보고 있는 것으로 일곱 금 촛대와 일곱 별을 가리킨다. 계시록 1:19의 '네가 본 것'(과거형)은 '이전의 본 것'으로 계시록 1:11~16을 가리킨다. 이전에는 '현재형'이었는데, 19절에서 '과거형'이라는 것은 시점이 지났기 때문이다. 19절은 19절의 시점을 기준으로 하여 이전 것이기 때문에 '과거형'으로 언급한다. 만일 1:11~16이 "네가 본 것(현재형)"으로 언급했기 때문에, 19절에서 그것을 가리킬 때 동일한 '현재형'으로 언급해야 한다고 주장하는 사람은 없을 것이다. 각 구절의 시점이 다르기 때문이다.

## 9) 계시록의 세 부분들

19절의 내용은 주님께서 사도 요한이 기록해야 할 세 가지를 '모두' 말씀하시기 위한 것이다. 이미 11~16절에 "네가 본 것들(과거)"을 언급하고, 19절 시점으로 볼 때 '현재'인 "지금 있는 일들"이 있고, 현재 이후의 일들 즉 '장차 일어날 일들(미래)'을 말씀하기 위한 것이다.

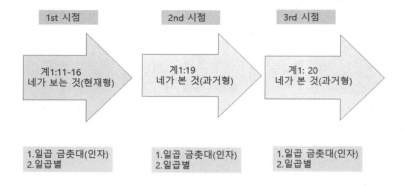

[ 네가 보는 것(현재형)과 네가 본 것(과거형)의 관계 ]

## 10) 본 것들의 의미

20절의 "네가 본 것들"은 1:11~16의 일곱 금 촛대와 일곱 별을 가리킨다. 19절과 20절의 차이가 있다. 1:11~16은 사도 요한이 본 것을 기록한 것이지만, 20절은 주님이 사도 요한이 본 것이 무엇인지를 말씀하신 것으로 차이가 있다. 여기에 또 말씀하신 중요한 이유가 있다. 1:11~16에는 사도 요한이 일곱 금 촛대와 일곱 별을 보았다. 이것은 '팩트'이다. 20절은 주님께서 사도 요한이 본 것들을 언급하면서 그것이 무엇을 의미하는지 '해석'하셨다. 사도 요한이 본 일곱 금 촛대는 '일곱 교회'이고, '일곱 별'은 '일곱 교회의 사자'이다. 무천년설은 일곱 교회의 사자를 "일곱 교회에 보내심을 입은 천사"라고 해석하는데, 잘못된 해석이다. 이것에 대한 논증은 Chapter 11에서 다룰 것이다.

## 11) 요한이 헬레니즘의 영향을 받았는가?

이필찬 박사는 "19절의 '네가 본 것들', '지금 있는 것들', '이것들 후에 반드시 되어져야만 하는 것들'이라는 삼중적 표현은 당시 헬레니즘의 영향을 받아 매우 보편적으로 사용되는 묵시문학적 형식으로 '헬라적 삼중적 예언 형식'을 변형시켜 사용한 것으로 간주할 수도 있다”고 주장한다. 이 박사의 주장이 설득력이 있기 위해서는 사도 요한이 계시록의 ‘기자(記者)’가 아니라 ‘저자(著者)’여야 가능하다. 사도 요한이 계시록의 ‘저자(著者)’라는 것을 주장하기 위해서는 요한계시록이 예수 그리스도의 계시를 부정해야 가능하다. 따라서 계시록을 사도 요한이 헬레니즘의 영향을 받아 변형시켰다는 주장은 매우 ‘주관적인’ 추측일 뿐 ‘객관적 근거’가 되지 못한다.

## 12) 요한계시록이 묵시문헌인가?

이필찬 박사는 계시록의 표현을 ‘묵시문헌적 형식’으로 언급한다. 이것은 앞의 기자와 저자의 문제로 동전의 양면과 같다. 무천년설자들이 요한계시록을 ‘묵시문헌’이라고 부르는 것은 요한계시록을 ‘외경’과 ‘위경’과 같은 반열에 놓는 것이다. 만일 요한계시록이 예수 그리스도의 계시가 아니라 사도 요한이라는 사람의 작품이라면 ‘묵시문헌’이라는 말은 설득력을 갖는다. 계시록은 사도 요한의 뜻을 따라 쓰여진 것이 아니라, 전적으로 예수 그리스도의 뜻으로 쓰여졌다. 요한복음 1:12에 영접하는 자 곧 그 이름을 믿는 자들에게는 하나님의 자녀가 되는 권세를 주셨음을 말씀하고, 13절에서는 “이는 혈통으로나(not of blood) 육정으로나(nor of the will of the flesh) 사람의 뜻으로(nor of the will of man) 나지 아니하고 오직 하나님께로부터 난 자들이다”라고 말씀한다. 계시록을 기록하는 것도 혈통으로나(not of blood) 육정으로나(nor of the will of the flesh) 사람의 뜻으로(nor of the will of man) 나지 않고, 오직 예수 그리스도의 계시로 말미암는다. 따라서 계시록을 ‘묵시문헌’이라고 주장하는 것은 성경과 일치하지 않는 잘못된 관점이다.

## 13) 오비디우스의 영향을 받았는가?

이필찬 박사는 “오비디우스의 작품에서는 아폴로가 ‘앞으로 있을 것, 전에 있었던 것, 그리고 지금 있는 것들이 계시자’로 표현되고, 사이스(Sais)의 이시스(Isis) 동상의 비문에 새겨진 ‘나는 전에도 있었고 지금도 있고 앞으로도 있을 모든 것’이라는 문구로 인해 사도 요한이 계시록을 썼을 때 영향받은 것으로 추론한다. 계시록은 예수 그리스도의 계시이기 때문에 예수 그리스도께서 오비디우스와 이시스의 비문을 보고 감동을 받아 참고했다고 하면, 이 박사의 견해에 힘이 실릴 수 있다. 그러나 예수 그리스도께서는 솔로몬과 요나보다 더 크신 분이며, 완전한 하나님이라는 것을 생각할 때, 그런 가능성은 0%이다. 따라서 그의 관점은 잘못됐다.

### 14) 삼중적 형식 영향

이필찬 박사는 "삼중적 형식에 맞추기 위해 사도 요한은 '보는 행위'가 현재 시제임에도 불구하고 과거형으로의 변형을 시도했다"라고 주장한다. 이 주장은 사도 요한이 계시록을 쓸 때 헬라적 표현에 매료되어 '자신의 생각'으로 각색했다는 것을 가리킨다. 만일 그것이 사실이라면 사도 요한은 '신실한 종'이 아니라, 전횡을 일삼은 사람이 된다. 그리고 그런 사도 요한에게 계시록을 계시한 주님에게도 문제가 있다는 것을 의미하고, 성령님은 그 때에 잠시 조셨든지 부주의하셨다는 의미가 된다. 이것은 어디까지나 이 박사의 주장이 맞다는 가정하의 상황이다. 여기서도 무천년설 지지자들의 근원적인 문제를 볼 수 있다. 계시록을 사도 요한이라는 사람의 저작으로 간주하고 예수 그리스도의 계시라는 것을 잊은 듯이 보인다. 이런 관념은 오류이다.

### 15) 네가 본 것들의 의미

이필찬 박사는 "1:19b의 '네가 본 것들'(서신적 부정 과거형)이란 1:11의 '네가 보는 것'(현재형)과 동일한 의미로서 요한계시록 전체를 가리키는 것으로 이해할 수 있다"라고 주장한다. 이 박사의 견해에는 바른 견해와 그른 견해가 뒤섞여 있다. 앞의 표에서 일목요연하게 나타냈듯이 1:19b의 '네가 본 것들'은 1:11의 '네가 보는 것'(현재형)과 동일하다. 필자도 동의한다. 그러나 요한계시록 전체를 가리킨다는 이 박사의 견해는 오류이다. 1:19은 앞의 '이제 본 것'을 가리킬 뿐만 아니라, '이제 보는 것'과 '장차 될 일들'을 모두 언급하기 때문이다. 일부를 전부로 간주하기 때문에 잘못된 관점이다.

## 16) 과거형과 현재형

이필찬 박사는 11b절에 '네가 보는 것을 책에 쓰라'와 2c절의 '그가 본 것'(과거형)과 3절에 '그 안에 기록된 것들'이 언어적 평행 관계를 이루기 때문에 19b절의 '네가 본 것들'이 계시록의 일부가 아니라 전부를 가리킨다고 주장했다. 아래 도표에도(계 1:19 도표) 나타나듯이 '네가 본 것들'은 앞의 것을 가리키고, 19절의 전부를 가리키지 않는다. 19절은 세 부분으로 '네가 본 것'(과거)과 '지금 있는 일들'(현재)과 '장차 있을 일들'(미래)로 구성되기 때문이다. 따라서 19절의 '네가 본 것'(과거)은 세 부분 중의 한 부분이기 때문에 요한계시록의 전체를 가리키지 않는다.

## 17) 평행 구절 관계

이미 앞에서 언급한 것처럼 1:2의 '그가 본 것'(과거)은 계시록의 서론 부분으로 이 박사가 언급하듯이 계시록 전체를 가리킨다. 필자도 동의한다. 따라서 1:2은 1:19과 동일한 것으로 평행 구절이다.(표를 보면 확연히 알 수 있다) 1:2의 '그가 본 것'은 '과거형'으로 '문자적으로' 보면 1:2 이전에 '본 것'을 가리킨다. 그런데 1:2 앞에는 1:1밖에 없다. 그것은 계시록의 첫 구절인 "예수 그리스도의 계시"라는 것으로 사도 요한이 '그가 본 것'(과거)이라고 말할 수 없다. 그러면 1:2의 '네가 본 것'(과거)은 대체 무엇을 보았다는 것인가? 아무리 찾아도 없다. 이것은 계시록의 서론으로서 본론에 해당되는 모든 것들을 가리킨다. 이런 계시록의 문맥과 흐름은 1:2은 계시록 전체를 가리키는 것이 맞지만, 이 박사가 주장하듯이 1:19b의 "네가 본 것들"과는 평행 구절이 아니기 때문에 잘못된 견해이다. 이 박사는 1:2의 '네가 본 것(과거)'을 19절의 세 부분 중의 '네가 본 것'(과거)과 문자적으로 동일한 것이기 때문에 평행구절이라고 잘못 해석했다.

## 3. 계시록의 전체 구조

계시록의 전체 구조는 계시록 1:19에서 "그러므로 네가 본 것과 지금 있는 일과 장차 될 일을 기록하라"는 구절에 나타난다.

"네가 본 것"(the things which you have seen)은 계시록 1:11~16으로 일곱 금 촛대와 일곱 별들을 가리키며, "지금 있는 일들"은 계시록 2~3장의 소아시아의 일곱 교회들을 가리키고, "장차 될 일들"은 '미래'에 있을 일들로서 계시록 4장으로부터 22장의 일들을 가리킨다. 계시록은 주님이 말씀하신 계시록 1:19의 순서를 따라 보이시고 따라서 사도 요한은 그 순서를 따라 기록했다. 한 가지 부언할 것은 "장차 있을 일들"이 미래에 있을 일들이라고 할 때, 대부분의 사람들은 마지막 때의 일 즉 '대환난'이라고 의심없이 단정한다. 이것은 매우 잘못된 관념이다. 장차 될 일들 가운데 대환난이 중요한 부분을 차지한다. 그러나 그것이 전부는 아니다. 계시록 4장과 5장에서 자세히 언급할 것이지만, 계시록의 구조에 대한 것이기에 간단히 언급한다. 위의 도표는 계시록의 일들만 나타내지 않았다.

위의 도표에서 사복음서와 사도행전의 관계를 함께 표시했다. 사도행전은 28장으로 끝나지 않고 주님 오실 때까지 계속되는 것과 같이, 계시록도 대환난으로 건너뛰지 않고 사도행전과 같이 계속된다. 즉 계시록은 지금 있는 일들뿐 아니라, 주님이 승천하신 이후로부터 주님이 다시 오실 때까지를 포함한다. 대부분의 사람들이 첫째 인을 뗄 때를 대환난으로 단정한다. 대환난에 대한 고정관념이 가져온 폐해이다. 그런 결과 흰 말과 탄 자를 적그리스도나 교황이나 다른 악한 자들이라고 주장한다.

사도행전은 주님이 승천하신 후에 사도들이 이 땅에서 행한 기록들이다. 물론 사도들 안에 성령님이 함께 하셨기 때문에 '성령행전'이라고 부를 수 있다. 계시록은 "주님이 승천하신 후 어디에 계시고 또 무엇을 하시는가?"라는 것을 보여준다. 사도행전은 '예수의 영'(성령)이 사도들과 성도들 안에 역사하신 기록이며, 계시록은 승천하신 그리스도께서 하늘에서의 사역을 보여준다. 계시록은 교회가 금 촛대이고 일곱 교회의 사자(사람)가 일곱 별임을 계시하며, 승천하신 그리스도께서 일곱 교회를 돌보시는 대제사장으로 사역하고 계심을 보여준다. 그분은 하늘에 계시지만 대제사장으로 그의 교회들 가운데 함께 거니시고 돌보고 계신다. 소아시아의 일곱 교회는 '지금 있는 일들'로서 당시에 현존했던 교회들이다. 일곱 교회가 계시록에 있다는 것은 예언성을 띤다. 일곱 교회가 각각의 특성을 가진 교회라는 것은 하나님의 관점에서 일곱 종류의 교회가 있다는 것을 의미한다. 그뿐만 아니라 역사 가운데 어떤 교회들이 나타날 것인가를 계시한다. 그 이후의 기록인 4장으로부터 22장은 모두 '장차 될 일들'이다. 계시록은 이 세 구조로 구성된다.

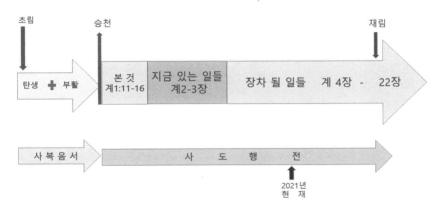

<계1:19 ; "네가 본 것& 지금 있는 일 & 장차 될 일들"에 대한 도표>

# Chapter 11 ·
# 일곱 별: 천사인가? 사자인가?(1:20)

## 1. 오른손에 일곱 별을 붙들고 계심

계시록은 "주님의 오른손이 일곱 별들을 붙들고 계시다"라는 것을 말씀한다. 그냥 '손'이나 '왼손'이라고 하지 않고 '오른손'이라고 함을 주목해야 한다. 성경의 모판인 모세오경 중에서 '오른손'이 언급된 첫 번째 말씀이 있다. 창세기 35장은 라헬이 산고로 그의 혼이 떠나려 할 때 "그가 죽게 되어 그의 혼이 떠나려 할 때에 아들의 이름을 베노니라 불렀으나 그의 아버지는 그를 베냐민이라 불렀더라"(창 35:18)고 말씀한다.

베노니는 '벤'과 '아웬'의 합성어인데, '벤'(ben)은 '아들'을 의미하고, '아웬'은 '슬픔, 고통'을 의미한다. 따라서 베노니는 '슬픔의 아들, 고통의 아들'이란 뜻이다.

베냐민은 '벤'과 '야민'의 합성어로서, 베노니와 동일하게 '아들'을 뜻하는 '벤'(ben)이 있고, 뒤에는 '오른손'을 의미하는 '야민'의 합성어로 '오른손의 아들'이란 뜻이다. 야곱의 뜻은 이런 의미일 것이다. "아니오! 이 아들의 이름은 베노니, 슬픔의 아들이 아니라 베냐민 즉 '오른손의 아들'이 될 것이오" 라헬의 둘째 아들의 출생에 대한 말씀은 매우 짧지만 많은 것을 내포한다. 아마 야곱의 대답은 라헬에게도 위로가 되고 격려가 됐을 것이다. 왜냐하면, 야곱의 대답은 육신의 말이 아니라 하나님을 신뢰하는 믿음의 말이었기 때문이다.

모든 성경은 예수 그리스도에 대한 것이다. 성경을 상고하는 바리새인들에게도 말씀하셨고, 엠마오로 내려가는 두 제자에게도 "모세의 글과 선지자의 글은 내게 대하여 증거하는 것이다"라고 말씀하신 것은 '성경을 보는 원칙' '독트린(doctrine)'이다. 베냐민의 출생의 두 이름은 예수 그리스도에 대한 것이다. 라헬의 관점에서 볼 때 그의 아들이 베노니(슬픔의 아들)였던 것처럼, 외적으로 볼 때 예수 그리스도는 나사렛 예수로서, 목수의 아들이었다. 이사야 53:2~4은 '베노니'가 되신 주님을 예언한다.

사람의 관점에서 볼 때 주님은 '질고의 사람' '슬픔의 사람' 즉 '베노니'였다. 그러나 변화된 사람 야곱의 관점에서 볼 때 '베노니가 아니라 베냐민, 오른손의 아들'이다. 예수님의 계보를 거슬러 올라가면 다윗 왕이 있고, 더 거슬러 올라가면 아브라함이 있다. 마태복음 1:1은 "아브라함과 다윗의 자손 예수 그리스도의 세계라"고 소개한다. 예수님은 왕가인 다윗의 자손으로 탄생하셨다. 수태고지에서 천사 가브리엘은 그의 이름을 예수(구원자)라고 한 것뿐만 아니라 놀라운 말을 전했다. 누가복음 1:32~33은 다음과 같이 말씀한다.

> 그가 큰 자가 되고(He shall be great) 지극히 높으신 이의 아들이라 일컬어질 것이요
> (shall be called the Son of the Highest) 주 하나님께서 그 조상 다윗의 왕위를 그에게 주
> 시리니(shall give unto him the throne of his father David:) 영원히 야곱의 집을 왕으로 다
> 스리실 것이며 그 나라가 무궁하리라(눅 1:32~33)

나사렛 예수는 장차 지극히 높으신 자의 아들로 일컬어질 것이고, 다윗의 왕위를 주시며 영원히 야곱의 집을 왕으로 다스리신다고 말씀한다. 그런 이유는 무엇인가? 예수는 아버지와 동일한 영광과 능력과 권세를 가지신 하나님의 아들이셨다. 베드로가 "주는 그리스도(메시아)시요 살아계신 하나님의 아들이십니다"(마 16:16)라고 고백한 것도 '나사렛 예수'의 신성을 믿었기 때문이다.

나사렛 예수의 내면을 보면 다윗의 자손이며 십자가의 구속과 부활 후 '하늘과 땅의 권세'를 아버지께 받으시고 승천하셔서 '하나님 보좌 우편', '능력의 자리'에 앉으셨다. 그리고 원수를 발등상이 되게 하기 위해서 하나님의 왕국(왕권)을 이 땅에 가져오셔서 만왕의 왕으로 통치하신 분이시다. 즉 베냐민 '오른손의 아들'이시다. 오늘날 '영광의 왕' '베냐민'이신 주님과 함께 왕으로 들어가기 위해서 주님의 인성 안에 불렸던 이름 '베노니~슬픔의 사람'인 "예수 안에서" 그분과 함께 해야 한다. 다윗이 왕으로 즉위하기 전에 많은 고난이 있었고, 그를 따르는 사람들이 있었던 것처럼, 오늘날 고난받은 다윗으로 예표된 예수님을 따

르는 제자들은 '예수 안에서' 고난받는다. 그러나 그 고난은 장차 나타날 영광과 족히 비교할 수 없다. 하나님께서 인자이신 그리스도를 이 땅에서 '오른손의 아들'로 붙드셨고, 승천하신 그리스도는 또한 이 땅에서 사람의 관점으로 '베노니-슬픔의 아들' 같지만 '베냐민-오른손의 아들'인 그가 일곱 별을 '오른손' 즉 '능력의 손'으로 붙드시고 계신다.

## 2. 일곱 별을 천사로 보는 무천년설 견해

20절은 "네가 본 것은 내 오른손의 일곱 별의 비밀과 또 일곱 금 촛대라 일곱 별은 일곱 교회의 사자요 일곱 촛대는 일곱 교회니라"고 말씀한다. 무천년설 학자들은 일곱별을 천사들로 본다. 일곱 별에 대하여 그레고리 K. 비일과 이필찬 박사를 비롯한 무천년설 학자들이 '천사'들로 해석하기 때문에 다루지 않을 수 없다.

### 1) 그레고리 K. 비일의 견해

그레고리 K. 비일은 『NIGTC 요한계시록』(새물결플러스, p.375)에서 일곱 별을 '천사들'이라는 견해를 제시했다.

> 천사가 가리키는 것이 무엇인지에 대해서는 견해가 다양하다. (1)천상적인 존재들, (2)교회의 대표자들 또는 수호자들인 천상적인 존재들(따라서 교회도 염두에 있다.) (3)교회의 인간 지도자들 또는 교회의 대표자들 (4)교회에 만연한 정신 또는 특정의 의인화 등이다. 천사가 요한계시록의 환상 단락에서 예외없이 천상적인 존재를 가리킨다는 사실을 주목하면(60회 사용) 여기서도 같은 뜻으로 이해해야 한다는 것을 알 수 있다. 이 천사들은, 확신하긴 어렵지만, 유대 전통에 알려진 대천사 일곱과 동일시될 수 있을 것이다.(그레고리 K. 비일, 『NIGTC 요한계시록』,새물결플러스, p.375)

## 2) 이필찬 박사의 견해

그레고리 비일과 동일한 관점을 가진 이필찬 박사는 『요한계시록』,에스카톤, P 191)에서 다음과 같이 말했다.

> 요한계시록 내에서 천사들은 교회를 대표하는 존재로 등장하기도 하고 더 나아가서 교회들과 동일시되는 존재로 나타나기도 한다. 예를 들면, 요한계시록 19장 10절이 "나는 너와 및 예수의 증거를 받은 네 형제들과 같이 된 종이니"라고 말하고 22장 9절이 "나는 너와 네 형제 선지자들과 이 두루마리의 말을 지키는 자들과 함께 된 종이니"라고 말하는 것은 천사들이 스스로를 교회 성도들과 동일시하는 것을 보여주며, 8장 3~4절에서 어떤 천사가 성도들의 기도를 하나님 앞에 드리는 장면을 통해 우리는 천사들이 성도들을 대표하는 존재라고 이해할 수 있다.(이필찬, 『요한계시록』,에스카톤, p. 191)

> 일곱 별이 상징하는 일곱 천사의 존재는 교회 공동체가 하늘에 존재한다는 것을 함의하고, 이 일곱 천사에 의해 계시되는 교회 공동체의 천상적 특징은 교회론을 중심 주제로 삼는 요한계시록의 메시지를 이해하는 데 결정적인 부분이다.(이필찬, 『요한계시록』,에스카톤, p.192)

## 3) 김추성 박사의 견해

무천년설을 지지하는 김추성 박사는 『요한계시록 1~9장 주석집』(킹덤북스, p.180~181)에서 일곱 교회의 사자에 대한 견해를 제시했다.

> 사자(ἄγγελος)를 각 교회의 감독이나 요한에게 파견된 자로 해석하는 자도 있다.(Hughes) 그러나 요한계시록에서 ἄγγελος가 67회 사용되었는데 사람을 가리키는 경우는 찾아보기 어렵다. 요한계시록 2~3장에서 예수님은 일곱 교회의 사자에게 이 말씀을 기록하라고 명령하신다. 왜 예수께서는 일곱 교회에 직접 명령하시지 않고 사자에게 명령하셨을까? 또한 왜 예수님은 일곱 교회의 사자를 오른손

에 가지고 계신다고 말씀하셨을까? 본문의 사자는 문자적으로 천사를 뜻하는 것으로 볼 수 있다. 요한계시록의 메시지는 천사를 통하여 중재되는 것이기 때문에 예수님은 천사에게 명령하실 수 있다. 물론, 이 메시지의 궁극적 수신자는 일곱 교회이다. 따라서 사자를 문자 그대로 천사로 보는 것도 무방하다. (중략) 또한 일곱 교회의 천사는 일곱 교회를 대변하고 있는 것으로 볼 수 있다. 천상의 존재는 지상의 교회를 대표하기도 한다. 요한계시록 4장에 보면 이십사 장로가 지상의 하나님의 백성을 대변하는 천상의 존재로 나타나는 것으로 볼 수 있다.(김추성, 『요한계시록 1~9장 주석집』, 킹덤북스, p.180~181)

## 3. 필자의 비평 및 견해: 일곱 별은 일곱 교회의 사자

그레고리 K. 비일은 "천사들은, 확신하긴 어렵지만, 유대 전통에 알려진 대천사 일곱과 동일시될 수 있을 것이다"라는 견해를 말했다. 유대 전통은 모두 틀리는 것은 아니지만 이 경우 스스로 오류가 있다는 것을 말하면서 그 사실조차 간과한 것처럼 보인다. 스스로 '확신하긴 어렵지만'이라는 단서를 달았다는 것은 스스로도 확신할 수 없다는 의미이기 때문이다. 적어도 그런 주장을 하기 위해서는 유대 전통 견해가 성경과 일치하는지를 제시했어야 했는데 그러지 않았다. 이필찬 박사는 요한계시록 내에서 천사들은 교회를 대표하는 존재로 등장하기도 하고 더 나아가서 교회들과 동일시되는 존재로 나타나기도 한다고 주장했다. 그 증거로 요한계시록 19:10은 사도 요한이 천사에게 경배하려 할 때 다음과 같이 말했다.

> 내가 그 발 앞에 엎드려 경배하려(to worship) 하니 그가 나에게 말하기를 나는 너와 및 예수의 증언을 받은 네 형제들(your brothers)과 같이 된 종(your fellowservant)이니 삼가 그리하지 말고 오직 하나님께 경배하라 예수의 증언은 예언의 영이라 하더라(계 19:10)

계시록 22:9도 "나는 너와 네 형제 선지자들과 이 두루마리의 말을 지키는 자들과 함께 된 종이니"라고 말씀한다. 분명히 "천사는 요한을 비롯한 교회와 같이 종이라"고 했다. 이필찬 박사나 김추성 박사는 '천사와 요한을 함께 종 된 자'라는 것을 '천사와 교회의 동일시'라는 의미로 단정했다. 그런 의미가 전혀 없지는 않다. 그런데 공통분모만을 보고 본질적인 차이가 있다는 것을 간과했다. 왜냐하면, 하나님은 창조주이시고 요한이나 교회도 피조물이기 때문에 천사가 "나도 너와 같은 종이다"라는 것은 "하나님을 섬기는 종이라는 동일시"를 의미하는 것이지 '본질적인 동일시' '신분적인 동일시'가 아니기 때문이다. 사도 요한과 예수의 증언을 받은 형제들과 선지자들은 하나님의 자녀로서 하나님의 종이지만, 천사는 하나님의 자녀가 되는 권세가 주어지지 않았고 '부리는 영'으로 후사들인 교회들을 위해 섬기는 종의 신분이다.

## 1) 섬기는 영인 천사와 구원의 상속자인 교회

교회와 천사의 본질적인 면은 QST하면 더 확실히 구별된다. 히브리서 1:14에는 "모든 천사들은 섬기는 영으로서(ministering spirits) 구원받을 상속자들을(heirs of salvation) 위하여 섬기라고 보내심이 아니냐"라고 말씀하며, 천사와 교회의 본질적인 차이를 언급한다. 모든 천사는 어느 누구도 예외 없이 '영적 존재'로서 '섬김을 위해' 존재한다는 것을 의미한다. 그래서 천사들은 그들을 '스스로 하나님의 종이라'고 불렀다. 천사들이 하나님의 종으로 섬긴다는 것은 "구원받을 상속자들을 섬기기 위한 것"이다. 의심할 바 없이 구원받을 상속자들(heirs of salvation)은 '교회'를 가리킨다. 교회가 상속자가 될 수 있는 것은 창조하실 때 '하나님의 생기'를 불어넣으셨을 뿐만 아니라 하나님의 모양과 하나님의 형상을 따라 만드셨기 때문이다.

천사들에게는 '하나님의 생기'를 불어넣은 것도 없고, '흙에 속한 부분'이 없다. 그에 반하여, 교회는 그리스도의 구속이 있고 성령이 내주하셔서 하나님을 아버지라고 부르는 하나님의 자녀의 권세가 있다. 주님께서 주기도문을 가르쳐 주셨을 때 "너희는 이렇게 기도하라"고 하시면서 하나님이 누구인지를 가르치셨다. "하늘에 계신 우리 아버지여!"라고 말씀하신 것은 교회와 하나님의 관계가 이전에는 '창조주와 피조물의 관계'에서 이제는 '생명의 관계'로 바뀌었다는 것을 보여준다. 그런 반면에 천사들에게는 '생명의 관계'가 없고, '창조주와 피조물의 관계'만 있다.

천사들이 하나님을 아버지라 부를 수 없고 '교회'가 하나님의 종인 것과 '천사'가 하나님의 종인 것은 외적으로 동일하지만, 그 신분 즉 '본질'에서 현격한 차이가 있다. 천사들은 창조주이신 '하나님께 종'의 신분이지만, 교회는 그리스도의 부활 안에 우리를 낳으시므로 '하나님의 자녀'가 되었기 때문에 천사와 같은 의미의 종이라 할 수 없다. 달란트 비유는 교회에 대한 비유이다. 다섯 달란트 맡은 종과 두 달란트 맡은 종과 한 달란트 맡은 종을 '종'이라 부르는 것은 '하나님의 자녀로서의 종'을 의미하고, '천사로서의 종'을 의미하지 않는다. 이런 양자의 차이는 '하나님의 자녀인 교회'와 '섬기는 종인 천사'가 본질적으로 다른 존재이기 때문이다.

## 2) 일곱 별은 누구인가? 일곱 교회의 천사 vs 일곱 교회의 사자

계시록 1:20은 "네가 본 것은 내 오른손의 일곱 별의 비밀과 또 일곱 금 촛대라 일곱 별은 일곱 교회의 사자요 일곱 촛대는 일곱 교회"라고 말씀한다. '일곱 별'은 일곱 교회의 사자이다. 원문을 '문자 그대로' 번역한 KJV은 "The seven stars are the angels of the seven churches."로 번역했기 때문에 그레고리 K. 비일이나 이필찬 박사와 김추성 박사가 '천사들'(피조된)로 보는 견해가 옳다고 생각할 수 있다. 이것은 전체를 보지 못하고 일부만으로 판단했기 때문이다. KJV은 원문인 "οἱ ἑπτὰ ἀστέρες ἄγγελοι τῶν ἑπτὰ ἐκκλησιῶν εἰσίν"을 의역하지 않고 그대로 번역했을 뿐이다.

하나님의 관점이 성경에 나타났기 때문에 'ἄγγελος'(앙겔로스)의 의미를 알기 위해서 성경에서 어떻게 사용됐는가를 보는 것이 중요하다. 마가복음 1:1~2은 "하나님의 아들 예수 그리스도의 복음의 시작이라 선지자 이사야의 글에 보라 내가 내 사자를 네 앞에 보내노니 그가 네 길을 준비하리라"고 말씀한다. "내 사자"는 세례 요한을 가리킨다. 이 구절의 원문은 "τὸν ἄγγελόν μου"(톤 앙겔론 뮈)이다. 'μου'(뮈)는 '1인칭 대명사 소유격'으로 '나의'(my)라는 의미이고, '사자'로 번역된 것은 "천사, 사자"를 의미하는 'ἄγγελος'(앙겔로스)의 목적격인 'ἄγγελόν'(앙겔론)

이다. 그 결과 개역개정이 '내 사자를'이라고 번역한 것이 잘못됐다고 생각할 수 있다. 그렇다면 어떻게 번역되야 하는가? "내 천사를 앞서 보내노니 그가 네 길을 준비하리라"는 의미가 되는데, 더욱 진퇴양난에 빠질 것이다. 왜냐하면 세례 요한의 아버지는 사가랴이고 어머니는 엘리사벳인데, 그 아들인 세례 요한을 '천사'로 부를 수 없기 때문이다.

또 다른 사례는 마태복음 11:10이다. 성경은 "기록된 바 보라 내가 내 사자를 네 앞에 보내노니 그가 네 길을 네 앞에 준비하리라 하신 것이 이 사람에 대한 말씀이니라"고 말한다. 여기서 언급된 '사자'는 세례 요한을 가리키는데 원문은 'ἄγγελόν'(앙겔론)으로 'ἄγγελος'(앙겔로스)의 목적격이다. 앙겔로스는 "천사, 사자, 메신저"라는 의미가 있지만, 문맥상 세례 요한에 대한 것이기 때문에 '사자'라고 번역했고, KJV도 'my messenger'로 번역했다. 신약에서 'ἄγγελος'(앙겔로스)가 '천사'로 번역되지 않고 '사자'로 번역한 것은 그 대상이 사람이기 때문이다. 구약에서도 이런 원칙은 동일하다. 세례 요한에 대한 마가복음 1:2와 마태복음 11:10은 구약성경 말라기 선지자의 글을 인용한 것이다.

말라기 3:1은 "만군의 여호와가 이르노라 보라 내가 내 사자를 보내리니 그가 내 앞에서 길을 준비할 것이요 또 너희가 구하는 바 주가 갑자기 그의 성전에 임하시리니 곧 너희가 사모하는 바 언약의 사자가 임하실 것이라"고 말씀한다. 여기의 '사자'는 원문에서 '말아크(malak)'로 '사자, 천사, 전령'의 뜻을 갖고있는데, 원문을 문자대로 번역하는 KJV도 'my messenger'로 번역했고, 신약의 'ἄγγελος'(앙겔로스)와 동일한 의미이다.

전통적인 천사에 대한 관념과 마가복음 1:2은 충돌하는 것처럼 보인다. 역으로, 이것은 우리들의 '천사에 대한 관념'이 온전치 못하다는 것을 보여준다. 단어적으로, 'ἄγγελος'(앙겔로스)는 '사자, 천사, 전령, 보냄을 입은 자, 하나님의 사자'라는 뜻이 있다. 성경이 세례 요한을 'ἄγγελος'(앙겔로스)로 부르는 것은 '팩트'이다. 따라서 앙겔로스의 단어가 가진 의미뿐만 아니라, 성경에서 "천사와 사자(사람)"를 의미한다는 것을 알 수 있다. 어떻게 번역될 것인지는 문맥에 따라 결정된다. 계시록 8:2는 문맥상 '(피조된)천사'를 가리킨다. 마가복음 1:2은 세례 요한(사람)을 가리키기 때문에 '사자'로 번역돼야 한다. 따라서 계시록 1:20의 일곱 별은 구속함을 받은 '일곱 교회'와 관계되기 때문에 '천사'가 아닌 '사자'로 번역돼야 한다.

계 8:2 일곱 천사
ἄγγελος
피조된 천사(확실)

계 1:20 일곱 별은 일곱 교회의 사자
ἄγγελος ❓
무천년설 vs 필자

막 1:2 내 사자를
ἄγγελος
세례 요한(확실)

A. 무천년설 견해
(그레고리 비일, 이필찬)
천사들이 교회 대표
일곱 교회 편지를 받음
Never

[의미] 천사, 사자, 전령
문맥에 따라 정해짐
1. 천사로서 보내어진 자
2. 사람으로서 보내어진 자
개역 개정: 바른 번역이다

B. 필자 견해
not 천사
but 사자(사람)
Sure

KJV의 'the angels'는 'ἄγγελος'(앙겔로스)의 '복수형'인 'ἄγγελοι'(앙겔로이)의 직역이다. 대개 이 단어를 '피조된 천사'로만 알고 있다. 이 단어가 가진 공통분모는 "하늘에서 즉 하나님에 의하여 특별한 임무를 위임받아 보냄을 입은 자"라는 것이다. 우리가 보편적으로 아는 천사들이 그 가운데 속한다. 그러므로 KJV의 "The seven stars are the angels of the seven churches"는 '단어 상으로' '일곱 교회의 천사들'이나, '일곱 교회의 사자들'로도 번역될 수 있다. 그러나 문맥에서 '교회'를 가리키기 때문에 '사자'라고 번역하는 것이 적절하다. 개역개정은 '일곱 교회의 사자'로 잘 번역했다. 성경에서 일곱 교회는 천사들의 모임이 아니라 구속함을 입은 사람들이기 때문이다. 일곱 별들은 '일곱 교회'와 관계있기 때문에 '일곱 교회의 사자들(사람)'이다. 히브리서 1장에서 천사들과 구원받은 상속자가 구별되듯이, 양자는 그 신분과 위치가 전혀 다르다. 교회는 직접적으로 천사들과 관계 있지 않다. 천사와 교회와의 관계는 간접적인 관계이다. 왜냐하면, 하나님께서 상속자인 교회를 섬기라고 보내신 자들이 천사들이기 때문이다.

## 3) 사도를 보내시는 그 사도이신 그리스도

하나님의 구속 사역을 부활로 성취하신 그리스도께서 그의 제자들을 사도로 보내신 것이 요한복음 20:21에 "예수께서 또 이르시되 너희에게 평강이 있을지어다 아버지께서 나를 보내신 것 같이(as my Father has sent me) 나도 너희를 보내노라(even so send I you)"고 하셨다. 이때로부터 제자들은 사도로 보냄을 입었다. 사역의 대전환점이다. 사도는 'ἀπόστολος'(아포스톨로스)로 "보냄을 입은 자"라는 뜻이다. 주님이 제자들을 사도로 보내시면서, 먼저 주님이 어떤 위치에 있었는지를 드러내셨다. "아버지께서 나를 보내신 것 같이(as my Father has sent me)"란 아버지는 "아들을 보내시는 분"이고 주님은 "아버지께 보내심을 받은 분"이라는 것을 의미한다. 따라서 이것을 유추하면 "예수님은 아버지께서 구속의 사역을 이루시기 위하여 이 땅에 보내신 분인 첫 번째 사도다"라는 것을 가리킨다.

히브리서 3:1은 "그러므로 함께 하늘의 부르심을 받은 거룩한 형제들아 우리가 믿는 도리의 사도이시며 대제사장이신 예수를 깊이 생각하라"고 말한다. '우리가 믿는'이란 'our profession'이란 의미이다. 예수님을 두 가지 호칭으로 부른다. 우리가 잘 아는 대제사장(High Priest)이다. 우리에게 생소한 호칭이 있는데, '믿는 도리의 사도'라는 호칭이다. KJV은 사도라는 단어에 정관사와 대문자를 사용해서 'the Apostle'로 번역한 것은 성경의 의미를 잘 살린 것이다. '사도를'이란 헬라어 'τὸν ἀπόστολον'(톤 아포스톨론)인데 'ἀπόστολος'(아포스톨로스)의 목적격형으로, 그 뜻은 '사절, 복음의 사신, 사도, 보냄 받은 자, 대리자, 명령을 가지고 보내진 자'이다. 이 단어 앞에 목적격 정관사 'τὸν'(톤)이 붙여졌는데, '유일하신 사도'라는 것을 의미한다.

우리들의 관념으로 예수 그리스도를 사도(the Apostle)로 부르는 것이 어색할 수 있다. 그러나 성경은 분명히 예수를 '그 사도'(the Apostle)라고 부른다. 이어서 함께 언급된 대제사장(High Priest)은 사도(the Apostle)가 그에 준하는 높은 호칭이며 직분이라는 것을 대변한다. 어떤 이유로 성경은 예수 그리스도를 '그 사도'(the Apostle)라 부르는가? 하나님 아버지에 의해서 보냄을 입었기 때문이다. 이미 요한복음 20장에서 제자들에게 "이제 내가 너희를 보내노라"는 말씀으로 사도로 보내심을 언급하시면서, 먼저 언급하신 것이 주님이 어떤 분이신지를 보여준다. 주님은 "아버지께서 나를 보내신 것 같이"라고 하시면서 주님 자신도 이제까지 아버지께로부터 보냄을 입은 자, 즉 사도이신 것을 알려주셨다. 열두 제자가 사도인 것과 예수 그리스도가 사도(the Apostle)인 것의 두 가지 공통분모가 있다.

첫째, 하나님께로부터 보냄을 입은 자,

둘째, 사람으로서 이 땅에 보냄을 입었다.

그러나 제자들과 현격한 차이가 있다. 주님은 하나님께 보냄을 입은 첫 번째 사도이며, 그 지위도 멜기세덱의 반차를 따른 대제사장이신 것과 같다.

# Chapter 12 ·
# 일곱 금 등대와 일곱 교회

## 1. 일곱 금 등대

20절은 "네가 본 것은 내 오른손의 일곱 별의 비밀과 또 일곱 금 촛대라 일곱 별은 일곱 교회의 사자요 일곱 촛대는 일곱 교회니라"고 말씀한다. 계시록 1:1에서 "예수 그리스도의 계시라"고 말씀한 것처럼 계시록은 예수 그리스도를 계시한다. 사도 요한은 가장 먼저 일곱 금 촛대 사이에 다니시는 인자이신 그리스도를 보았다. 일곱 금 촛대 사이에 다니신다는 것은 그가 대제사장으로서 교회를 돌보고 계시다는 것을 의미한다. 대제사장이신 그리스도는 일곱 교회를 돌보기 위해서 일곱 별들을 가지셨는데, 이들은 일곱 교회의 사자(사람으로서)들이다. 무천년설이 주장하는 것처럼 '일곱 교회의 사자'는 '일곱 천사들'이 아니다.

천사들은 교회를 대표할 수 없고, 단지 교회를 섬기기 위해서 하나님의 보내심을 입은 자들이다. "일곱 별이나 일곱 금 등대는 예수 그리스도의 계시와 어떤 관계인가?"라는 의문을 가질 수 있다. 그리스도는 교회의 머리이시고 교회는 그리스도의 몸이다. 교회의 머리이신 그리스도는 하늘에 계시고, 그의 몸인 교회는 땅에서 예수의 증거로서 빛을 발한다. 교회의 일반적인 명칭은 '에클레시아(ἐκκλησία)'로 "부르심을 입은 사람들의 모임"이라는 의미이다. 하나님의 경륜의 완성이며 예수 그리스도의 완전한 계시인 계시록은 교회를 '일곱 금 등대'라고 말씀한다. 촛대(등대)는 λυχνία(뤼크니아)로서 '등대'(lampstand)를 의미한다. 대개 등대라고 할 때 '촛불이 켜진 촛대'를 떠올릴 것이다. 촛대는 '초'로 불을 밝히고, 등대에는 '등'으로 불을 밝히는 것으로 차이가 있다. 출애굽기에서도 촛불이 아니라 일곱 등잔이 있는 등대이다. 따라서 성경의 원의는 '촛대'가 아니라 '등대'이다. 등대는 어둠을 밝히는 도구이다. 교회가 등대라는 것은 어두운 세상에 '세상의 빛'이신 그리스도를 증거하기 때문이다.

### 1) 세상과의 관계

교회가 일곱 금 등대라는 것은 세상에 '빛'이 필요하다는 것을 의미한다. 세상에 빛이 필요하다는 것은 세상이 '어둠'이라는 것을 가리킨다. 세상이 어둠이 아니라면, 교회가 일곱 금 등대라는 것은 의미가 없다. 요한복음 1:4 이하는 "그 안에(In him) 생명(life)이 있었으니 이 생명은 사람들의 빛(the light of men)이라 빛이 어둠에(in darkness) 비치되 어둠(the darkness)이 깨닫지 못하더라"고 말씀한다. 마태복음 5:14은 "너희는 세상의 빛이라 산 위에 있는 동네가 숨겨지지 못할 것이요"라고 말씀한다. 교회가 세상의 소망이요 축복인 까닭은 세상에 있는 것들은 빛을 발하는 '금 등대'가 될 수 없기 때문이다. 하나님의 경륜 가운데 어둠인 세상에 빛을 비추는 것은 금 등대인 교회밖에 없다. 이것이 교회의 본질이요 또한 교회의 사명이다.

### 2) 금

빛을 비추는 등대로서의 교회의 본질은 '금'이다. 금(gold)은 주기율표의 79번의 금속으로 수많은 금속 중에서 녹슬지 않고 아름다운 밝은 황색과 전성과 연성이 가장 좋은 금속으로 동서고금을 막론하고 귀금속의 으뜸으로 여긴다. 성막의 기구들 가운데 금으로 싸고 만든 기명들이 있는 것은 금이 하나님의 신성을 상징하기 때문이다. 그러므로 일곱 교회가 일곱 금 등대라고 하는 것은 하나님의 거룩한 본성을 나타낸다. 교회는 세상의 단체나 공동체가 아니라 '그리스도의 몸'이기 때문에 '금 등대'이다. 본성에서도 "정금보다 귀한 믿음"으로 구원받았으며, 생명으로는 '하나님의 생명'을 받아 거듭났고, 하나님을 아버지라 부르는 권세가 주어졌다. 교회는 이 땅에 있지만 그 본질상 하나님의 것이며 그리스도의 몸이기 때문에 '금 등대'이다.

### 3) 일곱 교회

일곱 금 등대는 일곱 교회라고 말씀한다. 일곱 교회는 계시록 2~3장에 기록된다. 일곱 교회는 모든 것이 좋았지만 처음 사랑을 잃어버린 에베소 교회로부터 박해받는 교회로서 책망이 없는 서머나 교회, 발람의 교훈을 지키며 우상의 제물을 먹은 버가모 교회와 자칭 여선지자라는 이세벨을 용납하고 우상의 제물을 먹은 두아디라 교회가 있고, 살았다 하는 이름을 가졌지만 실상은 죽은 사데 교회와, 적은 능력으로 주의 말씀을 지키며 주님을 배반치 않은 칭찬만 있는 빌라델비아 교회도 있고, 차지도 않고 덥지도 않은 라오디게아 교회도 있기 때문에, 서머나 교회와 빌라델비아 교회는 '금 등대'이고 다른 교회는 '쇠 등대'라고 하는 것이 좋다고 생각할지 모른다. 그러나 일곱 교회의 차이에도 불구하고 성경은 일곱 교회가 모두 '일곱 금 등대'라고 말씀한다. 이것은 교회의 본질에 대한 것이다. 어느 교회든지 모두 다 본질적으로 하나님의 자녀로서 하나님의 생명을 소유하고 하나님을 아버지라 부르며, 성령으로 인치심을 받았다. 교회의 본질이 동일하다는 것은 우리들로 하여금 '금'으로 상징된 하나님의 거룩한 성품을 따라 살도록 격려한다. 본질과 실제가 일치하는 것이 일곱 교회가 가야 할 길이다.

## 2. 요한계시록에 나타난 교회들

교회에 대한 대표적인 오해가 있다. 그것은 소아시아의 일곱 교회에 대한 기록이 계시록 2~3장에만 있고, 그 후에는 교회가 없다는 견해이다. 계시록 3장 이후에 교회가 안 나온다는 것은 2~3장과 같이 '교회'라는 직접적인 단어가 없기 때문이다. 2~3장에만 교회가 나오고, 3장 이후에 교회가 언급되지 않는다고 간주한 결과 "교회가 휴거됐기 때문이다"라는 근거로 삼기도 한다. 그래서 모든 교회는 환난 전에 휴거된다고 주장한다는 견해는 성경을 피상적으로 보고 오해한 것이다.

빌라델비아 교회를 예로 들어보자. 주님은 "네가 나의 인내의 말씀을(the word of my patience) 지켰은즉 내가 또한 너를 지켜 시험의 때를(the hour of temptation) 면하게 하리니 이는 장차 온 세상에 임하여 땅에 거하는 자들을 시험할 때라"(계 3:10)고 말씀한다. 인내의 말씀을 지킨 자들이 장차 온 세상에 임한 시험의 때를 면하게 한다는 것은 대환난 전에 '휴거된다'는 것을 의미한다. 이 말씀은 인내의 말씀을 지키지 않는 자들은 휴거되지 못한다는 것과 따라서 대환난을 통과해야 한다는 것을 가리킨다. 계시록 2~3장에 교회가 나오고, 4장 이후에는 교회가 '직접적으로' 언급이 되지 않았기 때문에 '모든 교회'가 휴거된다는 것은 잘못된 관점이다.

교회에 대한 하나님의 계획은 휴거이지만, 모든 성도들이 무조건적으로 다 휴거되는 것은 아니다. 신자는 밭인 세상에 뿌려진 밀로서 밀이 성장하고 무르익을 때 추수하듯이 신자들의 믿음이 성장하고 성숙해야 휴거될 수 있다. 에녹의 사례에 나타난 휴거의 원칙은 하나님과 동행해야 한다는 것이다. 만일 모든 교회가 에녹과 같다면 모두 휴거될 것이다. 휴거의 원칙은 '믿음의 성장과 성숙'이다. 계시록은 예수 그리스도를 계시하고, 일곱 금 등대인 일곱 교회를 계시한다. 그리스도는 교회의 머리이시고, 교회는 그리스도의 몸이다. 계시록에는 그리스도의 몸인 교회에 대한 많은 부분들이 있다. 계시록에 나오는 '이기는 자들'은 교회의 한 부분이다.

[ 계시록에 나타난 교회 ]

## 1) 계시록 2-3장: 일곱 교회

계시록 2장에는 에베소 교회로 시작하여 서머나 교회와 버가모 교회와 두아디라 교회가 있고, 3장에는 사데 교회와 빌라델비아 교회와 라오디게아 교회가 있다. 일곱 교회를 교회가 아니라고 주장하는 학자들은 없기 때문에 더 이상 거론하지 않겠다. 일곱 교회는 사도 요한 당시에 실제로 존재했던 교회이며, 역사적으로 나타난 교회이고, 이 땅 위에 많은 교회가 있을지라도 하나님의 관점에서 '일곱 교회'만이 있다.

## 2) 계시록 7장: 능히 셀 수 없는 큰 무리

계시록 7장은 아무도 셀 수 없는 큰 무리에 대하여 말씀한다. 9~10절은 "이일 후에 내가 보니 각 나라와 족속과 백성과 방언에서 아무도 능히 셀 수 없는 큰 무리가 나와 흰 옷을 입고 손에 종려 가지를 들고 보좌 앞과 어린 양 앞에 서서 큰 소리로 외쳐 이르되 구원하심이 보좌에 앉으신 우리 하나님과 어린 양에게 있도다 하니"라고 말씀한다. 계시록 7장 전반부의 144,000은 이스라엘 자손들 가운데 인침을 받은 자들로서 '혈통적 이스라엘'인 반면에, 능히 셀 수 없는 큰 무리는 '각 나라와 족속과 백성과 방언'으로부터 나온 자들이라는 것은 이방인 가운데 부르심을 입은 교회라는 것을 가리킨다.

계시록 7장의 전반부의 이스라엘 열두 지파 가운데 144,000이 구원을 노래하지 않는 것은 경건한 유대인이지만 아직 완악한 가운데 있는 유대인이기 때문이고, 후반부의 능히 셀 수 없는 큰 무리가 모두 '구원하심'을 찬양하는 것은 그들이 교회이기 때문이다. 이들은 보좌 앞과 어린 양 앞에 서 있는데, 모든 교회가 한 번에 휴거되었다는 것을 의미하지 않고 대환난 전에 휴거가 시작되어 새 예루살렘에 이르기까지의 전(全)시대를 포함한다. 이것은 계시록 7장 이전에 교회가 이 땅에 있었다는 것을 가리킨다. 휴거에 대한 상세한 주제는 이후에 언급할 것이다.

### 3) 계시록 12장: 남자 아이를 해산한 여자

계시록 12:1은 "하늘에 큰 이적이(a great wonder) 보이니 해를 옷 입은 한 여자(a woman)가 있는데 그 발 아래에는 달이 있고 그 머리에는 열두 별의 관을 썼더라 이 여자가 아이를(child) 배어 해산하게 되매 아파서 애를 쓰며 부르짖더라"고 말한다. 무천년설은 '이 여자'를 마리아, 남자 아이를 '예수님'으로 해석한다. 예수님의 탄생은 복음서의 중간 부분이나 마지막에도 나오지 않고 오직 첫 부분에만 나오고, 어떤 사람도 주님의 탄생을 사도행전에서 찾는 사람은 없다. 그런데 무천년설은 계시록의 한 가운데 기록인 12장을 예수님의 탄생이라고 해석한다. 이것은 성경의 흐름에도 맞지 않고, 모든 내용적으로도 불일치한다. 자세한 것은 계시록 12장에서 논증할 것이다. 이적(표적) 가운데 여인은 전시대에 걸친 교회이며 그가 낳은 '남자 아이'는 교회 가운데 '이기는 자이다. 소아시아의 일곱 교회의 끝부분에 공통적으로 "이기는 자"를 언급하시며 약속의 말씀을 주셨다. 주님의 말씀을 따라 소극적인 교회의 상황을 극복하고 믿음으로 사는 자들이 '이기는 자들'이다. 따라서 여자가 낳은 '남자 아이'는 전 시대에 걸친 '이기는 자들'을 가리킨다. 기드온의 300 용사는 이스라엘 백성들 가운데 이기는 자들이다.

### 4) 계시록 14장: 처음 익은 열매

계시록 14:1은 "또 내가 보니 보라 어린 양이 시온 산에 섰고 그와 함께 십사만 사천이 서 있는데 그들의 이마에는 어린 양의 이름과 그 아버지의 이름을 쓴 것이 있더라"고 말하는데, 이들은 교회 가운데 첫 열매로 휴거 된 자들이다. 이들이 누구인지 3절은 "그들이 보좌 앞과 네 생물과 장로들 앞에서 새 노래를 부르니 땅에서(from the earth) 속량함을 받은(which were redeemed) 십사만 사천 밖에는 능히 이 노래를 배울 자가 없더라"고 말한다. '땅에서'라는 것은 이들이 '땅에서 살았던 사람'이라는 것을 의미하고, '속량함을 받아'라는 것은 이들이 그리스도로 말미암아 구속된 사람들이라는 것을 의미한다. 4절은 "사람 가운데에서(from among men) 속량함을 받아(were redeemed) 처음 익은 열매로(the firstfruits) 하나님과 어린 양에게 속한 자들이니"라고 말한다. 이들이 교회 가운데 '이기는 자들'이라는 것을 의미한다. 첫 열매의 이기는 자들은 교회 가운데 어린 양이 어디로 인도하든지 따라갔던 신자들이다. 이들을 언급할 때, 교회라는 단어가 없다고 해서 교회로 여기지 않는다는 것은 비논리적이다.

## 5) 계시록 15장: 짐승을 이긴 자들

계시록 15:2은 "불이 섞인 유리 바다 같은 것이 있고 짐승과 그의 우상과 그의 이름의 수를 이기고 벗어난 자들이 유리 바다 가에 서서"라고 말씀한다. 유리 바다는 하나님의 보좌 앞에 있다. 그들이 유리 바다 가에 서 있다는 것은 하늘에 있다는 것이고, 그들이 휴거되었음을 가리킨다. 그들은 "짐승과 그의 우상과 그의 이름의 수를 이기고 벗어난 자들"이다. 따라서 짐승인 적그리스도가 우상을 만들어 모든 사람에게 경배하게 하고 그 이름의 수인 666을 그 이마에나 오른 손목에 받게 할 때 굴복하지 않고 이긴 사람들이다. "이기고 벗어났다"는 것은 그들이 죽음으로서 순교를 당한 것을 가리킨다. 이것은 하나님께서 보실 때 승리한 것이다. "벗어났다"는 것과 그들이 죽임당했는데 하늘의 유리 바다 가에 서 있다는 것은 그들이 휴거되었음을 의미한다. 이들은 대환난 가운데 순교자들이다. 이들에게 교회라는 단어가 사용되지 않았다고 해서 교회가 아니라고 할 수 없다. 교회 가운데 특별한 무리들인 순교자들이기 때문에 '따로' 교회라는 단어를 쓰지 않지만, 교회 가운데 짐승과 우상과 그의 이름의 수를 이기고 순교한 후 휴거된 이기는 자들이다.

## 6) 계시록 19장: 어린 양의 혼인 예식의 신부들

계시록 19:6~10은 어린 양의 혼인 예식에 참여하는 신부들을 보여준다. 7절은 "우리가 즐거워하고 크게 기뻐하며 그에게 영광을 돌리세 어린 양의 혼인 기약이(the marriage of the Lamb) 이르렀고 그의 아내가(his wife) 자신을 준비하였으므로"라고 말한다. 어린 양은 우리를 구속하신 예수 그리스도이시다. '그의 아내'는 교회 가운데 '빛나고 깨끗한 세마포 옷'을 준비하여 입은 자들로서 "성도들의 옳은 행실"을 갖고 섬긴 이기는 자들이다. 어린 양의 아내로 불리는 사람들이 교회가 아니면 누가 교회가 될 수 있는가? 이들은 '모든 교회'를 가리키지 않기 때문에 교회라는 단어를 쓰지 않았다. 왜냐하면 전시대 교회 가운데 "성도들의 옳은 행실들"로 섬긴 신자는 모두가 아니라 소수이기 때문이다. 따라서 이들은 "교회 중의 교회"라고 할 수 있다.

### 7) 계시록 19장: 하늘의 군대들

계시록 19:11~16은 백마를 타신 하나님의 말씀이신 그리스도와 희고 깨끗한 세마포 옷을 입고 백마를 타고 그리스도를 따르는 하늘의 군대들을 보여준다. 이들은 적그리스도의 군대와 대적하는 땅의 군대들과 싸우기 위한 전(全)시대의 이기는 자들이다. 하늘의 군대들이 '희고 깨끗한 세마포 옷'을 입은 것은 '빛나고 깨끗한 세마포 옷'을 입고 어린 양의 혼인 예식에 참여한 신부들과 동일한 '이기는 자들'이다. 동일한 자들이 다른 이름으로 불리는 이유가 있다. 19장 전반부는 어린 양의 혼인 예식으로 신랑이신 '그리스도에 대하여 신부'의 위치에 있기 때문이고, 19장 후반부는 땅의 군대들과 싸우는 '하늘의 군대'이기 때문이다. 어린 양의 신부와 하늘의 군대는 동전의 양면과 같다. 그리스도께서 보실 때 "순결하고 아름다운 신부"는 그리스도를 대적하는 자들에 대하여 순한 양이 아니라 그리스도가 '유다 지파의 사자(lion)'이듯이 용감하게 싸우는 '전사'이다. 구약의 제사장은 하나님에 대하여 섬기는 자들이지만, 요단강을 건널 때에도 제사장들이 앞장서서 건넜고, 여리고 성 싸움에서도 언약궤를 메고 가장 앞서 나갔다. 이것은 여호와를 섬기는 제사장들이 '원수'와의 싸움에서는 앞장서서 싸우는 전사들이라는 것을 가리킨다.

# 1. 요한계시록은 묵시문학이 아니다

계시록은 사람의 뜻으로 쓴 것이 아니라 계시에 의해서 쓰여졌다는 것을 말한다. 따라서 사도 요한은 보고 들은 것을 기록한 기자(記者)의 위치에 있다. 묵시문학은 하나님의 계시가 없이 자신의 생각과 의도를 갖고 기록한 책이다. 에녹 1,2,3서를 비롯한 14권의 외경과 위경이 있다. 계시록을 묵시문헌으로 간주하는 것은 진화론을 믿는 사람의 눈으로 창세기를 보는 것과 같다. 또한 계시록을 묵시문헌으로 간주하는 것은 계시록 1:1의 계시라는 것을 부인하는 것이다.

# 2. 계시록 1:7 구름타고 오시리라:
## not 승천 (무천년설, 이필찬) but 재림 (필자)

계시록 1:7의 문맥과 시제는 재림이라는 것을 나타낸다. 계시록 1:1 ~ 8은 계시록의 서론 부분이라는 것을 기억해야 한다. "구름 타고 오시리라"의 "엘코마이"를 승천으로 해석하고 역사적 현재용법이 적용되기 위해서 "구름타고 오시리라"와 함께 쓰인 부대 상황들이 "과거시제"여야 한다. 그러나 아래 표에 있는 것처럼 모두 '미래시제'이다. 이것은 문법적으로 '역사적 현재용법'이 아니라 '역사적 미래용법'이다. 따라서 "오시리라(엘코마이)"는 현재 시제이지만 미래를 의미한다. 대부분의 성도들이 계시록 1:7의 "구름 타고 오리라(현재 시제)"를 "구름 타고 오시리라(미래시제)"로 알고 있는 것은 계시록의 문맥과 문법상 자연스런 이해이다.

| | 주체 | 상 황 | 헬라어 | KJV | 시제 |
|---|---|---|---|---|---|
| 그리스도 | 그가 | 구름타고 오시리라 | ἔρχεται | comes | 현재형 |
| 부대 상황 | 각 사람 | 그를 보겠고 | ὄψεται | will see | 미래형 |
| | 그를 찌른자 | 볼 것이요 | ὄψεται | will see | 미래형 |
| | 모든 족속이 | 그로 말미암아 애곡하리니 | 'κόψονται | shall wail | 미래형 |

## 3. 계시록 1:19의 네가 본 것과 이제 있는 것들과 장차 일어날 일들

1:19은 계시록의 기본 구조를 보여준다. 무천년설은 계시록을 병렬식으로 해석하는데 계시록의 기본 구조를 심각하게 훼손한다. 성경의 문맥 구조는 본 장을 다시 참조하고, 병렬식 해석에 대한 것은 "Chapter 26. 계시록의 기본 구조"에서 다룰 것이다.

## 4. 일곱 별: not 일곱 천사(무천년설) but 일곱 사자(사자)

일곱 금 촛대는 일곱 교회라는데 이견이 없다. 그러나 일곱 별에 대한 견해는 이견이 있다.

'ἄγγελος'(앙겔로스)는 '사자, 천사, 보냄을 받은 자'라는 뜻이다. 이 단어가 쓰일 때 우리가 생각하는 '천사'로도 쓰이고, '사람으로서 보냄을 입은 자'로도 쓰인다. 전통적 관념은 피조된 천사로 간주한다. 구약에 "여호와의 사자"는 'ἄγγελος'(앙겔로스)로서, 여호와의 천사로 번역될 수 있고, 여호와께로부터 보냄을 입은 분으로서 '그리스도'를 가리킨다. 계시록 10장의 '힘센 다른 천사'도 '일반 천사'가 아니라, 그리스도를 가리킨다. 일곱 교회의 사자의 'ἄγγελος'(앙겔로스)는 "사람으로서 보냄을 입은 자"라는 뜻이다. 교회의 'ἄγγελος'(앙겔로스)이기 때문에 '천사'가 아니라 '사자'(사람으로서)이다. 무천년설은 일곱 별을 일곱 천사라고 해석한다. 즉 일곱 교회의 대표가 일곱 천사들이라고 주장한다. 천사는 교회를 대표할 수 없다. 천사는 하나님의 명령을 따라 상속자인 교회를 섬기라고 보냄을 입은 영들이기 때문에 교회의 대표가 될 수 없다.

|  | 무천년설 (비일, 이필찬) | 전천년설 (필자) |
|---|---|---|
| 일곱 별 | 일곱 천사이다 | 일곱 사자(사람)이다 |
|  | 일곱 교회를 대표<br>(천사가 교회를 대표할 수 있다) | 일곱 교회를 대표<br>(천사가 교회를 대표할 수 없다) |

## 5. Youtube "워킹바이블 요한계시록 연구소" 채널 참고 영상

#52 전에도 계셨고! 이제도 계시고! 장차 오실 이!

#181 하나님은 어떤 분이신가요? 나는 스스로 있는 자니라!

#215 예수님 재림 시! 신자들은 주님을 땅에서 맞이하는가?

#214 바울의 위대한 두 질문! 예수님의 계시!

## 6. Youtube "워킹바이블TV" 채널 참고 영상

### 1) 창세기의 창조 바로 알기

#05 지구 나이는 얼마인가? 진화론 45억 년 vs 창조론 6천 년! 성경과 과학은 서로 대립되는가?

#45 해, 달, 별, 식물, 동물의 창조!? 아무도 모르는 창조의 세부 사항! 창조(create, 바라)와 만듦(made, 아싸)

#98 창세기의 육대륙의 변화! 오늘날과 어떻게 다른가?

#153 창세기 이야기는 신화인가요? 성경은 신화를 표절한 건가요?!

#163 사람은 창조 때 무엇을 먹었는가? 육식인가? 채식인가?

#162 노아 홍수 이전 최장수 므두셀라 969세! 성경과 과학적 근거는?!

#171 창조 첫째 날 태양이 없었는데! 빛이 있을 수 있나요?

#172 창세기 1장과 2장의 창조 기록! 창조가 두 번 있었나요?

## 2) 하나님의 주권과 신대륙 발견

#01 신대륙 발견, 세계 역사의 제2막을 열다! 우연인가? 성경의 예언과 관계있는가?

#02 콜럼버스의 신대륙 발견! 야벳에 대한 노아의 예언적 축복! 어떤 관계가 있는가?

#03 국가의 흥망성쇠와 영토의 경계에 대한 하나님의 주권, 신대륙의 발견과 성경의
     대원칙과의 관계

*Revelation Inside*

# 본론부 2: 지금 있는 일들
## 계시록 2~3장

예수 그리스도께서는 "그러므로 네가 본 것과 지금 있는 일과 장차 될 일을 기록하라"(계1:19)고 말씀한다. 계시록을 이 순서에 따라 보여주셨고, 기록되었다. 첫 번째 본론인 1장은 '네가 본 것'에 대한 것이고, 2장과 3장까지는 '지금 있는 일들'에 해당한다. 2장과 3장에는 소아시아의 일곱 교회에 대한 것이다. '지금 있는 일들'(the things which are)이란 사도 요한의 당시 시대를 의미한다. 그 시대에 있었던 교회의 여러 가지 일들에 대한 것이기 때문에, 2~3장의 일곱 교회에 대한 기록은 그 당시 교회의 상황을 보여준다.

계시록 2~3장을 보면서 염두에 둬야 할 중요 사항이 있다. 일곱 교회에 대한 것이 계시록에 기록되었다는 것은 예언이며 계시라는 것이다. 다시 말하면, 그 당시 이후로부터 주님이 다시 오실 때까지의 모든 교회들의 모습을 보여준다. 혹시 이런 견해에 대하여 의문을 가질 수 있다. 따라서 일곱 교회가 어떤 특징을 갖고 있는지 QST할 필요가 있다.

사도 요한 당시 로마제국의 속주(프로빈키아, 영어로 province)는 이탈리아 바깥의 제국 영토 소유의 가장 큰 영토 및 행정단위로 각 지방은 총독으로 임명된 로마인에 의해 통치되었다. AD 68년 로마제국은 총 36개 속주(프로빈키아)로 나누어 통치했다. 소아시아로 불리는 지역은 오늘날 터키의 남동부를 차지하는 지역이다.

만일 소아시아라 불리는 지역에 일곱 교회가 있는 일곱 도시들만 있었다면, 그 당시의 교회에 대한 것이라고 생각할 수도 있다. 사도 요한 당시의 소아시아는 여러 속주들을 포함한 매우 큰 지역이었다. 우리의 이해를 돕기 위해서 일반적으로 알려진 대표적인 교회와 그 교회가 있는 도시를 들어보자. 사도 바울이 마게도니아의 첫 성인 빌립보에서 자주 장사 루디아가 사도 바울이 전한 복음을 듣고 영접함으로 루디아의 집에 빌립보 교회가 세워졌다. 바울의 서신서에도 빌립보 교회에 보내는 빌립보 도시가 있다. 고린도전후서를 고린도 교회에 보냈던 고린도 도시가 있다. 골로새 서신을 보낸 골로새 교회가 있는 골로새 도시가 있다. 사도행전에 언급된 도시들만 해도 많이 있다. 나면서부터 앉은뱅이였던 사람을 일어서게 한 루스드라, 다소, 앗달리야, 밀레도, 구브로섬의 바보, 바울의 고별 설교로 유명한 밀레도, 아드라뭇데노, 창문에 걸터앉아 말씀을 듣던 중 떨어져 죽었다가 바울에 의해 다시 살아난 유두고가 있었던 드로아도 있다.

소아시아에는 많은 도시가 있었고 그곳에 일곱 교회보다 많은 교회가 있었음에도 불구하고 일곱 교회만 언급되었다. 일곱 교회의 특징은 그들 모두 서로 다른 특징을 가진 교회였다. 만일 이것이 그 시대의 교회의 모습만 보여준다고 하면, 그 이후 시대의 교회와는 전혀 관계가 없게 된다.

또 하나의 예를 들면, 고린도전후서는 고린도 교회에 보내는 서신이라고 해서 고린도전후서가 오늘날의 교회와 상관이 없다고 생각하는 사람은 없다. 동일한 원칙이 계시록의 일곱 교회에도 적용된다. 계시록 1:3은 '이 예언의 말씀'이라 부르는 데, 이것은 2~3장을 포함하는 것이지, 2~3장만 제외하고 언급한 것이 아니다. 이런 여러 가지 사실들과 '계시록의 특성'을 고려할 때 몇 가지 중요한 원칙(doctrine)을 도출할 수 있다.

첫째, 일곱 교회는 소아시아의 교회에 있던 모든 교회가 아니다.

둘째, 일곱 교회는 소아시아의 많은 교회를 대표하는 교회이다. 즉 다른 많은 교회가 있을지라도 하나님의 관점에서는 일곱 교회가 대표한다.

셋째, 일곱 교회는 전 시대에 걸친 모든 교회의 유형을 보여주는 모델이다. '전(全)시대'에 많은 교회가 있을지라도 하나님의 관점에는 일곱 교회의 유형만이 있다.

넷째, 오늘날의 교회가 어떤 유형의 교회인지를 분별하는 바로미터 역할을 한다.

# Chapter 13 ·
# 에베소 교회 (2:1~7)

소아시아의 일곱 교회 중 첫 번째 언급한 교회가 에베소 교회로, 에베소(Ἐφέσῳ)라는 이름은 '바람직한, 흠모할만한'이라는 뜻을 갖고 있다. 에베소 교회에 대한 주님의 칭찬을 살펴본다면 그 이름에 걸맞는 교회였다.

## 1. 에베소의 정치, 사회, 종교적인 배경

소아시아의 일곱 교회 중 첫 번째 교회인 에베소 교회를 이해하기 위해서 에베소 교회가 위치한 에베소라는 도시의 정치 및 경제 사회적인 상황을 살펴볼 필요가 있다. 에베소는 역사적으로 BC 197년 시리아의 정복자 안티오쿠스 3세 때 그 지역의 수도가 되었고, BC 133년부터 로마제국에 편입되었다. 에베소는 일곱 교회가 있는 일곱 도시들 중 가장 크고 인구가 많고 상업이 발달하여 번성한 국제도시였다. 선교적인 측면에서 에베소의 영적인 상황 즉 종교적인 상황을 빼놓을 수 없다. 사도 바울의 전도 여행에도 나타나듯이 '아데미 신전'이 있었는데 아데미 여신(The Artemis of Ephesus)은 아나톨리아에서 가장 신성시했던 신으로, 로마와 메소포타미아와 아라비아에서도 광범위하게 섬기는 신이었다. 아데미 여신이 각 나라마다 불리는 이름도 다양했다. 아랍인들에게는 '라트'로, 이집트인은 '이시스'로, 그리스인은 사냥의 여신인 '아르테미스'로, 로마인은 '디아나'로 불렸던 것은 아데미 여신이 '땅과 다산을 상징'했기 때문이다. 에베소 사람들도 가슴에 유방이 스물네 개가 달린 풍요의 여신을 열정적으로 숭배했다.

에베소에는 AD 38년 하드리아누스 황제에게 바쳐진 '하드리아누스 신전'이 있다. 고린도 양식으로 현관 안쪽 정면의 박공 머리 위에는 메두사를 닮은 여성의 모습이 부조되어 있고 그 아래 왼쪽부터 아테나신, 셀레나신, 아폴로신, 에베소의 창시자 안드로클로스, 헤랄데스, 데오도시우스 황제의 아버지, 데오도시우스 황제, 에베소의 아르테미스신, 데오도시우스의 아내와 아들이 차례로 부조되었다. 아치문에는 행운의 여신 니케의 조각상이 있다. 에베소는 상업이 번성하고 그에 맞물려 여러 신들과 황제 숭배가 복합적으로 얽혀져 있던 도시였다.

## 2. 에베소 교회에 말씀하시는 그리스도

에베소 교회에 대한 말씀은 각 교회의 사자에게 편지할 것으로 시작한다. 계시록 2:1은 "에베소 교회의 사자에게 편지하라 오른손에 있는 일곱 별을 붙잡고 일곱 금 촛대 사이를 거니시는 이가 이르시되"라고 말씀한다. 그리고 그 교회에 말씀하시는 예수 그리스도가 어떤 분이신지를 보여준다. 이것은 단순히 예수 그리스도께서 어떤 분이신 것을 보여주는 것이 아니라, 에베소 교회의 영적인 상태를 암시하고 또한 그에 따라 주님이 어떤 분이신지를 보여준다. 따라서 에베소 교회를 '영적 MRA'로 진단하고 말씀하시는 분이 어떤 분이신지를 계시하며, 그에 따른 처방이 주님께 있다는 것을 가리킨다고 할 수 있다. 즉 말씀하시는 분과 각 교회의 상황은 동전의 양면과 같다.

예수님은 첫째 "그의 오른손에 일곱 별을 붙잡고 계시는 분"(he that holds the seven stars in his right hand)으로, 둘째 "일곱 금 촛대 사이를 거니시는 분"(who walks in the midst of the seven golden candlesticks)으로 계시된다. 이 말씀은 1장에서 '네가 본 것'에서와 동일하다. 즉 1:20에서 "네가 본 것은 내 오른손의 일곱 별의 비밀과 또 일곱 금 촛대라 일곱 별은 일곱 교회의 사자요 일곱 촛대는 일곱 교회니라"고 말씀하신 것과 동일하다. 주님은 일곱 교회의 사자(angel ; not 천사 but 교회를 인도하는 별 같이 빛나는 인도자)를 오른손으로 붙드시면서 모든 교회들을 돌보고 계시는 분으로 계시하셨다.

승천하신 그리스도는 한편으로 이 땅을 떠나 하늘에 계시지만, 다른 한편으로 멜기세덱의 반차를 따른 대제사장으로서 교회를 위해 중보하시며 변함없이 돌보고 계신다. 이것이 교회의 부요함과 영광이다. 주님이 이 세상에서 오직 그의 피로 사시고 자기 것으로 삼은 교회를 하늘에서도 변함없이 돌보시는데, 교회는 그리스도의 몸이며 그리스도는 교회의 머리이기 때문이다. 그분은 교회를 돌보시는 대제사장이시다.

## 3. 에베소 교회의 적극적인 면

### • 에베소 교회의 수신자

에베소 교회에 보내는 편지의 수신자인 "에베소 교회의 사자에게"는 원문에서 "Τῷ ἀγγέλῳ τῆς ἐν Ἐφέσῳ"(토 앙겔로 테스 엔 엡헤소)로서, 그레고리 K. 비일과 이필찬 박사가 주장하는 것과 같이 "에베소 교회의 천사(天使)"가 아니다. 무천년설은 교회의 대표를 '천사(天使)'로 간주하는데, 천사는 구속함을 받은 사람(아담)과 종류가 다르기 때문에 교회의 대표가 될 수 없다. 에베소 교회의 사자는 교회에 속한 사람으로서 하나님의 종을 가리킨다. '일곱 별'에 관한 것은 이미 "Chapter 11 일곱 별: 천사인가? 사자인가?, 일곱 별은 누구인가?"에서 논증했다.

### 1) 모든 것을 아시는 주님

#### (1) 오이다(Οἶδα)

주님은 각 교회에 말씀하시는 분이 어떤 분이신지를 계시하신 후에 각 교회의 적극적인 면을 언급하며 칭찬하신다. 각 교회마다 칭찬받을 것들 즉 적극적인 방면이 있다. 주님은 "내가 네 행위와 수고와 네 인내를 알고 또 악한 자들을 용납하지 아니한 것과 자칭 사도라 하되 아닌 자들을 시험하여 그의 거짓된 것을 네가 드러낸 것과 또 네가 참고 내 이름을 위하여 견디고 게으르지 아니한 것을 아노라"고 말씀하신다.

어떤 의미인가? 이런 의미로 새기면 생생할 것이다. "내가 네 행위를 내가 안다.(잘했구나. Well done) 내가 네 수고를 안다.(잘했구나. Well done) 내가 네 인내를 안다.(잘했구나. Well done) 네가 악한 자를 용납하지 않은 것을 내가 안다.(잘했구나.

Well done) 자칭 사도라 하는 거짓 사도들을 시험하여 그 거짓을 드러낸 것을 내가 안다.(잘했구나. Well done) 네가 참고 내 이름을 위하여 견디고 게으르지 아니한 것을 안다.(잘했구나. Well done)" 주님은 에베소 교회가 주님을 위해 행한 모든 것을 다 알고 계신다. '아신다'는 것은 '인정과 칭찬'을 의미한다.

### (2) 아홉 항목의 칭찬

칭찬하는 모든 적극적인 것들에 '내가 안다'라는 것을 넣은 것에 대하여 "성경에 '안다'는 것은 전반부의 '알고'와 마지막의 '아노니' 두 번인데, 그렇게 많이 사용해도 되는 것인가?"라는 의문을 가질 수 있다. "내가 안다"는 '알다, 인지하다'는 뜻의 'Οἶδα'(오이다)로서 'εἰδω'(에이도)의 '1인칭 완료형'이다. 적극적인 면을 칭찬하는 2~3절은 'Οἶδα'(오이다)가 이끄는 구문으로, 등위 접속사 'καὶ'(카이, and)가 '8회' 사용된 문장으로 '내가 안다'라는 것은 아홉 개의 적극적인 칭찬에 적용된다. 헬라어 원문에 있는 'καὶ'(카이)를 '있는 그대로' 넣어 2~3절 말씀을 새겨보자.

"내가 네 행위와(καὶ) 수고와(καὶ) 네 인내를 알고(καὶ) 또 악한 자들을 용납하지 아니한 것과(καὶ) 자칭 사도라 하되 아닌 자들을 시험하여(καὶ) 그의 거짓된 것을 네가 드러낸 것과(καὶ) 또 네가 참고(καὶ) 내 이름을 위하여 견디고(καὶ) 게으르지 아니한 것을 아노라."('καὶ'가 8회, 칭찬한 방면 9개)

주님은 에베소 교회의 적극적인 신앙의 방면들을 칭찬하시면서 "내가 안다"고 하셨고, 이것은 '인정과 칭찬의 의미'이기 때문에 그에 대하여 'καὶ'(카이)가 8회 사용됐고, 적극적인 칭찬이 9회 있다. 따라서 "안다"는 의미상 달란트 비유에서 착하고 충성된 종에게 칭찬한 것과 같이 "잘했다(Well done)"라는 칭찬을 아홉 번 하셨다는 것을 의미한다.

### (3) 팔복이 아닌 구복

예수 그리스도께서 이 땅에 계시면서 사역을 시작하실 때 산위에서 '산상수훈'이라 알려진 천국의 헌장을 선포하셨다. 산상수훈은 '복이 있나니'('Blessed')를 의미하는 'Μακάριοι'(마카리오이)로 시작한다. 중세 시대의 어거스틴 이후 오늘날까지 팔복(八福)이라고 부르는데, 이것은 구복(九福)이다. 왜냐하면, 'Μακάριοι'(마카리오이)가 아홉 번 사용되었기 때문이다. 굳이 헬라어 성경을 보지 않더라도 개역개정 성경을 봐도 "복이 있나니"가 아홉 번이고, 영역 성경을 봐도 "Blessed"가 아홉 번이라는 것을 알 수 있다. 팔복이라 불려졌던 시기가 로마 가톨릭 시대이기 때문에 그들의 관점에서 마지막 복을 제외시킨 것 같다. 구복에서 제외한 마지막 복은 마태복음 5:11 말씀으로 "나로 말미암아 너희를 욕하고 박해하고 거짓으로 너희를 거슬러 모든 악한 말을 할 때에는 너희에게 복이 있나니(Blessed are you)"인데, 이 중요한 복을 제외시키므로 구복에서 아홉 번째 복을 뺀 결과 팔복으로 만들었다.(이것은 해석이 아니라 '팩트'이다)

고린도전서 12장에 나타난 성령의 은사는 아홉 가지이고(고전 12:4~11), 갈라디아서 5장에 나타난 성령의 열매도 아홉 가지(갈 5:22~23)라는 것은 성경에 원칙(doctrine)이 있다는 것을 의미한다. '아홉에 대한 성경의 원칙'을 언급하는 이유가 있다. 바로 에베소 교회의 적극적인 신앙의 방면을 칭찬하셨는데, 그 수가 아홉 개의 항목이기 때문이다. 이런 관점에서 에베소 교회에 대한 아홉 개의 칭찬을 새기면 유익할 것이다.

## 2) 행위들이 있는 교회

종교개혁의 후예들의 자부심은 '이신칭의' 즉 "믿음으로 구원을 받는다"는 보화 같은 유산이 있기 때문이다. 이것은 로마 가톨릭의 "행위로 구원을 받는다"는 것과 대조된다. 그래서 종교개혁의 후예들은 '행위'(works)를 언급하면 알러지 반응을 일으키는 경우가 종종 있다. 권성수 목사(전 총신대 교수)가 우리나라 최초로 '천국 상급'에 대한 논문을 썼을 때의 일화이다. 그는 1980년 웨스트민스터 신학교에서 신약 석사와 성경 해석학으로 박사 학위를 받았다. 권성수 목사가 지도 교수인 필립 휴(Philip Hughes) 교수에게 천국 상급에 대하여 논문을 쓰겠다고 하니 즉시 이렇게 반문했다고 한다.

"자네, 로마 가톨릭 교인이 되고자 하는가?"

그의 책 '천국의 상급'의 서문에 소개된 글이다.(권성수, 천국의 상급, 횃불,

p.16~17) 이런 생각을 할 수 있다. "주님은 네 믿음을 안다고 하시지 않고, 왜 네 행위를 안다"고 하셨는가? 믿음이 중요하다는 것은 사람의 어떤 선한 행위로도 구원받을 수 없기 때문이다. 이것은 믿음의 기초이며 구원의 기초이다. 구원과 관련하여 믿음과 행위를 대비하여 보여 주는 보화 같은 에베소서 2:8~9을 보자.

> 너희는 그 은혜에 의하여 믿음으로 말미암아 구원을 받았으니 이것은 너희에게서 난 것이 아니요 하나님의 선물이라 행위에서 난 것이 아니니 이는 누구든지 자랑 하지 못하게 함이라(엡 2:8~9)

구원이란 무엇인가를 확실히 정의하는 구절이다. 구원은 '믿음으로 말미암아' 받는다. '믿음을 통하여'(through faith)라는 것도 구원의 유일한 통로, 유일한 방법이 믿음이기 때문이다. 이 믿음에는 뿌리가 있는데 '그 은혜를 인하여'(by grace)라는 구절이 그것이다. 영역은 "by grace"로 번역했는데 믿음의 근원이 은혜임을 가리킨다. 믿음으로 구원받고, 믿음이 내게 있기 때문에 '나의 믿음으로' 구원받았다고 착각할 수 있다. 그래서 성경은 '믿음은 너희에게서 난 것'이 아니라, "하나님의 선물이다"라고 말씀한다. 하나님의 선물인 믿음을 우리에게 주셨기 때문에 우리 안에 있고 그 믿음으로 구원받았다는 것이다. 그리고 사람이 구원의 요소로 선호하는, 믿음의 반대 요소인 "행위에서 난 것이 아니다"라고 말씀한다. 사람의 관점에서 구원의 방법은 '행위에 중심'을 둔다. 그러나 성경이 말하는 구원의 ABC는 '행위'(works)가 아니라 '오직 믿음'(faith)이다.

에베소 교회에 대한 첫 번째 칭찬은 '믿음이 아니라' '행위들'(works)이었다. 주님이 행위들을 칭찬하신 것은 그들이 믿음으로 구원받고, 구원받은 후 하나님의 말씀을 따라 살았다는 것을 가리킨다. 만일 믿음으로 구원받았는데 '믿음으로 산 행위들'이 없다면 어떻게 되겠는가? 성경에서 구원받은 후 믿음의 행위가 없는 유일한 사람이 있다. 그는 십자가 옆에서 구원받은 강도이다. 일평생 죄를 짓다가 처형을 당했다. 십자가에 달리신 주님의 말씀을 통해 죄가 없는 분이며 선지자들이 예언한 메시아이심을 믿었다. 그래서 처음에는 동료 강도와 함께 주님을 희롱했지만, 후에는 자신의 죄를 인정하고 동료를 꾸짖고, "주 예수여! 당신의 나라(kingdom)에 임하실 때 나를 기억하소서"(눅 23:42)라고 의탁했다. 주님은 "내가 네게 이르노니 오늘 네가 나와 함께 낙원에 있으리라"(눅 23:43)고 응답하셨다. 그는 분명 구원받았다. 전적인 하나님의 은혜이며, 믿음으로 구원받았다. 그런데 그는 구원받은 자로서 어떤 믿음의 행위가 없었다. 그가 살아온 인생이 죄악된 인생으로 하나님을 섬기고 따를 기회가 없었기 때문이다. 물론 이것은 누군가의 문제가 아니라 자신의 문제였다.

구원받은 사람이라면 반드시 구원받은 자로서 신자로서의 '믿음의 행위들'이 있어야 한다. 살아있는 씨앗을 심었다면 싹이 나고 잎이 나며 줄기가 나고 열매를 맺는 것과 같이 그리스도를 믿어 거듭난 신자라면 구원받은 증거들, 생활 가운데 믿음의 행위들이 있어야 한다. 에베소 교회는 믿음의 행위들이 있었고, 주님께서 "내가 네 행위들을 안다. 네 믿음으로 산 행위들을 안다"라고 칭찬하셨다.

### 3) 주님을 위해 수고한 교회

주님은 "내가 네 수고를 안다"라고 칭찬하셨다. 행위와 수고는 밀접한 관계이다. '수고'란 단어는 'κόπος'(코포스)로서 '힘에 지나는 수고, 노동, 고통, 벤 상처'라는 의미로, KJV은 'labour'로 번역했다. 동일한 'κόπος'(코포스)가 요한복음 4:38에 "내가 너희로 노력하지 아니한 것을 거두러 보내었노니 다른 사람들은 노력하였고 너희는 그들이 노력한 것에 참여하였느니라"고 말씀한다. '노력하다'라는 동사가 세 번이나 사용됐는데 'κοπιάω'(코피아오)로서 'κόπος'(코포스)의 동사형으로 '열심히 일하다, 힘써 일하다, 피로를 느끼다'라는 의미이다. 또 하나의 중요한 사례는 로마서 16:6의 "너희를 위하여 많이 수고한 마리아에게 문안하라"에도 나타난다. 여기의 '수고한'도 'κοπιάω'(코피아오)를 사용함으로 마리아의 수고가 '특별한 섬김'이었다는 것을 의미한다. "이런 성경의 용례로 볼 때 에베소 교회가 "네가 수고했다"라는 것은 단순한 섬김이 아니라 "힘에 지나도록 열심히 섬겼다"는 것을 의미한다.

사도행전 20:35에서 사도 바울은 어떻게 주님과 교회를 섬겼는지 증거한다. "범사에 여러분에게 모본을 보여준 바와 같이 수고하여 약한 사람들을 돕고"라고 말씀하는데, '수고하여'는 'κοπιάω'(코피아오, labouring)로서 에베소 교회가 '수고한 것'과 동일한 단어이다. 에베소 교회는 사도 바울이 '수고한 것'처럼 주님을 섬겼다. 신앙생활의 행위가 구원받은 자로서 마땅히 있는 것이라면, 수고는 더욱 마음을 다해 섬겼다는 것을 가리킨다.

누가복음 10장의 선한 사마리아 사람의 비유에서 선한 사마리아 사람으로 비유된 주님은 '강도 만난 자'(죄인)를 '주막 주인'(교회)에게 데려가서 두 데나리온을 주면서 돌봐줄 것을 부탁했다. 그리고 한 가지 첨언하여 "이 사람을 돌보아 주라 비용이 더 들면(whatsoever you spend more) 내가 돌아올 때에 갚으리라"(눅 10:35)고 말씀했다. 선한 사마리아 사람은 주막 주인이 강도 만난 자를 돌보는데 두 데나리온 이상 들 것을 기대했다. 주막 주인은 주어진 '두 데나리온'만으로도 강도 만난 자를 돌볼 수 있었다. 그러나 선한 사마리아 사람의 말대로 마음과 뜻과 정성을 다해 돌볼 경우 더 많은 비용을 지출할 수도 있다. 이것은 주님이 보실 때 '수고한 것'이다.

주막 주인에게 약속한 "내가 돌아올 때에"(when I come again)라는 것은 "볼지어다 그가 구름을 타고 오시리라"는 계시록 1:7의 메시지와 동일하다. 주님이 다시 오실 때, 재림 때에 갚으신다는 것이다. 에베소 교회가 주님을 섬기기 위해 수고한 것은 '두 데나리온'을 사용한 것뿐만 아니라, 더 많은 것을 드려서 섬겼다는 것을 의미한다. 주님을 섬기기 위해서 바쁜 시간을 쪼개 구별해서 드려야 하고, 누구든지 지출할 것이 많은 일상생활에서 십일조는 물론 더 많은 것을 드려야 하기도 하고, 자신의 몸을 산 제물로 드려야 한다. 에베소 교회는 그런 것에 부족함이 없었다. 오늘날에도 믿음의 행위들이 있고, 주님과 교회를 섬기기 위해 더 많이 수고하는 신실한 성도들이 있는 것은 감사한 일이다. "내가 네 수고한 것을 안다"는 말씀은 주님을 섬기는 성도들에게 큰 위로와 격려이다.

### 4) 인내가 있는 교회

주님은 에베소 교회에 대하여 "내가 네 인내를 안다"라고 하셨다. 행위 (works)와 수고는 내적인 믿음의 생활 가운데 나타난 외적인 것이다. 인내는 'ὑπομονή'(휘포모네)로서 '인내, 지속, 견딤'을 의미하는데, 외적인 것이 아니라 '내적'인 것이다. 성령의 아홉 가지 열매 가운데 인내가 있다. 갈라디아서 5:22~23

은 "오직 성령의 열매는 사랑과 희락과 화평과 오래 참음(long suffering)과 자비와 양선과 충성과 온유와 절제니 이같은 것을 금지할 법이 없느니라"고 말씀한다. 성령의 열매는 외적인 것이 없고 모두 내적인 것, 내적인 성품이라는 공통점이 있다. 물론 에베소 교회를 칭찬한 '인내'와 성령의 열매 중 하나인 '오래 참음'을 같은 것으로 간주할 수 없지만, 양자는 공통분모가 있다. 그러므로 인내는 성령의 열매인 오래 참음의 전 과정이라고 이해할 수 있다.

특별히 소아시아의 일곱 교회 가운데 빌라델비아 교회의 칭찬에 '인내'가 있다는 것은 주목할 필요가 있다. 계시록 3:10에서 "네가 나의 인내의 말씀(the word of my patience)을 지켰은즉 내가 또한 너를 지켜 시험의 때를 면하게 하리라"고 말씀한다. 주님의 말씀을 '인내의 말씀(the word of my patience)'이라고 부르신다. 이것은 주님의 말씀을 지키기 위해서 "우리의 인내가 필요하다"는 것을 가리킨다. 에베소 교회는 칭찬만 있고 책망이 없는 빌라델비아 교회가 가졌던 '인내'가 있었던 교회였다.

사도행전 20:19은 "곧 모든 겸손과 눈물이며 유대인의 간계로 말미암아 당한 시험을 참고 주를 섬긴 것과"라고 말한다. 사도 바울이 언급한 섬김의 덕목들은 모두 내적인 것들로서 '시험을 참고' 주를 섬길 때 필요한 것이다. 에베소 교회가 주님을 위해 수고할 수 있었던 것도 여러 가지 시험을 참고 인내했기 때문이다.

## 5) 악한 자들을 용납하지 않은 교회

에베소 교회는 '악한 자들을 용납지 않은 교회'였다. '악한 자'는 'κακος'(카코스)의 복수형인 'κακους'(카쿠스)로서 '악한 것들, 무가치한 것들', 'them which are evil'을 의미한다. 개역 개정은 '악한 자들'이라고 번역해서 사람들로만 한정했는데, 원래 의미는 '악한 자들'과 '악한 것들'을 가리킨다. 에베소 교회는 '악한 자들'과 '악한 것들, 악한 가르침'을 용납하지 않았다. 사람이기 때문에 다양한 얼굴을 하고 들어오는 악한 자들을 단호히 거부하는 것이 어려울 수 있다. 세상의 보편적인 사상과 생각 중에 하나님을 대적하고 교회를 해치는 사상들이 있는데, 그런 악한 사상과 생각을 용납하지 않는 것은 확신과 결단력이 없으면 안 된다. 주님을 섬기고 사랑한다고 하면서, 악한 것을 용납하는 것은 '혼돈'과 '어둠'이다. 에베소 교회는 교회의 순수성과 거룩성을 지키기 위해서 악한 자들이 어떤 사람이든, 악한 사상이 어떤 것이든 용납하지 않았다. 이 얼마나 귀한 신앙의 자세인가? 그래서 주님은 "네가 악한 자들과 악한 것들을 용납하지 않은 것을 내가 안다(well done)"라고 칭찬하셨다.

## 6) 자칭 사도라는 자의 거짓을 드러낸 교회

에베소 교회는 "자칭 사도라 하되 아닌 자들을 시험하여 그의 거짓된 것을 네가 드러낸"(2) 교회였다. 사도행전 20장은 사도 바울이 밀레도에서 사람을 보내 에베소 장로들을 청한 후 "내가 떠난 후에 사나운 이리(grievous wolves)가 여러분에게 들어와서 그 양 떼를 아끼지 아니하며 또한 여러분 중에서도 제자들을 끌어 자기를 따르게 하려고(your own selves) 어그러진 말을 하는 사람들이 일어날 줄을 내가 아노라"(행 20:29~30)고 경고했다. 이것은 당시 에베소 교회의 상황을 아는데 매우 중요하다.

사도 바울이 언급한 '사나운 이리'는 동물인 이리(wolves)가 아니라 악한 가르침을 말하는 '거짓 교사들'과 '거짓 사도들'을 가리킨다. '어그러진'이란 'διεστραμμένα'(디에스트람메나)로써 '왜곡하다, 잘못 해석하다, (도덕적으로) 부패하다, 벗어나다'라는 의미이다. 사나운 이리 같은 자들은 성경을 자의적으로 가르치며, 혹은 성경을 왜곡 해석하여 진리를 훼손하고 하나님의 은혜를 누려야 한다는 명분으로 도덕적으로 방종과 타락케 하여 교회의 거룩성을 해쳤다. 오늘날도 이런 '사나운 이리들'이 있다. 그들은 '예수님'을 따르는 것이 아니라 그 이름을 빙자해 '자기'를 따르게 한다.

사도 바울은 고린도후서 11:13~15는 "그런 사람들은 거짓 사도요 속이는 일꾼이니 자기를 그리스도의 사도로 가장하는 자들이니라 이것은 이상한 일이 아니니라 사탄도 자기를 광명의 천사로 가장하나니 그러므로 사탄의 일꾼들도 자기를 의의 일꾼으로 가장하는 것이 또한 대단한 일이 아니니라 그들의 마지막은 그 행위대로 되리라"(고후 11:13~15)고 말한다. 에베소 교회의 경우와 같이 자칭 사도라고 하는 거짓 사도들이 있었다.

세상에서 정교한 위조 달러가 유통되는 것 같이, 영적인 세계에서도 사탄의 일꾼들이 자신을 그리스도의 사도로 사칭하여 믿는 자들을 미혹한다. 에베소 교회는 그런 자들을 시험하여 그의 거짓된 것을 드러내는 교회였다. 세상으로부터 교회를 해치는 것은 그 정체를 쉽게 알 수 있다. 그러나 그리스도의 이름으로 오는 것은 교회 내적인 것으로 영적인 분별이 필요하다.

오늘 이 시대에는 스스로 선지자 노릇하며, 스스로 계시를 받았다고 주장하는 자들이 있다. "그 날과 그 시는 아무도 모른다"라고 했음에도 불구하고, 전에는 그랬지만 지금은 자신에게 계시하셔서 알 수 있다고 하면서 가르치는 자들이 있다. 어떤 자들은 복음에 대한 열정이 가득 차서 천국과 지옥을 보면 효과적으로 전도할 수 있겠다는 생각으로 기도했더니, 예수님께서 천국과 지옥을 수없이 보게 하셨다고 주장하는 자들도 있다. 심지어 예수님을 비롯한 아브라함과 다윗, 모세, 엘리야 등 믿음의 선진들을 직접 만나서 성경의 궁금한 모든 것을 물어서 안다고 주장하면서 신구약 성경을 재개편한 간증집이 난무하다. 많은 교회가 집회 강사로 초청하여 비성경적인 체험들을 듣고 그것이 믿음의 길인 것으로 착각하며 교회를 병들게 하고 있다. 아담과 하와 그리고 칼빈이 지옥에 있다는 간증을 듣고 그 거짓된 것을 깨닫는 교회는 얼마나 되겠는가?

에베소 교회는 자칭 사도라고 하는 자들을 시험해서 그 거짓된 것을 드러냈다. 오늘날 교회가 에베소 교회와 같은 영적 분별력이 있다고 말할 수 있는가? 우리는 에베소 교회에 대한 책망, "처음 사랑을 잃어버렸다"는 것 때문에 아홉 가지나 되는 신앙의 적극적인 방면에 대한 칭찬을 과소평가 하지 말아야 한다. 에베소 교회는 구원받은 신자로서 마땅한 신앙의 행위들과 주님을 위해 힘에 지나도록 더 많이 수고한 열매가 있었고, 영적인 분별력이 있는 교회였다.

## 7) 예수의 이름을 위해 참고 견디고 게으르지 않은 교회

에베소 교회는 "또 네가 참고 내 이름을 위하여 견디고 게으르지 아니한 것을 아노라"(3)는 칭찬을 받았다. 에베소 교회의 모든 섬김은 '내 이름을 위한 것' 즉 '예수 그리스도를 위한 것'이었다. 당연한 것 같지만 이것이 교회의 본질이다. 교회는 친목 단체나 세상의 공동체 정도가 아니다. 교회는 그리스도의 몸(body)이며 그리스도가 교회의 머리(head)이시다. 몸인 교회는 머리이신 그리스도를 위하여 있다. 그것이 '내 이름을 위하여'라는 구절의 의미이다. 교회는 그리스도의 증거이며 간증이다. 이것이 교회의 특권이며 권세이다. 오늘날 교회의 본질 '그리스도를 위하여' 교회가 있다는 것을 잊지 말아야 한다. 당시 황제 숭배와 아데미 여신의 숭배가 성행하던 시대에 에베소 교회는 '예수 그리스도의 이름을 위하여' 참고 견뎠다.

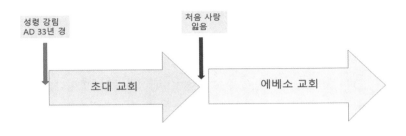

[ 계시록의 일곱 교회 - 초대교회와 에베소 교회 관계 ]

## 4. 주님의 책망

에베소 교회는 초대 교회의 신앙의 모든 덕목을 가진 교회였다. 그런데 단 하나 잃어버린 것은 '처음 사랑'이었다. 위의 도표에서 보듯이, 에베소 교회는 '처음 사랑'을 잃어버린 초대 교회이다. 교회의 첫 번째 문제는 내적인 것으로 '처음 사랑'을 잃어버린 것으로 나타났다. 일곱 교회는 그 당시 실존하는 교회였다. 더 많은 교회 가운데 일곱 교회만이 기록되고, 일곱 교회가 '각각 구별된다'는 것은 하나님의 관점에서 일곱 교회의 유형이 있음을 가리킨다. 에베소 교회는 역사적으로 초대 교회 다음에 나타난 교회라 할 수 있다.

### 1) 프로토스의 사랑

주님은 에베소 교회의 적극적인 아홉 가지 방면을 칭찬하셨다. 그런 후에 그들의 문제를 지적하시면서 책망하셨다. 주님은 얼마나 지혜로운 분이신지! 주님은 먼저 칭찬할 것을 조목조목 언급하신 후에 에베소 교회의 부족한 것을 지적하셨다. 어떤 것을 지적하셨는가? 주님은 "그러나 너를 책망할 것이 있나니 너의 처음 사랑을 버렸느니라"고 말씀하신다. 일곱 교회 중 첫 번째 교회인 에베소 교회의 첫 번째 문제는 '사랑의 문제'였다.

'처음'이라는 단어는 헬라어 'πρῶτος'(프로토스)로서 '최상의, (시간, 장소, 순서, 중요성에서) 첫 번째로'의 의미이다. 이 단어가 누가복음 15장에 쓰였는데, 삼위일체 하나님의 사랑을 나타내는 세 가지 유명한 비유에 있다. 탕자의 비유 가운데 22절에서 아버지가 종들에게 둘째 아들을 위해 "제일 좋은 옷(the best robe)을 내어다가 입히고 손에 가락지를 끼우고 발에 신을 신기라"고 말한다. '제일 좋은'은 헬라어 'πρῶτος'(프로토스)로서 '에베소 교회에 대하여 언급한 '처음 사랑'의 '처음'에 사용된 단어와 동일하다. 하나님의 관점에서 '처음 사랑'을 잃어버린 것은 '제일 좋은 사랑, 최상의 사랑을 잃어버린 것과 같다.

## 2) 떠났다

개역개정은 '사랑을 버렸다'로 번역되었는데, 원문은 'ἀφῆκες'(압헤케스)로 '보내다, 떠나다, 생략하다, 포기하다'의 뜻이다. KJV은 'have left'로, ESV는 'you have abandoned'로 번역했다. 그러므로 "처음 사랑에서 떠났다" 혹은 "처음 사랑을 포기했다"라는 의미가 적절하다. 왜냐하면, 사랑의 문제의 발단은 '적극적으로 버리는 것'으로 시작되지 않고, 처음 사랑을 다른 것에 '뺏김'으로 인해 '결과적으로 떠난다'라는 것을 의미하기 때문이다.

## 3) 신랑과 신부의 관계

에베소 교회에 대한 아홉 가지의 적극적인 칭찬이 있기 때문에 "처음 사랑에서 떠났다"는 것을 대수롭지 않게 여길 수 있다. 그런데 주님은 그렇게 생각하지 않으신다. 왜 주님은 우리가 볼 때 작은 것을 큰 것으로 여기는가? 주님과 교회의 관계가 '고용의 관계'나 '일의 관계'라면 크게 문제가 되지 않지만, '사랑의 관계'이기 때문이다. 사랑의 관계에서 '제일 좋은 사랑', '최상의 사랑'이 없으면 의미가 없다. 사도 바울은 그리스도와 교회의 관계를 잘 나타냈다. 고린도후서 11:1 이하는 이렇게 말씀한다.

> 원하건대 너희는 나의 좀 어리석은 것을 용납하라 청하건대 나를 용납하라 내가 하나님의 열심으로 너희를 위하여 열심을 내노니 내가 너희를 정결한 처녀로(as a chaste virgin) 한 남편(one husband)인 그리스도께 드리려고 중매함이로다(고후 11:1~2)

사도 바울은 교회를 '정결한 처녀'로 그리스도를 '한 남편'이라고 하면서, 자신을 '중매쟁이'로 비유했다. 교회는 그리스도를 장차 남편으로 맞아들이기 위해 정결한 처녀로 준비되어야 한다. 그렇게 될 때, 신랑이신 그리스도께서 주님을 '처음 사랑', '가장 좋은 사랑'으로 섬겼던 처녀인 교회를 어린양의 혼인식에서 신부로 맞이하게 된다. 그런 후 주님은 만왕의 왕으로 세상 왕국을 공의로 통치하시고 신부들은 왕 노릇 하게 될 것이다. '그리스도와 교회'의 관계는 '신랑과 신부'로 예표된 '사랑의 관계'이다. 그래서 주님은 에베소 교회에 많은 적극적인 칭찬이 있을지라도, 한 가지 '처음 사랑을 떠난 것'을 심각하게 여기시고 책망하신다. 사랑의 관계에서 사랑이 없는 것은 '사소한' 일이 아니라 '심각한' 일이다.

## 4) 저주란 무엇인가?

고린도전서 마지막 장, 마지막 메시지는 사랑에 대한 것이다. 고린도전서 16:22은 "만일 누구든지 주를 사랑하지 아니하면 저주를 받을지어다 우리 주여 오시옵소서"라고 말씀한다. 얼핏 보면 '저주'라는 단어가 들어가서 '저주의 메시지', '소극적인 메시지'로 오해할 수 있다. 이것은 성경도 오해하고 하나님의 선하심도 오해한 것이다. 사도 바울의 관점, 하나님의 관점에서 저주는 다른 어떤 것이 아니라, 주를 사랑하지 않는 것이다. 그런 이유는 무엇인가?

주님을 사랑하는 것이 풍성한 삶을 누리는 성도들의 최대의 축복이기 때문에, 주를 사랑하지 않는 것은 곧 저주를 받는 것과 같기 때문이다. 만일 "주님을 섬기지 않고, 죄를 짓고 주님을 대적하고 교회를 허무는 일을 하면 저주를 받을 것이다"라고 했다면 매우 소극적인 메세지로 고린도전서를 마치게 될 것이다. 그러나 성경은 성령의 감동으로 기록되었기 때문에 매우 영광스럽고 놀랍게 마친다. 성령님께서는 사도 바울을 통하여 주님을 사랑하는 것이 얼마나 큰 축복인가를 보이셨다. 주님을 사랑하지 않는 자는 저주를 받는다는 '부정의 부정'을 사용해서 주님을 사랑하는 자의 축복이 얼마나 큰지를 역설적으로 강조했다.

## 5. 회개와 심판의 경고

주님은 에베소 교회에 대하여 회개를 촉구하시고, 그렇지 않을 경우 심판을 경고하셨다. 5절은 "그러므로 어디서 떨어졌는지를 생각하고 회개하여 처음 행위를 가지라 만일 그리하지 아니하고 회개하지 아니하면 내가 네게 가서 네 촛대를 그 자리에서 옮기리라"고 말씀한다.

### 1) 소극적인 방면 : 회개하라

'회개하라'는 단어는 'μετανόησον'(메타노에손)으로 "마음을 바꾼다, 뉘우치다, 마음을 더 좋게 바꾼다"를 의미하는 'μετανοέω'(메타노에오)의 명령형 동사 부정과거 시제이다. 세례 요한과 주님이 이 땅에서 공생애를 시작할 때 "회개하라 천국이 가까웠다"(마 4:17)라는 메시지를 선포했다. 주님이 승천하신 후 에베소 교회에 대하여 '회개하라'고 말씀한다.

#### • 두 종류의 회개

회개에 대한 대표적인 잘못된 관념은 "말과 행동을 고쳐야 한다"는 생각이다. 'μετανοέω'(메타노에오)에는 그런 개념이 없고, '마음을 바꾸는 것' '생각을 바꾸는 것'을 의미한다. 구원받을 때의 회개가 필요하다. 자신의 죄를 인식하고 예수께서 자신의 죄를 대신 지시고 죽으셨음을 믿을 때, '죄 사함'과 '거듭남'의 구원이 선물로 주어진다. 구원받을 때의 회개는 '단 한 번', '단회적'이다.

예수님께서 베드로의 발을 씻기려 할 때 베드로와 승강이가 벌어졌다. 요한복음 13:8은 "베드로가 이르되 내 발을 절대로 씻지 못하시리이다 예수께서 대답하시되 내가 너를 씻어 주지 아니하면 네가 나와 상관이 없느니라"고 단호히 말씀하셨다. 베드로는 거부할 수 없게 되자 "주여 내 발뿐만 아니라 손과 머리를 씻어 주옵소서"(9)라고 요청했다. 주님은 "이미 목욕한 자는 발밖에 씻을 필요가 없느니라 온 몸이 깨끗하니라 너희가 깨끗하나 다는 아니다"(10)라고 말씀하시며, '발 씻음'과 '목욕'의 두 가지의 진리를 가르치셨다.

주님은 두 가지 씻음의 비유를 통해서 '두 종류의 회개'가 있음을 계시했다. 베드로가 '이미'(already) 목욕했기 때문에 다시 할 필요가 없다는 것은 '목욕의 단회성'을 의미한다. 이것은 '이전에' 주님을 믿을 때에 있었던 일이다. 회개와 믿음은 동전의 양면과 같다. 주님은 베드로가 더이상 목욕할 필요가 없다고 밝히시면서, "다는 아니다"라고 지적하시므로 제자 중에 '목욕하지 않은 자'가 있다는 것을 암시했는데 그는 예수님을 배반한 가룟 유다였다. 유다는 '목욕하지 않은 자' 즉 '회개하지 않는 자'였다. 가룟 유다는 죄에 대한 회개도 없었고, 주님을 구주로 믿은 적이 없었다. 구원받을 때 회개하고 예수 그리스도를 믿은 것은 '단회적'이다. 출생이 단회적인 것처럼, 영적 출생인 거듭남도 '단회적'이다.

에베소 교회에 대한 회개의 촉구를, 구원받을 때의 회개와 같은 것으로 오해할 소지가 있는데, 동일한 'μετανοέω'(메타노에오) 즉 '회개하다'는 단어가 사용됐기 때문이다. 에베소 교회라 불리는 것은 그들이 이미 구원받았다는 것을 전제하기 때문에 "또다시 회개하고 구원받아야 한다"는 것을 가리킨다고 생각할 수 있다. 따라서 양자의 차이를 분별해야 한다. 구원받기 이전에는 하나님을 떠난 죄인임을 인정하고 하나님께 돌이켜 생각을 바꾸는 것은 '단회적'이다. 그러나 교회에 대한 회개의 촉구는 하나님의 뜻을 따라 살지 못한 것에 대하여 그 잘못을 깨닫고 생각을 바꾸는 것을 의미한다. 구원받은 후의 회개는 구원받기 이전의 회개와 "생각을 바꾸고 하나님께 돌이킨다"는 공통점이 있지만, 그 본질적인 위치와 상황은 구별된다. 일곱 교회의 경우 거의 모두 회개할 것을 촉구한 것도 우리의 삶이 하나님의 뜻을 따라 살지 못한 것을 돌이키고 바꾸라는 것을 의미하기 때문이다. '회개하라'는 것이 행동까지 바꾸는 것이 아니라는 것은 '단어'의 의미에도 나타났고, 또한 주님의 말씀에도 확실히 나타난다. '회개하라'고 말씀하신 후 "처음 행위를 가지라"고 말씀하셨기 때문이다.

만일 '회개하라'가 행동까지 바꾸는 것을 포함한다면, 또다시 '처음 행위를 가지라'고 말씀하실 필요가 없다. 주님은 회개라는 단어의 의미를 알고 계실 뿐 아니라, 모든 자에게 합당한 말씀을 주시는 분이시다. 회개는 '생각을 바꾸는 것'이다. 자유 의지를 갖고 있는 사람이 변화되기 위해서 먼저 자신의 생각을 바꿔야 한다. 이것은 방향을 바꾸는 것과 같다. 그런 후에 '처음 행위를 갖는 것'이 요구된다. 생각을 바꾸지 않고 행동이 변화되는 사람은 아무도 없다. 이것이 회개의 참된 의미이다. 사람이 볼 때 회개는 아무것도 아닌 것 같다. 그러나 하나님은 이것을 귀히 여기신다. 에베소 교회는 자신들의 죄를 깨닫고 생각을 바꿔야 했다. 그 회개가 있을 때 비로소 삶을 바꾸는 행동이 올 수 있다.

주님께서는 에베소 교회에 "어디서 떨어졌는지 생각하라"고 하셨다. 첫사랑을 잃어버린 원인을 생각하라는 것이다. 예를 든다면, 생활의 염려로부터 시작될 수 있다. 사람은 떡(빵)이 없이 살아갈 수 없기 때문이다. 먹고 사는 문제에 사로잡혀 염려하는 인생을 살 때, 어느덧 마음은 둔해지고 하나님의 말씀도 멀어지는 것에서 자유로울 사람은 없다. 날마다 하나님의 은혜를 받지 못하면 소리 없이 밀려오는 조수와도 같이 우리들의 생활은 세상 것으로 채워진다. 어디서부터 떨어졌는지 생각해야 회개할 수 있다.

## 2) 적극적인 방면: 처음 행위를 가지라

회개한 후에 반드시 와야 할 것이 있는데, 처음 행위를 갖는 것이다. 처음 행위란 무엇을 가리키는가? 에베소 교회가 잃어버린 '첫사랑'을 가리킨다. 에베소 교회의 가장 큰 문제는 예수 그리스도에 대한 '첫사랑' '가장 좋은 사랑'을 회복하는 것이었다. 잃어버린 것을 되찾지 않고 어떻게 회복이 있을 수 있는가? 에베소 교회의 회복은 '첫사랑' '제일 좋은 사랑'을 되찾는 것이다. 이것이 '참된 부흥'이다. 부흥(revival)은 외적인 것이라기보다 내적인 것이다. 내적인 것이 없는 외적인 회복은 사상누각과 같다. 사람이 보기에 괜찮을지 몰라도 주님은 중심을 보시는 분, 마음을 감찰하시는 분이시다. 하나님 앞에서의 회개는 먼저 '내적'으로 생각을 바꾸고, 그런 후에 '외적인 생활'이 바뀌는 것이 인격적이고 정상적인 과정이다. 교회와 주님의 관계는 사랑의 관계이기 때문에 '사랑'이 없이 일하고 수고하고 섬기는 것은 부족한 것이다. 모든 신앙생활의 동기와 목적은 '사랑'이어야 한다. 그것도 '제일 좋은 사랑' '첫사랑' '프로토스의 사랑'이 요구된다. 주님은 요한의 아들 시몬에게 "네가 이 사람들보다 나를 더 사랑하느냐?"라고 물으신 것도 그 때문이다.

### 3) 심판의 경고

주님은 "만일 그리하지 아니하고 회개하지 아니하면 내가 네게 가서 네 촛대를 그 자리에서 옮기리라"고 경고하셨다. 회개(repentance)는 회복과 부흥(revival)의 첫 관문이고 최상의 기회인데, 만일 회개치 않는다면 주님의 심판이 있다. 물론 교회에 대한 심판은 "멸망이냐? 구원이냐?"라는 문제가 아니다. 흔히 "구원 탈락 즉 구원받은 자가 탈락하여 지옥에 간다"라는 주장을 듣게 되는데, 성경도 오해하고 하나님도 오해한 것이다. 구원의 원칙은 칼빈주의 5대 교리(Five point of Cavinism)로 알려진 **TULIP**(튤립, 5대 교리의 이니셜)에 잘 나타난다. 물론 이것은 성경의 모든 진리를 나타낸다기보다, 구원에 행위가 필요하다는 알미니안주의의 주장에 대한 변증적 성격을 띤 것으로 '구원의 성격'을 잘 나타낸다.

> 첫째, 전적 타락 (Total depravity)
>
> 둘째, 무조건적 선택 (Unconditional election)
>
> 셋째, 제한 속죄 (Limited atonement)
>
> 넷째, 불가항력적 은혜 (Irresistible grace)
>
> 다섯째, 성도의 견인 (Perseverance of the saints)

에베소 교회는 믿음으로 구원받아 하나님의 자녀가 되었고, 그리스도의 몸인 교회가 되었다. 만일 첫 사랑을 회복하여 처음 행위를 갖지 않게 될 때 "네 등대를 그 자리에서 옮기리라"고 경고한다. 교회는 어둠을 밝히는 일곱 금 등대로 상징되었다. 하나님의 관점에서 볼 때, 교회만이 어두운 세상에 밝은 빛을 비추어 구원의 길로 인도한다. 그런 이유로 주님은 교회를 금 등대로 계시하셨다.

교회의 사명과 축복은 어두운 세상에 '빛을 발하는 것'이다. 만일 촛대가 빛을 발하지 못한다면, 본질을 잃어버린 것이다. 독수리가 하늘을 나는 새 중의 새인 까닭은 비바람이 몰아쳐도 독수리는 강한 날개로 구름 위까지 날아 올라갈 수 있기 때문이다. 그런데 독수리가 강한 날개가 아니라 '병아리 날개' 같다면 독수리의 모양은 하고 있어도 독수리라고 말할 수 없다. 교회도 그와 같다. 교회의 본질은 금으로 만든 등대이다. '금'은 하나님의 녹슬지 않고 변하지 않는 신성을 의미한다.

교회는 땅에 있지만, 하나님의 본질인 금으로 되어 있고 보기 좋은 장식품이 아니라 어둠을 밝히는 금 촛대이다. 주님이 등대를 옮긴다는 것은 등대의 본질적인 사명인 빛을 내지 못할 것을 의미한다. 교회사를 돌아보면, 기독교가 국교가 되고 세상에서 권세와 재물과 명예를 얻어 높아지게 될 때 교회는 부흥했는가? 쇠락했는가? 물론 보는 관점에 따라 다를 것이다. 외적으로는 베드로 성당이 보여주듯이 웅장함과 화려함과 하늘 높이 올라간 고딕 양식의 성당 건축물은 교회가 부흥한 것으로 착시현상을 일으키기에 충분하다. 세상 역사에서도 중세시대를 '암흑시대'(The Dark Age)라고 부르는 이유가 전기가 없던 시대였기 때문이라고 생각하는 사람은 없을 것이다. 교회가 등대의 본질인 빛을 잃었기 때문이다. 1517년에 일어난 종교개혁은 '이신칭의', "오직 믿음으로 구원받는다"라는 것이었다. 중세 기독교, 로마 가톨릭은 구원의 도까지 잃어버렸다. 그 결과 세상의 권세와 명예와 재물을 얻었을지라도 '등대가 옮겨짐'으로 '빛을 잃은 것'이다. 주님의 경고는 매우 준엄하다.


## 6. 니골라당의 행위를 미워함

주님은 6절에서 "오직 네게 이것이 있으니 네가 니골라당의 행위를 미워하는도다 나도 이것을 미워하노라"고 칭찬하신다. 니골라당의 행위를 미워했고, 주님도 미워한다는 것은 니골라당의 행위가 '소극적'이고 '부정적'이기 때문이다. 에베소 교회는 주님이 미워하는 것을 미워했다. 이것이 주님이 기뻐하시는 일이다. 이것은 반대로 주님이 기뻐하고 좋아하는 것을 기뻐하는 것이 교회의 모습이다. 만일 주님이 미워하시는 것을 미워하지 않는다면 그것은 큰 문제이다. 더 나아가 주님이 미워하시는 것을 반대로 좋아하면 그것은 더욱 심각한 일이다.

계시록 2:15은 "이와 같이 네게도 니골라당의 교훈을 지키는 자들이 있도다"라고 말씀한다. 버가모 교회 안에 주님이 미워하는 니골라당의 가르침을 지키는 자들이 있었다. 에베소 교회는 니골라 당의 행위를 미워함으로 발붙이지 못하게 했는데, 그 이후 버가모 교회는 그것을 받아들이고 지키는 자가 생겼다. 이것은 교회의 '하락'(decline)이요 '타락'(corruption)이다. 주님이 미워하시는 것을 받아들이고 지키는 자들이 버가모 교회에 있었다.

'니골라당의 행위'는 원문에서 'τὰ ἔργα τῶν Νικολαϊτῶν'(타 에르가 톤 니콜라이톤)으로 'Νικολαΐτης'(니콜라이테스)는 어근이 'Νικόλαοσ'(니콜라오스)로서 'Νικο(니코)'와 'λαοσ(라오스)'의 합성어이다. 'Νικο(니코)'는 '정복하다(conquer), 다른 사람 위에 지배하다'라는 의미이다. 요한복음 3장에 공회원인 니고데모가 나오는데 니고데모의 '니고'는 'Νικο(니코)'로서 '정복하다'라는 뜻이다. 'λαοσ(라오스)는 '평범한 사람(laity), 일반인(layman)'을 의미한다. 따라서 "니골라당이란 일반인들, 평범한 사람들 위에 군림하고 정복하는 자들"을 의미한다.

교회사를 돌아보면, 니골라 당이 로마 가톨릭의 사제 계급이라는 것을 알 수 있다. 사제 계급은 "교황과 대주교와 주교 및 신부들"로 구성된 '사제 계급'에 속한 자들을 가리키고, 구약의 '제사장'의 위치에 있다는 것을 의미한다. 자연히 사제가 아닌 신자들은 '평신도'(평신도라는 것은 사제 계급의 산물)로 구별한다. 신자가 죄를 고백하는 것도 하나님께 직접 할 수 없다. 제사장직을 가진 신부에게 고해 성사를 해야 하고, 신부가 대신 죄를 사해준다. 이것이 사제 계급인 니골라당이다.

구약에는 레위인 제사장들이 백성을 대신하여 제물을 잡고 제사를 드렸다. 그런데 예수 그리스도의 십자가의 대속과 부활로 성취되어, 믿는 자들은 누구든지 예수 그리스도를 통해 은혜의 보좌 앞에 담대히 나가게 되었다. 니골라당은 구약 시대로 회귀하는 자들이라 할 수 있다. 이것은 십자가의 구속을 부인하는 악한 행위이다. 따라서 주님은 니골라당의 행위를 미워하신다. 에베소 교회는 주님이 미워하는 것을 미워했다. 그래서 에베소 교회가 니골라당의 행위를 미워한 것을 칭찬하셨다.

안식교라 불리는 제7일 안식일 예수 재림 교회가 있다. 그들을 안식교라고 부르는 이유도 안식일을 지켜야 구원받는다고 가르치기 때문이다. 그들은 안식교가 '남은 자손'이며 '참 교회'라고 주장한다. 로마 가톨릭은 배도했고 개신 교회는 성서의 진리로부터 떠났다고 말한다. 그 가운데 중요한 것이 안식일을 지키지 않고 일요일에 예배하는 것은 하나님의 계명이 아닌 인간의 계명을 따르는 거짓 예배이기 때문에 하나님이 받으실 수 없다고 주장한다. 안식교는 '안식일 준수'를 구원의 조건으로 단정한다. 니골라당의 행위가 구약으로 돌아가는 것처럼, 안식교가 구원의 조건으로 안식일 준수를 주장하고 예수 그리스도의 십자가의 대속을 부인한다. 예수 그리스도는 십자가와 부활로 율법을 완전케 하셨고, 그 결과 구약을 대표하는 안식일은 주일로 바뀌었다. 요한계시록을 쓴 요한에게 하늘이 열리고 계시를 받은 날도 주일 즉 '주의 날', '주의 첫날', '안식 후 첫날'이었다. 예수 그리스도는 안식일의 주인이시다.

## 7. 성령이 교회들에게 주시는 약속

7절은 "귀 있는 자는 성령이 교회들에게 하시는 말씀을 들을지어다 이기는 그에게는 내가 하나님의 낙원에 있는 생명나무의 열매를 주어 먹게 하리라"고 말씀한다.

### 1) 말씀하시는 분은 누구인가? 예수 그리스도와 성령님

7절에서 에베소 교회에게 말씀하시는 분은 누구신가? 성령님이시다. 1절에서 에베소 교회의 사자에게 말씀하신 분은 누구셨는가? 일곱 금 등대 사이에 거니시는 대제사장이신 예수 그리스도이다. 일곱 교회의 서신의 시작은 예수 그리스도이셨다. 그런데 마지막에 말씀하시는 분은 성령님이시다. 성경은 이런 것을 통해서 아들과 성령님의 관계를 자연스럽게 보여준다. 이것도 삼위일체 하나님에 대한 계시이다.

사도행전 16:6~7은 "성령이(the Holy Spirit) 아시아에서 말씀을 전하지 못하게 하시거늘 그들이 브루기아와 갈라디아 땅으로 다녀가 무시아 앞에 이르러 비두니아로 가고자 애쓰되 예수의 영이 허락하지 아니하셨다"라고 말씀하며 성령님과 예수님과의 관계를 보여준다. 아시아에서 말씀을 전하지 못하게 한 분은 '성령'(the Holy Ghost)이셨고, 비두니아로 가지 못하게 허락지 않은 분은 '예수의 영'이셨다. '예수의 영'은 'πνεῦμα Ἰησοῦ'(프뉴마 이에수)로 성령님이 예수의 영이심을 보여준다. 그러므로 오늘날 그리스도는 성령님으로 우리 안에 계신다. 주님이 이 땅에서 육신으로 계실 때는 '입'으로 말씀하셨고 사람들은 '귀'로 들었지만, 이제는 성령님이 우리 안에 계셔서 '내적'으로 말씀하신다.

### (1) 귀 있는 자

"귀 있는 자는 성령이 교회들에게 하는 말씀을 들으라"고 말씀하신다. '귀 있는 자'는 '육신의 귀'를 가리키지 않는다. 왜냐하면, 성령님은 영이시고, 우리 안에 내주하시기 때문에 육신의 귀에 말씀하시지 않기 때문이다. 따라서 '영적인 귀'를 가리킨다. 교회의 축복은 '들을 수 있는 귀', '영적인 귀'를 갖는 것이다. 왜냐하면, 성령께서 '내적으로' 말씀하시기 때문이다. 오늘날 우리는 객관적으로 모든 사람이 알 수 있는 '하나님의 말씀인 성경'이 있다. 성경 말씀을 잘 들음으로 듣고, 잘 읽으므로 들어야 한다. 그 가운데 성령이 '교회들'(복수)에게 하시는 말씀을 듣게 될 때, 참된 회복이 있고 부흥이 있다. 성령이 '교회들'(복수)에게 주시는 '들을 귀'가 없다면 아무 것도 깨달을 수 없다. 성령이 '교회들'(복수)에게 주시는 말씀을 들을 수 있는 '들을 귀'는 '물리적인 귀'가 아니라 '영적인 귀'를 의미한다.

### (2) 뚫린 귀

요한계시록의 일곱 교회마다 성령이 교회들에게 주시는 음성을 듣기 위해서 가져야 할 것이 있다. 그것은 '들을 귀'이다. 모세 오경인 출애굽기 21:5~6은 '뚫린 귀'에 대하여 말씀한다.

> 만일 종(the servant)이 분명히(plainly) 말하기를 내가 상전(my master)과 내 처자(my wife, and my children)를 사랑하니 나가서 자유인이 되지 않겠노라(will not go out free) 하면 상전이 그를 데리고 재판장(the judges)에게로 갈 것이요 또 그를 문이나 문설

주(the door post) 앞으로 데리고 가서 그것에다가 송곳으로 그의 귀(his ear)를 뚫을 것이라(his master shall bore his ear through with an awl) 그는 종신토록 (for ever) 그 상전을 섬기리라(shall serve)(출 21:5~6)

모세 오경의 '뚫린 귀'에 대한 규례조차도 예수 그리스도에 대한 증거이다. 종으로 예표된 예수님은 하나님을 사랑으로 섬기기 위해서 자유하실 것을 포기하신 분이시다. 그런데 그러기 위해서 반드시 문설주와 문에 가서 귀를 뚫어야 했고, '뚫린 귀'를 가져야 종신토록 하나님을 섬길 수 있었다. 하나님의 뜻을 행하기 위해서 반드시 뚫린 귀를 가져야 한다는 것을 강조한다. 이사야 50:4~5에도 '뚫린 귀'에 대한 말씀이 있다.

주 여호와께서 학자들의 혀를 내게 주사 나로 곤고한 자를 말로 어떻게 도와줄 줄을 알게 하시고 아침마다 깨우치시되 나의 귀를 깨우치사(wakens my ear) 학자들 같이 알아듣게 하시도다(to hear as the learned) 주 여호와께서 나의 귀(my ears)를 여셨으므로(The Lord GOD has opened my ear) 내가 거역하지도 아니하며 뒤로 물러가지도 아니하며(사 50:4~5)

하나님의 종으로 이 땅에 오신 주 예수님은 '학자의 혀'를 받으셨고 또한 '학자의 귀'와 같이 하나님의 말씀을 깨달아 알 수 있도록 '하나님께서 그 귀를 여셨다.' 주님이 하나님의 뜻을 따라 행하실 수 있었던 것은 '뚫린 귀'를 가졌기 때문이다.

이런 원칙은 교회도 적용된다. 뚫린 귀를 가지신 주님과 같이 성령이 교회들에게 하시는 말씀을 들을 수 있는 귀가 있게 될 때 하나님을 섬기는 축복을 누릴 수 있다. 흔히 '뚫린 귀'가 없어도 내가 열심히 섬기면 된다고 생각하는 경우가 있다. 그것은 우리의 생각이지 하나님의 생각은 아니다. 하나님의 생각은 사람의 생각과 다르고 심히 높다. 어느 누구도 '뚫린 귀'를 갖지 않고, 하나님을 섬길 수 있는 사람은 없다.

신약의 사울을 보라. 하나님에 대하여 얼마나 열심이 있었는가? 사울은 그 열심이 하나님을 대적하는 것임을 알지 못했다. 다메섹 도상에서 부활의 주님을 만나고 육신의 눈이 앞을 보지 못하게 될 그때, 비로소 '영의 눈'이 열렸다. 그가 대적했던 나사렛 예수가 하늘에 계셨다. "나는 네가 핍박하는 예수다"는 주님의 계시가 있은 후 그는 "주여 내가 무엇을 하리이까?"라고 즉시 물었다. "이전에는 내 생각대로 하나님의 뜻을 모르고 대적했습니다. 이제야 비로소 주님을 만났으니 저는 어떤 것도 제 스스로 할 수 없습니다. 이제부터 저는 주님이 말씀하시면 그대로 행하겠습니다"라는 의미이다. 사울은 비로소 뚫린 귀를 가졌다. '귀 있는 자'란 육신의 귀가 있는 자를 가리키는 것이 아니라, '뚫린 귀', '성령의 말씀하심'을 들을 수 있는 '영적인 귀'를 가리킨다. 교회(신자)의 축복은 들을 수 있는 귀, 뚫린 귀를 갖는 것이다.

### 2) 누구에게 말씀하시는가? not 에베소 교회 but 일곱 교회들

1절의 "에베소 교회의 사자에게 편지하라"는 말씀은 이 서신이 에베소 교회에 보내는 편지 즉 에베소 교회가 수신자라는 것을 가리킨다. 그런데 마지막 권면에서 모순처럼 보이는 구절을 발견하게 된다. 왜냐하면, "귀 있는 자는 성령이 교회들에게(the churches) 하시는 말씀을 들을지어다"라고 하시기 때문이다. 에베소 교회는 '한 교회'이기 때문에 '교회'는 단수형이어야 하는데 '복수형'이다. 이런 불일치에도 놀라운 메시지가 함의되어 있다.

헬라어 원문은 어떻게 기록됐는지 확인하자. 원문은 ἐκκλησίαις'(에클레시아스)로서 교회를 의미하는 ἐκκλησία(에클레시아)의 '복수형'으로 개역개정은 원문과 동일하다. 이런 관계는 에베소 교회뿐만 아니라 일곱 교회 '모두에게' 나타난다. 그러니까 2~3장에서 '일곱 번' 나타난다. 성경은 이런 결과를 통해서 성경의 원칙(doctrine)을 보여준다. 이것을 신학(theology)이라고 부른다.

에베소에 보내는 편지는 에베소 교회뿐만 아니라 '교회들' 즉 '일곱 교회들'에 모두 해당한다. 이 원칙을 일곱 교회에 적용해 보자. 에베소 교회의 문제는 첫사랑을 잃어버린 것이었다. 그런데 '첫사랑을 잃어버린 것'은 어느 교회만의 문제가 아니라, 모든 교회의 문제가 될 수 있다. 이것이 일곱 교회가 갖는 특별한 성격 즉 '예언성'이다. 당시 소아시아에 일곱 교회 외에 다른 교회들이 있었을지라도, 오직 일곱 교회만 기록된 것은 그 교회가 갖는 특성 때문이다. 하나님의 관점에서 모든 시대를 막론하고 많은 교회가 있을지라도 일곱 교회가 있다. 이것이 일곱 교회가 갖는 '예언적 특성'이다. 만일 이것을 간과하고 지나간 과거의 일로 생각한다면, 오늘날 우리에게 주어진 축복을 잃어버리게 된다.

### 3) 이기는 자는 누구인가? not 모든 성도들 but 회개한 자들

성령께서는 '이기는 자'를 언급하셨다. 어쩌면 우리들에게 생소한 호칭인지도 모른다. 통념적으로 이기는 자를 누구라고 생각하는가? 무천년설은 모든 성도들이 이기는 자라고 간주한다. 이것이 사실이라면 얼마나 좋겠는가? 이기는 자는 일곱 교회에 모두 언급된다. 따라서 이기는 자에 대한 성경의 원칙(doctrine)을 볼 수 있다. 먼저 무천년설의 주장을 살펴보자.

#### (1) 그레고리 K. 비일 견해

그레고리 K. 비일은 『NIGTC 요한계시록』(새물결플러스, p.402)에서 이기는 자들에 대하여 그의 견해를 말했다.

> 메시지를 받아들이는 사람들은 구원의 복을 상속한다는 약속을 받는다. '니카오', '이기다'라는 단어가 모든 편지의 결론의 약속에서 구원을 상속하는 조건으로 반복된다. 약속된 상속은 각 편지의 지향하는 요지이다."(그레고리 K. 비일, 『NIGTC 요한계시록』, 새물결플러스, p.401)

> 이기는 자들은 하나님의 구원의 임재의 복을 받을 것이다.(그레고리 K.비일, 『NIGTC 요한계시록』, 새물결플러스 p.402)

#### (2) 필자의 비평 및 견해

그레고리 K. 비일의 견해는 다소 아쉽다. 에베소 신자 가운데 이기는 자가 장래 구원의 복을 상속한다면, 이기지 못한 자 즉 회개하여 처음 사랑을 갖지 못한 신자는 구원의 복을 상속하지 못한다는 것을 의미하기 때문이다. 이런 생각은 자연스러움에도 불구하고 그에 대하여 언급이 없고, 모든 신자들이 이기는 자라고 해석했다. 비일의 관점을 깊이 QST한 결과 그 원인을 찾았다. 그것은 비일이 가진 무천년설의 한계이다. 알다시피 그레고리 K. 비일은 "초림부터 재림까지 죽은 성도들은 하늘에서 왕 노릇 하고, 이 땅의 교회는 세상에서 왕 노릇 하고, 주님의 재림 후엔 새 하늘과 새 땅 새 예루살렘이 시작된다"라는 관념을 가진 무천년설자이다. 그는 구원받은 모든 신자는 이기는 자라는 견해를 갖고 있다. 그것이 무천년설자들이 공유하는 뿌리인데, 이것은 성경과 어긋난다.

### (3) 이필찬 박사의 견해

이필찬 박사는 그가 쓴 요한계시록에서 이기는 자가 누구인가에 대하여 『요한계시록』(에스카톤, p.239)에서 다음과 같이 해석했다.

> 계시록 전체에서 그리스도는 십자가를 통해 이미 승리하신 분으로 나타나신다. 특별히 1장 7절이 보여주는 예수님의 승천은 그분의 승리를 공적으로 확증하는 사건이다. 이 승리를 통해 그분은 "죽은 자들의 처음 나신 이"가 되시고 '땅의 모든 왕들의 통치자'가 되셨다. 그리고 당연하게도 그리스도와 연합된 성도들은 이러한 승리에 동참한다. 그래서 4장 4절에서 교회 공동체를 상징하는 이십사 장로들은 머리에 면류관을 쓰고 보좌에 앉아 하나님의 통치에 참여한다.(이필찬, 『요한계시록』, 에스카톤, p.239)

### (4) 필자의 비평 및 견해

이필찬 박사는 예수님의 승천의 승리는 그와 연합된 성도가 이런 승리에 동참한다고 해석했기 때문에 모든 성도는 이기는 자라고 주장하는데, 이것은 성경과 불일치한다. 에베소 교회의 모든 성도는 그리스도와 연합된 자들이라는 것은 모두 아는 사실이다. 그런데 그가 한 가지 간과한 것이 있다. 만일 신자됨이 이기는 자들의 요건이라면, 왜 주님께서는 에베소 교회에 대하여 "이기는 자가 되라"고 하시고 "회개하여 처음 행위를 가지라"고 하셨겠는가? 이 박사가 이런 논리의 모순을 발견하지 못한 것은 아쉽다.

신자가 그리스도와 연합된 것은 구원받을 때에 있었던 일로 본질적인 것이다. 계시록에서 이기는 자가 되라는 것은 구원받은 후에 삶 가운데 주님과의 합당한 관계를 가져야 한다는 것을 가리킨다. 양자는 동일한 주제가 아니라, 서로 구별된다. 그는 이 구별성을 인식하지 못했기 때문에 양자를 동일시함으로 이기는 자의 특징을 간과했다. 이것은 사소한 오류가 아니다. 모두가 알다시피 이필찬 박사는 무천년설의 관점으로 성경을 보았고, 이십사 장로들을 교회의 대표로 해석했기 때문에 그런 결론을 가질 수밖에 없다. 이 박사와 그레고리 K. 비일이 지론으로 삼는 무천년설이 갖는 한계라고 할 수 있다. 대표적인 두 사례처럼, 무천년설의 관점은 모든 성도들이 이기는 자라고 간주한 것은 신자들을 기쁘게 할지는 몰라도 성경과 다르기 때문에 문제가 발생한다.

무천년설 관점으로 본 성경의 사례를 들어 보자. 마태복음 25장의 열 처녀 비유에서 슬기로운 다섯 처녀는 '신자'(교회)이고, 미련한 다섯 처녀는 '불신자'라고 가르친다. 믿는 신자들인 슬기로운 다섯 처녀가 모두 혼인 잔치에 들어간다는 것은 모든 신자들을 이기는 자로 간주하기 때문이다. 달란트 비유에서 다섯 달란트, 두 달란트 맡은 종은 '착하고 충성된 종'이라 인정받았고, 한 달란트 맡은 종은 '악하고 게으른 종'이라 책망받았다. 대다수의 교회가 무천년설의 영향을 받아 '착하고 충성된 종'은 '신자(교회)'를 가리키고, '악하고 게으른 종'은 '불신자'라고 가르친다. 신자와 불신자는 전혀 다르니 어떻게 보면 그렇게 보일 수 있다. 그러나 성경의 문맥(context)을 흑백논리로, 자의적으로 본 것이다. 이렇게 될 수밖에 없는 근본적인 원인은 무천년설은 모든 신자들을 이기는 자로 간주하고, 모두 죽은 후에 천국(하늘)으로 간다고 단정하기 때문이다.

만일 '이기는 자'가 모든 에베소 교회 성도들을 가리킨다면, 교회에 속한 모든 성도들은 이기는 자라고 할 수 있다. 그러나 이기는 자는 에베소 교회 가운데 '회개한 자들'을 가리킨다. 모든 신자들 가운데 '회개하고 처음 행위를 가진 자들'이 있고, 그렇지 않은 자들이 있다. 이기는 자는 '회개하고 처음 행위를 가진 자들'을 가리키지, 모든 신자들을 가리키지 않는다. 모든 신자가 이기는 자라는 사상은 무천년설 신학 사상으로, 잘못된 신학 위에 세워진 신앙관이다. 주님은 에베소 교회뿐만 아니라 모든 교회에 회개하고 처음 행위를 가짐으로 이기는 자가 될 것을 촉구하셨다. 주님의 촉구는 모든 신자들이 '자동으로'(automatic) 이기는 자가 되는 것이 아니라는 것을 가리킨다. 이필찬 박사의 주장처럼 에베소 교회의 모든 성도가 이미 그리스도와 연합되었기 때문에 이기는 자라면, 주님께서 구태여 이기는 자가 되라고 말씀하실 필요가 없다. 그런데 주님이 이기는 자가 되라고 말씀하신 것은 모든 신자가 '자동으로' 이기는 자가 되는 것이 아니기 때문이다.

## 4) 하나님의 낙원과 생명나무의 열매

주님은 "이기는 그에게는 내가 하나님의 낙원에 있는 생명나무의 열매를 주어 먹게 하리라"고 약속하신다. 에베소 교회가 이기는 자가 되는 길은 '프로토스의 사랑', '제일 좋은 사랑'을 다시 갖는 것이다. 만일 이기는 자가 된다면, 하나님의 낙원에 있는 생명나무 열매를 먹게 하신다고 약속한다. 에덴동산에 생명나무와 선악을 알게 하는 나무가 있었다.(창 2:9) 하나님은 아담이 생명나무를 먹고 생명을 얻기를 원하셨다. 아담(사람)은 하나님의 말씀을 불신앙하고 불순종함으로 선악을 알게 하는 나무 열매를 먹음으로 사망이 왕 노릇 하게 됐다. 아담의 타락으로 '그룹들'과 '불 칼'과 두루 도는 '화염 검'으로 생명나무로 가는 길이 차단되었다. 그리스도의 십자가의 죽음과 부활로 구속을 성취하심으로 그리스도를 통하여 생명으로 가는 길이 열리게 됐고, 풍성한 생명을 누리게 하신다. 주님은 이기는 자들에게 생명나무의 열매를 주실 것을 약속했다.

### • Not 'tree' But 'wood'

생명나무(the tree of life)는 개역개정과 킹제임스 버전과 우리의 생각에도 하나의 '나무'(tree)이다. 개역개정의 '나무'는 원문에서 'ξύλον'(크쉴론)으로 "(연료나 재료로서) 나무, 지팡이, 나뭇조각"을 의미한다. 따라서 '나무'(tree)가 아니라 'wood'(목재로서 나무)의 의미이다. 베드로전서 2:24에서도 십자가의 사건을 언급하면서 "친히 나무에 달려 그 몸으로 우리 죄를 담당하셨으니"라고 말하는데, 여기의 '나무'도 'ξύλον'(크쉴론)으로 '나무'(tree)가 아니라 'wood'(목재로서 나무)를 의미한다. '나무'(tree)와 'wood'(목재)는 비슷한 것 같지만 차이가 있다. '나무'(tree)는 가공되지 않은 원재료이고, 'wood'(목재)는 나무에 손질이 가해진 것이다. 성경은 십자가를 언급하는 '나무'는 '나무'(tree)가 아니다. 주님의 십자가는 '나무'(tree)가 아니라 'ξύλον'(크쉴론) 즉 'wood'(목재)라는 것은 구속의 역사가 하나님에 의해서 성취되었다는 것을 가리킨다. 즉 '크쉴론'은 "Made by God"이라는 구속의 의미를 함의한다. 그러므로 성경에 언급된 '나무'는 '그냥 나무'가 아니라 '십자가'를 의미한다는 것을 알 수 있다.

출애굽 후, 마라의 쓴 물로 인해 고통을 당할 때, 여호와께서 쓴 물에 던져넣으라는 것도 '나무'(tree)가 아니라 '나뭇가지' 즉 'wood'(목재)였다. 이것은 우리가 아는 대로 십자가를 예표한다. 생명나무도 'the tree of life'가 아니라 'the wood of life'(생명 목재인 나무)라는 의미이다. 이것은 생명나무가 '생명을 주는 십자가', '십자가라는 나무에 열리는 열매'라는 것을 암시한다.

생명나무(wood의 뜻)가 하나님의 낙원에 있다는 것은 하나님의 경륜의 완성으로, 십자가에 죽으시고 부활하신 그리스도께서 영원히 우리의 생명나무 열매가 되신다는 것을 보여준다. 구속함을 받은 교회는 영원토록 생명나무 열매로 하나님의 은혜를 누린다. 이것을 누리는 때는 언제인가? "내가 줄 것이다"는 구절은 '미래'를 가리킨다. "주다"라는 단어의 원문은 'δώσω'(도소)로서 "I will give"를 뜻하고, '미래 시제'이다. 계시록 22:2은 새 예루살렘을 언급하면서 "길 가운데로 흐르더라 강 좌우에 생명나무가 있어 열두 가지 열매를 맺되 달마다 그 열매를 맺고"라고 말씀한다. 여기의 '생명나무'의 '나무'도 'ξύλον'(크쉴론)으로 '나무'(tree)가 아니라 'wood'(목재)를 의미한다. 성경은 하나의 원칙을 통해서 새 하늘과 새 땅, 새 예루살렘에서 생명나무 열매를 영원히 누릴 것을 보여준다. 요한계시록은 주님의 재림으로부터 시작되는 천년왕국에서 에덴의 회복을 누릴 것과, 새 하늘과 새 땅 새 예루살렘에서 하나님의 창조의 경륜이 성취됨을 보여준다.

## 5) 하나님의 낙원

주님이 이기는 자들에게 약속한 생명나무는 하나님의 낙원 안에 있다. 따라서 "하나님의 낙원은 어디를 가리키는가?"를 QST해야 한다. 성경에서 낙원이 언급된 곳은 누가복음 23:43으로 "네가 오늘날 나와 함께 낙원에 있으리라(you will be with me in paradise)"고 말씀한다. 무천년설은 구원받은 강도가 약속받은 낙원을 하나님의 낙원으로 동일시하여 천국(하늘)으로 갔다고 간주하는데, 무천년설의 가장 큰 오류이다.

주님은 에베소의 이기는 자들에게 약속하신 생명나무의 열매가 '낙원'에 있다고 말하지 않고, '하나님의 낙원'에 있다고 말씀한다. '하나님의 낙원'은 하늘에 있다. 이기는 자들에게 하나님의 낙원에 있는 생명나무를 누릴 것을 약속하신 것은 천년왕국 안에서 누릴 것임을 의미한다. 에베소 교회는 모든 것이 좋았다. 그런데 단 한 가지 그리스도에 대한 첫사랑을 잃었다. 그래서 주님은 회개하고 '처음 행위'를 가질 것을 촉구하신다. 'πρῶτος(프로토스)의 사랑'은 '처음 사랑', '제일 좋은 사랑'이며, '최고의 사랑', '가장 뛰어난 사랑'이다. 이것은 에베소 교회뿐만 아니라 일곱 교회 즉 "모든 교회들"에게 하시는 성령님의 말씀이다.

# Chapter 14 ·
# 서머나 교회(2:8~11)

일곱 교회 중에 두 번째로 언급된 교회는 서머나 교회이다. 요한계시록의 일곱 교회는 사도 요한 당시에 있었던 교회들이다. 소아시아에 수많은 교회가 있었음에도 오직 일곱 교회의 사자에게 편지를 쓴 것은 일곱 교회가 예언적인 성격을 갖고 있기 때문이다. 서머나 교회는 고난과 박해를 받는 교회였다.

역사적으로 10대 로마 황제들의 핍박이 있었던 것처럼 서머나 교회는 고난받는 교회였다. 이것은 교회사의 흐름과 일치한다. 서머나는 헬라어로 'Σμύρνα'(스뮈르나)인데, 마태복음 2:11에서 동방박사들이 유대인의 왕으로 오신 예수님께 드린 '몰약'(myrrh)이 'Σμύρνα'(스뮈르나)이고, 요한복음 19:39에서 예수님을 장사하기 위해서 니고데모가 '몰약'(myrrh)과 침향 섞은 것을 가져왔는데 이것도 '서머나'와 동일한 'Σμύρνα'(스뮈르나)이다. 서머나(Σμύρνα)는 '몰약'이라는 의미이다. 몰약은 매우 귀한 향품으로 존귀한 사람의 장례품으로 사용했다. 동방박사들이 아기 예수님께 몰약을 드린 것도 하나님의 주권적 섭리로 '왕의 죽으심'을 의미하고, '유향'은 '부활'을 의미한다는 것은 널리 알려진 사실이다.

주님은 주권적으로 일곱 교회 중 두 번째 교회, '몰약'의 의미가 있는 서머나 교회를 통해서 박해받는 교회를 보이셨다. 성령 강림으로 초대 교회가 세워지고 일정한 기간이 지난 후 로마제국은 황제 숭배로 교회를 박해했다. 역사는 네로 황제의 재위 시절인 주후 63년부터 주후 313년 콘스탄티누스 대제가 기독교를 공인한 밀라노 칙령이 있기까지 약 250년 동안 로마 황제의 박해가 있었음을 기록한다. 사도 요한이 계시록을 기록할 때도 도미티안 황제(Domitian, AD 81~96)의 박해로 밧모라는 섬에 유배되었다.

요한계시록 INSIDE - 1~11장: 그가 왕 노릇 하시리로다

## 1. 서머나의 정치, 사회, 종교적인 배경

서머나는 현재 터키의 도시로서 '이즈미르'로 불린다. 서머나는 위대한 서사시 '일리아드'와 '오딧세이'로 유명한 위대한 시인 호모의 출생지로 알려졌다. 일곱 교회의 일곱 도시 중에서 에베소 다음으로 부유하고 번영한 항구 도시다. 일찍부터 유대인들이 정착하여 상권을 잡았고 로마 정부와 결탁하여 기독교인들을 박해하는데 앞장섰다. 서머나가 번영을 누린 이면에는 황제 숭배의 중심지로서 로마 황제와의 긴밀한 관계도 일조했다. 그 실례로 BC 23년 티베리우스(Tiberius) 황제를 위한 신전을 건축할 때, 10개의 경쟁 도시들을 물리치고 선택받은 것은 오랫 동안 로마와 긴밀한 관계를 유지하며 황제에게 충성했기 때문이다. 서머나 교회와 관련하여 서머나의 주교였던 폴리갑(Polycarpus, 80~165)의 순교를 다음과 같이 기록한다.

> 그가 순교할 때 군중들은 "무신론자를 죽여라, 폴리갑을 잡아라"(무신론자란 로마의 신들을 숭배하지 않는 자를 지칭함)라고 소리쳤고, 그를 구출하려는 시장은 그에게 예수 그리스도를 저주할 것을 요청했다. 폴리갑은 "86년간 나는 그리스도를 섬겼으나 한 번도 그리스도는 나를 버리지 않으셨다. 어찌 나를 구원한 그리스도를 욕할 수 있겠느냐?"라고 고백하며 결국 화형을 당했다.

## 2. 서머나 교회에 말씀하시는 그리스도

서머나 교회는 '몰약'이란 의미와 같이 고난과 핍박 가운데 있었다. 이것은 주님에 대하여 신실했다는 것을 의미한다. 만일 서머나 교회가 주님에 대하여 신실하지 않았다면 고난이나 핍박은 없었을 것이기 때문이다. 사도 요한이 예수 안에서 환난과 왕국과 참음에 동참했던 것처럼, 서머나 교회도 그러했다. 따라서 박해 받는 서머나 교회에게 주님이 어떤 분이시라는 것을 보이시는 것이 필요했다.

8절은 "서머나 교회의 사자에게 편지하라 처음이며 마지막이요 죽었다가 살아나신 이가 이르시되"라고 말씀한다. 세례 요한은 자기에게 세례받으시러 나오는 예수님을 향해 "세상 죄를 지고 가는 하나님의 어린양이라"고 불렀다. 만일 주님이 서머나 교회에 대하여 '하나님의 어린양'이신 주님이라고 했다면 어떠했겠는가? 고난과 핍박 가운데 있는 서머나 교회에게 힘이 되지 못했을 것이다. 왜 냐하면 서머나 교회의 상황과 관계 없기 때문이다. 고난과 환난의 결과는 죽임 당함이다. 그런데 '우리 죄를 구속하신 어린 양', '십자가에 죽으신 주님'은 그들의 상황에 적합하지 않다. 주님은 놀라운 지혜와 능력과 권세를 가지셨다. 주님은 다른 어떤 곳에서 계시하지 않은 "나는 처음이며 마지막이요 죽었다가 살아나신 이"로 계시했다. '처음'과 '마지막'이라는 것은 세상의 모든 것이 주님의 권세 아래 있다는 것을 의미한다. 주님이 '처음'이기 때문에 로마의 황제도 주님보다 앞설 수 없고, 주님이 '마지막'이 되기 때문에 주님 이후에 로마 황제도 누구도 존재할 수 없다.

시편 60:8은 다윗이 하나님의 능력에 대하여 "모압은 나의 목욕통(my wash pot)이라 에돔에는 나의 신발(my shoe)을 던지리라 블레셋아 나로 말미암아 외치라 하셨도다"라고 찬양했다. 다윗은 주님이 모압을 목욕통으로 삼고, 에돔을 신발 장으로 쓰실 수 있는 분이신 것을 깨달았다. 주님은 고난을 받는 신실한 서머나 교회로 인하여 '처음과 마지막'이신 주님을 계시하실 수 있으셨다. 그 결과 우리는 그런 영원하신 주님을 보게 된다. 이 계시는 서머나 교회가 박해 가운데 있을지라도 '처음과 마지막이신 주님'으로 인해 승리할 것을 암시한다.

또한 주님은 "죽었다가 살아나신 분"으로 계시했다. '죽었다가'라는 것은 '십자가의 죽음'을 의미하고, '살아났다'는 것은 '부활'을 의미한다. 인성 안에서 주님은 우리 죄를 대신 지시고 십자가에서 죽임을 당하셨다. 육신은 무덤에 묻히셨고, 그의 혼(soul)은 음부에 가셨다. 사도행전 2:31에서 베드로가 "미리 본 고로 그리스도의 부활을 말하되 그가 음부에 버림이 되지 않고 그의 육신이 썩음을 당하지 아니하시리라 하더니"라며 다윗의 예언이 부활로 성취되었음을 증거한다. 서머나 교회가 고난과 박해 가운데 있었던 것 같이, 주님도 고난의 종으로서 죽었던 분이셨다는 것은 서머나 교회에 큰 위로가 되었을 것이다. 그뿐만이 아니라 주님은 '죽음에서 살아나신 분'이심을 말씀하셨다. 이것은 서머나 교회에게 그들이 핍박 가운데 죽임을 당할지라도 '주님처럼 다시 살아날 것'이라는 암시였다. 이 얼마나 큰 위로와 격려인가! 주님은 고난과 핍박 받는 서머나 교회에게 '주님도 죽었다가 살아나신 분'과 로마 황제의 권세를 뛰어넘는 '처음과 마지막'이신 주님을 계시하셨다. 이것은 아마 이런 의미일 것이다.

> 고난받는 너희는(서머나 교회) 처음과 마지막이신 주님의 권세 아래 있다. 교회를 핍박하는 로마 황제도 처음과 마지막이신 주님의 권세 아래 있다. 하나님을 대적하는 마귀와 타락한 천사들도 처음과 마지막이신 주님의 권세 아래 있다. 세상의 모든 것은 다 처음과 마지막이신 주님의 권세 아래 있다. 너희는 내가 죽었다가 살아난 것과 같이 부활하여 천년왕국에서 왕 노릇 할 것이고, 대적하는 자들은 모두 준엄한 심판을 받을 것이다.

## 3. 주님의 인정과 칭찬

### • 서머나 교회의 수신자는 누구인가?

서머나 교회에 보내는 편지의 수신자인 "서머나 교회의 사자에게"(2:8)는 "τῷ ἀγγέλῳ τῆς ἐν Σμύρνη"(토 앙겔로 테스 엔 스뮈르네)인데, 그레고리 K. 비일과 이필찬 박사가 주장하는 것과 같이 "서머나 교회의 천사(天使)"가 아니다. 무천년설은 교회의 대표를 '천사(天使)'로 간주하는데, 천사는 구속함을 받은 사람(아담)과 종류가 다르기 때문에 교회의 대표가 될 수 없다. 서머나 교회의 사자는 구속함을 받은 사람으로서 하나님의 종을 가리킨다. '일곱 별'은 일곱 교회의 사자인지 천사인지에 관한 것은 이미 "Chapter 11 일곱 별: 천사인가? 사자인가?, 일곱 별은 누구인가?"에서 논증했다.

### 1) '오이다' Οἶδα(내가 안다) 모든 것을 아시는 주님

주님은 각 교회에 말씀하시는 분이 어떤 분이신지를 계시하신 후에 각 교회의 적극적인 면을 칭찬한다. 각 교회마다 칭찬받을 것들 즉 적극적인 방면이 있다. 주님은 서머나 교회에 대하여 "내가 네 환난과 궁핍을 알거니와 실상은 네가 부요한 자니라 자칭 유대인이라 하는 자들의 비방도 알거니와 실상은 유대인이 아니요 사탄의 회당이라"고 말씀한다. 두 번의 '안다'는 원문에서 '오이다'(Οἶδα)이다. 첫째, 나는 네가 당하는 환난과 궁핍을 알고 있다. 둘째, 자칭 유대인이라 하는 자들이 너희를 비방하는 것도 다 알고 있다.

## 2) 환난

서머나 교회가 당하는 상황은 '환난'이었다. "주님이 십자가와 부활로 사망과 음부의 권세를 이기시고 승천하셔서, 하나님 보좌 우편에 앉아 계시고, 하늘과 땅의 권세를 갖고 계시는데, 왜 우리가(서머나 교회) 환난을 당해야 하는가?"라는 의문을 가질 수 있다. 승천의 현장으로 가보자. 주님은 승천하시면서 예루살렘과 온 유대와 사마리아와 땅끝까지 '내 증인'이 되라고 하셨다. 예수의 죽음과 부활과 승천과 재림을 모든 피조물에게 전하라고 하셨다. 세상 사람들이 복음을 믿어 구원받기를 원하시기 때문이다. 이때는 은혜의 시대이다. 세상 사람이 그리스도를 욕하고 핍박하고 대적할지라도 주님이 참고 인내하시는 시기이다. 만일 그 죄를 따라 공의로 심판하신다면 모든 세상 사람들은 멸망하게 될 것이다. 세상의 대적과 주님의 참으시는 상황은 이 땅에서 교회가 고난을 피할 수 없다는 것을 암시한다.

사도 바울이 "제자들의 마음을 굳게 하여 이 믿음에 머물러 있으라 권하고 또 우리가 하나님의 나라(the kingdom of God)에 들어가려면 많은 환난을 겪어야 할 것이라(must through much tribulation)"(행 14:22)고 권면했다. 많은 환난을 겪는 것은 어떤 상황에만 있는 것이 아니라, '반드시'(must)라는 단어가 말하듯이 '원칙'이 있다는 것을 의미한다.

서머나 교회가 환난을 당하고 있다는 것은 그들이 교회의 길을 가고 있고 주님을 따르고 있다는 것을 의미한다. 만일 그들이 환난을 겪지 않기를 원한다면, 예수에 대한 증거를 버리고 세상과 친구가 되면 되기 때문이다. 마가복음 6:45에는 오병이어의 표적을 행하신 후에 예수께서 즉시 제자들을 재촉하사 자기가 무리를 보내는 동안에 배 타고 앞서 건너편 벳새다로 가게 하시고 무리를 작별하신 후에 기도하러 산으로 가셨다. 주님의 재촉에 순종하여 바다를 건너가던 제자들은 어떤 일을 당했는가? 48절은 "바람이 거스르므로(the wind was contrary unto them) 제자들이 힘겹게 노 젓는 것을 보시고(he saw them toiling in rowing) 밤 사경쯤에 바다 위로 걸어서 그들에게 오사 지나가려고 하시매 제자들이 그가 바다 위로 걸어 오심을 보고 유령인가 하여 소리 지르니"(48~49)라고 말한다.

성경을 QST하면 주님이 어떤 의도로 제자들을 바다 건너편으로 보내셨는지를 알 수 있다. 주님은 제자들과 같이 동행하지 않으시고 먼저 보냈다. 그리고 '따로' 기도하러 산으로 올라가셨다. 마치 주님이 승천하시고 가장 높은 곳, 하나님 보좌 우편에 앉으신 것을 연상케 한다. 히브리서와 계시록은 승천하신 주님이 교회를 돌보는 대제사장으로서 교회를 위하여 기도하고 계심을 보여주신다.

주님이 산으로 기도하러 가신 후에 제자들이 바람이 거스리므로(contrary) 고난을 당하듯이, 주님의 승천 후에 이 땅에 있는 교회가 고난 가운데 있는 것과 유사하다. 주님은 제자들이 고난을 당할 때에 바다 위를 걸어 오셨듯이, 서머나 교회에 대하여 네가 당하는 모든 것을 '안다'라고 하시면서, 주님이 처음과 마지막이시며 죽었다가 다시 살아나신 분이심을 말씀하신다. 서머나 교회가 환난을 당하는 것은 그들이 주님께 신실했기 때문이다. 서머나 교회가 당한 고난과 환난은 그들이 "예수의 환난과 왕국과 참음에 동참하는 자"라는 증거였다. 그들이 끝까지 신실하다면 계시록 2:10에서 약속하신 것처럼 생명의 면류관을 얻게 될 것이다. 그들은 첫 번째 부활에 참여하여 주님이 만왕의 왕으로 세상을 통치할 때에 천 년 동안 왕 노릇 하게 될 것이다.


## • 서머나와 겟세마네 동산

환난은 'θλίψις'(들립시스)로 '환난, 고통, 압박, 누름, 고뇌'의 의미이다. 환난이란 서머나 교회에 대한 '압박과 누름'이었다. 주님이 십자가로 가시기 위해 겟세마네 동산으로 기도하러 가셨다. 겟세마네는 '기름 짜는 곳'이란 의미이다. 그곳은 올리브 나무가 많이 있었고, 그 열매인 올리브를 짜는 곳이 있었기 때문에 붙여진 이름이다. 올리브 열매를 압착 틀에 넣어 으깨고 부셔뜨려야 기름이 흘러 나온다. 주님은 마치 겟세마네의 동산에서 올리브 열매에서 기름이 흘러나오도록 하기 위해서 자신을 깨뜨리고 부서뜨리며 십자가를 지기 위해서 기도하셨다. 주님 "아버지여 만일 아버지의 뜻이거든 이 잔을 내게서 옮기시옵소서 그러나 내 원대로 마시옵고 아버지의 원대로 되기를 원하나이다"(눅 22:42)라고 기도하셨다. 주님은 '아버지의 뜻'을 이루기 위해 '나의 원(my will)' 즉 '예수님의 뜻'을 내려놓았다. 사람이 자신의 뜻을 포기한다는 것은 쉬운 일이 아니다. '나의 원(my will)'은 '혼'(soul)에 속한 것이다. 혼은 인격의 주체로서 '생각과 감정과 의지' 즉 '지정의'를 갖고 있다. 주님이 '나의 원(my will)'을 포기하셨다는 것은 '혼'(soul)이 깨어지고 부서졌다는 것을 의미한다. '아버지의 뜻'은 주님이 십자가에서 죽으시는 것이었다. 주님은 완전한 인성을 가지신 분으로서 '나의 원'(my will)을 갖고 계셨다. '아버지의 뜻'은 영의 생각이다. 영의 생각인 '아버지의 뜻'이 예수님에게서 흘러나오기 위해서 '나의 원(my will)' 즉 '예수님의 뜻'인 '혼'(soul)이 부셔져야 했다. 주님이 '자기(自己 혹은 自我)의 뜻'을 포기하고 아버지의 뜻(Father's will)을 따른 것은 예수님의 '혼'(soul)이 깨어지고 '영이신 아버지의 뜻'이 흘러나왔기 때문이다. 하나님은 주권적으로 겟세마네 동산의 주님의 기도를 통해서 '보이지 않는'(invisible) 영적 실제를 그림과 같이 보여준다. 여기서 우리는 기도란 무엇인가를 보게 된다. 기도란 무엇인가?

> 기도란 나의 원, 나의 뜻 등 다른 어떤 것을 구하는 것이 아니다. 나의 뜻을 내려놓고 아버지의 뜻을 붙잡는 것이다. 그러기 위해서 올리브 열매가 으깨져서 기름이 흘러나듯이, 우리의 생각과 감정과 의지가 부서지고 으깨져야 영이 흘러나온다. 기도는 나의 생각을 깨뜨리고 포기하는 것이다. 그런 후에 영이 흘러나오게 되고 하나님의 뜻을 이루게 된다.

서머나 교회는 예수의 증거를 굳게 붙들었기 때문에 환난 가운데 있었다. 이것은 한편으로 소극적인 것이지만, 또 다른 방면은 겟세마네 동산의 기도를 통해서 영이 흘러나왔듯이 서머나 교회에 영이 흘러나오도록 역사했다. 또 다른 방면으로 서머나 교회가 당하는 환난은 그들 안에 있던 여러 가지 '영적인 불순물들'을 제거하는 풀무불과 같았고, 이것은 장차 주어질 영광과 족히 비교할 수 없다.

## 3) 궁핍

주님은 서머나 교회가 당하는 궁핍을 아셨다. '궁핍'이란 물질적인 방면을 가리킨다. 사람이 살아가기 위해서 먹을 것과 입을 것이 필요하다. 마귀도 예수님을 시험할 때 "네가 하나님의 아들이거든 이 돌들로 떡 덩이(bread)가 되게 하라"(마 4:3)고 하며 먹을 것으로 시험했다. 환난의 기본적인 방면은 '물질적'인 가난이다. 예수의 증인으로 살 때 이 세상에서 환난을 당하고 그것은 가난의 문제로 직결된다. 그러나 주님은 그들에게 "실상은 네가 부요한 자다"(계 2:9b)라고 말씀한다. 여기의 '부요'는 '물질적인 부요'가 아니라 '영적인 부요함'을 가리킨다. 고난 받는 교회는 물질적으로 가난했다. 그러나 영적인 관점에서 부요했다. 얼마나 역설적인가! 만일 물질적으로 부요했는데, 영적으로 가난한 자였다면 어떻겠는가? 일곱 교회 가운데 라오디게아 교회가 그런 교회였다. 만일 우리들에게 서머나 교회와 라오디게아 교회 가운데 한 교회를 선택하라고 한다면, 어떤 교회를 선택할 것인가? 사람의 관점에서 부요한 교회를 택할 것인가? 아니면 주님의 관점에서 부요한 교회를 택할 것인가? 서머나 교회의 영적인 실상은 우리들에게 영적 도전을 준다. 오늘날 우리들이 외적인 것을 추구했는지, 주님의 관점에서 부요한 것을 추구했는지 돌아보게 한다.

## 4) 유대인들의 비방

주님은 "자칭 유대인이라 하는 자들의 비방도 알거니와 실상은 유대인이 아니요 사탄의 회당이라"(2:9c)고 말씀한다. 환난과 가난이 외적인 것이었다고 하면, 비방은 또 다른 종류의 고난이다. '비방'은 'βλασφημία'(블라슈페미아)로서 '중상, 비방, 악담'을 의미한다. 이 단어가 하나님에 대한 것일 때 '참람하다'라는 의미이지만, 서머나 교회에 대한 것이기 때문에 '말로 훼방하여 대적하는 것'을 가리킨다. 유대인들은 스스로를 '선민'이라고 믿으며, 예수 그리스도를 메시아로 믿는 그리스도인들을 이단자로 여겼기 때문에 서머나 교회를 비방했다.

훼방하는 말로서 비방과 중상은 사람의 인격과 명예와 관련있다. 유대인들은 서머나 교회의 명예를 심각하게 훼손하는 말들을 서슴치 않고 내어뱉었을 것이다. 사람의 명예는 윤리와 도덕과 관련 있기 때문에 한 마디 비방이 사람의 인격과 명예를 실추시킨다. 마태복음 5:11~12의 구복 가운데 아홉 번째 복은 서머나 교회에게 격려제이다.

> 나로 말미암아 너희를 욕하고 박해하고 거짓으로 너희를 거슬러 모든 악한 말을 할 때에는 너희에게 복이 있나니 기뻐하고 즐거워하라 하늘에서 너희의 상이 큼이라 너희 전에 있던 선지자들도 이같이 박해하였느니라(마 5:11~12)

### 5) 실상은 사탄의 회

주님은 "실상은 유대인이 아니요 사탄의 회당이라"고 말씀한다. 외적으로는 유대인이지만, 실상은 '사탄의 회당'이었다. 유대인들의 비방의 근원이 사탄(Satan)이라는 것이다. 영적인 싸움에서 원수가 누구인지를 아는 것은 매우 중요하다. 사도 바울은 에베소서 6:12에서 "우리의 씨름(wrestle)은 혈과 육(flesh and blood)을 상대하는 것이 아니요 통치자들과 권세들과 이 어둠의 세상 주관자들과 하늘에 있는 악의 영들을(spiritual wickedness in high places) 상대함이라"고 말씀한다.

유대인들이 서머나 교회를 핍박하고 비방하는 것은 배후에 사탄과 악한 영들이 있음을 가리킨다. 사탄에겐 사탄의 일꾼들이 있고 그들을 통해서 교회를 대적한다. 서머나 교회는 유대인들의 비방의 실체를 알고, 사람에 대하여 싸우지 않고 배후에 있는 하늘에 있는 악한 영들에 대한 것임을 깨달아야 했다. 주님이 이 땅에 오셨을 때에 사탄은 헤롯을 통해 구원자이신 예수님을 죽이려 했다. 동방박사들이 돌아 오지 않자 그 때를 기준으로 두 살 아래의 모든 남자 아이들을 살육하는 만행을 저질렀다. 이 또한 배후에 사탄의 역사가 있었다. 유대인의 실상은 사탄의 회였다.

### 6) 마귀가 옥에 던져 시험받게 함

주님은 10절에서 "마귀가 장차 너희 가운데에서 몇 사람을 옥에 던져 시험을 받게 하리니"라고 말씀한다. 유대인들은 사탄의 회라고 말씀하셨고, 장차 마귀가 옥에 던질 것을 말씀하신다. 이 둘의 근원은 같다. 계시록 12:9은 "큰 용이 내쫓기니 옛 뱀 곧 마귀라고도 하고 사탄이라고도 하며 온 천하를 꾀는 자라"고 말한다. 사탄에게 여러 가지 이름이 있다. 이렇게 계시하시는 이유는 그 이름에 따른 대적하는 방법이 다르기 때문이다. 사탄은 'Σατανᾶς'(사타나스)로서 '대적자, 고소자'라는 의미이고, 마귀는 'διάβολος'(디아볼로스)로서 '비방자, 거짓 비방자, 중상자'라는 의미이다. 사탄은 하나님을 대적하고, 마귀는 하나님 앞에서 참소하고, 사람들 앞에서 비방하고 훼방한다. 서머나 교회가 당하는 환난과 비방에는 자칭 유대인이지만 실상은 사탄의 회가 있고, 마귀는 장차 서머나 교회를 옥에 가둘 것이다. 유대인들이나 로마 황제는 모두 악한 자, 마귀의 도구였다. 마귀를 이 세상 임금이라고 부르는 것도 그 때문이다.

## 7) 십 일 동안: 로마 10대 황제들의 박해

주님은 "너희가 십 일 동안 환난을 받으리라"(2:10c)고 말씀한다. '십 일 동안'이란 어떤 기간을 가리키는가? 분명한 사실은 이것이 '문자적인' 십 일을 가리키지 않는다. 만일 그랬다면 하루, 이틀 그리고 열흘이 지나서 환난은 끝이 났을 것이기 때문이다. 따라서 '십 일 동안'이란 자연스럽게 '상징적인 의미'라는 것을 가리킨다.

성경에서 첫 번째 '10'(ten)은 창세기 24:55에 "리브가의 오라버니와 그의 어머니가 이르되 이 아이로 하여금 며칠 또는 열흘을 우리와 함께 머물게 하라 그 후에 그가 갈 것이니라"고 말한다. 리브가가 이삭의 신부로서 엘리에셀을 따라 떠나려 할 때, 열흘을 머물고 떠나라고 요청했다. 리브가의 부모들은 사랑하는 딸과 적어도 열흘을 보내야 한다고 생각했다.

성경의 두 번째 사례는 출애굽 후에 시내 산에서 이스라엘 백성들에게 준 '십 계명'이다. 여호와께서는 하나님의 백성들에게 일곱이나 아홉이 아닌 열 개의 계명을 주셨다. 다니엘과 세 친구는 왕이 지정한 왕의 음식과 포도주를 먹음으로 자신을 더럽히지 않기 위하여 "당신의 종들을 열흘 동안(ten days) 시험하여 채식을 주어 먹게 하고 물을 주어 마시게 한 후에"(단 1:12)라고 요청했다.

성경에 나오는 '열흘'의 공통 분모가 있다. 리브가의 부모가 딸을 출가시키기 전에 함께 하는 충분한 시간이고, 십계명도 모자라지도 않고 많지도 않은 충분한 계명이며, 다니엘이 요청한 열흘은 그들의 상태를 알 수 있는 충분한 기간이었다. 물론 이 경우 모두 '문자적인 열흘'이다. 서머나 교회가 고난 당할 '열흘'은 '문자적인 열흘'이 아니라 '상징적인 기간'으로 성경이 말하는 바와 같이 '충분한 고난의 기간'이라는 것을 의미한다.

서머나 교회가 고난을 받은지 약 2,000년이 지난 오늘은 역사를 한 눈에 볼 수 있다. 역사적으로 로마 황제들의 박해는 네로 황제(Nero, AD 54~68년)로부터 시작된다. 네로는 초기에는 세나카의 영향으로 정치를 그런대로 잘했는데 점차 자기 자신을 높이려는 마음과 향락에 빠져 백성들의 혐오를 받았으며, 그를 좋아하던 시인들과 예술가들의 증오를 샀다. 네로의 과대망상적 광기는 그의 모친인 아그리피나를 암살했고, 아내인 옥타비아(Octavia)와 형제 브리타니쿠스(Tiberius Claudius Caesar Britannicus)까지 의심하여 죽이고, 그밖에 여러 친척들도 죽였다.

64년 7월 18일에 로마시에 대화재가 발생했고 수도의 거의 대부분의 건물들이 6일 동안 밤낮으로 걷잡을 수 없이 타올랐다. 사람들은 네로가 황금 저택을 지을 대지를 개간하고 로마시보다 더 크고 호화로운 도성을 짓고 싶은 욕망에 방화했다고 믿었다. 로마시가 화염에 싸여 있을 때, 네로는 팔라타인(Palataine)의 높은 탑 위에서 배우의 옷차림을 하고 수금을 타면서 트로이의 멸망을 노래했다는 것은 잘 알려진 사실이다. 네로 황제가 화재를 계획했다는 소문이 나돌기 시작하자 네로는 자신의 안전에 위험을 느꼈고, 민심을 달래기 위해서 금품을 살포하고, 로마의 신들에게 희생 제사를 드렸어도 아무 효과가 없게 되자 책임을 전가 시킬 희생양이 필요했다. 네로는 기독교인들을 선택했는데, 그리스도인들은 고대 로마 신들과 황제 숭배를 거절하여 이미 경멸과 비난을 받고 있었고 힘이 없었기 때문에 희생물로 삼기에 가장 적합했기 때문이다. 당시 많은 기독교인들이 맹견이나 사자의 밥이 되거나 짐승의 털가죽을 입혀서 개에게 물려 죽게 했고, 짐승들에게 찢겨 죽게도 했다. 때로는 십자가에 매달아 처형하거나 또는 화형에 처했다. 심지어는 자신의 정원에 나무를 세워 그들을 묶어놓은 후 기름을 발라 화형에 처하면서 인간 횃불로 삼아 정원을 밝게 하고 연회를 즐겼다고 한다. 그리스도인들은 이제 그리스도인이라는 사실 하나 때문에 최초로 국가적인 박해를 받게 되었다. 네로 황제로부터 시작된 로마 황제들의 핍박과 재위 기간을 살펴보자.

| 로마 황제 | 기간 | 박해의 유형 | 순교자들 |
|---|---|---|---|
| 1. 네로 황제 | AD 54~68년 | 로마시 대화재 전가, 맹수의 먹이, 인간 횃불 | 바울, 베드로 |
| 2. 도미티안 | AD 81~96년 | 황제 숭배 | 로마의 클레멘트 사도 요한 유배 |
| 3. 트라야누스 | AD 97~117년 | 비애국적 집단규정 발견 즉시 처형 | 이그나티우스, 루프스 시므온, 조시므스 |
| 4. 하드리아누스 | AD 117~138년 | 그리스도를 전하면 처형함 | 텔레스포루스 |
| 5. 마르쿠스 아울렐리우스 | AD 161~180년 | 자연재해의 장본인 규정 | 순교자 저스틴 포티누스 블란디나 |
| 6. 셉티무스세베루스 | AD 202~211년 | 기독교로 개종을 법률로 금지함 | 레오니다스 이레니우스 페르페투아 |
| 7. 트라키아의 막시미누스 | AD 235~236년 | 성직자 처형 | 우르술라 히폴리투스 |
| 8. 데키우스 | AD 249~251년 | 황제 숭배 기독교 박멸 | 파비아누스 예루살렘의 알렉산더 |
| 9. 발레리아누스 | AD 257~260년 | 전 재산 몰수 공민권 박탈 | 오리겐, 씨프리아 식스투스 2세 |
| 10. 디오클레티아누스 | AD 285~312년 | 교회 박멸 성경 불태움 로마 신 숭배 | 마우리티우스 알바누스 |
| 11. 콘스탄티누스 황제 | AD 312~324년 | AD 313년 기독교 공인 | 황제의 개종 |

네로 황제(Nero, AD 54~68년)로부터 시작된 교회 박해는 콘스탄티누스 대제가 AD 313년 밀라노 칙령을 공포해서 기독교를 공인함으로 끝이 난다. 기독교를 박해한 황제가 10명이기 때문에 "로마 10대 황제의 핍박"이라고 불린다. 여기서

주님께서는 서머나 교회에게 왜 '열흘 동안' 시험을 받으리라고 하셨는지를 보게된다. 역사의 기록을 통해서 '십 일 간의 시험'이 '로마의 10명의 황제들의 핍박'이라는 것을 알게 된다. 주님은 얼마나 지혜롭고 놀라우신 분이신가! 약 250년간의 긴 핍박이었지만, 그것은 끝이 있다. 서머나 교회는 십 일 간의 시험을 극복하고 승리했다.

## 8) 서머나 교회의 예언성

에베소 교회에 이어 언급된 교회는 서머나 교회이다. 에베소 교회가 초대 교회에 이어 나타난 교회였듯이, 서머나 교회는 에베소 교회에 이어 나타난 교회이다. 초대 교회 이후 첫 번째 문제는 내적인 것으로 에베소 교회가 '처음 사랑'을 잃어버린 것이었다. 그 이후 세상의 핍박이 로마제국의 황제들을 통하여 일어났다. 일곱 교회는 그 당시 실존하는 교회였다. 더 많은 교회 가운데 일곱 교회만이 기록되고, 일곱 교회가 '각각 구별된다'는 것은 하나님의 관점에서 일곱 교회의 유형이 있음을 가리킨다. 서머나 교회는 역사적으로 에베소 교회 다음에 나타난 교회이다. 주님은 주권적으로 로마 10대 황제들의 핍박을 '십 일'이라고 상징적으로 말씀하셨고 그 말씀은 그대로 성취되었다. 10대 황제들의 표에도 나타나듯이, AD 64년 네로 황제로부터 AD 311년 디오클레티아누스 황제까지 10명의 황제들이 교회를 핍박했다. 약 250년 동안 서머나 교회는 핍박을 받았고, 죽도록 신실했다. 그리고 승리했다. 일곱 교회에는 예언적 성격이 내포되어 있다.

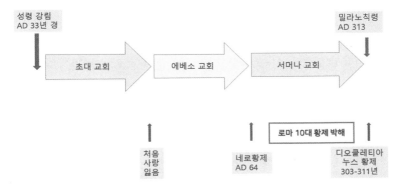

[ 계시록의 일곱 교회 - 에베소 교회와 서머나 교회 관계 ]

## 4. 주님의 격려와 생명의 면류관

주님은 "네가 죽도록 충성하라 그리하면 내가 생명의 관을 네게 주리라"(계 2:10)고 격려하셨다. 서머나 교회는 환난과 궁핍 가운데 있었고, 유대인들의 비방으로 인해 사면초가의 상황이었다. 주님은 값싼 위로를 하지 않으셨다. 오히려 "네가 죽도록 충성하라"고 하셨다. 이것은 서머나 교회가 달려갈 길이 '죽음'이라는 것을 의미한다. 주님만이 이런 종류의 요구를 하실 수 있다. 이 세상에서도 세상 것들을 위해 죽도록 충성하는 사람들이 있다. 그러나 주님의 요구는 세상의 요구와 본질적으로 다르다.

계시록 1장 서문에서 주님은 자신을 '충성된 증인'(the faithful witness)으로 계시하셨다. 서머나 교회에게 "죽도록 충성하라 그리하면 내가 생명의 면류관을 네게 주리라"(계 2:10)고 격려하셨다. '충성된'의 원문은 'πιστός'(피스토스)로서 '충성스런, 믿을만한, 신실한, 신뢰할 수 있는'이란 의미이다. 모든 사역자들과 성도들은 "주님의 충성된 종이 되고 싶다"는 열망을 갖는다. 그런데 어떤 때는 '충성된 것 같은 데', '신실하지 못한' 모순적인 경우가 드러날 때가 있다. 흔히 "꿩 잡는 게 매다", "모로 가도 서울만 가면 된다"라는 사상을 갖고 섬기는 경우들이 있다. '신실한'이라는 것은 '외적'인 것뿐만 아니라 '내적'인 것도 포함하고 있다. 'πιστός'(피스토스)는 외적으로 충성될 뿐만 아니라 '내적으로' '순수하고' '흠이 없는 것'을 의미한다. '신실한 자'는 영어로 'the faithful'이고, 신자들에게 '믿음'(faith)이 중요하다. 'πιστός'(피스토스)의 명사형인 '믿음'(faith)은 'πιστίς'(피스티스)이다. 따라서 믿음은 순수한 하나님의 말씀을 따르고, 성령님께 순종하는 것을 의미한다. 바로 '신실하신 분'(the faithful)이신 주님께서 서머나 교회에 대하여 '죽도록 신실하라'고 말씀하신 것은 "주님과 같이 되라"는 것을 의미한다. 주님도 하나님에 대하여 신실했기 때문에 십자가에 죽기까지 순종하시므로 승리한 것처럼, 서머나 교회에게도 주님 가신 길 즉 "죽도록 신실한 길"을 갈 것을 격려하신다. 주님은 신실한 자들이 따라야 할 모본이시다.

### ● 생명의 면류관

서머나 교회가 '죽도록 신실한 것'은 이기는 자가 되는 길이다. "네가 죽도록 충성하라 그리하면 내가 생명의 관을 네게 주리라"(계 2:10)는 구절의 '생명의 관'은 'τὸν στέφανον τῆς ζωῆς'(톤 스텝하논 테스 조에스)로서 'ζωή'(조에)는 '영원한 생명', 'στέφανος'(스테파노스)는 '면류관'을 의미한다. 따라서 '관'보다는 '면류관'이 적절한 번역이다. 면류관은 이기는 자에게 주시는 보상이다. 주님에 대하여 죽도록 신실하다면 서머나 교회는 순교하게 될 것이고, 약속하신 생명의 면류관을 받게 될 것이다.

성경의 모든 사례를 보면 'στέφανος'(스테파노스)' 즉 '면류관'은 구원받았기 때문에 주는 것이 아니라, 신자 가운데서 죽도록 신실한 자들에게 주시는 것이다. 계시록 3:11에서 빌라델비아 교회에게 "내가 속히 오리니 네가 가진 것을 굳게 잡아 아무도 네 면류관을 빼앗지 못하게 하라"고 격려하셨다. 고린도전서 9:25에서 "이기기를 다투는 자마다 모든 일에 절제하나니 그들은 썩을 승리자의 관(στέφανος, 면류관)을 얻고자 하되 우리는 썩지 아니할 것(στέφανος, 면류관)을 얻고자 하노라"고 말한다.

디모데후서 4:8에서 "이제 후로는 나를 위하여 의의 면류관(στέφανος, 면류관)이 예비되었으므로 주 곧 의로우신 재판장이 그 날에 내게 주실 것이며 내게만 아니라 주의 나타나심을 사모하는 모든 자에게도니라"고 말씀했고, 야고보서 1:12에서 "시험을 참는 자는 복이 있나니 이는 시련을 견디어 낸 자가 주께서 자기를 사랑하는 자들에게 약속하신 생명의 면류관(στέφανος, 면류관)을 얻을 것이기 때문이라"고 말씀한다. 베드로전서 5:3~4에서 "맡은 자들에게 주장하는 자세를 하지 말고 양 무리의 본이 되라 그리하면 목자장이 나타나실 때에 시들지 아니하는 영광의 관(στέφανος, 면류관)을 얻으리라"고 말한다. 모든 신자들 중에서 '이기는 자들'에게 면류관(στέφανος)을 주실 것을 약속했다. 이기는 자가 되는 것은 신실하게 되는 것이다. 이들은 모두 첫 번째 부활에 참여하여 그리스도의 신부로 천 년 동안 왕 노릇 할 것이다.

## 5. 이기는 자의 약속 : 둘째 사망의 해를 받지 않음

주님은 "귀 있는 자는 성령이 교회들에게 하시는 말씀을 들을지어다 이기는 자는 둘째 사망의 해를 받지 아니하리라"(2:11)고 약속하신다. 이 말씀은 역사적으로 '성경의 난제'에 속한다. 둘째 사망의 해를 받는다는 것이 '영원한 멸망' 즉 '지옥에 떨어진다'는 의미로 귀결되기 때문이다. 그러므로 피상적으로 생각하지 말고 QST할 필요가 있다.

첫째, 이 약속은 생명의 면류관을 주시겠다는 것의 다른 방면을 보여준다. 생명의 면류관을 주시는 것은 적극적인 방면이고, '둘째 사망의 해를 받지 않는 것'은 소극적인 방면으로 동전의 양면의 성격을 갖는다. 주님은 이 말씀을 하심으로 생명의 면류관을 받는 것이 어떤 것인지를 계시하셨다.

둘째, 생명의 면류관은 받는 자와 받지 못하는 자들로 구별된다. 면류관에 대한 전통적인 관념은 천국에서 면류관을 쓰는 자와 쓰지 못한 자가 있는데, "면류관을 받는 것은 좋지만 개털 모자라도 쓰면 된다"는 관념을 갖고 있는데 성경을 오해한 것이다. (필자 주: '개털 모자 이야기'는 성경에 면류관이 있으니까 신실하게 살지 못한 신자에게 반대급부로 하찮은 것이라도 주실 것이라는 생각으로 성경과 전혀 관계없다. 이런 관념의 기저에는 신자는 사후에 모두 하늘에 있는 천국에 간다는 관념이 만들어낸 사람의 작품이다)

셋째, 생명의 면류관은 이기는 자들에게 주시는 보상으로서 첫 번째 부활에 참여하여 그리스도의 신부로 천년왕국의 왕으로 들어간다는 의미이다. 그래서 성경은 신자들을 왕 같은 제사장이라 부른다. 이것은 자동적으로 되는 것이 아니라 신실한 믿음으로 주님의 말씀에 순종하며, 왕국의 통치 안에서 살고, 그리스도의 형상을 닮아가고, 주님을 따르는 제자로 따를 때 주어진다. 이와 반면에 생명의 면류관을 받지 못하는 신자는 천년왕국의 왕으로 들어가지 못하는 것은 자명하다.

넷째, 달란트 비유를 보자. 마태복음 25:21에서 다섯 달란트 맡은 자와 두 달란트 맡은 자는 또 다른 달란트를 남김으로 주님은 "잘하였도다(Well done) 착하고 충성된 종아(good and faithful servant) 네가 적은 일에 충성하였으매 내가 많은 것을 네게 맡기리니 네 주인의 즐거움(the joy of thy lord)에 참여할지어다"라고 칭찬한다. 두 달란트 맡은 자도 동일한 칭찬을 받았다. "네 주인의 즐거움"(the joy of your lord)은 아담의 죄로 말미암아 저주를 받은 온 세상을 두 번째 아담이신 그리스도께서 회복하시고 왕으로 통치할 천년왕국의 때를 가리킨다. 그 때는 '즐거움의 시대'이고, '혼인 잔치'의 때이다. 이것은 주님의 재림으로 이 땅을 공의로 통치하기 전, 이 땅에는 '즐거움의 시대'가 도래하지 않았다는 것을 가리킨다. 물론 교회는 성령과 주님의 통치 안에서 그것을 '미리' 맛본다. 천년왕국은 에덴의 회복이라고 할 수 있다. 이기는 자들은 그리스도의 신부로 천 년 동안 왕 노릇 할 것이다.

이와 반면에, 한 달란트 맡은 종은 땅에 감춰두었던 한 달란트만 가져왔다. 주님은 그를 "악하고 게으른 종"(wicked and slothful servant)이라 불렀다. 전통적으로 무천년설의 영향으로 악하고 게으른 종을 '불신자'로 해석했는데 성경을 크게 오해한 것이다. 달란트를 받은 종들은 모두 구원받은 신자이다. 달란트 비유에서 불신자는 주님의 종으로 불리지도 않고, 주님이 주신 달란트도 없다. 신자들 가운데 신실한 자가 있고 신실하지 못한 자 즉 '악하고 게으른 종'이 있다. 이들은 책망만 받고 끝난 것이 아니다. 마태복음 25:30은 "이 무익한 종을 바깥 어두운 데로 내쫓으라 거기서 슬피 울며 이를 갈리라"고 말씀하는데, '무익한 종'이라 불렸다. KJV은 'the unprofitable servant', '합당치 못한 종'으로 번역했는데 그 뜻을 이해하는데 유익하다. 구원받은 자 가운데 주님께 '합당한 종'이 있고 '합당하지 못한 종'이 있다. 무익한 종은 '바깥 어두운 곳'(outer darkness)에 내어 쫓겼는데, 무천년설적 관념으로 '지옥'에 갔다고 간주한다. 구원받은 자는 지옥에 갈

수 없다. 왜냐하면 구원은 사람의 행위로 된 것이 아니라 그 은혜를 인하여 믿음으로 말미암아 주어진 하나님의 선물(엡 2:8~9)로서 아무도 빼앗아 갈 수 없기 때문이다.

다섯째, 새 관점 칭의론(New Perspective on Paul)의 관계를 살펴보자. 톰 라이트(N. Tom Wright)를 비롯한 제임스 던, 최갑종, 김세윤, 권연경 교수 등과 같은 새 관점 칭의론자들(New Perspective on Paul)은 '신자의 구원 탈락'을 주장한다. 이들이 칭의를 받은 신자들이 신앙생활의 행위에 문제가 있다는 것을 발견한 것은 긍정적이지만, 그것이 구원 탈락으로 해석한 것은 오류이다. '구원 탈락'이란 불신자를 가리키는 것이 아니라, 구원받은 신자 가운데 지옥에 가는 자들이 있다는 것을 의미하기 때문이다. 종교개혁 500주년이 넘어 '칭의론 논쟁'이 활발했다. 구원 탈락을 주장하는 새 관점 칭의론과 그것에 반대하는 전통적 칭의론(종교개혁 칭의론)이 평행선을 달리는 이유가 있다. 계시록의 핵심 메시지가 '이기는 자가 되라'는 것이다. 양대 칭의론은 모두 "모든 신자는 이기는 자"라는 관념을 갖고 있다. 이런 관념의 밑바닥에는 "신자는 사후에 즉시 하늘에 있는 천국에 간다"는 신학 사상이 있다. 필자가 이 주제에 대하여 "저 사람 천국 갈 수 있을까?"(송명덕, 좋은 땅)와 "구원 탈락인가? 거짓 신자인가?"(송명덕, 워킹바이블)의 두 책에서 심도있게 다뤘다.

성령이 말씀하시는 것은 주님이 말씀하시는 것과 같다. 성령님은 예수의 영으로서 주님이 승천하신 후 약속하신 '다른 보혜사'이시기 때문이다. 주님은 이 땅에 계셨을 때, 육신을 입으심으로 시간과 공간의 제약을 받으셨다. 그러나 부활 승천하신 후 다른 보혜사로 오셨고, 우리들 안에 거하시며 떠나지 않으신다. 서머나 교회의 사자에게 편지하시는 '주님'이 있고, 마지막에는 "교회들에게 말씀하시는 성령님"이 있다. '교회들에게'는 일곱 교회를 가리키고 성령님이 모든 교회에 동일하게 말씀하실 수 있는 것도 성령으로 말씀하시기 때문이다.

# Chapter 15 ·
# 버가모 교회 (2:12~17)

소아시아의 일곱 교회 중 세 번째 교회가 버가모 교회이다. 계시록은 일곱 교회를 통해서 교회가 어떻게 변화할 것인지를 보여준다. 고난받는 교회인 서머나 교회 뒤에 오는 교회가 버가모 교회이다. 서머나 교회에 대하여 '십 일 동안 시험받을 것'을 말씀하셨고, 역사적으로 '로마 10대 황제들의 박해'가 있었다. 313년 콘스탄티누스 대제에 의해 밀라노 칙령이 공포된 후, 기독교에 대한 박해는 금지되고 기독교를 공인하게 되므로, 약 250년 계속되었던 교회에 대한 박해는 끝이 났다. 버가모 교회는 서머나 교회 이후 박해가 끝나고 기독교가 공인된 이후의 교회를 보여준다.

## 1. 버가모 교회의 시작과 이름의 의미

### 1) 밀라노 칙령의 배경

콘스탄틴 대제가 기독교를 공인하게 된 배경과 일화를 언급하지 않을 수 없다. 당시 로마는 정치적으로 혼란하여 6명의 황제가 있었고 그로 인해 권력다툼이 있었다. 6명의 황제 중 막센티우스(Marcus Aurelius Valerius Maxentius)가 부제 발레리우스 세레루스(Flavius Valerius Severus)를 물리쳐 권력의 중심이 옮겨지게 되었고, 콘스탄티누스는 세레루스 후계인 리키니우스와 손잡고 막센티우스와 싸움을 했다. 콘스탄티누스와 막센티우스와의 전투는 밀비오 다리에서 벌어졌는데, 보병이 강한 막센티우스는 테레베 강의 다리를 모두 끊고, 로마 북쪽에 부교인 밀비오 다리를 만들어, 콘스탄티누스의 기병이 좁은 다리로 오게 하여 방어하려고 하였다. 당시 전력으로 보아 콘스탄티누스가 좁은 다리를 통해 막센티우스의 보병을 격파하기가 쉽지 않은 상태였다. 콘스탄티누스가 꿈을 꾸게 되었고 그리스도가 나타나 그리스도(ΧΡΙΣΤΟΣ)의 앞 두 글자인 X(Chi)와 P(Rho)가 겹친 글자, 라바룸(XP)을 들고 나가 싸우면 승리할 것이라는 계시를 받고, 그는 군사들의 방패에 XP 글자가 겹치게 새기게 하여 무장토록 하였다. 승패를 가리기 어려운 싸움이었으나 콘스탄티누스의 기병의 위세에 막센티우스의 보병이 약간 뒤로 밀려났다. 그때 갑자기 '밀비오 다리'가 무너졌고 막센티우스의 보병들이 강에 빠지면서 막센티우스는 대패하고 콘스탄티누스의 승리로 이어졌다. 콘스탄티누스는 그가 꾼 꿈을 생각하고, 그의 어머니가 독실한 기독교 신자였기 때문에 하나님의 도움에 의해 승리를 하였다고 생각하게 됐다. 그 결과 313년 기독교를 공인하게 되었다. 콘스탄틴은 임종 전에 기독교 신자가 되었다고 역사는 기록한다. 콘스탄티누스는 기독교를 박해하는 것을 금지하고 공인하는 것에 그치지 않고 로마가 몰수한 모든 집과 재산을 돌려주도록 했다. 교회를 박해하던 시대에서 새로운 전환점을 맞이한 것이다. 기독교 공인을 비롯한 교회사를 보는 두 가지 관점이 있다.

첫째, 교회가 믿음으로 승리했다고 보는 전통적인 견해이다. 결과만을 보면 그렇게 보지 않을 이유가 없기 때문이다. 둘째, 다른 관점이 있는데, 기독교의 공인은 기독교의 세속화와 타락을 가져왔다는 주장이다. J.W. 완드는 '교회사 초대편'(이장식 역, 대한기독교서회, 2000년, 192쪽)에서 "콘스탄티누스는 다스려 가면서 점점 그리스도인들을 지지하였고, 그리고 그의 목적은 그리스도교가 전 제국을 묶어줄 세멘트가 되도록 하자는 것이었다고 우리가 결론지을 수 있다"라는 견해를 제시했다. 콘스탄티누스는 정치가였기 때문에 그럴 가능성을 배제할 수 없다.

## 2) 국교로 인정

기독교가 공인된 후 더 놀라운 일이 일어났는데, 392년 테오도시우스(Theodosius) 1세에 의해 기독교가 로마의 국교로 인정됐다. 어떻게 보면 기나긴 박해의 시대가 지난 후 로마제국을 정복한 것과 같은 일이었다. 이것에 대한 전통적인 관점은 박해를 받던 교회가 박해하던 로마제국의 국교가 됨으로 승리했다고 간주한다. 결과적으로 그렇게 보지 않을 이유가 없다. 그런데 역사를 통해 그 결과가 무엇을 가져왔는지 보게 된다면, 반드시 그렇게 볼만한 것도 아니라는 것을 보게 된다. 왜냐하면, 기독교가 국교가 됨으로 교회의 세속화가 가속화 되었고, 종국에는 '기독교의 하락'을 넘어 '기독교의 타락'을 가져왔기 때문이다. 세속화된 교회, 타락한 교회의 시작이 기독교의 공인이었고 더 나아가 기독교가 국교가 된 결과였다. 이것 또한 부인할 수 없다. 계시록에서 버가모 교회는 박해가 끝난 후의 교회를 보여준다.

### 3) 버가모의 의미

버가모는 헬라어 'Περγάμῳ'(페르가모)인데, '이중'을 의미하는 'Περ'(페르)와 '결혼'을 의미하는 'γαμος'(가모스)의 합성어로서, '중혼, 이중 결혼'을 의미한다. 일곱 교회의 이름과 영적인 상태는 밀접한 관계가 있다. '이중 결혼'이란 의미는 버가모 교회가 어떤 교회인가를 단적으로 보여준다. 동물의 왕을 설명할 때 이빨은 어떻고 발톱은 어떻고 갈기는 어떻고 생김새는 어떻다고 길게 설명하는 것보다 한 마디로 '사자'(lion)라고 하면 된다. 버가모는 결혼과 관계있는 이름이다. 결혼에 대한 하나님의 원칙은 "한 남자와 한 여자의 결합"이다. 버가모라는 이름은 "세상과 결혼한 교회"라는 의미를 함의한다.

요한복음 4장에서 주님은 사마리아 여인에게 "네 남편을 불러오라(call your husband)"(요4:16)고 하심으로 그가 하나님의 결혼의 원칙을 깨뜨린 '그의 죄'를 지적하셨다. 그 여인은 다섯 남편이 있음에도 불구하고 "나는 남편이 없습니다(I have no husband)"(4:17)라고 대답함으로 자신의 죄를 인정했다. 마치 버가모 교회는 남편을 다섯이나 둔 사마리아 여인과 같았다. 이것이 버가모 교회를 보시는 주님의 관점이다. 만일 계시록이 보여주는 예언적인 메시지와 성경 전체에서 보여주는 결혼의 관계, 하나님과 교회의 관계가 남편과 아내의 관계라는 것을 보지 못하면 그냥 2,000년 전의 한 교회에 있었던 기록으로 끝나 버리고 말 것이다. 성령이 '교회들에게' 주시는 말씀이라는 것은 '모든 교회' '전 시대의 교회'들에게 주시는 말씀이다.

## 2. 버가모의 정치, 사회, 종교적인 배경

버가모는 서머나(현재 이즈미르)에서 북쪽 80km에 위치하고, 에게해로부터 24km 정도 떨어진 내륙 도시이며, 약 390m 높이의 산 위에 세워진 천연 요새로 만들어진 계획 도시로 소아시아에서 가장 헬라풍으로 지어졌다. 버가모는 2세기의 의사 갈레노스의 출생지로 유명하고, 종교적으로는 제우스(Zeus)신을 비롯한 전쟁의 여신인 아테나(Athens)와 술의 신 디오니소스(Dionysos)와 의술의 신 아스클레피우스(Asclepius)를 섬겼다. 따라서 제우스 신을 위한 제단과 아테나 신을 위한 제단과 아스클레피오스를 위한 거대한 구역이 있는데, 특별히 아스클레피오스 신전과 약학교에는 내방자가 끊이지 않았다. BC 29년 황제 아우구스투스를 위한 신전을 건립하여 로마 황제 숭배의 중심지로 자리잡았다.


## 3. 버가모 교회에 말씀하시는 그리스도

주님은 "버가모 교회의 사자에게 편지하라 좌우에 날선 검을 가지신 이가 이르시되"(2:12)라고 말씀한다. 주님을 '좌우에 날선 검을 가지신 이'로 나타내셨다. 어떤 사람이 날카로운 검을 들고 자신에 대하여 서 있는 것을 본 사람은 '두려운 마음'을 갖게 된다. 여호수아 5장을 보면, 여호수아가 여리고 성을 앞에 두고 홀로 가까이 나갈 때 "한 사람이 칼을 빼어 손에 들고 마주 서 있는 것"(수 5:13)을 보았다. 여호수아는 즉시 "너는 우리를 위하느냐 우리의 적들을 위하느냐"라고 물었다. 여호수아가 놀랐던 것은 그가 칼을 들고 서 있었기 때문이다. 일반적으로 칼을 들고 있는 것은 대적한다는 의미이다. 그러나 그분은 여호와의 군대 장관으로 오신 분이었다. 여호수아의 상황과 버가모 교회는 모두 하나님의 백성이라는 공통점이 있지만, 양자는 차이점이 있다. 여호수아를 찾은 군대 장관은 "그를 위해 싸우는 분"이심을 가리키고, 버가모 교회에 좌우에 날선 검을 가지신 주님은 버가모 교회의 소극적인 상황으로 인해 "그들과 싸우시기 위해서" 오셨다. 여호수아의 경우는 '적극적인 의미'이고, 버가모 교회의 경우는 '소극적인 의미'이다.

서머나 교회가 받은 '십 일 동안의 시험'인 로마 10대 황제의 박해는 313년 콘스탄티누스 대제의 밀라노 칙령에 의해 종결되었다. 그 후에 테오도시우스 1세에 의하여 로마의 국교가 되었다. 이것은 교회의 세속화를 가져왔다. 계시록의 버가모 교회는 '이중 결혼', '세상과 결혼한 교회', '세상과 연합한 교회'를 의미한다.

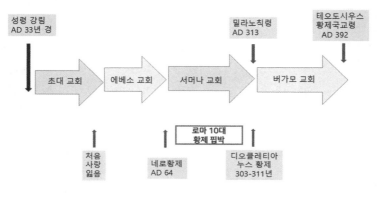

[ 계시록의 일곱 교회 버가모 교회까지 ]

버가모 교회는 마치 다른 남편을 찾아 집을 나가는 호세아 선지자의 아내 고멜과도 같았고, 불의한 삯을 위해 발락의 부탁을 받고 이스라엘을 저주하기 위해 가는 발람 선지자와 같았다. 발람 선지자에게 여호와의 사자가 칼을 들고 섰던 것처럼(민 22장), 주님은 버가모 교회에 대하여 좌우에 날선 검을 가지신 분으로 나타나셨다. 이것은 버가모 교회가 발람의 길을 가는 상황에 있다는 것을 의미한다. 발람이 모압 왕 발락의 선물을 받고 이스라엘 백성들을 저주하기 위해서 간 것은 발람이 '이방인과 연합'했다는 것을 의미한다. 유다서 11절은 "화 있을진저 이 사람들이여, 가인의 길에 행하였으며 삯을 위하여(for reward) 발람의 어그러진 길로(the error of Balaam) 몰려 갔으며 고라의 패역을 따라 멸망을 받았도다"라고 말한다. 출애굽 후 뿐만 아니라, 그 후에도 계속적으로 '어그러진 길'로 가는 자들이 있다는 것을 가리킨다. 세상과 연합하고 세상과 결혼함으로 교회의 순수성과 거룩성을 잃어버리게 될 때 주님은 좌우에 날선 검을 가지신 분, 심판하시는 분으로 나타난다. 버가모 교회에게 이런 경고가 필요했다.

## 4. 버가모 교회의 영적 상태

### • 버가모 교회의 수신자는 누구인가?

버가모 교회에 보내는 편지의 수신자를 가리키는 "버가모 교회의 사자에게"(2:12)라는 구절은 "τῷ ἀγγέλῳ τῆς ἐν Περγάμῳ"(토 앙겔로 테스 엔 페르가모)인데, 그레고리 K. 비일과 이필찬 박사가 주장하는 것과 같이 "버가모 교회의 천사(天使)"가 아니다. 무천년설은 버가모 교회의 대표를 '천사(天使)'로 간주하는데, 천사는 구원받은 사람(아담)과 종류가 다르기 때문에 교회의 대표가 될 수 없다. 버가모 교회의 사자는 구속함을 받은 사람으로서 하나님의 종을 가리킨다. '일곱 별'에 관한 것은 이미 "Chapter 11 일곱 별: 천사인가? 사자인가?, 일곱 별은 누구인가?"에서 논증했다.

### 1) '오이다': 모든 것을 아시는 주님

주님은 각 교회에 말씀하시는 분이 어떤 분이신지를 계시하신 후에 각 교회의 적극적인 면을 언급하며 칭찬하신다. 각 교회마다 칭찬받을 것들 즉 적극적인 방면이 있다. 주님은 "네가 어디에 사는지를 내가 아노니(오이다, Οἶδα, know) 거기는 사탄의 권좌가 있는 데라"고 말씀한다. 주님은 버가모 교회가 사는 곳이 어떤 곳인지를 아신다. 그리고 그들이 어떻게 신앙생활하고 계신지를 아신다.(Οἶδα, 오이다) 주님이 모든 것을 아신다는 것은 한편으로 세상과 연합하는 버가모 교회에 대한 준엄한 경고이다.

### 2) 사탄의 권좌가 있는 곳

주님은 "네가 어디에 사는지를 내가 아노니 거기는 사탄의 권좌(Satan's seat)가 있는 데라"고 말씀한다. 사탄의 권좌는 'ὁ θρόνος τοῦ Σατανᾶ'(호 드로노스 투 사타나)로 '사탄의 왕좌'를 의미한다. 사도 요한은 하늘이 열리며 가장 먼저 '하나님의 보좌'를 보았다. 그런데 버가모에는 '사탄의 왕좌'가 있다. 사탄은 하나님을 대적하는 자이다. 외적으로 버가모는 제우스 신을 위한 신전과 여러 신전들이 있고, 황제들을 위한 신전이 있었다. '사탄의 왕좌'는 버가모에 있었던 것이 분명하다. 그렇다면, 에베소든지 서머나, 두아디라, 사데, 빌라델비아, 라오디게아 도시에는 사탄의 왕좌가 없다는 의미인가? 만일 그런 관점에서 계시록을 본다면 계시록을 계시가 아니라 '묵시'로 간주하는 것이다. '계시'는 하나님께로부터 온 것인 반면에, '묵시'는 성령의 감동이 없이 사람이 자신의 생각을 저작한 책들이다. 정경이 아닌 도마복음을 비롯한 외경과 가경들은 사람이 자신의 지혜로 기록한 것이기 때문에 성경과 본질적으로 다르다.

요한복음 12:31에서 주님은 "이제 이 세상에 대한 심판이 이르렀으니 이 세상의 임금(the prince of this world)이 쫓겨나리라(shall be cast out)"고 하셨다. 이 세상 임금은 마귀를 가리킨다. 마귀를 이 세상 임금으로 부르신 이유는 마귀가 이 세상을 임금으로 통치하고 있기 때문이다. 에베소서 2:1~2은 "그는 허물과 죄로 죽었던 너희를 살리셨도다 그 때에 너희는 그 가운데서 행하여 이 세상 풍조를 따르고 공중의 권세 잡은 자를 따랐으니 곧 지금 불순종의 아들들 가운데서 역사하는 영이라"고 말씀하며 마귀가 어떤 자인지를 계시한다.

개역개정의 '공중 권세를 잡은 자'라는 구절에서 ' … 자'는 완곡하게 번역됐기 때문에 의미가 축소됐다. 원문은 'ἄρχον'(알콘)으로 '통치자, 왕, 지배자'라는 의미이다. 그래서 원문을 '문자 그대로' 번역한 KJV은 'the prince of the power of the air'로 번역했다. 요한일서 5:19은 "또 아는 것은 우리는 하나님께 속하고 온 세상(the whole world)은 악한 자 안에(in wickedness) 처한 것이며"라고 말씀한다. '악한 자'가 '마귀'를 가리킨다는 것은 의심할 바 없다. 모든 성경은 일목요연하게 마귀가 '이 세상 임금'이라는 것을 보여준다. 물론 그의 권세는 불법적인 것으로 하나님의 심판 아래 있다.

좁은 의미에서 버가모는 로마의 한 도시로서 제우스 신을 비롯한 여러 신들의 신전들이 있고 로마 황제의 통치 아래 있다. 그러나 넓은 의미에서 사탄의 왕좌는 '공중 권세를 잡은 임금'이며 '이 세상 임금'인 사탄의 보좌를 가리킨다. 따라서 버가모 뿐만 아니라 오늘날 세상 어디든지 '사탄의 왕좌'가 있다. 버가모에 있는 사탄의 왕좌는 어느 누구의 문제만이 아니라, 이 시대 모든 교회가 처한 당면한 문제이다. 그래서 우리의 싸움은 혈과 육에 대한 것이 아니라 하늘에 있는 악한 영들에 대한 것이며, 믿음의 선한 싸움을 싸워야 한다.

## 3) 신실한 증인 안디바

주님은 "내 충성된 증인 안디바가 너희 가운데 곧 사탄이 사는 곳에서 죽임을 당할 때에도 나를 믿는 믿음을 저버리지 아니하였도다"라고 말씀한다. 'Ἀντιπᾶς'(안티파스)는 'Ἀντι'(안티)와 'πᾶς'(파스)의 합성어이다. 'Ἀντι'(안티)는 '적그리스도'(Antichrist)의 'Anti'와 동일한 뜻인 'against'(대항하여, 반대하는)와 같고, 'πᾶς'(파스)는 '모든 것'(everything)을 의미한다. 따라서 'Ἀντιπᾶς'(안티파스)는 '모든 (악한) 것을 반대하는 자'라는 의미이다. 당시 버가모 교회의 상황들, 교회가 세상과 연합하고 이교적인 것들이 교회 안으로 들어오고 교회가 타락하는 내리막길의 상황에서 "세속적인 연합에 대한 모든 것을 반대하는 자"라는 의미이다.

사사 기드온의 별명은 '여룹바알'이었다. 사사기 6:32은 "그 날에 기드온을 여룹바알(Jerubbaal)이라 불렀으니 이는 그가 바알의 제단을 파괴하였으므로 바알이 그와 더불어 다툴 것이라 함이었더라"고 말한다. 여룹바알로 불린 기드온을 하나님이 기뻐하셨듯이, 버가모 교회의 안디바(Ἀντιπᾶς, 안티파스)를 주님은 '나의 신실한 증인'이라고 부르신다. 안디바는 '버가모 교회의 여룹바알'이었다. 오늘날 우리가 신실한 주의 증인이 되려면 이 시대의 안디바, 여룹바알이 되어야 한다. 안디바는 주의 신실한 증인의 위치에 섰기 때문에 죽임을 당할 때도 주의 이름을 굳게 잡고 주를 믿는 믿음을 버리지 않았다. 주의 이름을 굳게 잡는 것과 주를 믿는 믿음은 동전의 양면과 같다.

예수 그리스도를 믿는다면, 그를 믿는 믿음을 버리지 말아야 한다. 주님도 하나님께 신실했기 때문에 십자가에서 죽으셨다. 안디바는 주님이 가신 길을 따라갔고, '죽기까지' 신실했다. 이기는 자가 되는 것은 다른 어떤 능력을 받는 것이라기 보다 주님께 신실하게 되는 것이다. 신실한 자만이 이기는 자가 될 수 있다. 안디바에 대한 주님의 평가도 일치한다. 주님은 안디바를 '내 충성된 증인'이라고 불렀다. 안디바가 주님의 신실한 증인으로서 '교회의 세속적인 연합'과 '발람의 교훈'등 모든 세상적인 것이 교회 안으로 들어오는 것을 반대했다. 주님께 속한 것이 아닌 것들, 세상적인 것들이 교회 안에 들어오는 것을 좌시하거나 용납하는 사람은 주님의 신실한 증인이 아니다. 양자는 공존할 수 없다. 주님께 신실하면 세상적인 것을 반대하고, 세상과 연합하는 자는 주님에 대한 신실함을 포기해야 한다.

## 5. 주님의 두 가지 책망

주님은 버가모 교회에게 "그러나 네게 두어 가지 책망할 것이 있나니 거기 네게 발람의 교훈을 지키는 자들이 있도다 발람이 발락을 가르쳐 이스라엘 자손 앞에 걸림돌을 놓아 우상의 제물을 먹게 하였고 또 행음하게 하였느니라 이와 같이 네게도 니골라 당의 교훈을 지키는 자들이 있도다"라고 말씀한다. 첫 번째 책망은 발람의 교훈을 지키는 것이고, 두 번째 책망은 니골라 당의 교훈을 지키는 자에 대한 것이다.

### 1) 발람의 교훈 : 우상 숭배와 행음

발람은 이방인 선지자로 모압 왕 발락이 이스라엘을 저주하기 위해 선물로 유혹할 때 넘어간 선지자이다. 발람 선지자는 이스라엘 백성들로 하여금 우상 숭배와 행음하게 함으로 타락시킬 수 있음을 알려줬다.(민 25:) 이스라엘은 그 여자들이 자기 신들에게 제사할 때에 같이 행음하고자 이스라엘 백성들을 청하니 백성들이 먹고 모압의 신들에게 절하게 되는 끔찍한 사건이 발생했다.(민 25:1~3) 신약성경인 유다서와 베드로후서에는 구약 시대의 가인과 발람과 고라의 길을 가는 자들이 있음을 경고한다.

> 화 있을진저 이 사람들이여, 가인의 길에 행하였으며 삯을 위하여(for reward) 발람의 어그러진 길로(the error of Balaam) 몰려 갔으며 고라의 패역을 따라 멸망을 받았도다(유 11)

> 그들이 바른 길을 떠나 미혹되어 브올의 아들 발람의 길(the way of Balaam)을 따르는도다 그는 불의의 삯을 사랑하다가 자기의 불법으로 말미암아 책망을 받되 말하지 못하는 나귀가 사람의 소리로 말하여 이 선지자의 미친 행동을 저지하였느

니라(벤후 2:15~16)

　　우상 숭배와 행음을 가져오는 발람의 교훈은 출애굽 시대의 문제만이 아니라는 것이 서신서와 계시록에서 나타난다. 오늘날도 그런 유혹이 도사리고 있다. 발람 선지자가 모압 왕의 요구가 악했다는 것을 알았을지라도 승락했던 원인은 많은 재물을 주었기 때문이다. 유다서는 발람이 받은 많은 재물을 '불의의 삯'이라고 말한다. 물질에 사로잡힌 자들이 세상과의 연합을 받아들이고, 이런 행위를 세상은 기뻐하고 환영한다. 그러나 주님은 그것을 매우 악한 것으로 여기신다. 왜냐하면, 주님의 신부인 교회가 신랑이신 그리스도를 두고 다른 남편을 쫓아가는 음란한 행동이기 때문이다. 오늘날 예수 그리스도의 유일성과 교회의 순수성을 해치는 연합 운동이 있다.

　　WCC(World Council of Churches)라 불리는 '세계 교회 협의회'가 있는데 설립 목적은 "WCC는 교회도 아니고, 교회에 대해 명령이나 지시를 내리는 조직도 아니다. WCC는 교회의 일치와 갱신을 위해 봉사하고, 교회들이 서로 만나 대화하며 기도하고 관용과 상호 이해의 정신으로 협동할 수 있는 기회를 제공한다"고 한다. 흔히 '교회 일치 운동' '에큐메니컬 운동'이라 부르는데 외적으로 매우 좋아 보인다. 그런데 그 본질은 버가모 교회를 통하여 보듯이 '세속적인 것'과 '이교적인 것'과의 연합이다. 아브라함 카이퍼와 헤르만 바빙크와 함께 세계 시록 3대 칼빈주의 신학자 중의 한 사람인 벤자민 B. 워필드(Benjamin Breckinridge Warfield, 1851~1921)는 세속화된 기독교의 위험성을 경고했다.

> 기독교의 가장 큰 위협은 반기독교 세력이 아니다. 이슬람이 아무리 칼을 들이대도 기독교를 없앨 수는 없다. 아무도 불교가 기독교를 삼킬 것이라고 걱정하지 않는다. 도리어 시대마다 등장하는 타락한 기독교야말로 기독교의 생명을 가장 크게 위협하는 존재이다.(벤자민 B. 워필드)

　　발람의 교훈은 교회로 하여금 우상 숭배와 행음하게 했고, 마지막 때에 짐승인 적그리스도의 우상이 거룩한 성전에 세워질 때, 절정을 이루게 될 것이다. 심지어 적그리스도의 우상은 말을 하는 기적을 행한다. 계시록 13:15은 "그가 권세를 받아 그 짐승의 우상에게 생기를 주어(he had power to give life) 그 짐승의 우상으로 말하게 하고(should both speak) 또 짐승의 우상에게 경배하지 아니하는 자는 몇이든지 다 죽이게 하더라"고 증거한다. 우상 숭배는 하나님께서 가장 미워하시는 것이다.

## 2) 니골라 당의 교훈

주님은 "이와 같이 네게도 니골라 당의 교훈을 지키는 자들이 있도다"(2:15)라고 책망한다. 주님은 에베소 교회에게 "오직 네게 이것이 있으니 네가 니골라 당의 행위를 미워하는도다 나도 이것을 미워하노라"(계 2:6)고 하시는데, 이것은 에베소 교회에 대한 주님의 칭찬이다. 왜냐하면 주님이 미워하시는 것을 에베소 교회도 미워했기 때문이다. 그런데 버가모 교회에 '니골라 당의 교훈을 지키는 자들'이 있었다는 것은 심각한 일이다. 니골라당의 행위는 헬라어 원문에서 'τὴν διδαχὴν Νικολαϊτῶν'(텐 디다켄 니콜라이톤)으로, Νικολαϊτης(니콜라이테스, 니골라당)의 어근이 'Νικολαοσ'(니콜라오스)로서 'Νικο(니코)'와 'λαοσ'(라오스)의 합성어이다. 'Νικο'(니코)는 '정복하다, 다른 사람 위에'라는 의미이다. 요한복음 3장에 공회원인 니고데모가 나오는데 니고데모의 '니고'는 'Νικο'(니코)로서 '정복하다'라는 의미이고, 'λαοσ'(라오스)는 '평범한 사람, 일반인'을 의미한다. 따라서 "니골라당이란 일반인들, 평범한 사람들 위에 군림하고 정복하는 자들"을 의미한다.

교회사를 보면 니골라당이 로마 가톨릭의 사제 계급이라는 것을 알 수 있다. 사제 계급은 사제 즉 교황과 대주교와 주교 및 신부들로 구성된 '사제 계급'에 속한 자들을 가리킨다. 사제란 구약의 '제사장'의 위치에 있다는 것을 의미하고, 자연히 사제가 아닌 신자들은 평신도로 구별한다. 신자가 죄를 고백하는 것도 하나님께 직접할 수 없고, 제사장직을 가진 신부에게 고해성사를 하면 신부가 대신 죄를 사해준다. 이것이 니골라당의 교훈을 지키는 '사제 계급'의 한 단면이다. 그러므로 버가모 교회는 예언적으로 니골라당의 교훈을 지키는 로마 가톨릭의 사제 계급을 가리킨다. 버가모 교회에 대하여 "'니골라 당의 교훈을 지키는 자들이 있도다"라는 주님의 말씀은 칭찬이 아니라 탄식이며 책망이다. 왜냐하면, 이렇게 율법으로 돌아가는 것은 예수 그리스도의 대속을 대적하는 것이기 때문이다. 구원받은 모든 성도는 '제사장'으로 예수 그리스도를 의지하여 은혜의 보좌 앞에 담대히 나갈 권세를 받았다. 오늘날 우리는 교회의 세속화와 이교적인 것과 연합하는 것에 대해 안디바와 여룹바알과 같이 끝까지 거부하고 싸워 교회의 순수성을 지켜야 한다.

## 5. 회개의 촉구

주님은 버가모 교회에게 "그러므로 회개하라 그리하지 아니하면 내가 네게 속히 가서 내 입의 검으로 그들과 싸우리라"(16)고 말씀한다. 교회의 소극적인 상황을 벗어나는 유일한 길은 '회개'이다. 각 교회들마다 회개를 촉구하신다는 것을 주목해야 한다. 이 회개는 구원받을 때의 회개 즉 '온 몸을 목욕하는 것'으로 비유된 '단회적인 회개'가 아니라, 매일의 삶 가운데 더러워진 '발을 씻는 것'으로 비유된 '계속적인 회개'이다. 회개란 "생각을 바꾸는 것"이다. 발람의 교훈을 따라 우상숭배하고 음행한 것들이 악한 것임을 깨닫고 인정해야 한다. 생각과 마음을 바꾸지 않고 생활이 변할 수 없기 때문이다.

만일 회개치 않는다면, "내가 네게 속히 가서 내 입의 검으로 그들과 싸우리라"고 경고하신다. '내가 속히 가서'를 재림으로 생각한다면 단편적으로 생각한 것이다. 만일 이것이 재림을 의미한다면, 회개치 않을 당시 주님의 재림이 임해야 하기 때문이다. 주님의 재림은 수많은 예언과 하나님의 뜻이 복합적으로 연결되어 있다. 일곱 교회 중에서 버가모 교회가 회개하지 않게 될 때, 그들을 심판하기 위해서 재림의 때가 결정되지 않는다. 주님이 말씀하신 것은 발람의 교훈과 니골라 당의 교훈을 지키는 자들에 대한 심판이므로, 그 당시 그들에 대하여 심판하시는 것을 가리킨다. 어떻게 심판하시는가? "내 입의 검으로 그들과 싸우리라"고 말씀한다. 내 입의 검이란 무엇인가? 입에서 나오는 것은 주님의 말씀이다.

주님이 돌들을 떡덩이가 되게 하라는 마귀의 시험을 물리치실 때 주님은 "사람이 떡으로만(by bread alone) 살 것이 아니요 하나님의 입으로부터 나오는 모든 말씀으로 살 것이라 하였느니라"(마 4:4)고 말씀하셨다. 주님은 단지 "모든 말씀"이라고 하셔도 되는데, "하나님의 입으로 나오는 모든 말씀"(every word that proceeds out of the mouth of God)이라고 언급하셨다. 주님은 필요없는 말씀을 하시지 않으신다. 여기서 주님은 "말씀이란 하나님의 입으로 나오는 것"임을 강조한다. 버가모 교회에 대하여 주님의 입에서는 '검'이 나오고, 이것으로 '그들' 곧 '우상 숭배와 음행을 가져오는 발람의 교훈'과 '니골라당의 가르침을 지키는 자들'과 싸우시기 위해서 오신다.

교회가 세상과 싸우는 것이 아니라 주님과 싸우는 교회는 어떤 교회인가? 이것은 결코 작은 일이 아니다. 우리는 주님의 경고를 경청해야 한다. 우상 숭배와 음행 및 니골라당의 행위들은 주님의 재림 때에, 그리스도의 심판석에서 하나도 빠짐없이 직고할 것이고 심판받을 것이다. 그뿐만이 아니라 현재에도 주님은 그들에 대하여 싸우신다. 현재 주님의 통치 안에 살지 않았기 때문에 현재의 풍성한 삶을 누리지 못할 뿐만 아니라, 주님이 재림하실 때에 모든 것을 남김없이 심판하실 것이다.


## 6. 이기는 자들이 받을 약속

주님은 2:17에서 "귀 있는 자는 성령이 교회들에게 하시는 말씀을 들을지어다 이기는 그에게는 내가 감추었던 만나를 주고 또 흰 돌을 줄 터인데 그 돌 위에 새 이름을 기록한 것이 있나니 받는 자 밖에는 그 이름을 알 사람이 없느니라"고 말씀한다.


### 1) 이기는 자: Being과 Becoming

주님은 버가모 교회에게 이기는 자(overcomer)가 될 것(Becoming)을 격려한다. 주님의 관심은 버가모 교회가 이기는 자가 되는 것이다. 이기는 자란 세상과의 연합과 결혼을 의미하는 우상 숭배와 음행을 가져오는 발람의 교훈과 니골라 당의 교훈을 거부하고 순수성을 지키는 것을 의미한다. 혹시 오늘날 우리들은 '신자 됨'으로 만족하고 있지 않은지 돌아볼 필요가 있다. 일곱 교회의 마지막 메시지는 모두 "이기는 자가 되라"는 것이다. '되라'(Becoming)는 것은 '이기는 자'가 'already(이미)' 되었다는 것이 아니라, 'not yet'(아직 아니)을 의미한다. 따라서 이기는 자가 되기 위해서 회개하고 세상적인 것을 거부하고 교회의 순수성을 유지해야 한다. 구원받아 하나님의 자녀가 되는 것은 'Being'의 문제이지만, 이기는 자가 되는 것은 'Becoming'의 문제이다. 'Being'은 태어남(출생)과 같이 주권이 하나님께 있다. 이와 반면에, 'Becoming'의 문제는 신자의 혼(soul)의 문제 즉 생각이 바뀌고 의지적으로 순종할 때, 성령님의 도우심으로 이뤄진다. 그래서 구원받은 다음 하나님의 통치에 순종하고 성령을 따라 사는 삶이 중요하다.

## 2) 감추인 만나의 약속

이기는 자에게 '감추인 만나'를 주실 것을 약속한다. 만나(μάννα, manna)는 "이것이 무엇인가?"(What is it?)라는 의미이다. 이스라엘 백성들이 광야에서 먹을 것이 없을 때 하늘에서 양식을 내렸는데, 처음 보는 것이기 때문에 '만나'(manna)라고 불렀다. 이스라엘 백성들이 애굽에서 나온 후 즉 구원받은 후, 하나님께서는 그의 백성들을 하늘의 양식으로 먹이셨다. 만나는 아침 일찍 들에 이슬과 같이 내렸다. 광야에서 이스라엘 백성들을 먹이던 만나는 '공개된 만나'였다. 하나님의 백성이면 누구나 먹을 수 있는 만나이다. 그런데 버가모 교회의 이기는 자들에게는 '감추인 만나'(μάννα τοῦ κεκρυμμένου, the hidden manna)를 주실 것을 약속하신다. 이것은 '소극적인' 의미가 아니라 매우 '적극적인' 의미인 까닭은 이기는 자들에게 약속된 것이기 때문이다. 따라서 감추인 만나가 매우 특별하고 뛰어난 것임을 인식해야 한다.

### (1) 언약궤 안의 만나

여호와께서는 모세에게 만나 중 오멜에 채워서 대대로 후손을 위하여 하나님의 언약궤 안의 금 항아리에 보존할 것을 말씀하셨다.(출 16:31~36) 히브리서 9:4은 언약궤의 금 항아리에 어떤 것을 보존했는지를 보여준다.

금 향로와 사면을 금으로 싼 언약궤가 있고 그 안에 만나(manna)를 담은 금 항아리(golden pot)와 아론의 싹 난 지팡이(Aaron's rod that budded)와 언약의 돌판들(the tables of the covenant)이 있고(히 9:4)

왜? 여호와께서는 일부의 만나를 금 항아리 속에 그것도 언약궤 안에 감춰 놓으셨는가? 교회가 세상과 연합하여 교회의 순수성을 잃게 될 때, 그 타락한 상황을 이기는 자들을 위하여 보존하셨다. '감추인'이란 '사람들에게 감춰졌다'는 것으로 매우 적극적인 의미이다. 이것은 하나님께 인정받는 자들에게만 허락된다.

### (2) 잠근 동산, 덮은 우물, 봉한 샘

아가서 4:12은 사랑하는 자의 아름다움을 "내 누이, 내 신부는 잠근 동산이요 덮은 우물이요 봉한 샘이로구나"라고 칭찬한다. 동산인데 '개방된 동산'이 아니라 '잠근 동산'(A garden inclosed)이고, 우물인데 '개방된 우물'이 아니라 '덮은 우물'(a spring shut up)이고, 샘인데 '개방된 샘'이 아니라, '봉한 샘'(a fountain sealed)이다. 동산과 우물과 샘을 수식하는 '잠근'과 '덮은'과 '봉한'의 공통 분모는 "감춰졌다"는 것이다. 이것은 사람들에게 '열려 있는' 것이 아니라, 사람들에게 '감춰졌다'는 것을 의미하고, 오직 그리스도를 위해 '감춰졌다'는 것을 의미한다.

동일한 원칙으로 교회는 그리스도의 신부로 오직 그리스도를 위해야 하고 오직 그리스도의 것으로 채워져야 한다. 교회에 세상적인 것이 들어오고 심지어 이교적인 것이 들어오는 것은 '영적인 간음'이다. 야고보서 4:4에서 장로는 "간음한 여인들아(You adulterers and adulteresses) 세상과 벗된 것(the friendship of the world)이 하나님과 원수 됨(enmity with God)을 알지 못하느냐 그런즉 누구든지 세상과 벗이 되고자 하는 자는 스스로 하나님과 원수 되는 것이니라"고 경고한다. 이것은 교회가 세상과 친구 되고 가까이 하는 것이 영적인 간음이라는 경고이다.

### 3) 새 이름을 기록한 흰 돌

이기는 자에게 "또 흰 돌을 줄 터인데 그 돌 위에 새 이름을 기록한 것이 있나니 받는 자 밖에는 그 이름을 알 사람이 없느니라"고 말씀한다. 감추인 만나를 약속하신 후에 흰 돌을 언급하셨다. 감추인 만나는 '양식'으로 사람에게 영양을 공급함으로 자라게 한다. 감추인 만나는 '영의 양식으로' '성장과 성숙'을 위한 것이다. 이와 반면에 '흰 돌'(a white stone)은 건축 재료이다. 양자는 성격상 다른 것이지만, 서로 연관성이 있다. 주님께서는 베드로에게 너는 나를 누구라고 하는가를 물으셨다. 마태복음 16:16에서 베드로는 "주는 그리스도시요 살아 계신 하나님의 아들(the Son of the living God)이시니이다"라고 고백했다. 주님은 "너는 베드로라 내가 이 반석 위에 내 교회를 세우리니 음부의 권세(gates)가 이기지 못하리라"(마 16:18)고 말씀하셨다. 얼마나 놀라운 말씀인가?

주님은 시몬에게 '베드로'라는 이름을 더하셨다. 시몬은 '옛 사람'의 이름이고, 베드로는 주님이 주신 이름으로 '새 이름'이다. 이름이 바뀌는 것은 그 사람이 변화될 것을 의미한다. 베드로는 헬라어 'Πέτρος'(페트로스)로서 '바위 조각, 돌'을 의미한다. 이 말씀은 "네가 돌이 될 것이다"라는 것을 의미하는데, 다른 한편으로 베드로가 '아직'(not yet) "돌이 되지 못했다, 변화되지 못했다"는 것을 함의한다.

베드로나 우리들은 모두 아담의 자손으로 흙으로 만들어진 '질 그릇'이다. 흙으로 만들어진 존재는 뱀의 먹이가 될 뿐이다. 그러나 그리스도 안에서 변화되면 '돌'이 된다. '돌'로 변화되면, '기초석'과 '머릿돌'과 '모퉁이 돌'이 되시는 주님이 세우실 교회의 재료로 쓰여질 수 있다. 주님이 교회를 세우신다고 하신 '이 반석'은 헬라어 'πέτρα'(페트라)로 '바위, 반석'을 의미한다. 베드로에게 주어진 이름은 'Πέτρος'(페트로스)로 '바위 조각, 돌'이지만, '바위, 반석'을 의미하는 'πέτρα'(페트라)는 베드로의 신앙고백의 핵심인 그리스도를 가리킨다. 그 위에 '내 교회' 즉 주님의 교회를 세우실 것을 언급했다. 신약 성경 최초로 언급된 '교회', 'ἐκκλησία'(에클레시아)이다. 'ἐκκλησία'의 의미는 '불러냄, 교회'라는 뜻으로 "이 세상에서 불러내어 그리스도의 몸으로 부르심을 입은 자들의 모임"이라는 의미이다.

이런 하나님의 계획을 본다면, '흰 돌'(a white stone)이 하나님의 건축의 재료가 된다는 것을 알게 된다. 오늘날 우리들을 변화시키어 흰 돌이 되게 하신다. 성경에서 '희다'(λευκος, white)라는 것은 '순결과 승리와 하나님의 인정'을 의미한다. 계시록 6:9 이하에서 '흰 두루마기'(white robes)를 순교자에게 주신 것은 그들이 믿음으로 승리했다는 것과 하나님이 인정하셨다는 것을 의미한다.

주님은 '그 돌 위'에 '새 이름'(ὄνομα καινόν, new name)을 기록할 것이고, 그것을 받는 자 외에는 그 이름을 알 사람이 없다. '이름'은 사람의 인격을 의미한다. 그러므로 '새 이름'은 "그리스도 안에서 변화된 사람"을 의미한다. 성경의 예를 들면, 야곱은 그 이름대로 "발꿈치를 잡은 자"(태중에서 에서의 발을 잡아 끌어들여 자신이 장자로 태어나기 위한 야곱의 행동)였지만, 성령님의 역사 가운데 결국 '이스라엘'로 변화되었다. 야곱은 마지막에 열두 아들들에게 예언적으로 축복했다. 축복하는 자가 되었다는 것은 그가 하나님의 사람으로 변화되었다는 것을 의미한다. 에베소서 4:22 이하는 신자들이 구원받은 후 어떻게 변화되어야 할 것인가를 말씀한다.

> 너희는 유혹의 욕심을 따라 썩어져 가는 구습을 따르는 옛 사람(the old man)을 벗어 버리고 오직 너희의 심령이(in the spirit) 새롭게 되어(be renewed) 하나님을 따라 의(in righteousness)와 진리의 거룩함(true holiness)으로 지으심을 받은 새 사람(the new man)을 입으라(엡 4:22~24)

구원을 받았다면, '새 사람(the new man)'이 목표이다. 유일하신 새 사람은 예수 그리스도이다. 우리가 의와 진리와 거룩함을 추구하게 될 때 '새 사람'으로 변화된다. 그것이 그리스도의 신부인 교회의 축복이며 교회의 길이다. 버가모 교회의 이기는 자들에게 대한 주님의 격려와 약속의 말씀은 우리들에게 예수 그리스도의 형상을 닮아가는 새 사람이 되라는 격려와 비전이다.

# Chapter 16 ·
# 두아디라 교회 (2:18~29)

## 1. 두아디라의 정치, 사회, 종교적인 배경

계시록의 일곱 교회 중 네 번째 교회는 두아디라 교회이다. 두아디라는 헬라어 'Θυατειρα'(뒤아테이라)로서 '제사'의 의미인 'Θυος'(뒤오스)와 '부정의 의미'인 'α'(아) 그리고 '약화'의 의미인 'τειρες'(테이레스)의 합성어로써 "향기로운 제사", "그침 없는 제사"라는 의미이다.

두아디라는 버가모와 사데를 잇는 교통의 요지로 BC 7세기경 리디아(Lydia)인들이 거주했고, 기원전 3세기경 알렉산더의 장군인 셀레우코스(Seleukos)가 이곳을 점령하고 군대를 주둔시킨 도시이다. 그 후 도시의 번성을 위하여 유대인들을 이주시킴으로 상업 도시로서 중요한 역할을 하였다. 두아디라(Thyatira)의 현재 이름은 '아키사르'(Akhisar)이다. 두아디라에서 주로 숭배했던 이방신은 태양신과 제우스의 아들인 아폴로이다. 특히 아폴로가 황제의 수호신이기도 했기 때문에, 당시 구리 세공업자들은 아폴로를 사업을 번창케 하는 신으로 숭배했다. 특이 사항은 모든 도시에서 황제 숭배가 성행한 것에 비해, 두아디라에 두드러지게 나타나지 않은 것은 당시 아폴로 숭배와 황제 숭배가 동일시 되었기 때문이다. 사도행전 16:11이하에는 사도 바울이 2차 전도 여행 중 빌립보에서 하나님을 경외하는 두아디라의 자주 장사를 빌립보에서 만나 주께서 그 마음을 열어 바울의 말을 청종케 했고 그와 온 집이 다 믿고 세례를 받았다.

## 2. 말씀하시는 주님에 대한 계시

주님은 "두아디라 교회의 사자에게 편지하라 그 눈이 불꽃 같고 그 발이 빛난 주석과 같은 하나님의 아들이 이르시되"라고 말씀한다. 주님의 눈이 불꽃 같다는 것은 두아디라 교회의 영적 상황이 주님 보시기에 '소극적인 상태'라는 것을 의미한다. 아가서에서 주님의 눈은 비둘기 같다고 한다. 이것은 사랑하는 자를 바라보는 눈길이기 때문이다. 양자는 대조적이다.

### 1) 주님의 눈과 발

주님은 불꽃 같은 눈을 가지신 분으로 나타난다. 이것은 주님의 문제가 아니라, 두아디라 교회에 문제가 있다는 것을 의미한다. 어느 누구도 불꽃 같은 눈으로 바라보는 것을 원치 않을 것이다. 주님은 불꽃 같은 눈으로 두아디라 교회의 모든 것을 살피신다. 주님의 발은 '빛난 주석'과 같다. 발은 지체 중에서 가장 강한 부분이다. 격투기에서도 손으로 공격하는 것보다 발로 공격하는 것이 효과적이다.

로마서 16:20에서 "평강의 하나님께서 속히 사탄을 너희 발 아래에서 상하게 하시리라"고 말씀한다. 하나님을 대적한 사탄에 대한 심판을 '너희의 발 아래'서 행하신다. '너희'는 '교회'를 가리킨다. 하나님의 계획은 아담을 타락시킨 마귀, 사탄을 하나님의 손으로 심판하지 않고, 마귀에게 속아 타락했던 사람이 구원받아 부름을 입은 자들인 교회를 통해서 심판하신다. 그런데 모든 교회가 아니다. '너희의 발'이란 교회 가운데 '가장 강한 지체'로서 '이기는 자'를 가리킨다.

계시록의 일곱 교회마다 마지막 메시지는 "이기는 자가 되라"는 것이다. 그것은 하나님에 대해서는 그리스도의 신부가 되는 것이고, 원수 마귀에 대해서는 적을 심판하는 이기는 자'가 되는 것이다. 누구든지 하나님을 위한다면, 반드시 원수 마귀를 대적하는 전사가 되어야 한다. 이스라엘 백성들이 요단강을 건널 때 앞장선 사람은 언약궤를 멘 제사장이었다. 그들의 발이 요단강에 잠길 때 단 강물이 갈라졌다. 제사장은 하나님을 섬기는 자로서 하나님의 언약궤를 어깨에 메고, 앞장섰다. 언약궤를 어깨에 메는 것은 "하나님의 임재인 언약궤

요한계시록 INSIDE - 1~11장: 그가 왕 노릇 하시리로다

가 가장 높이 들렸다"는 것을 의미한다. 오직 하나님만을 가장 높이는 것이 '섬김'(serve)이고, '예배'(worship)이고, '찬양'(praise)이다. 이스라엘 백성들은 여리고 성의 싸움에서 하나님의 언약궤를 멘 제사장이 앞서 행했다. 제사장이 앞장 섰다는 것은 대적과의 싸움에서 앞장섰다는 것을 의미한다.

두아디라 교회에 대하여 불꽃 같은 눈으로, 빛난 주석과 같은 발을 가진 분으로 계시하신 것은 주님이 그들을 심판하신다는 의미이다. 물론 세상을 심판하는 것과 교회를 심판하시는 것은 그 근본이 다르다. 두아디라 교회는 불꽃 같은 눈으로 보시고 마음을 감찰하시며, 또한 빛나는 주석 같은 발로 그들의 행위를 따라 심판하시는 분이심을 깨달아야 한다.

## 2) 하나님의 아들이신 그리스도 vs 마리아의 아들

주님은 두아디라 교회의 사자에게 '하나님의 아들'로 계시하셨다. 하나님의 아들로 계시하신 것은 어떤 의미인가? 이필찬 박사는 『요한계시록』(에스카톤, p.298)에서 다음과 같은 견해를 제시했다.

> 역사적으로 두아디라의 수호신으로 숭배했던 아폴로가 '제우스의 아들'이기 때문에 그에 대응하는 존재로서 예수님을 '하나님의 아들'로 칭했을 수 있다. 곧 신의 참 아들을 아폴로라고 생각했던 당대의 사람들을 향하여 하나님의 참 아들은 예수님이시라는 것을 선언하고 있는 것이다.(이필찬, 『요한계시록』, 에스카톤, p.298)

이 박사는 주님이 하나님의 아들로 나타낸 것과 두아디라에서 제우스 신의 아들인 아폴로를 수호신으로 숭배했다는 것만을 생각했기 때문에 당대의 사람들에게 대해 예수님이 하나님의 아들이라고 선언하는 것이라 해석했다. 그는 두아디라 교회의 사자에게 보내는 편지는 '두아디라 도시의 불신자'에게 보내는 것이 아님을 간과했다.

역사적으로 두아디라 교회는 박해받는 서머나 교회에 이어, 세상과 연합한 버가모 교회가 있고, 그 후에 "그침 없는 제사"라는 이름과 같이 두아디라 교회가 왔다. 자칭 여선지자인 이세벨을 용납하여 우상의 제물을 먹게 하고 행음하게 한 로마 가톨릭 교회를 가리킨다. 로마 가톨릭 교회의 특징은 '교황 제도'뿐만 아니라 '마리아 숭배'이다. 아합 시대 이방의 여선지자 이세벨을 용납하여 우상 숭배를 가져왔던 것처럼, 마리아를 숭배한다. 마리아는 예수님을 잉태한 후 영원한 동정녀였다고 가르치고, 죄가 없이 태어났다고 하며, 마리아 사후 부활하여 하늘로 몽소 승천했고 하늘의 어머니가 됐다고 가르친다. 두아디라 교회로 상징된 로마 가톨릭은 예수님을 어떤 예수로 나타내는가? 동상과 그림을 보면 십자가에 달린 예수와 마리아가 안고 있는 아기 예수이다. 두아디라 교회는 예수님을 '마리아의 아들'로 가르친다. 그래서 주님은 자신을 '하나님의 아들'로 나타내셨다. 주님은 이렇게 말씀하시는 것 같다.

> 너희는 나를 마리아의 아들로 생각한다. 나는 마리아에게서 성령으로 잉태된 나사렛 예수이다. 그런데 너희는 내가 하나님의 아들인 것을 모르는 것 같구나. 나는 인자, 사람의 아들이면서 하나님의 아들이다. 너희는 내가 하나님의 아들이라는 것을 깨달아야 한다.

## 2. 두아디라 교회에 대한 칭찬

계시록 2:19은 "내가 네 사업과 사랑과 믿음과 섬김과 인내를 아노니 네 나중 행위가 처음 것보다 많도다"라고 두아디라 교회의 일들에 대하여 칭찬한다.

### • 두아디라 교회의 수신자는 누구인가?

두아디라 교회에 보내는 편지의 수신자를 가리키는 "두아디라 교회의 사자에게"(2:18)라는 구절은 "τῷ ἀγγέλῳ τῆς ἐν Θυατείροις"(토 앙겔로 테스 엔 뒤아테이로이스)인데, 그레고리 K. 비일과 이필찬 박사는 두아디라 교회의 대표를 '천사(天使)'라고 해석하는데 잘못된 견해이다. 천사는 구속함을 받은 사람(아담)과 종류가 다르기 때문에 교회의 대표가 될 수 없다. 두아디라 교회의 사자는 구속함을 받은 사람으로서 하나님의 종을 가리킨다. '일곱 별'에 관한 것은 이미 "Chapter 11 일곱 별: 천사인가? 사자인가?"의 "일곱 별은 누구인가?"에서 논증했다.

## 1) '오이다' 모든 것을 아시는 주님

각 교회마다 칭찬받을 것들 즉 적극적인 방면이 있다. 주님은 "내가 네 사업과 사랑과 믿음과 섬김과 인내를 아노니 네 나중 행위가 처음 것보다 많도다"(19)고 말씀한다. 주님은 두아디라 교회의 모든 행위들을 다 아신다.

## 2) 사업과 사랑과 믿음과 섬김과 인내의 행위들

'사업'은 원문 'σου τὰ ἔργα'(수 타 에르가)로 'σου'(수)는 '너의'(your)를, 'ἔργα'(에르가)는 '행위, 일, 노역'을 의미하는 'ἔργον'(에르곤)의 '목적격 복수'로 '네 행위들' '네 사업들'이란 의미이다. 그들에게는 사랑(ἀγάπη, 아가페)과 믿음(πίστις, 피스티스)과 섬김(διακονία, 디아코니아)과 인내(ὑπομονή, 휘포모네)의 '행위들'이 있었다. 주님은 이 신앙의 덕목들을 '처음 행위'보다 '나중 행위들'이 많다고 하신다. '그침 없는 제사'라는 뜻을 가진 두아디라 교회는 '미사'와 니골라당의 교훈을 지키는 '사제 계급'으로 이뤄진 로마 가톨릭 교회를 가리킨다. 그들은 '처음의 행위와 봉사들'보다 가면 갈수록 더 많은 '행위와 봉사와 사업'이 있다.

두아디라 교회는 에베소 교회가 가졌던 행위들이 있었다. 그런 면에서는 일치한다. 그런데 에베소 교회가 갖고 있던 것 중에서 그들에게는 없는 것이 있다. 그것은 "또 악한 자들을 용납하지 아니한 것과 자칭 사도라 하되 아닌 자들을 시험하여 그의 거짓된 것을 네가 드러낸 것"(2:2)과 같은 방면이다. 두아디라 교회는 에베소 교회의 행위들, 외적인 섬김은 갖고 있었지만, 에베소 교회의 '영적 분별력'과 '교회의 순수성'을 지키는 덕목을 갖고 있지 못했다. 그런 이유로 해서 두아디라 교회는 자칭 여자 선지자 이세벨을 용납하여 행음하고 우상의 제물을 먹게 했기 때문에 주님은 '불꽃 같은 눈'과 '빛나는 주석과 같은 발'과 '하나님의 아들'로 나타나셔야 했다.

## 3. 두아디라 교회에 대한 책망

### 1) 선지자 이세벨을 용납하여 행음하고 우상의 제물을 먹게 함

주님은 "그러나 네게 책망할 일이 있노라 자칭 선지자라 하는 여자 이세벨을 네가 용납함이니"(20)라고 말씀한다. 두아디라 교회의 두드러진 특징은 '자칭 선지자라는 여자 이세벨'을 용납한 것이다. '선지자'는 하나님이 세우신 종으로 하나님의 말씀을 대언한다. 가인의 후손들이 하나님을 떠나 악한 길로 갈 때 에녹은 하나님과 동행하며 그 시대에 하나님의 말씀을 전하는 선지자였다.

유다서 14절은 "아담의 칠대 손 에녹이 이 사람들에 대하여도 예언하여 이르되(prophesied of these, saying) 보라 주께서 그 수만의 거룩한 자와 함께 임하셨나니"라고 말한다. 찬송가에도 '옛 선지자 에녹 같이'라는 가사가 있는 것도 에녹이 선지자였기 때문이다. 아합 시대에 엘리야 선지자가 있었고 엘리사 선지자가 있었다. 다윗 왕 시대에 다윗의 죄를 책망한 나단 선지자가 있었다. 모두 하나님께서 세우신 선지자(대언자)들이다.

두아디라 교회에도 선지자가 있었다. 그런데 그 선지자는 하나님이 세우신 선지자가 아니었다. '자칭'은 헬라어 'ἑαυτὴν'(헤아우텐)인데 '3인칭 여성 재귀대명사'로 '그녀 자신'을 의미한다. 그러니까 이세벨이 "자기 스스로 여선지자"라고 주장한다는 의미이다. 그런 여자를 두아디라 교회는 용납했다. 교회의 머리이신 주님은 그들을 책망하셨다. 이것은 두아디라 교회가 '영적으로 눈 먼 자'라는 것을 보여준다.

두아디라 교회가 용납한 자칭 여선지자 이세벨은 누구를 가리키는가? 구약에서 이세벨은 이스라엘 왕 아합과 결혼했다. 이세벨은 이스라엘 백성이 아닌 이방인으로 시돈(페니키아)의 제사장 엣바알(Ethbaal)의 딸이었다. 엣바알이란 이름도 '바알이 함께 한다'라는 뜻으로 그가 바알 숭배에 매우 적극적이었다는 것을 가리킨다. 엣바알은 그의 권력을 이용하여 시돈 왕 펠레스(Pheles)를 죽이고 왕위에 오른 악한 인물이다.

역사가 요세푸스에 따르면 엣바알은 본래 바알과 아스다롯의 겸임 제사장이었는데 여호와 신앙을 말살하려는 계획으로 그의 딸 이세벨을 아합에게 시집보냈다고 기술한다. 아합 왕은 하나님의 백성으로서 이방인과의 결혼을 금지한 모세 율법에 따라 이세벨과의 결혼을 거절했어야 했다. 열왕기상 16:30은 "아합이 그의 이전의 모든 사람보다 여호와 보시기에 악을 더욱 행하여"라고 말씀한다. 그는 항상 악을 행하는 자였다. 아합 왕은 왕국의 번성과 왕권을 강화할 목적으로 이방 여인 이세벨과 결혼했다. 이세벨은 바알과 아세라의 신상뿐만 아니라 바알과 아세라 제사장들도 데려왔다. 갈멜산의 대결에서 바알과 아세라의 제사장이 850명인 것은 잘 알려진 사실이다. 엘리야가 "여호와의 선지자는 나만 남았다"라고 할 정도로 이세벨은 온 이스라엘을 우상 숭배로 가득 채웠다. 이세벨의 사악함은 나봇의 포도원 사건에도 잘 나타난다.

이와 같이 이세벨은 아합 왕과 엘리야 선지자가 있던 BC 842년에 있었던 여자이다. 계시록이 기록된 시기는 AD 80년 전후이니, 약 900년의 시간적 간격이 있다. 계시록의 네 번째 교회인 두아디라 교회에 이세벨이라는 이름을 가진 여선지자가 있었다고 생각할 수도 있다. 이것은 성경을 편협하게 본 것이다. 교회사에서 기독교가 국교가 되고 로마 가톨릭 교회의 체제가 확립된 이후 '이세벨'이라는 인물을 선지자로 받아들인 예가 없기 때문이다.

두아디라 교회가 자칭 선지자라는 여자 이세벨을 용납한 것은 지엽적인 문제가 아니라, 하나님의 나라(왕국)인 교회 안에 들어왔다는 것을 의미한다. 과거 이세벨이 이스라엘 왕국에 우상 숭배와 행음을 가져왔듯이, 두아디라 교회 안에 이세벨과 같은 자칭 여선지자 이세벨로 말미암아 우상 숭배와 행음과 우상의 제물을 먹게 되었다는 것을 가리킨다. 따라서 이세벨은 한편으로 구약 시대의 실제 인물이면서, 다른 한편으로는 한 여자의 범위를 넘어서는 인물이라는 것을 보게 된다.

로마 가톨릭의 가장 큰 특징은 '마리아 숭배'인데 로마 가톨릭에서 마리아를 뺀다면 남는 것은 별로 없을 정도이다. 누구든지 성당에 들어서면 마리아의 동상을 만나게 되고, 모든 신자들은 마리아에게 기도를 올린다. 마리아는 예수님 잉태 후 영원한 동정녀였다고 주장한다. 성경은 예수님을 잉태할 때 동정녀였고 그 후에는 요셉으로 말미암아 자녀들을 낳았음을 명백히 밝힌다. 마가복음 3:31~32은 마리아가 예수님을 낳은 후 결혼 관계를 통해서 동생들이 있었음을 다음과 같이 말씀한다.

그 때에 예수의 어머니(his mother)와 동생들(his brothers)이 와서 밖에 서서 사람을 보내어 예수를 부르니 무리가 예수를 둘러 앉았다가 여짜오되 보소서 당신의 어머니와 동생들과 누이들이 밖에서 찾나이다(막 3:31~32)

로마 가톨릭은 마리아를 신격화하기 위해서 마리아는 원죄가 없이 태어났고, 죽음 후 부활하여 하늘로 '몽소 승천'했으며 하늘의 어머니가 되었다고 가르친다. 두아디라 교회는 로마 가톨릭 교회로서 마리아를 숭배하기 위한 우상들과 수많은 성자의 상(우상)을 갖고 있다. 그리스도의 몸을 기념하는 성찬도 '화체설'로 바꿨다. 화체설이란 "미사에 참여하여 사제들이 주는 떡과 포도주는 입안에 들어가서 그리스도의 살과 피로 변한다"는 신학 사상이다. 이것은 미사의 중심 요소이고, 로마 가톨릭 신자들이 목숨과도 같이 여기는 성물이다. 이것은 주님이 보실 때 '우상의 제물'이다.

두아디라 교회가 용납한 자칭 선지자 이세벨은 마리아 숭배를 가리킨다. '자칭'이란 '스스로 칭한다'는 것으로 하나님이 세우지 않았다는 것을 가리킨다. 십계명은 어떤 우상도 만들지 말고 절하지 말 것을 명령한다. 두아디라 교회는 예수상과 마리아상과 여러 성자들의 상(우상)은 예외라고 생각한다. 이세벨은 마리아와 '한 여자'라는 동일성이 있고, 이세벨이 이스라엘이라는 하나님의 왕국에 우상 숭배를 가져왔듯이, 마리아는 두아디라 교회로 예표된 로마 가톨릭 교회에 마리아 숭배를 비롯한 수많은 행음들을 가져왔다.

이런 복합적인 요인들은 이세벨의 문제가 단지 사도 요한 당시에 있었던 두아디라 교회의 문제만이 아니라, 계시록의 예언성과 교회의 변천 과정 가운데 마리아 숭배와 베드로의 수위권(교황권)과 미사와 성자 숭배들로 대표되는 로마 가톨릭 교회라는 것을 계시한다.(계 17장은 큰 음녀의 비밀에 대해 계시한다. 만일 이런 계시가 없었다면 그 정체를 알 수 없었을 것이다)

모든 이방 종교들의 공통점은 여신들이 있다는 것이다. 구약 시대의 가나안 땅에는 바알(남신)이 있고 아스다롯(여신)이 있었다. 그리스 신화의 올림포스의 열두(12) 신들을 보자. 신들의 왕인 '제우스'는 남신이고, '헤라'는 여신이다. 바다의 신인 '포세이돈'은 남신이고, 대지의 신인 '메데테르'는 여신이다. 태양의 신 '아폴론'은 남신이고, 달의 여신인 '아르테미스'는 여신이다. 사랑과 미의 신은 '아프로디테'로 당연히 여신이다. 대장간의 신 '헤파이토스'는 남신이다. 전쟁의 신 '아레스'는 남신이고, 지혜의 신 '아테나'는 여신이다. 신들의 전령인 '헤르메스'는 남신이고, 화로의 신인 '헤스티아'는 여신이다. 지하 세계의 신인 '하데스'와 술의 신인 '디오니소스'은 남신이며, 사랑의 신 '에로스'는 여신이다.

　불교에도 여신의 위치에 있는 숭배의 대상이 있다는 것을 알지 못한다. 불교 신자들에게 친숙한 용어가 '나무아미타불 관세음보살'이다. '나무'는 "돌아가서 의지한다"는 의미이고, '아미타불'은 "무한한 수명"을, '관세음보살'은 "세상의 소리를 관장하는 보살"이란 의미이다. 여기의 보살은 "자비의 마음으로 중생을 구제하고 제도한다"는 의미인데, 남자가 아니라 여자이다. 그래서 보살은 모두 여자의 얼굴을 하고 있다. 부드러운 여성의 이미지는 모든 이방 종교가 갖는 공통점이다. 두아디라 교회에도 자칭 선지자라는 이세벨이 있다. 이것은 이교적인 것이다. 그래서 주님은 '불꽃 같은 눈'과 '빛나는 주석과도 같은 발'을 가지신 분으로 나타나셨다.

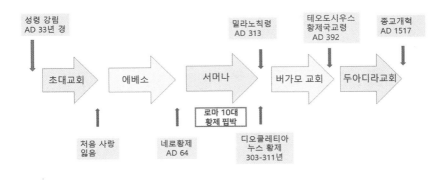

[ 계시록의 일곱 교회 ： 두아디라 교회 ]

## 2) 회개할 기회를 주었으나 회개하고자 않음

　주님은 20절에서 "또 내가 그에게 회개할 기회를 주었으되 자기의 음행을 회개하고자 하지 아니하는도다"라고 말씀한다. 주님은 두아디라 교회에게 회개할 기회를 주었다. 회개할 기회를 언제 주셨는가? 로마 가톨릭이 우상 숭배들로 인해 외적으로 번성한 기간은 주님이 회개하고 돌아오기를 참고 기다리신 기간이었다. 탕자가 먼 나라에서 허랑방탕하며 살 때에도 이제나 저제나 기다리는 아버지와 같았다. 그런데 두아디라 교회는 '그들의 음행'을 회개하고자 하지 않았다.

우리는 여기서 "회개하지 않았다"와 "회개하고자 하지 않았다"라는 것에 차이가 있다는 것을 분별할 필요가 있다. '회개하지 않았다'는 결과만을 본다면 비슷한 의미이다. 그러나 뉘앙스와 태도에서 큰 차이가 있다. '하고자'에 해당하는 헬라어는 'θέλω'(델로)의 3인칭 능동태 단수형인데, '원하다, 즐거워하다'라는 의미이다. 이것은 그들의 회개에 대한 의지를 가리킨다. '회개'는 '메타노에오'로서 '마음을 바꾼다, 생각을 바꾼다'는 뜻이다. 따라서 두아디라 교회의 마음의 상태는 "생각을 바꾸기를 원하지 않았다", "마음을 바꾸는 것을 즐거워하지 않았다"라는 의미이다. 두아디라 교회의 완악하고 강퍅한 마음을 보여준다. 그런 까닭으로 주님은 '불꽃 같은 눈'을 가진 분으로 나타나시고, '빛나는 주석과 같은 발'로 밟으실 것을 계시하신다.

### 3) 침상에 던짐

주님은 "볼지어다 내가 그를 침상에(a bed) 던질 터이요(will cast)"(22a)라고 말씀한다. 침상(bed)은 피곤한 몸이 휴식을 취하든지 수면을 취하는 안락한 곳이다. 다른 의미로 쓰일 때는 '병으로 치료 중'이라는 의미가 있다. 주님은 두아디라 교회를 질병으로 치실 것을 의미한다. 그렇다면 두아디라 교회에 속한 모든 자들을 질병으로 치신다고 생각할 수 있는 데 성경이나 하나님의 성품에 부합되지 않는다.

만일 구약 시대의 자칭 여선지자인 "이세벨에 대하여 침상에 던질 것이다"고 했다면, 그것은 질병을 의미할 것이다. 만일 '질병으로 인한 침상'을 의미한다면, 작게는 사도 요한 당시의 두아디라 교회의 전 신자들이 질병에 걸려 침상에 있어야 하는데 그런 일은 없었다. 교회 변천의 역사적인 관점에서 볼 때, 계시록에 언급한 두아디라 교회는 특정한 개인이 아니라 세속화된 교회, 이교화된 로마 가톨릭 교회를 가리킨다. 거기에 속한 자들을 전부 '질병'으로 친다는 것은 더더욱 어울리지 않는다. 하나님께서 '물리적으로' 음녀인 바벨론을 심판하실 때는 짐승(적그리스도)이 권세를 잡을 때이다. 이와 같은 여러 방면을 고려할 때 "침상에 던진다"는 것은 하늘에 속한 것을 보지 못하는 '영적 질병'의 상태에 있다는 것이 타당하다. 마태복음 13장에서 주님은 이사야의 말씀을 인용하시면서 완악한 자들에 대한 심판을 다음과 같이 말씀하셨다.

> 이사야의 예언이 그들에게 이루어졌으니 일렀으되 **너희가 듣기는 들어도 깨닫지 못할 것이요 보기는 보아도 알지 못하리라** 이 백성들의 마음(heart)이 완악하여져서(waxed gross) 그 귀는 듣기에 둔하고 눈은 감았으니 이는 눈으로 보고 귀로 듣고 마음으로 깨달아 돌이켜 내게 고침을 받을까 두려워함이라 하였느니라 그러나 너희 눈은 봄으로, 너희 귀는 들음으로 복이 있도다(마 13:14~16)

로마 가톨릭 교회는 하나님의 아들을 마리아의 아들로 가르치고, 자칭 선지자라는 이세벨을 용납하고 우상의 제물을 먹게 하는 등 온갖 세속적이고 이교적인 것의 집합체로서 하늘에 속한 것들을 들을 귀도 없고, 눈도 없고 마음이 완악한 가운데 있다. 위의 말씀은 특별히 천국의 비밀을 가리킨다. 로마 가톨릭은 "신자들은 모두 사후에 하늘에 있는 천국에 간다"는 신학 사상을 만들었다. 이 땅에는 교황으로 대표되는 로마 가톨릭 교회가 온 땅의 권세를 갖고 왕들 위에 군림하며 땅에서 왕 노릇 한다는 무천년설적 천년왕국의 관념을 갖고 있다.

개역개정은 '천국'으로, KJV은 'The kingdom of heaven'으로 번역했다. 큰 차이가 있다. '나라 국'을 사용함으로 'kingdom'(왕국)이라는 의미를 잃어버렸다. '나라'는 'republic'의 의미이기 때문에 '국가 체제'가 'kingdom'(왕국)과 다르다. 예를 들면, 대한민국은 '민주 공화국'으로 주권이 국민에게 있다. 그러나 왕국은 주권이 왕(하나님)에게 있다. 개역개정은 이해를 돕기 위해서 현대어로 번역하려고 '하나님의 나라'라고 했는데, 'kingdom'(왕국)의 원래 의미를 희석시키는 결과를 가져왔다.(왕국과 나라는 서로 바꾸어 쓸 수 없다)

천국으로 번역된 헬라어는 'ἡ βασιλεία τῶν οὐρανῶν'(헤 바실레이아 톤 우라논)으로 βασιλεία는 'kingdom'으로 '왕국, 왕권, 통치, 다스림'의 의미로 "장소적인 의미가 아니라 왕의 통치가 미치는 영역"을 의미한다. '하늘'은 헬라어 'οὐρανῶν'(우라논)으로 '하늘'을 의미하는 'οὐρανός'(우라노스)의 '복수형'이다. 따라서 KJV의 'heaven'은 헬라어 원문의 '복수형'을 잘 나타내지 못했다. '하늘'과 '하늘들'을 동일하다고 생각할 수 있다. 그러나 성경은 분명히 'οὐρανῶν'(하늘들)이라고 말씀한다.

고린도후서 12:2에서 사도 바울은 "내가 그리스도 안에 있는 한 사람을 아노니 그는 십사 년 전에 셋째 하늘에(the third heaven) 이끌려 간 자라"고 말한다. 셋째 하늘(the third heaven)은 하나님이 계시는 가장 높은 곳을 가리킨다. 이것은 첫째 하늘과 둘째 하늘이 있다는 것을 가리킨다. 첫째 하늘은 지구를 둘러싼 대기권으로서 'sky'를 가리키고, 둘째 하늘은 '우주'(space)를 가리킨다. 따라서 'ἡ βασιλεία τῶν οὐρανῶν'(헤 바실레이아 톤 우라논)은 '하늘들의 왕국'으로 '하늘들=셋째 하늘'에 계신 하나님의 통치를 받는 영역을 의미한다.

로마 가톨릭 교회는 성경이 말하는 천국의 의미를 "성도들이 모두 사후에 가는 하늘에 있는 나라"로 바꾸어 놓았다.

산상수훈이라 불리는 천국의 헌장은 천국(원문: ἡ βασιλεία τῶν οὐρανῶν, the kingdom of heavens, 하늘들의 왕국)이 주제이다. 즉 하늘들의 통치, 하나님의 통치를 받는 신자들에게 약속된 것을 모든 신자들이 받는 것으로 바꾸어 버렸다. 이것은 두아디라 교회로 예표된 로마 가톨릭 교회가 하늘에 속한 것을 보지도 못하고 듣지도 못하고 깨닫지도 못하는 상태에 있다는 것을 의미한다. 아무리 성령 운동을 하고 교회 쇄신 운동을 할지라도, 미사의 화체설과 마리아 상과 성자들의 성상을 고수하는 로마 가톨릭의 영적 상태는 어떠하겠는가? 이것은 열매로 그 나무를 아는 것이기 때문에 객관적이다. 그러나 로마 가톨릭 안에 있는 사람들은 아무도 알지 못할 것이다. 그들은 전 세계의 많은 신도들이 있고, 웅장한 성베드로 성당을 갖고 있고 전세계에서 교황이 국가 원수들과 같은 대우를 받고, 최강대국인 미국의 대통령과 방불한 위치에 있기 때문에 대단히 영광스럽게 생각한다. 교회의 본질은 외적인 크기가 아니라 '거룩성'과 '순수성'에 있다. 이런 영적인 실제를 보지 못하는 것은 로마 가톨릭에 속한 사람들이 영적인 질병에 걸렸기 때문으로 이사야의 예언의 성취이다.

## 4) 큰 환난에 던지고 사망으로 죽임

주님은 "또 그와 더불어 간음하는 자들도 만일 그의 행위를 회개하지 아니하면 큰 환난 가운데에 던지고 또 내가 사망으로 그의 자녀를 죽이리니"(22~23)라고 말씀한다. 두아디라 교회와 더불어 간음하는 자들은 자칭 선지자라는 여자 이세벨을 용납하고 우상 숭배와 행음하는 자들을 가리킨다.

두아디라 교회에게 '큰 환난'(great tribulation)에 던진다고 하셨기 때문에, 마태복음 24장에서 언급한 '대환난'에 들어간다고 생각할 수 있다. (필자 주: 대환난에 대한 것은 7장 후반부에서 다룬다) 그러나 계시록에 예언된 음녀의 심판을 보면 구체적인 심판이 무엇인지를 볼 수 있다. 가증한 것들의 어미인 음녀 곧 로마 가톨릭 교회는 하나님의 계획 가운데 짐승인 적그리스도에 의하여 멸망된다. 계시록 17:1~2은 "이리로 오라 많은 물 위에 앉은 큰 음녀가 받을 심판(the judgment of the great whore)을 네게 보이리라 땅의 임금들도 그와 더불어 음행하였고 땅에 사는 자들도 그 음행의 포도주에 취하였다"라고 말씀한다. 그런 후 16절에서 "네가 본 바 이 열 뿔과 짐승(the beast)은 음녀를 미워하여 망하게 하고 벌거벗게 하고 그의 살을 먹고 불로 아주 사르리라"고 말씀한다. 음녀인 두아디라 교회 즉 로마 가톨릭 교회는 짐승인 적그리스도에 의하여 벌거벗게 되고 철저히 망하게 된다. 주님이 "내가 사망으로 그의 자녀를 죽이리니"라고 하신 것도 대환난 때 적그리스도에 의하여 있게 될 것이다. 적그리스도가 권세를 받는 한 때, 두 때, 반 때인 삼 년 반, 42달, 1,260일에는 그의 우상을 만들어 섬기고 어떤 종교든지 다 박멸할 것이기 때문이다.

## 5) 사람의 생각들과 마음들을 감찰하는 분

주님은 "모든 교회가 나는 사람의 뜻과 마음을 살피는 자인 줄 알지라 내가 너희 각 사람의 행위대로 갚아 주리라"고 말씀한다. '뜻'은 'νεφρούς'(넵흐루스)로 '뜻, 생각, 신장(kidney)'의미를 가진 'νεφρος'(넵흐로스)의 복수형이다. 문맥상 '신장(kidney)'의 의미가 아니라, '생각들'로 번역되야 한다. '마음'은 'καρδίας'(카르디아스)로 '마음, 중심부, 심장부'라는 뜻을 가진 'καρδία'(카르디아)의 복수형이니,

'마음들'로 번역되야 한다. 주님께서 각 사람의 뜻과 마음들을 살피시는 분이심을 말씀하신 것은 어떤 의미인가? 주님은 모든 교회의 '행위들'을 살필뿐 아니라, 그들의 생각들과 마음들을 살피시는 분이심을 깨달으라는 경고이다. 이것은 두아디라 교회가 주님이 그들의 생각들과 마음들을 살피시는 분이신 것을 깨닫지 못했다는 것을 암시한다. 모든 교회는 주님이 사람의 생각들과 마음들을 거울을 보듯이 살피시는 분이심을 알아야 한다.

요한복음 3장에서 율법사인 니고데모는 어떻게 하면 하나님의 왕국에 들어갈 수 있는지 알지 못했고, 고뇌하다가 한밤중에 주님을 찾아왔다. 주님은 니고데모가 묻기도 전에 "사람이 거듭나지 않으면 하나님의 나라(왕국)를 볼 수 없다"라고 말씀하셨다. 니고데모는 그의 생각과 마음을 살피시는 주님이신 것을 깨달았을 것이다.

요한복음 4장에는 죄인인 사마리아 여인을 구원하시기 위해서 사마리아로 통행하시고 우물 곁에서 기다리셨다. 사마리아 여인과의 대화 가운데 여인에게 "너에게 남편 다섯이 있었고 지금 있는 자도 네 남편이 아니니 네 말이 참되도다"(요 4:18)라고 말씀하시므로 그녀의 양심을 일깨우셨고 그 여자는 깜짝 놀랐다. 여인은 예수님을 선지자 정도로 알았지만, 그 후에 메시아인 것을 깨달았고 주를 믿을 뿐만 아니라 동네 사람들을 주님께로 인도했다. 주님은 사람의 생각들과 마음들을 살피시는 분이시다. 주님을 처음 만난 사람들도 주님이 생각들과 마음들을 살피시는 분이심을 알았다면, 모든 교회는 마땅히 그런 주님을 알아야 한다.

## 4. 사탄의 깊은 것

주님은 "두아디라에 남아 있어(the rest) 이 교훈을 받지 아니하고 소위 사탄의 깊은 것(the depths of Satan)을 알지 못하는 너희에게 말하노니 다른 짐으로 너희에게 지울 것은 없노라"(3:24)고 말씀한다. 갑자기 사탄의 깊은 것을 언급하신 이유가 무엇인가? 두아디라 교회 안에 사탄의 깊은 것이 뿌리박혀 있다는 의미이다. 만일 그 시대 어느 한 사람이 높은 탑이 하늘을 찌르고 거룩한 제사장의 복장을 하고 세상 권세를 갖고 있는 두아디라 교회 안에 사탄의 깊은 것이 있다고 하면 관심도 갖지 않을 것이다. 그러나 이 말씀은 승천하신 주님의 말씀이다. 로마 가톨릭 교회 안에는 수많은 '사탄의 깊은 것'이 있다.

지구에도 가장 깊은 곳으로 사람에게 알려진 곳은 북태평양 서쪽 대양저에 위치한 마리아나 해구(Mariana Trench)의 챌린저 해연(Challenger Deep)으로 최대 깊이가 10,984m로 지구에서 가장 높은 8,850m의 에베레스트산이 잠기고도 남는 깊이이다. '깊다'는 것은 '비밀스럽다'는 것을 의미하는데, 두아디라 교회가 그러했다. 하나님의 깊은 비밀이 아니라 정반대로 사탄의 깊은 것들이다. 전부가 그런 것은 아니다. "두아디라에 남아 있어(the rest)"라는 것은 '적은 수'의 '남은 자'가 그것을 알지 못한다는 의미이다. 많은 사람이 사탄의 깊은 것과 관련되었지만, 주님은 '남은 자'에게는 다른 짐을 지울 것이 없으시다.

계시록 17장은 큰 음녀에 대한 심판이 있다. 4~5절은 "그 여자는 자주 빛과 붉은 빛 옷을 입고 금과 보석과 진주로 꾸미고 손에 금 잔을 가졌는데 가증한 물건과 그의 음행의 더러운 것들이 가득하더라 그의 이마에 이름이 기록되었으니 비밀이라(MYSTERY), 큰 바벨론이라(BABYLON THE GREAT), 땅의 음녀들과 가증한 것들의 어미라(THE MOTHER OF HARLOTS AND ABOMINATIONS OF THE EARTH) 하였더라"고 말씀한다.

계시록 17장의 가증한 물건들인 우상들과 음행의 더러운 것들이 가득하고 이마에 비밀이라고 쓴 큰 음녀가 계시록 2장에 언급된 '사탄의 깊은 것'이 있었던 두아디라 교회로서 로마 가톨릭 교회라는 증거이다. 큰 바벨론이라(BABYLON THE GREAT)로 불리는 것은 영적인 음행이 창궐하고 번성했기 때문이다.

### • 남은 자들 (Remnant)

주님은 "사탄의 깊은 것(the depths of Satan)을 알지 못하는 너희"가 있음을 말씀한다. 표준새번역과 우리말 성경은 "남은 사람들"로 번역했는데, 성경의 흐름과 일치한다. 로마서 11:2~5에서 바울은 이스라엘의 구원과 '남은 자'(remnant)에 대하여 말씀한다.

하나님이 그 미리 아신 자기 백성을 버리지 아니하셨나니 너희가 성경이 엘리야를 가리켜 말한 것을 알지 못하느냐 그가 이스라엘을 하나님께 고발하되 주여 그들이 주의 선지자들을 죽였으며 주의 제단들을 헐어 버렸고 나만 남았는데(I am left alone) 내 목숨도 찾나이다 하니 그에게 하신 대답이 무엇이냐 내가 나를 위하여 바알에게 무릎을 꿇지 아니한 사람 칠천 명을 남겨 두었다(have reserved) 하셨으니 그런즉 이와 같이 지금도(at this present time also) 은혜로 택하심을 따라 남은 자(remnant)가 있느니라(롬 11:2~5)

엘리야는 '오직 나만 남았습니다'라고 하나님께 탄원했다. 하나님은 바알에게 무릎을 꿇지 않은 사람 7,000명을 보존해 두셨고, 그들을 '남은 자', 'remnant'라 부른다. 계시록의 일곱 교회의 마지막 구절마다 '이기는 자'를 언급하셨다. 이들은 '남은 자'(remnant)와 동일한 의미이다. '지금도' 은혜로 택하심을 따라 남은 자가 있다.

사도 요한 당시 온 세계는 로마 황제가 다스리고 있고, 스스로 신이 되어 황제 숭배를 강요하고 교회는 환난 가운데 있었다. 주님은 어디 계시는가? 계시록 4장은 하늘이 열리며 하나님의 보좌를 보이고, 5장에서는 승천하신 그리스도께서 하나님 보좌 우편에 계셔서 하늘과 땅의 권세를 갖고 통치하신다. 대적하는 세상 사람들이 구원받기 위하여 주님은 '물리적으로' 심판하지 않고 참고 계신다. 그래서 한편으로 교회는 환난 가운데 있다.


## 5. 이기는 자들과 만국을 다스리는 권세

주님은 "이기는 자와 끝까지 내 일을 지키는 그에게 만국을 다스리는 권세를 주리니"라고 말씀한다. '만국을 다스리는 권세'는 '왕의 권세'를 의미하고 그들을 왕으로 세우신다는 의미이다. 두아디라 교회 시대는 서머나 교회와 같이 박해받는 시대가 아니다. 세상에서 높아져서 교황의 권세가 세속 왕들의 권세를 능가했다. 세상과 교회가 혼합된 시대였다. 사탄의 깊은 것이 교회에 뿌리 박혔다. 주님은 자칭 여선지자 이세벨로 상징된 마리아 숭배와 행음과 우상의 제물 등 사탄의 깊은 것을 알지 못하는 자들이 끝까지 그것을 지키고 이기는 자가 되도록 격려하신다. 그렇다면 잠시 세상의 권세와 명예와 부를 누리는 것보다 더 큰 권세인 '만국을 다스리는 권세'를 주실 것을 약속했다. 이것은 주님이 하나님의 왕국(왕권)을 가지고 재림하셔서 만왕의 왕으로 세상 나라(왕국)들을 통치하실 때 이기는 자들에게 천 년 동안 왕 노릇 할 권세를 주실 것을 가리킨다.

무천년설은 초림부터 재림까지를 '천년왕국'으로 해석하기 때문에 만국을 다스리는 권세를 주신다는 것을 오늘날(현재) 모든 신자에게 주는 것으로 간주한다. 필자가 무천년설을 비평하는 것은 성경과 일치하지 않을 뿐만 아니라 교회가 바른 종말론 신학과 신앙을 갖는 것이 중요하기 때문이다. 일례로, 오늘날 천년 왕국설에는 세 가지 견해 즉 무천년설과 전천년설과 후천년설이 있다. 오늘날 신학교에서 개혁주의적인 천년왕국설이라고 다음과 같이 말한다.

> 개혁주의적인 천년왕국설은 어떤 것인가? 세대주의 전천년설을 제외한 세 가지 천년 왕국설 즉 무천년설과 전천년설과 후천년설이 복음주의권에서는 채택될 수 있을 것이다.

세 가지 중에서 어느 것을 취해도 큰 문제가 없다고 가르치는 것은 논리적으로 모순이 아닐 수 없다. 세 가지 관점이 다른데 어떻게 아무 문제가 없을 수 있는가? 전천년설은 재림 후에 이 땅에서 주께서 천 년 동안 왕 노릇 하고 그때에 이기는 자들이 '만국을 다스리는 권세'를 받아 천 년 동안 왕 노릇 한다는 견해로서 성경과 일치하고 초대교회 신자들과 초대 교부들이 가졌던 신앙이다. 천년왕국의 주제는 계시록 20장의 주요 메시지이기 때문에 2권에서 자세히 논증할 것이다.

## 1. 네 교회의 역사성과 예언성

계시록의 일곱 교회는 그 당시의 현존하는 교회이면서, 전 시대에 나타난 교회를 대표한다. 즉, 주님께서 보실 때 많은 교회가 있을지라도, 일곱 교회(종류)가 있다는 것이다. 예를 들면, 에베소 교회는 '한 교회'(단수)이기 때문에 "성령이 교회(단수)에게 하시는 말씀을 들으라"라고 해야 한다. 그런데, 각 교회마다 "성령이 교회들(복수)에게 하시는 말씀을 들으라"고 말씀한다. 이것은 에베소 교회에 대한 메시지가 모든 교회에게도 말씀하신다는 의미이다. 이것이 계시록의 일곱 교회의 예언성이다. 일곱 교회를 통해서 오늘날 각 교회의 영적인 상태를 볼 수 있다. 주님의 모습과 칭찬과 책망과 약속은 교회를 위한 것이다. 오늘날 교회는 성령님의 음성을 들을 수 있는 귀를 가져야 한다.

|  | 에베소 | 서머나 | 버가모 | 두아디라 |
|---|---|---|---|---|
| 특징 | 초대 교회 이후 | 박해 받는 교회 | 세상과 결혼한 교회 | 세상에서 높여진 교회 |
| 주님 계시 | 일곱별 붙든 일곱 금 등대 사이 다니시는 분 | 처음과 나중 죽었다가 다시 살아나심 | 좌우에 날선 검을 가진 분 | 눈: 불꽃 같음 발: 빛난 주석 하나님의 아들 |
| 칭찬 | 9가지 덕목 | 환난과 궁핍 충성함 | 믿음을 안 버림 증인 안디바 | 사업, 사랑, 믿음 섬김, 인내 |
| 책망 | 처음 사랑 잃음 | 없음 | 니골라당 발람의 교훈 | 자칭 여선지자 이세벨 용납 |

| 이기는자 | 하나님의 낙원<br>생명나무 | 생명의 면류관<br>둘째 사망<br>해 받지 않음 | 감추인 만나<br>새 이름과 흰 돌 | 만국을 다스리<br>는 권세<br>새벽 별 |
|---|---|---|---|---|
| 교회사 | 교부시대 | 로마 10대 황제<br>박해 기간 | 콘스탄티누스 기독교<br>공인 후 | 데오도시우스 황제<br>국교 후 |
| 이름 | 바람직한 | 몰약 | 결혼 | 끊임없는 제사 |
| 성령 | 교회들에게<br>하시는 말씀 | 교회들에게<br>하시는 말씀 | 교회들에게<br>하시는 말씀 | 교회들에게<br>하시는 말씀 |

## 2. Youtube "워킹바이블 요한계시록 연구소" 채널 참고 영상

#36 무천년설과 전천년설 신학교별 성향! 목회자는 무엇을 가르치는가?

#37 천년왕국 바로 보기! 불못이 상징이기 때문에! 무저갱과 천년왕국이 상징인가?

#53 다니엘의 신상과 세계 역사! 세상 나라는 어떻게 될 것인가?

#54 다니엘의 신상과 세계 역사 종말! 세상 왕국의 멸망과 영원한 왕국!

#55 이사야의 천년왕국1 칼을 보습으로, 창을 낫으로!

#56 이사야서 천년왕국2 이리가 어린 양과 함께!

#57 이사야서 천년왕국3 맹인과 모든 장애인들이 온전케 되는 때!

#59 창세 때 동물들의 약육강식이 있었는가? 천년왕국에는?

#60 이사야서의 천년왕국4 사막에 시내가 흐르는 때! 초림인가? 재림인가?

## 3. Youtube "워킹바이블TV" 채널 참고 영상

### 1) 성령 세례와 불 세례

#27 성령 세례는 알겠는데 불 세례와 성령의 불은 뭔가요?

#28 Wow! 오순절 성령 강림! '불의 혀의 모양'으로 임한 이유는? 바벨탑 사건과
의 연관성

#407 말씀 묵상 QST 365 마태 10강 세례 요한, 회개와 물 세례 vs 성령 세례와 불 세례

#408 말씀 묵상 QST 365 마태 11강 요한에게 세례 받으시는 예수님

## 2) 방언이란 무엇인가?

#329 랄라라 방언 & 따다다 방언! 성령의 은사인가?

#330 사도행전에 나타난 성령 세례와 방언! 랄라라 방언인가?

#331 방언은 영의 비밀을 말한다?

#332 방언4 만일 사도 바울이 우리들에게 방언으로 말한다면 유익할까요?

# Chapter 17 ·
# 사데 교회(3:1~6)

## 1. 사데의 정치, 사회, 종교적인 배경

'사데'는 헬라어 'Σάρδεις(사르데이스)'로서 '남은 자(remnant)', '새로 난(new born)', '새로 된(renewed)', '도망쳐 나온(those escaping)'이라는 의미를 갖고 있다. 이전의 두아디라 교회와 같이 사데라는 이름은 계시록의 일곱 교회가 갖는 예언성을 갖고 있다.

에베소 교회는 매우 '흠모할만한 교회'였다. 모든 신앙의 덕목을 '아홉 가지'나 갖고 있었고 칭찬을 받았다. 오직 한 가지 책망은 '프로토스(πρῶτος)의 사랑', '처음 사랑'을 잃어버린 것이었다. 초대 교회 이후에 '처음 사랑'을 잃어버린 교회의 모습을 보여준다. 그 이후 서머나 교회는 박해받는 교회였다. 서머나라는 이름도 장례에 쓰이는 귀한 향품인 '몰약'을 의미한다.

로마제국은 황제 숭배로 교회를 박해했다. 그들은 예수의 환난에 동참했다. 역사는 네로 황제의 재위 시절인 주후 63년부터 주후 313년 콘스탄티누스 대제가 기독교를 공인한 '밀라노 칙령'이 있기까지 약 250년 동안 로마 황제의 박해가 있었음을 기록한다. 사도 요한이 계시록을 기록할 때도 도미티안 황제(Domitian, AD 81~96)의 박해로 밧모라는 섬에 유배되었다. 버가모 교회는 '이중 결혼'이란 의미로 '세상과 연합한 교회'였다. 데오도시우스 1세(Theodosius, 378~398)가 기독교를 국교화하자 세상 것들이 교회에 들어오게 되었다. 두아디라 교회는 '그침 없는 제사'라는 이름과 같이 "끊임없는 미사"와 자칭 여선지자 이세벨이라고 불린 "마리아 숭배"와 우상의 제물들로 대표되는 로마 가톨릭 교회를 가리킨다. 로마 가톨릭 교회에는 많은 이교적이고 세상적인 것들로 가득하다. 심지어 죄를 속죄받기 위해서 면죄부를 파는 데까지 타락했다.

1517년 마틴 루터는 로마 가톨릭의 부패성에 대한 95개조 반박문을 게시함으로 인해 종교개혁이 일어났고 개혁교회가 시작되었다. 종교개혁으로 회복된 교회가 계시록의 사데 교회이다. 일곱 교회는 그 이름의 의미와 함께 그 교회가 갖는 특성과 일치한다. 더욱 놀라운 것은 역사적으로 일련의 교회의 변천 과정을 보여준다. 그래서 이런 예언적 특성으로 인해 일곱 교회는 계시록에 기록되었다. 사데는 리디아 왕국의 수도로 세계에서 가장 크고 화려한 도시 중의 하나였다. 역사적으로 세계 최초의 금화 동전을 주조한 것도 산업이 발전한 부유한 도시라는 것을 보여준다. 트몰루스 산맥에서 발원하여 흐르는 팍톨루스(Pactolus)강은 '황금천'이라고 불렸는데, 금이 많았기 때문이다. 사데는 지리적으로 남쪽을 제외한 삼면이 절벽에 둘러싸인 난공불락의 도시였다. 그런데 BC 546년 페르시아의 고레스 왕에게 점령되었고, 이 지역의 중요성 때문에 페르시아의 수도 수사에서 사데까지 '왕의 길'을 건설했다. 그 후 로마의 통치를 받았다.

## 2. 사데 교회에 대한 주님에 대한 계시

### 1) 하나님의 일곱 영

계시록 3:1은 "하나님의 일곱 영과 일곱 별을 가지신 이가 이르시되"라고 말씀한다. 첫째, 주님은 자신을 '하나님의 일곱 영'을 가지신 분으로 계시하셨다. '일곱 영'은 성령님을 의미한다. 이것은 성령님이 일곱 분이 계시다는 것을 의미하지 않는다. 성령님은 영원토록 아버지와 아들에게서 나오시는 분이다. 하나님의 일곱 영은 일곱 배로 역사하는 성령님을 의미한다. 또한 하나님의 일곱 영을 가지신 분이 예수 그리스도이심을 보여준다. 사데 교회에게 하나님의 일곱 영을 가지신 주님이라는 것을 계시한 이유는 무엇인가? 교회의 생명은 성령님이다. 특별히 하나님의 일곱 영을 언급하신 것은 사데 교회에 '일곱 배로 역사하는 성령님'이 필요하다는 것을 의미한다. 사데 교회는 주님의 말씀을 통해서 그들의 참된 필요를 깨닫게 될 때, 하나님의 일곱 영을 가지신 주님을 의지하게 될 것이다.

## 2) 일곱 별

주님은 '일곱 별'을 가지신 분으로 계시하셨다. 일곱 별은 일곱 교회의 사자이다. 무천년설은 일곱 교회의 사자를 '일곱 교회의 천사들'이라 해석한다. 이것이 오류인 것은 이미 1장에서 논증했다. '사자'로 번역된 원문은 ἄγγελος(앙겔로스)로 '사자, 천사, 보냄을 받은 자'라는 뜻이다. 이 단어가 쓰일 때 우리가 생각하는 '천사'로도 쓰이고, '사람으로서 보냄을 입은 자'로도 쓰인다. 천사들은 일곱 교회와 직접적으로 관계가 없기 때문에 일곱 교회의 사자는 '천사'가 될 수 없다. 계시록 2장의 일곱 교회의 사자의 '사자'라는 단어는 원문에서 ἄγγελος(앙겔로스)로서 '보냄을 입은 자로서 사자(사람)'을 가리킨다. 천사들은 후사인 교회들을 위해 섬기는 종의 위치에 있다. 일곱 별은 주님이 일곱 교회를 목양하기 위해서 보내신 사자(사람)들을 가리킨다.

구속의 역사를 성취하신 주님은 누구에게 주님의 양들을 위임하셨는가? 요한복음 21장에서 "내 어린 양을 먹이라", "내 양을 치라", "내 양을 먹이라"고 위임한 것은 시몬 베드로이다. 만일 일곱 교회의 사자가 '천사'라면, 주님이 이 땅에서 주님의 양들을 목양할 것을 위임받은 자는 시몬 베드로가 아니라 '천사들'이어야 했다. 성경 전체 문맥은 '팩트'로서 서로 연결된다. 이것이 성경을 QST하는 것이다. 성경의 모든 상황과 문맥은 서로 연결되기 때문에 서로 그 의미를 보여준다. 일곱 교회는 그리스도께서 일곱 교회의 사자들을 보내신 분임을 알아야 했다. 주님은 일곱 교회의 사자들을 보내신 목자장이다.

주님을 하나님의 '일곱 영'과 '일곱 별'을 가지신 분으로 계시하신 이유는 무엇인가? '일곱 영'은 사데 교회에게 '일곱 배로 역사하는' 성령님이 필요하다는 것을 가리킨다. 일곱 별은 일곱 교회의 사자이며 그들의 사명이 '별과 같이 빛나는 것'임을 의미한다. 하루는 낮과 밤이 있다. 낮은 해가 비치기 때문이고, 밤이 오는 것은 해가 지기 때문이다. 해가 지는 밤을 위해 어둠을 밝히는 '작은 광명'인 달(moon)을 두셨다. 달은 차기도 하고 기울기도 한다. 보름달이 기울어서 초승달이 되고 심지어 그믐달이 되기도 한다. 그런 때에도 하늘에는 어둠을 밝히는 별(star)이 있다.

다니엘 12:3은 "지혜 있는 자는 궁창의 빛(the brightness of the firmament)과 같이

빛날 것이요(shall shine) 많은 사람을 옳은 데로(to righteousness) 돌아오게 한 자는 별과 같이(as the stars) 영원토록 빛나리라"고 말씀한다. 많은 사람을 옳은 데로 돌아오게 하는 것은 '의(righteousness)'를 가리키고, 의는 '하나님의 왕국'을 의미한다. 하나님의 왕국은 하나님의 의로우신 통치를 의미한다. 의로운 왕국 백성으로 이끄는 자를 '별들'로 비유했다.

별은 어두운 밤 하늘에 빛을 발함으로 사람들로 하여금 방향을 분별하게 한다. 일곱 교회의 사자(종)들을 일곱 별로 비유한 것은 그들의 사명이 '빛이신 하나님의 말씀'으로 성도들을 인도해야 한다는 것을 가리킨다. '일곱 영'과 '일곱 별'을 언급하신 것은 양자가 서로 상관관계가 있다는 것을 의미한다.

성령이 일곱 배로 역사하는 것은 '내적'이고, 일곱 별이 빛을 발하는 것은 '외적'이다. 이 둘은 '동전의 양면'과 같다. 별이 빛나기 위해서 내적으로 일곱 배로 역사하는 성령님이 있어야 한다. 일곱 배로 역사하는 성령님은 그 자체를 위한 것이 아니라, 일곱 교회의 사자인 별이 빛을 발하게 하기 위한 것이다. 이것은 주님을 하나님의 일곱 영과 일곱 별을 가지신 이로 계시하신 이유이다. 사데 교회는 타락한 두아디라 교회에서 '나온 자', '남은 자'인 개혁된 교회였다. 개혁된 교회의 참된 필요는 하나님의 일곱 영과 일곱 별을 가지신 주님이다.

## 3. 사데 교회의 영적 상태

### • 사데 교회의 수신자는 누구인가?

사데 교회에 보내는 편지의 수신자를 가리키는 "사데 교회의 사자에게"(3:1)라는 구절은 "τῷ ἀγγέλῳ τῆς ἐν Σάρδεσιν"(토 앙겔로 테스 엔 사르데신)이다. 그레고리 K. 비일과 이필찬 박사는 사데 교회의 대표를 '천사(天使)'라고 해석하는데 잘못된 견해이다. 천사는 구속함을 받은 사람(아담)과 종류가 다르기 때문에 교회의 대표가 될 수 없다. "사데 교회의 사자"는 구속함을 받은 사람으로서 하나님의 종을 가리킨다. 일곱 교회의 '일곱 별'에 관한 것은 이미 "Chapter 11 일곱 별: 천사인가? 사자인가?, 일곱 별은 누구인가?"를 참조하길 바란다.

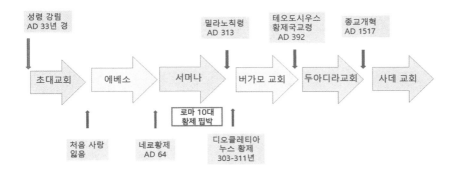

초대교회

성령 강림
AD 33년 경

에베소

처음 사랑
잃음

서머나

네로황제
AD 64

로마 10대
황제 핍박

밀라노칙령
AD 313

디오클레티아
누스 황제
303-311년

버가모 교회

테오도시우스
황제국교령
AD 392

두아디라교회

종교개혁
AD 1517

사데 교회

[ 계시록의 일곱 교회 : 사데 교회 ]

## 1) 살았다 하는 이름을 가짐

주님은 "네가 살았다 하는 이름은 가졌으나"라고 말씀한다. 사데 교회는 '살았다 하는 이름'을 가진 교회였다. '살았다'는 헬라어 'ζῆς'(제스)로 '살다, 살아 있는'의 뜻을 가진 'ζάω'(자오)의 '2인칭 능동태 현재형'이다. 이것은 소극적인 의미가 아니라 적극적인 의미이다. 사데 교회가 '남은 자'라는 의미로 두아디라 교회로 예표된 로마 가톨릭 교회는 '살았다는 이름'도 없는 '죽은 상태'였기 때문이다. 두아디라 교회가 잃어버린 것을 사데 교회는 되찾았기 때문에 '살았다'고 하신다. 마틴 루터의 종교개혁은 '이신칭의' 즉 "오직 믿음으로 말미암아 의롭다 함을 얻는다"는 것이기 때문에 전적으로 '구원의 도'와 관계있다. 종교개혁으로 두아디라 교회에서 나오게 된 것은 참된 회복과 위대한 역사였다. 이스라엘 백성들이 애굽에서 종살이 하다가 영광의 탈출을 한 것과 비교될 수 있다.

## 2) 그러나 & 그리고

주님은 "네가 살았다 하는 이름은 가졌으나 죽은 자로다"라고 말씀한다. 사데 교회의 두 번째 상태를 나타낸다. 개역개정에서는 '가졌으나'로, 즉 "가졌다. 그러나"로 번역했다. 헬라어 원문을 보면 "ὅτι ὄνομα ἔχεις ὅτι ζῆς, καὶ νεκρὸς εἶ"로 접속사 καὶ(카이, and)이다. KJV에서 'and are dead'로 번역한 것도 원문을 '그대로' 번역했기 때문이다. 개역개정에서 '그러나'로 번역한 것은 앞의 구절과 뒤의 구절이 대조를 이루기 때문에 '그러나'가 더 자연스럽다고 판단했기 때문이다.(의역이라고 말할 수 있다)

성경은 앞뒤의 구절이 완전히 대조되기 때문에 '그러나'가 적절함에도 불구하고 왜 'καὶ(카이, and)'를 사용했는가? 앞 구절과 뒤 구절의 상태를 그대로 보여주기 위해서이다 이 구절을 풀어 쓴다면, "너는 살았다 하는 이름을 가졌다. 그리고 실상은 죽은 자이다"라는 의미이다. 역접 접속사 '그러나'는 뒤의 문장에 힘이 실리는 반면에, '그리고'는 앞뒤 구절의 의미를 대등하게 보여준다. 성령님은 'καὶ(카이, and)'라는 접속사를 통해서 사데 교회의 상태를 보이셨다. '살았다 하는 이름'은 "믿음으로 의롭다 함을 받는다"는 '이신칭의'와 관계있다. 에베소서 2:8~9은 구원의 성격이 무엇인지 다음과 같이 말씀한다.

> **너희는 그 은혜에 의하여(by grace) 믿음으로 말미암아(through faith) 구원을 받았으니(are saved) 이것은 너희에게서 난 것이 아니요 하나님의 선물(the gift of God)이라 행위에서 난 것이 아니니(not of works) 이는 누구든지 자랑하지 못하게 함이라** (엡 2:8~10),

'칭의'는 신앙의 기초로서 믿음의 시작을 의미한다. '이신칭의'는 구원을 가져오는 놀라운 것이다. 그렇다고 해서 칭의가 모든 진리를 대표하지 않는다. 칭의의 성격은 "내가 의롭다"라는 의미보다 "하나님께서 나를 의롭다고 칭하셨다"라는 '수동적'인 의미이다. 하나님의 법정에서 죄인들에게 주시는 선언으로서, 주권이 전적으로 하나님께 있다. 칭의는 모든 믿는 자에게 주어지는 선물이다. 이는 객관적인 것이며 단회적이다.

### 3) 실상은 죽은 자

주님은 사데 교회를 "실상은 죽은 자"라고 불렀다. 이것은 그들이 "구원을 잃어버렸다" 혹은 "생명을 잃어버렸다"는 의미가 아니다. '죽은 자'는 헬라어

'νεκρὸς'(네크로스)로 "죽은, 생명이 없는, 영적으로 죽은"이라는 의미이다. 따라서 '영적으로 죽은 상태'를 가리킨다. 이것을 이해하는 중요한 열쇠가 있다. "네 행위를 아노니 실상은 죽은 자"라 불려진 사데 교회가 '영적으로 죽은 것'은 '그들의 행위들'과 관계있다. 행위는 원문에서 '행위'를 의미하는 'ἔργον'(에르곤)의 '복수형'인 'ἔργα'(에르가)이다. 따라서 "네 행위들을 아노니"라고 번역해야 한다. 주님은 모든 교회의 신앙생활의 '행위들'을 보시고 또한 아신다. 하나님은 우리의 마음, 중심을 보시는 분이다. 그래서 신앙의 외적 행위들은 그렇게 중요하지 않다고 생각할 수 있다. 그것은 오해이다. 하나님이 마음까지 살피시는 분이라면 "모든 행위들(works)"을 당연히 보시고 아신다.

만일 하나님을 사랑하고 경외한다는 신자가 자주 예배를 소홀히 하여 참석하지 않았다고 가정해 보자. 예배는 믿음의 행위로서 신앙생활 중의 기본이며 작은 부분이다. 바로 그것을 통해 보이지 않는 하나님에 대한 믿음이 어떠한지를 알 수 있다. 만일 그 작은 기본적인 것조차 소홀히 한다면, 더 이상 깊은 믿음의 비밀은 없다고 할 수 있다. '신앙의 행위들'은 마음에 있는 보이지 않는 '믿음의 표현'이다. 씨앗을 심고 물을 주면 싹이 나고 자라나듯이, 보이지 않는 믿음이 살아있다면 마땅히 '믿음의 행위들'이 있다.

사데 교회는 살았다 하는 이름은 가졌지만, 믿음의 행위들이 없음으로 죽은 것과 같았다. 종교개혁자들과 종교개혁의 후예들은 "오직 의인은 믿음으로 말미암아 살리라"는 말씀을 '구원의 방면'으로 이해한다. '산다'는 헬라어 'ζήσεται'(제세타이)로 '살다, 숨쉬다, 거하다'라는 뜻의 'ζαω'(자오)의 '미래 중간태'이다. 따라서 "생명을 얻은 후 계속적으로 산다"라는 의미를 포함한다. 종교개혁자들이 주목했던 "오직 의인은 믿음으로 산다"는 것은 '생명'을 얻는 '구원의 방면'(단회성)이 있을 뿐만 아니라 '계속적으로 믿음으로 산다'(계속성)라는 의미도 있다. 사데 교회가 '살았다 하는 이름'을 가졌다는 것은 믿음으로 구원받은 것을 가리킨다. 그런데 그 이후 "계속적으로 믿음으로 살아야 한다"는 것을 깨닫지 못했다. 그 결과 믿음으로 사는 행위들이 없음으로 '영적으로 죽어 있다'는 것을 지적하셨다. 야고보서 2:26은 "영혼(the spirit)없는 몸(the body)이 죽은 것 같이 행함(works)이 없는 믿음(faith)은 죽은 것(dead also)이니라"고 말씀한다.

## 4. 주님의 권면과 경고

주님은 사데 교회에 대하여 "너는 일깨어 그 남은 바 죽게 된 것을 굳건하게 하라. 내 하나님 앞에 네 행위의 온전한 것을 찾지 못하였노니"라고 말씀한다. '남은 바 죽게 된 것'은 '살았다 하는 이름을 가졌으나 실상은 죽게 된 것'을 가리키고 '행위의 온전치 못한 것'과 관계있다. 따라서 사데 교회의 문제는 '온전치 못함'의 문제였다. '살았다 하는 이름'은 '이신칭의'로 주어진 것이다. 그것은 신앙의 전부가 아니라 기초이다. 온전치 못하다는 것은 기초를 놓았는데 그것이 전부인 상태와 같다는 것을 가리킨다. 온전케 되기 위하여 칭의를 주신 반석이신 그리스도 위에 집을 지어야 한다. 고린도전서 3장의 지혜로운 건축자의 비유는 고린도 교회뿐만 아니라 사데 교회의 영적 상태를 보여준다.

### 1) 건축자의 비유

고린도전서 3장은 지혜로운 건축자와 같이 '금과 은과 보석'으로 집을 짓고, '나무와 풀과 짚'으로 집을 짓지 말 것을 말씀한다. 반석은 그리스도로서 신앙의 기초이다. 신자들은 그 위에 두 종류의 집을 짓는다. 사데 교회가 '실상은 죽은 자'로 '온전함을 찾지 못했다'는 것은 금과 은과 보석으로 집을 짓지 않고, 나무나 풀이나 짚으로 지었다는 것을 의미한다. 이것은 불이 그 공력(공적, 행위들, works)을 밝힐 때 불에 타 없어질 것이다. 흔히 이런 상황을 볼 때, "구원 탈락하여 지옥에 갔다"고 단정하는데 오해이다. 이런 오류를 바로 잡기 위해서 성경은 구원의 문제가 아님을 말씀한다. 고린도전서 3:14~15은 구원의 문제가 아닌 공력(work)의 문제라고 말씀한다.

> 만일 누구든지 그 위에 세운 공적이(any man's work) 그대로 있으면 상(a reward)을
> 받고 누구든지 그 공적이(any man's work) 불타면(shall be burned) 해를 받으리니(shall
> suffer loss) 그러나 자신은 구원을 받되(shall be saved) 불 가운데서 받은 것 같으리라
> (고전 3:14~15)

반석이신 그리스도 위에 집을 건축하는 것은 '구원의 문제'가 아니라 '상의 문제'이다. 불타는 것은 그 공력(works, 행위들)이 '온전치 못했다'는 것을 가리키고, 주님의 인정을 받지 못했고 '상을 잃어버렸다'는 것을 의미한다. 그래서 '자신은 구원을 얻되'라고 구체적으로 구원의 문제가 아니라는 것을 지적한다. 혹시라도 "크리스천들도 지옥에 갈 수 있다"는 '구원 탈락'을 주장하는 새 관점 칭의론의 오류를 예방하셨다. (변승우 목사의 "지옥 가는 크리스천들"이라는 책은 성경을 오해한 것이다)

사데 교회는 남은 바 죽게 된 것을 굳게 해야 했다. '굳게 하라'는 헬라어 'στήριζω(스테리조)로 '굳게 고정시키다, (어떤 방향으로)단호히 돌리다, 견고하게 세우다'라는 의미이다. 굳게 해야 할 것은 '실상은 죽은 것' 즉 '행위의 온전치 못한 것'을 가리킨다. 사데 교회는 살았다 하는 이름을 가졌으나, 행위의 온전한 것이 결핍되었다. 이신칭의는 구원의 시작에 해당되고, 그 이후 행위(works)가 변화해야 한다는 것을 가리킨다.

## 2) 유월절과 무교절 관계

구약에서 칭의에 해당하는 절기는 유월절이다. 칭의가 예수 그리스도를 믿음으로 주어진 것처럼 유월절은 전적으로 유월절 어린 양에 달렸다. 이스라엘 백성들은 집집마다 흠 없는 어린 양을 취하여 그 피를 자신의 집의 인방과 문설주에 발라야 했다. 그 밤에 여호와가 "그 피를 보고 넘어가리라"고 했기 때문이다. 어린 양의 피는 보배롭고 귀한 예수 그리스도의 보혈을 의미한다. 유월절은 유월절로 끝나지 않고, 무교절로 이어진다. 하나님께서는 그의 백성들이 유월절 어린 양을 통해 구원받은 후, 무교절을 지키기를 원하셨다. 무교절은 '누룩이 없는 빵'을 먹는 절기이다. 누룩은 죄를 상징한다. 고린도전서 5:6~8은 누룩을 어떻게 처리해야 할지를 말씀한다.

> 너희가 자랑하는 것이 옳지 아니하도다 적은 누룩(a little leaven)이 온 덩어리에 퍼지는 것을 알지 못하느냐 너희는 누룩 없는 자인데 새 덩어리가 되기 위하여 묵은 누룩을 내버리라 우리의 유월절 양 곧 그리스도께서 희생되셨느니라 이러므

로 우리가 명절을 지키되 묵은 누룩(old leaven)으로도 말고 악(wickedness)하고 악의 (malice)에 찬 누룩으로도 말고 누룩이 없이 오직 순전함(sincerity)과 진실함(truth) 의 떡으로 하자(고전 5:6~8)

유월절에 이어 무교절을 지키는 것은 구원받은 하나님의 백성들이 '죄가 없는 삶', '죄를 이기는 삶' 즉 '의로운 삶'을 살아야 한다는 것을 가리킨다. 사데 교회 는 믿음으로 말미암은 '의롭다 하심'(justification)을 받았기 때문에 '살아있는 자' 라 불릴 수 있다. 그런데 행위의 온전한 것이 없었다. 이것은 개혁된 교회의 또 다른 이면임을 성경이 계시한다. 행위의 온전한 것은 '의로운 삶'을 가리킨다. 칭 의를 받았다고 해서 모두 '자동으로' 의롭게 사는 것이 아니기 때문이다.

사도 바울이 고린도전서 5장에서 순전함(sincerity)과 진실함(truth)의 떡을 언 급했는데, 칭의(justification)의 방면이 아니라 의(righteousness)의 방면을 가리킨다. 마태복음 5:20에서 예수님은 "내가 너희에게 이르노니 너희 의(your righteousness) 가 서기관과 바리새인보다 더 낫지 못하면 결코 천국(the kingdom of heaven)에 들 어가지 못하리라"고 말씀한다. '너의 의'는 칭의가 아닌 '행위로서의 의'이다. 사 데 교회에 말씀한 '행위의 온전한 것'과 일치한다.

### 3) 칭의와 의

칭의(justification)와 의(righteousness)는 유사한 것 같지만 동일한 개념이 아니 다. 구원은 믿음으로 말미암아 칭의를 얻는다는 것을 의미한다. 의(righteousness) 는 '믿음으로 사는 문제', '믿음의 행위들'의 문제이다. 사데 교회의 부족은 '행위 가 온전케 되는 문제'였고, 구원과 관계된 것이 아니라 의(righteousness)와 관계된 다. 사데 교회가 '실상은 죽은 자'라고 불린 이유는 순종이 결핍됐다는 것을 가 리킨다.

오늘날 대다수 신자들이 가지고 있는 천국의 개념은 "칭의, 구원받은 신자는 사후에 모두 하늘에 있는 천국에 간다"는 믿음이다. 로마 가톨릭과 개혁교회가 동일한 관념을 공유했다는 것은 놀랍다. 이것은 무엇인가 문제가 있다는 것을 암시한다. 아합 왕이 우상을 섬기는 이세벨과 결혼한다는 것이 '부정적'인 의미인 것처럼, 개혁교회가 큰 음녀로 불리는 로마 가톨릭과 같은 신앙을 공유한다는 것은 매우 '소극적'인 의미이다. 이런 관념은 신자들이 하나님의 의로운 말씀을 따라 살아야 한다는 당위성을 단칼에 없애버리는 결과를 가져온다. 그 결과 하나님의 말씀과 성령의 열매를 맺는 삶과 제자가 되는 신앙의 목표는 유통기한이 지난 식품처럼 되었다. 주님은 사데 교회에 대하여 회개를 촉구했다. 살았다 하는 이름을 가졌지만 실상은 죽은 자의 상태를 인식하여 온전하게 되기 위해 생각을 바꾸는 것이 필요하다. 필자가 쓴 "저 사람 천국 갈 수 있을까?"와 "구원 탈락인가? 거짓 신자인가?"는 사데 교회로 예표된 종교개혁의 후예들에게 필요한 메시지이다.

## 4) 주님이 도둑 같이 오심

계시록 3:3은 "만일 일깨지 아니하면 내가 도둑 같이 이르리니 어느 때에 네게 이를는지 네가 알지 못하리라"고 말씀한다. 주님은 사데 교회에 주님의 재림과 관련하여 '도둑 같이' 임할 것이라고 하셨다. 이것은 사데 교회가 일깨지 않을 경우에 대한 경고이다. '일깨지 않으면'은 '회개치 않으면'과 일맥상통한다. '도둑 같이'는 이 땅의 도둑이 금과 은과 보석과 같은 귀중품을 훔쳐가기 위해서 잠들어 있는 시간에 은밀하게 오듯이 주님이 보화와 같은 성도들을 데려가기 위해서 은밀하게 오실 것을 가리킨다. 사데 교회는 이신칭의로 구원을 받았지만, 행위의 온전한 것이 없는 상태이기 때문에 주님은 일깨어 있을 것을 권면했다.

마태복음 24:42 이하는 "그러므로 깨어 있으라(Watch therefore) 어느 날에 너희 주가 임할는지 너희가 알지 못함이니라 너희도 아는 바니 만일 집 주인이 도둑이 어느 시각에 올 줄을 알았더라면 깨어 있어 그 집을 뚫지 못하게 하였으리라 이러므로 너희도 준비하고 있으라(Therefore be ye also ready) 생각하지 않은 때에 인자가 오리라"고 말씀한다. 이것은 사데 교회에 대한 경고와 일치한다.

"깨어 있다"는 것을 "물리적으로 잠을 자지 않고 있으라"는 의미로 생각할 수 있다. 그러나 잠을 자지 않을 수 있는 사람은 없기 때문에 그런 '문자적인' 의미가 아니다. 따라서 "깨어 있다"는 것은 비유이다. 이것은 매우 추상적이기 때문에 이 말씀에 대한 여러 가지 견해들이 있을 수 있다. 마치 소경이 코끼리를 만지고 코끼리가 어떤 동물인지 말하는 것과 같다. 그들이 만진 것을 말한 것은 사실이지만, 일부를 전부로 말하기 때문에 문제가 있다. "깨어 있다"는 것은 사데 교회에 대하여 회개하여 남은 바 죽게 된 것을 굳건히 하고 행위들이 온전케 되는 것이다. 그러므로 깨어 있는 것은 일시적인 것이 아니라 전(全) 신앙생활을 포함한다. 우리의 모든 삶을 하나님께로 돌이키고 온전한 믿음의 행위들을 갖는 것이다. '온전함'의 문제는 '단회적'인 것이 아니라 '계속적'인 것이다. 따라서 신자의 전생애를 포함한다.

## 5. 사데 교회에 옷을 더럽히지 않는 자들

### 1) Not 'many' But 'a few'

4절은 "그러나 사데에 그 옷을 더럽히지 아니한 자 몇 명이 네게 있어 흰 옷을 입고 나와 함께 다니리니 그들은 합당한 자인 연고라"고 말씀한다. 사데 교회는 살았다 하는 이름을 가졌지만 실상은 죽은 자였다. '살았다 하는 이름'은 적극적인 의미로 사데 교회 전체가 공유한 믿음이다. 그에 반하여 '실상은 죽은 자'라는 것은 사데 교회의 '전체'(all)를 가리키는 것이 아니라 '대다수'(almost)를 가리킨다. 왜냐하면, "사데에 그 옷을 더럽히지 아니한 자 몇 명이 네게 있어"라는 것은 "소수의 영적으로 죽지 않은 자가 있다"는 것을 가리키기 때문이다. 따라서 '영적으로 살아있는 자'는 '적은 수'이다. "몇 명"이라는 것은 긍정'의 의미인 'a few'나, 부정의 의미를 가진 'few'를 가리킨다. 영적으로 살아있는 자는 '다수'(many)가 아니다. 주님의 경고는 우리들로 하여금 느슨하거나 방종으로 흘러가지 않도록 경고한다. 행위의 온전한 것을 갖는 자는 영적으로 살아있는 자로서 '이기는 자'이다.

### 2) 더럽혀지지 않은 옷

4절은 "옷을 더럽히지 아니한 자"를 언급한다. 옷은 헬라어 'ἱμάτιον'(히마티온)

으로 '겉옷, 외투'를 의미하고, '더럽히다'는 'ἐμόλυναν'(에몰뤼난)으로 '더럽히다, 오염시키다, 얼룩지게 하다'를 뜻하는 'μολύνω'(몰뤼노)의 '아오리스트 동사'이다. "옷이 더럽혀진 것"은 앞 구절의 "살았다 하는 이름을 가졌지만 실상은 죽은 자"라는 것과 관계있고, 행위의 온전한 것을 찾지 못한 것도 '더럽혀진 옷'과 관계있다. 사데 교회는 '이신칭의'로 새롭게 태어난 개혁교회이다. 이신칭의란 "믿음으로 구원받는다"는 것을 의미한다. 이것은 전적으로 하나님의 은혜이며, '단회적'이라는 특징이 있다.

칭의를 받은 후 하나님의 자녀로서 '의롭게' 살아야 한다. 이것은 '계속적'인 특성이 있다. 그래서 구원받은 후 하나님의 말씀을 따라 순종하며 사는 것이 중요하다. 사데 교회에 언급된 모든 주제는 '옷'과 관련되는데 '행위의 온전한 것'과 일치하며, 구원받은 후의 문제이다.

"옷을 더럽히지 않았다"는 것은 죄와 세상적인 것에 사로잡히지 않고 의롭게 살았다는 의미이다. 유월절은 바로 무교절로 이어졌다. 구원받은 백성들이 누룩이 없는 떡이 되어야 한다는 것을 가리킨다. 죄를 이기는 가장 좋은 길은 죄를 피하려고 하는 것보다 죄를 미워해야 한다. 그리고 적극적으로 의로우신 주님을 닮고 따라가는 것이다. 사데 교회 가운데 옷이 더럽혀지지 않은 몇 명은 칭의를 받은 후에 의로우신 주님을 닮아 하나님의 말씀을 따라 의롭게 산 성도들이다.


## 6. 이기는 자에게 주는 약속 1: 흰 옷을 입고 주님과 함께 다님

'옷을 더럽히지 아니한 자'는 '흰 옷을 입고 나와 함께 다니리니'라고 말씀한다. 개역개정에서 '흰 옷을 입고'라고 번역했는데, 헬라어 원문에는 앞 4절에서 언급한 '옷'을 의미하는 'ἱμάτιον'(히마티온)이 없고 'ἐν λευκοῖς'(엔 류코이스)로 기록됐다. 'ἐν'은 'in'을, 'λευκος'(류코스)는 '빛나는, 흰(white)'의 의미로, 이미 앞 구절에서 'ἱμάτιον'(히마티온, 옷)이 언급되었기 때문에 '흰 옷을 입고'라는 의미이다. '흰 옷'은 순결과 승리 그리고 주님의 인정을 의미한다. 순교자들의 탄원에 대하여 계시록 6:9~11은 다음과 같이 보여준다.

다섯째 인을 떼실 때에 내가 보니 하나님의 말씀과 그들이 가진 증거로 말미암아 **죽임을 당한 영혼들이**(the souls) 제단 아래에 있어 큰 소리로 불러 이르되 거룩하고 참되신 대주재여 땅에 거하는 자들을 심판하여 우리 피를 갚아 주지 아니하시기를 어느 때까지 하시려 하나이까 **각각 그들에게 흰 두루마기**(white robes)**를 주시며** 이르시되 아직 잠시 동안 쉬되 그들의 동무 종들과 형제들도 자기처럼 죽임을 당하여 그 수가 차기까지 하라 하시더라(계 6:9~11)

순교자들에게 '흰 두루마기'를 주신 이유는 무엇인가? 이것은 "그들이 승리하였고, 주님께서 인정하신다"는 의미를 함축한다. 성경에서 흰 옷을 주시는 것은 '승리와 인정'을 의미한다. 그리고 '나와 함께 다닐 것'을 약속하신다. 이것은 언제 성취되는가? '다닌다'는 헬라어 'περιπατήσουσιν'(페리파테수신)으로 '주위를 걷다, 두루다니다'의 의미를 가진 'περιπατεω'(페리파테오)의 '3인칭 복수 미래형'이다. 따라서 주님과 함께 걷는 것은 '장차 있을 일'로 재림 후 천년왕국에서 그리스도의 신부로 왕 노릇 할 것을 의미한다.

천년왕국의 왕으로 들어가는 것은 그때에(미래) 비로소 어떻게 되는 문제가 아니다. 현재 어떻게 주님을 따르고 섬겼는가로 결정된다. 물론 장차 흰 옷을 입고 주님과 함께 걷는 것이 미래라고 해서, 현재에 누리지 못하는 것이 아니다. 에녹이 300년을 하나님과 동행하다가 하나님께서 죽음을 보지 않고 에녹을 데려가신 것처럼, 성령의 임재 가운데 동행한다. 현재 하나님과 동행하는 신자는 '장차' 주님께서 흰 옷을 주실 것이고, 그리스도의 신부로서 주님과 함께 걷게 될 것이다. 이것이 주님의 약속이다. 성도들의 소망인 어린 양의 혼인 잔치에 대하여 계시록 19:7~8은 이렇게 말씀한다.

우리가 즐거워하고 크게 기뻐하며 그에게 영광을 돌리세 **어린 양의 혼인**(the marriage of the Lamb) 기약이 이르렀고 그의 아내(his wife)가 자신을 준비하였으므로 그에게 **빛나고 깨끗한 세마포 옷**(in fine linen, clean and white)을 입도록 허락하셨으니 이 세마포 옷(the fine linen)은 **성도들의 옳은 행실**(the righteousness of saints)이로다 하더라(계 19:7~8)

빛나고 깨끗한 세마포 옷을 성도들의 옳은 행실이라고 말한다. 사데 교회는 살았다는 이름을 가졌지만 영적으로 죽어 있었다. 그것은 행위의 온전하지 못한 것과 더럽혀진 옷으로 비유된 것처럼 '행위의 문제', "의로운 행실이 없었다"는 것을 가리킨다. 성도들의 의로운 행실은 옷을 더럽히지 않는 것이고, 주님께서 장차 흰 옷을 주시고 함께 걸을 것을 약속하신 것처럼 어린 양의 혼인 잔치에서 성취될 것이다. 어린 양의 혼인 잔치가 이르고 그리스도의 신부가 준비될 때에야 비로소 '할렐루야'가 나온다.

이것은 신약 성경에서 최초로 나오는 '할렐루야'이다. 예수님이 성육신하여 탄생할 때에도 할렐루야가 없다. 십자가에 죽으시고 부활하실 때에 할렐루야가 있을 법하다. 그런데 어디에도 할렐루야가 없다. 부활 후 하늘로 승천하실 때 할렐루야가 있을 것이라 기대하지만, 그때에도 할렐루야는 없다. 성경에서 할렐루야는 계시록 19장에 이르러서야 나온다. 즉 어린 양의 신부가 준비된 후 어린 양의 혼인 잔치가 있을 때에 있다. 그리스도의 신부가 준비되는 것이 그만큼 중요하다는 것을 의미한다. 왜냐하면, 그리스도의 신부가 준비되어야 그리스도께서 왕 노릇 하실 것이기 때문이다. 그리스도께서 이 땅에서 왕 노릇 하실 때에 비로소 '할렐루야'가 있다는 것은 주님이 이 땅에서 왕 노릇 하심이 그만큼 중요하다는 것을 가리킨다. 주님께서 사데 교회의 옷을 더럽히지 않은 자들에게 흰 옷을 주시는 것은 놀라운 약속이다. 어린 양의 혼인예식이 아직 이르지 않은 이유는 신부가 아직 준비되지 않았기 때문이다. 신부의 자격은 빛나고 깨끗한 세마포 옷으로 성도들의 옳은 행실이다.

## 7. 이기는 자에게 주는 약속 2: 성경의 난제, 생명책에서 이름이 지워지지 않는다

계시록 3:5에서 "내가 그 이름을 생명책에서 결코 지우지 아니하고"라고 말씀한다. 역사상 신학적 난제에 해당하는 구절에 이르렀다. 먼저 이 주제에 대한 대표적인 견해들을 소개하고 그에 대한 비평과 함께 필자의 견해를 제시할 것이다.

## 1) 무천년설: 그레고리 K. 비일의 견해

그레고리 K. 비일은 『NIGTC 요한계시록』(새물결플러스, p.473)에서 그의 견해를 밝혔다.

> 이제 그들의 이름이 생명책에서 지워지지 않을 것이고 마지막 날에 예수도 그가 참되다고 시인 하실 것이다. 이름을 고백하지만 참되지 못한 사람들은 그들의 이름이 생명책에 기록되어 있지도 않을 것이며 참되다고 인정받지도 못할 것이다. 하지만 이기는 자들이 이름이 지워지지 않는다는 것은 충성하는 사람들에게 확신을 주는 역할을 할 뿐만 아니라 흔들리는 사람들에게는 경고로도 작용한다.(그레고리 K. 비일, 『NIGTC 요한계시록』, 새물결플러스, p.473)

## 2) 그레고리 K.비일의 견해에 대한 필자의 비평

**첫째,** 참되지 못한 사람들(이기지 못한 자들)은 그의 이름이 생명책에 기록되어 있지 않을 것이고, 참되다고 인정받지도 못할 것은 확실한 사실이기 때문에 필자도 동의한다.

**둘째,** 비일은 이기는 자들의 이름이 지워지지 않는다는 것은 충성하는 사람들에게 확신을 주는 역할을 할 뿐만이라고 하는데, 그런 근거들을 제시하지 않고 단정했다. 이것은 앞의 생명책에 기록되지 않은 자들을 참되다고 인정받지 못한다는 것은 모순이다. 필자가 볼 때, 무천년설의 관점으로 보니 첫째 견해를 말하고도 후에 부인한다. 더 근원적인 것은 '천년왕국'을 현재(초림과 재림 사이)라고 간주하기 때문이다.

**셋째,** 생명책에서 지워진다는 것을 단지 흔들리는 자에게 경고로도 작용한다는 견해는 약속의 말씀 자체를 무효화시킨다. 이것은 주님의 확실하고도 사랑스런 경고이며, 회개치 않을 때에는 반드시 말씀대로 이루시는 공의에 어긋난다.

**넷째,** 일곱 교회에 대한 마지막 경고와 약속은 순종한 자와 불순종한 자의 행위로 구분되고 반드시 그에 따른 약속의 유무가 주어진다는 공의의 기초를 자의적으로 무시하는 것은 근본적인 오류이다.

## 3) 무천년설: 이필찬 박사의 견해

이필찬 박사는 『요한계시록』(에스카톤, p.361~362)에서 생명책에서 이름이 지워진다는 것에 대한 견해를 밝혔다.

> 이 구절들에서 분명하게 나타나는 사실은 창세 이후로 그 이름이 생명책에 기록되지 못한 자들이 있으며 그것이 최후 심판의 근거가 된다는 점이다. 그러므로 5b절에서 그 이름을 생명책에서 결코 지우지 않겠다고 하시는 것은 그들의 구원에 대한 확고한 보증을 약속하시는 것이다. 이 약속은 이기지 못하면 생명책에서 그 이름을 지워 버리실 것이라는 개념까지는 함축하지 않으며 다만 이기는 자에게 주어지는 적극적인 약속을 강조할 뿐이다. 이러한 생명책에 대한 약속은 예수님이 마지막 날에 심판대 앞에서 성도들을 시인하게 하실 것이라는 복음서의 말씀과 같은 의미라고 할 수 있다.(이필찬, 『요한계시록』에스카톤 ,p.361~362)

## 4) 이필찬 박사의 견해에 대한 필자의 비평

첫째, 이 박사가 생명책에 기록되지 못한 것은 최후의 심판의 근거가 된다는 것은 원칙상 필자도 동의한다. 그런데 이 박사가 말하는 최후의 심판은 무천년설의 관념을 따라 "백보좌 심판"으로 '그리스도의 심판대'(혹은 하나님의 심판대)와 동일시한다. '그리스도의 심판대'는 신자들에 대한 것으로서 재림 때에 있고, '백 보좌 심판'은 죽은 불신자들에 대한 심판으로 천년왕국 후에 있다. 양자는 그 명칭도 다르고, 대상과 시기와 내용이 다르다. 사데 교회는 이미 구원받은 자이기 때문에 그의 이름이 생명책에 이미 기록되었다. 사데 교회는 구원받은 후 '하늘의 상'을 얻기 위하여 믿음의 경주를 하고 있다. 이것은 모든 교회가 동일하다. 사데 교회에 대한 것은 구원받은 후의 믿음의 경주와 관련된 것으로서 장차 '그리스도의 심판대'에서 있다. '심판대'는 헬라어 '베마'(bema)로서 운동 경기에서 이기는 자에게 상을 주는 '자리'(臺)를 의미한다.

둘째, 그 이름을 생명책에서 결코 지우지 않겠다는 것은 이 박사의 주장과 같이 구원에 대한 확고한 보증이 아니다. 왜냐하면, 구원의 보증은 이미 "성령의 인 치심으로 확증되었기 때문이다. 이런 해석의 문제점은 그 반대의 경우, 즉 생명책에서 이름이 지워질 수 있는 신자는 구원의 확고한 보증을 받지 못한다는 결론에 이른다. 이 박사가 "구원의 확고한 보증"이라고 해석한 것은 논점을 비켜간 것이다.

셋째, 이 박사는 이 약속은 이기지 못하면 생명책에서 그 이름을 지워 버리실 것이라는 개념까지는 함축하지 않고 다만 '적극적인 약속을 강조했다'고 해석했다. 그는 구원의 확고한 보증은 이미 칭의를 받을 때 성령으로 인을 치셨다는 것을 간과했기 때문에 잘못된 해석으로 문제를 해결하려 한다. 에베소서 1:13~14은 이 박사가 언급한 구원의 확증에 대하여 말씀한다.

> 그 안에서 너희도 진리의 말씀 곧 너희의 구원의 복음을 듣고(heard) 그 안에서 또한 믿어(believed) 약속의 성령으로(with that holy Spirit of promise) 인치심을 받았으니 (were sealed) 이는 우리 기업의 보증(the earnest of our inheritance)이 되사 그 얻으신 것을 속량하시고 그의 영광을 찬송하게 하려 하심이라(엡 1:13~14)

구원받을 때에 성취된 확고한 보증을 생명책에서 지워지지 않는다는 것과 동일시 하는 것은 성경과 일치하지 않는다. 양자는 관점이 다르기 때문이다.

넷째, 생명책에서 이름을 지우지 않겠다는 것은 이기는 자들에게 약속된 상급이고, 이기지 못하는 자는 그와 반대로 생명책에서 지워진다는 암시이다. 이 박사는 이런 기본적인 차이를 간과함으로써 주님의 경고와 약속을 없는 것으로 만들었다.

## 5) 무천년설: 김추성 박사의 견해

김추성 박사는 『요한계시록 1~9장 주석집』(킹덤북스, p.280)에서 생명책에서 이름이 지워진다는 것에 대한 견해를 밝혔다.

> 생명책은 하나님 나라의 백성의 이름이 기록된 책이다. 생명책에 이름이 기록된 자들은 새 하늘과 새 땅의 영광을 누리며 새 예루살렘에 들어갈 자들이다.(계

21:27) 반면에 생명책에 이름이 기록되지 못한 자들은 하나님과 어린 양을 경배하지 않고 짐승을 경배하는 자들이며 영원한 심판을 받아 불못에 던져질 자들이다.(계 13:8; 20:15) 구약에서와 같이 요한계시록에서도 이름을 지운다는 말은 사망 혹은 공동체로부터 추방을 뜻하였다. 고대 사회에서 사망 선고를 받은 자는 먼저 시민 명부에서 이름이 지워졌다. 생명책에서 이름을 결코 지우지 않겠다는 말씀은 그리스도인의 영생을 확증하는 말씀이다. 본문을 근거로 하나님의 백성이 구원을 잃을 수 있다는 조건적 예정을 주장하는 학자도 있으나 그것은 지나친 추측이다.(Caird. Reddish) 본문이 강조하는 바는 선택과 구속이 모두 그리스도 안에 있고 그리스도를 통해서 성취된다는 것이다. 우리의 구원은 전적으로 하나님께 달려있다. 멸망할 자들은 생명책에 이름이 기록되어 있지 않다.(김추성, 『요한계시록 1~9장 주석집』, 킹덤북스, p.280)

## 6) 생명책과 이름이 지워지지 않는다는 의미

### (1) 누가복음에서

누가복음 10:20은 "그러나 귀신들이 너희에게 항복하는 것으로 기뻐하지 말고 너희 이름이 하늘에 기록된 것으로(because your names are written in heaven) 기뻐하라 하시니라"고 말씀한다. "너희 이름이 하늘에 기록된 것"은 '생명책'에 기록됐다는 것을 가리킨다. 이것은 모든 신자에게 적용되는 '하늘의 원칙'으로 구원받은 자는 그의 이름이 모두 하늘에 있는 생명책에 기록됐다는 것을 말한다.

### (2) 빌립보서에서

빌립보서 4:2~3은 "또 참으로 나와 멍에를 같이 한 네게 구하노니 복음에 나와 함께 힘쓰던 저 여인들을 돕고 또한 글레멘드와 그 외에 나의 동역자들을 도우라 그 이름들이(whose names) 생명책에(in the book of life)있느니라"고 말씀한다. 이것은 빌립보서에 기록된 신자만을 가리키는 것이 아니라, 모든 구원받은 성도의 이름이 생명책(in the book of life)에 기록됐다는 원칙을 의미한다. 이것은 역으로 불신자는 모두 생명책에 기록되지 않는다는 것을 가리킨다.

### (3) 계시록에서

계시록 20:15은 "누구든지 생명책에 기록되지 못한 자는 불 못에 던지우더라"고 말씀한다. 구원받은 자는 생명책에 기록됐고, 그렇지 못한 자는 불 못에 던지게 될 것을 가리킨다. 생명책에 기록된 이유는 구원받은 자이기 때문이고, 불신자가 생명책에 기록되지 못한 것은 구원받지 못했기 때문이다. 구원은 믿음을 통해서 은혜로 말미암은 것이기 때문에, 생명책에 기록된 것은 전적으로 '믿음'과 '은혜'의 문제이다. 계시록 13:8은 "죽임을 당한 어린 양의 생명책에 창세 이후로 녹명되지 못하고 이 땅에 사는 자들은 다 짐승에게 경배하리라"고 말씀한다. 계시록 22:19은 성경 말씀을 임의로 제하고 더한 자들에 대하여 "만일 누구든지 이 두루마리의 예언의 말씀에서 제하여 버리면(shall take away)(* God shall take away his part out of the book of life) 하나님이 이 두루마리에 기록된 생명나무와 및 거룩한 성에 참여함을 제하여 버리시리라(shall take away)"고 경고한다.(필자 주: *괄호 부분은 개역 개정에는 없으나 KJV에는 있다. 신약 사본의 차이 때문이다)

## 6) "옷을 더럽히지 않는 자"와 "생명책에서 지워지지 않는다"에 대한 필자의 견해

### (1) 신자와 불신자

구원받은 자는 모두 그 이름이 생명책에 기록된다. 이와 반대로 불신자는 그가 어떤 사람이든지 생명책과 관계없다. "생명책"이라고 부르는 것은 이 책에 기록된 사람들에게 '생명'이 있다는 것을 가리킨다. 생명의 원문은 'ζωή'(조에)로서, '하나님의 영원한 생명'을 가리킨다. 사람은 피조된 생명 즉 '죽을 생명'이지만, 하나님의 생명은 영원하다.

아담의 자손은 모두 죄인이기 때문에 죄로 말미암아 죽는다. 아담의 생명, 사람의 생명은 '죄의 생명'이고 '죽을 생명'이다. 창세기 4:26은 "셋도 아들을 낳고 그의 이름을 에노스라 하였으며 그때에 사람들이 비로소 여호와의 이름을 불렀더라"고 말한다. '에노스'는 'אֱנוֹשׁ'(에노쉬)로 "(죽을 수밖에 없는)연약한, 깨지기 쉬운"이라는 뜻이다. 이런 이름을 지은 것은 아버지인 셋의 신앙고백이라고 할 수 있다. 가인이 아벨을 죽인 사건으로 인간은 죄로 죽을 수밖에 없는 존재임을 깨달았기 때문이다. 그것을 깨달았을 때에, 여호와의 이름을 불렀다. 사도행전 2:21에서 "누구든지 주의 이름을 부르는 자는 구원을 받으리라 하였느니라"고 말씀한다. 셋의 때에 여호와의 이름을 부른 것은 죽을 수밖에 없는 연약한 존재라는 것과 여호와의 구원이 필요하다는 것을 깨달았기 때문이다. 구약이나 신약이나 구원의 길은 오직 유일하신 예수 그리스도를 믿는 길밖에 없다. 다른 길은 없다. 하나님은 하나님의 생명을 가지고 있고, 이 생명은 'ζωή'(조에)의 생명 즉 영원한 생명이다. 요한복음 1:1~4는 이 생명이 어떻게 우리에게 왔는지 말씀한다.

> 태초에 말씀(the Word)이 계시니라 이 말씀이 하나님과 함께(with God) 계셨으니 이 말씀(the Word)은 곧 하나님(God)이시니라 그가 태초에 하나님과 함께 계셨고 만물이 그로 말미암아(by him) 지은 바 되었으니 지은 것이 하나도 그가 없이는(without him) 된 것이 없느니라 그 안에(In him) 생명(ζωή, 조에, life)이 있었으니 이 생명(ζωή, 조에, life)은 사람들의 빛이라(the light of men)(요 1:1~4)

말씀이시고 하나님이신 그리스도 안에 '하나님의 생명'인 'ζωή'(조에)의 생명이 있다. 그래서 요한복음 1:12는 "영접하는 자 곧 그 이름을 믿는 자들에게는 하나님의 자녀가 되는 권세를 주셨으니"라고 말한다. '영접하는 것'은 말씀이신 그리스도를 믿는 것이고 그 결과는 하나님의 자녀의 권세를 주신다. 하나님의 생명을 받은 자들은 하나님의 자녀로서 모두 '생명책'에 기록된다. 역으로 그리스도를 영접하지 않은 불신자는 생명책과 관계가 없다.

## (2) 흰 옷을 더럽히지 않는 자들

사데 교회의 '흰 옷을 더럽히지 않은 자들'은 그 이름이 생명책에서 결코 지워지지 않는다. "흰 옷을 더럽히지 않았다"는 것은 죄를 이기고 의롭게 생활했다는 적극적인 의미이다. 유월절 후에 무교절이 바로 이어서 있는 것은 구원받은 후 누룩이 없는 삶, 죄를 이기는 삶을 살아야 한다는 것을 의미한다. 사데 교회 안에는 흰 옷을 더럽힌 자들도 있고, 더럽히지 않은 자들도 있다. 흰 옷을 더럽힌 자는 의로운 말씀을 따라 살지 않은 자들이고, 흰 옷을 더럽히지 않은 자들은 의로운 하나님의 말씀을 따라 산 자들이다. 아마도 흰 옷을 더럽히지 않은 자들은 'a few'이고 흰 옷을 더럽힌 자들은 'many'일 것이다. 왜냐하면, 하나님의 말씀에 순종하는 자들, 이기는 자들은 많지 않기 때문이다. 흰 옷을 더럽히지 않은 자들은 장차 '성도들의 옳은 행실들'을 가진 자들로서 '빛나고 깨끗한 세마포 옷'을 입고 어린 양의 혼인 잔치에 참여할 것이다.(계 19장)

### (3) 흰 옷을 더럽힌 자들

'흰 옷을 더럽히지 않은 자들'이라는 말씀은 역으로 흰 옷을 더럽힌 자들이 있다는 것을 암시한다. '흰 옷을 더럽히지 않은 자들'의 이름이 생명책에서 지워지지 않는다는 것은 흰 옷을 더럽힌다면, 그의 이름이 생명책에서 지워진다는 것을 암시한다.(이것이 문맥의 '팩트'이다) 한편으로 순종하는 자들에게는 격려의 말씀이며, 순종하지 않는 자들에게는 경고의 말씀이다. 무천년설은 "흰 옷을 더럽힌 자들이 있다"는 사실을 부인한다. 그러나 주님의 말씀은 두 방면을 모두 포함한다. 주님의 경고는 그냥 '빈 말'로 한 것이 아니다. 진실하신 주님은 결코 그런 방법을 사용하지 않으신다. 주님의 약속에 순종한 자들에게는 보상이 주어지고, 경고를 무시한 자들은 그 말씀하신 대로 생명책에서 그 이름이 지워진다는 것을 암시한다. 모든 약속과 명령은 두 가지 경우를 포함하기 때문이다.

### (4) '지워진다'는 역설적 의미

흰 옷을 더럽힌 자의 이름이 생명책에서 그의 이름이 지워진다는 것은 '소극적인 의미'임에 틀림없다. 그런데 역으로 생각하면, 신자로서 '이미' 그의 이름이 생명책에 기록됐다는 것을 가리킨다. 만일 생명책에 이름이 기록되지 않았다면, 그 이름이 지워질 수도 없기 때문이다. 불신자들은 생명책에서 이름이 지워질 자격도 없다. 그 이유는 생명책에 기록된 적이 없기 때문이다. 사데 교회의 옷을 더럽히지 않은 자나 더럽힌 자나 모두 신자로서 그 이름이 생명책에 기록됐다. 따라서 생명책에서 그 이름이 지워진다는 것은 소극적인 의미이지만, 생명책에 이름이 기록됐다는 것을 전제하기 때문에 불신자들과는 전적으로 차이가 있다. 흰 옷을 더럽힌 자들은 생명책에서 그 이름이 지워질지라도 불신자와 같이 된다는 것은 근본적인 오류이다.

## (5) 구원 탈락인가?

성경의 난제로 여겨지는 것은 생명책에서 지워진다면, '지옥에 간다' 혹은 '구원 탈락'으로 연결되기 때문이다. 성경에 구원받은 자는 결코 잃어버린 바 되지 않는다고 기록되어 있는 반면에, 생명책에서 그 이름이 지워질 수 있다는 것은 모순되기 때문에 '성경의 난제'이다. 그런데 구원의 기초를 안다면, 생명책에서 그 이름이 지워지는 것이 구원과 관련된 것이 아니라는 것을 보게 된다. 많은 신학자가 이 문제를 해결하지 못한 것은 두 가지 관념 때문이다. 첫째는 그것을 '구원의 문제'로 보았기 때문이며, 둘째는 무천년설적인 관념으로 보았기 때문이다. 무천년설은 초림과 재림 사이 즉 현재를 천년왕국으로 간주하고, 주님의 재림 후에 최후의 심판이 있고 새 하늘과 새 땅이 시작된다. 따라서 문제가 있는 신자, '옷을 더럽힌 신자'의 이름이 생명책에서 지워진다는 것을 '지옥'(불 못인데 대체로 그렇게 간주함)으로 떨어진다고 생각했기 때문이다.

## (6) 흰 옷을 더럽힌 자와 더럽히지 않은 자의 비교

흰 옷을 더럽히지 않은 자와 흰 옷을 더럽힌 자는 신자로서 공통된 부분(회색 부분)이 있고, '행위들'의 차이로 인해 서로 차이나는 부분(붉은 색깔)이 있다. 각 방면을 비교하면 양자의 차이가 무엇인지를 발견할 수 있다.

| 사데 교회 | 흰 옷을 더럽히지 않은 자 | 흰 옷을 더럽힌 자 |
|---|---|---|
| 소속 | 사데 교회 | 사데 교회 |
| 믿음 | 믿음으로 구원받음 | 믿음으로 구원받음 |
| 예정 | 창세 전 택함을 받음 | 창세 전 택함을 받음 |
| 거듭남 | 有: 하나님의 자녀 | 有: 하나님의 자녀 |
| 성령 | 성령으로 인치심 받음 | 성령으로 인치심 받음 |
| 생명책 | 생명책에 기록됨 | 생명책에 기록됨 |
| 흰 옷 | 더럽히지 않음(의로움) | 더럽힘(불의) |
| 흰 옷 의미 | 믿음의 행위들(works) 有 | 믿음의 행위들(works) 無 |

| 생명책 지워짐 | 지워지지 않음 | 지워짐(not 구원탈락) |
|---|---|---|
| 하나님의 인정 | 인정받음 | 인정받지 못함 |
| 그리스도 심판석 | 착하고 충성된 종 | 악하고 게으른 종 |
| 그리스도 심판석 | 지혜로운 다섯 처녀 | 미련한 다섯 처녀 |
| 천년왕국 | 왕으로 들어감 | 바깥 어두운곳: 징계 |
| 천년왕국 때 | 이름 지워지지 않음 | 이름 지워짐<br>(not 구원탈락) |
| 새 하늘 새 땅 | 왕으로 들어감 | 왕으로 들어감 |
| 새 하늘 새 땅 | 생명책 그대로 | 지워진 이름이 회복됨 |

### (7) 구원의 삼원색: 믿음-은혜-구원

구원은 오직 믿음을 통하여(through faith) 주어지고, 믿음의 근원은 은혜(by grace)이다. 그래서 믿음은 하나님의 선물이라고 말한다.(엡 2:8~9) '하나님의 선물'이라고 하신 이유는 한 번 주셨다가 다시 빼앗아 가지 않으신다는 것을 내포한다. 구원은 행위에서 난 것이 아니기 때문에 우리의 행위 때문에 잃어버릴 수도 없고, 잃어버리지도 않는다. "그 옷을 더럽히지 않는다"는 것은 행위 즉 구원받은 이후에 대한 것으로 '믿음의 행위'이다. 행위로 구원받지 않았기 때문에, 믿음의 행위가 없다고 해서 구원을 잃어버리지 않는다. 행위는 구원과 연관된 것이 아니라 천국(the kingdom of heaven)과 관계있다. 천국에 관한 대표적인 말씀은 마태복음 7:21이다. "나더러 주여 주여 하는 자마다 다 천국에 들어갈 것이 아니요 다만 하늘에 계신 내 아버지의 뜻대로 행하는 자라야 들어가리라"고 말씀한다. 구원과 행위는 동이 서에서 먼 것처럼 관계가 없다. 그러나 천국은 '아버지의 뜻을 행함'과 관계있다. 구원의 DNA는 '믿음'이고, 천국의 DNA는 '행함'이다.

### (8) 이기는 자가 되라

이기는 자가 되라는 것은 일곱 교회 모두의 공통 분모이다. 그래서 일곱 교회는 모두 이기는 자와 이기지 못하는 자로 나뉠 수 있다. 성경은 사데 교회 안에 '옷을 더럽히지 않은 몇 명'이라고 했는데, '이기는 자'는 '다수'(many)가 아니라 '소수'(a few)라는 것을 가리킨다. 따라서 '옷을 더럽힌 사람들'은 '소수'(a few)가 아니라 '다수'(many)이다. 이들은 모두 생명책에 기록됐는데, 소수의 이기는 자들만 그 이름이 생명책에서 지워지지 않는다. 이것을 앞에 언급한 그레고리 K. 비일이나 이필찬 박사도 인정했다. 구원받은 이후에 신앙생활의 목표는 이기는 자가 되는 것이다. 이기는 자가 되는 것은 소극적인 것들을 극복하고 하나님의 말씀과 주님의 통치 안에서 순종하는 것이다. 이것이 흰 옷을 더럽히지 않은 것이다.

## (9) 생명책에서 지워진다는 가능성

위(8)를 인정한다면, 반드시 '옷을 더럽힌 자'들은 '그 이름이 생명책에서 지워진다'는 것을 인정해야 한다. 순종하는 자들만 인정하고, 그 반대의 경우는 이해하기 어렵다고 인정하지 않는 것은 비논리적이다. 이기는 자와 그렇지 못한 자에게 주어진 약속은 '동전의 양면'과 같다. 한쪽만 인정하고 다른 한쪽을 인정하지 않는 것은 그 관점이 잘못됐다는 반증이다. 사데 교회에 대한 경고로 '옷을 더럽히지 않으면' 그 이름이 생명책에서 지워지지 않는다는 것은, 천년왕국에서 그 이름이 지워지지 않고, 그리스도의 신부로 흰 옷을 입고 주님과 함께 다니며 그리스도와 함께 왕 노릇 할 것과 일치한다. '옷을 더럽히지 않으면'이라는 구절의 이면에는 "만일 옷을 더럽힌다면 그 이름이 생명책에서 지워질 수 있다"는 것을 암시한다. 사데 교회 중 옷을 더럽힌 자들이 있을 것이고, 그들은 생명책에서 이름이 지워진다고 가정할 때, 무천년설의 관념으로는 '구원 탈락'으로 여겨질 수밖에 없기 때문에 이 문제를 해결하기 위해서 '구원의 확증'이라고 해석했다. 이것은 논점을 왜곡한 것이다.

## (10) 무천년설의 한계

옷을 더럽힌 자의 이름이 생명책에서 지워지는 것을 '구원 탈락'으로 생각하는 근본적인 원인이 있다. 필자의 책 '구원 탈락인가? 거짓 신자인가?'와 '유튜브 워킹바이블 TV'에도 업로드 했듯이, '칭의론 논쟁'에 관여한 양대 학자들이 모두 무천년설 지지자들이다. 무천년설은 초림과 재림까지를 천년왕국으로 간주한다. 현재 교회는 세상에서 왕 노릇 하고, 죽은 성도들은 모두 하늘에 있는 천국에서 왕 노릇 한다고 주장한다. 그것은 동전의 양면과 같이 마귀와 밀접한 관계가 있다. 무천년설은 주님의 초림 때에 마귀가 무저갱에 갇혀 있다고 간주하기 때문에 현재를 천년왕국 즉 평화의 시대, 교회가 왕 노릇 하는 시대로 생각한다. 오늘날 교회가 세상에서 왕 노릇 하는 것을 찾을 수 없는데도 불구하고 무천년설은 그렇게 주장한다. 사데 교회의 경우와 같이 '흰 옷을 더럽힌 신자'가 생명책에서 이름이 지워진다는 것은 불 못에 들어가는 것으로 생각할 수밖에 없었다. 게다가 그것은 구원의 도를 훼손하는 것이기 때문에 받아들이기 어려웠을 것이다. 그 결과 이기는 자들에게 주어지는 약속들을 '생명책에서 지우지 않는다는 구원의 확신으로 바꾸고', 반면에 '옷을 더럽힌 신자들'에 대한 것은 '그냥' 경고한 것이라고 해석할 수밖에 없었다. 그래서 주님의 준엄한 경고를 지키지 않아도 아무 문제가 없는 것으로 만들었다. 이것이 무천년설의 구조적인 한계다.

### (11) 전천년설 관점으로

전천년설의 구도 안에서 적용해 보자. 전천년설은 주님의 재림과 함께 천년왕국이 시작되고 이기는 자들은 그리스도의 신부로 흰 옷을 입고 천 년 동안 왕 노릇 한다. 흰 옷을 더럽히지 않는 자들에게 흰 옷이 주어지고 주님과 함께 다닌다. 사데 교회에 대한 약속과 일치한다. 옷을 더럽힌 신자의 경우, 재림 때에 흰 옷이 주어지지도 않고 주님과 함께 왕 노릇 하지도 못한다. 이것은 '구원 탈락'을 의미하지 않는다.

마태복음 25장의 달란트 비유에서 '한 달란트 맡았던 종'은 악하고 게으른 종으로 책망받고, '바깥 어두운 곳'에서 슬피 울며 이를 갈게 된다. 이것은 '멸망'을 의미하는 '불 못'이 아니다. 양과 염소의 심판에서 염소들에게는 "마귀와 그 천사들을 위하여 예비된 불 못에 들어가라"고 하신 것과 대비된다. 양과 염소로 불린 자들은 모두 '모든 민족들'(all nations)로서 이방인인 반면에, 달란트 비유의 한 달란트 맡은 종은 주님께 달란트를 받았고, 주님이 다시 올 때까지 '장사하라'는 위임을 받은 '구원받은 신자'이다. 양자의 신분은 서로 다르다. 한 달란트 맡은 종은 주님께 충성하지 않고 신실하지 않았기 때문에 왕으로 들어가지 못하고 징계를 받을 것이다. 그리고 천년왕국 후에는 모두 새 예루살렘에 들어간다. 아래의 표는 무천년설과 전천년설을 나타냈다. 서로 비교하면 어떤 차이가 있는지 알 수 있다.

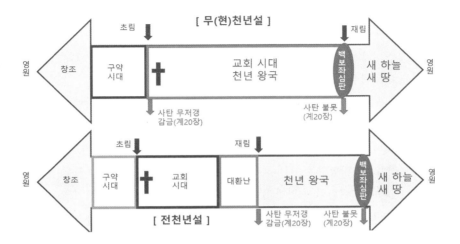

‘흰 옷을 더럽힌 자’는 전천년설의 관념으로 보면, ‘구원 탈락’, ‘지옥행’이 아
니다. 만일 구원을 행위로 말미암아 얻었다면, ‘더럽혀진 옷’을 입은 것 즉 행위
가 없음으로 인하여 구원을 잃어버릴 가능성이 있다. 그러나 구원은 행위로 얻
은 것이 아니라 전적으로 믿음을 통해서 은혜로 인하여 얻은 것이기 때문에, 행
위로 말미암아 구원을 잃어버릴 수 없다. 따라서 생명책에서 이름이 지워진다는
것은 천년왕국의 왕으로 들어가지 못하고 징계를 받는다는 것을 의미한다. 천년
왕국 후 새 하늘과 새 땅 새 예루살렘에서 지워졌던 그 이름이 다시 회복될 것이
라 생각하면 하나님의 사랑과 하나님의 공의에 충돌되지 않는다. 구원받은 신자
는 창세 전에 택하심을 받았고 그리스도의 보혈로 사신 바 되어 영원히 아버지
의 것이고 또한 아들의 것이다. 또한 성령으로 인치셔서 영원한 보증이 되게 하
셨기 때문에 구원을 잃어버릴 수 없다. 구원은 행위가 아니라 믿음의 문제이고,
우리들의 문제가 아니고 아버지의 문제이기 때문이다. 칼빈의 오대 교리 중 다
섯 번째인 ‘성도의 견인’(Perseverance of the saints)은 모든 성경이 증거하는 진리이
며, 구원의 성격을 잘 보여준다.

## (12) 건축자의 비유 적용

불신자는 그 이름이 생명책에 기록된 적도 없고, 따라서 지워질 자격도 없다. 신자는 모두 그 이름이 생명책에 기록됐다. 사데 교회에 대한 경고를 통해서 주님의 경고와 약속은 생명책에서 이름이 지워질 수 있다는 것을 암시한다. 이것은 '팩트'이다. 생명책에서 지울 수 있다는 것은 고린도전서 3:14~15의 건축자의 비유로도 확증된다.

성경은 "만일 누구든지 그 위에 세운 공적이(any man's work) 그대로 있으면 상(a reward)을 받고 누구든지 그 공적이(any man's work) 불타면(shall be burned) 해를 받으리니(shall suffer loss) 그러나 자신은 구원을 받되(shall be saved) 불 가운데서 받은 것 같으리라"고 말한다. 공적(work)이 불탄 신자는 해를 받지만 구원을 잃은 것이 아닌 것처럼, 행위의 온전한 것을 갖지 못한 신자는 생명책에서 그의 이름이 지워진다. 그렇다고 구원을 잃어버린 것이 아니다. 반석이신 그리스도 위에 집을 건축하는 것은 '구원의 문제'가 아니라 '상의 문제'이다.

## (13) 생명책에서 이름이 지워지지 않는 것과 상급의 관계

생명책에서 이름이 지워지지 않는다는 것은 무천년설의 주장과 같이 '구원의 확실성을 강조'하는 것이 아니다. 이것은 동전의 양면과 같아서 주의 재림 후 시작되는 천년왕국에서 그리스도의 신부가 되어 왕 노릇 한다는 것을 의미한다. '이름이 지워지지 않는다'는 것은 그의 모든 것을 하나님께서 인정하신다는 의미이고, '이름이 지워진다'는 것은 그의 모든 신앙의 공적(works)을 하나님께서 인정하지 않는다는 의미이다.

생명책에서 이름이 지워진다는 것은 "구원을 잃어버린다"는 것을 의미하지 않는다. 구원은 전적으로 하나님의 은혜이기 때문에 아버지의 택하심과 아들의 구속과 성령으로 인치신 보증으로 확정된 것이기에 변경될 수 없다. 하나님의 경륜 가운데 천년왕국을 정하신 것은 신자들에게 주시는 '보상'(reward)이다. 옷을 더럽힌 자들은 신자의 순수성을 유지하지 못했기 때문에 '보상'(reward)을 잃어버린 것이지, '구원'을 잃어버린 것이 아니다.

계시록 22:12은 "보라 내가 속히 오리니 내가 줄 상(my reward)이 내게 있어(with me) 각 사람에게(every man) 그가 행한 대로(according as his work) 갚아 주리라(to give shall be)"고 하시며 주님의 재림의 목적을 말씀한다. 계시록은 일곱 교회에 주는 편지이며 하나님의 경륜의 완성을 보여준다. 주님이 속히 재림할 것을 말씀하시면서, '내가 줄 상(my reward)'을 언급하신 것은 주님의 오시는 목적이 교회들에게 줄 '상 주심'이라는 것을 가리킨다. 사데 교회를 비롯한 일곱 교회에 이기는 자들에게 약속하신 것을 주시는 때는 재림의 때이다. 주님의 회개의 촉구와 신실할 것에 대한 경고와 그에 따른 약속을 경홀히 여긴 신자들은 상을 잃어버릴 것이다. 상을 잃어버린다면 어떻게 될 것인가? 주님은 "그가 행한대로 갚아주리라"고 말씀했다. 이것을 단지 동일한 '상으로만' 생각하는 것은 단편적이다. 상을 받을 자도 그 행한 대로 갚으실 것이기에 서로 동일하지 않을 것이다. 이것은 므나 비유에도 나타난다.

## • 므나 비유

누가복음 19장의 므나 비유에서 열 므나를 남긴 종은 열 도시를 다스리는 권세를 차지하고, 다섯 므나를 남긴 종은 다섯 도시를 차지하고, 두 므나를 남긴 종은 두 도시를 차지할 것을 말씀했다. 상(보상, reward)의 원칙은 '공의'이다. 따라서 그가 행한 대로 갚으신다. 수건으로 싸두었던 한 므나를 가져온 종은 '악한 종'이라는 책망을 받았다. 그가 가진 한 므나도 빼앗겼다. 한 므나를 가져온 종은 '도시를 차지하는 권세'를 받지 못했고, 한 므나도 빼앗겼다. 달란트 비유로 볼 때, '바깥 어두운 곳'에 내쫓겨져 슬피 울며 이를 갊이 있을 것이다. 그곳은 멸망의 자리인 지옥이나 불 못이 아니라, 징계의 자리이다. 어떤 성도가 상을 잃으면 상을 잃은 대로 '그대로' 있는 것이 아니라 '그 행한 대로 갚으신다'고 하신 말씀대로 공의로운 갚음이 있다는 것이 성경의 흐름과 일치한다.

불신자들은 하나님의 자녀가 아니기 때문에 '징계'가 아니라 '심판'이다. 하지만 한 달란트 맡은 종이나 한 므나를 가져온 종이나 사데 교회의 '더럽혀진 옷'을 입은 신자는 비록 신실하지 않았을지라도 하나님의 자녀이기 때문에 불신자와 같이 불 못에 들어가지 않는다. 그렇다고 해서 주님의 준엄한 경고와 말씀들이 '없었던 것'으로 되지도 않는다. 천년왕국의 때는 신실한 자들에게 '보상(reward)의 시대'이지만, 신실하지 못한 자들에게는 '징계의 시대'라고 생각한다면, '하나님의 사랑'에도 문제가 되지 않고, '하나님의 공의'에도 문제가 되지 않는다. 하나님의 '사랑'과 '공의'는 서로 상반되는 특성이 있기 때문에 우리가 볼 때 모순되는 것처럼 보일 수 있다. 그러나 하나님은 완전하신 분으로서 천년왕국의 보상과 징계로서 하나님의 사랑과 공의를 행하신다. 오늘날 우리들의 관점은 하나님의 사랑의 관점으로 보기 때문에 이기는 자가 되지 못한 자들에 대한 것이 명백함에도 불구하고 그 의미를 희석시켜서 하나님의 사랑의 틀에 억지로 맞춘다. 공의의 부분을 사랑에 맞추려는 것은 물과 기름을 섞으려는 것처럼 어리석은 일이다. 구원의 기초는 전적으로 하나님의 사랑이다. 반면에 구원받은 신자에게 주시는 말씀들은 '하나님의 공의'를 기초로 한다.

### (14) 구원 탈락이 아닌 징계

더럽혀진 옷을 입은 자들은 주님의 경고를 경홀히 여겼기 때문에 공의로우신 주님에 의해 그 말씀하신 대로 그 이름이 생명책에서 지워질 것을 암시한다. 그러나 이것은 새관점 칭의론(행위 구원)이 주장하는 것과 같이 '구원 탈락'을 의미하지 않는다. 예수 재림으로 시작되는 천년왕국의 왕으로 들어가지 못하는 것은, 달란트 비유에서 한 달란트 맡은 종에게 "바깥 어두운 곳에서 슬피 울며 이는 갊이 있으리라"고 말씀하신 것과 서로 일맥상통한다. 물론 '바깥 어두운 곳'은 불신자들이 던져지는 '불 못'이 아니다. 바깥 어두운 곳은 다섯 달란트와 칭찬받은 종들에게 말씀하신 "네 주인의 즐거움에 들어가라"고 하신 것에 대비된다. 주인의 즐거운 곳과 대비되는 곳이 바깥 어두운 곳이다. 그곳에서 "슬피 울며 이를 갊이 있으리라"고 하셨기 때문에 '징계받는 자리'라는 것을 가리킨다. 히브리서 12장은 주의 징계를 말씀한다.

### (15) 히브리서 12장: 주의 징계

오늘날 사랑의 하나님만을 아는 우리들에게 생소할지 모르지만, 히브리서 12장은 '주의 징계'를 말씀한다. 징계하시는 주님의 마음과 계획이 어떠한지 살펴보자.

> 일렀으되 내 아들아 주의 징계(Lord's discipline)를 경히 여기지 말며 그에게 꾸지람을 받을 때에 낙심하지 말라 주께서 그 사랑하시는 자를 징계하시고(discipline) 그

가 받아들이시는 아들마다 채찍질하심이라 하였으니 너희가 참음은 징계를(dis-cipline) 받기 위함이라 하나님이 아들과 같이 너희를 대우하시나니 어찌 아버지가 징계하지 않는(not disciplined) 아들이 있으리요 징계는(discipline) 다 받는 것이거늘 너희에게 없으면 사생자요 친아들이 아니니라 또 우리 육신의 아버지가 우리를 징계하여도(disciplined) 공경하였거든 하물며 모든 영의 아버지께 더욱 복종하며 살려 하지 않겠느냐 그들은 잠시 자기의 뜻대로 우리를 징계하였거니와(disciplines) 오직 하나님은 우리의 유익을 위하여 그의 거룩하심에 참여하게 하시느니라 무릇 징계가(discipline) 당시에는 즐거워 보이지 않고 슬퍼 보이나 후에 그로 말미암아 **연단 받은 자들은**(those who have been trained by it) 의(righteousness)와 평강(peace)의 **열매를**(a harvest) 맺느니라(히 12:5~11)

사데 교회 가운데 '더럽혀진 옷'을 입은 신자는 장차 그 이름이 생명책에서 지워진 신자들과 일치한다. 그들은 주께서 그 사랑하는 자들을 징계함 같이 징계를 받을 것이다. 즉 천년왕국 때에 생명책에서 지워지고, 한편으로 왕으로 들어가지 못하고 징계를 받을 것이다. 주님의 말씀을 경홀히 여겼기 때문에 하나님의 공의에 의해서 '바깥 어두운 곳'에서 '슬피 울며' '이를 갈게 될 것'과 일치한다. 슬피 울며 이를 가는 것은 주님의 말씀을 소홀히 여기고 '옷을 더럽히고' 의로운 하나님 말씀대로 살지 않았던 자신의 '어리석음'과 '무지'를 뼈저리게 느끼고 회개한다는 것을 가리킨다. 더럽혀진 옷을 입은 신자들에게 주어지는 징계가(discipline) 당시에는 즐거워 보이지 않고 슬퍼 보이나 후에 징계로 말미암아 자신의 무지와 어리석음을 깨닫고 회개하여 '연단 받은 자들'(those who have been trained by it)은 의(righteousness)와 평강(peace)의 열매를 맺게 될 것이다. 천년왕국 후 새 하늘과 새 땅 새 예루살렘에 들어감으로 이기는 자들과 함께 영원토록 하나님의 후사가 될 것으로 생각한다면 '하나님의 사랑'과 '하나님의 공의'라는 동전의 양면과 같은 성경의 모든 메시지에 거스르지 않고 부합된다.

## 8. 이기는 자에게 주는 약속 3 :
## 아버지 앞과 천사들 앞에서 그 이름을 시인함

계시록 3:5은 "이기는 자는 이와 같이 흰 옷을 입을 것이요 내가 그 이름을 생명책에서 결코 지우지 아니하고 그 이름을 내 아버지 앞과 그의 천사들 앞에서 시인하리라"고 말씀한다.

### 1) 그레고리 K. 비일의 견해

그레고리 K. 비일은 『NIGTC 요한계시록』(새물결플러스, p.473~474)에서 "아버지 앞에서 시인한다"는 것에 대한 견해를 말했다. 많은 목회자와 신자들이 무천년설 관점을 갖고 있기 때문에 그의 견해를 소개하고, 비평하는 것은 모두에게 유익할 것이다.

> 3:5절의 약속의 세 번째 측면은 그리스도가 아버지와 천사들 앞에서 신자들의 이름을 시인하실 것임을 천명한다. 이런 사상은 그리스도가 신자들의 **최종 구원을 승인하며** 생명책에서 그들의 이름을 읽을 것이라는 의미일 것이 있다. 약속의 이 부분은 서머나에서 증언의 문제와 그것을 이기는 사람들과 독특하게 관련이 있다. 그리스도의 이름을 시인하는 사람들은 그리스도가 아버지 앞에서 그들의 이름을 시인하실 것을 보게 된다.(그레고리 K. 비일, 『NIGTC 요한계시록』새물결플러스 ,p.473~474)

위의 견해는 사데 교회의 '옷을 더럽히지 않는 자들'이 있다는 중요성을 간과하고, 두리뭉실하게 신자들의 최종 구원을 승인한 것이라는 의미로 해석한 것은 논점의 중요성을 간과한 것이다. 그런데 다음의 진술에서 그레고리 K. 비일은 『NIGTC 요한계시록』(새물결플러스 ,p.473~474)에서 더 확실한 견해를 보게 된다.

> 5절은 이기는 자에게 주어지는 약속이 순교자들에게만 제한될 수 없고 모든 그리스도인을 포함한다는 것을 보여준다. 모든 참 신자들의 이름이 생명책에서 발견

되지 않는다는 것은 생각할 수 없는 일이기 때문이다. 모든 그리스도인을 포함한다는 것은 아버지께서 그리스도가 그 이름을 시인 하시는 경우에도 해당된다.(그레고리 K. 비일, 『NIGTC 요한계시록』 새물결플러스, p.473~474)

## 2) 그레고리 K. 비일의 견해에 대한 필자의 비평

비일의 견해가 성경과 일치하는지, 그렇지 않으면 오류가 있는지를 분별하기 위해서 성경의 조명과 비평이 필요하다.

### (1) 이름을 시인하는 것이 최종 구원 승인인가?

비일은 아버지와 천사들 앞에서 그 이름을 시인한다는 것을 구원받은 신자에 대한 최종 구원의 승인으로 해석했다. 이런 견해는 그리스도를 믿을 때 받은 칭의를 완전하지 않은 것으로 만드는 결과를 가져온다. '칭의'는 법정적 용어이다. 하나님의 자녀가 됐다는 의미와 상통한다. 비일의 견해대로 한다면, 최후의 심판에서 아버지 앞과 천사들 앞에서 그 이름을 시인해야 완전 승인이 난다는 것은, 구원받을 때 이미 성령으로 인치셔서 보증이 되게 하셨다(엡 1:13~14)는 약속을 뒤집는 것이 되기 때문에 성경과 충돌한다.

### (2) 모든 신자가 이기는 자인가?

비일은 "이기는 자에게 주어지는 약속이 순교자들에게만 제한될 수 없고 모든 그리스도인을 포함한다"고 주장했다. 이것은 기본적으로 사데 교회에 대하여 '옷이 더럽혀지지 않는 자'는 그 이름이 생명책에서 지워지지 않을 것과 그에 반하여 '옷을 더럽힌 신자'는 그 이름이 생명책에서 지워질 것이라는 암시(경고)를 간과한 것이다. 주님의 말씀은 '옷을 더럽히지 않은 신자'에 대한 것으로서, 그들이 이후에 혹시라도 옷을 더럽힐 것을 염두에 둔 사랑스런 경고이다. 비일의 견해는 이런 특별한 관계성을 무시하고 신자들이 구원받는다는 의미로 해석한 것은 문맥을 벗어난 것이다.

### (3) 이기는 자와 시인의 관계

사데 교회는 이미 구원받았고 그들에게 주시는 말씀은 구원에 대한 것이 아니다. '더럽혀지지 않은 옷'을 입으라는 주님의 말씀은 사데 교회의 몇 명의 신자들이 의로우신 말씀을 따라 살아 그리스도의 형상을 이루고 하나님께 영광 돌리는 삶을 계속 살도록 하는 격려이다. 주님께서 '옷을 더럽히지 않은 신자'를 아버지와 그의 천사들 앞에서 시인하신다는 것은 '이기는 자'라는 인정이다. 흰 옷을 입고 주님과 함께 다닌다는 것도 천년왕국에서 그리스도의 신부로서 왕 노릇할 자격이 있다는 것을 의미한다. 그 이름을 생명책에서 결코 지우지 아니하리라는 것은 천년왕국과 관련된다. 주님의 세 가지 말씀에 대하여 순종하는 신자와 순종하지 않은 신자들이 있을 것이다. 따라서 순종하지 않는 자들은 이기는 자들이 받을 보상에 참여하지 못한다는 것은 자명하다. 주님의 말씀에 순종하는 것은 사랑의 문제가 아니라 공의의 문제이다. 따라서 주님의 말씀에 따라 사데교회 신자들은 순종하는 자와 불순종한 자의 두 무리로 나뉘어진다. 순종한 자는 약속을 받고, 불순종한 자는 약속에서 제외된다. '순종'과 '불순종'은 '하나님의 왕국'(kingdom)의 문제로서 하나님의 통치와 다스림을 받는가 받지 않는가의 문제이다.(필자 주: 마태복음은 천국이 주제이다) 비일은 이런 문제를 간과했다.

### (4) 구원의 승인 vs 이기는 자 승인

아버지와 천사들 앞에서 주님이 시인하는 것은 비일이 말한 대로 '인정한다'는 의미가 있다. 그런데 이것은 "구원받은 자로 승인한다"는 의미가 아니라, 구원받은 신자로서 "'더럽혀지지 않은 옷'을 입은 것에 대한" '인정과 승인'이다. 비일은 이 중요한 문제를 구분하지 못했다. 이런 근본적인 이유는 비일이 무천년설적 관점으로 계시록을 바라보기 때문이다. 무천년설은 비유하자면 천동설적 관념과 같다고 말할 수 있다. 무천년설은 하나님의 공의에 대한 요구와 특별히 마태복음과 모든 성경에 나타난 하나님의 왕국의 의(righteousness)를 간과했다.

### (5) 구원 탈락이 아니다

비일의 관점은 "모든 참 신자들의 이름이 생명책에서 발견되지 않는다는 것은 생각할 수 없는 일이기 때문이다"라는 말에 확연히 나타난다. 왜냐하면, 무천년설 관점은 재림 후 최후의 심판이 있고 영원으로 가는 것으로 끝나기 때문에 생명책에서 지워진다는 것을 지옥행으로 이해할 수밖에 없기 때문이다. 이미 성경에 나타난 생명책의 의미를 다시 읽어 보길 원한다. 생명책에서 그 이름이 지워진다는 것은 그의 이름이 이미 기록됐다는 것을 전제한다. "생명책에서 지워진다"라는 것은 구원 탈락을 의미하지 않는다. 전천년설 관점으로 보면, '옷을 더럽힌 신자'는 아버지와 천사들 앞에서 그의 이름이 시인되지 않을 것이고 따라서 바깥 어두운 곳에서 징계를 받는다.

징계받는 이들의 이름이 천년왕국 때에 지워졌다가, 천년왕국 후에 다시 회복된다고 생각할 수 있다. 왜냐하면, 불신자의 경우 생명책에 이름이 기록된 적도 없고, 따라서 이름이 지워질 자격도 없다. 그런데 신자는 구원받을 때 그 이름이 생명책에 기록됐다. 구원받은 후 신자는 옷을 더럽힌 자들과 옷을 더럽히지 않은 신자로 나뉘어진다. 신자들의 각각의 생활에 따라 공의로운 보상과 징계가 있다는 것은 성경의 모든 말씀과 일치한다. 주의 말씀을 불순종한 신자들은 흰옷을 더럽혔기 때문에 징계가 필요하다. 따라서 징계받는 신자들이 천년왕국 때에 "그의 이름이 잠시 지워질 수 있다"는 것은 성경의 흐름과 일치한다.

그레고리 K. 비일을 비롯한 무천년설 지지자들은 생명책에서 이름이 지워지는 것을 '구원 탈락'을 의미하는 '지옥행'으로 이해했기 때문에 결코 받아들일 수 없었다. 그러나 흰 옷을 더럽히지 않는 신자의 이름이 생명책에서 지워지지 않는다는 것에 비해 '옷을 더럽힌 신자들'의 이름이 생명책에서 지워질 수 있다는 것을 부인하는 것은 비논리적이다. 주님은 사데 교회 성도들 가운데 이기는 자로 불린 '그 옷을 더럽히지 않는 자들'의 이름을 아버지와 천사들 앞에서 시인하실 것을 약속했다. 이것은 아버지와 천사들 앞에서 반드시 주님으로부터 그들의 이름이 시인받아야 한다는 것을 의미한다. 따라서 '더럽혀진 옷을 입은 자들'의 이름은 아버지와 천사들 앞에서 시인되지 못할 것이 분명하다. 주님으로부터 시인받는 것은 이기는 자라는 '인정'이다. 이것은 한편으로 그 이름이 생명책에서 지워지지 않는 것과 일치하고, 또한 주님이 주시는 흰 옷을 입고 함께 다니는 것과 일치한다.

# Chapter 18 ·
## 빌라델비아 교회 (3:7~13)

## 1. 빌라델비아의 정치, 사회, 종교적인 배경

빌라델비아는 소아시아 서부 사데로부터 동남쪽 42km 지점에 위치한 리디아 주(州)의 중심 도시이다. 이 도시는 유메네스(Eunenes)와 그의 동생 버가모의 왕 필라델푸스 앗탈루스 2세(Philadelphus Attalus Ⅱ, BC 159~138년경)에 의해 건립되었는데, 형제와의 우정을 기념하기 위해서 '형제 사랑'을 의미하는 '빌라델비아'로 불렸다. 두 형제 간의 유명한 일화가 있다. 유메네스는 부왕의 뒤를 이어 버가모 왕이 된 후 국가 경영을 동생 앗탈루스에게 맡기고 전쟁터로 나갔는데, 주변 국가들이 형제를 이간질 시키기 위해 동생에게 지원을 약속하며 왕이 되라고 유혹했다. 그러나 끝까지 형에 대한 우정을 지켰고 전쟁에서 돌아온 형에게 왕위를 넘겨주었다고 한다. 세월이 흘러 왕이 죽고 나서 동생이 왕위에 올랐는데, 백성들은 형제간의 우정을 높여 '형제 사랑'을 의미하는 '빌라델비아'라 불렸고, 그 애칭이 도시의 이름이 됐다.

소아시아는 지리적으로 동서를 연결하는 곳으로서 교통의 요지며, 전략 요충지로서 빌라델비아는 무역과 상업이 발달하였고, 에게해 건너 헬라 문명을 소아시아 동쪽으로 전달하는 통로 역할을 하였다. AD 17년경 인근 사데에서 발생한 지진이 빌라델비아까지 영향을 끼쳐서 로마 황제 티베리우스가 세금을 5년간 면제하여 도시를 재건하는 데 큰 도움을 받아야만 하는 어려운 상황에 처했다. 이런 배경으로 빌라델비아는 황제의 도움에 감사하여 기념비를 로마에 세우기도 하고, 티베리우스 황제의 상속인인 게르마니쿠스(Germanicus)를 신으로 숭배하기 시작했다. 빌라델비아는 헬레니즘의 영향 아래 '술의 신'인 '디오니소스를 수호신으로 섬겼다. 티베리우스, 베스파시아누스 등의 로마 황제 숭배가 강요되었는데, 이 때 많은 순교자들이 속출했다.

빌라델비아는 헬라어 'Φιλαδελφεία'(휠라델훼이아)로 '(형제)사랑'을 의미하는 'φίλος'(휠로스)와 '형제'를 의미하는 'ἀδελφός'(아델포스)의 합성어로서 '형제 사랑'이라는 뜻이다. 미국의 캘리포니아에 있는 도시 '필라델피아'(Philadelphia)는 '형제 사랑'이라는 것도 잘 알려졌다. 소아시아의 일곱 교회의 이름은 각 교회의 영적인 상태와 일치한다. 빌라델비아 교회도 동일한 원칙이 적용된다. 빌라델비아 교회는 '형제를 사랑하는 교회'였다. 일곱 교회 중 우리들이 기억하고 사랑하는 교회는 서머나 교회와 빌라델비아 교회일 것이다. 두 교회는 칭찬만 있고 책망이 없는 교회였다. 빌라델비아 교회를 흠모한다면 그들이 갔던 길을 가야할 것이다.

아래 도표는 빌라델비아 교회에 이르기까지 나타난 일곱 교회의 역사성(예언성)을 나타낸다. 소아시아의 일곱 교회는 사도 요한 당시 실존했던 교회였다. 이들이 계시록에 기록된 것은 그 교회가 전 시대에 걸친 교회들을 대표하는 특성을 가졌기 때문이다. 이것이 계시록의 일곱 교회가 갖는 예언적인 특성이다. 각 교회마다 편지하는 분은 '승천하신 그리스도'인데 반하여, 각 교회의 마지막 구절에서 말씀하시는 분은 '성령님'이시다. 성경은 "귀 있는 자는 성령이(the Spirit) 교회들(the churches)에게 하시는 말씀을 들을지어다"라고 말씀한다. 그뿐만 아니라 분명 빌라델비아 교회에 대한 편지의 수신자는 빌라델비아 교회 '한 교회'(단수)이다. 그런데 마지막 구절에서 성경은 '교회들(the churches, 복수)'이라고 말씀한다. 이것은 문법적으로 불일치라 할 수 있다. 그러나 계시록의 예언성은 한 교회에 대한 것이 아니라 '모든 교회'에 대한 것임을 의미한다. 게다가 '교회들'(복수, 일곱 교회)에 말씀하시는 분은 서두에 언급한 '다윗의 열쇠를 가지신 인자'가 아니라 '성령'이시다. 이로써 성령님은 다른 분이 아니라 예수의 영으로서 모든 교회에 말씀하신다는 것을 보여 준다. 사데 교회는 "살았다 하는 이름"을 가졌지만, "실상은 죽은 교회"였다. 주님은 하나님 앞에 네 행위의 온전한 것을 찾지 못하였음을 계시하시면서 "너는 일깨어 그 남은 바 죽게 된 것을 굳건하게 하라"고 하셨다. 빌라델비아 교회는 주님의 경고의 말씀을 따라 회개하고 더럽혀지지 않은 옷을 입은 교회이다. 그들은 '온전한 행위들' 즉 하나님을 사랑하고 형제들을 사랑하는 '믿음의 행위들'을 회복했다.

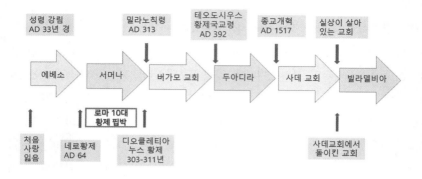

[ 계시록의 일곱 교회의 역사성 도표 : 빌라델비아 교회까지 ]

## 2. 빌라델비아 교회에 대한 주님에 대한 계시

빌라델비아 교회의 사자에게 편지하라 거룩하고 진실하사 다윗의 열쇠를 가지신 이 곧 열면 닫을 사람이 없고 닫으면 열 사람이 없는 그가 이르시되(7)

### • 빌라델비아 교회의 수신자는 누구인가?

빌라델비아 교회에 보내는 편지의 수신자를 가리키는 "빌라델비아 교회의 사자에게"(3:1)라는 구절은 "τῷ ἀγγέλῳ τῆς ἐν Φιλαδελφείᾳ"(토 앙겔로 테스 엔 휠라델훼이아)이다. 그레고리 K. 비일과 이필찬 박사는 "빌라델비아 교회의 천사(天使)"라고 주장하는데, 천사는 구속함을 받은 사람(아담)과 종류가 다르기 때문에 교회의 대표가 될 수 없다. "빌라델비아 교회의 사자"는 구속함을 받은 사람으로서 하나님의 종을 가리킨다. 일곱 교회의 '일곱 별'에 관한 것은 "Chapter 11 일곱 별: 천사인가? 사자인가?, 일곱 별은 누구인가?"를 참조하길 바란다.

### 1) 거룩하고 진실하신 그리스도

주님은 '거룩하고 진실한 분'이라고 말씀한다. 이 구절의 원문은 'ὁ ἅγιος, ὁ ἀληθινός'(호 하기오스 호 알레디노스)로서 'ὁ'(호)는 정관사 'the'로서 뒤의 '거룩한'을 의미하는 'ἅγιος'(하기오스)와 결합해서 '거룩한 분'을 뜻한다. 'ἀληθινός'(알레디노스)는 '진실한, 참된'이란 뜻으로 '진실한 분, 참된 분'이라는 의미이다. 주님은 하늘과 땅의 권세를 가지셨고 능력이 많은 분임에도 불구하고, 그런 분으로 계시하지 않으셨다. 오늘날 많은 신자들이 열심을 품고 신앙생활할 때 '성령의 불'을 받기를 원하고 '성령의 능력'을 받기를 원한다.(필자 주: 성경에 '성령의 불'은 없다. 성령이 '불의 혀 같이 갈라지는 모습'으로 각 사람 위에 임했다) 성령의 권능을 받은 사람들의 특징은 담대히 예수 그리스도의 죽으심과 부활과 승천과 재림을 증거할뿐만 아니라 불신자들에게 칭찬을 받았다. 그런 이유는 무엇인가? 성령 충만한 신자들이 진실된 사람이었기 때문이다.

빌라델비아 교회 이전의 교회는 사데 교회였다. 주님은 사데 교회에게 '옷을 더럽히지 말 것'을 권고하셨는데, 살았다 하는 이름은 가졌지만 '실상은 죽은' 즉 '행위의 온전한 것'이 없는 교회였다. 오늘날 개혁 교회는 성령을 사모하고 성령의 능력을 추구한다. 그런데 그 양상은 "성령의 불 받으라'", "불 세례 받으라", "성령의 능력을 받으라"는 종류의 것들이다. '성령의 불'과 '불 세례'에 대한 많은 오해가 있다. 이 주제에 대한 것은 각 장 요약에 소개된 영상을 참고하길 바란다.

사도행전 1:8에 주님께서 승천하시면서 "오직 성령이 너희에게 임하시면 너희가 권능(power)을 받고(shall receive)"라고 말씀하셨다. 사도들은 약속하신 '권능'을 받아 증인이 되었다. 그런데 성경이 말하는 능력과 우리들이 생각하는 '성령의 능력'은 동일하지 않다. 참된 성령의 능력은 예수 그리스도를 담대히 전하고 세상과 구별되게 살게 하는 능력이었다. 오늘날 대다수 교회들이 사모하는 성령의 능력은 '외적인 능력'을 의미한다. 마치 삼손이 가졌던 대단한 능력을 사모하는 것처럼 보인다. 참된 성령의 능력은 내적인 것으로 신자의 삶 속에 거룩함과 진실함을 추구하게 하고 예수의 형상을 닮게 하고 예수를 증거한다.

만일 주님이 빌라델비아 교회에 '능력과 권세가 많은 분'으로 계시되었다고 하면, 모두 실망했을 것이다. 그런 이유는 무엇인가? 빌라델비아 교회는 '적은 능력'을 가진 교회였기 때문이다. 물론 '적은 능력'이라는 것은 사람의 관점에서 본 '외적'인 것을 가리킨다. 그럼에도 불구하고 빌라델비아 교회는 '참된 능력'이 있었기 때문에 주를 배반하지 않고 주의 말씀을 지켰다. 하나님을 사랑하고 형제를 사랑하는 것은 외적인 능력으로 되는 것이 아니라 진실과 거룩한 성품의 열매이다. 빌라델비아 교회는 주님이 '거룩하고 진실한 분'이라는 편지를 받고 큰 힘과 격려를 받았을 것이다.

## 2) 다윗의 열쇠를 가지신 그리스도

주님은 '다윗의 열쇠'를 가지신 분이시다. 성경에 언급된 유명한 두 열쇠가 있다. 첫째는 '천국 열쇠'(원문에서는 복수로서 the keys of the kingdom of heaven이며 '두 번' 사용됐다), 둘째는 '다윗의 열쇠'이다. 천국 열쇠에 대한 수많은 견해들이 있다. 천국 열쇠를 마치 램프의 요정 지니나 도깨비 방망이처럼 생각한다. 천국 열쇠는 본 주제가 아니기에 언급하지 않겠다. 다윗의 열쇠도 천국 열쇠 못지 않은 해석들이 있다. '열쇠'이니 무엇이든지 원하는 것을 얻을 수 있는 권세라고 생각한다. 이런 관념은 성경을 벗어난 주관적인 생각에 불과하다. 성경을 통해서 주님께서 다윗의 열쇠를 가졌다는 것이 무엇인지를 QST해야 한다.

### (1) 그레고리 K. 비일의 견해

그레고리 K. 비일은 『NIGTC 요한계시록』(새물결플러스, p.481~482)에서 다윗의 열쇠에 대한 견해를 밝혔다.

> 이사야 22:22은 여기서 유비적으로만 적용된 것이 아니라, 이사야의 역사적 설명을 통해 전달된 간접적 대표적인 예언으로 이해된다.(중략) 첫째, 신약 성경에서 다윗이 그리스도와 연결되어 언급될 때는 일반적으로 예언적이고 메시야적인 의미가 감지된다. 둘째, 이사야 22:20절의 '나의 종' 엘리야김에 대한 언급은 이사야 40~53장의 야웨의 종 예언과 쉽게 연결되었을 것이다. 거기서 나의 종이라는 어구가 13번 등장하기 때문이다. 셋째, "엘리야김의 어깨에 다윗의 집의 열쇠를 둔다"는 것, 곧 유다 왕국의 행정적 책임을 지운다는 것과, 엘리야김을 예루살렘과 유다 집에 있는 사람들에게 아버지가 되게 한다는 것, 그리고 그가 "영광의 보좌가 되게 한다"는 것은 모두 이사야 22장 20절을 예언적으로 이해하게 했을 것이다. 이사야 22장 22절에서 사용된 용어는 이스라엘의 미래 통치자를 예언한 이

사야 9:6~7의 예언과 놀라울 정도로 병행한다. (중략) 다섯째, 엘리야김과 그리스도 사이에 주요 예표적 관련은 그리스도가 엘리야김처럼 왕으로서 다윗의 보좌 위에 절대적 권력을 가진다는 데 있다. 엘리야김이 야웨에 의하여 특별히 왕으로 임명되었듯이 그리스도는 하나님의 더 큰 왕으로 임명되셨다.(그레고리 K. 비일, 『NIGTC 요한계시록』, 새물결플러스, p.481~482)

## (2) 필자의 비평 및 견해: 엘리야김으로 예표된 그리스도

그레고리 K. 비일도 다윗의 열쇠가 엘리야김에 대한 예언과 관계있다는 것을 언급했다. 필자도 동의한다. '다윗의 열쇠'를 예언한 이사야 22:22~24 말씀을 보자.

> 내가 또 다윗의 집의 열쇠(the key of the house of David)를 그의 어깨에 두리니 그가 열면 닫을 자가 없겠고 닫으면 열 자가 없으리라 못(a nail)이 단단한 곳에 박힘 같이 그를 견고하게 하리니 그가 그의 아버지 집(his father's house)에 영광의 보좌(a glorious throne)가 될 것이요 그의 아버지 집의 모든 영광이 그 위에 걸리리니(shall hang upon him) 그의 후손과 족속 되는 각 작은 그릇 곧 종지로부터 모든 항아리까지니라(사 22:22~24)

이사야서에 예언된 다윗의 열쇠는 '그의 아버지의 집'(his father's house) 즉 '하나님의 집'과 관계 있다. 즉 다윗의 열쇠를 그리스도로 예표되는 엘리야김의 어깨에 둔 것은 '하나님의 집'을 위한 것이다. 포로 귀환 후, 느헤미야는 무너진 성벽을 건축했다. 성벽 건축은 '하나님의 왕국'을 위한 것이다. 학개 선지자는 이스라엘 백성들에게 '성전' 즉 '하나님의 집'을 건축하도록 격려한다. '성벽 건축'의 목적은 하나님의 백성들을 보호하는 것뿐만 아니라, '하나님의 집'인 성전을 보호하기 위한 것이다. 만일 성벽이 없다면 하나님의 집(성전)은 원수들의 공격을 받게 된다.

일례로, AD 70년 로마의 장군 티투스(Titus)에 의해서 예루살렘이 멸망당했다. 티투스는 예루살렘 성을 포위하고 식량과 물이 떨어지기를 기다렸다. 토성을 쌓아 예루살렘 성벽을 공격했다. 성벽이 무너지자 예루살렘 성전은 주님의 말씀과 같이 돌 위에 돌 하나 남기지 않고 훼파당했다. 구약에서 '예루살렘 성'은 '하나님의 왕국'을 의미하고, 그것은 '하나님의 집'인 성전을 위한다. '하나님의 왕국'이 회복되어야 '하나님의 집'인 성전을 보호할 수 있다. 따라서 엘리야김에게 '다윗의 열쇠'를 준 목적은 '하나님의 왕국'의 회복을 의미하고, 결국 '하나님의 집'을 위한 것이다. 하나님의 집인 성전이 세워지기 위해서 반드시 '잃어버린 왕권' 즉 '열면 닫을 자가 없고 닫으면 열 자가 없는' 다윗의 열쇠를 회복해야 한다. 다윗의 열쇠는 '물질적인 열쇠', '눈에 보이고 손에 쥘 수 있는' 열쇠를 주셨다는 것이 아니라, "왕권을 회복한다"는 의미이다. 왕권을 회복하면 왕국 안에 있는 모든 것을 열어 취할 수 있는 권세가 왕에게 돌아간다. 그와 동시에 왕국을 대적하는 자들과 그에 속한 것들을 폐할 수 있는 권세가 있다.

빌라델비아 교회에게 "다윗의 열쇠를 가지신 이 곧 열면 닫을 사람이 없고 닫으면 열 사람이 없는 그가"라는 말씀은 이사야 22장의 엘리야김에게 다윗의 열쇠를 주실 것이라는 예언이 예수 그리스도를 예표한다. 예수 그리스도는 승천하실 때 하나님 아버지로부터 하늘과 땅의 모든 권세를 받으셨음을 말씀하셨다. 십자가에 죽으시고 부활하신 주님은 하늘과 땅의 권세를 가지신 분이다.

마태복음은 동방 박사들이 "유대인의 왕으로 나신 이가 어디 있는가?"라고 말했음을 보여준다. 십자가 위의 죄패에는 "유대인의 왕 나사렛 예수"라고 쓰여졌다. 그분은 유대인의 왕이셨다. 그러나 그런 정도의 분이 아니다. 유대의 왕은 유대 땅의 권세만을 갖는다. 로마 황제는 로마가 통치하는 영토에 대한 권세를 갖는다. 어느 누구도 '온 땅의 권세'를 가진 자가 없다. 그런데 주님은 '온 땅의 권세'뿐만 아니라 '하늘의 권세'까지 가지신 분으로 '만왕의 왕'이시다. 얼마나 놀라운 분이신가!

첫 사람 아담은 모든 땅과 피조물들을 다스리는 권세를 받았다. 그러나 타락함으로 '왕의 권세'(다스리라, 정복하라)를 잃어버렸다. 두 번째 아담이신 그리스도는 '하늘과 땅의 모든 권세'를 갖고 계신 분이시다. 예수 그리스도는 아담이 잃은 하나님의 통치권 즉 하나님의 왕국을 다스리는 권세를 갖고 계신다. 다윗이 하나님의 왕국인 유다 왕국을 세운 후 하나님의 집인 성전을 건축할 마음이 있었다. 하나님께서는 나단을 통하여 그의 아들 솔로몬이 지을 것을 말씀하셨다. 엄밀한 의미에서 성전의 모든 것을 예비한 사람은 다윗이다. '다윗의 왕권'은 그 자신을 위한 것이 아니라 '하나님의 집'인 '성전'을 위한 것이다. 이것이 '하나님의 마음에 합한 자'라는 중심 메시지이다. 하나님의 마음에 합한 자인 다윗은 하나님의 통치 안에서 순종했고, 그가 왕이 된 후에도 전적으로 '하나님의 집' 즉 '성전'을 위했다. 그리스도는 육신으로는 '다윗의 자손'이시고, 성결의 영으로는 '다윗의 뿌리'이시다. 다윗의 열쇠로 예표된 하나님의 왕국의 권세를 가지신 그리스도는 하나님의 집의 건축을 위하신다.

다윗의 열쇠를 가지신 분이신 그리스도가 하나님의 집의 건축과 관계있다는 것은 빌라델비아 교회에 대한 약속에도 나타난다. 12절에서 "이기는 자는 내 하나님 성전에(in the temple of my God) 기둥이(a pillar) 되게 하리니(will I make)"라고 말씀한다. 다윗의 열쇠를 가지신 분으로 계시하신 것은 하늘과 땅의 권세를 가지신 분으로 모든 것을 공급하신다는 암시이다. 그것은 빌라델비아 교회에 하나님 성전의 기둥이 되게 한다. '하나님의 집'은 장차 완성될 '새 예루살렘 성'을 가리킨다. 새 예루살렘 성은 모든 성경의 결론이며, 하나님의 경륜의 완성이다. 바로 그 기둥이 될 것을 약속하셨다. '다윗의 열쇠'에 대한 '통속적인 관념'은 물질의 축복이나 은사들과 능력을 받는 것으로 생각한다. 전적으로 틀리다고 할 수 없지만, 성경의 핵심을 벗어난 것이다. 빌라델비아 교회의 이기는 자들에게 '하나님의 성전의 기둥이 될 것'은 다윗의 열쇠가 '그리스도의 몸을 세우려 함이라'는 'οἰκοδομή'(오이코도메)와 관계있다. 에베소서 4:11~12은 다음과 같이 말씀한다.

> 그가 어떤 사람은 사도로, 어떤 사람은 선지자로, 어떤 사람은 복음 전하는 자로, 어떤 사람은 목사와 교사로 삼으셨으니 이는 성도를 온전하게 하여(the perfecting of the saints) 봉사의 일을 하게 하며(he work of the ministry) 그리스도의 몸을(the body of Christ) 세우려 하심이라 (엡 4:11~12)

'그리스도의 몸'은 그리스도를 머리로 하는 '교회'를 의미한다. '세우려 하심'으로 번역된 원문은 'οἰκοδομή'(오이코도메)로 '건축, 건물'의 뜻으로, "그리스도의 몸인 교회를 건축한다"는 의미이다. 에베소서 2:21~22은 "그의 안에서 건물마다 서로 연결하여 주 안에서 성전(an holy temple)이 되어 가고(growes unto) 너희도 성령 안에서 하나님이 거하실 처소가 되기 위하여 그리스도 예수 안에서 함께 지어져 가느니라(are builded)"고 말씀한다. 즉 교회는 성전이 되어 가는 과정이고, 우리들도 하나님이 거하실 처소가 되기 위하여 함께 지어져 가고 있는 중이다. 따라서 빌라델비아 교회의 이기는 자들에게 '하나님 성전의 기둥이 될 것'을 말씀하신 것은 가장 놀라운 축복이다.

## 3. 빌라델비아 교회의 영적 상태

### 1) Οἶδα(오이다)의 주님

주님은 각 교회에 말씀하시는 분이 어떤 분이신지를 계시하신 후에 각 교회의 적극적인 면을 언급하며 칭찬하신다. 개역개정의 8절은 "볼지어다 내가 네 앞에 열린 문을 두었으되 능히 닫을 사람이 없으리라 내가 네 행위를 아노니 네가 적은 능력을 가지고도 내 말을 지키며 내 이름을 배반치 아니하였도다"는 어순으로 번역됐다. 우리말의 어순의 특징 때문이다. 그러나 원문은 "Οἶδά σου τὰ ἔργα"(오이다 수 타 에르가)라는 문구로 시작된다. 'Οἶδά'(오이다)는 '내가 안다'를, 'σου'(수)는 '너희'를, 'τὰ ἔργα'(타 에르가)는 '행위들'로서, "내가 네 행위들(복수)을 안다"는 의미이다. 이 문구는 일곱 교회 모두에게 사용되었다. 따라서 모든 교회에 대한 원칙(doctrine)을 보여준다. 주님은 모든 교회들의 '행위들'에 관심을 갖고 계시는데, 믿음의 열매이기 때문이다.

KJV은 "I know your works"로 '현재 시제'인 'know'로 번역했다. 그런데 'Οἶδά'(오이다)는 'εἴδω'(에이도)의 완료형으로 "이전부터 알고 있었다"라는 의미이다. 주님은 에베소 교회의 '행위들'(복수)을 아시고, 서머나 교회의 '행위들'(복수)을 아시고, 버가모 교회의 '행위들'(복수)을 아시고, 빌라델비아 교회의 '행위들'(복수)을 아신다. 주님이 모든 것을 아신다는 것은 교회에 대한 위로요 격려이다. 만일 주님이 우리들의 상황을 모르신다면 낙심하게 될 것이다. '행위들'은 신앙생활의 모든 것을 의미한다. 주님이 이 모든 행위들을 아신다는 것을 기억하면, 성도들의 신앙생활은 달라질 것이다. '오이다의 주님'은 성도들에게 격려이다.

## 2) 작은 능력과 주의 말씀

주님은 "네가 작은 능력을 가지고서도 내 말을 지키며 내 이름을 배반하지 아니하였도다"라고 칭찬한다. 빌라델비아 교회가 '작은 능력'을 가졌다는 것에 대하여 의아할 수 있다. 왜냐하면, 주님께 영광을 돌리고 칭찬받는 교회는 세상에서 힘을 갖고 영향력을 끼칠 수 있는 '큰 능력'을 가져야 한다고 생각하기 때문이다. 빌라델비아 교회는 우리들의 생각과 거리가 먼 교회였다. 여기서 언급한 '작은 능력'이란 물질적인 것, '외적인 능력'을 의미한다. 따라서 빌라델비아 교회는 사람의 관점에서 볼 때 '작고 약한 교회'였다. '작은 능력' 때문에 빌라델비아 교회가 칭찬받았다는 것이 아니다. 칭찬의 핵심은 '작은 능력'에 있지 않고, '주의 말씀을 지킨 것'에 있다. 주님의 관심은 "능력을 많이 가졌는가"에 있지 않고, "주의 말씀을 지켰는가"에 있다. 빌라델비아 교회는 비록 작은 능력을 가졌음에도 불구하고 주의 말씀을 지켰다. 이것을 주님은 귀히 보셨다. 만일 많은 능력을 갖고 주님의 말씀을 지켰다면, 더할 나위 없이 좋을 것이다.

서머나 교회는 박해받는 교회였다. 환난과 궁핍으로 큰 어려움을 겪었음에도 불구하고 서머나 교회는 굴복하지 않았고, 죽도록 충성하라는 격려를 받았다. 소아시아의 일곱 교회 중 책망이 없고 칭찬만 있는 교회는 서머나 교회와 빌라델비아 교회였다. 두 교회는 모두 '작은 능력'을 가진 교회였음에도 불구하고 주님께 신실했다. 오늘날 교회는 많은 능력을 갖기를 원하고, 신자들도 많은 능력을 갖기를 소원한다. 우리들의 관심은 '작은 능력'이 아니라, '크고 많은 능력'이다. 그런데 주님의 관점은 큰 능력을 가졌는가에 있지 않고, '주님의 말씀을 지켰는가'에 있다. 오늘날 교회가 주님의 말씀을 지키는 것을 큰 능력을 갖는 것보다 더 귀하게 여긴다면, 빌라델비아 교회 같이 칭찬받게 될 것이다.

누가복음 12:32에서 주님은 제자들에게 "적은 무리여(little flock) 무서워 말라 너희 아버지께서 '그 나라'(the kingdom of God)를 너희에게 주시기를 기뻐하시느니라"고 말씀한다. 하나님의 왕국을 받을 자들이 '큰 무리들'로서 '힘이 있는 자들'이 아니라 '작은 능력'을 가진 '적은 무리'라는 것은 시사하는 바가 크다. 빌라델비아 교회는 작은 능력을 가졌지만, "시저는 나의 주시다"라는 로마 황제 숭배를 거부하고, 주의 이름을 배반치 않았다. 그것은 능력의 문제가 아니라, 진실함과 거룩함의 문제였다.

### 3) 사탄의 회당과 유대인

주님은 "보라 사탄의 회당 곧 자칭 유대인이라 하나 그렇지 아니하고 거짓말하는 자들 중에서 몇을 네게 주어 그들로 와서 네 발 앞에 절하게 하고 내가 너를 사랑하는 줄을 알게 하리라"(9)고 말씀한다. 유대인은 가는 곳마다 회당을 만들었고, 회당을 중심하여 모였다. 회당은 유대인의 삶의 중심이다. 주님은 그 회당을 '사탄의 회당'이라고 부른다. 주님은 십자가의 길을 막는 베드로에게도 "사탄아(Satan) 내 뒤로 물러가라. 네가 나를 넘어지게 한다"(마 16:23)고 말씀했다.

사탄이란 "주님을 대적하는 자"라는 것을 가리킨다. 사탄은 빌라델비아 교회를 대적하기 위해서 유대인들과 그들의 회당을 사용했다. 왜냐하면, 유대인들은 예수를 메시아로 믿지 않을 뿐만 아니라 이단자로 여기기 때문에, 그를 믿고 따르는 빌라델비아 교회를 증오했다. 유대인들은 스스로 하나님을 경외한다고 생각하지만 메시아이신 주님을 대적하므로 사탄의 도구가 되었다. 주님은 "거짓말하는 자들 중에서 몇을 네게 주어 그들로 와서 네 발 앞에 절하게 하고 내가 너를 사랑하는 줄을 알게 하리라"고 말씀한다. 그런 이유는 주님이 유대인들로 하여금 빌라델비아 교회를 사랑하는 것을 알게 하시기 때문이다. 이것은 놀라운 일이다. 빌라델비아 교회는 '작은 능력'을 가졌지만 주님을 배반하지 않고 주님의 말씀을 지켰고, 대적자들도 주님이 사랑하는 것을 깨달아 스스로 와서 절한다. 이것은 전적으로 신실한 빌라델비아 교회에 대한 주님의 축복이다.

## 4. 이기는 자에 대한 약속

### 1) 인내의 말씀과 시험의 때(대환난)

주님은 "네가 나의 인내의 말씀을 지켰은즉 내가 또한 너를 지켜 시험의 때를 면하게 하리니 이는 장차 온 세상에 임하여 땅에 거하는 자들을 시험할 때라"(10)

고 말씀한다. 주님은 주님의 말씀을 '인내의 말씀'이라고 부른다. 주님의 말씀을 지키기 위해서 '인내'가 필요하다는 것을 가리킨다. 만일 주님의 말씀을 지키는 데 인내가 필요하지 않다면, 누구든지 말씀대로 순종하며 살 수 있을 것이다.

사도 요한은 자신을 "나 요한은 너희 형제요 예수의 환난과 나라와 '참음'(patience)에 동참하는 자"(1:19)라고 언급했다. 빌라델비아 교회는 사도 요한과 같이 '예수의 환난'에도 동참하고, '예수의 왕국'에도 동참하고, '예수의 인내'에도 동참했다. 마태복음 20장을 보면, 주님이 예루살렘으로 올라갈 때, 세베대의 아들들의 어머니가 그의 아들들인 야고보와 요한을 데리고 와서 절하면서 '주의 왕국'에서 하나는 주의 우편에 또 하나는 주의 좌편에 앉기를 요구했다. 야고보와 요한의 어머니는 육신적으로 예수님과 이모 관계였다. 따라서 혈연 관계를 통한 청탁을 의미했다. 마태복음 20:22~23은 다음과 같이 말씀한다.

> 너희는 너희가 구하는 것을 알지 못하는도다 내가 마시려는 잔을 너희가 마실 수 있느냐 그들이 말하되 할 수 있나이다 이르시되 너희가 과연 내 잔을 마시려니와 내 좌우편에 앉는 것은 내가 주는 것이 아니라 내 아버지께서 누구를 위하여 예비하셨든지 그들이 얻을 것이니라(마 20:22~23)

주님은 혈연관계를 내세운 청탁을 거부하셨다. 그것이 누구에게 주어지든지 아버지께서 주실 것이며, 반드시 '내 잔을 마시는 자'가 받을 것을 가르치셨다. 이것은 모든 교회에 적용되는 '원칙'(doctrine)이다.

사도 요한과 빌라델비아 교회는 "예수의 환난과 왕국과 인내에 동참"했다. 주님은 빌라델비아 교회에게 '시련의 때'를 면하게 할 것을 약속했다. 시련의 때는 장차 온 세상에 거하는 자들을 시험할 때로서 '대환난'을 가리킨다. 주님이 왕권을 가지고 재림하시기 전에 대환난이 있다.(마 24:15~18) 주님은 제자들에게 대환난의 때를 언급하고 휴거될 것을 격려하셨다. 누가복음 21:34~36을 보자.

> 너희는 스스로 조심하라 그렇지 않으면 방탕함과 술 취함(drunkenness)과 생활의 염려(cares of this life)로 마음이 둔하여지고 뜻밖에 그 날(that day)이 덫과 같이 너희에게 임하리라 이 날은 온 지구상에 거하는 모든 사람에게 임하리라 이러므로 너

희는 장차 올 이 모든 일을 능히 피하고 인자 앞에 서도록 항상 기도하며 깨어 있
으라 하시니라(눅 21:34~36)

빌라델비아 교회가 적은 능력을 갖고도 주님을 배반치 않았다는 것은 방탕함
과 술 취함과 생활의 염려로 마음이 둔해지지 않고, 항상 깨어 기도했기 때문이
다. 그들은 인내의 말씀을 지킴으로 대환난 전에 휴거될 것을 약속받았다. 휴거
의 원칙(doctrine)은 죽음을 보지 않고 데려감을 당한 에녹 이후로 변함이 없다.
부언하자면, 빌라델비아 교회에게 휴거를 약속한 것을 모든 교회에 적용해서 대
환난 전에 모든 신자는 휴거된다고 주장하는 것은 잘못된 관점이다.(대부분 특정
한 일부의 사실을 모든 교회로 적용하기 때문에 오류가 발생한다)

## 2) 면류관을 빼앗지 못하게 하라

### (1) 무천년설 견해

빌라델비아 교회에 약속하신 면류관에 대해 이필찬 박사는 『요한계시록』(에스
카톤, p.392)에서 그의 견해를 제시했다.

> 여기서 너의 면류관을 빼앗지 못하도록이라는 표현이 사용된 것은 빌라델비아
> 성도들이 이미 그 면류관을 가지고 있음을 보여준다. 그들은 이미 승리를 쟁취한
> 것이다. 그런데 여기에서 논점은 그 면류관을 빼앗기지 않도록 하라는 것이다. 이
> 것은 이미 쟁취한 승리의 영광을 계속 유지하도록 힘쓰라는 권면의 말씀이다.(중
> 략) 정리하자면 11절에서 예수님의 오심은 재림을 의미하는 것이 아니라 고통의
> 순간에 지켜주겠다는 약속의 실현을 의미하는 동시에 예배와 성만찬 같은 상황
> 에서의 오심을 의미한다. 빌라델비아 성도들에게 이러한 오심은 위협이 아니라
> 위로와 격려를 목적으로 한다. 이러한 예수님의 신실하신 관심에 빌라델비아 성
> 도들은 승리를 빼앗기지 않도록 현재 상태를 계속 유지하는 일에 더욱 힘써 해야
> 할 것이다.(이필찬, 『요한계시록』, 에스카톤, p.392)

이필찬 박사는 빌라델비아 교회가 면류관을 받을 것을 시인하면서(이것은 팩트

이다), 면류관이 주어지는 약속이 주님의 재림 때에 있을 것을 부인하고, 현재의 고통의 순간을 지켜주겠다는 '상징적 의미'로 해석했다. 이것은 성경의 문맥을 벗어난 것이다. 이필찬 박사를 비롯한 무천년설자들이 장차 재림의 때에 약속된 면류관을 '상징적인 의미'와 현재의 위로와 예배와 성찬식의 상황에서의 오심으로 해석하는 것은 오류이다.

계시록의 기본적인 메시지는 "내가 속히 오리라"는 것이다. '주님의 오심'은 '재림'을 가리키는 것이지, 무천년설이 주장하듯이 현재 신앙생활 가운데 은혜를 베푸시는 '현재적인 오심'이 아니다. 이렇게 주장하는 무천년설의 근본적인 원인은 초림부터 재림까지를 천년왕국으로 간주하기 때문이다. 그래서 장차 무엇인가 약속된 것은 부인해야 하고, 그것을 현재에 주어지는 어떤 것으로 보지 않으면 안 되는 한계를 갖고 있다.

계시록의 말씀을 편견이 없이 보자. 주님은 "내가 속히 오리니 네가 가진 것을 굳게 잡아 아무도 네 면류관을 빼앗지 못하게 하라"고 말씀한다. 주님이 속히 오시는 것은 '주실 상'이 있기 때문이다. 이것은 현재가 아니라 장차 재림의 때에 주시는 것이다. 단지 고난 당하는 신자들이 받는 '현재의 위로'를 가리키는 것이 아니다.(간접적으로 이것을 포함하지만 직접적인 의미가 아니다) 장차 재림 후에 면류관을 상으로 주실 것을 가리킨다.

만일 무천년설이 주장하듯이 면류관을 주는 것이 '현재적 위로'였다면 '현재 시제'로 말씀하셨을 것이고, 어떤 순교자도 없어야 할 것이다. 이런 실제적인 상황은 면류관을 받는 것이 '현재'가 아니라 '장차 있을 일'이기 때문이다. "네 면류관을 빼앗지 못하게 하라"는 것은 그들이 '이미' 면류관을 받았다는 의미이다. 물론 면류관을 받는 것은 장차 그리스도의 심판석에서 있게 될 것이다. 그러나 그들은 인내의 말씀을 지키고 주님을 배반하지 않았기 때문에 '이미'(already) 주어진 것으로 말씀했다. 만일 빌라델비아 교회가 그들이 굳게 가진 것을 놓는다면, '장차'(미래) 면류관을 빼앗기게 될 것이다. 그래서 주님은 빌라델비아 교회가 인내의 말씀을 끝까지 붙들도록 격려하셨다.

여기서 한 가지 원칙을 발견한다. 면류관은 모든 신자에게 '자동적으로'(automatic) 주어지는 것이 아니다. 소아시아의 일곱 교회에 언급된 모든 약속은 주님의 약속의 말씀을 '지키는 자들'에게 주시는 '보상'(reward)이기 때문이다. '보상'(혹은 상급)은 모두에게 주어지는 것이 아니라, 받을 자격이 있는 자에게 주어진다. 주님의 약속은 교회에 주시는 것이기 때문에, 교회 가운데 '그 말씀을 따라' 순종한 신자들이 받게 된다. 만일 주님의 말씀을 순종하지 않는 신자가 있다면 상을 받지 못할 것은 자명하다. 이 단순하고 명백한 진리를 발견하지 못한다면, 무천년설의 주장과 같이 모든 신자가 상을 받는다고 오해할 수 있다.

달란트 비유를 보자. 주님이 종들에게 각각 재능을 따라 다섯 달란트, 두 달란트 그리고 한 달란트를 주며, 주님이 다시 돌아올 때까지 장사할 것을 부탁하고 떠나가셨다. 다섯 달란트와 두 달란트 맡은 종은 즉시 가서 장사하여 또 다른 달란트를 남겼다. 그런데 한 달란트 맡은 종은 주인을 '굳은 사람'으로 알아 그것을 땅에 감춰두었다. 다섯 달란트와 두 달란트 맡은 종은 착하고 충성된 종이라는 '인정'과 '칭찬'을 들었을 뿐 아니라, '네 주인의 즐거움'에 들어가는 축복을 받았다. '주인의 즐거움'에 들어가는 것은 타락하기 이전의 회복된 세상인 천년왕국의 왕으로 들어간다는 것을 의미한다. '면류관'과 '천년왕국의 왕'으로 들어가는 것은 모두 자격이 있는 자들에게 '보상'(reward)으로 주어진다. 양자는 동전의 양면과 같다.

이와 반면에, 한 달란트 맡은 종은 '악하고 게으른 종'이라는 책망을 들었다. 한 달란트 맡은 종에 대한 전통적인 관념은 불신자로 간주하든지, 아니면 상을 받지 못하고 책망받고 끝날 것이라 생각한다. 이런 관념의 배경에는 "신자는 사후에 하늘의 천국에 간다"는 사상이 있다. 거의 모든 신자들이 "신자는 사후에 즉시 하늘에 있는 천국에 완전히 거룩해져서 올라간다"고 믿는다. 이것이 사실이라면, 필자도 그 대상이니 더할 나위 없이 좋을 것이다. 그러나 그것은 성경의 가르침과 다르기 때문에 큰 문제를 야기한다. 이런 관념은 로마 가톨릭의 무천년 신학 사상을 근간으로 한다.

로마 가톨릭으로부터 개혁된 교회가 로마 가톨릭과 같은 신학 사상을 갖고 있다는 것은 비정상적이다. 빌라델비아 교회에게 네 면류관을 빼앗지 못하게 하라는 것은 신자 사후 천국에 간다는 사상이 성경의 가르침과 다르다는 것을 증거한다. 성경에 약속된 면류관들은 모든 신자에게 '자동적'(automatic)으로 주어지는 것이 아니라, 주님의 약속의 말씀을 지키는 자들에게 주시는 보상(reward)이다. 교회는 주님이 약속하신 면류관을 얻기 위해서 '작은 능력'을 가졌을지라도 주님의 말씀을 지키고 주님의 이름을 배반하지 말아야 한다. 빌라델비아 교회에 주시는 약속은 모든 교회들에게 주시는 '참된 격려'이다.(상에 대한 것은 계시록 11장을 다룬 "chapter 39 6. 상 주심"을 참조하라)

### 3) 하나님 성전의 기둥

#### (1) 무천년설 견해
이필찬 박사는 『요한계시록』(에스카톤, p.394)에서 하나님의 성전의 기둥에 대한 견해를 제시한다.

> 하나님은 교회 공동체 없이는 자신의 통치를 발현하실 수 없다. 이처럼 하나님의 통치를 나타내는 통로로 사용되기 위해 교회 공동체가 이기는 자가 되어야 하는 것은 당연하고 필수적인 일이다. 교회 공동체가 이기는 자가 되지 못하면 하나님의 목적이 그들을 통해 이루어질 수 없다. 그러므로 그 교회 공동체가 하나님의 성전 기둥이 되는 것은 하나님의 영광을 온 세상에 드러내려는 하나님의 의지를 잘 반영해 주고 있다.(이필찬, 『요한계시록』, 에스카톤, p.394)

#### (2) 필자의 비평 및 견해
이필찬 박사는 하나님께서 교회 공동체(필자 주: 성경은 교회를 공동체라고 부르지 않고 '그리스도의 몸' 즉 '유기체'라 부른다) 없이 하나님의 통치를 발현하실 수 없다고 말하는데, 그리스도께서 몸인 교회를 통해서 그의 사역을 이루시기 때문에 전적으로 동의한다. 교회가 이기는 자가 되지 못하면 하나님의 목적이 이뤄질 수 없다고 말한다. 성경과 같은 견해이니 필자도 동의한다.

이필찬 박사의 오류는 교회 가운데 이기는 자가 있고, 그렇지 못한 자가 있다는 것을 간과하고, 모든 신자가 이기는 자가 되어 성전의 기둥이 된다는 결론을 내렸다. 이것은 명백한 오류이다. 주님께서 빌라델비아 교회에 대하여 '이기는 자'가 성전의 기둥이 되게 한다는 것은 기본적인 전제 조건이다. 따라서 이기지 못하는 자들 즉 순종하지 못한 자들은 성전의 기둥이 될 수 없다는 것을 의미한다. 이 박사가 이 중요한 조건을 없는 것처럼 여겼다는 것은 성경의 문맥을 고려치 않은 것이다.

이필찬 박사를 비롯한 그레고리 K. 비일 등 무천년설자들은 모든 신자들을 이기는 자로 간주한다. 이런 근본적인 이유는 무천년설의 관점이 성경과 다르기 때문이다. 붉은색 선글라스를 끼고 세상을 바라보면 모든 것이 붉게 보이듯이, 무천년설이라는 안경을 끼고 성경을 보면 왜곡될 수밖에 없다.

"이기는 자는 내 하나님 성전에 기둥이 되게 하리니 그가 결코 다시 나가지 아니하리라"(3:12)고 말씀하는데 '하나님의 성전'은 땅에 있는 예루살렘 성전이 아니라 하늘의 새 예루살렘 성을 가리킨다. '되게 하리니'는 헬라어 'ποιήσω'(포이에소)로 '만들다, 구성하다, 형성하다'라는 의미를 가진 'ποιέω'(포이에오)의 '1인칭 미래형'이다. 주님이 빌라델비아 교회의 이기는 자들을 하나님의 성전의 기둥이 되게 하실 것이 '현재'가 아니라 '미래'라는 것을 가리킨다. 무천년설이 '미래 시제'라는 팩트를 '현재의 위로'라는 '현재 시제'로 해석한 것은 성경을 떠난 '해석'이다. 이런 종류의 해석은 (사실 그대로 말하면) "해석이 아니라 변조"라 할 수 있다.(이 심각성을 무천년설자들은 아무도 모르는 듯 하다)

빌라델비아 교회 가운데 굳게 잡아 그 가진 것을 빼앗지 못하게 한 신자들은 이기는 자들로서 장차 주님이 재림하실 때, 즉 천년왕국 때에 하나님의 성전의 기둥이 되게 하실 것이다. 이것은 면류관이 재림의 때에 주어지는 것과 일치한다. "그가 결코 다시 나가지 아니하리라"(12)는 것과 하나님의 성전의 기둥이 되는 것은 어느 누구도 빼거나 제거할 수 없다는 것을 의미한다.

오늘날 신자들이 주님을 섬기며 신앙 생활할 때, 이런저런 일들로 교회를 떠나는 일들이 일어난다.(거짓된 것을 떠나는 것은 예외) 빌라델비아 교회에 대한 약속을 적용한다면, '교회의 기둥'이 되지 못했기 때문이다. 만일 교회의 기둥으로 섬긴다고 하면, 어떻게 기둥이 떠날 수 있겠는가? 물론 교회의 기둥으로 여기는 것은 다른 사람의 평가든지 자신의 평가여도 관계가 없다. 개인 주택이나 공공 건물을 막론하고 기둥이 없어지는 사례는 없다. 만일 교회의 기둥이 제거되는 때가 있다면, 그것은 교회의 머리 되신 주님이 마귀에게 패배했을 경우에만 가능하다. 그러나 그런 일은 결코 있을 수 없다.

서머나 교회는 박해받는 교회였다. 역사적으로 로마제국의 10대 황제들이 약 250년 동안 교회를 진멸하려고 온갖 만행을 저질렀다. 그러나 교회는 오히려 더 번성했고, 교회의 기둥들은 오히려 더 건재했다. 그렇게 말할 수 있는 이유는 무엇인가? 서머나 교회는 황제의 권력에 굴복하지 않고 믿음을 지키며 순교했기 때문이다. 순교자가 되었다는 것은 이겼다는 것을 의미하고, 그들이 교회의 기둥이었다는 것을 의미한다. 그러므로 교회의 기둥이 제거되는 일은 역사상 한 번도 없었다. 오늘날 교회가 어려움을 당하고 핍박을 받는다면, 그것은 교회의 기둥들이 나타날 기회이다. 빌라델비아의 이기는 자들이 장차 하나님의 성전의 기둥이 되는 것은 그들이 살아 있을 때에 교회를 떠나지 않고, 기둥과 같이 섬겼기 때문이다.

### 4) 하나님 성전의 이름과 새 이름

> 내가 하나님의 이름과 하나님의 성 곧 하늘에서 내 하나님께로부터 내려오는 새 예루살렘의 이름과 나의 새 이름을 그이 위에 기록하리라(12)

### (1) 무천년설 견해
이필찬 박사는 『요한계시록』(에스카톤, p.394)에서 "하나님의 성전의 기둥"에 대한 견해를 제시했다.

> 여기에서 이름이 새겨지는 대상이 이기는 자인지 아니면 성전의 기둥인지에 대한 논란이 있을 수 있다. 그러나 이러한 논란은 무의미한데, 왜냐하면 성전의 기둥은 일종의 은유적 표현이고 이기는 자들과 성전의 기둥은 동일시되기 때문이다. 이 일련의 이름들은 동일한 의미로서 하나님의 소유된 백성임을 표시하는 것으로 이해될 수 있고, 그런 이름이 '이기는 자'에게 주어진다는 것은 의미가 있다.(이필찬, 『요한계시록』, 에스카톤, p.394)

## (2) 필자의 비평 및 견해

### ① 사랑스런 격려와 경고

이필찬 박사는 이름이 새겨지는 대상이 이기는 자인지 아니면 성전의 기둥인 지에 대한 논란이 무의미하다고 했다. 이것은 그가 말한 대로 동일한 주체이기 때문에 문제가 되지 않는다. 그런데 그는 그런 이름이 이기는 자에게 주어지는 것은 의미가 있다고 하면서, 반대의 경우 즉 이기지 못한 자가 어떻게 될 것인지 는 언급조차 하지 않는다.

빌라델비아 교회 가운데 이기는 자와 이기지 못하는 자가 있다는 것을 간과 한 것은 중대한 과실이다. 무천년설은 이런 기본 전제를 무시하고 모든 성도들 을 이기는 자라고 간주한다. 이것은 듣기에 좋을지 몰라도 사실이 아니기 때문 에 실상을 왜곡한다.

주님의 약속의 말씀에 순종하는 자와 순종치 않는 자가 있다. 따라서 새 예루 살렘의 이름과 주님의 새 이름이 기록되지 않는 자가 있다는 것은 자명하다. 이 필찬 박사를 비롯한 무천년설자들은 이런 중대한 문제를 대수롭지 않은 듯이 간 과했다. 그러기 때문에 이기는 자에게 주어지는 보상을 희석시켜서 모든 신자들 이 받는 것으로 해석했다. 이것은 중대한 오류이다. 우리들에게는 '듣기 좋은 달 콤한 말'이 필요하지 않고 '하나님의 바른 말씀'이 필요하다. 예레미야 선지자의 대언을 이스라엘 백성들이 거부하고 거짓 선지자의 말을 믿었던 것은 그들의 귀 에 듣기 좋은 것만을 따랐기 때문이었다.

이기는 자에게 새 예루살렘의 이름과 주님의 이름을 쓴다는 것은, 이기지 못 하는 자는 그 약속을 받지 못한다는 것을 의미한다. 이것은 주님의 뜻대로 살고 자 하는 자에게는 '사랑스런 격려'이며, 그렇지 못한 자들에게는 '사랑스런 경고' 이다. 우리들에게는 격려가 필요하고 또한 경고가 필요하다. 어떤 것을 받을지 는 우리들의 영적 상황에 달려있다.

### ② 하나님께 속했다

하나님의 이름은 하나님을 표시하고, 주님의 이름은 주님을 표시한다. 예를 들자면, 대환난 때에는 거짓 선지자가 사람들에게 짐승의 표인 '666'을 받게 한다. 짐승의 표를 이마나 오른 손목에 표시하는 것은 받는 자가 짐승에게 속했다는 것을 의미한다. 하나님의 이름과 주님의 이름을 기록한다는 것은 그들이 완전히 하나님과 주님께 속했다는 것을 의미한다. 주님의 이름을 새긴다는 것은 이기는 자들만이 그리스도 안에서 하나 되어 그들 안에 그리스도가 사신다는 것을 가리킨다.(참조: 짐승의 표와 대비되는 것은 다른 천사로부터 인맞은 144,000이다. 모두 외적인 표이다.)

### ③ 하나님의 성품 관계

하나님의 이름은 '하나님의 성품'을 나타내고, 주님의 이름은 '주님의 성품'을 나타낸다. 이기는 자들이 하나님의 성전의 기둥으로서 하나님의 이름과 주님의 새 이름을 기록하는 것은 그 이름의 성품이 그들 안에 있다는 것을 의미한다. 이기는 자는 의와 진리와 거룩함으로 하나님과 주님의 성품을 닮은 자이다. 이기는 자는 외적으로 이길 뿐만 아니라, 그리스도의 형상을 닮았다는 내적인 의미가 있다. 이기는 자는 하나님의 성품을 닮아가는 자들이다. 그렇다고 모든 신자가 '자동적으로' 하나님의 성품을 닮아가는 것은 아니다.

### ④ 창조의 경륜의 성취

빌라델비아 교회의 이기는 자들에게 '새 예루살렘의 이름'을 쓴다는 것은 하나님의 창조의 경륜이 성취된 것을 보여준다. 이 약속은 천년왕국에서 이기는 자들에게 '보상'(reward)으로 성취된다. 모든 구원받은 자는 새 하늘과 새 땅, 새 예루살렘에서 완전히 성취된다.

### ⑤ 하나님의 공의 방면

"빌라델비아 교회의 이기지 못한 신자들은 어떻게 될 것인가?"라는 생각을 하는 것은 지극히 정상적이다. 이기는 자들에게 새 이름이 주어진다는 것은, 이기지 못하는 자들에게 새 이름이 주어지지 않는다는 것을 가리키기 때문이다. 주님의 약속을 순종하지 못한 자들에게도 천년왕국에서 새 이름을 주실 것이라는 무천년설의 주장은 주님을 불의한 분으로 만든다.(결과적으로) 보상이 순종한 자들에게 주어진다는 것은 기초 원칙이다. 이기지 못하는 자들은 구원받은 백성으로서 천년왕국 후, 새 하늘과 새 땅 새 예루살렘이 올 때 비로소 기록될 것이고 영원토록 은혜를 누릴 것이다. 양자의 차이는 천년왕국 때에 약속의 보상(reward)을 받는 자와 받지 못하는 자가 있다는 것이다. 천년왕국은 '의의 시대'이기 때문에 주님의 말씀을 순종한 자들에게 '보상'(reward)으로 주어진다.

### ⑥ 주님의 통치와 다스림

빌라델비아 교회의 이기는 자들에게 하나님의 이름을 비롯한 주님의 새 이름을 기록한 것은 그들이 살아 있을 때에 주님의 말씀을 따라 인내의 말씀을 지키고, 주님을 배반치 않고, 하나님의 통치와 다스림 안에서 살았기 때문이다. 이와 반면에 이기지 못하는 자들은 주님의 말씀을 지키지도 않고 주님의 다스림에 순종하지 않았다. 재림의 때에 주님으로부터 어떤 평가를 받을 것인가는 '장차' 결정되는 것이다. 그러나 다른 편에서 보면, 이 땅에서 어떻게 신앙 생활했는가에 따라 결정된다. 따라서 현재 주님의 통치 안에서 말씀과 성령을 따라 순종하는 것이 중요하다. 이것이 천국과 관련한 '의'(righteousness)의 현재성이다. 천국(the kingdom of heaven, βασιλεια, 바실레이아)은 즉 하늘의 왕국은 장소적인 의미가 아니라 통치와 다스림의 영역을 의미한다.

### ⑦ 천국의 현재성

천국(the kingdom of heaven, 하늘들의 왕국, 원문은 '하늘들' 복수이다)은 오순절 성령 강림으로 시작되었다. 주님께서는 '성령 안에서' 교회를 통치하신다. 그래서 일곱 교회마다 편지하시는 분은 주님이신데 마지막에는 "귀 있는 자들은 성령이 교회들에게 하시는 말씀을 들을지니라"고 말씀하신다. 따라서 성령님을 통한 주님의 통치 안에 있는 신자가 있고, 그렇지 못한 신자가 있다.

천국의 현재성이란 주님이 물리적인 권세로 세상을 다스리는 것이 아니라, 교회를 말씀과 성령으로 다스리는 것이기 때문에 'invisible'한 특성이 있다. 그래서 누가복음 17장에서 바리새인들이 하나님의 왕국이 언제 임하느냐는 질문을 했는데 "하나님의 나라(the kingdom of God)는 볼 수 있게(not with observation) 임하는 것이 아니요 또 여기 있다(lo here) 저기 있다(lo there)고도 못하리니 하나님의 나라는 너희 안(within you)에 있느니라"(눅 17:21)고 말씀했다. 이것은 천국의 현재성으로 주님은 우리(교회) 안에서 성령으로 다스리시기 때문에 "여기 있다 저기 있다"고 할 수 없다.

# Chapter 19 ·
# 라오디게아 교회 (3:14~22)

## 1. 라오디게아의 정치, 사회, 종교적인 배경

라오디게아는 빌라델비아(Philadelphia)에서 동남쪽으로 약 72km 떨어진 곳에 있으며, 에베소에서는 동쪽으로 약 160km 지점에 위치한다. 도시의 북쪽으로 약 9km 떨어진 곳에는 '태양의 도시'라 불리는 히에라볼리(Hierapolis)가 있어 많은 양의 석회질이 오랫동안 물속에 침전돼 비경을 이루고, 약 100m 높이의 백색 석회석으로 이루어진 장관을 연출하는 '파묵칼레(Pamukkale)'도 만발한 목화송이와 같다고 해서 붙여진 이름이다. 당시 부유하게 살았던 라오디게아인들은 돌 송수관으로 뜨거운 물을 끌어들여 사용했는데, 시내까지 흘러 들어오면서 식어서 미지근한 물로 되었다. 마치 이 도시의 영적 상태가 차지고 않고 덥지도 않는 "미지근한(lukewarm, neither cold nor hot)" 것으로 책망을 받는 것을 생각나게 한다. 라오디게아는 소아시아 수도 에베소(Ephesus)에서 동쪽 수리아(Suria)로 가는 길에 위치하여 아시아에서 가장 중요한 길목 중 하나였다. BC 2,000년경 그리스 본토에서 아나톨리아(오늘날 터키)로 이주한 이오니아인들에 의해 세워져 디오스폴리스(Diospolis) 혹은 로아스(Rhoas)라고 불렸으나, 알렉산더 대왕 사후 시리아를 중심으로 세워진 셀류쿠스(Seleucus) 왕조 안티오코스 2세(Antiochus II, BC 262~246년경)가 BC 261년과 253년 사이 도시를 재건하면서 자신의 부인인 라오디케(Laodike)의 이름을 따서 라오디게아라 명명했다.

### 1) 골로새 교회와의 관계

라오디게아 교회는 골로새 교회와 인접해 있었다. 그 때문에 사도 바울이 골로새 교회에 보낸 서신에서 여러 번 언급됐다. 골로새서 2:1은 "내가 너희와 라오디게아에 있는 자들과 무릇 내 육신의 얼굴을 보지 못한 자들을 위하여 얼마나 힘쓰는지를 너희가 알기를 원하노니"라고 언급했다. 골로새 교회뿐만 아니라 라오디게아 교회에 사도 바울의 열정과 사랑을 보여준다. 골로새서 4:13은 에바브라가 골로새 교회뿐만 아니라 라오디게아 교회를 위해서 많이 수고했음을 언급한다. 골로새서 4:15~16에서도 "라오디게아에 있는 형제들과 눔바와 그 여자의 집에 있는 교회에 문안하고 이 편지를 너희에게서 읽은 후에 라오디게아인의 교회에서도 읽게 하고 또 라오디게아로부터 오는 편지를 너희도 읽으라"고 하며 잊지 않고 권면했다. 이것은 라오디게아 교회가 골로새 교회와 지리적으로도 가까웠을 뿐만 아니라 서로 교제가 있었음을 보여준다.

## 2) 교회 이름에 나타난 특징

라오디게아는 헬라어 'Λαοδικείᾳ'(라오디케이아)로 '백성'을 의미하는 'λαός'(라오스)와 '정의, 공의'를 의미하는 'δίκη'(디케)의 합성어로서, '백성의 정의', '백성들의 판단이 옳다'라는 의미이다. 라오디게아 교회는 그 이름이 의미하는 것과 같이 '신자들의 의견과 판단을 따르는 교회'이다. 오늘날로 말하면 "다수결의 원칙이 존중되는 민주주의적인 교회"라 할 수 있다. 세상에서 민주주의는 어떤 체제보다 우월한 장점들을 갖고 있다. 교회에도 민주주의의 원칙인 다수결의 원칙을 따른 교회가 라오디게아 교회이다. 교회가 교회인 것은 그리스도께서 '교회의 머리'이기 때문이다. 그리스도가 교회의 머리라는 것은 교회의 모든 것이 그리스도를 위해야 하고 그분을 따라야 한다는 것을 의미한다. 교회는 세상에 속하지 않고 하나님께 속했기 때문에 하나님의 법을 따라야 한다. 라오디게아 교회는 하나님의 법을 버리고 '세상의 법'을 따랐다. 라오디게아 교회가 차지도 덥지도 않은 교회로 불리는 것은 신자들의 다수결의 결정을 따른 것과 무관하지 않다. 이것은 머리이신 그리스도를 신자들의 다수결로 대체한 것이었다. 라오디게아 교회는 역사적으로 빌라델비아 교회 후에 나타난 교회이다. 아래 도표를 보면 일곱 교회가 역사적으로 어떻게 나타났는지를 알 수 있다.

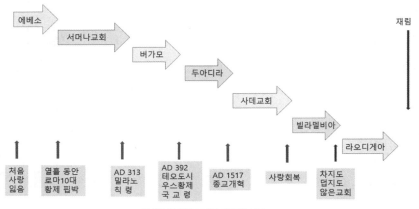

[ 계시록의 일곱 교회의 역사성 도표]

## 2. 말씀하시는 주님에 대한 계시

### 1) 아멘이신 주님

주님은 "아멘이시요 충성되고 참된 증인이시요"라고 말씀한다. 일곱 교회마다 주님께서는 여러 모양으로 계시하셨다. 그런 이유는 각 교회의 영적 상태에 따라 주님을 계시하셨기 때문이다. 따라서 라오디게아 교회에 나타나신 주님에 대한 계시는 라오디게아 교회의 상황을 단적으로 보여준다.

주님은 라오디게아 교회에 대하여 '아멘이시요'라고 말한다. 헬라어 'Ἀμήν'(아멘)은 "굳건한, 믿을 수 있는, 확실한, 진실로"라는 의미이다. 주님이 '아멘이신 분'으로 나타내신 것은 라오디게아 교회가 주님에 대하여 '굳건하지 않았다', '확실하지 않았다', '믿을 수 없었다'라는 것을 의미한다. 성전의 두 기둥의 이름은 보아스와 야긴이다. 보아스는 "그에게 능력이 있다"는 뜻이고, 야긴은 "그가 세울 것이다"라는 의미이다. 공통된 주체인 '그는(He)' 모두 예수 그리스도를 가리킨다. 주님은 하늘과 땅의 모든 권세를 가지신 분이고, 또한 우리들을 세상 끝날까지 사랑하시는 분이기 때문에 그 뜻을 반드시 이루신다. 십자가 위에서도 "내가 다 이루었다"고 선언하셨다. 주님이 영광 중에 다시 오실 때, 세상 모든 나라가 그리스도의 왕국이 될 것이다. 그렇기 때문에 주님의 말씀도 얼마든지 우리에게 '아멘'이 되신다. 예수 그리스도와 하나님의 약속이 얼마든지 '예'와 '아멘'이 되심을 고린도후서 1:18~20은 다음과 같이 말씀한다.

> 하나님은 미쁘시니라 우리가 너희에게 한 말은 예 하고 아니라 함이 없노라 우리 곧 나와 실루아노와 디모데로 말미암아 너희 가운데 전파된 하나님의 아들 예수 그리스도는 예(yes) 하고 아니라 함이 되지 아니하셨으니 그에게는 예(yes)만 되었느니라 하나님의 약속은 얼마든지 그리스도 안에서 예가 되니 그런즉 그로 말미암아 우리가 아멘 하여(our Amen) 하나님께 영광을 돌리게 되느니라(고후 1:18~20)

라오디게아 교회는 아멘이신 주님에 대하여 '예'하지 않았고, 하나님의 약속의 말씀에 대하여도 '아멘'하지 않았음이 분명하다. 그런 이유는 라오디게아 교회는 교회의 머리이신 주님을 따르지 않고, 사람의 다수결의 원칙에 의해서 모든 것을 결정했기 때문이다. 신자들의 입장에서 라오디게아 교회는 민주적이고 '제일 좋은 교회'이다. 그러나 그것은 아멘이 되신 주님을 대체한 것이었다. 무엇이든지 주님을 대체하는 것이 우상이다. 라오디게아 교회는 교회의 머리 되신 주님 대신 그들의 생각과 의견으로 대신했다. 그래서 주님은 아멘이신 분으로 계시하셨다. 라오디게아 교회는 마지막 시대의 교회이다.

## 2) 충성된 증인이신 주님

주님은 "아멘이시요 충성되고 참된 증인이시오"라고 말씀한다. 아멘이신 주님을 계시하신 후 충성된 분이심을 보이셨다. 아멘이신 주님, 굳건하고 확실하며 믿을 수 있는 분이신 주님을 안다면, 충성된 신자가 될 것이다. 그러나 라오디게아 교회는 아멘이신 주님을 신뢰하지 않았기 때문에, 주님에 대한 충성도 찾을 수 없었다. 주님이 '충성된 분'이라는 것은 하나님에 대하여 충성된 분이라는 것을 가리킨다. 계시록 1:5에서 예수님은 '충성된 증인'(the faithful witness)이라 불리신다. 주님은 라오디게아 교회에게 충성된 증인으로 말씀하셨다. 라오디게아 교회와 빌라델비아 교회에 동일하게 주님을 계시했지만, 그 의미는 상반된다.

두 교회의 영적인 상태가 다르기 때문이다. '충성된'은 헬라어 'πιστός'(피스토스)로서 '신실한, 믿을만한, 진실한'이라는 의미이다. 계시록 2:10에서 "죽도록 충성하라 그리하면 내가 생명의 면류관(개역개정은 '관'으로 번역함)을 네게 주리라"고 하셨다. 여기에 동일한 단어 'πιστός'(피스토스)가 사용됐다. '충성된'도 좋은 뜻이지만 '신실한'이라는 것이 더 적절하다. 'πιστός'(피스토스)는 외적으로 충성될 뿐만 아니라 '내적으로' '순수하고' '흠이 없음'을 의미한다. '신실한 자'는 영어로 'the faithful'인데, '믿음(faith)'과 연관이 있다. '믿음(faith)'은 순수한 하나님의 말씀을 따르고, 온전히 성령을 따르는 것을 의미한다. 바로 주님은 'the faithful'이시다. '신실한 자'라는 것에 '증인'이 덧붙여졌다. 주님이 신실한 증인이라는 것은 어떤 의미인가? 예수 그리스도께서 '신실한 증인'이라는 것이 우리를 당황케 한다. 왜냐하면, 사도행전에서 승천하시는 주님은 우리들에게 '내 증인이 되라'(you shall be witnesses unto me)고 말씀하셨기 때문이다. 사도행전 1:8을 보자.

> 오직 성령이 너희에게 임하시면 너희가 권능을 받고 예루살렘과 온 유대와 사마리아와 땅 끝까지 이르러 내 증인이 되리라(행 1:8)

우리들이 주님의 증인이 되어야 하는데, 어떻게 예수 그리스도께서 '신실한 증인'이란 말인가? 예수 그리스도는 '자신의 일'을 하기 위해서 오신 분이 아니라 '아버지의 일'을 하기 위해서 오셨다. 주님은 오직 '아버지를 증거'하셨다. 요한복음은 이것에 대하여 많은 것들을 언급한다. 예수 그리스도께서 '신실한 증인'이라는 것은 주님이 이 땅에서 '하나님을 증거'하는 증인이셨음을 가리킨다. 신실한 증인이신 주님이 없다면, 어느 누구도 하나님을 알 수도 없고 하나님의 뜻을 알 수도 없다. 모든 것이 신실한 하나님의 증인이신 예수 그리스도를 통해서 알게 된다. 예수 그리스도께서는 이 땅에 계실 때 '하나님의 신실한 증인'으로 사셨고 또한 '아버지의 뜻'을 따라 구속의 역사를 이루셨다. 그리고 승천하실 때, 제자들에게 '내 증인이 되라'고 명령하셨다. 주님은 참된 하나님의 증인의 사명을 이루셨기 때문에 '내 증인이 되라'고 말씀하실 수 있으시다.

## 3) 참된 증인이신 주님

주님은 "아멘이시요 충성되고 참된 증인이시오"라고 말씀한다. 이사야서 44장은 이스라엘을 여호와의 참된 증인으로 세우셨음을 본다. 이사야 44:6~8은 다음과 같이 말씀한다.

> 이스라엘의 왕인 여호와, 이스라엘의 구원자인 만군의 여호와가 이같이 말하노라 **나는 처음이요 나는 마지막이라 나 외에 다른 신이 없느니라** 내가 영원한 백성을 세운 이후로 나처럼 외치며 알리며 나에게 설명할 자가 누구냐 있거든 될 일과 장차 올 일을 그들에게 알릴지어다 너희는 두려워하지 말며 겁내지 말라 내가 예로부터 너희에게 듣게 하지 아니하였느냐 알리지 아니하였느냐 **너희는 나의 증인**(my witnesses)이라 나 외에 신이 있겠느냐 과연 반석은 없나니 다른 신이 있음을 내가 알지 못하노라(사 44:6~8)

여호와 하나님께서는 이스라엘을 이방인들 가운데 '하나님의 증인들(my witnesses)'로 세우셨음을 말씀하며, 다른 이방신을 섬기는 자들을 두려워말라고 하셨다. 이런 원칙을 라오디게아 교회에도 적용해 보자. 라오디게아 도시 사람들은 토착신인 '멘 카루'를 섬겼고, 헬라의 영향을 받으면서 주신인 '제우스'를 숭배했다. 게다가 토착신과 제우스 신이 혼합된 '제우스 라오디케누스'라는 신도 섬겼다. 라오디게아 도시의 북쪽으로 약 9km 떨어진 곳에는 '태양의 도시'라 불리는 히에라볼리(Hierapolis)가 있었다.

라오디게아는 다른 도시들과 같이 토착신과 황제 숭배에 열심이었다. 교회는 세상에서 참된 예수의 증인이 되어야 했다. 라오디게아의 차지도 않고 덥지도 않은 신앙 상태와 주님을 '참된 증인'으로 계시하신 것은 그들이 참된 증인의 사명을 잃어버렸다는 것을 가리킨다. 라오디게아 교회는 예수를 증거하는 것에 무관심했을지도 모른다. 그 시대의 우상 숭배를 심각하게 생각하지 않았을 수도 있다. '참된'은 헬라어 'ἀληθινός'(알레디노스)로 '진실된, 참된'을 뜻하는데, 이름과 외모뿐만 아니라 이름에 상응하는 진정한 자질을 갖춘 것을 의미한다. 주님이 '참된 증인'으로 나타나신 것은 라오디게아 교회가 '참된 증인'이 아니었다는 것을 암시한다. 교회가 참된 증인이 되지 못하다는 것은 빛을 잃은 등대와 같다.

### 4) 하나님의 창조의 근본이신 주님

주님은 "하나님의 창조의 근본이신 이"라고 말씀한다. '근본'은 헬라어 'ἀρχή'(아르케)로 '시작, 기원'을 의미한다. 창조는 창세기 1:1의 "태초에 하나님이 천지를 창조하시니라"의 창조를 가리킨다. 예수 그리스도는 인성을 가진 한 사람이었지만, 창조주이셨다. 라오디게아 교회에 하나님의 창조의 근본이신 주님을 계시하신 것은 그들이 창조의 시작이며 근원 되신 주님으로부터 멀어졌다는 것을 의미한다. 이것은 앞서 아멘이신 주님과 충성되고 참된 증인으로 나타나신 것과 그 궤를 같이 한다.

골로새서 4:15~16에서 "라오디게아에 있는 형제들과 눔바와 그 여자의 집에 있는 교회에 문안하고 이 편지를 너희에게서 읽은 후에 라오디게아인의 교회에서도 읽게 하고 또 라오디게아로부터 오는 편지를 너희도 읽으라"고 잊지 않고 권면하는 것처럼, 골로새서를 라오디게아 교회도 받아 읽었음을 보게 된다. 따라서 그들은 골로새서 1:15~17에 나타난 그리스도에 대한 것도 읽고 알았을 것이다.

> 그는 보이지 아니하는 하나님의 형상이시오(the image of the invisible God) 모든 피조물보다(of all creation) 먼저 나신 이시니(the first-born) 만물이 그에게서 창조되되 하늘과 땅에서 보이는 것들과 보이지 않는 것들과 혹은 왕권들이나 주권들이나 통치자들이나 권세들이나 만물이 다 그로 말미암고 그를 위하여 창조되었고 또한 그가 만물보다 먼저 계시고 만물이 그 안에 함께 섰느니라(골 1:15~16)

## 3. 라오디게아 교회의 영적인 상태

• 라오디게아 교회의 수신자는 누구인가?

라오디게아 교회에 보내는 편지의 수신자를 가리키는 "라오디게아 교회의 사자에게"(3:4)라는 구절은 "τῷ ἀγγέλῳ τῆς ἐν Λαοδικείᾳ"(토 앙겔로 테스 엔 라오디케이아)인데, 그레고리 K. 비일과 이필찬 박사가 주장하는 것과 같이 "라오디게아 교회의 천사(天使)"가 아니다. 무천년설은 라오디게아 교회의 대표를 '천사(天使)'라고 해석하는데 잘못된 견해이다. 천사는 구속함을 받은 사람(아담)과 종류가 다르기 때문에 교회의 대표가 될 수 없다. "라오디게아 교회의 사자"는 구속함을 받은 사람으로서 하나님의 종을 가리킨다. 일곱 교회의 '일곱 별'이 일곱 교회의 사자인지 천사인지에 관한 것은 이미 "Chapter 11 일곱 별: 천사인가? 사자인가?, 일곱 별은 누구인가?"를 참조하길 바란다.

### 1) 오이다(Οἶδα)

주님은 "내가 네 행위를 아노니 네가 차지도 아니하고 뜨겁지도 아니하도다"라고 말씀한다. 'Οἶδα'(오이다)는 '안다, 인지하다'의 의미인 'εἴδω'(에이도)의 '완료형'이다. "주님이 이제야 안다는 의미가 아니라 이미 알고 있다"라는 의미이다. 주님이 알고 있는 것은 라오디게아 교회의 관념적인 것이 아니라 '행위들'(works)을 가리킨다. 행위들은 그들이 어떤 믿음이 있는 지를 보여준다. 행위로 구원받을 수 없다. 그러나 믿음으로 구원받은 후에는 반드시 믿음의 행위들이 따라야 한다. 그래서 주님은 각 교회의 '행위들'을 안다고 말씀하신다. 주님이 우리들의 행위들을 아신다는 것을 안다면 어떻게 신앙 생활해야 할 것인가를 깨닫게 될 것이다. 라오디게아 교회는 '오이다의 주님'이심을 알아야 했다.

### 2) 차지도 않고 뜨겁지도 않은 상태

주님은 "네가 차지도 아니하고 뜨겁지도 아니하도다"라고 말씀한다. 주님은 그들의 신앙의 실상을 아셨다. 차지도 않고 뜨겁지고 않은 상태는 라오디게아의 지리적인 상황을 떠올리게 한다. 당시 부유한 라오디게아는 약 9km 떨어진 히에라폴리스의 뜨거운 온천수를 돌로 된 관을 통해 끌어왔고, 긴 수로로 인해 물이 미지근하게 되었는데 라오디게아 교회의 영적 상태가 차지고 않고 덥지도 않은 것을 빗대어 책망하셨을 수도 있다. 중요한 것은 라오디게아 교회의 영적 상태가 "차지도 않고 뜨겁지도 않았다"는 데 있다.

누가복음 24장에서 엠마오로 내려가던 두 제자가 주님과 함께 동행했다. 주님께서 모세와 선지자의 글로 시작하여 모든 성경에 쓴 바 자기에 관한 것을 자세히 설명한 후 떡을 떼어 먹은 후 "그들이 서로 말하되 길에서 우리에게 말씀하시고 우리에게 성경을 풀어 주실 때에 우리 속에서(within us) 마음이 뜨겁지 아니하더냐(did not our heart burn)"(눅 24:32)라고 고백했다. 엠마오로 내려가던 제자들은 그들의 기대와 달리 십자가에 죽으심으로 인해 마음이 냉랭하고 낙심과 절망 가운데 있었는데, 그들의 마음이 주님의 말씀으로 인해 '뜨겁게' 되었고, 내려가던 길을 돌이켜 예루살렘으로 올라갔다. '뜨겁다'는 것은 신자로서 합당한 위치에 있다는 표시이다. 반면에 '차갑다'는 것은 완악한 불신자들의 마음이며, 신자들이 믿음을 잃은 '냉랭한 상태'를 가리킨다. 마음이 차가워지면 예배조차도 경홀히 한다.

주님께서 "네가 차든지 뜨겁든지 하기를 원한다"라는 것은 "만일 네가 내게 대하여 차가운 불신자였다면 아멘이든지 충성이든지 참된 증인이 되는 것은 아무런 기대도 하지 않을 것이다. 그러나 만일 네가 그리스도를 믿는 신자라고 하면 마땅히 뜨거워서 아멘이며 충성되고 참된 증인이 되어 나를 섬겨야 한다"라는 의미일 것이다.

## 3) 영적 교만

라오디게아 교회의 영적 상황은 "네가 말하기를 나는 부자라 부요하여 부족한 것이 없다"라는 구절에 잘 나타난다. '네가 말하기를'이라는 것은 그들이 그렇게 스스로를 평가했다는 것을 의미한다. 만일 주님께서 그들의 평가를 그대로 인정하셨다면 얼마나 좋겠는가? 그러나 주님은 정반대로 평가하셨고, 그것이 라오디게아 교회의 영적인 실상이었다.

그들은 '나는 부자'라고 생각했다. '부자'라는 단어는 헬라어 'Πλούσιος'(플루시오스)로 "부유한, (은유)영적인 소유들이 풍성한"을 의미한다. 라오디게아 교회가 부자라고 생각한 것이 물질적인 것이든지, 영적인 것들을 가리키든지 아니면 양자를 다 가리킬 수 있음도 배제할 수 없다. 라오디게아 교회는 "부요하여 부족한 것이 없다"고 스스로 자만했다. 그들이 물질적인 부요를 갖고 있었기 때문에 영적인 부요도 갖고 있었을 것이라고 확신했을 가능성이 크다.

이런 예를 구약에서도 찾을 수 있다. 호세아 12:8은 "에브라임이 말하기를 나는 실로 부자라 내가 재물을 얻었는데 내가 수고한 모든 것 중에서 죄라 할 만한 불의를 내게서 찾아낼 자 없으리라"는 상황과 맥락을 같이 한다. 라오디게아 교회와 에브라임의 공통점은 '물질적인 부'를 '영적인 부'와 동일시했고, 스스로 교만했다. 하나님은 겸손한 자에게 은혜를 베푸시며, 교만한 자를 물리치시는 분이시다. 누가복음 1:46~55에서 마리아가 천사 가브리엘에게 수태고지를 받은 후 엘리사벳을 방문할 때, 마리아는 하나님의 크신 은혜를 찬양했는데, 교만한 자를 흩으시고 비천한 자를 높이시며, 부자는 빈 손으로 보내시고, 주리는 자는 좋은 것으로 배불리시는 하나님을 찬양했다. 마리아와 라오디게아 교회는 시간적으로 멀리 떨어져 있었다. 그러나 마리아는 겸손하여 하나님께 높이 쓰임을 받았지만 교만한 라오디게아 교회는 영적으로 가련한 상태였다.

## 4) 영적 실상

주님은 "네 곤고한 것과 가련한 것과 가난한 것과 눈 먼 것과 벌거벗은 것을 알지 못하는도다"라며 라오디게아 교회의 영적인 실상을 드러내신다. 이것도 하나의 '계시'이다. '외적인 것'과 '영적인 실상'이 일치한다면 가장 좋다. 그러나 라오디게아 교회는 그 반대의 경우였다. 라오디게아 교회는 부족한 것이 없다고 했지만, 실상은 '곤고'했다. 외적인 부요는 '반드시' 내적인 부요의 증거가 될 수 없다. 만일 그랬다면 핍박받는 서머나 교회는 부요와는 거리가 먼 곤고한 교회였을 것이다. 서머나 교회는 외적으로는 궁핍한 교회였지만, 영적으로는 부요한 교회였다. 이와 반면에 라오디게아 교회는 외적으로는 부요한 교회였지만, 영적으로 곤고했다. 서머나 교회와 라오디게아 교회는 대조를 이루고, 신앙의 외적인 것과 내적인 것이 반드시 일치하지 않는다는 것을 나타낸다. 주님은 그들이 "벌거벗고 눈 멀었고 가난하다"고 말씀한다. 여기의 가난은 '물질적인 가난'이 아니라 '영적인 가난'을 의미한다. 사람들은 물질적인 가난은 가련하게 생각하지만, 영적인 가난은 심각하게 생각하지 않는다. 그럴 수밖에 없는 이유는 눈이 멀었기 때문이다. 여기서도 "눈이 멀었다"는 것은 육신의 눈이 보이지 않는다는 것이 아니라, "영적인 눈이 멀었다"는 것을 가리킨다. 주님의 눈에는 라오디게아 교회가 벌거벗은 상태였다. 육신의 몸도 벌거벗게 되면 그 수치를 당하는데, 영적인 벌거벗음은 더 심각하다. 라오디게아 교회의 영적인 실상은 교회들에게 하나의 경고이다.

## 5) 주님의 임재 관계

주님은 라오디게아 교회에게 "볼지어다 내가 문 밖에 서서 두드리노니"라고 말씀한다. 이 말씀을 통해서 라오디게아 교회와 주님의 관계를 알 수 있다. 주님은 라오디게아 교회의 문밖에 서 계셨고, 그들 안에 들어가기 위해서 문을 두드리고 계신다. 이것은 라오디게아 교회 안에 주님이 부재하다는 것을 가리킨다. 교회의 머리는 그리스도이시고, 교회는 그리스도의 몸이다. 그런데 라오디게아 교회 안에 주님이 계시지 않고 밖에 계시다. 이런 양자의 관계를 모순으로 생각할 수 있다. 이것은 라오디게아 교회가 주님을 버렸다는 것이나, 주님이 라오디게아 교회 안에 본질적으로 계시지 않다는 것을 의미하지 않는다. 교회라 불린다는 것은 라오디게아 교회가 주님의 것임을 의미한다. 주님이 문 밖에 서 있는 것은 실제적인 삶 가운데 "주님이 부재하다", 즉 "주님의 임재가 없다"는 것을 의미한다.

주님의 '임재'는 주님의 '통치'와 관계있다. 라오디게아 교회가 주님의 통치와 다스림에 순종하지 않는다는 것을 가리킨다. 라오디게아 교회가 차지도 않고 뜨겁지도 않은 교회인 것은 그들이 주님의 말씀을 따라 행하지 않는다는 것과 관계있다. 빌라델비아 교회는 작은 능력을 갖고도 '주의 말씀'과 '인내의 말씀'을 지켰다는 것은 하나님의 주권에 순종했음을 가리킨다. 이와 반면에 라오디게아 교회는 주님을 문 밖에 서 있게 했다. 그들은 주님의 말씀을 따라 살지 않았다. '라오디게아'라는 이름이 보여주듯이 '백성들의 다수결의 의견'이 지배하는 교회였다. 사람들이 볼 때, 민주주의는 가장 좋은 제도이다. 그러나 교회는 그리스도가 교회의 머리이기 때문에 모든 주권이 주님께 있다.

마태복음 16장에서 베드로에게 너희는 나를 누구라고 하느냐고 물으셨고, 베드로는 "주는 그리스도시요 살아계신 하나님의 아들이십니다"(마 16:16)라고 고백했다. 그 때 주님은 "내가 이 반석 위에 내 교회를 세우리니"라고 말씀하셨다. 교회는 누구의 교회라는 것인가? "내 교회"는 "μου τὴν ἐκκλησίαν"(뮈 텐 에클레시안)으로 "나의 교회를"(my church)이란 뜻이다. 이것은 교회가 '주님의 것'임을 가리킨다. 오늘날 신자들은 교회가 성도들의 것이 아니라 '주님의 것'임을 알고 인정해야 한다. 그런데 라오디게아 교회는 주님은 문밖에 있고, 그들만이 있다. 라오디게아 교회는 주님의 주권을 잃어버린 교회이며, 이것은 주님의 임재를 잃어버린 것과 같다. 주님의 주권과 주님의 임재는 동전의 양면과 같기 때문이다.

오래 전에 읽었던 아이언 사이드 박사의 예화가 생각난다. 어떤 교회의 문에 "Only Jesus"라는 글자를 한 자마다 여러 장의 종이에 써서 붙여놓았다고 한다. 어느날 갑자기 바람이 세차게 불어 "Jesus"의 'J'자도 떨어지고, 'e'자도 떨어지고, 's'자가 떨어졌다. 집회가 끝나고 나온 사람들은 교회 문에 있는 글자를 보고 깜짝 놀랐다. 왜냐하면, "Only Jesus"는 보이지 않고 "Only us"가 있었기 때문이다. 라오디게아 교회의 영적 상태를 보여주는 촌철살인의 문구가 아닐 수 없다. 예수님이 문 밖에 서 계시니, "Only us"가 아니고 무엇이겠는가!

## 4. 주님의 권고

주님은 "내가 너를 권하노니 내게서 불로 연단한 금을 사서 부요하게 하고 흰 옷을 사서 입어 벌거벗은 수치를 보이지 않게 하고 안약을 사서 눈에 발라 보게 하라"고 말씀한다. '권하다'는 헬라어 'συμβουλεύω'(쉼불류오)로 "충고하다, 권하다, 조언하다"라는 의미이다. 주님은 라오디게아 교회에게 세 가지 필요한 것이 있음을 말씀한다. 첫째는 불로 연단한 금, 둘째는 흰 옷, 셋째는 눈 먼 것을 볼 수 있게 하는 안약이다.

### 1) 내게 사라

라오디게아 교회가 '세 가지 필요'를 얻기 위해서 '누구에게' 가야 하는가? '내게서'는 헬라어 'παρ ἐμοῦ'(파르 에뮈)로 'ἐμοῦ'(에뮈)'는 'ἐγω'(에고, 나, 1인칭)의 '소유격'인 'μοῦ'(뮈)의 강조형이다. 따라서 '말씀하시는 분'인 주님을 가리킨다. 'παρ'(파르)는 ' … 부터'(from)의 의미이다. 따라서 "(반드시) 내게 와야 한다. 나 외에 다른 곳에서는 절대 얻을 수 없다. 반드시 '주님께' 가야 한다"는 의미이다.

그러면 주님께 그것을 '어떻게' 얻을 수 있다고 말씀하시는가? '사서'(to buy)는 헬라어 'ἀγοράσαι'(아고라사이)로 '사다, 구속하다'를 의미하는 'ἀγοράζω'(아고라조)의 '과거 부정사'이다. 헬라어 구문을 보면 'συμβουλεύω'(쉼블류오, 내가 권하노니), 'σοι'(소이, you 여격), 'ἀγοράσαι'(아고라사이, 사서) 'παρ ἐμοῦ'(파르 에뮈, 내게서)"는 뒤의 '금과 흰 옷과 안약'을 이끌기 때문에, "내게서 사서"라는 것이 연결된다. 말하자면 "금을 내게 사서 부요하게 하고, 내게서 흰 옷을 사서 입어 수치를 가리게 하고, 내게서 안약을 사서 눈 먼 것을 발라 보게 하라"는 의미이다. 그래서 개역개정은 세 가지을 언급하며 '사서'라는 단어를 첨언했다. 이것은 그것들을 얻기 위해서 반드시 '내게 와야' 하고, 그것을 반드시 '사야 한다'는 것을 강조한다.

라오디게아 교회가 필요한 것들을 "주님께 사야 한다"는 것에 의아할 수 있다. 우리의 생각은 '은혜로 값없이' 주셔야 한다고 생각하기 때문이다. 그러나 주님의 말씀은 "반드시 사야 한다"고 말씀한다. 하늘에 속한 모든 영적인 선물들은 주님의 입장에서 '값없이 거저' 주시는 것이 분명하다. 그러나 주님의 의도는 '반드시 사야 한다'고 하신다. 영적 치료제인 '세 가지'를 얻기를 원한다면, "반드시 댓가를 지불해야 한다"는 것을 의미한다. 구원은 값없이 은혜로 주신다. 그러나 구원받은 후 모든 것은 '댓가를 지불'해야 얻을 수 있다. 하나님을 예배하는 기쁨과 축복도 자신의 몸이 교회에 가서 함께 참석해야 받을 수 있다. 하나님의 말씀의 양식을 먹는 것도 바쁘고 분주한 생활 가운데 내 시간을 쪼개 한 부분을 드려야 얻을 수 있다. 신앙생활의 모든 것은 "합당한 댓가를 지불해야" 얻는다. 합당한 댓가를 지불한다는 것은 인격적으로 마음과 뜻과 정성과 시간과 물질을 드려야 한다(섬김)는 것을 의미한다.

## (1) 열 처녀 비유

주님이 라오디게아 교회에게 하셨던 말씀은 마태복음 25장의 열 처녀 비유의 슬기 있는 다섯 처녀가 미련한 다섯 처녀에게도 했다는 것은 인상 깊다. 미련한 자들이 슬기 있는 처녀에게 우리 등불이 꺼져가니 그들의 기름을 나눠달라고 할 때, 슬기 있는 자들은 "우리와 너희가 쓰기에 다 부족할까 하노니 차라리 파는 자들에게 가서 너희 쓸 것을 사라"(마 25:9)고 대답했다. '사라'(buy)라는 단어는 'ἀγοράζω'(아고라조)로서 라오디게아 교회에게 "내게 사라"는 단어와 동일하다. 이런 일치는 슬기로운 처녀가 미련한 처녀에게 '쓸 것'이라 부른 '기름'이나, 라오디게아 교회가 필요한 영적인 것들을 얻기 위해서 반드시 댓가를 지불해야 한다는 것을 의미한다. 미련한 처녀는 신랑이신 주님이 오기 전에 '댓가를 지불'하고 기름을 사야 했는데 그렇지 못했다. 라오디게아 교회도 그들의 가련하고 눈먼 것과 벌거벗었음으로 인해서 주님께 가서 댓가를 지불하고 사야 했다. 슬기 있는 처녀들이 신랑을 맞이하고 혼인잔치에 들어간 것은 주님이 오시기 전에 '이미' 댓가를 지불하고 기름을 준비했기 때문이다. "준비하고 예비하는 것은 시간적으로 '미리' 해야 하고, 댓가를 지불한 자만 얻을 수 있다"는 것이 성경에 나타난 원칙이다. (필자 주: 계시록 4장 요약의 참고 영상들을 참조)

### (2) 사당오락

수험생들 가운데 '사당오락'이라는 말이 회자한다. "네 시간만 자고 공부하면 합격하고, 다섯 시간 자고 공부하면 떨어진다"라는 의미이다. 얼마나 더 시간을 투자하고 더 댓가를 지불해서 공부했는가가 합격과 불합격을 결정한다면, 신앙생활도 얼마나 많은 시간과 열정과 마음과 뜻을 다했느냐에 따라 얻는 것도 다르다. 많이 심은 자는 많이 거두고, 적게 심은 자는 적게 거둔다. 동일한 원칙으로 심지 않는 자는 거둘 것이 없고, 심는 자만이 거둘 것이 있다. 농사의 법칙이나 신앙의 원칙은 모두 댓가를 치러야 얻을 수 있다는 동일한 원칙이 적용된다. 라오디게아 교회는 '영적인 치료제'들을 얻기 위해서 반드시 '사야' 했다. 합당한 댓가를 지불하면 얻을 수 있지만, 만일 댓가를 지불하지 않는다면 아무 것도 얻을 수 없다. 왜냐하면, 주님은 말씀하신 대로 '댓가를 지불하고 사는 자'에게 주시기 때문이다.

## 2) 불로 연단한 금을 사라

주님은 라오디게아 교회에게 '불로 연단한 금(gold)'을 살 것을 권하신다. 금은 매우 특별한 광물이다. 금은 동서고금을 막론하고 그 가치를 인정받는다. 수많은 광물 가운데 유독 변하지 않으면서 고귀한 빛을 가진 것이 금이다. 또한 희귀성으로 인해 금을 가장 귀하게 여긴다. 고귀한 금을 얻기 위해서 사람들은 금을 인공적으로 만들기를 시도했다. 그 결과 연금술이 발달했지만, 금을 만드는 것은 어느 누구도 성공하지 못했다. 그래서 금은 더욱 모든 물질 가운데 가장 특별한 위치를 차지한다. 만일 금(gold)을 인공적으로 만들 수 있다면, 금은 금의 가치를 갖지 못했을 것이다. 주님은 라오디게아 교회에게 '불로 연단한 금'을 살 것을 말씀한다. 주님이 말씀하신 '금'(gold)은 '물질적인 금'이 아니다. 따라서 성경에서 금이 무엇을 가리키는지 QST할 필요가 있다.

베드로전서 1:7은 "너희 믿음의 확실함은 불로 연단하여도 없어질 금보다(than gold) 더 귀하여 예수 그리스도께서 나타나실 때에 칭찬과 영광과 존귀를 얻게 할 것이니라"고 말씀한다. 불로 연단하여 얻는 고귀한 금을 '너희의 믿음(your faith)'에 비유했다. 베드로후서 1:1은 "예수 그리스도의 종이며 사도인 시몬 베드로는 우리 하나님과 구주 예수 그리스도의 의를 힘입어 동일하게 보배로운 믿음을 우리와 함께 받은 자들에게 편지하노니"라고 말씀한다. 교회는 모두 '보배로운 믿음'을 받았고, 이 믿음은 금으로 비유됐다. '믿음의 확실함'은 불로 연단하여 얻는 금을 얻는 것과 같다.

주님께서 라오디게아 교회에게 "불로 연단한 금을 사라"는 것은 그들에게 교회의 본질인 '보배로운 믿음'이 본질적으로 없다는 것을 의미하지 않는다. '믿음의 확실함'이 불로 연단한 금으로 비유되었다는 것은 라오디게아 교회의 믿음이 불과 같은 연단이 필요하다는 것을 가리킨다. 광물로부터 순금을 얻기 위해 광물을 불로 연단하여 갖가지 불순물들을 걸러내는 과정을 거친다. 따라서 라오디게아 신자들의 믿음에 많은 불순물들이 섞여 있다는 것을 암시한다. 라오디게아 교회는 '불로 연단한 금'이 필요했고, 이런 순수한 믿음을 얻기 위해서는 '댓가를 지불'해야 했다.

누구든지 댓가를 지불하지 않고 '순수한 금'을 얻을 수 없다. 라오디게아 교회가 차지도 않고 뜨겁지도 않은 것은 그들의 믿음에 불순물들이 있었기 때문이고, 그들의 믿음이 연단될 필요가 있었다. 만약 라오디게아 교회가 주님의 말씀에 순종하고 산다면, 말씀으로 인해 일어나는 여러 가지 환난과 핍박이 있을 것이다. 그러나 핍박은 핍박을 받는 고난으로 끝나지 않고, 그들 안에 있는 불순물들을 제거하는 결과를 가져온다. 물론 그 연단의 과정은 여러 가지 고통과 궁핍을 가져올 것이지만, 그것이 라오디게아 교회가 치러야 할 '합당한 댓가'이다.

시편 119편 기자는 71절에서 "고난 당한 것이 내게 유익이라 이로 말미암아 내가 주의 율례들을 배우게 되었나이다 주의 입의 법이 내게는 천천 금은(gold and silver)보다 좋으니이다"라고 고백했다. 고난이라는 연단을 통해서 영적 유익을 얻었고, 그것을 천천의 '금과 은'(gold and silver)에 비유한 것도 동일한 원칙을 보여준다.

성경에서 '금'이 가장 많이 나오는 곳은 출애굽기이다. 그런 이유는 성막의 기구들을 만들 때 정금을 사용했기 때문이다. 예수 그리스도를 예표하는 성막에 정금을 가장 많이 사용했다는 것은 의미가 있다. 금은 '하나님의 신성'을 의미한다. 계시록 1장에서 사도 요한은 일곱 금 등대를 보았는데, 그것은 일곱 교회를 의미했다. 교회를 '정금으로 만들어진 등대'로 계시하신 것은 교회가 하나님께 속한 '거룩하고 영광스런 속성'이 있기 때문이다. 주님은 라오디게아 교회가 불로 연단한 금을 사서 순수한 믿음을 가지므로, 하나님이 일곱 금 등대로 보이신 '불순물이 없는 정금'으로 된 등대가 되기를 원하신다는 것을 깨달아야 했다. 이것은 라오디게아 교회뿐만 아니라, 모든 교회에 대한 권면이며, 교회가 가야 할 길이다.

### 3) 흰 옷을 사서 입으라

주님은 라오디게아 교회에 "흰 옷을 사서 입고 그들의 벌거벗은 수치를 보이지 않게 하라"고 말씀한다. 이것은 라오디게아 교회가 '물질적인 옷'을 입지 않고 벌거벗고 다녔다는 의미가 아니다. 따라서 영적인 의미이다. 주님의 눈에는 라오디게아 교회가 벌거벗고 있었다. 성경에서 '흰 옷'이 어떤 의미인지를 살펴보자. 계시록 6:9에 순교자들이 하나님께 "다섯째 인을 떼실 때에 내가 보니 하나님의 말씀과 그들이 가진 증거로 말미암아 죽임을 당한 영혼들이 제단 아래에 있어 큰 소리로 불러 이르되 거룩하고 참되신 대주재여 땅에 거하는 자들을 심판하여 우리 피를 갚아 주지 아니하시기를 어느 때까지 하시려 하나이까"라고 신원한다. 하나님께서는 "각각 그들에게 흰 두루마기(white robes)를 주시며 이르시되 아직 잠시 동안 쉬되 그들의 동무 종들과 형제들도 자기처럼 죽임을 당하여 그 수가 차기까지 하라 하시더라"(계 6:11)고 말씀한다.

하나님의 말씀과 증언으로 인해 죽임을 당한 '혼들'은 원문에서 'ψυχάς'(프슈카스)로서 혼들(souls)을 의미하는 'ψυχή'(프슈케)의 복수형으로 '순교자들'을 가리킨다. 그들이 제단 아래서 신원한다는 것은 순교자의 혼이 "제단 아래(under the altar) 있다"라는 것을 의미한다. 제단은 제물들이 죽임당하는 곳으로 모두 '이 땅'에 있다. '제단 아래' 있다는 것은 '땅속 중심부'에 있는 낙원에 있다는 것을 가리킨다. 순교자들은 그들의 피를 신원해 주실 것을 탄원하고, 공의로우신 하나님은 거절치 않으신다. 그런데 아직 '그 수'가 차지 않았기 때문에 '잠시 쉬라'고 하시면서, 순교자들에게 '흰 두루마기'를 주신다. 흰 옷을 주시는 것은 그들이 죽기까지 순교한 것, 즉 의로운 행위들에 대한 응답이다. 성경에서 흰 옷은 '승리했다'는 것과 '하나님께서 인정하신다'는 의미를 갖고 있다. '승리와 인정'은 동전의 양면과 같다.

사데 교회에도 "옷을 더럽히지 아니한 자"들에게 "흰 옷을 입고 나와 함께 다닐 것"을 약속했다. 옷을 더럽히지 아니한 자란 신앙의 행위들이 주님의 말씀을 따라 의롭게 산다는 것을 가리키고, 그들에게 라오디게아 교회에게 권면한 "흰 옷을 사서 입으라"는 것과 일치한다. "흰 옷을 입는 것"은 현재의 축복이다. 그런데 이것은 장래의 축복과 관계있다. 주님이 장차 오실 때에 흰 옷을 주어 함께 거니실 것을 약속하셨기 때문이다. 주님이 주시는 흰 옷은 그들이 살아 있을 때에 의로우신 주님의 말씀을 따라 산 것을 인정하시고 승리했다는 표시이다. 계시록 19:8~9 말씀에도 흰 옷이 언급되었는데, "우리가 즐거워하고 크게 기뻐하며 그에게 영광을 돌리세 어린 양의 혼인 기약이 이르렀고 그의 아내가 자신을 준비하였으므로 그에게 빛나고 깨끗한 세마포 옷(fine linen, clean and white)을 입도록 허락하셨으니 이 세마포 옷은 성도들의 옳은 행실(the righteousness of saints)이로다"라고 말씀한다. 세마포 옷은 성도들이 이 땅에서 살았을 때에 '의의 말씀'을 따라 살았던 '옳은 행실들'(the righteousness of saints)이다. 주님은 라오디게아 교회가 '의의 말씀'을 따라 사는 자들에게 주어지는 '흰 옷을 사서' 입기를 원하셨다. 흰 옷도 합당한 댓가를 지불해야 얻을 수 있는데, 장차 그리스도의 신부로 기쁨과 즐거움의 때인 천년왕국의 왕으로 들어갈 자격을 얻게 된다.

## 4) 안약을 사서 눈에 바르라

주님은 "내게서 안약을 사서 눈 먼 것을 발라 보게 하라"고 말씀한다. 라오디게아 교회가 '눈 멀었다'는 것은 육신적으로 소경이라는 것을 의미하지 않는다. 따라서 영적인 의미이다. 동일한 원칙으로 주님께서 언급하신 '안약'도 '물질적인 안약'이 아니라, '영적인 것'을 상징한다. 주님의 관점은 '영적인 관점'으로 라오디게아 교회가 영적으로 눈이 멀었다는 것을 가리킨다.

### (1) 맹인 치유

요한복음 9:6에 주님은 날 때부터 맹인 된 사람에게 "땅에(on the ground) 침을 뱉어(spat) 진흙을 이겨 그의 눈에 바르시고(anointed) 이르시되 실로암 못에 가서 씻으라"고 말씀하셨다. 요한복음의 모든 것이 표적이듯이 이것도 표적이다. "땅에 뱉은 침"은 예수님의 입에서 나온 것으로 '하나님의 말씀'을 가리킨다. 마귀를 물리치실 때 "하나님의 입으로 나오는 모든 말씀으로 살 것이라"고 하신 것도 일맥상통한다. 여섯째 날 사람을 만드실 때 흙을 빚어 만드셨던 것처럼 흙은 사람의 몸의 본질을 가리킨다. 흙인 사람의 본질에 '침'으로 상징된 '하나님의 말씀'이 혼합된 것을 눈에 바르고 그것을 실로암 못에 씻을 때 눈의 시력을 되찾았다. 이와 같이 라오디게아 교회도 '하나님께로부터 나오는 것'을 눈에 발라야 한다는 것을 의미한다. 성경을 보면 하나님으로부터 나오는 것은 '둘'(two)이 있다. 첫째는 영의 양식이 되는 '하나님의 모든 말씀'이고, 둘째는 영원히 아버지와 아들로부터 나오시는 '성령님'이시다. 따라서 영적 소경의 눈을 뜨게 하는 안약은 하나님의 말씀과 성령님과 관계있다.

### (2) 기름 부음 vs 기름 바름

요한일서 2:27은 "너희는 주께 받은 바 기름 부음이 너희 안에 거하나니 아무도 너희를 가르칠 필요가 없고 오직 그의 기름 부음이 모든 것을 너희에게 가르치며 또 참되고 거짓이 없으니 너희를 가르치신 그대로 주 안에 거하라"고 말씀한다. '기름 부음'은 헬라어 'χρῖσμα'(크리스마)로 '바르는 것, 기름 부음'의 뜻이고, 영역은 'anointing'으로 번역됐다. 따라서 '기름 부음'이나 '기름 바름'으로 번역할 수 있기 때문에, 어떤 의미로 번역하는 것이 좋은가라는 문제는 번역이 아니라 해석의 문제이다.

구약에서 왕이나 제사장이나 선지자를 세울 때 '기름을 부어서' 세웠기 때문에, 오늘날도 '기름 부으심'으로 생각할 수 있다. 이런 관점은 구속사적인 흐름을 간과했기 때문이다. "기름 부음"을 QST해 보자. 신약에서 "기름 부음"의 사건은 오순절 성령 강림으로 성취됐다. 구약에도 왕과 제사장 등에게 기름 부음이 '한 번' 있었고 '또다시' 기름을 붓는 일은 없었다. 이와 같이 교회에 기름을 부으신 것은 오순절 성령 강림으로 성취됐다. 오늘날 또다시 성령님의 기름 부음을 받아야 된다는 것은 성경을 오해한 것이다. 그래서 오순절에 성령의 기름 부음이 있었기 때문에 다른 기름 부음은 없다고 생각할 수 있다. 한편으로 맞지만, 다른 한편으로 미흡하다.

요한일서의 "주께 받은 바 기름 부음(anointing)"은 오순절 성령강림으로 그리스도의 몸인 교회에 부어진 것을 가리킨다. 이것은 '이미' 성취됐다. "기름 부음(anointing) 안에 거하라"는 것은 진리 안에서 행하는 성령의 '기름 바름'을 가리킨다. '기름 부음'은 단회적인 데 반하여, '기름 바름'은 연속적인 특성을 갖는다. 라오디게아 교회에게 "내게 사서 안약을 바르라"는 것은 '기름 부으심'을 가리키는 것이 아니라, '기름 바름(anointing)'을 가리키는 것과 같다. 우리의 전 생애는 하나님의 말씀을 영의 양식으로 먹고, '성령의 기름 바름'(anointing)으로 늘 채워져야 한다. '기름 바름'은 늘, 항상, 언제 어디서든지, 계속적으로 행해져야 한다. 그럴 때 참된 영적 시력을 가질 수 있고, 벌거벗지 않고 흰 옷을 입을 수 있다.

## 5. 주님의 책망과 경고

주님은 "무릇 내가 사랑하는 자를 책망하여 징계하노니 그러므로 네가 열심을 내라 회개하라"(19)고 말씀한다. 주님께서 라오디게아 교회를 책망하고 징계하시지만, 그들을 '내가 사랑하는 자'라고 부르신다. '사랑하는 자'와 '책망과 징계'가 서로 어울리지 않는 것 같아 보인다. 그러나 이것은 영적인 실제 상황이다. 그런 이유는 주님이 우리들을 사랑하시는 것은 변함없고, 라오디게아 교회가 차지도 않고 뜨겁지도 않아 토하여 내치고자 하는 것도 실제 상황이기 때문이다. 이것은 하나님의 문제가 아니라 교회의 문제, 우리들에게 문제가 있기 때문이다.

개역개정의 '사랑하는'이라는 단어는 헬라어 'φιλεω'(필레오)로 '형제간의 사랑'을 의미한다. 요한계시록 1:5의 "우리를 사랑하사"라는 구절과 계시록 3:9의 "내가 너를 사랑하는 줄 알게 하리라"는 구절에서 'αγαπαω'(아가파오, 아가페의 동사형)를 사용하신 것과 대조된다. 주님은 라오디게아 교회의 차지도 않고 뜨겁지도 않아 입에서 토하리라는 상태로 인해 '아가페의 사랑'이 아니라 '필레오의 사랑'을 언급하셨다. 이것은 주님의 문제가 아니라 라오디게아 교회가 소극적인 상황이라는 것을 나타낸다.

주님은 '책망'이라는 말을 직접적으로 언급하셨다. 책망은 헬라어 'ελεγχω'(엘렝코)로 "훈계하다, 죄를 깨닫게 하다, 책망하다"라는 의미이다. 주님의 책망은 모든 성경이 기록한 목적과 동일하다. 디모데후서 3:16~17은 "모든 성경은 하나님의 감동으로 된 것으로 교훈과 책망과 바르게 함과 의로 교육하기에 유익하니 이는 하나님의 사람으로 온전하게 하며 모든 선한 일을 행할 능력을 갖추게 하려 함이라"고 말씀한다. 책망은 'ελεγχω'(엘렝코)의 명사형으로 동일한 의미이다. 라오디게아 교회의 상태로 인해서 '책망'은 반드시 있어야 할 요소이다. 그래야 하나님의 사람으로 온전하게 될 수 있기 때문이다.

주님은 책망에 이어 "징계하노니"라고 말씀한다. 징계는 헬라어 'παιδευω'(파이듀오)로 "훈련하다, 징계하다, 아이를 훈련시키다"라는 의미이다. 어린아이를 의미하는 'παιδιον'(파이디온)이 'παιδευω'(파이듀오)와 어근이 같다는 것도 징계와 훈련이 필요하다는 것을 가리킨다. 징계는 하나님과 교회의 관계를 보여준다. 아버지가 자녀를 징계하는 것처럼 사랑의 매를 드신다는 의미이다. 만일 징계가 없다면 사생자요 하나님의 자녀가 아니다. 세상에 대한 심판과 교회에 대한 심판은 그 본질이 다르다. 교회는 하나님의 자녀이기 때문에 징계이다. 징계의 원인은 라오디게아 교회의 차지도 않고 뜨겁지도 않은 상태 때문이고, 징계의 동기는 '사랑하는 자'이기 때문이고, 징계의 목적은 하나님께서 '평강의 열매'를 맺기 위한 것이다.

### • 열심을 내라 회개하라

주님은 "열심을 내라 회개하라"고 명령하신다. 차지도 뜨겁지도 않은 신앙에 대한 좋은 처방은 '회개'와 '열심을 내는 것'이다. 회개는 '생각을 바꾼다'라는 의미이다. 따라서 그들이 잘못된 위치에 있다는 것을 깨닫고 인정해야 한다는 것을 가리킨다 그런 후에 '열심을 내라'는 것이 필요하다. '열심을 내라'는 헬라어 'ζήλευε'(젤류에)로 "열심으로 불타오르다, 열망하다"라는 의미의 'ζήλοω'(젤로오)의 '2인칭 명령형'이다. 라오디게아 교회는 열심히 불타오르고, 주님을 열망해야 했다. 주님을 사랑한다면, 열심을 내서 주님을 섬기게 된다. 그러나 주님을 사랑하지 않으면 차지도 뜨겁지도 않게 되고 주님에 대한 열망은 다 타버린 장작과 같이 된다. 그러나 우리 안에서 회개하고 열심을 품고 주님을 섬길 때, 영적인 안약인 '성령의 기름 바름'이 있게 될 것이다. 열심을 품고 섬기는 것은 우리들이 치러야 할 댓가이고, 그에 따른 하나님의 보상은 '기름 바름'이다. 감나무 밑에서 입을 벌리고 있는 자에게 감이 떨어지는 법이 없듯이, 주의 '기름 바름'(anointing)도 동일하다.

이런 사례는 누가복음 24장의 엠마오로 내려가던 두 제자에게도 적용된다. 그들의 기대와 달리 십자가에 죽으신 주님으로 낙심하여 엠마오로 내려가던 제자들의 마음은 냉랭하고 낙심과 절망 가운데 있었다. 주님과 함께 동행했지만, 그들은 알지 못했다. 주님께서 모세와 선지자의 글로 시작하여 모든 성경에 쓴 바자기에 관한 것을 자세히 설명하셨다. 그리고 떡을 떼고 먹은 후 "그들이 서로 말하되 길에서 우리에게 말씀하시고 우리에게 성경을 풀어 주실 때에 우리 속에서(within us) 마음이 뜨겁지 아니하더냐(did not our heart burn)"라고 고백했다. 그들의 마음이 주님의 말씀으로 인해 '뜨겁게' 되었고, 내려가던 길을 돌이켜 예루살렘으로 올라갔다. '뜨겁다'는 것은 신자로서 합당한 위치에 있다는 표시이다. 라오디게아 교회는 주님의 명령과 같이 열심을 낸다면, 엠마오로 내려가던 제자들과 같이 마음이 뜨거워지게 될 것이다. 따라서 주님을 문 밖에 세워두지 않고 영접할 것이고, 주님과 함께 풍성한 은혜를 누리게 될 것이다.

## 6. 이기는 자에 대한 주님의 약속

볼지어다 내가 문 밖에 서서 두드리노니 누구든지 내 음성을 듣고 문을 열면 내가 그에게로 들어가 그와 더불어 먹고 그는 나와 더불어 먹으리라(3:20)

### 1) 오해된 말씀

"볼지어다 내가 문밖에 서서 두드리노니 누구든지 내 음성을 듣고 문을 열라"는 말씀은 가장 많이 오해하는 구절이다. 흔히 전도지에 주님이 문 밖에서 문을 두드리고 있는 그림으로 사용된다. 전도가 불신자들의 마음을 두드리는 것으로 표현하는 것은 어느 면에서 적절하다. 그런데 계시록 3:20의 말씀을 불신자에게 적용하는 것을 명백한 오류이다. 육하원칙(5W 1H)에서 가장 중요한 것은 "누가, 누구에게 말씀하는 것인가?"이다.

라오디게아 교회는 불신자가 아니라 주 예수를 믿어 구원받은 신자이다. 일곱 교회 가운데 주님을 문 밖에 세워 둔, 주님의 임재 없는 교회, 차지도 않고 뜨겁지도 않은 교회에 대한 말씀을 불신자에게 적용한 것은 작아 보이지만 큰 실수이다. 가장 큰 손실은 라오디게아 교회에게 주신 경고의 말씀을 잃어버린 지도 모르게 잃어버렸다는 데 있다. 이 말씀은 오늘날 불신자에게 하신 말씀이 아니라, 라오디게아 교회와 같이 차지도 않고 뜨겁지도 않은 교회들에게 하시는 말씀이다.

### 2) 주님이 들어오심

주님은 "볼지어다 내가 문 밖에(at the door) 서서 두드리노니 누구든지 내 음성을 듣고 문을 열면(open the door) 내가 그에게로 들어가(I will come in to him) 그와 더불어 먹고 그는 나와 더불어 먹으리라"고 말씀한다. 주님의 음성을 듣고 '문을 연다'는 것은 라오디게아 교회가 회개하고 열심을 품어 불로 연단한 금을 샀고, 안약을 사서 바른 결과를 가리킨다. 영적인 시각을 회복하는 것은 놀라운 축복이지만 그것 자체가 목적이 아니다. 문을 열어 밖에 서 계신 주님을 안으로 모셔

들이기 위한 것이다. 구원받은 신자는 본질적으로 예수의 영인 성령님이 내주하신다. 라오디게아 교회가 주님을 문밖에 둔 것은 '주님의 임재'(His presence) 가운데 살지 않았다는 것을 의미한다. 라오디게아 교회가 주님을 실제적인 삶 가운데 주인으로 인정하고 섬긴다면, 그들은 '주님의 임재'(His presence) 안에 있게 될 것이다. 오늘날 많은 신자들이 성령 충만을 원하지만, '주님의 임재'(His presence)는 무관심한 것 같다. 양자는 동전의 양면과 같다. 주님의 임재 없는 성령 충만이 없고, 성령 충만 없는 주님의 임재는 없다. 사실 성령 충만은 우리의 모든 존재와 전 영역이 주님의 임재 가운데 있다는 것을 의미한다. 차지도 않고 뜨겁지도 않은 라오디게아 교회는 주님의 임재가 필요했다.

### 3) 주님과 함께 먹게 됨

'먹고'는 헬라어 'δειπνήσω'(데이프네소)로 '저녁 식사를 하다, 만찬을 하다'라는 뜻의 'δειπνεω'(데이프네오)의 '미래형'이다. 만찬은 간단한 식사가 아니라, 하루 일과를 끝낸 후 다양하고 풍성한 음식들을 여유있게 즐기며 교제하는 자리이다. 주님이 '점심 식사'를 언급하지 않고, '만찬'을 언급하신 것은 특별한 의미가 있다. 주님의 약속은 주님의 임재 가운데 주님을 섬기게 될 때, 장차 '주의 오심과 임재'를 의미하는 '파루시아'가 있게 될 '주인의 즐거움'에 왕으로 참여하리라는 것을 가리킨다. 그러므로 무천년설이 만찬을 '현재'로 해석한 것은 미래 시제라는 '팩트'를 간과한 것으로, 작아 보이지만 큰 오류이다.

주님의 임재는 '현재성'과 '미래성'이 있다. 주의 재림은 미래에 있는 일이지만, 라오디게아 교회가 문을 열고 주님을 안으로 들이는 것은 현재에 있을 일로서 '현재의 상황'을 가리킨다. 현재 주님의 임재 가운데 누리는 축복이 있고, 장차 주님의 재림으로 시작할 천년왕국에서 누리는 축복이 있다. 현재 '주님의 임재'(His presence)를 누리지 못하는 신자는 '장차' '주님의 임재'(파루시아)를 누리지 못할 것이다. 역으로 현재 주님의 임재를 누리는 신자는 장차 주님의 재림하실 때 주님의 임재를 누리게 될 것이다. 오늘날 주님의 임재를 누리는 것이 성도의 축복이다.

## 4) 주님과 함께 보좌에 앉을 것임

> 이기는 그에게는 내가 내 보좌에 함께 앉게 하여 주기를 내가 이기고 아버지 보
> 좌에 함께 앉은 것과 같이 하리라(3:21)

### (1) 그레고리 K. 비일의 견해

그레고리 K. 비일은 『NIGTC 요한계시록』(새물결플러스, p.524~525)에서 주님
과 함께 보좌에 앉는 것에 대한 그의 견해를 제시했다.

> 그리스도는 교회 안에 있는 사람들이 우상 숭배 유혹을 이기고 증언하지 말라는
> 압박에 저항하면, 그와 함께 다스리는 지위를 상속받을 것을 약속하신다. (중략)
> 그리스도가 그의 아버지께로 받으신 것처럼 말이다. 다른 편지에서처럼, 약속을
> 상속하기 시작하는 정확한 시간이 죽게 되어 충성된 증인을 완료할 때인지, 최후
> 재림할 때인지, 아니면 둘 다인지는 모호하다. (중략) 이기기를 시작하는 교회 안
> 에 있는 사람들은 죽기 전에 약속의 시작을 향해 갈지도 모른다. 1장에 비춰볼 때
> 신자들은 이미 그리스도의 나라에 참여하고 있음이 분명하기 때문이다.(그레고리
> K. 비일, 『NIGTC 요한계시록』, 새물결플러스, p.524~525)

### (2) 그레고리 K. 비일의 견해에 대한 필자의 비평

첫째, 비일은 약속을 상속하기 시작하는 정확한 시간이 죽게 되어 충성된 증
인을 완료할 때인지, 최후 재림할 때인지, 아니면 둘 다인지는 모호하다는 견해
를 밝혔다. 그 자신도 약속을 받을 때를 확신하지 못하면서 무엇인가를 주장하
는 것은 적절치 않다.

둘째, 비일은 만일 3:20b~21이 누가복음 22:29~30에 있는 예수의 말씀에 의
존한 것이라면, 재림 때 성취될 약속에 강조점을 둘 수 있다고 하며, 미래로 기
울었다.

셋째, 비일은 "이기기를 시작하는 교회 안에 있는 사람들은 죽기 전에 약속의
시작을 향해 갈지도 모른다"라고 현재성에 기울었고, 이어서 "1장에 비춰볼 때
신자들은 이미 그리스도의 나라에 참여하고 있음이 분명하기 때문"이라고 하면

서 보좌에 앉아 다스리는 것을 현재 교회가 누리는 것이라는 결론을 내렸다.

넷째, 비일은 주님의 약속이 성취되는 때에 대하여 현재와 미래 사이를 갈팡질팡하다가 결국 보좌에 앉는 것은 '현재'라는 결론을 내렸다. 비일은 결국 "기-승-전-무천년설"로 돌아갔다. 현재성은 현재성의 의미가 있고, 미래 시제는 미래에 있을 일인데, 현재를 택함으로 그의 견해는 반쪽만을 잡았다. 그의 견해는 원칙이 없다.

### (3) 이필찬 박사의 견해

이필찬 박사는 『요한계시록』(에스카톤, p.428)에서 주님과 함께 보좌에 앉는 것에 대한 견해를 말했다.

> 21a절에서 예수님은 '이기는 자'에게 허락하시는 약속으로서 '내 보좌에 나와 함께 앉게 할 것'을 말씀하신다. 요한계시록에서는 4장 5절의 이십사 장로와 20장 4절의 순교자들이 보좌에 앉아 있는 자들로 나온다. 이 두 본문의 보좌 이미지는 현재 지상에 교회가 천상에서 이미 누리고 있는 지위를 상징적으로 나타나는 것인 반면에, 21절에 보좌는 미래적 종말의 시점에 이루어질 약속이다. 시간적인 순서를 보면 3장 21절이 나머지 두 본문보다 더 늦은 시점에 발생하는 것이지만, 요한계시록에서는 4장 5절이나 20장 4절보다 3장 21절이 먼저 등장한다.(이필찬, 『요한계시록』,에스카톤, p.428)

### (4) 이필찬 박사 견해에 대한 필자의 비평

첫째, 이필찬 박사는 계시록 4:5의 이십사 장로와 계시록 20:4의 순교자들이 보좌에 앉아 있는 것을 현재 지상에서 교회가 천상에서 이미 누리고 있는 상징적인 의미라고 해석하고, 라오디게아 교회에 약속한 보좌는 미래적 종말의 시점에 이루어질 약속이라고 구분했다. 양자를 구분하는 것은 오류이다. 왜냐하면 이 박사(무천년설)는 이십사 장로들을 '교회의 대표'라고 해석했는데, 라오디게아 교회도 교회이기 때문이다. 양자를 동일한 교회라고 주장하면서 이십사 장로들은 '현재'의 교회라고 말하고, 라오디게아 교회는 '미래'에 누릴 것이라고 말하는 것은 비논리적이고 모순이다.

둘째, 라오디게아 교회에 약속한 보좌는 '미래적 종말'의 시점에 이루어질 약속이라는 것에 동의한다. 미래 시제는 해석이 필요없는 미래에 있을 일이기 때문이다.

셋째, 이 박사는 계시록 3:21에서 보좌를 약속한 것이 '미래'라고 하면서, 그보다 뒤에 기록된 계시록 4:5과 20:4의 보좌를 '현재' 지상 교회가 천상에서 누리고 있는 지위를 상징한다는 주장은 서로 모순된다. 동일한 보좌라는 것은 그것을 모두 미래로 보든지, 아니면 모두 현재라고 하든지 양자택일 해야 한다. 이런 모순은 천사들의 대표인 이십사 장로들을 교회의 대표로 간주했기 때문에 일어나는 도미노 현상이다.

넷째, 라오디게아 교회를 비롯한 일곱 교회는 모두 지상에 있다. 그런데 계시록 4:5과 20:4에 언급된 보좌를 지상 교회가 천상에서 누리는 지위를 상징한다고 해석하는 것은 비논리적이다. 이런 현상은 무천년설이 성경과 불일치하기 때문이다.

다섯째, 이 박사의 모순은 성경 문맥(context)을 잘못 해석했기 때문이기도 하고, 무천년설적 관점으로 계시록을 보기 때문에 필연적인 결과이다. 주님과 함께 보좌에 앉는 것은 '문자적' 의미로서 실제로 성취될 것인데, 무천년설은 상징적으로 보기 때문에 왜곡이 일어날 수밖에 없다.

여섯째, 그리스도와 함께 보좌에 앉는 것은 '현재'에 있는 일이 아니라, '미래'에 있을 일이다. 무천년설은 모든 일들을 과거나 현재(초림)로 고착시키는 맹점이 있다. 많은 경우 미래에 있을 일을 현재로 해석하는 것도 여기에 나타난다. 그런 이유는 초림과 재림 사이(현재)를 천년왕국으로 간주했기 때문이다.

요한계시록 3장 요약

## 1. 세 교회의 역사성과 예언성

　계시록의 일곱 교회는 그 당시의 현존하는 교회였다. 그와 동시에 계시록의 예언성으로 인해 일곱 교회는 전 시대에 나타난 교회를 의미한다. 즉 주님께서 보실 때 많은 교회가 있을지라도, 오직 일곱 교회(종류)가 있다. 예를 들면, 사데 교회는 '한 교회'(단수)이기 때문에 "성령이 교회(단수)에게 하시는 말씀을 들으라"고 해야 하는데, "성령이 교회들(복수)에게 하시는 말씀을 들으라"고 말씀한다. 이것은 사데 교회에 대한 메시지가 모든 교회에게도 주시는 말씀이라는 것을 의미한다. 이것이 계시록의 일곱 교회의 예언성이다. "오늘날 우리는 어느 교회에 해당하는가?"를 볼 수 있다. 주님의 나타나신 모습과 칭찬과 책망과 약속은 모두 우리들을 위한 것이다. 오늘날 우리는 성령님의 음성을 들을 수 있는 귀를 가져야 한다.

|  | 사데 교회 | 빌라델비아 교회 | 라오디게아 교회 |
|---|---|---|---|
| 특징 | 살았다는 이름<br>실상은 죽음 | 형제 사랑 교회 | 차지도 않고 덥지도<br>않은 교회 |
| 의미 | 회복된, 남은 | 형제 사랑 | 백성들의 의견 |
| 주님<br>계시 | 하나님의 일곱 영<br>일곱 별 가진 이 | 거룩 & 진실<br>다윗의 열쇠 갖음 | 아멘, 충성되고<br>참된 증인<br>창조의 근본 |
| 칭찬 | 흰옷을 더럽히지 않은 자들 | 적은 능력으로<br>말씀 지킴<br>시험의 때 면함 | 없음 |

**358**　　　　　　　　　　　　　　요한계시록 INSIDE - 1~11장: 그가 왕 노릇 하시리로다

| 책망 | 온전한 것 없음<br>회개하라 | 없음 | 영적 교만<br>영적 실제 없음<br>주님이 문밖에 |
|---|---|---|---|
| 이기는 자 | 흰 옷 입음<br>생명책에서 지우지 않음<br>(천년왕국) | 하나님 성전 기둥<br>새 이름 기록<br>(천년왕국) | 주님과 함께 만찬<br>내 보좌에 앉음<br>(천년왕국) |
| 성령 | 교회들에게<br>하신 말씀 들으라 | 교회들에게<br>하신 말씀 들으라 | 교회들에게<br>하신 말씀 들으라 |

## 2. Youtube "워킹바이블 요한계시록 연구소" 채널 참고 영상

#21 신자가 모르면 평생 후회할? 그리스도의 심판석!

#22 신자들의 마지막 결산! 그리스도의 심판석! 공중 구름 위 휴거! 언제? 어디서 있나요?

#45 대환난은 없다1 무천년설주장 사실인가? 대환난 시작의 시그널

#46 대환난은 없다2 무천년설 주장 사실인가? 대환난의 시작의 시그널!

#42 휴거 될 것인가? 남겨질 것인가? 대환난의 덫과 휴거의 격려!

## 3. Youtube "워킹바이블TV" 채널 참고 영상

### 1) 종교개혁 칭의론과 새관점 칭의론 영상

#80 구원-칭의 어떻게 받는가?3 오직 믿음 최덕성 교수! 김세윤 교수 행위도 있어야!

#81 구원, 어떻게 받는가?4 종교개혁 칭의론 vs 새관점 칭의론! 무천년설의 오류! 최후의 심판!

#82 종교개혁 & 새관점 칭의론의 공통 오류! 구원의 DNA vs 천국의 DNA

#83 종교개혁 & 새관점 칭의론 오류! "내가 너를 알지 못한다" & "나를 떠나가라"가 지옥행인가?

## 2) 열 처녀 비유 영상

#216 열 처녀 비유1 미련한 처녀는 불신자인가요?

#217 열 처녀 비유2 새관점 칭의론! 미련한 처녀는 지옥에 가나요?

#218 열 처녀 비유3 등과 기름은 무엇인가요?

#219 열 처녀 비유4 슬기 있는 자와 미련한 처녀의 유일한 차이는?

#220 열 처녀 비유5 아무도 몰랐던? 열 처녀 비유 비밀!

#221 열 처녀 비유6 혼인 잔치 의미는 무엇인가요?

#292 영화 밀양에 나타난 왜곡된 구원관은?

#293 영화 밀양의 원장의 회개! 무엇이 문제인가??

#294 영화 밀양 & 오순절 구원받은 3000명은 회개했는가?

#235 향유 옥합을 드린 여인을 기념하라! 복음이란 무엇인가??

#234 향유 옥합을 드린 믿음의 4 요소!

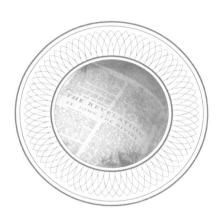

*Revelation Inside*

# 본론부 3: 장차 될 일들

## 계시록 4~22장

요한계시록은 "그러므로 네가 본 것과 지금 있는 일과 장차 될 일을 기록하라"(계 1:19)는 말씀을 따라 기록됐다. 세 번째 본론부에 해당하는 주제는 "장차 될 일들"로서, 4장부터 22장을 포함한다. (계 22:6~21는 결론부로 제외된다) '장차 될 일들'에 대한 대표적인 두 가지 견해가 있다. 첫째는 무천년설의 영향으로 초림으로 간주하는 경우이고, 둘째 세대주의의 영향으로 대환난이라고 간주하는 경우이다. 계시록에서 언급하는 '장차 될 일'은 그리스도 승천 이후의 일들로부터 시작하여 대환난과 주님의 재림 그리고 새 하늘과 새 땅을 포함한다.

계시록 4~5장은 그리스도의 승천 이후 하늘이 열리면서 하늘의 광경을 보여주고, 6장으로부터 하나님의 오른손에 있는 일곱 인으로 봉한 두루마리를 어린 양이며 유다 지파의 사자이신 그리스도께서 떼심으로 장차 될 일들을 열어 보게 하신다.

# Chapter 20 ·
# 하나님의 보좌(4:1~2)

> 이 일 후에 내가 보니 하늘에 열린 문이 있는데 내가 들은 바 처음에 내게 말하던
> 나팔 소리 같은 그 음성이 이르되 이리로 올라오라 이 후에 마땅히 일어날 일들
> 을 내가 네게 보이리라 하시더라(4:1)

4장의 첫 구절은 하늘의 광경을 보여준다. '이 일 후에'(Μετὰ ταῦτα, 메타 타우타)
는 어떤 일 후를 가리키는가? 이 시점에 대하여 '시간적인 순서'라는 견해와 '주
제적 연결'이라는 두 견해가 있다. 문법적인 의미는 양자가 존재하기 때문에 갑
론을박 논쟁이 있을 수 있다. 그러기 때문에 주목해야 할 것은 '문법적인 것'이
아니라 성경의 근거이다. 따라서 '성경의 문맥'인 계시록에서 증거를 찾는 것이
중요하다.

계시록의 구조에서 중심 프레임 역할을 하는 구절이 있다. 그것은 계시록 1:19
로 "그러므로 네가 본 것과 지금 있는 일과 장차 될 일을 기록하라"는 구절이다.
이 말씀은 바다를 건너가는 항해자들이 북극성을 보고 방향을 잡는 것처럼 계시
록의 메시지들을 이해하는 데 중심축의 역할을 한다. 왜냐하면, 계시록은 그 내
용도 중요하지만, 그것이 '어느 때'에 해당되는지를 분별하는 것이 중요하기 때
문이다. '네가 본 것'(the things which you have seen)은 1장의 일곱 금 등대와 일곱별
의 비밀이며, '지금 있는 일은'(the things which are) 2~3장에 나타난 소아시아의 일
곱 교회이다. 따라서 4장은 '장차 될 일들'(the things which shall be hereafter)에 해당
한다. 이것은 성경의 '팩트'이다.

만일 무천년설이 주장하듯이 요한계시록이 '묵시문학'이라면 모든 메시지를
'코드화'해서 감춰 놓았기 때문에 알기 어려울 것이다. 그러나 계시록은 '계시'로
서 "덮은 것을 벗기다, 폭로하다"라는 것과 같이 우리에게 보여 주시기 위한 목

적으로 기록됐다. 이것은 계시록의 첫 구절에도 나타난다. "예수 그리스도의 계시(The Revelation)라 이는 하나님이 그에게 주사 반드시 속히 일어날 일들을 그 종들에게 보이시려고(to show) 그의 천사를 그 종 요한에게 보내어 알게 하신 것이라(signified)"고 말씀한다. 만일 계시록의 중심 흐름을 놓친다면 옷의 첫 단추를 잘못 낀 것과 같고, 영점을 맞추는 데 실패한 소총을 갖고 사격대회에 나가는 선수와 같다. 계시록은 '숨겨놓기 위한 책'이 아니라, '드러내어 알게 하시기 위한' 책이다.

## 1. 하늘에 열린 문

사도 요한은 '하늘의 열린 문'을 보았다. 이것은 요한이 자신의 능력으로 본 것이 아니라, 예수 그리스도에 의해 열려지고 보게 되었다는 것을 의미한다. 작은 부분이지만 이 의미를 확실히 인식하기 위하여 헬라어 기본 파싱을 해보자. '열린'은 'ἠνεῳγμένη'(에네오그메네)로 'ἀνοίγω'(아노이고)의 '완료 수동태 분사'이다. 그 의미는 '열려져 있는 문'을 의미하고, "요한이 볼 때 비로소 열린 것"이 아니라, "요한이 볼 때 이미(already) 열려 있었다"는 의미이다. "열린 문이 언제 열렸는가?"의 문제는 '어떻게 열렸는가'로 연결되고, 또한 '누가 열었는가?'라는 문제로 연결된다.

### 1) 야곱과 사닥다리

'하늘의 열린 문'를 다루면서 성경에 나타난 '하늘이 열린 사례'를 찾아보지 않는다면, 물고기를 잡으러 가면서 낚싯대를 가지고 가지 않는 것과 같다. 첫 번째 사례는 야곱이다. 야곱이 집을 떠나 광야에서 밤을 보냈다. 성경은 "꿈에 본즉 사닥다리가 땅 위에 서 있는데 그 꼭대기가 하늘에 닿았고 또 본즉 하나님의 사자들이 그 위에서 오르락 내리락 하고"라고 말한다. 이 놀라운 광경을 본 후 야곱은 "이에 두려워하여 이르되 두렵도다 이 곳이여 이것은 다름 아닌 하나님의 집이요 이는 하늘의 문이로다"(창 28:17)라고 고백했다. 야곱은 그곳을 '하늘의 문'(the gate of heaven)이라 불렸다. 하나님의 천사들이 '오르락 내리락' 할 수 있었던 것은 '하늘에 닿는 사닥다리'가 있었기 때문이다. '하늘에 닿는 사닥다리'는 무엇을 의미하는가? 바로 예수 그리스도이다.

어떤 독자는 '하늘에 닿는 사닥다리'가 예수 그리스도라는 것에 의문을 가질 수 있다. 신약 성경으로 가 보자. 예수님께서 세례를 받으실 때 하늘이 열렸다. 마태복음 3:16은 "예수께서 세례를 받으시고 곧 물에서 올라오실새 하늘이 열리고 하나님의 성령이 비둘기같이 내려 자기 위에 임하심을 보시더니"라고 말씀한다. 개역개정에서는 '그 위에'(예수 위에)라는 구절이 생략됐다. KJV은 "the heavens were opened onto him"이라고 번역했다. '하늘 문'이 열린 것이 누구 때문이라는 것인가? '그 위에'는 예수 그리스도를 가리킨다. 야곱의 꿈에는 하늘이 열리고 '하늘에 닿은 사닥다리'가 있었다. 예수님이 세례를 받으실 때, 하늘이 열릴 때 이 땅에 '예수 그리스도'가 계셨다. '하늘에 닿은 사닥다리'는 '어떤 인간이 만든 구조물'이 아니라, '예수 그리스도'이심을 보여준다. 모세의 글과 선지자의 글 즉 모든 성경은 '내게 대하여' 즉 '예수 그리스도'에 대하여 기록한 것이다.

## 2) 나다나엘의 사례

예수 그리스도께서 하나님이심을 증거하는 요한복음으로 가보자. 빌립이 나다나엘을 만나 나사렛 예수를 증거할 때, 그는 "나사렛에서 무슨 선한 것이 날 수 있느냐?"라고 반문했다. 빌립은 "와 보라"(Come and see)라고 했다. 마침내 주님은 "내가 너를 무화과나무 아래에서 보았다 하므로 믿느냐 이보다 더 큰 일을 보리라 또 이르시되 진실로 진실로 너희에게 이르노니 하늘이 열리고 하나님의 사자들(angels)이 '인자 위에 오르락내리락' 하는 것을 보리라 하시니라"(요 1:50~51)는 놀라운 말씀을 하셨다.

주님이 언급한 '더 큰 일'(greater things)이란 무엇을 가리키는가? 하나님의 천사들이 '인자' 즉 '사람으로 오신 하나님' 위에 '오르락 내리락한다'는 것을 가리킨다. 야곱의 꿈에는 '하늘에 닿는 사닥다리'를 통하여 '오르락 내리락 하는 천사들'이 있었고, 요한복음에도 '인자 위에' 천사들이 '오르락 내리락'한다. 이것은 '하늘에 닿는 사닥다리'가 인자이신 예수 그리스도이심을 가리킨다. 그분이 이 땅에 있기에 하늘 문이 열렸다. 할렐루야!

계시록에서 '하늘 문'이 열렸던 것은 '하늘에 닿은 사닥다리'이신 그리스도께서 승천하셨고, 또한 그를 사랑하고 기뻐하는 자에게 '하늘 문을 여셨다'라는 의미이다. 따라서 '하늘의 열린 문'은 두 가지 방면이 있다. 첫째, 하늘에 닿은 사닥다리이신 그리스도로 말미암아 하늘이 열려졌다. 둘째, 하늘은 아무에게나 열리는 것이 아니라 하나님의 기뻐하고 사랑하는 자들에게 열린다. 야곱에게 '하늘 문'이 열렸고, 에스겔 선지자에게도 열렸고(겔 1:1), 인자이신 예수님에게 열렸으며, 사도행전의 첫 번째 순교자인 스데반(행 7:56)에게 하늘 문이 열렸다. 이것은 모두 하나님이 살아계신 것과 그를 찾는 자들에게 상 주시는 자이심을 바라보는 '하나님의 마음에 합한 사람'이었기 때문이다.

## 2. 첫 번째 광경: 하늘에 있는 보좌

하늘이 열리며 첫 번째 목격한 것은 '하늘에 있는 보좌'였다. 하늘이 열린 것은 하나님에 의한 것이기 때문에, 첫 번째 본 것도 하나님의 의도가 내재되어 있다. 즉 다시 말하면, 하나님께서 사도 요한에게 가장 먼저 보여주셨다는 것을 가리킨다. 하나님께서는 하늘을 열어 다른 어떤 것을 보이지 않으셨다. 만일 그랬다고 하면, 하늘의 중심이 '다른 어떤 것'이라는 여지를 남기게 될 것이다. 왜냐하면, 성경이 무엇을 보일 때 가장 중요한 것을 첫 번째로 보여주기 때문이다. 하나님은 완전하신 분이시다. 그래서 사도 요한은 하늘이 열리며 가장 먼저 '하늘에 있는 보좌'를 봤다. 그것은 하나님께서 가장 먼저 요한에게 '하늘에 있는 보좌'를 보이셨다는 것을 의미한다. 그것이 하나님의 의도이다. 사도 요한은 그가 유배된 밧모 섬과 온 유대 땅을 비롯한 로마제국 조차도 하늘의 보좌 아래 있음을 깨달았을 것이다.

사도 요한의 상황을 상기해 보면 하늘이 열린 후 첫 번째 광경이 의미하는 것이 확실해진다. 그 당시 교회는 로마 황제들의 숭배로 인해서 환난과 핍박 가운데 있었고, 사도 요한도 밧모 섬에 유배되었다. 온 세상(유럽과 아프리카와 근동 아시아)은 '로마 황제'가 통치하고 있었다. 사도 요한이 하늘의 보좌를 보았을 때 어떤 느낌을 받았겠는가? 온 세상을 다스리는 것은 로마 황제가 아니라 하늘에 계신 분 '하늘의 보좌에 앉으신 분'이라는 인상을 받았을 것이다. 이것은 사도 요한에게 주어지는 하나님의 격려요 위로이다.

사도행전의 첫 번째 순교자 스데반이 살기등등한 유대인들의 돌에 맞아 죽게 될 때, 그리스도께서는 어떤 일을 하셨는가? 성경은 "스데반이 성령 충만하여 하늘을 우러러 주목하여 하나님의 영광과 및 예수께서 하나님 우편에 서신 것을 보고 말하되 보라 하늘이 열리고 인자가 하나님 우편에 서신 것을 보노라"(행 7:55~56)고 말씀한다. 스데반은 하늘이 열리고 '하나님 보좌 우편에 서신 인자이신 주님'을 보았다. 유대 땅은 로마 황제가 통치하고 유대인들이 그리스도인들을 핍박할지라도 하늘의 보좌 우편에 계신 그리스도께서 '하늘과 땅의 모든 권세'를 아버지께 받아 통치하고 계심을 보았고, 스데반은 담대하게 순교할 수 있었다. 오늘날 모든 성도가 사도 요한이 보았고, 스데반이 보았던 하늘에 있는 보좌-하나님이 온 세상을 통치하고 계신다는 것을 본다면, 모든 환난과 핍박과 곤란한 상황에 있을지라도 하나님의 보좌의 통치 아래 있을 수 있고, 따라서 승리할 수 있다.

## 3. 은혜의 보좌 vs 심판의 보좌

'하늘에 있는 보좌'는 어떤 보좌인가? '어떤'이란 이 보좌의 성격을 의미한다. 즉 다시 말하면, "'은혜의 보좌'인가? 아니면 '심판의 보좌'인가?" 라는 것이다. 성경을 QST하지 않으면 하늘에 있는 보좌에 대한 성격을 정반대의 의미로 오해할 가능성이 있다. 운전을 하다 고속도로에 들어설 때, 가는 목적지에 따라 우회전을 하든지 좌회전을 하든지 결정해야 한다. 자칫 잘못하면 정반대의 방향으로 갈 수 있기 때문이다. 계시록의 '하늘에 있는 보좌'가 어떤 의미인지 알기 위해서 오늘날 교회가 누리는 보좌가 무엇인지를 QST할 필요가 있다. 사도 바울은 에베소 장로들에게 그가 증거한 복음은 '하나님의 은혜의 복음'(the gospel of the grace of God)이었음을 다음과 같이 고백했다. 사도행전 20:23~24을 보자.

오직 성령이 각 성에서 내게 증언하여 결박과 환난이 나를 기다린다 하시나 달려 갈 길과 주 예수께 받은 사명 곧 하나님의 은혜의 복음을 증언하는 일을 마치려 함에는 나의 생명조차 조금도 귀한 것으로 여기지 아니하노라(행 20:23~24)

구원이란 무엇인지 확실한 원칙을 담은, 보화와도 같은 에베소서 2:8~9을 보자.

너희는 그 은혜에 의하여(by grace) 믿음으로 말미암아(through faith) 구원을 받았으니(are you saved) 이것은 너희에게서 난 것이 아니요(not of yourselves) 하나님의 선물이라(the gift of God) 행위에서 난 것이 아니니(not of works) 이는 누구든지 자랑하지 못하게 함이라(엡 2:8~9)

하나님의 선물인 구원의 열매는 '행위'가 아니라 '믿음'(faith)이라는 줄기에 열린다. '믿음의 줄기'에는 뿌리가 있는데 그것은 '은혜'(grace)이다. 하나님의 은혜의 복음을 믿는 자에게 구원이라는 놀라운 선물을 주신다. 히브리서 4:16은 "그러므로 우리는 긍휼하심을 받고 때를 따라 돕는 은혜를 얻기 위하여 은혜의 보좌 앞에 담대히 나아갈 것이니라"고 말씀한다.

오늘날 이 시대를 '은혜의 시대'라 부르는 것은 '은혜의 복음'이 전파되고 믿음을 통해 구원을 얻기 때문이다. 따라서 신자들은 '은혜의 보좌 앞'(the throne of grace)에 나갈 수 있다. 그런 이유는 우리에게 큰 대제사장이신 분 즉 승천하신 분 곧 하나님의 아들 예수 그리스도가 계시기 때문이다. 오늘날 신자들이 '은혜의 보좌'를 누리기 때문에 계시록 4장의 '하늘에 있는 보좌'를 '은혜의 보좌'로 동일시할 가능성이 있다. 그러기 때문에 '하늘에 있는 보좌'를 구성하는 여러 요소들을 QST할 필요가 있다.


## 4. 하늘에 있는 보좌의 성격

계시록 4:5은 "보좌로부터 번개와 음성과 우렛소리가 나고 보좌 앞에 켠 등불 일곱이 있으니 이는 하나님의 일곱 영이라"(계 4:5)고 말씀한다. 보좌로부터 나는 것은 '번개'(lightnings)와 '음성'(voices)과 '우렛소리'(thunderings)였다. 이것은 결코 '사랑스런 음성'이든지 '세미한 음성'과 '은혜로운 음성'이 아니다. 만일 우리가 요한과 같이 '번개와 음성과 우렛소리'을 듣게 된다면 "하나님은 참으로 사랑스럽고 은혜로우십니다!"라고 느끼는 사람은 없을 것이다. 오히려 '경외감을 넘어 크나 큰 두려움'에 사로잡히게 될 것이다.

예를 들어보자. 오늘날 먹구름이 온 하늘을 뒤덮고 지축을 흔드는 천둥소리와 함께 눈앞에 흑암을 가르며 빛나는 번개가 땅으로 떨어질 때, 어떤 상태에 빠지는가? 평범한 소시민은 물론이고 심지어 강퍅했던 사람들도 패닉에 빠진다. 비로소 하나님을 두려워하는 마음을 갖게 될 것이다. 그리고 혹시라도 잊고 살았던 자신의 죄를 깨닫게 될 것이다.

약 500여 년 전 종교개혁의 선봉에 섰던 마틴 루터가 신부가 되기를 결심하게 된 일화이다. 마틴 루터(Martin Luther, 1483~1546)는 원래 법학도였다. 그의 부친은 광산업으로 성공했고, 루터가 법학도로서 세속적인 출세를 하기 원했다. 1505년 여름날 오후 루터가 길을 갈 때 번개가 떨어져 땅 바닥에 쓰러졌다. 그는 죽음의 공포에 사로잡힌 나머지 "성 안나여, 나를 도우소서! 수도사가 되겠습니다!"라고 부르짖었다. 성 안나는 광산을 하는 사람들을 지켜주는 성인이었기 때문에 자연스럽게 성 안나의 이름을 부르며 기도한 것이다. 그 일 이후 루터는 에르푸르트에 있는 어거스틴 수도원에 들어갔고 1507년에 사제 서품을 받았다.

하나님의 보좌로부터 '번개와 음성과 우렛소리'가 난다는 것은 하나님의 진노를 의미한다. 그런 이유는 무엇인가? 하나님의 세상에 대한 심판을 의미하기 때문이다. 오늘날은 '은혜의 복음'이 전파되는 '은혜의 시대'이다. 하나님은 세상의 갖가지 악한 죄들과 패역과 우상숭배와 불의에도 불구하고 심판하시지 않고 오래 참고 기다리신다. 왜냐하면, 모든 사람이 믿음으로 말미암아 구원을 받기를 원하시기 때문이다. 그 결과 우리들은 은혜의 보좌 앞에 나갈 수 있고 날마다 은혜를 얻는다. 은혜의 시대는 하나님께서 온 세상을 심판하시기 시작할 때, 끝나게 될 것이다. 적어도 계시록의 일곱 나팔과 일곱 대접은 모두 '은혜의 초청'이 아니라 '땅에 대한 심판'이다. 그 심판은 우연한 일이 아니라, 근원이 '하늘에 있는 보좌'로부터 말미암은 것이다. 그래서 하늘의 보좌로부터 '번개와 음성과 우렛소리'가 났다.

계시록에 나타난 하나님의 보좌는 오랫동안 참고 기다리셨던 은혜의 시대가 끝나고 온 세상을 통치하시는 하나님께서 마침내 심판하시기를 시작하셨다는 것을 의미한다. 하나님의 심판의 기초는 '공의'이다. 사랑의 하나님만 알고 공의의 하나님을 간과하면 큰 오류가 발생한다. 오늘날은 하나님께서 사람들을 '사랑'으로 대하시기 때문에 '은혜의 시대'이다. 그러나 마침내 세상을 '공의'로 대하실 때가 온다. 그때가 계시록에서 언급한 "여섯째 인-일곱 나팔-일곱 대접"이다. 이 심판들의 기초는 '공의'이다. 어느 누구도 하나님의 공의로운 심판에 이의를 제기할 사람은 없다. 그런 심판 가운데도 '하나님의 자비'가 내포된다. 왜냐하면 '심판을 시작하셨다'라는 것도 이것을 통해서 하나님의 심판을 깨달은 자에게 '회개할 기회'를 주신다는 것을 암시하기 때문이다. 하나님은 '공의의 심판'을 하시면서도 얼마나 자비롭고 인자하신 분이신가!

# Chapter 21 ·
## 보좌에 앉으신 이(4:2~3)

## 1. 의미

사도 요한은 하늘에 있는 보좌와 그 보좌 위에 앉으신 이를 보았다. 만일 보좌만을 보고 보좌에 앉으신 이를 보지 못했다면 큰 문제가 발생한다. 마치 이것은 청와대를 방문하든지 백악관을 방문하고 그곳의 주인을 만나지 못한 것과 같기 때문이다. 성경은 온 세상을 통치하는 것이 로마의 황제가 아니라 하늘에 있는 보좌임을 보인 후, 그 보좌에 앉으신 이를 계시한다. 계시록 4:3은 "앉으신 이의 모양이 벽옥과 홍보석 같고 또 무지개가 있어 보좌에 둘렸는데 그 모양이 녹보석 같더라"(4:3)고 말씀한다.

하나님을 보고 싶어하는 우리들의 마음을 대변하여 2천 년 전에 질문한 제자가 있다. 그는 빌립이다. 따라서 우리는 빌립에게 감사할 필요가 있다. 요한복음 14:8~9은 이렇게 말씀한다.

> 빌립이 이르되 주여 아버지를 우리에게 보여 주옵소서 그리하면 족하겠나이다
> 예수께서 이르시되 빌립아 내가 이렇게 오래 너희와 함께 있으되 네가 나를 알
> 지 못하느냐 나를 본 자는 아버지를 보았거늘 어찌하여 아버지를 보이라 하느냐
> (요 14:8~9)

하나님 아버지를 보여 달라는 빌립의 요청은 빌립만의 문제가 아닌데, 우리들도 예외가 아니기 때문이다. 주님은 "나를 본 자는 아버지를 보았다"고 하셨다. 여기에 놀라운 계시가 있다. 빌립 앞에 아들이신 예수님이 있고, 하늘에는 아버지 하나님이 계신다. 빌립은 아버지를 보지 못했다고 했는데 주님은 보았다고

요한계시록 INSIDE - 1~11장: 그가 왕 노릇 하시리로다

말씀한다. 이것은 아들과 아버지는 한 분이라는 것이다. 삼위일체는 사람이 만들어 낸 것이 아니라, 성경에서 나타난 원칙을 발견한 것이다. 우리는 하나님의 존재가 삼위일체로 계신다는 것을 알 뿐, 사실 그것을 온전히 이해하는 것은 불가능하다. 왜냐하면, 오직 하나님만이 스스로 계시는 분이고, 모든 만물들은 피조물이기 때문이다. 삼위일체 중 성부이신 아버지는 누구도 볼 수 없고, 오직 아들을 통해서 볼 수 있다. 그런 원인은 무엇인가? 요한복음 4:24은 하나님은 영이라고 말씀하고, '영'은 'πνεῦμα'(프뉴마)로 'spirit'이기 때문에 육안으로 볼 수 없다.

하나님 아버지에 대한 기본적인 계시를 안다면, 계시록에서 보좌에 앉으신 이가 어떤 분이신지를 바로 볼 수 있다. 하나님은 영(헬: πνεῦμα, 프뉴마, spirit)이신데 어떻게 볼 수 있는가? 따라서 하나님은 사도 요한에게 주권적으로 하나님이 어떤 분이신지를 보이실 필요가 있으셨다. 따라서 사도 요한에게 보여주신 모습은 '상징'이라는 것을 알게 된다. 그래서 "하나님은 벽옥과 홍보석이다"라고 하지 않고, "벽옥과 홍보석 같다"라고 말씀한다. 성경의 기본 원칙은 '문자'이다. 이 첫 번째 원칙을 거스르면 심각한 오류에 빠진다. 첫 번째 원칙에 이어 두 번째 원칙이 있다. 영적인 진리를 보여주려 할 때, '상징'을 사용한다. 성경의 흐름을 따르면 어떤 것이 '문자'이고 어떤 것이 '상징'인 것을 자연스럽게 인식할 수 있다.

## 2. 벽옥과 홍보석 같다

하나님의 모양이 "벽옥과 홍보석 같다"라는 것은 특별하다. '벽옥 같다'라고 하지도 않고, 혹은 '홍보석과 같다'라고 하지 않는다. 두 가지를 병행하여 표현했다는 것은 하나님의 두 가지 속성이 있기 때문이다. '벽옥'은 영역에서 'jasper'로 번역됐다. 벽옥은 계시록 21장에서 거룩한 성 예루살렘 성을 계시할 때 나타난다. 계시록 21:10~11은 "하나님께로부터 하늘에서 내려오는 거룩한 성 예루살렘을 보이니 하나님의 영광이 있어 그 성의 빛이 지극히 귀한 보석 같고 벽옥과 수정같이 맑더라"고 말씀한다.

거룩한 성 예루살렘의 빛이 벽옥과 같이 귀한 보석이며 수정과 같이 맑다는 것은 어떤 의미인지 한 마디로 표현할 수 있는가? 성경은 이것을 계시하는데,

"하나님의 영광(the glory of God)이 있어"라고 말한다. 그러므로 벽옥과 같다는 것은 '하나님의 영광'을 의미한다. 하늘이 열리며 하나님의 모양이 벽옥 같다는 것은 '하나님의 영광'(the glory of God)이 나타났다는 것을 의미한다. 하나님의 속성을 대표하는 두 가지 요소는 '영광'과 '거룩'이다.

사람의 가장 큰 문제는 '죄의 문제'이다. 죄로 말미암아 사망이 들어왔기 때문이다. 성경은 죄를 범한 사람의 가장 큰 문제를 무엇이라고 말씀하는가? 여러 가지 견해가 있을 수 있다. 가장 중요한 것은 성경이 무엇이라고 말씀하는가이다. 로마서는 "모든 사람이 죄를 범하였으매 하나님의 영광에(the glory of God) 이르지 못하더니"(롬 3:23)라고 말씀한다. 신자 사후 하늘로 올라갈 수 없는 것은 '하나님의 영광'(the glory of God)에 이르지 못한다는 것에도 나타난다.

사도행전의 사례를 보자. 헤롯이 왕복을 입고, 양식 공급을 끊었다가 다시 공급한다는 연설로 백성들을 효유할 때 백성들은 '사람의 소리'(not of a man)가 아니고 '신의 소리'(the voice of a god)라는 아첨으로 왕의 마음을 기쁘게 하려고 했다. 그런 상황에서 헤롯이 어떠했는지 사도행전 12:23은 상세히 보여준다.

> 헤롯이 영광을 하나님께로 돌리지 아니하는 고로 주의 사자(the angel of the Lord)가 곧(immediately) 치니 충(worms)이 먹어 죽으니라(gave up the ghost)(행 12:23)

성경은 하나님의 영광을 사람이 가로채는 것을 심각한 죄로 여긴다. 외적으로는 벌레가 먹어 헤롯이 죽었지만, 내적으로는 '하나님의 천사'가 쳤기 때문에 죽었다. 오직 하나님께 영광을 돌려야 된다는 것은 하나님만이 영광스런 분이시기 때문이다.

계시록에서 하나님의 두 가지 속성을 표현하는 구절을 주목해야 한다. '그 모양이 녹보석 같다'고 말씀한다. KJV은 '녹보석'을 'an emerald'로 번역했는데, 라틴어 '스마라그두스(smaragdus)에서 유래된 것으로, '녹색'을 의미한다. 보석에 문외한인 사람도 에메랄드(emerald)는 '녹색'이고 루비(ruby)는 '붉은 빛'이라는 것을 알 것이다. 왜 성경은 하나님의 모양이 '녹보석', '에메랄드 같다'고 말씀하는가? 하나님의 성품은 하나님이 하신 일에도 나타난다. 하나님께서 천지를 창조하셨다.

셋째 날 물에 덮혀 있는 땅을 물 위로 드러나게(융기) 하신 후, 비로소 땅을 육지라 칭하시고 모든 푸른 풀과 씨 가진 채소와 열매 맺는 나무들을 만드셨다. 모든 식물은 그 종류를 따라 수십만 가지가 있는데, 그 식물들의 이파리는 '동일한 색', '녹색'이다. 관점을 바꾸어 보자. 왜 하나님께서는 갖가지 종류의 식물들이 있는데 '다양한 색깔의 잎'을 만드시지 않고, 오직 한 가지 '녹색 잎'을 만드셨는가? 여기에도 하나님의 의도와 뜻이 숨겨져 있다.

녹색은 '생명'을 의미한다. 심지어 피로해진 몸과 눈의 회복에 '푸른 숲과 나무'를 바라보는 것은 효과가 있다. 녹색 잎은 햇빛을 받아 뿌리로부터 빨아들인 수분과 함께 광합성을 하여 녹말을 생산한다. 모든 초식 동물들은 이 녹색 잎을 먹고 생명을 유지한다. 사람도 예외가 아니다. 피조물은 모두 하나님께서 만드신 식물의 특징 즉 녹색 잎의 수백 억 개의 광합성의 공장들의 열매인 모든 풍성한 것을 누린다. 이런 생명의 풍성함은 하나님께로부터 왔다. 하나님은 생명이 풍성하고 충만하신 분이시다.

창조뿐만 아니라 요한복음에서 주님은 놀라운 말씀을 하셨다. 지구 상에서 쌍십절을 기념하는 나라가 중국이다. 그런데 그들에게 '쌍십절'보다 더 위대하고 놀라운 '요한복음의 쌍십절'을 소개한다. 이것은 중국인들뿐만 아니라 모든 나라 사람들에게도 필요한 쌍십절로서, 요한복음 쌍십절이라 할 수 있는 요한복음 10:10이다. 성경은 "도둑이 오는 것은 도둑질하고 죽이고 멸망시키려는 것뿐이요 내가 온 것은 양으로 생명을 얻게 하고 더 풍성히 얻게 하려는 것이라"고 말씀한다. 위 구절에서 언급된 '생명'은 사람의 생명을 가리키지 않는다. 요한복음 1:4에서 언급한 "그 안에 생명이 있었으니"에서의 '생명'은 'ζωή'(조에)로서, '하나님의 생명' 즉 '영원한 생명'을 의미한다. 하나님 아버지의 나타남인 아들이 오신 것은 양들에게 'ζωή'(조에)를 얻게 하고, 더 나아가 '풍성히 얻게 하심'이다. 사도 요한이 본 보좌에 앉으신 이의 모양이 '벽옥과 같고 녹보석'이었던 것은 '생명의 풍성함'의 근원이라는 것을 계시한다.

## 3. 홍보석과 같다

　하나님의 모양에 대한 또 다른 방면은 "홍보석 같다"이다. 노파심에 말하거니와 "하나님은 홍보석이다"라고 생각한다면 크나 큰 오해이다. '홍보석 같다'라는 것은 홍보석의 속성을 통해서 하나님의 보이는 않는 성품을 계시한다. 홍보석은 KJV에서 'sardine stone'으로 번역되고, 보통 '루비'(Ruby)로 불린다. 보석 중에 에메랄드와 루비는 대표적인 보석이다. 에메랄드는 '녹색 보석'을, 루비는 '붉은 보석'을 대표한다.

　하나님께서 요한에게 보좌에 앉으신 하나님의 모양을 '홍보석'으로 계시하신 이유는 무엇인가? 홍보석은 '붉은 빛 나는 귀한 보석'으로서 하나님의 속성을 나타내기 때문이다. 믿음을 가진 사람이라면 반드시 아는 성경 구절이 요한복음 3:16이다. 성경은 "하나님이 세상을 이처럼 사랑하사 독생자를 주셨으니 이는 그를 믿는 자마다 멸망하지 않고 영생을 얻게 하려 하심이라"고 말씀한다. '독생자를 주셨다'는 것은 '십자가에 죽으셨다'는 것을 의미한다. "피 흘림이 없은 즉 사함이 없다"라는 것은 하나님의 공의의 원칙이다. 우리 죄를 대신하여 십자가에 죽으신 예수님이 '피와 물'을 흘리셨다. '피'는 우리의 죄를 대속하시는 방면이며, '물'은 두 번째 방면으로 '영원한 생명'을 의미한다.

　약 4,000년 전, 첫 번째 유월절 때 이스라엘 백성들은 흠 없는 어린 양을 잡아 '그 피'를 자신의 집의 '문설주과 인방'에 발랐다. 문설주는 '세로'로 놓인 기둥을 가리키며, '인방'은 '가로'로 놓인 구조물이다. 왜 어린양의 피를 문에 바르라고 하지 않고, 문설주와 인방에 바를 것을 명령했는가? 이것은 비슷한 것 같지만 큰 차이가 있다. 문설주와 인방은 모두 '나무'로 만들어진 것으로, 십자가에 달리신 예수님의 사역을 예표한다. 성경은 "나무에 달린 자마다 저주를 받은 자"라고 말한다.

　이스라엘 백성들이 '마라'에 이르렀을 때 '쓴 물'로 인하여 원망했다. '마라'란 '쓰다'는 뜻이다. 룻기에서 룻의 시어머니 나오미(희락의 의미)가 베들레헴 사람들에게 "나오미(희락)라 하지 말고 '마라' 즉 '쓰다'라고 말하라"(룻 1:20)고 고백한 것도 같은 맥락이다. 하나님을 떠난 인생은 '마라' 즉 '쓴 물의 인생'일 수밖에 없다. 여호와께서는 마라의 쓴 물에 '나뭇가지'를 던져넣을 것을 명령하셨다. 놀랍게도 쓴 물이 달게 되었다. 우리가 알다시피 '나뭇가지'는 '나무' 즉 '십자가에 죽으신 예수 그리스도의 십자가'를 의미한다.

십자가는 두 방면이 있다. 첫째는 유월절의 '문설주'로 예표된 방면이다. '세로'로 놓여진 것은 '수직적(vertical)인 관계'로 '하나님과 인간과의 관계'에 '그리스도의 화목케 하는 피'가 필요하다는 것을 의미한다. 십자가의 또 다른 방면은 '인방'이다. 이것은 '수평적인(horizontal) 방면'으로 '인간과 인간과의 관계'를 의미하고, 인간 관계가 화목하게 되기 위해서 '죄 없으신 어린 양 되시는 그리스도의 피' 즉 '대속의 피'가 있어야 한다는 것을 의미한다.


## 4. 기생 라합과 붉은 줄

가나안의 첫 성인 여리고성을 정탐할 때 기생 라합은 목숨을 걸고 정탐꾼을 숨기고 보호했다. 그에게 어떤 약속이 주어진 것을 상기해 보라. 여호수아 2:18~19은 그때의 상황을 말씀한다.

> 우리가 이 땅에 들어올 때에 우리를 달아 내린 창문에 이 **붉은 줄**(this line of scarlet thread)을 매고 네 부모와 형제와 네 아버지의 가족을 다 네 집에 모으라 누구든지 네 집 문을 나가서 거리로 가면 그의 피가 그의 머리로 돌아갈 것이요 우리는 허물이 없으리라 그러나 누구든지 너와 함께 집에 있는 자에게 손을 대면 그의 피는 우리의 머리로 돌아오려니와(수 2:18~19)

기생 라합은 그의 집 창문에 '붉은 줄'(this line of scarlet thread)을 달 것을 약속받았다. 성경은 "라합이 이르되 너희의 말대로 할 것이라 하고 그들을 보내어 가게 하고 붉은 줄을 창문에 매니라"(수 2:21)고 말씀한다. 그 결과 라합과 그의 가족들은 모두 구원을 받았다.

나다나엘 호손의 대표작 중 '주홍 글씨'(The Scarlet Letter)라는 소설이 있다. 간통한 헤스터 프린의 가슴에 'A'라는 '주홍 글씨'가 붙여진다. 'A'는 'Ace'의 'A'가 아니라 '간통'을 의미하는 'Adultery'의 'A'이다. 'A'라는 글씨는 의미도 '죄'를 의미했고 '주홍'이라는 색깔도 죄를 의미했다. 왜냐하면, 'A'라는 글자가 '주홍 글씨'(The Scarlet Letter)로 새겨져 있기 때문이다. 따라서 '주홍 글씨'는 '죄인'이라는 수치의 표시였다.

기생 라합의 창문에 단 '붉은 줄'(the scarlet line)은 '구원의 표시'였다. 양자는 같은 색깔이라도 그 의미가 다르다. 어떤 이유에서 두 정탐꾼은 라합에게 '푸른 줄'이나 '검은 줄'을 매달라고 하지 않고, '붉은 줄'을 매달라고 했는가? 이 모든 것들은 하나님의 구원의 역사 안에 있기 때문에 그 의미를 찾을 수 있다. '붉은 줄'은 예수 그리스도의 십자가의 보혈을 상징한다. 예수님은 유대인들에게 '모세의 글과 선지자의 글'이 '예수 그리스도'에 대한 것이라고 말씀하셨다. 이 원칙은 모든 성경에 적용된다.

신구약 성경의 목적과 흐름 안에서 보좌에 앉으신 이의 모양이 '홍보석 같다'는 의미는 '구속하시는 하나님'임을 계시한다. 하나님은 창조주 하나님이시며 생명의 근원이 되시는 하나님이실 뿐만 아니라 '구속의 하나님'이시다. 아담의 자손들은 죄로 말미암아 타락했고, 모든 사람이 죄를 범해서 하나님의 영광에 이르지 못했기 때문에 하나님은 우리를 구속하시는 분이시다. 할렐루야!

## 5. 보좌에 둘린 무지개

보좌에 앉으신 이를 본 후 보좌에 둘린 무지개를 보았다. 성경은 66권으로 구성되고 기본 원칙이 있는데, 네 다섯 부분으로 나눌 수 있다. 이것을 나무로 비유하면, 나무의 가지에 열매가 열리고, 가지는 나무 줄기에 붙어 있고, 그 줄기는 뿌리에서 나온다. 즉 모든 나무들마다 '뿌리-줄기-가지-열매'가 있다. 성경도 '뿌리-줄기-가지-열매'에 해당하는 부분이 있다. 뿌리에 해당하는 책이 '모세 오경'이다. 구약의 줄기가 있고, 신약의 줄기가 있다. 이 줄기는 선지자의 글과 시편과 사복음서와 사도행전 그리고 서신서들을 포함한다. 그리고 열매에 해당하는 책이 계시록이다. 글에도 기승전결이 있는 것처럼 성경 전체는 이런 구속사의 점진적 성취를 보여준다. 따라서 무지개가 계시록에 있다는 것은 그 뿌리가 성경의 모판인 모세 오경에 있다는 것을 의미한다. 모세 오경은 '무지개'가 어떤 종류의 것인지를 보여준다. 하나님께서 패역하고 부패한 호흡이 있는 모든 것들을 심판하신 후 방주에 탄 노아의 가족과 동물들로 새로운 시작을 하게 하셨다. 창세기 9:11~16은 다음과 같이 말씀한다.

> 내가 너희와 언약(my covenant)을 세우리니 다시는 모든 생물을 홍수로 멸하지 아니할 것이라 ··· 내가 내 무지개(my bow)를 구름 속에(in the cloud) 두었나니 이것이 나와 세상 사이의 언약의 증거니라(a token of a covenant) 내가 구름으로 땅을 덮을 때에 무지개가 구름 속에 나타나면 ··· 무지개가 구름 사이에 있으리니 내가 보고 나 하나님과 모든 육체를 가진 땅의 모든 생물 사이의 영원한 언약을 기억하리라 (창 9:11~16)

홍수 심판 후에 하나님께서는 노아(모든 피조물의 대표자)와 언약을 맺으셨다. 무지개는 다시는 물로 심판하지 않으시겠다는 언약의 징표였다. 무지개가 하나님의 보좌 주위에 둘러있다는 것은 어떤 의미인가? 하나님께서 이 세상을 심판하실 때에라도 노아와의 언약을 잊지 않으셔서 진멸치 않으시고 남겨 두실 것을 의미한다. 노아의 언약은 약 5,000년 전의 일로 세월이 흘렀어도 사도 요한에게 '무지개 언약'을 잊지 않으셨음을 상기시킨다. 이것은 '은혜의 시대'가 지나고 '심판의 시기'가 와서 세상을 공의로 심판을 행하실 때에라도 그 말씀하신 것을 잊지 않으시고 신실하게 지키실 것을 가리킨다.

## Chapter 22 ·
# 이십사 보좌와 이십사 장로들(4:1~4, 11~12)

하늘이 열리며 두 번째 본 광경은 이십사 보좌들과 그 보좌에 앉아 있는 이십사 장로들이다. 이들이 누구인가를 아는 것이 첫 번째 관건이다. 오늘날 대다수의 학자들이 갖고 있는 무천년설의 대표적인 견해를 소개한다.

## 1. 교회의 대표라는 견해

### 1) 그레고리 K. 비일의 견해

무천년설을 대표하는 학자 중의 한 사람인 그레고리 K. 비일은 『NIGTC 요한계시록』(새물결플러스, P.547)에서 그의 견해를 말한다.

> 구약과 신약을 집단적으로 대표하는 천사들: 하지만 우리가 1~3장에서 '천사들'을 공동체를 대표하는 자로 이해한 것에 비춰볼 때, 장로들은 신구약 성도들의 천사적 대표자일 가능성이 상당히 많다. 특히 숫자 24는 이스라엘의 열 두 지파와 열두 사도들을 합한 수를 나타내거나 그렇게 한 결과일 것이다.(그레고리 K. 비일, 『NIGTC 요한계시록』,새물결플러스, P.547)

### 2) 이필찬 박사의 견해

이필찬 박사는『요한계시록 어떻게 읽을 것인가』(성서유니온, p.66~67)에서 이십사 장로들에 대한 견해를 밝혔다.

하나님의 보좌와 이십사 장로들의 보좌가 동일하다는 것은 이기는 자에게 주시는 약속의 선물이기 때문이다(3:21). 여기서 '이십사'란 구약의 열두 지파에 의해 대표되는 약속으로 구약의 백성과 신약의 열두 사도에 의해 대표되는 신약 백성을 가리키는 것으로 이해할 수 있다. '이십사 장로'는 제사장적 기능을 가지고 있는 하나님의 백성들의 전체 모임을 나타내는 '인간의 무리'라는 것을 입증해 준다.(이 필찬, 『요한계시록 어떻게 읽을 것인가』, 성서유니온, p.66~67)

사실 이런 견해는 새로운 것이 아니다. 로마 가톨릭의 기초를 놓은 어거스틴 이후 종교개혁자들도 동일하며, 오늘날 대다수 신학자들이 이 견해를 취한다. 대부분의 목회자들이 무천년설 신학의 관점으로 배웠기 때문에 이십사 장로들을 '교회의 대표'로 해석한다. 이런 관념의 뿌리에는 '이십사 장로들'이 '장로'이기 때문에 '교회의 장로들'과 동일하다는 인식이 깔려있다. 이것은 성경과 일치하지 않는다.


## 2. 이십사 장로들이 교회를 대표한다는 관념이 가져오는 부수적인 사항들

하늘이 열리며 이십사 보좌에 이십사 장로들이 앉아 있고, 그들이 '교회의 대표자'라는 해석은 교회가 계시록 4장 시점에서 '하늘에 있다' 즉 '휴거 되었다'라는 결론에 이르렀다. 이것은 휴거의 본질을 훼손할 뿐만 아니라 신앙생활의 모든 당위성들을 단 칼에 없앤다. 그리고 "구원받은 자는 모두 어떻든지 하나님의 은혜로 휴거된다"라는 잘못된 관념을 고착화 시키는데 일조했다.

이런 관념을 뒷받침하는 또 다른 근거(잘못된)는 계시록 2~3장에는 일곱 교회가 있는데, 4장 이후로 '교회가 없다'는 것을 교회가 휴거되었다고 간주하기 때문이다. 이런 관념은 성경을 매우 단편적으로 본 것이다. 그래서 성경을 QST해야 한다. 성경신학(Biblical theology)이 모든 신학의 기초가 되어야 하는 것도 그 때문이다. 계시록의 전체적인 흐름에서 이십사 장로들이 어떤 존재인지를 규명한 후에, 작은 부분 즉 이십사 장로들이 가진 '거문고와 향이 가득한 금 대접'과 '그들이 입고 있는 흰 옷'이 무엇인지 QST할 것이다.

## 3. 이십사 장로들의 첫 번째 찬양을 통한 교회와의 구별

계시록 4:9~10은 이십사 장로들의 찬양으로 그들이 어떤 존재라는 것이 나타난다.

> 이십사 장로들이 보좌에 앉으신 이 앞에 엎드려 세세토록 살아 계시는 이에게 경배하고 자기의 관을 보좌 앞에 드리며 이르되 우리 주 하나님이여 영광과 존귀와 권능을 받으시는 것이 합당하오니 주께서 만물을 지으신지라 만물이 주의 뜻대로 있었고 또 지으심을 받았나이다 하더라(계 4:9,10)

계시록 5:8~10에는 이십사 장로들의 두 번째 찬양이 기록된다. 9절의 '그들이'는 새 노래를 부르는 자들로서 이십사 장로들과 네 생물을 가리킨다. 이 두 무리가 어린 양을 찬양했다. 그들 찬양에 나타난 '사람들'과 '그들이'와 '그들로'는 누구를 가리키는 지를 주목하자. 이십사 장로들의 찬양에 '교회'가 언급되기 때문에 양자의 관계를 알 수 있다.

> 그 두루마리를 취하시매 네 생물과 이십사 장로들이 그 어린 양 앞에 엎드려 각각 거문고와 향이 가득한 금 대접을 가졌으니 이 향은 성도의 기도들이라 그들이 새 노래를 불러 이르되 두루마리를 가지시고 그 인봉을 떼기에 합당하시도다 일찍이 죽임을 당하사 각 족속과 방언과 백성과 나라 가운데에서 사람들을 피로 사서 하나님께 드리시고 그들로 우리 하나님 앞에서 나라와 제사장들을 삼으셨으니 그들이 땅에서 왕 노릇 하리로다 하더라(계 5:8~10)

### 1) 성도들의 기도를 담은 금대접을 가진 이십사 장로들

이십사 장로들이 거문고와 향이 가득한 '금대접'을 가졌고, 이것은 '성도들의 기도들'이라고 말한다. 무천년설의 주장대로 이십사 장로들을 '교회의 대표'라고 가정해 보자. '성도들의 기도들'은 교회의 기도인데 기도하는 자도 교회이고, '금 대접' 담아 하나님께 드리는 자도 '교회'라는 모순에 빠진다. 이것을 예수님께서 죄인들을 구원하신 것에 적용하면 왜 모순인지를 확실히 알 수 있다. 예수님은 구원자이고 우리들은 죄인이다. 죄인인 사람은 구원자가 될 수 없기 때문에 '구원자'(예수)가 필요하다. 죄인인 사람이 죄인을 구원하는 구원자가 될 수 없는 것처럼, 기도를 하는 자와 기도를 금대접에 담아 드리는 자는 동일한 자가 될 수 없다. 이것은 이십사 장로들이 '교회의 대표'가 아니라는 반증이다.

## 2) 각 사람을 피로 산 사람들은 누구인가?

이십사 장로들은 "각 족속과 방언과 백성과 나라 가운데에서 사람들을 피로 사서 하나님께 드리시고"라고 노래한다. '피로 사신 사람들'은 1인칭인가? 3인칭인가? 만일 1인칭이라면, 노래하는 자신 '이십사 장로들'을 가리키고, 3인칭이라면 '노래하는 자들'이 '다른 자'들을 가리킨다. 노래하는 이십사 장로들이 호칭한 '피로 사신 사람들'이란 의심바 없이 3인칭(제3자)이다. 이것은 '작은 것' 같지만 매우 중요하다. 왜냐하면, 노래하는 자들인 이십사 장로들과 '피로 사신 바 된 사람들 즉 교회'의 관계를 설명하기 때문이다.

만일 이십사 장로들이 교회의 대표라면, '피로 사신 사람들'을 3인칭(그들이, 그들로)으로 말할 수 없다. 이십사 장로들이 교회의 대표라면 "각 족속과 방언과 백성과 나라 가운데에서 '우리들을' 피로 사서 하나님께 드리시고"라고 불러야 한다. 이런 사실들은 네 생물이 교회가 아닌 것처럼, 이십사 장로들이 '구속함을 받은 교회'가 아니라는 반증이다.

## 3) 나라와 제사장으로 삼은 자들은 누구인가?

이십사 장로들은 "그들로 우리 하나님 앞에서 나라와 제사장들을 삼으셨으니"라고 노래했다. '그들로'는 누구를 가리키는가? 앞서 언급한 '피로 사신 사람들'이다. 그들을 구속하신 목적이 하나님 앞에서 나라(kingdom)와 제사장을 삼으시기 위한 것을 가리킨다. 성경은 구원받은 성도들을 '왕 같은 제사장'이라고 부른다. 베드로전서 2:9은 "그러나 너희는 택하신 족속이요 왕 같은 제사장들이요 거룩한 나라요 그의 소유가 된 백성이니 이는 너희를 어두운 데서 불러 내어 그의 기이한 빛에 들어가게 하신 이의 아름다운 덕을 선포하게 하려 하심이라"고 말씀한다. '왕 같은 제사장'(a royal priesthood)이란 것은 놀라운 호칭이다. 왕이면서 제사장이라는 의미이기 때문이다. 하나님이 우리들을 구속하신 목적은 단지 죄에서 구원하시는 것만이 아니라 '왕국(kingdom)'과 '제사장'으로 삼으시기 위한 것이다. 이것을 네 생물과 이십사 장로들이 기뻐하며 찬양했다. 그러므로 이런 노래를 하는 이십사 장로들은 '교회의 대표'가 아니라는 것을 보게 된다. 이십사 장로들이 왕국과 제사장으로 삼는 자들을 '그들로'라고 부른 것은 자신들이 아니라 '제3자'였기 때문이다. '그들'은 '피로 사신 자들'로서 이십사 장로들이 아니라 교회를 가리킨다.

### 4) 땅에서 왕 노릇 할 자

이십사 장로들은 "그들이 땅에서 왕 노릇 하리로다 하더라"고 노래했다. 왕 노릇 하는 '그들은' 누구인가? 만일 이십사 장로들이 '그들 자신을' 가리켰다면 "우리들로 땅에서 왕 노릇 하리로다"라고 노래했어야 했다. 그러나 이십사 장로들은 '우리들'이 아니라 '그들이' 땅에서 왕 노릇 할 것을 말했다. 이들은 모두 앞서 언급한 '피로 사신 사람들', '하나님 앞에서 왕국과 제사장으로 삼으신 사람들'로서 모두 '교회'를 가리킨다.

참고로 KJV은 "And has made us unto our God kings and priests: and we shall reign on the earth"으로 개역개정과 다르게 번역됐다. 개역개정의 '그들로' '그들이'가 KJV에서는 'us'와 'we'로 각각 번역됐다. 즉 다시 말하면, 개역개정은 '3인칭'이고, KJV는 '1인칭'으로 번역됐다. 이것은 역본의 차이 때문이다. 따라서 사본을 분별할 수 있어야 한다.(개역개정의 번역이 맞다. 이 부분은 사본상의 문제를 볼 수 있어야 한다)

이 문제를 해결하는 시금석은 "성경의 전체 문맥과 어느 것이 일치하는가?"라는 것이다. 즉 성경에서 "왕과 제사장으로 삼으실 자들이 천사들인가? 아니면 피로 사신 자들(교회)인가?"라는 것을 적용해야 한다. 천사들과 교회의 본질과 장래를 비교하면 확실해진다. 이십사 장로들이 왕 노릇 하는 것은 '일시적'이다. 하나님은 결코 '영원 안에서' '천사들의 대표들'을 왕으로 세우실 의도가 없다.

이십사 장로들은 하나님께서 "피로 사신 교회"가 "땅에서 왕 노릇 한다"라는 것을 기뻐하고 찬양했다. 이십사 장로들이 '피로 사신 자'(교회)를 제3자로 부르며 "그들이 땅에서 왕 노릇 하리로다 하더라"고 노래하는 것은 이십사 장로들이 교회가 아니라는 증거이다. 네 생물과 이십사 장로들의 찬양에 나타난 '호칭'과 인칭 관계 그리고 누구를 가리키는 것인지를 나타낸 표를 보면, 이십사 장로들이 교회가 아니라는 것을 '한 눈에' 알 수 있다.

| 노래하는 자 | 호칭 | 인칭 관계 | 누구인가 |
|---|---|---|---|
| 요한의 설명 | 그들이(9) | 제3자 | 네 생물 이십사 장로 |
| 네 생물 이십사 장로들 | 사람들을(9) | 제3자 | 피로 산 교회 |
| | 그들로(10) | 제3자 | 제사장인 교회 |
| | 그들이(10) | 제3자 | 왕인 교회 |

## 4. 14만 4천명의 찬양에 나타난 교회와 이십사 장로들의 구별

계시록 14장에는 처음 익은 열매인 14만 4천의 찬양이 있다. 이것을 통해서 교회와 이십사 장로들이 상당한 차이가 있음을 발견한다. 계시록 14:1~4을 보자.

> 또 내가 보니 보라 어린 양이 시온 산에 섰고 그와 함께 십사만 사천이 서 있는데 그들의 이마에는 어린 양의 이름과 그 아버지의 이름을 쓴 것이 있더라 내가 하늘에서 나는 소리를 들으니 많은 물 소리와도 같고 큰 우렛소리와도 같은데 내가 들은 소리는 거문고 타는 자들이 그 거문고를 타는 것 같더라 그들이 보좌 앞과 네 생물과 장로들 앞에서 새 노래를 부르니 땅에서 속량함을 받은 십사만 사천 밖에는 능히 이 노래를 배울 자가 없더라(계 14:1~4)

어린 양은 우리의 죄를 구속하신 예수님을 가리킨다. 어린 양은 십자가 위에 계시지 않고 하나님 보좌 우편에 앉아 계시며, 계시록 14장에는 시온 산에 서 있다. 이 시온은 유대 땅의 '시온 산'이 아니라, 하늘에 있는 '시온 산'을 가리킨다. 그 어린 양과 함께 14만 4천이 서 있다. 어떻게 이들이 하늘의 시온에 있을 수 있는가? 이것은 그들이 휴거 되었음을 가리킨다. 그래서 14만 4천은 '땅에서 속량함을 받았다'라고 언급한다. 성경은 어디에서도 계시록 14장의 14만 4천을 '이십사 장로들'이나 '천사들의 대표'라고 말하지 않는다. 이들에 대한 것은 14장에서 상세히 다룰 것이다.

이들은 '교회 중 첫 열매 휴거자'로서 새 노래를 부른다. 성경은 그들이 누구 앞에서 부른다고 말씀하는가? 첫째 '보좌 앞에서, 둘째 네 생물과 이십사 장로들 앞이다. 이것은 양자의 관계를 보여주는데, 교회와 이십사 장로들이 서로 다른 존재라는 것을 의미한다. 만일 무천년설의 관념대로 '이십사 장로들'을 '교회의 대표'라고 고집한다면 어떤 문제가 발생하는가? '이십사 장로들'도 '교회의 대표'이고, 그들 앞에서 노래를 부르는 '14만 4천'도 '교회'라는 모순이 발생한다. 교회가 교회 앞에서 노래를 부른다는 상황이 연출된다. 이 땅에서도 하늘에서도 그런 일은 있을 수 없다. 그러므로 이십사 장로들이 '교회의 대표'라는 것은 성경의 문맥을 고려하지 않은 견해이다.(필자 주: 무천년설은 로마 가톨릭 신학의 산물이다. 세상에 선한 것이 없는 것처럼, 로마 가톨릭 안에 선한 것은 없다)

14만 4천은 땅에서 속량함을 받은 성도들 가운데 첫 열매로 휴거된 자들이다. 이들은 이십사 장로들과 완전히 구별된다. 구리가 빛난다고 해서 금이 아닌 것처럼, 이십사 장로들은 영광스럽지만 '교회의 대표'가 아니다. 교회는 정금보다 더 귀한 믿음으로 구원받은 자이다. 천사들은 영광스럽고 놀라울지라도 교회같이 '정금보다 귀한 믿음'이 없다. 또한 어린 양의 피로 사신 바 되지 않았다. 이십사 장로들에게는 '구속'이 없고, 단지 창조되었다. 14만 4천의 '속량받은 성도 중 휴거자'로서 하나님 보좌 앞과 교회와 네 생물과 이십사 장로들 앞에서 새 노래를 부른다. 이들은 교회가 네 생물과 구별되는 것처럼, 이십사 장로들과도 구별된다. 이십사 장로들은 새 노래를 부르는 처음 익은 열매가 아니기 때문에 교회의 대표가 될 수가 없다. 이십사 장로들이 교회의 대표가 되기 위해서는 '적어도' 교회의 일원이어야 한다. 교회의 일원이 아닌 자가 교회의 대표가 되는 것은 불가능하다. 교회는 교회이고, 이십사 장로들은 이십사 장로들이다.

## 1) 이십사 보좌에 앉아 있는 이십사 장로들

이십사 장로들은 하나님의 보좌 주위에 있는데, '장의자'에 앉아 있지 않고 이십사 보좌에 앉아 있다. 4장은 먼저 하늘에 보좌가 있고 보좌에 앉으신(a throne was set in heaven) 하나님을 계시한다. 하나님이 앉으신 보좌는 'θρόνος'(드로노스)로서 영어로 음역한 것이 'throne'이다. 이십사 장로들이 앉는 이십사 보좌는 어떤 보좌인가? 하나님이 앉으신 보좌와 동일한 'θρόνος'(드로노스)이다. 이 보좌에 앉게 하신 분은 하나님이기 때문에 하나님께서 그들에게 '다스리는 권세', '왕의 권세'를 주셨다는 것을 의미한다. 그들의 머리에 '금관'(στεφάνους χρυσοῦς 스텝파누스 클루수스, 금 면류관)을 썼다는 것은 왕의 권세, 다스리는 권세를 주셨다는 것을 의미한다.

사도행전의 첫 번째 순교자인 스데반은 '면류관'을 의미하는 'Στέφανος 스테파노스'라는 것은 의미가 있다. 이십사 장로들이 '보좌'에 앉고 또한 '금 면류관'을 쓰고 있다는 것은 그들을 왕으로 세우셨다는 것을 가리킨다. 히브리서 2:5~8은 그리스도를 천사와 비교하여 언급한다.

> 하나님이 우리가 말하는 바 장차 올 세상을 천사들에게 복종하게 하심이 아니니라 그러나 누구인가가 어디에서 증언하여 이르되 사람이 무엇이기에 주께서 그를 생각하시며 인자가 무엇이기에 주께서 그를 돌보시나이까 그를 잠시 동안 천사보다 못하게 하시며 영광과 존귀로 관을 씌우시며 만물을 그 발 아래에 복종하게 하셨느니라(히 2:5~8)

'복종케 한다'는 단어는 '다스리게 한다', '통치하게 한다'는 의미로 '왕권을 주셨다'는 뜻이다. 하나님은 '장차 올 세상'을 천사들에게 복종케 하시지 않는다. '장차 올 세상'은 재림 후에 있을 '왕권'을 의미한다. 따라서 '현재'는 '천사들이 다스린다'는 것을 의미하고, 장차 올 세상에서 그것을 '변경하신다'라는 것을 가리킨다. 사도 요한 당시 계시록 4장에서 이십사 보좌에 '이십사 장로들'이 앉아 있어 하나님께서 위임하신 왕권으로 다스리고 있었다. 따라서 이십사 장로들은 하나님께 왕권을 위임받기 때문에 '이십사 보좌들'에 앉았고 또한 머리에는 '금 면류관'을 쓰고 있다.

하나님께서 '피로 사신 사람들'로 하여금 '땅에서 왕 노릇' 할 것을 계획하셨고, 이십사 장로들도 그 사실을 잘 알고 있었다. 이십사 장로들은 그들의 노래를 통하여 '장차' 교회(피로 사신 사람들)가 왕 노릇 할 것을 노래했다. 이것을 노래할 때는 계시록 5장 하늘이 열릴 때인 그리스도의 승천 이후이고, 그것이 성취되는 때는 계시록 19장인 어린양의 혼인 잔치 때이다.

## 2) 천사의 대표가 장로로 불리는 이유

보편적으로 이십사 장로들이 '장로'(elders)라고 불리기 때문에 '교회의 장로'로 단정한다. 이런 관념의 밑바닥에는 '교회의 장로.'만 알기 때문이다. 일례로 세계 모든 족속들마다 장로들이 있다. 이스라엘의 열두 지파에도 장로가 있는 것과 같이, 아프리카 각 부족에도 '장로들'이 있고, 남아메리카의 원주민에도 있고, 인도네시아의 많은 섬의 각 족속들에게도 '장로들'(elders)이 있다.

성경에는 세 종류의 장로(elders)가 있다. 구약에서 이스라엘의 각 지파에 장로들이 있고, 신약의 교회마다 장로들이 있다. 마지막으로 천사들 가운데 장로들이 있다. 천사들 가운데 장로가 있다는 것을 알지 못하기 때문에, 어거스틴으로부터 이십사 장로들을 '교회의 장로들'로 간주했다. 피조물 가운데 자유의지를 가진 존재는 '천사'와 '사람'이다. 천지를 창조할 때, 가장 먼저 천사들을 창조하셨다. 욥기에는 천지 창조와 천사들의 관계를 보여준다. 욥기 38:4~7을 보자.

> 내가 땅의 기초를 놓을 때에 네가 어디 있었느냐 네가 깨달아 알았거든 말할지니라 누가 그것의 도량법을 정하였는지, 누가 그 줄을 그것의 위에 띄웠는지 네가아느냐 그것의 주추는 무엇 위에 세웠으며 그 모퉁잇돌을 누가 놓았느냐 그 때에새벽 별들이(the morning stars) 기뻐 노래하며 하나님의 아들들이(the sons of God) 다기뻐 소리를 질렀느니라(욥 38:4~7)

'땅의 기초를 놓을 때'와 '주추'와 '모퉁이돌'은 모두 천지 창조의 때를 가리킨다. 창조의 때에 '새벽 별들'이 노래하고 하나님의 아들들이 다 기뻐 소리를 질렀다. '새벽 별들'과 '하나님의 아들들'은 '천사들'을 가리킨다. 이들이 땅의 기초를 놓을 때 기뻐 노래했다는 것은 천지 창조 전에 '이미'(혹은 가장 먼저) 천사들을 창조하셨다는 것을 가리킨다. 천사들을 천지 창조 전에 창조하지 않았다면, 천사들이 땅의 기초를 놓는 것을 보고 찬양한다는 것은 있을 수 없기 때문이다. 사실 모든 피조물 가운데 천사들이 먼저 창조되었기 때문에 '피조물 가운데 장로'라고 할 수 있다. 장로(長老, elders)란 '나이가 많고 지혜와 경험이 있는 자'를 가리킨다. 장로라고 할 때 '교회의 장로'만을 생각하는 것은 성경에 대한 결핍과 계시록에 대한 이해가 부족하기 때문이다.

### 3) 흰 옷을 입은 이십사 장로들

무천년설자들이 이십사 장로들을 장로로 간주하는 두 번째 이유는 '흰 옷'을 입었기 때문이다. '흰 옷'은 교회만이 입는다는 관념을 갖고 있다. 예를 들면, 사데 교회의 이기는 자들에게 '흰 옷을 입게 하실 것'을 약속했다. 일부를 전부로 오해한 경우가 여기서도 일어난다. 만일 그렇다면, 과거 미국에서 인종 차별주의자들인 'KKK 단원'들이 '흰 두건과 흰 두루마리를 뒤집어쓰고 참혹한 짓을 저질렀는데 이들이 '흰 옷'을 입었다고 해서 '성도들'이라고 할 수 없는 것과 같다.

신약 성경에서 천사들이 땅으로 보냄을 입었을 때 흰 옷을 입고 나타났다. 마태복음 28장에서 "큰 지진이 나며 주의 천사가 하늘로부터 내려와 돌을 굴려 내고 그 위에 앉았는데 그 형상이 번개 같고 그 옷은 눈 같이 희거늘"(마 28:2~3)이라고 말한다. 누가복음에도 부활 후 '찬란한 옷'을 입은 두 사람을 볼 수 있다. 성경은 "안식 후 첫날 새벽에 이 여자들이 그 준비한 향품을 가지고 무덤에 가서 돌이 무덤에서 굴려 옮겨진 것을 보고 들어가니 주 예수의 시체가 보이지 아니하더라 이로 인하여 근심할 때에 문득 찬란한 옷을 입은 두 사람이(two men) 곁에 섰는지라"고 말한다.

'찬란한 옷'은 'in shining garments'의 뜻으로 "흰 옷을 입었는데 찬란했다"라는 의미이다. 이십사 장로들이 흰 옷을 입었기 때문에 '교회의 대표'라고 한다면, 동일한 잣대로 두 천사가 '찬란한 흰 옷'을 입었으니 '교회(신자)'라고 해도 될 것이다. 개역개정은 '두 사람'으로 번역했는데, 원문은 'ἄνδρες δύο'(안드레스 뒤오)이다. 'ἄνδρες'(안드레스)는 "남자, 사람"이라는 의미를 가진 'ἄνδρε'(안드레)의 복수형이다. 그런 까닭으로 KJV은 'two men'으로 번역했다. 찬란한 옷을 입은 두 사람은 '두 남자'(two men)이기 때문에 '신자'라고 간주하는 것은 성급한 생각이다. 사실 누가복음에서 직접적으로 '천사'라고 하지 않을지라도, 마태복음을 비롯한 다른 복음서를 통해서 '두 남자'가 '천사'라는 것을 안다. 이런 의문을 제기하는 것은 '흰 옷'을 입었다고 '교회의 대표'라고 간주하는 것은 단순한 견해라는 것을 지적하기 위함이다. 대제사장이신 그리스도도 흰 옷을 입고 있고, 교회 가운데 흰 옷을 입은 자도 있고, 천사들도 '흰 옷'을 입고 있다.

### (1) 순교자들의 신원

계시록 6장에는 순교자들의 부르짖는 신원이 나온다.

> 다섯째 인을 떼실 때에 내가 보니 하나님의 말씀과 그들이 가진 증거로 말미암아 죽임을 당한 영혼들이 제단 아래에 있어 큰 소리로 불러 이르되 거룩하고 참되신 대주재여 땅에 거하는 자들을 심판하여 우리 피를 갚아 주지 아니하시기를 어느 때까지 하시려 하나이까(계 6:9~10)

순교자들의 신원에 대하여 "각각 그들에게 흰 두루마기를 주시며 이르시되 아직 잠시 동안 쉬되 그들의 동무 종들과 형제들도 자기처럼 죽임을 당하여 그 수가 차기까지 하라 하시더라"(11)고 말씀한다. '흰 두루마기'(white robes)를 주신 것은 어떤 의미인가? '희다'는 것은 '순결하다', '의롭다', '승리했다'는 의미이다. 흰 옷을 입은 자라고 해서 모두 순교자가 아닌 것처럼 그 입은 자들이 다를 수 있다. 사데 교회에도 그 옷을 더럽히지 아니한 자 몇 명의 이기는 자는 흰 옷을 입을 것을 말씀했다.(계 3:4,5) 흰 옷을 입는 대상을 다섯 가지 경우로 예상할 수 있다. 아마도 네, 다섯 번째에 해당할 것이다.

첫째, All~모든(100%) 모든 신자들이 흰 옷을 입는다.

둘째, Almost~거의 대부분의 신자들이 흰 옷을 입는다.

셋째, Many~많은 신자들이 흰 옷을 입는다.

넷째, A few~(약한 긍정) '매우 적은 자'가 흰 옷을 입는다.

다섯째, Few~(강한 부정) 흰 옷을 입은 신자가 '거의 없다.'

## (2) 천사들의 창조와 타락

이십사 장로들은 천사 가운데 가장 먼저 창조되었다. 그 가운데 하나님의 보좌에 자신의 보좌를 높이며 하나님과 같이 되리라고 했던 루시퍼의 타락과 그와 함께 천사의 1/3이 타락했다.(사 14장, 겔 28장) 에스겔 28:11~15에 나타난 루시퍼의 타락을 보자.

> 주 여호와의 말씀에 너는 완전한 도장이었고 지혜가 충족하며 온전히 아름다웠
> 도다 네가 옛적에 하나님의 동산 에덴에 있어서 각종 보석 곧 … 황금으로 단장하
> 였음이여 네가 지음을 받던 날에 너를 위하여 소고와 비파가 준비되었도다 너는
> 기름 부음을 받고 지키는 그룹임이여 내가 너를 세우매 네가 하나님의 성산에 있
> 어서 불타는 돌들 사이에 왕래하였도다 네가 지음을 받던 날로부터 네 모든 길에
> 완전하더니 마침내 네게서 불의가 드러났도다(겔 28:11~15)

사탄이 타락하기 전에는 지혜가 충족하고 온전히 아름다웠으며 각종 보석과 황금으로 단장했고, 창조된 때에 '소고와 비파'가 준비되었다. 이것은 루시퍼가 하나님을 섬기는 제사장이었고 또한 왕이었음을 의미한다. 그는 하나님께 가장 감사해야 했지만 오히려 교만하여 하나님의 뭇별 위에 자신을 높이려 했고 타락했다. 이와 반면에, 이십사 장로들은 루시퍼의 타락에 가담하지 않았고, '천사의 위치(their own habitation)'와 '천사의 지위(their first estate)'(유 6)를 지켰다. 그래서 그들은 '흰 옷'을 입고 있다. 그것은 '죄가 없는 상태'임을 나타낸다. 우리가 알고 있는 유대인의 군장인 미가엘과 좋은 소식을 전하는 천사장 가브리엘은 루시퍼의 타락에 가담하지 않았고, 하나님께서 주신 '지위'와 '처소'를 지켰다. 천사장 미가엘의 의미는 "누가 하나님과 같으냐?"이다. 유다서에서 모세의 시체를 마귀가 탈취하려 할 때, 미가엘은 '주께서 너를 꾸짖기를 원한다'(유 9)라고 하며 마귀를 대적하고 하나님의 위해 싸웠다.

## 4) 보좌 앞의 일곱 등불

하나님의 보좌 앞에는 '일곱 등불'이 있다. 계시록 4:5은 "보좌 앞에 켠 등불 일곱이 있으니 이는 하나님의 일곱 영이라"(4:5b)고 말씀한다. 거론할 가치도 없지만 수많은 사람을 미혹하는 신천지의 주장을 살펴보자. 이만희 교주를 '보혜사 성령'으로 믿는 신천지(이단)는 "요한이 본 일곱 영은 하나님의 말씀을 대언하는 일곱 사자이다. 이들을 가리켜 일곱 등불을 켰다고 하시는데, 일곱 등불이라고 하는 이유는 어두운 세상을 비취는 등불과도 같은 하나님의 말씀으로 무지한 심령을 밝히기 때문이다"라고 주장한다. 소경이 코끼리를 만지듯이 '일곱 영'과 '일곱 등불'에 대한 십인십색의 해석이 있다.

어떤 이는 "보좌 앞의 일곱 영의 축복 : 모략, 능력, 주를 아는 지식, 경외의 영"이라고 주장한다. 모든 좋은 것을 다 갖다 놓았다. 스스로 선지자라 칭하는 사두 선다 셀바라지라는 일곱 영을 '부흥의 영'으로 해석했다. 이 또한 매우 좋아 보인다. "일곱 영의 축복은 무엇인가?"라는 것도 동일하다. 성령의 일곱 영을 받아야 들림 받는 14만 4천이 될 수 있다는 주장도 있다. 어떤 것은 "일곱 영-감사, 범사에 감사할 수 있다"라고 하며 일곱 영을 감사의 근거로 해석한다. 모두 좋은 것들이기에 보는 사람으로 하여금 버릴 것이 없다. 우리에게 중요한 것은 '듣기 좋은 말들'이 아니다. 계시록의 일곱 영이 의미하는 '순전한 의미'를 깨닫는 것이 중요하다.

계시록에 '일곱 영'은 네 번 언급된다. 첫째는 1:4에서 "이제도 계시고 전에도 계셨고 장차 오실 이와 그의 보좌 앞에 있는 일곱 영과 또 충성된 증인으로 죽은 자들 가운데서 먼저 나시고 땅의 임금들의 머리가 되신 예수 그리스도로 말미암아"라는 말씀이다. 첫 번째 언급된 분은 성부 하나님이시며, 세 번째는 예수 그리스도가 있으니 의심할 바 없이 성자 하나님이며, 둘째 언급된 보좌 앞의 '일곱 영'은 성령 하나님이시다. "왜, 성령님이 '일곱 영'으로 계시되었는가?"이다.

두 번째 언급된 곳은 계시록 3:1의 사데 교회의 사자에게 주신 말씀이다. "하나님의 일곱 영과 일곱 별을 가지신 이가 이르시되 내가 네 행위를 아노니 네가 살았다 하는 이름을 가졌으나 죽은 자로다"라고 말한다. 세 번째 언급된 곳은 계시록 4:5로서 지금의 본문이다. "보좌 앞에 켠 등불 일곱이 있으니 이는 하나님의 일곱 영이라"는 구절이다. 여기에 더해진 것은 '일곱 등불'이다. 네 번째 언급된 곳은 계시록 5:6로서 "내가 또 보니 보좌와 네 생물과 장로들 사이에 한 어린 양이 서 있는데 일찍이 죽임을 당한 것 같더라 그에게 일곱 뿔과 일곱 눈이 있으니 이 눈들은 온 땅에 보내심을 받은 하나님의 일곱 영이더라"고 말씀한다. 여기에는 '일곱 뿔'과 '일곱 눈'이 어린 양에게 있는데 이 일곱 눈들은 '하나님의 일곱 영'이라고 말씀한다. 따라서 '일곱 영'은 '일곱 등불'이며 '일곱 눈'이라는 것과 관계있다. 그러므로 성경의 모판이 되고 뿌리가 되는 모세 오경을 비롯한 성경의 줄기에서는 어떤 의미로 쓰였는지를 찾아야 한다. 혹자가 생각하듯이 '일곱 분의 성령님'이 계시다는 것은 아니다.

## 5) 성경에서 '일곱'이 쓰인 사례

먼저 '일곱 영'과 '일곱 등불'과 '일곱 눈'의 공통 인자는 '일곱'이다. 성경에서 일곱이라는 숫자가 어떻게 쓰였는지를 보자.

**첫째,** 천지 창조는 첫째 날로부터 시작하여 여섯째 날 사람을 만드셨다. 그것이 끝이 아니다. 일곱째 날 안식하심으로 완성하셨다.

**둘째,** 다니엘서의 70 이레의 언약 가운데 마지막 '일곱 이레'는 마지막 때의 완성의 기간이다. 즉 다시 말하면 '마지막 한 이레'는 옛 창조한 세상의 마지막 완성이다.

**셋째,** 마태복음 13장은 일곱 가지 천국에 대한 비유들로 유명하다. 씨뿌리는 비유로부터 시작하여 가라지 비유, 겨자씨 비유, 누룩 비유, 밭에 감추인 보화 비유, 진주 비유, 그물 비유가 있다. 일곱 가지 비유는 마지막 때까지를 포함한다.

**넷째,** 계시록에는 일곱 교회가 나온다. 소아시아에 수많은 교회가 있었을지라도 오직 언급된 교회는 일곱이다. 이것도 다섯 교회나 여섯 교회도 아니고 일곱 교회이다.

**다섯째,** 계시록을 구성하는 '일곱 인'이 있다. 넷이나 다섯이나 여섯도 아니고 일곱이다.

**여섯째,** 일곱째 인은 일곱 나팔 재앙으로 구성된다. 이것도 다섯이나 여섯도 아니고 일곱이다.

**일곱째,** 일곱째 나팔 재앙은 일곱 대접 재앙으로 구성된다. 일곱 인과 일곱 나팔과 일곱 대접은 모두 하나님의 비밀들이 완성되는 재앙들이다. 이것도 모두 셋이나 다섯이나 여섯으로 구성되지 않고 일곱이다.

이상 창세기로부터 계시록의 마지막에 이르기까지 '일곱 종류의 일곱'이 있다. 이것은 하나님께서 정하신 것이다. 어떤 이유에서 하나님께서 이렇게 정하셨는가? '일곱'은 이 세상에서 하나님의 완전한 수를 의미이다. 일곱(7)은 옛 창조 안에서 즉 시간 안에서, 영원한 새 하늘과 새 땅이 오기 전의 '완전한 수'이다. 따라서 계시록에 나타난 성령님을 '일곱 영'으로 계시한 것은 '일곱 배로 역사하는' 성령님을 의미하며, 이 땅의 마지막 시대에서 하나님의 영원한 경륜을 이루는 완전한 성령님의 역사를 의미한다.

## 6) '일곱 등불'과 '일곱 눈'

일곱 등불과 일곱 눈은 연관성이 있다. 따라서 '등불'과 '눈'이 어떤 의미인가를 주목해야 한다. 그래서 성경의 모판인 모세 오경으로 가야 한다. 성경은 하나의 흐름 안에 있기 때문이다. 최초의 '일곱 등불'은 성막에 있다.

### (1) 출애굽기에서

출애굽기 25:31은 "너는 순금으로 등잔대를 쳐 만들되 그 밑판과 줄기와 잔과 꽃받침과 꽃을 한 덩이로 연결하고 가지 여섯을 등잔대 곁 … 그 꽃받침과 가지를 줄기와 연결하여 전부를 순금으로 쳐 만들고 등잔 일곱을 만들어 그 위에 두어 앞을 비추게 하며"(출 25:31~37)라고 말씀한다. 성소 안에는 금으로 만든 순금 등대가 있는데 '일곱 등잔'을 만들었다. 성소는 태양의 빛이 전혀 들어오지 않는 공간이기 때문에 '일곱 등잔'으로 성소를 밝혔다. 만일 등대가 없다면 성소 안은 암흑일 것이다. 따라서 등대의 '일곱 등잔'은 어둠을 밝히는 것이다. 이 등잔의 기름은 성령님을 상징한다. 그러므로 '일곱 등불'은 마지막 시대에 하나님의 경륜의 완성을 위하여 '일곱 배의 빛으로 어둠을 밝히는 완전하신 성령님의 역사'를 상징한다. 일곱 등잔은 성막의 성소에 하나님의 백성들에게 주어졌다. 따라서 계시록의 '일곱 등불'로 상징된 '일곱 영'은 하나님의 백성들이 성소에서 섬김을 위한 것이고, 이스라엘 백성들의 '성막 건축'이 있었던 것같이, '교회의 건축'(외적인 건물을 의미하지 않음)을 위한 것이다.

### (2) 스가랴서에서

'일곱 등불'을 QST하면서 스가랴 4장의 도움을 받지 않는다면 싸움에 나가는 병사가 총을 가졌는데 탄환을 가지지 않고 나가는 것과 같다. 스가랴 4:2는 "그가 내게 묻되 네가 무엇을 보느냐 내가 대답하되 내가 보니 순금 등잔대가 있는데 그 위에는 기름 그릇이 있고 또 그 기름 그릇 위에 일곱 등잔이 있으며 그 기름 그릇 위에 있는 등잔을 위해서 일곱 관이 있다"(슥 4:2)라고 말씀한다. '일곱 등잔이 있는 순금 등대'는 어떤 의미로 말씀하셨고 무엇을 의미하는가를 주목하자. 스가랴 선지자의 사명은 '성전 건축'이었다. 스가랴 4:8~10의 말씀은 이렇게 말씀한다.

> 여호와의 말씀이 또 내게 임하여 이르시되 스룹바벨의 손이 이 성전의 기초를(the foundation of this house) 놓았은즉 그의 손이 또한 그 일을 마치리라 하셨나니 … 사람들이 스룹바벨의 손에 다림줄이 있음을 보고 기뻐하리라 이 일곱은(those seven) 온 세상에 두루 다니는 여호와의 눈(the eyes of the LORD)이라 하니라(슥 4:8~10)

스가랴 성경에서 즐겨 암송하는 말씀은 스가랴 4:6이다. "그가 내게 대답하여 이르되 여호와께서 스룹바벨에게 하신 말씀이 이러하니라 만군의 여호와께서 말씀하시되 이는 힘으로 되지 아니하며(not by might) 능력으로 되지 아니하고(nor by power) 오직 나의 영으로(but by my spirit) 되느니라"고 말씀한다. 스룹바벨의 사명은 성전 건축이었다. 그것은 '힘과 능력'으로 되지 않고 오직 '하나님의 영'으로 가능하다. 성전 건축은 '하나님의 영' 즉 '일곱 등불' 즉 '일곱 배로 밝히시는 성령의 빛 비춤'으로만 이루어진다. 또한 '일곱'은 '온 세상에 다니는 여호와의 눈'이라고 말씀한다. 이 또한 성전 건축과 관계있다. 계시록에서 '일곱 눈'도 다른 어떤 의미가 아니라 '성전 건축'과의 관계 즉 '교회에 대한 성령이 일곱 배로 살피신다'는 것을 의미한다. 일곱 눈이신 성령님께서 일곱 배로 교회를 살피시는 것은 교회에 주시는 격려이다.

## (3) 에베소서에서

에베소서 4:11~12은 "그가 어떤 사람은 사도로(apostles), 어떤 사람은 선지자로(prophets), 어떤 사람은 복음 전하는 자로(evangelists), 어떤 사람은 목사(pastors)와 교사로(teachers) 삼으셨으니 이는 성도를 온전하게 하여 봉사의 일을(the work of the ministry) 하게 하며 그리스도의 몸을(the body of Christ) 세우려 하심이라"(엡 4:11~12)고 말씀한다.

승천하신 주께서 교회에 사도와 선지자와 복음 전하는 자와 목사와 교사를 주신 목적은 성도를 온전케 하여 봉사의 일을 하게 하심이다. 봉사라 할 때 교회 청소를 하는 종류의 것을 떠올리기 쉬운데, 그것보다 차원이 다른 봉사를 의미한다. '봉사'에 해당하는 헬라어는 'διακονία'(디아코니아)로서 '(종으로서)시중,(공무상의)봉사, 직무, 봉사, 섬김, 집사의 직무'라는 의미이다. KJV은 'the work of the ministry'라고 번역했다. 'ministry'라는 단어는 '정부의 직무, 장관의 직무, 목사의 직무'라는 의미이기 때문에 우리가 생각하는 봉사와 차원이 다르다.

아브라함을 부르시고 베드로를 제자로 부르신 목적은 '사역자' 즉 '하나님의 직무'를 수행하기 위한 것이다. 한편으로 '봉사의 일'이 목적으로 간주할 수 있다. 그러나 이것은 최종 목적이 아니다. '봉사(직무)의 일'을 하게 된 결과, 주님이 원하시는 것은 '그리스도의 몸을 세우기 위함'이라고 말씀하기 때문이다. 그리스도의 몸은 '교회'를 의미한다. '세운다'라는 것은 헬라어 'οἰκοδομή'(오이코도메)인데 '건물, 건축'이란 뜻과 '(은유적)덕성을 함양하다, 계발하다'라는 의미가 있다.

성경의 전체 핵심은 이스라엘 백성들이 출애굽한 후 출애굽기 20장에서 계명이 주어지고 그 식양을 따라 성막을 건축했다. 또한 마태복음 16장에서 "사람들이 나를 누구라고 하느냐"로 시작하여, "너희들은 나를 누구라고 하느냐?"라는 질문을 던지셨고, 베드로는 아버지의 계시를 따라 "주는 그리스도시요 살아계신 하나님의 아들이십니다"라는 놀라운 고백을 했다. 주님께서는 "내가 이 반석 위에(신앙고백) '내 교회를 세우리니'(교회를 건축하리니) 음부의 권세(원문은 음부의 문)가 이기지 못하리라"고 말씀했다.

주님의 목적은 십자가와 부활과 승천을 거치심으로 이 땅에 '내 교회를 건축'하는 것이었다. KJV이 "for the edifying of the body of Christ"으로 즉 '함양하다'

의 뜻으로 번역한 것은 단어적으로 잘못된 번역이 아니지만, 성경의 전체 흐름과 중심 메시지인 '교회 건축'을 고려하지는 못했다.(즉 해석이 필요한 번역이다) 예를 들자면, 이 번역은 출애굽한 이스라엘 백성들이 '성막 건축'을 했는데 '성막을 함양했다'라고 한 것과 같다. 이런 번역은 문맥상 전혀 어울리지 않는다.

사람이 생각하는 신앙생활의 목적은 '좋은 사람으로 함양하는 것'이라고 생각할 수 있다. 그러나 하나님의 계획은 '하나님의 사람'으로 변화되어 '그리스도의 몸'을 세우는 것 즉 '참된 교회 건축'이다. 그럴 때 '한 새 사람'인 교회를 통하여 머리이신 그리스도를 나타내고 하나님의 경륜을 이루게 된다. '한 새 사람'을 이해하기 쉽게 '그리스도의 신부'라 표현할 수 있다. 이들이 장차 '신랑이신 그리스도'(교회들을 위해 재림하시는 그리스도의 방면)의 '신부'가 될 것이고, 천년왕국에서 '어린 양의 아내'로 그리스도와 함께 천 년 동안 온 땅을 통치하는 왕으로 들어갈 것이다.

이스라엘 백성을 구원한 후 성막을 건축하게 하신 것처럼, 하나님의 구원의 최종 목적은 '교회를 건축'하는 것이다. 하나님의 경륜의 완성을 보여주는 계시록에서 성령 하나님을 '일곱 등불'로 계시하신 것은 '일곱 배로 빛'을 비추심으로 교회를 강하게 하여 '교회 건축'을 위해 역사한다는 것을 의미한다. 사도 요한이 '영 안에' 있었던 것 같이 '영의 사람'. '그리스도의 사람'이 될 필요가 있다.

# Chapter 23 ·
# 보좌 앞의 유리 바다(4:6)

## 1. 바다의 의미

하나님의 보좌 앞에는 '유리 바다'가 있다. "보좌 앞에 수정과 같은 유리 바다가 있고"(계 4:6)라는 말씀은 다소 낯설고 이해하기 어렵다. 따라서 여러 가지 견해들이 있다. 일반적으로 유리 바다가 '적극적 의미'(good)인가, 아니면 '소극적인 의미'(bad)인가를 분별하지 못한다. 아마 '유리 바다'라고 할 때 느끼는 감정은 "Feels good"일 것이다. 게다가 '수정과 같다'라는 것은 의심할 여지가 없게 만든다. 왜냐하면 '유리' 뿐만 아니라 '수정과 같다'는 것은 투명하기 때문에 매우 좋다고 느끼기(Feels good) 때문이다. 결정적인 문제는 성경에서 '바다'가 어떤 의미인지를 모른다는 데 있다. 그래서 "유리 바다가 하늘에 있는 것이니 얼마나 아름답고 좋은 바다인가?"라고 하며 "우리는 천국을 사모해야 합니다"라는 결론으로 흐른다. '유리 바다'(a sea of glass)는 '유리'와 '바다'가 핵심 단어이다. 이 가운데 중요 단어는 유리가 아니라 '바다'이다. 왜냐하면 '바다'가 중심 단어이고 '유리'는 수식어이기 때문이다. 따라서 계시록의 '바다'가 어떤 의미인지 알기 위해서 '바다의 생태적 의미'를 관심할 것이 아니라, 성경이 말하는 '바다'의 의미를 QST할 필요가 있다.

## 2. 창세기의 첫 번째 바다

성경의 모판이며 첫 번째 책인 모세 오경의 첫 책, 창세기로 가보자. 창세기 1장은 셋째 날 이전에 온 땅이 물로 덮여 있는 상태(바다)를 보여준다.

하나님이 이르시되 천하의 물이 한 곳으로 모이고 뭍이 드러나라 하시니 그대로
되니라 하나님이 뭍을 땅이라 부르시고 모인 물을 바다라 부르시니 하나님이 보
시기에 좋았더라 하나님이 이르시되 땅은 풀과 씨 맺는 채소와 각기 종류대로 씨
가진 열매 맺는 나무를 내라 하시니 그대로 되어 (창 1:9~11)

창조의 셋째 날 뭍이 드러나기 전의 상태를 보자. 셋째 날 궁창 위의 물과 궁
창 아래의 물로 나뉘었을지라도, 여전히 땅은 물로 덮여 있었다. 즉 '모든 것이
바다'였다. 이때에 "하나님이 보시기에 좋았더라"는 말씀이 없다. 그런데 천하
의 물이 한 곳에 모이고 뭍이 드러날 때에 비로소 "하나님이 보시기에 좋았더라"
고 하신다. 셋째 날의 두 가지 요소 즉 "천하의 물이 한 곳에 모여 바다를 이룬
것"과 "뭍이 드러난 것"의 각각의 의미를 QST할 필요가 있다. 다음과 같은 경
우의 수를 가정할 수 있다.
첫째, "천하의 물이 한 곳에 모여 바다를 이룬 것"과 "뭍이 드러난 것" 모두가
좋지 않았다.
둘째, "천하의 물이 한 곳에 모여 바다를 이룬 것"과 "뭍이 드러난 것" 모두가
좋았다.
셋째, "천하의 물이 한 곳에 모여 바다를 이룬 것"이 좋았는데, "뭍이 드러난
것"은 좋지 않았다. (so so)
넷째, "천하의 물이 한 곳에 모여 바다를 이룬 것"은 좋지 않았는데, "뭍이 드
러난 것"은 좋았기 때문이다.
다섯째, 성경의 문맥을 보면 넷째 경우에 해당한다. 셋째 날 이전은 온 땅이 다
물로 덮여 있었다. 이때까지 땅이 드러나지 않았기 때문에 어떤 생명도 없었다.
셋째 날에 땅을 드러나게(융기)하심으로 비로소 땅이 물 위(바다 위)로 드러났고
물은 한 곳에 모여 '바다'라 불렀다. 이전에는 온 땅은 바다로 덮여 있었는데, 이제
는 땅이 바다 위로 드러났다. 온 땅이 물로 덮여 있을 때와 융기된 후의 차이는 '생
명의 있고 없고'의 차이이다. 왜냐하면, 땅을 드러나게 하신 후 각종 식물들을 만
드셨기 때문이다. 따라서 셋째 날은 부활의 날이라 할 수 있다. 그러므로 우리가
주목하는 바다의 의미는 '생명이 없는 심판의 상태'라는 것을 알 수 있다. 온 땅이
물로 덮인 상태 즉 '바다의 상태'에는 생명이 존재하지 않았다. 그런데 뭍이 드러

날 때 '식물들의 생명'을 만드셨기 때문에 '하나님 보시기에 좋았다'라고 하셨다. 온 땅이 물로 덮였던 상황은 '부정적(bad) 의미이고, 물을 한 곳에 모으고 뭍이 드러나게 하신 후 '좋았더라'는 것은 '적극적 의미'(good)를 가리킨다. "드러난 뭍"은 적극적인 의미이다. 정확히 구별하자면, "한 곳에 모인 바다"는 셋째 날 이전과 같은 상태로 부정적인 의미이고, "드러난 뭍"은 적극적인 의미이다.

여섯째, 셋째 날 바다와 뭍을 나뉘신 후에 '식물들을 그 종류대로' 만드셨다. 이때 비로소 생명들이 있게 됐다. 식물의 생명들이 나타난 것은 바다가 있었기 때문이 아니라, 물 가운데서(바다) 뭍이 드러났기 때문이다. 따라서 뭍이 있기 전의 온 땅에 '물로 덮였던' 상태 즉 '바다'의 상태에는 어떤 생명들도 존재하지 않았음을 가리킨다. 생명이 없는 것은 부정적인 의미이다. 하나님이 셋째 날 뭍을 드러내신 이후에 식물을 종류대로 만드시고 "하나님이 보시기에 좋았다"는 것은 '사망의 상태'에서 '생명'이 나타났기 때문이다. 따라서 셋째 날은 부활의 날의 그림자라고 할 수 있다.

## 3. 창세기 두 번째 바다

창세기 7장에는 '두 번째 바다'가 언급된다. 그것은 노아의 때에 홍수 심판을 의미한다. 하나님의 아들들이(타락한 천사들) 사람의 딸들(셋의 딸들이든 가인의 딸들이든) 중 아름다운 자들을 몇이든 좋아하는 자를 아내로 삼아 '네피림' 즉 '거인족'을 낳았다. 이들은 하나님이 창조하지 않은 '하이브리드 종'(이종교배종)으로 하나님의 창조의 목적을 대적한다. 그뿐만 아니라 모든 혈육(flesh) 있는 것들이 부패했다. 혈육있는 것들이란 사람뿐만 아니라 동물들까지 포함한다. 사람과 동물들은 모두 'flesh'를 갖고 있기 때문이다. 이것은 사람뿐만 아니라 동물들까지 '이종 교배'가 이뤄졌다는 것을 의미한다.(하나님의 아들들과 네피림에 대한 것은 9장의 요약을 참조하라) 하나님께서는 노아에게 방주를 예비케 하신 후 홍수로 모든 땅에 호흡하는 것들을 심판하셨다. 창세기에 나타난 홍수 심판의 상황을 보자. 창세기 7:17~22은 이렇게 말씀한다.

홍수가 땅에 사십 일 동안 계속된지라 물이 많아져 방주가 땅에서 떠올랐고 물이 더 많아져 땅에 넘치매 방주가 물 위에 떠 다녔으며 물이 땅에 더욱 넘치매 **천하의 높은 산이 다 잠겼더니** 물이 불어서 십오 규빗이나 오르니 산들이 잠긴지라 땅 위에 움직이는 생물이 다 죽었으니 곧 새와 가축과 들짐승과 땅에 기는 모든 것과 모든 사람이라 육지에 있어 그 코에 **생명의 기운의 숨이 있는 것은 다 죽었더라**(창 7:17~22)

홍수 심판의 결과로 천하의 '높은 산'까지 다 물로 잠겼다. 즉 다시 말하면, 창조의 세 번째 날 이전으로 돌아갔다. 온 땅이 물에 잠겨 바다가 됨으로 방주에 타지 못한 것들은 모두 죽음을 당했다. 홍수 심판은 온 세상이 바다가 되었고, 그것은 '심판의 상태'였다. '바다'는 '심판'을 의미하고 그 결과는 '사망'이다. 따라서 '바다'가 의미하는 것은 '심판과 사망'으로 '소극적 의미'이다. 하나님께서는 노아와의 언약을 통하여 다시는 물로 심판하지 않으실 것을 약속하셨고, 무지개를 두어 언약의 징표로 삼으셨다. 사도 요한은 하늘이 열리고 하늘에 있는 보좌 주위에 무지개가 둘린 것을 보았다. 이것은 하나님께서 세상을 심판하실 때에라도 진멸치 않으시겠다는 노아와의 언약을 상기시킨다.


## 4. 보좌 앞의 유리 바다

창세기의 바다는 모판에 해당하고, 계시록의 유리 바다는 열매인 결론에 해당한다. 하나님의 보좌 앞에 있는 '유리 바다'는 앞서 언급한 '바다'에 대한 완성이다. 그러므로 '적극적인 의미'가 아니라 '소극적인 의미'이다. 유리 바다는 하나님의 보좌 앞에 있다. 앞서 언급한 것처럼 하나님의 보좌는 '은혜의 보좌'가 아니라 '심판하는 보좌'이다. 오늘날 은혜의 시대에는 예수 그리스도를 통하여 '은혜의 보좌' 앞에 나가 은혜를 받는다. 그러나 은혜의 시대가 지나가고 공의로 세상을 심판하는 것은 '하나님의 보좌'로부터 발생한다. 계시록의 하나님의 보좌는 '심판하는 보좌'이다. 따라서 유리 바다가 '하나님의 보좌' 앞에 있다는 것은 그것이 '하나님의 심판'과 관계있다는 것을 의미한다. 유리 바다의 의미를 보기 위해서 계시록 15장에서 유리 바다가 어떻게 변화되는지를 보는 것이 중요하다. 계시록 15:1~2을 주목하자.

> 또 하늘에 크고 이상한 다른 이적을 보매 일곱 천사가 일곱 재앙을 가졌으니 곧 마지막 재앙이라 하나님의 진노가 이것으로 마치리로다 또 내가 보니 불이 섞인 (mingled with fire) 유리 바다(a sea of glass) 같은 것이 있고(as it were) 짐승과 그의 우상과 그의 이름의 수를 이기고 벗어난 자들이 유리 바다 가에 서서 하나님의 거문고를 가지고(계 15:1~2)

계시록 4장에는 '수정 같이 맑은 유리 바다'였다. 그런데 일곱 대접 재앙이 있기 전, 여섯째 나팔 재앙 후에 '불이 섞인 유리 바다 같은 것'을 보았다. 이것은 하나님의 진노로 인해 유리 바다가 '불이 섞인 유리 바다'로 바뀌었다는 것을 가리킨다. 이런 이유는 노아와의 언약으로 '다시는 물로 심판하지 않겠다'는 것을 기억하시기 때문이다. 따라서 하나님의 심판의 도구가 '물에서' '불(fire)'로 바뀌었다는 것을 보여 준다.

창세기에서 소돔과 고모라를 심판하실 때, 심판의 도구는 '물'이 아니라 '불과 유황 비'였다. 이것 또한 하나님의 심판의 도구가 바뀌었다는 것을 가리킨다. 이것이 성경에서 보여주는 심판의 원칙이다. 출애굽 후 광야에서 이스라엘 백성들이 '악한 말'로 원망할 때 어떻게 하셨는지를 주목하자. 민수기 11:1~2은 "여호와께서 들으시기에 백성이 악한 말로 원망하매 여호와께서 들으시고 진노하사 여호와의 불을 그들 중에 붙여서 진영 끝을 사르게 하시매 백성이 모세에게 부르짖으므로 모세가 여호와께 기도하니 불이 꺼졌더라"고 말씀한다. 여호와께서 '물로 심판'하지 않으시고 '여호와의 불'(the fire of the LORD)로 심판하셨다. 물론 하나님의 백성들에 대한 심판은 '징계'이다. 이렇게 '불로' 심판하신 것은 하나님의 심판의 도구가 바뀌었다는 것을 가리킨다.

## 5. 하나님의 보좌와 유리 바다의 불과의 관계

'유리 바다'는 심판의 의미이고, '불이 섞인 유리 바다'도 노아의 언약을 따라 심판의 도구가 '물에서' '불로' 바뀌었다는 것을 가리킨다. 그러면 어떻게 '수정 같이 맑은' 유리 바다가 '불이 섞인 유리 바다'가 되었지 QST할 필요가 있다. '하나님의 보좌'가 언급되는 다니엘 7:9~10을 보자.

> 내가 보니 왕좌가 놓이고 옛적부터 항상 계신 이가 좌정하셨는데 그의 옷은 희기가 눈 같고 그의 머리털은 깨끗한 양의 털 같고 그의 보좌는 불꽃이요 그의 바퀴는 타오르는 불이며 불이 강처럼 흘러 그의 앞에서 나오며 그를 섬기는 자는 천천이요 그 앞에서 모셔 선 자는 만만이며 심판을 베푸는데 책들이 펴 놓였더라 (단 7:9~10)

다니엘은 하나님의 보좌와 하나님을 보았다. 하나님의 보좌는 '불꽃'이고, 그의 바퀴는 '타오르는 불'이며, '불이 강처럼 흘러'(A fiery stream) 하나님 앞에서 나오는 것을 보았다. 따라서 '유리 바다'가 '불이 섞인 유리 바다'가 된 것은 하나님의 보좌에서 나오는 불이 강처럼 흘러 유리 바다에 채워졌기 때문이다. 하나님의 보좌는 '심판의 보좌'이고, 그곳에서 나오는 '불'도 '심판의 도구'이며, 그 불이 흘러 채워진 '불이 섞인 유리 바다'도 심판의 의미이다. '불이 섞인 유리 바다'는 최종적으로 무엇이 될 것인가? 계시록 20:7~10은 천년왕국 후에 사탄이 놓인 후 있을 일들을 계시한다.

> 천 년이 차매 사탄이 그 옥에서 놓여 나와서 땅의 사방 백성 곧 곡과 마곡을 미혹하고 모아 싸움을 붙이리니 그 수가 바다의 모래 같으리라 그들이 지면에 널리 퍼져 성도들의 진과 사랑하시는 성을 두르매 하늘에서 불이 내려와 그들을 태워버리고 또 그들을 미혹하는 마귀가 불과 유황 못에 던져지니 거기는 그 짐승과 거짓 선지자도 있어 세세토록 밤낮 괴로움을 받으리라(계 20:7~10)

천년왕국 후 사탄이 놓이고 땅의 사방 백성 곧 곡과 마곡을 미혹하여 전쟁을 벌인다. '성도의 진'과 '사랑하시는 성'을 두르게 될 때, 하늘에서 불이 내려와 그들을 태워 심판한다. 여기서도 하나님의 심판의 도구는 '물'이 아닌 '불'이다. 성경은 불이 '하늘'에서 내렸다고 말하는데 하늘 어디를 가리키는가? 다니엘이 본 것처럼 '하나님의 보좌'로부터 '불이 강처럼 흘러'(A fiery stream) 심판했다.

더욱 주목할 것이 있다. 많은 사람을 미혹했던 마귀가 어디에 던져진다고 하는가? '불과 유황 못'이다. 보통 '불 못'(the lake of fire)이라 부른다. 계시록 20:15은 "누구든지 생명책에 기록되지 못한 자는 불 못에 던져지더라"고 말씀한다. 창세기에서 동성애의 죄악이 관영한 소돔과 고모라가 '불과 유황 비'로 심판을 받았다는 것은 주지의 사실이다. 이것은 어디로부터 내려온 '불과 유황 비'인가? 하늘의 어떤 곳에서 불이 내려왔다는 것인가? 다니엘이 본 것처럼 하나님의 보좌에서 '불이 강처럼 흘러'(A fiery stream) 나온 불과 유황 비가 패역한 성에 내렸다.

최종적으로 불과 유황에 심판받는 자는 마귀이다. 천년왕국 후 곡과 마곡의 전쟁이 있은 후 마귀가 '불과 유황 못' 즉 '불 못'에 던져진다. 이것은 '불 섞인 유리 바다'와 어떤 관계가 있는가? 계시록 15장의 '불이 섞은 유리 바다'가 계시록 20장에서는 '불과 유황의 못'이 되었다. 악의 근원인 마귀와 그를 따르는 타락한 천사들이 불 못에 던져진다. 물론 이 땅에서 은혜의 복음을 거역하고 믿지 않았던 불신자들, 즉 마태복음 25장의 '모든 민족들' 중 '염소들'은 마귀와 그 천사들을 위해 예비된 '영원한 불'에 던져짐으로 온 우주를 정결케 하신다. 사망은 마지막 원수라 불린다. 고린도전서 15:26은 "맨 나중에 멸망 받을 원수는 사망이니라"고 말씀한다. 따라서 '사망과 음부'도 불 못에 던짐으로 온전히 정결케 하신다.(계 20:14) 그런 후에 새 하늘과 새 땅과 새 예루살렘을 창조하시고 영원히 거하게 하심으로 하나님의 경륜을 이루신다. 새 하늘과 새 땅이 도래하기 전에 반드시 마귀와 사망을 불로 심판하여 정결케 하신다. 할렐루야!

# Chapter 24 ·
# 네 생물(4:6~8)

보좌 가운데와 보좌 주위에 네 생물이 있는데 앞뒤에 눈들이 가득하더라 그 첫째 생물은 사자 같고 그 둘째 생물은 송아지 같고 그 셋째 생물은 얼굴이 사람 같고 그 넷째 생물은 날아가는 독수리 같은데 네 생물은 각각 여섯 날개를 가졌고 그 안과 주위에는 눈들이 가득하더라(계 4:6~8)

## 1. 네 생물에 대한 견해와 성경의 의미

### 1) 신학자들의 견해

네 생물에 대한 여러 학자들의 견해들이 있다. 핸드릭슨은 "매우 높은 지위에 있는 존귀한 천사들"로(천사 아니다), 렌스키는 "하나님의 섭리의 지상적 대리인을 상징"(오류이다)으로, 래드는 "구약 에스겔 10장과 이사야 6장에 언급된 스랍들과 유사한 존재"로(일부 일치), 박윤선 박사는 "천계에 있는 실존들이나 혹은 기타 영물들의 상징"(적합함)으로, 박수암 박사는 "하나님의 보좌 주위에 있는 그룹들"(일부 일치)로, 이상근 박사는 "피조물들의 대표"(가장 적합한 표현)로 보았다. 특히 초기 교부들 가운데 주석적으로 뒷받침 되지도 않은 채, 네 생물이 "사복음서 저자들을 대표한다"는 견해도 있다. 언급할 가치도 없지만, 이단인 신천지의 주장을 언급하는 것을 이해하기 바란다. 왜냐하면 현재 좌우를 분별하지 못하는 수십만 명의 사람들이 이만희 교주를 '보혜사 성령'으로 기만당하고 있으며, 자의적인 계시록의 해석으로 사람들을 미혹하고 있기 때문이다. 이만희는 『신천지 계시록 비교에서』네 생물에 대하여 다음과 같이 주장한다.

계시록 4장의 네 생물은 창세기 3장과 에스겔 10장에서 말한 그룹들이며, 하나님을 모시고 있는 영이며 천상의 군대들이다. 이는 스가랴 6장과 계시록 6장에 증거되어 있다. 그 수는 천천만만이다(계 5:11). 본문의 네 생물은 각각 네 얼굴을 가지고 있다.(겔 1:10)주위에 가득한 눈은 영이요 군대들이며, 네 생물은 이 군대를 통솔하는 천사장들이다. 이 보좌의 계열들이 이 땅에 인(印)맞은 12지파에(계7장) 오시어 하나가 된다. 마치 나무에 새들이 와서 앉은 것같이(마 13:31~32). 네 가지 생물의 모양은 심판하는 권세를 비유로 말한 것이다. 심판하는 '사람', 가라지를 갈아 엎어 심판하는 '소',짐승들을 잡는(심판) '사자', 새 (영)를 잡는(심판) '독수리'(겔 1:10), 이는 전시에 군인들이 삼권을 가지고 싸우는 것과 같이 그 사명을 네 생물의 모양으로 비유한 것이다.(진짜 바로 알자 신천지, 『신천지 계시록 비교에서』)

　　신천지는 네 생물을 '군대를 통솔하는 네 천사장'으로 해석한다. 성경과 전혀 관계없는 '자의적인 해석'이다. 성경이 말씀하는 네 생물이 어떤 존재인지 보면서 분별하기를 바란다.

## 2) 교부들의 견해

　　계시록의 네 생물에 대한 견해는 교부 시대에도 논쟁거리였다. 리용의 성 이레니우스(AD 120~202)는 사복음서와 네 생물을 최초로 연결시켜서 해석을 시도했다. 마태복음은 네 생물 가운데 왕권을 의미하는 사자로, 마가복음은 희생을 의미하는 황소로, 누가복음은 신의 육화인 사람으로, 요한복음은 교회를 지탱하는 성령님의 의미인 독수리로 해석했다. 아타나시우스와 어거스틴과 성 제롬의 논쟁도 있었다. 성 제롬은 사복음서 저자와 네 생물을 연관시켰는데, 마태는 인간과 천사로, 마가는 사자로, 누가는 황소로, 요한은 독수리로 연관시켰다.

## 3) 네 생물의 의미

네 생물은 'τέσσαρα ζῷα'(테싸라 조아)로서 'four'를 의미하는 'τέσσαρες'(테싸레스의 주격 형용사 복수형)이고, 'ζῷα'(조아)는 '살아있는 것, 동물, 짐승'이라는 뜻을 가진 'ζῷον'(조온)의 복수형이다. 그러므로 'four beasts'(KJV)보다는 '살아있는 피조물들', '네 생물', 'four living creature'가 적절하다. 성경에서 '살아 있는 피조물들', 'living creature'의 시작은 창세기이다. 모든 것은 하나님의 창조로 시작되기 때문이다. 정확히 말하면, '천지 창조 전'에 '천사들'의 창조가 있었고, '천지 창조 시'엔 모든 살아 있는 피조물들을 창조했다. 앞서 '이십사 장로들'이 '천사들의 대표'인 것을 논증했다. 역사적으로 이십사 장로들을 '교회의 대표'로 해석하는 오류를 범한 것은 도미노 현상과 같이 첫 단추를 잘못 끼웠기 때문에 '네 생물'을 '천사'니 '그룹'이니 '천상의 영물'이니 심지어 이단인 신천지도 '네 천사장'이라는 데 일조했다. 네 생물은 '살아 있는 피조물의 대표'이며 그 시작은 창세기이다.

## 4) 창세기에서

창세기 1장을 요약해 보자. 첫째 날은 빛을 만드셨고, 둘째 날은 궁창을 만들어 궁창 위의 물과 궁창 아래의 물로 나뉘었다. 여전히 땅은 물로 덮여 있었다. 셋째 날에 뭍을 융기시키어 뭍이 드러났고, 한 곳에 모인 물을 '바다'라 칭하셨다. 여전히 땅에는 '살아 있는 것들'이 없었다. 따라서 이어서 식물들의 생명들을 각기 '그 종류대로' 만드셨다. 넷째 날에는 해와 달과 별들을 만드셨다. 여전히 동물들은 나타나지 않았다. 다섯째 날에는 물 가운데 있는 물고기들을 그 종류대로, 하늘을 나는 조류를 그 종류대로 만드셨다. 여섯째 날은 가축들을 '그 종류대로' 만드시고, 짐승들을 그 종류대로, 기는 것을 그 종류대로 만드셨고 마지막으로 '사람'을 만드셨다. 그리고 일곱째 날 안식하심으로 창조를 완성하셨다.

우리가 주목해야 할 것은 창조의 때의 '살아있는 것들'과 계시록의 '살아있는 네 생물'의 관계성이다. 우리의 관념으로 창세기 1장은 창조에 대한 기록이다. 현존하는 식물만 하더라고 약 390,000여종이나 된다. 어류는 약 29,000여종이고 양서류는 약 6,000여종, 파충류도 약 6,000여종이며 포유류는 약 4,000여종이다. 무척추 동물이 약 100만 여종에 이르며 가장 많은 곤충(기는 것)은 약 200만 종에 이른다. 하나님의 창조를 보여주고자 하기엔 너무나 짧은 기록이라는 것을 지적하는 것이다.

성경은 수많은 종류의 피조물들을 만드셨음에도 불구하고 '그 종류대로' 매우 간단명료하게 말씀한다. 이것이 창세기 1장의 관점이다. 즉 "식물-어류-조류-가축-짐승-기는 것-사람"이라는 것만을 보인다. 수백만 종에 이르는 피조물들을 몇 가지로 말씀하는가? 일곱 가지로 간략히 말씀한다. 하나님의 창조에서 사람을 포함하여 '일곱(7) 가지'라는 것을 주목할 필요가 있다. 이것이 성경의 모판이며 뿌리가 되는 '창세기 성경의 관점'이고 '하나님의 관점'이다.

## 5) 계시록의 네 생물

성경의 마지막 결론인 계시록과 네 생물의 관계를 QST하자. 네 생물 중의 첫째 생물은 '사자 같고'(like a lion), 둘째 생물은 '송아지 같고'(like a calf), 셋째 생물은 '얼굴이 사람 같고'(a face as a man), 넷째 생물은 '날아가는 독수리 같다'(like a flying eagle) 창세기의 종류와 계시록의 네 생물의 종류는 서로 연관성이 있다.

첫째, '사자 같고'(like a lion)는 여섯째 날 창조된 '짐승'과 관계있는데 짐승의 왕은 사자이기 때문이다. 이런 상관관계는 사자가 '짐승'을 대표한다는 것을 의미한다. 둘째, '송아지 같고'(like a calf)는 '가축'과 관계있다. 가축이라 불리는 소, 돼지, 양, 염소, 나귀 등 중에서 가축의 대표는 '소'이다. 따라서 '송아지 같은' 둘째 생물은 피조물 가운데 가축을 대표한다. 셋째 생물은 '얼굴이 사람 같은'(a face as a man) 생물이다. 창조의 마지막에 창조된 '사람'과 연관된다. 넷째 생물은 '날아가는 독수리 같다'(like a flying eagle)는 것은 하늘을 나는 조류와 관계있다. 독수리는 조류를 대표하는 동물이기 때문이다. 따라서 넷째 생물은 피조물 가운데 조류를 대표한다. 네 생물은 피조물로서 하나님을 찬양한다.

창세기와 계시록의 네 생물 관계에서 무언가 일치하지 않는 것이 있다. 그것은 창조는 일곱 가지 종류였는데 계시록의 네 생물은 '넷'이기 때문에 '세 종류'가 없기 때문이다. 그 세 종류는 '식물-물고기-기는 것'이다. 하나님 보좌 앞과 주위에 있는 '네 생물'은 하나님이 창조한 '모든 살아있는 것들'을 대표하며 하나님을 찬양하는데 왜 이 세 종류는 없는가? 물론 이런 의문들을 조목조목 해설해 주는 성경의 Q&A는 '따로' 없다. 그러나 성경의 원칙들을 보게 된다면, 여러 의문들에 대한 해결점을 찾을 수 있다.

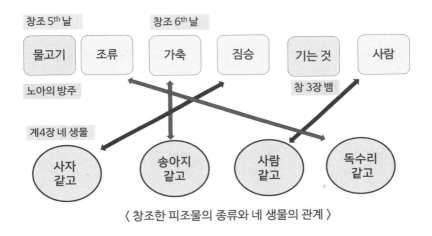

〈 창조한 피조물의 종류와 네 생물의 관계 〉

## 6) 기는 것

먼저 '기는 것'(creeping thing)을 QST하자. 성경에서 '기는 것'이 첫 번째 나오는 곳은 창세기 3장이다. 창세기 3:1은 "그런데 뱀은 여호와 하나님이 지으신 들 짐승 중에 가장 간교하니라 뱀이 여자에게 물어 이르되 하나님이 참으로 너희에게 동산 모든 나무의 열매를 먹지 말라 하시더냐"(창 3:1~2)고 말씀한다. 죄는 '뱀을 통하여' 인류에게 들어왔다. 사람의 타락의 근원에는 '뱀'이 있다. 계시록은 이 뱀을 무엇이라고 하는가? 계시록 12:9은 "큰 용이 내쫓기니 옛 뱀 곧 마귀라고도 하고 사탄이라고도 하며 온 천하를 꾀는 자라"고 말한다.

계시록에서 '옛 뱀'은 창세기 3장의 뱀을 가리킨다. 그런 이유는 창세기와 계시록의 시점에는 적어도 약 6,000여 년의 간격이 있기 때문이다. 하와를 유혹했던 뱀은 '옛 뱀'으로 '마귀' '사탄'이었다. 어떤 이는 "뱀과 '기는 것'이 무슨 상관이 있는가?"라는 의문을 가질 수 있다. 네 생물 중 '사자 같은 생물'은 짐승을 대표하고, '송아지 같은 생물'은 '가축'을 대표하고, '독수리 같은 생물'은 '조류'를 대표하고, '얼굴이 사람 같은 생물'은 모든 피조물들의 대표인 사람을 대표했다. 이것이 성경을 해석하는 원칙이다.

동일한 원칙으로 '기는 것'(creeping thing)의 대표는 '뱀'(serpent)이라는 것을 의심할 여지가 없다. 예수님도 이와 관계된 말씀을 하셨다. 누가복음 10:19에서 "내가 너희에게 뱀과 전갈을 밟으며 원수의 모든 능력을 제어할 권능을 주었으니 너희를 해칠 자가 결코 없으리라"고 말씀했다. 여기서 언급된 '뱀과 전갈'은 물질적인 동물을 가리키지 않는다. '원수의 모든 능력'이라고 하신 것처럼, 뱀은 '마귀'를 가리키고, 전갈은 '악한 영들'을 가리킨다. '뱀과 전갈'은 모두 '죽이는 독'을 갖고 있고 모두 '기는 것'(creeping thing)으로서 마귀와 악한 영들을 가리킨다. 계시록에서 하나님의 보좌 앞에 네 생물 가운데 '기는 것'(creeping thing)을 대표하는 '뱀'(serpent)이 없는 것은 사람을 타락시키는 '마귀의 도구'로 쓰였겠기 때문이다. 성경에서는 직접적으로 말씀하시지 않고 간접적으로 알려 주시는 것도 있다.

## 7) 네 생물에 없는 '물고기'

네 생물 가운데 '물고기'가 없는 것은 어떤 이유인가? "'물고기'는 마귀의 도구로 사용된 적이 없는데 어떤 이유에서 제외된 것인가?"라는 의문을 가질 수 있다. 하나님께서 노아의 때에 패역한 세상을 물로 심판하셨다. 노아에게 방주를 예비하도록 했다. 방주에는 노아의 여덟 가족만이 들어간 것이 아니다. 창세기 7:13~16은 방주 안에 들어간 자들이 누구인지를 보여준다.

> 곧 그 날에 노아와 그의 아들 셈, 함, 야벳과 노아의 아내와 세 며느리가 다 방주로 들어갔고 그들과 모든 들짐승이 그 종류대로, 모든 가축이 그 종류대로, 땅에 기는 모든 것이 그 종류대로, 모든 새가 그 종류대로 무릇 생명의 기운이 있는 육체가 둘씩 노아에게 나아와 방주로 들어갔으니 들어간 것들은 모든 것의 암수라 (창 7:13~16)

방주에는 들짐승이 종류대로, 모든 가축이 종류대로, 땅에 기는 모든 것이 그 종류대로, 모든 새가 그 종류대로 들어갔다. 어떤 것이 제외되었는가? 하나님이 창조한 것들은 식물을 제외하고 모두 '여섯 종류'였다. 방주에 들어가지 않은 것은 '물고기'였다. 그런 이유는 물로 심판하시기 때문에 물고기들은 방주에 들어갈 필요가 없었기 때문이다. 성경의 예표론에서 '방주 안에 들어간다'는 것은 '예수 그리스도 안에' 들어간다는 것과 '그리스도의 몸'인 '교회 안에' 거한다는 영적인 의미를 함의한다. "'그리스도 안에' 있는 자들에게는 결코 정죄함이 없다(롬 8:1)"는 것과 같이 방주 안에 들어간 것들은 정죄와 모든 심판을 이긴다. 그러므로 방주 안에 들어갔다는 것은 '적극적인 의미'이다.

오늘날 예수 그리스도를 믿는다고 하면서 '그리스도의 몸인 교회 안에' 있지 않을 수 있다. 집에서 영과 진리로 예배해도 된다는 생각은 신자들이 쉽게 빠지는 함정이다. 교회는 "부르심을 입은 성도들의 모임"이다. 교회는 아버지의 집이며 그리스도의 몸이다. 이런 의미들을 상고할 때, '물고기'가 '방주 안에' 들어가지 않은 것과 '그리스도 안으로' 들어가지 않은 것은 '세상과 구별되지 않았다'는 '소극적인 의미'와 일맥상통한다. 그래서 창조된 일곱 종류 가운데 피조물을 대표하는 계시록의 네 생물에서 제외된 것으로 보인다.(해석된다) 창세기로부터 계시록을 통해서 '네 생물'은 하나님이 창조한 모든 피조물들의 대표이다. 그들은 피조물들의 대표로서 하나님을 찬양한다. 천지 창조 전에 창조된 '천사들'의 대표는 '이십사 장로들'이며 그들도 하늘에서 하나님을 찬양한다. 사도 요한은 하늘과 땅에 있는 모든 피조물들이 하나님을 찬양하는 놀라운 광경을 목격했다.


## 2. 네 생물의 세부 사항들

### 1) 이사야서에서

계시록 4:8은 "네 생물은 각각 여섯 날개를 가졌고 그 안과 주위에는 눈들이 가득하더라"고 말씀한다. 네 생물은 각각 여섯 날개를 갖고 있다. 조류들은 모두 날개가 두 개다. 그런데 네 생물은 네 개도 아닌 여섯 개의 날개를 갖고 있다. 이사야 6:1~3에서 이사야는 주의 보좌와 주위에 있는 스랍들을 보았다.

옷시야 왕이 죽던 해에 내가 본즉 **주께서 높이 들린 보좌에 앉으셨는데** 그의 옷 자락은 성전에 가득하였고 **스랍들이 모시고 섰는데** 각기 여섯 날개가 있어 그 둘 로는 자기의 얼굴을 가리었고 그 둘로는 자기의 발을 가리었고 그 둘로는 날며 서로 불러 이르되 **거룩하다 거룩하다 거룩하다 만군의 여호와여 그의 영광이 온 땅에 충만하도다** 하더라(사 6:1~3)

스랍(שְׂרָפִים)은 복수형으로 '스랍 천사, 불뱀'의 의미로 KJV에선 'the seraphims' 으로 번역되었다. 스랍들은 네 생물과 같이 여섯 날개를 가졌다. 두 날개로는 '자 기 얼굴'을 가렸고, 다른 두 날개는 '자기 발'을 가렸고, 다른 두 날개는 '나는 데' 사용했다. 이런 면에서 스랍은 네 생물의 여섯 날개와 동일한 역할을 한다. 날 개로 두 얼굴과 두 발을 가린 것은 영광의 하나님 앞에서 자신의 존재를 드러낼 수 없는 '경외심'일 것이다. 이것은 스랍들이 부르는 노래 즉 "거룩하다 거룩하 다 거룩하다 만군의 여호와여 그의 영광이 온 땅에 충만하도다"라는 찬양을 통 해서 더 확실해진다. 그들은 '거룩하다'를 세 번 외친다. "Holy, holy, holy"라는 삼성송은 하나님의 두 가지 속성이 나타난다. 하나님의 '거룩'과 하나님의 '영 광'이다.

### (2) 에스겔서에서

에스겔 선지자도 하늘이 열리며 하나님의 모습과 네 생물을 보았다. 에스겔 1:1~10은 이 놀라운 광경을 말씀한다.

서른째 해 넷째 달 초닷새에 내가 그발 강 가 사로잡힌 자 중에 있을 때에 **하늘이 열리며 하나님의 모습이 내게 보이니** … 그 속에서 **네 생물의 형상이 나타나는데** 그들의 모양이 이러하니 그들에게 사람의 형상이 있더라 그들에게 각각 네 얼굴 과 네 날개가 있고 … 그 얼굴들의 모양은 넷의 앞은 사람의 얼굴이요 넷의 오른 쪽은 사자의 얼굴이요 넷의 왼쪽은 소의 얼굴이요 넷의 뒤는 독수리의 얼굴이니 (겔 1:1~10)

계시록의 네 생물과 에스겔의 네 생물의 모습은 동일하다. 유일한 작은 차이가 있다면, 에스겔에는 '소의 얼굴'인데 계시록에는 '송아지 같은 얼굴'이다. 유일하게 소의 얼굴이 차이가 있는 것은 특별하다. 에스겔은 25세 되던 주전 597년 여호야긴 때에 바벨론 포로로 잡혀갔다. 에스겔에게 하늘이 열릴 해는 에스겔이 30세 되던 해였다. 그러므로 그때는 주전 592년이고, 사도 요한이 계시록을 쓸 때는 주후 95~96년이다. 따라서 시간적으로 약 700여 년의 간격이 있다. 에스겔이 볼 때는 '송아지'였고 계시록 때에 '소'였다면 이성적으로 이해할 수 있다. 그런데 성경은 "에스겔이 볼 때는 '소'였는데, 사도 요한이 볼 때는 '송아지'"로 기록됐다. 즉 우리의 생각과 반대로 기록됐기 때문에 당황하게 된다. 이럴 때 성경을 깊이 QST할 필요가 있다. '소'는 가축을 대표한다. 사람을 위해 일평생 수고하고 헌신하고 죽어서도 고기와 가죽과 뿔과 모든 것을 희생하는 동물이다. 이사야서 첫 장에서 "소도 그 임자를 알고 나귀도 그 주인의 구유를 알건만은 이스라엘은 알지 못하고 나의 백성은 깨닫지 못한다"(사 1:3)고 말씀한다. 마가복음은 '송아지 복음'이라 불린다. 왜냐하면, 예수 그리스도께서는 우리들을 위해 죽기까지 '섬기신 노예'로 소개되기 때문이다. 에스겔이 네 생물을 볼 때와 마가복음은 상당한 시간차가 있다. 오래 전에 '소'였는데 세월이 지난 후 '송아지 같다'는 것은 어떤 의미인가? "우리가 소처럼 신실하게 주님을 섬기면 섬길수록 '늙어지는 것'이 아니라 '젊어진다'"는 것을 보여주는 것 같다.(해석이 필요함) 그런 까닭에 성령님께서는 에스겔에게는 '소의 얼굴'로, 계시록을 기록한 사도 요한에게는 '송아지'로 계시하셨다.(팩트 임)

### (3) 여섯 날개 vs 네 날개

여기서 주목해야 할 차이가 있다. 에스겔의 네 생물은 '네 날개'인데 반해, 계시록의 네 생물은 '여섯 날개'이다. 참으로 난감하기 짝이 없다. 또 다른 증거들을 찾아보자. 여호와께서는 출애굽기에서 증거궤를 만들고 속죄소의 두 끝을 그룹 둘로 만들도록 하셨다. 출애굽기 는 "그룹들(the cherubim)은 그 날개를 높이 펴서 그 날개로 속죄소를 덮으며 그 얼굴을 서로 대하여 속죄소를 향하게 하고"(출 27:17~20)라고 말씀한다. 속죄소는 '죄를 사하는 곳'이고 이 두 끝에 그룹 둘(two cherubim)을 만들게 하셨다. 이 그룹은 날개가 둘이다.

## (4) 그룹(cherub)

에스겔 10장에 그룹(cherub)이 언급된다. 4절은 "여호와의 영광(the glory of the LORD)이 그룹에서(the cherub) 올라와 성전 문지방에 이르니 구름이 성전에 가득하며 여호와의 영화로운 광채가 뜰에 가득하였고"(겔 10:4)라고 말씀한다. 여호와의 영광(the glory of the LORD)이 그룹(the cherub)에서 올라왔다.

이것은 출애굽 후 성막 건축시 증거궤의 속죄소 두 끝에 있는 두 그룹에 여호와의 영광이 있었고, 또한 그룹들을 통해 '그 영광'을 나타내었음을 가리킨다. 18절에서는 "여호와의 영광(the glory of the LORD)이 성전 문지방을 떠나서 그룹들(the cherubim) 위에 머무르니"라고 말씀한다. 히브리서 9:5은 "그 위에 속죄소(the mercyseat)를 덮는 영광의 그룹들(the cherubims of glory)이 있으니 이것들에 관하여는 이제 낱낱이 말할 수 없노라"고 말씀한다. 그룹들에 대하여 '영광의'라고 직접적으로 수식한다. 이런 성경의 증거들은 그룹(the cherub)이 의미하는 독트린은 '하나님의 영광'이다.

계시록의 네 생물과 에스겔의 스랍들과 증거궤의 속죄소의 그룹들은 서로 차이가 있다. 에스겔서의 스랍들은 네 날개를 얼굴과 발을 가리웠을 뿐만 아니라 "Holy, holy, holy" 세 번의 '거룩하다'를 노래했다. 이런 사실들은 스랍들은 '하나님의 거룩하심'을 증거한다는 것을 가리킨다. 이에 반하여 그룹들은 '여호와의 영광'을 나타낸다. 스랍과 그룹들은 하나님의 두 가지 속성 가운데 '거룩'과 '영광'과 관계있다. 구속함을 받은 교회도 하나님의 '거룩'과 '영광'을 드러내야 한다. '거룩'은 하나님의 성품을 닮아가는 것 즉 '하나님의 형상'과 '그리스도의 형상'을 이루는 것이다. '영광'은 하나님의 영광을 나타내시는 '왕이신 그리스도'의 통치 안에서 순종하는 것을 통해 나타난다. 하나님을 섬기는 제사장의 특성은 '거룩성'이고, 하나님의 왕국과 통치를 가져오는 왕(King)의 특성은 '영광'이다. 교회는 왕 같은 제사장으로서 '거룩과 영광'을 추구해야 한다. 교회는 그리스도의 몸이고 '일곱 금 등대'라 불리는 것은 세상과 구별되는 '거룩성'과 왕이신 주님의 통치 아래 '의를 행함'으로 '영광'을 나타내기 때문이다. 그러므로 교회가 추구해야 할 것은 '거룩'과 '영광'이다.

## 3. 네 생물과 예수 그리스도의 관계

네 생물 중 첫째 생물은 '사자 같고'(like a lion), 둘째 생물은 '송아지 같고'(like a calf), 셋째 생물은 '얼굴이 사람 같고'(a face as a man), 넷째 생물은 '날아가는 독수리 같다.(like a flying eagle) 첫째 생물인 '사자 같고'(like a lion)는 여섯째 날 창조된 '짐승'으로서 '짐승을 대표'한다. 둘째 생물인 '송아지 같고'(like a calf)는 창세기의 '가축의 대표'이다. 왜냐하면 가축이라 불리는 소, 돼지, 양, 염소, 나귀 중에서 가축의 대표는 '송아지'이기 때문이다. 셋째 생물인 '얼굴이 사람 같고'(a face as a man)는 창조의 마지막에 창조된 '사람'으로 '모든 피조물의 대표'이다. 넷째 생물인 '날아가는 독수리 같다'(like a flying eagle)는 하늘을 나는 '조류를 대표'한다. 초기 교부들은 네 생물과 사복음서에 관련하여 다음의 표와 같은 논쟁이 있었다.

| 교부들 | 마태복음 | 마가복음 | 누가복음 | 요한복음 |
|---|---|---|---|---|
| St. Irenaeus | Human Angel | Eagle | Ox | Lion |
| St. Augustine | Lion | Human Angel | Ox | Eagle |
| P.Athanasius | Human Angel | Ox | Lion | Eagle |
| St. Jerome | Human Angel | Lion | Ox | Eagle |

### 1) 마태복음

위 표를 설명하자면, 성 이레니우스(St. Irenaeus)는 마태복음을 네 생물 중 Human과 Angel로 해석하고, 마가복음을 네 생물 중 독수리(Eagle)로, 누가복음은 네 생물 중 황소로, 요한복음은 네 생물 중 '사자'로 해석했다. 각 교부들의 견해가 일치하는 부분도 있고, 차이 나는 부분도 있다. 이런 논쟁은 네 생물을 아는 것이 난해했다는 것을 의미하기도 하고, 다른 방면으로 사복음서와 연관성이 있기 때문이다.

교부들이 네 생물과 사복음서를 연관시킨 것은 서로 연관성이 있기 때문에 '긍정적인 의미'가 있다. 다만 '아쉬운 것'이 있다고 하면, 네 생물은 직접적으로 '사복음서'와 관련이 없다는 것을 간과했다. 정확히 말하면, 네 생물과 사복음서는 직접적으로 관계있지 않고, 간접적으로 관계있다. 사복음서는 예수 그리스도의 행적으로 그분이 어떤 분이신가를 보여주기 때문에 네 생물과 직접적으로 관련이 없다. 교부 시대는 성경이 주어지고 얼마 되지 않은 시기였음을 감안해야 한다. 왜냐하면, 그 시대의 이슈와 논쟁을 통하여 진리가 하나씩 하나씩 정립이 되기 때문이다. 오늘날 우리들이 누리는 영적인 진리들은 모든 시대의 신앙의 선진들이 수고한 열매들이다.

계시록의 네 생물은 창조 시 피조물들의 대표로서 하늘에서 하나님을 찬양한다. 사복음서는 예수 그리스도께서 이 땅에 계실 때 어떤 분이신가를 보여준다. 이것도 하나의 계시라 할 수 있다. 마태복음은 왕이신 그리스도를 계시한다. 그래서 족보도 "아브라함과 다윗의 자손 예수의 세계라"(마 1:1)는 구절로 시작한다. 왜냐하면, 그분이 왕이라고 하면 정통성 있는 왕의 계보가 있어야 하기 때문이다. 마태복음의 예수님 탄생에 대한 특징은 동방의 박사들이 '왕의 별'을 보고 찾아와 "유대인의 왕으로 나신 이가 어느 있느뇨? 우리가 그를 경배하러 왔다"라고 말한다. 그들이 찾는 이는 '유대인의 왕'이며, 그를 찾아온 목적은 '왕에 대한 경배'이다. 왕을 경배하는 박사들은 빈 손으로 오지 않았다. 왕을 경배하는 자들은 합당한 예물을 드려야 했다. 동방 박사들은 왕을 경배하면서 '황금과 유향과 몰약'을 드렸다. 그들이 유대인의 왕을 목격했을 때, 강보에 싸인 예수님의 부모의 남루한 행색은 큰 시험이 되었을 것이다. 박사들이 '유대인의 왕'의 부모들과 그가 구유에 있고 강보에 싸여 있음에도 불구하고 의심치 않고 '엎드려 경배'하며 '모든 예물'을 드렸다. 이것이 참된 경배, 왕에 대한 경배이다. 이런 방면들은 다른 복음서에서 찾아볼 수 없다. 왜냐하면, 각 복음서 마다 예수 그리스도를 보여주는 방면(주제)이 다르기 때문이다.

왕이신 그리스도는 '천국'(the kingdom of heaven)과 관계있다. 천국에는 '천국의 헌법'이 있다. 그것이 우리가 흔히 말하는 '산상수훈'이라 부르는 마태복음 5~7장의 말씀이다. 예수님이 십자가에서 죽으실 때에 그의 죄패에는 "유대인의 왕 예수"(마 27:37)라고 기록됐다. 요한복음에서 대제사장들은 빌라도에게 십자가의 죄패에 '자칭'이라는 말을 넣기를 원해 압력을 가했다. 빌라도는 그들의 압력에 굴복해 예수님을 십자가에 처형하도록 판결을 했기 때문에 그들의 요구는 큰 문제가 아니었다. 그런데 놀랍게도 빌라도는 그들의 '작은 요구'를 거절하며 "내가 쓸 것을 썼다"(요 19:22)라고 말했다. 보이지 않는 하나님의 놀라운 주권적 섭리였다. 왜냐하면, 주님은 다윗의 자손으로서 유대인의 왕이기 때문이다.

왕은 그 백성들의 죄를 지고 십자가에 죽으시고 장사되셨고 사흘 만에 부활하셨다. 부활하신 후 40일 동안 제자들과 500여 형제들에게 부활의 몸을 보이시고 승천하실 때 "하늘과 땅의 모든 권세를 내게 주셨으니"라는 놀라운 말씀을 선포했다. 하나님이 구속의 역사를 성취하신 왕께 '하늘과 땅의 모든 권세'를 주셨다. 그 왕께서 "모든 족속을 제자 삼으라"고 말씀하시며 지상 대위임 명령을 내리셨다.(마태복음에는 세상 끝날까지 함께 하시기 때문에 마태복음의 특성상 승천의 기록이 없다) 제자란 '왕이신 그리스도를 따르는 왕국의 백성'이다. 왕이신 그리스도에게는 '신자'가 필요하지 않고 '제자들'이 필요하다. 신자가 제자가 될 때, 왕이신 그리스도를 높이고 영광을 돌릴 수 있다. 그런 까닭에 마태복음은 '천국'(the kingdom of heaven)과 관련하여 '의'(the righteousness)를 강조한다. 마태복음 5:20을 보자.

> 내가 너희에게 이르노니 너희 의가 서기관과 바리새인보다 더 낫지 못하면 결코 천국(the kingdom of heaven)에 들어가지 못하리라(마 5:20)

마태복음의 관점은 '구원'이 아니라 '천국(the kingdom of heaven)'이고, 따라서 외식하는 자들이 행하는 것보다 더 뛰어난 '의'(righteousness)를 요구한다. 왕이신 그리스도는 의이신 왕을 따르는 '의로운 왕국 백성'이 필요하기 때문이다. 마태복음은 예수 그리스도께서 '왕이심'을 증거하고, 그를 따르는 제자가 될 것을 보여 준다.

창조된 피조물 가운데 들짐승이 있고, 하늘의 보좌 주위에 있는 '네 생물' 중 첫째 생물은 '사자 같다'(like a lion)는 생물이다. '사자 같은 첫째 생물'은 사복음서를 가리키는 것이 아니라 창조의 '짐승들 대표'로서 마태복음이 증거하는 '왕이신 그리스도'를 상징적으로 보여준다. 그런 까닭에 계시록에서 일곱 인을 떼시는 분인 그리스도를 '유다 지파의 사자(lion)'라고 부르고 "그가 이겼다"고 말쓴한다. 이것은 그리스도께서 '유다 지파의 사자(lion)'로서 사탄을 이기신 분이라는 것을 의미한다. 그리스도께서 우리들의 왕이 되실 수 있는 것은 원수 사탄에게 종 되었던 우리들을 구원하시기 위해서 마귀를 이기셔야 가능하기 때문이다. 그리스도는 원수 마귀를 멸하시고 우리들을 구원하셔서 의로 통치하시는 만왕의 왕이시다.

### 2) 마가복음

마가복음은 예수 그리스도를 우리를 죽기까지 섬기신 '노예이신 그리스도'로 계시한다. 그런 까닭에 마가복음에는 마태복음과 같은 족보가 없다. 왜냐하면 노예에게 족보는 아무 의미가 없기 때문이다. 마가복음에는 왕의 복음, 사자의 복음인 마태복음과 같이 '뛰어나고 심오한 가르침'이 없다. 즉 산상수훈과 같은 뛰어난 가르침을 마가복음에서 찾는 것은 베데스다 못에서 고래를 찾는 것과 같다. 그런 까닭이 무엇인가? 마가복음이 보여주는 그리스도는 '노예이신 그리스도'이기 때문이다. 따라서 마가복음은 오직 '그의 행함'만을 매우 간략하게 기록한다. 노예의 가장 큰 덕목은 '말과 가르침'이 아니라 '철저한 순종과 행함'이기 때문이다. 그래서 마가복음의 또 다른 특징은 예수님의 행적을 '역사적 순서'대로 기록했다. 네 생물 중 송아지가 사람을 위해 수고하고 희생하는 가축의 대표인 것과 같이, 마가복음의 특성으로 인해 '송아지 복음'이라고 불린다.

### 3) 누가복음

누가복음은 예수 그리스도께서 우리들과 같은 '참 사람'이심을 보여준다. 그래서 주님은 '인자', '사람의 아들'로 부른다. 예수님의 계보는 마태복음과 누가복음에만 있다. 누가복음의 계보(눅 3:23~38)의 기록은 마태복음과 차이가 있다. 동일한 계보인데 차이가 있는 것은 각 복음서의 관점이 다르기 때문이다. 마태복음의 계보는 '아브라함과 다윗의 자손'으로 시작하여 '마리아의 남편 요셉을 낳았고(마 1:16a) '최종적으로' "마리아에게서(여자) 그리스도라 칭하는 예수가 나시니라"(마 1:16b)고 기록한다. 마태복음의 계보의 결론은 그리스도임을 보여준다. 마태복음에서 예수님의 부모 중 중요한 역할을 하는 사람은 아버지인 '요셉'이다. 요셉은 다윗의 자손 중 '솔로몬'의 후손이다.

이와 반면에 누가복음의 계보의 시작은 마태복음과 다르다. 마리아는 다윗의 아들 중 '나단 계열'이다. 이것은 "그 위는 나단이요 그 위는 다윗이요"(눅 3:31)라는 구절에도 나타난다. 그런데 마리아를 직접 언급하지 않고 '요셉의 아들'로 언급한다. "예수께서 가르치심을 시작하실 때에 삼십 세쯤 되시니라 사람들이 아는 대로는 요셉의 아들이니 요셉의 위는 헬리요"라고 말한다. '요셉의 아들'은 '예수님'을 가리킨다.

누가복음의 계보는 예수님으로 시작한다. 여기 주목할 것이 '사람이 아는 대로'라는 구절이다. 성경의 역본을 참조하자. 표준 새번역은 '사람들이 생각하기로는'으로 번역했고, 킹제임스 흠정역은 '사람들이 생각하기에'로, 우리말 성경은 '사람들이 생각하는 것처럼'으로 번역했다. 이것은 어떤 의미인가? "사람들은 예수님을 요셉의 아들로 생각한다"는 뜻이다. 여기엔 사람들이 알지 못하는 것이 있다는 것을 암시한다. "사람들이 알지 못하지만 성령으로 잉태되었고 그는 선지자들이 예언한 그리스도 즉 메시아이다!"라는 의미이다.

누가복음의 계보는 '위로' 거슬러 올라간다. "요셉의 위는 헬리요"로 시작하여 … 결국 어디까지 거슬러 올라가는가? "그 위는 에노스요 그 위는 셋이요 그 위는 아담이요 그 위는 하나님이시니라"(눅 3:38)고 말씀한다. 누가복음은 피조된 '첫 사람' 아담까지 간다. 마태복음과 현저한 차이이다. 더 놀라운 것은 "아담의 그 위는 하나님이시다"라는 것을 계시하며 계보를 마친다.

누가복음은 사람(아담)의 근원이 하나님이심을 계시한다. 참 사람이라면 모두 그 근원인 아담을 알아야 하고, 또한 하나님이 근원이심을 알아야 한다. 이런 사실들은 사람의 지식과 경험으로 알 수 없다. 오직 하나님의 특별 계시인 성경을 통하여 알 수 있다. 사람이란 얼마나 놀라운 존재인가? 세상 사람들이 생각하듯이 원숭이가 진화된 존재가 아니다. 모든 것은 다 '그 종류대로' 창조되었다. 사람은 하나님의 형상과 모양을 따라 창조되었다. 사람의 근원은 하나님이시다. 할렐루야!

누가복음에는 많은 비유들이 있다. 누가복음 10장의 '선한 사마리아 사람 비유', 15장에는 유명한 세 비유, 잃은 양의 비유와 잃은 드라크마의 비유와 탕자의 비유가 있다. 18장에는 불의한 재판관의 비유 등이 있다. 이 모든 것은 '참 사람'의 특징인 '뛰어난 인성'과 연관된다. 주께서 승천하실 때 "너희는 이 모든 일에 증인이라"(눅 24:48)고 하셨다. 이 또한 참 사람이신 그리스도를 닮아가는 신자들이 '증인'이 되는 것임을 본다. 주님의 십자가 죽음과 부활과 승천과 왕국을 가지고 재림하시는 주를 증거하는 것이 최고의 사역이요 섬김이다. 누가복음은 참 사람이신 그리스도를 소개하는데, 네 생물의 '사람 같고'와 비견되기 때문에 '인자 복음'이라 불린다.

### 4) 요한복음

요한복음은 마지막 복음서이다. 만일 앞의 세 복음서가 증거하는 그리스도를 볼지라도 요한복음이 증거하는 예수님을 알지 못하면 매우 큰 문제가 일어난다. 그런 까닭은 가장 중요한 메시지를 담고 있기 때문이다. 요한복음의 시작은 매우 독특하다. "태초에 말씀이 계시니라 이 말씀이 하나님과 함께 계셨으니 이 말씀은 곧 하나님이시니라"는 말씀이다.

요한복음의 '태초'(In the beginning)가 창세기의 '태초'(In the beginning)와 문자적으로 동일하기 때문에 동일한 의미로 생각할 수 있다. 그것은 요한복음의 특성을 간과한 것이다. 왜냐하면, 창세기의 '태초'(In the beginning)는 모든 피조물들이 시작할 때, 시간이 시작될 때의 '태초'인 반면에, 요한복음의 '태초'는 말씀이신 하나님이 계실 때의 '태초'이기 때문이다. 하나님은 영원하시기 때문에 하나님이 계신 '태초'는 '영원 과거'를 의미한다. 그런 까닭에 요한복음은 그리스도가 하나님이심을 계시한다.

요한복음에는 예수님의 족보가 없다. 왜냐하면, 스스로 계시는 하나님께 족보라는 것은 어울리지 않기 때문이다. 요한복음에는 많은 표적이 있다. 가장 놀라운 표적은 요한복음 11장에서 죽은 나사로를 살리신 일이다. 주님은 나사로가 병들었을 때 빨리 가시지 않고, 의도적으로 지체하셨다. 그 결과 나사로는 죽었다. 나사로의 죽음을 통해서 마르다와 마리아 자매를 비롯한 제자들에게 그리스도가 어떤 분이신가를 계시할 환경을 제공했다. 주님은 "나는 부활이요 생명이니 나를 믿는 자는 죽어도 살겠고, 무릇 살아서 나를 믿는 자는 영원히 죽지 아니하리니 네가 이것을 믿느냐"(요 11:25~26)라고 선언하셨다. "I am the resurrec-tion, and the life" 얼마나 놀라운 선언인가! 주님은 하나님으로서 죽음을 이기는 부활의 생명을 갖고 계시다. 그 생명은 '조에의 생명', '영원한 생명'이다. 요한복음이 기록된 목적은 요한복음 20:30~31에 나타난다.

> 예수께서 제자들 앞에서 이 책에 기록되지 아니한 **다른 표적도 많이** 행하셨으나 오직 이것을 기록함은 너희로 예수께서 하나님의 아들 그리스도이심을 **믿게 하려** 함이요 또 너희로 믿고 그 이름을 힘입어 생명을 **얻게 하려** 함이니라(요 20:30~31)

주님이 행하신 일들은 단지 '기적'이 아니라 '표적(sign)'이다. 표적이란 '기적'을 포함하고 그 이상의 것을 보여준다는 것을 의미한다. 즉 기적을 통해서 주님이 어떤 분이신지를 계시한다. 표적의 목적은 하나님의 아들 그리스도이심을 '믿는 것'이며, 믿게 하시는 목적은 '생명' 즉 '영원한 생명'을 얻게 하시기 위한 것이다. 요한복음은 예수님이 하나님이신 것을 증거한다. 이것은 네 생물 중 '독수리'와 관계된다. 독수리는 조류의 대표로서 모든 것을 초월하는 날개를 갖고 있다. 그리고 태양을 유일하게 바로 볼 수 있는 동물이다.

요한복음의 저자가 독수리라거나, 요한복음이 독수리라는 것은 일부 연관성만 보고 성경 전체의 흐름을 잘 보지 못한 해석이다. 요한복음은 그리스도가 하나님이심을 증거하고, 피조물 가운데 조류의 대표인 독수리는 모든 것을 초월하는 '날개'를 갖고 있다. 네 생물 중 하나로서 요한복음이 증거하는 '하나님이신 그리스도'의 속성과 일치한다. 창조된 피조물들을 대표하는 네 생물들, 가축이나 짐승이나 조류와 사람은 예수 그리스도께서 이 땅에서 섬기신 네 가지 사역을 보여준다. 하늘의 보좌 앞과 주위에 있는 네 생물은 피조물들의 대표로서 창조주 하나님을 기뻐하고 찬양한다. 얼마나 놀라운 광경인가!

## 4. 하늘의 경배: 네 생물과 이십사 장로들의 찬양

네 생물은 각각 여섯 날개를 가졌고 그 안과 주위에는 눈들이 가득하더라 그들이 밤낮 쉬지 않고 이르기를 거룩하다 거룩하다 거룩하다 주 하나님 곧 전능하신 이여 전에도 계셨고 이제도 계시고 장차 오실 이시라 하고 그 생물들이 보좌에 앉으사 세세토록 살아 계시는 이에게 영광과 존귀와 감사를 돌릴 때에(계 4:8~9)

### 1) 네 생물의 찬양

보좌 주위에 있는 네 생물은 하나님께 찬양을 드린다. 그들은 하나님이 창조한 피조물의 대표로서 창조주를 찬양한다. 그들은 "거룩하다 거룩하다 거룩하다"라고 하며 하나님의 거룩하심을 찬양한다. 찬양의 제목이 '거룩'이라는 것은 우리에게 시사해 주는 바가 크다. 우리는 하나님께서 거룩하신 분이심을 '깊이' 깨달아야 한다. 네 생물은 '거룩하다'를 한 번이나 두 번 하지 않고, 세 번 찬양했다. 여기에 특별한 의미가 있다. 사람이 생각하는 하나님은 '하늘에 계신 분' 즉 '하나님'이고, 성경이 계시하는 '삼위일체 하나님'이 아니다. 어떤 사람도 자신의 지혜로 하나님을 알 수 없다. 오직 하나님께서 그분을 계시하실 때 알 수 있다. 하나님의 영광은 삼위일체 하나님의 영광이다. 보좌 주위에 있는 네 생물은 하나님이 어떤 분이신지를 잘 안다. 그러기에 삼위일체 하나님께 "거룩하다 거룩하다 거룩하다"고 찬양했다. 이것을 삼성송이라 칭한다.

### 2) 이십사 장로들의 찬양

이십사 장로들도 네 생물과 함께 보좌에 앉으신 이에게 찬송과 경배를 드렸다. 계시록 4:10~11은 다음과 같이 말씀한다.

이십사 장로들이 보좌에 앉으신 이 앞에 엎드려 세세토록 살아 계시는 이에게 경배하고 자기의 관을 보좌 앞에 드리며 이르되 우리 주 하나님이여 영광과 존귀와 권능을 받으시는 것이 합당하오니 주께서 만물을 지으신지라 만물이 주의 뜻대

로 있었고 또 지으심을 받았나이다 하더라(계 4:10~11)

네 생물은 피조물의 대표이고, 이십사 장로들은 '천사들'의 대표이다. 네 생물은 이 땅에 있는 것들의 대표인데 반하여, 이십사 장로들은 '하늘에 있는 것'들의 대표이다. 그러므로 땅에 있는 것들과 하늘에 있는 것들이 하나님께 찬양을 드린다. 이런 사실들은 창조된 모든 것들이 다 하나님을 찬양하는 것이 마땅하고 합당하다는 것을 가리킨다.

오직 누구만이 하나님을 찬양하지 않는가? 땅에는 타락하고 죄 있는 사람들이 있고, 하늘에는(공중) 하나님을 대적하여 하늘에서 내쫓겨 '공중 권세를 잡은 자'(원문은 ἄρχον, 알콘으로 통치자, 임금의 뜻, KJV은 prince로 번역)인 마귀와 그의 반역한 가담한 천사 중 1/3이 있다. 하나님께 마땅히 찬양하지 않는 자들은 반역자들이고 그들을 위해 '영원한 불 못'이 준비되었다. 영광의 보좌에 앉아 모든 민족을 심판하실 때 염소들에게 무엇이라고 선포하셨는가? "저주를 받은 자들아 나를 떠나 마귀와 그 천사들을 위하여 예비 된 영원한 불에 들어가라"(마 25:41)고 말씀한다.

이십사 장로들은 "우리 주 하나님이여 영광과 존귀와 권능을 받으시는 것이 합당하오니"라고 찬양했다. 우리는 하나님께서 영광과 존귀와 권능을 받으시는 것이 '합당하다'는 것을 인식해야 한다. 교회가 하나님만을 섬기는 것은 '과도한 섬김'이나 '도를 지나친 것'도 '선을 넘은 것'도 아니라 지극히 '합당'하다. 이십사 장로들이 찬양하는 이유가 "주께서 만물을 지으신지라"고 말하는 것과 같이 주님은 스스로 계시는 분으로 창조자이시기 때문에 피조물들이 찬양하는 것은 '마땅하고' 지극히 '합당'하다.

## 3) 네 생물과 이십사 장로들의 찬양의 차이

네 생물과 이십사 장로들의 찬양에는 공통점과 차이점이 있다. 양자는 피조물이라는 공통점이 있지만, 그들은 다른 존재이기 때문에 차이점이 있다. 이 부분을 QST해 보자. 네 생물은 '영광과 존귀와 감사'(glory and honour and thanks)를 올렸고, 이십사 장로들은 '영광과 존귀와 권능'(glory and honour and power)을 올렸다.

양자가 공통적으로 드린 것은 '영광과 존귀'이다. 차이점이 있는데 네 생물은 '감사'(thanks)를 올린 반면에, 이십사 장로들은 '권능'(power)을 올렸다. 이런 차이가 의미하는 바가 무엇인가?

네 생물과 이십사 장로들은 모두 다 피조물이다, 네 생물은 땅에 있는 피조물들의 대표이고, 이십사 장로들은 하늘에 있는 피조물인 천사들의 대표이다. 피조물들의 대표는 아담(사람)이었는데 아담이 타락함으로 말미암아 땅과 모든 피조물이 저주를 받았다. 그 결과 피조물들이 썩어짐의 종 노릇 하고 있고 탄식하고 있음을 로마서 8:19~22은 다음과 같이 말씀한다.

> 피조물이(the creature) 고대하는 바는 하나님의 아들들이 나타나는 것이니 피조물이(the creature) 허무한 데 굴복하는 것은 자기 뜻이 아니요 오직 굴복하게 하시는 이로 말미암음이라 그 바라는 것은 피조물도(the creature) 썩어짐의 종 노릇한 데서 해방되어 하나님의 자녀들의 영광의 자유에 이르는 것이니라 피조물이(the creature) 다 이제까지 함께 탄식하며 함께 고통을 겪고 있는 것을 우리가 아느니라 (롬 8:19~22)

두 번째 아담이신 그리스도의 구속은 사람뿐만 아니라 '모든 피조물'을 포함한다. 혹시 놀라는 사람이 있다면 그리스도의 구속의 범위를 '사람뿐'이라고 단정했기 때문이다. 거의 모든 문제는 전부 틀리지 않고, 일부를 전부로 간주하는 데 있다. 골로새서 1:20은 "그의 십자가의 피로 화평을 이루사 만물 곧 땅에 있는 것들이나 하늘에 있는 것들이 그로 말미암아 자기와 화목하게 되기를 기뻐하심이라"고 말씀한다. '만물'(all things)이란 '모든 피조물'을 가리킨다. '땅에 있는 것들'은 '창조한 피조물'을 가리키고, '하늘에 있는 것들'은 '천사들'을 가리킨다. 이 모든 것이 십자가의 피로 화목케 되어야 한다.

히브리서 2:9도 "오직 우리가 천사들보다 잠시 동안 못하게 하심을 입은 자 곧 죽음의 고난 받으심으로 말미암아 영광과 존귀로 관을 쓰신 예수를 보니 이를 행하심은 하나님의 은혜로 말미암아 모든 사람을 위하여 죽음을 맛보려 하심이라"라고 말씀한다. 개역개정은 '모든 사람을 위하여 죽음을 맛보려 하심이라'고 번역했고, KJV도 'for every man'이라고 번역했다. 이것은 '매우 좁게' 해석한 것이다. '모든 사람'으로 번역된 헬라어는 'παντὸς'는(판토스)로서 '전체의, 만유, 만민, 모든 것'을 의미하는 'πας'(파스)의 '대명사적 형용사 소유격'이다. 여러 역본들이 '모든 사람'이라고 번역한 것도 이 문제가 단어의 문제가 아니라, 성경 전체에 흐르는 하나님의 구속의 범위를 '사람'으로 '좁게' 보았기 때문이다. 즉 다시 말하면, 'πας'(파스)라는 단어가 '만민'과 '만유'라는 의미가 있지만, 성경 전체의 흐름을 보지 못했기 때문에 '모든 사람'을 선택했다. 물론 전혀 잘못된 것은 아니지만, 온전하지 못한 번역이다.

이런 사례를 다른 성경에서도 발견할 수 있다. 마가복음 16:15은 "너희는 온 천하에 다니며 만민에게 복음을 전파하라"고 말씀한다. '만민'은 헬라어 'κτίσει'(크티세이)로서 'κτίσις'(크티시스)의 '여격형'으로 '설립, 창조행위, 피조물, 법령'의 의미이다. 그래서 KJV은 'every creature'(모든 피조물)로 번역했는데, 이 경우는 'κτίσις'(크티시스)가 '만민'이라는 뜻이 없기 때문에 자연히 적절하게 번역됐다.

우리가 너무나 잘 아는 고린도후서 5:17은 "누구든지 그리스도 안에 있으면 새로운 피조물이라"는 말씀의 '피조물'도 마가복음 16장과의 동일한 단어 'κτίσις'(크티시스)이다. 개역개정에서 'κτίσις'가 '피조물'이라는 뜻인데 왜 '만민'으로 번역했는지를 '역지사지' 입장을 바꿔놓고 생각하면 이해할 수 있다. 복음을 전하는 대상은 사람들이 확실하고, 성경은 '피조물'이라고 기록되어 있으니 한동안 고민했을 것이다. 그 결과 이해가 되지 않는 '피조물'이라는 단어는 피하고, 보다 '안전한 단어'인 '만민'으로 번역했다. 번역은 원문을 '그대로' 번역하는 것이 원칙인데, 번역하지 않고 '해석'하려는 유혹에 빠진 것이라 할 수 있다.

네 생물은 '감사'(thanks)가 있고, 이십사 장로들은 '권능'(power)을 돌린 이유를 QST하자. 네 생물은 아담의 타락으로 죄로 오염되어 썩어짐의 종 노릇 하게 되었다. 그리스도의 구속은 '사람'뿐만 아니라 '모든 피조물'까지 포함한다. 주님이 재림하실 때 구속함을 받은 신자 가운데 이기는 자들이 부활한 몸을 입고 왕으로 온 땅을 다스리는 때, 즉 '하나님의 아들들'로 불리는 때, 썩어짐의 종 노릇에서 해방되어 영광의 자유에 이르기를 바라기 때문이다. 네 생물은 피조물의 대표로서 '그리스도의 구속'을 바라는 대상이고, 구속의 기본 원칙은 '감사'(thanks)이기 때문이다.

이에 반하여 이십사 장로들은 피조되었지만 타락이 없다. 물론 마귀와 함께 천사의 3분의 1은 타락했지만, 이십사 장로들은 타락이 없기 때문에 구속도 없다. 그들이 '권능'(power)을 돌린 것은 이십사 장로들이 이십사 보좌에 앉고 면류관을 쓰고 있는 것과 같이 '다스리는 권능'이 주어졌기 때문이다. 장로들은 권능을 위임받은 자들로서 권능을 알기 때문에 하나님께 '권능'이 있음을 찬송한다. 오늘날 구원받은 교회는 하나님께 대한 '감사'(thanks)를 잃어버리지 말아야 한다. '감사'(thanks)는 구속함을 받은 성도의 축복의 증거이다. 느헤미야도 "여호와로 인하여 기뻐하는 것이 너희의 힘이니라"(느 8:10)는 말씀으로 백성들을 격려했다.

## 5. 이십사 장로들이 면류관을 보좌 앞에 드림

> 이십사 장로들이 보좌에 앉으신 이 앞에 엎드려 세세토록 살아 계시는 이에게 경배하고 자기의 관을 보좌 앞에 드리며(계 4:10)

### 1) '발루신'의 의미

이십사 장로들의 매우 특별한 행위를 본다. 이십사 장로들은 자신들의 면류관을 보좌 앞에 드렸다. 개역개정의 '드렸다'는 헬라어 'βαλοῦσιν'(발루신)으로 '던지다'라는 의미인 'βαλλω'(발로)의 '3인칭 능동태 미래형'이다. 개역한글에서는 "면류관을 보좌 앞에 던지며"라고 번역했는데, 개역개정에서는 "자기의 관을 보좌 앞에 드리며"라고 번역한 이유를? 유추할 수 있다. 이십사 장로들(무천년설은 교회의 대표로 해석함)이 하나님께 자신의 면류관을 '던진다'라는 것이 하나님의 영광에 부합되지 않는 것으로 보이기 때문에 정중한 표현으로 '드리고'라고 했을 것이다.

성령의 감동으로 기록된 성경은 'βαλοῦσιν'(발루신) 즉 '던지고'라고 말한다는 것을 염두에 둬야 한다. 양 단어의 차이가 있다. '드리고'라는 단어는 받으시는 하나님께 중점을 두고, '던지고'라는 단어는 면류관을 던지는 주체인 이십사 장로들의 태도에 중점을 둔 것이다. 'βαλοῦσιν'(발루신)이 능동태라는 것은 이십사 장로들이 '면류관을 던진 것'이 마지못해 한 것이 아니라 자발적인 행동이었음을 나타낸다. 이후에 논증하겠지만, 이십사 장로들이 자신에게 부여해 준 권세를 자의적이고 기쁜 마음으로 하나님께 돌려드렸기 때문이다. 그들은 구속함을 받은 능히 셀 수 없는 큰 무리들이 왕 노릇 할 것을 찬양했다. 하나님의 뜻을 따라 교회가 왕 노릇 하는 것을 기뻐하는 것과 이십사 장로들이 면류관을 보좌 앞에 던지는 것은 동전의 양면과 같다. 만일 이십사 장로들이 구속함은 받은 큰 무리가 왕 노릇 하는 것을 기뻐하지 않았다면, 이십사 장로들은 그들의 면류관을 돌려드리는 것을 주저했을 것이기 때문이다.

## 2) 면류관

'자기의 관'은 'their crowns'(그들의 면류관들)을 의미한다. '관'으로 번역된 원문은 'στεφάνους'(스테파누스, 복수)로서 면류관을 의미하는 'στέφανος'(스테파노스)의 '복수 목적격형'이다. 따라서 '관'보다는 '면류관'이 적절하다. 이 단어는 계시록 2:10의 '생명의 면류관', 고린도전서 9:25의 "이기기를 다투는 자마다 모든 일에 절제하나니 그들은 썩을 승리자의 관(στέφανος)을 얻고자 하되 우리는 썩지 아니할 것을 얻고자 하노라"는 말씀에도 언급된다. 모두 동일한 단어 'στέφανος'(스테파노스)가 사용되었다. 이 단어는 일반적인 의미의 '관'보다 '면류관'을 의미한다. 사도행전의 첫 번째 순교자인 스데반의 이름도 '면류관'을 의미하는 'στέφανος'(스테파노스)라는 것은 의미가 있다.

하늘에서 이십사 장로들은 하나님이 수여하신 'στέφανος'(스테파노스)를 쓰고 보좌에 앉아 왕으로 통치하고 있었다. 그런데 이제 그들의 면류관을 벗어서 보좌 앞에 던진다. 이것은 어떤 중요한 변화가 있었다는 것을 의미한다. 그래서 계시록 4장의 시점을 아는 것이 중요하다. 전통적인 관념은 4장부터 '장차 일어날 일들'로 간주하여, '주님이 재림하실 마지막 때' 즉 '대환난의 때'로 단정한다. 이것은 한 가지 오류에 불과하지만 심각한 오류이다. 이 또한 장차 일어날 일들 가운데 '마지막 때' 즉 '대환난'이 포함되지만, 더 많은 일을 포함하기 때문이다. 역사의 중요한 사건들이 일어난 때가 중요한 것처럼, 계시록을 연구하는데 시점을 아는 것은 매우 중요하다.

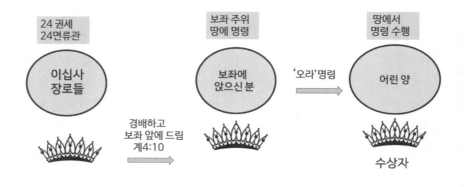

〈 이십사 장로들의 면류관을 드린 후의 과정〉

계시록 4장의 시점은 뒤이어 나오는 첫째 인의 기준점이 된다. 계시록 4장은 주님이 승천하신 이후에 있는 일들이다. 이 시기에 관한 자세한 내용은 5장에서 언급할 것이다. 위의 그림은 이십사 장로들이 보좌에 앉으신 분께 면류관을 드린 것과 어린 양의 관계를 나타냈다. 주님이 구속의 역사를 성취하시고 부활하셨고 승천하실 때 하신 말씀을 기억해 보라. "하늘과 땅의 모든 권세를 내게 주셨으니!" 이것은 이전까지는 이 권세가 '아직' 인자이신 주님께 주어지지 않았다는 것을 의미한다. 하나님께서는 인자이신 주님께 모든 권세를 주시기 전에, 하나님 보좌 주위에 앉은 이십사 장로들에게 위임했다. 이십사 장로들이 하나님 보좌 주위에 있는 이십사 보좌에 앉아 있고, 그들의 머리에는 각각 '면류관'을 썼다는 것이 그런 의미이기 때문이다. 이런 상황은 "이제까지 그들이 하나님의 위임으로 왕으로 다스리고 있었다"는 것을 의미한다.

복음서 끝자락에서 인자이신 주님께서 구속의 역사를 성취하시고 승천하셨다. 그것이 마태복음 28장의 기록이다. 주님이 승천하신 후 어디에 계시는가? 이것은 사도행전에도 없고, 바울의 서신서에도 나오지 않는다. 계시록 4장은 하늘이 열리고 보좌와 그 앉으신 분과 주위에 있는 것들을 보여준다. 이어서 계시록 5장에는 보좌와 네 생물과 장로들 사이에 서 있는 어린양을 보여준다. 이런 상관관계는 예수께서 승천하신 후 하나님 보좌 우편에 앉아 계시다는 것을 가리킨다.

그리스도께서 부활하신 후 아버지께 하늘과 땅의 권세를 받으셨다. 주님이 승천하셨기 때문에 이십사 장로들은 하나님께 위임을 받았던 면류관을 하나님께 돌려드려야 한다는 것을 알고 있었다. 이십사 장로들은 반역에 가담하지 않고, 자신의 '지위'(their first estate)와 '처소'(their own habitation)를 지킨 천사들로서(유 6), 하나님의 뜻과 하나님의 권능을 알고 순종한다. 어린 양이 보좌 우편에 앉으셨고 그분께 면류관이 돌아가야 한다는 것을 아는 이십사 장로들은 자발적으로 그들이 썼던 면류관을 보좌 앞에 던졌다. 아마 이런 의미로 이해하면 좋을 것이다.

> 전능하신 하나님! 이제까지 우리에게 이십사 보좌와 면류관을 주시고 다스리는 권능을 주셨으니 영광과 존귀와 권능을 돌려 드립니다. 이제 비로소 하나님의 뜻을 따라 인자이신 그리스도께서 구속의 역사를 성취하시고 이기시고 승천하셨으니, 우리에게 잠시 위임하셨던 면류관을 하나님께 돌려드립니다. 하나님의 뜻대로 사랑하는 아들이요 기뻐하는 자이신 그리스도에게 면류관을 돌려주시기를 원합니다.

이십사 장로들이 면류관을 보좌 앞에 던진 것은 하나님의 명령이 있었기 때문이 아니다. 이십사 장로들이 하나님의 뜻을 깨닫고 스스로 '자원하고' 기뻐하는 마음으로 행한 것이다. 주님께서 주기도문을 가르치실 때, "뜻이 하늘에서 이뤄진 것같이"라고 가르치셨다. 이것은 '하늘에는' 하나님의 뜻이 완전히 이뤄졌고 어떤 문제도 없다는 의미이다. 즉 하늘에 있는 천사들은 모두 하나님의 통치 아래서 하나님의 뜻을 따르고 있다는 것을 가리킨다. 그 결과 하늘이 열리며 이십사 장로들이 그들의 면류관을 자발적으로 돌려드리는 광경을 계시한다. 이 얼마나 놀라운 광경인가!

이십사 장로들이 보좌 앞에 '던진'(βαλοῦσιν, 발루신) 면류관은 'στέφανος'(스테파노스)로서 주님께서 신자들 가운데 '이기는 자들'에게 약속하신 것이다. 따라서 보좌 앞에 드려진 면류관들은 하나님께서 받으신 후 어린 양이신 그리스도에게 주실 것이다. 그리고 그리스도께서는 '그리스도의 심판석'(the judgment seat of Christ, 고후 5:10)에서 이기는 자들에게 주실 것이다. 구원받은 신자가 '왕 같은 제사장'인 것을 비로소 '생생하게' 깨달을 때가 그리스도의 심판석에 서서 일평생 어떻게 신앙생활하며 주님을 섬겼는지를 회계(결산)할 때이다. 주님이 속히 오시는 목적은 "내가 네게 줄 상이 있어 속히 오리라"는 말씀에 잘 나타난다. 이것이 성도들의 영광의 소망이다. 할렐루야!

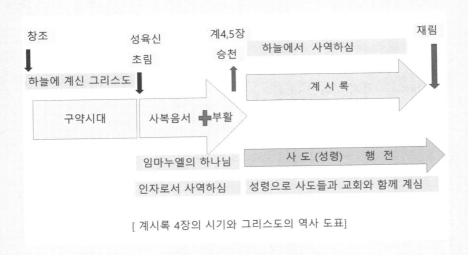

[ 계시록 4장의 시기와 그리스도의 역사 도표]

## 1. 하늘이 열리고 하나님의 보좌의 광경을 본 때는 언제인가?

하늘이 열리고 하나님의 보좌의 광경을 본 때는 예수 그리스도께서 승천하신 후의 일이다. 4장의 시점은 5장의 시점과 같다. 하늘이 열리고, 먼저 하나님의 보좌와 앉으신 이를 본 후, 5장에서 어린 양을 보여주기 때문이다. 사도행전 1장에는 승천이 기록됐는데, 그 이후 "그리스도는 어디에서 무엇을 하시는가?"라는 의문을 갖는 것은 긍정적이다. 바로 이런 의문에 대하여 성경은 승천하신 그리스도는 하나님 보좌 우편에 계시다는 것을 보여준다. 계시록 1장에서는 일곱 금등대인 교회를 돌보시는 대제사장으로 사역하고 계심을 보여준다. 즉 다시 말하면, 그리스도께서 성육신하신 후 이 땅에서의 인자로서의 구속의 사역을 성취하시고 승천 후, 하늘에서 대제사장으로서 사역하고 계신다. 성육신은 임마누엘로 대표되는 "하나님이 우리와 함께 계시다"라는 성취였다. 하나님이 육신으로 우리와 함께 계신 것은 천지 창조보다 더 놀라운 일이다. 주님은 십자가와 부활을 통해 구속의 역사를 성취하셨고, 세상 끝날까지 함께 하시겠다는 약속을 따라, 보혜사 성령님을 보내셨고 오순절 날 교회를 성령충만케 하셔서 사도들과 교회와 함께 역사하신다. 사도행전은 어떤 의미에서 성령행전이라 할 수 있다. 복음서와 사도행전 1장의 승천 후에 계시록 4장에서 하늘이 열림으로 하나님의 보좌의 광경과 계시록 5장에서 어린 양을 보인 것은 이런 연관성이 있다.

## 2. 하늘의 광경에 나타난 네 요소

이십사 장로들을 교회의 대표가 아니라 천군 천사들의 대표고, 네 생물은 피조물들의 대표다. 하늘이 열린 후 하늘의 광경을 도표로 나타내면 다음과 같다.

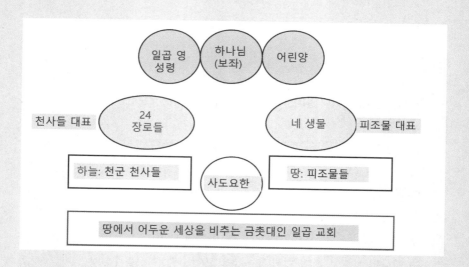

요한계시록 INSIDE - 1~11장: 그가 왕 노릇 하시리로다

## 3. Youtube "워킹바이블 요한계시록 연구소" 채널 참고 영상

#52 전에도 계셨고! 이제도 계시고! 장차 오실 이!!

#58 하늘의 하나님의 보좌! 은혜의 보좌인가? 심판의 보좌인가?

#28 1000년만의 비밀 최초 대공개! 하늘의 24장로는 누구인가요?

#29 24 장로와 천사들은 어떤 관계인가? 언제 창조되었는가?

#30 금 면류관을 쓴 24 장로들 직분 & 왕 같은 제사장인 교회와의 관계?

#31 요한계시록의 네 생물! 사복음서인가요?

#32 창세기의 피조물 여섯 종류! 요한계시록의 네 생물!

#33 하나님의 보좌 앞의 네 생물! 사복음서와 어떤 관계가 있나요?

#38 하나님의 일곱 영! 일곱 등불! 어떤 의미인가요?

#39 보좌 앞의 유리 바다! 하늘의 축복을 의미하나요?

#41 네 생물과 24 장로들의 찬양! 공통점? 차이는 무엇인가요?

#51 네 생물과 24 장로들의 찬양 공통점 & 차이는 무엇인가요?

*Chapter 25 ·*
# 어린 양 & 유다 지파의 사자(5:1~14)

계시록 5장은 하늘의 두 번째 광경을 보여준다. 1절은 "내가 보매 보좌에 앉으신 이의 오른손에 두루마리가 있으니 안팎으로 썼고 일곱 인으로 봉하였더라"고 말한다. 계시록 5장은 하나님의 경륜의 비밀이 담겨있는 일곱 인으로 봉한 두루마리와 어린 양을 계시한다. 5장은 '장차 될 일'을 기록한 4장~22장의 두 번째 부분에 위치한다. "장차 될 일은 언제부터 시작되는가?"라는 관점은 매우 중요하다. 전통적인 관념은 '마지막 때' 즉 '주님이 재림할 때'라고 단정한다. 그 결과 '첫째 인'부터 대환난이라는 고정관념을 갖고 있다. 따라서 성경이 무엇이라고 말하는지를 주목해야 한다.

## 1. 보좌에 앉으신 이의 오른손에 있는 두루마리

계시록 5장의 첫 메시지는 하나님 오른손에 있는 두루마리이다. 두루마리가 하나님의 오른손에 들렸다는 것은 어떤 의미인가?

### 1) 오른손

하나님의 보좌는 '하나님의 권세'와 '통치'를 의미한다. 온 땅과 우주를 통치하는 분은 보좌에 앉으신 하나님이시다. 하나님은 오른손에 두루마리를 갖고 계신다. 사도 요한은 두루마리가 하나님의 왼손이 아닌 오른손에 들려 있음을 보았다. 계시록 1장에서도 "주님의 오른손이 일곱 별들을 붙들고 계시다"라고 말씀한다. 공통점은 모두 '오른손'이다. 성경에서 오른손은 무엇을 의미하는가?

성경에서 '오른손'에 대한 직접적인 첫 번째 언급은 이스라엘이 에브라임과 므낫세를 축복할 때이다.(창 48:13) 그런데 의미상으로 오른손이 가장 먼저 언급된 곳은 창세기 35장이다. 라헬은 산고 중에 아들을 낳으면서 아들 이름을 '슬픔의 아들'을 의미하는 '베노니'라고 불렀다. 자신의 죽음으로 인해 어미 없이 자라야 하는 핏덩이가 겪을 고난을 염려한 라헬의 사랑(혼적)의 염려가 담겨 있다. 야곱은 사랑하는 아내의 유언과도 같은 요청을 거절하며 '오른손의 아들'을 의미하는 '베냐민'이라고 불렀다. 야곱은 전능하신 하나님을 의지했기 때문에 "이 아들은 슬픔의 아들이 아니라, 오른손의 아들이 될 것이요"라는 의미를 가진 '베냐민'이라고 하며 사랑하는 아내를 위로했다. '오른손'은 하나님의 능력의 손을 의미한다. 출애굽기 15:6은 "여호와여 주의 오른손이 권능으로 영광을 나타내시니이다 여호와여 주의 오른손이 원수를 부수시니이다"라고 노래했다. 홍해를 육지 같이 건너게 하시고, 애굽의 모든 군대를 심판하신 것을 "여호와의 권능과 영광을 나타낸 오른손"이라고 말씀한다. 오른손은 하나님의 능력의 손을 의미한다. 따라서 두루마리가 하나님의 '능력의 오른손'에 있다는 것은 어떤 천사들이라도 하나님의 능력인 오른손으로부터 두루마리를 가져갈 수도 없고, 펴볼 수도 없다는 것을 의미한다.

## 2) 안팎으로 쓰여졌다

하나님의 오른손에 들린 두루마리는 '안팎으로' 쓰여졌다. 사도 요한과 에스겔 선지자도 모두 안팎으로 쓰여진 두루마리를 봤다. 에스겔 2:9~10은 "내가 보니 보라 한 손이 나를 향하여 펴지고 보라 그 안에 두루마리 책이 있더라 그가 그것을 내 앞에 펴시니 그 안팎에 글이 있는데 그 위에 애가와 애곡과 재앙의 말이 기록되었더라"고 말한다. 이와 같이 두루마리에 써진 글이 안팎에 썼다는 것은 "내용이 가득하고 충만하다"는 의미이다. 계시록의 마지막 메시지는 안팎으로 기록된 두루마리를 대적하는 행위들에 대한 경고이다. 계시록 22:18~19은 이렇게 말씀한다.

내가 이 두루마리의 예언의 말씀을 듣는 모든 사람에게 증언하노니 만일 누구든지 이것들 외에 더하면 하나님이 이 두루마리에 기록된 재앙들을 그에게 더하실 것이요 만일 누구든지 이 두루마리의 예언의 말씀에서 제하여 버리면 하나님이 이 두루마리에 기록된 생명나무와 및 거룩한 성에 참여함을 제하여 버리시리라 (계 22:18~19)

두루마리에 기록된 것에 "무언가를 더한다"는 것은 두루마리의 예언이 부족하다고 간주한 것을 의미한다. 그러나 두루마리는 안팎으로 가득히 써졌다. 하늘의 천사라도 예언의 말씀에 더할 수 없다. 이와 반대로 두루마리에 "무엇인가 제한다"는 것은 오류가 있다고 간주하기 때문이다. 이런 행위에 대하여 하나님의 심판이 있다. 따라서 안팎으로 쓰여진 두루마리는 그 내용이 더할 수도 제할 수도 없는 완전한 예언이라는 것을 가리킨다.

### 3) 봉해졌다

두루마리는 일곱 인으로 봉해졌다. '봉해졌다'라는 단어는 헬라어 'κατεσφραγισμένον'(카테스프라기스메논)으로 '봉인하여 닫다'라는 'κατεσφραγίζω'(카테스프라기조)의 '완료 수동태 분사형'이다. "하나님에 의해서 이미 봉해졌다"는 의미이다. 주목할 것은 두루마리가 '밀납으로' 봉해진 것이 아니라, 하나님의 인(도장)으로 봉해졌는데, '하나의 인'이 아니라 '일곱 인'으로 인을 쳐서 봉해졌다.(sealed with seven seals) 당시 로마 시대에는 편지나 문서를 밀랍으로 봉하고 인을 쳐서 봉함으로 위조를 방지하고 다른 사람이 보지 못하도록 했다. 만일 편지에 황제의 봉인이 찍혔다면, 허락된 사람 외에 개봉하는 것은 상상할 수 없는 일이었다. 보좌에 앉으신 분에 의해 일곱 인으로 봉하여진(sealed) 두루마리는 몇 가지 의미가 있다.

첫째, 두루마리를 인으로 봉했다는 것은 하나님의 능력과 권세로 봉해졌기 때문에, 어느 누구도 볼 수 없다는 것을 가리킨다. 하늘에 있는 천사라도 볼 수 없다.

둘째, 두루마리가 안팎으로 써졌다는 것은 그 내용이 많고 충만하기 때문에 더할 수도 없고 제할 수도 없이 완전하다.

셋째, 인으로 봉한 두루마리는 반드시 인을 뗄 자격과 권세가 있는 자만이 뗄 수 있다. 하늘에 있는 천사라도 인을 뗄 수 있는 자가 없다.

넷째, 계시록의 내용은 인으로 봉해진(sealed) 두루마리를 어린 양이 떼심으로 밝혀졌다.

다섯째, 일곱 인으로 봉했다는 것은 일곱 개의 인으로 봉했다는 것뿐이 아니라, 일정한 순서를 갖고 있다는 것을 말한다. 첫째 인으로 봉한 두루마리로부터 … 그리고 마지막 일곱째 인으로 봉한 두루마리가 있다. 첫째, 둘째 … 일곱째는 '기수'가 아니라 '서수', '순서가 있는 수'이다. 첫째 인을 뗀 후에 둘째 인을 뗄 수 있고, 둘째 인을 뗀 후에 셋째 인을 뗄 수 있다는 의미이다. 이것이 하나님께서 정하신 일곱 인에 대한 원칙이다.

여섯째, 일곱 인이 차례가 있다는 것은 "각 인들이 뗄 때가 정해져 있다"는 것을 가리킨다.

일곱째, 그리스도의 승천 이전에는 두루마리의 존재도 알 수 없었다. 그런데 이제야 볼 수 있는 것은 그리스도께서 구속의 역사를 성취하시고 승천하셨기 때문이다.

여덟째, 그리스도께서 승천하신 후, 일곱 인으로 봉해진 두루마리를 보이신 것은 그리스도께서 봉해진 인을 떼시고 여신다는 것을 가리킨다.


## 2. 일곱 인을 뗄 자는 누구인가

2절은 "또 보매 힘 있는 천사(a strong angel)가 큰 음성으로 외치기를 누가 그 두루마리를 펴며 그 인을 떼기에 합당하냐"라고 말씀한다. 이것은 두루마리를 펴는 것과 일곱 인을 떼는 것도 자격이 있어야 한다는 것을 가리킨다. '합당한'은 헬라어 'ἄξιος'(악시오스)로서 '무게가 나가는, 상응하는, 가치 있는 사람의'라는 뜻이다. 이 단어는 5장에서 두 번 언급된다. 첫째는 "합당한 자가 보이지 않았기 때문에 크게 울었다"(4)라는 구절이고, 둘째는 "죽임을 당하신 어린 양은 능력과 부와 지혜와 힘과 존귀와 영광과 찬송을 받으시기에 합당하도다"(12)라는 찬양에 언급된다. '합당한'으로 번역된 'ἄξιος'(악시오스)는 '자격이 있는 사람', '가치가 있는 사람'이란 의미로 다음과 같은 몇 가지 의미를 함의한다.

첫째, 두루마리의 인을 뗄 수 있는 자는 죄가 없어야 한다. 죄의 값은 사망이고, 모든 사람은 죄를 범했기 때문에 하나님의 영광에 이르지 못한다.(롬 3:23) 따라서 타락한 사람은 모두 자격이 없다. 누가복음 19장에서 주님은 자신을 왕위(kingdom)를 받아 가지고 오시기 위해 '먼 나라'로 가시는 '어떤 귀인'(a certain nobleman)으로 비유하셨다.(눅 19:12) 오직 죄가 없으신 주님만이 '귀인'이라 칭해질 수 있다.

둘째, 죄의 문제를 해결할 수 있어야 한다. 세례 요한은 예수님을 향하여 세상 죄를 지고 가는 하나님의 어린 양이라고 증거했다. 어떤 천사들도 두루마리를 펴거나 인을 뗄 수 없는 것은 세상 죄를 해결할 자격이 없기 때문이다.

셋째, 죄의 결과인 사망 권세를 이길 수 있어야 한다. 예수 그리스도는 십자가에 죽으신 후 음부(하데스, hell)에 내려가셔서 사흘 동안 계셨다. 사도행전 2:24은 "하나님께서 그를 사망의 고통에서 풀어 살리셨으니 이는 그가 사망에 매여 있을 수 없었음이라"고 증거하고, 27절은 "이는 내 영혼(프슈케, soul)을 음부(하데스, hell)에 버리지 아니하시며 주의 거룩한 자로 썩음을 당하지 않게 하실 것임이로다"라고 말한다. 로마서는 "그의 아들에 관하여 말하면 육신으로는 다윗의 혈통에서 나셨고 성결의 영으로는 죽은 자들 가운데서 부활하사 능력으로 하나님의 아들로 선포되셨으니 곧 우리 주 예수 그리스도시니라"(롬 1:3~4)고 말씀한다. 주님은 사망 권세를 이기신 분이기 때문에 자격이 있으시다.

넷째, 두루마리를 펴고 인을 떼기 위해서는 능력도 있어야 한다. 주님은 "너희는 가서 모든 민족을 제자로 삼으라"고 하시면서, "하늘과 땅의(in heaven and in earth) 모든 권세(all power)를 내게 주셨다(is given)"(마 28:18)는 것을 언급하셨다. 주님은 아버지로부터 하늘과 땅의 권세를 받으셨다. 그분은 모든 능력을 가지신 분이기 때문에 두루마리의 인을 떼기에 자격이 있다. 하나님의 오른손에 있는 두루마리에는 온 땅과 우주의 영원한 비밀이 담겨져 있고, 아버지께서 그리스도에게 '하늘의 권세'를 주셨다는 것은 두루마리를 펴고 일곱 인으로 봉한 것을 뗄 수 있는 자격을 가진 합당한 분이라는 것을 말한다.

## 3. 하늘 위에나 땅 위에나 땅 아래: Nowhere

3절은 "하늘 위에나 땅 위에나 땅 아래에 능히 그 두루마리를 펴거나 보거나 할 자가 없더라"고 말씀한다. 이것은 사도 요한의 당시 상황을 보여준다. 여기에서 자격이 있는 자를 찾지 못했다는 '세 방면', 하늘 위와 땅 위와 땅 아래가 나온다. 이것은 어떤 의미인가?

### 1) 무천년설: 그레고리 K. 비일의 견해

그레고리 K. 비일은 『NIGTC 요한계시록』(새물결플러스, p.584)에서 '하늘 위와 땅 위와 땅 아래'에 대한 견해를 제시했다.

> 천사의 질문에 오직 침묵이 있을 뿐이다. 피조물 중에는 앞으로 나와 그 책을 펴거나 읽을 수 있는 사람이 하나도 없다. 이것은 하나님의 피조물 중에서는 하나님의 구원과 심판 계획을 실행할 수 있는 사람이 아무도 없음을 보여 준다. 2b절에서 등장한 다니엘서 7장에 '펴진 책' 이미지가 3절에서도 저자의 생각 속에 머물러 있다. 이사야 29:11~12을 반추한 내용이 있을 수 있다. 이사야 29:11~12에서는 그 책이 봉인된 까닭에 아무도 그 책을 보거나 읽을 수 있는 사람이 없다고 한다.(그레고리 K. 비일, 『NIGTC 요한계시록』, 새물결플러스, p.584)

그레고리 K. 비일은 단지 피조물 가운데 아무도 그 책을 펼 수 있는 사람이 없다는 것으로 간주하고 지나쳤다. 무천년설적인 관념을 가진 비일에게 "땅 아래 펼 자들이 없다"라는 구절은 '뜨거운 감자'와 같을 것이다.

### 2) 무천년설: 이필찬 박사의 견해

그레고리 K. 비일과 같은 관점을 갖고 있는 이필찬 박사는 『요한계시록』(에스카톤, p.550)에서 우주의 세 부분에 대한 그의 견해를 제시했다.

그러나 그러한 자격을 갖춘 자가 쉽게 발견될 수 있겠는가? 3절은 안타까운 현실을 적나라하게 보여준다. 이 본문은 3a절의 '우데이스'(아무도)라는 인칭 대명사로 시작한다. 아무도 없다! (중략) 여기에서 제시되는 하늘/땅/땅 아래의 삼중 구조는 성경에서 우주적 범위를 묘사할 때 자주 사용되는 형식이다. (중략) 삼중 구조를 언급하는 3b절의 삽입으로 말미암아 3a절과 3c절의 아무도 책을 열거나 볼 자가 없다는 내용이 더욱 강조된다. 3c절에 의하면 그야말로 이 우주의 어느 곳에서도 하나님의 구속 계획의 종말적 성취를 이루어 드릴 자가 없다. 이처럼 극단적으로 부정적인 정황은, 이야기가 전개되는 과정에서 매우 극적인 반전을 기대하게 한다.(이필찬, 『요한계시록』, 에스카톤, p.550)

이 박사도 세 가지 방면을 우주적 범주와 아무도 책을 열거나 볼 자가 없다는 것을 강조한다는 것으로 지나쳤다. 만일 모든 성경이 '우주의 세 방면'에 대한 구체적인 언급이 없었다면 그런 견해가 가능하다. 성경이 우주의 세 부분을 언급한 것은 매우 깊은 의미가 있다.

### 3) 필자의 비평 및 견해

3절의 핵심은 두루마리를 뗼 자가 "하늘 위에도 없고, 땅 위에도 없고, 땅 아래에도 없었다"는 것을 가리킨다. 두 학자는 세 방면에 대해 성경이 언급하는 핵심을 간과했다. 성경이 세 방면으로 언급한 것은 보여주고자 하는 원칙이 있기 때문이다. 3절은 헬라어 'οὐδείς'(우데이스)라는 인칭 대명사로 시작한다. "아무도 아닌, 아무 것도 아닌"이라는 의미이다. 개역개정에서는 '아무도 없더라'고 한 번만 나오는데, 원문은 네 번 나온다. 원문을 보자.

> καὶ ἐδύνατο οὐδείς(우데이스, nor) ἐν τῷ οὐρανῷ οὐδὲ(우데, nor) ἐπὶ τῆς γῆς οὐδὲ(우데, nor) ὑποκάτω τῆς γῆς ἀνοῖξαι τὸ βιβλίον οὔτε(우테, nor) βλέπειν αὐτό(계 5:3)

위 구절에서 가장 많이 나온 단어는 'οὐδείς'(우데이스)와 'οὐδὲ'(우데, nor)이다. 둘 다 같은 의미이다. 그래서 표준새번역 성경은 이런 원문의 의미를 살려 "그러나 두루마리를 펴거나 그것을 볼 수 있는 이는, 하늘에도 없고 땅 위에도 없고 땅 아래에도 없었습니다"라고 번역했다. 성경이 말하는 "하늘에도 없고, 땅 위에도 없고, 땅 아래도 없다"는 것은 무천년설자들의 견해와 같이 "단지 없다"는 것으로 끝나지 않는다.

성경이 구체적인 '세 방면'을 언급한 이유는 무엇인가? 적어도 그곳에 두루마리의 인을 뗄 수 있는 대상자가 있다는 것을 가리킨다. 성경이 " … 할 이가 없더라"는 것은 '자유의지를 가진 인격체'가 없다는 것을 가리킨다. 왜냐하면, 하나님의 오른손에 있는 두루마리를 가져다가 펴고 인을 떼는 것은 적어도 '자유의지를 가진 인격체'라야 가능하기 때문이다. 성경은 끝이 없는 광대한 우주를 세 방면으로 말한다. 그 세 방면의 공통 부분은 ' … 할 이(자)'이다. 즉 다시 말하면, '하늘 위에 있는 자들', '땅 위에 있는 자들', '땅 아래 있는 자들' 중에 아무도 두루마리를 뗄 자가 없다는 것을 가리킨다. 우주의 세 부분에 대한 관점은 그리스도의 비하와 승귀를 언급한 빌립보서 2:9~11에도 나타난다.

> 이러므로 하나님이 그를 지극히 높여 모든 이름 위에 뛰어난 이름을 주사 하늘에 있는 자들과 땅에 있는 자들과 땅 아래에 있는 자들로 모든 무릎을 예수의 이름에 꿇게 하시고 모든 입으로 예수 그리스도를 주라 시인하여 하나님 아버지께 영광을 돌리게 하셨느니라(빌 2:9~11)

그리스도의 부활과 승천으로 가장 뛰어난 이름을 주신 것을 언급하면서 계시록과 동일하게 우주의 세 방면을 언급했다. 개역개정에서는 "하늘에 있는 자들과 땅에 있는 자들과 땅 아래에 있는 자들"로 번역됐다. 헬라어 원문은 "πᾶν γόνυ κάμψη ἐπουρανίων καὶ ἐπιγείων καὶ καταχθονίων"이다. 그 뜻을 살펴보면, 'πᾶν'(판)은 '모든'(all)을, 'γόνυ'(고뉘)는 '무릎'(knee)을, 'κάμψη'(캄프세)는 '무릎을 꿇다, 경배하다'를 의미한다. 'ἐπουρανίων'(에푸라니온)은 '하늘에 있는 것들'(things in heaven)을, 'καὶ'(카이)는 '접속사 and', 'ἐπιγείων'(에피게이온)은 '땅에 있는 것들'(things in earth)을, 'καὶ'는 'and'를, 'καταχθονίων'(카타크도니온)은 '땅 아래 있는 것들'(things under the earth)을 의미한다.

원문의 의미는 "하늘과 땅 위와 땅 아래 있는 것들(인격체와 사물)"로 세 방면에 있는 자유 의지를 가진 존재와 그 외의 모든 피조물들을 가리킨다. 개역개정은 "세 방면에 있는 자들(인격체)"이라고 좁게 번역했다. 하나님의 창조에는 ' … 자들'이라고 부를 수 있는 '천사들'과 '사람' 뿐만 아니라, ' … 것들'이라고 부를 수 있는 모든 피조물들이 있다. 빌립보서의 메시지는 "우주의 세 방면에 있는 '모든 것들' 즉, "인격체인 천사와 사람을 비롯해서 모든 피조물들이 예수의 이름에 무릎을 꿇는다"는 의미이다. 개역개정의 번역자가 사람을 제외한 피조물들이 예수의 이름에 무릎을 꿇는다는 것을 이해하기 어려웠기 때문에 ' … 자들'이라고 축소했을 것이다.

이런 상황은 마가복음 16:15에도 나타난다. 주님은 "또 이르시되 너희는 온 천하에 다니며 만민에게 복음을 전파하라"고 말씀한다. '만민'으로 번역된 원문은 "πάσῃ τῇ κτίσει"(파세 테 크티세이)이다. 'πάσῃ'(파세)는 '모든'을 의미하는 'πᾶσ'(파스)의 여격이고, 'κτίσει'(크티세이)는 '피조물'을 의미하는 'κτίσις'(크티시스)의 여격이다. 따라서 주님의 명령은 "모든 피조물들에게 복음을 전파하라"는 것을 말한다.

피조물이란 사람들을 비롯한 동물과 식물 등 모든 것들을 포함한다. 이 구절을 통해서 복음이 우주적이라는 것을 볼 수 있다. 개역개정이 '피조물'을 '만민'이라고 축소해서 번역한 이유는 빌립보서의 경우와 같이 피조물들에게 복음을 전한다는 것이 어울리지 않기 때문일 것이다. 물론 복음을 동물들을 비롯한 피조물에게 전하지 않는다. 그러나 그렇게 말씀한 것은 복음의 능력이 모든 피조물에게 미치기 때문이다. 성경은 이해가 안 되더라도 "말씀하신대로", "문자대로" 번역하는 것이 최선의 정책이다. KJV은 원문 그대로 'every creature'라고 번역했다. '땅 아래 있는 자들'로 불린 자유의지를 가진 인격체는 누구인가? 만일 '땅 아래에' 자유의지를 가진 자들이 아무도 없었는데 그곳에 아무도 없다고 하면, 공허한 말씀이 될 것이다. 땅 아래에 자유의지를 가진 자가 있기 때문에 언급한 것이다. 하늘에는 천사들의 대표인 이십사 장로들과 피조물들의 대표인 네 생물, 그리고 천군 천사들이 있다. 동일한 원칙으로 땅 아래에도 자유의지를 가진 인격체가 있다. 죽은 사람은 신자든지 불신자든지 모두 '음부'에 있다. 그레고리 K. 비일이나 이필찬 박사는 '땅 아래 있는 자들'이 있다는 것을 인정하지 않는다. 그 실례로서, 예수님이 십자가에 죽으신 후에 '천국(하늘을 의미)'에 갔다고 믿고, 음부에 내려가셨음을 부인한다. 따라서 십자가 옆의 구원받은 강도도 사후에 '천국(하늘을 의미)'에 갔다고 믿는다. 그리고 "모든 신자는 사후에 하늘에 있는 천국에 간다"고 주장한다. 따라서 이 주제를 다룰 필요가 있다. 이런 신학 사상을 대부분 갖고 있지만, 그 실례로서 글로 발표된 네 교수의 견해를 소개한다.

## 4. 신자는 사후 하늘에 있는 천국에 가는가

종교개혁 후에도 로마 가톨릭과 공유하고 있는 신학 사상은 "신자 사후 하늘에 있는 천국으로 간다"는 것이다. 이 신학사상의 뿌리에는 무천년설을 확립한 로마 가톨릭이 있다. 그들과 무엇인가를 공유한다는 것은 큰 문제가 있다. 이해를 돕기 위해서 여러 개혁교회의 학자들의 견해를 소개한다.

### 1) 로마 가톨릭과 같은 전통적인 견해

#### (1) 서철원 교수

서철원 전 총신대원 교수는 『신자 사후 바른 이해에서』라는 글에서 다음과 같은 견해를 제시했다.

> 하나님의 가르침에 의해서 영혼이 사후에 존재한다. 그리고 죽으면 신자는 하나님 품으로 가고 불신자는 여기 음부라고 되어 있는데 지옥으로 간다.(중략) 그런데 낙원이라고 하는 곳이 하나님이 계신 곳하고 별도의 처소로 낙원이 있는 것이 아니다. 십자가상에 못 박힌 그리스도께서 강도를 향해서 오늘 네가 나와 함께 낙원에 있으리라고 하셨는데, 낙원이 천당과 별도의 곳에 있기 때문이 아니다. (중략) 바로 이 낙원을 사용하심으로 자기가 메시아이신 것을 백성들에게 선언하신 것이다. 그런 것이지 낙원이 천당보다는 중간 지점, 누가복음 16장에 나오는 아브라함의 품처럼 아직 천당과 같은 상태 이전의 곳이 아니라, 죽으면 다 주님 계신 곳에 가지 낙원이란 별도 처소가 있는 것이 아니다. 음부는 지옥을 뜻한다. 음부는 지옥을 말하고 별도의 처소가 아니다.(서철원, 『신자 사후 바른 이해에서』전 총신대원 교수)

## (2) 칼빈대, 박일민 교수

박일민 칼빈대학교 조직신학 교수는 월간 「교회와 신앙」 1998년 11월호 "사후 세계"라는 칼럼에서 그의 견해를 말했다.

> 예수님께서는 한편 십자가에 달려 있는 강도에게 오늘 네가 나와 함께 낙원에 있으리라고 말씀하셨다.(눅 23:43) 그러므로 그 강도는 낙원으로 간 것이 분명하다. 그 낙원은 어디일까? (중략) 이 말씀에 의하면 예수께서는 단번에, 즉 운명과 동시에 즉시로 성소에 들어가셨다. 그 성소는 하늘의 지성소, 곧 하나님 아버지가 계신 천국이었다. 그러므로 그 강도가 간 낙원은 바로 천국이라고 보아야 한다. 따라서 낙원은 다름 아닌 천국의 동의어로 사용된 말이다. 누가복음 16:26에 나오는 아브라함의 품도 역시 천국의 동의어에 해당된다.(박일민 전 칼빈대학교 조직신학 교수, 월간 「교회와 신앙」 1998년 11월호 "사후 세계")

## (3) 고신대, 우병훈 교수

우병훈 고신대 교수는 「개혁정론」 16.10.14, "천국 상급이란 무엇인가?"라는 칼럼에서 다음의 글을 발표했다.

> 천국 상급에 대해서 다루기 전에 우선 지적할 것은, 보통 용법에서 성도가 죽어서 가는 것을 천국이라고 부르는데, 낙원이라 부르는 것이 더 정확하다는 것입니다. 예수님은 십자가 상에서 한편 강도에게 '오늘 네가 나와 함께 낙원에 있으리라'고 말씀하셨습니다.(눅 23:43) 따라서 지금 성도가 죽어서 가는 곳을 '낙원'이라고 부르는 것이 더욱 성경적인 용법에 가깝습니다.(우병훈, 「개혁정론」 16.10.14, "천국 상급이란 무엇인가?")

## (4) 합동신학대학원, 이승구 교수

이승구 교수(합동신대원 조직신학) 는 상담 코너에서 다음과 같이 답변했다.

> [답변] 예수님께서 십자가에 한편 강도에게 "오늘날 내가 나와 함께 낙원에 있으리라"(눅 23:43)고 하신 것에 근거해서 추론해야 합니다. (중략) 2) 이것은 바울이

삼층천과 낙원을 동일시하면서, 그곳이 하나님께서 계신 곳이라고 말씀하시는 것과(고후 12:1~4) 잘 어울립니다. 그러므로 성도들이 죽으면 바로 하나님이 계신 곳 하늘(heaven) 즉 낙원(paradise)에 있게 된다고 교회는 그동안 가르쳐 왔습니다. 3) 이것이 교회가 오랫동안 믿고 가르치는 부활의 모습에 사용하는 것입니다. 십자가에 죽으신 후 예수님의 영혼은 하나님께서 계시는 하늘(heaven)에 계셨다고 자연스럽게 추론할 수 있습니다. 이것은 그리스도의 몸과 영혼이 모두 다 하늘에 계시게 되는 승천과는 다른 것입니다.(이승구 합동신대원 조직신학 교수)

## 2) 필자의 견해

이 주제는 천동설적인 세계관과 지동설적 세계관에 비유할 수 있을 만큼 중요한 주제이다. "신자는 사후에 즉시 하늘에 있는 천국으로 간다"라는 신학 사상이 로마 가톨릭과 개혁교회가 동일하다는 것은 놀랍다. 이 신학 사상은 개혁자들의 것이 아니라, 로마 가톨릭의 것을 그대로 차용한 것이다. 종교개혁이란 "이신칭의"로 대표되는 구원에 관한 것이다. 종교개혁은 '모든 것'을 개혁한 것이 아니라, 기초를 놓은 것이다. 그래서 종교개혁자들의 모토와 같이 개혁은 '모든 방면'에서 지속적으로 이뤄져야 한다.

### (1) 구원받은 강도

십자가 옆의 두 강도는 처음에는 모두 주님을 비방했다. 그러다가 한 강도가 "네가 그리스도가 아니냐 너와 우리를 구원하라"(눅 23:39)고 비방했고, 한 강도는 "네가 동일한 정죄를 받고서도 하나님을 두려워하지 아니하느냐 우리는 우리가 행한 일에 상당한 보응을 받는 것이니 이에 당연하거니와 이 사람이 행한 것은 옳지 않은 것이 없느니라"(눅 23:40~41)고 하며 그 동료를 꾸짖었다. 그는 자신의 죄를 인정하고, 주님은 죄가 없는 분임을 증거했다. 그런 후에 주님께 "예수여 당신의 나라에 임하실 때에 나를 기억하소서"(눅 23:42)라고 고백했다. 예수님은 그 강도에게 "내가 진실로 네게 이르노니 오늘 네가 나와 함께(with me) 낙원에(in paradise) 있으리라(shall be) 하시니라"(눅 23:43)고 약속했다.

주님의 말씀은 강도가 구원받았음을 증거한다. 여기서 중요한 논점은 강도가

"약속받은 '낙원'이 어디인가?"라는 것이다. 앞서 언급했듯이 모든 신학교 교수들이(무천년설을 따라) 낙원을 '하늘의 천국'이라고 말한다. 성경을 QST한다는 것은 성경 문맥(context)의 흐름 안에서 해석하고, 특별히 이와 관련된 '모든 성경으로' 조명하는 과정을 통해서 성경의 메시지를 찾는 과정을 가리킨다. 대다수의 신학자들이 낙원을 천국으로 보는 근거는 고린도후서 12장의 사도 바울의 체험을 근거로 한다.

### (2) 삼층천과 낙원
고린도후서 12:1~4은 사도 바울의 매우 특별한 체험을 말한다.

> 무익하나마 내가 부득불 자랑하노니 주의 환상과 계시를 말하리라 내가 그리스도 안에 있는 한 사람을 아노니 그는 십사 년 전에 셋째 하늘(the third heaven)에 이끌려 간 자라(그가 몸 안에 있었는지 몸 밖에 있었는지 나는 모르거니와 하나님은 아시느니라) 내가 이런 사람을 아노니(그가 몸 안에 있었는지 몸 밖에 있었는지 나는 모르거니와 하나님은 아시느니라) 그가 낙원(paradise)으로 이끌려 가서 말로 표현할 수 없는 말을 들었으니 사람이 가히 이르지 못할 말이로다(고후 12:1~4)

사도 바울은 십사 년 전에 셋째 하늘에 이끌려 갔었다. 셋째 하늘은 가장 높은 하늘로서 하나님이 계시는 곳이다. 그뿐만 아니라 바울은 낙원에 이끌려 갔음을 말했다. 셋째 하늘과 낙원에 대한 것을 QT를 넘어서 QST하면 성경의 메시지와 원칙을 발견할 수 있다.

### ① 한 번 다녀온 것을 두 번 다녀온 것처럼 말했는가?
만일 셋째 하늘과 낙원이 동일한 곳이라고 하면, 사도 바울은 '한 곳'에 다녀온 것을 '두 곳'에 다녀온 것처럼 말한 사람이 된다. 이것은 흔히 작은 것을 크게 부풀려 침소봉대하는 '자기 과시형'이나 거짓 선지자의 전형이라고 할 수 있다. 사도 바울의 인격과 사역을 통해 볼 때 전혀 어울리지 않는다.

## ② 동일한 곳이면 '동격'으로

만일 '셋째 하늘'과 '낙원'이 동일한 곳이라고 가정한다면, 성경은 어떻게 기록돼야 하는가? "그는 십사 년 전에 셋째 하늘 즉 낙원에 이끌려 간 자라"고 기록되어야 한다. 셋째 하늘과 낙원 사이에 '동격'을 의미하는 '즉'이나 '곧'이 삽입되어야 한다. 그런데 성경은 이렇게 기록되지 않고 양자를 "따로따로" 구별해서 기록했다.

또 다른 증거는 2~3절에서 '셋째 하늘'에 이끌려 갔던 것을 기록하고, 4절에서는 '낙원'에 이끌려간 경험을 "따로따로" 기록했다. 그렇게 말한 이유는 무엇인가? 셋째 하늘과 낙원이 동일한 곳이 아니라 서로 다른 곳이기 때문이다.

이런 관계는 서두인 1절에서도 나타난다. 바울은 "무익하나마 내가 부득불 자랑하노니 주의 환상과 계시를 말하리라"고 말한다. 만일 셋째 하늘과 낙원이 동일한 곳이라고 하면, "주의 환상 곧 계시를 말하리라"고 기록됐을 것이다. 원문은 "ὀπτασίας καὶ ἀποκαλύψεις κυρίου"이다. ὀπτασίας(옵타시아스) '환상'을 의미하는 ὀπτασία(옵타시아)의 목격적이며, κυρίου(퀴리우)는 '주님'을 의미하는 κύριος(퀴리오스)의 소유격이고, ἀποκαλύψεις(아포칼립세이스)는 '계시'를 의미하는 ἀποκάλυψις(아포칼립시스)의 목적격이다. 이 단어는 계시록의 첫 구절에도 나온 유명한 단어이다.

창세기 1:1의 "태초에 하나님이 천지를 창조하시니라"에서 천지는 '하늘과 땅'(the heaven and the earth)을 의미한다. "하늘과 땅" 사이에 접속사 "과"(and)가 있는 것 같이, "환상과 계시" 사이에 '접속사' καὶ(카이, and)가 있다. 'καὶ'가 환상과 계시 두 단어 사이에 있다는 것은 두 단어가 동일한 의미가 아니라는 것을 전제한다. 만일 동일한 것이었다면, "주의 환상 곧 계시"라고 했을 것이기 때문이다. 이것은 주의 환상이 있었고 또한 주의 계시가 있었다는 것을 의미한다. 그런 후에 2~3절은 셋째 하늘의 경험을 말하고, 4절에서는 낙원의 경험을 말했다. 이런 문맥은 셋째 하늘의 경험과 낙원의 체험이 동일한 것이 아니라는 증거이다.

## ③ 십사 년 전의 체험

사도 바울의 이 체험은 언제 있었던 일인가? 한 달이나 일 년 전의 일이 아니라, 십사 년 전의 일이다. 십사 년 동안 한 번도 말하지 않았던 것을 이제야 비로소 말하는 것을 통해 사도 바울의 신앙과 인격을 볼 수 있다. 이제야 비로소 언급하는 이유도 "무익하나마 내가 부득불 자랑하노니"라는 구절에 나타나듯이 고린도 교회가 은사들로 인하여 분쟁이 있는 부득이한 상황이었기 때문이었다.

### ④ 제3자로 지칭함

자신을 직접 지칭하지 않고 "내가 그리스도 안에 있는 한 사람을 아노니"라고 하며 '3인칭' 즉 '제3자'로 언급했다. 만일 사도 바울이 하나의 체험을 두 번 있었던 것처럼 말했다면, '본인'이라는 것을 직접 언급하고 '한 사람'(제3자)이라고 지칭하지 않았을 것이다. 이런 정황도 한 번의 체험이 아니라 각각의 다른 체험이라는 반증이다.

### ⑤ 음부강하와 충돌

만일 '셋째 하늘'과 '낙원'이 동일한 곳의 다른 이름이라면, 주님은 십자가 사후에 천국에 간 것이 된다. 그렇게 될 때 십자가 사후 '음부 강하'를 언급하는 여러 성경 구절들은 오류가 된다. 음부 강하는 사도신경 원문에도 나타난다. 성경은 십자가 사후 음부에 내려가셨음을 증거한다.

### ⑥ 유사하지만 다른 의미의 단어

셋째 하늘과 낙원이란 단어는 유사성이 있지만 서로 다른 단어이다. 예를 들어보자. '칭의'와 '의'는 뜻이 유사한 단어이지만 그렇다고 해서 동일한 단어가 아니다. '칭의'와 '의'는 각 단어가 가진 독특한 의미를 갖고 있다. '칭의'란 불의한 죄인이 주 예수를 믿을 때에 하나님의 법정에서 "너는 이제 의로운 자다"라는 법적인 판결이다. 따라서 칭의는 '수동적인 의미'이다.

칭의와 달리 '의(righteousness)'는 칭의를 받은 후 하나님의 말씀을 따라 순종하며 사는 것과 관계 있다. 마태복음 5:20은 "내가 너희에게 이르노니 너희 의가 (your righteousness) 서기관과 바리새인보다 더 낫지 못하면 결코 천국(the kingdom of heaven)에 들어가지 못하리라"고 말씀한다. 여기의 '의'는 서기관과 바리새인 보다 '더 나은 의'로서 '행위로서의 의'를 가리킨다. 로마서는 '칭의'(justification)를 강조하고, 마태복음은 '의'(righteousness)를 강조한다. 그런 이유는 로마서의 주제는 구원이기 때문에 '칭의'를 언급하고, 마태복음은 '천국'이 주제이기 때문에 '의'를 강조한다. 로마서는 죄인이 하나님 앞에서 '의롭다 함을 얻는 것'(칭의)에 초점을 두고, 마태복음은 구원받은 자가 왕의 통치와 다스림 안에서 순종하고 따라야 하는 '천국'과 '제자'에 초점을 두고 있기 때문에 '의'(righteousness)를 강조한다. 낙원은 구원받은 모든 자가 누리는 분깃에 대한 것이고, 셋째 하늘은 하나님이 계시는 곳으로 그 위치와 의미가 다르다.

### (3) 요나의 표적과 '땅 속에'

마태복음 12장은 주님이 표적을 구하는 서기관과 바리새인에게 "악하고 음란한 세대가 표적을 구하나 선지자 요나의 표적 밖에는 보일 표적이 없느니라 요나가 밤낮 사흘 동안 큰 물고기 뱃속에 있었던 것 같이 인자도 밤낮 사흘 동안 땅속에 있으리라"고 책망하셨다. 그러면서 주님이 십자가 사후에 가실 곳이 어디인지를 보이셨다. 요나가 밤낮 사흘 동안 있었던 것은 예수님의 십자가의 죽음과 부활에 대한 예표였다. 그래서 '인자도' 밤낮 사흘 동안 '땅속에' 있을 것이라고 말씀했다. '땅속'은 헬라어 'τῇ καρδίᾳ τῆς γῆς'(테 카르디아 테스 게스)이다. τῇ(테)와 τῆς(테스)는 '정관사'(the)이고, 'καρδίᾳ'(카르디아)는 '마음, 심장부, 중심부'의 의미이다. 'καρδίᾳ'(카르디아)가 사람에게 쓰일 때는 '마음'으로, 사물에 쓰일 때는 '중심부'라는 의미로 번역된다. 'γῆς'(게스)'는 '땅'(earth)을 의미하는 'γῆ'(게)의 여격이다. '땅'은 사물이므로 '땅속에'라는 구절은 원문에서 '땅속의 심장부' 혹은 '땅속의 중심부'를 의미한다. 주님이 십자가 사후에 가신 곳은 '땅속의 중심부'이다. 주님이 십자가 옆의 강도에게 "네가 나와 함께 낙원에 있으리라"고 하신 것은 강도도 주님과 같이 '땅의 중심부'에 있는 낙원에 갔다는 것을 의미한다. '땅의 중심부'는 십자가 사후에 간 '장소'로 일반적인 명칭이고, 십자가에서 강도에게 '낙원'이라고 말씀하셨다. 나사로가 사후 천사들에게 받들려 간 곳은 "위로받고 편히 쉬는 곳"으로서 낙원이다.

### (4) 하나님의 낙원

무천년설은 '하나님의 낙원'과 '낙원'을 동일시한다. 낙원이라는 공통분모 때문에 같은 것으로 간주했다. 성경에서 낙원(하나님의 낙원을 포함하여)이라는 단어는 세 번 나온다. 첫째, 강도에게 약속한 '낙원'(눅 23:43)이 있다. 둘째, 사도 바울이 간 낙원(paradise, 고후 12:4)이다. 양자는 동일한 곳이다. 주님이 십자가 사후에 가셨던 곳이고, 구원받은 강도를 비롯한 모든 성도가 사후에 가서 안식하는 곳이다.

마지막으로 나오는 곳은 요한계시록 2:7로서 "귀 있는 자는 성령이 교회들에게 하시는 말씀을 들을지어다 이기는 그에게는 내가 하나님의 낙원(the paradise of God)에 있는 생명나무의 열매를 주어 먹게 하리라"는 구절이다. 여기의 낙원은 다른 두 구절과 같이 '그냥 낙원'이 아니라, '하나님의 낙원'으로 구별된다. 신자 사후 천국에 간다는 신학 사상은 주님이 십자가 옆의 강도에게 약속하신 '낙원'을 '하나님의 낙원'으로 동일시했기 때문이다. 서로 낙원이라는 공통점이 있지만, '그냥 낙원'과 '하나님의 낙원'을 구별하지 못한 결과이다. 양자는 어떻게 구별되는가?

첫째, 강도에게 약속한 낙원은 '그냥 낙원'(just paradise)인 반면에, 계시록에 언급한 낙원은 '하나님의 낙원(the paradise of God)'으로 서로 구별된다. 만일 양자가 동일한 곳이었다면, "나와 함께 하나님의 낙원에 있으리라"고 말씀하셨을 것이다.

둘째, 십자가 옆의 강도에게 약속한 낙원은 그가 죽은 후에 갈 곳이 '낙원'이라는 것을 가리킨다. 이것은 강도뿐만 아니라 구원받은 모든 신자가 사후에 낙원에 간다는 원칙을 의미한다. 이와 반면에, 요한계시록에 약속한 '하나님의 낙원'은 에베소 교회의 이기는 자들에게 약속한 것으로 성격이 다르다. 즉 약속을 받는 시기와 대상이 서로 차이가 난다. 일곱 교회 중의 에베소 교회는 이미 구원받은 신자이다. 그들은 신앙의 아홉 가지 덕목들을 가지고 있었으나 '처음 사랑'(프로토스의 사랑)을 잃어버렸고, 이것을 극복한 신자들에게 '하나님의 낙원'을 약속했다. 따라서 양자의 성격이 다르다는 것을 보게 된다.

셋째, 에베소 교회는 구원받았기 때문에 십자가 옆의 강도와 같이 '사후에' 즉시 '땅속 중심부'에 있는 '낙원'에 가서 편히 안식을 누릴 것이다. 이것은 구원받은 모든 신자가 사후에 즉시 받는 공통된 약속이다. 십자가 옆의 강도가 약속받은 낙원은 모든 신자가 받을 공통된 분깃이다.

넷째, 에베소 교회가 잃어버린 '처음'(프로토스) 사랑을 회복한다면, 이기는 자가 되어 '하나님의 낙원'에 있을 것이고, 생명나무의 열매를 먹게 될 것이다. 이것은 사후에 즉시 이뤄지지 않고, 주님의 재림 후에 있을 천년왕국에서 이뤄질 일이다.

다섯째, 강도에게 약속한 낙원은 '땅속 중심부'에 있는데 반해, 하나님의 낙원은 생명나무가 있는 곳으로 하늘에 있다. 만일 낙원을 하나님의 낙원과 동일시한다면 땅속 중심부에 있는 낙원에 생명나무가 있어야 하는데, 그것은 이치에 맞지 않다. 구원받은 강도와 나사로가 간 낙원은 하나님의 낙원이 아니기 때문에 생명나무가 없다.

여섯째, 에베소 교회와 다른 여섯 교회에게 마지막으로 언급한 이기는 자들에게 주신 약속들은 신자들 가운데 오직 각 교회의 '이기는 자들'에게 약속된 것이다. 만일 이기는 자가 되지 못한다면 약속을 받지 못한다. 이 약속은 사후에 즉시 받는 것이 아니라, 주님이 재림하셔서 온 세상 나라가 그리스도의 왕국이 될 때 성취된다. 이에 반하여 강도에게 약속한 낙원은 사후에 즉시 성취된다.

### (5) 부자와 나사로 이야기(not 비유)

성경에서 "사람이 죽은 후 어디로 가는가?"라는 주제에 대한 사례는 누가복음 16장의 부자와 나사로의 이야기가 유일하다. 흔히 '부자와 나사로의 비유'라 부르는데 비유가 아니다. 존 칼빈은 그의 논문 '혼수론'(Psychopnnychia)에서 부자와 나사로는 비유가 아니라, 부자와 거지 나사로와 아브라함이 죽은 후에 몸을 떠난 사람들의 영혼이 어디에 가는 가를 보여주는 실제 있는 이야기라는 견해를 밝혔다.

오늘날 비유가 아닌 것을 비유라고 하는 것은 여러 가지 문제를 야기한다. 성경은 여러 비유에 대하여 말씀한다. 그런데 비유의 원칙이 무엇인지를 '따로' 말하지는 않는다. 모든 생명체마다 DNA를 갖고 있듯이 비유의 말씀 안에는 비유의 원칙(DNA)이 내재되어 있다. 따라서 성경을 QST하면 그 원칙을 찾아낼 수 있다. 성경에 있는 '영적 법칙'을 찾는 것을 신학이라 부른다. 신학은 성경의 원칙을 발견한 것이기 때문에 귀하고 유익하다. 물질계에는 물리학의 법칙이 있듯이 성경에는 영적인 법칙이 있다.

## (6) 비유의 원칙 : 부자와 나사로가 비유가 아닌 근거들

### ① 비유라는 언급 없음

부자와 나사로의 기사에 대하여 비유라고 직접적으로 말씀하셨다면, 거론할 필요도 없다. 부자와 나사로에 대한 기사는 비유라고 하지 않음에도 불구하고 비유라고 단정한다. 이 문제를 다루는 것은 단순한 것 같지만, 성경의 모든 비유에 내재된 '원칙'(DNA)을 알아야 가능하다.

### ② 비유라는 언급이 없는 비유

부자와 나사로 이야기 앞에는 불의한 청지기 비유가 있다. 여기에 비유라는 언급이 없다. 그런데 비유인 것이 확실하다. 그런 까닭에 부자와 나사로도 비유라는 말이 없지만 비유로 간주하기도 한다. 그러므로 성경을 QST해서 비유의 원칙을 알아야 분별할 수 있다.

### ③ 비유에는 실명이 없다

필자는 성경에 나오는 모든 비유를 QST한 결과, 한 가지 공통점(원칙)이 있는 것을 발견했다. 그것은 "비유에는 '실명'이 하나도 없다"는 것이다. 불의한 청지기의 비유를 보자. '어떤 부자'에게 '청지기'가 있는데, 그가 '주인'의 소유를 낭비한다는 말이 '주인'에게 들린지라(눅 16:1)고 말한다. 이 비유에는 "청지기-주인-사람들-자기 집-주인에게 빚진 자-다른 이-주인-청지기"가 나오는데 모두 '실명'이 아니다. 그런 이유는 비유에는 실명을 사용하지 않고 '일반적인 명칭'만 사용하기 때문이다.(이것은 팩트의 공통점을 통해서 원칙을 찾은 것이다)

열 처녀 비유에도 동일한 원칙이 적용된다. 만일 이 비유에 적용되지 않는다면 그것은 '비유의 원칙'이라고 할 수 없다. 열 처녀 비유는 "그 때에 천국은 마치 등을 들고 신랑을 맞으러 나간 열 처녀와 같다 하리니"(마 25:1)라고 시작한다. 원문은 'Τότε ὁμοιωθήσεται'(토테 호모이오데세타이)로 'Τότε'(토테)는 '그때에'(then)를 의미하고, 'ὁμοιωθήσεται'(호모이오데세타이)는 '같게 하다, 비유하다'를 의미하는 'ὁμοιοω'(호모이오오)의 '3인칭 미래 수동태형'이다. 열 처녀에 대한 기사는 비유라는 것을 명시됐기 때문에 비유라는 것이 명백하다.

열 처녀 비유에는 '실명'이 한 번도 언급되지 않는다. 성경을 연구하면서 '있는 것'을 발견하는 것도 중요하지만, '없는 것'을 발견하는 것도 중요하다. 이런 대조적인 것을 통해서 비유의 원칙(doctrine)을 발견할 수 있다. 신랑은 재림의 주님을 가리키는데 '예수님'이라고 말하시지 않고 '신랑'이라는 보통 명칭으로 언급했다. 열 처녀 중 미련한 다섯 처녀와 슬기 있는 다섯 처녀는 모두 '실명'이 아니라 '일반 명칭'이다. 달란트 비유도 동일한 '비유의 원칙'으로 말씀한다. '타국으로 가는 어떤 사람'은 인자이신 주님을 가리키고, '그 종들'은 구원받은 신자들을 가리킨다. 다섯 달란트와 두 달란트와 한 달란트는 주님이 맡기신 모든 은사를 가리키는 것으로 '일반 명칭'이다. '착하고 충성 된 종'과 '악하고 게으른 종'도 '실명'이 아니라 '일반적인 명칭'으로 말씀하신 것은 비유이기 때문이다. "비유에는 실명이 없다"는 것은 비유를 해석하는 데 희망봉을 발견한 것과 같다. 그런데 부자와 나사로의 기사에는 모두 실명이 언급된다. 따라서 비유가 아니라는 내적인 증거이다.

### ④ 나사로 – 실명

부자와 나사로의 경우를 보자. '나사로'라는 구체적인 실명이 있다. 그 표현을 주목할 필요가 있다. 성경은 "**그런데 나사로라 이름하는 한 거지가 있어**"(there was a certain beggar named Lazarus)라고 말씀한다. 만일 비유라고 하면 '한 거지'라고 했어야 했다. 비유는 실제로 있었던 일이 아니기 때문에, 구체적인 이름을 명시하지 않고 또한 명시할 수도 없다. 주님은 주권적으로 '나사로라 이름하는 거지'라고 말씀하셨는데 그런 이유는 "그 거지가 나사로라는 이름을 갖고 있었고, 또한 사람들에게 나사로라는 이름으로 불러졌다"는 것을 가리킨다. 이것은 혹시라도 부자와 나사로의 기사를 비유로 오해하는 우리들을 위한 예방주사이다.

### ⑤ 아브라함 – 실명

아브라함이라는 구체적인 이름이 언급된다. 22절은 "이에 그 거지가 죽어 천사들에게 받들려 '아브라함의 품'에 들어가고 부자도 죽어 장사되매"라고 말한다. 또한 23절은 "그가 음부에서 고통 중에 눈을 들어 멀리 아브라함과 그의 품에 있는 나사로를 보고"라고 말하며 음부(하데스, hell)에 있는 부자가 멀리 있는

'아브라함'과 '나사로'를 본 것을 언급한다. 게다가 부자는 너무 목마른 나머지 아브라함에게 간청했다. 24절은 "불러 이르되 아버지 아브라함이여 나를 긍휼히 여기사 나사로를 보내어 그 손가락 끝에 물을 찍어 내 혀를 서늘하게 하소서 내가 이 불꽃 가운데서 괴로워하나이다"고 말했다.

부자는 아버지 아브라함을 부르며, 나사로를 자신의 집에 (살려서) 보내 달라고 간청했다. 아브라함은 죽었던 자가 살아서 돌아가는 자가 있을지라도 권함을 받지 않으리라고 하며, 모세와 선지자들의 말을 전하는 사람들에게 들어야 한다고 말했다. 이것이 복음의 원칙, 전도의 원칙이다. 살아 있는 부자의 형제가 구원받기 위해서 죽었던 자가 살아나서 전하는 것이 아니라 전도의 미련한 것을 통해서 구원받아야 한다. "아브라함"과 "나사로"라는 구체적인 실명이 여러 번 반복된 것은 그것이 실제 있었던 일이라는 증거이다. 모든 비유에는 실명이 없다. 그런데 부자와 나사로 이야기에는 실명이 있다.

### ⑥ 음부는 실재한다(not 상징)

부자는 죽은 후 무의식 상태든지 영혼이 멸절된 상태가 아니었다. 22~23절은 "부자도 죽어 장사되매 그가 음부(하데스, hell)에서 고통 중에 눈을 들어"라고 말한다. 부자가 죽었다는 것은 '몸'(body)이 죽어서 무덤에 장사된 것을 가리킨다. 부자의 혼(ψυχή, 프슈케, soul)은 어떻게 되었는가? '그가'라는 구절은 '부자의 혼'을 가리키며, 음부에 있다는 것을 가리킨다. 음부는 헬라어 'ἅδης'(하데스)로서 "지하 세계, 지옥, 영혼들의 거처, 무덤"을 의미한다. 음부는 '땅속 중심부'에 있기 때문에 '지옥'(hell)으로 불린다. 로마 가톨릭과 무천년설은 음부를 '무덤'(grave)으로만 해석한다. 'ἅδης'(하데스)는 문맥에 따라 무덤(grave)을 의미할 때가 있고, 지옥(ἅδης, 하데스, hell)을 의미할 때가 있다. 앞서 언급했듯이 부자가 죽어 장사 된 것은 '그의 몸'을 가리키고, '그의 혼'(soul)은 음부(hell)에서 고통을 받고 있었다. 음부에 있는 혼은 죽지 않고 모든 고통을 느끼고 보고 지각한다. 음부는 상징이 아니라 실재하는 장소이다.

### ⑦ 음부의 권세

음부(ἅδης, 하데스, hell)가 실재하는 장소인 것처럼, 예수님께서 십자가에 죽으신 후 '땅속 중심부'에 가신 것도 실재하는 장소이다. 마태복음 16:16에 베드로가 "주는 그리스도시요, 살아계신 하나님의 아들이십니다"라고 고백한 후에, "내가 이 반석 위에 내 교회를 세우리니, 음부의 권세가 이기지 못하리라"(마 16:18)고 말씀한다. 주님이 언급하신 음부는 'ᾅδης'(하데스)로서 '지옥'(hell)을 가리킨다. 이곳은 상징적인 의미가 아니라, 실재하는 장소이다. "음부의 권세"는 헬라어 'πύλαι ᾅδου'(필라이 하두)로서, 권세로 번역된 원문은 'πύλη'(필레)로서 '문, 대문'의 의미인데, 개역개정은 '의역'을 했다. 그래서 난하주에 "헬, 대문"이라고 원문의 의미를 밝혔다.

### ⑧ 음부의 열쇠

요한계시록 1:18에는 주님이 "이제 세세토록 살아 있어 사망과 음부의 열쇠를 가졌다"라고 말씀한다. 사망은 눈에 보이지 않을지라도 실재하는 힘이다. 보이지 않는 바람이 흔들리는 나뭇가지를 통해서 인식할 수 있듯이, 사망도 주검을 통해서 볼 수 있다. 사망이 실재하는 것처럼 음부(하데스, hell)도 실재한다. 주님이 죽으신 후 부활하실 수 있는 것은 '음부의 열쇠'를 갖고 계시기 때문이다. 음부는 상징이 아니라 실재하는 곳이다.

### ⑨ 음부와 불 못

음부(하데스, hell)는 '불 못'과 서로 구별되는데, 모두 실재하는 장소이다. 계시록 20:10은 "또 그들을 미혹하는 마귀가 불과 유황 못에 던져지니 거기는 그 짐승과 거짓 선지자도 있어 세세토록 밤낮 괴로움을 받으리라"고 말한다. 사람들을 미혹했던 마귀가 던져지는 불과 유황 못은 '음부'(하데스, hell)가 아니다. 음부는 시간적으로 제한되지만, 불 못은 영원하다. 이 불 못에는 짐승과 거짓 선지자가 있다. 이들이 불 못에 '먼저' 있는 것은 주님이 재림할 때 '이미'(already) 심판을 받았기 때문이다. 짐승인 적그리스도와 거짓 선지자와 마귀가 던져지는 불 못은 상징이 아니라 실재적인 장소인 것과 같이 '음부'(하데스, hell)도 실재하는 장소이다. 부자가 사후에 간 음부도 상징이 아니라 실재하는 장소이다. 비유에는 실명이 없는데, 부자와 나사로의 이야기는 음부라는 실명이 있다. 따라서 부자와 나사로는 비유가 아니라 다큐멘터리이다.

## ⑩ 사망과 음부와 불 못

부자가 음부에 간 것은 모든 불신자들에 대한 원칙에 속한다. 계시록 20:14~15은 "사망과 음부도 불 못에 던져지니 이것은 둘째 사망 곧 불 못이라 누구든지 생명책에 기록되지 못한 자는 불 못에 던져지더라"고 말한다. 이때는 천년왕국 후 새 하늘과 새 땅이 오기 전에 음부에 있던 죽은 불신자들이 심판의 부활을 거친 후 영원한 불 못에 던져진다. 그리고 새 하늘과 새 땅이 도래하면, 더 이상 죽는 자가 없기 때문에 죽음의 원인인 '사망'이 필요 없고, 사망에게 삼킨 혼들을 감금하는 '음부'도 필요 없게 된다. 그래서 모두 불 못에 던져진다. 사망과 음부가 불 못에 던져진다는 것은 '사망'과 '음부'가 모두 '실재하는 것'이기 때문이다. 이런 사실들은 부자와 나사로에 대한 기사가 비유가 아니라 실제 있었던 '다큐멘터리'라는 증거이다.

## ⑪ 부자가 실명이 아닌 이유

한 가지 의문을 가질 수 있다. "나사로의 이름을 실명으로 거론했다면, 왜 부자의 실명은 거론하지 않았는가?"라는 것이다. 물론 성경은 이런 문제들에 대하여 시시콜콜하게 말씀하지 않는다. 그러나 문맥을 QST하면 알 수 있다. 부자라는 명칭은 세상적으로 성공한 사람의 대명사이기 때문에 사람들의 선망의 대상이다. 부자는 복음을 믿지 않음으로 결국 지옥(음부)에 갔다. 이와 반면에, 나사로는 거지로서 세상적인 관점에서 실패한 인생이었지만, 복음을 믿음으로 구원받아 천사들에게 받들려 낙원에서 위로받고 안식을 누렸다. 비록 나사로는 거지였을지라도 구원받았기 때문에 그 이름을 밝혔고, 부자는 세상적으로 성공자였지만 지옥에 떨어졌기 때문에 그 실명을 밝히지 않았다. 성경에서 사후의 일을 직접 거론하신 것은 주님이 유일하다. 그것도 단 '한 번'이다. 아마 듣는 자들 중에 그 부자가 누구인지를 아는 사람이 있었을 것이다. 부자의 실명을 밝히지 않으신 것은 주님의 '긍휼'이다.

## ⑫ 청지기 비유와 바리새인들과의 관계

부자와 나사로의 이야기는 불의한 청지기의 비유(눅 16:1~13)를 말씀하신 후에 이어서 하신 말씀이다. 14절을 보면, "바리새인들은 돈을 좋아하는 자들이라

이 모든 것을 듣고 비웃거늘"이라고 말한다. 불의한 청지기가 되지 말라는 비유를 듣는 자들은 노골적으로 주님을 비웃었다. 주님은 그들에게 "무릇 자기 아내를 버리고 다른 데 장가드는 자도 간음함이요 무릇 버림당한 여자에게 장가드는 자도 간음함이니라"(18)고 말씀했다. 바리새인들은 돈을 좋아할 뿐만 아니라, 자기 아내를 버리고 결혼함으로 간음죄를 저질렀다는 것을 암시한다. 주님을 비웃는 바리새인들은 '부자'였고, 부자가 빠지기 쉬운 '성적인 정욕'의 문제를 갖고 있었다. 따라서 주님은 그들을 긍휼히 여기셨기 때문에 가르치실 필요가 있었다. 그래서 부자와 나사로의 이야기를 통해서 사랑스런 경고를 주셨다. 이런 배경을 볼 때, 주님께서는 부자의 실명을 사용하는 것보다 바리새인들에게 경고가 될 수 있는 '부자'라는 일반 명칭을 사용하셨을 것이다. 음부에 들어간 부자와 돈을 좋아하는 바리새인들의 공통점이 '부자'였기 때문이다. 주님은 하늘의 지혜로 주님의 가르침을 비웃는 바리새인들에게 부자와 나사로의 이야기를 들려주심으로 사랑스런 경고를 주셨다. 부자와 나사로는 비유가 아니라 실재했던 이야기, 다큐멘터리이다. 결코 비유가 아니다.

### (7) 로마서 10장에 나타난 셋째 하늘과 무저갱

로마서 10:1~3은 '믿음으로 말미암은 의'를 설명하면서 '음부'와 '셋째 하늘'을 언급한다. 6절은 "믿음으로 말미암는 의(義)는 이같이 말하되 네 마음에 누가 하늘에 올라가겠느냐 하지 말라 하니 올라가겠느냐 함은 그리스도를 모셔 내리려는 것이요"라고 말한다. 여기서 언급한 '하늘'은 그리스도께서 승천하신 '셋째 하늘'을 의미한다. 사람이 의롭다 함을 얻기 위해서 '셋째 하늘'에 올라갈 필요가 없다. 그런 이유는 하늘에 계신 그리스도를 모셔 내리는 것이 되기 때문이고, 또한 하늘에서 모시고 내려 올 수도 없기 때문이다. 하늘에서 내려오시는 때는 재림의 때이다. 이것은 그리스도께서 '승천'하신 것을 전제로 한다. 주님이 하늘에서 땅으로 내려 오실 때는 세상 나라들이 그리스도의 왕국이 되어 세세토록 왕 노릇 하실 때(계 11:15)이며 일곱째 나팔이 분 후에 있을 재림의 때이다. 어느 누구도 그때가 되기 전에 주님을 하늘에서 모셔 내릴 수 없다. 우리가 알다시피 그리스도께서 승천하신 '셋째 하늘'은 상징이 아니라 실재하는 장소이다.

7절은 "혹은 누가 무저갱에 내려가겠느냐 하지 말라"고 하면서 하늘로 올라가는 것에 대한 반대의 경우를 언급한다. 누구든지 'ἄβυσσος'(아뷔쏘스, 무저갱, the deep)에 내려갈 필요가 없다는 것은 그리스도께서 십자가에 죽으신 후에 '땅속 중심부'인 '음부-낙원'과 가장 깊은 곳인 '무저갱'에까지 내려가셨다는 사실을 전제로 한다.

주님이 무저갱에 계실 때에도 믿음으로 말미암은 의를 얻기 위해서 '무저갱'에 내려갈 필요가 없다. 그것은 주님을 무저갱에서 모셔 올리는 일이기 때문에 불가하고 또한 그럴 필요가 없기 때문이다. 주님은 십자가 사후 '음부'에 계셨고, 사흘 후에 부활하심으로 '음부의 문'을 열고 나오실 것이기 때문에 그 누구도 모셔 올 수 없기 때문이다. 이것은 주님이 십자가에 죽으신 후에 내려가신 '음부'와 가장 깊은 곳인 '무저갱'이 상징이 아니라, 실재하는 장소라는 것을 가리킨다. 이런 여러 가지 증거들은 신자가 죽은 후에 하늘에 있는 천국에 올라간다는 것이 오류임을 증거한다. 주님은 부활을 믿지 않는 사두개인들에게 말씀하셨다. "너희가 성경도(not knowing the scriptures), 하나님의 능력도 알지 못하는 고로(nor the power of God) 오해하였도다"(do err)(마 22:29)

### (8) 계시록 5장: 땅 아래 있는 자

계시록 5:3은 "땅 아래에 능히 그 두루마리를 펴거나 보거나 할 자가 없더라"고 말씀한다. 사도 요한은 눈길을 돌려 '땅 아래 있는 자들' 가운데 두루마리의 인봉을 뗄 자격이 있는 자가 있는지 찾았다. 만일 '땅 아래'에 자유의지를 가진 사람이 없다면, 이런 말들은 헛된 말이 된다. 땅 아래의 세계는 사람의 이성과 과학으로 알 수 없기 때문에 "사람이 어떻게 '땅 아래' 있을 수 있는가?"라는 의문을 가질 수 있다. 성경은 부자와 나사로의 이야기를 통하여 '땅속 중심부'에 있는 '낙원-음부'에 죽은 자의 혼(ψυχή, 프슈케, soul)이 있음을 보여준다. 아브라함을 비롯한 나사로와 구원 받은 강도는 '낙원'에서 안식을 누리고, 불신자인 부자는 '음부 즉 지옥의 불꽃' 가운데 고통을 받았다. 죽은 자의 혼들(souls)이 '땅 아래'(under the earth) 있었지만 두루마리를 펴거나 볼 자격이 있는 자가 없었다는 것을 가리킨다.

개역개정은 "하늘 위에나 땅 위에나 땅 아래에 능히 그 두루마리를 펴거나 보거나 할 자가 없더라"(3)고 번역했는데, 한국어 어법상 '없더라'는 단어가 뒤에 나온다. 그런데 헬라어 원문은 '아무도 없더라'를 의미하는 인칭 대명사인 'οὐδεὶς'(우데이스)가 문장의 앞에 나온다. 'οὐδεὶς'(우데이스)는 뒤에 오는 두루마리를 펴거나 볼 수 없는 세 무리를 이끈다. "아무도 없다"는 것은 두루마리와 대조되어 크나큰 절망을 안겼다. 사도 요한은 한가닥 희망이 사라지자 절망감에 사로잡혀 울었다.

'울었다'로 번역된 헬라어는 'ἔκλαιον'(에클라이온)으로 '흐느껴 울다, 울부짖다, 한탄하다'를 뜻하는 'κλαίω'(클라이오)의 '미완료형'이다. 여기에 '크게'라는 뜻의 'πολὺ'(폴뤼)가 더해져서 사도 요한의 심각한 절망감과 갈급한 영적 상태를 보여준다. 사도 요한은 울었다. 만일 우리들이 사도 요한의 입장이었다면, 아무도 두루마리를 펼 자격이 있는 자가 없었기 때문에 체념하고 자포자기할 것인가? 사도 요한과 같이 크게 흐느껴 울 것인가? 이것은 우리들의 영적인 상태에 달렸다. 사도 요한이 크게 흐느껴 운 것은 깊은 의미가 있다.

요한복음 20장은 주님이 십자가에서 죽으신 후에 있었던 일을 기록한다. 안식 후 첫날 일찍이 아직 어두울 때에 막달라 마리아는 예수님이 안장된 무덤으로 달려 갔다. 그녀는 돌이 무덤에서 옮겨진 것을 발견하고 제자들에게 알렸다. 제자들은 무덤으로 달려가 예수님의 시신이 없어진 사실을 확인했다. 그들은 세마포가 놓였고 머리를 쌌던 수건은 세마포와 함께 놓이지 않고 딴 곳에 쌌던 대로 놓인 것을 보았다. 이것은 악한 자들이 예수님의 시신을 훔쳐간 것이 아니라, '일종의' 부활의 증거였다.(천사들이 정리했기 때문) 시신을 훔쳐가는 자들이 예수님을 쌌던 수건과 세마포를 잘 정리해 놓았다는 것은 있을 수 없는 일이기 때문이다. 이런 정황들은 주님이 부활하신 증거였지만 제자들은 전혀 깨닫지 못했다. 이제 어떻게 할 것인가? 예수님을 어디서 찾을 것인가? 요한복음 20:10은 "이에 두 제자가 자기들의 집으로 돌아가니라"고 말한다.

이런 광경을 목격한 막달라 마리아는 어떻게 했는가를 주목하자. 11절은 "마리아는 무덤 밖에 서서 울고 있더니"라고 말한다. '울었다'는 헬라어 원문 'κλαίουσα'(클라이우사)는 'κλαίω'(클라이오)의 '여성 주격 분사형'으로 사도 요한이 '울었다'는 단어와 동일하다. 마리아가 두 제자와 같이 집에 가지 않고 울고 있다고 해서 없어진 예수님의 시신을 찾을 수 있었던 것은 아니었다. 마리아가 주님의 무덤을 떠나지 않고 그 자리에서 울고 있었던 것은 주님을 사랑하는 마음이 있었기 때문이었다. 마리아의 마음은 '앉아서' 울지 않고 '서서 울었다'라는 것에도 나타난다.

마리아는 울면서 구부려 무덤 안을 들여다보니 흰 옷 입은 두 천사가 예수님의 시체가 뉘었던 머리 편과 발 편에 앉아 있는 것을 보았다. 제자들이 왔을 때 없었던 두 천사가 있었다. 이것은 집에 가지 않고 무덤에 남아서 울고 있는 마리아를 위해 나타났다는 것을 의미한다. 천사들은 마리아에게 "여자여 어찌하여 우느냐"고 물었다. 마리아는 사람들이 내 주님을 옮겨다가 어디 두었는지 내가 알지 못하기 때문이라고 대답했다. 14절은 "이 말을 하고 뒤로 돌이켜 예수께서 서 계신 것을 보았으나 예수이신 줄은 알지 못하더라"고 말한다. 결국 마리아는 앞에 있는 분이 부활하신 주님이심을 깨달았다. 그녀는 부활의 첫 목격자가 되었다.

만일 마리아가 무덤에 갔을지라도 제자들과 같이 집으로 돌아갔더라면, 천사도 볼 수 없었고 부활의 주님도 목격할 수 없었을 것이다. 무덤 곁에서 '서서 우는' 마리아와 두루마리를 펴거나 볼 자가 없어서 울었던 '사도 요한의 울음'은 공통점이 있다. '마리아의 울음'은 주님을 사랑하는 마음이 컸기 때문이고, '사도 요한의 울음'은 하나님의 경륜에 대한 열망이 있었기 때문이었다. "울고 있는 마리아"에게 천사가 나타나고 주님이 나타난 것처럼, "울고 있는 사도 요한"에게도 놀라운 계시가 임했다. 장로 중 한 사람이 사도 요한에게 "울지 말라"고 하며, 사도 요한에게 두루마리를 펴고 볼 자격 있는 분을 알려준다. 그 놀라운 계시는 5절로서 "울지 말라 유다 지파의 사자 다윗의 뿌리가 이겼으니 그 두루마리와 그 일곱 인을 떼시리라 하더라"는 말씀이다.


## 5. 유다 지파의 사자(Lion)

사도 요한이 울지 않아도 되는 이유는 무엇인가? 유다 지파의 사자(Lion), 다윗의 뿌리가 이기셨고 따라서 그 두루마리와 그 일곱 인을 떼실 것이기 때문이다. '유대 지파'는 '유다 지파'로 번역되어야 한다. 원문은 "τῆς φυλῆς Ἰούδα"(테스 휠레스 이우다)이다. 'Ἰούδα'(이우다)가 '땅'을 가리킬 때는 '유대'라고 번역되고, '사람'을 가리킬 때는 '유다'(야곱의 아들)를 가리킨다. 여기서는 유다가 열두 지파와 관계 있기 때문에 '유다'가 적절하다.

우리들의 관념은 "예수 그리스도께서 두루마리를 펴고 볼 수 있다"든지, "어린 양이 두루마리를 펴고 볼 것이다"라고 해도 아무런 문제가 없을 것이라 생각할 수 있다. 그러나 장로는 우리들의 생각과 달랐다. "유다 지파의 사자(Lion) 다윗의 뿌리가 이기셨다"는 것을 강조했다. 만일 예수 그리스도가 유다 지파의 사자와 다윗의 뿌리가 아니라면 그리스도가 이길 수 없고, 따라서 두루마리와 일곱 인을 뗄 수 없다는 것을 의미한다. 그러므로 '유다 지파의 사자'가 어떤 의미인가를 주목해야 한다. 유다에 대한 축복은 성경의 모판인 모세 오경 가운데 창세기 49장에 기록됐다.

### 1) 창세기 49장 유다의 축복

계시록은 예수 그리스도를 '유다 지파의 사자'로 부른다. 창세기 49장은 유다에 대한 예언적인 축복이 있다. 창세기 49:8~10을 보자.

> 유다야 너는 네 형제의 찬송이 될지라 네 손이 네 원수의 목을 잡을 것이요 네 아버지의 아들들이 네 앞에 절하리로다 유다는 사자 새끼로다 내 아들아 너는 움킨 것을 찢고 올라갔도다 그가 엎드리고 웅크림이 수사자 같고 암사자 같으니 누가 그를 범할 수 있으랴 규(The scepter)가 유다를 떠나지 아니하며 통치자의 지팡이가 그 발 사이에서 떠나지 아니하기를 실로가 오시기까지 이르리니 그에게 모든 백성이 복종하리로다(창 49:8~10)

야곱의 아들인 유다가 받은 축복은 유다 지파인 다윗 왕에 의해서 일부 성취되고, 다윗의 자손이신 예수 그리스도로 완전히 성취된다. 계시록 5:5에서 예수 그리스도를 '유다 지파의 사자'로 부른 것도 창세기 49장의 야곱의 예언의 성취였다. 따라서 유다 지파인 다윗 왕과 다윗의 자손이신 예수 그리스도에 의해서 어떻게 성취되었는지를 QST해야 한다.

야곱의 열두 아들 가운데 왕이신 그리스도를 상징하는 '사자'(lion)의 축복을 받은 아들은 유다이다. 이것은 예수 그리스도께서 '유다 지파의 자손'으로 오실 것을 가리킨다. 왕이신 그리스도를 예표하는 사람은 다윗이다. 다윗이 유다 지파에 속한 것은 우연한 일이 아니다. 유다에 대한 예언적 축복은 한편으로 다윗 왕을 통해 성취되었고, 또 다른 방면으로 다윗의 자손이신 예수 그리스도에 의해서 완전히 성취될 것이다. "유다야 너는 네 형제의 찬송이 될지라"는 예언은 다윗이 왕이 될 때 일부분 성취되었고, 장차 예수 그리스도께서 재림하실 때 완전히 성취될 것이다. 오늘날 교회가 예수 그리스도를 찬양하고 경배하는 것은 십자가에서 죽으셨을 뿐만 아니라 부활로 승리하셨기 때문이다.

"유다는 사자 새끼로다 내 아들아 너는 움킨 것을 찢고 올라갔도다"라고 말씀한다. 우리들의 관념으로는 아프리카 초원의 사자를 떠올리기 때문에 이해하기 어렵다. 유대 땅은 산지가 있는 지역으로 산위에 거하는 사자가 먹이를 찾을 때에 산에서 내려온다. 사냥감이 오기를 웅크리고 있다가, 잡은 후에 사냥감을 갖고 산으로 올라간다. 그래서 "너는 움킨 것을 찢고 올라갔도다"라고 말한다. 이것은 다윗 왕에 의해서 '일부' 성취되었고, 예수 그리스도에 의해서 '완전히' 성취될 것이다.

그리스도가 유다 지파의 사자로 예표된 이유는 무엇인가? "네 손이 네 원수의 목을 잡을 것이요"라는 구절에도 나타나듯이 '원수'(enemy)가 있기 때문이다. '네 원수'는 '그리스도의 원수'를 의미하고, '마귀'를 가리킨다. 가라지 비유에서 "곡식 가운데 가라지를 덧뿌리고 간 원수"(마 13:25)라고 말씀하고, "가라지를 뿌린 원수는 마귀(the devil)"(39)라고 해석하셨다. 마귀는 사람의 원수이고 하나님의 원수이다.

에덴 동산에서 아담과 하와를 타락하도록 미혹한 자는 뱀이었다. 계시록은 "큰 용이 내쫓기니 옛 뱀 곧 마귀라고도 하고 사탄이라고도 하며 온 천하를 꾀는 자라"(계 12:9)고 말한다. '옛 뱀'이라고 한 것은 창세기와 계시록 사이에 상당한 시간의 격차가 있기 때문이다. 개역개정은 그냥(just) '옛 뱀'으로 번역했는데, 원문은 "저 옛 뱀"으로 에덴동산의 뱀이 마귀인 것을 가리킨다. KJV은 원문 대로 'that old serpent'로 번역했다.

유다 지파의 사자이신 그리스도께서 원수를 움키고 이기신 까닭은 단지 원수를 심판하시기 위한 것만이 아니다. 히브리서 2:14~15은 "자녀들은 혈과 육에 속하였으매 그도 또한 같은 모양으로 혈과 육을 함께 지니심은 죽음을 통하여 죽음의 세력을 잡은 자 곧 마귀를 멸하시며 또 죽기를 무서워하므로 한평생 매여 종 노릇 하는 모든 자들을 놓아 주려 하심이니라"고 말한다. 마귀에게 종 노릇 하는 우리들을 구하시기 위함이다.

## 2) 클라렌스 라킨의 견해

로마 가톨릭과 종교개혁의 후예들인 개혁교회는 "신자 사후에 즉시 하늘에 있는 천국에 간다"는 신앙을 공유하고 있다. 로마 가톨릭과 무엇인가 공유한다는 것은 매우 소극적인 의미이다. 클라렌스 라킨(Clarence Larkin, 1859~1924)은 구약의 성도들이 땅속에 있는 '낙원'(구약은 스올, 신약은 하데스)에 간다는 견해는 긍정적이다. 그런데 클라렌스 라킨은 『성경 바로 보기』(p.87~88)에서 다음과 같이 말했다.

> 예수님의 부활 이전에는 의로운 사람의 영과 혼이 지하 세계의 낙원 부분으로 갔습니다. 예수 그리스도께서는 십자가에서 달려 죽으신 뒤에 바로 그 낙원에서, '회개했던 강도'를 만나셨습니다. 그분께서 부활하시던 날 그리스도의 혼과 영은 지하 세계로부터 되돌아왔습니다. 그런데 그때 그분께서는 혼자만 오지 않았습니다. 그때 그분께서는 낙원에 있던 자들을 다 데리고 나오시며 그곳을 닫아 버렸고(엡 4:7~10) 그래서 이제 사망과 지옥의 열쇠를 갖고 계십니다.(계 1:18) 그리스도와 함께 나온 사람들 중 몇몇은 자기 몸을 받아 그분과 함께 하늘로 올라가 '죽은 자들로부터의 부활'의 첫 열매가 되었습니다.(마 27:52~53) 그 나머지는 사도 바울이 들려 올라갔던 셋째 하늘에 올라갔습니다.(고후 12:1~4) 그런데 사도 바울은 이 셋째 하늘을 낙원이라 불렀습니다. 예수님의 부활 이후에 죽은 의로운 자들의 혼은 바로 이곳으로 직접 가서 주님과 함께 있게 됩니다.(빌 1:23; 고후 5:8) 바로 이곳에서 의로운 자들의 혼은 그들의 몸이 부활하는 때가 이르기까지 머물러 있습니다.(클라렌스 라킨, 『성경 바로 보기』, p.87~88)

라킨은 "그리스도 부활 후에 낙원(음부)에 있는 성도들을 승천 시 데리고 가셨고, 신약의 성도들은 사후에 모두 하늘에 있는 천국으로 간다"는 잘못된 결론을 내렸다. 즉 구약의 성도들은 사후에 하늘에 올라가지 못하고 땅속에 있는 낙원에 있었지만, 그리스도께서 승천하실 때 낙원에 있는 성도들을 하늘의 천국으로 데려가셨고, 그 이후 모든 신약의 성도들은 모두 사후에 하늘의 천국으로 간다는 견해이다. 그의 견해는 성경과 어긋난다.(비록 라킨의 견해에는 오류가 있지만, 그가 1800년 후반과 1900년 초반의 사람임을 감안할 때 성경의 진리를 깊이 추구한 사람이라는 것을 간과하지 말아야 한다)

### 3) 필자의 비평 및 견해

#### (1) 부활의 몸 vs 벌거벗은 몸

본질적으로 '부활의 몸'을 입지 않은 사람은 하나님이 계시는 셋째 하늘에 올라갈 수 없다. 몸이 없는 사람의 혼은 '벌거벗은 것'과 같아서 하나님께 나아갈 수 없다. 모세와 같은 위대한 사람도 하나님의 얼굴을 뵈면 죽을 수밖에 없었다는 것을 출애굽기 33:20~23은 말씀한다.

> 또 이르시되 네가 내 얼굴을 보지 못하리니 나를 보고 살 자가 없음이니라 여호와께서 또 이르시기를 보라 내 곁에 한 장소가 있으니 너는 그 반석 위에 서라 내 영광이 지나갈 때에 내가 너를 반석 틈에 두고 내가 지나도록 내 손으로 너를 덮었다가 손을 거두리니 네가 내 등을 볼 것이요 얼굴은 보지 못하리라(출 33:20~23)

#### (2) 하늘로 데려가심 vs 사람에게 선물로 주심

"그가 올라가실 때"는 의심할 바 없이 승천을 가리키고, '사로잡힌 자'는 죄인들을 가리킨다. 주님이 사망 권세 잡은 자인 마귀를 패배시키셨고, 마귀에게 사로잡힌 죄인들을 주님께서 사로잡으셨다. 라킨은 주님이 승천하실 때에 신자들을 하늘로 데리고 올라갔다고 간주했다. 구약의 성도들은 하늘에 올라가지 못했지만, 이제 주님이 부활하고 승천하시니 '아무 의심없이' 하늘로 데리고 올라가셨을 것이라 간주했을 것이다. 필자가 볼 때 좀 더 QST하지 못한데다 에베소서를 잘못 해석했기 때문이다.

만일 성경이 "사로잡힌 자들을 사로잡으시고 하늘로 데리고 가셨다"라고 말씀했다면, 성경의 '팩트'이기 때문에 라킨의 견해가 옳다. 그런데 성경에는 그런 구절은 없다. 성경은 "사로잡힌 자를 사로잡으시고 사람들에게 선물로 주셨다"고 말씀한다. 주님이 사로잡은 결과는 '하늘로 데려가심'이 아니라, '사람들에게 선물로 주셨다'는 것이다. 이것은 라킨이 생각하는 것처럼 하늘로 데리고 올라가신 것을 의미하지 않는다. 만일 마귀에게 사로잡힌 자들을 사로잡아 하늘로 데리고 가셨다고 간주했을지라도, 하늘에 올라가는 것은 아무 의미가 없게 된다. 왜냐하면, "그들을 사람에게 선물로 주셨다"고 하기 때문이다. 사람은 땅에 있으니, 결국 땅으로 내려가야 한다면 하늘에 올라가는 것은 아무런 의미가 없다.

### (3) 사로 잡으신 목적

주님은 마귀의 포로였던 죄인들을 그의 소유로 삼으셨다. 이것은 사람의 눈에 보이지 않지만 영적인 실제이다. 구원받은 자들은 창세 전에 택하심을 받은 자들로서, 그리스도의 구속의 성취로 그리스도의 포로(소유)로 삼으신 후에 아버지께 드리셨다는 것을 의미한다. 이것이 그리스도의 승천 시에 이루어진 영적인 실제로서 'invisible'한 방면이다.

그리스도께서 죄인들을 사로잡아 주님의 것으로 삼으신 목적은 "사람에게 선물로 주시기 위함"이다. 여기서 사람은 '살아 있는 사람'을 가리킨다. 이들이 주님의 소유가 된 이후 '하나님의 선물'이 되어 사람들에게 준 바 되었다. 선물은 헬라어 'δόμα'(도마)로 '은사, 선물, gift'를 의미한다. 여기의 '은사'는 단수가 아니라 '복수형'인 'δόματα'(도마타)이다. 왜 단수인 'δόμα'(도마)를 사용하지 않고, 복수인 'δόματα'(도마타)를 사용했는가? 단수와 복수는 작지만 큰 의미가 있다. 전에 마귀의 소유였다가 주님의 소유가 된 죄인(교회)은 '한 사람'이 아니라 '많은 사람'이기 때문이다.

구원받은 신자는 주님의 소유가 된 후에 다른 모든 사람에게 주어진 'δόματα'(도마타) 즉 '선물들, 은사들'이라는 것은 놀라운 계시이다. 이것은 일련의 과정을 포함한다. ①그리스도는 마귀의 포로였던 우리들을 사로잡아 그리스도의 소유로 삼으셨다. ②그리고 아버지께 드리셨다. ③아버지는 그들을 아들에게 주셨다. ④아들은 그들을 사람들에게 '선물들'로 주셨다. 이 모든 것은 그리스도께서 승천하실 때 있었던 일로 'visible'하게 일어난 일이 아니라, 'invisible'하게 일어난 일들이다. 만일 교회에 대한 진리를 계시하는 에베소서의 말씀(계시)이 없었다면, 이 놀라운 일들은 우리들에게 감춰졌을 것이다.

하나님이 교회에 주신 여러 은사들이 있다. 흔히 방언의 은사를 사모하고, 병 고치는 은사를 사모한다. 은사는 선물이기 때문에 좋은 것이다. 그런데 구원받은 신자들이 사람들에게 '은사'라는 것을 아는 사람은 별로 없는 것 같다. 고린도 교회는 여러 가지 은사를 받은 교회였다. 그들이 받은 은사보다 더 큰 은사가 '사도 바울'이라는 것을 아는 신자는 얼마나 되겠는가? 하나님께서 교회에게 주신 선물들 가운데 큰 선물은 말씀의 꼴을 먹이는 목자들이다. 동일한 원칙으로 세상 사람들에게 주신 하나님의 선물은 신자들(교회)이다.

### 4) 유다 지파의 사자(lion)

장로 중 하나는 울고 있는 사도 요한에게 유다 지파의 사자 다윗의 뿌리이신 그리스도를 소개했다. 그런 후 사도 요한은 누구를 보았다고 말씀하는가? 6절은 "내가 또 보니 보좌와 네 생물과 장로들 사이에 한 어린 양이 서 있는데"라고 말한다. 장로는 '유다 지파의 사자'를 말했는데, 사도 요한은 '사자이신 그리스도'를 본 것이 아니라 '어린 양'을 보았다. 그리스도는 어린 양인가? 아니면 유다 지파의 사자인가? 양자의 차이는 무엇인가? 장로는 그리스도를 '유다 지파의 사자'로 불렀고 '어린 양'이라고 부르지 않았다. 사도 요한은 장로가 말한 '유다 지파의 사자'가 아니라, '어린 양'이신 그리스도를 보았다. 이런 차이는 중요한 관점을 보여준다.

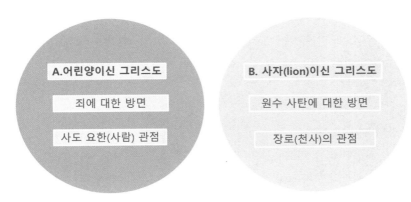

[ 예수 그리스도의 두 방면: 어린 양과 사자 ]

## (1) 어린 양

사도 요한은 어린 양을 봤다. 이것은 어떤 의미인가? 예수님을 어린 양이라고 부른 최초의 사람은 세례 요한이다. 요한복음 1:29에서 세례 요한은 자신에게 세례를 받으러 오신 예수님을 향해 "보라 세상 죄를 지고 가는 하나님의 어린 양이로다"라고 증거했다. 주님이 이 땅에 오신 목적은 세상의 죄(the sin of the world)를 지고 가시기 위함이었다. '지고 가신다'는 헬라어 'αἴρων'(아이론)으로 '운반하다, 없이 하다, 치워버리다'라는 뜻이다. 어린 양이 죄를 지고 가시고, 치워 버리시기 때문에 죄와 더 이상 관계할 것이 없다.

출애굽기 12장에서 유월절의 중심은 어린 양이다. 흠 없는 어린 양은 예수 그리스도를 예표한다. 어린 양의 피를 문설주와 인방에 발랐다. 여호와는 어린 양의 피가 발라진 집을 넘어갔다. 그러나 어린 양의 피가 발라지지 않은 집의 장자는 누구든지 죽임을 당했다. 이런 원칙은 히브리인이든 애굽인이든 동일하다. 누구든지 죽임을 당하지 않은 것은 다른 사람보다 착하고 선행을 많이 해서가 아니다. 어린 양의 피를 발랐기 때문이다. 그것의 의미는 무엇인가? 어린 양의 피를 바른 집은 '이미' 어린 양이 대신 죽임을 당한 반면, 어린 양의 피를 바르지 않은 집은 어린 양이 죽임 당하지 않았기 때문이다. 죽임을 당하느냐 당하지 않느냐의 유일한 차이는 "어린 양이 있느냐 없느냐"에 달렸다.

어린 양은 세상 죄(sin)를 지고 가신 예수 그리스도를 예표한다. 사도 요한이 어린 양을 본 것은 그리스도가 죄를 구속하신 분이심을 의미한다. 세례 요한이 예수님을 "세상 죄를 지고 가는 하나님의 어린 양"이라고 증거한 것은 두 가지 의미를 가리킨다. 첫째, '사람들의 가장 큰 문제'가 죄(sin)이다. 둘째, 모든 죄인에게 어린 양이신 그리스도가 필요하다. 어린 양은 죄를 구속하신 그리스도의 첫 번째 방면이다.

### (2) 유다 지파의 사자

장로는 두루마리를 펴고 볼 자격이 있는 그리스도를 '어린 양'이라고 부르지 않고, '유다 지파의 사자(lion)'라고 불렀다. 사도 요한은 '어린 양'을 봤다. 양자는 무엇인가 불일치한 것처럼 보인다. 그러나 사도 요한과 장로에게는 이런 불일치나 부자연스러움은 찾아볼 수 없다. 만일 사도 요한이 어린 양을 본 것이 잘못된 것이라면, 장로는 요한에게 유다 지파의 사자(lion)를 보라고 했을 것이다. 그런데 이런 불일치는 어디에도 찾을 수 없다. 이것은 장로들의 말과 사도 요한의 본 것에 아무런 문제가 없다는 것을 의미한다. 장로(천사의 대표)는 유다 지파의 사자로 본 반면, 사도 요한은 아담(사람이란 의미)의 자손으로서 그리스도를 죄를 구속하시는 '어린 양'으로 보았다.

### (3) 감사와 권세

이십사 장로들은 '교회의 대표'가 아니라, '천사들의 대표'이다. 천사는 아담 족속이 아니라 '섬기는 영'이다. 그들이 하늘에 있다는 것은 루시퍼와 함께 반역한 천사들에 가담하지 않고, 자신들의 지위(their first estate)와 처소(their own habitation)를 지킨 천사들이기 때문이다.(유 6) 반역한 루시퍼와 천사들은 하나님의 심판을 받게 될 것이지만, 이들은 하나님을 거역하지 않았다. 하나님의 보좌에 있는 이십사 장로들은 "영광과 존귀와 권세"를 돌리며 경배하고, 피조물들의 대표인 네 생물은 "영광과 존귀와 감사"를 돌리며 찬양과 경배를 드린다.

양자의 공통점은 '영광과 존귀'이다. 이십사 장로나 네 생물은 모두 피조물로서 하나님께 공통적으로 '영광과 존귀'를 드렸다. 그런데 양자의 차이가 있다. 이십사 장로는 '권세'를 돌렸고, 네 생물은 '감사'를 드렸다. 그런 이유가 무엇인가? 네 생물은 피조물을 대표한다. 아담의 타락으로 말미암아 모든 피조물이 저주를 받게 되었고, 두 번째 아담이신 그리스도의 구속을 받게 되었다. 그리스도의 구속은 만물을 포함하기 때문에 네 생물은 '감사'(thanks)가 있다. 이십사 장로들은 타락도 없고 구속도 없기 때문에 네 생물이 드린 '구속에 대한 감사'가 없고, 다만 하나님의 권능을 아는 자들로서 '권능'(power)을 돌린다.

사도 요한은 아담 안에서 타락한 자이며 두 번째 아담이신 그리스도의 구속의 은혜를 입었다. 네 생물이 '감사'(thanks)를 드리는 것처럼, 사도 요한이 그리스도를 '죄를 구속하신' 어린 양으로 본 것도 같은 맥락이다. 이십사 장로들이 보좌에 앉으신 이에게 '권세'(power)를 돌리고, 그리스도를 '유다 지파의 사자(lion)'라 부른 것은 그들이 관심하는 것은 구속이 아니라 '사자'(lion)이신 주님의 권세이다. 사자이신 그리스도는 원수인 마귀에 대한 것이다. 만일 계시록이 없다면, 그리스도가 원수인 마귀를 움키시고 찢는 유다 지파의 사자라는 것을 '온전히' 알 수 없을 것이다.

예수 그리스도는 유다 지파의 사자로서 이기셨기 때문에 두루마리를 펴고 볼 자격과 능력이 있으시다. 만일 유다 지파의 사자이신 그리스도가 없다면, 아무도 하나님의 비밀의 경륜이 담긴 두루마리를 펼 수도 없고 인을 뗄 수도 없다. 유다 지파의 사자이신 그리스도를 인식한 것은 사도 요한이 아니라 이십사 장로로, 유다 지파의 사자이신 그리스도가 두루마리를 펴고 일곱 인을 떼실 수 있는 권세를 가지신 분임을 알았다.

## 5) 창세 이후 가장 큰 두 가지 문제

### (1) 죄

오늘날 사람들에게 가장 큰 문제는 무엇인가? 오늘날의 사람의 문제는 오늘날 비로소 생긴 것이 아니라, 창세기로 거슬러 올라가야 한다. 따라서 "창세 이후 사람에게 가장 큰 문제는 무엇인가?"라는 질문과 동격이다. 창세기 3장은 아담의 타락으로 사람의 가장 큰 문제는 죄라는 것을 보여준다. 그리스도께서 세상 죄를 지고 가는 '어린 양'이 되셔야 할 이유는 세상의 가장 큰 문제가 '죄'(sin)의 문제이기 때문이다. 세례 요한도 주님을 '하나님의 어린 양'으로 증거했고, 사도 요한도 '어린 양'이신 그리스도를 보았다. 죄는 사람의 가장 큰 문제이다. 로마서 6:23은 "죄(sin)의 삯은 사망이요", 로마서 3:23은 "모든 사람이 죄(sin)를 범하였으매 하나님의 영광에 이르지 못하더니"라고 말한다. 이것이 로마서의 관점은 사람의 상태를 계시하므로 하나님의 복음 즉 구원이 필요함을 제시한다.

### (2) 뱀 – 마귀

죄를 지은 사람에게는 죄의 문제를 해결하시는 '하나님의 어린 양'이 필요하다. 죄가 어떻게 아담에게 들어왔는가? 창세기 3:1은 "그런데 뱀은 여호와 하나님이 지으신 들짐승 중에 가장 간교하니라 뱀이 여자에게 물어 이르되 하나님이 참으로 너희에게 동산 모든 나무의 열매를 먹지 말라 하시더냐"라고 말하며, 사람의 타락의 배후에 뱀이 있음을 계시한다. 계시록 12:9은 "큰 용이 내쫓기니 옛 뱀 곧 마귀라고도 하고 사탄이라고도 하며 온 천하를 꾀는 자라"고 말한다. 창세기의 뱀을 '저 옛 뱀'(원문은 that old serpent)이라 부른 것은 그가 마귀, 사탄이었기 때문이다.

사탄의 기원은 이사야 14장과 에스겔 28장에 기록됐다. 창세 전에 피조된 천사장 루시퍼가 하나님과 같이 되려 하여 타락했음을 보여준다. 사람의 죄의 근원에는 옛 뱀인 마귀가 있다. 아담의 타락 전에 하나님께 반역한 자가 마귀, 사탄이다. 그러므로 창세기 3장은 사람의 타락으로 죄가 들어온 것과 그 배후에 마귀가 있음을 계시한다. 창세기 3:15은 원시 복음 즉 '첫 번째 복음'으로 불린다. 여호와는 "내가 너로 여자와 원수가 되게 하고 네 후손도 여자의 후손과 원수가 되게 하리니 여자의 후손은 네 머리를 상하게 할 것이요 너는 그의 발꿈치를 상하게 할 것이니라"고 선포하셨다. 원시 복음에 나타난 뱀과 여자에 대한 여호와의 관점을 찾아보자.

첫째, 여자와 뱀이 원수가 되게 할 것을 말씀하셨다. 여호와께서는 여자와 뱀을 같은 부류로 취급하지 않으셨는데 이것은 여자에게 좋은 소식(good news)이었고, 뱀에게는 나쁜 소식(bad news)이었다.

둘째, 여자의 후손을 언급하셨다. 이것은 여자에게 좋은 소식(good news)이고 뱀에게는 나쁜 소식이었다. 왜냐하면 "여자의 후손이 있다는 것은 여자가 죽임을 당하지 않으리라"는 암시였기 때문이다. 아마 여자(하와)는 선악을 알게 하는 나무 열매를 먹었기 때문에 여호와께서 당장 죽이실 것으로 생각했을 것이다. 그러나 그것은 여자의 생각이지 여호와의 생각은 아니었다.

셋째, 여자가 낳은 여자의 후손과 뱀의 후손이 원수가 되게 하셨다. 여자의 후손이 뱀의 후손과 원수가 된다는 것은 여자에게 좋은 소식(good news)이었고 뱀에게는 나쁜 소식이었다. 왜냐하면, 저주를 받은 뱀의 후손과 여자의 후손을 다르게 여기신다는 것이기 때문이다.

넷째, 여자의 후손이 뱀의 머리를 상하게 한다. 이것은 여자에게 '가장 좋은 소식'(the best news)이었고, 뱀에게는 '가장 나쁜 소식'(the worst news)이었다. 왜냐하면, 뱀의 간교한 유혹으로 범죄하게 되었다는 것을 깨달은 여자는 뱀에 대한 원한이 있었을 것이다. 만일 이것이 없었다면, 여자는 여호와가 전하신 복음을 믿지 않았다고 할 수 있다. 여자가 뱀에 대한 원한이 있다면, 여호와가 전한 기쁜 소식을 믿었을 것이다. 이와 반대로 뱀에 대한 원한이 없었다면, 여호와가 전하신 소식을 기쁜 소식으로 여기지 않았을 것이다. 여자는 누가복음 18장의 과부처럼 "원수에 대한 나의 원한을 갚아 주소서"라는 탄원의 마음이 있었을 것이다. 이 비유에서 원수는 '사탄'을 가리킨다. 창세기 49장에 있는 유다의 축복은 원수(enemy)를 움키고 찢는 사자(lion)의 예언이다. 사자는 '원수 사탄'을 심판하시는 그리스도를 가리킨다. 이것이 성경의 원칙이다.

## 6) 어린 양과 유다 지파의 사자

창세기 3:15의 원시 복음에 나타난 기쁜 소식은 '죄의 문제'에 대한 것이 아니었다. 물론 여자의 후손은 예수 그리스도께서 십자가에서 죽으실 것을 함의하지만 그러나 직접적으로 언급한 것은 아니다. 오히려 여호와께서는 직접적으로 "뱀의 머리를 상하게 할 것"을 말씀하시므로 '뱀에 대한 심판' 즉 '사탄에 대한 심판'을 선언하셨다. 여기서 주목해야 할 것은 계시록 5장에서 하나님의 비밀의 경륜을 담은 두루마리와의 관계이다.

계시록 5장의 그리스도에 대한 두 관점, 즉 '유다 지파의 사자'를 말한 장로의 관점과 '어린 양'을 본 사도 요한의 관점이 있다. 이 둘 중에 창세기의 약속된 원시 복음과 관계있는 것은 사도 요한의 관점이 아니라 장로의 관점이다. 어린 양은 죄를 구속하는 방면에 대한 것이고, '유다 지파의 사자(lion)'는 원수를 움키고 찢는 그리스도로서 '원수 사탄'에 대한 것이기 때문이다.

장로의 관점과 요한의 관점은 차이가 있다. 사도 요한이 본 '어린 양'은 '구속하신 분'을 의미하고, 장로가 말한 '유다 지파의 사자'는 '원수를 찢으신 그리스도'를 의미한다. 어린 양이신 그리스도에는 유다 지파의 사자이신 그리스도가 반드시 있지는 않다. 그러나 '유다 지파의 사자'에는 반드시 '어린 양'이신 그리스도가 포함된다. 사자이신 그리스도는 원수를 찢고 이기신 분을 의미하기 때문에 반드시 죄를 구속함이 포함되기 때문이다.

계시록 5장은 다른 성경에서 볼 수 없는 가장 놀라운 그리스도, 즉 '유다 지파의 사자'로서 "원수 마귀를 움키고 찢으신 그리스도"를 계시한다. 양자의 관계를 벤 다이어그램으로 나타내면 다음과 같다. 벤 다이어그램의 넓은 부분인 'A' 부분은 사도 요한이 본 어린 양이신 그리스도로 '사람의 관점'을 나타낸다. 사람의 가장 큰 문제는 '죄(sin)'이다. 따라서 주님은 구속하시는 그리스도이시다. 왕의 첫 전령자 세례 요한이 '하나님의 어린 양'으로 증거한 것도 그 때문이다. 가운데 '붉은 원'인 'B'의 부분은 장로가 증거한 '유다 지파의 사자'를 나타낸다. 이십사 장로들은 천사들의 대표로서 그리스도를 '유다 지파의 사자'로 증거했다. 장로들이 하늘에 있다는 것은 루시퍼의 반역에 가담하지 않고 자신들의 지위와 처소를 지켰기 때문이다. 이 표를 간단히 요약해 보자.

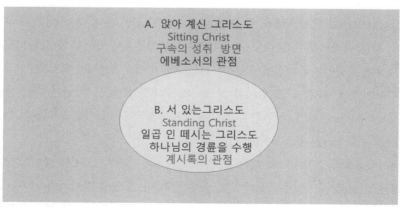

[ 그리스도의 '앉아 계심'과 '서 계심' 관계 도표]

첫째, (A)는 그리스도를 '어린 양'으로 본 사도 요한의 관점이다. 사람의 가장 큰 문제는 '죄'(sin)이기 때문에 '죄'를 구속하시는 그리스도의 방면을 나타낸다.

둘째, (B)는 천사들의 대표인 이십사 장로가 본 관점이다. 원수인 마귀를 움키고 찢으시는 그리스도의 방면을 나타낸다.

셋째, (A)는 (B)를 일부 포함하지만, 반드시 (B)를 포함하지 않는다. 어린 양이신 그리스도를 나타내는 (A)는 사람의 근본적인 죄의 문제인 "세상 죄를 지고 가신 그리스도"를 의미한다.

넷째, (B)는 반드시 (A)를 포함한다. 사자이신 그리스도는 반드시 죄를 구속하셔야 원수를 이기실 수 있기 때문이다. 죄는 사탄이 가져온 '악한 열매'이다. 사자이신 그리스도께서 죄의 뿌리인 사탄을 처리한다는 것은 사탄이 가져온 죄를 처리했다는 것을 포함한다.

다섯째, 사람의 경우 (A)의 죄를 구속하신 그리스도만 있으면 된다고 생각할 수 있다. 그러나 천사들은 구속과 관계 없고, 반역한 천사들에 대해 관심이 있기 때문에 '사자이신 그리스도'를 인식한다. 왜냐하면, 사자이신 그리스도께서 반역한 천사들을 심판하실 것이기 때문이다.

여섯째, 만일 어린 양이신 그리스도(A)만이 있고 (B)의 부분이 없다면, 천사들에 대한 공의는 없게 된다. 사람의 경우도 죄를 구속하는 어린 양만 필요하다고 생각할 수 있다. 그런데 '유다 지파의 사자'가 아니라면 죄로 유혹한 '옛 뱀'에 대한 심판은 없게 된다. 창세기 3:15이 성취되기 위해서 반드시 사자이신 그리스도가 있어야 한다.

일곱째, '사자이신 그리스도'의 방면은 하나님의 비밀의 경륜을 담은 두루마리를 펴고 볼 수 있는 것과 관계있다. 만일 그리스도가 원수를 이기는 유다 지파의 사자가 아니라고 하면, 두루마리를 펴고 볼 자격이 없다는 것을 의미하기 때문이다. 사도 요한이 하늘 위에나 땅 위에나 땅 아래에 두루마리를 펴거나 볼 자가 없었던 것은 아무도 원수 마귀를 이기지 못했기 때문이었다. 그리스도는 '유다 지파의 사자'로서 원수인 마귀를 이겼기 때문에 두루마리를 펴고 일곱 인을 떼실 자격과 능력을 갖고 계신다.

## 7) 다윗의 뿌리

그리스도는 '유다 지파의 사자'이실 뿐만 아니라, '다윗의 뿌리'이시다. 이사야 11:1은 "이새의 줄기에서 한 싹이 나며 그 뿌리에서 한 가지가 나서 결실할 것이요"라고 예언한다. 예레미야 23:5도 "나 여호와가 말하노라 보라 때가 이르리니 내가 다윗에게 한 의로운 가지를 일으킬 것이라"며 그리스도께서 다윗의 자손으로 오실 것을 예언했다. 마태복음 12:33에도 "무리가 다 놀라 가로되 이는 다윗의 자손이 아니냐"라고 했고, 마태복음 15장의 가나안 여인도, 마태복음 20장의 소경도 모두 예수 그리스도를 "다윗의 자손 예수여"라고 불렀다. 그분은 다윗의 자손이다. 구약과 신약은 모두 예수님을 '다윗의 자손'이라 말한다.

예수 그리스도에 대한 최종 계시인 계시록은 예수 그리스도를 '다윗의 자손'이 아닌 '다윗의 뿌리'라고 증거한다. 양자는 논리적으로 모순이다. 어떻게 다윗의 자손이면서 그의 뿌리가 될 수 있는가? 이사야서에서 '이새의 자손'은 그리스도의 '인성 방면'을, '이새의 뿌리'는 그리스도의 '신성 방면'을 가리킨다. 예수님은 인성 안에서 '다윗의 자손'이시고, 신성으로는 '다윗의 뿌리'이시다. 사도 요한이 본 '다윗의 뿌리'이신 그리스도는 원수 사탄을 이기신 '유다 지파의 사자'이신 그리스도이다. 다윗의 뿌리이신 그리스도는 다윗보다 더 큰 분이고, 아브라함보다 더 큰 분이시다.

그리스도께서 하나님의 오른손에 있는 두루마리를 펴서 일곱 인을 떼실 수 있는 것은 그분이 '다윗의 뿌리'이시기 때문이다. 만일 다윗의 뿌리가 아니라고 하면, 하나님의 비밀의 경륜을 담고 있는 두루마리의 인을 뗄 수도 없다. 따라서 원수인 마귀를 이기실 수 없고, 우주 가운데 아무도 두루마리를 펴고 볼 수 없게 된다. 장로들도 '울고 있는' 사도 요한에게 '울지 말라'고 할 수 없었을 것이다. 그러나 이것은 어디까지나 가정에 불과하다. 그리스도는 '다윗의 뿌리'이시고 유다 지파의 사자이기 때문에 이기셨고, 그 두루마리와 그 일곱 인을 떼실 수 있다. 따라서 사도 요한이나 우리들은 울지 않아도 된다. 할렐루야!

## 6. 일찍이 죽임을 당한 것 같은 어린 양

6절은 "내가 또 보니 보좌와 네 생물과 장로들 사이에 한 어린 양이 서 있는데 일찍이 죽임을 당한 것 같더라"(6)라고 말씀한다.

### 1) 무천년설 견해

이필찬 박사는 『요한계시록』(에스카톤, p.560)에서 죽임을 당한 어린 양에 대한 견해를 말했다.

> 먼저 6절에서 보여주는 예수님은 '죽임당한 것 같은, 서 있는 어린양'의 모습이시다. 이 문구는 '그리스도에 대한 은유' 혹은 '희생적 은유'라고 할 수 있다. 또한 '죽임당한 것 같은'이란 문구는 '비현실적인' 것으로서 '단순히 어린양이 죽임을 당한 것처럼 보인다'는 의미가 아니라, 실제로 일어난 것에 대해 언급하고 있는 것이다. 좀 더 구체적으로 말하면 '죽임당한 것 같은 … 어린 양'이란 문구는 '같은'이란 단어에 의해, 어린 양이 실제로 죽임을 당했으나 실제로 다시 부활하여 살아 있는 상태로 있다는 것을 함의하고 있다. 따라서 이 문구는 '죽음과 부활'이라는 두 개의 신학적 모티브를 조합하고 있다고 할 수 있다.(이필찬, 『요한계시록』, 에스카톤, p.560)

### 2) 필자의 비평 및 견해

"일찍이 죽임을 당한 것 같더라"는 구절이 주님의 죽으심과 부활이 확실하다는 것을 보여주기 위해서 기록된 것이 아니다. 그것은 이미 복음서에 상세히 기록됐다. 계시록의 중요한 관점은 그리스도의 죽으심과 부활과 하늘에 계신 그리스도와의 상관관계를 보여주기 위한 것이다. "일찍이 죽임을 당한 것 같더라"는 것은 "주님이 죽임을 당한 것이 승천하기 전 언제 있었는가? 계시록 5장의 시점과 어떤 관계에 있는가?"를 보여준다.

"일찍이 죽임을 당한 것 같더라"는 구절은 헬라어 'ὡς ἐσφαγμένον'(호스 에스파그메논)이다. 'ὡς'(호스)는 ' … 처럼, 같이'라는 뜻의 접속사이고, 'ἐσφαγμένον'(에스파그

메논)은 '살육당하다, 도살하다'를 의미하는 'σφαζω'(습하조)의 '수동태 완료 시제'
이다. 죽임을 당한 것이 '완료 시제'이기 때문에 개역개정에서는 "**일찍이** 죽임을
당한 것 같더라"로, 킹제임스 흠정역은 "**전에** 죽임을 당한 것 같은"으로, KJV은
"**a Lamb as it had been slain**"으로 번역했다. 이 단어는 이 박사가 말한 것처럼 "지
금 실제로 죽임을 당했다"는 정도를 보여주기 위한 것이 아니다. 그것은 '이미' 복
음서에 생생히 기록됐다. 계시록 5장의 관점은 "죽임을 당한 십자가의 사건이 '**막
완료됐다**' 즉 '**얼마 되지 않았다**'"는 것을 나타낸다. 이것은 계시록의 시점을 이해
하는 시금석이다. 계시록에 대한 전통적인 개념을 표로 나타내면 다음과 같다. 전
통적 관념은 모두 틀리지 않지만, 여러 가지 오류들이 함의되어 있다.

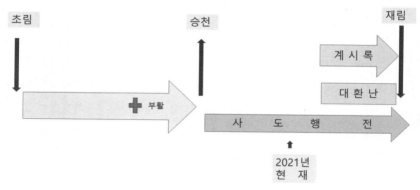

[계시록의 시점에 대한 전통적인 관념들]

**첫째,** 위 그림에서 계시록을 나타내는 표와 대환난을 나타내는 표의 길이(기
간)는 같다. 계시록에 대한 전통적인 관념은 계시록의 전체 기록을 대환난이라
고 간주하는데, 이것은 오류이다.

**둘째,** 계시록은 대환난을 포함한다. 그러나 대환난이 계시록의 전부가 아니라,
한 부분이다. 물론 중요한 부분을 차지한다.

**셋째,** 주님이 이 땅의 사역을 마치고 승천하신 후, 하늘에 계신 주님은 어떤
사역도 안하고 계시다가, 마지막 때에 역사하는 것으로 이해한다. 즉 일곱 인 가
운데 첫 번째 인을 떼는 것도 마지막 대환난 때라고 간주하기 때문에, 흰 말과

탄 자를 적그리스도로 주장하기도 하고, 반대로 그리스도라고 주장한다. 모두 계시록의 시기를 잘못 판단했기 때문에 일어난 오류이다.

넷째, 예수 그리스도는 알파와 오메가가 되시고 처음과 나중이 되시는데, 우리들의 관념은 지엽적이고 편협하다. 이 모든 것은 계시록의 시기가 마지막 때라는 관념이 일조했다. 성경이 보여주는 계시록의 시기를 도표로 나타내면 아래의 도표와 같다. 주님은 이 땅에 오셔서 구속의 역사를 이루셨다. 승천하신 주님은 어디에 계시고 무엇을 하시는가? 계시록 4장에는 하늘이 열렸고, 하나님의 보좌를 봤다. 5장에서는 일찍 죽임을 당한 것 같은 어린 양이 있다. 4장과 5장은 그리스도께서 승천하신 후에 하나님 보좌 우편에 계신 것을 나타낸다. 그리스도의 승천 후 이 땅에서는 사도들과 교회가 복음을 증거하고, 하늘에 계신 그리스도는 대제사장으로서 교회를 돌보고 계신다. 그리고 때가 이르면 하나님의 경륜을 수행하시는 '다른 천사'로서 이 땅을 심판하신다. 복음서에서 사역하신 주님은 승천 후에 하늘에서 쉬지 않고 사역하고 계신다. 그리스도는 복음서에 이어 계시록에도 단절됨이 없이 계속적으로 사역하고 계신다는 것을 보여준다.

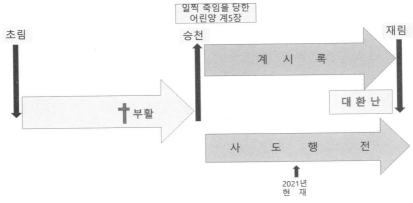

[ 성경이 보여주는 계시록의 시기, 천년왕국과 새 하늘과 새 땅 새 예루살렘은 생략함]

다섯째, 주님의 승천은 복음서의 마지막 장에 있고, 사도행전에는 1장에 있다. 주님이 승천하신 후 어디에 계시는가? 이 부분은 복음서에도 사도행전에도 언급되지 않는다. 그런데 계시록 5장은 그리스도께서 승천 후 셋째 하늘에 계심을 증거한다. 예수님은 부활하신 후 아버지께로부터 하늘과 땅의 권세를 받으시고 하나님 보좌 우편에 앉으셨다. 이것은 계시록 5장에 나타난 어린 양이시다. 사도 요한이 어린 양을 봤는데 "일찍 죽임을 당한 것 같았다"는 것은 이필찬 박사의 견해처럼 '실제로 죽임을 당한 것'을 보여주고자 하는 것이 아니다. 만일 그런 의미였다면, "복음서에서 주님이 죽임을 당한 것이 실제로 있었던 것인지 아닌지 모른다"라는 의미가 될 수 있다. 주님의 죽으심은 복음서에서 '이미'(already) 성취됐다. 계시록의 초점은 '완료형'으로 "그가 죽임을 당한 것이 얼마 되지 않았다"라는 것을 가리킨다. 왜냐하면, 주님이 십자가에서 죽으시고 사흘 후에 부활하셨고, 40일 동안 제자들에게 부활의 주님을 보이시고 하나님의 왕국에 대한 일을 가르치신 후 승천하셨다. 승천하신 후, 하늘이 열리고 사도 요한이 어린 양이신 그리스도를 목격했을 때는 얼마 되지 않았기 때문이다.

여섯째, 복음서의 기록은 사도행전으로 이어진다. 주님은 승천하신 후 어디에서 무엇을 하시는가? 계시록은 이것을 보여준다. 하늘이 열리고 하나님의 보좌에 이어 어린 양을 계시한다. 승천하신 그리스도는 하늘에서 하나님의 오른손에 있는 두루마리를 펴고 일곱 인을 떼실 자격이 있는 분으로서 하늘에서 하나님의 경륜을 수행하고 계신다. 1장에서는 이미 일곱 금 등대인 일곱 교회를 대제사장으로서 목양하고 있다는 것을 계시하셨다.

일곱째, 주님은 알파와 오메가가 되시고 처음과 나중이 되시기 때문에, 승천하신 후에도 하늘에서 계속적으로 하나님의 경륜을 이루기 위해서 일하신다. 주님은 하나님의 창조의 경륜과 구원의 경륜을 이루시기 위해서 지금도 사역하고 계신다.

## 7. 그리스도의 '앉아 계심'(Sitting Christ)과 '서 계심'(Standing Christ)

### 1) 그리스도의 '앉아 계심'(Sitting Christ)

6절은 "내가 또 보니 보좌와 네 생물과 장로들 사이에 한 어린 양이 서 있는데"라고 말씀한다. 사도 요한은 '서 계신 어린 양'을 봤다. '섰는데'의 원문은

'ἑστηκὸς'(에스테코스)로서, '서다, 가까이 서 있다'를 의미하는 'ἵστημι'(히스테미)의 '완료 분사'이다. 이것은 보좌에 앉으신 분이 '앉아 있는 것'과 대조를 이룬다. 에베소서에는 승천하신 주님이 하늘에서 '어떻게' 계시는가에 대하여 말씀한다. 에베소서 2:5~6은 구원을 말씀하면서 "허물로 죽은 우리를 그리스도와 함께 살리셨고(너희는 은혜로 구원을 받은 것이라) 또 함께 일으키사 그리스도 예수 안에서 함께 하늘에 앉히시니"라고 말씀한다.

에베소서는 하늘에서 '앉아 계신' 예수 그리스도를 보여준다. 어떤 이유로 에베소서는 하늘에서 '앉아 계신 그리스도'(sitting Christ)를 말씀하고, 계시록은 '서 있는 그리스도'(standing Christ)를 계시하는가? 에베소서는 그리스도가 '하늘에 앉아 계시고' 또한 함께 살리심을 입은 교회와 함께 '하늘에 앉히신다'고 말한다. 이것은 "그리스도의 구속의 방면"을 가리킨다. 만일 그리스도께서 구속을 성취하지 못하셨다면, 하늘에서 '앉아 계실 수 없다'. 여전히 '서서' 무엇인가를 수행하셔야 하기 때문이다. '앉아 계신 그리스도'(sitting Christ)는 구속을 완전히 성취하신 것을 의미한다. 따라서 구속함을 입은 교회도 그리스도와 함께 '하늘에 앉히셨다'고 말한다. 교회는 '그리스도 안에' 있기 때문에 주님이 승천하셔서 하늘의 보좌에 앉을 때 같이 앉아 있다. 이것은 교회가 하늘로 올라갔다는 것을 의미하는 것이 아니라, 구속의 성취 안에서 교회의 본질과 지위를 의미하는데, 교회는 그리스도 안에 있기 때문이다.

A. 앉아 계신 그리스도
Sitting Christ
구속의 성취 방면
에베소서의 관점

B. 서 있는 그리스도
Standing Christ
일곱 인 떼시는 그리스도
하나님의 경륜을 수행
계시록의 관점

[ 그리스도의 '앉아 계심'과 '서 계심' 관계 도표]

## 2) '서 계신 그리스도'(Standing Christ)

성경의 완성인 계시록은 '서 계신 그리스도'(standing Christ)를 계시한다. 하나님의 경륜의 비밀이 담겨 있는 두루마리는 자격이 있는 그리스도에 의해서 떼어진다. 만일 그리스도가 하늘에서 '앉아 계시다면'(sitting Christ) 아무 것도 행할 수 없다. 그리스도께서 하나님의 경륜을 수행하기 위해서는 반드시 '서 있어야'(standing Christ)한다. 계시록의 "서 계시는 그리스도"(standing Christ)는 하나님의 경륜을 수행하시고 있는 분이시라는 것을 가리킨다. 왜냐하면, 그리스도께서 하나님의 비밀의 경륜을 담고 있는 두루마리의 일곱 인을 떼기 위해서는 반드시 '서서 있어야' 하고, 하나님의 심판을 수행하기 위해서도 반드시 '서서 있어야' 하기 때문이다. 하나님의 경륜을 수행하시는 분은 '유다 지파의 사자'이신 그리스도이다. 장로는 유다 지파의 사자가 이기셨기 때문에 두루마리의 인을 떼실 것을 증거했고, 사도 요한은 일찍이 죽임을 당한 어린 양이 '서 있는'(standing Christ) 것을 보았다. 그것은 어린 양께서 자격이 있는 분으로서 하나님의 경륜을 수행하고 있다는 것을 의미한다. 누군가에게 임무를 맡아서 수행하는 자는 '앉아 있지 않고' '서 있어야' 하기 때문이다. 지금도 예수 그리스도는 구속에 관한 '앉아 계시는 분'(sitting Christ)이시고, 하나님 경륜을 수행하는 분으로서 '서 계신 분'(standing Christ)이시다. 사도행전 7장에서 스데반이 순교할 때, 그를 위해 주님은 외적으로 아무 것도 안 하신 듯이 보였다. 그러나 놀라운 것을 보이셨다. 사도행전 7:55~56은 하늘의 광경을 말씀한다.

> 스데반이 성령 충만하여 하늘을 우러러 주목하여 하나님의 영광과 및 **예수께서 하나님 우편에 서신 것을**(standing) 보고 말하되 보라 하늘이 열리고 **인자가 하나님 우편에 서신 것을**(standing) 보노라(행 7:55~56)

스데반은 하늘에 '앉아 계신 그리스도'를 본 것이 아니라, '서 계신' 그리스도를 봤다. 이것은 사도 요한이 본 것과 동일하다. 두 사람은 모두 '서 계신 그리스도'(standing Christ)를 보았다. 이것은 구속을 성취하신 그리스도가 아니라, 하늘에서 '하나님의 경륜을 수행하시는' 그리스도를 의미한다. 아마 스데반은 '서 계신

요한계시록 INSIDE - 1~11장: 그가 왕 노릇 하시리로다

그리스도'(standing Christ)로 인해서 큰 격려를 받았을 것이다. 그래서 그는 주님께 그 영혼을 의탁했고, 주님이 십자가에서 악한 무리들을 위해서 기도했던 것과 같이 "주여 이 죄를 그들에게 돌리지 마옵소서"(행 7:60)라고 기도하며 순교할 수 있었다. 오늘날 그리스도는 변함없이 하나님의 경륜을 수행하시기 위해서 '서 계신 그리스도'(standing Christ)로 사역하신다.

## 8. 일곱 뿔, 일곱 눈, 일곱 영

### 1) 일곱 뿔

6절은 '일곱 뿔'(seven horns)을 가진 어린 양을 보인다. 뿔은 모든 짐승에게 가장 강한 무기로써, 힘을 상징한다. 코뿔소에게 코뿔소의 뿔이 있고, 소에게도 소의 뿔이 있고, 양에게도 양의 뿔이 있다. 요한계시록의 어린 양은 두 개의 뿔이 아니라 '일곱 뿔'이 있다. 일곱 뿔을 가진 양은 세상 어디에도 없다. 어린 양은 구속하신 그리스도를 상징하고, '일곱 뿔'은 그리스도가 가지신 힘을 상징한다. 어린 양이신 죄를 구속하시는 분이신데, 그분이 일곱 뿔을 갖고 계시다는 것은 구속뿐만 아니라 싸우시는 분이심을 가리킨다.

이스라엘 백성들이 출애굽 후에 시내 산에서 계명을 받고 성막을 건축했다. 그들이 요단강을 건널 때나 여리고 성 싸움에서 앞장서서 나간 사람들은 제사장들이었다. 제사장은 하나님을 섬기는 사람들이다. 제사장들이 싸움에서 앞장서서 나갔다는 것은 그들이 원수에 대하여 싸우는 자들 즉 '전사들'이라는 것을 의미한다. 하나님을 섬기는 제사장은 하나님을 위하여 원수에 대하여 앞장서서 싸우는 사람들이다. 제사장은 하나님을 섬기는 방면을, 전사는 원수를 대적하는 방면을 나타내는데 동전의 양면과 같다. 동일한 원칙으로 주님은 죄를 구속하는 어린 양이시면서 일곱 뿔을 가지신 분으로서 원수에 대하여 싸우시는 분이다. 일곱이라는 수는 일곱 교회에도 나타났고, 일곱 등대나 일곱 별과 일곱 영에도 나타났듯이 하나님의 완전하심을 의미한다. 그리스도는 어린 양이실 뿐만 아니라, 일곱 뿔을 가지신 분으로 우리를 위해 싸우시는 분이시다.

## 2) 일곱 눈

계시록 5:6은 '일곱 눈'(seven eyes)을 가진 어린 양을 계시한다. 눈(eyes)은 지체 가운데 사물을 보는 기관이다. 모든 정보를 봄(seeing)으로 입력하고 파악한다. 사람의 지체 중에서 가장 많은 활동을 하는 것이 눈(eyes)이라고 한다. 어린 양은 '구속하시는 그리스도'를 상징하기 때문에 '일곱 눈'도 상징이다. 어린 양이 일곱 눈을 가지고 있다는 것은 "그분은 모든 것을 다 아신다"는 의미이다. 일곱 교회에 편지할 때 주님이 공통적으로 하신 말씀이 있다.

에베소 교회에 말씀하신 계시록 2:2에서 "Οἶδα τὰ ἔργα σου"(오이다 타 에르가 수)라는 구절로 시작한다. 개역개정은 한글 어법상 "내게 네 행위(들)를 … 알고"와 같이 '알고'(Οἶδα, 오이다)가 떨어져 있다. 모든 교회에 대하여 동일하게 "Οἶδα τὰ ἔργα σου"(오이다 타 에르가 수)라고 말씀한다. 이것은 '일곱 눈'을 가지신 어린 양이 모든 교회의 행위들을 보시고 계신다는 것을 의미한다. 오늘날 승천하신 그리스도께서 일곱 눈을 가지신 분이라는 것은 모든 교회에 대한 위로요 격려이며 또한 경고이다. 소극적인 상황에 있는 교회는 '일곱 눈을 가지신 그리스도'가 경고일 것이다. 반면에 서머나 교회와 빌라델비아 교회와 같이 신실한 교회에 대하여는 '위로요 격려'일 것이다. 복음서에서 인자이신 주님은 두 눈을 가지셨지만, 계시록에서 어린 양은 일곱 눈을 가지셨다.

## 3) 일곱 눈은 일곱 영

6절은 "이 눈들은 온 땅에 보내심을 받은 하나님의 일곱 영이더라"고 말한다. 일곱 눈은 '보고 관찰하고 계신 분'이라는 것을 의미한다. 이 일곱 눈이 온 땅에 보내심을 입은 일곱 영이다. 스가랴 4:7은 "머릿돌"을 언급하고, 10절은 "이 일곱은 온 세상에 두루 다니는 여호와의 눈이라"고 말한다. 즉 스가랴에서는 "일곱 눈을 가진 머릿돌"이 있고, 계시록 5장에서 "일곱 눈을 가진 일곱 영"이 있다. 일곱 눈을 가진 '머릿돌'이라는 것은 성전 건축을 위한다는 것을 의미한다. 계시록 5장의 일곱 눈을 가진 일곱 영은 온 땅에 보내심을 입었고, 모든 것을 살피고 관찰하신다는 것을 의미한다. 어떤 목적으로 모든 것을 살피고 관찰하시는가? 외적으로 볼 때, 여러 가지 재앙들이 있기 때문에 심판하시기 위한 것으로 생각할 수 있다. 하지만 세상에 대한 심판과 교회에 대한 심판은 그 동기와 목적에 차이가 있다.

교회에 대한 심판은 어떤 의미인가? 일곱 교회에 모두 "내가 네 행위들을 안다"고 말씀하신 것은 믿음의 행위들이 있는데, 그 공과를 다 아신다는 의미이다. 교회에 대한 심판은 심판 자체가 목적이 아니다. 스가랴서의 예언과 같이 '일곱 눈을 가진 머릿돌'은 성전 건축을 위해 필요한 것이다. 계시록의 마지막 장은 새 예루살렘성을 보여주는데, 이것이 하나님의 경륜의 최종 목표이다. 출애굽기에서는 여호와께서 종살이하는 이스라엘 백성들을 능력의 오른팔로 구원하셨다. 구원은 구원 자체가 목적이 아니라 시작이다. 출애굽기 20장은 십계명을 비롯한 법도와 율례를 주셨고 하나님이 이스라엘 백성들 가운데 거하시기 위한 성막을 건축했다.

성막 건축으로 예표된 구원의 최종 목적은 하나님과 구속함을 받은 백성들이 함께 거하는 것이다. 가나안 땅에 들어가 이스라엘이라는 하나님의 왕국을 세울 때, 하나님의 성전이 건축되었다. 그런데 그 백성들의 죄악과 패역으로 이방 민족의 침입을 받아 하나님의 성전은 훼파당했다. 결국 그리스도의 십자가의 죽음과 부활을 통해서 참된 성전을 세우셨고, 지금 그 안에서 하나로 지어가고 있다. 두아디라 교회에 대하여 "그 눈이 불꽃 같은 분"(계 2:18)으로 나타나신 것도 소극적인 상황에 있는 교회를 살피심으로 징계하시지만, 심판 자체가 목적이 아니라 그들을 회개케 하고 돌이켜 정결하게 하고, 변화시키기 위한 것이다.

새 하늘과 새 땅이 올 때, 영원히 하나님과 함께 거하는 새 예루살렘 성이 하늘에서 땅으로 내려올 것이다. 이것이 성경의 최종 결론 즉 하나님의 창조의 경륜의 최종 결론이다. 이것을 수행하시기 위해서, 온 땅에 보내심을 입은 일곱 눈인 일곱 영이 교회들을 살피시기 위해서, 일곱 배로 타오르는 일곱 등인 일곱 영으로 역사하신다. 그런 까닭에 일곱 교회의 마지막에는 성령이 '각 교회에게만'(단수) 말씀하시지 않고 '교회들'(복수)에게 말씀하신다. 인자이신 주님이 아니라 '성령이 교회들에게' 말씀하신다. 오늘날 우리는 일곱 눈을 가지시고 일곱 등으로 타오르는 일곱 영을 가지신 그리스도가 필요하다.

## 9. 네 생물과 이십사 장로들의 찬양과 경배

어린 양이 보좌에 앉으신 이의 오른손에서 두루마리를 취하실 때에 어떤 일이 있었는지를 보여준다. 8절은 "그 두루마리를 취하시매 네 생물과 이십사 장로들이 그 어린 양 앞에 엎드려 각각 거문고와 향이 가득한 금 대접을 가졌으니 이 향은 성도의 기도들이라"고 말한다. 이십사 장로들과 네 생물은 두루마리를 취하시는 어린 양께 엎드려 경배와 찬양을 드렸다. 어린 양이 두루마리를 취하는 것은 네 생물과 이십사 장로들이 경배를 드릴 만한 중대한 일이라는 것을 의미한다.

### 1) 거문고와 향이 가득한 금대접

#### (1) 무천년설 견해

이필찬 박사는 『요한계시록』(에스카톤, p.573~574)에서 금대접에 대한 견해를 다음과 같이 제시했다.

> 그렇다면 여기에서 다음과 같은 질문이 제기될 수 있다. 8c절에서 누가 '하프'와 '향이 가득한 금대접들을' 가지고 있는가? 이에 대해 네 생물과 이십사 장로가 함께 이것들을 가지고 있는가, 아니면 이십사 장로들만 가지고 있는가? 이에 대해서는 후자가 적절하다고 할 수 있다. 여기에는 세 가지 이유가 있다. 첫째, 문법적으로 '가지고 있다'는 남성 복수 분사 형태이기 때문에 중성 복수형인 '네 생물'과는 성이 일치하지 않으며 복수형인 이십사 장로들과 일치한다. 둘째, 이십사 장로가 교회 공동체를 상징한다면 성도들의 행위로 간주될 수 있는 성도들의 기도인 '향으로 가득한 금 대접'들은 이십사 장로와 잘 조화를 이룬다. (중략) 이상의 세 가지 이유로 '하프'와 '향이 가득한 금 대접들'을 가지고 있는 주체를 이십사 장로로 보는 것이 적절하다고 할 수 있겠다.(이필찬, 『요한계시록』, 에스카톤, p.573~574)

## (2) 필자의 비평

### ① 모두 갖고 있었다

네 생물과 이십사 장로들은 각각 '거문고들'과 '향이 가득한 금 대접'을 갖고 있다. 거문고는 '하프'(harp)를 가리킨다. 이것을 가지고 있다는 것은 어린 양께 찬양과 경배를 드리기 위한 것이다. 실제로 계시록 5:9~10은 네 생물과 이십사 장로들이 하프를 연주하며 찬양했으므로, 이십사 장로들만 하프와 금대접을 들고 있다는 이 박사의 견해는 오류이다. 네 생물은 피조물의 대표로서 어린 양이 하나님의 경륜의 비밀이 담긴 두루마리를 취하시는 것을 보고 기뻐하며 찬양했다. 이십사 장로들도 유다 지파의 사자(lion)이신 그리스도께서 대적자들을 심판하실 것을 기뻐하며 찬양했다. 문제는 "이십사 장로들이 누구인가?"라는 것이다.

### ② 이십사 장로는 교회의 대표인가?

이필찬 박사는 이십사 장로들을 '교회의 대표'로 해석하고, 이것에 모든 해석을 맞추려 한다. 이 박사가 이십사 장로들을 교회의 대표로 보는 것은 로마 가톨릭과 같은 관점으로서 성경과 일치하지 않는다. 이미 계시록 4장에서 이십사 장로들은 '교회의 대표'가 아니라 '천사들의 대표'인 근거들을 논증했기 때문에 앞장을 참조하길 바란다.

### ③ 동질성은 조화가 아니라 모순이다

이 박사는 성도들의 기도가 담긴 '금 대접'들은 이십사 장로와 잘 조화되고 '동질성'이 있기 때문에 장로들을 교회의 대표로 간주했는데, 이것은 모순이다. 금 대접에는 성도들의 기도가 담겼다. 이십사 장로들이 교회의 대표라면, 땅에서 기도 드리는 교회와 하늘에서 하나님께 드리는 이십사 장로들이 동일한 자라는 것은 '모순'된다. 교회는 땅에 있어서 기도를 드리는데, 교회의 대표인 이십사 장로들이 동시에 하늘에 있을 수 없기 때문이다. 만일 이 박사의 주장을 고수한다면, 죄인인 사람도 세상 죄를 지고 가는 어린 양이 될 수 있어야 하는데 불가능하다. 죄 때문에 죽어야 할 사람이 자신의 죄를 대신 질 수 없는 것처럼, 땅에서 기도를 드리는 교회가 하늘에서 기도를 받아 하나님께 드릴 수 없기 때문이다. 무천년설은 이런 기본적인 관계를 고려치 않았는데, 마치 값비싼 유모차에 관심을 두다가 아기를 잃어버린 것과 같다.

### ④ 이십사 레위 제사장의 관계

이필찬 박사는 역대상 25:6~31에서 '제금과 비파와 수금을 잡아 여호와의 전에서 노래하며 하나님의 전을 섬겼던' 이십사 레위 제사장들의 제의적 역할을 연상케 하기 때문에, 이십사 장로들을 교회의 대표라고 주장했다. 이십사 장로들은 성도들의 기도를 금대접에 담아 하나님께 드리는 자들로서 '제사장의 역할'을 하고 있음에 틀림이 없다. 구약 시대에 이십사 명의 레위 제사장들이 제사장으로 섬기고, 하늘에서 이십사 장로들이 제사장 역할을 하기 때문에 이런 근거만을 가지고 '교회'로 간주하는 것은 성급한 결정이다. 단지 그들이 모두 '제사장 역할'을 한다는 공통점이 있을 뿐이다.

구약 시대에는 이십사 레위 제사장들이 제사장으로 섬겼고, 신약 시대에는 구원받은 모든 신자가 왕 같은 제사장으로 부름을 입었다. 이십사 레위 제사장들이 하나님을 섬겼다고 해서 교회라고 할 수 없는 것처럼, 이십사 장로들이 제사장으로 하나님을 섬기기 때문에 교회라고 하는 것은 일부만을 보고 전부를 판단하는 오류이다.

구약 시대에는 이십사 레위 제사장이, 신약 시대에는 왕 같은 제사장인 교회가 땅에서 제사장으로 하나님을 섬긴다. 관점을 바꾸어, 하늘에서는 제사장으로 하나님을 섬길 자는 누구인가를 생각해 보자. 교회가 주의 재림으로부터 시작되는 천년왕국에서 '왕 같은 제사장'이 되기 전에는 누가 하늘에서 제사장으로 섬길 것인가? 이와 같은 일이 있기 전에 하나님을 섬기는 일은 하늘에서도 중단되지 않고 계속되어야 한다. 계시록 5장은 하나님의 보좌 주위에 이십사 보좌에 앉은 이십사 장로들을 계시하는데, 이들에 의해서 하나님을 섬기는 제사장의 직분이 수행된다는 것을 보여준다. 이십사 장로들이 제사장 역할을 하는 것은 천년왕국 때 교회 중 이기는 자들이 왕 같은 제사장으로 섬길 때까지이다.

구약과 신약의 제사장들은 모두 땅에서 하나님을 섬기는 자들로서 하나님을 섬기는 일이 중단없이 계속되었다. 그러면 하늘에서 하나님을 섬기는 자들은 누구인가? 이십사 레위 제사장도 교회도 하늘에 있지 않았기 때문에 하늘에서 섬겼다고 할 수 없다. 계시록은 하늘에서 천사들의 대표인 이십사 장로들이 제사장으로 하나님을 섬기고 있음을 보여준다. 세 종류의 제사장들은 모두 구별된다. 그레고리 K. 비일과 이필찬 박사가 이십사 장로들이 제사장으로 섬기는 것만을 보고 교회라고 단정한 것은 성경을 오해한 것이다.

### ⑤ 이십사 장로들의 직분

이십사 장로들의 왕 같은 제사장 직분이 '제한적'이라는 것은 계시록 4:10에 나타난다. 이십사 장로들이 보좌에 앉으신 이 앞에 엎드려 세세토록 살아 계시는 이에게 경배하고 자기의 관(their crowns)을 보좌 앞에 드린다. 이십사 장로들이 '그들의 면류관들'을 보좌 앞에 드리는 것은 그들에게 주어졌던 '왕 같은 제사장 직분'을 사임한다는 것을 의미한다. 이것은 이제까지 그들이 '왕의 직분'을 맡았다는 것을 의미한다. 이십사 장로들이 성도들의 기도가 담긴 금 대접을 하나님께 드린다는 것은 '제사장의 직분'을 수행한다는 것을 의미한다. 또한 이들이 그들의 직분을 사임하는 것은 어린 양이신 그리스도께서 승천하셨기 때문이다. 하늘과 땅의 모든 권세가 그리스도께 있기 때문에 이십사 장로들은 그들의 직분이 그리스도께 돌아가야 한다는 것을 알고 기뻐하며 사임한다.

이런 상관관계로 인해서 계시록 5:9,10은 "일찍이 죽임을 당하사 각 족속과 방언과 백성과 나라 가운데에서 사람들을 피로 사서 하나님께 드리시고 그들로 우리 하나님 앞에서 나라와 제사장들을 삼으셨으니 그들이 땅에서 왕 노릇 하리로다"라고 찬양한다. 이 노래는 네 생물과 이십사 장로들이 부르는 노래로서, 노래 가운데 '그들로'라는 것은 각 족속과 방언과 백성과 나라 가운데에서 "사람들을 피로 산 교회"를 가리킨다. 그리고 '그들로'(피로 산 교회) 하나님 앞에서 나라(kingdom)와 제사장들을 삼으셨다고 노래한다.

이미 네 생물과 이십사 장로들은 거문고와 금 대접을 갖고 제사장으로 섬기고 있었다. 그런데 '그들을'(교회) 왕국과 제사장으로 삼으신다는 것은 그들의 임무가 교체되리라는 것을 암시한다. 이십사 장로들은 그들의 직분을 반려하고, 보좌에 앉으신 아버지께서는 그 면류관을 그리스도께 주실 것이다. 그리스도는 장차 모든 신자가 서게 될 '그리스도의 심판석'에서 이기는 자에게 면류관을 주실 것이다. 이것이 성경의 맥락이다.

### ⑥ 문법적인 방면

이필찬 박사가 이십사 장로들을 교회의 대표로 해석한 첫 번째 근거는 '문법적'인 것이다. '가지고 있다'라는 단어가 '남성 복수 분사'로서 '중성 복수형'인 '네 생물'과는 성이 일치하지 않고, '복수형'인 이십사 장로들과 일치한다는 문법적인 근거를 들었다. 그래서 거문고와 금 대접을 네 생물은 들지 않았고, 이십사 장로들만이 들고 있다는 결론을 내렸다. 성(性)이 일치하지 않는 것은 사실이지만, "꼬리와 몸통이 뒤바뀐 것"이다. 이 박사는 거문고와 금 대접을 갖고 있는 주체가 '하나'가 아니라 '둘'이라는 것을 간과했다. 그러기 때문에 적어도 "어느 단어에 성(性)을 맞춰야 하는가"라는 문제를 생각했어야 했다.

문법적으로 무엇이 일치하는지 살펴보자. 8절은 "네 생물과 이십사 장로들이 그 어린 양 앞에 엎드려 각각 거문고와 향이 가득한 금 대접을 가졌으니"라고 말한다. 이 구절의 원문은 "ἔχοντες ἕκαστος κιθάραν καὶ φιάλας χρυσᾶς"이며, 'ἔχοντες'(에콘테스, 가졌다)는 '남성 복수 분사'이다. 중요한 것은 '각각'으로 번역된 'ἕκαστος'(헤카스토스)이다. 이 단어는 '각기, 모두'(each every)라는 의미이다. 즉 네 생물과 이십사 장로들이 '모두' 거문고와 금 대접을 가졌다는 것을 가리킨다. 그가 이런 사실을 알았다면, "왜 성이 일치하지 않는가?"라는 것은 꼬리에 해당되기 때문에 주객이 전도되는 상황은 발생하지 않았을 것이다.

본문에서 '네 생물'은 중성 명사이고, '이십사 장로들'은 남성 명사인데, 중성 명사인 네 생물에 일치시키기보다 '남성 명사'인 이십사 장로들에게 맞추는 것이 적절하다. 문법적인 면에서도 중성 명사와 남성 명사가 있다면, 중성 명사보다 남성 명사에 일치시키는 것이 상례이기 때문이다. 게다가 내용적인 면에서 볼 때, 네 생물과 이십사 장로들의 '지위와 위치'를 비교하면 이십사 장로들이 면류관을 쓰고 '이십사 보좌'에 앉아 있다는 것은 '그 지위'가 네 생물보다 뛰어나다는 것을 가리킨다. 그러므로 네 생물에 일치시키는 것보다 이십사 장로에게 일치시키는 것이 합당하다.

## 2) "이 향은 성도들의 기도라"에 대하여

### (1) 그레고리 K. 비일의 견해

그레고리 비일은 『NIGTC 요한계시록』(새물결플러스, p.599)에서 성도들의 기도가 향과 동일시되었다는 견해를 제시했다.

> 복수 여성 관계대명사 αἵ(그것은)는 오직 "향"만을 가리키고 "수금"를 가리키지는 않는다. 8:3~4에서 "성도들의 기도"는 분명히 향과만 동일시되기 때문이다. 더욱 이 αἵ의 정확한 선행사는 "향"이지 "대접"이 아닌 것이 분명하다. 대접도 여성 복수 명사이고 "향"은 중성 명사이긴 하지만 αἵ는 이어지는 αἱ προσευχαί(기도)의 여성 명사에 동화되었다.(그레고리 K. 비일, 『NIGTC 요한계시록』, 새물결플러스, p.599)

### (2) 필자의 비평 및 견해

여기에서 중요한 것은 "성도들의 기도들이 무엇을 가리키는가? 즉 관계대명사 'αἵ'(하이)의 선행사가 '향'인가? 아니면 '금대접'인가?"라는 것이다. 비일의 큰 오류는 "성도들의 기도들"의 선행사를 '향'으로 간주한데 있다. 이 주제는 계시록 8:3~4과 관계있기 때문에 참조할 필요가 있다.

### ① αἵ(하이)의 선행사는 무엇인가?

원문은 "φιάλας χρυσᾶς γεμούσας θυμιαμάτων, αἵ εἰσιν αἱ προσευχαὶ τῶν ἁγίων"이다. 여기서 문제가 되는 것은 "관계대명사 'αἵ'(하이, which)가 이끄는 "성도들의 기도"의 선행사가 무엇을 가리키는가?"이다. 두 가지 경우가 있다. 첫째, 개역개정은 "이 향은 성도의 기도들이라"고 번역했다.(원문을 번역한 것이 아니라 해석했는데, 잘못된 해석이다) 둘째, 금 대접을 가리키는 것으로, "금 대접은 성도들의 기도들이라"는 의미이다. 이것은 두 가지 방법으로 검증할 수 있다. 첫째는 문법적인 것이고, 둘째는 성경의 문맥 즉 성막에 있었던 분향단과 일치하는가를 보는 것이다. 먼저 문맥 관계를 보자.

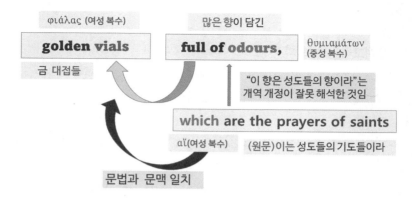

φιάλας (여성 복수)

**golden vials**

금 대접들

많은 향이 담긴

**full of odours,**

θυμιαμάτων (중성 복수)

"이 향은 성도들의 향이라"는 개역 개정이 잘못 해석한 것임

**which are the prayers of saints**

αἵ(여성 복수)　(원문)이는 성도들의 기도들이라

문법과 문맥 일치

[ 계5:8 개역 개정의 오류: '이는(αἵ, which)'은 '금 대접'과 '향' 중 무엇을 가리키는가 ]

### ② 문맥 관계

계시록 5:8은 두 부분으로 나뉜다. 첫 부분은 "향이 가득한 금 대접을 가졌으니"라는 부분이고, 둘째 부분은 "이 향은 성도의 기도들이라"는 부분이다. 먼저 "향이 가득한 금 대접"을 QST해 보자. 원문은 "φιάλας χρυσᾶς γεμούσας θυμιαμάτων"(휘알라스 크뤼사스 게무사스 뒤미아마톤)으로 비전공자인 독자들의 이해를 돕기 위해서 원문을 '문자 그대로' 번역한 KJV인 "golden vials full of odours"을 사용한다.

"golden vials full of odours"의 핵심 두 단어는 '금 대접'(golden vials)과 '향'(odours)이다. 그러면 두 단어 가운데 중요한 단어는 '금 대접'인가? '많은 향'인가? '금 대접'이 '향'을 수식하면 향이 중요한 단어이고, '많은 향'이 '금 대접'을 수식하면 금 대접이 중요한 단어이다. 모두 알다시피 '많은 향'이 '금 대접'을 수식한다. 이 구절의 중요 단어는 '많은 향'이 아니라 '금 대접'이다. 문법적으로 금 대접이 '주'(主, main)이고, '많은 향'은 '수식어'로서 '부'(副, sub)이다. 계시록 5:8은 기본적으로 이십사 장로들이 금 대접들을 들고 있었는데, 거기에는 많은 향들이 있었다는 것을 보여준다.

### ④ 관계 대명사 'αἵ(하이)'와 성과 수의 일치 관계

계시록 5:8은 "향이 가득한 금대접을 가졌으니 이 향은 성도들의 기도들이라"

고 말한다.(잘못된 번역임) 이 구절의 원문은 "φιάλας χρυσᾶς γεμούσας θυμιαμάτων, αἵ εἰσιν αἱ προσευχαὶ τῶν ἁγίων"이다. 비전공자 독자들의 이해를 돕기 위해서 간단히 뜻을 병기한다. φιάλας(휘알라스, 대접들), χρυσᾶς(크뤼사스, 금으로 만든,) γεμούσας(게 무사스, 가득하다), θυμιαμάτων(뒤미아마톤, 향들), αἵ[하이, 관계대명사 ὅς(호스, which) 의 여성 복수 주격], εἰσιν(에이신, be 동사), αἱ[하이, 정관사 ὁ(호)의 여성 복수 주격], προσευχαὶ(프로슈카이, 기도들), τῶν(정관사), ἁγίων(하기온, 거룩한)이라는 의미이다.

헬라어 원문을 직역하면 "이것은 성도들의 기도들이라"는 뜻이다. 따라서 개역개정의 "이 향은 성도들의 기도들이라"(개역개정은 αἵ를 '향들'로 해석했는데 오역이다)는 것과 큰 차이가 있다. 관계대명사 αἵ(하이)는 "여성 복수 주격"이다. 따라서 관계대명사 αἵ(하이)의 성과 수는 αἵ(하이)의 선행사와 서로 '성'과 '수'가 일치해야 한다. '향들'은 'θυμιαμάτων'(뒤미아마톤, 향들)으로 '중성 복수'이다. 따라서 '향들'은 관계대명사 αἵ(하이, 여성 복수)와 성과 수가 다르기 때문에 선행사가 될 수 없다. 비일은 이런 사실을 알고도 "향은 중성 명사이긴 하지만 αἵ는 이어지는 αἱ προσευχαὶ(기도)의 여성 명사에 동화되었다라고 하면서 문법적인 것을 무시하고 향을 가리킨다고 주장한 것은 비논리적이다.

αἵ(하이)이 선행사가 되기 위해서 반드시 '여성 복수'가 되어야 한다. 이제 남은 것은 '금대접'이다. '금'은 χρυσᾶς(크뤼사스, 금으로 만든)로 '여성 복수'이고, 대접은 'φιάλας'(휘알라스)로 '여성 복수'이다. 관계대명사 αἵ(하이)와 '금대접'은 동일하게 '여성 복수'로 성과 수가 일치한다. 이것은 αἵ(하이)가 금대접을 가리킨다는 것을 의미한다. 따라서 계시록 5:8은 "향이 가득한 금대접을 가졌으니, 금대접들은 성도들의 기도들이라"고 번역되어야 한다. 비일이나 무천년설자들이 성도들의 기도가 향을 가리킨다는 해석은 문법을 떠난 비논리적인 주장이다.

### ⑤ 성경의 원칙에서

"향은 성도들의 기도들이라"는 번역은 문법적으로도 일치하지 않고, 성경의 '분향단'의 의미와도 일치하지 않는다. 개역개정이 독자들의 이해를 돕기 위해서 번역한다는 것이 본의 아니게 잘못 해석했기 때문에 과유불급(過猶不及)이다. 성막의 모든 기구들은 예수 그리스도가 성취하신 사역을 예표한다. 성막을 들어서면 첫 번째 만나는 것은 번제단이다. 우리 죄를 위하여 십자가에 돌아가신 예수 그리스도를 예표한다. 그 다음은 물두멍으로 거듭나게 하시는 성령님을 예표한다. 진설병은 하나님을 섬기는 제사장들의 양식이신 그리스도를, 등대는 세상의 빛이신 그리스도를, 분향단은 우리를 위해 중재하시는 그리스도를 예표한다. 그런데 비일은 계시록 8:3의 향연을 '성도들의 희생 제사'라고 해석했다. 이런 오류에 일조한 것은 그가 계시록 5:8의 "이 향은 성도들의 기도들이라"는 잘못된 길로 들어섰기 때문이다. 비일을 비롯한 무천년설자들은 문맥을 잘못 이해했다.

### ⑥ 향은 성도의 기도와 구별됨

비일은 계시록 5:8의 "이 향은 성도들의 기도들이라"는 구절을 잘못 해석해서 향을 성도들의 기도라고 단정했다. 계시록 8:3 한 절을 QST해 보자. 성경을 벗어난 해석은 여러 내증을 통해서도 분별할 수 있다. 계시록 5:8의 문맥(context)은 이십사 장로들이 향이 가득한 금 대접들을 들고 있고, 이 금대접들은 성도들의 기도들이라고 말한다.(바른 해석) 혹시 계시록 5:8을 잘못 해석해서 향을 성도들의 기도로 단정했을지라도, 계시록 5:8의 병행 구절인 계시록 8:3을 통해서 문제를 발견할 수 있다. 계시록 8:3은 향이 성도의 기도와 함께 보좌 앞에 드려진다고 말한다. 여기에 '성도들의 기도'가 있고 또한 '향'이 있다. 이것은 '향'이 '성도들의 기도'와 구별된다는 것을 가리킨다. 만일 비일이 말하는 것처럼 향이 성도들의 기도라면, 성도의 기도와 함께 향인 성도의 기도들이 더해져서 드려진다는 것은 문맥(context)상 어울리지도 않는다.

## 3) 새 노래를 부르는 자

### (1) 무천년설 견해

무천년설 관점으로 계시록을 해석하는 그레고리 K. 비일은 이미 4장에서 '교회의 대표'라고 주장했다. 동일한 무천년설 관점을 갖는 이필찬 박사는 『요한계시록』(에스카톤, p.578)에서 "새 노래는 이십사 장로들과 마찬가지로 교회 공동체를 상징하는 계시록 14:1~5의 십사만 사천이나, 계시록 15:2~4의 승리한 자들에 의해 다시 소개되고 있다"라고 말했다.

## (2) 필자의 비평 및 견해

첫째, 이십사 장로들의 찬양에는 "피로 사신 교회"가 언급된다. 따라서 장로들이 그들을 어떻게 부르는지를 통해서 양자의 관계를 알 수 있다.

둘째, 이십사 장로들은 "일찍이 죽임을 당하사 각 족속과 방언과 백성과 나라 가운데에서 '사람들을' 피로 사서 하나님께 드리시고"(9)라고 찬양한다. '사람들을 피로 산 분'도 어린 양이시고, "하나님께 드리신 분"도 어린 양이신 것을 찬양했다. '어린 양이 피로 산' 사람들은 '교회'를 가리킨다. 이십사 장로들이 교회의 대표라면 자신들을 '사람들'이라는 '3인칭'을 사용하지 않고, '우리들'이라고 말했을 것이다. 이십사 장로들이 교회를 '사람들'이라고 말한 것은 그들이 교회의 대표가 아니라는 증거이다.

셋째, 10a절에서 이십사 장로들은 "그들로 우리 하나님 앞에서 나라와 제사장들을 삼으셨다"라고 찬양한다. '그들로'는 헬라어 'αὐτοὺς'(아우투스)로서 "αὐτος"(아우토스)의 '3인칭 남성 목격적 복수형'이다. 이필찬 박사(무천년설)가 주장하는 대로 이십사 장로들이 '교회의 대표'라면, '그들로'라고 하지 않고 '우리로'라고 불렀어야 했다. 교회를 가리키는 '그들로'가 '우리로'(24 장로들)로 바뀌는 것은 하나님 앞에서 나라(왕국)와 제사장을 삼는 주체가 달라지는 중대한 문제이다. 따라서 이런 일련의 증거들은 이십사 장로들이 '교회의 대표'가 아니라, '천사들의 대표'라는 것을 반증한다.

넷째, 10b절에서 이십사 장로들은 "그들이 땅에서 왕 노릇 하리로다"라고 찬양한다. 찬양하는 자는 이십사 장로들이고, 그들의 찬양 가운데 '그들이'는 '1인칭'이 아니라 '3인칭'이다. 헬라어는 주어가 동사의 격에 포함된다. 이것은 헬라어 'βασιλεύσουσιν'(바실류수신)으로 '왕이 되다, 왕권을 행사하다, 통치하다'를 의미하는 'βασιλεύω'(바실류오)의 '3인칭 복수 미래 시제'이다. 만일 이십사 장로들이 '교회의 대표'라면, '그들이'라는 '3인칭 대명사'를 사용하지 않고, '우리'라는 '1인칭 대명사'를 사용했어야 했다. 이렇게 말한 이유는 장로들이 '교회의 대표'가 아니기 때문이다. 이십사 장로들을 교회의 대표로 해석하는 것은 왕 노릇을 할 자를 바꾸는 것이다. 마치 상속자인 아들과 종의 신분을 바꾸는 것과 같은 중대한 오류이다.

## 4) 새 노래란 무엇인가

### (1) 무천년설: 이필찬 박사의 견해

이필찬 박사는 『요한계시록』(에스카톤, p.578)에서 새 노래에 대한 견해를 말했다.

> 9a절에서 '새 노래'라는 표현은 구속과 관련해서 '옛 노래'라고 할 수 있는 구약의 '모세의 노래'와 대비되는 표현이다. (중략) 그리고 이사야 42장 10절에서 '항해하는 자들과 바다 가운데 만물과 섬들과 거기에 사는 사람들아 여호와께 새 노래로 노래하며 땅끝에서부터 찬송하라'에서도 '새 노래'가 등장한다. 여기에서 새 노래는 '종말론적인 성격'을 갖는 것으로서 '여호와의 종의 나타나심'과 관련된다. 여호와의 종의 등장은 이사야 42장 1~7절에서 매우 구체적으로 언급되고 있으며, 하나님의 새로운 구원의 역사를 의미하는 이사야 42장 9절에 '새 일'과도 관련된다. 여기서 '새 일'이란 바벨론 포로 상태로부터의 해방 사건을 가리킨다. 그러므로 이사야서의 문맥에서 '새 노래'는 바로 바벨론 포로 해방 사건에 대한 반응으로 주어지고 있다.(이필찬, 『요한계시록』, 에스카톤, p.578)

### (2) 필자의 비평과 견해

#### ① 구약과의 관계

이필찬 박사는 이십사 장로들의 '새 노래'와 구약 성도들이 언급한 '새 노래'를 일치시켰다. 이사야 42장의 새 노래가 종말론적인 의미를 갖고 있고, '여호와의 종의 나타나심'과 관계있다는 것을 언급한 것은 긍정적인 부분이다. 그런데 결국 이사야 42장의 '새 일'과 연관시켜서 '새 노래'를 바벨론 포로 해방 사건에 대한 반응이라는 결론을 내린 것은 모순이다. 무천년설은 지론을 따라 '바벨론 포로 해방'이라는 '과거 사건'에 초점을 맞췄기 때문이다.

#### ② 새 노래 성격: 포로 해방 vs 왕의 통치

이필찬 박사는 양자의 공통점인 '새 노래'를 바벨론 포로 해방으로 해석한 것은 매우 좁게 본 것이다. 그런 까닭은 이십사 장로들의 '새 노래'와 이사야의 '새 일'은 '새로운'이라는 공통점을 빼곤 그 내용이 서로 다르기 때문이다. 시편에서 '새 노래'와 계시록의 '새 노래'는 문자적으로 같은 단어이지만, 새 노래를 부르는 주체가 다르다. 시편 149:1~2은 무엇을 새 노래로 부르는지 보여준다.

> 할렐루야 새 노래로(a new song) 여호와께 노래하며 성도의 모임 가운데에서 찬양할지어다 이스라엘은 자기를 지으신 이로 말미암아 즐거워하며 시온의 주민은 그들의 왕으로 말미암아 즐거워할지어다(시 149:1~2)

새 노래를 부르는 주체는 '성도들의 모임'인 교회이다. 찬양할 이유를 두 가지로 제시한다.

첫째, '자기를 지으신 이로 말미암아'라는 구절은 하나님은 창조주이시고 그들은 피조물이기 때문이다. 이것은 '보편적 당위성'이다.

둘째, "그들의 왕으로 말미암아"라는 것은 그리스도께서 이스라엘 백성들의 왕 되심 즉 왕이 통치하시기 때문이다. 그리스도께서 이스라엘 가운데 왕으로 통치하심은 주님이 이 땅에 계실 때에 이뤄지지 않았다. 부활 후에도 이뤄지지 않았다. 부활 후에 "하늘과 땅의 권세를 내게 주셨으니"라고 하신 것은 그리스도가 하늘과 땅의 권세를 받으셨다는 것을 의미한다. 이 방면만을 보면 주님이 왕 노릇 하심이 '완전히 성취됐다'고 오해할 수 있다.

계시록 11:15은 "일곱째 천사가 나팔을 불매 하늘에 큰 음성들이 나서 이르되 세상 나라가 우리 주와 그의 그리스도의 나라가 되어 그가 세세토록 왕 노릇 하시리로다"라고 찬양한다. 일곱째 나팔은 '아직' 불어지지 않았다. 주님의 부활 때에도 일곱 나팔은 불어지지 않았고, 계시록 5장에서 이십사 장로들이 찬양할 때도 일곱 나팔은 불어지지 않았다. 단지 일곱 인을 떼기 위해서 하나님의 오른손에 있는 두루마리를 취하시기 시작했다. 일곱 나팔이 불어지기 위해서 첫째 인으로부터 여섯째 인과 일곱째 인이 떼어져야 한다. 일곱째(7th) 인은 일곱 나팔로 이뤄졌기 때문에, 일곱째 나팔을 부는 때는 첫째 나팔로부터 여섯째 나팔이 불어졌다는 것을 전제한다.

다섯째 나팔부터 대환난의 상황이기 때문에 아직 일곱째 나팔이 불어지지 않왔다. 일곱 번째 나팔을 부는 것이 중요한 이유는 그때에 세상 나라가 우리 주와 그리스도의 왕국이 되어, 세세토록 그리스도가 왕 노릇 하실 것이기 때문이다. '왕 노릇 한다'는 단어는 헬라어 'βασιλεύσει'(바실류세이)로서 '통치하다, 왕 노릇 하다'를 의미하는 'βασιλεύω'(바실류오)의 '3인칭 단수 미래형'이다. 이것은 그리스도께서 세상 나라를 왕으로 통치하시는 때가 '지금'이 아니라, '미래'라는 것을 의미한다.

시편 149:1~2의 "할렐루야 새 노래로(a new song) 여호와께 노래하며 성도의 모임 가운데에서 찬양할지어다 이스라엘은 자기를 지으신 이로 말미암아 즐거워하며 시온의 주민은 그들의 왕으로 말미암아 즐거워할지어다"라는 말씀은 종말론적인 성취의 때를 가리킨다. 계시록 5장에서 이십사 장로들이 "어린 양의 피로 사신 바 된 자들이 왕 노릇 하실 것"은 '미래형'이었다. 계시록 11:15에서 "세상 나라가 그리스도의 왕국이 되어 그가 세세토록 왕 노릇 하시리로다(he shall reign)"라는 것도 '미래형'이다. 양 구절이 모두 미래 시제이다. 이것은 주님의 재림의 때가 '아직'(not yet) 도래하지 않았기 때문이다. 주님의 왕 노릇 하심은 무천년설이 주장하듯이 '초림에 이미' 성취된 것이 아니라, 재림에 성취될 사건이다. 새 노래는 그리스도의 왕 노릇 하심과 밀접한 관계가 있다.

### ③ 새 노래의 공통점

시편을 비롯한 구약에 나오는 '새 노래'와 계시록 5장의 이십사 장로들이 부르는 '새 노래'의 공통점은 '그리스도의 왕 노릇 하심'이라는 종말론적 성취와 관계있다. 즉 "그리스도가 왕 노릇 하시리라(he shall reign)"는 것은 이때까지 '이 땅에서' 왕 노릇 하신 적이 없었다는 것을 의미한다.(물리적인 통치를 가리킴, 교회는 말씀과 성령으로 통치하심) '새 노래'의 '새'는 헬라어 'καινος'(카이노스)로 '새로운, 신선한, 최근의, 고귀한'이라는 의미이다. 이십사 장로들이 계시록 5장에 '새 노래'를 부른다는 것은 "이전에 이십사 장로들이 새 노래를 부른 적이 없다"는 것을 가리킨다. 만일 이전에 새 노래를 부른 적이 있다면, 그 노래는 더 이상 새 노래라고 할 수 없기 때문이다. 그러므로 이십사 장로들이 '새 노래'를 부른다는 것은 '시간 안에서 처음'이라는 것을 의미한다. 지금 새 노래를 부를 수 있는 것은 하나님의 구속의 경륜과 관계있다. 성경은 이십사 장로들이 '언제' 새 노래를 불렀음을 보이는가? 7~9절은 다음과 같이 말씀한다.

> 그 어린 양이 나아와서 보좌에 앉으신 이의 오른손에서 두루마리를 취하시니라
> 그 두루마리를 취하시매(and when he had taken the book) 네 생물과 이십사 장로들이
> 그 어린 양 앞에 엎드려 각각 거문고와 향이 가득한 금 대접을 가졌으니 이 향은
> 성도의 기도들이라 그들이 새 노래를 불러 이르되(계 5:7~9)

어린 양이 두루마리를 취하실 때, 네 생물과 이십사 장로들이 '엎드려' 새 노래를 부를 수 있는 것은 어린 양이 두루마리를 취하셨기 때문임을 보여준다. 그들은 어린 양이 두루마리를 취하시고 인을 떼는 것이 얼마나 놀라운 일인지를 알고 있었기 때문에, 비로소 '새 노래'를 불렀다. 어린 양이 두루마리를 취하실 수 있었던 것은 어린 양이 일찍이 죽임을 당하심으로 '사람들의 죄'의 문제를 해결하셨고, 유다 지파의 사자로서 하나님을 대적하는 사탄을 이기셨기 때문이다. 이십사 장로들은 어린 양이 이런 놀라운 일들을 성취하셨기 때문에 새 노래를 불렀다. 그리고 피로 사신 자들로 하나님 앞에서 왕국과 제사장으로 삼았고 그들이 이 땅에서 왕 노릇 할 것을 찬양했다. 이것은 찬양을 드리는 이십사 장로들이 교회가 아니라는 움직일 수 없는 증거이다.


## 10. 수많은 천사와 모든 피조물들이 드리는 전 우주적인 찬양(5:11-14)

11절부터 14절까지는 수많은 천사의 찬양과 모든 피조물들의 찬양이 나온다. 이들의 찬양은 이십사 장로들과 네 생물들의 찬양에 뒤이어 나온다. 이십사 장로들은 천사들의 대표이고, 네 생물은 피조물들의 대표이다. 먼저 이십사 장로들과 네 생물의 찬양이 있고, 그 후에 천사들의 찬양과 피조물들의 찬양이 있다. 이것은 이십사 장로들의 찬양이 수많은 천사의 찬양을 가져왔음을 암시한다. 이십사 장로들은 수많은 천사에게 어린 양을 찬양할 것을 '직접적으로' 말하지 않고, 먼저 어린 양을 찬양하는 데 앞장섰다. 이것을 본 수많은 천사도 이십사 장로들을 따라 어린 양을 찬양했다. 이런 원칙을 통해서 인도자가 가져야 할 '덕목'을 본다.

이십사 장로들과 네 생물은 함께 어린 양을 찬양했다. 만일 이십사 장로들이 먼저 찬양하고, 뒤늦게 네 생물들이 찬양했더라면 어떤 의미겠는가? 그러나 그런 일은 가정에 불과하다. 이십사 장로들과 네 생물들은 '동시에' 찬양했다. 이십사 장로들은 천사들의 대표로서, 네 생물들은 피조물의 대표로서 '먼저' 그리고 '함께' 어린 양을 찬양했다. 이십사 장로들의 찬양을 본 수많은 천사가 찬양한 것과 같이, 네 생물의 찬양을 본 모든 피조물이 보좌에 앉으신 이와 어린 양을 찬양했다.

천사들과 모든 피조물이 보좌에 앉으신 이와 어린 양을 찬양할 때 먼저 찬양과 경배를 드린 이십사 장로들과 네 생물은 어떻게 반응했는가를 보자. 14절은 "네 생물이 이르되 아멘 하고 장로들은 엎드려 경배하더라"고 말씀한다. 이십사 장로들과 네 생물은 먼저 찬양과 경배를 돌렸음에도 불구하고, 천사들과 피조물들이 찬양한 것에 대하여 '아멘'과 '엎드려 경배함으로' 응답했다.

네 생물과 이십사 장로들의 응답에도 하나의 질서가 있음을 보게 된다. 천사들과 피조물들이 찬양을 돌린 후 '아멘'으로 응답한 것은 네 생물이었다. 이십사 장로들이 '아멘'한 것이 아니라 네 생물들이 '아멘'한 것은 양자의 상관관계를 볼 때, 이십사 장로들은 네 생물이 '아멘'할 수 있도록 양보했을 것이다. 이십사 장로들은 네 생물이 '아멘'으로 응답해야 한다는 것을 알고 있었을 것이다. 왜냐하면, 이십사 장로들과 네 생물이 어린 양께 찬양을 드린 후에, 수많은 천사는 모든 피조물에 앞서 찬양을 돌렸다. 그런 후에 모든 피조물들이 찬양을 드렸다. 피조물들이 천사들보다 나중에 찬양을 돌렸기 때문에, 피조물들의 찬양에 응답할 가장 좋은 적격자는 '피조물들의 대표'인 네 생물이었다. 그래서 이십사 장로들은 네 생물들이 '아멘'으로 응답해야 할 것을 알았다. 그 시점에 네 생물들은 '아멘'으로 응답했다. 그런 후에 이십사 장로들은 '엎드려' 경배를 돌렸다. 이십사 장로들과 네 생물의 찬양을 통해서 '하늘의 질서'를 본다. 네 생물은 '아멘'으로 응답하고, 이십사 장로들이 '엎드려 경배한 것'은 이들이 서로 '합당한 위치'에서 '하늘의 질서'를 따르고 있다는 증거이다. 어린 양이 두루마리를 취하시는 놀라운 일에 '새 노래'를 부른 이십사 장로들과 네 생물의 찬양은 수많은 천사와 모든 피조물들의 찬양을 이끌었다. 그런 후 또다시 그들의 찬양에 응답함으로 하나님의 경륜의 비밀을 여실 자격이 있는 어린 양께 영광을 돌렸다.

## 1) 수많은 천사가 부르는 일곱 가지 찬양

11~12절은 이십사 장로들과 네 생물들을 둘러선 수많은 천사의 찬양이 있다.

> 내가 또 보고 들으매 보좌와 생물들과 장로들을 둘러선 많은 천사의 음성이 있으니 그 수가 만만이요 천천이라 큰 음성으로 이르되 죽임을 당하신 어린 양은 능력과 부와 지혜와 힘과 존귀와 영광과 찬송을 받으시기에 합당하도다 하더라(11~12)

많은 천사는 '죽임을 당하신 어린 양'을 찬송했다. 어린 양인 그리스도께서는 죄를 구속하시기 위해서 십자가에 죽으시고 부활을 통하여 승천하셨다. 천사들은 어린 양이 받으시기에 합당한 것, 일곱 가지를 언급했다. 계시록에서 일곱이란 하나님의 완전함을 의미한다. '일곱 금 등대'와 '일곱 별'과 '일곱 교회'와 '일곱 영'과 '일곱 인'과 '일곱 나팔'과 '일곱 대접'은 모두 하나님의 완전함을 의미한다.

### (1) 능력(power)

능력은 헬라어 'δύναμις'(뒤나미스)로서 '이적적인 능력, 전능한 일'을 가리킨다. 로마서 1:16은 "내가 복음을 부끄러워하지 아니하노니 이 복음은 모든 믿는 자에게 구원을 주시는 하나님의 능력이 됨이라 먼저는 유대인에게요 그리고 헬라인에게로다"라고 말한다. 복음의 능력을 언급할 때 쓰인 능력은 'δύναμις'(뒤나미스)이다. 복음은 그리스도께서 성취한 것으로 유대인과 헬라인, 모두에게 구원을 주시는 하나님의 능력이다. 그래서 천사들은 어린 양께 '능력'을 돌렸다.

로마서 9:17은 "성경이 바로에게 이르시되 내가 이 일을 위하여 너를 세웠으니 곧 너로 말미암아 내 능력을 보이고 내 이름이 온 땅에 전파되게 하려 함이라 하셨으니"라고 말한다. 바로에게 보인 '하나님의 능력'은 천사들이 어린 양에게 돌린 'δύναμις'(뒤나미스, 능력)와 동일하다. 데살로니가후서 1:7은 "주 예수께서 자기의 능력의 천사들(his mighty angels)과 함께 하늘로부터 불꽃 가운데에 나타나실 때에"라고 말씀한다. '그의 능력의 천사들'의 '능력'은 수많은 천사가 어린 양께 돌린 능력과 동일한 'δύναμις'(뒤나미스)이다. 어린 양은 모든 능력을 가지신 분으로 이스라엘 백성들을 바로로부터 구하시기 위하여 능력(뒤나미스)을 행하셨다.

지금도 복음으로 모든 사람을 구원하시는 하나님의 능력(뒤나미스)이다. 그런 이유로 하늘의 수많은 천사는 어린 양께 '능력'을 돌렸다.

### (2) 부(riches)

'부'는 헬라어 'πλοῦτος'(플루토스)로서 '부유함, 소유, 재산'을 의미한다. 디모데전서 6:17은 "네가 이 세대에서 부한 자들을 명하여 마음을 높이지 말고 정함이 없는 재물에(uncertain riches) 소망을 두지 말고 오직 우리에게 모든 것을 후히 주사 누리게 하시는 하나님께 두며"라고 말씀한다. 재물은 'πλοῦτος'(플루토스)로서 천사들이 어린 양에게 돌린 것과 동일한 단어이다. 세상의 부한 자들은 모든 부(riches)가 '어린 양이신 그리스도'께 있다는 것을 알지 못하고, '부 자체에' 두기 때문에 '정함이 없는 재물'이라 칭한다. 만일 모든 것을 후히 주시고 누리게 하시는 하나님께 둔다면 선을 행하고 선한 사업을 많이 하고 나누어 주며 너그러운 자가 될 것이다.

하늘에 있는 천사들은 모든 부가 어린 양께 있음을 알고 그에게 돌렸다. 전 시대에 어린 양께 부가 돌아간다는 것을 깨달은 이기는 자들은 모두 그에게 부(riches)를 돌렸다. 마리아가 주님의 발치에서 말씀을 듣고, 매우 값진 향유, 삼백 데나리온에 상당하는 향유 옥합을 깨뜨려 주님의 장사를 미리 예비했다. 십자가에 돌아가신 주님의 시신을 부자의 묘실에 장사한 아리마대 요셉이 있고(요 19:38), 전에 한밤중에 예수님을 찾아왔던 니고데모가 백 리트라의 몰약과 침향 섞은 것을 가지고 온 것도 모든 부(riches)가 그리스도께 있다는 고백이다. 이들은 하늘이 열린 후, 어린 양께 '모든 부'가 돌아갈 것을 보지 못했지만, 믿음으로 알고 있었다. 믿음은 보지 못하는 것들의 증거이다.

### (3) 지혜(wisdom)

지혜는 헬라어 'σοφία'(소피아)로서 '(세상적이거나 영적) 지혜'를 의미한다. 이 땅에서 그리스도의 지혜를 나타낸 사람은 솔로몬 왕이다. 솔로몬의 지혜에 대하여 열왕기상 4:30~34은 다음과 같이 말한다.

솔로몬의 지혜가 동쪽 모든 사람의 지혜와 애굽의 모든 지혜보다 뛰어난지라 그는 모든 사람보다 지혜로워서 에스라 사람 에단과 마홀의 아들 헤만과 갈골과 다르다보다 나으므로 그의 이름이 사방 모든 나라에 들렸더라 그가 **잠언 삼천 가지**를 말하였고 그의 노래는 천다섯 편이며 그가 또 초목에 대하여 말하되 레바논의 **백향목으로부터** 담에 나는 우슬초까지 하고 그가 또 짐승과 새와 기어다니는 것과 물고기에 대하여 말한지라 사람들이 솔로몬의 지혜를 들으러 왔으니 이는 그의 지혜의 소문을 들은 천하 모든 왕들이 보낸 자들이더라(왕상 4:30~34)

마태복음 12:42에 "심판 때에 남방 여왕이 일어나 이 세대 사람을 정죄하리니 이는 그가 솔로몬의 지혜로운 말을 들으려고 땅끝에서 왔음이거니와 솔로몬보다 더 큰 이가 여기 있느니라"고 말씀한다. '지혜로운 말'은 '$\sigma o \phi i \alpha$'(소피아)로서 천사들이 어린 양께 돌린 '지혜'와 동일하다. 솔로몬이 가졌던 지혜는 예수 그리스도의 지혜의 예표이다. 주님은 자신을 "솔로몬보다 더 큰 이가 여기 있다"고 말씀하심으로 솔로몬이 그리스도의 예표였음을 보이셨다.

솔로몬의 지혜와 그리스도의 지혜는 큰 차이가 있다. 솔로몬은 '이 땅의 지혜'만을 갖고 있었지만, 그리스도는 하늘과 땅의 모든 지혜를 갖고 계시는 분이시다. 그래서 주님은 "솔로몬 같은 이가 여기 있다"고 말씀하시지 않고, "솔로몬보다 더 큰 이가 여기 있다"라고 말씀하셨다. 하늘에 있는 수많은 천사는 지혜의 근본이시며 솔로몬보다 더 큰 지혜를 갖고 계신 어린 양이심을 알고 있었기에 그에게 '지혜'를 돌렸다. 그리스도는 지혜로 천지를 창조하셨고, 모든 피조물에는 그리스도의 지혜가 드러난다. 로마서 1:20은 "창세로부터 그의 보이지 아니하는 것들 곧 그의 영원하신 능력과 신성이 그가 만드신 만물에 분명히 보여 알려졌나니 그러므로 그들이 핑계하지 못할지니라"고 말한다.

### (4) 힘(strength)

힘은 헬라어 '$i \sigma \chi \dot{\upsilon} \varsigma$'(이스퀴스)로서 '강력함, 힘, 세력, strength'를 의미한다. 첫 번째로 언급한 '능력'과 비슷한 의미이기 때문에 동일하게 취급할 위험성이 있다. 하늘에 있는 천사들이 어린 양에게 첫 번째로 '능력'을 돌리고, 네 번째로 '힘'을 돌렸다는 것은 양자가 다른 의미를 가진 단어라는 것을 가리킨다. 따라서 양자의 차이가 있기 때문에 성경에서 어떤 의미로 쓰였는지를 보는 것이 중요하다.

'ἰσχὺς'(이스퀴스)는 'ἰσχω'(이스코)에서 유래됐는데, 생명체나 물건들이 가지고 있는 힘(strength)과 능력(power)을 의미한다. 앞서 언급한 능력은 'δύναμις'(뒤나미스)는 '신적인 능력'으로 하나님의 능력과 복음에 나타난 하나님의 능력을 가리킬 때 사용된 것과 대조를 이룬다. 누가복음 10:27은 "네 마음을 다하고 목숨을 다하며 힘을 다하며 뜻을 다하여 주 너의 하나님을 사랑하고 또한 네 이웃을 네 몸과 같이 사랑하라"고 말씀한다. 여기의 '힘'은 'ἰσχὺς'(이스퀴스)로서 어린 양께 첫 번째로 돌린 'δύναμις'(뒤나미스)의 힘이 아니다. '힘을 다하며'라는 말씀은 '제자들이 가진 힘' 즉 '사람으로서 가진 힘'을 의미한다. 주님의 의도는 제자들이 신적인 능력이 없을지라도 각자가 가진 힘이 적든지 많든지 '힘을 다하여' 사랑하고 섬겨야 할 것을 가리킨다.

### • '힘을 다하여' 향유를 드린 마리아

'힘을 다하여'는 각자가 가진 힘의 '일부'가 아니라 '전부'를 의미한다. 만일 자신의 힘의 '절반'을 다했다면, 그것은 주님께 합당한 것을 드리지 못한 것이다. 그렇다고 꼭 부정적으로만 볼 것은 아니다. 자신의 힘의 '절반'을 드린 신자는 영적으로 성장하고 성숙해야 한다는 것을 가리킨다. 누구든지 자신의 '힘을 다하여' 섬기는 것은 그리스도의 영광을 볼 때 가능하다. 매우 값진 향유 옥합을 드린 마리아의 경우를 생각해 보자. 마리아는 나사로의 누이로서 부유한 가정이 아니었다. 주님과 제자들의 식사를 준비할 때, 직접 부엌에서 음식을 만들어야 하는 평범하다 못해 가난한 가정이었다. 마리아가 준비한 향유는 가룟 유다와 제자들이 이구동성으로 책망했듯이 삼백 데나리온에 팔 수 있는 값진 것이었다. 그 당시 하루의 품삯은 한 데나리온이었다. 오늘날 품삯으로 환산하면 약 7만 원에 해당한다. 따라서 삼백 데나리온은 적어도 2,100만 원에 해당하는 금액이다. 주님은 마리아가 주님께 '좋을 일을 했다'고 말씀하시면서 그가 '어떻게' 주님을 섬겼는지를 드러내셨다.

마가복음 14:8은 "그는 힘을 다하여(She did what she could) 내 몸에 향유를 부어 내 장례를 미리(beforehand) 준비하였느니라"고 말씀한다. 여기서 언급한 '힘'은 천사들이 어린 양께 '네번째'로 돌린 '힘'인 'ἰσχὺς'(이스퀴스)이다. 마리아는 주님을 '힘을 다하여' 섬겼다. 이것은 모세의 율법 중에서 토라와 관계있다. 하나님의 백성들이면 누구나 아는 신명기 6:4~5은 이렇게 말씀한다.

이스라엘아 들으라(쉐마) 우리 하나님 여호와는 오직 유일한 여호와이시니 너는
마음을 다하고 뜻을 다하고 힘을 다하여 네 하나님 여호와를 사랑하라(신 6:4~5)

주님은 누가복음 10:27에서 신명기 말씀을 인용하시면서 가르치셨다. 천사들
이 어린 양께 '네 번째'로 돌린 '힘'은 'ἰσχὺς'(이스퀴스)이다. 하늘에는 어린 양께
'힘'(ἰσχὺς)을 돌린 천사들이 있고, 이 땅에도 '힘'(ἰσχὺς)을 다하여' 그리스도를 섬
긴 마리아와 같은 성도들이 있다. 하늘의 천사들은 '모두'(all) 힘(ἰσχὺς)을 돌려드
린다. 땅에서는 '소수'(a few)가 '힘'(ἰσχὺς)을 다하여' 그리스도를 섬긴다. 하늘의
천사들은 어린 양의 영광을 보았기 때문에 모든 천사들이 '힘'을 돌리고 반면에,
땅 위에 있는 교회 가운데 '일부만'(a few) '그리스도의 영광'을 보았기 때문에 '일
부'(a few)만 영광을 돌린다. 교회가 하늘의 천사들이 '힘'을 어린 양께 돌려드리
는 광경을 본다면, 이 땅에서도 '힘을 다하여' 섬긴 마리아와 같이 그리스도를 섬
기는 성도들이 많아질 것이다. 초대 교회 성도들은 주님의 영광을 봤다.

### (5) 존귀(honour)

존귀는 헬라어 'τιμή'(티메)로서 '위엄, 존귀, 존경, 댓가, 지불된 돈'을 의미
한다. 'τιμή'(티메)는 '가격을 정하다(set a price on), 존경하다(honour)'를 의미하는
'τιμάω'(티마오)에서 파생됐다. 성경에 나타난 'τιμάω'(티마오)의 용례를 통해서 그
의미를 알 수 있다. 마가복음 7:6에는 예수께서 바리새인들과 서기관들에게 "이
르시되 이사야가 너희 외식하는 자에 대하여 잘 예언하였도다 기록하였으되 이
백성이 입술로는 나를 공경하되 마음은 내게서 멀도다"라고 하셨다. 여기서 '공
경하다'의 의미인 'τιμάω'(티마오)를 사용하셨다. 입술로는 공경하지만, 마음은 하
나님께 먼 외식하는 자들의 신앙을 책망하신 것이다.

요한복음 5:23에서 "이는 모든 사람으로 아버지를 공경하는(티마오) 것 같이
아들을 공경하게 하려 하심이라 아들을 공경하지(티마오) 아니하는 자는 그를 보
내신 아버지도 공경하지 (티마오) 아니하느니라"고 하시면서, 아버지를 공경하는
것과 아들에 대한 공경을 동일시하면서 모두 'τιμάω'(티마오)를 사용했다. 아버지

를 공경($\tau\iota\mu\alpha\omega$, 티마오)한 것처럼 아들을 공경하라($\tau\iota\mu\alpha\omega$, 티마오)는 것은 아버지와 아들이 동일한 영광을 가지신 분으로서 동일한 존귀(존경)를 돌려야 할 분이라는 것을 나타낸다. 하늘에 있는 수많은 천사와 이십사 장로들과 네 생물이 '새 노래'를 부를 때에, 어린 양께 '존귀' 즉 '참된 공경'을 돌렸다. 오늘날 땅에서는 전 시대에 걸쳐 아버지와 아들을 공경함으로 '존귀'를 드린 사도들과 성도들과 많은 이기는 자들이 있다. '존귀'는 하나님과 어린 양에게 속한 것이기 때문에 마땅히 그리스도께 돌려 드리는 것이 교회의 축복과 특권이다.

### (6) 영광(glory)

영광은 헬라어 '$\delta\acute{o}\xi\alpha$'(독사)로서 '(거룩한) 영예, 영광'을 의미한다. '$\delta\acute{o}\xi\alpha$'(독사)는 신약성경에서 167회 나오며, 한글 개역성경은 한 번은 '광채'로 번역하고, 모두 '영광'(glory)'으로 번역했다. 이 단어는 하나님의 존재 양식을 나타낸다. 누가복음 2:9에서 "주의 사자가 곁에 서고 주의 영광($\delta\acute{o}\xi\alpha$, 독사)이 그들을 두루 비추매"에 나타나고, 누가복음 9:31에서 "영광($\delta\acute{o}\xi\alpha$, 독사) 중에 나타나서 장차 예수께서 예루살렘에서 별세하실 것을 말할새"에도 나타난다. 사도행전 7:2에서 "스데반이 이르되 여러분 부형들이여 들으소서 우리 조상 아브라함이 하란에 있기 전 메소보다미아에 있을 때에 영광($\delta\acute{o}\xi\alpha$, 독사)의 하나님이 그에게 보여"라고 말씀하며, 다메섹 도상의 체험을 간증한 사도행전 22:11에서 "나는 그 빛의 광채($\delta\acute{o}\xi\alpha$, 독사)로 말미암아 볼 수 없게 되었으므로"에도 사용됐다. 계시록 15:8에서 "하나님의 영광($\delta\acute{o}\xi\alpha$, 독사)과 능력으로 말미암아 성전에 연기가 가득 차매"와, 계시록 21:11에 "하나님의 영광($\delta\acute{o}\xi\alpha$, 독사)이 있어 그 성의 빛이 지극히 귀한 보석 같고 벽옥과 수정 같이 맑더라"고 말한다. 여기에서 언급된 영광($\delta\acute{o}\xi\alpha$, 독사)도 수많은 천사가 어린 양에게 돌린 영광($\delta\acute{o}\xi\alpha$, 독사)과 동일하다.

### • 하나님의 영광을 가로챈 헤롯의 죽음

특별히 사도행전 12장은 하나님께 영광을 돌리지 않고 가로챔으로 죽임을 당한 사건이 기록된다.

헤롯이 날을 택하여 왕복을 입고 단상에 앉아 백성에게 연설하니 백성들이 크게 부르되 이것은 신의 소리요 사람의 소리가 아니라 하거늘 헤롯이 영광(δόξα, 독사)을 하나님께로 돌리지 아니하므로 주의 사자(the angel of the Lord)가 곧 치니 벌레에게 먹혀 죽으니라 (행 12:21~23)

헤롯 왕의 죽음을 외적으로 볼 때 벌레들이 먹어 죽었기 때문에 '우연한 죽음'으로 생각할 수 있다. 그러나 여호와의 천사가 쳤기 때문에 죽은 것이었다. 여호와의 천사가 친 원인은 하나님께 돌려야 할 영광(δόξα, 독사)을 자신이 가로챘기 때문이다. 이것은 어느 누구도 하나님의 영광(δόξα, 독사)을 침범하지 말라는 준엄한 경고이다.

하늘에 있는 수많은 천사는 여섯 번째 항목인 '영광'을 어린 양께 돌렸다. 이것은 하나님의 영광을 탈취한 마귀와 그와 함께 타락한 천사들 1/3에 대한 천사들의 간증이다. 하늘의 천사들이 어린 양께 영광을 돌려드릴 찬양에는 이런 의미를 함의하고 있을 것이다.

> "마귀와 타락한 천사들 1/3은 하나님의 영광을 대적해서 타락했을지라도, 우리들은 하나님이 주신 지위와 처소를 지키며, 어린 양이신 그리스도께 영광을 돌린다. 어린 양만이 영광을 받으시기에 합당한 분이시다."

### (7) 찬송(blessing)

찬송은 'εὐλογία'(율로기아)로서 '아름다운 말, 찬양, 축복'을 의미한다. 'εὐλογία'(율로기아)는 '좋게, 잘'을 의미하는 'εὐ'(유)와 '로고스'로 잘 알려진 '말'을 의미하는 'λογία'(로기아)의 합성어이다. 명사 'εὐλογία'(율로기아)는 70인 역본에 약 100회 나오며, 주로 히브리어 '베레카'(축복, 복, 선물)의 역어로 사용됐다. 천사들이 어린 양께 찬양을 돌린 것에도 나타나듯이, 'εὐλογία'(율로기아)는 피조물인 인간이 창조주를 찬양할 의무가 있음을 나타낸다. 시편 150:6은 "호흡이 있는 자마다 여호와를 찬양할지어다 할렐루야"라고 말씀하며 시편을 마감한다. '호흡이 있는 자'는 '피조물'을 가리키고, 창조주를 찬양하는 것은 피조물로서 마땅한 의무이다.

### (8) 합당하다(worthy)

천사들은 "큰 음성으로 이르되 죽임을 당하신 어린 양은 능력과 부와 지혜와 힘과 존귀와 영광과 찬송을 받으시기에 합당하도다"라고 찬양했다. 이 항목은 어린 양께 드리는 여덟 번째 항목이 아니라 앞의 어린 양에게 돌리는 일곱 가지 항목에 연결되는 문구이다. 즉 어린 양은 능력을 받으시기에 합당한 분이시고, 부를 받으시기에 합당한 분이고 … . 찬송을 받으시기에 합당한 분이라는 것을 가리킨다. '합당한'은 헬라어 "Ἄξιόν'(악시온)으로 '칭찬받을만한, 가치로 환산되는 무게를 가진, 매우 가치 있는, worthy'을 의미하는 'ἄξιός'(악시오스)의 '주격형'이다.

마태복음 10:11~13은 "어떤 성이나 마을에 들어가든지 그 중에 합당한(worthy) 자를 찾아내어 너희가 떠나기까지 거기서 머물라 또 그 집에 들어가면서 평안하기를 빌라 그 집이 이에 합당하면(worthy) 너희 빈 평안이 거기 임할 것이요 만일 합당하지 아니하면(not worthy) 그 평안이 너희에게 돌아올 것이니라"고 말씀하셨다. 세 번이나 언급된 '합당한'은 'ἄξιός'(악시오스)로서 '가치가 있는'(worthy)을 의미한다. 천사들은 죽임을 당한 어린 양만이 '가치가 있고' '합당한 분'임을 노래했다. 어린 양은 모든 것에 합당한 분이시다. 하늘 위와 땅 위와 땅 아래에 있는 자들 가운데 어린 양만이 하나님 아버지의 기뻐하는 자이며 합당한 분이시다.

## 2) 모든 피조물들의 찬양

### (1) 찬양의 내용들

하늘에 있는 천사들은 "죽임을 당하신 어린 양은 능력과 부와 지혜와 힘과 존귀와 영광과 찬송을 받으시기에 합당하도다 하더라"고 하며 일곱 가지의 항목의 찬양을 돌렸다. 이에 반하여 모든 피조물은 "찬송과 존귀와 영광과 권능"을 올렸다. 피조물들이 언급하지 않은 것은 "부와 지혜와 힘"이다. 이것은 천사들과 모든 피조물의 차이에서 오는 것으로 생각된다. 다시 말하면, 천사들과 모든 피조물은 '피조물'이라는 것에는 동일하다. 그러나 천사들은 하늘에 속한 자들로서 '부리는 영'이며, 피조물들은 땅에 속한 것들을 갖고 있기 때문이다. 모든 피조물이 드린 "찬송과 존귀와 영광과 권능"은 앞의 부분을 참조하면 될 것이다.

## (2) 찬양의 대상: 보좌에 앉으신 이와 어린 양

모든 피조물은 "보좌에 앉으신 이와 어린 양에게" 찬양을 드렸다. 이것에 앞서 12절에서 천사들은 "큰 음성으로 이르되 죽임을 당하신 어린 양"에게 찬양을 드렸다. 피조물들은 보좌에 앉으신 분과 어린 양에게 찬양을 드렸다. 이와 반면에, 이십사 장로들과 네 생물들과 천사들은 '어린 양'께만 찬양을 돌리고, 보좌에 앉으신 분에게 찬양을 드리지 않은 것에 의문을 가질 수 있다. 계시록 4장에는 하늘이 열리고 하나님의 보좌와 보좌에 앉으신 이가 계시되고, 보좌 주위의 이십사 장로들과 네 생물들이 나온다. 네 생물들은 계시록 4:8~9에서 찬양과 경배를 보좌에 앉아 계신 이에게 '이미' 올렸기 때문이고, 이어지는 10~11절에서 이십사 장로들이 보좌에 앉으신 이에게 이미 찬양과 경배를 드렸기 때문이다.

> 거룩하다 거룩하다 거룩하다 주 하나님 곧 전능하신 이여 전에도 계셨고 이제도 계시고 장차 오실 이시라 하고 그 생물들이 보좌에 앉으사 세세토록 살아 계시는 이에게 영광과 존귀와 감사를 돌릴 때에 이십사 장로들이 보좌에 앉으신 이 앞에 엎드려 세세토록 살아 계시는 이에게 경배하고 자기의 관을 보좌 앞에 드리며 이르되 우리 주 하나님이여 영광과 존귀와 권능을 받으시는 것이 합당하오니 주께서 만물을 지으신지라 만물이 주의 뜻대로 있었고 또 지으심을 받았나이다(계 4:8~11)

## 1. 복음서와 하늘에서의 그리스도의 사역 비교표

| 내용 | 복음서 | 요한계시록 |
|---|---|---|
| 그리스도 | 어린 양 | 어린 양 & 유다 지파의 사자 |
| 의미 | 죄를 지고 가심 | 하나님의 경륜 수행<br>일곱 인을 떼시는 분 |
| 대상 | 사람의 죄 문제 | 마귀를 심판하는 사자 |
| 관점 | 요한(사람)의 관점 | 장로의 관점(천사로서) |

## 2. 계시록과 에베소서에 나타난 그리스도의 사역 비교표

| | 에베소서 | 요한계시록 |
|---|---|---|
| 그리스도 | 하늘에 앉아 계심<br>Sitting Christ | 보좌 우편에 서 계심<br>Standing Christ |
| 의미 | 구속 성취 방면 | 하나님의 경륜 수행<br>대제사장으로 교회 돌봄 |
| 대상 | 사람의 죄 문제 | 세상, 마귀, 하나님의 왕국 |

## 3. Youtube "워킹바이블TV" 채널 참고 영상

### 1) QT 업그레이드 하라! QST 해석 법칙

#36 성경 묵상 QT 돌아 보기! QT의 유래 & 현재와 미래!

#37 QT 업그레이드! 신약과 구약에 나타난 성경 묵상 QT 리뷰!!

#38 QT 업그레이드! 선지자들과 초대 교회 성도들! QT했는가? QST했는가?

#39 세계 유튜버 성경 책 QT 여행! 성경 QT 업그레이드 하라!

#40 나의 사랑하는 성경 책! 기초 성경 QT 연구

#42 네 떡을 물 위에 던지라! 오해 된 솔로몬의 전도서! 큐티 업그레이드! QST 성경 해석 법칙 대공개!

#43 네 떡을 물 위에 던지라니? 성경 QST 해석 원칙! 신자와 교회의 사명은 무엇인가?

### 2) 천국, 지옥, 낙원, 음부 바로 알기; 천동설 신앙에서 지동설 신앙으로

#12 예수님 십자가 사후, 천국에 가셨는가? 지옥에 가셨는가?

#13 천국 OK 지옥 굿바이! 세상 엔조이! 가성비 최대 신앙생활 비밀 대공개!

#14 십자가 옆 강도는 천국에 갔는가? 평생 죄만 짓다가 마지막 순간 믿기만 하면 천국에 가는가

#15 사도바울이 간 셋째 하늘과 낙원 & 같은 곳인가? 강도가 간 낙원은 천국인가

#16 하늘과 땅 위와 땅 아래 있는 자들은 누구인가?

#17 천국, 지옥, 음부, 무저갱, 낙원 바로 알기! 구원을 얻기 위해서 하늘에 올라가야 하는가? 무저갱, 음부에 내려가야 하는가?

#20 천국, 낙원, 음부, 지옥 시리즈: 하늘에 올라갈 수 있는 한 가지 조건 대공개! 하늘에서 내려온 분은 누구인가?

#24 부자와 나사로 비유인가? 다큐멘터리, 실제 이야기인가?

#26 법륜 스님도 몰라? 성경은 뭐래? 죽음 후 어떻게 되나요?

#156 지하 세계의 신 하데스! 픽션인가? 실제인가?

#158 예수님 승천시 낙원의 성도들을 하늘로 데려갔는가? 정동수 목사& Clarence

Larkin주장 사실인가?

#189 천국은 있다? 없다? 하늘 나라! 천국! 낙원! 삼층천! 동일한의미인가??

#205 옥에 있는 영들! 죽은 자들에게 복음이 전파되나요? 2

#301 십자가 사후 3일간 예수님 행적! 지옥 강하 & 옥에 있는 영들

#300 제6시 온 땅에 어둠이 임함: 찢어진 성소 휘장 & 지진과 바위가 터짐 & 자던 성
     도의 부활! 십자가 죽음의 결과들!

# Chapter 26 ·
## 요한계시록의 기본 구조

6장은 하늘의 두 번째 광경을 보여준다. 계시록 6:1은 "내가 보매 보좌에 앉으신 이의 오른손에 두루마리가 있으니 안팎으로 썼고 일곱 인으로 봉하였더라"는 말씀으로 시작한다. 6장에는 첫째 인으로부터 여섯째 인까지를 기록한다. 보좌에 앉으신 이의 오른손에 있는 두루마리를 자격이 있으신 어린 양이 첫째 인을 떼심으로 하나님의 비밀의 경륜이 열리게 된다. 일곱 인으로 들어가기 전에 계시록의 기본 구조를 이해할 필요가 있다. 만일 계시의 내용을 바르게 이해했을지라도 계시록의 기본 구조를 이해하지 못하면, 그 시기에 대해 혼돈을 가져오기 때문이다.

계시록은 계시의 내용이 기본적으로 중요하다. 특히 언제 발생하는 사건인지를 아는 것이 중요한데, 요한계시록은 때를 분별하는 지혜를 주시기 위한 목적이 있기 때문이다. '때'란 "어떤 특정한 날과 시를 알 수 있다"는 것을 의미하지 않는다. 마태복음 24:36에서 "그러나 그 날과 그 때는 아무도 모르나니 하늘의 천사들도, 아들도 모르고 오직 아버지만 아시느니라"는 것은 성경의 대원칙이다. 따라서 이단들이 "그 날과 그 때를 아무도 모른다"는 대원칙을 무시하고 '휴거의 때'를 계산하고, 계시를 받았다고 하는 것은 성경의 기본 원칙을 망각한 것이다. 여기서 다루고자 하는 '언제의 개념'은 일곱 인과 일곱 나팔과 일곱 대접 재앙이 어떤 방식, 어떤 구조로 구성되었는가를 의미한다.

## 1. 계시록에 대한 전통적인 관념과 성경적 관념

계시록의 구조에서 중심 프레임 역할을 하는 구절은 계시록 1:19로서 "그러므로 네가 본 것과 지금 있는 일과 장차 될 일을 기록하라"는 말씀이다. 계시록은 주님이 사도 요한에게 말씀하신 순서대로 보이셨고, 사도 요한은 주님이 말씀하신 순서를 따라 기록했다. 1장의 이상은 요한이 '본 것'이며, '지금 있는 일'은 2장으로부터 3장에 있는 일곱 교회를 가리킨다. 따라서 4장부터 22장까지는 '장차 될 일'이다. "장차 될 일이 언제부터 시작되는가?"라는 것은 매우 중요하다. '장차 될 일'에 대한 전통적인 관념(성경과 반드시 일치하지 않는다)은 '마지막 때' 즉 '주님이 재림할 때'이다. 그래서 일곱 인 가운데 '첫 번째 인'부터 대환난이라는 고정관념을 갖고 있다. 첫 번째 인은 일곱 인의 첫 번째 단추를 채우는 것과 같다. 이 시점을 대환난으로 간주함으로서 흰 말과 그 탄 자를 '적그리스도'라는 해석으로 기우는데 일조를 했다. 계시록의 주요 부분이 대환난에 일어날 일들인 것은 사실이다. 그렇다고 해서 첫째 인부터 대환난의 시작으로 보는 것은 그릇된 관점이다.

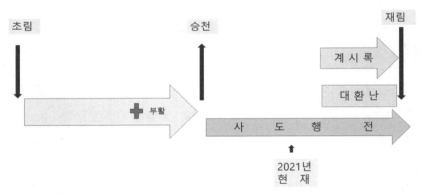

[계시록의 시점에 대한 전통적인 관념들]

## 2. 무천년설: 이필찬 박사의 견해

무천년설은 '계시록의 기본 내용인 일곱 인과 일곱 나팔과 일곱 대접을 반복의 관계 즉 병렬식으로 해석한다. 그레고리 K. 비일이나 이필찬 박사는 모두 무천년설로 보기 때문에 대동소이 하다. 이필찬 박사는 『요한계시록』(에스카톤,

p.611~612)에서 그의 견해를 제시했다.

[이필찬 박사 무천년설 관점 : 반복의 관계(병렬식) 에스카톤 p.611]

병렬적으로 인, 나팔, 대접 심판 시리즈가 반복된다고 보는 입장이다. 이런 입장을 위와 같은 도표로 나타낼 수 있다. 이러한 입장은 심판 시리즈가 각각의 마지막인 일곱 번째가 동일한 현상(번개들, 소리들, 우레들)으로 마무리 된다는 인식에서 출발한다. (중략) 시작과 끝 사이에는 어느 정도 느슨하게 시간적 흐름이 존재한다는 것을 부정할 수 없으나 철저하게 시간적 순서로 짜여 있다고는 간주할 수 없다. 이것은 심판의 메시지들이 역사적으로 일어나는 불특정한 사건들과 일대일 방식으로 대응되는 것으로 의도되지 않았다는 것을 의미한다. (중략) 이상의 내용을 근거로 인과 나팔과 대접 심판의 관계를 직렬적 관계로 보기보다는 병렬적 관계로 간주하는 것이 적절하다고 볼 수 있다.(이필찬, 『요한계시록』, 에스카톤, p.611~612)


## 3. 필자의 비평 및 견해

무천년설에 대한 비평과 전천년설의 관점으로 본 필자의 견해를 나타낸 도표와 견해를 제시한다.

## 1) 일곱 인이란: not 기수 but 서수

두루마리의 내용은 일곱 인과 일곱 나팔과 일곱 대접으로 구성된다. 일곱 인은 일곱 인으로 인봉된 두루마리로, 단지 일곱 인으로 인봉된 두루마리가 있다는 것을 의미하지 않는다. 첫째 인으로 인봉한 두루마리가 있고, 둘째 인으로 인봉한 두 번째 두루마리가 있고 … 그리고 일곱 번째 인으로 인봉한 일곱 번째 두루마리가 있다는 의미이다. 무천년설은 일곱 인이 순서가 있다는 것을 인정한다. 그런데 병렬식으로 해석함으로 일곱 나팔과 일곱 대접을 일곱 인과 대등한 위치로 바꾸었다. 결국 이것은 계시록의 구조를 재구성하게 되어 구조적인 왜곡을 가져온다.

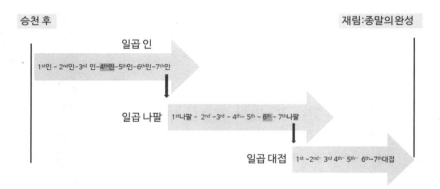

[ 필자의 전천년설 관점 : 일곱 인과 일곱 나팔과 일곱 대접의 연결관계 ]

## 2) 번개들과 소리들과 우렛소리의 의미

이필찬 박사는 일곱 인과 일곱 나팔과 일곱 대접이 순서가 있다는 것을 인정하면서, 일곱 인과 일곱 나팔과 일곱 대접을 병렬로 놓을 수 있다고 주장한다. 병렬식 해석의 근거는 심판 시리즈 각각의 마지막인 일곱 번째에 동일한 현상 즉 "번개들, 소리들, 우레들"로 마무리된다는 것을 든다. 그러나 일곱째 인과 나팔과 대접 재앙 후에 나타난 동일 현상은 그것들이 "동일한 시기에 발생했다"는 근거가 되지 못한다. 계시록에 나타난 하나님의 보좌는 은혜의 보좌가 아니라 '심판의 보좌'라는 것을 간과했기 때문에 "번개와 소리와 우레"를 동일한 시기로 간주하는 우를 범했다. 계시록 4:5은 '번개와 음성과 우렛소리'의 근원이 '하나님의 보좌'라는 것을 가리키고, 이것은 하나님께서 세상을 심판하기(물리적인 통치) 시작하신다는 것을 의미한다. 일곱째 대접을 쏟은 후에 번개와 뇌성도 동일한 의미이다.

### 3) 번개가 나는 시점

이필찬 박사가 일곱째 인과 일곱째 나팔과 일곱째 대접의 "번개와 음성과 우렛소리"의 공통점을 근거로 같은 시점(초림과 재림)으로 본다면, 동일한 원칙으로 계시록 4:5의 "보좌로부터 번개와 음성과 우렛소리가 난다"는 구절도 같은 시점으로 봐야 한다. 일곱째 인과 일곱째 나팔과 일곱째 대접 사건은 '동일한 현상'이라는 근거로 '동일한 시점'으로 보면서, 계시록 4:5은 '동일한 원칙'을 적용하지 않는 것은 모순이다. 이필찬 박사의 주장을 적용한 표에 나타난 시기의 구절들을 적용해 보면 불일치한다는 것을 발견하게 될 것이다.(아래의 표 참조)

### 4) 초림 때 발생했는가

이필찬 박사는 "인-나팔-대접 심판의 시작은 이미 초림에서 출발한다는 점에서 세 심판 시리즈 시작 시점도 동일한 것으로 간주 할 수 있다"고 주장했다. 이것은 첫째 인과 첫째 나팔과 첫째 대접 재앙을 모두 같은 시점인 '초림'으로 동일시한 것이다. 첫째 인을 떼시는 것은 그리스도께서 승천하신 후의 일이기 때문에 초림과 엇비슷하다고 간주할 수 있으나 구체적으로 보면 상당한 오차가 있다. 초림은 주님이 성육신하셔서 이 땅에 계셨을 때를 가리킨다. 게다가 무천년설은 "주님의 초림 즉 이 땅에 계셨을 때에 마귀를 무저갱에 감금했고 따라서 천년왕국이 시작됐다"는 견해를 취한다.

전천년설(필자)의 관점은 첫 번째 인을 떼는 시기는 '승천하신 후'이고, 마귀를 무저갱에 감금하고 공의로 온 세상을 통치하시는 것은 '재림 후'이다. 무천년설과 전천년설은 시대를 보는 관점이 전혀 다르다. 첫째 인을 떼는 때는 '초림'이 아니라 '승천 후'이다. 그런데 무천년설은 첫 번째 나팔과 첫 번째 대접을 쏟는 시기를 '초림'으로 간주한다. 무천년설이 계시록을 보는 관점은 구조적인 문제를 안고 있다.

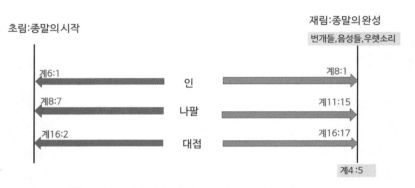

[이필찬 박사 무천년설 관점 : 반복의 관계(병렬식) 에스카톤 p.611]

## 5) 시간적 순서 부인

이필찬 박사는 일곱 인의 시간적 흐름을 부인하지 않는다고 하면서, 시간적 순서를 인정하지 않는 것은 모순이다. 그는 심판의 메시지들이 역사적으로 일어나는 불특정한 사건들과 일대일 방식으로 대응되지 않았다고 주장하면서 구체적인 논증도 제시하지 않는 견해는 설득력이 떨어진다. 왜냐하면 일곱 인과 일곱 나팔과 일곱 대접은 그런 일들이 '개별적으로' 또한 '순서적으로' 있는 일이라는 것을 의미하기 때문이다.

## 6) 병렬식 반복

이필찬 박사는 병렬적 관계의 부적절성을 보완하기 위하여 "이 세 심판이 다 반복에 불과하다는 의미는 아니고, 인 심판에서 나팔 심판과 대접 심판으로 진행해 갈 때 그 강도가 점점 강화되고 있다"고 주장했다. 계시록을 병렬적인 구조로 보는 것은 계시록의 기본 구조를 허무는 결과를 가져온다. 이 박사가 언급했듯이 일곱 인으로부터 일곱 나팔 그리고 일곱 대접으로 갈수록 더욱 강도가 강화되고 심화되고 있는 것은 하나님의 심판의 속성을 보여준다. 즉 다시 말하면, 심판이 상대적으로 약하게 시작하여 갈수록 강화된다. 하나님께서는 세상을 심판하시면서 그들을 완전히 멸절시키려고 하는 것이 아니라, 하나님의 심판을 통해서 그들의 죄를 깨닫고 회개하기를 원하시기 때문이다.(회개에 대한 주제는 계시록 9:20~21에서 다뤘다)

### 7) 심판의 강도가 강화되는 것이 병렬식 해석의 근거인가?

이 박사는 "인 심판 시리즈에서는 '사분의 일'이란 숫자가 사용된 반면, 나팔 심판 시리즈에서는 '삼분의 일'이라는 숫자가 사용되고, 각 심판 시리즈 일곱 번째 심판에서 일어나는 현상이 인 심판, 나팔 심판, 대접 심판으로 갈수록 강도가 점점 강화된다"는 것을 병렬적 관계의 근거로 삼았다. 앞서 언급한 것처럼 일곱 인으로부터 일곱 나팔과 일곱 대접 재앙은 순서적으로 있는 일들이다. 거기에 내용적으로 강도가 강해져 간다. 이것은 병렬의 근거가 아니라, 하나님의 심판이 상대적으로 약한 것으로부터 시작해서 점점 강화되고, 이것은 세상 사람들이 회개하기를 원하신다는 것을 의미한다.

### 8) 병렬식 해석의 모순

이 박사의 주장과 같이 일곱 인과 일곱 나팔과 일곱 대접 재앙이 '시작'과 '끝'이 동일한 시점에 있는 사건이라고 가정할 때, 일곱 대접에 나오는 대환난의 상황을 보여주는 중요 요소들이 일곱 인과 일곱 나팔 재앙에 나와야 한다. 대환난의 중심은 '짐승'인 '적그리스도'와 그의 오른팔인 '다른 짐승'(거짓 선지자)이 있다. 거짓 선지자는 죽었다가 살아난 짐승을 위하여 '우상'을 만들어, 거룩한 성전 즉 '예루살렘 성전'에 놓고 모든 사람으로 경배하게 하고, '짐승의 표'인 '666'을 '이마'나 '오른 손목'에 받게 한다. 일곱째 인을 떼는 계시록 8:1과 일곱 나팔 재앙이 기록된 계시록 8:6~13에 이르기까지 대환난의 요소들은 어디에도 보이지 않는다. 일곱 나팔 중에서 '네 번째 나팔'에 이르기까지 짐승과 우상 등 어떤 것도 나오지 않는 것은 일곱 인과 일곱 나팔과 일곱 대접 재앙이 '병렬적 구조'가 아니라, 즉 '순서와 차례'가 있는 '직렬적인 구조'라는 것을 의미한다.

## 4. 무천년설의 직렬식 시간 관념

이필찬 박사는 『요한계시록』(에스카톤, p.610~611)에서 '시간적 순서의 관계'(직렬식)에 대한 견해를 말했다.

> 첫 번째는 인·나팔·대접 심판 시리즈가 철저하게 시간적 순서로 이어진다는 이론이다. 이것을 도표로 표현하면 다음과 같다. 세대주의적 종말론을 추종하는 부류가 이런 견해를 주장한다. (중략) 또한 세 심판 시리즈 모두 마지막 일곱 번째와 4장 5절의 번개들과 소리들과 우레들을 공통적으로 사용하고 있다는 사실로 인해 인·나팔·대접 심판이 끝나는 시점이 동일하다는 결론을 피할 수 없다. 그러므로 직렬식으로 세 심판 시리즈를 배열하는 것은 이러한 시작과 마지막에 동질성을 무시하는 결과가 아닐 수 없다. 더 나아가서 인·나팔·대접 심판의 내용을 살펴보면, 서로 철저하게 시간적 순서로 짜여져 있다는 근거를 찾기가 쉽지 않다. 그러므로 인·나팔·대접 심판이 철저하게 시간적 순서로 이어진다고 보는 것은 상당히 인위적이라는 인상을 피하기 어렵고 요한계시록을 오해할 수 있는 여지가 많다(이필찬, 『요한계시록』, 에스카톤, p.610~611)

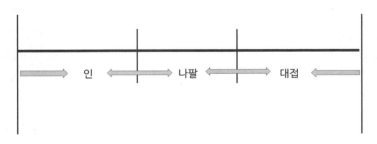

[이필찬 박사가 보는 시간적인 순서 관계 (직렬식)]
요한계시록, 에스카톤, p.610

## 5. 무천년설의 직렬식 견해에 대한 필자의 비평 및 견해

첫째, 이필찬 박사는 세대주의적 종말론을 추종하는 부류가 "철저한 시간적 순서로 이어진다"고 비판한다. 세대주의의 각 세대마다 구원의 경륜이 다르다는 주장이 오류라고 해서, 시간적 순서로 보는 것까지 오류라는 것은 논리의 비약이다. 이 박사는 '철저한 시간'이라고 표현했는데, 필자도 '기계적이고 철저한 시간적 순서'로 이해하는 것은 무리가 있다고 생각한다. 이 박사가 무천년설의 견해의 정당성을 입증하기 위해서 세대주의의 오류만을 언급하는 것으로는 부족하다. '역사적 전천년설'의 견해의 오류가 있다면 마땅히 논리적으로 비평하고, 자신의 견해를 주장해야 한다. 그런데 중요한 논증이 없다. 예를 들어보자. 신천지가 계시록을 곡해한다는 것은 주지의 사실이다. 누군가가 신천지의 오류를 비평하는 것이 맞다고 해서, 그가 주장하는 계시록의 견해가 성경적이라는 것을 보장하지 않는다. 양자는 또 다른 문제이다.

둘째, 필자의 역사적 전천년설의 견해를 밝히자면, 세대주의의 주장과 같이 '기계적인 시간적 순서'는 아니다. 왜냐하면 계시록 8:1~2에서 "일곱째 인을 떼실 때에 하늘이 반 시간쯤 고요하더니 내가 보매 하나님 앞에 일곱 천사가 서 있어 일곱 나팔을 받았더라"고 말씀하듯이, 일곱째 인을 떼실 때에 '반 시간쯤' 고요하다는 것을 보이고, 몇 가지 광경들이 나온다. 그리고 6절의 "일곱 나팔을 가진 일곱 천사가 나팔 불기를 준비하더라"는 말씀과 같이, 나팔을 불기 위한 준비가 있다. 첫째 인과 둘째 인과 셋째 인과 일곱 인은 '확실한 순서'가 있다. 그러나 그것이 톱니 바퀴가 맞물려 돌아가듯이, 기계적으로 발생한다기보다 전체적인 흐름이 자연스럽게 진행된다는 것을 의미한다. 그러므로 '철저한 순서'라는 것은 세대주의의 주장일 수는 있어도, 역사적 전천년설의 견해가 아니기 때문에 근거로 삼기에는 미흡하다.

셋째, 이 박사는 계시록 1:19에 "네가 본 것들과 지금 있는 것들과 이것들 후에 반드시 되어져야만 하는 것들"을 근거로 요한계시록 전체를 삼등분하고 그 중 "반드시 되어져야만 하는 것들"을 계시록 4~16장을 가리키는 것으로 이해하고, 계시록 4~16장은 장차 될 일로서 미래 일들을 시간적으로 나열해 놓은 내용이라고 간주한다"는 것을 '왜곡된 관점'이라고 비판했다. 계시록 1:19은 주님이 사도 요한에게 그와 같은 순서로 계시할 것을 말씀하신 것이다. 계시록의 방향타와 같다. 따라서 이 박사의 견해가 왜곡된 관점이다.

넷째, 요한계시록은 적어도 '세 부분'으로 구성된다. 따라서 '네가 본 것들'은 계시록 1장 후반부의 일곱 금 촛대와 일곱 별의 비밀을 가리킨다. '지금 있는 일은' 계시록 2~3장에 있는 소아시아의 일곱 교회를 가리키고, "이것들 후에 반드시 되어져야만 하는 것들"은 4장으로부터 22장으로서 '장차 있을 일들'을 가리킨다. "본 것들"이란 이전에 본 것을 가리키고, "지금 있는 일"이란 '현재'를, 장차 있을 일이란 "미래"를 가리킨다. 이것이 주님이 말씀하신 계시록의 로드맵이다. 이런 자연스런 계시록의 구조와 흐름은 '팩트'이다. 특별한 해석이 필요하지 않다. 그런데 이 박사는 성경의 문맥을 따른 직렬식 구조를 왜곡된 것으로 간주한다. 직렬식 구조라는 것은 '시간'이라는 요소를 나타낸다. 오늘이 있고 내일이 있고 모레가 있다. 이것은 병렬식이 아니라 직렬식이라고 할 수 있다. 그런 까닭은 시간 안에 있는 것들이기 때문이다. 계시록의 구조가 직렬식이라는 것은 시간 안에 이뤄지는 일이기 때문이다. 무천년설의 병렬식 관점은 일곱 인과 일곱 나팔 등의 시간성을 부인하는 것과 같다.

신학은 성경으로부터 나온다. 신학과 성경이 일치하지 않는 것은 성경이 문제가 있는 것이 아니라 신학에 문제가 있다. 신학이 권위가 있는 것은 성경의 원칙을 말한 것이기 때문이다. 무천년설의 병렬식 해석은 성경과 일치하지도 않고, 일치할 수도 없다. 계시록을 잘못된 신학 관점으로 보니, 잘못된 것을 주장할 수밖에 없다.

다섯째, 이필찬 박사는 구체적인 근거가 없이 "차례로 본다"는 것을 부인하는 것은 비논리적이다. 물론 이렇게 볼 수밖에 없는 중요한 원인은 무천년설이 '문자성'을 부인하고 '상징적'으로 해석하기 때문이다. 예를 들어보자. 이필찬 박사(무천년설자들)는 계시록 12장의 해를 옷 입고 그 발 아래에는 달이 있고 그 머리에는 열두 별의 관을 쓴 여자를 '마리아'로 해석한다. 또한 그 여자가 낳은 아이는 예수님이라고 해석한다. 예수님의 탄생은 복음서에 기록된다. 사도행전이나 서신서와 계시록에서 예수님의 탄생을 찾는 것은 '연목구어'와 같다. 복음서에서도 예수님의 탄생은 중반이나 후반부에서 찾을 수 없고, 첫 부분에 있다. 그런데 계시록의 중반부의 기록을 예수님의 탄생이라고 주장한다. 이것은 성경의 흐름과 문맥(context)에 일치하지 않는다. 무천년설의 관점은 계시록을 원칙이 없는 책으로 만든다. 혹자는 "무천년설은 계시록을 다빈치 코드와 같은 책으로 만들어 버렸다"고 혹평하기도 한다.

## 6. '삽입부'에 대한 견해

### 1) 무천년설 견해

이필찬 박사는 『요한계시록』(에스카톤, p.609~610)에서 삽입부에 대한 그의 견해를 제시했다.

> 삽입은 AD 1세기의 소아시아 지역의 청중들이 연설이나 역사 그리고 시와 산문 등에서 익숙하게 접할 수 있었던 문학 기법이다. 인과 나팔의 경우에 여섯 번째와 일곱 번째 사이의 삽입이 존재하지만, 대접 심판의 경우에는 삽입이 없다. 여기에서 여섯 번째와 일곱 번째 사이의 삽입은 또 다른 측면의 규칙성을 보여준다. 이러한 삽입은 문맥의 흐름을 단절하는 것이 아니라 오히려 전체적인 내용들의 전달 효과를 넣어 극적으로 상승시키는 문학적 효과를 갖는다.(중략) 또한 이것은 신학적 의미를 내포한다. 그것은 바로 심판 중에 교회 공동체의 정체성에 대한 규명을 시도하고 있다는 것이다. 곧 인 심판의 삽입 부분은 교회 공동체를 '심판으로부터 보호받는' 존재로 제시하기 위한 것이요, 나팔 심판의 삽입 부분은 교회 공동체가 세상을 향해 감당할 '선지적 선포'의 역할을 소개하기 위한 목적을 갖는다. 이와 같이 인 나팔 심판 시리즈의 두 삽입은 구조적으로 치밀하게 고안되었다. (중략) 그러나 한가지 문제는 대접 심판의 경우에 삽입 부분이 존재하지 않는다는 점이다.(이필찬, 『요한계시록』, 에스카톤, p.609~610)

## 2) 삽입부에 대한 필자의 견해

### (1) 삽입부는 문학기법인가?

이필찬 박사는 "삽입은 AD 1세기의 소아시아 지역의 청중들이 연설이나 역사 그리고 시와 산문 등에서 익숙하게 접할 수 있었던 문학 기법이라고 하면서 '문학적 관점'에 주의를 기울였다. 계시록이 글로 기록됐고, 그 당시 세계어인 헬라어로 기록됐기 때문에 문학적인 것을 배제할 수 없다. 그런데 이 박사는 계시록이 성령의 감동과 계시로 말미암아 기록된 하나님의 말씀이라는 것을 염두에 두지 않는 듯 하다. 예를 들면, 성경에서 과학적 사실들을 찾을 수 있다고 해서 과학적인 관점에서 성경을 보는 사람이 있다면 핵심을 놓친 것이다. 그와 같이 계시록을 문학적인 관점으로 보고 삽입부를 넣은 것이 극적으로 상승시키기 위한 효과를 갖는다는 것은 성경의 중심에서 비켜나간 것이다.

### (2) 삽입부에 대한 무천년설의 오류

이필찬 박사는 '삽입부'를 논하면서 인과 나팔의 경우에 여섯 번째와 일곱 번째 사이에 삽입이 존재하지만, 대접 심판의 경우에는 삽입이 없다는 것을 스스로 언급했음에도 불구하고 '1세기 문학 기법'의 삽입부라는 것을 고수했다. 이 박사가 '당시의 문학적 삽입부의 형식'이라고 주장하기 위해서는(그가 언급했듯이) '적어도' 일곱 대접 후에도 삽입부가 있어야 한다. 그런데 어디에도 없다. 이와 같이 요건에 부합되지도 않는다는 것은 계시록의 삽입부가 '당시의 문학적 형식'을 따른 것이 아니라는 반증이다. 계시록을 기록하는 데 합당한 방식을 취한 것이다.

예를 들어보자. 주님이 공생애 중에 많은 병자를 고쳤다고 해서, 주님이 이 땅에서 "병든 사람들을 치료하기 위해서 오신 분이다"라고 주장하는 사람이 있다면 바른 관점이 아니다. 주님이 문둥병자들과 저는 자들과 손 마른 자들과 눈먼 소경을 치유한 것은 사실이다. 하지만 주님이 오신 목적은 구속의 역사를 이루시기 위한 것이었다. 마태복음 11:2 이하에는 세례 요한이 옥에 갇힌 후 그의 제자들을 예수님께 보내 "오실 그이가 당신이오니이까 우리가 다른 이를 기다리오리이까"(마11:3)라고 물었다. 예수께서 메시아가 분명하고 그의 전령자(ἄγγελος, 앙 겔로스)인 세례 요한이 옥에 갇혔음에도 불구하고 구해주지도 않으시고 찾아오시지도 않음으로 인해 실족할 위기에 있었다. 마태복음 11:4~6에서 주님은 요한의 제자에게 이렇게 말씀하신다.

> 너희가 가서 듣고 보는 것을 요한에게 알리되 맹인이 보며 못 걷는 사람이 걸으며 나병 환자가 깨끗함을 받으며 못 듣는 자가 들으며 죽은 자가 살아나며 가난한 자에게 복음이 전파된다 하라 누구든지 나로 말미암아 실족하지 아니하는 자는 복이 있도다 하시니라(마 11:4~6)

주님이 치유의 사역을 한 것을 언급한 이유는 이사야 선지자의 예언(사 35:5~6)대로 표적을 행하셨고, 이것은 예수님이 선지자들이 예언한 '메시아'이심을 증거한 것이다. 그래서 주님이 행하신 일들 즉 병자를 고치신 것, 소경의 눈을 뜨게 한 것, 죽은 자를 살리신 것, 풍랑이는 바다 위로 걸어오신 것은 모두 '표적'이다. "표적이란 예수께서 기적적인 일을 행하셨지만 그것을 통해서 예수께서 메시아이심을 나타내셨다"는 것을 의미한다. 무천년설자인 이 박사가 계시록의 삽입부를 문학적 관점으로 단정한 것은 주객이 전도된 것이다. 계시록을 묵시문학적 관점으로 보는 것은 잘못된 접근이다.

### (3) 7장 전반부 14만 4천은 '혈통적 이스라엘'
이필찬 박사는 삽입부가 신학적 의미를 내포하고 "심판 중에 교회 공동체의 정체성에 대한 규명을 시도하고 있는 것으로 즉 인 심판의 삽입 부분은 교회 공동체를 '심판으로부터 보호받는' 존재로 제시하기 위한 것이라"고 한 것은 개략적으로 긍정적이다. 6장 끝에서 여섯째 인이 떼어지고, 8장 첫 부분에는 일곱 인이 있다. 일곱 인이 떼어지면 일곱 나팔 재앙이 발생한다. 이런 재앙이 발생하기 전에 계시록 7장에는 이 땅에 남아 있는 하나님의 백성들을 보호하실 필요가 있으시다.

무천년설의 가장 큰 문제는 7장의 '인침을 받은 자들'과 '능히 셀 수 없는 큰 무리'를 같은 '교회 공동체'라 해석하는 것이다. 이것은 오류이다. 왜냐하면, 능히 셀 수 없는 무리는 교회이지만, 전반부의 이스라엘의 각 지파 가운데 인침을 받은 자 144,000은 '이스라엘 자손들'이기 때문이다. 7장의 초반부는 이스라엘의 열두 지파 중 각 지파마다 12,000명씩 인침을 받는다. 이들은 교회가 아니라 혈통적 이스라엘 백성들이다. '아직' 완악한 가운데 있는 유대인들 가운데 하나님을 경외하는 자들을 보호하기 위해서 다른 천사가 이마에 인을 친다. 교회는 '이미' 예수 그리스도를 믿을 때 성령의 인 치심으로 보증을 받았기 때문에 또다시 인을 받을 필요가 없다. 이 박사가 말한 교회의 보호는 7장 후반부(7:9~17)의 '능히 셀 수 없는 큰 무리'들로서 구속함을 받은 교회를 휴거시키는 것을 가리킨다. 이 박사가 양자를 서로 구별하지 못하고, 교회라고 뭉뚱그린 것은 무천년설의 맹점이다. 이에 대한 자세한 내용은 7장에서 다룰 것이다.

### (4) 선지적 선포

이필찬 박사는 "나팔 심판의 삽입 부분은 교회 공동체가 세상을 향해 감당할 '선지적 선포'의 역할을 소개하기 위한 목적을 갖는다"고 말했다. 이 부분은 계시록 11장의 '두 증인'을 가리킨다.(무천년설은 '두 증인'을 상징적으로 해석하여 '전 시대의 교회 공동체'라고 해석한다) '선지적 선포'라는 것은 교회의 사역이기 때문에 정확한 표현이 아니다. 대환난 가운데 짐승인 적그리스도가 거룩한 곳(예루살렘 성전)에 멸망의 가증한 것(자신의 우상)을 만들고 경배하게 하고 짐승의 표를 받는 상황은 '은혜의 시대'가 끝났다는 것을 가리킨다. 이 때에 많은 신자가 순교를 당할 것이다. 두 증인이 전파하는 것은 오늘날과 같은 '복음 전파'(은혜의 복음)가 아니다. 그 땅에 재앙을 내리고 예언으로 하나님의 심판이 가까왔음을 증거한다. 계시록 11:5~6에서 두 증인의 사역을 말한다.

> 만일 누구든지 그들을 해하고자 하면 그들의 입에서 불이 나와서 그들의 원수를 삼켜 버릴 것이요 누구든지 그들을 해하고자 하면 반드시 그와 같이 죽임을 당하리라 그들이 권능을 가지고 하늘을 닫아 그 예언을 하는 날 동안 비가 오지 못하게 하고 또 권능을 가지고 물을 피로 변하게 하고 아무 때든지 원하는 대로 여러 가지 재앙으로 땅을 치리로다(계 11:5~6)

두 증인의 심판 예언과 땅에 대한 재앙은 적그리스도 치하에 있는 휴거되지 못한 신자들과 경건한 유대인들에게 큰 위로와 격려가 될 것이다. 이런 상황들은 계시록 11장의 삽입부가 오늘날과 같은 '교회의 선지적 선포'가 아니라는 것을 의미한다. 무천년설이 선지적 선포로 보는 것은 두 증인의 사역을 상징으로 해석할 뿐 아니라, 초림부터 재림까지의 전(全)시대의 교회 공동체의 복음 증거라고 해석하기 때문이다.

### (5) 대접 심판에는 삽입부 없음

이필찬 박사는 "한가지 문제는 대접 심판의 경우에 삽입 부분이 존재하지 않는다는 점이다"라고 하면서 스스로 무천년설의 병렬식 해석의 문제점을 인정했다. 그런데도 병렬식을 주장하고, 계시록의 삽입부를 '1세기 문학적 기법'이라고 주장한다. 그의 주장대로 사도 요한이 '1세기 문학적 기법'을 사용해서 계시록의 삽입부를 문학적으로 배열했다고 하면, '적어도' 일곱 대접 심판에도 삽입부가 있어야 하고 자신이 주장하는 요건을 갖춰야 한다. 그럼에도 불구하고 병렬식을 주장하는 것은 비논리적이고 비성경적이다. 이것은 사도 요한이 '1세기 문학적 기법'을 사용해서 삽입부를 넣은 것이 아니라, 하나님의 계시에 따라 기록된 것이다.

*Chapter 27 ·*
# 첫째 인부터 넷째 인까지(6:1-8)

## 1. 넷째 인까지의 공통점

계시록 6장에서 시작되는 '일곱 인'은 두 부분으로 나뉘어진다. 처음 네 개의 인이 한 그룹을 이루고, 나머지 세 개의 인이 다른 한 그룹을 이룬다. 두 그룹은 각각 같은 특성을 공유한다. 만일 이 특성을 보지 못한다면, 일곱 인에 대한 합당한 이해의 결핍으로 잘못된 해석으로 흘러갈 수 밖에 없다.

### 1) 그레고리 K. 비일의 견해

그레고리 K.비일은 『NIGTC 요한계시록』(새물결플러스, p.628)에서 네 인의 공통점에 대해 다음과 같이 언급했다.

> 말 탄 자들은 남은 세 인과 문학적으로 구별되는 4인조다. 마치 처음 네 나팔과 대접이 나머지 나팔 및 대접과 관련하여 그러하듯이 말이다. 처음에 나팔과 대접이 병행되는 심판을 의미하기에, 동일한 병행 어구가 네 말 탄 자들에게도 존재할 가능성이 많다.(그레고리 K. 비일, 『NIGTC 요한계시록』,새물결플러스, p.628)

### 2) 필자의 비평 및 견해

그레고리 K. 비일은 앞의 네 인과 뒤의 세 인이 구별된다는 것을 인식했다. 그런데 이것을 '문학적으로 구별된다'고 이해했다. 계시록이 헬라어라는 문자를 사용했기 때문에 틀린 말은 아니다. 그런데 무언가 공허하다. 그런 이유는 계시록을 사도 요한이 기록했다는 관점에서 '문학적'이라는 표현은 틀리다고 말할 수 없지만, '영 안에서' 성령의 감동으로, 그리스도의 계시에 의해서 주어졌다는 '근원적인 것'을 간과했기 때문이다. 그레고리 K. 비일을 비롯한 이필찬 박사는 무천년설적인 관점으로 계시록의 미래성을 부인하고 과거 로마 시대에 있었던 일로 간주한다. 모든 사건을 '문자 그대로'가 아닌 '상징'으로 해석한다. 물론 계시록에 '상징'이 있고, '문자 그대로'가 있다. 앞으로도 언급하겠지만, 그레고리 K. 비일은 첫째 인을 뗄 때 나왔던 흰 말과 그 탄 자를 과거 로마 시대에 있었던 일로 해석한다. 이필찬 박사도 무천년설자이기 때문에 대동소이하다. 일곱 인이 네 개의 인과 세 개의 인으로 구별되는 근거를 정리해 보자.

첫째, 네 개의 인을 어린 양이 떼실 때에, 모두 네 생물들이 등장한다. 뒤의 세 인에는 이런 네 생물이 등장하지 않는다.

둘째, 네 개의 인에는 모두 네 생물들이 각 말과 탄 자들에게 '오라'고 명령한다. 반면에 뒤의 세 인에는 네 생물의 명령이 없다.

셋째, 네 개의 인에는 흰 말과 그 탄 자를 비롯하여 붉은 말과 그 탄 자, 검은 말과 그 탄 자, 청황색(창백한) 말과 탄 자가 나온다. 반면에 뒤의 세 인에는 '말'이든지 '그 말을 탄 자들'이 나오지 않는다.

넷째, 네 개의 인에는 '말'과 '그 탄 자'가 말의 색깔과 어울리는 '도구'들을 받았다. 흰 말과 그 탄 자는 "활과 면류관"을 받았고, 붉은 말과 그 탄 자는 "큰 칼"을 받았다. 검은 말과 그 탄 자는 "저울"을, 청황색(창백한) 말과 그 탄 자는 "땅의 사분의 일의 권세"를 받았다. 이에 반하여 다섯째 인에는 순교자들의 탄원이 나온다. 일곱째 인을 뗄 때에는 '반 시간' 고요하고 일곱 천사들이 일곱 나팔을 불 준비를 한다. 앞의 네 인과 뒤의 세 인은 내용적으로 구별된다.


## 2. 첫째 인: 흰 말과 그 탄 자(6:1-2)


> 내가 보매 어린 양이 일곱 인 중의 하나를 떼시는데 그 때에 내가 들으니 네 생물 중의 하나가 우렛소리 같이 말하되 오라 하기로 이에 내가 보니 흰 말이 있는데 그

탄 자가 활을 가졌고 면류관을 받고 나아가서 이기고 또 이기려고 하더라(계 6:1)

| 인<br>특징 | 첫째 인 | 둘째 인 | 셋째 인 | 넷째 인 | 다섯째<br>인 | 여섯째<br>인 | 일곱째<br>인 |
|---|---|---|---|---|---|---|---|
| 1.네 생물 | 첫째 생물<br>(사자 같고) | 둘째 생물<br>(송아지 같고) | 셋째 생물<br>( 사람 같고) | 네째 생물<br>(독수리 같고) | 없음 | 없음 | 없음 |
| 2. 오라<br>come | 오라<br>come | 오라<br>come | 오라<br>come | 오라<br>come | 없음 | 없음 | 없음 |
| 3. 말과<br>탄 자 | 흰 말과<br>탄 자 | 붉은 말과<br>탄 자 | 검은 말과<br>탄 자 | 창백한<br>말과 탄 자 | 없음 | 없음 | 없음 |
| 4. 받은 것 | 활 &<br>면류관 | 큰 칼 | 저 울 | 땅 1/4권세 | 순교자들 | 큰 지진<br>해달별재앙 | 반 시간<br>고요함 |

[일곱 인이 두 그룹으로 구별되는 특징 ]

흰 말과 그 탄 자는 넷째 인 가운데 논쟁의 초점이다. 그런 이유는 그만큼 흰 말과 그 탄 자의 정체를 아는 것이 비밀스럽기 때문이다. 흰 말과 그 탄 자들에 대한 대표적인 견해는 '적그리스도'로 보는 견해이다. 많은 학자가 이 견해를 취한다. 종교개혁자들의 견해와 무천년설의 대표적인 그레고리 K. 비일의 견해를 소개한다.

### 1) 종교개혁자들: 교황

종교개혁에는 거의 모든 종교개혁자들과 지도자들이 '흰 말과 탄 자'를 적그리스도로서 로마 가톨릭의 교황이라고 단정했다. 대표적인 견해들은 다음과 같다.

- 우리는 교황제도가 진정한 적그리스도임을 확신한다. 그의 왕좌는 사탄의 권좌이다.(마틴 루터)

- 다니엘(단 9:27)과 바울(살후 2:4)은 하나님의 성전에 적그리스도가 앉으리라고

예언했다. 우리가 보기에 저 사악하고 가증스런 왕국의 수령과 기수는 로마 교황이다.(존 칼빈)

- 교회의 유일한 머리는 인간인 교황이 아니라 그리스도이다. 예수 그리스도를 따르지 않는 교황은 적그리스도다.(존 위클리프)

- 교황은 강조하자면 죄의 사람이며 한량없이 죄의 정도를 늘려가고 있다. 그 또한 멸망의 자식인 까닭은 수많은 다수 대중의 죽음을 야기시켰는데 그를 반대하는 자들 뿐만 아니라, 그를 추종하는 자들도 죽었다. 그는 스스로를 하나님이라 일컫는 자 위에 높이고 최고의 권력을 구사하며 명예를 누리며, 하나님께 속하는 특권을 요구한다.(요한 웨슬레)

- 교황 스스로가 여러 세대 동안 교회 위에 군림하며 자행한 독재를 폐지해야 한다. 교황은 바로 바울이 말한 적그리스도이며 멸망의 아들이다.(존 낙스)

종교개혁자들의 공격에 위기의식을 느낀 로마 가톨릭은 예수회 소속의 사제를 통해 교황에 대한 예언서의 집중 공격을 피할 효과적인 방안을 내놓았다. 그 방법은 이때까지 신학 사상들을 참고하여 예언서 해석법을 만들었다. 알카자(Luis de Alcazar, 1554~1613)의 과거주의 해석법(The Preterist interpretation)과 리베라(Francisco Ribera: 1537~1591)의 미래주의 해석법(The Futurist interpretation)이 그것이다. 종교개혁 당시의 상황을 고려한다면, 개혁자들의 심정을 충분히 이해할 수 있다. 그러나 성경을 정확히 인식하지 못했기 때문에 일어나는 오해이다. 로마 가톨릭 교회는 계시록 17장에 언급된 '가증한 것들의 어미'로서 '큰 음녀'이다. 로마 가톨릭이 음녀로서 '악한 존재'라는 것은 사실이지만, 교황이 적그리스도라는 것은 다른 문제이다. 종교개혁자들이 교황을 적그리스도로 확신한 것은 시대적인 상황의 영향이 컸다. 그 당시의 이슈는 '이신칭의'로 대표되는 "행함으로 구원받는가? 믿음으로 구원받는가?"라는 것이었다. 요한계시록은 종교개혁 당시의 주요 이슈가 아니었다는 것을 이해할 필요가 있다.

## 2) 무천년설: 그레고리 K. 비일의 견해

그레고리 K. 비일은 『NIGTC 요한계시록』(새물결플러스, p.630)에서 첫째 인의 흰 말과 탄 자에 대한 견해를 말했다.

> 이런 의미에서 첫 번째 말 탄 자는 거짓과 박해 또는 두 가지 모두를 사용하여 신자들을 이기고 영적으로 압도하려는 사탄적 세력을 대표한다.(11: 7, 13:17) 말 탄 자 이미지는 다음과 같은 존재를 가리킬 수 있다. 1)적그리스도 2) 그리스도인들을 박해하는 정부들 3) 마귀의 종들의 총체 또는 요한계시록 후반부에서 짐승들이 상징하는 세력을 우선적으로 염두에 두었을 수도 있다. 요한계시록 여러 곳에서 '흰색'은 우선적으로 승리가 아니라, 그리스도와 성도들의 인내하는 의를 의미한다. 여기서 흰색은 그리스도를 흉내내어 자신을 의롭게 보임으로서 속이려고 하는 악의 세력을 가리키는 것 같다.(참고: 고린도후서 11:13~15) 요한이 이런 식으로 묘사하는 것은 계시록 19:11~16절에 언급된 그리스도의 의로우신 승리를 패러디하려는 의도에 기인한다.(그레고리 K. 비일, 『NIGTC 요한계시록』새물결플러스, p.630)

## 3) 그레고리 K. 비일의 견해에 대한 필자의 비평

### (1) 적그리스도나 마귀의 종들

비일을 비롯한 무천년설은 흰 말과 그 탄 자를 '부정적인 의미'인 즉 적그리스도나 마귀의 종들로 단정한다. "요한계시록 후반부에서 짐승들이 상징하는 세력을 우선적으로 염두에 두었을 수도 있다"는 비일의 추측에도 확연히 나타난다. 사도 요한이 '흰 말과 그 탄 자'를 사용한 것이 사도 요한의 지혜와 선택이라고 간주했다. 사도 요한은 성령의 계시를 받아 이상 가운데 어린 양이 첫째 인을 뗄 때 고 흰 말과 그 탄 자를 본 것을 기록했다는 것을 잊은 듯하다. 객관적으로, 사도 요한이 비일이 언급한 대로 적그리스도와 악의 총체를 상징하는 세력을 염두에 두고 썼는지는 사도 요한 외에는 아무도 알 수 없다. 그런데 이런 가정도 사도 요한이 성령의 계시 없이 자신의 생각과 지혜로 요한 계시록을 썼을 때에만 가능하다. 요한계시록은 전적으로 성령의 감동과 예수 그리스도의 계시로 사도 요한을 통해서 기록됐다. 따라서 비일의 추측성 근거는 모래 위에 세운 집과 같다. 하나님의 비밀의 경륜이 담겨져 있는 일곱 인으로 인봉 된 두루마리의 내용들은 하나님의 주권과 능력과 지혜로 쓰여진 것이다. 첫째 인이 떼어질 때 나타난 흰 말과 그 탄 자는 사도 요한이 어떤 것을 염두에 뒀든지 아무 관계가 없다. 비일의 이런 견해는 일곱 인의 첫 번째 인이라는 첫 단추를 잘못 끼운 것이다.

### (2) not 승리 but 성도들의 인내하는 의

비일은 "요한계시록 여러 곳에서 '흰색'은 우선적으로 승리가 아니라, 그리스도와 성도들의 인내하는 의를 의미한다."고 해석했다. 성경에 나타난 '흰 색'은 그 문맥에 따라 '승리'를 의미하기도 하고, '성도들의 인내하는 의'를 나타낸다. 그런데 비일은 아무런 근거 없이 성도들의 인내하는 의라고 그냥 단정한다. 만일 성경이 비일의 견해와 같이 직접적으로 말씀했다면, 아무런 문제가 되지 않는다. 그런데 그렇게 말하는 곳이 어디에도 없다. 무엇인가 정의를 내릴 때에는 성경의 근거들을 통해서 원칙을 제시해야 한다. 비일의 견해에는 이런 것을 찾을 수 없다.

예를 들어보자. '예정론'은 성경의 여러 곳에서 말할 뿐만 아니라 일관되게 말하기 때문에 확실한 진리이다. 비일이 '흰 색'의 우선적인 의미를 주장하기 위해서는 '적어도' 그것을 뒷받침할 수 있는 근거를 제시해야 한다. 비일의 이런 주장은 무천년설을 기초로 한 것이다. 무천년설 견해는 성경과 일치하지 않기 때문에 그의 견해 또한 잘못될 수밖에 없다. 필자는 먼저 오늘날 주류를 이루는 무천년설의 견해를 소개하고 그 견해가 왜 오류인지를 성경을 통해 QST했다. QST는 성경 전체에서 언급된 '모든 말씀'을 비교하고 조명해서 성경의 'one meaning'과 '원칙(doctrine)'을 찾는 것을 의미한다.

### (3) 그리스도를 흉내내는 악의 세력

비일은 "여기서 흰색은 그리스도를 흉내 내어 자신을 의롭게 보임으로서 속이려고 하는 악의 세력을 가리키는 것 같다(참고: 고린도후서 11:13~15)"고 했다. 이것은 비일 자신도 '확신'하지 못한다. 따라서 '추측한다'는 것으로서, "그럴 수도 있고, 그렇지 않을 수도 있다"는 것이다. 원칙상 비일이든 누구든 스스로 확신을 갖고 주장해도 '오류'가 있을 수 있는데, 본인 스스로도 확신이 없이 ' … 같다'라는 것을 근거로 제시한 것은 부적절하다. 마치 하나님의 나라(왕국)에 어떻게 들어가는지를 모르면서 백성들을 가르치는 니고데모와 같다. 그는 한밤중이라도 예수님을 찾아갔다. 그래서 거듭남에 대한 위대한 가르침이 요한복음 3장에 기록됐다.

### (4) 광명한 천사로 나타날 가능성

비일이 그의 근거로 삼은 고린도후서 11:13~15이 어떤 의미인지를 살펴보자.

> 그런 사람들은 거짓 사도요 속이는 일꾼이니 자기를 그리스도의 사도로 가장하는 자들이니라 이것은 이상한 일이 아니니라 사탄도 자기를 광명의 천사로 가장하나니 그러므로 사탄의 일꾼들도 자기를 의의 일꾼으로 가장하는 것이 또한 대단한 일이 아니니라 그들의 마지막은 그 행위대로 되리라(고후 11:13~15)

땅 위에서 거짓 사도가 있고, 사탄도 자신을 광명한 천사로 가장할 수 있다는 것에 대한 경고이다. 비일이 이 구절을 인용한 것은 사탄이 광명한 천사로 가장할 수 있기 때문에, 흰 말과 탄 자도 자신의 정체를 숨기고 가장했다는 논리이다. 이것은 거짓 사도가 있다고 해서 사도 바울을 비롯한 사도 요한을 거짓 사도로 단정하는 것과 같다. 위조지폐범들이 정교한 달러(dollar) 위조지폐를 만든다고 해서 모든 달러를 위조지폐로 간주하는 것과 같다. 비일은 첫째 인의 흰 말과 탄 자에 대한 선입관을 가졌기 때문에 부정적인 관점으로 적용했다. 이 경우는 고린도후서 말씀이 잘못된 것이 아니다. 그 말씀을 잘못 해석하고 적용한 것이다. 성경을 볼 때 기본적으로 중요한 것은 그것이 '적극적인 의미'인가 아니면 '부정적인 의미'인가라는 것이다. 방향을 잘못 잡으면 의미가 왜곡되기 때문이다. 비일은 부정적인 관점으로 방향을 잡았다. 이것이 문제의 시작이다.

### (5) 부정적인 관점

비일은 사탄이 광명한 천사로 나타나듯이 흰 말과 탄 자도 승리를 패러디한 것으로 생각했다. 그래서 "계시록 19:11~16에 언급된 그리스도의 의로우신 승리를 패러디하려는 의도에 기인한다. 사단의 이기고자 하는 노력은 그리스도를 시시하게 모방하는 것에 불과하며 우스꽝스러울 뿐이라"고 말했다. 비일의 첫 번째 실수는 흰 말과 그 탄 자를 적그리스도 내지는 악한 자들로 단정한 것이다. 이런 비일의 주장은 흰 말과 그 탄 자가 '적그리스도'라는 것이 사실일 때 가능하다. 비일의 견해는 흰 말과 그 탄 자를 '부정적인 관점', '의혹의 관점'으로 봤기 때문이다. 그런 근본적인 이유는 무엇인가? 둘째 인으로부터 나타나는 붉은 말과 탄 자가 전쟁을 상징하고, 검은 말과 탄 자는 기근을, 청황색(창백한) 말과 탄 자는 사망을 상징했기 때문에 첫째 인의 흰 말과 그 탄 자도 뒤의 세 말들과 같이 '부정적인 의미'로 단정했다. 첫째 인에 대한 의심의 '고정관념'이 흰 말과 탄 자를 적그리스도로 간주하는데 큰 영향을 미쳤다. 비일의 이런 관점에는 무천년설의 영향이 크다.

## 4) 그리스도라는 견해

무천년설을 지지하며 개혁주의를 표방하는 사람들 가운데 세대주의가 적그리스도로 주장하는 것을 비판하면서, 흰 말과 그 탄 자가 그리스도라 주장하는 견해가 있다. 다음은 무천년설 입장에 있는 김홍기 박사의 『요한계시록 강해』에 있는 견해이다.

> 세대주의자들은 7년 환난기를 '정교한 시간표'와 관련지어 생각합니다. (중략) 개혁주의자들은 그러나 본격적인 투쟁이 시작되는 계시록 6장 이후의 내용을 '책의 목적'과 관련지어 생각합니다. 계시록은 미래의 사건을 예언한 책이 아니라, '그리스도와 교회의 승리'라는 목적을 여러 가지 흥미로운 상징들을 통해 설명한 책입니다. (중략) 이런 맥락에서 개혁주의자들에게 백마를 탄 자는 '그리스도'가 됩니다.(김홍기, 『요한계시록 강해』 중에서)

## 5) 그리스도라는 견해에 대한 필자의 비평 및 견해

첫째, 무천년설 지지자들 중에 그레고리 K. 비일과 같이 적그리스도로 보기도 하고, 이필찬 박사와 같이 '심판의 엄혹함'으로 보기도 하며, 김홍기 박사와 같이 '그리스도'로 보기도 한다. 이런 차이에도 불구하고 하나의 공통적 견해는 "계시록이 미래의 일들이 아니라 초림 때 있었던 사건, 과거의 사건으로 본다"는 것이다. 무천년설은 잘못된 관점으로 봤기 때문에 잘못된 결론에 이를 수밖에 없다.

둘째, 무천년설은 세대주의가 "7년 환난기를 '정교한 시간표'와 관련지어 생각한다"고 비판한다. 여기에는 공과가 있을 수 있다. 이미 서두에서 언급했던 것처럼 계시록에 대한 대다수의 고정관념은 '마지막 때의 일들' 즉 '대환난'에 있을 일들이라는 세대주의에 영향받았다. 이것은 작지만 큰 오류이다. 계시록은 대환난을 포함하지만 그것은 일부로서 그리스도의 승천 이후의 모든 일들을 담고 있다. 무천년설이 세대주의의 오류를 지적하는 것이 맞다고 해서, 무천년설의 주장이 맞다는 것을 보장하지 않는다. 세대주의도 많은 오류가 있고, 그것을 지적하는 무천년설도 여러 오류들이 있다.

셋째, 세대주의가 7년 대환난을 중요시하는 것에 반하여(필자 주: 대환난은 7년이 아니라 삼 년 반이다), 무천년설은 초림과 재림 사이를 대환난으로 간주하는 오류를 범한다. 무천년설은 "계시록은 미래의 사건을 예언한 책이 아니라, '그리스도와 교회의 승리'라는 목적을 여러 가지 흥미로운 상징들을 통해 설명한 책"이라고 주장한다. 그 결과 과거에 일어났던 일들로 간주하는 더 큰 오류를 범했다. 이런 근거들로 해서 개혁주의라 표방하는 여러 학자들은 흰 말과 그 탄 자를 '그리스도'로 주장한다.

넷째, 계시록은 1:19의 "그러므로 네가 본 것과 지금 있는 일과 장차 될 일을 기록하라"는 말씀을 따라 계시 됐고, 사도 요한은 그 보여 준 순서를 따라 기록했다. '장차 될 일(the things which shall be hereafter)'은 계시록 4장으로부터 마지막 장인 22장까지를 가리킨다. 그러나 무천년설의 '과거주의'(The Preterist interpretation)는 이런 기본적인 구조를 무시하고 "계시록은 미래의 일들에 대한 기록이 아니다"라고 주장하는 것은 성경과 일치하지 않는다. 계시록은 과거를 가리키는 '본 것'과 '현재'를 가리키는 "지금 있는 일들"과 '미래'를 가리키는 "장차 있을 일들"에 대한 기록이다.

## 6) 무천년설: 이필찬 박사의 견해

다음은 이필찬 박사가 『요한계시록 어떻게 읽을 것인가』(성서유니온선교회, 104~105p)에서 밝힌 흰 말과 그 탄 자에 대한 견해이다.

> 흰 말을 타고 활을 갖고 와서 이기고 또 이기려고 하는 존재는 예수 그리스도
> 마귀도 아니다. 다만 '심판의 엄혹함', '심판의 맹렬함'을 보여주는 상징적 표현이
> 라고 설명했다. 흰 말을 탄 자는 1세기에 유일하게 말을 타면서 활을 사용했던 파
> 르티아인들을 지칭하고 있다. 그들은 로마제국의 동부전선을 따라 포진해 있었는
> 데 그 당시에 로마에게는 대단히 위협적인 존재였다. 그 당시에 죽임을 당했던 네
> 로 황제가 사실은 죽은 것이 아니라 파르티아로 피신해 있었는데 금명간에 네로
> 가 파르티아 군대를 이끌고 로마를 침공하여 자신을 몰아낸 자들에게 복수하고
> 로마에서 다시 폭정을 하게 될 것이라는 공포스런 소문이 로마에 퍼져 있었다.(이
> 필찬, 『요한계시록 어떻게 읽을 것인가』 성서유니온선교회, 104~105p)

다음은 이필찬 박사가 『요한계시록』(에스카톤, p.631)에서 밝힌 흰 말과 그 탄 자에 대한 견해이다.

> 2b절에서 흰 말이 등장하고 이 2c절에는 활을 가지고 그 흰 말 위에 탄 자가 등
> 장한다. 2d절에서는 그 흰 말 위에 탄 자에게 면류관이 주어진다. 여기서 흰 색은
> '승리의 색'이고, 면류관은 '승리의 상징'이다. 따라서 흰 말 위에 탄 자라는 이미
> 지는 승리를 강조한다. 22절에서 흰 말 위에 탄 자가 활을 가졌다는 것은 그가 고
> 도로 훈련된 자임을 암시한다. 왜냐하면 빨리 달리는 말 위에서 활을 쏘는 일은
> 고도의 훈련을 필요하기 때문이다. 여기에서 이처럼 활을 가지고 흰 말 위에 타서
> 파죽지세의 승리를 쟁취하는 모습은 당시에 말을 탄 채로 활을 쏘면서 적들을 제
> 압했던 용맹스럽고 정교한 공격력을 보유한 파르티아 제국의 병사들을 떠올리게
> 한다. 왜냐하면, 말을 타면서 활을 가지고 전투하는 군대는 파르티아 제국의 병사

들이 유일했기 때문이다. 그러므로 활을 가지고 흰 말 위에 탄 자의 모습은 승리 이미지를 지닌 파르티아 병사를 배경으로 묘사하고 있음이 분명하다.(이필찬, 『요한계시록』,에스카톤, p.631)

## 7) 로제의 견해: 파르티아 군대

로제(Lohse)는 『요한계시록』(한국신학연구소, p.94~96)에서 흰 말과 탄 자를 이필 찬 박사와 같이 '파르티아의 군대'로 해석했다.

> 흰 말의 기수가 그리스도가 아닌 이유는 나머지 세 기수들과의 동질성이라는 측 면에서, 즉 나머지 세 명의 기수들이 모두 다 불행을 가져오는 자로 해석되는 점 에서 타당하지 않고, 또한 적그리스도라는 견해 역시 적그리스도는 종말 사건의 처음에 등장하지 않고 절정에 이르러서야 비로소 등장하기 때문에 타당하지 않다 고 한다. 로제는 이어서 나머지 세 명의 기수들과의 관련성과 사도 요한이 기록한 당시의 독자들이 받아들였을 묵시문학적 암시와 시대적 배경 등을 종합하여 설 명한다. 그의 설명에 따르면 활을 들고 흰 말을 탄 기마자는 로마의 멸망을 희망 했던 당대의 독자들에게 활로 무장된 파르티아 군대의 마병들로 이해되고, 파르 티아 제국의 임박한 승리는 마지막 때의 첫 번째 징조로 이해되었을 것이라고 한 다.(로제 저, 박두환/이영선 역, 『요한계시록』,한국신학연구소, p.94~96.)

## 8) 로제에 대한 필자의 비평

### (1) 흰색과 면류관

이필찬 박사가 흰색은 '승리의 색', 면류관은 '승리의 상징'으로 본 것은 성경 의 흐름과 일치한다. 이외에 계시록 6:10~11에는 다섯째 인을 뗄 때 순교자들이 땅에 거하는 자들에 대하여 심판할 것을 신원할 때 "각각 그들에게 흰 두루마기" 를 주셨다. '흰 두루마기'는 하나님께서 순교자들이 "의롭다는 것과 그들이 죽기 까지 신실했음으로 순교로 승리했고 따라서 인정하신다"는 것을 함의한다. 흰 색은 "순결, 승리, 인정"을 의미한다. 계시록 3장의 사데 교회에게 이기는 자는 흰 옷을 입고 그 이름을 생명책에서 결코 지우지 않을 것을 약속하셨다. 흰 옷은 하나님의 말씀을 따라 의롭게 산 것에 대한 '승리와 인정'을 의미한다. 면류관도 이기는 자들에게 주실 것을 약속했다. 서머나 교회에게 "죽도록 충성하라 그리 하면 생명의 면류관을 주리라"고 말씀한다. 면류관은 이기는 자에게 주는 그리 스도의 "인정과 상"(reward)이다. 그들은 그리스도가 세상에 하나님의 왕국을 가 져올 때 그와 함께 왕 노릇 할 것이다.

### (2) 파르티아 병사와의 관계

이필찬 박사와 로제는 첫째 인을 뗄 때에 나온 흰 말을 탄 자를 1세기에 유일 하게 말을 타면서 활을 사용했던 파르티아인들을 지칭한다고 말한다. "아테네가 예루살렘과 무슨 상관이 있는가?"라는 격언이 이런 상황에 적절하다. 첫째 인은 하나님의 오른손에 있는 두루마리의 내용이다. 하나님의 비밀의 경륜이라는 것 은 하나님의 주권과 지혜와 능력으로 장차 있을 일이 기록됐다는 것을 의미한다. 그런데 하나님께서 파르티아 병사들의 승리의 이미지를 사용했다고 보는 것은 잘못된 관점이다. 흰 말과 탄 자가 든 '빈 활'은 왕이신 그리스도의 승리를 예언 한 시편 45편과 관계있다. 이것은 뒤의 '시편 45편 관계'에서 논증할 것이다.

### (3) 성경의 목적

계시록의 첫째 구절은 "예수 그리스도의 계시"이다. 계시록의 모든 것은 '예 수 그리스도'와 '그의 몸 된 교회'를 계시한다. 에베소서 5장에서 '아내들'에게 말하고, '남편들에게' 말했기 때문에 사도 바울의 관심이 "아내들과 남편들"이라 고 생각하기 쉽다. 결론을 제시하는 마지막 부분인 31~32절은 "그러므로 사람 이 부모를 떠나 그의 아내와 합하여 그 둘이 한 육체가 될지니 이 비밀이 크도다 나는 그리스도와 교회에 대하여 말하노라"고 말한다. 이 땅의 아내와 남편 간의 관계를 말한 것은 그것 자체가 목적이 아니었다. 아내와 남편의 관계를 통해서 그리스도와 교회에 대해 말하기 위한 것이다. 이런 원칙은 모든 성경이 동일하 다. 그레고리 K. 비일과 로제 그리고 이필찬 박사가 '흰 말과 그 탄 자'를 파르티 아 병사들과 결부시킨 것은 성경의 대원칙을 벗어나 잘못된 관점으로 잘못된 결 론을 내린 것이다. 흰 말과 탄 자는 그리스도의 구속 사역과 그를 증거하는 교회와 연관된다. 흰 말과 탄 자의 해석을 활에 능숙한 파르티아 병사로 적용한 것은 예수의 계시를 세상의 역사와 철학과 문화에서 찾는 것과 같다.

### (4) 시편 45편과의 관계

계시록은 모든 성경의 결론이다. 따라서 구약 성경에도 예언된다. 계시록의 흰 말과 탄 자에 대한 예언은 시편 45편에 있다. 시편 45편은 "왕이신 그리스도"에 대한 예언으로 "왕의 능력과 아름다움과 승리"를 노래했다. 시편 기자는 1절에서 왕에 대한 좋은 말들이 넘쳐나고 있음을 말한다. 2절에서는 왕의 아름다움을 "왕은 사람들보다 아름다워 은혜를 입술에 머금으니 그러므로 하나님이 왕에게 영원히 복을 주시도다"라고 말한다. 그리고 시편 45:5~6에서는 '왕의 원수'에 대하여 싸우는 분으로 예언했다.

> 왕의 화살(Thine arrows)은 날카로워 왕의 원수(the king's enemies)의 염통을 뚫으니 만민이 왕의 앞에 엎드러지는도다 하나님이여 주의 보좌는 영원하며 주의 나라의 규는 공평한 규이니이다(시 45:5~6)

왕은 그리스도를, 원수는 하나님의 대적자 '사탄'을 가리킨다. 왕이 원수를 패배시킬 때, '칼'이 아닌 '활'을 사용했다. 왕의 날카로운 화살은 왕의 원수인 사탄의 염통을 뚫었다. 화살을 쏘신 왕은 그리스도를 가리킨다. 복음서에는 십자가에서 죽으신 주님이 기록됐다. 이와 반면에 골로새서에는 십자가로 승리하셨음을 보여준다. 골로새서 2:13~15을 보자.

> 또 범죄와 육체의 무할례로 죽었던 너희를 하나님이 그와 함께 살리시고 우리의 모든 죄를 사하시고 우리를 거스르고 불리하게 하는 법조문으로 쓴 증서를 지우시고 제하여 버리사 십자가에 못 박으시고 통치자들과 권세들을 무력화하여 드러내어 구경거리로 삼으시고 십자가로 그들을 이기셨느니라(골2:13~15)

복음서에 나타난 십자가 사건은 'visible'한 것이다. 이에 반하여, 골로새서는 사람의 눈으로 볼 수 없는 십자가의 배후의 일들 즉 'invisible'한 일을 보여준다.

즉 십자가에서 죽으실 때 죄를 사하심과 법조문을 쓴 증서를 제하시고 통치자들과 권세들을 무력화하고 십자가로 승리하셨음을 보여준다. 이것은 시편 45편에 예언으로 '왕의 날카로운 화살'이 원수의 염통을 뚫은 것으로 예언됐다. 더 근원적으로 창세기 3:15에 여자의 후손(예수 그리스도를 예표)이 뱀의 머리를 상하게 할 것으로 예언됐다. 흰 말과 탄 자가 들고 있는 활이 '빈 활'인 이유는 무엇인가? 그 활의 화살을 그리스도께서 이미 원수에게 쏘셨기 때문이다. 1세기 파르티아 병사들이 말 타고 활을 쏘는데 능한 군사였을지라도, 계시록의 흰 말과 그 탄 자와는 관계가 없다. 아테네와 로마가 예루살렘과 관계없는 것처럼, 파르티아의 활 쏘는 병사는 흰 말과 탄 자와 어떤 관계도 없다.

## 3. 둘째 인: 붉은 말과 그 탄 자(6:3~4)

흰 말과 탄 자에 대한 논쟁이 있다는 것은 '그만큼 깊고 심오하다'는 것을 의미한다. '인'이란 것은 '봉인'됐다는 것과 '감춰져 있다'는 것을 의미한다. 이에 반하여 일곱 나팔의 '나팔'은 다르다. 나팔이란 "공개적으로 크게 불어서 모든 사람들에게 알린다"는 의미를 함의한다. 인과 나팔은 서로 대조된다. 그러므로 일곱 인 가운데 첫 번째 인을 뗄 때의 흰 말과 탄 자는 우리가 생각하는 것 이상으로 '깊고 심오한 의미'를 갖고 있다.

일곱 인은 두 개의 그룹으로 나뉘어져 있다. 이것은 그 내용들이 갖고 있는 DNA(내재적 특성)로 구분한 것이다. 성경을 연구하는 학자라면 아는 사실이다. 네 개의 인 중에 가장 난해한 흰 말과 그 탄 자를 확실히 보기 위해서, 같은 그룹에 속한 나머지 세 개의 인을 다룬 후에, 흰 말과 그 탄 자를 상고하는 것이 유익할 것이다. 특기할 만한 것은 둘째 인으로부터 넷째 인 즉 붉은 말과 탄 자와 검은 말과 탄 자와 청황색(창백한) 말과 탄 자에 대한 견해는 이견이 없이 모두 일치한다.

계시록 6:3에서 사도 요한은 어린 양이 둘째 인을 떼시는 것을 보았다. 하나님의 비밀의 경륜은 오직 일찍 죽임을 당하시고 어린 양이시며 유다 지파의 사자로 이기신 그리스도만이 떼실 수 있다. 인을 뗄 때에, 네 생물 중 둘째 생물인 '송아지와 같은 생물'이 '오라(come)'고 명령한다. 이것은 어린 양이 인을 떼심으로 둘째 인을 수행하시는 데, 네 생물이 관계되었다는 것을 의미한다. 네 생물의 '명령'을 들은 붉은 말과 탄 자가 나가서 그에게 부여된 것을 수행한다.

## 1) 붉은 말

둘째 인을 뗄 때 '붉은 말'이 나온다. 첫째 인의 특성이 '흰 말'에 나타듯이, 둘째 말의 성격을 나타내는 것이 '붉은 색'이다. 성경에서 '붉은'이란 단어가 어떻게 쓰였는지를 살펴봐야 한다. 성경에서 '붉다'는 단어는 소극적인 의미과 적극적인 의미, 두 가지로 쓰였다.

### (1) '붉다'의 적극적 의미

피를 의미하는 '붉은'이란 단어의 의미를 좌우하는 것은 그것이 누구에 의한 것인가에 따라 정해진다. 즉 적극적인 분에 의해서 쓰여졌을 경우 적극적인 의미를 갖는다. 적극적인 분이 하는 일은 모두 적극적인 의미를 갖는다. '붉다'는 것은 하나님께서 죄인들의 구원을 보여 주실 때 사용됐다.

### ① 성막의 덮개 : 붉게 물들인 숫양의 가죽 덮개

출애굽기 25: 5, 26:14은 "붉게 물들인 숫양의 가죽으로 막의 덮개를 만들라"고 말한다. 성막은 예수 그리스도를 예표한다. 둘째 덮개를 만든 숫양의 가죽은 "세상 죄를 지고 가는 하나님의 어린 양이신 그리스도"를 상징한다. 그 가죽에 '붉게 물들인 것'은 어린 양이신 예수 그리스도께서 흘리신 십자가의 보혈을 가리킨다. 성막이 예수 그리스도를 상징하기 때문에 '붉게 물들인 피'는 '죄를 대속하시는 보혈'을 의미한다. 따라서 적극적인 의미이다.

### ② 라합과 붉은 줄

여리고 성에서 유일하게 구원받은 자는 기생 라합과 그의 가족들이다. 라합은 어떻게 구원받았는가? 라합은 위기에 처한 두 정탐꾼을 숨겨주었다. 야고보서 2:25는 "또 이와 같이 기생 라합이 사자들을 접대하여 다른 길로 나가게 할 때에 행함으로 의롭다 하심을 받은 것이 아니냐"라며 행함이 있는 믿음으로 구원받았음을 말한다. 두 정탐꾼은 라합에게 "우리가 이 땅에 들어올 때에 우리를 달아내린 창문에 이 붉은 줄(this line of scarlet thread)을 매고 네 부모와 형제와 네 아버지의 가족을 다 네 집에 모으라"(수 2:18)고 말했다. 라합은 붉은 줄(the scarlet line)을 창문에 맸다.(21) 두 정탐꾼이 기생 라합에게 약조한 '붉은 줄'이 있고, 기생 라합은 그 약속을 따라 '붉은 줄'을 창문에 매달았다. 그 결과 라합과 그의 가족들은 모두 구원을 받았다. '붉은 줄'은 예수 그리스도의 보혈을 의미한다. 이스라엘 백성들이 유월절 어린 양을 잡아 그 피를 문설주와 인방에 바른 것도 여호와가 "그(어린 양) 피(붉은)를 보고" 넘어갔기 때문이다. 그래서 세례 요한은 예수님을 보고 "세상 죄를 지고 가는 하나님의 어린양을 보라"고 증거했다. '붉은 색'이란 예수님의 십자가의 보혈을 상징한다. 어린 양이신 그리스도는 하나님의 기뻐하는 자로 가장 적극적인 분이고, 그분이 흘리신 '보혈'도 모든 죄를 구속하시는 가장 적극적인 피이다.

### ③ 진노의 포도주틀을 밟으시는 주님

이사야 63:1~3은 진노의 포도즙틀을 밟으시는 재림의 주님을 예언한다.

> 에돔에서 오는 이는 누구며 붉은 옷(dyed garments)을 입고 보스라에서 오는 이 누구냐 그의 화려한 의복, 큰 능력으로 걷는 이가 누구냐 그는 나이니 공의를 말하는 자요 구원하는 능력을 가진 이니라 어찌하여 네 의복이 붉으며(red) 네 옷이 포도즙틀(the winefat)을 밟는 자 같으냐 만민 가운데 나와 함께 한 자가 없이 내가 홀로 포도즙틀(the winepress)을 밟았는데 내가 노함으로 말미암아 무리를 밟았고 분함으로 말미암아 짓밟았으므로 그들의 선혈(their blood)이 내 옷에 튀어 내 의복을 다 더럽혔음이니(사 63:1~3)

주님의 재림 시에 대적하는 땅의 군대들의 심판에 대한 예언이다. 이것은 계시록 19장에서 진노의 포도주틀을 밟으심으로 성취된다.(계 19:15, 계시록 14:17~20) '붉은'과 '선혈'은 악한 군대들의 피를 상징한다. 땅의 군대들에게 죽음은 소극적인 의미이다. 그러나 공의로우신 주님이 세상의 악한 군대들을 심판하신 결과이기 때문에 '적극적'인 의미이다.

### ④ 스가랴서의 붉은 말

스가랴 1:8은 "내가 밤에 보니 한 사람이 붉은 말(a red horse)을 타고 골짜기 속 화석류나무 사이에 섰고 그 뒤에는 붉은 말(a red horse)과 자줏빛 말과 백마"를 보여준다. '붉은 말'은 구속을 위해 신속하게 역사하시는 그리스도를 예표한다. 왜냐하면, "피 흘림이 없이는 사함이 없다"고 말하기 때문이다. 죄 있는 백성들을 구속하시기 위해 십자가 위에서 죽으심으로 구속하시기 때문이다. 붉은 말을 타신 분은 그리스도를 상징하고, '붉은'은 우리를 구속하시기 위해 흘리신 피를 상징하기 때문에 적극적인 의미이다.

### (2) '붉다'의 소극적 의미

'붉다'와 관련된 작위자가 소극적인 자일 경우 '붉은'은 소극적인 의미이다. 특별히 붉은 말과 탄 자가 '큰 칼'을 받은 것은 전쟁을 의미한다. 따라서 전쟁으로 인해 죽는 사람들을 가리킨다.

### ① 계시록 12장의 붉은 용

계시록 12:3은 "하늘에 또 다른 이적이 보이니 보라 한 큰 붉은 용(a great red dragon)이 있어 머리가 일곱이요 뿔이 열이라 그 여러 머리에 일곱 왕관이 있다" 고 말한다. 용은 옛 뱀, 마귀, 사탄을 가리킨다. 용이 '붉은 빛'을 띠는 것은 그가 성도들의 피에 취했기 때문이다. 역사 이래로 성도들의 피를 흘린 배후에는 '붉은 용'이 있다. 창세기에서 처음 살인한 자는 가인이다. 그런데 요한복음 8:44은 "너희는 너희 아비 마귀(the devil)에게서 났으니 너희 아비의 욕심대로 너희도 행하고자 하느니라 그는 처음부터(from the beginning) 살인한 자(a murderer)요"라고 말씀한다. 가인이 아벨을 살해한 배후에 마귀가 있다는 '영적인 실제'를 보여주셨다. 아벨의 피로부터 모든 순교자의 피의 배후에는 마귀가 있다. 그래서 '붉은 용'이라 부른다. 여기서 붉다는 것은 '소극적 의미'이다.

## ② 계시록 17장의 붉은 빛 짐승

계시록 17:3~4은 "곧 성령으로 나를 데리고 광야로 가니라 내가 보니 여자가 붉은 빛 짐승(scarlet coloured beast)을 탔는데 그 짐승의 몸에 하나님을 모독하는 이름들이 가득하고 일곱 머리와 열 뿔이 있으며"라고 말한다. 여자는 모든 가증한 것들의 어미인 로마 가톨릭을 상징하고, '붉은 빛 짐승'은 적그리스도를 상징한다. 짐승이 '붉은 빛'인 까닭은 그가 '성도들의 피'를 흘렸기 때문이다. 적그리스도가 마흔 두 달의 권세를 받아 우상 숭배와 짐승의 표를 받게 할 때 많은 순교자가 발생한다. 이것은 짐승인 적그리스도로 말미암은 것이다. 그런 이유로 적그리스도를 상징하는 짐승을 '붉은 빛 짐승'이라고 말한다. 여기서 '붉은'은 하나님을 대적하는 짐승과 관계있기 때문에 '소극적인 의미'이다.

## 2) 큰 칼

구약 성경에서, 특별히 예언서에서 언급한 '큰 칼'은 사람을 죽이는 도구이다. 전쟁은 평화를 제하여 버리고 사람들이 죽임을 당한다. 구약에 '큰 칼'이 나타난 사례를 보자.

- 그 날에 여호와께서 그의 견고하고 크고 강한 칼(great and strong sword)로 날랜 뱀 리워야단 곧 꼬불꼬불한 뱀 리워야단을 벌하시며 바다에 있는 용을 죽이시리라 (사 27:1)

- 보옵소서 이 성을 빼앗으려고 만든 참호가 이 성에 이르렀고 칼(the sword)과 기근과 전염병으로 말미암아 이 성이 이를 치는 갈대아인의 손에 넘긴 바 되었으니 주의 말씀대로 되었음을 주께서 보시나이다(렘 32:24)

- 그러므로 인자야 너는 예언하며 손뼉을 쳐서 칼로 두세 번 거듭 쓰이게 하라 이 칼은 죽이는 칼이라 사람들을 둘러싸고 죽이는 큰 칼(the sword of the great men that are slain)이로다(겔 21:14)

'큰 칼'이라는 것은 두 번째 인의 내용이 전쟁이라는 것을 의미한다. '큰 칼'은 구약에서 세 번, 신약에서는 계시록에서 한 번, 도합 네 번 사용됐다. 따라서 '붉은 말'의 '붉은'과 '큰 칼'은 모두 소극적인 의미이다. 이것은 어떤 특정한 인물을 가리키지 않고, '전쟁'을 상징한다.

### 3) 화평을 제함

4절은 "그 탄 자가 허락을 받아 땅에서 화평을 제하여 버리며 서로 죽이게 한다"고 말씀한다. "붉은 말을 탄 자가 허락을 받았다"는 것은 그가 받은 권한이 있다는 것을 의미한다. '허락을 받아'는 헬라어 'ἐδόθη'(에도데)로 '위임하다, 허락하다, 넘겨주다'를 의미하는 'δίδωμι'(디도미)의 '수동태 과거형'이다. 이 권한을 '허락하신 분'은 누구인가?라는 것은 개역개정에서 생략이 되었다. 원어에는 'ἐδόθη αὐτῷ'(에도데 아우토)로서 대명사 '그에게, to him'의 뜻인 'αὐτῷ'(아우토)가 생략되었다. '그에게'는 '어린 양'을 가리킨다. 붉은 말에게 화평을 제하는 권한을 준 수여자는 일곱 인을 떼시는 어린 양이다. 앞서 '붉은 말'의 '붉은'이 '피'를 상징하듯이, 이들이 받은 임무는 "땅에서 화평을 제하여 버리는 것"이다. 이것은 이 땅에서 벌어지는 모든 전쟁들이 어린 양의 주권 안에 있다는 것을 의미한다. 붉은 말과 탄 자를 구성하는 '붉은 말'과 '큰 칼'과 '화평을 제함'은 모두 소극적인 의미로서 전쟁을 의미한다. 따라서 둘째 인의 내용인 붉은 말과 탄 자는 '전쟁을 상징'한다.

## 3. 셋째 인: 검은 말과 그 탄 자(6:5~6)

> 셋째 인을 떼실 때에 내가 들으니 셋째 생물이 말하되 오라 하기로 내가 보니 검은 말이 나오는데 그 탄 자가 손에 저울을 가졌더라(5)

셋째 인을 떼시는 분은 1절에 나타난 것처럼 '어린 양'이시다. 5절은 헬라어 원문에서 "Καὶ ὅτε ἤνοιξε"(카이 호테 헤노익세)로 시작된다. 'Καὶ'(카이)는 접속사 'and'이고, 'ὅτε'(호테)는 'when'이며, 'ἤνοιξε'(헤노익세)는 '열다'를 의미하는 'ανοίγω(아노이고)'의 '3인칭 단수 과거형'이다. 헬라어 동사에는 주어가 포함되어 있다. 따라서 'ἤνοιξε'(헤노익세)는 "he had opened"(그가 열었다, 그가 떼었다)라는 의미이다. 개역개정은 주어인 '그가, he'를 생략했다. '그(he)'는 계시록의 주인공이신 '어린 양'이다. 사도 요한이 하늘 위에나 땅 위에나 땅 아래에 두루마리의 인봉을 뗄 자를 발견하지 못해서 크게 울었다. 장로 중 하나가 "울지 말라 유다 지파의 사자(lion)가 이기셨다"고 말하면서 어린 양이 두루마리의 인봉을 뗄 자격과 능력이 있는 분임을 알렸다. 그러므로 셋째 인을 비롯한 모든 인을 떼시는 분은 오직 예수 그리스도이심을 주목해야 한다. 일곱 인의 모든 것들은 어린 양의 권세 아래에서 수행된다.

어린 양이 셋째 인을 떼실 때에, 네 생물 중 셋째 생물이 '오라(Come)'고 명령한다. 셋째 생물은 '사람과 같은 얼굴을 한 생물'이다. 어린 양의 권세 아래에서 네 생물들이 수종들고 있다. 셋째 인을 떼는 어린 양이 '오라'고 명령하는 것이 아니라 셋째 생물이 명령한다. 이것은 하늘의 통치 질서를 나타낸다. 셋째 생물이 '오라'고 명령할 때, '검은 말과 탄 자'가 나와서 그가 받은 임무를 이 땅에 수행한다. 그러므로 셋째 생물의 '오라'는 명령은 검은 말과 탄 자에 대한 것이었다. 일곱 인 중 네 개의 인은 세 가지 공통점을 갖고 있다.

첫째, 어린 양이 인을 떼신다. 둘째, 그 후에 네 생물 중에 하나가 '오라'고 명령한다. 셋째, 네 생물의 명령에 따라 각 말과 탄 자들이 나와 이 땅에서 그들에게 부여된 임무를 수행한다. 검은 말이 무엇을 의미하는가는 탄 자가 들고 있는 저울과 네 생물 가운데 나는 음성의 내용이 보여준다.

## 1) 저울

5절은 "그 탄 자가 손에 저울을 가졌더라"고 말한다. 붉은 말과 탄 자가 '큰 칼'을 받은 것과 대조된다. 저울에도 여러 종류의 저울이 있다. 따라서 어떤 종류의 '저울'인지 헬라어 원문을 살펴볼 필요가 있다. 저울은 헬라어 'ζυγός'(쥐고스)로서 '천칭'을 의미한다. '천칭'이란 저울은 금이나 은 그리고 보석과 같은 귀금속의 무게를 계량할 때 쓰는 도구이다. 그런데 천칭이 귀금속이 아니라, 밀과 보리를 계량하기 위해서 사용된다. 양식이 귀금속과 같이 취급된다는 것은 '극심한 기근'을 상징한다. 성경은 주권적인 지혜로 평상시에 귀금속의 무게를 잴 때 사용하던 천칭이 식량을 재는 데 사용된다는 것을 통해서 '극심한 기근'을 상징적으로 보여준다. 구약에서 평상시에 밀과 보리 등 식량을 어떻게 계량했는지 비교해 보자. 모두 '저울'이 아니라 '갑'이나 '오멜' 그리고 '스아' 등으로 계량했다. 갑(cap)은 구약시대 고체 측량 단위로 약 1.2리터에 해당한다. 아람이 사마리아를 포위했을 때 양식이 떨어져서 "합분태 사분 일 갑에 은 다섯 세겔이라"(왕하 6:25)고 말한다. 합분태는 '비둘기 배설물'인데 소화되지 않은 식물의 씨가 있었다. 1/4갑은 300cc에 불과한 것이 다섯 세겔이나 할 정도로 극심한 식량난을 겪었다. (1세겔은 은 11.4g, 5세겔은 57g, 15돈에 해당한다)

### 2) 한 데나리온에 밀 한 되와 보리 석 되

6절은 "내가 네 생물 사이로부터 나는 듯한 음성을 들으니 이르되 한 데나리온에 밀 한 되요 한 데나리온에 보리 석 되로다"라고 말한다. 한 데나리온은 성인 한 사람이 아침부터 저녁까지 일을 하면 받는 품삯이다. 하루의 품삯으로 '밀 한 되'를 살 수 있고, 가격이 저렴한 보리는 '석 되'를 살 수 있다. 밀 한 되는 성인 한 명의 하루 식량에 해당된다. 하루의 품삯으로 밀 한 되를 산다고 하면, '한 가족'은 하루에 한 끼 밖에 식사를 할 수 없다. 저렴한 보리를 구매한다면 석 되를 살 수 있고, 한 가족에게는 하루의 식량에 해당한다. 로마 시대의 주식은 밀 가루였고, 가난한 사람들은 거친 보리를 먹었다. 셋째 인이 떼어질 때 거의 모든 사람들이 배를 채우기 위해서 거친 보리로 만든 빵을 먹어야 한다는 것을 의미한다. 셋째 인의 검은 말과 탄 자는 '기근'을 상징한다. 둘째 인을 뗄 때 붉은 말과 탄 자는 전쟁을 의미했고, 이어 나오는 검은 말과 탄 자는 '기근'을 의미한다. 전쟁은 직접적으로 죽음을 가져오고, '간접적으로' 기근을 가져온다.

### 3) 감람유와 포도주

6절은 "또 감람유와 포도주는 해치지 말라 하더라"고 말한다. 기근 중에 보호해야 할 두 가지를 말하는 것은 특별하다. 여러 가지 많은 식물이 있음에도 불구하고 감람유와 포도주를 해치지 말라는 것에 주목할 필요가 있다.

### (1) 무천년설: 이필찬 박사의 견해

이필찬 박사는 『요한계시록』(에스카톤, p.637~638)에서 감람유와 포도주를 해치지 말라는 것에 대한 견해를 말했다.

> 이런 정황에서 "감람유와 포도주를 해하지 말라"는 명령이 내려진다. 이 내용은 도미티아누스 황제(AD 81~96)의 칙령과 관련된 것으로 알려져 있다. 곧 AD 92년에 도미티아누스 황제는 여러 지역들 특별히 아시아 지역을 비롯해서 지방에 있는 지역들에게는 포도원의 절반 이상을 제거하게 하고 이탈리아 지역에는 새로운 포도나무를 심지 못하게 하는 칙령을 내린 바 있다. 찰스는 도미티아누스 황제가 이런 칙령을 내린 이유가 '곡물 부족과 포도주의 과잉생산 때문'이라는 견해를 제시한다. (중략) 그러나 도미티아누스의 칙령은 그대로 시행될 수 없었다. 왜냐하면 포도주를 생산하는 지주들의 심한 저항이 있었기 때문이다. (중략) 도미티아누스 황제의 칙령을 중심으로 하는 배경 문헌에서는 감람유에 대한 언급없이 포도주를 중심으로 내용들이 언급되는 반면 요한계시록에서는 포도주와 함께 '감람유'가 언급되는 것과 관련하여, 찰스는 요한계시록 본문에 감람유를 덧붙인 것이 저자의 의미적 추가이거나 우리에게 알려지지 않은 칙령과 관련될 수 있다고 주장하는 하르낙(Harnnack)의 견해를 소개한다. 또한 포도주와 감람유는 하나의 짝으로서 당시 로마제국에서 부를 축적하는 주요 근원이 되기 때문에 저자가 이 두 항목을 함께 사용하는 것으로 이해할 수도 있다.(이필찬, 『요한계시록』, 에스카톤, p.637~638)

### (2) 무천년설: 그레고리 K. 비일의 견해

그레고리 K. 비일은 『NIGTC 요한계시록』(새물결플러스, p.636~637)에서 "감람유와 포도주를 해치지 말라"는 것을 과거 도미티아누스 황제 칙령과 관련지어 해석한 이필찬 박사와 같은 견해를 말했다.

그러므로 기근으로 고생하는 사람들은 가족을 위해 제한된 양의 음식을 살 수밖에 없고 포도주나 감람유와 같은 생활에 필수적인 다른 물건을 구입할 여지가 거의 없는 실정에 처한다. (중략) 기원후 92년에 소아시아 지방의 포도나무의 절반을 베어 버리라는 도미티아누스가 내렸던 황제의 칙령이 폐지된 것은 본문을 이해하는 부분적인 배경이 될 수 있을 것이다. 하지만 그 칙령에서 감람유는 언급되지 않았다. 그러나 설령 기근의 희생자들에게 포도주와 감람유가 공급이 된다고 하더라도 그들에게는 이런 것을 구입할 여력이 없었다.(그레고리 K. 비일, 『NIGTC 요한계시록』, 새물결플러스, p.636~637)

### (3) 필자의 비평 및 견해

#### ① 과거 사건의 적용

앞의 두 학자는 도미티아누스 황제 칙령과 관련지어 해석했다. 부분적인 사례가 될 수 있을지는 모르지만 검은 말과 그 탄 자에 연관시키는 것은 무리이다. 무천년설자들이 '과거주의 해석'에 매달리는 사례이다. 앞서 흰 말과 그 탄 자를 로마제국을 위협하는 파르티아 제국의 병사들이라고 해석한 것도 동일한 맥락이다. 계시록을 로마 시대 당시에 적용하는 것은 성경의 완성이며 하나님의 경륜의 완성인 계시록을 '과거의 작은 우물' 안에 가둔 것이다.

#### ② 칙령에 감람유에 대한 명령 없음

이 박사나 비일은 포도나무 밭을 없애고 제한하는 도미티아누스 황제의 칙령과 관련하여 해석했다. 그런데 지주들의 반발로 시행되지 못했다는 것을 셋째 인에서 포도나무를 해치지 말라는 것의 성취로 해석하는 것은 부적절하다. 무천년설의 주장은 외적으로도 성경과 불일치한다. 도미티아누스 황제의 칙령은 (억지로라도) 포도나무와 관계있다고 양보하자. 칙령에는 감람유가 언급되지 않았고, 셋째 인에는 포도주뿐만 아니라 '감람유'도 해치지 말라는 것이 포함된다. 적어도 도미티아누스 황제의 칙령을 적용하려면, 감람유에 대한 칙령도 반드시 포함되어 있어야 한다. 기본 요건도 안되는 것을 적용한 것은 자격도 안되는 선수가 경기장에 들어선 것과 같다.

### ③ 당시의 부의 축적을 비판하기 위한 것인가?

이 박사의 "포도주와 감람유가 당시 로마제국에서 부를 축적하는 주요 근원이 되기 때문에 저자가 그것을 질타하기 위해서 의도적으로 넣었다는 주장은 성경을 지엽적인 책으로 만들고 과거 로마 시대의 일로 국한시킨다. 예를 들면, 로버트 스타인은 "예수님의 비유 어떻게 읽을 것인가"라는 책에서 선한 사마리아 사람의 비유가 기록된 목적을 "사회적, 인종적, 종교적 우월감과 폐쇄성을 비판하는 것"이라고 하며 성경의 비유를 양식사 비평과 편집사 비평의 관점으로 해석한다. 이것은 성경을 오해한 것이다. 계시록을 비롯한 모든 성경은 성경 기자의 주관적인 관점으로 기록된 것이 아니라 성령의 감동과 예수 그리스도의 계시에 의해 기록된 것이다.

## 4) 검다

셋째 인의 "검은 말"의 특징은 '검은'이란 단어에도 함의된다. 예레미야애가 4:8~10은 "이제는 그들의 얼굴이 숯보다 검고(blacker than a coal) 그들의 가죽이 뼈들에 붙어 막대기 같이 말랐으니 어느 거리에서든지 알아볼 사람이 없도다 … 자비로운 부녀들이 자기들의 손으로 자기들의 자녀들을 삶아 먹었도다"라고 말한다. 예레미야애가 5:10은 "굶주림의 열기로 말미암아 우리의 피부가 아궁이처럼 검으니이다(black like an oven)"라고 말한다. '숯보다 검은 얼굴빛'과 '아궁이처럼 검은 피부'는 기근으로 인해 주려 죽는 자들의 얼굴 빛을 가리킨다. 모두 기근을 가리킨다.

## 4. 넷째 인: 청황색(창백한) 말과 그 탄 자(6:7-8)

> 넷째 인을 떼실 때에 내가 넷째 생물의 음성을 들으니 말하되 오라 하기로 내가 보매 청황색 말이 나오는데 그 탄 자의 이름은 사망이니 음부가 그 뒤를 따르더라 그들이 땅 사분의 일의 권세를 얻어 검과 흉년과 사망과 땅의 짐승들로써 죽이더라(계 6:7~8)

## 1) 청황색(창백한) 말

일곱 인 가운데 첫 번째 그룹의 마지막인 넷째 인은 청황색 말이다. 청황색은 헬라어 'χλωρός(클로로스)'로서 '녹색의, 푸른, 창백한'이란 의미이다. 계시록 8:7 의 '푸른 풀'과 같이 식물들을 가리킬 때는 '푸른'으로 번역되고, 동물이나 사람 일 경우 '창백한'으로 번역된다. 따라서 넷째 인의 청황색 말은 '창백한 말'(a pale horse)이 적절하다. '창백한'이라는 색깔은 "질병이나 영양실조로 인한 병색이 있는 얼굴 빛"을 의미한다.

## 2) 사망

'창백한 말'과 어울리는 기수 즉 그 말을 탄 자의 이름은 '사망'이다. 로마서 6:23은 "죄의 값은 사망"이라고 말한다. 사람의 가장 큰 문제는 죄이고, 죄의 결과는 사망이다. 죄와 사망은 모두 'invisible'하다. '보이지 않는 죄'는 죄의 결과인 '사망'을 통해서 볼 수 있다. 물론 사망 자체는 'invisible'하지만, 사망의 결과인 '주검'(dead body)을 통해서 볼 수 있다. 사망은 상징이 아니라 실재한다. 고린도전서 15장은 "사망이 한 사람으로 말미암았으니 죽은 자의 부활도 한 사람으로 말미암는도다"(21)라고 말한다. 모두 알다시피 전자의 '한 사람'은 '첫 사람' 아담을 가리킨다. 그를 통하여 사망이 들어왔다. 아담의 불순종, 선악을 알게 하는 나무의 열매를 먹음으로 사망이 들어왔다. 이 사망은 아담(필자 주: 사람이란 뜻) 족속인 인류의 가장 큰 문제이다. 그 결과 사람 안에서 사망이 왕 노릇 하게 되었다. 후자의 언급된 '한 사람'은 '그리스도'를 가리킨다. 성경에서 말씀하는 모든 사망은 '상징'이나 '의인화'가 아니라 실재이다.

## 3) 음부

'창백한 말과 탄 자'의 뒤를 따르는 것은 사망과 음부였다. 사망이 먼저고 음부가 나중이다. 사망은 죽음의 원인이고, 죽은 자를 가두는 곳이 '음부'(ᾅδης, 하데스)이다. 오늘날 음부의 실체는 우리들에게 가리워졌다. 왜냐하면, 무천년설은 음부를 '무덤'으로 해석하기 때문이다. 이필찬 박사는 "음부가 의인화 되어 사망과 짝을 이루며 등장한다"고 하면서 '음부가 의인화'되었다고 말한다. 그레고리 K. 비일과 이필찬 박사는 모두 "사망과 음부를 죽은 자의 영역이라는 의미로 동의어처럼 사용된다"고 말한다. 사망이 상징이 아닌 것처럼, 음부도 '상징이나 의인화'된 것이 아니다. 사망과 음부는 실재한다.

미국의 경우 대다수가 전천년설을 지지하는 반면, 우리나라의 경우는 과거 전천년설이 주류였는데 세대교체 되면서 대부분의 신학대학에서 무천년설을 가르치고 있다. 무천년설은 '음부'(ᾅδης, 하데스)를 '무덤'으로 해석한다. 위 두 사람이 음부를 '죽은 자의 영역'이라고 하는 것은 '무덤'을 가리킨다. 왜냐하면 "모든 신자는 사후에 완전히 거룩해져서 하늘에 있는 천국으로 간다"는 신학사상을 갖고 있기 때문이다. 만일 무천년설 지지자들이 음부를 '의인화-상징'으로 주장한다면, 사망도 '의인화-상징'으로 주장해야 한다. 그래야 적어도 앞뒤 논리가 맞는다. 무천년설 지지자들이 사망은 감히 '상징'이라고 하지 못하면서, '음부'를 '의인화-상징'이라고 주장하는 것은 비논리적이고 비성경적이다.

### 4) 땅의 사분의 일의 권세

8절은 "그들이 땅 사분의 일의 권세를 얻어 검과 흉년과 사망과 땅의 짐승들로써 죽이더라"고 말한다. '권세'(ἐξουσία, 엑수시아)는 '죽이는 권세'를 의미한다. 권세의 출처를 가리키는 '받아'는 'ἐδόθη'(에도테)로 'δίδωμι'(디도미)의 '수동태 과거형'이다. 이 권세가 어린 양에 의해서 주어졌다는 것을 가리킨다. 무천년설이 즐겨 사용하듯이 '신적인 수동태'이다.(작위자가 하나님이나 어린 양일 경우) 모든 권세는 보좌에 앉으신 이에게 있다. 그 권세를 받으신 어린 양이 '검은 말 탄 자'를 통해서 수행한다. 땅의 사분의 일의 권세가 무엇인지를 주목하자.

#### (1) 무천년설: 이필찬 박사의 견해
이필찬 박사는 『요한계시록』(에스카톤, p.641~642)에서 땅의 사분의 일을 죽이는 권세에 대하여 다음과 같은 견해를 제시했다.

이 죽이는 권세는 땅에 '4분의 1'에만 적용된다. 이 표현은 이 심판이 매우 제한적 영역에서 이루어질 것을 암시한다. 우주적이면서도 제한적인 다소 모순되어 보이는 표현이 서로 긴장을 이루면서 의미를 극대화한다. 우주적이라 하면 어떤 특정한 대상을 표적으로 삼는 것이 아니라는 의미이고, 제한적이라 하면 모든 피조 세계를 다 멸절하는 것이 아니라는 것이다. 여기에서 노아 언약을 통해 보여주신 우주를 보존하시려는 하나님의 약속의 성취를 보게 된다.(이필찬, 『요한계시록』,에스카톤, p.641~642)

## (2) 필자의 비평 및 견해

### ① 일반적 의미

이필찬 박사의 땅의 사분의 일에 대한 견해는 일반적인 의미에서 틀리지 않다. 하나님의 보좌는 심판의 보좌이며 그 뒤에 있던 무지개는 노아와의 언약을 기억하신다는 것을 의미하기 때문이다. 땅의 1/4이란 전부가 아니기 때문에 개괄적인 의미로서 맞다.

### ② 땅의 1/4을 죽이는 사건

이필찬 박사는 첫째 인의 내용인 '흰 말을 탄 자'를 로마제국을 위협했던 '파르티아 병사'들로 해석했다. 검은 말과 탄 자에 언급된 "포도주와 감람유는 해치지 말라"는 말씀을 도미티아누스 황제의 칙령인 "포도밭 경작 금지령"을 내린 것에 지주들의 반대로 칙령을 철회시킨 사건이라고 주장했다. 그의(무천년설) 해석의 원칙을 따른다면, 땅의 1/4을 죽이는 권세도 당시 로마제국 시대에 있었던 어떤 사건을 언급해야 한다. 그런데 어떤 언급도 없이 일반적인 해석으로 넘어갔다. 이것은 스스로 '원칙이 없이' '상황에 따라' 해석하고 있다는 것을 의미한다. 따라서 이필찬 박사와 무천년설의 관점은 군인의 제2의 생명과도 같은 소총의 영점을 잘못 잡고 전투에 나간 병사와 같다.

### ③ 과거 사건인가?

이필찬 박사의 관점은 계시록의 주요 사건들을 '과거에 있었던 사건'으로 보는 것이다. 무천년설의 오류의 근원은 병렬식 해석으로 일곱 인을 초림부터 재림까지의 기간으로 보기 때문이다. 그 결과 모든 초점을 과거 로마 시대에 집중한다. 그 결과 흰 말과 그 탄 자를 비롯하여 검은 말과 탄 자도 로마 시대의 사건을 적용한다. 로마 시대는 '팍스 로마나'(Pax Romana, 로마의 평화)로 회자되듯이 "모든 길은 로마로 통한다"는 시대였다. 그런데 무천년설은 "모든 계시록 해석은 로마제국으로 통한다"는 관념을 가진 듯 하다. 계시록은 그리스도 승천 이후로부터 재림을 포함하기 때문에 당연히 '로마 시대'가 포함된다. 로마제국은 계시록을 기록한 시대적인 배경으로 의미가 있다. 그렇지만 계시록은 로마 시대를 넘어 그리스도의 재림과 새 하늘과 새 땅을 망라한다.

### ④ '인'의 특성

일곱 인 중 네 개의 인이 한 그룹이라는 것에는 '내재된 의미'가 있다. 일곱 나팔과 일곱 대접 재앙은 '공개적으로' 드러나는 일들을 의미한다. 그러나 '일곱 인'의 '인'은 '공개적'이지 않고 '비밀스럽고' '감춰진' 것을 의미한다. 모두 알다시피, 일곱 인은 하늘에 있는 자도 뗄 수 없고, 땅 위에 있는 어떤 자와 땅 아래에 있는 어떤 자도 뗄 수 없다. 오직 유다 지파의 사자이신 그리스도만이 떼신다. 이것은 일곱 인이 그리스도만이 열 수 있는 분이라는 것을 의미한다. 어린 양에 의해 떼어진 일곱 인은 일곱 나팔과 일곱 대접을 포함한다. 이런 숨겨진 의미는 첫째 인의 내용인 '흰 말과 탄 자'를 다룬 후에, 네 개의 인의 특성을 다룰 때 언급할 것이다.

### ⑤ 땅의 1/4

"땅의 사분의 일을 죽이는 권세"는 이필찬 박사의 견해처럼 우주적이지 않다. 우주적이지 않다고 해서 땅의 사분의 일이 죽임을 당하는 것이 사소하다는 의미는 아니다. 왜냐하면, '전 세계의 인구'의 사분의 일이 죽임을 당하는 것이기 때문이다. 무천년설의 관점으로 '사분의 일'이 죽임을 당하는 사건은 '로마 시대'에 성취되었다고 해석한다. 그럼에도 불구하고 이필찬 박사나 무천년설자 중 어느 누구도 땅의 사분의 일이 죽임당하는 '어떤 사건'도 언급하지 않는다. 아니 "언급하지 못한다"는 표현이 적절하다. 왜냐하면, 로마 시대를 비롯해서 징기스칸의 시대와 인류 역사상 최대 전쟁인 제2차 세계대전을 망라해서 땅의 사분의 일이 죽임을 당하는 사건이 없었기 때문이다. '이미' 성취되었다면, '역사적인 사건'을 언급했을 것이다. 어떤 유사한 사건조차도 언급하지 못한다.

### ⑥ 계시록의 관점

"땅의 사분의 일을 죽이는 권세"는 오늘날까지 어떤 전쟁에서도 이뤄지지 않았다. 그런데 성경은 하나님의 말씀으로 반드시 성취된다. 이 딜레마를 발견하는 것이 이 의미를 드러내는데 중요하다. 문제를 알아야 문제를 해결할 수 있기 때문이다. 대부분 "땅의 사분의 일이 죽임 당하는 사건"을 '한 시점'이나 '한 사건'으로 한정한다. 계시록에 대한 두 가지 잘못된 전통적인 관념이 있다. 첫째, 무천년설과 같이 '과거에 성취된 것'으로 보는 것이다. 둘째, 그와 반대로 '미래 즉 대환난의 어떤 시기에 성취될 사건'으로 보는 것이다. 모두 '일정한' 한 시점에서 이뤄질 것으로 본다. 이런 관점은 계시록에 대한 잘못된 관점이 가져온 오류이다.

### ⑦ 승천 이후부터 영원까지

계시록은 그리스도의 승천 이후부터 대환난을 비롯한 재림과 영원을 포함한다. 검은 말 탄 자가 받은 "땅의 사분의 일이 죽임당하는 권세"는 어느 한 시점에서 발생하는 것이 아니다. 전 시대에 걸쳐서 발생하는 사건이다. 즉 그리스도의 승천 이후부터 대환난이 있기 까지의 전 시대를 망라한다. 이것은 첫째 인과 넷째 인이 어느 시기에 대한 것인가와 관계있다. 구체적인 근거들은 흰 말과 그 탄 자를 다룬 후, 네 개의 인이 갖는 특성에서 논증할 것이다.

## 5) 죽이는 수단: 검과 흉년과 사망과 땅의 짐승들

8절은 "그들이 땅 사분의 일의 권세를 얻어 검과 흉년과 사망과 땅의 짐승들로써 죽이더라"고 말한다. '검과 흉년과 사망과 땅의 짐승들'은 죽이는 권세의 수단들을 가리킨다. '검'은 둘째 인의 '전쟁'을 상징하고, '흉년'은 셋째 인의 '기근'과 일치한다. 이것은 검은 말과 탄 자인 사망이 둘째 인, 셋째 인과 연관성이 있다는 것을 가리킨다. 그래서 사망의 첫째 도구가 둘째 인의 핵심인 '칼'이고, 사망의 둘째 도구는 셋째 인의 핵심인 '흉년'이다. 사망은 이미 앞에서 언급한 것과 같이 사망이지 비유나 상징이 아니다. 마지막 네 번째 도구인 '땅의 짐승들'을 주목하자. 무천년설을 대표하는 그레고리 K. 비일의 견해를 소개한다.

## (1) 그레고리 K. 비일의 견해

그레고리 K. 비일은 『NIGTC 요한계시록』(새물결플러스, p.644)에서 땅 사분의 일의 권세에 대한 견해를 제시했다.

> 앞에서 제안했듯이 땅에 짐승이라는 어구가 6장 1절에 등장하는 첫 번째 말 탄 자에 정확히 병행한다면, 요한계시록 후반부에 있는 짐승과 동일시하는 것(특히 13장 11절) '땅에서 올라온 짐승'은 얼마든지 가능하다. 특히 앞에서 첫 번째 말 탄 자가 속임수나 박해로 신자들을 압제하려는 사탄적인 인물이라고 결론을 내린 것에 비추어 볼 때 더욱 그러하다. 그러므로 6:8의 짐승은 11장과 13장의 짐승과 동일시될 수 있으며, 적어도 나중에 등장한 짐승들의 사탄적 중보자나 표상으로 간주해야 할 것이다.(그레고리 K. 비일, 『NIGTC 요한계시록』, 새물결플러스, p.644)

## (2) 필자의 비평과 견해

### ① 계시록 11장, 13장 짐승과 동일시

그레고리 K. 비일은 검은 말과 탄 자가 받은 "땅의 사분의 일을 죽이는 권세"의 네 번째 도구인 '땅의 짐승들'을 계시록 11장과 13장에 나오는 '짐승' 즉 '적그리스도'로 간주했다. 짐승이라는 공통점이 있기 때문에 그렇게 볼 가능성이 많다. 이것은 계시록의 문맥을 간과한 것이다. 비일이 매우 단편적인 관념으로 양자를 동일시한 것은 오류이다.

### ② 그레고리 K. 비일의 복수와 단수에 대한 견해

그레고비 K. 비일은 6장의 '짐승들'은 '복수'이고, 13장의 '짐승'은 '단수'로 서로 차이가 있다는 것을 인지했다. 그래서 이 불일치에 대하여 해명하지 않으면 안 된다. 이에 대하여 그레고리 K. 비일은 『NIGTC 요한계시록』(새물결플러스, p.645)에서 그의 견해를 말했다.

> 에스겔서에서는 MT에 "악한 짐승"(단수)이라는 어구가 등장한다. 계시록 6:8의 시내 산 시리아 성경은 ἐν τῷ θηρίῳ τῆς γῆς("땅의 짐승으로") 되어 있다. 이것은 이 짐승을 요한계시록 후반부에 등장하는 짐승(동일하게 단수형)과 동일시하려는 필경사의 의도를 반영하는 것 같다. 에스겔 14:21은 레위기 26:18~29의 언약의 4중적 저주 문구와 신명기 31:23~27의 언약적 저주들을 발전시켰다. 이 본문들에서는 "짐승(들)"을 우주적인 악과 특히 하나님의 백성을 괴롭히는 땅의 사악한 제국들과 동일시한다. (그레고리 K. 비일, 『NIGTC 요한계시록』, 새물결플러스, p.645)

### ③ 복수와 단수의 차이

그레고리 K. 비일의 해명은 6장의 '땅의 짐승들(복수)'과 11장과 13장의 '짐승(단수)의 차이를 해결하지 못한다. 11장과 13장의 '짐승(단수)'은 '적그리스도'를 가리키기 때문에 '유일한 한 사람'을 의미한 반면, 6장의 '땅의 짐승들(복수)'은 '복수'로서 서로 완전히 구별되기 때문이다.

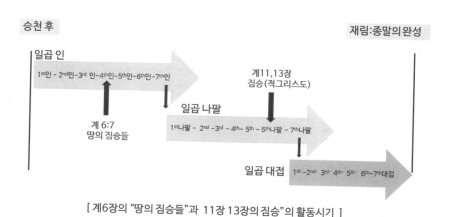

[ 계6장의 "땅의 짐승들"과 11장 13장의 짐승"의 활동시기 ]

## ④ 계시록 6장과 계시록 13장은 다른 시기이다

그레고리 K. 비일이 6장의 네 인을 13장의 사건과 일치시킨 것은 어떤 의미인가? 6장과 13장을 '동일한 시기'로 간주했기 때문이다. 위의 도표는 무천년설이 생각하는 넷째 인과 여섯째 나팔이 어느 시기에 있는가를 보여준다. 6장은 넷째 인을 뗄 때에 일어나는 일이고, 13장은 여섯째 나팔 심판이 있은 후의 일로 상당한 차이가 있다. 13장의 시점은 계시록 9:1의 다섯째 천사가 나팔을 불어 '첫째 화'라 불리는 재앙이 땅에 있은 후이다. 그리고 9:13에서 여섯째 천사가 여섯째 나팔을 분다. 그런 이후에 10장과 11장에 대한 삽입부가 나온다. 11장의 짐승이 등장하는 시기는 일곱 나팔 가운데 여섯째 나팔이 분 후이다. 이것은 네 번째 인을 뗄 때의 '땅의 짐승들'과 11장과 13장에 나오는 '짐승'(단수)은 시기적으로나, 내용적으로도 다르다. 위의 표는 6장의 넷째 인을 뗄 때의 '땅의 짐승'의 시기와 계시록 11장과 13장의 시기가 어떤 차이가 있는지를 보여준다. 일곱 인이란 순서가 있고 일곱 나팔도 순서가 있다. 순서가 있다는 것은 '시간적'인 것을 의미한다. 양자는 '시기적'으로 동일하지 않다. 따라서 계6장의 '짐승들'과 계13장의 '짐승'을 동일시하는 것은 계시록의 문맥을 고려하지 않은 것이다.

## ⑤ 죽이는 네 가지 도구가 가진 원칙

계시록 6:8b은 "그들이 땅 사분의 일의 권세를 얻어 검과 흉년과 사망과 땅의 짐승들로써 죽이더라"고 말한다. "땅의 짐승들"은 땅의 사람을 죽이는 도구로서 '한 그룹'에 속해 있다. 성경이 쓰여진 원칙을 살펴보면, 같이 쓰인 것들은 '같은 성격'을 갖는다. 성경을 해석할 때 가장 큰 딜레마는 이것이 '문자적 의미'인가 '상징적 의미'인가라는 것이다. 이것은 문맥을 따라 결정된다. "한 그룹의 단어가 '문자이면 모두 문자이고', 한 그룹의 단어가 '상징이면 모두 상징'이다. 즉 한 그룹 내에 어떤 것은 문자적 의미이고 어떤 것은 상징일 수 없다.

이것은 워킹바이블 연구소에서 성경의 모든 비유들과 말씀들을 QST하여 찾은 성경 해석의 원칙이다. 본문의 "검과 흉년과 사망과 땅의 짐승들"은 네 번째 인인 검은 말과 그 탄 자가 땅의 사분의 일을 죽이는 권세를 받아서 '사용하는 도구'라는 공통점을 갖고 있다. '검'은 사람을 죽이는 '검'이지 상징이 아니다. 흉년은 아모스서처럼 "하나님의 말씀이 없는 영적인 기근"을 가리키는 것이 아니라, '물질적인 양식이 고갈된 흉년'을 가리킨다. 사망도 문자 그대로 사망이지 의인화된 것이나 상징이 아니다.

마지막 네 번째 '땅의 짐승들'은 '문자적 의미'인가, '상징적 의미'인가? 그레고리 K. 비일은 '땅의 짐승들'을 계시록 11장과 13장의 '짐승'이라고 해석했다. 계시록 13장의 '짐승'은 '동물인 짐승'을 가리키지 않고, "짐승과 같이 잔인한 적그리스도"를 가리킨다. 무천년설이든, 전천년설이든지, 세대주의든지, 계시록 13장의 '짐승'을 '상징'으로 본다. 이것은 올바른 성경 해석이다. 그레고리 K. 비일은 계시록 6장의 '땅의 짐승들'을 상징으로 해석한다. '땅의 짐승들'과 함께 언급된 세 가지 항목들을 문자적으로 보면서, 같은 그룹에 속한 '땅의 짐승들'을 상징으로 보는 것은 성경의 원칙에 어긋난다. 필자가 생각할 때, 성경의 이런 원칙이 있다는 것을 알지 못했던지, 그렇게 보는 것이 오류라는 것을 발견하지 못했기 때문이라고 생각된다.

### ⑥ 땅의 짐승들

검은 말과 탄 자가 사용하는 죽이는 네 번째 도구가 "땅의 짐승들"이라는 것은 '문자적'으로 이 땅에 있는 '동물들인 맹수'라는 것을 가리킨다. 짐승들에 의해서 죽임을 당하는 것은 짐승에 의해서 우연히 일어나는 것으로 보이지만, 실상은 죽이는 권세를 받은 검은 말과 탄 자의 권세에서 이뤄지는 것이다. 이것을 통해서 동물계도 하나님의 주권 가운데 있고, 또한 사용된다는 것을 보게 된다.

### ⑦ 적그리스도(단수)와 적그리스도들(복수)

그레고리 K. 비일이 계시록 6장의 "땅의 짐승들"을 계시록 13장의 '짐승인 적그리스도'로 해석한 것이 오류라는 또 다른 근거가 있다. 계시록 6장의 "땅의 짐승들"은 헬라어 'θηρίων'(데리온)으로, '짐승, 동물'을 의미하는 'θηρίον'(데리온)의 '복수형'이다. 이에 반하여, 계시록 13장의 '짐승'은 'θηρίον'(데리온)으로 '단수'이다. 성경에는 대환난 가운데 악의 화신인 '적그리스도'(단수)가 있고, 어느 시대든지 그리스도를 대적하는 '적그리스도들'(복수)이 있다. 양자는 그리스도를 대적한다는 공통점이 있을 뿐만 아니라 확연한 차이가 있다. '땅의 짐승들'은 '복수'이고, 계시록 13장의 '짐승'은 '단수'이다. 양자는 근본이 다르기 때문에 동일하게 간주할 수 없다. 계시록 13장의 '짐승'(단수)은 불법의 사람, 멸망의 아들이라 불리는 적그리스도이다. 양자가 활동하는 시기가 다른 것도 동일하지 않다는 증거이다. 그레고리 K. 비일은 이런 차이를 보지 못하고 양자를 동일시했다. 그의 견해는 오류이다.

### ⑧ 문자적 의미와 상징적 의미

계시록 6장의 '땅의 짐승들'은 '동물인 짐승들'을 가리키고, 계시록 13장의 '짐승'은 '사람인 적그리스도'를 가리키기 때문에, 동일시할 수 없다. 비일이 계시록 6장의 '땅의 짐승들'을 계13장의 짐승(적그리스도)으로 해석한 것은 상징으로 해석했기 때문이다. 만일 그런 해석을 적용한다면 적어도 '땅의 짐승들'과 같이 언급된 "검과 흉년과 사망"을 상징으로 해석해야 한다. 땅의 짐승들은 상징으로 해석하면서, "검과 흉년과 사망"은 문자적으로 해석한다면 원칙이 없는 해석이 되고 만다. 원칙이 없는 해석은 이현령비현령식 해석으로 비논리적이다. 우리가 알다시피, "검과 흉년과 사망"은 상징적 의미가 아니라 '문자' 그대로를 의미한다. 따라서 '땅의 짐승들'은 상징이 아니라 문자 그대로 '땅의 짐승들'을 가리킨다.


## 5. 첫째 인: 흰 말과 그 탄 자(6:1~2)

가장 난해하고 중심이 되는 흰 말과 탄 자에 이르렀다. 2절은 "이에 내가 보니 흰 말이 있는데 그 탄 자가 활을 가졌고 면류관을 받고 나아가서 이기고 또 이기려고 하더라"고 말한다. 이미 서두에서 흰 말과 탄 자에 대한 여러 견해와 그 오류들을 논증했다. 세대주의를 비롯한 극단적 '미래주의'는 첫째 인을 대환난으로 보기 때문에 흰 말과 탄 자를 '적그리스도'라 단정했다. 그와 반대로 무천년설자들은 미래와 상관없는 '과거 사건'으로 간주하는 우를 범했다. 적게나마 근거가 있지만 "일부를 전부로 간주"하는 실수를 범했다. 계시록은 예수 승천 후로부터 시작하여 재림과 영원까지를 포함한다. 논제의 초점이 되는 흰 말과 탄자를 QST하자.

## 1) 흰 말

'네 마리의 말'의 특징은 '그 말의 색깔'과 밀접한 관계가 있다. '붉은 색'은 큰 칼과 관련되어 전쟁을 상징하는 '피의 색깔'이다. '검은 색'은 기근과 관계있다. '청황색 말'(a pale horse)은 말 탄자의 이름이 '사망'이듯이 죽음의 색깔과 관계있다. 첫째 인의 '흰 말'의 특징은 '흰색'에도 나타난다. 흰색은 성경에서 '부정적'인 의미가 아니라 '적극적'인 의미로 쓰였다. 사데 교회의 이기는 자들에게 "그러나 사데에 그 옷을 더럽히지 아니한 자 몇 명이 네게 있어 흰 옷을 입고 나와 함께 다니리니 그들은 합당한 자인 연고라 이기는 자는 이와 같이 흰 옷을 입을 것이요"(계 3:4~5)라고 약속했다. '흰 옷'은 이기는 자들에게 약속한 것으로서 더럽히지 않은 '순결'을 의미하고, 그들의 '승리'와 주님의 '인정'을 의미한다.

계시록 6장에는 다섯째 인을 뗄 때 순교자들에게 '흰 두루마기'가 주어지는 것은 '그들의 순결'과 '승리'와 '하나님의 인정'을 의미한다. 계시록 19장에는 어린 양의 혼인예식에 참석한 자들에게 "그에게 빛나고 깨끗한 세마포 옷을 입도록 허락하셨으니 이 세마포 옷은 성도들의 옳은 행실이로다"(19:8)라고 말한다. '세마포 옷'은 '흰색'으로 '성도들의 옳은 행실'을 의미한다.

신약성경에서 주님의 부활 때에 천사들이 나타난 상황을 "큰 지진이 나며 주의 천사가 하늘로부터 내려와 돌을 굴려 내고 그 위에 앉았는데 그 형상이 번개 같고 그 옷은 눈 같이 희거늘"(마 28:2~3)이라고 말한다. "눈 같이 희다"는 것은 옷이 '흰색'으로 '눈 같이 희다'는 것을 의미한다. 하나님의 권세에 순종하는 천사들이 '흰 옷'을 입었다는 것도 동일한 의미가 내포된다. 첫째 인을 뗄 때의 '흰 말'도 성경의 원칙을 적용할 수 있다. '희다'는 것은 흰 말과 탄 자가 '부정적인 존재'가 아니라 '적극적인 존재'라는 것을 가리킨다. 흰 말과 탄 자를 '적그리스도'로 간주한 오류에는 첫째 인이 대환난의 때라는 고정관념 때문이다. 그 위에 '희다'가 의미하는 성경의 원칙(doctrine)을 보지 못했기 때문이다. '흰색'은 '순결'과 '승리'와 '하나님의 인정'을 의미하기 때문에, 흰 말과 그 탄 자는 매우 '적극적'인 의미이다.

## 2) 빈 활

"빈 활"에 대한 대표적인 오해는 '거짓된 평화'라는 해석이다. 즉 빈 활을 부정적인 의미로 본다. 객관적으로 무엇이든지 부정적인 의미로 볼 수 있고, 반대로 적극적인 의미로 볼 수도 있다. 이 방향을 잡는 것이 해석의 첫걸음이다. '빈활'을 부정적으로 본 것은 '흰 말과 탄 자'를 부정적으로 보았기 때문이다. 빈 활은 '거짓된 평화'가 아니라, "활이 이미 쏘아졌기 때문에 빈 활을 들고 있다"고 생각하지 못한 것으로 보인다. 계시록은 성경의 결론이다. 따라서 성경의 모판이 되는 모세오경을 비롯한 줄기가 되는 구약과 신약의 예언과의 관계를 통해서 알 수 있다. 시편 45편은 "왕의 능력과 아름다움과 승리"를 노래한 "왕이신 그리스도"에 대한 예언인데 5~6절은 다음과 같이 예언한다.

> 왕의 화살(Thine arrows)은 날카로워 왕의 원수(the king's enemies)의 염통을 뚫으니 만민이 왕의 앞에 엎드러지는도다 하나님이여 주의 보좌는 영원하며 주의 나라의 규는 공평한 규이니이다(시 45:5~6)

왕은 그리스도를 가리키고, 원수는 하나님의 대적자 '사탄'을 가리킨다. 왕이 원수를 패배시킬 때, '칼'이 아닌 '활'을 사용했다. 왕의 날카로운 화살은 왕의 원수인 사탄의 염통을 뚫었다. 화살을 쏘신 분은 그리스도이시다. 십자가에 대한 복음서의 관점과 서신서의 관점은 차이가 있다. 복음서에는 "십자가에서 죽으시는 'visible'한 광경"을 사람들이 목격했다. 골로새서에는 사람의 눈으로 볼 수 없는 "십자가로 승리하신 'invisible'한 광경"을 보여 준다.

골로새서 2:13~15은 "또 범죄와 육체의 무할례로 죽었던 너희를 하나님이 그와 함께 살리시고 우리의 모든 죄를 사하시고 우리를 거스르고 불리하게 하는 법조문으로 쓴 증서를 지우시고 제하여 버리사 십자가에 못 박으시고 통치자들과 권세들을 무력화하여 드러내어 구경거리로 삼으시고 십자가로 그들을 이기셨느니라"고 말씀한다.

골로새서에는 사람의 눈으로 볼 수 없는 십자가의 배후의 일들을 보여준다. 즉 죄를 사하심, 법조문을 쓴 증서를 지우고 제하심, 통치자들과 권세들을 무력화하심, 십자가로 승리하심을 보여준다. 이것은 시편 45편의 예언된 '왕의 날카로운 화살'이 원수의 염통을 뚫은 것으로 예언됐다. 더 근원적으로 창세기 3:15에서 여자의 후손이 뱀의 머리를 상하게 할 것으로 예언됐다. 흰 말과 탄 자가 들고 있는 활이 '빈 활'인 까닭은 그 활의 화살을 그리스도께서 이미 원수에게 쏘셨기 때문이다. 흰 말과 탄 자의 손에 '빈 활'이 들려 있다는 것은 주님의 십자가의 승리를 붙잡고 증거한다는 것을 의미한다. '활의 화살'은 주님이 쏘신 것으로 어느 누구도 또다시 활을 쏠 필요가 없다. 왜냐하면, 어떤 사람도 구속을 성취할 자격이 없기 때문이다. 빈 활을 든 것은 승천하신 주님이 맡기신 복음을 땅끝까지 전하는 사명을 받은 교회가 복음을 증거하고 있다는 것을 의미한다. 교회는 십자가로 '승리하신'(성취) 그리스도를 전하는 것이기 때문에 '빈 활'을 들고 있다.

### 3) 면류관을 받음

일곱 인 가운데 유일하게 면류관을 받은 자는 '흰 말과 탄 자'이다. 적그리스도라는 관점으로 보면, 면류관을 받는 것이 중요함에도 불구하고 해석하지 않고 간과해 버린다. 그런 이유는 스스로 보고 싶은 것만 보고, 보고 싶지 않은 것은 외면했기 때문이다. 모든 성경에 나타난 면류관을 찾아보면, 흰 말과 그 탄 자가 면류관을 받은 것이 어떤 의미인지를 알 수 있다.

박해 받는 교회인 서머나 교회에게 주님은 "네가 죽도록 충성하라 그리하면 내가 생명의 관을 네게 주리라"(계 2:10)라고 말씀했다. '생명의 관'은 'τὸν στέφανον τῆς ζωῆς'(톤 스텝하논 테스 조에스)로서 'ζωή'(조에)는 '영원한 생명', 'στέφανος'(스테파노스)는 '면류관'을 의미한다. 개역 개정의 '관'보다는 '면류관'이 적절한 번역이다. 면류관은 이기는 자에게 주시는 주님의 보상이다. 죽도록 신실하면 서머나 교회는 순교하게 될 것이고, 약속하신 생명의 면류관을 받게 될 것이다. 성경의 모든 사례를 보자. 면류관(στέφανος, 스테파노스)은 구원받았기 때문에 주는 것이 아니다. 신자들 가운데 이기는 자들에게 약속했다.

- 내가 속히 오리니 네가 가진 것을 굳게 잡아 아무도 네 면류관(στέφανος)을 빼앗지 못하게 하라(계 3:11)

- 이기기를 다투는 자마다 모든 일에 절제하나니 그들은 썩을 승리자의 관 (στέφανος, 스테파노스)을 얻고자 하되 우리는 썩지 아니할 것(στέφανος)을 얻고자 하노라(고전 9:25)

- 이제 후로는 나를 위하여 의의 면류관(στέφανος)이 예비되었으므로 주 곧 의로우 신 재판장이 그 날에 내게 주실 것이며 내게만 아니라 주의 나타나심을 사모하 는 모든 자에게도니라(딤후 4:8)

- 시험을 참는 자는 복이 있나니 이는 시련을 견디어 낸 자가 주께서 자기를 사 랑하는 자들에게 약속하신 생명의 면류관(στέφανος)을 얻을 것이기 때문이라 (약 1:12)

- 맡은 자들에게 주장하는 자세를 하지 말고 양 무리의 본이 되라 그리하면 목자 장이 나타나실 때에 시들지 아니하는 영광의 관(στέφανος)을 얻으리라(벧전 5:3~4)

성경에 나타난 면류관(στέφανος)은 모두 신자들 중에서 '이기는 자들'에게 약속 한 것이다. 이기는 자가 되는 것은 주님께 신실하게 되는 것이다. 동일한 원칙으 로 첫 번째 인을 뗄 때의 '흰 말과 탄 자'에게 면류관이 주어졌다는 것은 그들이 승리했고, 따라서 주님이 상으로 주신다는 것을 의미한다. 면류관은 교회 가운 데 이기는 자들에게 약속된 것이다. 적그리스도든지 악한 세력은 결코 받을 수 도 없고 관계도 없다. 흰 말과 탄 자가 어린 양에게 면류관을 받는다는 것은 그 들이 적그리스도나 악한 세력이 아니라 매우 적극적인 존재라는 것을 의미한다.

## 4) 나가서 이기고 또 이기려고 함

흰 말과 탄 자 "나가서 이기고 또 이기려고 하더라"고 말한다. '흰 말'의 '흰 색'은 '적극적인 의미'였고, '빈 활'을 든 것도 '적극적인 의미'였다. 이들이 받은 면류관도 '적극적인 의미'였다. 따라서 흰 말과 탄 자가 "나가서 이기고 또 이기 려고 하더라"는 것도 '소극적인 의미'가 아니라 '적극적인 의미'이다. 빈 활은 그리스도께서 원수인 마귀를 향해 이미 쏘아졌다는 것을 의미하고, 빈 활을 들고 있다는 것은 그리스도의 승리를 붙잡고 전파한다는 의미이다. 따라서 '나가서'는 주님의 명령을 따라 복음을 증거하는 것을 가리키고, '이기고'는 그들이 복음을 전파함으로 승리했음을 의미한다.

논란이 되는 난해한 구절은 "또 이기려고 하더라"이다. 이전에 복음을 전하여 이겼고, 모든 민족에게, 땅끝까지 증거하기 위해서 또 나아가고 이기려고 하는 상황을 보여준다. 오늘날 우리들은 복음을 전하고 있고 "이기려고 한다"는 것과 일치한다. '전하려고'와 '이기려고 한다'는 차이가 있다. "전한다"(사도행전의 관점)라는 단어는 단지 "복음을 전파하는 현재의 상황"만을 보여준다. 반면에 "이기려고 한다"(계시록의 관점)는 하나님의 약속 가운데 "주님의 승리를 붙잡고 나아간다"는 것을 의미한다. 전 시대에 걸쳐 복음을 증거하다가 죽임을 당한 순교자들은 '실패한 것'이 아니다. '이긴 것'이다. 이것이 복음에 대한 '계시록의 관점'이다. 전 시대의 성도들이 나가서 이겼다. 또한 이 시대에 모든 성도가 나가서 '이기려고'한다. 이것은 신실한 교회의 모습과 승리에 대한 하나님의 약속이 함의되어 있다. 이와 같은 성경의 근거들은 '흰 말과 탄 자'가 적그리스도도 아니고 그리스도도 아니라는 것을 가리킨다. 바로 복음을 위임받은 우리들이다.


## 6. 성경의 원칙을 통해서 분별하기

### 1) 성경 QST 해석 법칙: 적극적 의미 vs 소극적 의미

흰 말과 그 탄 자는 가장 난해한 부분이기 때문에 여러 가지 견해들이 있다. 각 요소들을 통해서 그 의미를 분별할 수도 있고, 성경의 원칙을 통해서도 분별할 수 있다. 필자는 성경의 비유를 연구하면서 성경이 기록된 원칙을 발견하고 "성경 QST 해석 법칙"을 정리하여 유튜브 '워킹바이블 TV'에 소개했다.(필자 주: QST는 Quiet Searching Time 약자. '워킹바이블 TV 채널의 42번, 43번, 46번 영상에 "성경 QST 해석 8가지 법칙"이 있다. 그중에서도 No. 8 QST 해석 법칙은 "종류의 법칙(Kind의 법칙)" 혹은 "조화의 법칙(Harmony의 법칙"이 있는데, 한 문맥이나 구절에서 언급된 요소들은

'같은 종류'로 묶여져 있다는 것이다.)

예를 들어보자. 마태복음 3:12b에 "알곡은 곳간에 들이고 쭉정이는 꺼지지 않는 불에 태우시리라"고 말한다. '알곡'은 거듭난 신자를 의미하고, '쭉정이'는 '불신자'를 의미한다. 따라서 '곳간'과 '꺼지지 않는 불'도 비유라는 것을 알게 된다. 같이 언급된 구절이 비유라면, 같은 그룹에 있는 단어도 비유이다. 하나는 비유인데 다른 것은 '문자적 의미'가 섞이지 않는다. 동일한 원칙으로 같은 그룹의 구절이 문자라면, 다른 구절도 문자이다. 만일 문자적 의미와 비유적 의미가 뒤섞인다면 문제가 일어난다.

전도서 11:1은 "네 떡을 물 위에 던지라"고 말한다. 대부분 '떡'을 '물질적인 떡'으로 해석하고, '많은 물 위'도 '문자적인 의미'로 해석한다. 그 결과 "떡을 사람이 아닌 물 위에 던지라"는 말씀으로 오해했다. 성경의 관점은 물질적인 떡이 아니기 때문에 '떡'은 '하나님의 말씀'을 비유한다. 따라서 '많은 물 위'도 비유로서 '많은 사람'을 가리킨다. 즉 '떡'과 '많은 물 위'는 모두 '상징'으로서 같은 종류로 묶여 있다.

흰 말과 탄 자를 구성하는 네 가지 요소가 있다. 흰 말과 탄 자가 적그리스도라면 네 가지 요소 모두 '소극적'이고 '부정적'인 의미이다. 반대로 흰 말과 탄 자가 '적극적인 의미'라면 네 가지 요소 모두 '적극적인 의미'이다. 이것은 마치 네 개의 미지수를 가진 방정식에 비유할 수 있다. 만일 네 개의 요소가 다른 종류(의미)라면 분별할 수 없다. 그러나 네 개의 요소가 같은 종류(의미)라면 난해한 요소가 있을지라도 그것이 어떤 것에 속하는지 분별할 수 있다. 흰 말과 탄 자의 경우를 생각해 보자. 첫째는 부정적이고 소극적인 의미든지, 둘째는 긍정적이고 적극적인 의미든지 둘 중의 하나이다. '희다'라는 것은 성경의 모든 곳에서 '적극적인 의미'로 쓰였다. 어디에서도 '부정적인 의미'로 쓰인 예가 없다. 따라서 첫째 인의 흰 말도 '적극적인 의미'라는 것을 의심할 바 없다. 면류관도 '흰색'과 같이 '적극적인 의미'(Good)이다. 만일 '빈 활'이나 '나가서 이기고 이기려고 하더라'의 의미가 불확실하게 보일지라도 같은 그룹에 있는 두 가지 요소가 '적극적인 의미'라는 것을 안다면, 바른 의미를 찾을 수 있는 방향타 역할을 한다. 첫째 인의 흰 말과 탄 자는 네 가지 요소들을 통해서도 그 의미를 찾을 수 있다. '같은 종류의 의미'가 계시록에서도 일치하고, 성경 전체의 원칙을 통해서도 확증된다.

이 두 가지 요소는 서로 '크로스 체크'하는 역할을 한다. 그래서 혹시라도 있을 오류의 가능성을 제거한다.

| | 희다 (흰 말) | 빈 활 | 면류관 받음 | 이기고 이기려고 함 |
|---|---|---|---|---|
| 부정적 의미 | Bad | Bad | Bad | Bad |
| 적극적 의미 | Good | ? | Good | ? |

위의 표는 첫째 인에 관련된 네 요소가 적극적 의미(Good)인지 아니면 '소극적 의미'(Bad)인지를 표시했다. 흰 말과 면류관의 항목을 'Good'으로 표시한 것은 '적극적인 의미'가 확실하기 때문이고, 따라서 'Bad'가 확실히 아니기 때문에 대각선으로 표시했다. "적극적인 의미"의 항목 '빈 활'과 '이기고 이기려고 하더라'의 항목에 "?"한 것은 어떤 의미인지 미지수로 남겨둔 것을 의미한다. 네 요소는 모두 흰 말과 탄 자라는 첫째 인에 속해 있기 때문에 동일한 의미를 갖는다. 즉 '흰 말'과 '면류관'이 '부정적 의미'(Bad)라면 나머지도 '부정적 의미'(Bad)이고, 이와 반면에 '적극적인 의미'라면 나머지 두 항목(? 표시한 것)도 적극적인 의미이다. 성경에서 '희다'는 것과 '면류관'은 확실히 적극적 의미(Good)이기 때문에, 미지수로 남겨둔 두 요소, 즉 '빈 활'과 '이기고 이기려고 하더라'는 적극적 의미(Good)이다. 이것은 성경 전체의 문맥(흐름)과 일치한다.

## 2) 성경 QST 해석 법칙; 상징과 문자

'흰 말과 탄 자'는 일곱 인 중에 네 인에 속해 있고, 나머지 '세 인'은 한 그룹을 이룬다. 다음 비교표에서 나타난 것과 같이 '네 인'은 모든 네 생물과 관계된다. 반면에 '세 인'에는 네 생물과 어떤 관계도 없다. 네 인은 모두 네 생물이 '오라'는 명령을 내린다. 이와 반면에, 세 인에는 네 생물의 어떤 명령도 없다. 네 인은 모두 '각 말과 탄 자'가 나오는 반면에, 세 인에는 어떤 말(馬)도 나오지 않는다. 전반부의 네 인은 모두 각 말(馬)과 탄 자들이 받는 도구가 있고, 후반부의 세 인은 말(馬)과 탄 자도 나오지 않고 따라서 무엇을 받은 것도 없다. 단지 어떤 일들이 일어나는 것을 보여준다. 네 인 중 세 인은 모두 그 의미가 명확하다. 붉은 말과 탄 자는 전쟁을, 검은 말과 탄 자는 기근을, 청황색(pale) 말과 탄 자는 사망을 상징한다. 세 인의 공통점을 보는 것이 중요하다. 이들은 '문자적인 의미'가 아니라 '상징적 의미'이다. 가장 중요한 것은 모두 '의인화' 되었다. 이것은 흰 말과 탄 자가 무엇을 의미하는지를 분별하는 시금석을 제공한다. 네 인이 모두 공통 요소가 일치한 것처럼, 흰 말과 탄 자도 다른 세 인이 갖는 '상징적 의미'를 공유한다. 따라서 흰 말과 탄 자는 '복음 증거'를 의미한다. 만일 흰 말과 탄 자를 적그리스도나 그리스도로 해석한다면, 상징이라는 것은 일치하지만, 구체적인 인물을 가리키고 다른 세 인과 같이 '의인화'가 아니므로 빗나간 해석이다. 전쟁과 기근과 사망이 모두 말 탄 자로 상징될 뿐만 아니라 '의인화'되었다. 따라서 같은 그룹에 있는 '흰 말과 탄 자'도 '의인화' 되어야 성경의 원칙에 맞는다. 흰 말과 탄 자는 그리스도나 교회가 아니라 '복음 증거'를 의미한다.

| | 첫째 인 | 둘째 인 | 셋째 인 | 넷째 인 | 다섯째 인 | 여섯째 인 | 일곱째 인 |
|---|---|---|---|---|---|---|---|
| 1.네 생물 | 첫째 생물 (사자 같고) | 둘째 생물 (송아지 같고) | 셋째 생물 (사람 같고) | 네째 생물 (독수리 같고) | 없음 | 없음 | 없음 |
| 2. 명령 | 오라 come | 오라 come | 오라 come | 오라 come | 없음 | 없음 | 없음 |
| 3.말과 탄자 | 흰 말과 탄 자 | 붉은 말 탄자 | 검은 말 탄 자 | 창백한 말탄자 | 없음 | 없음 | 없음 |
| 4. 받은것 | 활 & 면류관 | 큰 칼 | 저 울 | 땅 1/4권세 | 순교자들 | 큰 지진 해달별재앙 | 반 시간 고요함 |
| 5. 의미 | 복음증거 | 전쟁 | 기근 | 사망 | | | |
| 6.상징 vs 문자 | 세 요소가 의인화 이기 때문에 의인화 | 상징 (의인화) | 상징 (의인화) | 상징 (의인화) | 문자의미 | 문자의미 | 문자의미 |

[ 네 인의 공통점으로 본 흰 말과 탄 자의 의미: 문자인가? 상징인가? ]

# 7. 흰 말과 그 탄 자가 적그리스도가 아닌 증거들

## 1) 활동 시기의 불일치

만일 첫째 인의 흰 말과 탄 자가 적그리스도이기 위해서는 적어도 '그 활동 시기'가 일치해야 한다. 흰 말과 탄 자는 '첫째 인을 뗄 때'에 활동을 시작한다. 적그리스도는 계시록 13장에 나타난다. 1절은 "내가 보니 바다에서 한 짐승이 나오는데 뿔이 열이요 머리가 일곱이라 그 뿔에는 열 왕관이 있고 그 머리들에는 신성모독하는 이름들이 있더라"고 말한다. '한 짐승'은 적그리스도를 가리킨다. 따라서 계시록 13장의 시기는 몇 번째 인과 관련되었는지를 보고, 계시록 6장의 첫 번째 인과 비교하면 분별할 수 있다. 만일 양자의 시기가 일치하면, 양자가 일치할 가능성이 있다. 반대로 만일 양자의 시기가 일치하지 않는다면, 양자가 일치할 가능성이 전혀 없다. 전자의 경우는 '약간의 가능성'을, 후자는 '확실한 불가능'을 알게 된다.

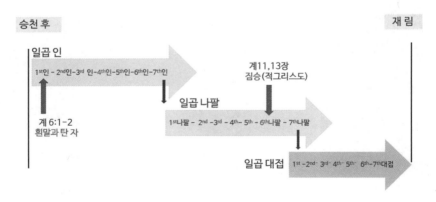

[ 계6장 첫째 인과 계 13장의 적그리스도의 활동 시기 대조표 ]

6장에서는 첫째 인을 뗄 때에 '흰 말과 탄 자'가 등장한다. 13장의 시점은 계시록 9:1에 기록된 다섯째 천사가 나팔을 불고 '첫 번째 화'라 불리는 재앙이 있을 때이다. 그런 후 13절에서 여섯째 천사가 여섯째 나팔을 분다. 따라서 13장은 여섯째 나팔을 분 이후의 일이다. 10장과 11장은 삽입부이다. 13장의 짐승이 등장하는 시기는 일곱 나팔 가운데 여섯째 나팔이 분 후이다. 앞의 표에서 나타나듯이 흰 말과 탄 자의 시기와 적그리스도의 시기는 서로 큰 시간적인 차이가 있다. 이것은 흰 말과 탄 자가 적그리스도가 아니라는 증거이다.

## 2) 가장한 적그리스도라는 견해

2절은 "이에 내가 보니 흰 말이 있는데 그 탄 자가 활을 가졌고 면류관을 받고 나아가서 이기고 이기려고 하더라"고 말한다. 이 구절을 근거로 계시록 19장의 '백마를 타신 주님'을 이미테이션했다고 그레고리 K. 비일은 주장한다. 그는 사탄도 자기를 광명의 천사로 가장할 수 있다는(고후 11:14) 경고의 말씀을 들어, 흰 말과 탄 자도 적그리스도가 가장한 것이라고 단정했는데 매우 성급한 결정이다. 가능성과 심증이 아니라 구체적인 증거로 분별해야 한다.

만일 흰 말과 탄 자를 위장한 적그리스도라고 간주하는 것이 성경의 흐름과 일치한다면, 아무런 문제도 발생하지 않아야 한다. 이와 반면에 그런 주장이 잘못된 해석이라고 하면, 충돌과 불일치가 일어난다. 흰 말과 그 탄 자는 면류관의 '수상자'이고, 어린 양은 면류관의 '수여자'이다. 만일 흰 말과 탄 자가 '가장한 적그리스도'라고 하면, 어린 양이 악한 자인 적그리스도에게 면류관을 주었다는 것이 된다. 이것은 주님의 성품과도 맞지 않고, 성경의 문맥과 일치하지 않는다. 어린 양이 흰 말과 탄 자에게 면류관을 주신다는 것은 그가 한 일을 '인정하고 칭찬한다'는 의미이다. 따라서 어린 양이 악한 자에게 면류관을 준다고 간주하는 것은 있을 수 없는 일이다. 이런 상황들은 흰 말과 탄 자가 적그리스도와 같이 '부정적인 자'가 아닌, '긍정적인 자'라는 것을 의미한다.

## 3) 면류관을 받음

성경에서 면류관이 의미하는 원칙이 있다. 계시록 2:10은 "네게 죽도록 충성하라 그리하면 생명의 관(면류관)을 네게 주리라"고 말한다. 교회 가운데 이기는 자들에게 약속하신 것이다. 면류관은 이기는 자 외에는 적그리스도를 비롯한 어떤 자도 받을 수 없다.

### 4) 이기고 또 이기려고 한다는 의미

흰 말과 탄 자는 "이기고 이기려고 하더라"고 한다. 이것이 그리스도에 적합하지 않기 때문에, 그 반대로 적그리스도라고 주장한다. 이런 주장은 매우 단편적이다. 한 가지 주장이 사실이었다고 해서, 그의 견해가 사실이라는 것을 확증하지는 않는다. 흔히 범하기 쉬한 오류이다. 그에 합당한 근거가 없이 제시하는 견해는 또 다른 위험성을 함의한다. "이기고 또 이기려고 한다"는 것은 적그리스도도 아니고, 그리스도도 아니다. 흰 말과 탄 자는 주님의 명령을 따라 순종하는 '교회의 복음 증거'를 의미하기 때문에 "이기고 또 이기려고 한다"고 말한다.

## 8. 그리스도라는 견해와 오류들

### 1) 네 생물이 그리스도께 명령함

"네 생물이 누구에게 명령한 것인가?"에 대한 여러 견해가 있다. 첫째, Moffat과 Plummer는 "요한에게 명령한 것이다"(필자 주: 오류이다) 둘째, Alford와 Swete는 "예수님에게 명령한 것이다"(필자 주: 오류이다) 셋째, Weiss, Robertson, Morris, Ladd, Johnson, Hounce, Charles 등은 "(어린 양과 구별되는)말 탄 자에게 명령한 것이다." 필자는 세 번째 견해에 동의한다. 어린 양에 의해서 첫째 인이 떼어진 후, 네 생물 중 하나가 우렛소리 같이 "오라"(come)고 외친다. 그런 후에 흰 말이 나온다. 그 말을 탄 자가 활을 가졌고, 면류관을 받고 나가서 이기고 또 이기려고 한다. 만일 흰 말과 탄 자가 그리스도라고 하면 어떤 상황인가? 네 생물이 어린 양께 '오라'고 명령하며, 그리스도는 네 생물의 명령을 따라 '나아온다'는 것을 가리킨다. 어린 양에게 모든 권세와 능력이 있다. 그런데 이런 주객이 전도된 상황은 하늘에서 발생할 수 없다. 따라서 흰 말과 탄 자가 그리스도라는 주장이 오류임을 드러낸다.

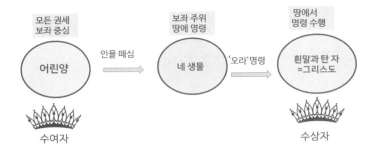

[ 흰 말과 탄 자가 그리스도가 될 수 없는 근거 ]

## 2) 면류관의 '수여자'와 '수상자'가 동일하다

2절은 "이에 내가 보니 흰 말이 있는데 그 탄 자가 활을 가졌고 면류관을 받고"라고 말한다. 일곱 인을 떼고 수행하는 과정을 살펴보자. 어린 양에 의해서 첫째 인이 떼어진다. 그 때 네 생물 중 하나가 우렛소리 같이 "오라"고 외친다. 그런 후에 흰 말이 나온다. 그 말을 탄 자가 활을 가졌고, 면류관을 받고 나가서 이기고 또 이기려고 한다. 무천년설 중 일부는 "흰 말과 탄 자가 적그리스도가 아니기 때문에 그리스도다"라고 주장한다. 만일 그렇다면 면류관을 주시는 분이 어린 양이 되고, 또한 면류관을 받는 분이 어린 양이라는 의미가 된다. 첫째 인의 문맥조차도 생각하지 않은 결과이다. 이런 모순적인 관계는 흰 말과 탄 자가 그리스도가 될 수 없다는 것을 보여준다.

## 3) 명령한 자와 수행하는 자의 관계

흰 말과 탄 자가 그리스도라고 가정해 보자. 어린 양이 하늘에서 인을 떼시는 권세를 가지신 분이신데, 땅에서 '자신의 명령'을 받아 수행한다는 모순이 발생한다. 어린 양은 하나님의 보좌 우편에 있고, 네 생물은 보좌 주위에 있다. 흰 말과 탄 자는 땅 위에서 명령을 수행한다. 각 위치와 지위가 다르다. 어린 양이 인을 떼실 때에 흰 말과 탄 자에게 '오라'고 명령하고, 그 명령을 흰 말과 탄 자인 그리스도가 받아서 땅에서 수행한다는 결론이 된다. 이것은 모순이다. 심지어 어린 양이 네 생물의 명령을 받는다는 것은 기본적인 관계(지위)를 깨뜨리는 것 이므로 흰 말과 탄 자는 그리스도가 될 수 없다.

### 4) 'διαδήμα(디아데마)'와 'στέφανος(스테파노스)'의 불일치

흰 말과 탄 자가 그리스도라면, 그리스도가 쓰신 것과 흰 말과 탄 자가 받은 면류관이 적어도 일치해야 한다. 첫째 인에서 흰 말과 탄 자가 얻은 '면류관'은 '승리자'에게 수여되는 'στέφανος'(스테파노스)이다. 주님의 재림을 기록한 계시록 19:12은 "그 머리에는 많은 관들이 있다"고 말한다. KJV은 'many crowns'라고 번역했다. 개역개정이 '많은 관들'이라고 번역한 원문은 'διαδήματα'(디아데마타)로 서, '왕관'을 의미하는 'διαδήμα'(디아데마)의 '복수형'이다. 흰 말과 탄 자는 어린 양이 수여하는 'στέφανος'(스테파노스)를 받은 반면, 주님은 '많은' 'διαδήμα'(디아데 마)를 쓰고 계신다. 양자는 쓰고 있는 것도 다르고, '질적으로' 그 영광이 다르다. 더구나 주님은 '하나'가 아닌 '많은' 디아데마(왕관)를 쓰고 계신다. 이것은 흰 말 과 그 탄 자가 그리스도가 아니라는 증거이다.


## 9. 네 인이 갖는 독특성

### 1) 네 인은 '모두' 재앙이 아니다

일곱 인 가운데 '네 인'은 다른 '세 인'과 구별된다. 이제는 '네 인'이 어떻게 구성되었는가를 볼 필요가 있다. 대개 일곱 인을 '일곱 인의 재앙'이라 부른다. 둘째 인이 전쟁을 상징하기 때문에 재앙이라 할 수 있다. 셋째 인도 기근을 상징 하기 때문에 재앙이라고 할 수 있다. 넷째 인인 청황색(pale) 말과 탄 자의 이름은 '사망'이고 '음부'가 따르기 때문에 재앙이라고 말할 수 있다. 첫째 인인 흰 말과 탄 자는 '복음 증거'를 상징(의인화)하기 때문에 재앙이라 불릴 수 없다. 첫째 인은 오히려 세상에 축복을 가져온다. 일곱 인을 '일곱 인의 재앙'이라고 부른 관념의 기저에는 흰 말과 탄 자를 '재앙'으로 봤기 때문이다.

## 2) 일곱 인은 '모두' 재앙이 아니다

다섯째 인은 순교자들의 신원으로 '심판 혹은 재앙'으로 부를 수 없다. 따라서 다섯째 인이 포함된 일곱 인을 '일곱 인의 심판(재앙)'이라고 부를 수 없다. 일곱 인을 '일곱 인의 재앙'이라고 부르기 위해서는 일곱 모두 '재앙의 성격'을 갖고 있어야 한다. 다섯째 인의 성격은 재앙이 아니다. 이와 반면에, 여섯째 인은 천재지변의 재앙이 분명하다. 일곱 인을 재앙이라 간주한 이유가 있다. 그것은 일곱 인을 대환난에 일어난 일들이라고 단정했기 때문이다. 무천년설은 '과거'로 마 시대 있었던 일이라고 간주한 것은 잘못된 적용이다.

| | 첫째 인 | 둘째 인 | 셋째 인 | 넷째 인 | 다섯째 인 | 여섯째 인 | 일곱째 인 |
|---|---|---|---|---|---|---|---|
| 의미 | 복음 증거 | 전쟁 | 기근 | 사망 | 순교자 신원 | 일월성신 재앙 | 일곱 나팔 |
| 재앙 | X | O | O | O | X | O | O |
| 의미 | 주님 명령 순종 | 죄인들 행위 | 전쟁 과정 | 전쟁 결과 | 죽도록 충성 한 순교자 | 하나님 심판 | 하나님 심판 |

## 3) 네 인 중 세 인의 '연결성과 계속성'의 특성

네 인 가운데 '세 인'은 일련의 동질성이 있다. 둘째 인은 전쟁을 상징하고, 셋째 인은 기근을 상징하고, 넷째 인은 사망을 상징했다. 이들은 따로따로 존재하는 개념들이다. 그런데 성경은 이들을 하나의 '씨리즈'로 보여준다. 사람의 죄로 말미암아 이 땅에서 전쟁이 끊이지 않고 일어난다. 전쟁은 땅을 황폐케 하고 반드시 기근을 동반한다. 전쟁은 직접적으로 사람들의 죽음을 가져오고, 간접적으로 '기근'을 가져온다. 넷째 말은 '청황색(pale) 말과 탄 자'로서 '사망'이다. 땅의 사분의 일의 권세를 얻어 "검과 흉년과 사망과 땅의 짐승들"로써 죽인다. 즉 사망은 둘째 인인 검과 셋째 인인 흉년을 도구로 하고, 넷째 인에는 사망도 있다. 더구나 앞에서 언급하지 않은 '땅의 짐승들'을 도구로써 죽인다. 이것은 넷째 인의 사망이 둘째 인과 셋째 인의 결과와 서로 밀접한 관계라는 것을 의미한다. 따라서 둘째 인과 셋째 인과 넷째 인은 그 순서가 있지만, 한 번으로 끝나지 않고 연속적으로 연결되고, 이런 관계는 계속된다는 것을 알 수 있다.

네 인 중 세 인은 재앙을 가져온다. 즉 "기-승-전-결"의 연결 고리를 갖는다. 세 인은 '단회적'이지 않고 '계속적'으로 일어나는 성격을 띤다. 실제로 이 땅에서 전쟁과 기근과 사망은 한 번 있었던 일이 아니라, 인류가 계속되는 동안 끊이지 않고 반복되었다. "인류의 역사는 전쟁의 역사다"라는 말도 이런 사실을 뒷받침한다. 일곱 인 가운데 다섯째 인의 순교자들의 신원이나, 여섯째 인의 천재지변의 재앙은 어떤 시점에 일정한 기간 동안 발생하는 일들이다. 네 인 가운데 세 인은 그것들과 성격이 다르다. 이것이 첫 번째 그룹과 두 번째 그룹들의 특별한 성격이다.

### 4) 첫 번째 인의 계속적인 성격

일곱 인 가운데 첫 그룹인 네 인의 세 인은 서로 밀접하게 연결되어 있다. 단회적이지 않고 계속성의 특성을 갖는다. 첫 번째 그룹에 속한 첫 번째 인인 '흰 말과 탄 자'도 동일한 특성을 갖는다. 그래서 네 인이라는 '한 그룹'에 속한다. 흰 말과 탄 자는 '복음 증거'를 의미했다. 복음 증거는 어떤 때 한 번 전하는 것으로 끝나는 것이 아니다. 계속적으로 증거되어야만 한다. 그런 이유로 흰 말과 탄 자는 "나가서 이기고 이기려고 하더라"고 말한다. 이전에도 이겼고, 지금도 또 나가서 이기려고 한다. 이것은 계속적인 성격을 보여준다. 왜냐하면 '복음 증거'는 주님이 다시 오실 때까지, '땅끝까지' 그리고 '모든 민족에게' 증거되어야 하고 계속적으로 증거해야 하기 때문이다. 아래 도표에서 네 인은 재림 때까지 연속성의 특성을 갖는데 반하여, 후반 세 인은 일정한 시기에 벌어지는 제한성을 나타낸다.

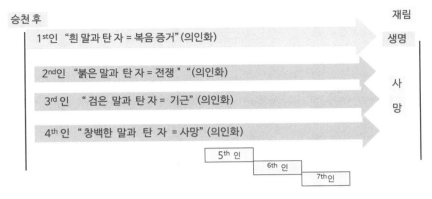

[ 계 6장  첫째 ～ 넷째 인의 계속성의 특징과 세 인의 제한성 ]

## 5) 계시록에 나타난 인류 역사에 대한 조망

네 인은 첫째 인과 다른 세 인으로 구별된다. 첫 번째 인은 주님이 교회에 위임한 '복음 증거'로 계속적으로 증거되어야 한다. 복음은 생명(구원)을 가져온다. 이것이 복음의 영광이다. 따라서 어린 양은 '흰 말과 탄 자'에게 '면류관'을 수여한다. 이에 반하여, 둘째 인인 붉은 말과 탄 자는 전쟁을 의미하고 전적으로 사람의 역사이다. 사람의 죄는 역사 가운데 전쟁으로 나타났다. 전쟁은 기근을 유발하며, 결국 사망을 가져온다.

둘째 인으로부터 넷째 인은 전적으로 사람(죄인)의 역사로서 그 결과는 사망이다. 거기에는 어떤 면류관도 없다. 면류관을 주시는 분은 어린 양이다. 세상의 죄악된 행위에 면류관은 상관도 없다. 세상 역사는 전쟁의 역사이다. 그런데 그 가운데 유일하게 생명을 가져오는 것은 '복음 증거'이다. 생명의 복음을 증거하는 책임과 권세는 교회에 주어졌다. 세상에서 교회가 소망인 까닭은 그리스도께서 생명의 복음을 교회에 위임하셨기 때문이다. 계시록 1장에서 일곱 금 촛대(등대)는 '일곱 교회'를 상징했다. 하나님께서 보실 때, 교회만이 녹슬지 않고 빛나는 '금'과 같고, '빛을 내는' '등대'이다. 교회의 사명은 빛을 발하는 것이다. 생명의 복음을 증거함으로 빛을 발하면, 그 빛은 생명을 가져온다. 오직 교회의 복음 증거에만 '면류관'이 주어진다. 교회는 교회의 본질을 붙잡고 그 사명을 감당해야 한다. 이것이 교회의 축복이며 영광이다.

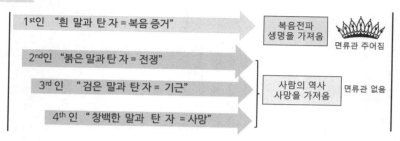

[ 네 인에 나타난 인류 역사의 생명과 사망의 두 방면 ]

# Chapter 28 ·
# 다섯째 인: 순교자들의 신원(6:9~11)

다섯째 인을 떼실 때에 내가 보니 하나님의 말씀과 그들이 가진 증거로 말미암아
죽임을 당한 영혼들이 제단 아래에 있어 큰 소리로 불러 이르되 거룩하고 참되신
대주재여 땅에 거하는 자들을 심판하여 우리 피를 갚아 주지 아니하시기를 어느
때까지 하시려 하나이까 하니(계 6:9~10)

어린 양이 다섯째 인을 떼실 때의 광경을 보여준다. 이들은 순교자들이다. 계
시록에서 다섯째 인의 위치는 다음의 표와 같다.

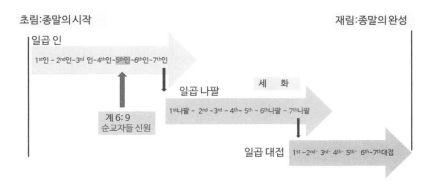

[ 계6장 다섯째 인 : 순교자들의 신원 ]

# 1. 순교자들(6:9)

## 1) 무천년설 견해

이필찬 박사는 『요한계시록』(에스카톤, p.649)에서 다섯째 인에 대한 견해를 말한다.

> 1~8절에서 소개되는 심판은 스가랴 1장과 6장 그리고 에스겔 14:21과 레위기 26장 18~28절을 배경으로 하나님에 의해서 주도되는, 하나님을 배반하는 세상에 대한 심판의 성격을 갖지만 9~11절에서의 하늘의 성전에서 보이는 "죽임을 당한 자들의 영혼들"은 하나님의 말씀과 예수가 주신 증거 때문에 그러한 결과를 맞이하게 된 것이기 때문이다. 이들 사이의 인과 관계의 정황은 전혀 찾아볼 수 없다.(이필찬,『요한계시록』,에스카톤, p.649)

## 2) 필자의 견해

### (1) 네 인과 순교자들의 상관 관계

이필찬 박사는 "순교자들의 신원과 앞의 네 인과의 인과 관계의 정황을 찾아볼 수 없다"고 주장하면서 흰 말과 그 탄 자를 '파르티아의 병사'로 적용한다. 첫째 인의 흰 말과 탄 자가 "복음 증거"라는 DNA를 발견하지 못한 결과이다. 순교자들은 첫째 인이 상징(의인화)한 '복음 증거'의 사명을 수행하다가 죽임을 당했기 때문에 상관관계가 있다. 다섯째 인을 뗄 때의 순교자들의 신원은 오랜 시간이 흐른 후에 있는 일이기 때문에 아벨로부터 스데반을 비롯한 모든 순교자를 포함한다. 서머나 교회가 고난을 받은 '열흘 동안'은 '로마 10대 황제들의 박해'로 적어도 약 250년간 복음을 전하다가 수많은 순교자가 죽임을 당했다. 그런 후에도 교회는 땅끝까지 복음을 전했고 순교자들이 발생했다. 다섯째 인이 떼어질 때 순교자들의 신원이 있다는 것은 양자가 서로 상관관계가 있다는 것을 보여준다. 무천년설은 첫째 인을 잘못 해석했기 때문에 다섯째 인과의 인과 관계를 간과하고 말았는데, 첫 번째 단추를 잘못 끼웠기 때문에 벌어지는 도미노 현상이다.

## (2) 네 인은 재앙인가?

이필찬 박사는 "1~8절의 심판"이라고 하며, 네 개의 인을 '재앙'으로 간주했다. 실제로 그는 '일곱 인의 재앙'이라는 문구를 자주 '당연한듯이' 사용했다. 이것은 일곱 인 전부를 '재앙'으로 보았기 때문이다. 첫 번째 인을 뗄 때에 나오는 '흰 말과 탄 자'는 '복음 증거'이고 어린 양으로부터 면류관이 주어진다. 첫째 인은 이 땅에 생명을 가져오는 축복의 통로이다. 게다가 다섯째 인은 "순교자들의 신원"으로 이것을 재앙으로 부를 수 없다. 무천년설은 일곱 인을 '스스럼없이' 재앙이라고 부르는 것은 '일곱 인'의 성격을 파악하지 못했기 때문이다.

## (3) 죽임 당한 혼들

다섯째 인의 주체인 "하나님의 말씀과 그들이 가진 증거로 말미암아 죽임을 당한 영혼들"은 순교자들을 가리키며 그들이 죽임을 당한 두 가지 이유가 언급됐다. 첫째, 하나님의 말씀 때문에 죽임을 당한 혼들(souls)은 구약의 성도들로서 순교자들을 가리킨다. 둘째, '그들이 가진 증거' 때문에 죽임을 당했다. '그들의 증거'는 '예수 그리스도의 증인이 되었다'는 것을 의미하고 신약의 순교자들을 가리킨다. 따라서 다섯째 인에서 신원하는 순교자는 구약과 신약의 순교자들이다. 다섯째 인의 순교자들의 신원은 지엽적이지 않고 전(全)시대에 걸친 순교자들의 신원이다.

# 2. '제단 아래'는 어디인가 (6:9)

## 1) 그레고리 K. 비일의 견해

그레고리 K. 비일은 『NIGTC 요한계시록』(새물결플러스, p.652~653)에서 "제단 아래"에 대한 견해를 제시했다.

여기서 제단이 죽은 자들과 함께 언급된 것은 그들의 권한이 가진 희생적 특징을 상기시킨다. 이 제단은 희생 제사를 드리는 동으로 만든 제단이 아니다. 비록 희생의 피가 그 제단 아래에 부어졌고 계6:10에서 희생된 성도들이 제단 아래 있다고 하더라도 말이다. 이 제단은 지성소 가까이에 있는 향을 피우는 금제단이라고 하는 것이 더 낫다. (중략) 이상한 것은 성도들이 금제단 위에 있지 않고 제단 아래 있다고 한 점이다. 이것은 제단 꼭대기에서 피를 부은 후 피가 제단 아래까지 내려왔음을 암시할 수 있다. 하지만 더 개연성이 있는 것은 요한계시록과 유대교 여러 문헌에서 이 제단을 하나님의 보좌와 일치시키거나 연결시키려는 까닭에 있다고 생각할 수 있다. 하나님의 주권적인 목적은 성도들을 궁극적으로 보호한다.(그레고리 K. 비일, 『NIGTC 요한계시록』, 새물결플러스, p.652~653)

## 2) 이필찬 박사의 견해

이필찬 박사(무천년설)는 『요한계시록』(에스카톤, p.650)에서 제단에 대한 견해를 말했다.

하늘에 있는 제단; 먼저 이 제단이라는 단어 앞에 정관사(τοῦ, 투)가 사용된 것은 하늘에 제단이 존재한다는 당시의 통념을 반영한다. 유대 묵시문헌과 기독교 묵시문헌에 의하면 하늘의 제단은 단 하나만 존재하는 것으로서 향단의 특징과 번제단의 특징을 부분적으로 혼합해서 가지고 있는데 전자 의미가 좀 더 우세하다. 이러한 배경은 요한계시록의 경우와 조화를 이룬다. 왜냐하면, 요한계시록에서는 번제를 드리는 정황보다는 순교자들의 기도와 관련하여 향을 피우는 정황이 더 두드러지기 때문이다.(이필찬, 『요한계시록』, 에스카톤, p.650)

## 3) 필자의 비평 및 견해

### (1) ψυχή(프슈케)

"제단 아래" 있는 "하나님의 말씀과 그들이 가진 증거로 말미암아 죽임을 당한 영혼들"이 있다. '영혼'의 원문은 'ψυχάς'(프슈카스)로 '혼'(soul)을 의미하는 'ψυχή'(프슈케)의 '복수형'이다. 개역개정이 '혼'을 '영혼'으로 번역한 것은, 헬라어 단어에 대한 오류가 아니라, "영과 혼을 하나로 보는 이분설" 관념으로 인한

'오역'이다. 이것은 번역이 아니라 '오역'이다. 그레고리 K. 비일과 이필찬 박사를 비롯한 무천년설 지지자들은 모두 '이분설'을 취한다. 이들은 순교자뿐만 아니라 "모든 성도는 사후에 '하늘에 있는 천국'에 갔다"고 간주한다. "신자의 사후 하늘에 있는 천국에 가는 사상"이 오류라는 것은 이미 서두에서 논증했다. "제단이 하늘에 있다"는 이필찬 박사의 견해는 1,500여 년 동안 비성경적 전통을 고수하는 로마 가톨릭의 영향을 받은 것이다.

### (2) 묵시문학 근거

그레고리 K. 비일이나 이필찬 박사는 모두 '제단'을 '금 향단'으로 해석한다. 이필찬 박사는 "유대 묵시문헌과 기독교 묵시문헌에 의하면 하늘의 제단은 단 하나만 존재하는 것으로서 향단의 특징과 번제단의 특징을 부분적으로 혼합해서 가지고 있다"는 것을 근거로 순교자들이 있는 '단 아래'를 '하늘에 있는 향단'이라고 해석했다. 하늘에 금 향단이 있다는 것은 자명하다. 여기의 논점은 "순교자들이 신원하는 장소인 '단 아래'가 어디인가?"라는 것이다. 하늘인가? 땅인가? 모든 순교자가 죽임을 당한 곳은 '이 땅'이다. 제물이 죽임을 당하는 제단도 땅에 있다. 참 제물이신 예수님도 십자가에 죽으신 것은 하늘이 아니라 '이 땅'이다. 계시록은 순교자들이 "제단 아래 있다"고 말한다. 죽은 후 그들의 혼들이 '땅속 중심부'에 있는 낙원에 있기 때문이다. 무천년설은 다섯째 인의 순교자들이 있는 '단 아래'를 향단으로 오해하여 하늘에 있는 금향단이라고 간주했다. 구약의 성막과 성전에서도 제단과 향단은 따로 있다. 그런데 하늘에 양자의 특징을 '혼합한 단'이 있다는 것은 잘못된 견해이다.

### (3) 두 종류의 단

성경에는 두 종류의 단이 있다. 첫째, 제물들이 죽임을 당하는 '제단'과 둘째, 성소에 있는 '금 향단'이다. '단'은 헬라어 'θυσιαστήριον'(뒤시아스테리온)으로 '제물을 드리는 곳, 번제단, 분향단'의 의미가 있다. 따라서 'θυσιαστήριον'(뒤시아스테리온)은 '제단과 분향단'으로 번역될 수 있다. 그렇다고 해서 아무 것이나 쓸 수 있는 것은 아니라, 문맥이 무엇을 가리키는지 살펴야 한다. 다섯째 인에서 언급한 '단은 '제단'을 의미한다. (필자 주: 계시록 8장의 금단에서 제단과 어떤 차이가 있는지 비교 분석했다.)

## (4) 제사장의 금기 사항

구약에서는 제사장이 성막에서 섬길 때 제사장의 하체를 노출시키는 것을 금지했다. 출애굽기 20:26은 "너는 층계로 내 제단(my altar)에 오르지 말라 네 하체(nakedness)가 그 위에서 드러날까 함이니라"고 말한다. 하나님을 섬기는 제사장일지라도 그 하체가 드러나는 것을 금지했다는 것은 깊은 의미가 있다. 순교자와 모든 죽은 성도들의 몸은 흙으로 돌아갔다. 몸이 없는 혼은 '벌거벗은 것'과 같다. 따라서 죽은 성도들의 몸은 아직 부활하지 않았기 때문에 하늘에 있는 하나님께 나아갈 수 없다. 이 원칙은 아브라함과 이삭과 야곱 모두에게 적용된다. 누가복음 16장에 나사로는 사후에 천사들에게 받들려 아브라함이 있는 곳에 갔다. 부자도 죽어 나사로가 있는 곳에서 큰 구렁텅이 건너편에 있는 '음부의 불꽃'에서 고통을 받았다. 죽은 아브라함과 나사로가 있는 곳이 하늘이 아니라 '땅속의 중심부'에 있는 낙원이다. 아브라함은 하늘에 있지 않고 '땅속의' 낙원에 있는 것은 몸이 죽어서 '벗은 몸'과 같기 때문이다. 하나님의 보좌 앞으로 올라갈 때는 첫 번째 부활에 참여하여 '부활의 몸'을 덧입은 후가 될 것이다.

## (5) 벗은 것과 덧입음

사도 바울은 우리 몸을 장막에 비유하면서 부활로 말미암아 입을 몸을 하늘의 영원한 집과 옷을 덧입기를 사모했다. 고린도후서 5:1~4은 이렇게 말한다.

> 만일 땅에 있는 우리의 장막 집(our earthly house of this tabernacle)이 무너지면(were dissolved) 하나님께서 지으신 집 곧 손으로 지은 것이 아니요 하늘에 있는 영원한 집이 우리에게 있는 줄 아느니라 참으로 우리가 여기 있어 탄식하며 하늘로부터 오는 우리 처소로 덧입기를 간절히 사모하노라 이렇게 입음은 우리가 벗은(naked) 자들로 발견되지 않으려 함이라 참으로 이 장막에 있는 우리가 짐진 것 같이 탄식하는 것은 벗고자 함이 아니요 오히려 덧입고자 함이니 죽을 것이 생명에 삼킨 바 되게 하려 함이라(고후 5:1~4)

땅에 있는 '장막 집'은 '몸'을 가리키고, '무너지면'은 '죽음'을 가리킨다. 이런 상태를 '벗은 자들'이라고 말한다. 몸이 없는 혼들(souls)은 '벗은 자'와 같기 때문에 '덧입기'를 원한다고 하는데, 그것은 '부활의 몸'을 가리킨다. 어느 누구도 부활의 몸을 입지 않고 하늘에 올라갈 수 없다. 금 향단은 하늘에 있는 것으로서, 그 옆에 있기 위해서는 부활의 몸을 입어야 한다. 부활하지 않은 사람이 하늘에 가는 것은 불가능하다. 이것은 구약이나 신약이나 변함없는 영적 원칙이다. 이 필찬 박사를 비롯한 무천년설 지지자들이 "순교자들이 하늘의 금향단에 있다는 것"과 "죽은 성도들이 하늘에 있는 천국으로 즉시 간다"는 사상은 성경과 전혀 다르다. 이 또한 로마 가톨릭의 신학 사상의 영향이다.

### (6) 제단과 향단

성경에서 '단'이라고 언급할 때는 '제단'을 가리킨다. 금향단을 가리킬 때는 반드시 '향단'이나 '금단'으로 칭한다. 개역개정의 계시록 5:8은 "향이 가득한 금 대접"으로 번역했다. 계시록 5:8의 '금 대접'은 '금향단'을 가리키기 때문에 바른 번역이다. 계시록 6장의 '제단'은 '제물들이 죽는 제단'을 가리킨다. 양자는 서로 다르다. 개역개정이 6장의 '제단'을 '금향단'으로 번역하지 않은 것은 바르게 번역한 것이다. 무천년설자들이 양자를 '혼합한 것'이나 동일한 것으로 보는 것은 '작지만 큰 오류'이다.

### (7) 제물이 죽는 곳

'제단'은 제물들이 죽임을 당하는 곳으로, 제물들의 피는 반드시 '제단 밑'에 흘려야 했다. 출애굽기 29:11~12을 보면 "너는 회막 문 여호와 앞에서 그 송아지를 잡고 그 피를 네 손가락으로 제단 뿔들에 바르고 그 피 전부를 제단 밑(the bottom of the altar)에 쏟을지며"라고 말한다. 제물인 송아지의 피를 제단 뿔에 발랐고, 송아지의 피 전부는 '제단 밑'에 쏟았다. 만일 무천년설의 주장대로 순교자들이 있는 '단 아래'를 하늘이라고 간주한다면, 구약 시대 제물인 송아지의 피를 제단 아래 쏟았는데, 하늘에 있는 금향단에 송아지의 피가 흘렀다는 것을 주장하는 것이 된다. 이것이 가능하겠는가? 불가능하다. 성경은 성경으로 해석한다.

### (8) 십자가 사후 가신 곳

제물이 제단에서 죽은 것처럼, 참 제물이신 예수님은 십자가에서 '물과 피'를 쏟으시고 죽으셨다. 우리가 알다시피 십자가는 하늘에 있는 것이 아니라 땅에 있다. 계시록 6장에서 순교자들은 '제단 아래' 있다. '제단'은 땅에 있고, '제단 아래'란 '땅 아래'를 가리킨다. 순교자들의 몸은 죽어서 흙이 됐고, 순교자들의 혼 (soul)은 '땅속 중심부'에 있는 '낙원'에 있다. 그런 이유로 해서 계시록은 순교자들이 '제단 아래 있다'고 말한다. 제단은 '땅 위에' 있기 때문에 '제단 아래'는 '땅의 아래'에 있는 '낙원'을 가리킨다. 마태복음 12:40에서 주님은 십자가에 죽으신 후 가신 곳이 어디인지를 말씀하셨다.

> 요나가 밤낮 사흘 동안 큰 물고기 뱃속에 있었던 것 같이 인자도 **밤낮 사흘 동안 땅속에**(in the heart of the earth) 있으리라(shall be)(마 12:40)

주님이 십자가 사후 가신 곳은 "땅속 중심부"이다. ' … 속'으로 번역된 원문은 'καρδια'(카르디아)로 '마음, 중심부, 심장부'라는 뜻이다. '카르디아'가 사람과 함께 사용될 때는 '마음'으로 번역되고, 사물과 함께 사용될 때는 '중심부'로 번역된다. 'καρδια'(카르디아)를 한정하는 것이 '땅'(earth)이라는 사물이기 때문에 '땅의 중심부'로 번역되어야 한다. 성경은 땅의 중심부에 '낙원과 음부'가 있음을 계시한다. '땅속'에 있는 낙원은 무천년설이 말하듯이 '하늘에 있는 천국'이 아니다.

### (9) 오순절 베드로의 증거

사도행전 2장에서는 오순절 성령강림 후 베드로가 예수의 십자가의 죽음을 시작하며 부활과 승천과 성령 주심을 증거했다. 23절에서 유대인들의 죄를 지적하며, 그리스도의 죽으심을 증거했다. 베드로는 "너희가 법 없는 자들의 손을 빌려 못 박아 죽였으나 하나님께서 그를 사망의 고통에서 풀어 살리셨으니 이는 그가 사망에 매여 있을 수 없었음이라"고 증거했다. '사망에 매였다'는 것은 예수님의 죽으심을 의미한다. 다윗의 시편을 인용한 27절에서 "이는 내 영혼을 음부에 버리지 아니하시며 주의 거룩한 자로 썩음을 당하지 않게 하실 것임이로다"고 증거했다. 다윗이 그리스도에 대하여 예언했다. 따라서 '내 영혼'은 '예수님의 영혼'을 의미한다. '내 영혼'은 'τὴν ψυχήν'(텐 프쉬켄)으로 '혼, soul'을 의미하는 'ψυχή'(프쉬케)의 목적형이다. 성경에서 '영혼'이라고 부르는 곳은 한 곳도 없다. '영'이든지 '혼'을 따로 구별하여 언급한다. 이는 양자가 동일한 것이 아니라, 서로 다른 것이기 때문이다. 개역개정에서 '영혼'(spirit-soul)으로 번역한 것은 번역자가 '이분설 관념'으로 번역했기 때문이다. 이것은 번역이 아니라 해석한 것인데, 잘못된 해석이다. 십자가 사후 주님의 몸은 무덤에 장사되었고, '혼'은 음부로 내려가셨다. 십자가에서 구원받은 강도의 혼도 음부, 더 정확하게 '구원받는 자들이 가는 낙원'에 갔다. 그곳은 아브라함과 모든 믿음의 선진들과 순교자들이 있는 곳이다. 십자가 사후 주님이나 강도는 하늘에 간 것이 아니다. 순교자들도 하늘에 간 것이 아니다. 따라서 순교자들이 있는 '단 아래'는 하늘이 아니라 '땅 아래'를 가리킨다.

## 3. 순교자들의 부르짖음 (6:10)

큰 소리로 불러 이르되 거룩하고 참되신 대주재여 땅에 거하는 자들을 심판하여 우리 피를 갚아 주지 아니하시기를 어느 때까지 하시려 하나이까 하니(10)

### 1) 큰 소리

"큰 소리로 불러 이르되"라는 것은 '물리적' 큰 소리를 가리킨다. 그뿐만 아니라 순교자들의 간구의 '의로운 정당성'을 보여준다. 만일 그들의 요구가 부당한 것이었다면 큰 소리로 말할 수 없기 때문이다. 요한계시록에서 '큰 소리'는 하나님의 명령을 수행하는 천사들이 '큰 소리'로 외쳤다. 교회로서 아무도 셀 수 없는 큰 무리가 보좌에 앉으신 이와 어린 양의 구원을 찬양할 때 '큰 소리'로 불렀다.(계 7:9~10) 이들이 '큰 소리'로 부르짖을 수 있는 것은 그들의 정당성과 하나님의 공의의 속성에 부합하기 때문이다.

## 2) 우리 피

"우리 피를 갚아 주지 아니하시기를"이라는 것은 그들이 불의한 자들에게 죽임을 당했다는 것을 가리킨다. 그래서 하나님의 공의에 호소한다. 순교자들은 그들의 피에 대하여 공의의 하나님께서 갚아 주실 것을 신원했다. 이들은 구약의 순교자들과 신약의 순교자들이다. 이것은 그들이 순교한 후 오랜 시간이 흘렀다는 것을 암시한다. 교회 시대는 하나님께서 세상에 대하여 오래 참고 계시는 은혜의 시대이기 때문이다. 순교자들의 간구는 은혜의 시대 후에 '심판의 시대'가 있다는 것을 암시한다.

## 3) 어느 때까지

"어느 때까지 하시려 하나이까"라는 것은 순교자들이 오랫동안 기다렸다는 것을 의미한다. 예를 들어 보자. 순교를 당한지 얼마 되지 않았다면, "어느 때까지 참으시렵니까?"라는 것은 어울리지 않는다. 순교자들은 구약의 순교자들을 포함한다. 주님은 "아벨의 피로부터"라고 말씀하셨다. 첫 번째 순교자는 아벨이다. 그리고 수많은 순교자가 있다. 주님이 승천하신 후 주님의 명령을 따라 그리스도의 죽음과 부활과 승천과 다시 오심을 전하다가 많은 순교자가 발생했다. 상당한 시간이 흐른 뒤에 순교자들의 신원이 있다. 하나님의 심판이 있다는 것은 순교자들의 부르짖는 기도에 응답하셨다는 것을 의미한다. 순교자들의 신원은 순교 후 오랜 시간이 지난 후에 있을 것이다. 다섯째 인의 신원은 여섯째 인의 재앙이 오기 전에 있다. 여섯째 인의 재앙이 이 땅에 있게 될 때, 다섯째 인의 순교자들의 신원이 있었다는 것을 알게 될 것이다.

## 4) 거룩하고 참되신 대주재

이들은 "거룩하고 참되신 대주재여"라고 부른다. 계시록 3:7에서 주님은 빌라델비아 교회에게 "거룩하고 진실하신 분"으로 계시하셨다. '거룩하고 진실한'은 순교한 성도들이 주님이 어떤 분이심를 알았다는 것을 의미한다. 대주재는 헬

요한계시록 INSIDE - 1~11장: 그가 왕 노릇 하시리로다

라어 'δεσπότης'(데스포테스)로 '절대적 통치자, 주(Lord)'라는 의미이다. 이 호칭은
세상에서는 '로마 황제'에게 쓰였다. 마태복음에서 사람들은 주님을 '유대인의
왕'으로 생각했다. 주님은 아브라함과 다윗의 자손으로 오신 유대인의 왕이시다.
그러나 주님은 유대인의 왕을 뛰어넘는 놀라운 분이시다. 마태복음 28장에서 주
님은 승천하시기 전에 지상 대위임 명령을 주시기 전에 한 가지 놀라운 사실을
언급하셨다. 마태복음 28:18은 "예수께서 나아와 말씀하여 이르시되 하늘과 땅
의(in heaven and in earth) 모든 권세(all power)를 내게 주셨다"라고 말씀한다. 주님은
부활하신 후 '하늘과 땅의 모든 권세'를 아버지께 받으셨다. 유대인의 왕은 유
대 땅을 다스리고, 로마의 황제는 로마제국 내의 땅을 다스린다. 어느 누구도 '온
땅'을 다스린 자가 없다. 더구나 '하늘의 권세'를 가진 자는 어디에도 없다. 그런
데 부활의 주님께서는 '온 땅의 권세'와 '하늘의 권세'를 모두 가지셨다. 그분은
유대인의 왕일 뿐만 아니라 만왕의 왕이며 만주의 주이시다.

## 5) 땅에 거하는 자들

순교자들의 신원의 대상은 '어떤 특정인'을 지칭하지 않았다. 계시록에 대한
큰 오해는 성도들을 박해했던 로마제국에 제한하여, 그 시대 성도들에 대한 위
로라고 간주한다. 계시록은 당연히 이들을 포함한다. 그러나 그들만을 위한 것
이 아니다. 만일 계시록이 박해받는 로마 시대의 성도들을 위로하는 것만이라면,
순교자들은 "거룩하고 참되신 대주재여 로마제국을 심판하여 우리 피를 갚아 주
지 아니하시기를 어느 때까지 하시려 하나이까"라고 신원했을 것이다. 순교자들
의 기도에는 그런 '지엽적인' 것을 찾아볼 수 없고, "땅에 거하는 자들"이라고 언
급한다. 이 문구는 계시록에서 여러 차례 언급되는데, 그 사용된 용례의 공통점
을 찾으면 '땅에 거하는 자들'이란 의미를 볼 수 있다.

- (계 3:10) 네가 나의 인내의 말씀을 지켰은즉 내가 또한 너를 지켜 시험의 때를
  면하게 하리니 이는 장차 온 세상에 임하여 땅에 거하는 자들을 시험할 때라

- (계 6:10) 큰 소리로 불러 이르되 거룩하고 참되신 대주재여 땅에 거하는 자들을

심판하여 우리 피를 갚아 주지 아니하시기를 어느 때까지 하시려 하나이까

- (계 8:13) 내가 또 보고 들으니 공중에 날아가는 독수리가 큰 소리로 이르되 **땅에 사는 자들에게** 화, 화, 화가 있으리니 이는 세 천사들이 불어야 할 나팔 소리가 남아 있음이로다 하더라

- (계 13:8) 죽임을 당한 어린 양의 생명책에 창세 이후로 이름이 기록되지 못하고 **이 땅에 사는 자들은** 다 그 짐승에게 경배하리라

- (계 13:12) 그가 먼저 나온 짐승의 모든 권세를 그 앞에서 행하고 **땅과 땅에 사는 자들을** 처음 짐승에게 경배하게 하니 곧 죽게 되었던 상처가 나은 자니라

- (계 13:14) 짐승 앞에서 받은 바 이적을 행함으로 **땅에 거하는 자들을** 미혹하며 땅에 거하는 자들에게 이르기를 칼에 상하였다가 살아난 짐승을 위하여 우상을 만들라 하더라

- (계 14:6) 또 보니 다른 천사가 공중에 날아가는데 **땅에 거주하는 자들** 곧 모든 민족과 종족과 방언과 백성에게 전할 영원한 복음을 가졌더라

- (계 17:2) 땅의 임금들도 그와 더불어 음행하였고 **땅에 사는 자들도** 그 음행의 포도주에 취하였다 하고

- (계 17:8) 네가 본 짐승은 전에 있었다가 지금은 없으나 장차 무저갱으로부터 올라와 멸망으로 들어갈 자니 **땅에 사는 자들로서** 창세 이후로 그 이름이 생명책에 기록되지 못한 자들이 이전에 있었다가 지금은 없으나 장차 나올 짐승을 보고 놀랍게 여기리라

성경은 순교자들의 신원의 대상을 "땅에 거하는 자들"이라고 말한다. "땅에 거하는 자들"은 원문에서 "των κατοικουντων επι της γης"(톤 카토이쿤톤 에피 테스 게

스)이다. '거하는'은 'κατοικουντων'(카토이쿤톤)으로 '영원히 안주하다, 정착하다'라는 'κατοικέω'(카토이케오)의 '현재 분사 소유격 복수형'이다. 위의 용례에서 나타나듯이, 땅에 거하는 자들이란 단순히 '장소적'인 것을 가리키지 않는다. 만일 그렇다면 교회와 신자는 '땅이 아닌 하늘에서 산다'는 의미가 되어야 한다. 따라서 신자의 정체성과 비전과 비교하면 확실히 드러난다.

골로새서 1:5은 "너희를 위하여 하늘에(in heaven) 쌓아 둔 소망(the hope)으로 말미암음이니 곧 너희가 전에 복음 진리의 말씀을 들은 것이라"고 말한다. 고린도후서 4:18은 "우리가 주목하는 것은 보이는 것(the things which are seen)이 아니요(not) 보이지 않는 것(the things which are not seen)이니 보이는 것은 잠깐이요(temporal) 보이지 않는 것은 영원함이라(eternal)"고 말한다.

믿지 않는 자들은 '잠깐 동안' 있는 '보이는 것들'을 추구한다. '영원한 것'과 '보이지 않는 것들'을 무시하고 경멸하는데, 불신자는 신자들의 믿는 것과 삶의 목표가 다르기 때문이다. 계시록에서 이방인인 불신자들을 "땅에 거하는 자들"이라고 부르는 것은 그들이 땅(세상)에 소망을 두고 땅(세상)에 뿌리를 박고 살아가는 하나님이 없는 사람들이기 때문이다.

순교자들 가운데는 스데반도 있을 것이다. 스데반의 순교가 기록된 사도행전 7:59~60은 "그들이 돌로 스데반을 치니 스데반이 부르짖어 이르되 주 예수여 내 영혼을 받으시옵소서 하고 무릎을 꿇고 크게 불러 이르되 주여 이 죄를 그들에게 돌리지 마옵소서 이 말을 하고 자니라"고 말한다. 스데반은 불의한 자들에게 죄를 돌리지 말 것을 기도했다. 그런데 다섯째 인에서 스데반을 비롯한 순교자들이 "이 피를 신원하여 주기를 언제까지 하지 않으시렵니까?"라고 기도한다. 양자는 서로 모순되어 보인다.

스데반은 주님이 땅끝까지 복음을 전하는 시기가 '은혜의 시대'이기 때문에 하나님의 은혜와 자비를 따라 기도했다. 이에 반하여 계시록 6장의 순교자들의 기도는 은혜의 시대가 지나고 이제는 '공의로 심판'하실 때가 되었기 때문이다. 만일 순교자들의 신원의 기도가 하나님의 뜻과 어긋난다고 하면, 하나님께서 응답하시지 않았을 것이다. 다섯째 인에 이어 여섯째 인을 뗄 때 큰 지진이 나고 해와 달과 별들에게 이변이 생기는 것은 하나님께서 순교자들의 신원에 응답하셨다는 것을 가리킨다. 따라서 순교자의 신원과 하나님이 응답은 공의롭고 합당하다.

## 4. 하나님의 응답: 흰 두루마기 (6:11)

### 1) 흰 두루마기

11a절은 "각각 그들에게 흰 두루마기를 주시며"라고 말씀한다. '흰 두루마기'는 'στολὴ λευκή'(스톨레 류케)로 'στολή'(스톨레)는 '긴 옷'(a robe)을 의미한다. 계시록 1:13에서 주님이 입고 있는 옷 즉 '발에 끌리는 옷'은 대제사장의 옷을 가리킨다. 계시록 3:4~5에서도 "그러나 사데에 그 옷을 더럽히지 아니한 자 몇 명이 네게 있어 흰 옷을 입고 나와 함께 다니리니 그들은 합당한 자인 연고라 이기는 자는 이와 같이 흰 옷을 입을 것이요"라는 약속과 일맥상통한다. '흰 두루마기'는 하나님께서 순교자들이 죽도록 충성한 것에 대하여 인정하신다는 것을 의미한다. 이 '의'는 주 예수를 믿는 자들에게 주시는 '칭의'와 다르다. 칭의란 죄인이 예수 그리스도를 믿을 때에 '하늘의 법정'에서 "너는 이전에는 죄인이었지만, 이제는 의롭다 칭한다"는 것을 의미한다. 이와 반면에, 순교자들에게 흰 두루마기가 주어진 것은 "그들이 믿음으로 승리했고 하나님께서 인정하신다"는 의미를 함의한다.

### 2) 잠시동안 쉼

11b절은 "아직 잠시동안 쉬되"라고 말씀한다. 순교자들은 "'이제' 우리들의 피를 신원해 주실 때가 됐다"고 생각했기 때문에 신원했을 것이다. 그런데 하나님은 '아직'이라고 말씀하신다. 하나님의 정하신 때가 이르지 않았음을 암시한다. 그리고 하나님은 순교자들에게 "잠시동안 쉬되"라고 말씀한다. '일정한 기간'이 지나야 할 것을 가리킨다. 물론 이 기간은 '긴 기간'이 아니라 '잠시의 기간'이다. '쉬되'는 원문에서 'ἀναπαύσωνται'(아나파우손타이)로서 '쉬게하다, 안식하다'라는 의미를 가진 'ἀναπαύω'(아나파우오)의 '3인칭 복수 미래 중간태'이다.

누가복음 16장에 있는 부자와 나사로의 이야기에서 아브라함은 부자에게 구원받은 나사로가 어떤 상태에 있는 것을 보여준다. 25절은 "아브라함이 이르되 얘 너는 살았을 때에 좋은 것을 받았고 나사로는 고난을 받았으니 이것을 기억하라 이제 그는 여기서 위로를 받고(he is comforted) 너는 괴로움을 받느니라"(눅 16:25)고 말씀한다. 나사로를 비롯한 모든 순교자들과 성도들은 낙원에서 '위로'를 받는다. 계시록은 순교자들이 '쉰다', '안식한다'고 말한다. 순교자들을 비롯한 나사로와 아브라함과 모든 성도는 '땅속 중심부'에 있는 '낙원'에서 위로를 받고 안식을 누리고, 땅에 거하는 자들에게 하나님의 공의로 심판하실 때를 기다리고 있다.

### 3) 순교자의 수가 차기까지

11c절은 "그들의 동무 종들과 형제들도 자기처럼 죽임을 당하여 그 수가 차기까지 하라 하시더라"고 말한다. '아직' 세상을 심판하실 때가 되지 않은 것과 '잠시동안 쉬라는 것'은 서로 맞물려 있다. 그런데 또 다른 요인은 '순교자의 수가 차야 한다'는 것이다. 이것은 대환난과 관계있다. 다섯째 인을 뗄 때는 아직 대환난이 도래하지 않았다. 대환난은 악의 화신으로 짐승인 적그리스도가 사탄의 권세를 받아 우상을 만들어 경배하게 하고 짐승의 표인 666을 받게 하는 때이다. 이때에 많은 순교자가 발생할 것이다. 대환난은 멸망의 가증한 것인 '적그리스도의 우상'이 거룩한 곳인 예루살렘 성전에 설 때로부터, 한 때 두 때 반 때 즉 세 때 반, 42달, 1,260일 동안 계속될 것이다. 대환난이라는 암흑시대에 두 증인이 어둠을 밝히는 두 등대와 같이 땅에 재앙을 내리고 심판을 예언하여 경건한 유대인들과 휴거되지 않은 신자들을 격려할 것이다. 하늘에는 천사들이 날아가며 "하나님을 두려워 하라. 그의 심판이 가까이 왔다"는 내용의 영원한 복음을 전한다. 대환난은 창세 이전에도 이후에도 없는 시대이다. 따라서 수많은 순교자가 발생할 것이다.

### 4) 순교자가 받을 상

11c절은 순교자들은 예수의 증인으로 죽도록 충성함으로 승리했고, 하나님으로부터 '흰 두루마기'를 받았다. 그들은 대환난 가운데 순교자들의 수가 차기까지 좀 더 쉬며 기다려야 한다. 계시록 20:4~6은 순교자들이 받을 상을 언급한다.

또 내가 보좌들을 보니 거기에 앉은 자들이 있어 심판하는 권세를 받았더라 또 내가 보니 **예수를 증언함과 하나님의 말씀 때문에 목 베임을 당한 자들의 영혼들 (the souls)**과 또 짐승과 그의 우상에게 경배하지 아니하고 그들의 이마와 손에 그의 표를 받지 아니한 자들이 살아서 그리스도와 더불어 천 년 동안 왕 노릇 하니 (그 나머지 죽은 자들은 그 천 년이 차기까지 살지 못하더라) 이는 첫째 부활이라 이 첫째 부활에 참여하는 자들은 복이 있고 거룩하도다 둘째 사망이 그들을 다스리는 권세가 없고 도리어 그들이 하나님과 그리스도의 제사장이 되어 천 년 동안 그리스도와 더불어 왕 노릇 하리라(계 20:4~6)

계시록 6장에서 "하나님의 말씀과 그들이 가진 증거로 말미암아 죽임을 당한 영혼들(the souls)"은 순교자들을 가리킨다. 계시록 20장의 "예수를 증언함과 하나님의 말씀 때문에 목 베임을 당한 자들의 혼들(the souls)"과 일치한다. 이들은 재림 후 천년왕국에서 왕 노릇 할 자들이다. '그 수가 차기까지'는 '순교자들의 수가 차야 한다'는 것을 의미하고, 대환난 중 죽임당하는 순교자들을 가리킨다. 계시록 20장의 "또 짐승과 그의 우상에게 경배하지 아니하고 그들의 이마와 손에 그의 표를 받지 아니한 자들"과 일치한다. 이들도 주님의 재림 후에 천년왕국에서 왕 노릇 할 것이다. 계시록 20장에는 세 무리가 왕 노릇 한다는 것을 언급한다. 그들 가운데 한 무리는 "보좌들에 앉은 자들"이다. 이들은 계시록 3:21에서 "이기는 그에게는 내가 내 보좌에 함께 앉게 하여 주기를 내가 이기고 아버지 보좌에 함께 앉은 것과 같이 하리라"는 약속을 받은 '이기는 자들'이다. 하나님께서 순교자들에게 '잠시동안 쉬라'는 말씀 배후에는 놀라운 축복이 숨겨져 있다.

# Chapter 29 ·
# 여섯째 인(6:12-17)

여섯째 인은 다섯째 인과 연관성이 있다. 다섯째 인은 자신의 피를 신원해 달라는 순교자들의 기도였고, '잠시동안 쉴 것'과 '순교자들의 수가 차야 할 것'을 말씀하셨다. 여섯째 인은 순교자들의 신원 후에 발생하는 일들로서 이 땅에 거하는 자들에게 대한 하나님의 심판이다.

## 1. 다섯째 인과 여섯째 인의 연관성에 대한 견해

### 1) 무천년설: 그레고리 K. 비일의 관점

그레고리 K. 비일은 다섯째 인과 여섯째 인의 연관성에 대하여 『NIGTC 요한계시록』(새물결플러스, p.660)에서 다음과 같은 견해를 제시했다.

> 대부분의 주석가들이 동의하듯이 이 단락이 6:9~11에 있는 호소에 대한 반응이라면, 이 단락은 최후의 심판을 다루는 것이 틀림없다. 6:11은 고난을 받게 될 하나님의 모든 백성이 최후의 심판이 시행되기 전에 그들의 고난을 채워야 함을 단언하기 때문이다. 그래서 6:12~17의 재앙 장면은 박해를 받기로 되어 있는 모든 그리스도인의 박해가 마침내 끝나고, 이제 남은 것은 박해자들에게 최후 심판을 행하는 것뿐임을 가정한다. 이 장면은 세계역사에 마지막 상황을 암시한다. 그러므로 이 본문이 확장된 환난기 동안 믿지 않는 사람들에게 내리는 재림 이전의 심판을 다룬다고 볼 수 없다. 그 시점에서는 신자들을 박해하는 것이 아직 끝나지 않았기 때문이다.(그레고리 K. 비일, 『NIGTC 요한계시록』새물결플러스, p.660)

## 2) 필자의 비평 및 견해

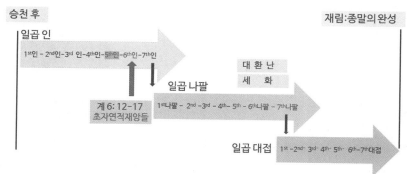

[ 계시록에서 다섯째 인과 여섯째 인의 위치 ]

### (1) 다섯째 인과 여섯째 인의 위치

위의 표는 계시록 전체에서 다섯째 인과 여섯째 인의 위치와 양자의 관계를 나타낸다. 계시록은 관념적인 책이 아니다. 하나님의 경륜이 이 땅에 어떻게 수행될 것인가를 보여주는 책이다. 따라서 일곱 인의 내용이 중요할 뿐만 아니라, 그것이 어느 시기(일곱 인이나 일곱 나팔)에 위치했는지를 주목할 필요가 있다. 하나님의 비밀의 경륜은 일곱 인으로 인봉한 두루마리에 담겨져 있고, 다섯째 인을 뗄 때 순교자들의 신원은 땅에 거하는 자들에게 여섯째 인의 초자연적인 재앙을 가져왔다.

### (2) 신원에 대한 응답

그레고리 K. 비일은 여섯째 인이 다섯째 인의 순교자들의 신원에 대한 응답이라는 것을 인정했다. 필자도 이에 동의한다. 다섯째 인과 여섯째 인은 밀접한 관계이다. 순교자들의 신원은 하나님의 공의를 기초로 한다. 하나님은 세상에 대하여 오래 참으셨다가 순교자들의 신원을 들으시고 비로소 '공의의 심판'을 시작하신다. 하나님께서 성도들의 기도를 통하여 역사하신다는 것을 보게 된다. 하나님의 심판은 성도들의 기도와 함께 역사한다. 계시록의 재앙들은 모두 공의로우신 하나님께서 행하신 일들이다.

### (3) 최후의 심판인가?

그레고리 K. 비일은 "여섯째 인이 순교자의 호소에 대한 반응이라면, 이 단락은 최후의 심판을 다루는 것이 틀림없다"는 것으로 발전했고, "6:12~17의 재앙 장면은 박해를 받기로 되어 있는 모든 그리스도인의 박해가 마침내 끝나고, 이제 남은 것은 박해자들에게 최후 심판을 행하는 것뿐임을 가정한다"고 주장했다. 이것은 성급하게 확대해석한 것이다. 여섯째 인은 최후의 심판이 아니다. 순교자들의 신원에 대한 응답으로 이제 비로소 땅에 거하는 자들을 심판하기 시작하셨기 때문이다. 이전의 네 인은 어떤 의미에서 재앙이 아니었다. 왜냐하면, 첫 번째 인은 이 땅에서 '생명'을 가져오는 '복음 증거'를 의미하기 때문이다. 물론 둘째 인의 전쟁과 셋째 인의 기근과 넷째 인의 사망은 재앙임에 틀림이 없다. 하지만 하나님께서 '직접적으로' 혹은 '초자연적'으로 심판하신 것이 아니다. 여기에는 하나님의 주권인 섭리가 함의된다. 둘째 인의 붉은 말과 그 탄 자는 전쟁을 상징했다. 전쟁은 직접적으로 인간의 탐욕과 죄악으로 일어난다. 그러나 여섯째 인의 초자연적인 재앙은 하나님이 직접적으로 심판하신 것으로 서로 구별된다. '첫째 화'로부터 '셋째 화'까지를 대환난이라고 부를 수 있다.

### (4) 대환난과 박해의 종결 문제

그레고리 K. 비일은 "모든 그리스도인의 박해가 마침내 끝났기 때문에" 여섯째 인의 재앙이 있다고 간주했다. 이것 또한 매우 성급한 결론이다. 위 도표에서 나타나듯이 아직 일곱째 인이 떼어지지 않았다. 일곱째 인은 일곱 나팔 재앙으로 구성된다. 이 가운데 '세 화'가 대환난을 구성한다. '첫 번째 화'로 불리는 것은 '다섯째 나팔 재앙'이고, 두 번째 재앙으로 불리는 것은 '여섯째 나팔 재앙'이다. 세 번째 화로 불리는 것은 '일곱 번째 나팔'로서 '일곱 대접의 재앙들'이다. 이때는 짐승인 적그리스도가 사탄에게 권세를 받아 예루살렘 성전에 자신의 우상을 세우고 경배하게 하고 짐승의 표인 '666'을 사람들의 이마와 오른 손목에 받게 한다. "순교자의 수가 차기까지"라는 것은 바로 대환난 가운데 성취된다. 비일은 이런 구체적인 계시록의 문맥에 나타난 사실들을 염두에 두지 않고, 여섯째 인을 '최후의 심판'으로 간주해서 성도들에 대한 박해가 끝났다고 하는 것과 "세계 역사의 마지막 상황을 암시한다"는 주장은 '사소해 보이지만 큰' 실수이다.

## 2. 여섯째 인을 보는 관점

### 1) 무천년설: 이필찬 박사의 관점

이필찬 박사는 『요한계시록』(에스카톤, p.668)에서 여섯째 나팔에 대한 견해를 아래의 표와 함께 제시했다.

> 본문의 내용은 요한이 임의적으로 구성한 표현이 아니고, 구약의 심판 패턴을 적용한 것이다. 다음 도표(이필찬 박사가 제시한 표)에서 어떤 구약 본문이 각 표현의 배경으로 사용되는지 쉽게 확인할 수 있다.(이필찬, 『요한계시록』, 에스카톤, p.668)

| 계시록 6:12-14 | 구약 |
|---|---|
| 큰 지진이 일어났다(12b) | 여호와께서 땅을 진동시키려고 일어나실 때에 (사 2:19) |
| 해가 검은 베옷같이 검게 되었다(12c) | 내가 흑암으로 하늘을 입히며 굵은 베로 덮느니라 (사 50:3)<br>해가 어두워지고(욜 2:31a) |
| 달 전체가 피같이 되었다(12d) | 달이 핏빛같이 변하려니와(욜 2:31b) |
| 무화과나무가 큰 바람에 의하여 그것의 설익은 열매가 떨어지는 것 같이 땅에 떨어지며(13b) | 하늘의 만상이 사라지고(떨어지고) 하늘들이 두루 마리같이 말리되 그 만상의 쇠잔함이 포도나무잎이 마름 같고 무화과 나무 잎이 마름 같으리라 (사 34:4) |
| 하늘의 별들이 떨어짐<br>– 하늘의 별들이 땅으로 떨어졌다(13a) | |
| 하늘은 두루마리(βιβλον)가 말리는 것처럼 분리가 되었다(14a) | |
| 모든 산과 섬이 … 옮겨졌다(14b) | 내가 산들을 본즉 다 진동하며 작은 산들도 요동하며(렘 4:24) |

## 2) 필자의 비평 및 견해

### (1) 요한의 임의적 구성

이필찬 박사는 "본문의 내용은 요한이 임의적으로 구성한 표현이 아니고, 구약의 심판 패턴을 적용한 것이다"라고 말했다. 여기에는 "사도 요한이 요한계시록을 어떻게 기록했는가?"라는 이 박사의 관점이 들어있다. 첫째, 사도 요한이 여섯째 인의 내용을 '임의적으로' 구성한 표현이 아니라고 말한다. 필자도 동의한다. 사도 요한이 '예수 그리스도의 계시로' 요한계시록을 썼기 때문이다. 요한계시록을 비롯한 성경을 기록한 사람들을 '저자(著者)'라고 하지 않고 '기자(記者)'라고 하는 것도 그 때문이다.

### (2) 계시성과 구약 심판 패턴 적용

이 박사는 사도 요한이 "구약의 심판 패턴을 적용한 것이다"라고 주장했다. 이것은 앞의 견해와 상반된다. 한편으로 "임의적으로 구성한 표현"은 아니지만, "구약의 심판 패턴을 적용했다"는 그의 의도를 이해할 필요가 있다. '임의적으로'라는 것은 '사도 요한의 개인적인 생각대로' 구성한 표현이 아니라, '구약의 심판 패턴을 적용했다'는 것을 의미한다. 이 박사가 이렇게 주장한 것은 논리적으로 모순된다. "구약의 심판 패턴을 적용했다"는 것은 사도 요한이 구약의 심판 패턴을 분석하고, 그것을 사도 요한이 적용하여 기록했다는 것을 의미하기 때문이다. 그의 견해는 사도 요한이 계시를 받았다는 것을 부인한다. 사도 요한이 구약의 여러 심판 패턴을 적용하면서 '자의적으로' 여섯째 인을 썼다면, 요한계시록이 아니라 '요한묵시록'이라 불러야 한다. 물론 이 박사를 비롯한 무천년설 지지자들은 계시록을 묵시문학으로 보기 때문에 '나름' 논리적이다. 그러나 요한계시록의 계시성을 훼손하는 견해이다. 이들이 언급한 구약 패턴이란 구약에 애굽을 심판하신 하나님의 방법을 가리킨다. 구약에 애굽을 심판하신 하나님과 계시록에서 세상을 심판하실 하나님이 동일하기 때문에 나타난 것이다. 이것을 사도 요한이 구약의 패턴을 적용했다는 것은 잘못된 이해이다.

### (3) 성경과의 연관성

필자는 이 박사가 "구약의 심판 패턴을 적용한 것이다"라고 한 이유를 이해할 수 있다. 위의 표에도 언급되듯이 요엘서와 이사야와 예레미야서의 구약성경과 계시록 6장의 여섯째 인의 내용은 연관성이 있기 때문이다. 시간적으로 구약성경이 먼저 기록됐고, 요한계시록은 나중에 쓰여졌다. 그 때문에 사도 요한이 적용할 가능성이 있기 때문이다. 이 박사는 양자의 관계성을 발견하고 사도 요한이 구약의 심판의 패턴을 적용했다고 간주했다. 이것은 잘못된 관점이다. 성경의 통일성은 성경이 하나님의 뜻에 따라 기록된 것을 의미한다.


## 3. 여섯째 인의 해석 원리

### 1) 그레고리 K. 비일의 견해

여섯째 인의 해석에 대하여 그레고리 K. 비일은 『NIGTC 요한계시록』(새물결플러스, p.662~663)에서 그의 견해를 제시했다.

> 이 묘사가 문자적인지 아니면 비유적인 것인지를 두고서 논쟁이 있다. 본문의 묘사가 문자적이라면 이 장면은 우주의 최종적인 해체를 묘사하는 장면이다. (중략) 그러나 만일 이 장면이 비유적 묘사라면, 이것은 역사의 중간에 일어나는 심판이나 최후의 심판을 의미할 수 있다. 본문의 묘사는 비유적인 것 같다. (중략) 하지만 이사야 24장과 요엘 3:15~16은 최종적이고 우주적인 심판에 관심을 두는 것 같다. 두 본문의 묘사가 문자적일 수도 있고 비유적일 수도 있지만 말이다. 계시록 21:2의 "처음 하늘과 처음 땅이 지나가고"는 6:12~14이 문자적인 의미일 수도 있고 비유일 수도 있지만 말이다. 반면에 '별'과 '산'과 '섬'의 언급이 LXX와 유대교의 여러 문헌 및 요한계시록에서 인간적이거나 신적인 능력에 대한 상징으로 사용되었다는 사실은 비유적인 해석을 해야 함을 시사한다.(그레고리 K. 비일, 『NIGTC 요한계시록』, 새물결플러스, p.662~663)

## 2) 그레고리 K. 비일에 대한 필자의 비평 및 견해

### (1) 심판은 비유가 아니다

비일은 여섯째 인을 문자적인 의미일 수도 있고 비유적일 수도 있다고 고심한 끝에 '비유로' 간주했다. 그런 근거로 "앞에서 언급한 구약의 배경이 되는 다섯 개의 본문은 하나님의 심판 과정에서 역사적 종말을 맞이하는 죄를 지은 나라들을 언급하는 본문들이기 때문이다. 이 본문에서 하나님은 한 나라를 사용하여 다른 나라를 전쟁으로서 멸망시키려고 거룩한 전쟁을 수행하신다고 말했다. 그의 견해에 동의한다. 그러나 구약에서 죄를 지은 나라들을 심판하시는 것이 비유라는 것은 잘못된 해석이다. 하나님이 한 나라를 사용하여 다른 나라를 전쟁으로 멸망시키신 것은 실제 있었던 일이기 때문이다. 이스라엘과 유다 왕국을 앗수르와 바벨론을 통하여 심판하신 것은 비유가 아니라 실제 있었던 일이다.

### (2) 모든 족속의 통곡은 비유가 아니다

비일은 "그 날 환난 후에 즉시 해가 어두워지며 달이 빛을 내지 아니하며 별들이 하늘에서 떨어지며 하늘의 권능들이 흔들리리라(마 24:29)"는 것을 비유라고 주장한다. 이 말씀은 주님의 재림의 상황이라는 것을 간과했다. 이어지는 30절은 "그때에 인자의 징조가 하늘에서 보이겠고 그때에 땅의 모든 족속들이 통곡하며 그들이 인자가 구름을 타고 능력과 큰 영광으로 오는 것을 보리라"고 말한다. 재림의 상황은 '실재'이다. 재림의 때에 땅의 모든 족속이 통곡하는 것도 비유가 아니라 실재이다. 이것을 비유적이라고 해석하는 것은 재림을 비유라고 하는 것과 같다.

### (3) 천체에 대한 재앙은 비유가 아니다

비일은 "별들이 하늘에서 떨어지며 하늘에 있는 권능들이 흔들리리라"(막 13:25)는 것을 비유라고 주장한다. 만일 그것이 사실이라면, 주님의 재림도 비유라는 것이 성립해야 한다. 이것은 무천년설의 '상징적 해석'이 성경과 일치하지 않는다는 것을 의미한다. 그의 주장은 무천년설에 충실했을지 모르지만, 성경에 충실하지 않았다.

### (4) 주의 크고 영화로운 날의 상황은 비유가 아니다

비일은 사도행전 2:20의 "주의 크고 영화로운 날이 이르기 전에 해가 변하여 어두워지고 달이 변하여 피가 되리라"는 구절도 비유라고 주장한다. 이 구절은 요엘 선지자의 예언을 인용한 것으로 주님이 재림할 때의 상황이다. 앞의 두 구절과 동일한 상황이다. 따라서 모두 주님의 재림 때의 상황을 나타내는 것으로 '비유'가 아니라 '문자' 그대로 '실제'로 일어날 일들이다.

## 3) 이필찬 박사의 견해

이필찬 박사는 『요한계시록』(에스카톤, p.671~672)에서 여섯째 인에 대한 견해를 제시했다.

> 우주적 붕괴 언어와 관련하여 쟁점이 되는 것은 그것을 문자 그대로 발생할 것으로 이해하는가, 아니면 상징적인 표현으로 이해할 것인가에 대한 것이다. (중략)지금까지 요한계시록에 인용된 구약 본문들이 거의 대부분 상징적 의미로 사용되고 있음을 확인해 왔다. (중략) 따라서 앞서 인 심판의 처음 네 경우처럼 여섯 번째 인 심판도 구약의 종말적 사건을 예수님의 초림에 의해 처리되는 종말적 상황에 적용하여 초림과 재림 사이의 모든 역사 가운데 존재하는 모든 인간에게 적용되는 것으로 이해할 수 있게 된다. 왜냐하면, 요한은 교회가 이미 '종말적 심판이 시작된 시대'에 있다고 생각하고 있기 때문이다. 따라서 12~24절의 본문을 요한의 시대나 현재 시점이나 혹은 미래의 어느 시점에 어느 특정 시대에 국한해서 그것이 문자 그대로 발생할 것으로 해석하는 것은 적절하지 않으며, 어느 시대이든 시대의 본질을 특정 짓는 상징적 표현으로 해석하는 것이 적절하다.(이필찬, 『요한계시록』,에스카톤, p.671~672)

## 4) 이필찬 박사의 견해에 대한 필자의 비평과 견해

### (1) 네 인이 상징이기 때문에 여섯째 인도 상징인가?

이필찬 박사는 여섯째 인도 '상징'이라고 주장한다. 첫째 인으로부터 넷째 인이 '상징'이라고 해서 여섯째 인을 상징으로 보는 것은 잘못된 적용이다. 네 인을 구체적으로 말하면, '의인화'로서 상징이다. 전쟁과 기근과 사망은 모두 생명이 없는 것들인데 '말 탄 자' 즉 인격체인 '사람'으로 언급됐다. 흔히 상징이라고 하면 실재가 아닌 것처럼 간주하는 오류를 범한다. 예를 들면, 전쟁과 기근과 사망이 상징(의인화)되었다고 해서 실제가 없는 것이 아니다. 전쟁은 눈으로 보고 귀로 듣고 온몸으로 뼈저리게 느낄 수 있는 실제이다.

여섯째 인은 이 땅에 거하는 자들에 대한 심판으로서 '물리적인 심판'이기 때문에 상징이 아니다. 구약의 본문은 모두 계시록 시대에 성취될 것으로서 '문자' 그대로 '실재'로 이뤄진다. 만일 심판에 대한 예언이 '상징'이라면 아무런 의미가 없게 된다. 구약의 심판 가운데 그 당시에 성취된 예언들 즉 예루살렘의 멸망에 관한 것은 '문자적'으로 '실재로' 성취되었다. 이것을 상징이라고 한다면 예루살렘의 멸망은 없게 된다. 그리고 그 당시에 성취되지 않은 예언들이 있다. 그것은 모두 마지막 때를 예언한 것으로서 계시록의 예언과 일치한다. 여섯째 인으로부터 일곱째 인과 일곱 나팔과 일곱 대접 재앙에서 성취될 것이다.

## (2) 문자가 있고 상징이 있다

이필찬 박사를 비롯한 무천년설자들은 계시록의 대부분을 상징으로 간주한다. 일부는 맞지만 일부는 틀리다. 왜냐하면, 아래의 표에서도 나타나듯이 첫째 인으로부터 넷째 인까지는 모두 상징적 의미였다. 그러나 다섯째 인은 순교자들의 신원으로 상징이 아니라 '문자' 그대로 '실재'이다. 이 박사가(무천년설) 계시록의 전체를 상징으로 보는 것은 일부 일치하지만, 전부가 상징이 아니기 때문에 오류를 내포한다. 네 인은 상징(의인화)이면서 모두 심판으로서 실체가 있다. 후반부 '세 인'은 문자적 의미이면서 동일하게 실체가 있다.

| | 첫째 인 | 둘째 인 | 셋째 인 | 넷째 인 | 다섯째 인 | 여섯째 인 | 일곱째 인 |
|---|---|---|---|---|---|---|---|
| 1.네 생물 | 첫째 생물 (사자 같고) | 둘째 생물 (송아지 같고) | 셋째 생물 ( 사람 같고) | 네째 생물 (독수리 같고) | 없음 | 없음 | 없음 |
| 2. 명령 | 오라 come | 오라 come | 오라 come | 오라 come | 없음 | 없음 | 없음 |
| 3.말과 탄 자 | 흰 말과 탄 자 | 붉은 말 탄자 | 검은 말탄 자 | 창백한 말탄자 | 없음 | 없음 | 없음 |
| 4. 받은것 | 활 & 면류관 | 큰 칼 | 저 울 | 땅 1/4권세 | 순교자들 | 큰 지진 해달별재앙 | 반 시간 고요함 |
| 5. 의미 | 복음증거 | 전쟁 | 기근 | 사망 | | | |
| 6.상징 vs 문자 | 세 요소가 의인화 이기 때문에 의인화 | 상징 (의인화) | 상징 (의인화) | 상징 (의인화) | 문자의미 | 문자의미 | 문자의미 |

< 네 인의 공통점으로 본 흰 말과 탄 자의 의미: 문자인가? 상징인가? >

### (3) 다섯째 인과 여섯째 인은 상징 아니다

계시록에 상징이 많이 있다고 해서 '모두' 상징이 아니다. 그레고리 K. 비일이나 이필찬 박사 등 무천년설자들의 오류는 계시록을 기계적으로 '상징'이라고 간주한 것이다. 다섯째 인은 순교자들의 신원은 상징이 아니라 '문자' 그대로 '실재'이다. 여섯째 인의 초자연적인 재앙도 상징이 아니라 '문자' 그대로 '실재'이다. 일곱째 인도 동일하다. 상징은 상징이고 문자는 문자이다. 계시록은 모두 상징이 아니고, 역으로 모두 문자도 아니다. 문자의 원칙이 있고, 상징의 원칙이 있다.

### (4) 일곱 인의 특성

일곱 인이 초반 네 개의 인은 한 그룹으로 '상징'이고, 후반 세 개의 인이 다른 한 그룹으로 '문자적 의미'이다. 위의 표를 보면 확연히 드러난다. 이것은 기계적인 관점이 아니라 각 인들이 갖는 '특성들' 즉 'DNA'로 구별된다. 일곱 인 안에 있는 상징과 문자의 'DNA'를 찾아보자.

첫째, 처음 네 인은 모두 네 생물과 관련되는 반면, 후반부 세 인은 네 생물이 관계되지 않는다.

둘째, 처음 네 인은 모두 네 생물이 각 말과 탄 자에게 '오라'는 명령이 있다. 그러나 후반의 세 인은 네 생물도 나오지 않고 따라서 '오라'는 명령도 없다.

셋째, 처음 네 인은 모두 '각 말과 탄 자'들이 나와서 임무를 수행한다. 이와 반면에 후반의 세 인은 '각 말과 탄 자'들이 나오지 않는다.

넷째, 처음 네 인은 모두 '각 말과 탄 자'들이 그들이 수행할 '도구들'을 받는다. 이와 반면에 후반부의 세 인은 '받는 도구'가 없고 각 인에 따라 발생하는 상황만이 나타난다.

다섯째, 처음 네 인은 모두 '상징'일뿐만 아니라 '의인화'라는 공통점이 있다. 이와 반면에 후반부의 세 인은 '상징'과 '의인화'가 아니다. 모두 '문자 그대로' 실재이다. 이렇게 네 인과 세 인은 특성이 전혀 다르다.

### (5) 상징이든 문자적 의미이든지 모두 실재이다

위의 증거는 무천년설이 주장하듯이 일곱 인은 모두 '상징'이 아니다. 일곱 인은 '상징적 의미'와 '문자적 의미'가 있다. 따라서 "어느 시대이든 시대의 본질을 특정 짓는 상징적 표현으로 해석하는 것이 적절하다"는 이필찬 박사와 그레고리 K. 비일의 견해는 오류이다. 상징이라고 해서 실체가 없는 것이 아니다. 위의 표를 비교 관찰하면, 계시록에서 '문자적 의미'가 사용된 공통점을 보게 되는데, 이 땅에 거하는 자들에 대한 심판에 대한 것이다. 순교자들의 신원은 상징이 아니라 '문자적 의미'이다. 그들의 부르짖는 기도가 응답되어 이 땅의 악한 자들에 대한 하나님의 공의의 심판이 시작된다. 하나님의 심판은 물리적인 심판으로 '실재' 있는 일들이라야 의미가 있다. 만일 하나님의 심판이 상징이라면 아무런 의미가 없게 된다. 불신자인 부자가 죽어서 간 곳이 '음부의 불꽃' 가운데였고, 그곳에서 고통을 받는 것도 상징이 아니라 실재였다. 계시록에 나오는 심판들은 '상징'이 아니라 '문자 그대로'인 '실재' 사건이다.

## 4. 여섯째 인의 내용 (6:12~14)

내가 보니 여섯째 인을 떼실 때에 큰 지진이 나며 해가 검은 털로 짠 상복 같이 검어지고 달은 온통 피 같이 되며 하늘의 별들이 무화과나무가 대풍에 흔들려 설익은 열매가 떨어지는 것 같이 땅에 떨어지며 하늘은 두루마리가 말리는 것 같이 떠나가고 각 산과 섬이 제 자리에서 옮겨지매 (12~14)

### 1) 요엘서와 마태복음의 관계

요엘 2:30~31은 "내가 이적을 하늘과 땅에 베풀리니 곧 피와 불과 연기 기둥이라 여호와의 크고 두려운 날이 이르기 전에 해가 어두워지고 달이 핏빛 같이 변하려니와"라고 말한다. 여섯째 인을 뗄 때의 재앙과 같이 해가 어두워지고 달이 핏빛 같이 변하는 것이 동일하다. 그 시기도 '여호와의 크고 두려운 날이 이르기 전'으로 여섯째 인의 시기와 일치한다.

마태복음 24:29~30에서 주님은 "그 날 환난 후에 즉시 해가 어두워지며 달이 빛을 내지 아니하며 별들이 하늘에서 떨어지며 하늘의 권능들이 흔들리리라 그 때에 인자의 징조가 하늘에서 보이겠고 그때에 땅의 모든 족속들이 통곡하며 그들이 인자가 구름을 타고 능력과 큰 영광으로 오는 것을 보리라"고 말씀한다. 여기에도 여섯째 인을 뗄 때와 같이 '해가 어두워지고', 달이 빛을 내지 않고, 별들이 하늘에서 떨어지는 상황이 일치한다. 그런데 이 시기는 30절에서 언급하는 것과 같이 인자가 구름을 타고 올 때의 상황으로 차이가 있다.

이것을 통해서 해와 달과 별들에 대한 초자연적인 재앙이 대환난 전에 먼저 발생하고, 대환난 후에 주님이 재림할 때에 또다시 나타난다는 것을 알 수 있다. 여섯째 인의 초자연적인 재앙은 대환난 전으로서 요엘서의 예언과 일치한다. 아래의 도표는 여섯째 인과 요엘서의 초자연적인 재앙이 대환난 전에 있고, 마태복음 24장의 초자연적인 재앙은 대환난 후, 주님의 재림의 때에 있을 것을 보여준다.

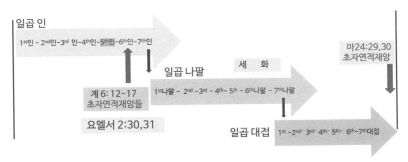

승천 후                                                                재 림

일곱 인
1st인 – 2nd인-3rd 인-4th인-5th인-6th인-7th인

                                                        마24:29,30
                                                        초자연적재앙

                계 6: 12-17            일곱 나팔        세    화
                초자연적재앙들    1st나팔 – 2nd-3rd- 4th- 5th- 6th나팔 – 7th나팔

                요엘서 2:30,31                  일곱 대접  1st –2nd- 3rd- 4th- 5th- 6th-7th대접

[ 여섯째 인과 요엘서와 마태복음 24장 관계 ]

## 2) 다섯째 인의 순교자들의 신원에 대한 응답

다섯째 인을 뗄 때 순교자들은 "큰 소리로 불러 이르되 거룩하고 참되신 대주
재여 땅에 거하는 자들을 심판하여 우리 피를 갚아 주지 아니하시기를 어느 때
까지 하시려 하나이까" (계 6:10)라고 신원했다. 이후 여섯째 인은 하나님께서 순
교자들의 신원에 대한 응답이다. 이런 큰 틀 안에서 '작은 불일치'를 발견할 수
있다. 순교자들은 "이 땅에 거하는 자들에 대한 심판"을 신원했는데, 하나님께
서는 "땅과 해와 달과 별들을 심판"하신다. 즉 다시 말하면 여섯째 인의 재앙은
땅과 하늘의 해와 달과 별들에 대한 것으로 '땅에 거하는 자들'에 대한 직접적인
심판이 아니라, '간접적인 심판'이다. 하나님의 심판의 성격을 보면 '서서히' 간
접적으로 심판하시는 것으로 시작하여 직접적으로 '땅에 거하는 자들'을 심판하
신다. 하나님은 세상을 공의로 심판하시면서도 멸절시키지 않고, 서서히 심판하
심으로서 '회개하기를' 원하신다는 것을 암시한다. 하나님께서는 순교자들의 신
원을 들으시고 하나님의 공의로 심판하시면서 여전히 '회개의 기회'를 주신다.
하나님의 주권적 심판에는 공의와 긍휼이라는 두 요소가 있다.

### 3) 초자연적인 천재지변들

#### (1) 큰 지진

여섯째 인을 뗄 때 "큰 지진"이 발생한다. 이것은 사람이 볼 때 '자연적인 현상'이다. 그러나 '초자연적' 지진으로서 하나님에 의해 일어난 것이다. 사람들은 땅에서 살아간다. 땅을 삶의 터전으로 해서 모든 먹을 것과 입을 것을 얻고 집을 짓고 살아간다. 땅은 사람이 살아가는 데 기본 요소이다. 그러나 지진으로 땅이 흔들릴 때, 사람은 갈 곳도 피할 곳도 의지할 곳도 없게 된다. 지진은 사람들의 삶을 뿌리채 흔들어 놓는다. 역사상 많은 지진들이 있었다. 여섯째 인을 떼실 때의 '큰 지진'은 이전의 지진과 비교할 수 없을 것이다. 큰 지진은 무천년설 지지자들이 즐겨 사용하듯이 '상징'이 아니라 '실재' 발생하는 사건이다.

#### (2) 해가 검게 됨

여섯째 인을 뗄 때, "해가 검은 털로 짠 상복 같이 검어진다"고 말한다. 유대인들은 베옷을 검정색 털로 만들었다. 아라비아인들의 장막도 검정색 털로 만든 것을 비유했다. 여섯째 인을 뗄 때에 밝은 빛을 냈던 해가 상복과 같이 검게 된다. 이것은 '일식'을 가리킨다. 이것은 '개기 일식'일 것이다. 이런 천재지변은 눈으로 볼 수 있다. 따라서 상징이 아니라 '문자적' 의미로서 '실재'이다. 이것은 세상에 대한 심판이기 때문에 반드시 '물리적인' 심판이다.

#### (3) 달이 피 같이 됨

여섯째 인을 뗄 때, "달이 피 같이 된다"고 말한다. '피'는 헬라어 'αἷμα'(하이마)로서 '피, blood'를 의미한다. 여섯째 인을 뗄 때에 어두운 밤 하늘을 밝히던 밝은 달이 '피 같이' 된다. 일명 '블러드 문'(blood moon)이다. 이것은 '상징'이 아니라 '문자' 그대로 '실재로' 발생할 일들이다. 여섯째 인을 뗄 때 하늘에서는 '블러드 문'(blood moon)의 징조가 나타날 것이다. 이것은 상징이 아니라 '문자 그대로' 실재이기 때문에 볼 수 있다.

### (4) 하늘의 별들

여섯째 인을 뗄 때, "하늘의 별들이 무화과나무가 대풍에 흔들려 설익은 열매가 떨어지는 것 같이 땅에 떨어진다"고 말한다. '별들'은 원문에 'ἀστέρες'(아스텔레스)로 '떠돌아 다니는 별'을 의미하는 'ἀστέρ'(아스텔)'의 '복수형'이다. 장차 헬리 혜성과 같이 떠돌아 다니는 별들이 떨어질 것이다. 이런 천체 현상은 외적으로 자연적인 현상으로 보일 것이다. 실상은 다섯째 인을 뗄 때에 순교자들의 신원에 대한 하나님의 공의의 응답이다.

### (5) 하늘과 산과 섬

하늘은 종이 축이 말리는 것 같이 떠나가고 각 산과 섬이 제 자리에서 옮기우게 된다. 지진과 해와 달과 별들과 천체에 대변혁이 있을 것을 가리킨다. 이런 사건들은 여섯째 인을 떼기 전까지 없었다. 따라서 이런 천재지변이 일어나는 것은 땅에 거하는 사람들에게 큰 두려움을 줄 것이다. '각 산'이 제 자리에서 옮겨지는 일들이 발생하고, '섬'이 이제까지 있던 자리에서 옮겨진다. 산은 땅에 있는 것으로 사람의 힘으로 옮길 수 없다. 섬은 바다에 있는 것으로 사람들이 옮기는 것 또한 불가능하다. 그런데 산과 섬들이 '지각 변동'으로 옮겨지는 일들이 발생한다. 이 모든 것은 이전에 없었던 대사건으로 땅에 거하는 자들에게 큰 경고가 될 것이다.

## 4) 재앙에 대한 반응

여섯째 인의 초자연적인 재앙이 임할 때의 상황에 대하여 "땅의 임금들과 왕족들과 장군들과 부자들과 강한 자들과 모든 종과 자유인이 굴과 산들의 바위 틈에 숨어 산들과 바위에게 말하되 우리 위에 떨어져 보좌에 앉으신 이의 얼굴에서와 그 어린 양의 진노에서 우리를 가리라"고 말한다.

### (1) 땅의 일곱 종류의 사람들

성경은 '땅에 거하는 자들'을 "땅의 임금들과 왕족들과 장군들과 부자들과 강한 자들과 모든 종과 자유인"으로 부른다. 모두 일곱 종류의 사람이 언급된다.

임금들은 권세를 갖고 통치하는 자들을 가리키고, 왕족들은 임금과 더불어 권세를 누리는 자들이다. 장군들은 임금의 휘하에 군사를 움직이는 자들이며, 부자들은 경제적인 부를 가진 자들이다. 강한 자들은 지식이든지 힘이든지 능력을 가진 자들이고, '모든 종들'은 앞의 사람들에게 종속되어 살아가는 사람이다. '자유인'은 어디에도 종속되지 않고 자신의 뜻대로 살아가는 사람들이다. 계시록은 하나님의 관점으로서 세상의 모든 사람은 일곱 종류의 사람에 속해 있음을 계시한다. 소아시아의 '일곱 교회'는 하나님의 백성들에 대한 것이고, 땅에 거하는 '일곱 종류의 사람들'은 세상 사람에 대한 것이다.

### (2) 숨는 자들

일곱 종류의 사람들이 "굴과 산들의 바위 틈에 숨어 산들과 바위에게 말하되 우리 위에 떨어져 보좌에 앉으신 이의 얼굴에서와 그 어린 양의 진노에서 우리를 가리라"고 말한다. 땅에 거하는 자들이 '보좌에 앉으신 이'와 '어린 양의 진노'를 언급하며 "우리를 가리우라"는 것은 어떤 의미인가? 몇 가지 경우를 생각할 수 있다.

첫째, 그들이 이 모든 재앙이 하나님의 보좌와 어린 양의 진노라는 것을 깨달았기 때문으로 생각할 수 있다. 만일 그랬다면 그들이 회개하고 하나님께 돌아올 것이다. 그들은 회개하지 않았다. 예수님이 하나님의 아들로서 십자가에서 죽으신 것도 믿지도 않는 세상 사람들이라는 것을 감안할 때 이런 가정은 무리이다. 따라서 단지 두려워하고 피하기에 급급한 어리석은 인간의 상태로 볼 수 있다.

둘째, 땅에 거하는 일곱 종류의 사람들은 '세상의 종말'이 다가왔음을 느꼈을 것이다. 이런 생각은 한편으로 긍정적이다. 왜냐하면, 죄인들이 하나님을 두려워한다는 것은 긍정적인 변화이기 때문이다. 다른 한편으로는 소극적인 의미가 있다. 여섯째 인의 재앙은 '최후의 심판'이 아니라 순교자들의 신원에 대한 응답으로 이제 비로소 세상을 심판하시기 시작하셨기 때문이다. 이들이 할 수 있는 가장 좋은 반응은 자신의 죄를 깨닫고 회개하는 것이다. 하나님이 세상을 심판하실 때에도 그들이 회개하기를 기대하신다. 그런데 본문을 보면 이런 뉘앙스를 찾을 수 없다.

셋째, 초자연적인 재앙을 당하는 땅에 거하는 자들에게는 회개가 없다. 단지 초자연적인 재앙으로 인해서 그들의 양심이 하나님의 심판이 임하신 것을 느낄 뿐이다. 로마서 1장은 사람들의 죄를 지적한다.

> 하나님의 진노가 불의로 진리를 막는 사람들의 모든 경건하지 않음과 불의에 대하여 하늘로부터 나타나나니 이는 하나님을 알 만한 것이 그들 속에 보임이라 하나님께서 이를 그들에게 보이셨느니라 창세로부터 그의 보이지 아니하는 것들 곧 그의 영원하신 능력과 신성이 그가 만드신 만물에 분명히 보여 알려졌나니 그러므로 그들이 핑계하지 못할지니라(롬 1:18~20)

## 5) 진노의 날

"그들의 진노의 큰 날이 이르렀으니 누가 능히 서리요 하더라"고 말한다. 여섯째 나팔은 진노의 날이다. 이에 대한 무천년설의 견해를 보자.

### (1) 이필찬 박사의 견해

이필찬 박사는 『요한계시록』(에스카톤, p.676)에서 진노의 날에 대한 견해를 제시했다.

> 여기서 말하는 진노의 큰 날이란 무엇을 가리키는 것일까? 분명한 것은 이 문맥을 통해 볼 때 '진노의 큰 날'은 어느 특정한 날을 가르치는 것이지 예수님의 재림 때 있게 될 '최후의 심판' 자체는 아니라는 것이다. 먼저 이에 대한 이유로서 문맥과 관련한 설명은 앞에서 말한 바와 같다. 다만 정리해서 다시 말하면, 저자 요한이 구약의 종말적 표현을 적용하는데 있어서 매우 융통성이 있음을 독자들은 인정해야 한다. 비록 '진노의 큰 날'이 구약에서 미래적 의미의 종말적 의미로만 사용되는 것이긴 하지만 신약, 특별히 요한계시록의 문맥에서는 그날을 이미 시작된 종말로 인해 발생하는 심판 상황에 적용하는 것도 충분히 가능하다. 더 나아가서 진노의 큰 날이라는 문구는 하나님의 심판이 얼마나 극렬한지를 보여주려는 의도를 갖는다.(이필찬, 『요한계시록』,에스카톤, p.676)

## (2) 필자의 비평 및 견해

### ① 이미 시작된 종말의 심판 관계

이필찬 박사는 '진노의 큰 날'에 대하여 "구약에는 미래적 의미의 종말적 의미로 사용됐지만, 요한계시록에는 그날을 이미 시작된 종말로 인해 발생하는 심판 상황에 적용하는 것도 충분히 가능하다고 주장했다. 그는 구약의 의미와 신약의 의미는 동일하다는 것을 간과했고, 초림부터를 심판의 시대로 간주하기 때문에 그런 주장은 놀랄 일도 아니다. 초림은 은혜의 시대가 시작된 것이지 심판의 시대가 시작된 것이 아니다. 여섯째 인은 이미 은혜의 시대가 지나고 심판의 시대가 되었다는 것을 가리킨다.

### ② 진노의 큰 날의 의미

이 박사는 "진노의 큰 날이라는 문구는 하나님의 심판이 얼마나 극렬한지를 보여주려는 의도를 갖는다"라고 주장했는데 잘못된 이해이다. 땅에 거하는 자들은 단지 '진노의 큰 날'이라고 인식했다. 이것을 분별하자면, 하나님은 오랫동안 참고 기다리시다가 이제야 비로소 땅에 거하는 자들을 심판하시기를 시작했다. 그 원인은 순교자들이 "땅에 거하는 자들의 피를 신원해 주지 않기를"이라고 부르짖었고 그에 대한 응답은 '지진과 해와 달과 별들과 산과 섬 등' 사람들이 살고 있는 우주적인 환경에 대한 심판이었다. 즉 사람들에 대한 직접적인 심판이 아니라 간접적인 심판이었다. 본격적인 심판은 '세 화'인 다섯째 나팔과 여섯째 나팔과 일곱 번째 나팔 즉 일곱 대접 재앙이다. 그러므로 이 땅에 거하는 자들이 '진노의 큰 날'이라고 말하는 것은 여섯째 인이 그들에게 준 심각한 충격으로 인한 그들의 양심의 느낌을 나타낼 뿐이다. '진노의 큰 날'은 땅에 거하는 사람들의 반응으로, 성경에서 언급된 '진노의 큰 날'과 일치시킨 것은 논리의 비약이다. 이 땅에 거하는 자들이 대환난의 '세 화'를 당할 때에 여섯째 인의 재앙은 비교도 되지 않는다는 것을 깨닫게 될 것이다.

### ③ 요엘과 계시록과의 비교

아래의 표는 요엘서 2장과 마태복음 24장 그리고 일곱 인과 일곱 나팔과 일곱 대접을 비교했다. 여섯째 인은 대환난의 '세 화' 이전의 사건이다. 첫째 나팔 재앙으로부터 넷째 나팔 재앙이 오기 전의 사건이다. 즉 여섯째 인의 재앙은 대환난으로 들어가기 전의 서막이라고 할 수 있다. 여섯째 인은 '주의 날'이 이르기 전의 경고라 할 수 있다. 요엘서의 '피, 불, 연기, 해가 어두워짐-달이 핏빛이 됨'은 개괄적으로 언급한 것이고, 계시록은 일곱 인과 일곱 나팔과 일곱 대접으로 요엘서 2장의 예언된 각 부분이 어떤 때에 발생할 것인가를 보여준다.

| | 해가 어두워짐 | 달이 핏빛 | 피 | 불 | 연기 |
|---|---|---|---|---|---|
| 요엘 | 피 | 불 | 피 | 불 | 연기 |
| 계시록 | 여섯째 인 | 여섯째 인 | 첫째 나팔 둘째 나팔 | 첫째 나팔 둘째 나팔 셋째 나팔 | 다섯째 나팔 |
| 시기 | 대환난 전 | 대환난 전 | 여섯째 인과 첫 번째 화 사이 | 여섯째 인과 첫 번째 화 사이 | 첫 번째 화 |

## 1. 첫째 인 – 넷째 인까지 비교표

첫째, 네 인 가운데 무천년설과 전천년설의 견해 차이는 첫째 인 "흰 말과 그 탄 자"에 대한 것이다. 나머지 세 인은 아무 무리 없이 '상징적으로 해석'하는데 반해, 첫째 인은 많은 논쟁과 견해가 있다. 이것은 그만큼 감춰져 있는 비밀이라는 것을 의미한다. 둘째, 네 인의 시기에 대한 견해도 큰 차이가 있다. 무천년설은 일곱 인을 초림부터 재림까지의 기간이라고 간주하지만, 전천년설(필자)은 그리스도 승천 후부터 재림까지의 기간으로 본다.

| | 내용 | 무천년설<br>(비일, 이필찬) | 전천년설<br>(필자) |
|---|---|---|---|
| 첫<br>째<br>인 | 흰 말과<br>탄 자 | 파르티아 제국의 병사<br>or 악의 세력들 | 복음증거 (의인화) |
| | 이기고 또<br>이기려고 나감 | 로마제국을 이긴 파르티아 병사가 이기고 싸운다 | 현재 복음 승리<br>계속 전파함 |
| | (빈)활 | 무기인 활(문자) | 그리스도의 승리<br>시편45 |
| | 면류관 | 승리한 장군과 병사에게<br>주는 면류관(문자-세상) | 주님이 승리자에게 주시는 면류관 |
| 둘<br>째<br>인 | 붉은 말과<br>탄 자 | 전쟁(상징) | 전쟁 상징 (의인화) |
| | 화평 제하고<br>서로 죽임 | 문자대로 | 문자대로 |
| | 큰 칼 | 문자대로 | 문자대로 |

| | 내용 | 무천년설<br>( 비일, 이필찬) | 전천년설<br>( 필자) |
|---|---|---|---|
| **셋<br>째<br>인** | 검은 말과 탄자 | 기근 (상징) | 기근 상징(의인화) |
| | 포도주/감람유 | 문자 해석 | 문자대로 |
| | 해하지 말라 | 도미티아누스 칙령(과거) | 승천 후 |
| | 칙령 부적합 | 칙령에 감람유 없음(오류) | 문자 대로 |
| **넷<br>째<br>인** | 청황색 말과<br>탄 자 | 사망(상징) | 사망 상징(의인화) |
| | 음부 | not 물리적 공간 | 문자(실재공간) |
| | 칼/기근/사망 | 파멸의 징조(상징적 해석) | 문자대로 |
| | 땅의 짐승들 | 문자 해석 | 문자대로 |
| | 땅의 1/4 죽임 | 제한된 영역(상징해석) | 문자대로 |
| **특<br>징** | 1(적극적)<br>+3(소극적) | 문자적 해석과<br>상징적 해석을 혼용함 | 문자대로 |
| **평<br>가** | 원칙 문제 | 원칙이 없는 해석 | 원칙 있음 |

## 2. 네 인의 발생 시기 비교 도표

첫째 인으로부터 넷째 인까지의 시기에 대한 무천년설과 전천년설(필자)의 견해는 차이가 크다. 아래 그림은 무천년설 견해로서 첫째 인을 초림 때부터라고 간주한다. 반면에 위의 그림은 필자(전천년설)의 견해로서 첫째 인은 그리스도 승천 이후의 일이다. 첫째 인에 대한 내용도 완전히 다르다는 것을 주목해야 한다.

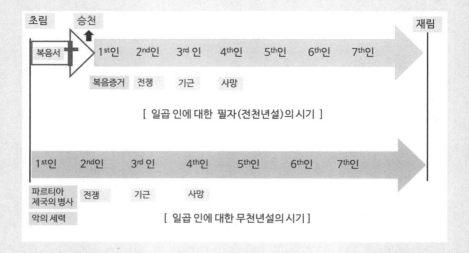

## 3. 첫째 인으로부터 넷째 인까지가 보여주는 메시지

일곱 인은 전반부 네 인과 후반부 세 인으로 이뤄졌다. 그런 근거는 본 내용을 참조하면 될 것이다. 무천년설을 비롯한 대다수는 일곱 인을 "일곱 인 심판"이라고 의심 없이 말한다. 이것은 성급한 해석이다. 일곱 인에는 심판의 요소들이 다수 있기 때문에 그렇게 부르는데 오류이다. 적어도 다섯째 인은 순교자의 신원이기 때문에 '심판'이라고 말할 수 없다. 중요한 근거는 첫째 인은 '복음 증거'이기 때문에 심판(재앙)이라고 부를 수 없다. 첫째 인에 대한 오해는 대환난을 가리킨다고 생각한 결과, 대부분 적그리스도나 교황 등 악한 세력으로 간주하는 것은 정확한 의미를 해석하지 못했기 때문에 일어나는 현상이다.

둘째 인으로부터 넷째 인은 칼과 기근과 사망이라는 고리로 연결되어 있다. 이 세 인은 한 그룹에 속한다. 이에 반하여 첫째 인의 흰 말과 그 탄 자는 '복음 증거'로 상징적 의미일 뿐만 아니라 '의인화'되었다. 복음 증거에는 면류관이 주어진다. 면류관을 주시는 분은 주님이시다. 둘째 인으로부터 넷째 인까지는 '어떤 면류관'도 주어지지 않는다. 둘째 인으로부터 넷째 인의 결과는 '사망'이다. '첫째 인'인 복음 증거의 결과는 '생명'이다. 이 땅에서 사람이 행하는 것은 전쟁과 기근과 사망이다. 그러나 복음 증거에는 생명이 주어진다. 이것은 그리스도 승천 이후에 계속해서 있을 일이다. 교회는 복음 증거를 통해서 이 세상에 생명을 가져오고, 세상은 전쟁과 기근과 사망을 가져온다.

창세기의 에덴 동산에 생명나무와 선악을 알게 하는 나무가 있었다. 선악을 알게 하는 나무 열매를 먹으면 "정녕 죽으리라"고 말씀한다. 아담 앞에 '생명'과 '사망'이 있었다. 오늘날도 사람들 앞에 '생명'과 '사망'이 있다. 교회는 복음 증거를 통해서 사람들에게 생명의 길로 인도하고, 세상은 그것이 선하든지 악하든지 '사망의 길'로 간다. 오늘날 이 세계가 풍요롭던지 혼돈하던지 그 결국은 사망이다. 그러나 일곱 등대인 교회는 복음 증거를 통해서 이 세상에 생명을 가져온다. 이것이 첫째 인으로부터 넷째 인이 의미하는 메시지로서 그리스도께 교회가 위임받은 복음의 영광이다.

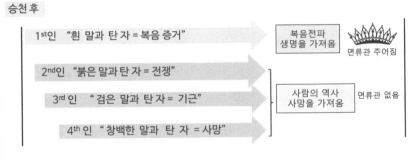

[ 네 인에 나타난 인류 역사의 생명과 사망의 두 방면 ]

## 4. Youtube "워킹바이블 요한계시록 연구소" 채널 참고 영상

#47 첫째 인: 흰 말과 탄자는 누구인가? 적그리스도 or 그리스도

#48 첫째 인: 흰 말과 탄자 누구인가? 그리스도 No! 적그리스도 No!

#49 첫째 인과 넷째 인의 공통 분모! 흰 말과 탄 자-모두가 간과했던 영광의 복음

#50 예수 승천과 계시록 관계! 첫째 인, 흰 말과 탄 자는 대환난 때인가?

## 5. Youtube "워킹바이블TV" 채널 참고 영상

### 1) 성경의 신학적 오류들 관련 영상

#21 cbs 신학 펀치; 권연경 교수 주장 "다른 종교에 구원이 없다"는 말을 '신중함'과 '겸허함'으로 다가갈 필요 있다?

#30 cbs성경 사랑방; 차준희 교수의 오류! "딸을 번제로 드린 사사 입다의 비극" 인신제사범 누명을 쓴 입다를 위한 WB의 변호

#22 cbs 신학 펀치; 김구원, 권연경 교수- 요나서는 소설, 픽션이다! 사실인가? 오류인가?

#23 cbs 신학 펀치; 김구원, 권연경 교수의 오류: 요나서는 다큐멘터리, 예수님 죽음과 부활의 예표

#134 cbs 신학 펀치; 권연경, 김근주 교수의 오류! 창세기의 뱀은 진짜 말을 했나요?

#135 cbs 신학 펀치; 창세기의 뱀은 진짜 말을 했나요? 두 교수의 신학 사상과 WB 완전 정리

#136 cbs 신학 펀치; 성경의 불일치 마태복음과 역대상 족보 불일치

### 2) 사복음서의 기록이 서로 다른 이유? 성경의 오류인가?

#261 성경의 오류인가요?: 마가복음 10장 "소경 거지 바디매오 1명" vs 마태복음 20장 "두 맹인"

#262 영광을 구한 자가 다르다니!? 마가복음 10장 "야고보와 요한" vs 마태복음 20장 "세베대의 아들들의 어머니"

#263 성경의 오류인가요? 변화산 사건1! 마태복음 "엿새 후" vs 누가복음 "팔 일쯤"

#264 성경의 오류인가요? 변화산 사건2 마태복음 "따로" vs 누가복음 "기도하러"

#265 성경의 오류인가요? 변화산 사건3

# Chapter 30 ·
# 이스라엘의 열두 지파의 인 맞은 144,000 (7:1~8)

계시록에는 여러 삽입부가 있다. 계시록 7장은 첫 번째 삽입부이다. '삽입부'는 '이전 장'의 연속이 아니라, 이전 장인 '여섯째 인'과 다음 장의 '일곱째 인' 사이에 있는 일들을 상세하게 보여준다. 6장에서 다섯째 인과 여섯째 인이 연속적으로 있는 것과 구별되고, 6장 끝부분의 여섯째 인과 8장의 초반부에 있는 일곱째 인이 연속적으로 있는 것과 구별된다. 여섯째 인은 순교자들의 신원에 대한 응답으로서 하나님께서 비로소 땅에 거하는 자들에 대한 심판을 시작하셨다. 이것은 땅에 거하는 자들에 대한 '직접적인 심판'이 아니라 땅을 둘러싸고 있는 '천체에 대한 심판'이었다. 여섯째 인은 대환난의 전주곡이라 할 수 있다. 왜냐하면, 이후의 세 화로 구성된 '대환난'이 첫 번째 화로 불리는 다섯째 나팔 재앙으로부터 시작하기 때문이다. 계시록 7장은 대환난이 일어나기 전에 아직 완악한 가운데 있지만, 구약의 율법을 지키는 경건한 유대인들을 보호하기 위해서 인을 치시는 것을 계시한다. 그들은 스가랴 선지자를 통해 예언된 것과 같이 그리스도께서 재림하실 때, 회개하고 구원받을 자들이기 때문이다. 이들이 인침을 받아야 하는 것은 교회가 아니기 때문이다. 누가복음 21장에서 주님은 교회에 대하여 대환난을 피하고 휴거되도록 사랑스런 경고를 하셨다. 누가복음 21:34~36을 보자.

> 너희는 스스로 조심하라 그렇지 않으면 방탕함과 술 취함과 생활의 염려로 마음이 둔하여지고 뜻밖에 그 날이 덫과 같이 너희에게 임하리라 이 날은 온 지구상에 거하는 모든 사람에게 임하리라 이러므로 너희는 장차 올 이 모든 일을 능히 피하고 인자 앞에 서도록 항상 기도하며 깨어 있으라 하시니라.(눅 21:34~36)

주님은 제자들에게 대환난을 피하고 '인자 앞에 설 것' 즉 '휴거'되도록 경고하셨다. 7장 전반부는 이스라엘의 열두 지파로 구성된 '유대인'에 대한 것이고, 후반부는 '교회'에 대한 것이다. 이들은 하나님 백성의 총체라 할 수 있다. 아래 도표는 계시록 7장 삽입부가 일곱 인 가운데 어디에 위치하는지를 나타냈다. 계시록은 관념적인 내용이 아니기 때문에 일곱 인과 일곱 나팔 가운데 어느 때에 있는 일인가를 주목해야 한다.

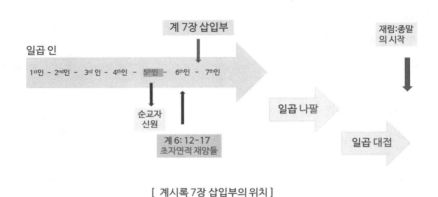

[ 계시록 7장 삽입부의 위치 ]

여섯째 인은 다섯째 인과 연관성이 있다. 다섯째 인은 순교자들의 신원의 기도였고, 하나님께서는 그들에게 '잠시 동안 쉴 것'과 '순교자들의 수가 차야 할 것'을 말씀하신 후, 여섯째 인을 뗄 때 이 땅에 거하는 자들에게 대한 하나님의 심판을 시작하신다.

## 1. 이스라엘의 열두 지파의 인 맞은 자들은 누구인가

### 1) 무천년설: 그레고리 K. 비일의 견해

그레고리 K. 비일은 『NIGTC 요한계시록』(새물결플러스, p.674~67)에서 인맞은 144,000에 대한 견해를 제시했다.

계시록 7:1~8은 신자들이 어떻게 인침을 받아 6장에서 열거된 처음 대환난을 인내할 수 있는지 설명한다. 본문에서 7:9~17의 환상은 인내한 사람들에게 주는 하늘의 상을 계시한다. 본문은 6: 9~11에서 성도들을 간략하게 묘사한 장면을 확대한다. (중략) 성도들은 미래에 하늘의 상을 받을 것이라는 약속을 받는다. 그러므로 성도들에게 인을 친다는 것은 그리스도가 성도들을 박해한 '땅에 거하는 사람들을 시험하는 시련의 때에 성도들을 어떻게 지키시는지를 설명한다. 이 모든 본문은 최후의 심판과 상의 수여에 앞서 일어난 일들에 관심을 둔다. (그레고리 K. 비일, 『NIGTC 요한계시록』, 새물결플러스, p.674~675)

## 2) 그레고리 K. 비일의 견해에 대한 필자의 비평

첫째, 비일은 7:1~8을 "신자들이 대환난을 통과하기 위해서 인침을 받는다"고 해석한다. 교회는 후반부에 있는 '능히 셀 수 없는 무리'로, 전반부의 각 이스라엘의 열두 지파 가운데 12,000명씩 인침을 받는 자들을 교회로 동일시하는 것은 성경 문맥과 불일치한다.

둘째, 비일은 계시록 7:1~8이 "신자들이 어떻게 인침을 받아 6장에서 열거된 처음 대환난을 인내할 수 있는가"를 설명한다고 주장했다. 교회는 거듭났기 때문에, 대환난 가운데 교회를 보호하시는 하나님의 방법은 휴거이고, 천사들을 통해서 인을 받는 것이 아니다. [필자 주: 인치는 자는 '다른 천사'(단수)인데 비일은 '천사들'이라고 오해했다]

셋째, 비일은 교회가 예수 그리스도를 믿을 때 이미 "성령으로 인침을 받았다"는 것을 간과했다. 에베소서 1:13~14은 "그 안에서 너희도 진리의 말씀 곧 너희의 구원의 복음을 듣고 그 안에서 또한 믿어 약속의 성령으로 인치심을 받았으니(you were sealed with that holy Spirit of promise) 이는 우리 기업의 보증이 되사 그 얻으신 것을 속량하시고 그의 영광을 찬송하게 하려 하심이라"고 말씀한다. '성령의 인치심'은 구원받은 신자에 대한 확실한 보증이기 때문에, 또 다른 인침을 받아야 한다는 것은 잘못된 관점이다. 만일 이스라엘의 열두 지파 가운데 인침을 받는 자들이 교회라고 한다면, 또다시 인침을 받아야 한다는 것을 뜻하며, 이것이 '성령의 인치심'이 불완전하다는 것을 의미하기 때문에 비일의 견해는 오류이다.

## 3) 이필찬 박사의 견해

이필찬 박사는 『요한계시록』(에스카톤, p.709와 p.710~711)에서 인맞은 144,000에 대한 그의 견해를 말했다.

> 다른 천사는 하나님의 인을 가지고 하나님의 종들의 이마에 인치고자 한다. 여기에서 인침을 받은 하나님의 종들은 누구인가? 1장 1절에서 동일하게 하나님의 종들이라는 문구가 등장하는데, 이 경우에 **하나님의 종들은 하나님의 백성 곧 교회 공동체를** 의미한다. 그렇다면 하나님의 종들의 이마에 인 치는 것은 그들이 하나님의 소유로서 하나님의 백성이라는 그들의 정체성을 확고히 하는 것이라고 할 수 있다. (중략) '다른 천사'에 의해 하나님의 인침을 받아 하나님의 소유로 인증된 **하나님의 종들은 하나님의 군대로서 하나님을 섬기는 자로 세움받는다.**(이필찬, 요한계시록, 에스카톤, p.709)

> 여기에서 이 숫자는 문자적으로 열두 지파로부터 차출된 유대인들을 가리키는 것이 아니다. 문자적으로 이스라엘을 의도하지 않은 것으로 이해할 수 있는 가장 중요한 이유는 요한계시록 자체 내에서 혈통적 유대인을 참 유대인이 아닌 '사단의 회'(2:9, 3:9)로 부정적으로 표현하고 있기 때문이다. 이것은 역으로 말하면 교회 공동체가 참 유대인이라고 간주하는 것과 같다. (중략) 그렇다면 이 문맥에서 144,000을 '이스라엘의 아들들이 모든 지파로부터'라고 했다고 하여 문자 그대로 유대인으로 해석하는 것은 적절치 않다. (중략) 여기 '1,000'이라는 숫자는 구약에서 군대 용어로 사용되고 있다. (중략) 이런 맥락에서 144,000은 전투하는 공동체로서의 교회를 가리킨다. (중략) 그렇다면 144,000은 '하나님의 백성의 완전한 수'라고 할 수 있다.(이필찬, 『요한계시록』, 에스카톤, p.710~711)

## (4) 이필찬 박사의 견해에 대한 필자의 비평 및 견해

### ① 혈통적 이스라엘 족속을 교회로 간주함

이 박사는 "인침을 받은 하나님의 종들은 하나님의 백성 곧 교회 공동체"로 해석한다. 그레고리 K. 비일과 동일한 견해이다. 유대인에 대한 것을 교회로 간주하던지, 교회에 대한 것을 유대인으로 간주하면 모든 메시지가 왜곡된다. 인침을 받은 144,000은 '혈통적 이스라엘'인데 교회로 간주했기 때문에 방향이 완전히 틀어졌다.

### ② 인친 것은 교회의 정체성을 확고히 한 것인가?

이 박사는 "하나님의 종들의 이마에 인 치는 것은 그들이 하나님의 소유로서 하나님의 백성이라는 그들의 정체성을 확고히 하는 것"이라고 주장했다. '인침'의 목적은 하나님의 소유로 확정하는 의미가 있다. 그런데 그는 더 중요한 7장의 인치는 대상을 구별하지 못했다. 교회는 예수 그리스도를 믿을 때 '이미' 성령으로 인치심을 받았기 때문에 또 다른 인침이 필요하지 않다.(엡 1:13~14) 따라서 이 박사의 견해는 성경의 문맥을 벗어났다. 이스라엘 자손들 가운데 인치신 것은 그들이 하나님의 소유가 되었다는 것을 의미하지만, 그들은 이 박사가 주장하는 것과 같이 '교회'가 아니라 '혈통적 유대인'으로서 하나님의 소유라는 것을 가리킨다.

### ③ 짐승의 표와의 관계

이 박사는 인침을 받은 144,000과 계시록 13:16의 짐승의 표를 이마나 손에 받는 것과 대조적이기 때문에, 짐승을 숭배하는 자와 반대되는 교회로 간주했다. 양자가 대조적이라고 해서 교회로 보는 것은 단편적인 관점이다. 즉 계시록 13장에서 짐승의 표를 받는 자들은 불신자이기 때문에, 계시록 7장의 천사에게 인침을 받은 자들들 불신자의 반대인 교회라고 간주한 것은 단편적인 판단이다. 계시록 13장의 짐승의 표는 이마나 오른 손목에 대한 외적인 표로서, 교회가 성령의 인치심을 받은 것과 유사하기 때문에 비교할 수 있지만, 깊이 고려하지 못한 관점이다. 짐승의 표를 받는 자들은 다른 천사에게 인침을 받은 유대인과 대조를 이룬다. 왜냐하면, 성령의 인침을 받은 것은 'invisible'하고 '내적인 표'의 성격을 띠고, '예수 그리스도를 믿을 때' '이미'(already) 받은 것인 반면, 유대인이 인침을 받는 것과 짐승의 표를 받는 것은 '모두' 대환난을 기점으로 있는 사건이면서, 'visible'한 성격을 갖는 '외적인 표'라는 공통점이 있기 때문이다.

### ④ 인침을 받은 것이 하나님의 군대로 세우기 위한 것인가?

이 박사는 "'다른 천사'에 의해 하나님의 인침을 받아 하나님의 소유로 인증된 하나님의 종들은 하나님의 군대로서 하나님을 섬기는 자로 세움 받는다"고 해석한다. 이들이 인침을 받는 목적은 '하나님의 군대로 세운다'라는 적극적인 의미가 아니다. 하나님의 군대는 교회에 대한 것으로, 디모데후서 2:3~4과 같이 "너는 그리스도 예수의 좋은 병사로(as a good soldier of Jesus Christ) 나와 함께 고난을 받으라 병사로(a soldier) 복무하는 자는 자기 생활에 얽매이는 자가 하나도 없나니 이는 병사로 모집한 자를 기쁘게 하려 함이라"고 말씀한다. 이스라엘의 열두 지파 중에서 인을 치는 목적은 나팔 심판 가운데 '소극적'으로 보호하시기 위한 것이다. 인침을 받은 144,000은 경건한 유대인일지라도 '아직'(not yet) 거듭나지 않았기 때문에, 하나님의 자녀도 아니고 하나님의 군대는 동이 서에서 먼 것과 같이 관계가 없다.

### ⑤ 모든 유대인을 사탄의 회로 간주할 수 있는가?

이 박사는 이스라엘의 열두 지파가 유대인이 아닌 중요한 이유를 "요한계시록 자체 내에서 혈통적 유대인을 참 유대인이 아닌 '사단의 회'(계 2:9, 3:9)로 부정적으로 표현하고 있기 때문"이라고 단정했다. 이것은 서머나 교회를 비방한 '일부의 유대인들'을 '유대인들의 전부'로 간주한 오류이다. 계시록 2장에서 언급한 '사단의 회'는 유대인이지만 예수님을 믿지 않는 자들로서 서머나 교회를 핍박했던 자들을 가리킨다. 이들은 전체 유대인 가운데 '일부'에 지나지 않는다. 모든 유대인이 모두 '사단의 회'라고 불리지 않는다. 물론 사도행전에서 사도들과 교회들을 핍박한 자들은 '혈통적 유대인'으로 '사단의 회'로 부를 수 있다.

계시록 7장에 언급된 이스라엘의 열두 지파는 여섯째 인과 일곱째 인 사이의 삽입부로서, 사도 요한이 있던 당시가 아닌 장차 대환난 전에 유대 땅에 있는 유대인들을 가리킨다. 그들을 모두 '사탄의 회'로 간주하는 것은 오류이다. 이것을 비유하자면, "자라 보고 놀란 가슴 솥뚜껑 보고 놀란다"는 것과 같다. 왜냐하면 유대인들 가운데 '율법을 지키는 경건한 유대인들'로서 주님이 재림할 때에 회개하고 돌아올 자들이 있기 때문이다. 유대인들이 참 유대인이 아니기 때문에 교회를 '참 유대인'으로 간주하는 것은 또 다른 오류이다. 교회는 이방인 가운데 부름심을 입은 자들로서 유대인과 구별된다.

### ⑥ 문자를 부인하고 모든 것을 상징으로

이필찬 박사는 "144,000을 '이스라엘의 아들들의 모든 지파로부터'라고 했다고 하여 문자 그대로 유대인으로 해석하는 것은 적절치 않다"고 주장한다. 대체 이스라엘의 열두 지파라고 한 자들이 유대인이 아니라고 하면, 누가 유대인이 될 수 있는가? 성경이 말하는 '이스라엘의 열두 지파'라는 '팩트'를 해석이라는 명분으로 유대인이라는 것을 부인하는 것은 성경을 '해석'하는 것이 아니라, '훼손'하는 것이다. 만약 그 주장을 받아들인다면, 지구상에서 '유대인'들은 어디에도 없는 '존재'가 되고 말 것이다. 성경의 기본 원리는 문자이다. 그리고 문맥에 따라 '상징적 의미'인지 아니면 '문자적 의미'인지는 자연스럽게 알 수 있다. 그레고리 K. 비일과 이필찬 박사, 변종길 교수(고려신학대학원 신약학), 김추성 박사(합신대원) 등 대부분의 신학자들이 계시록 7장의 인 맞은 자 144,000을 계시록 14장의 144,000과 동일시 하여 "구원받은 모든 성도"라고 상징적으로 해석하는데 성경을 오해한 것이다.

## 2. 이스라엘 지파 중에서 인침을 받은 십사만 사천 (계 7:1-4)

### 1) 이 일 후에

이필찬 박사는 『요한계시록』(에스카톤, p.703~704)에서 "이 일 후"에 대한 그의 견해를 제시했다.

> '이 일 후에'란 어떤 일을 가리키는가? 이 일 후에라는 표현이 6장과 7장 사이의 주제의 연속성을 드러내거나 시간적인 순서를 가리키는 것이 아님을 인식하는 것이 중요하다.(이필찬, p.702)

6장과 7장 사이에 논리적 관계가 형성되어 있다는 것이다. 이 논리적 관계를 좀 더 구체적으로 말하면 7장은 6장 17절의 질문에 대한 답변으로서, **요한이 본 환상 다음에 순서를 논리적으로 나열하고 있는 것이다.** (중략) 따라서 7장은 6장과 논리적 관계를 갖는다는 점에서 6장과 '연속성'을 가지고 있지만, '이후에'라는 문구가 새로운 시작을 표시해 주고 있다는 점에서는 불연속성을 갖는다고도 볼 수 있다. (이필찬, 『요한계시록』, 에스카톤, p.703~704)

계시록의 기본적인 구도는 일곱 인과 일곱 나팔과 일곱 대접이다. 일곱이란 단순히 일곱 개의 조합이 아니라, 첫째, 둘째, 셋째 … 그리고 일곱째가 순서적으로 있다는 것을 의미한다. 이것은 '기수'가 아니라 '서수'로서, 서수는 "순서가 있는 수"이다. 7장이 6장의 끝 부분인 여섯째 인과 8장의 서두인 일곱째 인 사이에 있다는 것은 양자 사이에 있을 일이라는 것을 보여준다.

## 2) 네 천사

1절은 "이 일 후에 내가 네 천사가 땅 네 모퉁이에 선 것을 보니"라고 말한다. 네 천사와 땅의 네 모퉁이는 서로 연관성이 있다. 땅에는 동서남북이 있고 땅의 네 모퉁이는 '온 땅'을 의미하며, 네 천사가 각각 동서남북의 땅의 모퉁이에 대기하고 있음을 의미한다. '넷'이라는 숫자는 '네 생물'과 "모든 족속과 언어와 백성과 나라"에도 나타나듯이 땅에 속한 것을 의미한다. 7장에도 '네 천사'가 있고 '땅의 네 모퉁이'와 '네 바람'도 '온 땅'과 관계되기 때문이다. 하나님은 '부리는 종들'인 '천사들'을 통해서 세상을 심판하신다. 네 천사가 '네 바람'을 붙들고 있는 것은 하나님의 명령을 수행하기 위해서 대기하고 있다는 것을 의미한다.

## 3) 땅의 사방의 바람

'바람'은 구약에서 하나님의 심판의 도구로 사용됐다. 대표적인 사례로, 요나가 하나님의 말씀을 불순종할 때 "여호와께서 큰 바람(a great wind)을 바다 위에 내리시매 바다 가운데에 큰 폭풍이 일어나 배가 거의 깨지게 된지라"(욘 1:4)고 말한다. 이사야 11:15에는 "여호와께서 애굽 해만을 말리시고 그의 손을 유브라데 하수 위에 흔들어 뜨거운 바람을 일으켜 그 하수를 쳐 일곱 갈래로 나누어 신을 신고 건너가게 하실 것이라"고 말씀하며, 예레미야 13:24은 "그러므로 내가 그들을 사막 바람(the wind of the wilderness)에 불려가는 검불 같이 흩으리로다"고 말씀하며, 예레미야 22:22은 "네 목자들은 다 바람에(The wind) 삼켜질 것이요 너를 사랑하는 자들은 사로잡혀 가리니 그 때에 네가 반드시 네 모든 악 때문에 수치와 욕을 당하리라"고 말씀한다. '바람'이 '하나님의 심판의 도구'라는 것을 가리킨다.

계시록 7:1의 "땅의 사방의 바람을 붙잡아 바람으로 하여금 땅에나 바다에나 각종 나무에 불지 못하게 하더라"는 것은 '바람을 붙잡은 것'이 땅과 바다와 각종 나무에 불지 못하게 함으로 보호하신다는 의미를 내포한다. 그렇게 하는 목적은 하나님께서 보호하고자 하는 사람들에게 인을 치기 위한 것이다. 7장 이후의 8장에는 일곱째 인에서 첫 번째 나팔을 불게 될 때, 땅과 나무의 삼분의 일이 불살라지고, 두 번째 나팔을 불게 될 때 바다의 삼분의 일이 피로 변하게 된다.(계 8:6~9) 그런 나팔 재앙들이 이 땅에서 있게 되기 전에 하나님께서는 그분의 신실한 약속을 따라 '하나님의 백성들'인 '경건한 유대인들'을 보호하실 것이다.

### 4) 하나님의 인

#### (1) 이필찬 박사의 견해

이필찬 박사는 『요한계시록』(에스카톤, p.705~706)에서 "하나님의 인"에 대한 그의 견해를 제시했다.

> 일곱 인을 떼고 열 때에 심판이 일어나지만 하나님의 인은 '하나님의 소유권 표시'로서 심판 중에는 '보호의 표시'로 기능을 발휘한다. 하나님의 인은 하나님의 백성들에게 '종들'이라는 낙인을 찍어 주는 기능을 갖는다. 이 단어는 3c절에서 동사 형태로 '인친다'는 단어로 사용되기도 한다. (중략) 뿐만 아니라 하나님의 종들의 이마에 인을 친다는 것은, 출애굽 때에 죽음의 사자를 피하기 위해 어린 양의 피를 이스라엘 백성의 집 문설주에 발랐던 것을 연상케 한다. 아무튼 그 공통점은

심판으로부터 보호받는다는 점이다.(이필찬,『요한계시록』,에스카톤, p.705~706)

## (2) 필자의 비평 및 견해

하나님의 인은 구약에서 이스라엘 백성들에게 행한 것과 관계있다. 유월절 어린 양의 피를 문설주와 인방에 바른 것은 계시록 7장의 이마에 하나님의 인을 치는 것과 같이 '외적'이기 때문이다. 이것은 교회가 그리스도를 믿을 때에 '성령으로 인침을 받은 것'과 유사점과 차이점이 있다. 양자는 인친다는 공통점이 있다. 그렇다고 해서 두 사례를 동일시하는 것은 본질적인 차이를 간과한 것이다. 이필찬 박사의 오류는 '구약의 인'과 계시록 7장의 '하나님의 인'의 연관성을 발견했지만, 그것을 '교회'로 간주한 것이다. 유월절의 이스라엘 백성들은 구원받은 백성이지만, 계시록 7장의 14만 4천은 이스라엘 자손일지라도 거듭나지 않은 자들이라는 본질적인 차이를 간과했다. 그래서 계시록 7장의 이스라엘의 열두 지파들은 성령의 인치심이 없기 때문에, 다른 천사에 의해서 인침을 받는다.

## 5) 하나님의 인을 맡을 만한 자

2절은 "또 보매 다른 천사가 살아 계신 하나님의 인을 가지고"라고 말씀한다. '하나님의 인'이 어떤 것인가를 생각해 보자. 로마 황제의 인은 로마 황제의 권위를 상징하고, 그것은 황제가 신임하는 자에 의해서 찍혀진다. 하나님의 인도 동일한 원칙이 적용된다. 객관적으로 생각하더라도 '피조된 천사'에게 하나님의 인이 주어진다는 것은 생각할 수 없다. 이런 기본적인 것만을 적용해도, 하나님의 인을 가진 '다른 천사'는 매우 특별하고 '유일한 존재'라는 것을 알게 된다.

구약에서 예수 그리스도를 예표하는 인물 가운데 요셉이 있다. 예수님께서 형제들에게 팔린 것처럼, 요셉도 형제들에 의해 이방인에게 팔렸다. 가룟 유다는 대제사장과 장로들에게 은돈 30개를 받고 예수님을 팔았고, 요셉의 형들은 미디안 상인들에게 은돈 20개를 받고 팔았다. 요셉은 예수 그리스도의 예표이다. 요셉은 보디발의 집에서 여주인의 모함으로 지하 감옥에 갇히게 된다. 그런 후 하나님의 주권적 섭리로 바로 앞에 서게 되고 꿈을 해석함으로 애굽의 총리가 된다. 그리스도께서 십자가에 죽기까지 순종하심으로 음부에까지 낮아지신 것과 사흘만에 부활하고 하나님 보좌 우편에 앉으신 것은 요셉을 통해 보여주는 예표이다. 창세기 41:41~43을 보자.

> 바로가 또 요셉에게 이르되 내가 너를 애굽 온 땅의 총리가 되게 하노라 하고 자기의 인장 반지(his ring from his hand)를 빼어 요셉의 손에 끼우고 그에게 세마포 옷을 입히고 금 사슬을 목에 걸고 자기에게 있는 버금 수레에 그를 태우매 무리가 그의 앞에서 소리 지르기를 엎드리라 하더라 바로가 그에게 애굽 전국을 총리로 다스리게 하였더라(창 41:41~43)

바로(Paraoh)가 자신의 '인장 반지'를 요셉에게 맡긴 것은 그를 절대적으로 신임했기 때문이다. 그와 같이 '하나님의 인'도 요셉으로 예표된 예수 그리스도만이 받을 자격이 있다. 성경의 여러 증거들은 오직 '하나님의 인'을 맡을 수 있는 분이 '어떤 천사'가 아니라, '다른 천사'로서 여호와의 사자이신 그리스도뿐이라는 것을 보여준다.

## 6) 다른 천사

> 또 보매 다른 천사가 살아 계신 하나님의 인을 가지고 해 돋는 데로부터 올라와서 땅과 바다를 해롭게 할 권세를 받은 네 천사를 향하여 큰 소리로 외쳐(7:2)

### (1) 무천년설 견해

이필찬 박사는 『요한계시록』(에스카톤, p.871~872)에서 하나님의 인을 가진 다른 천사에 대한 그의 견해를 제시했다.

> '다른 천사'는 1절에 등장했던 땅에 네 모퉁이에 서 있는 네 천사와는 구별된다. 왜냐하면 2de절에 '땅과 바다를 해롭게 하는 권세가 주어진 네 천사'라는 문구는 이 네 천사가 '심판'을 위해 보내심을 받았다는 것을 명시적으로 보여 주는 반면, '다른 천사'는 하나님의 보호를 상징하는 하나님의 인을 가지고 있기 때문이다. 앞에서 언급한 것처럼 하나님의 인은 하나님의 소유로서의 정체성을 확장시켰으

며 하나님의 보호에 대한 상징적 의미를 갖는다. 이런 점에서 다른 천사는 심판을 행하는 네 천사와는 달리 심판 중에 하나님의 백성을 보호해 주는 역할을 담당한다.(이필찬, 『요한계시록』, 에스카톤, p.871~872)

## (2) '다른 천사'에 대한 필자의 비평 및 견해

### ① 다른 천사와 네 천사의 구별

다른 천사가 네 천사와 구별되는 것은 의심할 바 없다. '네 천사'는 땅을 해롭게 할 권세를 가진 자들이고, 하나님의 인을 갖고 있는 '다른 천사'는 네 천사에게 '하나님의 종들'에게 인치기까지 해하지 말라고 명령하고 있기 때문이다.

### ② 다른 천사

계시록 7장의 '다른 천사'의 원문은 'αλλον αγγελον(알론 앙겔론)'으로, 'αλλον(알론)'은 '다른'(another)을, αγγελον(앙겔론)은 'αγγελος'(앙겔로스)의 '목적격'이다. 대개 'αγγελος'(앙겔로스)를 '피조된 천사'로만 알고 있는데, 'αγγελος'(앙겔로스)는 '사자, 천사, 전령, 보냄을 입은 자, 하나님의 사자'라는 뜻이 있다. 이 단어가 가진 공통분모가 있는데, 그것은 "하늘에서 즉 하나님에 의하여 특별한 임무를 위임받아 보냄을 입은 자"라는 의미이다.

이필찬 박사나 그레고리 K. 비일은 '다른 천사'를 네 천사가 아닌 '일반적인 다른 천사'로 이해한다. 이것은 틀리다고 말할 수 없지만, 그렇다고 정확하지도 않다. '다른 천사'의 '다른'은 일반적인 천사와 본질적인 구별이 있다. 이것은 그 내용으로도 확연히 나타난다. 계시록 10:1의 "내가 또 보니 힘센 다른 천사가 구름을 입고 하늘에서 내려오는데 그 머리 위에 무지개가 있고 그 얼굴은 해 같고 그 발은 불기둥 같다"는 구절의 '다른 천사'도 'αλλον αγγελον(알론 앙겔론)'으로 계시록 7장의 '다른 천사'와 동일하다. 계시록 18:1의 '다른 천사'도 'αλλον αγγελον(알론 앙겔론)'으로 계시록 7장의 하나님의 인을 가진 천사와 동일한 천사이다. '다른 천사'는 '일반 천사들'과 구별되기 때문에 'αλλον(알론)'이 쓰였는데, 구약에 나타난 '여호와의 사자(천사)'로서 그리스도를 가리킨다. 구약에 나타난 '여호와의 사자'는 우리가 아는 그런 천사가 아니라, 계시록 7장의 '다른 천사'와 계시록 10:1

의 '다른 천사'이고, 계시록 17장의 '다른 천사'이며 '여호와의 사자'이신 '그리스도'를 가리킨다. '다른 천사'는 삽입부인 10장이 주제이기 때문에 후에 논증할 것이다.

## 7) 해 돋는 곳

2절은 "또 보매 다른 천사가 살아 계신 하나님의 인을 가지고 해 돋는 데로부터 올라와서"라고 말한다. 교부들과 중세 교부들은 '해 돋는 데로부터 올라온다'는 것을 메시야를 가리킨다고 보았다. 말라기 4:2은 "내 이름을 경외하는 너희에게는 공의로운 해(the Sun of righteousness)가 떠올라서(shall arise) 치료하는 광선을 비추리니 너희가 나가서 외양간에서 나온 송아지 같이 뛰리라"고 예언했다. 주님을 '해'로 비유한 것은 성경의 전체 흐름과 일치한다. 해는 '동쪽'에서 뜬다. 하늘의 태양이 하나이듯이, 인류 가운데 구원자는 예수 그리스도 한 분 뿐이기 때문에 해로 비유했다. 말라기의 예언은 한편으로 초림 때 성취되었고, 재림의 때에 완전히 성취될 것이다. 이필찬 박사는 『요한계시록』(에스카톤, p.708)에서 해 돋는 곳에 대한 그의 견해를 말했다.

> 그러나 괴스터가 계시록 16장 12절에 동일한 문구인 '동쪽'이 하나님의 대적들이 출현하는 출발점을 가리키기 때문이다"라고 후자로 기우는 듯 하더니 다음과 같은 결론을 내렸다. "따라서 그 구약의 배경을 고려하여 동쪽으로부터란 문구에 메시아적 의미를 부여할 수도 있지만, 이 문구가 그러한 의미를 절대적으로 가지고 있지는 않다는 사실을 기억해야 한다.(이필찬, 『요한계시록』, 에스카톤, p.708)

이필찬 박사는 '동쪽'이 메시아와 관련된 여러 가지 증거들이 있음에도 불구하고, 괴스터의 석연찮은 한 가지 견해에 기울었다. 왜냐하면, 괴스터가 언급한 성경 구절의 '동쪽'은 하나님의 인을 가진 다른 천사가 나오는 '해 뜨는 곳'이나, 말라기 성경의 '떠오르는 해'와 '직접적으로' 관계가 없기 때문이다. 계시록 16:12은 "또 여섯째 천사가 그 대접을 큰 강 유브라데에 쏟으매 강물이 말라서 동방에서 오는 왕들의 길이 예비되었더라"고 말한다. '동방'은 원문 'ἀνατολή(아나톨레)'로서 '동쪽'을 의미하고, 왕들이 동방의 방향에서 온다는 것을 의미므로 '해와 직접적'으로 연관되지 않는다. 또한 '동쪽'이 '하나님의 대적이 출현하는 출발점'이라는 것은 한 방면만 보고 더 큰 대환난의 상황을 간과했다. 대환난 중에 하나님을 가장 극렬하게 대적하는 자는 적그리스도이다. 그는 예루살렘 성전에 우상을 만들어 경배하게 하고 사람들에게 짐승의 표를 찍는 '적그리스도 왕국'의 괴수이다. 사탄은 하늘에서 땅으로 내쫓겼고, 사탄은 짐승에게 그의 권세를 준다. 당시의 상황은 하늘의 하나님을 대적하는 적그리스도의 왕국이 있고, 동방에서 오는 왕들의 군대도 하나님의 백성들을 대적하기 위해 가세한다.

### 8) 하나님의 종들

계시록 7:3은 "이르되 우리가 우리 하나님의 종들의 이마에 인치기까지 땅이나 바다나 나무들을 해하지 말라 하더라"고 말씀한다.

### (1) 이필찬 박사의 견해

이필찬 박사는 『요한계시록』(에스카톤, p.709)에서 인침을 받는 하나님의 종들에 대한 견해를 제시했다.

> 다른 천사는 하나님의 인을 가지고 하나님의 종들의 이마에 인치고자 한다. 여기에서 인침을 받은 하나님의 종들은 누구인가? 1:1에도 동일하게 하나님의 종들이란 문구가 등장하는데, 이 경우에 하나님의 종들은 하나님의 백성과 교회 공동체를 의미한다. (중략) 이것은 13:16에서 짐승의 표를 이마나 손에 받는 것과 대조를 이룬다. 하나님의 이름과 짐승의 표는 각각 하나님의 종과 짐승의 종으로서의 정체성을 나타내 주고 있다는 점에서 대조적이지만 이마에 인과 표를 받는다는 점에서 평행을 이룬다. '다른 천사'에 의해 하나님의 인침을 받아 하나님의 소유로 인증된 하나님의 종들은 하나님의 군대로서 하나님을 섬기는 자로 세움받는다.(이필찬, 『요한계시록』,에스카톤, p.709)

## (2) 필자의 비평 및 견해

### ① 종들에 대한 호칭

이필찬 박사는 '하나님의 종들'을 하나님의 백성인 교회 공동체라고 해석했다. 계시록 1:1에 언급된 "그 종들"은 '교회'를 가리킨다. 이 박사는 교회를 '종'이라 불렀기 때문에, '모든 종'이라고 부르는 자들을 '교회'로 간주하는 오류에 빠졌다. 이것은 '일부'를 '전부'로 간주하는 흔한 오류이다. 그리스도를 주님(Lord)이라고 부르는 것은 교회가 '그의 종'이라는 것을 의미한다. 마태복음 25:1의 달란트 비유에서는 "또 어떤 사람이 타국에 갈 때 그 종들을(his own servants) 불러 자기 소유를 맡김과 같으니"라고 말한다. '어떤 사람'은 인자이신 주님을 가리키고, '그의 종들'은 '교회'를 가리킨다. 19절에서 '어떤 사람'을 확실히 보여주는데, "오랜 후에 그 종들의 주인이(the lord of those servants) 돌아와 그들과 결산할새"라고 하며 재림의 예수님을 '주인(the lord)'이라고 밝힌다. 예수 그리스도는 모든 것의 주인으로서 교회는 그의 종이다.

### ② 혈통적 이스라엘의 호칭

이스라엘의 남은 자들로서 주님이 재림할 때 회개하고 돌아올 자들에 대하여 스가랴 12:8은 "그 날에(on that day) 여호와가 예루살렘 주민을 보호하리니 그 중에 약한 자가 그 날에는 다윗 같겠고 다윗의 족속은 하나님 같고 무리 앞에 있는 여호와의 사자 같을 것이라 예루살렘을 치러 오는 이방 나라들을 그 날에 내가 멸하기를 힘쓰리라"고 말씀한다. '그 날은' '여호와의 날'로서 그리스도께서 만왕의 왕으로 재림하시는 날을 가리키며, '예루살렘을 치러 오는 이방 나라들'은 동방에서 오는 이만 만의 마병대를 가리킨다.

계시록 16:12에서 "또 여섯째 천사가 그 대접을 큰 강 유브라데에 쏟으매 강물이 말라서 동방에서 오는 왕들의 길이 예비되었더라"고 말씀한다. 그 때에 완악한 가운데 있지만 경건한 유대인들이 애통하고 돌아올 것을 스가랴는 예언한다. 스가랴 12:10~11을 보자.

내가 다윗의 집과 예루살렘 주민에게 은총과 간구하는 심령을 부어 주리니 그들이 그 찌른 바 그를 바라보고(shall look upon) 그를 위하여 애통하기를(shall mourn for him) 독자를 위하여 애통하듯 하며 그를 위하여 통곡하기를 장자를 위하여 통곡하듯 하리로다 그 날에 예루살렘에 큰 애통(a great mourning)이 있으리니 므깃도 골짜기 하다드림몬에 있던 애통과 같을 것이라(슥 12:10~11)

이들은 여섯째 인을 뗀 후의 계시록 7장에서 언급된 '하나님의 인 맞은 자들'로서 '하나님의 종'이라 불린다. 오늘날 완악한 가운데 있지만 경건한 유대인들은 교회와 같은 '처녀'나 '하나님의 자녀'로 불릴 수 없지만, '하나님의 종'이라 불릴 수 있다.

### ③ 인침을 받은 14만 4천 vs 교회의 성령의 인침의 차이

하나님의 인을 받은 144,000과 계시록 13:16에서 짐승의 표를 이마나 손목에 받는 것과 대조를 이루기 때문에, 짐승을 숭배하는 자와 반대되는 것을 교회로 간주했다. 양자가 대조가 된다고 해서 교회로 보는 것은 단편적인 관점이다. 교회는 이미 '성령으로' 인침을 받았기 때문에 또 다른 인침이 필요치 않다. 그러나 완악한 가운데 있는 경건한 유대인들을 보호하시기 위해서 교회와는 다른 조치가 필요하다. 그래서 유대인들을 보호하기 위해서 다른 천사를 통하여 인치신다. 대환난 가운데 행해지는 짐승의 표에 대조되는 것은 교회의 성령의 인침이 아니라 이스라엘 12지파 가운데 인침을 받은 144,000이다. 144,000은 대환난 전에 인침을 받고, 짐승의 표를 받는 자들은 대환난 중에 666 표를 받는다. 양자는 대환난과 관계된다는 공통점이 있다. 아래의 벤 다이어그램을 보면 세 종류의 사람들의 직접적인 관계와 간접적인 관계를 구별할 수 있다.

계시록 13장의 짐승의 표는 이마나 오른 손목에 하는 외적인 표로서, 교회가 성령의 인치심을 받은 것과 유사하기 때문에 비교되기도 한다. '다른 천사'에게 인 침을 받은 유대인과 짐승의 표를 받는 자들과 완전한 대조를 이룬다. 왜냐하면, 성령의 인침을 받은 것은 'invisible'한 것으로 '내적'이고 '예수 그리스도를 믿을 때' '이미(already)' 받았다. 이와 반면에 이스라엘 자손(유대인)이 인침을 받는 것과 짐승의 표를 받는 것은 모두 '대환난'을 기점으로 있는 사건이면서 '외적인 표'(visible)라는 공통점이 있기 때문이다.

무천년설이 짐승의 표를 받는 자와의 대조를 교회로 본 것은 근거가 전혀 없는 것이 아니지만, 직접적인 대조는 하나님의 인침을 받은 144,000이다. 더구나 교회는 이미 성령의 인침을 받았기 때문에, 더 이상 다른 것이 필요 없다. 만일 교회가 성령의 인침을 받았는데 대환난 전에 또 하나님의 인을 받아야 한다면, 성령의 인침의 보증과 능력을 부인하는 결과를 가져온다. 무천년설은 이런 관계를 고려하지 않고 인 맞은 144,000을 교회로 해석하는 오류를 범했다. 성경의 독트린을 찾을 때(이것이 신학의 원리이다) 한 가지 관점으로 보고 결론을 내리지 말고, 다각도로 관련된 성경을 조명하고 QST해야 오류에 빠지지 않을 수 있다.

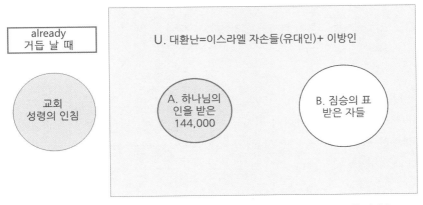

[ 대환난 전에 하나님의 인을 받는 14만 4천과 짐승의 표 받는 자들 관계 ]

## 9) 인침을 받은 자에 대한 무천년설 견해

### (1) 그레고리 K. 비일의 견해

그레고리 K. 비일은 『NIGTC 요한계시록』(새물결플러스, p.686~687)에서 인침을 받은 자에 대한 견해를 제시했다.

5장과 14장에 관련된 인 : 구속함을 받은 성도 전체인 144,000; 계시록 7:3~8의

'구속 받은 사람들' 공동체는, 앞에서 말했듯이 단어와 사상이 병행하는 것을 볼 때, 14:1~4의 공동체와 동일하다. (중략) 이것은 14:1~3의 144,000이 이스라엘 민족 가운데 남은 적은 수가 아니라, 교회시대 동안 살며 그리스도가 온 세상에서 구속하신 대규모의 남은 사람들에 대해 말하는 또 다른 방식임을 의미한다. 144,000을 이렇게 이해하는 것이 옳다면 7:3~8의 144,000은 온 땅에서 구속함을 받은 동일한 남은 자들을 대표하는 것이 분명하다. (중략) 7:3~8의 인 맞은 사람들을 구속함을 받은 공동체 전체와 동일시하는 또 다른 이유는 다음과 같다. (1) 요한계시록 여러 곳에서 'δούλους'(종들)가 사용될 때에는 구원받을 신자들이 다 포함된다.(2:20, 19:5, 22:3) (2)본문의 상당한 부분의 배경이 되는 겔9장의 문맥은 충성된 사람들의 주요 집단을 구별하지 않는다. 그 대신 불신자들에게서 참 신자만을 구별한다. (3)만일 사탄이 그를 따르는 모든 사람에게 인을 친다면(13:1,6~17, 14:9~11), 마찬가지로 하나님도 그를 따르는 모든 사람에게 동일하게 하시며 단지 일부에게만 그렇게 하지는 않으신다.(그레고리 K. 비일, 『NIGTC 요한계시록』, 새물결 플러스, p.686~687)

## (2) 김추성 박사의 견해

리차드 보캄에게 사사하여 박사 학위를 받은 합동신학대학원의 김추성 박사는 『요한계시록 1~9장 주석집』(김추성, 킹덤북스 ,p.462~464)에서 인침을 받은 자에 대한 견해를 제시했다.

144,000의 정체에 대해 다양한 견해가 있다. 이스라엘의 구원받은 총수, 마지막 시기의 충성스러운 성도들, 순교자, 구원받은 하나님의 백성 전체, 십사만 사천은 특정 집단의 신자를 나타내는 것이 아니라, 하나님의 백성 전체를 상징한다. (중략) 첫째, 요한계시록의 상징적 성격을 고려해야 한다. 열두 지파와 십사만 사천은 문자적으로 해석하면 우리는 해결하기 어려운 난관에 부딪히게 된다. 바벨론 유수 이후 이스라엘의 열두 지파는 종적을 감추어 버렸다. 둘째, 십사만 사천을 문자적으로 해석한다면 이것은 이스라엘 사람들에게는 그리 희망적인 소식이 아니다. 왜냐하면, 문자적인 십사만 사천은 사실상 그리 큰 수가 아니기 때문이다. 셋째, 신약에서는 이미 민족의 구분의 의미가 약해졌다. 신약에서는 교회를 새로

운 이스라엘로 규정하고 있다. 넷째, 십사만 사천은 하나님의 종들이라 칭해진다. 하나님의 종들은 매우 보편성을 지니는 용어다. 이 말은 유대인에게만 한정되는 말이 아니요 이방인도 포함하는 매우 폭넓은 용어다. 다섯째, 요한계시록 7장의 십사만 사천과 병행을 이루고 있다. 여섯째, 막간의 문맥에서 십사만 사천을 고려할 필요가 있다. 막간의 목적은 하나님께서 그의 백성을 어떻게 돌보시는가를 보여주기 위함이다. 요한의 마음에는 하나님의 교회에 대한 끊임없는 관심이 있었다. 일곱째, 요한계시록의 숫자 사용이 이를 뒷받침한다. 요한계시록에서 12라는 숫자는 하나님의 백성을 대표하는 숫자로 사용되고 있다. (중략) 또한 보캄은 십사만 사천의 전투적 성격을 강조하였다. 보캄에 의하면 구약에서의 인구 조사는 전투 기능을 점검하는 것과 밀접한 관련이 있다. (중략) 종합해서 말한다면 하나님의 백성이 이 땅에 사는 동안 감당해야 할 영적 전투를 상징한다고 볼 수 있다.(김추성, 『요한계시록 1~9장 주석집』, 킹덤북스, p.462~464)

## 10) 인침을 받은 144,000이 교회가 아닌 근거들

### (1) 분별의 원칙

계시록 7장의 이스라엘 지파 가운데 인맞은 십사만 사천이 교회인지 이스라엘인지를 구별하기 위해서 계시록 전체에서 어떤 의미로 쓰였는지를 비교할 필요가 있다. 성경은 일정한 원칙을 갖고 쓰여졌기 때문이다. 만일 계시록 7장에 쓰인 단어가 다른 곳에서 '상징적 의미'로서 '교회'를 의미했다면, 동일한 의미로 쓰일 것이고, 반대로 계시록 7장에 쓰인 '어떤 단어'가 다른 곳에서 '문자적 의미'로서 '육적 이스라엘'을 의미했다면 동일한 의미로 쓰일 것이기 때문이다. 무천년설이 주장하듯이 인맞은 십사만 사천이 '교회'를 의미한다면 '상징적 의미'로 쓰였을 것이고, 전천년설의 주장과 같이 '혈통적 이스라엘'의 의미라면 '문자적 의미'로 쓰였을 것이다. 이 문제는 각자의 학설의 관점에서 보면 서로 평행선을 달리듯이 끝없는 논쟁이 될 것이다. 하지만 성경의 원칙을 찾는다면 어떤 입장에 있었든지 '오직 성경'(Sola Scriptura)으로 돌이켜야 한다.

## (2) 이스라엘 자손의 의미

계시록 7:4의 "이스라엘의 자손"이 무천년설의 주장과 같이 '교회'를 의미하는지를 찾아 보자. 계시록 2:14에서 "그러나 네게 두어 가지 책망할 것이 있나니 거기 네게 발람의 교훈을 지키는 자들이 있도다 발람이 발락을 가르쳐 이스라엘 자손(the children of Israel) 앞에 걸림돌을 놓아 우상의 제물을 먹게 하였고 또 행음하게 하였느니라"고 말씀한다. 성경은 발람 선지자가 '이스라엘 자손들'로 하여금 우상의 제물을 먹게 하고 행음하게 했음을 보여 준다. 여기의 '이스라엘 자손'을 '교회'라고 할 수 있는가? 교회는 사도행전 2장에서 오순절 성령님이 강림하심으로 교회가 설립됐다. '이스라엘 자손'은 구약의 하나님의 백성으로서 '육적 이스라엘'을 가리키지 '교회'를 가리키지 않는다. 따라서 계시록 7장의 이스라엘의 자손들도 '교회'가 아니라 '육적인, 혈통적인 이스라엘 자손들'을 가리킨다.

## (3) 교회는 지파가 없다

계시록 7장은 "이스라엘 자손의 각 지파 중에서 인침을 받은 자들이 십사만 사천이니"라고 말씀한다. 만일 무천년설의 주장과 같이 '이스라엘 자손'이 교회라고 하면 교회에 '각 지파'가 있어야 한다. 그레고리 K. 비일이나 이필찬 박사와 김추성 박사는 어디 지파에 속했는가? 필자는 이필찬 박사가 "어디 이씨"인지 알지 못하지만, 그가 이스라엘 지파에 속하지 않았다는 것을 안다. 비일도 이스라엘의 열두 지파와 관계없고 '비일家'에 속했을 것이다. 이필찬 박사나 김추성 박사는 이스라엘의 어떤 지파에 속했다고 '말할 수 없을 것'이다. 왜냐하면 우리나라의 모든 성씨는 이스라엘의 열두 지파와 관계 없기 때문이다. 그들은 각각 "이씨 가문"과 "김씨 가문"에 속했다. 필자도 이스라엘의 열두 지파와 관계가 없고, '혈통적으로' '송씨 가문'에 속했다. 물론 부르심을 입은 '영적인 방면'으로 말하면 우리 모든 신자들은 '교회'에 속했다. 오늘날 이스라엘의 열두 지파를 사칭하는 무리들이 있다면 '이단인 신천지'일 것이다. 교회는 이방인 가운데 부르심을 입은 자들이기 때문에 이스라엘의 열두 지파와 직접적으로 상관이 없다. 그러나 이스라엘 자손들은 혈통적으로 어느 지파에 속했는지 알 수 있다. 교회에 열두 지파가 없다는 것은 계시록 7장의 '이스라엘 자손의 각 지파 중에서' 인침을 받은 십사만 사천이 '교회'가 아니라 '혈통적인 이스라엘의 열 두 지파'

라는 것을 의미한다.

## (4) 유다 지파의 사자 & 유대 지파

계시록 7:5에는 "유다 지파(the tribe of Juda) 중에 인침을 받은 자가 일만 이천이요"라고 말씀한다. 무천년설은 인 맞은 자를 교회로 보기 때문에, 교회에 '유다 지파'가 있어야 한다. 유다 지파에 속한 자를 한 사람도 말할 수 없을 것이다. 이 것은 아브라함 링컨의 자손을 우리나라 '김씨'와 '이씨'에서 찾는 것과 같기 때문이다. 계시록 5:5에는 사도 요한이 두루마리의 인을 펴거나 뗄 자가 보이지 않아서 '크게 울었을 때' "장로 중의 한 사람이 내게 말하되 울지 말라 유다 지파의 사자(the Lion of the tribe of Juda) 다윗의 뿌리가 이겼으니 그 두루마리와 그 일곱 인을 떼시리라 하더라"고 말씀한다.(필자 주: 유대로 번역된 원문은 "Ἰούδας, 이우다스"로 뒤에 '지파'라는 구절이 있듯이 야곱의 아들인 유다를 가리킨다. 따라서 유대보다는 유다로 번역되는 것이 적절하다.) '유다 지파의 사자'는 예수 그리스도를 가리킨다. 따라서 무천년설자들은 '예수님을 교회에 속한 유다 지파'로 해석해야 한다. 왜냐하면, 그들은 계시록 7장의 '유다 지파'를 교회로 해석하기 때문이다. 만일 예수님이 '혈통적 유다 지파'인 것을 부인한다면 심각한 문제가 발생한다. 왜냐하면, 마태복음 1:1에는 "아브라함과 다윗의 자손 예수 그리스도의 계보라"고 말씀하는데, 그리스도의 혈통을 부인하는 결과가 되기 때문이다. 이런 것은 무천년설이 계시록 7장의 이스라엘 자손 가운데 인 맞은 십사만 사천을 '교회'로 간주했을 경우이다. 이런 제반 연관성은 계시록 7장의 유다 지파가 '교회'가 아니라 '혈통적인 유다 지파'라는 것을 의미한다. 이것은 매우 단순하고 명확한 논리이다. 계시록 5:5의 '유다 지파의 사자'가 '혈통적인 유다 지파'를 의미하는 것을 의심하는 사람이 없듯이, 계시록 7장의 유다 지파도 '혈통적인 이스라엘의 유다 지파'이다. 무천년설이 이스라엘 자손들 가운데 인맞은 144,000을 '교회'로 해석한 것은 성경과 일치하지 않는다.

## (5) 이스라엘 12지파 vs 교회

계시록 7장에 이스라엘 자손의 열두 지파가 있는 것은 우연한 일이 아니다. 여호와 하나님께서 아브라함을 부르셨고 '아브라함의 하나님'으로 불리신다. 아브라함은 100세에 얻은 아들 이삭이 있었고, '이삭의 하나님'으로 불리운다. 이삭에게는 에서와 야곱 쌍둥이 아들이 있었는데, 태중에 있을 때에 "큰 자는 어린 자를 섬기리라"는 예언이 있었다. 큰 자인 에서에게 장자권이 주어졌지만, 장자권을 경홀히 여긴 에서는 야곱의 팥죽 한 그릇과 바꾸었고, 결국 작은 자인 야곱에게 장자권이 돌아갔다. 그래서 하나님은 '에서의 하나님'이 아니라, '야곱의 하나님'으로 불리운다. 야곱의 열두 아들은 이스라엘의 열두 지파를 이룬다. 솔로몬 사후 왕국이 분열될 때, 열 지파는 북 왕국 이스라엘에 속했고, 두 지파는 남 왕국 유다에 속했다. 이스라엘 왕국을 구성하는 것은 열두 지파이다.

## (6) '혈통적' 이스라엘과 교회의 차이

교회는 '하나님의 가족'으로서 영적이기 때문에 주님은 비유로 가르치셨다. 열 처녀 비유와 달란트 비유가 대표적이다. 이들의 공통점은 '천국 비유'로서 교회에 대한 것이다. 교회에 대한 것을 '혈통적 이스라엘 자손' 즉 '유대인'에게 적용하면 큰 문제가 생긴다. '혈통적 유대인'에 대하여 '비유'로 말씀하신 적이 없다. 왜냐하면 그들은 거듭나지 않았고 따라서 영적인 것이 없기 때문이다. 마태복음 24장의 첫 부분인 4~31절 말씀은 '혈통적 유대인들'에게 주신 말씀이기 때문에 '문자적인 의미'이다. 마태복음 24:4~14을 보자.

> 예수께서 대답하여 이르시되 너희가 사람의 미혹을 받지 않도록 주의하라 많은 사람이 내 이름으로 와서 이르되 나는 그리스도라 하여 많은 사람을 미혹하리라 난리와 난리 소문을 듣겠으나 … 민족이 민족을, 나라가 나라를 대적하여 일어나겠고 곳곳에 기근과 지진이 있으리니 이 모든 것은 재난의 시작이니라 그 때에 사람들이 너희를 환난에 넘겨 주겠으며 … 거짓 선지자가 많이 일어나 많은 사람을 미혹하겠으며 … 그러나 끝까지 견디는 자는 구원을 얻으리라 이 천국 복음이 모든 민족에게 증언되기 위하여 온 세상에 전파되리니 그제야 끝이 오리라 (마 24:4~14)

### ① 사람의 미혹: not 상징 but 문자

"사람의 미혹"은 '문자 의미대로' 사람의 미혹을 의미하지 '비유(상징)'가 아니다. 왜냐하면, 거듭나지 않은 '유대인'에게 주시는 말씀으로서 종말의 때에 땅에서 일어나는 일이기 때문이다.

### ② 나는 그리스도라: not 상징 but 문자

"많은 사람이 내 이름으로 와서 이르되 나는 그리스도라"는 것은 '문자 의미대로'이지 '비유(상징)'가 아니다. 유대인들은 아직도 그리스도(메시아)가 오시지 않았다고 믿기 때문에 지금도 선지자들을 통해서 예언된 메시아가 오기를 기다리고 있다. 그러기 때문에 그리스도의 이름으로 오면 그들은 미혹당하기 쉽다. 이 모든 말씀은 거듭나지 않은 '유대인'에게 주시는 말씀으로서 종말의 때에 땅에서 일어나는 일들로서 모두 문자적인 의미이다.

### ③ 난리와 난리 소문: not 상징 but 문자

"난리와 난리 소문"은 '문자 의미대로' 난리와 난리 소문을 의미하며 '비유(상징)'가 아니다. 왜냐하면, 거듭나지 않은 '유대인'에게 주시는 말씀으로서 종말의 때에 땅에서 일어나는 일이기 때문이다.

### ④ 민족이 민족을: not 상징 but 문자

"민족이 민족을"이란 '문자 의미대로' 민족이 민족을 대적하는 것을 의미하며 '비유(상징)'가 아니다. "민족이 민족을 대적한다"는 것은 '내전'을 의미한다. 왜냐하면, 거듭나지 않은 '유대인'에게 주시는 말씀이기 때문이다.

### ⑤ 나라가 나라를: not 상징 but 문자

"나라가 나라를 대적한다"는 것은 '문자 그 의미대로' 나라가 나라를 대적하는 것을 의미하며 '비유(상징)'가 아니다. 왜냐하면, 거듭나지 않은 '유대인'에게 주시는 말씀으로서 종말의 때에 땅에서 일어나는 일이기 때문이다.

### ⑥ 기근과 지진: not 상징 but 문자

"곳곳에 기근과 지진이 있으리니"라는 것은 '문자 의미대로' 곳곳에 기근과 지진이 있다는 것을 의미하며 '상징(비유)'이 아니다. 만일 기근과 지진을 상징적으로 해석한다면 대체 어떤 의미가 되겠는가? 이들은 모두 문자적인 의미이다. 이 말씀들은 거듭나지 않은 '유대인'에게 주시는 말씀으로서 종말의 때에 땅에서 일어나는 일이기 때문이다.

### ⑦ 재난: not 상징 but 문자

"재난의 시작"은 '문자 의미대로' '물리적인' 재난의 시작을 의미하며 '비유(상징)'가 아니다. 왜냐하면, 거듭나지 않은 '유대인'에 대한 말씀으로서 종말의 때에 땅에서 일어나는 일이기 때문이다.

### ⑧ 환난과 죽임: not 상징 but 문자

"너희를 환난에 넘겨 주겠으며 너희를 죽인다"는 것은 '문자 의미대로' 유대인들을 환난에 넘겨 주겠으며 유대인들을 죽인다는 것을 의미하며 '상징(비유)'이 아니다. 왜냐하면, 거듭나지 않은 '유대인'에 대한 말씀으로서 종말의 때에 땅에서 일어나는 일이기 때문이다.

### ⑨ 민족에게 미움 받음: not 상징 but 문자

"내 이름 때문에 모든 민족에게 미움을 받으리라"는 것은 '문자 의미대로' '내 이름(예수)' 때문에 모든 민족에게 미움을 받으리라는 것을 의미하며 '비유(상징)'가 아니다. 제2차 세계 대전 중 히틀러에 의해서 유대인들이 학살을 당한 것은 잘 알려졌다. 그들은 유대인이라는 이유 때문에 죽임을 당했다. 당시 세계에 있는 유대인은 구백 만 명이었는데 육백 만 명이 죽임을 당했다. 유대인에 대한 미움과 증오가 세익스피어의 "베니스의 상인"에도 극명하게 나타났다는 것은 잘 알려진 사실이다. 이 모든 말씀들은 거듭나지 않은 '유대인'에 대한 말씀으로서 실제로 성취됐고 또한 종말의 때에 완전히 성취된다.

### ⑩ 실족함과 미워함: not 상징 but 문자

"그 때에 많은 사람이 실족하게 되어 서로 잡아 주고 서로 미워하겠으며"라는 것은 '문자 의미대로' 실족하여 서로 잡아 주고 서로 미워하는 것을 의미하며, '비유(상징)'가 아니다. 왜냐하면, 거듭나지 않은 '유대인'에게 주시는 말씀으로서 종말의 때에 땅에서 일어나는 일이기 때문이다.

### ⑪ 거짓 선지자: not 상징 but 문자

"거짓 선지자가 많이 일어나 많은 사람을 미혹하겠으며"는 '문자 그대로' 거짓 선지자를 의미하며 '비유(상징)'가 아니다. 왜냐하면, 거듭나지 않은 '유대인'에게 주시는 말씀으로서 종말의 때에 땅에서 일어나는 일이기 때문이다.

### ⑫ 불법과 사랑이 식음: not 상징 but 문자

"불법이 성하므로 많은 사람의 사랑이 식어지리라"는 것은 '문자 그대로' 불법이 성행하고 사랑이 식어진다는 것을 의미하며 '비유(상징)'가 아니다. 왜냐하면, 거듭나지 않은 '유대인'에게 주시는 말씀이기 때문이다.

### ⑬ 끝까지 견딤: not 상징 but 문자 (가장 많이 오해하는 구절)

"그러나 끝까지 견디는 자는 구원을 얻으리라"는 것은 '문자 의미대로' 끝까지 견디는 자는 구원을 얻으리라는 것을 의미한다. '비유'가 아니다. 가장 큰 오류는 이 구절을 교회에 적용시키기 때문에 일어난다. 그 결과 예수를 믿어 구원 받았을지라도 "끝까지 견뎌야 구원을 얻는다"(행위 구원)는 '새 관점 칭의론'의 근거로 삼는다. 왜냐하면, 이 말씀은 '역으로' "끝까지 견디지 못하는 자는 구원을 얻지 못한다"는 것을 의미하기 때문이다. 신자들에게 끝까지 견디는 것 즉 '인내'는 신앙의 덕목이다. 그러나 그것이 결핍된다고 해서 "구원받지 못한다" 즉 "구원 탈락이다", "구원받은 신자도 지옥에 갈 수 있다"는 것은 성경을 벗어난 것이다.

이런 사상이 성경의 구원론과 상반되는 것임에도 불구하고, 스스로 성경적이라고 생각하는 것은 "끝까지 견뎌야 구원을 얻는다"는 것을 '교회'에 주시는 말씀으로 간주했기 때문이다. 말씀의 대상이 바뀌었기 때문에 일어나는 흔한 현상이다. 대부분의 성경 말씀은 '교회'에 주시는 말씀이다. 그렇다고 해서 모든 성경 말씀이 '교회'에 대한 것이 아니다. 일부는 '세상'에 대한 심판의 말씀이 있고, 일부는 '유대인들'에 대한 것이 있다. 만일 세상에 대한 것과 유대인에 대한 것을 교회에 적용하면 큰 문제가 생긴다. 역으로 교회에 대한 것을 세상이든지 유대인에게 적용하면 큰 문제가 생기는 것도 자명하다. 유대인들은 거듭나지 않았기 때문에 그들에게 주시는 말씀들은 모두 '문자적' 의미이다. 감람산 강화에서 중요한 부분인 마태복음 24:15~21을 보자.

> 그러므로 너희가 선지자 다니엘이 말한 바 멸망의 가증한 것(the abomination of desolation)이 거룩한 곳에(in the holy place) 선 것을 보거든(읽는 자는 깨달을진저) 그 때에 유대에(in Judaea) 있는 자들은 산(the mountains)으로 도망할지어다 … 그 날에는 아이 밴 자들과 젖 먹이는 자들에게 화가 있으리로다 너희가 도망하는 일이 겨울에나(in the winter) 안식일(on the sabbath day)에 되지 않도록 기도하라 이는 그 때에 큰 환난(great tribulation)이 있겠음이라 창세로부터 지금까지 이런 환난이 없었고 후에도 없으리라(마 24:15~21)

### ⑭ 선지자 다니엘의 예언: not 상징 but 문자

선지자 다니엘은 '예루살렘 성'과 '이스라엘 백성들'을 위해서 70 이레의 예언을 했다. '멸망의 가증한 것'은 하나님이 가증히 여기는 우상을 가리키고, '거룩한 곳'은 '성전'을 가리킨다. 양자는 문자 그대로 '우상'과 '성전'을 가리킨다. 이것을 비유로 해석하는 사람은 아무도 없다. 왜냐하면, 다니엘의 70 이레는 '혈통적 이스라엘 백성'을 위한 것으로, 감람산 강화의 '첫 부분'(마 24:1~31)은 유대인들에 대한 말씀이기 때문이다. 한 가지 주지할 것은 "산으로 도망하라"는 것과 "아이 밴 자들과 젖 먹이는 자들에게 화가 있을 것이다"라는 것을 '비유'와 '상징'으로 해석하는 경우가 빈번한데 이것은 성경의 기본 원칙을 벗어나서 '이현령 비현령' 식으로 해석한 것이다.

### ⑮ 그 때에 & 유대에 있는 자들: not 상징 but 문자

"그 때에 유대에(in Judaea) 있는 자들"은 누구를 가리키는가? 교회인가? 유대인인가? '유대'는 팔레스틴 지역의 원래 지명으로 지구상에서 이스라엘 땅을 가리킨다. 그런데 이런 기본적인 문맥을 도외시하고 교회에 적용하는 것은 '성경문맹'이라고 할 수 있다. '유대'라는 장소적인 요소가 있을 뿐 아니라, 시간적인 요소가 중요하다. 만일 시간적인 요소를 생각지 않는다면, '전 시대에 걸쳐' 유대에 있는 자들은 산으로 도망해야 한다는 의미가 되기 때문이다. 본문이 말하는 '그 때에'는 멸망의 가증한 것이 거룩한 곳인 성전에 설 때를 가리키고, 주님은 '큰 환난'이라고 부르셨다. 이것은 '장차' 성취될 일이다. '유대에 있는 자들'이라는 장소적인 요소와 '그 때에'(대환난)라는 시간적인 요소가 일치할 때에 어떻게할 것인가를 말씀하기 때문이다. 이와 같이 이 구절은 유대인에 대한 것으로서 '교회'에 적용하는 것은 '큰 오류'이다. 유대인에 대한 것은 모두 '상징'이 아니라 '문자' 그대로를 의미한다.

### ⑯ 산으로 도망하라: not 상징 but 문자

"산(the mountains)으로 도망할지어다"를 영적으로 해석하여 교회에 적용하는 경우가 빈번하다. 산으로 도망하라는 것은 '모든 사람'에게 한 것이 아니라, '유대에 있는 자들'에 대한 것이고, 시간적으로도 '그 때에' 즉 대환난의 때를 가리킨다. 산은 '문자' 그대로 '산'을 의미하지 '비유'가 아니다.

### ⑰ 지붕, 집안, 물건, 밭, 겉옷: not 상징 but 문자

"지붕 위에 있는 자는 집 안에 있는 물건을 가지러 내려가지 말며 밭에 있는 자는 겉옷을 가지러 뒤로 돌이키지 말지어다"는 것은 '영적으로' 해석할 수 없다. 대환난의 중심지가 될 '유대에 있는 자들'에 대한 것으로 문자적 의미이기 때문이다. 그 급박성은 지붕 위에 있는 자가 집 안의 물건을 가지러 가지 말라는 말씀에 나타난다. 지붕 위는 가장 가까운 곳임에도 불구하고 돌이키지 말라고 경고하셨다. 이것은 유대인들에 대한 것으로서 '문자' 그대로의 의미이다.

### ⑱ 아이 밴 자들과 젖 먹이는 자들: not 상징 but 문자 (가장 많이 오해하는 구절)

"그 날에는 아이 밴 자들과 젖 먹이는 자들에게 화가 있으리로다"라는 말씀은 모든 것을 '영적으로(상징으로) 해석하는 자들'에게 가장 좋은 메뉴이다. 과거 시한부 종말론 자들은 이 구절을 즐겨 사용했다. "지금이 어떤 때인데, 아이를 배고 임신했는가?"라며 임신을 죄악시하든지 믿음이 없는 행위로 정죄했다. 젖 먹이는 아기가 있는 것도 동일한 태도를 취했다. 언급할 가치도 없지만, 성도들을 미혹하고 있는 유튜브 "치킨 게임" 채널은 2026년 휴거와 2028년 지상 재림을 주장한다. 이전에는 '그 날과 그 시'를 아무도 몰랐지만, 이제는 치킨 게임(유튜브 채널명, 또 다른 채널명 "지구촌 대특종")에게 성령의 계시로 알려주셨다고 주장하며 많은 사람들을 미혹한다. 이런 종류의 사람들은 '아이 밴 것과 젖 먹이는 것'을 한국 기독교계가 성도들을 '초등학문'으로 농락하는 것을 예수님께서 비유로 말씀하셨다고 주장하는데, 성경을 자의적으로 해석하여 '자신의 주장'을 합리화시키기 위한 도구로 사용하는 전형적인 사례이다. 이 말씀은 '그 때에' 즉 장차 있을 대환난의 때에, 그리고 '유대에 있는 자들'에게 주신 말씀이다. 유대인들은 거듭나지 않았기 때문에 문자 그대로를 의미한다. 이것을 비유(상징)로 해석하는 것은 '한글 문맹'에 '성경 문맹'이다.

### ⑲ 겨울, 안식일: not 상징 but 문자

"너희가 도망하는 일이 겨울에나(in the winter) 안식일(on the sabbath day)에 되지 않도록 기도하라"고 경고하셨다. '겨울'과 '안식일'을 언급하신 이유는 무엇인가? 창세로부터 이런 환난이 없었던 대환난이기 때문에 그 고통은 상상할 수 없다. 일반적으로 다른 계절보다 '겨울'을 지나는 것은 극심한 고통을 수반하기 때문에 겨울이 되지 않기를 기도하라고 하셨다. 또한 '안식일'은 유대인들이 목숨처럼 여기는 날이다. 만일 대환난이 안식일에 발생한다면, 유대인들은 안식일을 지키기 위해서 도망하지도 못할 상황에 처하게 된다. 그래서 그 날이 안식일이 되지 않기를 기도하라고 말씀하셨다. 대환난의 때와 유대에 있는 자들은 모두 유대인들에 대한 것이고 교회에 대한 것이 아니다. '안식일'은 교회와 전혀 관계가 없다. 오직 유대인들과 관계 있다. 겨울이나 안식일은 '문자' 그대로 의미이지, 비유가 아니다. 만일 영적으로 해석한다면 '성경 문맹'이라고 할 수 있다. 유대인들은 거듭나지 않았기 때문에 '영적인 의미'가 있는 '비유'로 말씀하시지 않고 '문자' 그대로를 말씀하셨다. 계시록 7장의 이스라엘의 열두 지파 중에 인 맞은 자들에 대한 것은 '혈통적 이스라엘'에 대한 것이기 때문에 '문자 그대로'를 의미한다. 무천년설이 '이스라엘의 열두 지파 중에서 인 맞은 자들'을 '교회'로 해석하는 것은 계시록과 성경 전체의 흐름을 간과한 것이다.

## (7) 이스라엘 '한 나라'가 '모든 나라'가 될 수 없다

무천년설을 주장하는 그레고리 K. 비일과 이필찬 박사와 김추성 박사는 7장 전반부의 이스라엘 열두 지파 가운데 인맞은 십사만 사천과 7장 후반부의 '능히 셀 수 없는 큰 무리'를 동일한 '교회'로 해석한다. 7장 전반부의 이스라엘 열두 지파는 '한 나라'를 구성한다. 이에 반하여 7장 후반부의 '능히 셀 수 없는 큰 무리'는 '한 나라'에서 나오지 않는다. 9절은 "각 나라(all nations)와 족속(kindreds)과 백성(people)과 방언(tongues)에서 아무도 능히 셀 수 없는 큰 무리가 나와"라고 말씀한다. '각 나라'는 '모든 나라'(all nations)라는 의미이다. 이스라엘의 인 맞은 자들은 이스라엘이라는 '한 나라'에 속했지만, 능히 셀 수 없는 큰 무리는 '모든 나라'(all nations)에 속한 자들이다. 무천년설의 주장대로 한다면, '이스라엘이라는 한 나라'를 '모든 나라'(all nations)로 간주하는 모순이 발생한다. 이런 불일치는 양자가 동일한 교회가 아니라는 증거이다.

### ① 족속과 족속들

이스라엘의 인 맞은 자들은 '아브라함의 자손'으로 '한 족속'에 속했지만, 능히 셀 수 없는 큰 무리는 '족속들'(kindreds)에 속했다. 개역개정에서 단수로 번역된 '족속'은 원문에서 φυλῶν(휠론)으로 "종족, 지파, 족속'을 의미하는 φυλη(휠레)의 '복수형'이다. 따라서 '족속들'(kindreds)로 번역되어야 한다. 인맞은 자들은 '이스라엘이라는 한 족속'에 속했지만, 능히 셀 수 없는 큰 무리는 '족속들'(kindreds) 즉 '모든 족속'으로부터 나왔다. '아브라함의 족속'이 '모든 족속들'이 될 수 없다는 것은 양자가 동일한 존재가 아니라는 반증이다.

### ② 백성과 백성들

이스라엘의 인 맞은 자들은 '이스라엘이라는 한 백성'에 속했지만, 능히 셀 수 없는 큰 무리는 '백성들'(peoples)에 속했다. 개역개정의 '백성(단수)'은 헬라어 λαῶν'(라온)으로 λαος(라오스, 백성)의 '복수형'이다. 따라서 '백성들'로 번역되어야 적절하다. 인 맞은 자들은 이스라엘이라는 '한 백성'에 속했지만, 능히 셀 수 없는 큰 무리는 λαῶν(라온) 즉 '모든 백성들'(peoples)로부터 나왔다. '이스라엘이라는 한 백성'이 '모든 백성들'이 될 수 없기 때문에 양자를 동일시할 수 없다.

무천년설을 주장하는 그레고리 K. 비일과 이필찬 박사가 인 맞은 십사만 사천과 능히 셀 수 없는 큰 무리를 '동일한 교회'로 해석한 것은 오류이다,

### ③ 방언과 방언들

이스라엘의 인 맞은 자들은 '히브리어'라는 한 방언을 사용하고, 능히 셀 수 없는 큰 무리는 '방언들'(tongues)을 사용한다. 개역개정은 '방언(단수)'으로 번역했는데, 원문은 'γλωσσῶν'(글롯손)으로 'γλωσσα'(글롯사, 방언, 언어)의 '복수형'이다. 따라서 개역개정은 '방언들'(tongues)이라 번역되어야 한다. 인맞은 자들인 십사만 사천은 '히브리 방언'이라는 한 방언을 사용하지만, 능히 셀 수 없는 큰 무리는 'γλωσσῶν'(글롯손) 즉 '방언들'(tongues)에서 나온 자들로서 '모든 방언들'을 사용한다.

그레고리 K. 비일과 이 박사가 양자를 동일한 교회로 주장하는 것은 '히브리 방언'을 '모든 방언들'로 동일시한 것과 같다. 어떻게 '히브리 방언'을 '모든 방언들'이라고 할 수 있는가? 이런 사실들은 무천년설이 인 맞은 십사만 사천과 능히 셀 수 없는 큰 무리를 '교회'로 해석했기 때문에 발생하는 오류들이다. 무천년설의 가장 문제 중의 하나는 그들의 관념에는 '교회만' 보이고 '유대인들'은 보지 못한다는데 있다. 성경에서 교회의 위치가 중요하고 분량이 가장 많다고 해서, 모두 교회에 대한 것이 아니다. 교회에 대한 것이 많다. 그리고 일부 유대인들에 대한 것이 있고, 세상에 대한 것도 있다.

### (8) 로마서 11장: 유대인 중 남은 자들의 구원

로마서 11장에서 '육적인 이스라엘의 완악함'과 '이방인의 구원'에 대하여 말씀한다. 7절은 "그런즉 어떠하냐 이스라엘이 구하는 그것을 얻지 못하고 오직 택하심을 입은 자가 얻었고 그 남은 자들은(the rest) 우둔하여졌느니라(were blinded)"고 말씀한다. 로마서 11:11~12을 보자.

> 그러므로 내가 말하노니 그들이 넘어지기까지 실족하였느냐 그럴 수 없느니라 그들이 넘어짐으로(their fall) 구원이(salvation) 이방인(the Gentiles)에게 이르러 이스라엘로 시기나게 함이니라(to jealousy) 그들의 넘어짐이 세상의 풍성함이 되며 그들

의 실패가 이방인의 풍성함이(the riches of the Gentiles) 되거든 하물며 **그들의 충만함이리요**(their fulness)(롬 11:11~12)

유대인들이 넘어졌지만 실족하기까지 넘어진 것이 아니다. 그 결과 이방인의 풍성함을 가져왔을 뿐만 아니라 '그들의 충만함' 즉 '유대인의 남은 자의 회복'을 예언하고 있다. 하나님은 그 예언을 따라 대환난 전에 이스라엘의 열두 지파 중에서 유대인의 남은 자들인 십사만 사천에게 인치심으로 보호하신다. 그들은 재림의 때에 회개하고 하나님께로 돌아올 자들이다. 무천년설 지지자들이 로마서 11장을 잘못 해석했기 때문에 유대인들에 대한 하나님의 구원 계획을 보지 못했다. 모든 성경을 통해서 계시록을 QST하지 않고, 일부 성경만을 근거로 삼으면 많은 오류가 있을 수밖에 없다. 성경의 온전한 메시지와 독트린을 보기 위해서 반드시 '모든 성경'이 필요하다. '모든 성경'이 아닌 '일부 성경'만을 적용하면 오류에 빠질 가능성이 많다. 무천년설자들이 유대인에 대한 올바른 관념을 갖지 못한 것은 여러 성경 말씀들도 있지만, 대표적인 로마서 11장을 합당하게 이해하지 못했기 때문이다.

### (9) 십사만 사천과 능히 셀 수 없는 무리는 일치하지 않는다

계시록 7장의 인맞은 자들의 수는 십사만 사천이었다. 이스라엘의 열두 지파의 숫자가 십사만 사천이라는 의미가 아니라, 모든 이스라엘 지파 가운데 인맞은 자들이 십사만 사천이다. 이것은 '문자적' 숫자이다. 물론, 무천년설은 상징이라고 주장할 것이기 때문에 또 다른 증거들을 제시해야 한다. 무천년설은 144,000과 능히 셀 수 없는 큰 무리를 교회로 동일시하기 때문에 이 관계를 QST하면 진위를 분별할 수 있다.

계시록 7장의 '능히 셀 수 없는 큰 무리'는 대체 몇 명을 가리키는 것인가? 무천년설 주장대로 양자가 '교회'를 가리킨다면, 능히 셀 수 없는 큰 무리는 십사만 사천이라는 의미가 된다. 무천년설은 "십사만 사천은 '능히 셀 수 없는 무리이다"라고 하든지, "'능히 셀 수 없는 무리는 십사만 사천이다"라고 주장할 것이다. 이런 견해는 비논리적이다. 이것은 "십사만 사천 명을 '능히 셀 수 없는 무리"로 일치시킨 것이기 때문에 발생하는 오류이다. 십사만 사천의 '모집단'인 '이스라엘 자손들'이 산술적으로 '능히 셀 수 없는 무리'보다 더 많을 것인데, 그 수를 어떻게 표현할 수 있는가? 이런 꼬리에 꼬리는 무는 의문과 모순들은 인 맞은 십사만 사천과 '능히 셀 수 없는 큰 무리'가 동일한 사람들을 가리키는 것이 아니라, 서로 다른 사람들이기 때문에 발생하는 오류이다.

십사만 사천이 이스라엘 자손들 가운데 각 지파 별로 12,000명씩 인맞은 자들이라는 것은 그들이 '혈통적 이스라엘 자손들'이라는 것을 가리키고, 후반부의 '능히 셀 수 없는 무리들'은 이방인 가운데 구원받은 '교회'를 가리킨다. 하나님께서 유대인들을 먼저 택하셨다. 그들 가운데 완악한 자들은 주님이 재림할 때 회개하고 돌아올 '남은 자들'이다. 유대인들이 잠시 완악하게 됨으로 이방인들에게 복음이 전해졌고 이방인들 가운데 구원받은 자들이 '교회'이다. 계시록 7장의 '삽입부'의 초반부는 이스라엘 자손들에 대한 것이고, 후반부는 '교회'에 대한 것이다.

### (10) 인 맞은 자와 능히 셀 수 없는 무리를 동일시할 때의 무천년설의 모순점

무천년설은 인맞은 자들인 십사만 사천과 후반부의 '능히 셀 수 없는 큰 무리'를 동일시한다. 물론 이것은 한 개인의 견해라기보다 무천년설의 공통된 견해이다. 아래의 벤 다이어그램은 무천년설의 주장을 나타낸 것으로, 양자의 관계를 비교하면 오류의 여부를 분별할 수 있다. 무천년설의 주장이 맞다면 어떤 오류도 발생하지 않을 것이고, 오류가 있다면 비논리적이고 비성경적인 관계가 드러날 것이기 때문이다.

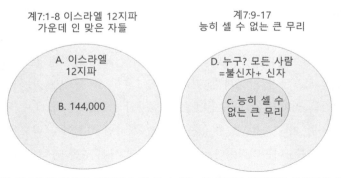

[계7장 이스라엘 인 맞은 자들과 능히 셀 수 없는 큰 무리를 동일시한 무천년설 도표]
(무천년설의 견해는 모순이 된다)

첫째, 왼쪽의 벤 다이어그램은 계시록 7장의 전반부의 이스라엘 가운데 인친 자들을 나타낸 도표이다. 'A'는 이스라엘의 열두 지파이고, 'B'는 그 가운데 각 지파별로 인을 맞는 십사만 사천이다. 'A'는 모집단으로 'B'가 'A'보다 더 클 수 없다.

둘째, 오른쪽의 벤 다이어그램은 계시록 7장의 후반부의 '능히 셀 수 없는 큰 무리'를 나타냈다. 'D'는 모든 이방(열방)을 가리키는 "각 나라들과 족속들과 백성들과 방언들"을 가리키고, 'C'는 '능히 셀 수 없는 큰 무리=교회'를 나타낸다. 'C'의 모집단은 'D'로 'C'는 'D'보다 클 수 없다.

셋째, 무천년설은 인침을 받은 자인 십사만 사천과 후반부의 '능히 셀 수 없는 큰 무리'를 동일시한다. 즉 'B=C'라는 주장이 된다. B는 인 맞은 자들인 십사만 사천인데, 이들을 '능히 셀 수 없는 큰 무리'와 동일시할 수 있는가? 이런 주장은 비논리적인 것으로서 있을 수 없다. 전자는 제한된 숫자이고, 후자는 '능히 셀 수 없는 수'라는 것인데 어떻게 같다고 할 수 있는가? 이것을 통해서 144,000(B)을 교회인 능히 셀 수 없는 큰 무리(C)와 동일시하는 것이 오류라는 것을 알 수 있다.

넷째, 무천년설은 B=C라고 주장한다. B의 모집단은 'A'로서 이스라엘의 열두 지파이다. 동일한 원칙으로 '능히 셀 수 없는 큰 무리'인 'C'의 모집단은 '이스라엘 열두 지파'라는 것이 일치해야 한다. 무천년설의 주장이 맞다면, 이스라엘의 열두 지파인 'A'는 '능히 셀 수 없는 큰 무리'인 'C'보다 커야 한다. 대체 이스라엘의 열두 지파는 얼마나 더 큰 수로 표현될 수 있는가? 이런 것은 불가능하다. 따라서 144,000(B)을 교회인 능히 셀수 없는 큰 무리(C)와 동일시하는 것은 비논리적이고 비성경적이다.

다섯째, 무천년설의 주장이 맞기 위한 유일한 가정은 이스라엘 열두 지파(A)가 불신자(D)와 신자들(C)을 포함한 '모든 사람들'과 동급이어야 능히 셀 수 없는 무리들보다 큰 집단이 될 수 있다. 그렇다면 이스라엘의 열두 지파가 '세상 모든 사람들'이라는 등식이 성립되어야가능하다. 즉 '이스라엘 열두 지파(A)'='모든 사람들(D)'이라는 등식이 성립되야 한다. 이런 관계는 논리적으로도 성경적으로도 불가능하다. 따라서 무천년설이 인맞은 십사만 사천과 능히 셀 수 없는 큰 무리를 '동일한 교회'로 간주하는 것은 오류이다.

## (11) 인 맞은 자와 능히 셀 수 없는 큰 무리에 대한 인식의 차이

계시록 7장의 인 맞은 자들과 '능히 셀 수 없는 큰 무리'에 대한 사도 요한의 인식의 차이를 통해서 이들이 누구인지를 알 수 있다. 계시록 7장의 문맥을 사도 요한의 입장과 시각으로 보자. 7장 후반부에서 사도 요한은 '능히 셀 수 없는 큰 무리'를 보았다. 장로 중 하나가 사도 요한에게 "이 흰 옷 입은(in white robes) 자들이 누구며 또 어디서 왔느냐(where came they)"(13)라고 물었다. 사도 요한은 "내가 말하기를 내 주여 당신이 아시나이다"고 대답했다. '내 주여'는 헬라어 'Κύριέ μου(퀴리에 뮈)'로써 '나의 주여'라는 의미이다.

계시록 4장에서 장로는 천사들의 대표로서 머리에는 면류관을 쓰고 보좌들에 앉아 있다. 그들이 하나님으로부터 위임된 권세를 갖고 있다는 것을 의미한다. 사도 요한이 장로를 '나의 주여'라고 부른 것은 장로들이 가진 영적 권위를 알았기 때문이다. 언급할 가치도 없지만, 많은 성도들을 미혹하고 있기 때문에 무익하나마 천국 지옥 간증으로 알려진 서사라 목사의 사례를 소개한다. 그는 천사의 안내로 지옥에서 루시퍼를 만난 일을 그의 간증집에 기록했다.

> 기도를 한 후에 천국에 올라갔다. 눈에 올빼미 얼굴이 보이는 두 눈이 뚜렷이 보였다. "앗 루시퍼구나. 오 마이 갓!" 나는 놀라워하고 있는 중에 루시퍼가 이렇게 말했다. "저 년을 잡아라" 그랬더니 삽시간에 루시퍼의 부하들이 나타나 창과 칼을 들고 덤벼들었다. '예수님의 명령이다. 손대지 말라' 그랬더니 마귀의 부하들이 예수의 이름에 놀라서 뒤로 확 물러갔고 루시퍼도 예수님의 명령이라고 하니 얼굴에 겁이 잔뜩 먹은 상태였다. 그러자 얼굴이 쭈글쭈글한 천사가 나를 보고 "주인님! 천국으로 올라가요"라고 말하면서 또다시 말하기를 "빛 가운데로 오세요"라고 하며 나를 데리고 천국 레벨로 올라갔다. (서사라, 『서사라 천국 지옥 간증』, 하늘빛 출판사, 334~335p)

천사가 서 목사를 "주인님"으로 부르면서 천국으로 데리고 갔다고 하는 것은 성경과 일치하지 않는다. 따라서 그의 간증은 '거짓'이라는 것을 의미한다. 천사들은 구원받은 상속자들을 위해 하나님이 부리는 종이다. 성경에서 천사들이 '베드로'에게도 '주인님'으로 부른 적이 없다. 요한과 같은 사도가 장로(천사 대표)에게 "내 주여"라고 불렀다는 것은 천사가 사람보다 더 큰 능력과 지위를 가지고 있다는 원칙을 보여준다. 그런데 이런 관계가 바뀌는 것은 '현재'가 아니라 '미래'이다. 천사들이 성도들을 '주인님'이라 부를 때는 성도들이 부활의 몸을 입고 영화롭게 된 후일 것이다.

사도 요한은 '능히 셀 수 없는 큰 무리'가 누구인지를 몰랐기 때문에 "내 주여 당신이 아시나이다"라고 대답했다. 이에 반하여, 계시록 7장의 인 맞은 십사만 사천에 대해서는 장로가 사도 요한에게 "이들이 누구며 어디에서 왔는가"라고 묻지도 않았다. 반대로 사도 요한이 장로에게 "이들이 누구며 어디에서 왔습니까"라고 묻지도 않았다. 그런 이유는 무엇인가? 4절의 "내가(요한) 인침을 받은 자의 수를 들으니 이스라엘 자손의 각 지파 중에서 인침을 받은 자들이 십사만 사천이니"라는 구절에 나타난다. '내가'는 사도 요한을 가리키고, 그는 인침을 받은 자들이 이스라엘 자손의 열두 지파라는 것을 알았음을 가리킨다. 그리고 5~8절은 이스라엘의 각 지파명을 언급하며 각각 12,000명씩 인맞았다는 것을 말씀한다. 4절의 "이스라엘 자손의 각 지파 중에서"라는 구절은 사도 요한이 '인침을 받은 자들'이 '이스라엘 자손들'이라는 것을 '명확히' 알았다는 것을 가리킨다. 그래서 사도 요한은 "이들이 누구인지" 묻지도 않았고, 장로는 말할 필요도 없었다.

## (12) 계시록 9장 다섯째 나팔의 황충과 인맞은 자들의 관계

계시록 7장에서 이스라엘 자손들 가운데 '인친 것'은 대환난 가운데 보호하기 위한 것으로, 인침을 받지 않는 자들이 재앙을 받는 다섯째 나팔과 관계가 있다. 대환난 가운데 인침을 입은 자들이 보호를 받는 것을 기록된 계시록 9:1~4을 QST하여 보자.

다섯째 천사가 나팔을 불매 내가 보니 하늘에서 땅에 떨어진 별 하나가 있는데 그가 무저갱의 열쇠를 받았더라 그가 무저갱(the bottomless pit)을 여니 그 구멍에서 큰 화덕의 연기 같은 연기가 올라오매 해와 공기가 그 구멍의 연기로 말미암아 어두워지며 또 황충(locusts)이 연기 가운데로부터 땅 위에 나오매 그들이 땅에 있는 전갈(the scorpions)의 권세와 같은 권세를 받았더라 그들에게 이르시되 땅의 풀이나 푸른 것이나 각종 수목은 해하지 말고 오직 이마에 하나님의 인침을 받지 아니한 사람들만 해하라 하시더라(계 9:1~4)

무저갱이 열린 후 힘센 다른 천사(그리스도)는 전갈과 같은 권세를 받은 황충에게 "오직 이마에 하나님의 인침을 받지 아니한 사람들만 해하라"고 명령한다. 황충의 재앙을 피해 가는 사람은 '인침을 받은 사람들'로서, 계시록 7장의 인침을 받은 십사만 사천을 가리킨다. 하나님은 대환난의 첫 화인 다섯째 나팔 재앙, 즉 전갈의 권세를 받은 황충들의 재앙에서 이스라엘 자손들을 보호하시기 위해서 인치셨다. 십사만 사천은 이스라엘 자손들 열두 지파 중에 속한 자들로서 모두 '유대인' 즉 '혈통적인 이스라엘'이다.

## 11) 열두 지파의 순서가 바뀜(계 7:5-8)

### (1) 르우벤과 유다의 순서가 바뀜

열두 지파 가운데 '유다 지파'가 먼저 언급되고, 그 뒤에 장자인 르우벤 지파가 언급된다. 이것은 창세기 49장의 야곱의 열두 아들들의 순서와 차이가 있다. 계시록에서 열두 지파는 창세기의 열두 아들들의 순서를 따르지 않고 바뀌었다. 성경은 '순서가 바뀐 결과'를 보여준다. 이것은 중요한 변화로서 그런 원인이 무엇인지를 암시한다. 창세기와 계시록의 열두 지파를 비교한 아래의 표를 보자.

| 순서 | 창세기 49장 | 계시록 7장 | 특이 사항 |
|---|---|---|---|
| 1 | 르우벤 (레아) | 유다 지파 | 르우벤과 유다가 바뀜 ↑ |
| 2 | 시므온(레아) | 르우벤 지파 | 르우벤: 첫째에서 둘째로 ↓ |
| 3 | 레위(레아) | 갓 지파 | 시므온과 레위가 뒤로 |
| 4 | 유다(레아) | 아셀 지파 | 유다가 넷째에서 첫째로 |
| 5 | 단(빌하) | 납달리 지파 | |
| 6 | 납달리(빌하) | 므낫세 지파 | 야곱의 손자 |
| 7 | 갓(실바) | 시므온 지파 | 시므온:둘째에서 일곱째로 ↓ |

| 8 | 아셀(실바) | 레위 지파 | 레위 : 셋째에서 여덟째로 ↓ |
| 9 | 잇사갈(레아) | 잇사갈 지파 | 동일함 |
| 10 | 스불론(레아) | 스불론 지파 | 동일함 |
| 11 | 요셉(라헬) | 요셉 지파 | 동일함 |
| 12 | 베냐민(라헬) | 베냐민 지파 | 동일함 |
| | 출생 순서 | 순서가 바뀜 | |

### (2) 르우벤: 출생시 장자

르우벤은 출생의 순서에서 장자였지만, 계시록에서는 첫째의 지위를 잃었다. 창세기 49장은 야곱의 열두 아들들에 대한 예언적인 축복이다. 이스라엘은 '변화된 사람' 즉 하나님의 제사장으로서 열두 아들들을 '예언적으로' 축복했다. 르우벤에 대한 축복은 "이것도 축복인가?"라는 생각이 들게 하는데, 창세기 49:3~4은 다음과 같이 말씀한다.

> 르우벤아 너는 내 장자요(my firstborn) 내 능력이요(my might) 내 기력의 시작이라 (the beginning of my strength) 위풍이 월등하고 권능이 탁월하다마는 물의 끓음 같았은즉(unstable as water) 너는 탁월하지 못하리니 네가 아버지의 침상에 올라 더럽혔음이로다 그가 내 침상에 올랐었도다(창 49:3~4)

르우벤은 장자로 태어나서 장자에게 주어지는 '장자권'의 탁월함을 갖고 있었다. "너는 내 장자요 내 능력이요 내 기력의 시작이라 위풍이 월등하고 권능이 탁월하다"는 것은 장자권을 가리킨다. 그러나 그는 "물의 끓음" 같았다. 이것은 앞의 '적극적'인 것과 대조되는 '소극적'인 의미이다. '끓음'은 히브리어 "פַּחַז(파하즈)"로 "끓어 오름, 거품(상징적으로 욕망), 덧없는 것'을 의미한다. 성경의 역본들을 참조하여 보자.

> [킹제임스 흠정역] "네가 물과 같이 불안정하여 뛰어나지 못하리니"
> [우리말 성경] "그러나 네가 끓는 물의 거품과 같아서"
> [표준새번역] "그러나 거친 파도와 같으므로"

[바른 성경] "그러나 네가 불안정한 물 같아서"

"물의 거품과 같이 일어났다"는 것은 르우벤의 '정욕'을 가리킨다. 이스라엘은 "네가 아버지의 침상에 올라 더럽혔음이로다"라고 그 원인을 언급한다. 이사건에 대해 창세기 35:22은 "이스라엘이 그 땅에 거주할 때에 르우벤이 가서그 아버지의 첩 빌하와 동침하매 이스라엘이 이를 들었더라"고 말씀한다. 야곱은 상상을 초월하는 충격을 받았을 것이다. 야곱이 세상을 떠나기 전 장자인 르우벤을 축복하면서 '빌하와의 통간'을 언급했다는 것은 그것이 '매우 심각한 사건'이었고, 야곱에게 큰 상처였다는 것을 의미한다. 왜냐하면, 십계명 중 7계명을 거스리는 죄였을뿐만 아니라, 아비의 부인을 범했기 때문이다. 그래서 이스라엘은 르우벤이 장자권을 상실할 것을 예언했다. 르우벤에 대한 축복은 야곱의'사적인 축복'이 아니라, '하나님의 사람'인 이스라엘로서 '하나님의 마음'을 말한 것이다.

창세기 49:28c은 "곧 그들 각 사람의 분량대로(according to his blessing) 축복하였더라"고 말씀한다. 야곱이 개인적인 축복이 아니라 각 아들들의 '믿음의 분량'을따라 예언적으로 축복했다는 것을 보여준다. 계시록의 열두 지파의 순서가 바뀐것은 야곱의 예언적인 축복을 따른 것이다. 만일 이필찬 박사의 주장대로 사도요한이 모세오경을 참조해서 저작했다고 하면 창세기의 순서를 따라 르우벤 지파를 가장 먼저 언급했겠지만, 성경은 하나님의 감동과 예수 그리스도의 계시를따라 기록되었기 때문에(기자로서) 르우벤의 첫 자리에 유다 지파가 언급됐다. 이것은 요한계시록이 사도 요한의 의도와 목적을 따라 자의적으로 기록한 것이 아니라 예수 그리스도의 계시를 따라 기록됐다는 또 다른 증거이다. 역대상 5:1~2에도 르우벤에 대해 언급한다.

> 이스라엘의 장자 르우벤의 아들들은 이러하니라 르우벤은 장자라도 그의 아버지의 침상을 더럽혔으므로 장자의 명분이 이스라엘의 아들 요셉의 자손에게로 돌아가서 족보에 장자의 명분대로 기록되지 못하였느니라 유다는 형제보다 뛰어나고 주권자가 유다에게서 났으나 장자의 명분은 요셉에게 있으니라(대상 5:1~2)

르우벤이 장자권을 잃음으로 '장자권의 명분'은 요셉에게 돌아갔고, '주권자 명분' 즉 '왕권'은 유다에게 돌아갔다. 르우벤이 가졌던 것을 요셉과 유다가 받은 것은 "그들의 축복의 분량 대로" 주어진 것이다. 르우벤이 장자의 탁월함을 잃은 것을 통해서, 육신의 '정욕'을 따라 행하는 것이 심각한 죄라는 것을 보게 된다. 세상은 "육신의 정욕과 안목의 정욕과 이생의 자랑"(요일 2:16)으로 사람들을 부패시키고, 믿는 자도 예외 없이 타락시킨다. 만일 르우벤과 같은 장자의 탁월성을 갖고 있을지라도, 육신의 정욕에 빠지면 모두 잃게 된다는 것은 교회에 대한 준엄한 경고이다.

### (3) 요셉과 장자권

요셉은 열한 번째로 출생했기 때문에 장자권이 주어지지 않았다. 창세기 49장에서 이스라엘(야곱)은 요셉을 다음과 같이 축복했다. 창세기 49:22~24을 보자.

> 요셉은 무성한 가지 곧 샘 곁의(by a well) 무성한 가지(a fruitful bough)라 그 가지가 담을 넘었도다 활 쏘는 자가 그를 학대하며 적개심을 가지고 그를 쏘았으나 요셉의 활(his bow)은 도리어 굳세며 그의 팔은(the arms of his hands) 힘이 있으니 이는 야곱의 전능자(the mighty God of Jacob) 이스라엘의 반석(the stone of Israel)인 목자의 손을 힘입음이라(창 49:22~24)

역대상 5:1은 르우벤에게 주어졌던 장자의 명분이 요셉에게 돌아갔음을 언급한다. 요셉에게 장자권이 돌아간 것은 르우벤이 장자권을 잃은 것과 밀접한 관계가 있다. 누군가는 장자권을 잃어버리고, 누군가는 장자권을 얻었다. 이것이 영적인 실제이다. 요셉은 형들의 미움을 받아 미디안 상인에게 노예로 팔려서 애굽의 보디발의 종이 되었다. 여호와께서 요셉과 함께 하시므로 그가 형통한 자가 되어 주인 보디발의 신임을 받아 가정 총무가 되었다. 요셉은 용모가 빼어나고 아름다웠고(창 39:6) 이로 인해 안주인의 유혹을 받게 되었다. 창세기 39:7 이하는 그가 당한 일과 요셉의 처신을 보여준다.

> 그 후에 그의 주인의 아내가 요셉에게 눈짓하다가 동침하기를(Lie with me) 청하니

(중략) 그런즉 내가 어찌 이 큰 악(this great wickedness)을 행하여 하나님께 죄를(sin against God) 지으리이까(창 39:7~9)

성경은 이런 유혹이 날마다 계속되었음을 보여준다. 10절은 "여인이 날마다 (day by day) 요셉에게 청하였으나 요셉이 듣지 아니하여 동침하지 아니할뿐더러(to lie by her) 함께 있지도 아니하니라(to be with her)"고 말한다. 안주인의 유혹을 거절한 결과 요셉은 성추행범의 누명을 쓰고 왕의 죄수들을 가두는 감옥에 갇히게 되었다. 성경은 직접적으로 요셉이 장자권의 명분을 받게 된 이유가 무엇인지 '꼬집어' 말하고 있지 않다. 단지 이런 상황들을(팩트) 통해서 우리들에게 넌지시 보여준다. 살아있는 '팩트' 속에 하나님의 뜻이 함의되어 있다.

요셉은 하나님에 대하여 신실했을 뿐만 아니라, '청년의 정욕'을 이기고 승리했다. 물론 이런 것은 요셉이 "하나님 앞에서(Coram Deo)", "하나님의 임재" 가운데 있었기 때문이다. 르우벤은 '물의 거품이 끓음 같은' 정욕으로 인해 장자권을 잃었고, 요셉은 정욕을 극복하고 승리함으로 '장자권의 축복'을 얻었다. 요셉의 두 아들인 에브라임과 므낫세는 야곱의 손자들이다. 에브라임과 므낫세는 요셉을 대신하여 야곱의 아들로서 땅의 기업을 받았다. 여호수아 16:4은 "요셉의 자손 므낫세와 에브라임이 그들의 기업을 받았더라"고 말씀한다. 여호수아 1:6~10에서는 에브라임 지파가 받은 기업을, 여호수아 17:11~18은 므낫세가 가나안 땅에 기업을 분배받음으로 장자의 명분(birthright)이 요셉에게 성취되었음을 보여 준다.

### (4) 유다와 주권자(왕권)

계시록 7장의 이스라엘의 열두 지파 가운데 첫 번째로 인 맞은 지파는 장자인 르우벤이 아니라 유다 지파이다. 르우벤은 장자의 탁월성을 '먼저 태어남(출생)'으로 받았지만, 그의 정욕으로 인해 잃어버렸다. 앞서 대상 5:1~2을 인용한 것을 참조하라. "유다는 형제보다 뛰어나고 주권자가 유다에게서 났으나 장자의 명분은 요셉에게 있으니라"고 말씀한다. 성경은 르우벤이 장자로서 가졌던 '주권자의 축복'이 유다에게 돌아갔다는 것을 보여준다.

이 결과는 '직접적'으로 언급한 반면에, 주권자의 축복이 유다에게 어떤 이유로 돌아갔는지를 '직접적'으로 언급하지 않고, 여러 상황을 통해서 '간접적'으로 말씀한다. 주권자란 '왕권'을 의미한다. 계시록 5장에서 장로 중 하나는 "유다 지파의 사자(lion)가 이겼다"고 말하는데, 예수 그리스도를 가리킨다. 그리스도는 이스라엘 열두 지파 가운데 '유다 지파'를 통해서 오셨기 때문이다.

창세기 49장의 유다에 대한 축복은 일차적으로 다윗의 왕국으로 성취되고, '유다 지파의 사자'이신 예수 그리스도의 왕권으로 완전히 성취된다는 것을 염두에 두면 성경을 이해하기 쉬울 것이다. 유다가 받은 왕권의 축복은 '사자'로 상징되고, 예수 그리스도를 예표한다는 것을 염두에 두고 야곱의 축복을 주목하자. 창세기 49:8~10은 유다가 받은 축복을 말씀한다.

> 유다야 너는 네 형제의 찬송이 될지라(your brethren shall praise) 네 손이 네 원수(your enemies)의 목을 잡을 것이요 네 아버지의 아들들이 네 앞에 절하리로다 유다는 사자 새끼로다(a lion's whelp) 내 아들아 너는 움킨 것을 찢고 올라갔도다 그가 엎드리고 웅크림이 수사자 같고(as a lion) 암사자 같으니 누가 그를 범할 수 있으랴 규(The scepter, 왕권을 의미)가 유다를 떠나지 아니하며 통치자의 지팡이(a lawgiver)가 그 발 사이에서 떠나지 아니하기를 실로(Shiloh, 평화를 가져오는 자라는 의미)가 오시기까지 이르리니 그에게 모든 백성이 복종하리로다(창 49:8~10)

창세기 44장은 극심한 가뭄으로 애굽에 양식을 사러 온 야곱의 아들들이 요셉을 만난 후의 일들을 기록한다. 요셉은 자신의 친동생이며, 아버지 야곱의 막내 아들 베냐민을 인질로 잡기 위해 베냐민의 자루에 '은잔'을 감췄는데, 이것은 그의 형들을 시험하기 위한 것이었다. 그러나 형들은 애굽의 총리가 요셉이라는 사실조차도 알지 못했다. 요셉이 베냐민을 인질로 삼은 이유는 사랑하는 요셉이 죽은 줄로 알고 있는 야곱에게 생명과도 같은 존재였고, 아버지와 막내 동생을 위해 희생하는 자가 누구인지를 알기 원했기 때문이었다. 베냐민의 자루에서 '은잔'이 발견되었고, 요셉은 어찌 이런 일을 행했느냐고 추궁했다. 누가 베냐민을 위해 나설 것인가? 열 명의 형들 가운데 가장 먼저 나서 변론을 시작한 자는 유다였다. 요셉은 "내가 결코 그리하지 아니하리라 잔이 그 손에서 발견된 자만 내 종이 되고 너희는 평안히 너희 아버지께로 도로 올라갈 것이니라"고 완강히 거부하며 야곱의 생명과도 같은 베냐민만을 요구했다. 단호한 요셉의 요구에도 불구하고 아버지 야곱과 동생 베냐민을 위해 앞장서서 변론하고 자신을 희생한 자는 유다였다. 18절로부터 34절은 모두 '유다의 변론'이다. 진퇴양난의 상황에서 야곱과 막내 베냐민을 위해 자신을 희생한 자가 유다였다는 것을 성경이 보여준다. 창세기 44:30~33은 유다가 어떻게 행했는지를 보여준다.

> 아버지의 생명과 아이의 생명이 서로 하나로 묶여 있거늘 (중략) 아버지가 아이의 없음을 보고 죽으리니 이같이 되면 종들이 주의 종 우리 아버지가 흰 머리로 슬퍼하며 스올(신약의 음부, hades, 죽은 자들이 가는 곳)로 내려가게 함이니이다 주의 종이 내 아버지에게 아이를 담보(surety)하기를 내가 이를 아버지께로 데리고 돌아오지 아니하면 영영히 아버지께 죄짐을 지리이다 하였사오니 이제 주의 종으로 그 아이를 대신하여 머물러 있어 내 주의 종이 되게 하시고 그 아이는 그의 형제들과 함께 올려 보내소서(창 44:30~33)

만일 베냐민을 데리고 올라가지 못하면 살 소망이 끊어져 죽을 아버지와 막내 베냐민을 위해 말한 자는 열 명의 형들 가운데 오직 유다였다. 유다는 베냐민을 대신해서 자신을 종으로 삼아달라고 간청했다. 야곱이 유다에게 '왕권'을 의미하는 '사자'와 '규(홀)'와 '통치자의 지팡이'를 언급한 것은 '유다의 축복의 분량'을 따른 예언적인 축복이다. 예수 그리스도께서 유다 지파로 오신 것은 유다 지파가 왕권의 축복을 받았기 때문이다.

유다는 베냐민을 대신해서 요셉의 종이 되기를 자청했다. 그는 형제를 돌보는 자였다. 부활의 주님께서 시몬의 아들 베드로에게 "네가 나를 이 사람들보다 더 사랑하느냐"고 물으셨고, "주님이 아십니다"라고 대답했다. 그때 주님은 "내 어린 양을 먹이라", "내 양을 치라", "내 양을 먹이라"고 말씀하셨다. 목자는 양들을 먹이고, 주님의 양들을 돌보는 자이다. 유다에게 왕권이 돌아간 것은 그가 형제를 돌보는 목자였기 때문이다. 교회를 섬기고 형제들을 돌보는 것을 주님이 기뻐하신다. 유다에게 왕권이 돌아간 것은 주님이 하나님의 왕국, 하나님의 통치를 온 세상에 가져오셔서 만왕의 왕으로 통치하실 때, 그리스도와 함께 왕 노릇 할 것이라는 것을 가리킨다.

르우벤과 유다에 대한 기록은 지나가 버린 다른 사람들의 이야기가 아니다. 바로 우리들의 이야기이다. 성경은 우리들에게 르우벤의 길을 걸어가지 말고, 유다와 같이 될 것을 말씀한다. 성경은 하나님의 축복의 원칙을 보여준다. "곧 그들 각 사람의 분량대로 축복하였더라"(according to his blessing)는 말씀은 변치않는 축복의 원칙이다. 만일 르우벤과 같이 '물의 거품과 같이 끓어오르는 정욕대로 살면 장자의 탁월함을 잃어버릴 것이다. 그러나 요셉과 같이 정욕을 극복하고 하나님 앞에서 살면 열한 번째 아들일지라도 '장자의 두 배의 축복'을 받게 될 것이다. 또한 유다와 같이 교회를 섬기고 형제를 돌보는 자로 희생하고 헌신하면 장차 왕권을 받게 될 것이다.

## (5) 단 지파가 제외됨

이스라엘의 열두 지파에서 단 지파가 빠졌다. 순서가 바뀔 때도 그 원인이 있고, 단과 같이 빠질 때에도 합당한 이유가 있다. 좋은 것을 심은 자는 좋은 것을 거두고, 나쁜 것을 심은 자는 나쁜 것을 거두는 것은 성경의 진리이다. 이필찬 박사는 『요한계시록』(에스카톤, p.716)에서 단 지파가 빠진 것에 대한 그의 견해를 제시했다.

> 그리고 가장 경계해야 할 해석 중 하나는 단 지파가 생략된 것이 그 지파로부터 적그리스도가 출연한다는 전통 때문이라는 것이다. 이것은 2세기에 이레니우스가 처음 주장하였다. 그러나 이런 전통은 기독교 이전의 자료가 아니기 때문에 요한계시록 본문의 해석에 참고하는 것은 적절하지 않다.(이필찬, 『요한계시록』, 에스카톤, p.716)라고 말했다.

단 지파가 생략된 것이 단 지파에서 적그리스도의 출연과 관계가 없다는 것은 올바른 관점이다. 이필찬 박사는 『요한계시록』(에스카톤, p.716~717)에서 단 지파가 생략된 이유를 다음과 같이 제시했다. 여기서 그의 왜곡된 관념이 드러난다.

> 만일 단 지파에 대한 부정적 개념이 아주 뚜렷했다면 당시 대부분의 목록에서 단 지파가 생략되는 흐름이 뚜렷하게 나타났어야 했을 것이다. 결국 단 지파의 생략에

대한 가장 적절한 해석은 열두 지파를 맞추기 위한 저자의 '임의적 선택'으로 볼 수밖에 없다. 요셉의 아들 므낫세와 에브라임이 포함된다면 13지파가 되기 때문에 종종 어느 한 지파가 생략되곤 하였다.(이필찬, 『요한계시록』, 에스카톤, p.716~717)

## (6) 무천년설에 대한 필자의 비평 및 견해

### ① 사도 요한이 임의적으로 생략했는가?

이 박사는 단 지파의 생략이 적그리스도와 관계가 없다는 것을 분별했지만, 주관적인 해석으로 치우쳤다. 그는 단 지파가 제외된 원인을 "열두 지파를 맞추기 위한 저자의 '임의적인 선택'이다"라고 주장했다. 만일 그것이 사실이라면, 단지 숫자를 맞추기 위해서 단 지파가 아무런 잘못도 없이 제외됐다는 의미가 된다. 이것은 성경이 성령의 감동으로 기록된 것과 계시록이 예수 그리스도의 계시임을 훼손할 뿐만 아니라 하나님을 불의한 분으로 간주하는 것이다.

"'에브라임과 므낫세' 두 지파가 들어가면 '열세(13) 지파'가 되기 때문에, 열두 지파를 맞추기 위해서 사도 요한이 '임의적으로(마음대로)' 생략했다"는 이 박사의 관점은 성경을 벗어난 견해이다. 단지 '열둘'이라는 숫자를 맞춰야 하기 때문에 아무런 이유 없이 단 지파가 빠졌다는 것은 '원칙'이 없다. 이 박사는 요한계시록이 사람의 뜻대로 기록됐다는 것을 전제로 하기 때문에 아무렇지도 않게 말할 수 있을지 모른다.(필자 주: 무천년설은 계시록을 묵시문학=사람의 작품으로 간주한다) 그러나 성경이 하나님의 감동으로 기록됐고 계시록이 예수 그리스도의 계시에 의해서 기록됐다는 것을 믿는 필자가 볼 때 매우 심각한 문제이다. 이 박사는 에브라임과 므낫세가 열두 지파에 들어가는 것도 합당한 이유가 있는 것처럼, 단 지파가 빠지는 것도 합당한 이유가 있어야 한다는 것을 간과했다. 그 결과 그가 원하든지 원치 않든지를 불문하고 성경의 메시지를 왜곡하고 따라서 성경의 권위를 훼손했다. 형법에서 의도적이 아닌 과실로 사람을 죽게 한 것을 '과실 치사'라고 하는데, 이런 경우가 성경을 해석하는데 종종 나타난다.

### ② 창세기 49장에서

창세기 49:17~18에서 이스라엘은 단에 대하여 "단은 이스라엘의 한 지파 같이 그의 백성을 심판하리로다 단은 길섶의 뱀(a serpent)이요 샛길의 독사(an adder)로다 말굽을 물어서 그 탄 자를 뒤로 떨어지게 하리로다 여호와여 나는 주의 구원(your salvation)을 기다리나이다"라고 말씀한다. 유다가 '사자'로 상징된 왕권의 축복을 받은 것과 달리, 단은 '뱀'과 '독사'가 언급된다. '뱀'은 마귀와 관계된 '소극적인' 의미로서, 단이 소극적인 것과 관계있다는 것을 가리킨다. 그래서 이스라엘은 단을 위해 "나는(단을 위해) 주의 구원을 기다리나이다"라고 기도했다. 단은 여호와의 구원이 필요한 상태임을 가리킨다. 야곱은 단에 대하여 매우 '소극적으로' 축복했다. 단의 소극적인 상황으로 인해 구원을 바라는 것도 축복이다. 왜냐하면, 단에 대한 축복이 없었다면 단은 구원받지 못했을 것이기 때문이다. 단에게 뱀과 독사가 언급된 것은 우상 숭배와 관계있기 때문이다.

### ③ 사사기 18장에서

가나안 땅에 들어간 이후 기록인 사사기 18:18은 "그 다섯 사람이(단 지파) 미가의 집에 들어가서 그 새긴 신상과 에봇과 드라빔과 부어 만든 신상을 가지고 나오매"라며 신상(우상)을 취한 것을 지적한다. 그리고 자신을 위한 제사장을 고용했다. 사사기 18:31은 "하나님의 집이(the house of God) 실로에 있을 동안에 미가가 만든 바 새긴 신상이(Micah's graven image) 단 자손에게 있었더라"고 말씀한다. 단 지파의 신상(우상)이 실로에 있는 하나님의 집을 대적하고 있음을 보여준다. 단 지파는 약속의 땅에서 우상 숭배를 시작한 지파였다. 이것은 결코 작은 죄가 아니다.

### ④ 역대상의 계보

역대상 2:1~2은 "이스라엘의 아들은 이러하니 르우벤과 시므온과 레위와 유다와 잇사갈과 스불론과 단(Dan)과 요셉과 베냐민과 납달리와 갓과 아셀이더라"고 하며, 단을 비롯한 열두 아들들을 기록한다. 역대상 7:14~19은 '므낫세의 자손들'을 기록하고, 역대상 7:20~40은 '에브라임의 자손들'을 기록한다. 특이한 사항은 이후에 요셉이 없고 그의 두 아들들이 기록된다. 그리고 '단의 자손들'은 어디에도 없다. "없는 지파를 발견하는 것도 큰 발견"이다. 그런 까닭은 사사기 18장에서 이스라엘 지파 가운데 '우상 숭배'에 앞장 섰던 지파였기 때문이다.

### ⑤ 에스겔 48장

에스겔 48장에는 이스라엘의 열두 지파가 나오는데 "모든 지파의 이름은 이와 같으니라 북쪽 끝에서부터 헤브론 길을 거쳐 하맛 어귀를 지나서 다메섹 경계선에 있는 하살에논까지 곧 북쪽으로 하맛 경계선에 미치는 땅 동쪽에서 서쪽까지는 단의 몫이요(a portion for Dan)"라며 단 지파가 포함된다.

역대상에 없었던 '단 지파'가 에스겔 48장에 나오는 것은 어떤 의미인가? 성경은 '그 결과를 통해서' 말씀하고, 그 원인에 대하여는 여러 관련 말씀들을 통해서 보여 준다. 그러기 때문에 성경을 QST해야 한다. 에스겔 48장은 천년왕국에 대한 예언이고, 그 때에 단 지파가 있을 것을 보여준다. 역대상 7장에서 제외되었던 단 지파가 다시 언급될 수 있는 이유는 무엇인가? 창세기 49장에서 이스라엘은 "여호와여 나는 주의 구원(your salvation)을 기다리나이다"라고 단을 축복하며 기도한 것이 응답되었기 때문이다. 하나님의 구원으로 인해 천년왕국에서 단 지파가 회복될 것을 말씀한다. 하나님은 얼마나 긍휼이 많으신가!

# Chapter 31 ·
# 능히 셀 수 없는 큰 무리(7:9~17)

## 1. 무천년설 견해

### 1) 그레고리 K. 비일의 견해

그레고리 K. 비일은 『NIGTC 요한계시록』(새물결플러스, p.704~705)에서 능히 셀 수 없는 큰 무리에 대한 견해를 제시했다.

> 두 무리를 순교자로만 이해하는 사람도 있다. 그러나 여러 사람들이 관찰했듯이, 가장 개연성이 높은 것은 다른 관점에서 묘사한 한 무리만이 있을 뿐이라는 견해다. 첫 번째 무리는 참 이스라엘의 회복된 남은 자로서 구원이 보장된 교회를 묘사한다. (중략) 7:9~17에 묘사된 두 번째 장면은 실제로 허다한 수라는 관점으로 동일한 무리로 이해한다. 그들은 구원받은 남은 자들이다. 하지만 그들은 온 땅에서 모이고 교회시대 전기간 동안 살았던 사람들이기도 하다. 그래서 그들은 허다한 무리다.(그레고리 K. 비일, 『NIGTC 요한계시록』, 새물결플러스, p.704~705)

### 2) 이필찬 박사의 견해

이필찬 박사는 『요한계시록』(에스카톤, p.719)에서 "능히 셀 수 없는 큰 무리"에 대한 견해를 말했다.

> 1~8절의 셀 수 있는 수로서의 144,000과는 대조적으로 9~17절에서는 '아무도 셀 수 없는 큰 무리'를 소개한다. 또한 전자가 지상에서 전투하는 교회 공동체의 모

습이라고 한다면, 후자는 하늘 성전에서 안식을 누리는 '큰 무리'이다. (이필찬, 『요한계시록』, 에스카톤, p.719)

## 2. 무천년설에 대한 필자의 비평 및 견해

### 1) 능히 셀 수 없는 큰 무리는 교회다

무천년설을 주장하는 그레고리 K. 비일과 이필찬 박사는 '능히 셀 수 없는 큰 무리'를 교회로 해석한다. 이들이 교회라는 것은 이론의 여지가 없기 때문에 전천년설의 입장에 있는 필자도 동의한다. 무천년설은 모든 것을 상징적으로 해석하는데, 이 경우는 능히 셀 수 없는 큰 무리가 상징적 의미였기 때문에 맞는 경우이다.

### 2) 계시록 7장의 인맞은 144,000은 교회가 아니다

무천년설의 오류는 '능히 셀 수 없는 큰 무리'를 계시록 7장의 인맞은 '144,000'과 동일시하는데 있다. 앞에서 논증한 것처럼, '144,000'과 '능히 셀 수 없는 큰 무리'는 동일시할 수 없는 무리들이다. 단지 공통점이 있다면 대환난이 오기 전에 하나님이 보호하는 '두 무리'라는 것 뿐이다.

### 3) 보호하는 두 가지 방법

이스라엘 자손들 가운데 택함 받은 자들을 보호하시는 방법은 대환난의 재앙이 오기 전에 인침으로 대환난을 통과하게 하는 것이다. 왜냐하면, 이스라엘 12지파에서 인침을 받는 자들은 율법을 지키는 경건한 유대인이지만 아직 완악한 가운데 있기 때문이다. 이와 반면에 교회는 거듭난 하나님의 자녀들이기 때문에 대환난 가운데 보호하시는 방법은 휴거시키는 것이다. 예수님이 이 땅에 계셨을 때 휴거의 경고를 하셨는데 유대인들에게 대한 것이 아니라, 거듭난 교회에 대한 것도 그 때문이다. 누가복음 21:34~36은 제자들에게 대환난의 덫에 걸리지 않고 휴거될 것을 경고하셨다.

> 너희는 스스로 조심하라 그렇지 않으면 방탕함과 술 취함과 생활의 염려로 마음
> 이 둔하여지고 뜻밖에 그 날이 덫과 같이 너희에게 임하리라 이 날은 온 지구상
> 에 거하는 모든 사람에게 임하리라 이러므로 너희는 장차 올 이 모든 일을 능히
> 피하고 인자 앞에 서도록 항상 기도하며 깨어 있으라 하시니라(눅 21:34~36)

휴거에 대한 대표적인 오해가 있다. 그것은 "성도들은 모두 다(아무 조건 없이) 대환난 전에 휴거된다"라는 주장이다. 이것은 휴거의 원칙을 간과하고 확대 해석한 것이다. 만일 그것이 사실이라면, 모든 신자가 방탕함과 술 취함과 생활의 염려로 마음이 둔하여지지 않고, 항상 기도하며 깨어 있어야 한다는 것이 충족되어야 가능하다. 따라서 모든 교회가 '아무 조건 없이' 대환난 전에 휴거된다는 것은 '듣기 좋은' 가르침이지, '올바른' 가르침은 아니다. 휴거의 원칙은 '믿음의 성장과 성숙'과 '하나님의 통치' 안에서 살아가는 것을 조건으로 한다. 휴거에 대한 하나님의 계획은 모든 성도들이 대환난 전에 휴거되는 것이다. 그러나 주님의 말씀을 따라 순종해야 한다는 것을 간과하면 안된다. 그러므로 교회 가운데 휴거되는 신자가 있고 휴거되지 못하고 대환난을 통과하는 신자가 있게 된다. 휴거의 문제는 하나님의 능력의 문제가 아니라 신자들의 순종과 신앙생활에 달린 문제이다.

## 4) 인 맞은 자의 근원 vs 능히 셀 수 없는 큰 무리의 근원

이스라엘의 열두 지파 가운데 각 지파 별로 12,000씩 인쳤지만, '능히 셀 수 없는 큰 무리'는 "각 나라와 족속과 백성과 방언에서" 나온 무리들로써 그 근원이 다르다. 만일 양자가 동일하다면 그들이 나온 근원도 동일해야 한다. 이스라엘의 열두 지파가 세상의 모든 사람들과 동일하지 않다는 것은 자명하다. 따라서 양자는 동일한 교회가 아니다. 전자는 혈통적 이스라엘 가운데 있는 자들이지만, 후자는 이방인 가운데 구원받은 교회를 가리킨다.

### 5) 양자의 차이

이스라엘의 열두 지파는 땅에 있는 자들로서 인침으로 보호하고, '능히 셀 수 없는 큰 무리'는 '보좌 앞과 어린 양 앞'에 서 있다. '보좌 앞'은 그들이 셋째 하늘에 있다는 것을 가리킨다. '능히 셀 수 없는 큰 무리'는 "구원하심이 보좌에 앉으신 우리 하나님과 어린 양에게 있도다"(10b)라고 구원을 찬양함으로 '구원받은 교회'인 것을 증거한다. 반면에 인 맞은 144,000은 구원을 노래하지 않는다. 단지 그들에게 다가올 대환난의 재앙으로부터 보호하기 위해서 '인치는 것'만이 수동적으로 기록된다. 능히 셀 수 없는 큰 무리는 능동적인 찬양이 있지만, 144,000은 수동적으로 인침을 받고 아무런 찬양도 감사도 없다. 이것이 양자의 정체성이고 서로 다른 자들이라는 증거이다.


## 3. 능히 셀 수 없는 큰 무리

9절은 "이 일 후에 내가 보니 각 나라와 족속과 백성과 방언에서 아무도 능히 셀 수 없는 큰 무리가 나와"라고 말씀한다. 양자를 벤 다이어그램으로 나타내면 아래와 같다.

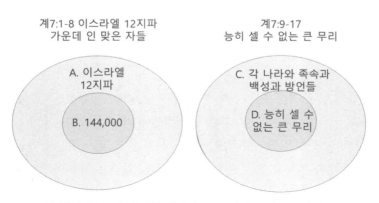

[계7장의 '두 무리'에 대한 필자의 도표 "양자는 서로 구별된다"]

## 1) 벤 다이어그램으로 분별하기

첫째, '능히 셀 수 없는 큰 무리'인 D는 '각 나라와 족속과 백성과 방언'인 C에서 나왔다. C가 '전체 집합'이고 집합 D는 그 '부분 집합'으로 D는 C보다 클수 없다. '각 나라와 족속과 백성과 방언'(C)은 '이방인' 즉 '온 땅의 백성들' 즉 '불신자와 신자'를 포함한다. 교회는 이방인 가운데 '불러내심을 입은 자들의 모임'이라는 것은 오른쪽 벤 다이어그램과 일치한다.

둘째, 양쪽 벤 다이어그램을 비교하면 이들이 누구인지 확연해진다. 무천년설이 '능히 셀 수 없는 큰 무리'인 D를 '교회'로 본 것은 바른 관점이다.(이 경우 능히 셀 수 없는 큰 무리가 상징적인 의미이기 때문에 유일하게 일치한 경우이다) 그러나 '능히 셀 수 없는 큰 무리들'을 '인맞은 자들'인 '144,000'과 동일시하여 모두 교회라고 하기 때문에 오류이다. 따라서 양자가 무천년설의 주장과 같이 일치하는지, 아니면 서로 구별되는지가 핵심 관건이다.

셋째, 무천년설의 주장과 같이 양자가 서로 일치된다면, 무천년설 주장이 설득력이 있고, 만일 일치하지 않으면 무천년설의 주장은 오류로 판명된다.

## 2) 144,000과 능히 셀 수 없는 큰 무리는 불일치한다

무천년설은 '144,000'(B)을 교회로 해석하면서, 셀 수 없는 큰 무리'(D)도 교회로 해석한다. 그러므로 벤 다이어그램의 B와 D는 내용적으로 반드시 일치해야한다. 7장 전반부의 '이스라엘 열 두 지파(A)'는 '한 나라'로 구성된다. 이에 반하여 7장 후반부의 '능히 셀 수 없는 큰 무리(D)'는 '한 나라'로부터 나오지 않았다. 9절은 능히 셀 수 없는 큰 무리가 "각 나라(all nations)와 족속(kindreds)과 백성(people)과 방언(tongues)에서 아무도 능히 셀 수 없는 큰 무리"에서 나왔다고 말한다. '각 나라'는 '모든 나라'(all nations)라는 의미이다. 이스라엘의 인맞은 자들은 '이스라엘이라는 한 나라'에 속했지만, 능히 셀 수 없는 큰 무리는 '모든 나라(all nations)'에서 나온 자들이다. 무천년설의 주장대로 한다면, '이스라엘이라는 한 나라'를 '모든 나라'(all nations)로 간주하는 결과가 된다. 이런 모순은 무엇을 의미하는가? '144,000'(B)과 '능히 셀 수 없는 큰 무리'(D)는 동일한 교회가 아니라는 것을 가리킨다. '144,000'(B)은 혈통적인 이스라엘을 가리키고, '능히 셀 수 없는 큰 무리'(D)는 교회를 가리킨다. 따라서 무천년설자들이 양자를 동일한 교회로 간주한 것은 오류이다.

### 3) 이스라엘 족속과 모든 족속들은 불일치한다

이스라엘의 인 맞은 자들은 '아브라함의 자손'으로 '한 족속'에 속했지만, 능히 셀 수 없는 큰 무리(D)는 '족속들'(kindreds)에 속했다. 개역개정의 '족속'(단수)은 원문에서 'φυλῶν'(휠론/종족, 지파, 족속)으로 'φυλη'(휠레)의 '복수형'이다. 따라서 '족속들'(kindreds)로 번역되어야 한다. 인 맞은 자들은 '이스라엘이라는 한 족속(A)'에 속했지만, 능히 셀 수 없는 큰 무리(D)는 '족속들'(kindreds) 즉 '모든 족속'으로부터 나왔다. 이스라일의 열두 지파가 속한 '아브라함의 족속'이 '모든 족속들'이 될 수 없다는 것은 양자가 동일한 존재가 아니라는 반증이다. 따라서 144,000과 능히 셀 수 없는 무리는 동일한 교회가 아니라 서로 다른 자들이다.

### 4) 이스라엘 백성과 모든 백성들은 불일치한다

이스라엘의 '인 맞은 자들(B)'은 '이스라엘(A)이라는 한 백성'에 속했지만, 능히 셀 수 없는 큰 무리는(D) '백성들'(peoples)에 속했다. 개역개정의 '백성'(단수)은 원문 'λαῶν'(라온)으로 'λαός'(라오스, 백성)의 '복수형'이다. 따라서 '백성들'로 번역되어야 한다. 인 맞은 자들은 '이스라엘이라는 한 백성'에 속했지만, 능히 셀 수 없는 큰 무리는 'λαῶν'(라온) 즉 '모든 백성들'(peoples)로부터 나왔다. '이스라엘이라는 한 백성'이 '모든 백성들'이 될 수 없다는 것은 양자가 동일한 존재가 아니라는 증거이다. '144,000'(B)은 혈통적인 이스라엘을 가리키고, '능히 셀 수 없는 큰 무리'(D)는 교회를 가리킨다. 양자를 동일시하는 무천년설의 주장은 오류이다.

## 5) 이스라엘 방언과 모든 방언들은 불일치한다

이스라엘의 인맞은 자들은 '히브리어라는 한 방언'을 사용하고, 능히 셀 수 없는 큰 무리(D)는 '방언들(tongues)'을 사용한다. 개역개정은 '방언(단수)'으로 번역했는데, 원문은 'γλωσσῶν'(글롯손)으로 'γλωσσα'(글롯사, 방언, 언어)의 '복수형'이다. 따라서 개역개정은 '방언(단수)'이 아니라 '방언들'(tongues)로 번역되어야 한다. 사도 요한 당시를 기준으로 하면 로마제국이 사용하는 라틴어가 있고, 공용어로 쓰인 헬라어가 있다. 애굽에는 애굽어가 있고, 바벨론에는 바벨론 언어가 있다. 독일은 게르만족으로 게르만어를 사용하고, 프랑스는 프랑스어를 사용한다. 모든 나라들마다 각국 언어를 사용한다. 이에 반하여 이스라엘의 열두 지파는 히브리 민족의 언어인 '히브리어'를 사용한다. 히브리 언어를 모든 나라와 족속과 백성들과 방언들이라고 말하는 사람은 없을 것이다. 이것은 양자를 동일시하는 무천년설의 주장이 오류라는 것을 가리킨다.

인 맞은 자들인 144,000은 '히브리 방언이라는 한 방언'을 사용하고, 능히 셀 수 없는 큰 무리는 'γλωσσῶν'(글롯손) 즉 '방언들'(tongues) 즉 '모든 방언들'을 사용한다. 그레고리 K. 비일과 이필찬 박사가 양자를 동일한 교회로 주장한다는 것은 '히브리 방언'을 '모든 방언들'과 동일시한 것과 같다. 어떻게 '히브리 방언'을 '모든 방언들'이라고 할 수 있는가? 이런 사실들은 무천년설이 인 맞은 144,000과 능히 셀 수 없는 큰 무리를 '같은 존재'인 '교회'로 해석한 것이 오류라는 것을 증거한다.

## 6) 양자의 포함 관계

무천년설의 견해가 사실이라면, '능히 셀 수 없는 큰 무리'(D)는 '각 나라와 족속과 백성과 방언'(C)에서 나왔기 때문에, '144,000'(B)이 나온 '이스라엘의 열두 지파'(A)는 서로 일치해야 한다. 만일 무천년설의 주장대로 일치한다면, 온 세상에는 '이스라엘 자손들'뿐이라는 결론이 된다. '능히 셀 수 없는 무리(D)'는 교회이지만, '144,000(B)'은 교회가 아니라 '혈통적인 이스라엘 자손들'이다. 양자는 서로 구별된다.

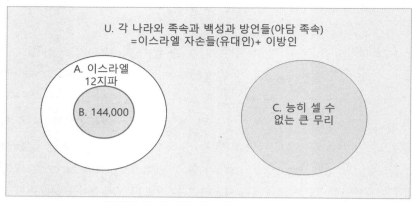

계7장의 '두 무리'를  통합적으로 나타낸 도표

## 4. 능히 셀 수 없는 큰 무리와 144,000에 대한 전천년설(필자)의 통합적 견해

능히 셀 수 없는 큰 무리와 144,000을 통합적으로 나타낸 벤 다이어그램은 아래와 같다. 양자의 관계를 비교하면 이들의 위치와 정체와 신분을 구별하기 쉽다.

첫째, '전체 집합 U'는 '아담(사람) 족속'= '전 인류'를 나타낸다. 이들을 구별하자면, 먼저 선택된 유대인(이스라엘 자손들)이 있고, 그렇지 못한 이방인이 있다.

둘째, 전체 집합 U인 아담 자손은 창세기 11장의 바벨탑 사건에서 하나님을 대적하기까지 타락했다. 그런 상황에서 아브라함을 불러내어 '부르심을 입은 족속'(필자 주: 에클레시아는 교회로서 "부르심을 입은 자들의 모임"이라는 뜻으로 아브라함은 첫 번째 부르심을 입은 자이다)으로 삼았다.

셋째, 전체 집합 U는 아담 자손이다. 그 가운데 아브라함을 부르셨고, 그의 자손들을 큰 민족이 되게 하실 것을 약속했다. 아브라함의 자손들은 야곱의 열두 아들로서 이스라엘을 구성한다. 이들은 먼저 택함을 입은 백성이다. 여기서 주의해야 할 것은 계시록 7장 전반부에 언급된 '이스라엘 자손들'(A)은 모든 시대의 이스라엘 자손들을 가리키지 않는다. 여섯째 나팔과 일곱째 나팔 사이의 시점으로 '대환난 전'에 이 땅에 있는 유대인으로서 '거듭나지 않고' 아직 '완악한 유대인들'을 가리킨다.

넷째, 아직 완악한 유대인들 가운데 하나님의 율법을 지키는 경건한 유대인들은 대환난을 통과해야 한다. 그들은 주님이 재림할 때에 회개하고 돌아와 구원받을 자들이다. 하나님께서는 그들을 특별히 보호하시기 위하여 '하나님의 인'으로 인을 치셨다. 다른 천사가 인을 친다는 것은 그들이 거듭나지 않았다는 것을 암시한다. 성령으로 인치심을 받은 교회는 또 다른 인을 받을 필요가 없고, 교회의 축복은 유대인과 비교할 수 없다.

다섯째, 유대인들의 완악함으로 복음이 이방인에게 전파됐다. 이방인 가운데 구원받은 자들이 '교회'이다. 교회는 "각 나라(들)와 족속(들)과 백성(들)과 방언(들)에서" 부름을 입은 자들로서, 계시록 7장의 '이스라엘 자손들'(A) 가운데 인침을 받은 '십사만 사천'(B)과 비교할 수 없이 '능히 셀 수 없는 큰 무리(C)'로서 확연히 구별된다.

여섯째, '능히 셀 수 없는 큰 무리(C)'는 교회를 가리킨다. '이스라엘 자손들'(A) 가운데 144,000(B)이 있는 것과 같이 구별이 없는 것은 교회 내의 이기는 자를 보여주는 것이 목적이 아니기 때문이다. 대환난 전의 휴거로부터 영원 안에서의 모든 성도들을 '개괄적으로'(세세하게 보여 줄 목적이 아니라) 보여주기 위한 것이다. '능히 셀 수 없는 큰 무리'(C)가 누리는 하늘의 축복들은 영원 안에서 누릴 축복들로서 "현재부터 영원까지 간다"는 특징도 그 때문이다. 이 주제는 후반부에서 다룰 것이다.

일곱째, 계시록 7장은 '땅에 거하는 자들'에게 하나님의 심판이 내리기 전에, 하나님께서 택하신 백성들을 어떻게 보호하실 것인가를 보여주는 '삽입부'이다. 따라서 재앙이 임하는 이 땅에 거하는 자들이 전제되어 있다.

여덟째, 교회를 가리키는 '능히 셀 수 없는 큰 무리(C)'가 어느 정도의 숫자인지 객관적으로 판단해 보자. 세계 인구 통계에 따르면 1,820년 전 세계 인구는 약 10억명이었고, 2021년 6월의 현재 인구는 78억 7500여 명이다. 계시록에서 가장 큰 숫자는 '이만 만'으로 '이 억'이다. 그런데 계시록 7장 후반부는 '능히 셀 수 없는 큰 무리(C)'를 말씀한다. 따라서 이 숫자는 '이만 만'보다 더 큰 숫자임에 틀림이 없다. 이렇게 큰 숫자가 '혈통적인' 이스라엘 자손과 동일한 수일 수 없다. 만일 그렇다면, 이스라엘의 인구가 '적어도' 이 억명이 넘어야 하기 때문이다. '이만 만'보다 큰 숫자는 오직 전 시대에 걸쳐 구원받은 교회밖에 없다. '능히 셀 수 없는 큰 무리(C)'는 전시대의 구원받은 모든 성도들을 가리킨다. 따라서 이들은 144,000과 구별된다.

## 5. 흰 옷과 어린 양의 피

### 1) 무천년설: 그레고리 K. 비일의 견해

그레고리 K. 비일은 『NIGTC 요한계시록』(새물결플러스, p.724~725)에서 흰 옷과 어린 양의 피에 대한 견해를 제시했다.

> 성도들이 '어린양의 피에 그 옷을 씻어 희게' 했다는 것은 교회시대 동안 그들의 인내가 예수의 고난의 인내와 동일시됐음을 가리킨다.(6:9; 12:11의 주석 참조) 이러한 동일시에는 19:13에서 예수가 '피에 적신 옷을 입으셨다'라고 놀라울 정도로 비슷하게 묘사된 것으로서 한층 강조된다. (중략) 그들은 자신들의 구원의 순수성을 상징하기 위해 '흰옷을 입은 것'이다. 이것은 일반적으로 더러워진 옷을 깨끗하게 한다는 구약의 비유를 반영한다. 옷을 깨끗하게 한다는 것은 죄 용서를 의미한다.(사 1:18; 64:6; 슥 3:3~5) 환난으로 인해 성도들의 믿음이 순결해졌다. 환난은 그들을 시험했다. 성도들이 시련을 겪는 동안 인내한 것은 그들의 믿음이 참이라는 증거다. (중략) 역으로 말해서, 시련 앞에서 타협하고 그리스도를 증언하지 않는 교회 안에 있는 사람들은 '더러운 옷'을 입었다. 타협은 믿음이 참되지 않다는 증거다.(그레고리 K. 비일, 『NIGTC 요한계시록』, 새물결플러스, p.724~725)

## 2) 필자의 비평 및 견해

### (1) 양자는 의미가 다르다

비일은 성도들이 '어린양의 피에 그 옷을 씻어 희게' 했다는 것과 계시록 19:13에서 예수가 '피에 적신 옷을 입으셨다'는 것을 동일하게 간주하였는데 이 것은 외적인 유사성을 내적으로 오해한 것이다. 계시록 7장의 옷(들)이 어린 양 의 피에 씻긴 것은 '적극적인 의미'이고, 계시록 19장에서 주님이 '피에 적신 옷 을 입은 것'은 진노의 포도주틀을 밟으심으로 악한 군대들의 피가 주님의 옷에 적신 것을 의미하기 때문이다. 이것은 문맥을 통해서 알 수 있다.

### (2) 옷을 단수로 간주한 오류

비일이 "7:14에서 '어린 양의 피에 그 옷을 씻어 희게 하였느니라'는 표현은 환난에도 불구하고, 성도들이 그들을 위해 죽으신 '어린 양의 죽음을 계속해서 믿었고 그의 죽음을 증언하였다는 의미이다"라고 한 것은 잘못된 해석이다. 비 일의 오류는 '그 옷'을 '단수'로 간주했기 때문이다. '그 옷'은 헬라어 원문에서 'στολὰς'(스톨라스)로 '긴 옷'(robe)을 의미하는 'στολή'(스톨레)의 '복수형'이다. 따 라서 이들은 '그 옷들'을 씻어 희게 했다는 것을 가리킨다. 만일 '흰 옷들'이라는 '복수형'을 간과하고 단수인 '흰 옷'으로 간주하면 의미가 왜곡될 수 있다. 흔히 '흰 옷'(단수)은 구원의 옷을 의미하기 때문이다.(비일은 이런 관점으로 봤다) 이들이 입은 '흰 옷들'(복수)은 '신자의 의로운 행위들'을 가리킨다.

### (3) 특별성을 간과함

비일이 "성도들이 세상을 이긴 이유와 그들의 '구원과 이김'을 어린 양에게 돌 리는 찬송의 이유가 여기에 있다"(7:11)고 한 것은 틀리다고는 할 수 없지만, 그 렇다고 맞다고 할 수도 없다. 왜냐하면, 비일이 언급한 구원은 너무나 포괄적인 것이기 때문이다. 이들이 '그 옷들'을 어린 양의 피에 씻어 희게 했다는 것은 그 들이 구원받은 후 의로우신 어린 양을 힘 입어 '의로운 행실들'로 살았기 때문이 라는 '특별성'을 간과했다.

### (4) not 구원의 순수성 but 의로운 행실

비일이 "그들은 자신들의 구원의 순수성을 상징하기 위해 '흰 옷을 입었다'라고 주장하는데 이것은 구원의 순수성을 상징한다기보다, 의로운 행실로 살았던 것을 상징한다. 대표적인 말씀은 어린 양의 혼인 예식에 참석한 자들이 입은 '빛나고 깨끗한 세마포 옷'을 "성도들이 옳은 행실들(the righteousness of saints)" (계 19:8)이라고 말씀하는데, 그들이 믿음으로 의롭게 살았다는 것을 가리킨다. 무천년설은 "성도들의 옳은 행실들"로 불린 빛나고 깨끗한 세마포 옷을 구원받은 성도들이 입는 것으로 간주한 것은 모든 신자들을 요셉과 같다고 주장하는 것과 같다.

### (5) not 죄 용서 but 의로운 행실

비일이 "옷을 깨끗하게 한다는 것은 죄 용서를 의미한다"고 했는데, 그가 언급한 이사야 1:18의 "여호와께서 말씀하시되 오라 우리가 서로 변론하자 너희의 죄(your sins)가 주홍 같을지라도(as scarlet) 눈과 같이(as snow) 희어질 것이요 진홍 같이(like crimson) 붉을지라도(red) 양털 같이(as wool) 희게 되리라"는 구절은 죄들(your sins)을 사함받는 것을 의미한다. 그런데 이사야서와 계시록 7장의 관점은 어린 양의 피에 씻어 깨끗하게 된 것은 '옷'(단수)이 아니라, '옷들'(복수)이기 때문에, 구속함을 받은 이후의 행실이 어린 양의 피로 깨끗하게 된 것을 의미한다. 양자는 '어린 양의 피'와 '옷'이라는 공통점이 있다. 양자는 모두 구원받을 때의 죄 사함을 언급한 것이 아니라, 구원받은 이후의 죄의 행동들(your sins)의 문제를 가리킨다. 그래서 이사야서에도 "너희의 죄들(your sins)"을 언급했고, 계시록 7장에서도 '옷들'(복수)을 언급했다. 양자는 구속함을 받은 이후의 행위들을 가리킨다. 비일은 구원받은 이후의 '죄의 행위들'이 깨끗해지는 문제(용서)를 구원받을 때의 '죄'(단수)의 문제로 간주했기 때문에 '죄 사함'(단수)으로 잘못 해석했다.

### (6) not 모든 성도 but 순교자들

비일이 "환난으로 인해 성도들의 믿음이 순결해졌다"고 말한 것은 틀린 관점은 아니다. 그런데 계시록 6:9~11을 언급하며 "하나님의 말씀과 그들이 가진 증거로 말미암아 죽임을 당한 사람들이 흰 옷을 받았다"는 것을 계시록 7장의 흰 옷들을 입은 허다한 무리들과 일치시킨 것은 잘못된 적용이다. 왜냐하면 계시록 6장의 흰 옷을 입은 무리들은 '순교자'라는 동일성이 있기 때문에 '모두 이기는 자들'로서, 순교를 당하지 않은 신자들과 구별되기 때문이다. 시간적으로도 계시록 6장의 순교자들이 '흰 옷'을 받은 것은 다섯째 인이 떼어질 때이지만, 계시록 7장의 '능히 셀 수 없는 큰 무리'는 '영원 미래'까지를 포함하기 때문이다. 아래의 도표를 보면 양자의 차이를 분별할 수 있다.

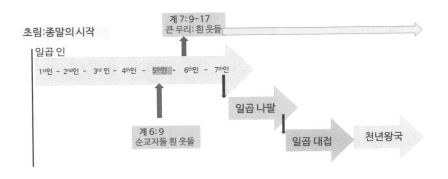

[ 계6장 순교자들의 흰 옷 & 계7장의 흰 옷들을 입은 큰 무리들 시기 대조표 ]

### (7) 144,000의 대환난 vs 능히 셀 수 없는 큰 무리의 큰 환난

비일은 이스라엘 자손들이 당하는 '대환난'과 계시록 7장 후반부에서 언급한 능히 셀 수 없는 큰 무리가 나오는 '큰 환난'(대환난)을 구분하지 못했다.(사실 이것을 구별하는 것은 쉽지 않은데, 무천년설은 더욱 그렇다) 전자는 혈통적 이스라엘 자손이고 후자는 능히 셀 수 없는 큰 무리인 교회로 서로 구별된다. 따라서 그들에게 언급된 대환난은 그 의미에 차이가 있다. 이 주제는 뒤에서 따로 다룰 것이다.

### ① 무천년설: 이필찬 박사의 견해

이필찬 박사는 『요한계시록』(에스카톤, p.728과 p.735)에서 그의 견해를 제시했다.

더 나가서 9f절에 의하면 이 큰 무리는 '흰 옷'을 입고 '종려가지'를 들고 있다. 이 두 표현은 전쟁 모티브와 관련되어 있다. 먼저 흰옷은 승리의 상징이며 승리를 축하하기 위한 축제 복장으로서(터툴리안 12, 마카베오서2서 11:18), 그리스도를 따르는 신실한 종으로서 사탄의 진영을 제압하는 승리의 표시이기도 하다. (중략) 여기에서 '흰 옷'의 일관된 의미는 하나님의 신실하고 참된 백성들에게 주어지는 표지이자 승리의 상징이며 축제의 복장이라고 할 수 있다.(이필찬, 『요한계시록』,에스카톤, p.728)

14e절에서는 큰 무리가 '그들의 옷을 씻었다'고 한다. 여기에서 '옷을 씻었다'는 것은 성전(聖戰)에서의 승리와 자연스럽게 조화를 이루고 있다. **왜냐하면 '옷을 씻는 것'은 전쟁 후의 승리에 대한 감사의 표현으로 드리는 예배에 참여하기** 전에 전쟁으로 피 묻은 옷을 씻어내는 '제의적 정결의식'의 한 절차이기 때문이다.(민 31:19~20,24, 민 19:19) 이것은 9절에서 '흰옷'이 승리를 축하하는 축제를 위한 복장이라고 말한 것과 조화를 잘 이루고 있다. 왜냐하면 흰옷은 피를 씻어낸 결과로 간주되어 있기 때문이다. (이필찬, 『요한계시록』,에스카톤, p.735)

### ② 필자의 비평 및 견해

**첫째,** 이필찬 박사는 "큰 무리가 '흰 옷'을 입고 '종려 가지'를 들고 있는 것을 전쟁 모티브와 관련된다"는 견해를 고수하는데, 이것은 그레고리 K. 비일도 동일하다. 그가 터툴리안과 마카베오서에서 "흰 옷은 승리를 축하하기 위한 축제 복장"이라는 근거를 들었다. 유대문헌들을 참조할 수는 있지만 성경과 같은 권위가 없을 뿐만 아니라, 양자의 상황은 확연히 다르다. 이 박사가 성경의 근거를 제시하지 않고, 큰 무리가 입은 흰 옷을 축제 복장이라고 확언하는 것은 성급한 결정이다.

**둘째,** 이 박사는 큰 무리가 성전(聖戰)에서의 승리로 '옷을 씻었다'는 것을 그들의 옷에 '대적들의 피'가 묻은 것을 어린 양의 피로 씻는 것으로 간주한 것은 잘못된 해석이다. '능히 셀 수 없는 큰 무리'는 전시대의 교회이다. 만일 그들이 싸운 싸움이 "혈과 육에 대한 싸움" 즉 창과 칼을 들고 싸우는 물리적인 싸움이라고 하면, 그들의 옷에 '원수의 피'(물리적인 피)가 묻고 그에 따라 어린 양의 피(물리적인)로 씻는 것이 가능하다. 그런데 성경에서 말하는 싸움은 '육적인 싸움'

이 아니라 '영적인 싸움'을 가리키기 때문에 문자적으로 해석한 것은 오류이다.

셋째, 위와 같이 이 박사가 언급한 '성전'(聖戰)을 '물리적인 전쟁'으로 인한 '물리적인 피'를 어린 양의 피로 씻는다고 해석하는 것은 원칙이 없다. 양자 다 '물질적인 피'로 보던지, 아니면 '상징적인 의미'로 해석해야 한다. 무천년설의 해석에는 원칙이 결여됐다.

넷째, 무천년설이 계시록 7장에서 "능히 셀 수 없는 큰 무리의 옷에 피가 묻었다"고 간주한 것은 오류이다. 성경은 '그들의 옷'을 어린 양의 피에 씻었음을 말씀한다. 여기의 어린 양의 피는 '물리적인 피'를 의미하지 않기 때문이다. 또한 '옷'을 '단수'로 보았기 때문에 그 의미가 왜곡됐다. 큰 무리가 입은 '옷'은 헬라어 원문에서 'στολὰς'(스톨라스)로 '긴 옷, 'a robe'를 의미하는 'στολή'(스톨레)의 '복수형'이다. 따라서 이들은 "'그 옷들'(복수)을 어린 양의 피로 씻었다"는 것을 가리킨다. 만일 복수인 '흰 옷들'을 간과하고 단수인 '흰 옷'으로 간주하면 의미가 왜곡된다. 흔히 '흰 옷'(단수)은 구원과 관련된 것을 의미하고, 이와 반면에 '흰 옷들'(복수)은 '신자의 의로운 행위들'을 가리키기 때문이다. 능히 셀 수 없는 큰 무리들의 옷을 씻는 '어린 양의 피'가 '실제적인 피'(물리적인 피)가 아닌 것처럼, 큰 무리가 입은 '옷들'(복수)도 '물질적인 옷'을 가리키지 않는다. 계시록 19:7~8은 혼인 잔치에 참여한 사람들이 입은 세마포 옷에 대하여 말씀한다.

> 우리가 즐거워하고 크게 기뻐하며 그에게 영광을 돌리세 어린 양의 혼인(the marriage of the Lamb) 기약이 이르렀고 그의 아내(his wife)가 자신을 준비하였으므로 그에게 빛나고 깨끗한 세마포 옷(in fine linen, clean and white)을 입도록 허락하셨으니 이 세마포 옷(the fine linen)은 성도들의 옳은 행실(the righteousness of saints)이로다 하더라(계 19:7~8)

'빛나고 깨끗한 세마포 옷'은 '물질적인 옷'이 아니라, '세마포 옷'으로 비유된 '성도들의 옳은 행실'을 의미한다. 이것은 천사가 해석한 것으로서 '팩트'이다. 따라서 계시록 7장의 큰 무리가 '그 옷들'을 어린 양의 피에 씻었다는 것은 그들의 모든 행실들이 의로운 행실로서 어린 양이신 그리스도의 구속 안에서 행했다는 것을 의미한다. 결코 큰 무리의 옷에 물질적인 '피가 묻은 옷'을 입지 않았고,

그들의 옷을 씻은 '어린 양의 피'도 '물질적인 피'가 아니다.

다섯째, 성경에서 '옷'은 사람의 '행위'를 가리키고, '흰 옷'을 입었다는 것은 그들이 '순결'과 '믿음을 지킴', '믿음의 승리'를 가리키고, 최종적으로 "하나님께서 인정하신다'는 것을 의미한다.

### ③ 민수기 19장의 전쟁 관계

이필찬 박사는 "'옷을 씻는 것'은 전쟁 후의 승리에 대한 감사의 표현으로 드리는 예배에 참여하기 전에 전쟁으로 피 묻은 옷을 씻어내는 '제의적 정결의식'의 한 절차이기 때문이다"라고 주장했다. 그가 말하는 민수기 19:19은 "그 정결한 자가 셋째 날과 일곱째 날에 그 부정한 자에게 뿌려서 일곱째 날에 그를 정결하게 할 것이며 그는 자기 옷을 빨고 물로 몸을 씻을 것이라 저녁이면 정결하리라"는 구절이다.

이 말씀은 전쟁과 관계가 없고, 피 묻은 옷을 '어린 양의 피'에 씻는 것과도 관계가 없다. 민수기 19:14은 "장막에서 사람이 죽을 때의 법은 이러하니 누구든지 그 장막에 들어가는 자와 그 장막에 있는 자가 이레 동안 부정할 것이며"에 나타나듯이, 장막에서 사람이 죽었을 때에 관한 '정결의 법'이다. 사망과 접촉한 사람이 부정하기 때문에 일곱째 날에 정결케 하기 위하여 '자기 옷'을 빨 것을 명령했다. 이것은 이스라엘 백성들의 정결법에 관한 것으로서 전쟁이나 어린 양의 피에 씻는 것과 관계 없는데, 이 박사는 계시록 7장과 관련시켰다.

### ④ 민수기 31장의 상황

이필찬 박사가 근거로 든 민수기 31:19~20은 "너희는 이레 동안 진영 밖에 주둔하라 누구든지 살인자나 죽임을 당한 사체를 만진 자는 셋째 날과 일곱째 날에 몸을 깨끗하게 하고 너희의 포로도 깨끗하게 할 것이며 모든 의복과 가죽으로 만든 모든 것과 염소 털로 만든 모든 것과 나무로 만든 모든 것을 다 깨끗하게 할지니라"고 말씀한다. 이스라엘 백성들의 정결법으로서 두 사례는 어떤 관계에 있는지 살펴보자.

첫째, 이 말씀은 이스라엘의 원수인 미디안과의 전쟁 후의 사건으로서 관계가 있을 뿐, 이 박사가 말하는 것과 같은 전쟁 상황과 전혀 다르다.

둘째, 민수기에 나타난 정결법은 이스라엘 진영과 간접적으로 연관 된다. '진영'이란 군대의 진을 의미하기 때문에 '군대'와 관계있다. 하나님께서 보실 때 구원받은 이스라엘 백성들은 하나님의 군대였다. 그런데 이스라엘은 미디안 여자들과의 음행으로 더럽혀졌고 깨끗하게 될 필요가 있었다. 그래서 "너희는 이레 동안 진영 밖에 주둔하라 누구든지 살인자나 죽임을 당한 사체를 만진 자"를 언급하는데, 더럽혀진 자들은 진영(군대 진영)에 들어올 수 없다는 것을 가리킨다. 오직 깨끗함을 입은 후에야 들어올 수 있다.

셋째, 이스라엘 백성들이 '더럽혀짐'으로 인해 이스라엘 백성들의 진영은 전진하지 못하고 머물러 있어야 했다. 이것은 하나님의 백성들에게 큰 손실을 가져왔다. 민수기 31장은 무천년설이 말하는 것처럼 전쟁 상황에서 피가 묻은 것과 관계가 없고, 이스라엘 백성들이 지켜야 할 정결법으로서 하나님의 진영(군대의 진)은 정결해야 한다는 것과 더럽혀진 자들은 진영 안에 들어올 수 없으며, 이스라엘 백성들(진영)이 약속의 땅을 향해 나갈 수 없다는 것을 보여 준다.

넷째, 이스라엘 백성들이 더럽혀질 때 정결하게 되지 않는다면 대적들과의 싸움에서 패배할 수밖에 없기 때문이다. 아간의 범죄로 인해 패배한 아이성의 싸움은 좋은 사례이다.

### (8) 필자의 종합적인 견해

#### ① '옷(단수)'이 아니라 '옷들(복수)'이다

9절의 "아무도 능히 셀 수 없는 큰 무리가 나와 흰 옷을 입고"와 14절의 "어린 양의 피에 그 옷을 씻어 희게 하였느니라"의 두 구절에서 '옷'(단수)이라 번역된 단어는 헬라어 원문에서 'στολὰς'(스톨라스)로 '긴 옷'(robe)를 의미하는 'στολή'(스톨레)의 '복수형'이다. 따라서 이들은 '흰 옷들'을 입었고, "어린 양의 피에 그 옷들을 씻어 희게 했다"로 번역되어야 한다. 만일 복수인 '흰 옷들'을 간과하고 단수인 '흰 옷'으로 간주하면 성경이 보여주는 의미가 왜곡될 수 있다. 흔히 '흰 옷'(단수)은 구원의 옷을 의미하기 때문이다. 이들이 입은 '흰 옷들'(복수)은 '신자의 의로운 행위들'을 가리킨다. 그들에게 '의로운 행위들'이 있었다는 것은 기본적으로 '칭의', '의롭게 됨'이 있다는 것을 전제한다. 계시록에서 언급되는 '흰 옷'

은 모두 '행위로서의 의'를 의미한다. '흰 옷들'과 '어린 양의 피'는 물리적인 옷이나 물리적인 어린 양의 피를 의미하는 문자적인 의미가 아니라 '상징적인 의미'이다. 그런 이유는 능히 셀 수 없는 큰 무리가 전시대의 교회를 상징하기 때문이다. 거듭나지 않은 이스라엘 자손들 가운데 인침을 받는 144,000에 대한 것은 문자적인 의미인데 반하여, 능히 셀 수 없는 큰 무리들은 교회이기 때문에 상징이 사용된다.

### ② 순교자들과 흰 옷

계시록 5:9~10에서 다섯째 인을 뗄 때에 순교자들이 탄원할 때 주님은 "각각 그들에게 흰 두루마기(white robes)를 주시며"(6:11) 이르시되 아직 잠시 동안 쉬라고 말씀한다. 순교자들에게 준 '흰 두루마기'는 "그들이 승리하였고, 주님께서 인정하신다"는 의미를 함축한다.

### ③ 사데 교회와 흰 옷

사데 교회의 '옷을 더럽히지 않은 적은 자들'에게 '흰 옷'을 주신 것은 그들이 승리했고 주님이 인정하신다는 의미이다. 주님께서 흰 옷을 주시는 것은 성경에서 '승리와 인정'을 의미한다. 그리고 '나와 함께 다닐 것'을 약속했다. 이것은 언제 성취되는가? '다닌다'는 헬라어 'περιπατήσουσιν'(페리파테수신)으로 '주위를 걷다, 두루 다니다'의 의미를 가진 'περιπατεω'(페리파테오)의 '3인칭 복수 미래형'이다. 따라서 주님과 함께 걷는 것은 재림 후 천년왕국에서 그리스도의 신부로 왕 노릇 할 때 성취된다. 천년왕국의 왕으로 들어가는 것은 '장차' 어떻게 되는 문제가 아니라, '현재' 어떻게 주님을 따르고 섬겼는가로 결정되는 문제이다. 물론 장차 흰 옷을 입고 주님과 함께 걷는 것이 미래라고 해서, 현재에 누리지 못하는 것이 아니다. 에녹은 300년을 하나님과 동행하다가 죽음을 보지 않고 하나님께서 데려가셨다. 하나님이 에녹을 데려가기 전, 하나님과 동행한 300년 동안은 하나님의 임재를 누린 은혜의 시간이었다. 현재 하나님과 동행하는 신자는 '장차' 주님께서 흰 옷을 주실 것이고, 그리스도의 신부로서 주님과 함께 걷게 될 것이다. 이것이 주님의 약속이다.

#### ④ 어린 양의 혼인식과 흰 옷

계시록 19:7~8은 성도들의 소망인 어린 양의 혼인 잔치에 대하여 말씀한다.

> 우리가 즐거워하고 크게 기뻐하며 그에게 영광을 돌리세 어린 양의 혼인(the mar-
> riage of the Lamb) 기약이 이르렀고 그의 아내(his wife)가 자신을 준비하였으므로 그
> 에게 빛나고 깨끗한 세마포 옷(in fine linen, clean and white)을 입도록 허락하셨으니
> 이 세마포 옷(the fine linen)은 성도들의 옳은 행실(the righteousness of saints)이로다 하
> 더라(계 19:7~8)

성경은 빛나고 깨끗한 세마포 옷을 '성도들의 옳은 행실들'이라고 해석한다.
사데 교회는 살았다는 이름은 가졌지만 실상은 죽어 있었다고 말씀하는데, 그것
은 행위의 온전하지 못함과 더럽혀진 옷으로 비유됐다. 사데 교회에 온전한 '행
위의 문제' 즉 '의로운 행실이 없었다'는 것을 가리킨다. 성도들의 의로운 행실은
옷을 더럽히지 않는 것과 관계있고, 주님께서 장차 흰 옷을 주시고 함께 걸을 것
을 약속하신 것이 어린양의 혼인 잔치에서 성취된다.

어린양의 혼인 잔치가 이르고 그리스도의 신부가 준비될 때에야 비로소 '할렐
루야'가 나온다. 이것은 신약성경과 계시록에서 최초로 나오는 '할렐루야'이다.
예수님이 성육신하여 탄생할 때에도 할렐루야가 없었고, 십자가에 죽으시고 부
활하실 때에 할렐루야가 있을 법한 데 할렐루야가 없다. 부활 후 하늘로 승천하
실 때 할렐루야가 있을 것이라 기대할 수 있지만, 그때에도 할렐루야는 찾을 수
없다. 성경에서 할렐루야는 계시록 19장에 이르러서야 나온다. 즉 어린양의 혼
인잔치가 있을 때에 나타난다. 그리스도의 신부가 준비되는 것이 그만큼 중요하
다는 것을 의미한다. 주님께서 사데 교회의 옷을 더럽히지 않은 자들에게 흰 옷
을 주신다고 약속하신 것은 하나님의 경륜 가운데 하이라이트이다. 어린양의 혼
인예식은 왜 아직 이르지 않았는가? 신랑이신 그리스도에겐 아무 문제가 없는
데, 신부가 아직 준비되지 않았기 때문이다. 신부의 자격은 빛나고 깨끗한 세마
포 옷으로 '성도들의 옳은 행실'이다. 성도들의 옳은 행실은 하나님의 왕국 안에
서 '왕의 통치'와 '다스림' 안에서 살았다는 것을 의미한다. 로마서 14:17은 "하
나님의 나라(the kingdom of God)는 먹는 것과 마시는 것이 아니요 오직 성령 안에

있는 의와 평강과 희락이라"고 말씀한다. 하나님의 왕국은 아직 온 땅에 임하지 않았지만, 오늘날 성도가 '성령 안에서' 살 때, 하나님의 통치 안에서 의(righteousness)를 갖고 누릴 수 있다.

## 6. 종려 가지

9절은 "아무도 능히 셀 수 없는 큰 무리가 나와 흰 옷을 입고 손에 종려 가지를 들고" 있음을 말한다. 이들이 종려 가지를 든 것은 어떤 의미인가?

### 1) 무천년설: 이필찬 박사의 견해

이필찬 박사는 『요한계시록』(에스카톤, p.728)에서 종려 가지에 대한 견해를 제시했다.

> 둘째, 시몬 마카비 군대가 예루살렘성의 재탈환을 축하하며 종려나무 가지를 흔들었던 것과 비교될 수 있다. 여기에서 '무리'(ὄχλος, 오클로스)라는 단어가 '군대'(troop 혹은 army)라는 말로 달리 번역할 수 있다는 점도 이런 추론을 더 강화시켜 준다. 이와 같은 종려 가지의 의미는 흰 옷과 함께 승리를 나타내 주고 있다. 그렇다면 흰 옷을 입고 그들의 손에 종려 가지를 가진 큰 무리는 전쟁을 치르고 난 후 승리를 축하하는 군대와도 같은 이미지를 보여 주는 것이다. (이필찬, 『요한계시록』, 에스카톤, p.728)

### 2) 필자의 비평 및 견해

#### (1) 출애굽과의 관계

이필찬 박사는 "종려 가지는 출애굽 모티브로서 장막절을 기념하여 순례자들이 종려 가지를 버드나무와 함께 가져오는 관습과 관련된다"고 주장했다. 첫째, 종려나무는 출애굽 이후의 장막절과 관련되기 때문에 이 박사의 견해에 동의한다. 장막절 혹은 초막절은 여호와의 일곱 절기 중 하나로 과거 출애굽을 기억케 하기 위한 것이다. 장막절의 또 하나의 중요한 부분은 주님의 재림으로부터 시작되는 천년왕국의 예표이다. 이 박사는 장막절의 미래적 예표인 두 번째 부분을 간과했다. 이것이 무천년설의 맹점이다. 왜냐하면, 초림과 재림 사이를 천년왕국으로 간주하기 때문이다. 이 박사는 종려 가지를 들고 있는 셀 수 없는 큰 무리를 죄악 세상으로부터 출애굽한 공동체로만 간주했다. 출애굽한 이들은 셀 수 없는 큰 무리 중에 속하지만, 일부에 지나지 않는다. 그들이 전부가 아니기 때문에 계시록 7장의 '셀 수 없는 큰 무리'를 너무나도 작은 무리로 축소했다.

### (2) 구원의 시작과 완성의 차이

이 박사는 "출애굽한 이스라엘 백성들이 경험했을 감동과 기쁨의 정서가 바로 셀 수 없는 큰 무리 안에서도 재현된다"는 것은 틀리다고 할 수는 없지만, 그렇다고 맞다고 할 수 없다. 왜냐하면, 이들의 경험은 셀 수 없는 큰 무리들에 비하여 매우 작은 것에 지나지 않기 때문이다. 출애굽은 의미가 있지만, 구원의 여정 중에서 시작 부분에 위치한다. 이에 반하여 계시록 7장의 '셀 수 없는 큰 무리'는 '하나님의 구원의 완성'으로 큰 차이가 있다. 출애굽의 역사는 '구원의 씨'가 뿌려진 것이라고 한다면, 계시록 7장의 '셀 수 없는 큰 무리'는 '모든 열매'라고 할 수 있다. 이들이 누리는 하늘의 축복을 상고한다면(후반에서 다룸) '영원까지' 이른다는 것을 알 수 있다.

### (3) ὄχλος(오클로스)를 군대로 번역할 수 있는가?

이 박사는 "무리(ὄχλος, 오클로스)라는 단어가 '군대'(troop, army)라는 말로도 번역할 수 있다"고 주장했다. 그런데 'ὄχλος, 오클로스'는 '무리, 다수, 군중, 인파, 대중'이라는 의미가 있지만, '군대'(troop, army)라는 의미는 없다. '군대'라는 단어가 쓰인 사례를 든다면, 계시록 19:14의 "하늘에 있는 군대들(the armies)이 희고 깨끗한 세마포 옷을 입고 백마를 타고 그를 따르더라"는 구절과, 계시록 19:19의 "또 내가 보매 그 짐승과 땅의 임금들과 그들의 군대들이(their armies) 모여 그 말 탄 자와 그의 군대(his army)와 더불어(against) 전쟁을 일으키다가"에 사용된 '군대'라는 단어는 'στρατεύματα(스트라튜마타)로써 '군대, 군인, 병력'을 뜻하는 'στρατεύμα(스트라튜마)'의 '복수형'이다. 단어적으로도 ὄχλος(오클로스)는 "다수, 군중, 무리"라는 뜻을 나타낼 뿐만 아니라, 성경 어디에서도 'ὄχλος'(오클로스)가 '군대'라는 의미로 쓰이지 않고, 헬라어 사전에도 군대라는 의미는 없다. 두 단어는 단지 '많다'는 공통점이 있을 뿐이다. 따라서 이 박사가 'ὄχλος'(오클로스, 무리)가 '군대'로 달리 번역할 수 있다는 것은 주관적인 생각에 불과하다. 만일 군대라는 뜻이었다면 마땅히 '무리를 뜻하는 'ὄχλος, 오클로스'를 사용하지 않고 '군대'를 뜻하는 'στρατεύμα'(스트라튜마)를 사용했을 것이기 때문이다.

### (4) 마태복음 14장의 '오클로스'의 적용

'ὄχλος'(오클로스)가 쓰인 마태복음의 예를 적용하면 이 박사의 견해를 분별할 수 있다. 마태복음 14장은 오병이어의 표적을 기록했고 '무리'라는 단어가 가장 많이 나오는데 모두 계시록 7장의 '큰 무리'와 같은 'ὄχλος'(오클로스)가 쓰였다.

13절의 "무리가 듣고 여러 고을로부터 좇아간지라"는 구절의 '무리'는 'ὄχλοι'(오클로이)로서 'ὄχλος'(오클로스)의 복수형이다. 14절의 "큰 무리를 보시고 불쌍히 여기사"의 '큰 무리'도 πολὺν ὄχλον(폴륀 오클론)으로 계시록 7:9의 "큰 무리"로 번역된 'ὄχλος πολύς'(오클로스 폴뤼스)와 같은 단어이다. 15절의 "이미 저물었으니 무리를 보내어"라는 구절에도 'ὄχλος'(오클로스)이다. 이 박사의 견해대로 하면, 오병이어의 표적에 참여했던 '큰 무리'를 '큰 군대'로 번역할 수 있다는 것을 의미하는데 이것은 비언어적이고 비성경적이다.

### (5) 군대 이미지

이 박사는 "흰 옷을 입고 그들의 손에 종려 가지를 가진 큰 무리는 전쟁을 치르고 난 후 승리를 축하하는 군대와도 같은 이미지"라고 주장했다. 종려나무는 척박한 광야의 환경을 극복하고 자라는 나무로서 "큰 무리들이 종려 가지를 들고 있는 것은 그들이 승리했다"는 것을 의미한다. 그런데 이들이 "전쟁을 치르고 난 후의 군대와 같은 이미지를 보여준다는 것은 '전혀' 관계 없다고 말할 수는 없지만 잘못된 관점이다. 왜냐하면, 그들이 '큰 환난'에서 나온 것은 '물리적인 싸움'이 아니라 '영적인 믿음의 선한 싸움'을 싸운 것을 의미하기 때문이다.

에베소서 6:12에서는 "우리의 씨름은 혈과 육(flesh and blood)을 상대하는 것이 아니요 통치자들과 권세들과 이 어둠의 세상 주관자들과 하늘에 있는 악의 영들(spiritual wickedness)을 상대함이라 그러므로 하나님의 전신 갑주(the whole armour of God)를 취하라 이는 악한 날에 너희가 능히 대적하고 모든 일을 행한 후에 서기 위함이라"고 말씀한다. 만일 우리들의 싸움이 '혈과 육'에 대한 것, 즉 '사람'에 대한 것이라고 하면, 칼과 창과 방패가 있어야 한다. 그러나 우리들의 싸움은 하늘에 있는 악한 영들에 대한 것이기 때문에 '물리적인 싸움'이 아니라 '영적인 싸움'이다. 종려나무 가지를 든 '큰 무리'는 물리적인 싸움에서 승리한 것이 아니라, 믿음의 싸움 즉 영적인 싸움에서 승리했다는 것을 가리킨다. 스데반이 순교한 것은 물리적인 싸움을 한 것이 아니라 영적인 싸움을 했다는 것을 의미한다.


## 7. 보좌 앞과 어린 양의 앞

아무도 능히 셀 수 없는 큰 무리가 나와 흰 옷을 입고 손에 종려 가지를 들고 보좌 앞과 어린 양 앞에 서 있다. 능히 셀 수 없는 큰 무리는 144,000이 땅에 있는 것과 달리, 보좌 앞과 어린 양 앞에 있다. 보좌는 하나님의 보좌로 셋째 하늘에 있고, 어린 양도 승천하신 그리스도로서 셋째 하늘에 있다. 그러므로 '능히 셀 수 없는 큰 무리'는 셋째 하늘에 있다.

계시록 7장의 후반부인 '능히 셀 수 없는 큰 무리'의 시작은 여섯째 인을 떼기 전에 시작하여 새 하늘과 새 땅과 새 예루살렘에서 누릴 축복을 망라한다. 아래의 도표는 '능히 셀 수 없는 큰 무리'에 대한 것이 여섯째 인 전에 시작하여 새 예루살렘에서 누릴 영원까지를 포함한다는 것을 나타낸다. 계시록 7장의 전반부인 144,000은 '혈통적 이스라엘 자손들'에 대한 것이기 때문에 '문자적'인 의미로 단순하다. 그러나 후반부인 '능히 셀 수 없는 큰 무리'는 교회에 대한 것이기 때문에 깊은 의미를 갖고 있다. 이들은 어느 한 시기의 교회에 대한 것이 아니고, 단순히 대환난이 오기 전에 '휴거된 신자'라고 할 수 없다. 반드시 이들을 포함하지만 그들이 전부가 아니라 전시대의 교회를 가리킨다. 만일 이들을 대환난 전에 휴거된 신자라고 하면, 클라렌스 라킨이 주장하듯이 "모든 성도가 대환난 전에 휴거된다"는 것이 성립할 것이다.(그의 주장은 오류이다) 왜냐하면, 이들은 숫자로 표현할 수 없는 사람들로서 '능히 셀 수 없는 큰 무리'이기 때문이다. 이들은 대환난 전의 휴거자들로부터 시작하여 대환난 중의 순교자로서 휴거될 자들과 대환난 끝에 공중으로 휴거되는 모든 성도들을 포함하기 때문에 '능히 셀 수 없는 큰 무리'라고 불린다.

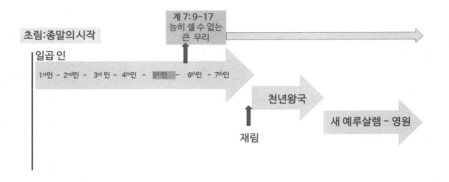

[ 계7:9-17 능히 셀 수 없는 큰 무리들이 포함하는 시기 ]

## 8. 능히 셀 수 없는 큰 무리의 찬양

10절은 "큰 소리로 외쳐 이르되 구원하심이(salvation) 보좌에 앉으신 우리 하나님과 어린 양에게 있도다"라고 말한다. '능히 셀 수 없는 큰 무리'는 '큰 소리'로 외쳐 구원하심을 찬양했다. 구원하심 외에 다른 어떤 것도 언급되지 않는다. 이것은 '구원하심'이 가장 크고 놀라운 일이라는 것을 의미한다. 히브리서 2:3~4은 '이같은 구원'에 대하여 말씀한다.

> 우리가 이같이 큰 구원을(so great salvation) 등한히 여기면 어찌 그 보응을 피하리요 이 구원은 처음에 주로 말씀하신 바요 들은 자들이 우리에게 확증한 바니 하나님도 표적들과 기사들과 여러 가지 능력과 및 자기의 뜻을 따라 성령이 나누어 주신 것으로써 그들과 함께 증언하셨느니라(히 2:3~4)

능히 셀 수 없는 큰 무리가 구원하심이 보좌에 앉으신 하나님과 어린 양에게 있음을 찬양했다는 것은 이들이 '구원받은 자들'이라는 증거이다. 그런데 그레고리 K. 비일과 이필찬 박사 등 무천년설 지지자들은 '능히 셀 수 없는 큰 무리'와 계시록 7장의 144,000을 교회로 동일시한다. 만일 양자를 동일시하려면, '능히 셀 수 없는 큰 무리'들이 구원을 노래한 것처럼 인침을 받은 144,000도 구원을 노래했다면 '적어도' 가능성이 있지만 144,000은 어디에도 하나님의 구원을 찬양하는 것을 찾을 수 없다. 단지 하나님의 주권 가운데 그들을 보호하기 위해 힘센 다른 천사에 의해 인침을 받은 것만이 있다. 그들에겐 단지 하나님의 긍휼로 인하여 '수동적'인 상태에 있다. 그러나 '능히 셀 수 없는 큰 무리'는 스스로 '큰 소리'를 외치며 구원하심이 하나님과 어린 양에게 있음을 '능동적으로' 찬양한다. 양자의 대조되는 모습은 이들이 서로 다른 자들이기 때문이다.


## 9. 모든 천사들의 찬양 (7:11~12)

계시록 7:11~12에서 '모든 천사들'은 하나님의 보좌와 이십사 장로들과 네 생물의 주위에 서 있고 '보좌 앞에' 엎드려 얼굴을 대고 하나님께 경배했다. 이들의 경배는 큰 소리로 구원하심을 노래한 '능히 셀 수 없는 큰 무리'들의 찬양에 대한 응답이다. 천사들은 '능히 셀 수 없는 큰 무리'가 하나님과 어린 양의 구원하심을 받아 찬양하는 것을 기뻐한다. 왜냐하면 그들은 타락한 천사들의 길을 가지 않고 '자기 지위'와 '자기 처소'를 지켰기 때문이다.

모든 천사들의 첫 찬양은 '아멘'이다. 아멘은 그냥 '독백으로' 나올 수 있는 고백이 아니다. 어떤 말이 있을 때, 그것에 대하여 "나도 동의한다"는 의미하기 때문이다. 만일 '능히 셀 수 없는 큰 무리'가 "구원하심이 보좌에 앉으신 하나님과 어린 양에게 있도다"라는 찬양을 올렸는데, 그것을 보고 있는 모든 천사들이 모두 잠잠했다면 어떤 상황이겠는가? 아마 "모든 천사들은 하나님과 어린 양이 능히 셀 수 없는 무리를 구원하신 것을 기뻐하지 않는다든지, 혹은 너희들은 구원을 받았기 때문에 기뻐하지만, 우리와는 상관이 없다"라는 의미로 생각할 수도 있다. 그러나 이것은 어디까지나 '무응답'일 때의 가정에 불과하다. '능히 셀 수 없는 큰 무리'가 하나님의 구원하심을 찬양하자마자, 모든 천사는 보좌 앞에 엎드려 얼굴을 땅에 대고 경배하고, '아멘'으로 응답했다. 얼마나 놀랍고 아름다운 광경인가!

누가복음 15:7은 "내가 너희에게 이르노니 이와 같이 죄인 한 사람이 회개하면 하늘에서는(in heaven) 회개할 것 없는 의인 아흔 아홉으로 말미암아 기뻐하는 것보다 더하리라"고 말씀한다. '하늘에서는'(in heaven)이란 하늘에 있는 천사들을 가리키고, 이 땅에서 한 죄인이 회개할 때 하늘의 천사들이 기뻐한다는 것을 가리킨다. 누가복음 15:10에도 "내가 너희에게 이르노니 이와 같이 죄인 한 사람이 회개하면 하나님의 사자들(the angels of God) 앞에 기쁨이 되느니라"고 말씀한다. 죄인 하나가 회개할 때 하나님의 천사들이 기뻐하는 것은 그들이 하나님의 구원을 기뻐하고 후사들을 위해 섬기는 종으로서 하나님께 순종하기 때문이다.

히브리서 1:14은 천사들을 창조하신 목적에 대하여 "모든 천사들은 섬기는 영(ministering spirits)으로서 구원 받을 상속자들을(heirs of salvation) 위하여 섬기라고 보내심이 아니냐"라고 말한다. 천사들은 자유의지를 가진 존재이다. 따라서 사람과 같이 하나님께 순종할 수도 있고, 불순종할 수도 있다. 하늘에 있는 천사들은 모두 하나님의 창조의 목적을 기뻐하며 '구원 얻을 상속자'인 교회를 기쁨으로 섬긴다. 그러나 하늘에 있지 않은 천사들 즉 하나님을 반역하고 '타락한 천사들'은 천사의 '지위'와 '처소'를 떠났기 때문에 교회를 대적한다. 그들은 결국 '마귀와 그 천사들'을 위해 예비된 영원한 불 못에 던져지게 될 것이다.


## 10. 큰 환난으로부터 나오는 자들(7:13~14)

> 장로 중 하나가 응답하여 나에게 이르되 이 흰 옷 입은 자들이 누구며 또 어디서 왔느냐 내가 말하기를 내 주여 당신이 아시나이다 하니 그가 나에게 이르되 이는 큰 환난에서 나오는 자들인데 어린 양의 피에 그 옷을 씻어 희게 하였느니라
>
> (계 7:13~14)

## 1) 무천년설: 이필찬 박사의 견해

이필찬 박사는 『요한계시록』(에스카톤 p.732~734)에서 큰 환난에서 나오는 자들에 대한 견해를 제시했다.

> 큰 환난이란 어떤 사건을 가리키는가? (중략) 따라서 위의 다니엘서 본문을 막연하게 오늘날의 시점에서 미래에 대한 종말적 시나리오를 보여주고자 하는 것이 아니라 다니엘의 시대적 정황에서 먼저 이해해야 할 것이다. 이러한 다니엘서 본문을 마태복음 24:21에서는 성전 파괴 사건과 관련하여 일어나는 큰 환난에 적용하고 있다. (중략) 성전 파괴를 비롯한 예루살렘에 대한 심판은, 예루살렘이 예수님을 십자가에 못 박는 편에 서 있었기 때문에 필연적으로 발생하게 되어 있었다. 여기에서 다니엘서의 큰 환난이 마태복음에서 예수님의 초림과 관련된 심판 사건에 적용되고 있음을 알 수 있다. 다니엘서에 큰 환난에 대한 마태복음의 적용 사례를 요한계시록에서의 큰 환난을 해석하는데 참고할 수 있다. (중략) 초림부터 재림 사이를 특정 짓는 심판의 정황은 14절에서 큰 환난으로 재정의되고 있는 것이라고 할 수 있다. 그렇다면 요한계시록에서 '큰 환난'은 어느 일정한 기간에 주어지는 특정한 사건이 아니라, 초림과 재림 사이에 이 세상에 주어지는 심판의 상황에 대한 일반적인 표현으로 이해할 수 있다. (중략) 요한계시록에서 심판은 세상을 그 대상으로 한다. 교회 공동체는 대상이 아니다. 그러므로 교회가 심판의 정황에 머물러 있는 것은 모순이다. 교회는 그 심판으로부터 나와 있어야 한다.(이필찬, 『요한계시록』에스카톤, p.732~734)

## 2) 무천년설에 대한 필자의 비평 및 견해

### (1) 주체가 다르다

이필찬 박사는 계시록 7장의 '큰 환난'을 다니엘 12:1의 이스라엘 백성들이 겪을 '큰 환난'과 동일시한다. 문자적으로 같은 '큰 환난'이기 때문에 동일한 의미로 간주하기 쉽다. 이 박사는 "두 문맥에서 큰 환난을 겪는 주체가 다르다"는 것을 간과했다. 만일 두 구절의 주체가 모두 교회에 대한 것이라면, 무천년설의 주장이 성경적 근거를 가질 수 있다. 계시록 7장에서 언급된 '큰 환난'으로부터 나온 자들은 '능히 셀 수 없는 큰 무리'로서 '교회'이다. 이와 반면에 다니엘서의 '큰 환난'과 관계 있는 자들은 '네 민족'으로 '이스라엘 민족'을 가리키고, '네 백성'도 '이스라엘 백성들'을 가리킨다. 아래 비교표는 양자의 특성을 이해하는 데 도움이 될 것이다. 계시록 7장의 능히 셀 수 없는 큰 무리가 나오는 '큰 환난'과 다니엘 12장의 이스라엘 백성들이 겪을 '큰 환난'은 '그 주체'가 다르기 때문에 '큰 환난'이라는 의미도 다르다. 무천년설이 두 주체를 동일시한 결과 오류를 범했다.

|  | 다니엘 12:1 | 계시록 7장 |
|---|---|---|
| 환난 | 큰 환난(문자적 기간) | 큰 환난(상징적 기간) |
| 특징 | 개국 이래 없었던 환난 | 언급 없음(全시대이기 때문) |
| 대상 | 네 민족, 네 백성=이스라엘 | 능히 셀수 없는 큰 무리 |
| 영적 상태 | 아직 완악함<br>거듭나지 않음 | 거듭남-하나님의 자녀들 |
| 출처 | 이스라엘의<br>열두 지파(제한적) | 각 나라(들)와 족속(들)과<br>백성들과 방언들 |
| 숫자 | 각 지파별 12,000씩<br>144,000명 | 아무도 능히 셀 수 없는 큰 무리 |
| 있는 곳 | 땅 위에 | 보좌 앞과 어린양 앞<br>(셋째 하늘) |
| 주체 | 천사가 인침(외적)<br>여섯째 인 후<br>not yet, 미래 | 성령으로 인치심 받음(내적)<br>믿을 때 (already, 과거) |
| 목적 | 대환난의 통과를 위해서 | 대환난을 피하고(휴거)<br>인자 앞에 섬 |
| 성격 | 소극적 의미 | 적극적 의미 |
| 누구 | 혈통적 이스라엘 족속 | 교회 |

## (2) 양자를 동일시함으로 나타나는 모순

다니엘서에 언급한 "개국 이래로 그 때까지 없던 환난"은 특정한 기간을 가리키고, 이것은 '이스라엘 백성들'이 겪어야 할 대환난과 관계 된다. 무천년설은 초림 때부터 재림 때까지를 '큰 환난'으로 간주하고, 계시록 7장의 '큰 환난'을 다니엘 12장의 '큰 환난'과 동일시하는 것은 성경 문맥을 고려치 않은 해석이다. 만일 그들의 주장이 사실이라면, 무천년설이 대환난으로 간주하는 초림부터 재림까지가 "개국 이래로 그 때까지 없던 환난"이어야 한다. 그런 사실을 역사에서 찾아볼 수 없다는 것은 양자를 동일시한 무천년설의 견해가 오류라는 것을 가리킨다.

## (3) 과거와 미래를 구별해야

이 박사는 다니엘이 예언한 '큰 환난'을 "심판과 구원으로서 전자는 안티오쿠스 4세와 그가 통치하는 헬라제국을 위한 것이고, 후자는 안티오쿠스 4세에 의해 핍박받은 이스라엘을 위한 것이다"라고 말했다. 그리고 "위의 다니엘서 본문을 막연하게 오늘날의 시점에서 미래에 대한 종말적 시나리오를 보여주고자 하는 것이 아니라 다니엘의 시대적 정황에서 먼저 이해해야 할 것이다"라고 주장했다. 이 부분에 대하여는 이 박사의 견해에 필자도 동의한다.

다니엘서의 많은 예언과 이상은 '그 당시'(우리가 볼 때 과거)에 대한 것이다. 21세기에 사는 우리들이 다니엘서의 모든 것을 미래로 본다면 문제가 생길 수밖에 없다. 한 가지 중요한 원칙은 다니엘이 다니엘서를 기록할 당시 시점으로 볼 때, 모든 것은 '미래'에 이뤄질 일들이다. 오늘날 시점으로 보면, '이미'(already) 이스라엘 백성들에게 이뤄진 일들이 있고, '아직'(not yet) 이뤄지지 않은 일들이 있다.

다니엘 11:2~45은 남방 왕(애굽)과 북방 왕(시리아)에 대한 예언이다. 북방 왕은 안티오쿠스 에피파네스 3세와 그 뒤를 이은 안티오쿠스 에피파네스 4세를 가리킨다. 다니엘 11:21의 왕위를 이을 '비천한 자'는 안티오쿠스 에피파네스 4세(BC 175~164)이다. 31절은 "군대는 그의 편에 서서 성소 곧 견고한 곳을 더럽히며 매일 드리는 제사를 폐하며 멸망하게 하는 가증한 것을 세울 것이며"라고 예언한다. 이것은 BC 167년 안티오쿠스가 예루살렘을 침공하므로 성취되었다. 그는 예루살렘 성소를 더럽히고 매일 드리는 제사를 폐하고, 멸망의 가증한 것인

'우상'을 세웠다. 마카비상 1:29~64에는 안티오쿠스 에피파네스 4세가 "성전에 제우스 상을 세우고 제단에 돼지와 부정한 동물을 희생으로 바쳤다"고 기록한다. 이것은 이 박사가 말한 것처럼 미래에 있을 일(현재를 기준으로)이 아니라, 이미 이스라엘에 성취된 일이다. 그런데 예수님이 마태복음 24:15에서 다니엘서를 인용하시면서 "멸망의 가증한 것이 거룩한 곳에 설 것을 보면.."이라고 하신 것은 그것이 미래에 성취될 일이라는 것을 가리킨다. 이 부분을 이 박사(무천년설자)는 간과했다.

### (4) 다니엘 12장과 마태복음 24장은 일치함

이 박사는 "다니엘서 12장 본문을 마태복음 24:21에서의 성전 파괴 사건과 관련하여 일어나는 큰 환난에 적용하고 있다"고 말했다. 필자도 양자의 '큰 환난'이 서로 일치한다는데 동의한다. 다니엘서 12장의 '큰 환난'은 이스라엘 백성들에 대한 것이고, 마태복음 24장의 '큰 환난'도 '유대인들'에게 대한 것으로서 대상이 일치할 뿐만 아니라, '개국 이래 없었던 환난'으로 일치하기 때문이다. 이 박사의 오류는 다음에 있다.

### (5) 다니엘 12장= 마태복음 24장 vs 계시록 7장은 불일치

이 박사는 다니엘 12장과 마태복음 24장의 큰 환난을 계시록 7장의 '큰 환난'과 일치시킨다. 이것이 이 박사와 무천년설자들의 오류이다. 다니엘 12장과 마태복음 24장의 큰 환난은 그 대상이 '이스라엘 백성(유대인)'으로서 일치하지만, 계시록 7장의 '큰 환난'과 관계 있는 '능히 셀 수 없는 큰 무리'는 교회로서 대상이 다르기 때문이다. 양자는 서로 하나님 앞에서의 신분과 위치가 다르다. 혈통적 이스라엘을 '물'이라 하면 교회는 '기름'과 같다. 물과 기름이 섞이지 않는 것처럼, 혈통적 이스라엘과 교회를 동일시하는 것은 물과 기름을 동일시하는 것과 같다. 다니엘 12장과 마태복음 24장의 큰 환난과 계시록 7장의 '큰 환난'이 어떻게 다른지는, 뒤에서 토픽으로 '따로' 다룰 것이다.

### (6) 마태복음 24장은 특정한 때

이 박사는 "마태복음의 해석 사례는 요한계시록에 큰 환난을 예수님의 재림과 관련된 어떤 특정한 시기에 일어나는 특정한 사건으로 적시하여 맹목적으로 해석하는 것을 경계해야 한다"고 주장하는데 오류이다. 그런 이유는 마태복음 24장의 '대환난'은 특정한 때에 대한 것이기 때문이다. 마태복음 24:15~21은 대환난의 상황을 말씀한다.

> 그러므로 너희가 선지자 다니엘이 말한 바 멸망의 가증한 것이 거룩한 곳에 선 것을 보거든 (읽는 자는 깨달을진저) 그 때에 유대에 있는 자들은 산으로 도망할지어다 (중략) 그 날에는 아이 밴 자들과 젖 먹이는 자들에게 화가 있으리로다 너희가 도망하는 일이 겨울에나 안식일에 되지 않도록 기도하라 이는 그 때에 큰 환난이 있겠음이라 창세로부터 지금까지 이런 환난이 없었고 후에도 없으리라 (마 24:15~21)

주님께서 언급하신 대환난 즉 다니엘 선지자가 예언한 멸망의 가증한 것(우상)이 거룩한 곳(성전)에 설 때를 언급한 것은 '특정한 시기'이다. 결코 추상적인 시기를 언급한 것이 아니다. 그러기 때문에 '특정한 시기'라는 견해를 비판한 이 박사의 견해는 주님이 대환난의 때라고 말씀하신 마태복음 24장에 충돌된다. 아래의 표는 '큰 환난'과 관련된 때가 특정한 때를 가리킨다는 것을 정리했다. 모두 특별한 때라는 것을 알 수 있다.

| 마태복음 24장 | 특정한 때다 |
|---|---|
| 멸망의 가증한 것이(우상) 거룩한 곳(성전)에 선 것을 보는 때 | O |
| 그 때에(Then) 유대에 있는 자들은 도망하라 | O |
| 그 날에는 아이 밴 자들과 젖먹이는 자들에게 화가 있다 | O |
| 너희가 도망하는 일이 안식일과 겨울이 되지 않도록 하라 | O |
| 그 때에(Then) 큰 환난이 있겠음이라(shall be) | O |

### (7) 초림과 재림은 심판의 시대가 아니다

이필찬 박사는 요한계시록에서는 초림부터 재림 사이를 심판의 시대로 규정하고 있다고 주장하는데, 그의 주장은 무천년설의 지론을 따른 것이다. 이와 관련된 성경으로 조명해 보자. 고린도후서 6:1~2은 이 시대(초림과 재림 사이의 기간)를 심판 시대라고 하는지 살펴보자.

> 우리가 하나님과 함께 일하는 자로서 너희를 권하노니 하나님의 은혜를 헛되이 받지 말라 이르시되 내가 은혜 베풀 때에 너에게 듣고 구원의 날에(in the day of sal-vation) 너를 도왔다 하셨으니 보라 지금은 은혜 받을 만한 때요 보라 지금은 구원의 날(the day of salvation)이로다(고후 6:1~2)

이 구절은 이 시대를 '심판의 시대'라고 하지 않고, '은혜 받을 만한 때'요 '구원의 날'이라고 말한다. 이것은 이 박사(무천년설)가 초림과 재림을 심판 시대라고 주장하는 것이 성경과 일치하지 않음을 보여준다. 무천년설자들이 초림과 재림 사이의 시대를 심판 시대라고 규정한 것은 성경을 벗어난 견해이다.

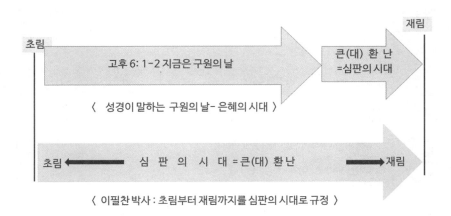

〈 성경이 말하는 구원의 날 - 은혜의 시대 〉

〈 이필찬 박사 : 초림부터 재림까지를 심판의 시대로 규정 〉

사도행전 20:17 이하에서 사도 바울은 에베소의 장로들을 청하여 "오직 성령이 각 성에서 내게 증언하여 결박과 환난이 나를 기다린다 하시나 내가 달려갈 길과 주 예수께 받은 사명 곧 하나님의 은혜의 복음을(the gospel of the grace of God) 증언하는 일을 마치려 함에는 나의 생명조차 조금도 귀한 것으로 여기지 아니하노라"(행20:23~24)고 말했다. 초림 이후 '은혜의 복음'을 증거한다는 것은 이 박사가 주장하는 것과 같이 '심판의 시대'라는 것과 일치하지 않는다. '은혜의 시대'란 하나님께서 악한 세상에 대하여 참으신다는 것을 의미하고, '심판의 시대'와는 상반된다. 사도 바울은 '결박과 환난'이 그를 기다린다는 것을 예상했다. 이것은 무천년설과 이 박사가 주장하듯이 초림과 재림 사이가 '심판의 시대'가 아니라, '은혜의 시대'이며 '구원의 날'이라는 것을 가리킨다. 하나님이 세상을 심판하시기 시작하실 때는 장차 여섯째 인이 떼어질 때이다.

## 11. 마태복음 24장의 '큰 환난'과 계시록 7장의 '큰 환난'은 동일한 의미인가?

성경에서 대환난은 네 차례 언급된다. 다니엘 12장의 '큰 환난'과 마태복음 24장의 '큰 환난'과 계시록 2:22의 두아디라 교회에 언급한 '큰 환난'과 계시록 7장의 '큰 환난'이 있고, 대환난이란 '구절'이 없지만 내용적으로 '큰 환난'의 상황을 보여주는 계시록 13장이 있다. 계시록 2장과 계시록 7장의 '큰 환난'은 '교회'를 가리키는 '능히 셀 수 없는 큰 무리'와 연관된다. 후반 두 구절을 제외한 전반부의 두 구절은 모두 '유대인'과 관련된다. 주님이 재림하기 전의 '대환난'은 '한 때 두 때 반 때'의 '삼년 반', '42달', '1,260일'을 가리킨다. 따라서 먼저 유대인과 관련된 두 구절의 대환난이 같은 의미라는 근거를 제시한 후에, 계시록 2장과 계시록 7장의 '큰 환난'이 어떻게 다른지를 논증할 것이다.

### 1) 다니엘 12장, 마태복음 24장의 큰 환난 vs 계시록 13장의 '큰 환난'

앞서 다니엘 12장의 큰 환난과 계시록 7장의 '큰 환난'이 문자적으로 같지만 그 의미가 다른 이유를 제시했다. 성경 전체에서 언급한 '큰(대) 환난'을 정리할 필요가 있다. 다니엘 12장 '대환난'과 마태복음 24장의 '대환난'과 계시록 13장

두 짐승이 권세를 잡은 때가 대환난으로 모두 '일치'한다.

### (1) 다니엘 12장 = 마태복음 24장 =계시록 13장 일치함

다니엘 12장의 "개국 이래 없었던 환난"은 마태복음 24장의 "창세로부터 지금까지 이런 환난이 없었고 후에도 없으리라"는 구절과 대상과 내용이 일치하고, 계시록 13장은 사탄으로부터 권세를 받은 한 짐승(적그리스도)과 다른 짐승(거짓 선지자)이 역사하는 때로서 동일하다. 다니엘 12장의 대환난은 "네 민족-네 백성-이스라엘"에 대한 것이고, 마태복음 24장도 예루살렘에서 일어날 사건으로 '육적인 이스라엘'에 대한 것이기 때문이다.

### (2) 미래의 공통점

다니엘 12장과 마태복음 24장의 대환난은 모두 '미래'에 있을 일들로 일치한다. 다니엘 12장에서 "개국 이래 없었던 환난"이란 마지막 때에 있을 사건임을 가리킨다. 마태복음 24장에서 주님이 다니엘서의 예언을 인용하시면서 "멸망의 가증한 것이 거룩한 곳에 서는 것을 보거든(shall see) 읽는 자는 깨달을진저 … 이는 그때에 큰 환난이 있겠음이라(shall be)"는 말씀은 '우상이 서는 것'도 '미래'이고, 큰 환난이 있는 때도 '미래'이다. 무천년설은 이 구절을 AD 70년 로마의 Titus 장군에 의해서 예루살렘이 멸망한 사건으로 간주한다. 무천년설의 주장은 단지 예루살렘이 멸망한 것만 일치하고, 성전에 우상이 서는 것, 짐승인 적그리스도의 우상을 세우는 것, 짐승의 표인 666을 받게 하는 일이 성취되지 않았기 때문에 일치하지 않는다는 것을 간과했다.

예루살렘의 멸망은 마태복음 24:2에서 "대답하여 이르시되 너희가 이 모든 것을 보지 못하느냐 내가 진실로 너희에게 이르노니 돌 하나도 돌 위에 남지 않고 다 무너뜨려지리라"는 말씀에 나타났고, 이 말씀은 예수님의 승천 후 약 37년 후인 AD 70년에 성취됐다. 대환난을 언급한 15절은 마태복음 24:3의 "예수께서 감람 산 위에 앉으셨을 때에 제자들이 조용히 와서 이르되 우리에게 이르소서 어느 때에 이런 일이 있겠사오며 또 주의 임하심과(your coming) 세상 끝에는(the end of the world) 무슨 징조가(what..the sign) 있사오리이까(shall be)"라는 질문에 대한 대답이다. 아래 표와 같이 대환난이 언급된 세 부분을 내용적으로 비교하면 공통점을 알 수 있다.

| | 다니엘 12장 | 마태복음 24장 | 계시록 11장, 13장 | 일치 |
|---|---|---|---|---|
| 큰 환난 | 큰 환난 | 큰 환난 | 내용으로 | 일치 |
| 관련 | 개국 이래 없었던 환난 | 창세에도 없고 후에도 없는 환난 | 용이 짐승에게 권세를 줌, 거룩한 성 42달 짓밟음 | 일치 |
| 대상 | 이스라엘 민족, 백성 | 유대에 있는 자들 | 하나님의 성전 거룩한성, 유대인 | 일치 |
| 설 것 | 멸망의 가증한 것 | 멸망의 가증한 것 | 짐승의 우상 | 일치 |
| 설 곳 | 거룩한 곳 | 거룩한 곳 | 하나님의 성전 | 일치 |
| 기간 | 한 때, 두 때, 반 때 | 3년 반, 42달, 1,260일 | 3년 반, 42달, 1,260일 | 일치 |
| 특징 | not 상징 but 문자 | not 상징 but 문자 | not 상징 but 문자 | 일치 |

### (3) 기간의 일치: 세 때 반= 42달= 1,260일

다니엘 12장과 마태복음 24장과 계시록 11장, 13장의 기간은 거룩한 곳인 예루살렘 성전에 '멸망의 가증한 것'인 '우상'이 설 때로부터 시작하여, '세 때 반' 즉 '삼 년 반'으로 42달과 1,260일로 일치한다. 이 기간은 이 시대의 끝인 대환난이며 주님의 재림으로 이어진다.

### (4) 문자적 의미 일치(not 상징)

다니엘 12장과 마태복음 24장과 계시록 11장, 13장의 내용은 '상징'이 아니라 모두 '문자적인 의미'이다. 그런 이유는 '삼 년 반'의 대환난은 유대인들에 대한 것이기 때문이다. 유대인들은 아직 거듭나지 않고 완악한 가운데 있기 때문에 문자적인 의미이다.

## 2) 다니엘 12장, 마태복음 24장, 계시록 11,13장의 '대환난' vs 계시록 7장의 대환난

앞서 언급한 다니엘 12장, 마태복음 24장, 계시록 11장과 13장의 대환난은 모두 '유대인'들에 대한 것으로 일치한다. 그러나 계시록 7장의 '큰 환난'은 '능히 셀 수 없는 큰 무리'들이 통과한 것으로서 '교회'를 가리키기 때문에, '큰 환난'의 의미도 차이가 있다. 양자의 차이를 구별하는 것은 깊은 통찰력을 요구한다.

### (1) 대환난과 그 대상자의 관계

계시록 7장의 능히 셀 수 없는 큰 무리와 관련된 '큰 환난'은 '삼 년 반-42 달-1,260일'의 제한된 기간을 가진 '대환난'을 의미하지 않는다. 그런 이유는 세 구절의 '대환난'은 '혈통적 유대인'과 관계가 있는 반면에, 계시록 7장의 '큰 환난'은 '전(全)시대의 교회'에 대한 것이기 때문이다.

### (2) 거듭남의 차이

교회는 영적으로 거듭났고, 성령으로 인침을 받은 하나님의 자녀인 반면에, 유대인들은 아직 거듭나지도 않았고 완악한 가운데 있기 때문에 신분이 서로 다르다. 물론 이스라엘 자손들 가운데 하나님의 인침을 받은 144,000은 주님이 재림할 때에 회개하고 돌아올 자이지만, '왕 같은 제사장'인 교회는 신분과 위치가 다르다.

### (3) 교회의 '큰 환난'과 유대인의 '대환난'의 차이

교회는 영적으로 거듭났기 때문에 '특정한 때'인 '삼 년 반인 대환난'을 가리키지 않고 그들이 통과한 '대환난'은 전(全)시대를 가리킨다. 이에 반하여 유대인들은 거듭나지 않았기 때문에 '특정한 때'인 '대환난'을 통과해야 한다. 다니엘서와 마태복음 24장에서 언급한 대환난은 혈통적 이스라엘 자손에게 주신 말씀으로 계시록 11장과 13장의 42달 동안 짓밟히는 예루살렘 성과 관계 된다.

### (4) 교회에 대한 휴거의 경고와 조건

교회는 영적으로 거듭났기 때문에 대환난을 통과하지 않고, 대환난 전에 휴거되는 것이 하나님의 구원 계획이다. 물론 이것은 자동적이 아니라 늘 깨어 있어야 한다. 누가복음 21:34이하의 말씀은 '유대인'에 대한 것이 아니라 '교회'에 대한 것이다. 유대인들은 거듭나지 않았기 때문에 휴거될 수 없고, 대환난을 통과해야 한다. 그래서 이스라엘 자손들 가운데 각 지파별로 12,000명씩 인치셔서 대환난을 통과하도록 한다.

### (5) 계시록 7장과 대환난의 관계

대환난은 '세 화'로 구성된다. 첫 번째 화는 다섯째 나팔이 불 때 시작된다.(11:15~18) 계시록 7장은 일곱째 인 이전에 휴거가 있을 것을 암시한다. 그러므로 계시록 7장의 '능히 셀 수 없는 큰 무리'는 일곱째 인 이전에 휴거되어 하나님의 보좌 앞에 서 있다. 이 땅에 거하는 자들에게 임할 대환난과 유대인들도 통과하는 계시록 11장과 13장의 대환난은 계시록 7장의 '대환난' 후에 있는 일들이기 때문에 서로 시기가 일치하지 않는다.

### (6) 능히 셀 수 없는 무리와 대환난의 통과와의 관계

이스라엘의 144,000이 통과하는 삼 년 반의 '대환난' 중에 구원 받을 사람은 많지 않을 것이다. 그런데 계시록 7:9의 '능히 셀 수 없는 큰 무리'는 '큰(대) 환난' 중에서 나온 자들(14)이라고 말한다. 이들은 적은 수가 아니라 '능히 셀 수 없는 큰 무리'이다. 이것은 계시록에서 가장 큰 수인 '이만 만' 즉 '이억'의 마병대보다 많은 숫자일 것이다. 그러므로 '능히 셀 수 없는 큰 무리'는 적어도 '이 억'보다 많은 숫자일 것이다. 삼 년 반의 대환난 기간에 이렇게 많은 사람이 구원받을 수 있는가? 이것은 계시록 7장의 큰 환난이 삼 년 반의 기간을 가진 대환난과 같은 의미가 아니라는 것을 의미한다.

### (7) 빌라델비아 교회에 대한 약속

성경은 대환난을 거치지 않는 믿는 이들이 있을 것을 말씀한다. 계시록 3:10에서 주님은 빌라델비아 교회에게 "네가 나의 인내의 말씀(the word of my patience)

을 지켰은즉 내가 또한 너를 지켜 시험의 때를(the hour of temptation) 면하게 하리니 이는 장차 온 세상에 임하여(shall come upon) 땅에 거하는 자들을 시험할 때라"고 말씀한다. 이것은 대환난 전에 이기는 자들을 휴거시킬 것을 암시한다. 여기서 '시험의 때'는 온 땅에 임하는 것으로서, 다니엘 12장과 마태복음 24장의 '대환난'과 일치하며, 그 전에 휴거 시키신다는 것을 가리킨다.

만일 무천년설이 주장하듯이 계시록 2장의 '시험의 때'를 계시록 7장의 '큰 환난'과 동일한 것으로 간주한다면, 불일치가 일어나게 된다. 왜냐하면, '시험의 때'는 '장차 있을' '삼 년 반'의 대환난을 가리키는데, 계시록 7장의 '큰 환난'은 일곱째 인을 떼기 전으로 계시록 11장과 계시록 13장의 대환난의 구체적인 상황이 일어나기 전에 있는 일로서, 그들이 큰 환난에서 나온다고 하기 때문이다. 이런 내용적인 불일치는 계시록 7장의 큰 무리가 나오는 '큰(대) 환난'이 멸망의 가증한 것(우상)이 거룩한 곳(성전)에 설 때로부터 시작되는 삼 년 반, 42달, 1,260일의 '대환난'과 다른 의미라는 것을 가리키기 때문이다. 계시록 7장의 능히 셀 수 없는 큰 무리가 '큰 환난'에서 나온다는 것은 '全시대'를 가리킨다. 교회는 거듭났기 때문에 상징을 사용한다. '능히 셀 수 없는 큰 무리'는 상징이기 때문에 그들이 통과한 '큰 환난'도 문자적인 큰 환난 즉 유대인들이 통과하는 삼 년 반의 대환난을 가리키지 않고, 전시대를 '큰 환난'으로 상징했다.

### (8) 만일 14만 4천이 대환난을 거친 사람이라면?

만일 계시록 7장의 '능히 셀 수 없는 큰 무리'를 마태복음 24장의 대환난을 거친 사람으로 간주한다면, 그들은 계시록 11장의 거룩한 성이 이방인에게 짓밟힐 때 '적어도' 거기에 있어야 한다. 그런데 계시록 11:2은 "성전 바깥 마당은 측량하지 말고 그냥 두라 이것은 이방인(the Gentiles)에게 주었은즉 그들이 거룩한 성(the holy city)을 마흔두 달 동안 짓밟으리라"고 말한다. 거룩한 성은 이스라엘 땅의 '예루살렘 성'을 가리키는데 어떻게 '능히 셀 수 없는 큰 무리'가 예루살렘 성 안에 있을 수 있는가? 계시록에서 가장 큰 숫자는 "이만 만"으로 '이억 명'이기 때문에, '능히 셀 수 없는 큰 무리'는 '이억 명'보다 더 많은 수일 것이다. 이스라엘은 면적이 약2만 2천㎢로 우리나라 경상남북도만한 크기이며, 인구는 약 865만명이다. 그런데 어떻게 이 억 명보다 많은 '능히 셀 수 없는 큰 무리'가 대환난 중에서 나온 자가 될 수 있는가? 이런 기본적인 상관 관계는 '능히 셀 수 없는 큰 무리'가 나온 '큰 환난'이 삼 년 반의 기간을 가리키는 마태복음 24장과 다니엘 12장의 '대환난'과 의미가 다르기 때문이다.

### (9) 예레미야서에 나타난 야곱의 환난의 때

마태복음 24장과 다니엘 12장의 '대환난'은 예레미야 30:7에서 "슬프다 그 날이여 그와 같이 엄청난(great) 날이 없으리라 그 날은 야곱의 환난의 때(the time of Jacob's trouble)가 됨이로다 그러나 그가 환난에서 구하여 냄을 얻으리로다(shall be saved)"라는 구절과 관계있다. '야곱의 환난의 때'는 '미래'에 있을 일로서, '유대인'이 겪을 환난을 가리킨다. '야곱'은 이스라엘의 열두 지파의 조상으로, 육적 이스라엘과 관계있기 때문이다.

이에 반하여 계시록에서 언급된 환난은 교회와 관련된다. 계시록 1:9은 "나 요한은 너희 형제요 예수의 환난(in tribulation)과 나라와 참음에 동참하는 자라" 고 말하고, 계시록 2:9은 "내가 네 환난과 궁핍을 알거니와"라고 말씀하며, 계시록 2:10은 "너는 장차 받을 고난(suffering)을 두려워하지 말라 볼지어다 마귀(the devil)가 장차 너희 가운데에서 몇 사람을 옥에 던져 시험을 받게 하리니 너희가 십 일 동안(ten days) 환난(tribulation)을 받으리라"고 말씀한다.

사도 요한과 서머나 교회는 모두 교회를 가리키고 '육적 유대인'이 아니다. 여기에 언급된 환난은 다니엘 12장과 마태복음 24장의 대환난을 가리키지 않는다. 서머나 교회가 고난을 당했는데, '마귀'가 장차 몇 사람을 옥에 던져 시험할 것을 말한다. 서머나 교회를 실제로 옥에 들어가도록 한 것은 '로마의 권력'이다. 그런데 보이는 권세인 '로마'를 언급하지 않고, 보이지 않는 공중 권세를 잡은 임금(엡 2:2)인 '마귀'를 언급한 것은 이들이 거듭난 교회이기 때문에 로마의 배후에 있는 '악한 자'를 보여주기 위한 것이다. 이에 반하여 다니엘 12장과 마태복음 24장에서 '대환난'을 언급하면서 '마귀'라는 말은 나오지도 않는 것은 이들이 육적인 유대인을 가리키기 때문이다.

서머나 교회가 환난을 당하는 기간을 '십 일 동안'이라고 말씀한다. 이것은 '문자적'인 의미의 '십 일'이 아닌 '상징적 의미'이다. 우리들은 역사를 통해서 로마의 10대 황제들의 핍박이 있었음을 안다. 주님은 하늘의 지혜와 능력을 가지신 분으로서 서머나 교회가 '열 명의 로마 황제들의 핍박'을 받을 것을 '십 일 동안'이라고 말씀하셨다. 교회에 대하여 '문자적'인 의미가 아니라 '상징'으로 말씀하신 것은 영적으로 거듭났기 때문이다. 이런 동일한 원칙이 계시록 7장의 '큰 환난'에서 나오는 '능히 셀 수 없는 큰 무리'들에게도 적용된다. '능히 셀 수 없는 큰 무리'는 '교회'를 가리킨다. 따라서 그들이 나오는 '큰 환난'은 유대인들과 관련된 다니엘 12장과 마태복음 24장의 대환난이 문자적인 의미인 것과 달리, 특정한 기간을 가리키지 않고 전(全)시대를 가리킨다.

### (10) 두아디라 교회와 큰 환난

계시록 2:22은 두아디라 교회에 대한 것으로 "볼지어다 내가 그를 침상에 던질 터이요 또 그와 더불어 간음하는 자들도 만일 그의 행위를 회개하지 아니하면 큰 환난(great tribulation) 가운데에 던지고 또 내가 사망으로(with death) 그의 자녀를(her children) 죽이리니(will kill) 모든 교회가 나는 사람의 뜻과 마음을 살피는 자인 줄 알지라 내가 너희 각 사람의 행위대로 갚아 주리라"고 말씀한다. 여기서도 '큰 환난'(대환난)이 언급됐다. 그래서 성경의 깊은 독트린을 알지 못하면, 두아디라의 회개치 않은 신자들을 마태복음 24장의 '대환난'에 던져지는 것으로 오해할 수 있다. 그러나 성경을 QST하면 이런 오류들을 걸러낼 수 있다. 만일 계시록 2:22의 대환난을 마태복음 24장의 대환난 즉 멸망의 가증한 것이 거룩한 곳에 설 때에 시작되는 대환난과 같은 것으로 간주할 때, 아무 문제없이 일치하는지, 아니면 어떤 문제들이 발생하는가를 검증하면 분별할 수 있다.

### ① 실제적인 문제

계시록 2장은 소아시아의 일곱 교회 중의 네 번째 교회로서 '지금 본 것'에 해당한다. 다시 말하면 기본적으로 두아디라 교회는 사도 요한 당시의 1세기에 있었던 교회이다. 그들 가운데 여자 이세벨을 용납한 것과 행음하고 우상의 제물을 먹게 한 것을 회개치 않을 때에 '큰 환난'에 던진다고 말씀한다. 만일 이것을 마태복음 24장의 특정한 시기인 '대환난'으로 동일시한다면, 이들은 대환난 때까지 살아 있어야 한다는 의미가 된다. 이것은 두아디라 교회에게 '큰 환난'에 던질 것이라는 것이 마태복음 24장의 '큰 환난'과 다른 의미라는 것을 가리킨다.

어떤 사람은 "똑같은 '큰 환난'이 다른 의미로 쓰일 수 있는가?"라는 의문을 제기할 수 있다. 해석의 기본 원리는 문맥에 의해서 결정된다. 마태복음 24장의 '큰 환난'은 유대인들이 대상이고, 계시록 2:22의 '큰 환난'은 '두아디라 교회'에 대한 것으로 서로 다르다. 유대인은 거듭나지 않았기 때문에 '문자적인' 의미로서 마지막 시대에 있는 '삼 년 반'의 대환난을 가리키고, 두아디라 교회는 거듭났기 때문에 '상징적' 의미로서 교회가 통과해야 하는 '모든 시대의 환난'을 가리킨다.

### ② 동일한 단어의 다른 의미: 문맥 관계

계시록 2:22의 '큰 환난'과 마태복음 24장의 '큰 환난'이 동일한 단어지만 그의미가 다른 것은 창세기 1:1의 '태초'와 요한복음 1:1의 '태초'가 동일한 단어지만 그 의미에 차이가 있는 것과 같다. 창세기 1:1의 '태초'(In the beginning)와 요한복음 1:1의 '태초'(In the beginning)가 문자적으로 같은 단어이지만, 다른 의미이다. 창세기 1:1의 '태초'는 하나님의 천지 창조로 인해 우주가 시작될 때의 '태초'로서 '제한된 시간'을 의미한다. 그러나 요한복음 1:1의 '태초'는 말씀 하나님이 계실 때의 '태초'를 가리키기 때문에 '영원'을 가리킨다. 동일한 '태초'라는 단어이지만 그것이 사용된 '문맥(context)에 따라' 의미가 결정된다.

### ③ 문자와 상징

두아디라 교회에 대하여 "볼지어다 내가 그를 침상에 던질 터이요 또 그와 더불어 간음하는 자들도 만일 그의 행위를 회개하지 아니하면 큰 환난(great tribulation) 가운데에 던지고"라고 말한다. '큰 환난'은 마태복음 24장의 유대인들에게 언급한 '큰 환난'과 다른 의미임을 언급했다. 교회에 언급한 '큰 환난'은 교회가 통과하는 '전(全)시대'를 의미한다. 이것은 '문자적인' 큰 환난을 가리키지 않기 때문에 '상징적' 의미이다. 교회가 통과할 '큰 환난'을 상징이라고 할 때 '신기루'와 같이 '실체가 없는 것'으로 생각할 수 있는데, 상징에 대한 오해이다.

성령 강림 후 교회가 세워진 후 약 2,000년이 넘는 기간을 한 단어로 표현하기 위해서 '상징적 의미'의 '큰 환난'을 사용했다. 여기서 성경 해석의 QST 원칙을 적용하면 이해하기 쉽다. '큰 환난'이 상징적 의미이기 때문에 같은 구절에서 사용된 단어도 상징적 의미이다. '침상에 던짐'과 '간음하는 자들'은 모두 문자적인 의미가 아니라 상징적인 의미이다. 침상은 잠을 자는 곳이다. 만일 "침상에 던진다"는 것이 문자적인 의미라고 하면, "거동하지 못하도록 침대에 눕혀둔다"든지 "잠들게 한다"는 의미가 될 것이다. 그러나 상징적인 의미로 해석하면 뜻이 달라진다. 침상이 비유적인 의미로 쓰였다는 것은 침상이 '물리적인 잠'을 자는 것이 아니라, "질병으로 인해 누워있다"는 의미이기 때문이다. 성경 어디에도 하나님께서 "강제로 잠을 재워 침상에 눕게 하는 경우"는 어디에도 없다. 그러나 질병으로 쳐서 병상에 눕게 하는 사례는 있다. '간음하는 자들'이 문자적인 의미라면 7계명을 가리킨다. 그러나 '간음'이 비유일 때 '영적인 간음' 즉 우상 숭배를 가리킨다. 두아디라 교회의 책망은 7계명이 아니라 '영적인 간음인 우상 숭배'에 대한 것이다. 계시록 2:20은 "그러나 네게 책망할 일이 있노라 자칭 선지자라 하는 여자 이세벨을 네가 용납함이니 그가 내 종들을 가르쳐 꾀어 행음하게 하고 우상의 제물을 먹게 하는도다"고 말한다. 두아디라 교회는 '자칭 선지자'라 하는 이방 여자 이세벨을 용납했고 행음하고 우상의 제물을 먹었다. 이것은 '간음하는 자들'이 문자적인 7계명이 아니라, '영적인 간음'을 가리킨다. 따라서 '간음하는 자들'은 문자적인 의미가 아니라 '상징적' 의미이다. '침상'과 '간음'과 '큰 환난'은 모두 문자적인 의미가 아니라 '상징적' 의미이다. 이것은 거듭나지 않은 유대인들에게 '문자적' 의미로 말씀하는 것과 대조된다. 왜냐하면, 두아디라 교회는 거듭난 하나님의 백성이기 때문이다.

| 두아디라 교회 | 문자적 의미라면 | 상징적 의미라면 |
|---|---|---|
| 1. 침상에 던짐 | 잠들게 한다(수면) | 와병 – 질병으로 쳐서<br>병상에 눕는다 |
| 2. 간음하는 자들 | 7계명 "간음하지 말라" | 자칭 여선지자 이세벨 용납<br>행음하게 함, 우상의 제물<br>1계명과 2계명 |
| 3. 큰 환난에 던짐 | 마24장 큰 환난<br>삼 년 반, 42달, 1,260일 | 모든 시대 환난=큰 환난 |
| 4. 파생되는 문제 | 징계로 잠자는 것 성경에 없다. | 질병은 하나님의 징계의 도구로 성경과<br>일치한다 |
| 타당성 | 불일치(X) | 일치(O) |

### ④ 침상과 간음도 상징적 의미이다

두아디라 교회가 회개치 않으면 '큰 환난'에 던질 것이 어떤 의미인지를 분별하기 위해서 함께 언급된 '침상에 던질 것'과 '간음하는 자들'이 문자적인 의미인지, 비유인지를 위의 표에서 나타냈다. 한 눈으로 양자를 비교하면 큰 환난이 문자적인 의미가 아니라 '비유'(상징적 의미)로 쓰였다는 것을 확증할 수 있다.

### (11) 많은 환난을 겪어야 함

성경에서 교회는 환난을 겪어야 할 것을 언급한다. 사도행전 14:22을 보자.

> 제자들의 마음을 굳게 하여 이 믿음에 머물러 있으라 권하고 또 우리가 하나님의 나라에(the kingdom of God) 들어가려면 많은 환난을(much tribulation) 겪어야 할 것이라(행 14:22)

이것은 사도 바울 당시에만 '많은 환난'을 겪어야 한다는 것만을 의미하지 않고, 모든 교회에게 적용된다. 그런 이유는 하나님의 나라(the kingdom of God)에 들어가기 전에 통과해야 할 과정을 언급하기 때문이다. 여기의 언급된 '하나님의 왕국'은 성령 강림으로 '우리(신자) 안'에 임한 하나님의 '통치'로서의 왕국을 의미하지 않는다. 왜냐하면, '하나님의 왕국에 들어가려면'이라는 구절은 '이미'(already)가 아니라 '아직'(not yet) 들어가지 않았다는 것을 의미하기 때문이다. 이것은 주님이 재림하심으로 '하나님의 왕국'(필자 주: 왕국은 βασιλεια, 바실레이아로 '장소적인' 의미가 아니라 하나님의 '통치'의 의미)을 온 세상 나라에 가져오실 때를 가리킨다. 따라서 바울이 언급한 '많은 환난'은 상징적인 의미이고, 계시록 2:22의 '큰 환난'과 계시록 7장의 '능히 셀 수 없는 큰 무리'가 통과한 '큰 환난'도 상징적인 의미로서 같은 의미이다. 교회에 사용된 '큰 환난'은 마태복음 24장의 '큰 환난'과 같이 어느 특정한 시대를 가리키지 않고, 모든 시대의 교회가 겪어야 할 '환난'을 의미하기 때문에 비유적인 의미로서 '큰 환난'이다.

## 12. '아무도 셀 수 없는 큰 무리'가 누리는 하늘의 축복들 (7:15-17)

계시록 7:15~17은 아무도 셀 수 없는 큰 무리가 누리는 하늘의 축복을 묘사한다. 이 주제는 많은 것을 포함하고 있기 때문에 '시제'와 '누리는 상황'이 언제 있을 일인지를 주목해야 한다.

### 1) 보좌 앞에 있다(15a)

이필찬 박사는 『요한계시록』(에스카톤, p.739)에서 큰 무리가 서 있는 보좌 앞에 대한 견해를 말했다.

> 보좌 앞에 있다는 것은 그들이 하늘 성전에 있음을 의미하며 더 나아가서 하나님과 함께 있음을 말해준다. 이것은 미래의 이루어질 사건이라기보다는 셀 수 없는 큰 무리로 상징되는 교회 공동체가 하늘에서 현재 경험하는 모습을 보여준다. 이러한 모습은 4장 4절 이십사 장로들의 하는 것과 동일한 패턴을 보이고 있다. (이필찬, 『요한계시록』, 에스카톤, p.739)

### 1) 이필찬 박사의 견해에 대한 필자의 비평 및 견해

#### (1) 보좌는 하늘 성전에 있음

이 박사가 말한 '보좌 앞'이 하늘 성전에 있음을 의미한다는 것에 필자도 동의한다. 하나님의 보좌는 하늘에 있기 때문에, 이것을 다른 것으로 해석하는 것은 불가하다.

#### (2) not 현재 but 미래

이 박사는 "미래에 이루어질 사건"을 부인하고, "셀 수 없는 큰 무리로 상징되는 교회 공동체가 하늘에서 현재 경험하는 모습을 보여준다"고 주장하는데 오류이다. 교회는 '현재' '이 땅 위에' 있기 때문에, 동시에 '하늘에' 있을 수 없다. 그는 이 땅에 있는 교회는 이스라엘의 열두 지파로서 '전투하는 교회'이고, 죽은 성도들은 하늘에 있다고 주장한다. 이미 논증한 것처럼, 이스라엘 자손들 가운데 인맞은 144,000은 '전투하는 교회'가 아니라, '혈통적 이스라엘 자손'이다. 그들은 아직 완악한 가운데 있지만 율법을 지키는 자들이기 때문에 대환난 가운데 보호하시기 위해서 인을 치셨다. 교회는 이미 예수 그리스도를 믿을 때 성령의 인치심을 받았기 때문에 또 다시 인침을 받는 것은 필요치 않다.

### (3) 계시록 4장의 이십사 장로와 계시록 7장의 큰 무리가 다 교회일 수 없다

이 박사는 계시록 4:4의 이십사 장로들이 하는 것과 동일한 패턴을 보인다고 주장하면서, 이십사 장로들을 교회의 대표로 해석했는데, 이들은 천사들의 대표이기 때문에 그의 견해는 오류이다. 이 박사의 주장 안에 어떤 모순이 있는지를 찾아 보자. 계시록 4장의 이십사 장로들은 교회의 대표로서 하늘에 있다고 했는데, 계시록 7장의 아무도 셀 수 없는 큰 무리도 교회를 상징한다는 것은 비논리적이다. 계시록 4장과 계시록 7장의 시기는 큰 시간의 간격이 있다. 계시록 4장의 이십사 장로들을 교회의 대표라고 간주하는 것은 계시록 7장의 큰 무리가 교회라는 것과 모순이 된다. 역으로 계시록 7장의 큰 무리를 교회라고 하면서, 계시록 4장의 이십사 장로들은 교회라고 할 수 없다. 계시록 7장의 능히 셀 수 없는 큰 무리는 의심할 바 없이 '교회'를 가리킨다. 따라서 이 박사가 이십사 장로들이 교회라는 주장은 성경과 일치하지 않는다. 이십사 장로들이 교회가 아닌 것에 대하여 이미 4장에서 논증했다.

### (4) not 현재의 축복 but 미래의 축복

이 박사는 계시록 7장의 능히 셀 수 없는 큰 무리를 교회라고 하면서, 현재 하늘에서 축복을 누린다고 말한다. 이것은 계시록의 예언성 즉 미래성을 부인하는 것이다. 물론 계시록의 미래성을 부인하는 것은 개인적인 견해가 아니라 무천년설의 공통된 견해이다. 계시록의 기본 구성은 계시록 1:19의 "그러므로 네가 본 것과 지금 있는 일과 장차 될 일을 기록하라"는 말씀에 나타난다. 무천년설이 주장하듯이 계시록은 현재(사도 요한 당시)에 대한 것이 있다. '네가 본 것'은 일곱 별과 일곱 등대이고, '지금 있는 일'은 계시록 2~3장에 기록된 소아시아의 일곱 교회를 가리킨다. 만일 계시록이 3장까지가 전체라고 하면, 무천년설이 주장하듯이 요한계시록은 '미래에 대한 것'이 아니라는 견해가 힘을 얻을 것이다. 그런데 모두가 알다시피 계시록은 22장으로 구성된다.

계시록의 세 번째 부분은 '장차 있을 일들'로서, 계시록 4장으로부터 22장까지를 가리킨다. 이필찬 박사와 무천년설 지지자들은 계시록의 이런 기본 구조인 '장차 있을 일들'을 무시하고, 현재에 있는 일이라고 주장한다. 이것은 미래의 일을 현재의 일로 바꾸는 것으로 비논리적이며 비성경적이다. 계시록 7장의 144,000이나 아무도 셀 수 없는 큰 무리들은 '지금 있는 일들'의 기록인 소아시아의 일곱 교회에 포함되지 않고, '장차 있을 일들'에 포함된다. 그래서 계시록 7장은 여섯째 인과 일곱째 인의 삽입부에 위치한다. 이 박사가 계시록 7장의 능히 셀 수 없는 큰 무리들이 '현재' 하늘에 있다는 것은 오류이다.

## 2) 하나님을 섬긴다(15b)

### (1) 무천년설: 이필찬 박사의 견해

이필찬 박사는 『요한계시록』(에스카톤, p.739~740)에서 하나님을 섬긴다는 것에 대한 견해를 말했다.

> 15b절은 그 큰 무리가 하나님의 성전에서 밤낮 하나님을 예배하고 있음을 소개한다. 여기에서 '예배하다'(λατρεύουσιν, 라트류우신)라는 단어는 셀 수 없는 큰 무리가 하늘의 성전에서 예배 공동체로 존재한다는 것을 잘 보여준다. (중략) 하나님이 에덴에서 아담과 하와를 창조하셨을 때 그들은 하나님의 왕권을 위임받아 그 왕권을 대행하는 왕 같은 제사장으로서 다스리고 정복하는 삶을 살도록 명령을 받았으며 바로 그런 사역을 통해 하나님을 항상 예배하는 삶을 살도록 하셨다. 그렇다면 인간 본연의 모습이 하늘 성전에 존재하는 '아무도 셀 수 없는 큰 무리'를 통해 회복되어 재현되고 있는 것이다. (이필찬, 『요한계시록』 에스카톤, p.739~740)

## (2) 무천년설에 대한 필자의 비평 및 견해

### ① 섬김은 현재 시제이다

개역개정의 '섬기며'는 λατρεύουσιν(라트류우신)'으로 '예배하다, 섬기다'라는 의미인 λατρεύω(라트류오)'의 '3인칭 복수 현재형'이다. 하나님을 섬기는 것은 하나님을 예배하는 것이고, 하나님을 예배하는 것은 하나님을 섬기는 것이다.

### ② 여섯째 인이 떼어진 후이기에 미래이다

이 박사는 '능히 셀 수 없는 큰 무리'가 하나님을 섬기는 것이 '현재'라고 말한다. λατρεύουσιν'(라트류우신)은 현재형이기 때문에 문제가 없어 보인다. 그런데 이것은 여섯째 인과 일곱째 인 사이의 삽입부로서 사도 요한이 있던 당시의 '현재'나 오늘날의 '현재'를 가리키지 않는다. 왜냐하면, 이 일은 적어도 일곱째 인이 떼어지기 전과 여섯째 인이 떼어진 후 사이에 있을 일이기 때문이다. 현재까지 여섯째 인이 아직 성취되지 않았기 때문에(아마 여섯째 인이 떼어지게 되면 모두 알게 될 것이다) '섬긴다'는 것은 오늘날을 기준으로 볼 때도 '미래'에 있을 일이다. 그러므로 이 박사가 능히 셀 수 없는 무리가 하나님을 섬기는 것을 '현재의 상황'이라고 한 것은 오류이다. 적어도 휴거가 있은 후에야 있을 일들이기 때문이다.

### ③ 교회의 큰 환난은 전(全)시대를 의미한다

능히 셀 수 없는 큰 무리는 '큰 환난'에서 나온 무리이다. 계시록 7장의 '큰 환난'은 마태복음 24장의 '대환난'과 의미가 다르다는 것을 이미 논증했다. 교회에 언급한 '큰 환난'은 특정한 시대를 가리키지 않고 '전(全)시대'를 가리킨다. 이 일의 시작은 여섯째 인이 떼어질 때 휴거로 시작하여 첫 열매의 휴거와 대환난 중의 순교자들의 휴거를 포함한다. 휴거자들은 모두 하늘의 성전에서 밤낮으로 하나님을 섬길 것이다.

### 3) 하나님의 장막을 그들 위에 치신다(7:15b)

#### (1) 무천년설: 이필찬 박사의 견해

이필찬 박사는 『요한계시록』(에스카톤, p740, p.741)에서 하나님이 장막 치심에 대한 견해를 제시했다.

> 15c절에서는 '보좌에 앉으신 이' 곧 하나님이 그 큰 무리 위에 장막을 펼치신다. 여기에서 '장막을 펼치다'(σκηνώσει, 스케노세이/σκηνοο, 스케노오)라는 단어는 일종의 그림 언어로서 이런 용어를 사용하여 실제로 장막을 치는 행위를 생동감 있게 표현한다. 이 의미는 결국 '그들 가운데 거하신다'라는 의미로 이해할 수 있을 것이다. 앞서 번역의 문제를 다룰 때 언급했듯이 이 동사는 미래 시제를 사용하고 있지만, 이러한 거하심은 미래에 한 번 일어나는 것이 아니라 하늘에서 지속적으로 반복된다. (중략) 곧 '아무도 셀 수 없는 큰 무리'는 현재 하늘에 존재하고 있는 것이다.(이필찬, 『요한계시록』, 에스카톤, p.740)

> 이것은 바로 예수님의 성육신으로 성취되었고, 예수님이 승천하심으로 말미암아 하나님의 백성이 예수님과 함께 현재 하늘에 거할 수 있는 환경이 확고하게 주어지게 되었다. 결국 그 '큰 무리'가 하늘에 존재하는 것은 (새)출애굽 모티브의 성취라고 할 수 있다.(이필찬, 『요한계시록』, 에스카톤, p.741)

#### (2) 무천년설에 대한 필자의 비평 및 견해

##### ① 구약의 예표

이필찬 박사가 '그림 언어'라고 한 것은 '예표'를 가리킨다. 구약에는 그리스도에 대한 많은 예표들이 있다. 출애굽기 12장에서 이스라엘 백성들은 유월절 어린 양의 피를 문설주와 인방에 발랐다. 그것은 십자가에 죽으신 예수 그리스도의 피를 상징한다. 이스라엘 백성들이 잡은 유월절 어린 양은 예수 그리스도의 예표이다.

## ② 장막의 의미

이 박사는 장막을 치는 행위를 생동감 있게 표현한 것이라고 했는데, 성경을 크게 오해한 것이다. 물론 뒤에는 "이 의미는 결국 '그들 가운데 거하신다'라는 의미로 이해할 수 있다"고 했지만 말이다. 그의 견해는 앞뒤가 맞지 않는다. 출애굽 후의 후반부는 성막의 건축에 대한 기록이다. 출애굽한 백성들은 하나님의 계시를 따라 성막과 모든 기구들을 만들었다. 그 결과 지성소 안에 하나님이 거하셨다. 이것은 하나님이 거하신 것을 생동감 있게 표현한 것이 아니라, 실제로 하나님이 성막의 지성소에 거하심으로 이스라엘 백성들과 함께 하셨다. 성막을 지은 후 여호와 하나님께서 이스라엘 백성들과 함께 거하셨다. 출애굽기 40:34~38은 성막이 완성된 후의 상황을 보여준다.

> 구름이 회막에 덮이고 여호와의 영광이(the glory of the LORD) 성막에(the tabernacle) 충만하매 모세가 회막에 들어갈 수 없었으니 이는 구름이 회막 위에 덮이고 여호와의 영광이 성막에 충만함이었으며 … 낮에는 여호와의 구름이 성막 위에 있고 밤에는 불이 그 구름 가운데에 있음을 이스라엘의 온 족속이 그 모든 행진하는 길에서 그들의 눈으로 보았더라(출 40:34~38)

## ③ 미래 시제의 의미

이필찬 박사는 "'장막을 펼치다'(σκηνώσει, 스케노세이/σκηνοο, 스케노오)에 '미래 시제'가 사용되었지만, 이러한 거하심은 미래에 한 번 일어나는 것이 아니라 하늘에서 지속적으로 반복된다"고 주장하는 것은 비논리적이다. '장막을 치는 것'이 '미래형'이라는 것은 미래에 성취될 것이라는 것을 의미한다. 그런데 이것을 미래에 한 번 일어나는 일이 아니라 하늘에서 지속적으로 반복된다고 주장하기 때문이다.

만일 이런 주장이 사실이라면, 새 예루살렘에서 하나님이 사람들과 장막을 치시는 것이 계속 반복된다는 것을 의미한다. 계속 반복된다는 것은 완전한 성취가 없다는 것을 의미한다. 이것이 시간 안에 있는 일이라면 이해할 수 있는 일이지만, 새 예루살렘은 새 하늘과 새 땅이 올 때 완성되는 것으로 '영원'에 속한 일이다. '장막을 친다'는 것은 출애굽 후 성막이 완성된 것으로 예표됐다. 만일 이 박사의 주장이 사실이라면, 출애굽 후 출애굽기 40장에서 성막이 완성된 것이 아니라 지속적으로 반복돼야 한다는 것이 성립해야 한다. 만일 그렇다면 출애굽기 40장은 끝나지 않고 다람쥐 쳇바퀴 돌 듯이 반복되어야 한다. '장막을 친다'는 것은 이스라엘 백성들이 약속의 땅에 들어가서 하나님의 왕국을 세운 후 성전을 건축한 것으로 발전된다. 열왕기상 9:1은 성전이 건축된 후 "솔로몬이 여호와의 성전과 왕궁 건축하기를 마치며 자기가 이루기를 원하던 모든 것을 마친 때에 여호와께서 전에 기브온에서 나타나심 같이 다시 솔로몬에게 나타나사"라고 말씀한다. 기브온의 성막에 거하셨던 여호와께서 성전에 계시고 나타나서 말씀하셨다. 이것은 '가상 현실'이나 '그림 언어'가 아니라 실제이다. 만일 이필찬 박사의 주장대로 계시록 7장의 장막을 치시는 것이 지속적으로 반복되는 것이라면, 솔로몬의 성전 건축도 지속적으로 반복되어야 한다. 그러나 어느 누구도 그런 기대를 갖지 않고, 성경 어디에도 그런 상황을 찾을 수 없다. 솔로몬의 성전은 완성되었고, 기브온의 성막에 거하셔서 나타나시던 여호와께서 솔로몬의 성전에 나타나 말씀하셨다.

## 4) "장막을 치실 것이다"에 대한 이필찬 박사의 견해

이필찬 박사는 『요한계시록』(에스카톤 p.736~737)에서 장막을 치실 것에 대한 견해를 제시했다.

> 15절 번역 과정에서 문제가 될 수 있는 문구는 15c절의 '스케노세이 에프 아루투스(σκηνώσει ἐπ' αὐτούς)이다. 이 문구 번역에서 쟁점이 되는 것은 두 가지다. 첫째, 이 문구에서 미래시제를 사용된 동사 스케노세이(σκηνώσει)를 어떻게 번역 할 것인가? 둘째, 이 문구에서 동사 스케노세이(σκηνώσει)와 전치사 '에피'(ἐπ)'의 조합을 어떻게 번역할 것인가? (중략) 영어 번역본은 대체로 미래시제 동사인 '스케노세이'를 직역하여 미래적 행위를 의미하는 것으로 번역한다. 그러나 15c절의 다른 동사들 (εἰσιν, 에이신; λατρεύουσιν, 라트류우신)은 모두 현재시제로 사용된다. 따라서 이 본문에는 요한이 환상을 보는 시점에서의 현재적 상황이 지배적으로 나타나고 있다. 곧 그들이 현재 하나님의 보좌 앞에 있고 하나님을 예배하고 있는데, 하나

님이 장막을 펼치시는 일은 미래 시점에 발생할 것이라는 것은 모순이다. 이 문제를 해결하고자 도리어 이 본문의 현재 시제 동사들을 모두 '미래적 현재'(futurestic presence)로 간주하여 미래적 행위들로 통일시키려는 시도도 있었다. 그러나 그들이 이미 보좌 앞에 있게 되었는데 15a절의 현재 시제 동사 '있다'(εἰσιν, 에이신)를 미래적 시점으로 간주해서 '있을 것이다'로 번역하는 것은 앞뒤가 맞지 않다. 따라서 현재 시제 동사들을 미래적 현재로 간주하는 것보다는 미래 시제 동사들을 달리 이해하는 방법을 찾아보는 것이 더 적절하다. (중략) 따라서 이 미래 시제는 시간적 관점에서 미래로 번역하기 보다는 현재형으로 번역하는 것이 적절하다고 판단된다. 이 본문에서 현재 시제와 미래 시제 동사가 혼합되어 사용되는 것은 시간에 무감각한 구약 히브리어 직설법 동사의 '무시간성'(timelessness)에 영향을 받았기 때문인 것으로 볼 수 있다.(이필찬, 『요한계시록』,에스카톤, p.736~737)

## 5) 무천년설에 대한 필자의 비평 및 견해

### (1) σκηνώσει는 미래시제

이필찬 박사는 "미래 시제가 사용된 동사 스케노세이(σκηνώσει)를 어떻게 번역할 것인가?"를 쟁점으로 삼았다. 이필찬 박사의 입장에서 명확한 '미래 시제'가 자신의 논리에 걸림돌이 되기 때문이다. 성경이 말씀하는 미래 시제는 미제 시제로 받아들이면 되는데, 그는 미래 시제까지 "어떻게 번역할 것인가?"라고 고심한다. 여기에 그의 숨겨진 의도가 있다.

### (2) 영역 모두 미래 시제로 번역한 것을 문제 삼는 이필찬 박사

이필찬 박사는 "NIV와 ESV와 NKJV 모두가 미래 시제 동사인 '스케노세이'를 직역하여 '미래 시제'로 번역한다"고 비판했다. 부언하자면 이 박사는 성경 원문의 미래 시제를 미래 시제로 번역한 것을 문제삼는다. 이 박사의 이런 관념이 얼마나 '비논리적'인가를 깨닫는 사람은 통찰력이 있다. 이 박사의 의도는 '미래 시제'를 '다른 시제'로 바꾸기를 원한다는 것을 암시한다. 이것은 작은 오류가 아니라 '심각한 오류'이다.

### (3) εἰσιν과 λατρεύουσιν의 현재 시제

이 박사는 "εἰσιν(에이신)과 λατρεύουσιν(라트류우신)이 모두 현재 시제로 사용되었고, 따라서 이 본문에는 요한이 환상을 보는 시점에서의 현재적 상황이 지배적으로 나타나고 있다"고 말한다. 이것은 '팩트'이기 때문에 이론의 여지가 없다. 만일 이것을 언급하는 이 박사의 숨겨진 의도를 알아챘다면 핵심을 간파한 것이다. 이 박사의 관점에서 문제가 되는(이해하지 못하기 때문) '미래 시제'를 다수의 '현재 시제'에 맞게 바꾸려는 의도가 숨겨져 있는데, 후의 그의 견해가 그것을 증명한다. 계시록에 나타난 시제 조차도 바꾸는 것을 서슴치 않는 것은 무엇을 위한 것인가?

### (4) 현재 시제와 미래 시제가 함께 있는 것이 모순인가?

이 박사는 "큰 무리가 현재 하나님의 보좌 앞에 있고 하나님을 예배하고 있는데, 하나님이 장막을 펼치시는 일이 미래 시점에 발생할 것이라는 것은 모순"이라고 주장한다. 즉 다시 말하면 '미래 시제'와 '현재 시제'가 함께 있을 수 없기 때문에 모순이라고 말한다. 그가 '계시록의 계시성'과 '성령의 감동된 말씀'을 직접적으로 부인하지는 않지만, 결과적으로 부인하는 것이 아니고 무엇인가? 대개 성경에 대한 오해가 이렇게 시작되어 많은 오류를 만들어 낸다. 이필찬 박사가 이해하지 못하기 때문에 성경이 모순이라는 것은 논리적이지도 않다. 해석의 기준을 자신에게 두면 모두 성경이 모순 덩어리로 보이기 때문에 자신의 관점에 맞추려 한다. 그러나 관점을 바꾸어 성경은 하나님의 감동으로 기록된 말씀이며, 계시록은 예수 그리스도의 계시이며, 더할 수도 없고 제할 수도 없는 완전한 예언의 말씀이라는 것을 생각한다면 문제를 해결할 가능성이 있다. 이것은 계시록 7장의 '미래 시제'와 '현재 시제'에도 적용된다. 이 박사가 미래 시제와 현재 시제가 함께 있는 것을 이해하지 못한 것은 성경의 모순 때문이 아니라, 그것을 이해하지 못하는 이 박사를 비롯한 우리들의 문제이다.

### (5) 미래적 현재 용법의 적용

이 박사는 '미래 시제'와 '현재 시제'가 함께 있는 것을 모순이라고 결론 내렸기 때문에, '스스로' 문제를 해결하려 한다. 이것은 첫 단추를 잘못 낀 후에 또 다른 단추를 끼우는 행위와 같다. 그는 이 문제를 해결하기 위해서 다른 예를 들었다. 그것은 다른 신학자들이 이 본문의 현재 시제 동사들을 모두 '미래적 현재'(futurestic presence)로 간주하여 미래적 행위들로 통일시키려는 시도를 가리킨다. 이 박사는 이것이 잘못된 방법이기 때문에 앞뒤가 맞지 않는 것이라 비판한다. 필자도 동의한다. 그런데 그가 이것을 언급한 의도는 그 반대의 경우를 주장하기 위해서이다. 그는 잘못된 방법을 지적하면서, 그것을 역으로 하면 더 적절하지 않느냐는 견해를 제시했는데, 이것은 또 다른 오류에 불과하다.

### (6) 계시록 4:9~10의 상황의 오용

이 박사는 계시록 7장의 '불일치'를 해결하기 위해서 계시록 4:9~10의 상황을 적용했는데, 부적절한 적용이다. 계시록 7장의 상황은 여섯째 인을 뗀 후의 삽입부이다. 이 때는 대환난이 있기 전, 첫 번째 휴거로부터 시작된다. 능히 셀 수 없는 큰 무리의 특징은 여섯째 인을 뗀 후로부터 영원 안에서 누릴 축복들을 누리는 것까지 포함된다. 지금 문제의 초점이 되는 '하나님이 장막을 치실 것(미래 시제)'도 새 하늘과 새 땅 새 예루살렘에서 성취될 것이기 때문에 '미래 시제'로 나타난 것이다. 계시록 7장의 후반부인 '능히 셀 수 없는 큰 무리'에 대한 시기는 대환난 전에 시작할 휴거로부터 모든 성도들이 새 하늘과 새 땅 새 예루살렘에서 누릴 축복을 개괄적으로 보여준다. 그러기 때문에 계시록 4장의 상황을 계시록 7장에 적용하는 것은 잘못된 접근이다.

### (7) 미래 시제를 현재 시제로 번역(해석)한 것은 오역이다

이 박사는 "미래 시제를 시간적 관점에서 미래로 번역하기보다는 현재형으로 번역하는 것이 적절하다"고 주장했다. 성경의 미래 시제를 미래 시제로 번역하지 않고, 현재형으로 번역하는 것은 번역이 아니라 '오역'이고, 성경을 '훼손'하는 것이다. '미래 시제'라는 팩트를 해석이라는 명분하에 '현재형'으로 바꾸는 것이 '변조'가 아니고 무엇인가? 성경을 해석하는 것은 중요하다. 그러나 성경의 내용인 '팩트'를 변경하는 것은 해석이 아니라 주관적인 견해에 맞춰 성경을 '재개편'하는 행위이다.

## (8) 무시간성 영향인가?

이 박사는 계시록 7장에서 현재 시제와 미래 시제 동사가 혼합되어 사용되는 것을 "시간에 무감각한 구약 히브리어 직설법 동사의 '무시간성'(timelessness)에 영향을 받았기 때문으로 볼 수 있다"는 근거로 삼았다. 이것은 두 가지 오류를 내포한다. 첫째는 그가 의도하지 않았을 것이지만, 성경의 계시성과 영감성을 부인한다. 둘째, 사도 요한이 히브리어 직설법 동사의 무시간성에 영향을 받았는지, 안 받았는지는 사도 요한만이 아는데, 2천여 년 후의 사람인 이 박사가 그런 판단을 하는 것은 적절하지 않다. 확실하고 객관적인 사실은 이 문제는 성경의 영감과 계시와 관계 있기 때문에 사도 요한이 무시간성의 영향을 받았다는 것은 적절치 않다. 불확실한 것을 추론하여 근거로 삼은 것은 또 다른 오류를 낳을 뿐이다.


## (9) 현재형과 미래형의 시기를 도표로 이해하기

계시록 7장의 '능히 셀 수 없는 큰 무리들에 대한 도표를 보면 이해하기 수월하다. 계시록 7장의 후반부는 여섯째 인을 뗀 후의 삽입부로서 대환난이 오기 전에 하나님의 백성들을 어떻게 보호할 것인가에 대한 것이다. 혈통적인 이스라엘 자손들은 인을 쳐서 '소극적으로' 보호하신다. 능히 셀 수 없는 큰 무리는 교회로서 대환난 전에 휴거시킴으로서 '적극적으로' 보호하신다. 물론 휴거는 모든 신자들이 '자동적으로' 휴거되는 것을 가리키지 않는다. 방탕함과 술 취함과 생활의 염려를 극복하고 주님의 통치 안에서 산 성도들로서 항상 깨어 기도한 성도들은 하늘에 계신 '인자 앞'과 '하나님의 보좌 앞으로' 휴거 된다.

"하나님의 보좌 앞에 있고"와 "하나님을 섬기매"는 '현재 시제'이다. '있고'의 원문은 'εἰσιν(에이신)'으로 '현재 시제'이고, '섬기매'의 원문은 λατρεύουσιν(라트류우신)'으로 '현재형'이다. 그래서 KJV은 전자를 "they are before the throne of God"로, 후자는 "serve him day and night in his temple" 즉 '현재 시제'로 번역했다.(원문의 현재 시제를 현재 시제로 번역한 것은 올바른 번역이다) '하나님의 보좌 앞에' 있고 '하나님을 섬기는 것'의 시기는 여섯째 인을 뗄 때 일로서 현재이다.

이에 반하여 "그들 위에 장막을 치시리니(σκηνώσει, 스케노세이; 미래 시제)"를 KJV은 "will spread his tent over them"으로 원문을 그대로 번역했다.(원문에 있는 미래 시제를 미래 시제 그대로 번역한 것은 올바른 번역이다) 이것은 여섯째 인을 뗄 때의 일이 아니라, 새 하늘과 새 땅 새 예루살렘으로부터 영원을 가리킨다. 따라서 계시록 7장의 능히 셀 수 없는 큰 무리와 관련한 '현재 시제'와 '미래 시제'는 어느 한 시점을 가리키지 않는다. 구체적으로 말하면, 일곱째 인과 일곱 나팔과 일곱 대접 그리고 주님의 재림과 그로부터 시작되는 천년왕국을 포함하여 영원 미래까지를 포함한다. 그래서 큰 무리와 관련하여 '현재 시제'와 '미래 시제'가 함께 있다.

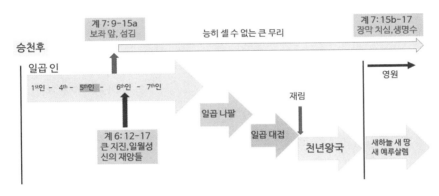

[ 계7장의 능히 셀 수 없는 큰 무리들 ; 현재형과 미래형의 시기 대조표 ]

| 계시록 7장: 현재 시제와 미래 시제 vs 계 21, 22장의 관계 | | |
| --- | --- | --- |
| 계시록 7장: 현재 시제 | 계시록 7장: 미래 시제 | 계 21, 22장 |
| "보좌 앞에 있고"<br>εἰσιν<br>Therefore are they | 장막을 치시리니,<br>σκηνώσει<br>shall dwell among them. | 계시록 21:3 하나님이 그들과 함께 계시리니 |
| | 주리지 아니하며<br>πεινάσουσιν<br>They shall hunger no more | 계시록 21:4 처음 것들이 다 지나갔음이러라 |
| | 목마르지 아니하며<br>πεινάσουσιν<br>neither thirst any more | 계시록 21:6 목마른 자에게 값 없이 주리니 |
| "하나님을 섬기매"<br>λατρεύουσιν<br>and serve him | 상하지도 아니하리니<br>πέσῃ<br>neither shall the sun | 계시록 21:4 처음 것들이 다 지나갔음이러라 |
| | 그들의 목자가 되사<br>ποιμανεῖ<br>the Lamb shall feed them | 계시록 21:23 어린 양이 그 등불이 되심이라 |
| | 생명수 샘으로 인도하시고 ὁδηγήσει<br>the Lamb shall lead them | 계시록 22:1 생명수의 강을 내게 보이니 |
| | 모든 눈물을 씻어 주실 것임이라<br>ἐξαλείψει<br>God shall wipe away all tears | 계시록 21:4 모든 눈물을 그 눈에서 닦아 주시니 |
| From<br>여섯째 인 후 | To 영원 미래 | From영원<br>To 영원 미래 |
| From 여섯째 인 후 … … … … … … … … … … … … … … … … … …To 영원 미래 | | |

## 6) 어린 양의 목양과 그 결과

계시록 7:16~17은 "그들이 다시는 주리지도 아니하며 목마르지도 아니하고 해나 아무 뜨거운 기운에 상하지도 아니하리니 이는 보좌 가운데에 계신 어린 양이 그들의 목자가 되사 생명수 샘으로 인도하시고"라고 말씀한다. 16절은 세 가지 '소극적인 것들' 즉 '주림'(hunger)과 '목마름'(thirst)과 '상함'(beat)을 언급한 다. 이것은 죄로 말미암은 것으로 온 땅의 상황을 가리키는데 그것이 다시는 없을 것을 말씀한다. 17절은 '이는'(ὅτι, 호티, 때문에) 그 원인을 밝히는데, 어린 양이 그들의 목자가 되어 생명수 샘으로 인도하시기 때문이다.

이사야 49:10은 "그들이 주리거나 목마르지 아니할 것이며 더위와 볕이 그들을 상하지 아니하리니 이는 그들을 긍휼히 여기는 이가 그들을 이끌되 샘물 근원으로 인도할 것임이라"고 말씀한다. 요한복음 6:35은 "예수께서 이르시되 나는 생명의 떡(the bread of life)이니 내게 오는 자는 결코 주리지 아니할 터이요(shall never hunger) 나를 믿는 자는 영원히 목마르지 아니하리라(shall never thirst)"고 말씀하므로 이사야 49:10의 예언의 성취라는 것을 가리킨다.

우리가 주목해야 할 것은 주님의 초림 때 '완전히' 성취된 것이 아니다. 왜냐하면, 모든 믿는 자들이 누린 것도 아니고, 계속해서 누린 것도 완전히 누린 것이 아니기 때문이다. 이것은 장차 천년왕국과 새 예루살렘에서 완전히 성취될 것이다. 그러기 때문에 계시록 7:16은 "그들이 다시는 주리지도 아니하며 목마르지도 아니하고 해나 아무 뜨거운 기운에 상하지도 아니하리니"라고 말씀한다.

요한복음 4:14은 "내가 주는 물을 마시는 자는 영원히 목마르지 아니하리니(shall never thirst) 내가 주는 물은 그 속에서(in him) 영생하도록 솟아나는 샘물이 되리라(shall be)"고 말씀한다. 이것은 이사야 49:10의 "목마르지 아니할 것"에 대한 예언의 성취이다. "영생하도록 솟아나는 샘물이 되리라"는 것은 미래 시제(shall be)이다. 이것은 보혜사 성령님이 우리 안에 내주하심으로 성취되어 '현재' 누리는 것을 가리킨다. 물론 완전한 누림은 계시록 7:16과 같이 천년왕국과 새 예루살렘에서 성취된다.

이사야 49:10과 계시록 7:16을 비교할 때 특별한 차이를 발견한다. 그것은 이사야 49:10에는 '없고' 계시록 7:16에는 '있는 것'이 있다. 그것은 "그들의 눈에서 모든 눈물을 씻어 주실 것임이라"는 구절이 이사야서에는 없고, 계시록에는 있다. 그런 까닭은 무엇인가? 이사야서의 예언의 초점은 '초림 때'에 맞춰졌고, 계시록 7:16에서는 한편으로 초림 때 일부 성취되었고 따라서 초점이 '영원'에 맞춰졌기 때문이다. 아래의 표는 이사야서의 예언이 초림 때에 어떻게 성취되고, 또한 계시록에서 어떻게 완성되었는지를 보여준다.

| 이사야 49:10 | 초림 | 계시록 7:16, 17 영원 |
|---|---|---|
| 주리지 않을 것 | 요한복음 6:35 내게오는자는 결코 주리지 아니할 터이요 | 다시는 주리지도 아니하며(16) |
| 목마르지 않을 것 | 요한복음 4:14 영원히 목마르지 아니하리니 | 다시는 목마르지도 아니하며(16) |
| 더위와 볕에 상하지않음 | 시편 36:7 주의 날개 그늘아래 | 해나 아무 뜨거운 기운에 상하지도 아니하리니(16) |
| | 시편 91:1 전능자의 그늘 아래 | |
| 없음 | 시편 56:8 눈물을 주의 병에 담고, 주의 책에 기록함 | 그들의 눈에서 모든 눈물을 씻어 주실 것임이라(17) |
| | 히브리서 5:7 심한 통곡과 눈물로 간구와 소원을 올림 | |
| 예언 성취 | 일부 성취(맛 봄) | 완전한 성취 |

# 1. 이스라엘 열두 지파 가운데 인침을 받은 144,000 (계 7:1~8)

무천년설과 전천년설의 144,000에 대한 견해는 아래의 표와 같이 완전히 다르다.

| 144,000 | 무천년설 (비일, 이필찬) | 전천년설 (필자) |
|---|---|---|
| 의미 | 全시대의 교회 | 혈통적 이스라엘 |
| 해석법 | 상징적 의미 | 문자적 의미 |
| 목적 | 이 땅의 전투적인 교회 | 대환난에서 보호 |
| 평가 | 성경과 불일치 | 성경과 일치 |

# 2. 아무도 셀 수 없는 큰 무리 (계 7:9~17)

'아무도 셀 수 없는 큰 무리'에 대한 무천년설과 전천년설의 견해는 '교회'라는 큰 틀에서는 같지만, 그것을 보는 여러 가지 관점에는 차이가 있다.

| 큰 무리 | 무천년설 | 전천년설 (필자) |
|---|---|---|
| 의미 | 교회 | 교회 |
| 시기 | 현재 하늘을 누림 | 현재부터 영원까지 |
| 목적 | 승리한 교회 공동체 | 휴거-대환난 보호 |
| 평가 | 성경과 불일치 | 성경과 일치 |

## 3. 144,000과 셀 수 없는 큰 무리에 대한 전천년설(필자) 요약

계시록 7장의 두 무리들은 대환난 전에 하나님께서 그의 백성들을 어떻게 보호하시는가를 보여준다. 먼저 택함을 받은 유대인이 있고, 그들의 완악함으로 인해 이방인 가운데서 부름을 입은 교회가 있다. 양자는 택하심을 입었다는 공통점이 있지만, 여러 가지 많은 차이들이 있다. 아래의 비교표는 양자의 공통점과 차이점을 나타낸다. 이것이 7장을 이해하는 중요한 핵심이다.

| 성격 | 144,000 | 셀 수 없는 큰 무리 |
|---|---|---|
| 택한 순서 | 먼저 택함 받음 | 나중에 부르심 |
| 출처 | 이스라엘 12지파 | 각 나라, 족속, 백성, 방언들 |
| 출처 성격 | 한 나라 | 모든 나라 |
| 인친 자 | 다른 천사 | 성령의 인침 |
| 인친 곳 | 이마 | 내적(영 안에서) |
| 인친 시기 | 대환난 직전 | already, 믿을 때 |
| 신분 | 하나님의 종들 | 하나님의 자녀 |
| 목적 | 네 바람(대환난)보호 | 약속의 보증 |
| 휴거 | 언급 없음 | 있음 |
| 성격 | 소극적 의미 | 적극적 의미 |
| 해석 | 문자적 숫자 | 상징적 숫자 |
| 구원 | 언급 없음 | 하나님과 어린양 구원 |
| 흰 옷 | 언급 없음 | 흰 옷을 입음 |
| 어린양 | 언급 없음 | 어린양의 피 |
| 큰 환난 | 42달, 대환난(문자) | 全시대(상징) |
| 하나님 섬김 | 언급 없음 | 하나님 섬김 |
| WHO | 혈통적 이스라엘 | 교회 |

## 4. Youtube "워킹바이블 요한계시록 연구소" 채널 참고 영상

#03 요한계시록 7장, 이스라엘의 인 맞은 자 14만 4천 & 계14장 14만 4천은 누구인가?

#61 주일예배: 지금은 대환난의 때인가! 휴거되려면?

#67 휴거될 것인가? 남겨질 것인가? 대환난의 덫과 휴거의 격려!

#68 대환난은 없다 1 무천년설 주장 사실인가? 대환난 시작의 시그널

#69 대환난은 없다 2 무천년설 주장 사실인가?

## 5. Youtube "워킹바이블TV" 채널 참고 영상

#173 창세기 1장 창조 기록으로 너무 간단한데! 핵심 메시지는 무엇인가요?

#210 아담의 지능과 능력! 우리와 같은가? 수퍼맨 레벨인가?

# Chapter 32 ·
# 일곱째 인(8:1~5)

계시록 8:1~13은 여섯째 인을 기록한 계시록 6장과 삽입부인 계시록 7장 이후에 이어 나오는데, 다음과 같은 내용으로 구분된다.

(1~2절) 일곱째 인을 뗀 후 상황
(3~5절) 일곱째 인을 뗀 후의 하늘의 광경
(6~12절) 첫째 나팔로부터 넷째 나팔

## 1. 일곱째 인의 이해

1~2절은 "일곱째 인을 떼실 때에 하늘이 반 시간쯤 고요하더니 내가 보매 하나님 앞에 일곱 천사가 서 있어 일곱 나팔을 받았더라"고 말씀한다. 일곱째 인의 내용은 다른 여섯째 인의 내용과 다르다. 첫째 인으로부터 여섯째 인은 모두 그 인의 내용이 '한 가지씩' 있는데 반하여, 일곱째 인은 내용이 없는 것처럼 보이기 때문이다. 이런 이유는 '바로' 어떤 일들이 발생하지 않기 때문이다. 이런 특성으로 인해 계시록에 대한 이해가 부족하면, 일곱 인의 내용을 '고요함'이라고 오해할 소지가 있다. 하나님의 오른손에 들려 있는 두루마리는 하나님의 비밀의 경륜으로, 하나님께서 십자가의 구속으로 제정하신 것이다. 두루마리는 일곱 인으로 봉인되어 있고, 하늘 위에나 땅 위에나 땅 아래에 펴거나 볼 자가 아무도 없다. 오직 유다 지파의 사자(lion)이신 그리스도만이 일곱 인을 떼실 수 있다. '일곱째(7th) 인'은 마지막 인으로서 하나님의 모든 비밀의 경륜이 담겨있다. 따라서 '일곱째 인'(7th)은 다른 '여섯 인'과 같이 단순하지 않다. 일곱째(7th) 인을 어

린 양이 떼실 때에 하늘이 '반 시간쯤' 고요하다. 그때 일곱 천사가 서 있다가 일곱 나팔을 받는다. 이것은 '일곱째 인'의 내용이 '일곱 나팔'이라는 것을 의미한다. 일곱째 인은 일곱 나팔을 비롯한 여러 가지 일들을 포함한다.

이런 원칙은 일곱째(7th) 나팔도 동일하다. 일곱째 나팔을 불 때(일곱째 인을 뗄 때와 같이) 하늘의 광경을 보여줄 뿐 어떤 재앙이 없다. 그런 이유는 일곱째 인과 같이 일곱째 나팔의 내용이 '일곱 대접'이기 때문이다. 아래의 일곱 인과 일곱 나팔과 일곱 대접에 대한 도표는 서로의 관계를 나타낸다. 길이의 길고 짧은 것이 '시간적 길이'를 나타내지 않는다.(지면상의 제약으로 인해 시간적인 길이까지 표현하지 못했다) 일곱 인은 대부분의 긴 기간을 차지한다. '일곱 인'은 그리스도의 승천 후부터 오늘날까지 적어도 약 2,000년 이상의 기간을 포함한다. 일곱 나팔은 일곱째 인의 내용으로서 대환난의 기간인 '삼 년 반', 42달, 1,260일을 기준으로 초과하지 않을 것이고, 일곱 대접은 마지막 재앙으로서 매우 짧은 기간에 발생할 것이다.

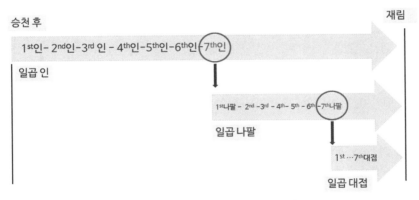

[ 일곱 인과 일곱 나팔과 일곱 대접 관계 ]

## 2. 무천년설과 그에 대한 필자의 비평

이필찬 박사는 그의 책 '요한계시록'에서 계시록 8:1~5(일곱째 인의 부분)을 다루지 않았다. 그는 일곱 인과 일곱 나팔과 일곱 대접을 아래의 표와 같이 '병렬식'으로 해석한다. 이것은 모든 무천년설자들의 공통분모이다. 따라서 일곱째 인에 대한 기본적인 것만을 다룰 수밖에 없다.

계시록에 대한 관점은 전천년설과 무천년설로 나누어진다.(후천년설은 논외로 함) 많은 신학생과 목회자들이 무천년설의 영향을 받고 있다. 두 학설은 "누이 좋고 매부 좋다"는 식으로 넘어갈 수 있는 문제가 아니다. 만일 그렇게 간주한다면, 어떤 사람은 '관용적'이라고 할지 몰라도 필자의 관점으로는 '혼돈'(chaos)이다. 무천년설은 천년이라는 기간을 상징적으로해석하여 초림부터 재림까지를 천년왕국으로 간주하고, 전천년설은 주의 재림으로부터 문자적인 천 년이라는 기간 동안 천년왕국이 있다고 간주한다. 천년왕국은 대적 마귀가 무저갱에 언제 감금되는가와 관련된다. 두 주제는 천년왕국의 동전의 양면과 같다. 천년왕국은 '적극적으로' 주님이 이 땅을 통치하시는 것과, '소극적으로는' 마귀가 무저갱에 갇히는 것과 맞물려 있기 때문이다. 무천년설은 초림으로부터 마귀가 무저갱에 감금됐다고 해석하고, 전천년설은 주의 재림 후에 천 년 동안 무저갱에 감금된다고 해석한다. 양대 학설은 주요 관점을 보는 관점이 '전혀' 다르다. 성경의 표현을 빌자면, "동이 서에서 먼 것처럼" 다르다.

오늘날 신학교에서 "무천년설이든 전천년설이든 후천년설이든 크게 문제 되지 않는다"고 하면서 무천년설을 가르치고 있다. 객관적인 관점으로 볼 때, 상반되는 학설을 용납하는 것은 모두에게 환영받을지 모르지만 비논리적이고 비성경적이다. 전자가 맞다면 후자는 틀린 것이고, 후자가 맞다면 전자는 틀린 것이다. 물론 이것은 칼로 두부를 자르는 것 같지는 않지만 말이다. 세상에는 '양비론'(兩非論)이 주류를 이룬다면, 신학계에서는 '양시론'(兩是論)이 주류인 것 같다. 양자는 모두 여러 문제를 내포한다. 무천년설은 계시록의 중추를 이루는 일곱 인과 일곱 나팔과 일곱 대접이 일어나는 시기를 '병렬적'으로 '반복'하여 일어난다고 해석한다. 다음 도표는 이필찬 박사의 저서인 '요한계시록'(에스카톤)에 있는 내용이다. 그의 개인적인 견해가 아니라 그레고리 K. 비일을 비롯한 모든 무천년설 지지자들의 공통된 견해이다.

[이필찬 박사 무천년설 관점 : 반복의 관계(병렬식) 에스카톤 p.611]

## 1) 무천년설의 병렬식 해석의 오류

무천년설은 초림에(예수님이 사역한 기간을 가리킴) 계시록의 '첫 번째 인'과 '첫 번째 나팔'과 '첫 번째 대접'이 '동시에' 발생한다고 해석한다. 따라서 첫째 인에 해당하는 계시록 6:1과 첫째 나팔 재앙인 계시록 8:7의 재앙 그리고 첫째 대접 재앙인 계시록 16:2의 재앙이 초림(예수님 당시)의 때에 '동시에 일어났다'고 말한다. 이런 상황은 두 번째 인과 두 번째 나팔과 두 번째 대접 재앙이 초림(예수님 당시) 때 동시에 발생했고, 이런 관계는 일곱째 인과 나팔과 대접까지 계속된다. 일곱째 인을 떼는 계시록 8:1은 일곱째 나팔이 발생하는 계시록 11:15와 동일한 시기로 재림을 가리키고, 일곱째 대접인 계시록 16:17도 재림이라고 주장한다. 무천년설의 병렬식 해석은 세 가지 일이 '동시에' 병렬적으로 발생한다는 것을 기본 구조로 삼는다. 이런 견해는 계시록의 기본 구조를 재편성하여 계시록을 근본적으로 왜곡시킨다.

## 2) 일곱은 '서수'이다

성경의 '팩트'를 뒤바꾸는 해석은 더 이상 해석이라고 할 수 없다. 무천년설은 성경이 명백히 말씀한 '팩트'를 해석이라는 명분하에 뒤바뀌어 놓는다. 성경의 팩트는 무엇인가? 계시록 1:19은 "그러므로 네가 본 것과 지금 있는 일과 장차 될 일을 기록하라"고 말씀한다. 이것은 계시록의 기본 구조(흐름)를 보여준다. '네가 본 것'은 일곱 별과 일곱 금 촛대였고, '지금 있는 일'은 계시록 2~3장의 소아시아의 일곱 교회이며, '장차 일어날 일들'은 계시록 4장으로부터 마지막 22장까지의 일들이다. 계시록은 이런 차례로 보이셨고 기록됐다. 따라서 장차 일어날 일들이 먼저 기록되고, 네가 본 것과 지금 있는 일들이 나중에 기록될 수 없다. 즉 순서가 바뀔 수 없다.

특이 사항이 있다면, 장차 일어날 일들은 하나님의 오른손에 있는 두루마리로서 일곱 인으로 인봉되었다. 일곱 인이란 첫째 인과 둘째 인과 셋째 인과 넷째 인 … 그리고 마지막 일곱째 인으로 인봉되었다는 것을 의미한다. 일곱 인은 '기수(基數)'가 아니라 '서수(序數)' 즉 '순서가 있는 수'이다. 일곱 인은 차례대로 떼어지고, 순차적으로 일어난다는 것을 의미한다. 따라서 첫 번째 인은 초림의 때와 관계가 있다고 말할 수 있다. 정확히 말하면, 그리스도의 승천 이후를 가리킨다. 초림과 승천 후는 비슷한 것 같지만 큰 차이가 있다. 처음 네 개의 인은 앞에서(5장) 논증한 것처럼 순서가 있지만 그 특성상 거의 동시다발적으로 일어난다. 그리고 하나의 인을 뗄 때마다 (시간이 흘러가기 때문에) 점점 주님의 재림의 때와 가까워져 간다.

무천년설은 이런 기본적인 관계를 무시하고, 첫째 인과 첫째 나팔과 첫째 대접이 '동일한 시점'인 초림 때에 있고, 병렬적으로 발생한다고 주장(해석)한다. 일곱 인과 일곱 나팔과 일곱 대접은 '장차 있을 일들'로서 순서적으로 일어나기 때문에, '일곱 인' 후에 발생하는 첫째 나팔 재앙과 첫째 대접 재앙이 첫째 인과 같은 시점에 일어날 수 없다. 이것을 뒤바꾸는 것은 성경이라는 '팩트'를 '해석'이라는 명분하에 뒤바꾼 행위이다. '팩트'를 뒤바꾸는 해석은 '해석'이라고 할 수 없다.

### 3) 두루마리의 인을 뗄 수 있는 분은 어린 양 뿐이다

사도 요한은 두루마리를 펴서 볼 자가 아무도 없었기 때문에 울었다. 장로 중하나는 울지 말라고 하면서 유다 지파의 사자가 이기셨기 때문에 일곱 인을 떼실 것을 말했다. 일곱 인을 어린 양이 떼신 후에야 비로소 천사들이 일곱 나팔을 불 수 있었다. 만일 어린 양이 일곱째 인을 떼지 못했다면, 일곱 천사는 일곱 나팔을 불 준비를 하지도 못했을 것이고, 일곱 나팔을 분다는 것은 있을 수 없다. 병렬식 해석은 이런 기본 문맥조차 고려하지 않고 계시록의 틀을 바꿔버렸다. 일곱째 인이 떼어져야 일곱 나팔을 불 수 있다는 것은 일곱(7) 나팔이 일곱째(7th) 인에 속했다는 것을 가리킨다. 따라서 이필찬 박사가 일곱 나팔과 일곱 대접을 일곱 인과 '병렬식'으로 대등하게 놓은 것은 계시록의 구조를 바꾸는 결과를 가져온다.

병렬식 해석은 변화산에서 주님의 얼굴이 해 같이 변하고 모세와 엘리야와 대화를 나누는 것을 본 베드로가 황홀한 나머지 주님과 모세와 엘리야를 위해 초막 셋을 짓겠다는 제안과 같다. 하나님은 이런 베드로의 잘못된 관념을 깨치시기 위해서 구름으로 모세와 엘리야와 제자들을 가리워 보이지 않게 하고 '오직 예수만' 보이게 하셨다. '일곱 인'은 유다 지파의 사자이신 그리스도만이 떼실 수 있기 때문에 주님의 권위와 동일시할 수 있다. 따라서 일곱 나팔과 일곱 대접을 일곱 인과 대등하게 놓는 병렬식 해석은 모세(일곱 나팔)와 엘리야(일곱 대접)를 주님(일곱 인)과 같은 반열로 놓은 베드로의 생각과 같다.

## 3. 무천년설: 그레고리 K. 비일의 견해

그레고리 K. 비일은 『NIGTC 요한계시록』(새물결플러스, p.738~740)에서 일곱째 인에 대한 견해를 제시했다.

> 많은 주석가들은 고요함이야말로 일곱 인(필자 주: 일곱째 인을 잘못 언급한 것으로 보임)이 유일하게 내용이 없는 인임을 증명한다고 주장한다. 이런 해석으로 인해

그 뒤에 이어지는 나팔과 대접 재앙이 일곱 인의 실제 내용이라고 생각하는 여지가 생겼다. (중략) 종종 고요함을 그 뒤에 이어지는 일련의 나팔 심판을 좀 더 인상 깊게 하려는 극적인 휴지(休止)로 이해하는 경우도 있다. 이 마지막 제안은 일반적으로 옳다고 할 수 있다. 하지만 '고요함'의 의미를 이해하는 열쇠는 고요함이 구약과 유대문헌에서 지니는 함의에서 찾아야 한다. (중략) 이것은 인침을 받아 믿음의 보호를 받는 성도들의 모습(7장)과 대조된다. 성도들은 보호를 받아 인내하여 충성을 표현한 것에 대한 상으로 하나님의 임재 앞에 영원히 서 있을 수 있다.(7:9~17) (중략) 이런 의미에서 6:1~8:1의 요지는 최후 심판이다. 하나님은 역사의 마지막에 자신이 옳고 의로우시다는 것을 보여주실 것이다. 하늘과 특히 땅에 있는 성도들은 이런 사실로 인해 위로를 받을 수 있다. (중략) 여섯째 인과 일곱째 인은 아직 시행되지 않았다. 두 인은 마지막 심판을 다루기 때문이다. 여섯째 인과 일곱째 인은 아직 성취되지 않은 구약과 신약의 예언을 설명하는 역할을 할 뿐이다. 그렇지만 십자가는 최후 심판의 시작이었다.(그레고리 K. 비일, 『NIGTC 요한계시록』,새물결플러스, p.738~740)


## 5. 일곱째 인과 일곱 나팔 관계성에 대한 필자의 견해

### 1) 고요함의 의미

비일은 일곱째 인을 뗀 후 '하늘이 반 시간쯤 고요함'에 대하여, 많은 주석가들은 고요함이야말로 일곱째 인이 유일하게 내용이 없는 인임을 증명한다는 것을 '부정적'으로 비판하면서, 이런 잘못된 해석으로 인해 그 뒤에 이어지는 나팔과 대접 재앙이 일곱째 인의 실제 내용이라고 생각하는 여지가 생겼다고 말한다. 마치 제3자가 보면, 수많은 주석가는 잘못된 해석을 하고, 비일은 올바른 해석을 한다고 오판할 수 있다. (오히려 반대이다) 비일의 견해의 근원에는 '병렬식 해석'이 있다. 이것은 앞에서 언급한 것처럼 두루마리를 뗄 수 있는 분은 "어린 양밖에 없다"는 것을 간과한 것으로 심각한 오류이다. 비일은 어린 양만이 일곱 인을 뗴실 수 있다는 것을 부인하는 병렬식 해석의 관점에 있기 때문에 그의 비판은 적반하장일 수밖에 없다. 병렬식 해석은 모든 계시록 해석에 잘못된 영향을 도미노처럼 끼친다.

## 2) 첫째 인을 떼는 시기는 초림인가?

비일은 처음 다섯 인은 그리스도의 죽음과 부활로 말미암아 인 재앙이 실행되어, 구약과 신약의 예언이 성취되기 시작했다고 해석했고, 여섯째 인과 일곱째 인은 아직 시행되지 않은 것으로 해석했다. 비일이 첫째 인을 초림의 때로 해석한 것은 계시록의 기준을 잘못 잡은 것으로 그 오류가 연쇄적으로 일어난다. 초림에 대한 것은 사복음서에 기록됐다. 복음서와 가장 근접한 사도행전에서도 초림(예수님의 행적)을 찾는 것은 불가능하다. 그런 이유는 무엇인가? 복음서의 기록의 목적이 초림이고, 다른 성경은 그 이후에 대한 것이 기록되었기 때문이다. 그런데 비일은 성경의 마지막 책인 계시록의 첫째 인과 첫째 나팔과 첫째 대접을 초림에 발생했던 일(과거)이라고 주장한다. 성경의 완성인 계시록의 중반부에 해당하는 6장이 초림이라는 것은 '출발점'이 잘못됐다. 첫째 인은 그리스도의 승천 후에 있을 일이다.

## 3) 일곱 인으로 봉한 두루마리의 의미

하나님의 오른손에 들고 있던 두루마리는 일곱 인으로 봉해졌다. 사도 요한은 하늘 위에나 땅 위에나 땅 아래에 능히 그 두루마리를 펴거나 보거나 할 자가 없음을 깨달았다. 한국어 어법상 '없더라'는 구절이 문장 후미에 위치한다. 헬라어 원문은 '아무도 없더라'를 의미하는 인칭 대명사 'οὐδείς'(우데이스)가 문장 앞에 나온다. "아무도 없다"라는 것은 두루마리와 대조되어 크나큰 절망을 안겼다. 왜냐하면, 사도 요한은 보좌에 앉으신 이의 오른손에 있는 두루마리에 하나님의 모든 비밀의 경륜이 담겨져 있음을 보았고 큰 기대감에 사로잡혔다. 이제 그 두루마리를 펼 자만 있으면 된다. 그런데 하늘에 있는 수많은 천군 천사와 이십사 장로들 가운데서도 두루마리를 펴거나 볼 수 있는 자격을 가진 자가 없었다. 땅 위에 있는 사람들 가운데 자격을 가진 자를 찾았지만 아무도 없었다. 마지막 희망을 땅 아래에 있는 자들, 즉 이제까지 살다가 죽은 아브라함으로부터 신앙의 열조들 가운데서 두루마리를 펴거나 볼 자가 있을까 하여 찾았지만 아무도 '인을 뗄 자격이 있는 자'가 없었다.

사도 요한은 한 가닥 희망이 사라지자 절망감에 사로잡혀 울었다. 그때 장로 중 하나가 "울지 말라 유대 지파의 사자 다윗의 뿌리가 이겼으니 그 두루마리와 그 일곱 인을 떼시리라"(계 5:5)고 위로했다. 일곱 인으로 봉한 두루마리에 대한 상황들을 다소 장황하게 설명한 이유가 있다. 그것은 일곱 인으로 봉한 두루마리는 어린 양 외에는 아무도 떼고 볼 수 없다는 것을 상기시키기 위한 것이다. 이것은 '움직일 수 없는' 원칙이다.

무천년설의 가장 큰 오류는 일곱 인과 일곱 나팔과 일곱 대접을 병렬로 해석함으로써 일곱 나팔과 일곱 대접을 어린 양만이 뗄 수 있다는 원칙을 깨뜨렸다. 즉 일곱 인은 어린 양만이 뗄 수 있지만, 일곱 인으로부터 일곱 나팔과 일곱 대접을 분리시켜서 대등하게 놓음으로 어린 양과의 관계를 단절시켰기 때문이다. 아마도 그레고리 K. 비일이나 이필찬 박사는 그들의 주장이 이런 결과를 가져온다는 것조차도 인식하지 못했을 것이다.

### 4) 성경 문맥과 병렬식 해석

하나님의 비밀스런 경륜이 쓰여 있는 일곱 인으로 봉한 두루마리의 내용은 바로 계시록 6장으로부터 22장까지이다. 계시록 6~22장을 개략적으로 말하자면, 일곱 인과 일곱 나팔과 일곱 대접이라고 할 수 있다. 무천년설의 중심 구조는 '병렬식 해석'에 있는데, 어떤 '해석'이든지 성경이라는 '팩트'와는 달리 맞을 수도 있고 틀릴 가능성도 있다. '올바른 해석'은 성경의 모든 문맥과 일치할 것이고, '잘못된 해석'은 성경의 문맥(context)과 일치하지 않을 것이다. 어떤 나무가 좋은 나무인지 나쁜 나무인지 분별하는 좋은 방법은 그 열매가 좋은 지 나쁜지를 보면 알게 된다. 여기서 좋은 열매란 성경의 흐름과 일치하는 것을 의미하고, 나쁜 열매란 성경의 메시지와 불일치하는 것을 가리킨다. 무천년설자들은 그들의 해석이 성경과 일치하지 않는 것을 깨닫지 못한 것 같다.

초림:종말의시작

재림:종말의완성

일곱 인 : 어린 양이 뗌

나팔 : 어린 양 관계 없음

대접 : 어린 양 관계 없음

[ 이필찬 박사 ; 무천년설 병렬식 해석의 오류 ]
(일곱 인은 어린 양이 떼지만, 나팔과 대접을 어린 양과 상관 없게 만듦)

## 5) 무천년설이 보는 직렬식 구조 vs 전천년설이 보는 직렬식 구조

위의 그림은 무천년설의 병렬식 구조를 보여준다. 일곱 인과 일곱 나팔과 일곱 대접이 '따로따로' 독립적(병렬식)으로 떨어져 있다. 무천년설의 관점은 첫째 인과 첫째 나팔과 첫째 대접이 모두 초림 때에 있는 일들이다. 첫째 대접은 계시록 16장에 기록됐는데, 무천년설은 초림(예수님) 때에 있는 재앙이라고 해석한다.

아래 도표는 무천년설이 보는 직렬식 구조와 전천년설의 '직렬식 구조'를 나타냈다. 어린 양이 일곱 인을 뗌으로 비밀의 경륜이 밝혀진 것은 일곱 나팔과 일곱 대접이 '병렬식 구조'가 아니라, '직렬식 구조'라는 것을 가리킨다. 계시록의 중요 부분인 일곱 나팔과 일곱 대접도 어린 양이 떼시는 인에 포함되어야 어린 양의 권세 안에 있게 된다. 만일 무천년설의 주장과 같이 일곱 나팔이 일곱 인과 관계 없는 병렬식으로 구성된다면, 일곱 나팔은 어린 양이 일곱 인을 떼는 것과 관계 없다는 결론에 이르기 때문이다. 성경은 그 결과를 통해서, 우리에게 어떤 의미인지를 찾을 수 있도록 '해석의 가이드 라인'을 제공한다. 이런 성경의 '문맥'을 염두에 두지 않고 해석하면, 누구든지 편향적이고 '자의적인 해석'으로 가기 쉽다.

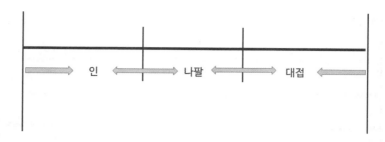

[이필찬 박사가 보는 시간적인 순서 관계 (직렬식)]
요한계시록, 에스카톤, p.610

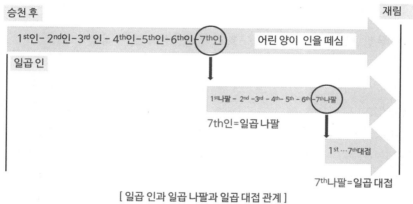

[ 일곱 인과 일곱 나팔과 일곱 대접 관계 ]

## 6) 일곱째 인의 고요함의 의미

일곱째 인을 떼실 때에 "하늘이 반 시간쯤 고요함"은 계시록이 병렬식 구조가 아니라 직렬식 구조라는 증거이다. 즉 일곱째 인을 뗄 때, 이 땅에는 어떤 일도 발생하지 않았다. 만일 일곱째 인을 뗀 직후에 여섯째 인에 방불하는 재앙이 발생했더라면, 무천년설의 병렬식 주장에 '조금이나마' 힘이 실릴 것이다. 그러나 그런 일은 어디까지 가정에 불과하다.

## 7) 일곱째 인의 내용은 일곱 나팔

일곱째 인을 뗀 후의 상황을 보자. "일곱째 인을 떼실 때에 하늘이 반 시간 쯤 고요하더니 내가 보매 하나님 앞에 일곱 천사가 서 있어 일곱 나팔을 받았더라"(계 8:1)고 말한다. 이 말씀은 '일곱째 인'과 '일곱 나팔'의 상관관계를 보여준다. 일곱째 인을 뗀 후에 특별한 일이 발생하지 않았다. 단지 하나님 앞의 일곱 천사가 서 있다가 일곱 나팔을 받는다. 이것은 일곱째 인의 내용이 일곱 나팔이라는 것을 보여주는 것이 아니고 무엇이겠는가? 성경의 흐름은 물이 흐르듯이 자연스럽다. "왜 하나님은 일곱째 인을 그런 방식으로 나타냈는가? 다른 여섯 인과 같은 방식으로 하지 않고 그런 방식을 택하셨는가?"라는 의문을 가질 수 있다. 성경은 우리들의 의문에 시시콜콜하게 말씀하시지 않는다. 그러나 성경은 그 결과를 통해서 모든 것을 말씀하신다. 이것은 성경의 문맥(context)과 일치하기 때문에 검증이 가능하다. 일곱째 인은 일곱 인의 마지막 부분으로 최종 결론부이다. 일곱 인의 특별한 성격 때문에 하나의 사건이 아니라 일곱 나팔로 구성되었다는 것을 보게 된다. 이런 특성과 원칙은 일곱째 나팔에도 적용된다. 즉 일곱째 나팔은 단 하나의 사건이 아니라 일곱 대접으로 구성됐다.

## 6. 일곱째 인을 뗀 후의 광경: 반 시간쯤 고요함

계시록 8:1~2은 다섯째 인의 순교자들의 기도에 대한 응답이다. 일곱째 인의 내용이 없어 보이는 것은 바로 발생하는 일이 없기 때문이다. 일곱째 인을 뗀 후에 일곱 천사가 서 있다가 일곱 나팔을 받는 것은 양자가 서로 밀접한 관계가 있기 때문이다. 일곱째 인을 뗀 후의 '고요함'은 매우 시사적이다. 계시록 전체에서 일곱째 인은 마지막 비밀로서 이 땅에 거하는 자들에게 대한 '완전한 심판'을 포함한다. 이것은 하나님의 보좌로부터 나온 심판의 완결로서 매우 엄중하다. 이런 상황들은 '약 반 시간쯤의 고요함'이 하나님의 공의의 심판의 엄중함과 일치한다. 예수 그리스도의 십자가와 부활과 승천을 통해서 땅 끝까지 "예수의 증인이 되라"고 말씀하셨고, 사도들은 죄 사함을 얻게 하는 은혜의 복음을 증거했다.

오늘날 세상 모든 악한 자들에게도 '구원의 날'이요 '은혜의 시대'이다. 그러나 주님의 승천 이후 상당한 시간이 흐른 뒤에 '심판의 시대'로 전환된다. 일곱째 인을 뗀 후의 '고요함'은 은혜의 시대와 그 이후 시대를 나누는 분수령과 같다.

성경에서 유사한 상황이 나타난 곳이 있다. 구약 시대와 신약 시대를 나누는 '초림'의 시작은 예수 그리스도의 탄생이다. 원시 복음으로 불리는 창세기 3:15은 구원자가 여자의 후손으로 오셔서 뱀의 머리를 상하게 할 것을 예언했다. 구약의 선지자들은 예수 그리스도의 오심을 예언했다. 주님의 오심에는 초림과 재림이 있다. 구약의 마지막 책은 말라기서이고, 마지막 선지자(대언자)도 말라기이다. 주님의 초림은 말라기 선지자 이후 바로 있지 않았다. 약 400년간의 공백기가 있었다. 이 기간에는 어떤 예언과 선지자도 없었다. 정확히 말하자면, 하나님께서 어떤 선지자도 부르지 않았고 따라서 어떤 예언도 없었다. 그런 후에 복음서가 있다. 복음서는 예수 그리스도의 탄생으로 시작한다. 이 위대한 예언이 성취되기 전에 어떤 상황이 있었는가?

아래의 표는 구약의 예언이 신약에 성취될 때에 약 400여 년의 '고요함'이 있었다는 것을 나타낸다. 말라기의 기록 연대는 주전 450~430년이다. 말라기로부터 예수님의 탄생은 약 400년이라는 시간적인 간격이 있다. 약 400년의 고요함은 예수 그리스도께서 오시기 전의 '고요함'이라고 할 수 있다. 이스라엘 백성들은 선지자도 없고 예언이 없던 시대를 통과했다. 어느 날 선지자들이 예언했던 메시아가 탄생했다. 주님의 초림은 하나님의 놀라운 계획 가운데 성취된 일이다. 이와 같은 상황은 일곱째 인을 뗀 후의 '고요함'은 놀라운 변화가 있으리라는 것을 암시한다. '반 시간 쯤'의 고요함은 태풍이 불기 전의 고요함과 같다. 이제까지 하나님은 세상의 모든 악한 자들에 대하여 참으셨다. 그러나 하나님께서 공의로 세상을 심판하기 시작한다. 일곱째 인을 뗀 후의 "반 시간쯤 고요함"은 은혜의 시대와 심판의 시대를 나누는 분수령과 같다.

[ 초림 때의 고요함과 일곱째 인을 뗄 때의 고요함 : 시대의 전환 ]

## 7. 일곱 나팔을 받은 일곱 천사

　2절은 "내가 보매 하나님 앞에 일곱 천사가 서 있어 일곱 나팔을 받았더라"고 말한다. 일곱째 인을 떼자, 하나님 앞의 일곱 천사가 서 있다가 일곱 나팔을 받는 것은 일곱째 인과 일곱 나팔의 상관관계를 보여준다. 성경에는 "일곱째 인의 내용은 일곱 나팔이다"라는 설명과 해설이 없다. 그 대신 그 결과를 통해서 양자의 관계를 보여준다. 이런 관계는 삼위일체 하나님에도 나타난다. 성경은 "하나님은 성부, 성자, 성령 하나님 즉 삼위로 계시는데 본체는 한 분이시다"라는 방식으로 말씀하시지 않는다. 예수님이(성자 하나님) 세례 요한에게 세례를 받으실 때 성령이 비둘기 같이 임하셨고(성령 하나님), 하늘에서 아버지(성부 하나님)의 음성이 들렸다는 사실들을 통해서 '삼위일체'의 하나님이심을 계시한다.

　일곱째 인과 일곱 나팔의 관계도 동일한 원칙이 적용될 수 있다. 무천년설은 계시록을 '병렬식'으로 해석한다. 첫째 인을 뗄 때, 동시에 첫째 나팔의 재앙도 발생하고 첫째 대접 재앙도 발생한다고 주장한다. 병렬식 해석이 오류라는 것을 일곱째 인을 떼는 것과 일곱 나팔을 준비하는 관계를 통해서 발견할 수 있다. 성경이 보여주는 '일곱째 인'과 '일곱 나팔'의 관계와 무천년설의 병렬식 관계를 나타낸 아래의 그림을 보면 이해하는 데 도움이 될 것이다.

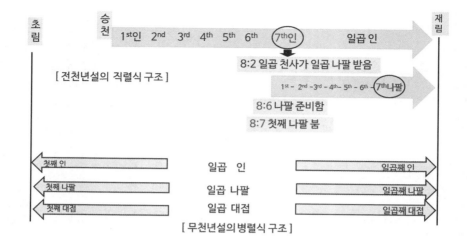

[ 전천년설의 직렬식 구조 ]

초림 / 승천 / 재림

1st인 2nd 3rd 4th 5th 6th (7th인) 일곱 인

8:2 일곱 천사가 일곱 나팔 받음

1st~ 2nd~ 3rd~ 4th~ 5th~ 6th~ (7th나팔)

8:6 나팔 준비함

8:7 첫째 나팔 붐

첫째 인 / 일곱 인 / 일곱째 인

첫째 나팔 / 일곱 나팔 / 일곱째 나팔

첫째 대접 / 일곱 대접 / 일곱째 대접

[ 무천년설의 병렬식 구조 ]

첫째, '일곱째 인'(7th)을 뗀 후, 일곱 천사가 일곱(7) 나팔을 받았다. 이것은 일곱째 인을 떼기 전에는 일곱 나팔의 어떤 나팔도 불 수 없다는 것을 가리킨다. 일곱 나팔을 불기 위해서는 반드시 일곱 나팔을 받아야 하기 때문이다. 일곱 천사가 일곱 나팔을 받는 때는 언제인가? 일곱째 인을 뗀 후에야 받을 수 있다. 이런 상관관계는 첫째 인을 뗄 때인 계시록 6:1의 시점과 동시에 첫째 나팔을 분다는 것이 불가능하다는 것을 가리킨다. 그러므로 '첫째 인'과 '첫째 나팔'이 동시에 발생한다는 병렬식 해석은 오류이다.

둘째, 첫째 나팔을 불기 위해서 반드시 첫째 나팔 불기를 준비해야 한다. 6절은 "일곱 나팔을 가진 일곱 천사가 나팔 불기를 준비하더라"고 말한다. 계시록 8:6에서야 비로소 일곱 천사가 나팔 불기를 준비한다. 일곱째 인을 뗄 때도 일곱 천사가 나팔 불기를 준비하고 있다는 것은 일곱째 인 전에 어떤 나팔도 불 수 없다는 것을 의미한다. 따라서 무천년설이 주장하듯이 첫째 인을 뗄 때 동시에 첫 번째 나팔을 부는 것은 비논리적이고 비성경적이다. 첫째 나팔을 불 준비를 하는 것은 일곱째 인이 떼어진 후에야 가능하다. 따라서 무천년설의 '병렬식 해석'은 성경을 벗어난 견해이다.

셋째, 무천년설은 일곱째(7th) 인을 뗄 때조차도 나팔을 불 수 없다는 '팩트'를 무시하고, 첫째(1st) 인을 뗄 때 동시에 '첫째 나팔 재앙'이 있다고 해석했다. '어떤 견해'를 주장하기 위해서는 그 근거뿐만 아니라, 성경이 말씀하는 '팩트'에 일치하는지 아니면, 일치하지 않는지를 검증해야 한다. 무천년설의 병렬식 해석은 근거도 빈약하고 임상실험을 거치지 않은 백신과 같다.

넷째, 일곱째 인을 뗀 후에야 비로소 나팔을 받고 나팔 불기를 준비하고, 계시록 8:7에서야 첫째 나팔 불기를 시작한다. 그런데 어떻게 계시록 6:1에 발생하는 첫째 인을 뗄 때 동시에 첫째 나팔 재앙이 있을 수 있는가? 위의 도표를 보면 확연히 알 수 있다. 무천년설의 해석은 '성경의 팩트'와 부합하지 않고, 기본적인 알리바이가 불일치한다.

다섯째, 무천년설은 '첫째 인'을 뗄 때 '첫째 대접 재앙'이 동시에 발생한다고 해석한다. 첫째 대접은 계시록 16:1에 있다. "또 내가 들으니 성전에서 큰 음성이 나서 일곱 천사에게 말하되 너희는 가서 하나님의 진노의 일곱 대접을 땅에 쏟으라 하더라"고 말한다. 일곱 대접 재앙은 계시록 16장에서 발생하고 일곱째 나팔에 속한 것이기 때문에 계시록 8장에 있는 첫째 나팔과 동시에 발생할 수 없다. 더구나 계시록 6:1의 첫째 인을 뗄 때, 첫째 대접이 발생하는 것은 더더구나 불가능하다.

여섯째, 일곱 나팔을 수행하는 천사도 '일곱 천사'이고, 일곱 대접을 수행하는 천사도 '일곱 천사'이다. 이들은 특정한 이름으로 불리지 않고 단지 '일곱 천사'(the seven angels)로 불린다. 그러나 성경의 문맥(context)을 보면 일곱 나팔을 수행하는 일곱 천사와 일곱 대접을 수행하는 천사는 동일한 천사로 보는 것이 적절하다. 어린 양이 일곱 인을 뗀 후에 대천사장으로 불리는 일곱 천사들이 일곱 나팔과 일곱 대접 재앙을 수행하는 것이 자연스럽다. 무천년설의 견해는 어린 양이 첫째 인을 떼는 동시에, 일곱 천사 중 한 천사가 첫째 나팔을 불고, 동시에 첫째 대접을 쏟아붓는다는 것을 가리킨다. 이것은 하나님의 오른손에 있는 두루마리를 어린 양만이 뗄 수 있다는 원칙과 정면으로 충돌한다. 만일 그렇다면, 일곱 천사는 어린 양과 같은 능력과 권세를 가졌다고 말할 수 있는데, 그런 사실을 용납할 무천년설자는 없을 것이다.

이것은 변화산에서 주님의 영광을 본 후 주님과 모세와 엘리야를 위하여 초막 셋을 짓겠다는 베드로의 견해와 동일하다. 베드로는 주님이 십자가로 가시는 것을 가로막았을 뿐 아니라, 주 예수님을 모세와 엘리야와 '같은 반열'로 놓는 오류를 범했다. 아버지께서는 베드로의 잘못된 관념을 교정해 주시기 위해서 홀연히 빛난 구름으로 모세와 엘리야와 제자들까지 다 가리워 보이지 않게 하셨다. 그리고 아버지께서 그 빛난 구름 속에서 "이는 내 사랑하는 아들이요 내 기뻐하는 자니 너희는 저희 말을 들을지니라"(마 17:5)고 말씀한다. 성경은 그 결과를 "오직 예수 외에는 아무도 보이지 아니하더라(they saw no man, save Jesus only)"(마 17:8)고 말씀한다.

일곱째, 계시록을 병렬식으로 해석하는 것은 계시록 1:1의 "예수 그리스도의 계시라"는 선언을 정면으로 충돌한다. 계시록의 '베레스 웃사'(삼하 6:6~8)라 할 수 있다. 왜냐하면, 병렬식 해석은 일곱 인은 어린 양이 떼시지만, 일곱 나팔과 일곱 대접은 '어린 양 없이' 일곱 천사에 의해서 동시에 발생할 수 있다는 것을 가리키기 때문이다. 따라서 무천년설은 계시록 1:1을 "예수 그리스도와 일곱 천사의 계시라"로 주장하는 것과 같다. 어떻게 일곱 천사를 예수 그리스도와 같은 반열에 놓을 수 있는가? 이것은 변화산에서 예수 그리스도를 모세와 엘리야와 같은 반열로 놓았던 베드로의 전철을 밟는 것이다. 결코 이런 일은 있을 수 없다.


## 8. 다른 천사

### 1) 무천년설; 그레고리 K. 비일의 견해

비일은 다른 천사에 대하여 "또 다른 천사가 등장하여 하늘 제단 곁에 섰다. 이 천사는 '임재의 천사' 또는 심지어 그리스도 자신일 것이다(계 10:1, 14:14)"(그의 책 p.754)라고 밝혔다. 필자도 동의한다. 그런데 비일은 4절의 '다른 천사'를 '그리스도'가 아닌 '일반적인 천사'로 해석했는데, 여기서 비일의 모순이 드러난다. 즉 4절의 '기도를 가져가는 천사의 손'은 3절의 '다른 천사'를 가리킴에도 불구하고, 일반적인 천사로 해석하는 '오류'를 범했다. 그레고리 K. 비일은 『NIGTC 요한계시록』(새물결플러스 p.755~756)에서 다음과 같이 말했다.

> 천사가 성도들의 간구를 하나님께 드린다는 사실은 그 간구가 천사의 승인을 받을뿐더러 하나님의 승인을 받았음을 의미한다. 그렇다면 천사는 하나님의 일꾼이

다. (중략) 그러므로 성도들의 기도를 받아 하나님 앞에 가져가는 천사의 중보적인 역할을 보여주는 상징적 묘사이며 하나님이 기도를 이미 기쁘게 받으셨다는 사실을 보여주는 것에 불과하다. 이것은 성도들이 기도를 천사가 아니라 하나님께 직접 드린다는 6:10의 내용과 일치한다. 더욱이 천사들은 제사장으로서 성도들이 하나님의 보좌 앞에 직접 나가는 것을 보여준다. 더욱이 천사들은 요한계시록에서 성도들보다 더 우월한 지위를 차지하지 않고 심지어 자기들이 성도들과 '함께 된 종'이라는 것을 인정한다. 향연이 성도의 기도와 함께 하나님 앞으로 올라간다는 것은 하나님이 그 기도를 받으셨다는 비유적 표현이다.(그레고리 K. 비일, 『NIGTC 요한계시록』,새물결플러스, p.755~756)

## 2) 비일의 견해에 대한 필자의 비평 및 견해

### (1) 문맥 관계
비일은 3절의 '다른 천사'는 '임재의 천사' 혹은 '그리스도 자신'일 것이라고 하고, 4절의 성도의 기도를 갖고 올라가는 천사는 3절의 '다른 천사'(Another angel, 그리스도)를 가리킴에도 불구하고, 일반적인 천사로 해석했다. 이것은 문맥(context)과 일치하지 않는 해석으로 오류이다.

### (2) 중보자의 위치
비일은 "향연이 성도의 기도와 함께 천사의 손으로부터 하나님 앞으로 올라가는지라"는 것이 계시록 6:10의 간청이 이제 천사들의 도움과 권세를 빌려 하나님 앞에 공식적으로 드려진다는 것"을 암시한다고 했다. 그리고 천사가 성도들의 간구를 하나님께 드린다는 사실은 그 간구가 천사의 승인을 받은 후에 하나님의 승인을 받았다는 것이다. 우리가 아는 '일반적인 천사'(not 다른 천사=그리스도)가 성도들의 기도를 일차 승인했기 때문에 하나님께 올라간다고 주장했다. 비일의 주장을 받아들인다면, 이 '일반적인 천사'는 성도들과 하나님 사이에서 중보자의 위치에 있다는 것을 가리킨다. 우리의 중보자는 대제사장이신 예수 그리스도 한 분 밖에 없는데, 비일은 천사들(피조된)을 그리스도와 같은 중보자의 위치에 놓았다. 이것은 심각한 오류이다. 비일이 그리스도 외에 다른 천사를 중보자로 해석할 수밖에 없는 이유가 있다. 그것은 비일이 4절의 기도를 향과 함께 가져가는 천사는 '일반 천사'(just angel)가 아니라, 3절의 '다른 천사'(another Angel)이며, 그 분이 그리스도인 것을 간과했기 때문이다. 성경의 문맥을 놓치게 될 때 비일비재하게 일어나는 현상이다.

### (3) 성도가 중보자 없이 기도를 직접 드릴 수 있는가?

비일의 주장은 계시록 8:4의 천사(다른 천사)가 기도를 하나님께 드리는 것은 명백한 '중보자'의 위치에 있다는 의미인데, 이것은 성도들이 기도를 (다른 천사가 아니라) 하나님께 직접 드린다는 계시록 6:10의 내용과 일치한다는 주장은 서로 모순된다. 전자는 중보자가 있다는 것이고, 후자는 성도들이 기도를 하나님께 직접 드린다는 것이기 때문이다. (이 견해는 성도가 중보자의 위치에 있다는 것을 가리킨다) 비일의 견해는 모순을 갖고 있다.

### (4) 계시록 6:10의 관계

양자의 관계를 정리해 보자. 계시록 6:10은 제단 아래인 낙원에서 기도하는 순교자들의 기도를 보여준다. 그것은 오늘날 성도들이 땅에서 기도하는 것과 같다. 이에 반하여 계시록 8:4의 상황은 기도가 어떻게 하나님께 상달되는가에 대한 '하늘의 광경'을 보여준다. 순교자들의 기도나 이 땅에서의 교회의 기도는 '다른 천사'(another angel)이신 그리스도에 의하여 하나님께 상달된다. 성도의 기도가 하나님께 상달될 수 있는 것은 '다른 천사'이신 대제사장이 계실 뿐만 아니라, '향'으로 상징된 '예수 그리스도의 부활'이 효능이 있기 때문이다. 성경에서 몰약은 그리스도의 죽음을 상징하고, 향품은 그리스도의 부활을 상징한다. 그리스도의 죽음은 우리의 죄의 문제를 해결했고, 그리스도의 부활은 우리가 의롭게 된 증거이며, 그의 부활의 공로를 상징하는 '향'을 힘입어 우리의 기도가 하나님께 상달되기 때문이다.

### (5) 천사와 제사장직 관계

비일은 "더욱이 천사들은 제사장으로서 성도들이 하나님의 보좌 앞에 직접 나가는 것을 보여준다"고 하는 것은 모순이다. 비일의 주장은 두 가지 경우로 생각할 수 있다. 첫째 천사들을 제사장으로 간주하는 경우이다. 만일 천사들이 제사장이라면, 성도들은 제사장을 통해서 하나님의 보좌 앞에 나갈 수 있다는 의미이다. 둘째, 비일의 주장은 성도들이 제사장으로서 나가는 것을 천사가 보여준다는 의미인데, 성도가 제사장으로 하나님의 보좌 앞에 직접 나아간다고 하면서 그들의 기도가 천사들의 손으로부터 하나님께 드린다는 것은 모순된다. 비일의 견해가 모순덩어리가 된 근본적인 이유가 있다. 4절의 기도를 가져가는 천사가 3절의 '다른 천사'이신 '그리스도'라는 것을 간과했기 때문이다. 3절의 '다른 천사'는 그리스도이고, 4절의 천사는 3절의 '다른 천사'(another angel)를 가리킴에도 불구하고, 중보자의 역할을 하는 '다른 천사'를 '일반 천사'(just angel)로 오해했기 때문이다.

### (6) 천사가 성도보다 우월하지 않다는 관념

비일은 요한계시록에서 천사들이 성도들보다 더 우월한 지위를 차지하지 않다고 말했다. 성경의 '팩트'를 보자. 천사(이것도 다른 천사를 일반 천사로 오해했다)의 손으로부터 성도들의 기도가 하나님의 보좌 앞에 드려진다는 것은 천사의 위치가 성도보다 우월하다는 것을 의미하는데, 비일은 이런 '팩트'를 부인한다. '성경의 팩트'를 부인하는 것은 성경 없이 성경을 해석하는 것과 같다. 비일이 천사의 우월성을 부인할 수밖에 없는 이유가 있다. 이 천사는 '다른 천사'로서 그리스도이신데, 그리스도의 역할을 '보통 천사'의 역할로 이해했기 때문에 일어나는 문제를 수습해야 하기 때문이다. 천사들이 상속자인 교회를 '섬기는 영'이라는 것은 원칙이다. 그렇다고 해서 천사가 성도보다 열등한 위치에 있다고 단정하는 것은 성급한 해석이다. 원론이 있고 각론이 있다. 다니엘은 예루살렘의 황무함이 칠십 년 만에 그치리라는 예레미야의 글을 깨닫고 그의 죄와 이스라엘의 죄를 자복하고 하나님의 거룩한 성을 위하여 금식하고 베옷을 입고 회개했다. 다니엘 9:21~23에 응답이 기록됐다. 다니엘과 천사 가브리엘의 대화는 그들의 위치가 어떤지를 보여준다.

> 곧 내가 기도할 때에 이전에 환상 중에 본 그 사람 가브리엘이 빨리 날아서 저녁
> 제사를 드릴 때 즈음에 내게 이르더니 내게 가르치며 내게 말하여 이르되 다니

엘아 내가 이제 네게 지혜와 총명을 주려고 왔느니라 곧 네가 기도를 시작할 즈음에 명령이 내렸으므로 이제 네게 알리러 왔느니라 너는 크게 은총을 입은 자라 그런즉 너는 이 일을 생각하고 그 환상을 깨달을지니라(단 9:21~23)

가브리엘은 다니엘을 가르치고 말하기 위해서 왔다. 가르치는 자와 가르침을 받는 자의 위치는 대등하지 않다. 가브리엘은 다니엘을 부를 때 "다니엘아!"라고 불렀다. 만일 비일의 견해와 같이 천사가 성도보다 우월하지 않다면 가브리엘이 다니엘을 '내 주여!'라고 불렀을 것이다. 그러나 그 반대로 가브리엘은 '다니엘아!'라고 불렀다. 가브리엘은 다니엘에게 지혜와 총명을 주려고 왔다. 지혜와 총명을 주는 자가 큰 자인가? 아니면 그것을 받는 자가 큰 자인가? 가브리엘이 다니엘에게 전하는 말에는 두 사람의 위치와 지위가 드러난다.

천사와 사람의 관계는 계시록 7장에도 나타난다. 이십사 장로들 중의 하나가 사도 요한에게 "이 흰 옷 입은 자들이 누구며 또 어디서 왔느냐"(계 7:13)고 말한다. 여기서 장로들이 사도 요한보다 우월한 위치에 있다는 것을 보여준다. 이것은 사도 요한의 대답에도 확연히 드러난다. 14절은 요한이 장로에게 "내 주여 당신이 아시나이다"라고 대답했다. '내 주여'의 원문은 'Κύριέ μου'(퀴리에 뮈)로 '나의 주여'라는 의미이다. 장로들을 '나의 주여'라고 부르는 사도 요한이 우월하다는 비일의 견해는 설 곳이 없다. 물론 비일을 비롯한 무천년설자들은 이십사 장로들을 '교회의 대표'라고 주장한다.(오류이다) 이미 이 주제를 논증했기 때문에 더 이상 언급하지 않겠다. 무엇이든지 '성경의 팩트'와 일치하지 않는 해석은 '문제'가 발생하고, 그런 이유는 오류이기 때문이다.

만일 이십사 장로를 교회의 대표라고 가정할지라도(오류이지만), 사도 요한이 장로들을 '내 주여'라고 부르는 것은 부적절하다. 교회의 대표인 사도 요한이 교회의 대표인 장로에게 '내 주여'라고 부르는 것은 전혀 어울리지 않는다. 무천년설은 이십사 장로들을 구약의 열두 지파와 신약의 열두 사도들이라고 해석한다. 그런데 사도 요한은 열두 사도들 가운데 한 사람이 아닌가? 지금 계시를 받는 자는 사도 요한인데, 열두 사도들의 대표로서 하늘에 있는 이십사 장로들은 도대체 누구란 말인가? 어떻게 사도 요한이 살아 있는데, 하늘에 있는 이십사 장로 가운데 사도 요한의 역할을 하는 자는 누구란 말인가? 이런 꼬리에 꼬리를 무는 의문들은 무천년설이 잘못된 해석을 했기 때문에 일어나는 오류들이다. 교회가 모든 천사들보다 우월한 지위에 서는 때는 언제인가? 썩어질 몸이 부활의 몸을 입고 그리스도와 함께 천 년 동안 왕 노릇 할 때이다. 교회가 약속의 유업을 받을 상속자일지라도 '어린아이'일 때에는 종인 몽학선생의 수하에 순종하고 가르침을 받는 것과 같이, 교회와 천사들의 관계도 동일하다.

### (8) 성도와 함께 된 종의 의미

비일은 천사들이 성도들과 '함께 된 종'이라는 것을 언급하며, 성도들의 우월성의 근거로 삼았다. "함께 된 종"이라는 것은 이십사 장로들을 말한 것으로 계시록 8장의 '다른 천사'와 관계가 없음에도 불구하고 관계있는 것으로 오해해서 잘못된 결론을 내렸다. 만일 계시록 8:4의 '기도를 드리는 천사'가 비일이 생각하는 것처럼 '일반 천사'였다고 하면 약간의 근거가 될 수 있다. 문맥(context)을 보면 계시록 8:4의 천사는 계시록 8:3의 '다른 천사'(another Angel)이다. '다른 천사'는 향을 갖고 모든 성도들의 기도와 합하여 보좌 앞에 드리고, 계시록 8:4에서 향연이 성도의 기도와 함께 '천사'(another Angel을 가리킴)의 손으로부터 하나님 앞에 올라간다. 두 구절의 주체는 동일한 '다른 천사'이고, 그 사역도 대제사장으로서의 역할을 하고 있다.

### (9) 계시록 8:3의 다른 천사와 계시록 8:4의 천사의 관계

비일의 주장과 같이 4절의 '천사'가 3절의 '다른 천사'(another Angel)와 다르다면, '수'(단수& 복수)가 일치하지 않을 것이다. 왜냐하면 '다른 천사'는 비일도 '그리스도'라고 했을 뿐 아니라 당연히 '단수'이며, 기도를 갖고 가는 천사는 비일이 주장하는 대로 '복수'일 것이기 때문이다. 이 부분은 성경의 기본적인 '팩트'에 해당하기 때문에 문맥을 통해 검증할 수 있다.

첫째, 3절의 '다른 천사'는 'ἄλλος ἄγγελος'(알로스 앙겔로스)로서 '남성 단수 주격'이다. 둘째, 4절의 '천사의 손으로부터'의 '천사'는 'τοῦ ἀγγέλου'(투 앙겔루)로 '남성 단수 소유격'이다. 3절과 4절이 동일한 '단수'라는 것은 문맥(context) 상으로나 문법적으로나 3절의 '다른 천사'가 4절의 천사와 '동일하다'는 것을 가리킨다. 따라서 비일이 '다른 천사'를 '그리스도'로 보았지만, 4절의 '기도를 드리는 천사'

를 앞에서 언급된 '다른 천사'로 보지 않고, '일반 천사'로 해석한 것은 문맥을 벗어난 것이다.

일곱째 인을 뗀 후의 "반 시간쯤의 고요함"은 매우 엄중한 시간이 오고 있음을 의미하는데, 이 때에 '다른 천사'가 나타난다. 대부분 천사라고 할 때, 천군 천사들과 일곱 천사와 같은 천사로 간주하는데, 이것은 매우 단편적인 생각이다. '다른 천사'를 '미지수 X'라 놓고 그에 대한 각 부분을 종합하여 누구인가를 찾는다면, 천사에 대한 고정관념을 벗어나 성경이 보여주는 '팩트'를 볼 수 있다.

이미 1장에서 다룬 것처럼, 구약에 나타난 '여호와의 사자(천사)'는 일반적으로 알고 있는 그런 천사가 아니다. 예수 그리스도가 '대제사장'(High Priest)이며 '그 사도'(the Apostle)인 것 같이 '여호와의 사자'로서 'the Angel'이시다. 계시록 8장에서 '다른 천사'가 나오듯이, 계시록 10장에도 '다른 천사'가 나온다. 동일한 'the Angel'로서 그리스도를 가리킨다.(다른 천사에 대한 것은 10장이 중심이기 때문에 여기서 자세히 논증할 것이다) '다른 천사'에 대한 묘사들은 그리스도에게만 적용될 수 있다. 어느 누구도 그분의 사역과 영광을 대신할 수 없다. 계시록 8장에서 나타난 다른 천사의 사역을 통해서 그가 누구인지, 어떤 사역을 하시는지를 볼 수 있다.


## 9. 금향로의 향과 함께 드려지는 성도들의 기도

### 1) 무천년설: 그레고리 K. 비일의 견해

그레고리 K. 비일은 『NIGTC 요한계시록』(새물결플러스, p.755~757)에서 향과 성도들의 기도에 대한 견해를 말한다.

> '향연이 성도의 기도와 함께 … 하나님 앞으로 올라간다'는 것은 하나님이 그 기도를 받으셨다는 비유적 표현이다. 구약 성경에서 '기도를 향기로운 연기'로 묘사한 것은 하나님이 기도를 열납하셨음을 의미했다. (중략) 향은 성도들의 충성된 희생 제사로 인해 그들의 기도를 하나님이 받으셨다는 것을 보여주는 상징이

다. 그 제사는 주님을 기쁘시게 하는 향기였다. 향기는 성도들의 기도뿐만 아니라 그리스도인의 희생 역시 하나님이 받으셨음을 분명히 보여준다. (1) 성도들이 원수를 갚아 달라고 기도를 드리는 장소는 '제단 아래'인데(6:9), 이곳에서 성도들은 기도의 응답을 받는다.(8:3) (그레고리 K. 비일, 『NIGTC 요한계시록』, 새물결플러스, p.755~757)

## 2) 비일의 견해에 대한 필자의 비평 및 견해

3절은 "또 다른 천사가 와서 제단 곁에(at the altar) 서서 금 향로(a golden censer)를 가지고 많은 향(much incense)을 받았으니 이는 모든 성도의 기도와 합하여 보좌 앞 금 제단에 드리고자 함이라"고 말씀한다. 이 구절의 전반부에는 '제단'이 있고 후반부에는 '금 제단'이 있다. 처음 제단은 '번제단'(the altar)을 가리키고, 후반부의 '금 제단'(the golden altar)은 '분향단'을 가리킨다.

### (1) 응답의 의미
비일은 "성도의 기도와 함께 향연이 하나님 앞으로 올라간다는 것은 하나님이 그 기도를 받으셨다는 비유적 표현이다"고 주장했는데, 필자도 동의한다. 비일의 견해의 중략 전까지의 부분들은 기도와 향과 관련된 구약 말씀으로 하나님께서 받으셨다는 것을 의미한다.

### (2) 향에 대한 비일의 오류
비일의 오류는 '향'에 대한 견해에 있다. 기도가 응답되는 것은 '향연과 함께' 올라갔기 때문이다. 그런데 비일은 "향은 성도들의 충성된 희생 제사로 인해 그들의 기도를 하나님이 받으셨다는 것을 보여주는 상징이다"라고 주장했다. 하나님께 올라가는 것은 '성도의 기도들'과 '향연'이다. 성도의 기도는 성도의 기도를 의미하기 때문에 다른 해석이 필요치 않다. 쟁점이 되는 것은 "'향'이 무엇을 의미하는가?"이다. 비일은 '향'을 성도들의 '희생 제사'라고 해석했는데, 이것은 성도의 기도가 희생 제사라는 '행위' 때문에 올라갔다는 것을 의미한다. 비일이 이런 결과를 알았는지 어떤지는 알 수 없지만 그의 주장은 성도의 기도에 '희생 제사(향)'라는 '행위'로 인해서 하나님께 열납되었다는 결론이 된다. 비일은 기도가 상달되는 성도들의 신실함과 충성됨에 초점을 둔 것 같다.(이것도 중요하지만 계시록 8장의 향은 본질적으로 그리스도의 사역과 관계있다는 것을 간과했다) 계시록 8장에서 언급되는 '금향로의 향'은 성도들의 기도가 하나님께 상달되게 하는 그리스도의 사역, 즉 부활의 공로로 말미암아 기도가 하나님께 올라간다는 것을 의미한다. 비일이 그리스도의 공로를 의미하는 '향'을 성도들의 공로와 희생으로 잘못 해석했기 때문에 일어난 오류이다.

### (3) "이는 성도들의 기도"라는 구절에 나타난 수식 관계

비일이 계시록 8:3의 '향'을 성도들의 기도로 해석한 것은 계시록 5:8의 "네 생물과 이십사 장로들이 그 어린 양 앞에 엎드려 각각 거문고와 향이 가득한 금 대접을 가졌으니 이 향은 성도의 기도들이라"는 구절을 근거했다. 개역개정을 보면 "그 향은 성도들의 기도들이라"고 하며 '동격'으로 번역됐다. 이것은 번역이 아니라 잘못 해석한 경우이다.(이것은 성경을 읽는 사람의 문제가 아니라 성경이 잘못 번역되었기 때문이다)

비일도 동일한 관점으로 본 것은 아쉽다. 왜냐하면 비일은 미국인이기 때문에 개역개정을 참조하지 않고 KJV를 참조했을 것이기 때문이다. KJV은 "and golden vials full of odours, which are the prayers of saints"이라고 번역하여 개역개정과 같이 '해석'하지 않고 원문을 '그대로 번역'했다. 원문은 "이것은 성도들의 기도들이라"는 의미이다. 따라서 'which' 이하가 수식하는 것이 어떤 것인지는 해석자의 몫으로 남겨졌다. 이해를 돕기 위해서 계시록 5:8의 "이 향은 성도들의 기도들이라"의 수식 관계를 아래 도표로 나타냈다.(일반 독자를 위해서 헬라어 원문을 그대로 직역한 KJV을 사용했다) 아래 내용 중 일부는 계시록 5장의 "이 향은 성도들의 기도들이라"는 주제와 관계있고, 이미 언급했음에도 불구하고 독자들의 이해를 돕기 위해서 도표와 내용을 간단히 언급한다.

### ① αἵ(하이)의 선행사는 무엇인가?

원문은 "φιάλας χρυσᾶς γεμούσας θυμιαμάτων, αἵ εἰσιν αἱ προσευχαὶ τῶν ἁγίων"이다. 여기서 문제가 되는 것은 "관계대명사 'αἵ'(하이, which)가 이끄는 "성도들의 기도"

의 선행사가 될 수 있는 것은 '향'과 '금대접'이다.

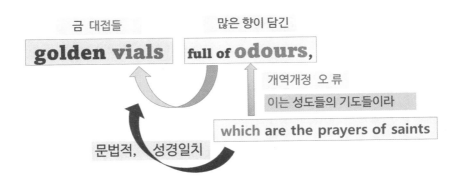

[ 계 5:8 '이는 (αἵ, which)'은 '금 대접'과 '향' 중 무엇을 가리키는가 ]

### ② 문맥 관계

계시록 5:8은 두 부분으로 나뉜다. 첫 부분은 "향이 가득한 금 대접을 가졌으니"라는 구절에서 '많은 향'이 '금 대접'을 수식한다. 이 구절의 중요 단어는 '많은 향'이 아니라 '금 대접'이다. 계시록 5:8은 기본적으로 이십사 장로들이 금 대접들을 들고 있었는데, 거기에는 많은 향들이 있었다는 것을 보여준다.

### ④ 관계 대명사 'αἵ(하이)'와 성과 수의 일치 관계

계시록 5:8은 "향이 가득한 금대접을 가졌으니 이 향은 성도들의 기도들이라"고 말한다.(잘못된 번역임) 헬라어 원문은 "이것은 성도들의 기도들이라"는 뜻이다. 관계대명사 αἵ(하이)는 "여성 복수 주격"이다. 따라서 αἵ(하이)의 선행사는 αἵ(하이)와 '성과 수'가 반드시 일치한다. 개역개정은 αἵ를 '향들'로 해석했는데 오역이다 '향들'은 'θυμιαμάτων'(뒤미아마톤, 향들)으로 '중성 복수'이다. 이것은 αἵ(하이)가 '여성 복수'인 것과 일치하지 않는다. 문법적으로 불일치한다. 이제 남은 것은 '금대접'이다. '금'은 'χρυσᾶς'(크뤼사스, 금으로 만든)로 '여성 복수'이고, 대접은 'φιάλας'(휘알라스)로 '여성 복수'이다. 관계대명사 αἵ(하이)와 '금대접'은 동일하게 '여성 복수'로서 성과 수가 일치한다. 이것은 αἵ(하이)의 선행사가 '향'이 아니라 '금대접'임을 가리킨다. 따라서 계시록 5:8은 "향이 가득한 금대접을 가졌으니, 금대접들은 성도들의 기도들이라"고 번역되어야 한다.

### ⑤ 향은 성도의 기도와 구별됨

비일은 계시록 5:8의 "이 향은 성도들의 기도들이라"는 구절을 잘못 해석해서 향을 성도들의 기도라고 단정했다. 계시록 8:3을 QST해 보자. 성경을 벗어난 해석은 여러 내증을 통해서도 분별할 수 있다. 계시록 5:8의 문맥(context)은 이십사 장로들이 향이 가득한 금 대접들을 들고 있고, 이 금대접들은 성도들의 기도들이라고 말한다.(바른 해석) 혹시 계시록 5:8을 잘못 해석해서 향을 성도들의 기도로 단정했을지라도, 계시록 5:8의 병행 구절인 계시록 8:3을 통해서 문제를 발견할 수 있다. 계시록 8:3은 향이 성도의 기도와 함께 보좌 앞에 드려진다고 말한다. 여기에 '성도들의 기도'가 있고 또한 '향'이 있다. 이것은 '향'이 '성도들의 기도'와 구별된다는 것을 가리킨다. 만일 비일이 말하는 것처럼 향이 성도들의 기도를 의미한다면, 성도의 기도와 함께 향인 성도의 기도들이 더해져서 드려진다는 것은 문맥(context)상 어울리지도 않기 때문이다.

### ⑥ 금 향단의 의미

금 향로를 갖고 많은 향을 받은 것은 '다른 천사'(그리스도)이다. 금대접은 성도들의 기도들로 거기에 많은 향을 더해 하나님의 보좌로 드려진다. 성도들의 기도가 하나님의 보좌 앞에 드려지는 것은 '금 향단(분향단)'의 향이 있기 때문이다. 분향단의 향은 대제사장이신 예수 그리스도의 부활의 효능을 의미한다. 따라서 금대접에 가득한 향은 금 향로에 있는 향으로서 '다른 천사'이신 그리스도에 의해서 성도의 기도들에 더해졌다. 향은 금향단에 있었던 것으로 그리스도께서 갖고 계시므로, '많은 향'을 성도들의 기도라고 할 수 없다.

### (4) 향은 그리스도의 부활의 효능을 의미

성도의 기도가 하나님께 올라가서 열납될 수 있는 근거는 '향'에 있다. 성도의 기도는 신자의 '기도라는 행위'를 가리키지만, '향'은 인간의 행위가 아니라 그리스도께 속한 것이다. 계시록 8:3은 "또 다른 천사가 와서 제단 곁에(at the altar) 서서 금 향로(a golden censer)를 가지고 많은 향(much incense)을 받았으니 이는 모든 성도의 기도와 합하여 보좌 앞 금 제단에 드리고자 함이라"고 말한다. 이 구절의 전반부에는 '제단'이 있고 후반부에는 '금 제단'이 있다. 처음 제단은 '번제단'을 가리키고, 후반부의 '금 제단'은 '분향단'을 가리킨다. 향이 있는 금 향로는 '분향 단'을 가리킨다. 구약에서 성막과 성전의 성소에는 분향단이 있었다.

## 10. 땅에 쏟아진 향로에 담아진 제단의 불

5절은 "천사가 향로를 가지고 제단의 불을 담아다가 땅에 쏟으매 우레와 음성 과 번개와 지진이 나더라"고 말씀한다.

### 1) 무천년설: 그레고리 K. 비일의 견해

그레고리 K. 비일은 『NIGTC 요한계시록』(새물결플러스,p.763~764)에서 향로 에 담아진 제단의 불에 대한 견해를 제시했다.

> 천사가 성도들의 기도와 함께 향로를 취해 하나님의 보좌 앞에 올린다. 이것은 하 나님께 자신들의 박해자들을 심판해 달라는 6:9~11의 성도들의 기도가 분명하 다. 그 기도가 이제 천사의 승인을 받았고 공식적으로 하나님의 보좌 앞에 상달되 어 고려의 대상이 되고 있다. 8:5에서 하나님은 천사의 손을 빌려 땅에 심판의 불 을 보내는 것으로서 그 기도에 응답하신다. 하나님의 응답은 최후의 심판으로 해 석되어야 하며 그 심판 이전에 있는 어떤 시련으로 해석해서는 안 된다.(그레고리 K. 비일, 『NIGTC 요한계시록』,새물결플러스, p.763~764)

### 2) 그레고리 K. 비일의 견해에 대한 필자의 비평

### (1) 기도를 드리는 다른 천사와 불을 쏟는 천사의 관계

비일은 제단의 불을 땅에 쏟은 천사를 '일반 천사'로 해석한다.(일반 천사란 피조된 천사로서 8:2의 '다른 천사'와 구별되는 천사를 가리킴) 8:4의 향연과 성도들의 기도를 하나님 앞으로 올리는 천사를 '일반 천사'로 해석했기 때문이다. 4절에서 천사를 오해했기 때문에, 5절의 천사도 잘못된 동일한 관점으로 보았다. 첫 단추를 잘못 끼웠기 때문에 이후 연쇄적인 오류가 일어났다. 비일이 3절의 '다른 천사'를 보통 천사가 아니라 '임재의 천사'나 '그리스도'로 본 것은 긍정적인데, '보통 천사들'과 완전히 구별되기 때문이다. 3절의 '다른 천사'(그리스도)는 4절의 성도의 기도를 향연과 함께 하나님 앞에 가지고 올라가는 천사와 동일하고, 5절의 제단의 불을 땅에 쏟는 천사와 동일한 '다른 천사'라는 것을 비일은 간과했다. 이런 오류의 원인은 성경의 문맥을 놓쳤기 때문이다.

### (2) 일반 천사는 기도를 승인할 수 없다

비일은 계시록 6:9~11의 성도들의 기도가 계시록 8:4의 천사의 승인을 받아 하나님 보좌 앞에 상달됐다고 말한다. 대체 어떤 천사가 성도들의 기도를 중간에서 승인하여 하나님께 드릴 수 있는가? 이것은 하나님과 사람 사이에 중보자의 역할을 하고 있음을 의미한다. 너무나 당연한 말이지만, 비일이 시인한 것처럼 중보자는 그리스도 밖에 없다. 계시록 8:4에서 다른 천사가 중보자의 위치에 있다는 것은 다른 천사가 그리스도라는 것을 의미한다. 비록 비일이 계시록 8:3~5의 문맥(context)을 오해했을지라도, 8장의 천사의 역할이 '일반 천사'가 할 수 없고, 그리스도만이 할 수 있는 역할이라는 것을 인식했다면 다른 천사가 그리스도라는 것을 발견할 수 있었을 것이다.

### (3) 땅에 쏟아진 불과 우레와 음성과 번개와 지진

5절은 "천사가 향로를 가지고 제단의 불을 담아다가 땅에 쏟으매 우레와 음성과 번개와 지진이 나더라"고 말한다. 5절의 천사는 문맥상 3절의 '다른 천사'를 가리키는데, 그가 하나님의 심판을 집행한다. 땅에 쏟은 불은 제단의 불이다. 그런데 '그냥' 제단의 불을 쏟은 것이 아니라, 제단의 불을 향로에 담아 땅에 쏟았다. 양자는 차이가 있다. 제단의 불을 직접 쏟았다면, 불을 쏟은 심판만을 가리킨다. 그런데 '향로에 담은 제단의 불'이라는 것은 제단뿐만 아니라 향로를 통해서 보여주고자 하는 것이 있다는 것을 암시한다. 여기서 향로는 '금향로'인 분향단을 의미한다. 분향단은 예수 그리스도께서 대제사장으로서 우리를 위해 중보하시는 분이심을 가리킨다. 분향단의 향은 성도들의 기도와 함께 하나님의 보좌 앞에 드려진다.

계시록 5장에서 다섯째 인을 뗄 때, 순교자들이 이 땅에 거하는 자들을 심판하실 것에 대한 신원의 기도가 있었다. 그 기도가 향과 함께 하나님께 상달되었기 때문에 제단의 불을 금향로에 담아 땅에 쏟았다. 왜냐하면, 하나님께서는 성도들의 기도를 통해서 그분의 경륜을 수행하시기 때문이다. (교회의 기도가 하나님의 뜻을 이루는데 중요하다는 것을 본다) 순교자들의 신원의 기도에 대한 응답으로 여섯째 인의 재앙이 있었고, 일곱째 인이 떼어지고 일곱 나팔 재앙으로 땅에 거하는 자들에게 대하여 심판을 집행하신다. 땅에 불을 쏟는 것과 함께 우레와 음성과 번개와 지진이 난 것은 하나님의 심판을 가리킨다.

# Chapter 33 ·
# 첫째 나팔부터 넷째 나팔까지(8:6~13)

## 1. 나팔 심판에 대한 그레고리 K. 비일의 견해

그레고리 K. 비일은 『NIGTC 요한계시록』(새물결플러스,p.772~773)에서 나팔 심판에 대한 견해를 밝혔다.

> 출애굽 재앙은 나팔 재앙의 문학적이고 신학적인 모델이 되었다. 그러므로 나팔 재앙은 무엇보다도 땅에 거하는 대부분의 사람에게 실제로 내려진 심판으로 이해하는 것이 가장 좋다. 부차적으로 그 재앙이 남은 자들에게는 경고가 됐더라도 말이다. (중략) 만일 일곱 나팔이 출애굽 재앙을 문학적 측면에서만 모델로 삼았다면, 일곱 나팔의 궁극적 목표가 사람들을 권면하는데 있다고 볼 수 있다. 하지만 만일 출애굽 재앙의 신학이 일곱 나팔 구성에 구조적인 틀을 제공했다면, 일곱 나팔은 결국 대다수의 백성을 한층 더 완악하게 만드는 심판으로 이해해야 한다. 일곱 나팔은 우상숭배 하는 불신자들에게 회개를 강요하려는데 목적이 있는 것이 아니라, 하나님의 유일하심과 그분의 비교할 수 없는 전능하심을 보이려 하는데 일차적 목적이 있다.(그레고리 K. 비일, 『NIGTC 요한계시록』,새물결플러스, p.772~773)

## 2. 그레고리 K. 비일의 견해에 대한 필자의 비평

### 1) 실제적인 심판: 긍정적

비일은 "나팔 재앙은 무엇보다도 땅에 거하는 대부분의 사람에게 실제로 내려진 심판으로 이해하는 것이 가장 좋다"라고 말하는데, 필자도 동의한다. 이 땅에 거하는 자들에게 대한 심판이 '상징'이라면 아무 의미가 없기 때문이다. 그러나 대부분의 경우 무천년설은 계시록을 '문자적'으로 보지 않고 상징으로 해석한다.

## 2) 확실하지 않은 가정을 근거로 제시

비일은 "만일 일곱 나팔이 출애굽 재앙을 문학적 측면에서만 모델로 삼았다면, 일곱 나팔의 궁극적 목표가 사람들을 권면하는데 있다고 볼 수 있다. 하지만 만일 출애굽 재앙의 신학이 일곱 나팔 구성에 구조적인 틀을 제공했다면, 일곱 나팔은 결국 대다수의 백성을 한층 더 완악하게 만드는 심판으로 이해해야 한다"고 말했다. 그레고리 K. 비일을 비롯한 이필찬 박사와 무천년설자들이 자주 쓰는 용어가 "… 한다면"이라는 가정이다. 전자에 "… 한다면"이라는 가정하에 일곱 나팔 재앙의 목표를 "사람을 권면하는 것"이라고 제시하고, 후자에도 "하지만 … 한다면"이라는 반대의 경우를 들어 "사람들을 완악하게 만드는 심판으로 이해해야 한다"고 주장했다. 본인 자신도 확신하지 못하는 가정 위에 상반되는 주장을 도서관식으로 늘어 놓았다. 사도 요한이 출애굽기의 문학적 측면을 모델로 삼았다는 것인지, 신학적 모델을 삼았다는 것인지 본인도 확신하지 못하면서 주장하는 것은 비논리적이다. 비일을 비롯한 무천년설의 근본적인 문제는 계시록을 '묵시문학'으로 간주하는데 있다. 묵시문학이란 사도 요한이 자신의 생각과 의도를 갖고 계시록을 썼다는 것으로서 성경이 말씀하는 성경관과 전혀 다르다. 웨스트민스터 신앙고백서의 33개 항목 가운데 첫 번째 항목이 "성경에 대하여"라는 것은 다른 고백서와 차별되는 중요한 관점이다.

## 3) 심판의 성격

비일은 "일곱 나팔은 하나님의 유일하심과 그분의 비교할 수 없는 전능하심을 보이려 하는 데 일차적 목적이 있다"고 말했다. 개괄적인 견해이기에 대부분 수긍할 수 있다. 하나님의 공의로운 심판도 후반부에 비하면 전반부는 상대적으로 강도가 약하다가 점점 강해진다. 계시록 9:20은 심판 중에서의 땅의 사람들의 반응을 "이 재앙에 죽지 않고 남은 사람들은 손으로 행한 일을 회개하지 아니하고(yet repented not) 오히려 여러 귀신과 또는 보거나 듣거나 다니거나 하지 못하는 금, 은, 동과 목석의 우상에게 절하고 또 그 살인과 복술과 음행과 도둑질을 회개하지 아니하더라(neither repented)"고 말한다. 이것은 비일이 말하듯이 불신자들의 완악한 상태를 보여주는 것뿐만 아니라, 하나님께서 한편으로 회개하기를 원하신다는 것과 심판하시는 중에도 단번에 진멸치 않으시므로 회개할 기회를 준다는 것을 암시한다.

## 3. 출애굽기와 나팔 재앙의 관계

일곱 나팔 재앙은 출애굽 시에 애굽에 내렸던 재앙과 밀접한 관계가 있다. 아래의 표는 일곱 나팔 재앙을 기준으로 애굽의 재앙과의 상관관계를 나타냈다. 양자는 모두 땅에 거하는 자들에 대한 실제적인 심판이었지 상징이 아니었다.

### 1) 출애굽기 관점과 나팔 재앙의 관계

비일이나 이필찬 박사는 무천년설적인 관점으로 양자를 이해한다. 위의 표는 성경에 기록된 '팩트'이다. 그럼에도 불구하고 무천년설은 '팩트'에 대한 잘못된 관점을 갖고 있다. 이필찬 박사는 출애굽 모티브가 나팔 심판 시리즈의 근간을 이루고 있기 때문에 출애굽기의 관점으로 심판을 이해해야 한다고 주장한다. 양자는 하나님께서 심판하신 것으로 연관성이 있지만, 그렇다고 해서 출애굽기의 관점에서 나팔 재앙을 이해해야 한다는 것은 잘못된 관점이다. 사복음서가 유사한 것같지만 각 복음서의 관점이 있는 것과 같다. 왕이신 그리스도를 증거하는 마태복음을 노예이신 그리스도를 증거하는 마가복음의 관점에서 보면 혼란(chaos)이 일어난다. 반대로 마가복음을 마태복음의 관점에서 보면 문제가 일어난다. 어느 누구도 마태복음을 마가복음이나 누가복음과 요한복음의 관점에서 보는 학자는 없다. 그런데 이필찬 박사는 계시록의 나팔 재앙을 출애굽기의 관점에서 보아야 한다고 주장한다. 이것은 성경의 기본 원칙을 벗어난 것이다. 양자는 세상에 대한 심판이라는 공통점뿐만 아니라, 큰 차이가 있다. 출애굽기는 구원의 시작이라고 하면, 계시록은 하나님의 경륜의 완성으로서 세상에 대한 심판과 함께 세상 나라가 그리스도의 왕국이 되는 과정을 보여주기 때문이다.

## 2) 출애굽기 모티브의 참조 문제

계시록에 대한 비일의 관념은 사도 요한이 자신의 의도와 목적을 가지고 '출애굽기의 모티브'를 참조해서 썼다고 간주한다. 무천년설자들이 자주 사용하는 '모티브'(motive)라는 것은 "미술, 문학, 음악 등에서 창작 동기가 되는 중심 제재나 생각"을 의미한다. 계시록의 나팔 재앙들은 사도 요한이 출애굽기의 애굽에 대한 재앙들을 참조해서 인위적으로 기록했다는 것을 의미한다. 세상에서도 노래를 작곡할 때 다른 노래에서 모티브를 따왔다면 표절이라고 하는데, 사도 요한이 출애굽기를 표절했다는 것이 된다. 이것은 계시록 1:1의 "예수 그리스도의 계시라"는 대전제와 성경이 하나님의 감동으로 기록된 말씀을 부인하는 것과 같다.

## 3) 출애굽기와의 차이

출애굽기와 계시록의 나팔 재앙이 악한 세상에 대한 심판이라는 공통점이 있지만, 큰 차이점이 있다. 출애굽기는 하나님의 백성들을 애굽(세상)에서 어떻게 구원하시는가를 보여준다. 그래서 모세 오경 가운데 두 번째 책 이름도 '출애굽기'이다. 이에 반하여 계시록은 하나님의 구원의 경륜이 어떻게 성취(완성)될 것인가를 보여준다. 우리가 잘 아는 일곱 나팔 재앙들을 포함한 대환난이 있다. 대환난은 유대 땅을 중심으로 있게 될 것으로, 세상에 대한 하나님의 심판이다. 대환난은 심판으로서 소극적인 성격을 띠지만, 그 후에 그리스도께서 하나님의 왕국(통치)을 온 땅에 가져온다는 적극적인 의미도 있다. 이 땅에 거하는 악한 자들을 심판하신 후에 그리스도께서 온 땅을 통치하시기 때문이다. 따라서 계시록의 결론은 주의 재림과 세상 모든 왕국들이 그리스도의 왕국이 되고 이기는 자들이 그리스도와 함께 천 년 동안 왕 노릇 한다는 것을 말한다. 그런 후에 새 하늘과 새 땅, 새 예루살렘이 도래한다. 하나님의 구원의 경륜 가운데 출애굽기는 '시작'에 해당되고 계시록은 '완성'에 해당한다.

출애굽기와 계시록은 많은 시간적 간격이 있다. 여섯째 인과 일곱 나팔 재앙은 이런 순교자들의 기도에 대한 응답으로, 이때에야 하나님께서 비로소 악한 세상을 심판하시기를 시작하신다. 그 후에 일곱째 나팔을 불 때, 세상 나라가 그리스도의 왕국이 될 것이다. 출애굽기는 거대한 하나님의 구원의 경륜 가운데 시작 부분이라면, 계시록은 구원 경륜의 완성이다. 따라서 계시록을 출애굽기의 관점으로 봐야 한다는 것은 공통점만 보고 차이점을 보지 못한 주관적인 견해이다.

### 4) 시대의 대전환

첫째 나팔을 불 때, 피 섞인 우박과 불이 땅에 쏟아져서 땅의 삼분의 일이 타버리고 수목의 삼분의 일과 각종 모든 푸른 풀도 타버렸다. 출애굽기에는 일곱째 재앙으로 우렛소리와 불 섞은 우박이 애굽 온 땅에 쏟아졌다. 양자의 공통점은 "불 섞은 우박"이며, 차이점은 첫째 나팔에는 피가 있다는 것이다. 하나님께서는 이제까지 선한 자나 악한 자나 모두 하늘의 비를 주고 햇빛을 주셔서 모든 곡식과 과일이 자라게 하시고 은혜를 베푸셨다. 그런데 심판의 시대가 시작되면, 하늘에서 내리는 비가 우박으로 바뀐다. 비(rain)는 모든 풀과 곡식을 자라게 하는 반면에, 우박은 모든 풀과 곡식과 과일들에 해를 끼치므로 땅에 대한 재앙이다. 만일 우박만 내렸다면, 출애굽 때의 애굽 사람이든, 계시록에서 온 땅에 거하는 사람이든 '우연한' 자연 재해로 간주했을 수도 있다. 그러나 하나님께서는 모세가 말한대로 '불 섞인 우박'이 온 땅에 내려 곡식이 해를 입을 때, 그들은 이것이 하나님의 심판이라는 것을 부인할 수 없었다.

첫째 나팔 재앙에도 "피가 섞은 우박"과 '불'이 함께 땅에 떨어지는데, 이런 초자연적인 재앙은 출애굽기에 있었던 재앙 외에 어느 때에도 없었다. 첫째 나팔 재앙은 'Made by God'이라는 꼬리표가 달리지 않았지만, 짐승과 같이 무지한 자들조차도 하나님의 심판이라는 것을 깨달을 수밖에 없다. 왜냐하면, 역사상 하늘에서 피가 섞인 우박이 내린 적이 없고, 게다가 불이 섞여서 쏟아진 적이 없기 때문이다. 소돔과 고모라 성을 심판할 때, 불과 유황비가 내린 것과 애굽의 재앙에 불이 섞인 우박이 쏟아진 것을 믿지 않고 비웃었던 자들은 그제야 비로소 하나님의 심판이었다는 것을 깨닫게 될 것이다. 일곱째 인을 뗄 때에 하늘에서 '반 시간쯤 고요함'은 이런 시대의 전환을 의미한다.

## 5) 계시록의 심판의 목적

출애굽기에서 애굽에 내린 재앙은 애굽 사람들에게 하나님의 능력과 권세를 나타내시고, 하나님의 백성들에게 구원을 가져왔다. 출애굽기에 나타난 애굽에 대한 심판은 이스라엘 백성들에게 구원을 가져왔다. 계시록의 일곱 나팔 심판은 땅에 거하는 자들에게 대한 하나님의 능력과 권세를 나타낸다는 것으로 원칙상 동일하다. 그러나 출애굽기에서 찾을 수 없는 목적이 있는데, 하나님의 왕국이 이 땅에 임하기 위한 것이다. 출애굽기의 메시지는 '구원'인데 반하여, 계시록의 메시지는 '소극적으로' 세상을 심판하시고, '적극적으로' 세상 나라가 그리스도의 왕국이 되게 하여 그리스도께서 세세토록 왕 노릇 하신다는 것을 보이기 때문이다. 계시록은 하나님의 창조와 구원의 경륜이 하나님의 왕국으로 어떻게 성취될 것인가를 계시한다.

## 6) 출애굽기 재앙과 일곱째 나팔 관계

이필찬 박사는 『요한계시록』(에스카톤, p.769)에서 첫째 나팔과 출애굽기 일곱째 재앙의 관계를 다음과 같이 진술했다.

| | 계시록 8:7 | 출애굽기 9:22~25 |
|---|---|---|
| 심판 방법 | 우박과 (피 섞인)불 | 우렛소리와 우박을 보내시고 불을 내려(23) 불덩이가 우박에 섞이다 (24) |
| 심판 대상 | 땅의 1/3 나무들의 1/3 모든 푸른 풀 | 애굽 전역: 애굽 땅의 모든 사람과 짐승과 모든 채소(22) 애굽 온 땅에 사람과 짐승을 막론하고 … 밭의 모든 채소와 나무를 꺾다(25) |

이 표에서 확인할 수 있듯이, 출애굽기 9장 22~25절에서 심판의 방법으로 '우박'과 '불'이 주어지는 것과 그 심판의 대상이 '밭의 채소와 들의 모든 나무'라는 점은 요한계시록 8장 7절과 동일하다. 그러나 요한은 출애굽기의 말씀을 자신의 목적에 따라 다소 변경된 형태로 사용한다. 즉 출애굽기 말씀에서는 심판 대상을 '애굽 전국' 혹은 '애굽 온 땅'으로 설정하고 그 범주안에 '사람과 짐승과 밭에 모든 채소'와 '들의 모든 나무들'이 포함되는 반면(출 9:2, 25) 요한계시록에서는 심판 대상이 애굽과 같은 어느 일정한 지역에 국한되지 않고 모든 지역을 총망라하되 심판의 범위는 '땅의 삼분의 일/나무들의 삼분의 일로 국한된다.(이필찬, 『요한계시록』, 에스카톤, p.769)

### (1) '팩트'와 해석

위 표의 내용은 성경의 '팩트'이기 때문에 아무 문제가 없다. 그런데 이 팩트를 바라보는 '해석'(관점)에 문제가 있다. 예수님께서 주님을 시험하는 율법교사에게 "율법에 무엇이라 기록되었으며(What is written in the law) 네가 어떻게 읽느냐(How do you read it?)"(눅 10:26)고 말씀하셨다. 성경에 무엇이라 기록된 것은 '객관적 사실'이기 때문에 누가 봐도 동일하다. 위의 표도 객관적 사실을 정리한 것이기 때문에 아무 문제가 없다. 그런데 그것을 "어떻게 읽느냐"는 "해석의 문제"로 '해석자의 관점'에 따라 달라진다. 무천년설은 위의 '팩트'를 다음과 같이 해석한다.

### (2) 사도 요한의 의도와 목적 관계

이필찬 박사는 첫째 나팔과 출애굽기의 일곱째 재앙에서 '우박과 불'이 동일한데, 애굽에서는 '애굽의 전역'의 사람과 짐승과 모든 채소와 나무들이 대상이었던 반면, 첫째 나팔에서는 땅의 삼분의 일로 심판의 대상에서 '사람이 빠진' 땅과 나무의 1/3인 이유를 요한이 출애굽기의 말씀을 자신의 목적에 따라 다소 변경된 형태로 사용했기 때문이라고 주장한다. 그는 계시록이 예수 그리스도의 계시라는 '팩트'를 무시하고, 계시록을 외경과 같은 묵시문학으로 간주한다. 사도 요한이 자신의 생각과 의도를 갖고 출애굽기에 나온 애굽에 대한 재앙을 '모티브'로 하여 수정과 삽입을 통해 각색하여 첫째 나팔을 썼다는 것은 중대한 오류이다. 애굽의 재앙의 대상은 사람과 짐승과 모든 채소를 포함했는데, 사도 요한은 그것이 너무 심하다고 생각해서(결과적으로 해석하면) '사람과 짐승'은 빼고 모든 나무와 푸른 풀로 '변경해서' 사용했다는 관점은 계시록(성경)에 대한 '끔찍한' 생각이다.

### (3) 땅의 1/3의 문제

이필찬 박사는 요한계시록에서는 심판대상이 애굽과 같은 어느 일정한 지역에 국한되지 않고 모든 지역을 총망라하되 심판의 범위는 '땅의 삼분의 일/나무들의 삼분의 일로 국한되는 우주적 범주"라고 주장한다. 이 문제는 아래의 "첫째 나팔 재앙의 범위"에서 자세히 다룰 것이다. 이 박사는 다른 학자들과 같이 첫째 나팔의 범위를 "온 땅의 삼분의 일"이라고 단정했다. 이것은 일곱 나팔 재앙을 '최후의 심판'으로 봤기 때문이다. 그럴 수밖에 없는 이유는 일곱 인과 일곱 나팔과 일곱 대접을 '병렬식'으로 간주하고, 일곱 나팔로(일곱 대접이 없이) 심판이 끝난다고 생각했기 때문이다. 그가 '온 땅의 삼분의 일'이 불에 탄다고 주장하는 것은 '그 땅의 삼분의 일'로 차이가 있다.


## 4. 첫째 나팔

### 1) 무천년설: 그레고리 K. 비일의 견해

그레고리 K. 비일은 『NIGTC 요한계시록』(새물결플러스, p.783 ~784)에서 첫째 나팔에 대한 견해를 밝혔다.

> 요한계시록은 출애굽기의 재앙을 수정한다. 땅과 나무의 삼분의 일만 해를 입혔다고 말이다. (중략) '피'가 덧붙여준 것은 나일 강이 피로 변한 애굽에 내린 첫 번째 재앙에서 왔을 것이다. 그래서 첫째 재앙은 첫 번째 나팔의 한 국면이 된다. 이것은 땅의 한 부분을 살라버릴 문자적인 불을 언급하는 것이 아니다. 이것은 환상이 '상징으로써 전달한다'고 설명한 1:1과 맥을 같이한다. '불'은 요한계시록의 여러 곳에서 비유적으로 사용되었다. 계시록 4:5는 특히 이 상황에 잘 맞는다. 이

본문에는 하늘에서 '보좌 앞에 타는 불'이 공식적, 비유적으로 해석되었으며, 나팔 신호로 시작된 모든 재앙이 '하나님 앞'(8:2), 하늘 보좌 앞에서 기원하기 때문이다.(그레고리 K. 비일, 『NIGTC 요한계시록』, 새물결플러스, p. 783~784)

## 2) 그레고리 K. 비일의 견해에 대한 필자의 비평

### (1) 사도 요한이 출애굽기 재앙을 수정했는가?

비일은 "요한 계시록은 출애굽기의 재앙을 수정한다"고 주장한다. 즉 출애굽 때에 온 애굽 땅에 재앙을 내리셨던 것처럼 첫째 나팔 재앙에서도 1/3만이 아니라 '온 땅'을 심판해야 했는데 요한이 자의적으로 '축소했다'는 것을 가리킨다. 계시록의 첫째 나팔은 출애굽기의 재앙을 수정한 것이 아니다. 출애굽기의 재앙은 애굽에 대한 재앙이고, 요한계시록의 첫째 나팔은 이 땅에 거하는 자들에 대한 것으로 대상이 차이가 있기 때문이다.

### (2) 양대 재앙의 크기 비교

비일은 출애굽기의 재앙보다 요한계시록의 재앙이 커야 우주적인 재앙이 되는데, 삼분의 일만 해한다는 것을 불합리하게 생각했는데, 이것은 잘못된 관점이다. 출애굽기의 재앙은 애굽 땅에 한정된 것으로서 '애굽 온 땅'이다. 요한계시록의 첫째 나팔 재앙은 애굽이라는 어떤 땅으로 제한하지 않고 '땅의 삼분의 일'이기 때문에, 출애굽기의 재앙보다 범위가 더 광범위하다. 비일은 출애굽기의 재앙은 '온 땅'이었고, 요한계시록의 첫째 나팔은 '땅의 삼분의 일'이라고 하는 '숫자의 덫'에 걸린 듯하다. 비일은 뒤에서 "첫 번째 나팔은 한 나라 안에서 일어나는 것이 아니라, 사람이 사는 온 땅 전체에 영향을 미치기 때문이다"고 했음에도 불구하고 "요한계시록이 출애굽기의 재앙을 수정한다"는 주장을 하는 것은 앞뒤가 맞지 않다.

### (3) 불은 상징이 아니다

비일은 "요한계시록은 불이 해를 가하는 중요한 요소임을 강조한다. 출애굽기에서는 우박이 이런 역할을 담당한다"고 말하면서, 이 불이 '문자적인 불'을 언급하는 것은 아니라고 했다. 비일의 견해는 이전의 견해와 일치하지 않고 오락 가락하고 있는데, 그런 이유는 무엇인가? 비일은 앞 부분에서 "나팔 재앙은 무엇보다도 땅에 거하는 대부분의 사람에게 실제로 내려진 심판으로 이해하는 것이 가장 좋다"고 했다가, 7절의 불은 땅의 한 부분을 살라버릴 문자적인 불을 언급하는 것이 아니라 환상이 '상징으로써 전달한다'고 말한다. 어떤 것이 비일의 견해인가? 필자가 볼 때, 비일 스스로 갈팡지팡 하는 것은 계시록의 심판이 '실제적인'(문자적 의미) 것을 부인할 수 없다가, 또다시 모든 것을 상징으로 보는 무천년설의 관점으로 돌아갔기 때문으로 보인다. 비일의 견해는 일관성이 없다.

### (4) 물리적인 불이다

출애굽기에서 애굽에 쏟았던 불은 '물리적인'(문자적인) 불이었듯이, 계시록 8장의 첫째 나팔이 불 때 피섞인 우박과 불도 '물리적인'(문자적인) 불이다. 양자는 모두 '악한 세상'에 대한 심판으로 불신자들에 대한 심판이기 때문에 '물리적인 불'이다. 만일 불이 '물리적인 불'이 아니고 상징이라고 하면, 심판은 아무런 의미가 없다.

### 3) 첫째 나팔 재앙의 범위

### (1) 온 땅의 1/3이라면

첫째 나팔을 불 때, 피 섞인 우박과 불이 나와서 땅에 쏟아지매 땅의 삼분의 일이 타 버리고 수목의 삼분의 일도 타 버리고 각종 푸른 풀도 타 버린다. 무천년설을 비롯한 모든 신학자들이 '온 지구상의 1/3'에 해당하는 수목과 푸른 풀이 타버린다고 간주(해석)한다. 왜냐하면 성경이 '땅의 1/3'이 타 버린다고 하기 때문인데, 성경을 QST하지 못한 결과이다.

첫째 나팔이 가져올 재앙을 구체적으로 적용해 보자. 아래는 세계 지도로서 각 대륙의 1/3에 해당하는 땅과 수목과 푸른 풀들이 탄 지역을 '빗금으로' 표시했다. 세계에서 곡식들을 수출하는 미국과 아르헨티나와 우크라이나의 1/3의 땅과 함께 수목과 푸른 풀이 타 버렸다고 가정해 보자. 이것은 세계 식량의 1/3이 타버렸다는 것을 의미한다. 역사상 세계 곡식 수확량의 1/3이 감소된 경우는 한 번도 없었다. 세계 곡식의 3~4%만 감소해도 세계 곡식 가격은 15~20% 이상 상승한다. 그런데 1/3 즉 약33%가 불에 타서 재가 되었다면, 역사상 최악의 대기근에 해당된다. 게다가 가축들과 초식 동물들의 먹이가 되는 풀도 1/3이 타 버렸고, 수목의 1/3도 타버렸다. 세계의 모든 항공기를 동원해서 불을 끄려고 해도 손바닥으로 하늘을 가리는 것과 같을 것이다. 각 대륙의 파란 하늘은 시꺼먼 연기로 가득할 것이다. 그 연기로 죽은 사람과 폐질환으로 모든 병실은 가득 차서 노천 병상들이 장사진을 이룰 것이다.

과학자들은 공룡이 멸종한 이유 가운데 거대한 운석이 땅에 떨어진 것을 든다. 운석이 땅에 떨어진 것은 떨어진 자체도 심각한 피해를 주지만, 먼지가 발생하여 하늘을 뒤엎어 버림으로 햇빛이 차단될 때 '핵 겨울'이 초래된다. 그 결과 모든 푸른 풀이 멸종하고, 풀을 먹이로 하는 초식 동물이 멸종한다. 따라서 초식 동물들을 먹이로 하는 육식 동물인 공룡이 멸종했을 것이라 추정한다.

객관적인 관점에서 땅의 1/3의 수목과 푸른 풀들이 타 버린다고 가정하면, 지구의 하늘(대기)은 미니멈 50%는 푸른 하늘을 보지 못할 것이고, 이 연기는 10개월은 족히 지속될 것이다. 그렇다면 불에 타서 죽은 사람은 물론이고 연기에 의해 질식하여 죽는 사람과 모든 생태계의 파괴는 물론, 땅에 있는 사람들에게 치명적인 손상을 입힌다는 것은 명약관화하다. 이 나팔은 둘째, 셋째 나팔도 아니고 첫째 나팔이다. 그런데 성경은 아이러니 하게도 사람이 태워졌다는 언급이 없고, 수목들과 푸른 풀만 타 버렸다고 말씀한다. 우리가 알다시피 첫째 나팔로부터 넷째 나팔까지는 사람에 대한 직접적인 재앙이 아니라, 환경에 대한 재앙으로 이 땅에 거하는 자들에 대한 간접적인 재앙이다. 실제적인 상황과 우리가 생각하는 것은 일치하지 않는다. 그런 이유는 무엇인가를 찾아보자.

[첫째 나팔 재앙: 온 땅의 1/3 수목과 풀들이 탄 것을 가정한 그림]

### (2) 그 땅의 1/3

첫째 천사가 나팔을 불 때 피 섞인 우박과 불이 나와서 땅에 쏟아진 결과 "땅의 삼분의 일이 타 버리고 수목의 삼분의 일도 타 버리고 각종 푸른 풀도 타 버렸더라"고 말한다. '땅의 삼분의 일'은 "τὸ τρίτον τῆς γῆς"(토 트리톤 테스 게스)이다. 다소 번거로운 것 같지만, 헬라어를 배우지 않은 일반 독자들을 위해서 한 단어씩 그 의미를 살펴보자.

- τὸ(토): 정관사, 주격, 중성, 단수, 영어의 정관사 'the'와 같다.
- τρίτον(트리톤): 형용사, 서수, 주격, 중성, 단수, 세 번째 부분, 삼분의 일이란 의미이다.
- τῆς(테스) : 정관사, 소유격, 여성, 단수, 영어의 정관사 'the'와 같다.
- γῆς(게스): 땅, 지구의 뜻으로 명사, γῆ(게)의 소유격, 여성, 단수이다.

위의 내용은 신학훈련을 받았다면 누구든지 알 수 있다. 여기서 대부분 놓치는 것은 정관사 τῆς(테스)이다. 'τῆς γῆς'(테스 게스)는 '그 땅의'라는 의미이다. 만일 정관사 'τῆς'(테스)가 없이 'γῆς'(게스)라고 했다면, 모든 사람이 생각하는 것처럼 '땅의 삼분의 일' 즉 '온 땅의 삼분의 일'이란 의미가 된다. 그러나 'τῆς γῆς'는 정관사 'τῆς'가 있기 때문에 '그 땅의'라는 뜻으로, 어떤 특정한 땅을 가리킨다.

따라서 "그 땅의 삼분의 일"은 '온 땅의 삼분의 일'과는 현격한 차이가 있다.

만일 'τῆς γῆς'가 아시아 대륙을 가리킨다면, 아시아 대륙의 1/3이 불에 탈 것이다. 만일 중국을 가리킨다면 중국의 1/3이 될 것이고, '그 땅'이 중국의 남부 지역을 가리킨다면, 남부 지역의 1/3이 불에 탈 것이다. 만일 'τῆς γῆς'가 적그리스도 치하의 땅을 가리킨다면, 유럽의 1/3이 불에 탈 것이다. 유럽의 중부나 남부 지역을 가리킨다면, 그 지역의 1/3이 불에 탈 것을 가리킨다. 'τῆς γῆς' 즉 '그 땅'이 어떤 땅인지는 하나님의 주권에 달려있다. 우리는 단지 하나님께서 어떤 특정한 지역의 1/3의 수목과 푸른 풀을 다 태워 버리실 것을 알 수 있다. 하나님은 어디든지 그 뜻대로 행하실 권세가 있다. 하나님은 온 땅 가운데 가장 극렬하게 하나님을 대적하는 패역한 땅 가운데 어떤 한 곳을 치실 것이다. 그곳이 계시되지 않았기 때문에 굳이 그곳이 어떤 곳인지 알려고 할 필요도 없다. 만일 그곳이 어떤 곳이라고 계시받았다는 선지자 노릇하는 자가 있을지라도 귀를 기울일 필요도 없다. 성경이 말씀하는 것만이 우리에게 필요하기 때문이고, 말씀을 넘어 가는 것은 육신의 생각이기 때문이다. 우리가 확신할 수 있는 것은 대부분의 학자들이 첫째 나팔로 인해서 '온 땅의 삼분의 일'이 불 탈 것이라고 단정한 것은 성경이라는 '팩트'를 보았지만, 잘못 해석한 것이다. 우주 왕복선의 작은 '나사'와 같은 정관사 'τῆς(테스)'를 소홀히 한 것이 심각한 오류를 가져왔다. 첫째 나팔 재앙의 결과는 '그 땅의 삼분의 일'이 불에 타 버리는 것이다. 온 땅의 삼분의 일'이 아니라, '그 땅의 삼분의 일'이라고 해서 작게 여기는 사람이 있다면 잘못 판단한 것이다.

### (3) 호주의 산불과 첫째 나팔 재앙의 예상 시뮬레이션

다음은 2019년 호주에서 발생한 산불이 얼마나 큰 영향을 주었는지를 알 수 있는 기사이다. 이것을 통해서 첫째 나팔 재앙이 "그 땅의 1/3"이 어느 정도 피해를 주는지를 시뮬레이션할 수 있다.

> 2020년 세계 기후시스템에 가장 큰 영향을 미친 사건은 코로나 19 락다운(봉쇄)이 아닌 호주에서 발생한 대규모 산불이었다는 연구결과가 나왔다. 호주 산불은 발생 수개월 만에 지구 온도를 섭씨 0.06도 낮춘 것으로 분석됐다. 미국 국립대기

연구센터(NCAR)는 27일(현지 시각) 미국 지구물리학협회 저널인 '지구물리학 연구레터'에 발표한 논문에서 "컴퓨터 모델링 분석 결과 지난해 세계 기후에 가장 큰 영향력을 끼친 사건은 코로나 19가 아니라 2019년부터 2020년까지 지속된 호주 산불인 것으로 나타났다"고 밝혔다.

2019년 가을 호주 남동부 지역에서 시작된 산불은 2020년 봄까지 약 6개월 동안 이어지면서 한국 국토면적에 해당하는 약 1000만 헥타르(약 10만㎢)의 산림을 태웠다. 인명피해는 물론 1000억 호주 달러(약 85조원)의 재산피해를 낸 재앙적 사건이었다. 연구에 따르면 호주 산불은 발생 수개월 만에 지구 온도를 섭씨 0.06도 낮춘 것으로 나타났다. 대규모 화재가 지구 온도를 떨어뜨렸다는 사실이 의아할 수 있지만, 화재로 인한 연기는 지구로 들어오는 태양빛을 차단하는 역할을 한다. 연기에는 태양복사 에너지를 반사해 대기 밖으로 내보내는 황산염 같은 에어로졸 입자가 포함돼 있다. 화산 폭발도 이같은 방식으로 지구 온도를 떨어뜨린다. NCAR은 이같은 기후현상이 지역별로 불균형적인 냉각효과를 일으켰고, 기후 시스템을 교란하는 힘으로 작용했다고 분석했다. 역대성 뇌우의 위치가 평소와 달리 적도 위쪽으로 이동한 것 역시 호주 산불에 따른 연쇄적 반응이라는 설명이다.

한편 코로나19 봉쇄조치는 2022년말까지 지구 온도를 섭씨 0.05도 높일 것으로 조사됐다. 산업활동, 야외활동의 극적인 감소는 온실가스 배출량을 줄이면서 대기환경 개선에 기여했는데, 이는 결과적으로 태양빛이 지구에 더 도달하기 쉽게 만든다.

NCAR 분석에 따르면 호주 산불은 대기 상단에 존재하는 태양에너지를 $1\text{m}^2$당 약 1W(와트)만큼 줄인 반면, 코로나19는 $1\text{m}^2$당 0.23W 증가하게 만들었다. 통상적인 대기 상단의 태양에너지는 $1\text{m}^2$당 1360W 수준이다. 논문 주저자인 존 파설로 박사는 '호주 산불은 대형 화산폭발과 같은 방식으로 기후시스템에 영향을 미쳤다'며 '화산폭발은 대략 30년마다 한 번씩 일어나지만, 산불은 그보다 더 자주 발생하면서 지구에 영향을 미치고 있다. 산불이 기후에 미치는 영향에 대해 더 연구해야 한다'고 말했다.(머니 투데이, 2021.7.28.)

## (4) 첫째 나팔의 피해 예상 시뮬레이션

호주의 국토 면적은 7,692,202㎢이고, 우리나라의 국토 면적(대한민국의 남한)은 약 10만 ㎢이다. 위의 사례를 기초로 하여 만일 첫째 나팔 재앙의 '그 땅의 1/3'이 호주 대륙이라고 가정할 때(위 산불 사례가 호주에서 일어났기 때문에 편의상 가정한 것임) 어느 정도의 피해가 예상되는지 예측할 수 있다. 호주 땅의 삼분의 일은 257만㎢에 달하고, 이것은 위 사례의 25.7배에 달한다. 위 사례의 산불이 약 6개월간 지속됐기 때문에, 첫째 나팔의 불은 산술적으로 6개월×25.7배인 154.2개월로, 햇수로 환산하면 12.85년이 된다. 재산상의 피해도 2019년 호주 산불이 1000억 호주 달러(약 85조원)에 달했는데, 첫째 나팔의 피해는 인명을 제외한 재산상의 피해는 1000억 호주 달러의 25.7배로서 2570억 호주 달러(한화 218조 4500억원)에 이른다. 아래의 표는 지난 호주에서 발생한 산불로 인한 '팩트'이고, 오른 쪽은 첫째 나팔 재앙의 "그 땅의 1/3"이 호주대륙이라고 가정했을 때의 피해 상황을 시뮬레이션한 표이다. 이것을 통해서 첫째 나팔이 가져올 상황을 탁상공론이 아닌 실제에 적용하면 첫째 나팔의 재앙이 어떤 결과를 가져올지를 예측할 수 있다.

| | 2019~2020 호주 산불 | 첫째 나팔 "그 땅의 1/3" |
|---|---|---|
| 호주 전체 | 7,692,202㎢ | 7,692,202k㎡ |
| 불 탄 면적 | 약 10만㎢(남한 면적) 1/77 | 257만k㎡(남한 25.7배) |
| 불 탄 기간 | 약 6개월 | 154.2개월=12.85년 |
| 피해액 | 약 85조원 | 2184조 5000억원 |
| 지구 온도 | 섭씨 0.06도 낮아짐 | 면적과 기간 비율 |
| 사례 | 호주 산불 실제 상황 | 호주의 1/3 가정 상황 |

## 5. 둘째 나팔

8~9절은 "둘째 천사가 나팔을 부니 불 붙는 큰 산과 같은 것이 바다에 던져지매 바다의 삼분의 일이 피가 되고 바다 가운데 생명 가진 피조물들의 삼분의 일

이 죽고 배들의 삼분의 일이 깨지더라"고 말한다. 첫째 나팔은 땅에 대한 심판이었고, 둘째 나팔은 바다에 대한 심판이다.

## 1) 불 타는 산 같은 것

### (1) 무천년설: 이필찬 박사의 견해

이필찬 박사는 『요한계시록』(에스카톤, p.774~775)에서 불 타는 산에 대한 견해를 말한다.

> ① 여기에서 예레미야 51장 25절의 '불탄 산'이라는 문구는 요한계시록 본문에 '불로 말미암아 타는 큰 산'과 평행을 이룬다. (중략) 이것은 8b절에서 '불로 말미암아 타는 큰 산'이 바다에 던져지는 장면과 유사하다. 그렇다면 '불로 말미암아 타는 큰 산'을, 바벨론 제국에 대표되는 세상 나라에 대한 심판을 나타내는 은유적 표현으로 보는 것이 타당하다.
>
> ② 다음으로 유대적 배경에 해당하는 에녹1서 18장 13절의 '나는 타는 큰 산들 같은 일곱 별을 보았다'에서 '타는 큰 산 같은'이라는 문구는 요한계시록 18장 8b절에 '불로 말미암아 타는 큰 산 같은'이라는 문구가 거의 일치한다. (중략)
>
> ③ 끝으로 이러한 구약적 배경이나 유대적 배경이 아닌 동시대적인 배경을 고려해 보면 '불로 말미암아 타는 큰 산'이라는 심판의 이미지는 독자들에게 AD 97년의 베수비우스 산에서 일어난 화산 대폭발을 연상케 하려는 의도를 담고 있을 가능성도 배제할 수 없다.(이필찬, 『요한계시록』,에스카톤, p.774~775)

### (1) 무천년설에 대한 필자의 비평

#### ① 동시대 배경인가?

이필찬 박사는 "불에 탄 산"에 대하여 세 가지 견해를 각각 내놓았다. 첫째, "예레미야 51:25과의 평행 구절이기 때문에 바벨론에 대한 심판으로 보는 것이 타당하다"고 주장했다. 둘째, 유대적 배경인 에녹1서를 들어 타락한 천사들과 밀접하게 관련된 악의 세력에 지배되는 세상에 대한 심판이라고 추정할 수 있다.

셋째, 동시대적인 배경을 고려할 때 베수비우스 화산의 폭발을 연상케 하려는 의도를 담고 있을 가능성도 배제할 수 없다고 주장했다. 그의 견해는 위 세 가지 중 어느 것인가? 그냥 상상할 수 있는 모든 경우의 수를 나열했다. 첫째는 "타당하다"고 했기 때문에 70% 이상이고, 둘째 견해는 "추정할 수 있다"고 했으니 약 50% 정도 가능성이 있고, 셋째 견해는 "가능성도 배제할 수 없다"고 했으니 30%의 가능성은 있다는 것인가? 세 가지 가능성을 제시한 것은 그의 견해가 없다는 것과 같다.

### ② 바벨론에 대한 심판

예레미야 51장에 '불탄 산'이 있다고 해서 둘째 나팔을 과거 바벨론의 심판으로 보는 것은 '금'이 반짝인다고 해서 반짝이는 모든 것을 금으로 간주하는 것과 같다. 이 박사가 언급한 것처럼 바벨론에 대한 심판은 계시록 18장에 나온다. 따라서 둘째 나팔은 바벨론에 대한 것이 아니다. 성경은 단지 온 땅 가운데 "그 땅의 삼분의 일"이라는 것만을 보여주기 때문에, 이 박사가 예레미야 성경을 들어 바벨론이라고 하는 것은 적절치 않다.

### ③ 에녹서는 외경

이 박사는 에녹서와의 관계를 들어 타락한 천사와 관련된 세상이라고 추정했다. 에녹서는 외경으로 정경과는 구별된다. 에녹서는 계시록이라는 확고한 사실을 기초해서, 계시록의 맥락에 일치하는 것에 대하여 부수적으로 참조할 수 있을 뿐이다. 그런데 그가 외경인 에녹서를 의지해서 계시록의 둘째 나팔을 해석하는 것은 주객이 전도된 것이다.

### ④ 베수비우스 화산 대폭발 모티브 관계

이 박사의 세 번째 견해는 동시대적인 배경을 근거로 든다. 즉 AD 97년의 베수비우스 산에서 일어난 화산 대폭발을 연상케 하려는 의도를 담고 있을 가능성도 배제할 수 없다고 했다. 이 견해는 사도 요한이 베수비우스 화산 폭발을 '모티브'로 해서 둘째 나팔 재앙을 썼다는 것을 가리킨다. 이런 관념이 가능한 까닭은 요한계시록을 '묵시문학'으로 단정하기 때문이다. 성경에서 요한은 '저자(著

者)'가 아니라 '기자(記者)'의 위치에 있다. 이필찬 박사가 사도 요한을 '계시록의 작가'로 만드는 것은 결코 사소한 일이 아니다. 왜냐하면 요한계시록의 첫 구절인 "예수 그리스도의 계시라"는 계시록의 대명제를 깨뜨리기 때문이다.

### ⑤ 비유가 아닌 실제 심판

둘째 나팔 재앙은 '이 땅에 거하는 자들'에 대한 심판이다. 따라서 비유가 아니라 실제이다. "불 붙은 큰 산 같은 것"은 유일하게 '같은'이 더해져서 '직유'로 표현했다. 사도 요한이 "불이 붙은 큰 산 같은 것"이라고 표현한 것은 "불이 붙은 거대한 어떤 것"을 가리킨다. 그것이 바다에 던져졌다는 것은 '물질적인 바다'를 가리키기 때문에 상징이 될 수 없고, 바다의 삼분의 일이 피가 된 것은 '문자 그대로' 피가 된 것을 가리키고, 바다 가운데 생명을 가진 피조물들의 삼분의 일이 죽임을 당한 것은 바다에 사는 생물들을 가리키고, 배의 삼분의 일이 깨어진다는 것은 바다에 있는 배들의 삼분의 일이 깨어진다는 것이기 때문에 상징적인 의미가 아니다. 문자적 의미를 상징으로 해석하려는 것은 심판의 성격을 뒤바꾸는 행위이다.


## 3) 둘째 나팔 재앙의 범위

### (1) 바다의 1/3이 피가 되고 생물들의 1/3이 죽는다면

둘째 나팔이 불 때 "불 붙는 큰 산과 같은 것이 바다에 던져지매 바다의 삼분의 일이 피가 되고 바다 가운데 생명 가진 피조물들의 삼분의 일이 죽고 배들의 삼분의 일이 깨진다"고 말한다. 무천년설을 비롯한 대부분의 학자들이 온 바다의 1/3이 피가 된다고 해석한다. 왜냐하면 성경이 "바다의 1/3이 피가 된다"고 하기 때문인데, 이것은 성경에 오류가 있는 것이 아니라, 잘못 해석했기 때문에 발생하는 오류이다. 상식적으로 바다의 1/3이 피가 되고, 바다 가운데 생명 가진 피조물들의 삼분의 일이 죽는다면 어떻게 되겠는가?

### (2) 딥워터 호라이즌 기름 유출 사고

다음은 2010년 4월 20일 딥워터 호라이즌 기름 유출 사고에 대한 기사이다.

2010년 4월 20일, 미국 루이지애나주 멕시코 만에 있는 연 매출 246조원의 영국 최대 기업이자 세계 2위 석유회사인 BP의 현대중공업이 제조한 시추선인 딥워터 호라이즌 석유 시추 시설이 폭발했다. 유출되고 있는 곳의 깊이가 너무 깊어 정확한 유출 속도를 잴 수 있는 장비를 설치하는 데 어려움을 겪었다. 원유 유출로 인한 기름띠는 적어도 6,500㎢ 넓이의 바다를 뒤덮었고, 5월 말 기준 한반도 면적을 넘어섰다.(신문 기사 참조)

위 사고를 우리나라에 적용해 보자.(위 유출 사고의 피해 면적이 한반도 면적이라고 하기 때문에 이해를 돕기 위한 것이다) 한반도 면적은 22만㎢이다. 위 사고가 지구의 바다를 몇% 차지했는지를 계산해 보자. 지구의 표면적은 약 5억 100만㎢이다. 그 중 육지는 약 1억 5000만㎢로 29%를, 바다는 약 3억 6000만㎢로 71%를 차지한다. 한반도 면적의 오염은 전세계 바다의 1,636분의 1에 해당한다. 둘째 나팔 심판은 전(全) 바다의 삼분의 일이니 1억 2000만㎢에 해당한다. 둘째 나팔 재앙이 바다의 삼분의 일을 피가 되게 하는 면적은 한반도 면적의 545배에 해당한다. 첫째 나팔에서 땅의 삼분의 일과 수목과 푸른 풀들이 불에 탔고, 둘째 나팔은 '불 붙은 산 같은 것'이 바다에 떨어져 바다의 1/3이 피가 되고 바다의 생물들의 1/3이 죽임을 당한다. 이 땅에 거하는 자들에게 미칠 영향을 시뮬레이션해 보자. 첫째와 둘째 나팔 재앙이 땅과 바다에 대한 간접적인 재앙일지라도 그 결과는 심각하다.

| 구분 | 딥워터 호라이즌 오염 | 둘째 나팔 "바다의 1/3" |
|---|---|---|
| 전체 | – | 3억 6000 ㎢ |
| 피해면적 | 약 22만㎢(한반도) 1/77 | 1억 2천만㎢<br>(남한 1.545배) |
| 복구기간 | 2010.7.10. 뚜껑 밀봉만 | – |
| 유출원유 | 490만 배럴 | – |
| 피해액 | 집계 안됨 | 바다 생물 1/3 죽음 |

## (2) 그 바다의 1/3

8절은 "둘째 천사가 나팔을 부니 불붙는 큰 산과 같은 것이 바다에 던지우매 바다의 삼분의 일이 피가 되고"라고 말씀한다. '바다의 삼분의 일'은 "τὸ τρίτον τῆς θαλάσσης"이다. 한 단어씩 그 의미를 짚어보자.

- τὸ(토): 정관사, 소유격, 여성, 단수, 영어의 정관사 'the'와 같다.
- τρίτον(트리톤): 형용사, 서수, 주격, 중성, 단수, 세 번째 부분, 삼분의 일이란 의미이다.
- τῆς(테스) : 정관사 'the', 소유격, 여성, 단수,
- θαλάσσης(달랏세스): 바다, θαλάσσα(달랏사)의 목적격, 여성, 단수이다.
- αἷμα(하이마) 피, blood를 의미한다.

이 구절을 해석하면서 대부분 놓치는 것은 정관사 θαλάσσης(달랏세스) 앞에 있는 정관사 τῆς(테스)이다. 'τῆς θαλάσσης'는 '그 바다의'라는 의미이다. 만일 정관사 'τῆς'가 없이 'θαλάσσης'라고 했다면, 모두 생각하는 것처럼 '바다의 삼분의 일' 즉 '온 바다의 삼분의 일'이란 의미가 된다. 그러나 'τῆς θαλάσσης'(테스 달랏세스)는 '그 바다의'라는 뜻이다. 즉 어떤 특정한 바다를 가리키고, "그 바다의 삼분의 일이 피가 되고"라는 의미이다. '온 바다의 삼분의 일'과는 현격한 차이가 있다.

만일 'τῆς θαλάσσης'가 대서양을 가리킨다면, 대서양의 1/3이 피가 되고, 대서양의 1/3의 바다에 있는 피조물들이 죽게 될 것이다. 만일 '그 바다가' 남중국해를 가리킨다면, 남중국해의 1/3이 피가 되고 1/3의 바다의 피조물들이 죽게 될 것이다. 만일 '그 바다'가 지중해를 가리킨다면, 지중해의 1/3이 피가 될 것이고, 지중해에 있는 바다의 생물들의 1/3이 죽음을 당하게 될 것이다. 만일 '그 바다'가 대서양의 남부 지역을 가리킨다면, 대서양의 남부 지역의 1/3이 피가 되고 거기에 있는 모든 바다 생물들이 죽게 될 것이다. 만일 '그 바다'가 지중해의 북부를 가리킨다면 지중해의 북부 해역의 1/3이 피가 될 것이고, 지중해에 있는 바다의 생물들의 1/3이 죽음을 당하게 될 것이다.

대부분의 학자들이 둘째 나팔로 인해서 '온 바다의 삼분의 일'이 피가 되고 바다의 생물들이 죽임을 당할 것이라고 단정한 것은 성경이라는 '팩트'를 보았지만, 잘못 해석한 경우이다. 전(全) 세계 바다의 삼분의 일'이 아니라 '그 바다의 삼분의 일'이라고 해서 둘째 나팔의 재앙을 과소평가할 수 없다. 왜냐하면 창세

후로부터 이제까지 한 번도 없었던 바다에 대한 재앙이기 때문이다.

## 4) 그 바다의 배의 1/3이 파손됨

이필찬 박사는 『요한계시록』,(에스카톤, p.777)에서 바다에 있는 배들의 삼분의 일이 파손되는 것에 대한 견해를 말했다.

> 9절은 나팔 심판으로 바다에 떠다니는 배들이 3분의 1이 파괴되었다고 기록한다. 9절이 말하는 심판은 바다가 피로 변하는 것인데 그것이 바다의 배들이 파손되는 것과 연결되는 것은 다소 비약인 것처럼 비춰질 수 있다. 그러나 이러한 연결은 자연계에 대한 심판은 결국은 인간에 대한 심판으로 연결 된다는 것을 보여주려는 의도를 반영한다.(이필찬, 『요한계시록』,에스카톤, p.777)

이 박사는 바다의 1/3이 피가 된 결과 바다의 배들이 파손되었다고 오해했다. 바다가 피가 된 것과 배들이 파손된 것은 아무런 관계가 없다. 본문을 QST해 보자. "불 붙은 큰 산과 같은 것"이 바다에 떨어지므로 세 가지 사건이 발생했다. 첫째, 바다의 삼분의 일이 피가 됐다. 둘째, 그 결과 그 바다 가운데 생명이 있는 피조물들의 삼분의 일이 죽었다. 이것은 바다가 피가 되었기 때문에 연쇄적으로 발생한 것이다. 셋째, '배들의 삼분의 일'이 깨졌다. 배가 깨어진 것은 바다가 피가 되었기 때문이 아니라 "불 붙은 큰 산 같은 것"이 떨어져서 '물리적인' 충돌이 있었기 때문이다. 이런 두 가지 요소로 해서 사도 요한은 둘째 나팔이 불 때 바다에 떨어졌던 것을 "불 붙은 큰 산 같은 것"이라고 표현했다.

오대양을 항해하는 선박은 국제 교역의 물류의 핵심이다. 따라서 둘째 나팔 심판은 대륙과 국가 간의 교역에 큰 영향을 미칠 것이다. 게다가 세계의 강대국들의 중요한 전력은 공군이나 육군이 아니라 해군이다. 일찍이 해양으로 진출한 나라들은 막대한 부와 세계 패권을 잡았다. 둘째 재앙으로 인해 배의 삼분의 일이 파손되는 것은 물류를 운반하는 컨테이너선과 선박 뿐만 아니라 군함들도 포함될 것이기 때문에, 해군력에 상당한 피해를 가져올 것이다.

# 6. 셋째 나팔

셋째 천사가 나팔을 부니 햇불 같이 타는 큰 별이 하늘에서 떨어져 강들의 삼분의 일과 여러 물샘에 떨어지니 이 별 이름은 쓴 쑥이라 물의 삼분의 일이 쓴 쑥이 되매 그 물이 쓴물이 되므로 많은 사람이 죽더라 (계 8:10~11)

## 1) 햇불 같이 타는 별

### (1) 무천년설: 이필찬 박사의 견해
이필찬 박사는 『요한계시록』(에스카톤, p.778)에서 햇불 같이 타는 큰 별에 대한 견해를 말했다.

> 햇불 같이 타는 큰 별은 무엇을 의미하는 것일까? 어떤 이는 이것을 9장 1절에서 '땅으로 떨어진 별'과 동일시하여 타락한 천사라고 이해하는데, 이런 해석은 자연계에 대한 심판을 중심으로 서술된 처음 네 개 나팔 심판 문맥이 지닌 고유한 흐름을 거스르는 해석이라고 할 수 있다. 이 '햇불 같이 타는 큰 별'이라는 표현은 운석이 하늘에서 떨어질 때 보이는 불이 타는 모습에서 착안한 것으로 간주할 수 있고, 이때 운석의 추락은 '파멸의 징조'로 인식될 수 있다. 따라서 이러한 표현은 9장 1절의 '땅으로 떨어진 별'이 가리키는 사탄에 대한 심판이 아니라 자연적인 재앙의 차원에서 일어나는 종말적 심판으로 이해할 수 있다.(이필찬, 『요한계시록』, 에스카톤, p.778)

이에 반하여 동일한 관점을 갖고 있는 그레고리 K. 비일은 『NIGTC 요한계시록』(새물결플러스 p.792~793)에서 이필찬 박사와 정반대의 해석을 했다.

> 한편 불타는 별은 단순히 하나님의 심판의 도구를 의미할 수도 있다. 하지만 10절의 불타는 별이 내려오는 것이 8절의 불 붙는 산이 내려오는 것과 병행이라는 관찰에 근거할 때, 별은 심판받게 될 악한 나라를 대표하는 천사와 동일시되어야 한다. 여기에서는 바벨론의 천사에게 내린 심판을 염두에 두었다. 8절이 큰 성 바

벨론의 심판을 다루기 때문이다. 10절을 이사야 14:12~15의 암시라고 이해하면 별을 바벨론의 대표 천사와 동일시하는 것은 더욱 설득력을 얻는다. (그레고리 K. 비일, 『NIGTC 요한계시록』, 새물결플러스, p.792~793)

## (2) 무천년설에 대한 필자의 비평

### ① 큰 별은 문자적 의미

이필찬 박사는 "횃불 같이 타는 큰 별"이 타락한 천사가 아니라 하늘에서 떨어지는 운석이라고 해석했다. 필자도 동의한다. 그가 말한 것처럼 첫째 나팔로부터 넷째 나팔은 자연 환경에 대한 심판에 관한 것으로 '물리적인 심판'이기 때문이다. 이 박사는 무천년설이 계시록을 보는 핵심 가치인 '상징적 해석'을 포기하고, '문자적 해석'을 택했다. 왜냐하면 횃불 같이 떨어지는 큰 별은 하늘에서 떨어지는 운석을 가리키기 때문이다.

### ② 비일은 상징적 해석으로

이 박사와 동일한 무천년설을 갖고 있는 비일은 "횃불 같이 타는 큰 별"을 계시록 9:1의 '땅으로 떨어진 별'과 동일시하고, 이사야 14장의 바벨론 왕의 타락과 연관시켰다. 왜 두 사람은 같은 무천년설을 지지하면서 서로 해석을 달리하는가? 무천년설 입장에서 보면, "횃불 같이 타는 큰 별"을 '상징적'으로 해석하지 않는 이필찬 박사의 해석이 잘못된 해석이라고 판단할 것이다. 그러나 세상에 대한 심판은 그 성격상 '상징'이 아니라 '문자 대로'이기 때문에, 비일의 견해가 오류이다.

### ③ 계시록 9:1의 별이 운석(문자적)이라는 것은 오류이다

이 박사는 8장의 '횃불 같이 타는 큰 별'을 바로 해석했는데, 계시록 9:1의 '하늘에서 떨어진 별'과 8장의 '횃불 같이 타는 큰 별'을 동일시하여 '운석'이라고 해석한 것은 오류이다. 계시록 9:1의 별은 같은 별이지만 그 문맥상 '사탄'을 의미한다. 예를 들자면, 계시록 1장에는 인자이신 주님이 일곱 별을 붙들고 계시는데, 이것을 계시록 8장과 같이 '물질적인 별'로 해석할 수 없는 것과 같다.

### ④ 문맥과 불일치

비일이 "횃불 같이 타는 큰 별"을 악한 나라의 상징으로 해석한 것은 문맥을 고려치 않은 것이다. 그런 이유는 강들과 물샘들에 떨어져서 쓰게 되어 많은 사람이 죽게 된다고 말하기 때문이다. 악한 천사가 강에 떨어져서 강물이 쓰게 되고 그것을 먹는 자가 죽게 된다는 것은 연관성이 없다. 강들과 물샘이 '물리적인 의미'이기 때문에, 거기에 떨어진 '횃불 같이 타는 큰 별'도 '물리적인 별'을 가리킨다.

## 2) 별의 이름은 쓴 쑥

### (1) 무천년설: 그레고리 K. 비일의 견해

그레고리 K. 비일은 『NIGTC 요한계시록』(새물결플러스 p.794)에서 쓴 쑥이라고 불린 별에 대한 견해를 말한다.

> 구약의 배경에 비춰볼 때 셋째 나팔은 물이 실제로(문자적으로) 오염이 되는 화를 일으키는 것이 아니다. 오히려 본문의 어조는 언약 공동체 '바깥에 있는 사람들' 뿐만 아니라, 믿음의 공동체에 속한다고 생각하는 사람들에게도 내리는 혹독한 고난과 죽음을 가져오는 심판이다. 심판은 구체적으로 기근이라고 밝힐 수 있지만, 기근 자체는 이보다 더 광범위한 환난을 가리킬 수 있다. 10:9~10에 '쓰다'라고 분명히 상징적으로 언급된 것으로 보아, 쑥은 심판을 의미한다. (그레고리 K. 비일, 『NIGTC 요한계시록』, 새물결플러스, p.794)

### (2) 필자의 비평 및 견해

### ① 심판 대상의 왜곡

비일이 셋째 나팔의 재앙을 불신자들뿐만 아니라, 믿음의 공동체에 속한다고 생각하는 사람들에게 내리는 심판이라고 하는 것은 다섯째 인을 뗄 때의 순교자들의 신원과 잠시만 쉬고 기다리라는 하나님의 응답을 고려치 않은 것이다. 비일은 일곱 나팔 재앙이 '믿음의 공동체에 있는 자들'에 대한 것이 아니라, 복음을 거부하고 하나님을 대적하며 우상 숭배를 하는 "이 땅에 거하는 자들"에 대한 것임을 간과했다.

### ② 강물이 '쓰다'는 것은 상징이 아니다

비일은 "쓰다"라는 것을 '분명히' 상징적인 의미라고 해석했다. 강물과 물샘들이 쓰게 되었다는 것은 그 맛(물리적인 맛)이 쓰게 되었다는 것을 가리킨다. 이스라엘 백성들이 마라에 이르렀을 때 '쓴 물'이었던 것은 물리적으로 쓴 맛을 가리킨다. "횃불 같이 타는 큰 별"의 이름을 '쓴 쑥'이라고 하는 것은 그것이 강물과 물샘에 떨어져서 물을 쓰게 했기 때문이다. 이것은 사람들이 느낄 수 있는 "단 맛, 짠 맛, 매운 맛, 신 맛, 쓴 맛" 중의 한 맛인 '쓴 맛'을 가리킨다. 강물이 쓰다는 것은 '물리적인 쓴 맛'으로 인해서 사람들이 고통을 받는다는 것을 의미한다. 따라서 쓰다는 것은 상징적인 의미가 아니라 '문자 그대로' 사람이 느낄 수 있는 쓴 맛을 가리킨다.

### ③ 사도 요한이 먹어서 쓰게 되었다는 것의 잘못된 적용

그레고리 K. 비일은 '쓴 쑥'과 관련하여 계시록 10:10의 사도 요한이 두루마리를 먹을 때 먹은 후에는 배에서 쓰게 되었다는 것을 연관지어 해석했는데, 이것은 잘못된 적용이다. 계시록 8장의 쓴 쑥이라는 불린 큰 별은 물리적인 별로서 '문자적 의미' 그대로 물이 쓰게 되었다는 의미이다. 이와 반면에 계시록 10장의 두루마리는 바로 일곱 인으로 인봉된 하나님의 말씀으로 '상징적 의미'이다. 만일 두루마리가 '물리적으로' 달콤한 맛이라고 해석한다면, 사도 요한이 '두루마리'를 입으로 씹어서 먹었다는 것이 되기 때문에 부적합하다. 따라서 '입에는 달다'는 것은 혀로 느끼는 '물질적인 단 맛'을 가리키지 않고, '꿀 송이 같이 달콤한 말씀'을 상징한다. 두루마리를 먹었을 때 '배 속에서는 쓰다'는 것은 그 말씀대로 살고 순종함으로 전 인격적으로 받아들일 때 많은 고난과 어려움이 있음을 상징한다. 주님의 말씀이 '인내의 말씀'으로 불리는 것도 그 말씀대로 살게 될 때 많은 환난과 고난이 있기 때문이다. 이와같이 사도 요한이 두루마리를 먹은 것은 모두 상징적인 의미이다. 비일이 단지 '쓰다'라는 공통점이 있기 때문에 동일한 관점으로 본 것은 그 대상과 의미의 차이를 구별하지 못한 것이다.

### 3) 그 강들의 1/3

10절은 "셋째 천사가 나팔을 부니 횃불 같이 타는 큰 별이 하늘에서 떨어져 강들의 삼분의 일과 여러 물샘에 떨어지니"라고 말한다. '강들의 삼분의 일'은 "τὸ τρίτον τῶν ποταμῶν καὶ ἐπὶ τὰς πηγὰς τῶν ὑδάτων"이다. 한 단어씩 그 의미를 상고해 보자.

- τὸ(토): 정관사, 목적격, 중성, 단수, 영어의 정관사 'the'와 같다.
- τρίτον(트리톤): 형용사, 목적격, 중성, 단수, 세 번째 부분, 삼분의 일이란 의미이다.
- τῶν(톤): 정관사 'the', 소유격, 남성, 복수,
- ποταμῶν(포타몬): 강들의, ποταμος(포타모스, 강, 강물)의 소유격, 남성, 복수이다.
- ἐπὶ(에피) 전치사 목적격, '위에'의 의미
- τὰς(타스) 정관사 목적격 여성 복수
- πηγὰς(페가스) 명사 목적격 여성 복수 '샘, 샘물'의 의미
- τῶν(톤) 정관사 소유격 중성 복수
- ὑδάτων(휘다톤) '물, 샘물'의 소유격 중성 복수

이 구절을 해석하면서 대부분 놓치는 것은 ποταμῶν(포타몬) 앞에 있는 정관사 τῶν(톤)이다. 'τῶν ποταμῶν'은 '그 강들의'라는 의미다. 만일 정관사 'τῶν'이 없이 'ποταμῶν'라고 했다면 모두 생각하는 것처럼 '강물의 삼분의 일' 즉 '지구상의 강물의 삼분의 일'이란 의미가 된다. 그러나 'τῶν ποταμῶν'는 '그 강물의'라는 뜻이다. 즉 어떤 특정한 강물을 가리키고, "그 강물의 삼분의 일이 쓰게 되고"로 번역된다. '온 강물의 삼분의 일'과는 현격한 차이가 있다.

만일 'τῶν ποταμῶν'가 유럽을 가리킨다면, 유럽의 강물의 1/3이 쓰게 되고, 그 강물을 먹는 자들 가운데 '많은 이들'이 죽게 될 것이다. 만일 '그 강물'이 중국을 가리킨다면, 중국의 1/3의 강물이 쓰게 되고 강물을 먹는 자들 가운데 '많은 이들'이 죽게 될 것이다. 첫째 나팔의 경우를 적용하면 이해하기 쉬울 것이다. 하

나님은 공의롭게 심판하실 것이기 때문에, 온 땅 가운데 가장 극렬하게 하나님을 대적하는 패역한 백성들과 관계된 어떤 강물들을 치실 것이다. "그 강물들의 삼분의 일"이 쓰게 되는 것 외에 "여러 물샘"에도 쑥이라 불리는 별이 떨어져서 물이 쓰게 된다.

## 7. 넷째 나팔

> 넷째 천사가 나팔을 부니 해 삼분의 일과 달 삼분의 일과 별들의 삼분의 일이 타격을 받아 그 삼분의 일이 어두워지니 낮 삼분의 일은 비추임이 없고 밤도 그러하더라(12)

### 1) '어두움'에 대한 무천년설 견해

이필찬 박사는 『요한계시록』(에스카톤, p.782~783)에서 넷째 나팔의 어두움에 대한 견해를 말한다.

> 해/달/별들의 3분의 1이 타격받은 결과로 해/달/별들의 3분의 1이 어두워지고 따라서 낮과 밤의 3분의 1도 비춤이 없이 어두워졌다. 이런 정황에 대한 표현들은 문자적으로 해석할 것이 아니라 신학적이며 성경적으로 해석해야 하며, 따라서 구약 배경을 이해할 때 올바르게 해석할 수 있다. 창세기 1장 2절의 공허 및 혼돈의 재연과 1장 14~19절의 창조 질서의 반전~네 번째 나팔 심판의 결과로 초래된 어둠의 근원은 빛의 질서가 세워지기 전에 창세기 1장 2절의 공허와 혼돈으로 충만한 흑암의 상태로 거슬러 올라간다. 그렇다면 어두움은 공허하고 혼돈의 상태인 흑암의 정황이 그 배경이다. (중략) 그 어두움의 발생은 창조 질서의 와해로 이해할 수 있다. 요한은 이러한 심판을 창조 질서의 파괴라는 개념으로 이해하고 있는 것이다.(이필찬, 『요한계시록』,에스카톤, p.782~783)

## 2) 필자의 비평

### (1) 문자적 해석 vs 신학적 해석

이필찬 박사는 "넷째 나팔의 해와 달과 별들이 어두워지는 것을 문자적으로 해석할 것이 아니라 신학적이고 성경적으로 해석해야 한다고 주장한다. 이것은 이전의 자연계에 대한 심판은 실제라는 견해와 모순된다. 대체 어느 것이 그의 견해인가? 만일 이 땅에 거하는 자들에 대한 심판이 그가 말한 대로 신학적으로 해석해야 한다면, 그 심판을 받는 불신자들은 어떻게 그 의미를 알겠는가?

### (2) 공허와 혼돈과 흑암의 의미

이필찬 박사는 구약을 이해해야 올바르게 해석할 수 있다고 했는데, 필자는 물론 모두 동의할 것이다. 구약과 신약은 서로 밀접한 관계가 있기 때문에 반드시 함께 상고해야 성경의 바른 메시지를 찾을 수 있다. 그는 창세기 1:2의 공허와 혼돈과 흑암의 상태를 넷째 나팔과 연결시켰다. 양자는 '어두움'이라는 공통분모가 있기 때문에 서로 관계가 있다. 그런데 그는 창세기 1:2의 상태를 잘못 이해하고 있다. 왜냐하면, "어두움은 공허하고 혼돈의 상태인 흑암의 정황이 그 배경이다"라고 말하기 때문이다. 필자가 예측하건대 이필찬 박사는 창세기 1:2의 '카오스' 상태를 창조의 초기 상태라고 간주할 것이다.(대부분 이렇게 간주한다) 만일 그것을 사실로 간주한다면, 어떤 문제가 발생하는가? 우주를 무질서하고 공허하게 만드신 하나님의 능력에 문제가 있다는 것을 의미하고, 따라서 하나님은 전지전능하지 않으시다는 결론에 이를 수밖에 없다. 필자는 창세기 1:2의 '카오스 상태'가 하나님의 창조하신 상태가 아니라는 것을 2년 전에 발표했다. 창세기 1:2의 공허와 혼돈과 흑암의 상태는 하나님의 심판의 결과이다. 특히 하나님의 심판의 결과는 '어둠'으로 나타난다.

### (3) 은혜의 시대와 심판의 시대

하나님은 선한 자나 악한 자에게도 햇빛을 주시고, 어두운 밤에도 달빛을 주셨다. 달은 차기고 하고 기울기도 한다. 달의 삭망으로 인해 그믐달이 된다. 그런 때에도 하나님은 밤 하늘을 밝힐 별들을 주셨다. 별들은 여행자들과 항해자들의 길잡이가 된다. 이런 상황은 구약시대와 신약 시대에도 계속됐다. 세례 요한과 예수님의 첫 메시지는 "회개하라 왜냐하면(for) 천국이 가까웠기 때문이다"는 메시지이다. 하나님께서 이렇게 은혜로 대하시는 것은 모든 사람이 복음을 듣고 구원받으며, 주님의 통치와 다스림 아래 살기를 원하시기 때문이다. 지금은 은혜의 때요 구원얻을 때이다. 로마의 10대 황제들이 교회를 박해하고 진멸한 기간이 약 250년간 계속될 때도 하나님께서는 낮에는 햇빛을 주시고, 밤에는 달과 별빛을 거두지 않으셨다. 세상이 아무리 악할지라도 은혜의 시대는 오늘날까지 계속됐다. 그러나 은혜의 시대가 끝나고 하나님께서 공의로 심판하실 때가 오는데, 그것이 일곱 나팔 재앙이다. 다섯째 인을 뗄 때, 제단 아래서 죽임을 당한 순교자들이 그들의 피를 신원해 주시기를 어느 때까지 하지 않으시냐고 신원했고, 하나님은 흰 두루마기를 주시면서 순교자들의 수가 차기까지 기다릴 것을 말씀하셨다. 그 후 여섯째 인의 재앙이 있고 일곱째 인인 일곱 나팔 재앙이 있는 것은 순교자들의 신원에 대한 응답이라는 것을 가리킨다.

### (4) 넷째 나팔이 불 때 해와 달과 별들이 어두워짐

넷째 천사가 나팔을 불 때, 창조의 넷째 날 해와 달과 별들의 빛을 변함없이 주셨던 하나님께서 일부 거두어 가신다. 12절은 "넷째 천사가 나팔을 부니 해 삼분의 일과 달 삼분의 일과 별들의 삼분의 일이 타격을 받아 그 삼분의 일이 어두워지니 낮 삼분의 일은 비추임이 없고 밤도 그러하더라"고 말한다. 천지 창조 넷째 날 이후, 출애굽 때 흑암의 재앙을 내리셨고, 넷째 나팔에서 우주적인 재앙을 내리신다. 해와 달과 별들의 삼분의 일이 타격을 받아 삼분의 일이 어두워지고, 그 결과 낮의 삼분의 일이 비추임이 없게 된다.

일년 중 낮의 길이가 가장 길어지는 절기는 24절기 중의 열 번째 절기로 하지(夏至)로서 낮의 길이가 14시간 35분이나 된다. 반대로 일년 중 낮의 길이가 가장 짧은 때는 24절기 중 스물두 번째 절기인 동지(冬至)로서, 밤의 길이가 14시간 26분이나 된다. 상대적으로 낮은 9시간 34분에 불과하다. 낮과 밤의 길이가 같은 때는 추분이다. 추분을 기점으로 낮의 길이가 삼분의 일 짧아진다면, 낮의 길이는 8시간으로 줄고 밤은 16시간으로 늘어난다. 밤이 긴 동지의 경우 현재의 밤의 길이는 14시간 26분 이었는데, 넷째 나팔이 불 때 밤의 길이는 17시간

37분으로 늘어나고, 상대적으로 낮은 6시간 23분으로 줄어든다. 이런 해와 달과 별들의 변화는 생태계에도 큰 영향을 미칠 것이고, 사람들의 생활에도 큰 어려움을 줄 것이다. 이제까지 해와 달과 별빛을 누렸던 것은 자연적인 것이 아니라 하나님이 은혜로 베풀어 주셨던 것이다. 하나님께서 공의로 이 땅에 거하는 자들을 심판하실 때, 비로소 이때까지 누렸던 낮과 밤이 하나님의 은혜였다는 것을 깨달을 것이다.

| | 은혜의 시대 (현재) | | 넷째 나팔 심판 시대 | |
|---|---|---|---|---|
| 절기 | 낮의 길이 | 밤의 길이 | 낮의 길이 | 밤의 길이 |
| 하지 | 14시간 35분 | 9시간 25분 | 9시간 44분 | 14시간16분 |
| 추분 | 12시간 | 12시간 | 8시간 | 16시간 |
| 동지 | 9시간 34분 | 14시간26분 | 6시간23분 | 17시간37분 |

### (5) 심판의 원칙

이필찬 박사가 넷째 나팔의 심판을 "신학적이고 성경적으로 해석해야 한다"는 것은 물리적인 심판을 잘못 해석한 것이지만, 그 심판에 내재된 의미를 말한 것으로서 간과해선 안된다. 하나님이 세상을 심판하시는 것과 일곱 교회에 나타난 약속과 징계(심판)를 불문하고 그것을 통해서 하나님께서 말씀하고자 하시는 '메시지'가 있는데, 그것을 신학적이고 성경적인 의미라 할 수 있다. 오늘날 불신자들은 하늘의 해와 달과 별들이 우연히 빅뱅이나 진화에 의해서 만들어졌다고 믿는다. 하나님께서 창조하신 것을 부인하고 감사하지도 않고, 모든 것을 당연히 누릴 수 있는 것으로 생각한다. 하나님이 악한 자들에 대하여 참고 인내하고 계심을 경홀히 여겼다.

다섯째 인에서 순교자들의 신원의 기도에 응답하셔서 은혜의 시대가 지나가고, 하나님께서 공의로 심판하실 때 이제까지 어둠을 밝히는 햇빛의 삼분의 일이 어두워지고 밤이 길어진다. 밤 하늘을 밝혔던 달도 삼분의 일이 어두워지고 별들도 삼분의 일이 어두워진다. 천재지변의 재앙 가운데 낮이 어두워지고 밤이 캄캄해진 것처럼 그들의 마음도 어두워지게 될 것이고, 알 수 없는 두려움에 사로잡힐 것이다. 하나님께서는 넷째 나팔의 심판을 통해서 땅에 거하는 자들이 죄와 어두움 가운데 있다는 것을 드러내신다. 이것은 소극적인 것이지만 하나님의 계시라 할 수 있다. 병든 자에게 바른 진단이 필요하듯이, 죄인의 상태를 깨닫게 하시는 것도 또 다른 하나님의 다루심이다.

요한복음 1: 1~5은 하나님이신 그리스도로 말씀하며 빛과 생명을 말씀한다. 주님은 '빛'으로 오셨고 사람들은 '어둠'에 있다고 말씀한다. 말씀이신 하나님이 생명과 사람들의 빛으로 오셨다. 이 빛은 '물질적인 빛'을 가리키지 않는다. 그래서 '참 빛'이라고 말씀한다. 참 빛이신 그리스도께서 자기 땅에 자기 백성들에게 왔지만 영접하지도 않고, 주님을 대적했다. 그래서 공의로 심판하실 때, 넷째 날에 창조하신 해와 달과 별들의 삼분의 일을 치심으로 낮의 삼분의 일이 줄어들어 어두운 밤이 되게 하신다. 이것은 땅에 거하는 자들이 하나님의 심판 아래 있고, '어둠' 가운데 있다는 것을 계시한다. 마치 사울이 다메섹 도상에서 눈에 비늘같은 것이 덮혀 앞을 보지 못하는 것과 같다. 주님이 그렇게 하신 것은 사울이 실제적으로 앞을 보지 못했을 뿐만 아니라, 그가 영적으로 어두움 가운데 있었다는 것 즉 영적인 소경이었다는 것을 계시한다.

## 8. 일곱 나팔의 성격과 구분

일곱 나팔의 전체적인 조망을 통해서 각 나팔의 성격과 의미를 분별할 수 있다. 그레고리 K. 비일과 이필찬 박사는 원칙이 없이 어떤 것은 '상징'으로 해석하고, 어떤 것은 '문자로' 해석하기 때문에, 그의 영향을 받은 사람들이라면 혼돈이 있을 수 있다. 그렇기 때문에 아래 비교표와 같이 일곱 나팔의 특징과 성격을 통해서 구별할 수 있어야 한다. 이것을 비유하자면, 목자가 양과 염소를 나누는 것과 같다. 양과 염소는 크기와 색깔이 비슷할지라도 서로 '다른 종'이기 때문에 쉽게 구별하는 것처럼, 일곱 나팔도 나팔이라는 공통점이 있지만 그 특성이 다르기 때문이다.

| 구분 | 심판 내용 | 심판 대상 | 성격 | 특성 | 禍 |
|------|-----------|-----------|------|------|-----|
| 1st 나팔 | 피 섞인 우박, 불 | 그 땅의 1/3 | 자연환경 | 문자 | 언급없음 |
| 2nd 나팔 | 불 붙은 큰 산 | 그 바다의 1/3 | 자연환경 | | |
| 3rd 나팔 | 햇불 같은 큰 별 | 그 강, 물 샘 1/3 | 자연환경 | | |
| 4th 나팔 | 해, 달, 별 어두워짐 | 우주 1/3 | 자연환경 | | |
| 5th 나팔 | 황충 | 인침 받지 않은 자 | 사람 | 문자 | 화 |
| 6th 나팔 | 불, 연기, 유황 | 사람 1/3 | 사람 | | |
| 7th 나팔 | 일곱 대접 | 첫째 대접 | 사람, 짐승 | | |

## 1) 자연 환경에 대한 심판

첫째 나팔은 땅에 대한 심판, 둘째 나팔은 바다에 대한 심판, 셋째 나팔은 강들과 물샘들에 대한 심판이며, 넷째 나팔은 해와 달과 별들에 대한 심판이다. 이것은 모두 사람을 둘러싼 '자연환경'의 심판이라는 공통점이 있다. 일곱 나팔 재앙은 모두 "이 땅에 거하는 자들" 즉 하나님을 대적하는 자들에 대한 심판이다. 땅과 바다와 강들과 물샘과 해와 달과 별들은 하나님께서 창조하신 '물질적인 것들'이기 때문에 심판도 '문자적' 의미이다. 만일 네 나팔을 상징으로 해석한다면, 천지 창조를 '실재'가 아닌 '상징'으로 보는 것과 같고, 예수 그리스도의 부활을 '문자' 그대로가 아닌 '상징'으로 보는 것과 같다. 일곱 나팔의 네 나팔은 모두 자연 환경에 대한 심판이기 때문에 '문자적' 의미이다.

## 2) 심판의 대상과 심판의 도구 공통점

첫째 나팔로부터 넷째 나팔까지는 심판의 대상이 '물리적인 것들'로서 땅과 바다와 강들과 물샘과 해와 달과 별들이기 때문에, 그것에 대한 심판의 도구들도 '물리적인 것'이다. 심판의 대상이 물리적인 것인데 심판의 도구가 '상징적'인 것이라면 아무런 의미가 없다. 첫째 나팔에서 땅에 쏟아지는 피 섞인 우박과 불은 '물리적'인 것이지, 상징이 아니다. 일곱 나팔 중 넷째 나팔까지의 심판의 도구들은 모두 '자연 환경'에 대한 것이기 때문에 '물리적인 것'으로서 '문자적 의미'라는 공통점이 있다. 처음 네 나팔의 공통점은 이것이 한 그룹이라는 것을 가리킨다.

### 3) 다섯째 나팔은부터는 사람에 대한 심판

처음 네 나팔은 심판의 도구가 '물리적인 것'이라는 공통점이 있는 반면에, 다섯째 나팔은 자연환경에 대한 것이 아니라 사람들에 대한 직접적인 심판이다. 만일 여섯째 나팔에서 다시 자연환경에 대한 심판으로 돌아갔다면 어떤 원칙을 찾는 것은 불가능했을 것이다. 그러나 그런 일은 없다. 여섯째 나팔에서도 불과 연기와 유황으로 사람의 삼분의 일이 '직접적으로' 죽임을 당한다. 초반 네 나팔은 사람을 자연 환경을 통해서 간접적으로 심판하시고, 다섯째 나팔과 여섯째 나팔 재앙은 사람에 대한 직접적인 심판이다. 이런 공통점을 통해서 일곱 나팔이 전반부 네 나팔과 후반 세 나팔로 구성된다는 것을 알게 된다.

### 4) '화'의 관계

처음 네 나팔과 후반부 세 나팔에 대한 계시록(하나님)의 평가는 같지 않다. 처음 네 나팔은 창세 이후 없었던 재앙이었음에도 불구하고 '화'(재앙)로 부르지 않는다. 독수리가 "이 후에 '세 화'가 이르리로다"라고 외침으로 후반 세 개의 나팔을 '세 화'로 부른다. 처음 네 나팔은 어떤 것도 '화'에 속하지 않는다. 계시록 9장에서 다섯째 나팔 심판이 있은 후, 그것을 '첫 번째 화'라고 부르고, 그것이 지나간 이후에 '두 개의 화'가 이를 것을 경고한다. 성경은 후반부의 세 나팔을 '세 화'라고 부른다. 이런 사실들은 성경이 전반부의 '네 나팔'과 후반부의 '세 나팔'을 내용적으로 구별하고 있다는 것을 의미한다. 하나님께서 보실 때, 자연환경에 대한 네 나팔 심판은 '화'가 아니었지만, 후반부의 세 나팔은 '화'이다. 전반부의 네 나팔은 세 개의 화가 오기 전의 전주곡이었다. 이런 증거들은 일곱 나팔이 앞의 네 나팔이라는 그룹과 후의 세 나팔이 한 그룹으로 구성된다는 것을 가리킨다.

## 5) 대환난의 관념

비일은 "8:6~12의 환난은 교회 시대 동안 언제든지 지상의 다양한 곳에 찾아오지만, 온 땅이나 모든 백성에게 영향을 주지는 않는다"(그의 책 p.804)라고 말했다. 그는 일곱 나팔 재앙을 '교회 시대'에 있는 것으로 간주했다. 무천년설은 마지막 때에 있는 '대환난'을 인정하지 않고, 상징으로 해석하여 '전(全)시대 즉 초림부터 재림까지의 시대'를 대환난으로 해석한다. 만일 그것이 성경의 가르침과 일치한다면, 적어도 역사 가운데 이런 네 나팔 심판과 같은 초자연적인 재앙이 한 번이라도 있어야 한다. 교회 시대가 약 2,000년 넘게 지속됐는데 한 번도 일어나지 않았다고 하면 모순이 되기 때문이다. 이런 재앙은 은밀하게 일어날 수 없기 때문에 사람들에게 알려질 수밖에 없다. 이런 재앙에 대한 역사적 기록을 찾을 수 없다는 것은 무천년설의 주장이 오류라는 것을 가리킨다.


## 9. 독수리의 경고: 세 가지 화

내가 또 보고 들으니 공중에 날아가는 독수리가 큰 소리로 이르되 땅에 사는 자들에게 화, 화, 화가 있으리니 이는 세 천사들이 불어야 할 나팔 소리가 남아 있음이로다 하더라 (계 8:13)

### 1) 무천년설: 그레고리 K. 비일의 견해

그레고리 K. 비일은 『NIGTC 요한계시록』(새물결플러스, p.810~811)에서 독수리의 경고에 대한 견해를 말했다.

다가오는 심판을 예고하는 구약에서 선언하는 멸망을 가리키는 은유인 독수리 이미지가 포함된다.(신 28:49; 렘 4:3) (중략) 독수리는 여기서 죄악된 먹잇감의 임박한 멸망을 선언한다. 독수리는 4:7에서 '날아가는 독수리와 같다'(ὅμοιον ἀετῷ πετομένῳ)고 언급된 네 생물 중 하나일 것이다. 사실 앞에 언급된 생물은 심판의 전령으로 적합하다. (중략) 14:6에서 그 병행을 찾을 수 있듯이, 독수리를 심판에 비유적으로 연결한 것은 독수리가 천사를 대표하기도 한다는 가능성과 상반되지 않는다. 독수리를 이곳 8:13에 배치한 것은 자연스럽다. 독수리가 출애굽기 전통에 속하기 때문이다. (중략) 계시록 4:5와 8장에 공통적으로 드러나는 출애굽기 19장 배경을 보면, 4:7에서 소개된 다른 세 생물 중 왜 독수리 같은 생물만 여기서 선택되었는지 설명이 된다.(그레고리 K.비일, 『NIGTC 요한계시록』, 새물결플러스, p.810~811)

## 2) 이필찬 박사(무천년설)의 견해

이필찬 박사는 『요한계시록』(에스카톤, p.788)에서 독수리에 대한 그의 견해를 말했다.

요한이 처음 본 것은 '중천에 날아가는 독수리'다. 어떤 사본들은 '독수리' 대신 '천사'로 되어 있고 다른 사본은 '독수리 같은 천사'로 읽기도 한다. (중략) 이상의 용례들 중에서 13절에 가장 적합한 것은 바로 두 번째 경우인 죽음과 파멸의 징조라고 볼 수 있다. 이러한 파멸적 성격을 갖는 독수리 이미지는 여러 구약 본문들에 나타난다. 이런 특징의 독수리는 요한계시록에서 '땅에 사는 자들'에 대한 삼중적 화를 전하는 역할을 하고 있다.(이필찬, 『요한계시록』,에스카톤, p.788)

## 3) 무천년설에 대한 필자의 비평

### (1) 소극적인 멸망의 이미지

비일은 독수리를 '멸망의 이미지'라고 단정했다. 호세아 8:1과 예레미야 4:13은 멸망의 이미지와 관련 있기 때문에 그의 해석은 아무런 문제가 없어 보일 수 있다. 이것은 한면만 보고 다른 방면을 보지 못한 것이다. 사실 대부분의 독수리의 이미지는 '소극적인 의미', '부정적인 의미'이기 때문에 멸망의 이미지라는 것은 맞지만, 약간의 문제성을 내포한다. 왜냐하면 독수리가 항상 부정적인 이미지, 멸망의 이미지를 나타내는 것이 아니기 때문이다.

## (2) 적극적인 이미지

'독수리'가 멸망의 이미지로 많이 쓰이지만, 반드시 그런 의미로만 쓰이지 않는다. 출애굽기 19:4에서 하나님은 "내가 애굽 사람에게 어떻게 행하였음과 내가 어떻게 독수리 날개로 너희를 업어 내게로 인도하였음을 너희가 보았느니라"고 하시며 그의 백성을 인도하신 하나님을 독수리에 비유하셨다. 여기서 독수리는 하나님의 보호를 의미하며, 매우 '적극적인 의미'이다. 이사야 40:31도 "오직 여호와를 앙망하는 자는 새 힘을 얻으리니 독수리(as eagles)가 날개 치며 올라감 같을 것이요 달음박질하여도 곤비하지 아니하겠고 걸어가도 피곤하지 아니하리로다"라고 말한다. 앞 두 구절에서 독수리는 '멸망의 이미지'가 아니라 매우 '적극적인 의미'이다. 물론 계시록 8장의 화를 경고하는 독수리는 그의 외침과 같이 멸망의 이미지라는 것은 자명하다. 비일이 독수리를 기계적으로 '멸망의 이미지'라고 하는 것은 치우친 견해이다.

## (3) 독수리 vs 독수리 같은 생물

비일은 계시록 8장의 독수리를 계시록 4:7의 '날아가는 독수리와 같다'라고 언급된 네 생물 중 하나일 것이라고 간주했다. 네 생물 중 하나인 독수리 같은 생물이 '화'를 경고하는 독수리와 비슷하기 때문에 양자를 동일한 것으로 간주했다. 만일 비일의 견해와 같이 계시록 8장의 독수리가 네 생물 가운데 하나라고 하면 사도 요한은 13절을 어떻게 기록했겠는가?

"내가 또 보고 들으니 공중에 날아가는 '네 생물 중 독수리 같은 생물'이 큰 소리로 이르되 땅에 사는 자들에게 화, 화, 화가 있으리니"라고 기록했을 것이다. 그러나 성경은 그렇게 기록되지 않았다. "독수리 같다"라고 하지도 않고, 그냥(just) '독수리'라고 말한다. 이것은 계시록 8장의 독수리가 네 생물 중의 '독수리와 같은 넷째 생물'과 다르다는 것을 의미한다.

## (4) 네 생물과 독수리의 비교

비일은 네 생물 중 '독수리 같은 생물'은 그 얼굴이 독수리 같을 뿐, 다른 모든 면에서 계시록 8장의 독수리와 다르다는 것을 간과했다. 성경은 네 생물을 어떻게 묘사하고 있는가? 계시록 4:8~9은 "네 생물(the four beasts)은 각각(each of them) 여섯 날개(six wings)를 가졌고 그 안과 주위에는 눈들이 가득하더라(full of eyes) 그들이 밤 낮 쉬지 않고 이르기를 거룩하다 거룩하다 거룩하다 주 하나님 곧 전능하신 이여 전에도 계셨고 이제도 계시고 장차 오실 이시라 하고 그 생물들이 보좌에 앉으사 세세토록 살아 계시는 이에게 영광과 존귀와 감사를 돌린다"라고 말한다.

아래의 비교 표에서 보듯이, 네 생물의 독수리 같은 생물은 여섯 날개가 있는 반면에, 화를 경고하는 독수리는 두 날개를 가졌다. 네 생물의 독수리같은 생물 은 온 몸에 눈이 가득하지만, 계시록 8장의 독수리는 '조류'이기 때문에 두 개의 눈을 가졌다. 네 생물의 독수리 같은 생물은 '하나님의 보좌 앞'과 주위에 있지 만, 계시록 8장의 독수리는 '공중'에 날아간다. 공중이란 새들과 독수리가 날아 다니는 '하늘'(sky)을 의미한다. 하나님이 계시는 셋째 하늘에 네 생물이 있고, 독 수리는 '공중'을 날아가기 때문에 양자는 서로 구별된다.

| | 계시록 4장 네 생물 중<br>독수리 같은 넷째 생물 | 계시록 8장의 독수리 |
|---|---|---|
| 날개 | 여섯 날개 | 두 날개 |
| 눈 | 몸에 눈이 가득함 | 두개의 눈 |
| 정체 | 하늘에 있는 존재 | 동물인 독수리 |
| 위치 | 하나님 보좌 앞 | 공중에 날아감 |
| 역할 | 하나님을 찬양함 | 화를 경고함 |
| 성격 | 밤낮으로 쉬지 않고 | 한 번 |
| 동일성 | 서로 전혀 다르다 | |

### (5) 네 생물이 있는 위치와 사명

계시록 8장의 독수리가 계시록 4장에 언급된 하나님 보좌 앞에 있는 네 생물 중 독수리 같은 생물일 수가 없는 중요한 근거가 있다. 네 생물의 위치는 '공중' 이 아니라 셋째 하늘인 하나님 보좌 앞과 주위인 '셋째 하늘'(the third heaven, 고 후 12:2)이다. 네 생물은 모든 피조물들의 대표로서 무엇을 하고 있는지 계시록 4:8~9을 주목하자.

그들이 밤낮 쉬지 않고 이르기를 거룩하다 거룩하다 거룩하다 주 하나님 곧 전능하신 이여 전에도 계셨고 이제도 계시고 장차 오실 이시라 하고 그 생물들이 보좌에 앉으사 세세토록 살아 계시는 이에게 영광과 존귀와 감사를 돌릴 때에 (계 4:8~9)

'거룩하다'를 세 번 한 것은 '단순한 반복'이 아니라, 삼위일체 하나님을 찬양하는 것으로 '삼성송'(헬라어로 Τρισάγιον-트리사기온, 라틴어로 상투스-Sanctus라 부름)이라 부른다. 네 생물이 "밤낮 쉬지 않고" 삼성송을 부르는 것은 세세토록 살아 계시는 이에게 영광과 존귀와 감사를 드린다는 것과 일맥상통한다.

만일 비일의 견해대로 계시록 8장의 화를 선포하는 독수리가 계시록 4장의 네 생물 중 독수리 같은 생물이라고 하면, 어떤 결과가 발생하는가? 하나님 보좌 앞에서 찬양하던 네 생물 중 "독수리 같은 생물"이 계시록 8장의 시점에 이르러, 하나님의 보좌가 있는 셋째 하늘을 떠나 '공중'으로 내려가야 한다. 왜냐하면, 독수리가 화를 경고하는 곳은 '셋째 하늘'이 아니라 '공중'(sky, 첫째 하늘)이기 때문이다. 네 생물 중 독수리 같은 생물이 '세 화'를 경고하기 위해서 자리를 떠나면 보좌 주위에 "세 생물들"만이 남아 하나님을 찬양하는 상황이 되고, 조류를 대표하는 독수리 같은 생물은 하나님을 찬양하는 것에서 잠시 제외된다는 것을 가리킨다. 이런 상황이 있을 수 있다고 생각하는가? 독수리 같은 생물을 포함한 네 생물이 '밤낮 쉬지 않고' 삼성송을 부르며 찬양한다는 것은 잠시라도 중단되지 않는다는 것을 의미한다. 네 생물 중 독수리 같은 생물은 그가 있어야 할 보좌 앞을 떠날 수 없기 때문에 계시록 8장의 세 화를 경고하는 독수리가 될 수 없다. 따라서 계시록 8장의 독수리가 네 생물 중 독수리 같은 생물이라는 비일의 해석(무천년설)은 성경의 문맥을 고려하지 않은 단편적인 견해이다.

### (6) 세 화에 대한 경고의 성격

이필찬 박사는 계시록 8장의 독수리를 "죽음과 파멸의 징조라고 볼 수 있다"고 하며 대수롭지 않게 지나쳤다. 계시록의 일곱 나팔 심판과 그 중에 '세 화'는 매우 중대한 국면이다. 세 화가 대환난을 구성하기 때문이다. 따라서 하나님께서는 '세 화'를 매우 특별한 방법으로 경고하신다. "공중에 날아가는 독수리"라는 것은 상징적 의미라든지, 비일의 주장대로 네 생물 중 하나가 아니라, '문자 그대로' '조류인 독수리'이다. 만일 이것이 독수리가 아닌 다른 어떤 것을 가리켰다면, '독수리 같다'라고 표현했을 것이다.

네 개의 나팔 심판이 끝난 후, 이후에 있을 세 개의 나팔 심판은 '세 화'로 불린다. 하나님의 심판의 경고의 나팔수로 '독수리'를 사용한다는 것은 매우 놀랍다. 게다가 조류인 독수리가 '사람의 말'을 한 것은 역사상 한 번도 없었다. 그런데 마지막 '세 화'가 도래할 것을 독수리가 선포한다. 구약 성경을 보면 동물이 사람의 말을 한 경우는 단 한 번이다. 선지자 발람이 모압 왕이 보낸 귀인들과 금은보화에 눈이 멀어 하나님의 백성을 저주하러 갈 때에 나귀가 사람의 말로 책망했다. 민수기 22:28~30은 다음과 같이 말씀한다.

> **여호와께서 나귀 입을 여시니** (the LORD opened the mouth of the ass) 발람에게 이르되
> 내가 당신에게 무엇을 하였기에 나를 이같이 세 번을 때리느냐 발람이 나귀에게
> 말하되 네가 나를 거역하기 때문이니 내 손에 칼이 있었다면 곧 너를 죽였으리라
> **나귀가 발람에게 이르되** 나는 당신이 오늘까지 당신의 일생 동안 탄 나귀가 아
> 니냐 내가 언제 당신에게 이같이 하는 버릇이 있었더냐 그가 말하되 없었느니라
> (민 22:28~30)

발람의 나귀가 말한 것 외에 창세기 3장에서 뱀이 여자를 유혹할 때, 사람의 말을 한 것을 처음이라고 생각할 수 있다. 뱀이 말한 것은 사실이지만 뱀이 말한 것이 아니라 마귀가 뱀을 통해서 말한 것이기 때문에 이 경우와 구별된다. 발람의 나귀가 말을 한 것은 여호와께서 나귀에게 사람의 말을 할 수 있는 능력을 주셔서 사람의 말(방언)로 발람을 책망한 경우이다.

| 동물이 말한 사례 | 관련자 | 동물 | 성격 |
|---|---|---|---|
| 구약 시대 | 발람 선지자 | 나귀 | 책망 |
| 신약 시대 | 없음 | 없음 | 없음 |
| 계시록 심판 시대 | 땅에 거하는자 | 독수리 | 화의 경고 |

신약 시대에는 동물이 사람의 말을 한 경우가 한 번도 없다. 그러다가 계시록 8장의 네 나팔 심판이 있은 후, 공중에 독수리가 날아가며 '세 화'가 임할 것을 경고한다. 마지막 심판의 때에 하나님께서 독수리에게 사람의 말을 할 수 있는 능력을 주셔서 경고하신다. 이로써 인류 역사상 동물이 사람의 말을 하는 경우는 단 '두 번'이라는 것을 보게 된다. 대환난의 '세 화'가 있을 것을 경고하는 자는 공중에 날아가는 독수리이다.

요한계시록 8장 요약

## 1. 첫째 나팔부터 넷째 나팔의 내용

| | 심판 내용 | 무천년설<br>그레고리 K. 비일 및 이필찬 | 전천년설<br>(필자) |
|---|---|---|---|
| 첫<br>째<br>나<br>팔 | 피 섞인 우박과<br>불이 쏟아짐 | 문자 해석 | 문자 |
| | 땅, 나무,<br>푸른 풀 | 문자 해석<br>창조 질서의 붕괴 | 문자 |
| | 그 삼분의 일 | 요한의 문학적 자유<br>문학적 변형의 특징이다 | 문자 |
| 둘<br>째<br>나<br>팔 | 불 붙는 큰 산 | 1. 바벨론 제국으로 대표되는<br>세상 나라 심판 상징<br>2. 동시대 베수비수오 화산<br>대폭발을 연상케 할 의도 | 문자 |
| | 그 바다 1/3 피로 | 출애굽 재앙 모티브(문자적) | 문자 |
| | 그 배 1/3 파괴 | 배:배를 조종하는 자를 대표함<br>– 인간에게 심판의 환원 | 문자 |
| 셋<br>째<br>나<br>팔 | 횃불같이<br>타는 큰 별 | 떨어지는 별(문자 해석) | 문자 |
| | 강들과 물샘 | 문자 해석 | 문자 |
| | 별의 이름은 쑥 | 문자 해석 | 문자 |
| | 그 강들 1/3 | 제한된 숫자 – 상징 해석 | 문자 |
| 넷<br>째 | 해/달/별들 | 문자 해석 | 문자 |
| | 1/3이 어두움 | not 문자 해석 but 신학적<br>상징적/ 창조 질서의 와해 | 문자 |

| | 심판 내용 | 무천년설<br>그레고리 K. 비일 및 이필찬 | 전천년설<br>(필자) |
|---|---|---|---|
| | 독수리 | 파멸의 징조(상징), 넷째 생물 | 문자 |
| 특<br>징 | 자연환경에<br>대한 심판 | 문자적 해석과<br>상징적 해석을 혼용함 | 문자 |
| 평<br>가 | 원칙 문제 | 원칙이 없는 해석 | 원칙<br>있음 |

## 2. 첫째 나팔부터 넷째 나팔의 시기 차이

일곱 나팔의 시기에 대한 무천년설(그레고리 K. 비일과 이필찬)과 역사적 전천년설(필자)의 차이는 매우 크다. 다음의 도표의 아랫 부분은 일곱 나팔에 대한 무천년설 관점을 나타냈다. 무천년설은 첫째 나팔이 초림에 시작하여 일곱째 나팔에 재림이 있다고 해석한다.(병렬식 해석) 무천년설의 계시록을 보는 구조는 전천년설과 완전히 다르다. 이에 반하여 필자(전천년설)는 첫째 나팔은 '장차 있을 일'로 간주한다. 아래 도표의 윗 부분은 일곱 나팔에 대한 전천년설의 관점을 나타내는데 초림의 기록인 복음서와 주님 승천 후으로부터 있는 첫째 인으로부터 여섯째 인까지가 성취된 후에 일곱 나팔이 발생한다. 계시록을 이해하는 데 내용뿐만 아니라 시기는 중요하다.

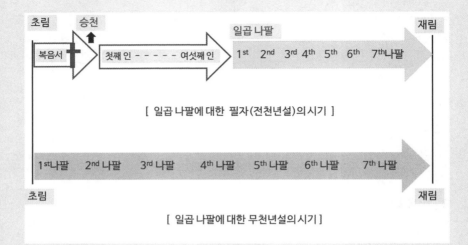

초림 승천 재림

복음서

첫째 인 - - - - 여섯째 인

일곱 나팔

1st 2nd 3rd 4th 5th 6th 7th나팔

[ 일곱 나팔에 대한 필자(전천년설)의시기 ]

1st나팔 2nd 나팔 3rd 나팔 4th 나팔 5th 나팔 6th 나팔 7th 나팔

초림 재림

[ 일곱 나팔에 대한 무천년설의시기 ]

## 3. Youtube "워킹바이블TV" 채널 참고 영상

### 1) 천국 지옥 간증에 대한 영상들

#04 아담과 하와와 칼빈이 지옥에? 서사라 목사, 홍혜선 전도사, 천국 지옥 간증 사실일까? 거짓일까?

#06 서사라 목사, 천국 지옥 간증, 하와가 지옥에 있다! 복음이란 무엇인가? 성경과 일치하는가?

#76 ALL 천국 지옥 간증! 사실인가? 사도 바울 증거! 악령의 속임수 or 거짓이다!

#77 천국 지옥 간증자가 받을 하나님의 준엄한 심판 in 계시록

#133 천국 지옥 간증 옹호 부대! 99점 이상 서사라 목사를! 대적하는 10점 짜리도 안되는 목사!?

#303 죽음 이후의 상태는? 영혼 멸절설! 영혼 수면설! 영혼은 어떤 상태인가?

#304 서사라 목사, 천국에 가서 다윗 왕을 만났다! 사실인가? 거짓인가?

#305 서사라 목사, 천국에 가서 다윗을 만났다! 오순절 베드로의 증언!

## 2) 창세기: 아담의 타락과 하나님의 복음 영상들

#237 하와가 선악과를 먹은 후! 하와는 저주를 받았나요?

#236 아담과 하와가 선악과를 먹은 후! 왜 즉시 죽지않았나요?

#243 아담과 하와가 선악과를 먹은 이유! 하나님과 같이 된다는 의미는 무엇인가요?

#244 선악과를 먹은 후! 하나님과 같이 되어! 선악을 알게 되었다는 의미는 무엇인가요?

#245 선악과를 먹은 후! 생명나무 열매를 먹었다면? 그룹들로 지키신 이유는 무엇인가요?

#246 선악과를 먹은 후! 생명나무로 가는 길을! 불도 아니고 칼도 아닌 불 칼로 막은 이유 는 무엇인가요?

#248 뱀에 대한 저주! 배로 다닌다는 것은 어떤 의미인가요?

#247 생명나무로 가는 길! 그룹과 불칼로 막힌 길을! 예수님이 어떻게 여기셨나요?

#249 뱀에 대한 저주! 흙을 먹는 것은 어떤 의미인가요?

#252 의식주 타락 후, 사람의 첫번째 필요는 무엇인가요??

#253 아담의 작품! 무화과나무잎 옷! 죄와 수치를 가릴 수 있나요?

#254 아담이 만든! 무화과나무잎 옷이! 죄를 가릴 수 없는 이유는 무엇인가요?

#255 Made by God, 가죽 옷! 아담에게 주신 하나님의 선물!

#256 가죽 옷과 칭의와 믿음! 가죽 옷은 누구에게 주시나요?

#257 가죽 옷과 칭의! 최후의 심판에선 무엇을 보시나요?

#258 가죽 옷과 칭의 구원의 옷! 그 후에 입어할 옷은 무엇인가요?

#259 어린 양의 혼인 잔치와 빛나고 깨끗한 세마포 옷!

# Chapter 34 ·
# 첫째 화, 다섯째 나팔(9:1~12)

계시록 9장에는 다섯째 나팔과 여섯째 나팔 심판이 있다. 일곱 나팔은 '전반부' 네 나팔과 '후반부'의 세 나팔로 구성된다. 전반부의 네 나팔은 '자연 환경'에 대한 심판으로 이 땅에 거하는 자들에 대한 '간접적인' 심판의 성격을 띤다. 이에 반하여 다섯째 나팔부터는 이 땅에 거하는 자들에 대한 '직접적인 심판'이다. 네 나팔은 자연 환경에 대한 심판이기 때문에 '문자적인' 의미이다. 다섯째 나팔을 불 때, 하늘에서 떨어진 '큰 별 하나'는 사탄을 상징한다. 네 나팔의 내용이 간단한데 반하여, 다섯째 나팔과 여섯째 나팔은 길고 상세하다. 그리고 다섯째 나팔은 '첫 번째 화'로 불린다. 첫째 나팔로부터 넷째 나팔 심판이 이전에 없었던 재앙이었음에도 불구하고 성경은 그것들을 '화'(재앙)라고 부르지 않는다. 다섯째 나팔은 '첫 번째 화'로 부를 뿐만 아니라 뒤의 두 나팔을 '두 개의 화'라고 부른다. 일곱 나팔은 '화'로 불리는 후반부 세 나팔과 '화'로 불리지 않는 전반부의 네 나팔로 구별된다. 하나님께서 보실 때 전반부의 네 나팔은 '화'가 아니다. 다섯째 나팔과 그 이후 두 개의 나팔 즉 후반부의 '세 나팔'이 '세 화'로서 대환난이라는 것을 의미한다. 전반부의 네 나팔은 첫째 화로 불리는 다섯째 나팔 즉 대환난으로 들어가는 전주곡의 성격을 띤다.

## 1. 첫째 화로서의 다섯째 나팔 이해

계시록 8:13은 "내가 또 보고 들으니 공중에 날아가는 독수리가 큰 소리로 이르되 땅에 사는 자들에게 화, 화, 화가 있으리니 이는 세 천사들이 불어야 할 나팔 소리가 남아 있음이로다 하더라"고 말한다. 성경의 문맥은 처음 '네 나팔'과 이후의 '세 나팔'을 자연스럽게 구분한다. 이후에 불어야 할 나팔은 다섯째 나팔로부터 일곱째 나팔까지의 '세 나팔'로서 '화, 화, 화'라고 말한다.

계시록 9장에서 다섯째 나팔을 무엇이라고 부르는가? 1~11절에 다섯째 나팔 재앙이 있은 후, 12절에서는 "첫째 화(One woe, 재앙)는 지나갔으니 보라 아직도 이후에 화 둘이(two woes) 이르리로다"고 말한다. 8장의 끝에서도 독수리가 "화(재앙), 화, 화가 있으리니"라고 외쳤다. 이것은 성경이 '세 화'를 대환난으로 간주하고 있다는 것을 가리킨다. 계시록은 다섯째 나팔을 '첫째 화(재앙)'라고 부르고, 뒤에 있을 두 나팔을 '두 화'(two woes)라고 부른다. 네 나팔은 초자연적인 재앙과 같이 보였을지라도 하나님의 관점에서는 그것을 '화(재앙)로 여기지 않고, 다섯째 나팔부터 세 나팔을 '화'(재앙)로 여긴다. 이것이 '화'(재앙)에 대한 성경의 관점이다. 다섯째 나팔을 첫째 화로 부르고, 이후의 두 개의 나팔을 '화'(재앙)로 칭하는 것은 무천년설이 계시록을 병렬식으로 해석하는 것이 오류임을 증명한다. 왜냐하면, 병렬식 해석은 인과 나팔과 대접은 동시에 발생한다고 간주하는데 일곱 나팔에만 '세 화'가 있고, 그와 동등하게 간주하는 일곱 인과 일곱 대접에는 '화'가 없기 때문이다.

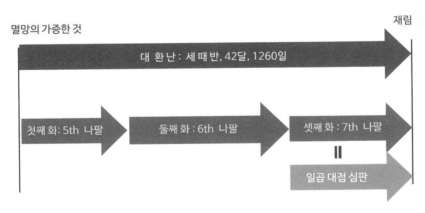

[ 대환난을 구성하는 '세 화'인 세 나팔 관계 ]

## 2. 하늘에서 땅으로 떨어진 큰 별 하나

하늘에서 땅에 떨어진 '별 하나'에 대한 다양한 해석들이 있다. 네로 황제나 과거 특정한 인물이라는 견해, 하나님의 말씀이라는 견해, 하늘에서 내려온 천사, 타락한 천사인 사탄이라는 견해 그리고 배교한 거짓 교사나 거짓 선지자들이라는 견해가 있다. 하늘에서 떨어진 큰 별에 대하여 십인십색의 해석이 있다는 것은 계시록을 바르게 해석하는 것이 쉽지 않다는 것을 의미한다.

### 1) 무천년설 견해들

이필찬 박사는 『요한계시록』(에스카톤, p.802~803)에서 하늘에서 땅으로 떨어진 별에 대한 견해를 말한다.

> 요한계시록 9장 1절의 하늘에서 땅에 떨어진 별은 유대적, 구약적, 신약적 자료들은 사탄으로 보는 것이 타당하다. 이것은 요한계시록 12장 8~9절과 적절하게 조화를 이루고 있다. 이런 관계로 볼 때 '하늘로부터 땅으로 떨어진 별'은 바로 예수 그리스도의 탄생과 승천으로 말미암아 심판을 받은 사탄의 정황을 묘사하고 있는 것이라고 할 수 있다. 케어드는 이런 입장을 지지하면서 '하나님은 악으로 하여금 악 자신의 멸망이 되게 하신다'고 말한다. 이것이 다섯 번째 나팔 심판이 가지고 있는 악의 자기 파멸적 성격과 관련된다. 곧 별에 의해 상징되는 사탄이 아뷔쏘스의 문을 열게 될 때 그곳으로부터 나오는 황충이 하나님의 인을 이마에 갖지 못한 자들을 괴롭게 하는 정황을 염두에 둔 것이라 할 수 있다.(이필찬, 『요한계시록』, 에스카톤, p.802~803)

김추성 박사는 이필찬 박사와 같은 무천년설자인데, 하늘에서 땅으로 떨어진 별에 대한 견해는 다르다. 김추성 박사는 『요한계시록 1~9장 주석집』(킹덤북스, p.522)에서 하늘에서 땅으로 떨어진 별에 대한 견해를 밝혔다.

> 요한은 하늘에서 땅으로 떨어진 별을 보았다. 이 별은 인격적 존재이며 천사를

상징할 가능성이 매우 높다. 그러나 요한은 천사의 신원에 대하여 자세한 설명을 하지 않고 있다. 본문이 별의 신원에 대하여 명확하게 밝히지 않을 때, 우리는 지나치게 억측할 필요가 없다. 하늘에서 땅으로 떨어졌다는 이미지를 확대해석해서 이 별을 사탄이나 타락한 천사로 간주하는 것은 적절하지 못하다. 왜냐하면 본문의 상황은 요한계시록 12:7~8의 상황과는 확실하게 다르기 때문이다. 하늘에서 떨어졌다는 말에 지나치게 의미를 부여할 필요는 없다. 아마 이 천사는 하나님의 뜻을 수행하는 많은 천사들 중 하나일 것이다.(Mounce)(김추성, 『요한계시록 1~9장 주석집』, 킹덤북스, p.522)

필자는 "하늘에서 땅으로 떨어진 별 하나"가 하나님의 뜻을 수행하는 천사가 아니라 사탄이라는 근거를 제시한다.

## 2) 상징인가? 문자인가?

계시록 9:1은 "다섯째 천사가 나팔을 불매 내가 보니 하늘에서 땅에 떨어진 별 하나가 있는데 그가 무저갱의 열쇠를 받았더라"고 말한다. 다섯째 나팔의 핵심은 '하늘에서 땅으로 떨어진 별 하나'이다. "이것은 누구를 가리키는가?"라는 것은 중요하다. 이것은 결국 "문자적인 의미인가, 아니면 상징적인 의미인가"라는 것을 가리킨다. '별 하나'를 문자적으로 본다면 '물리적인 별'을 가리킬 것이고, 상징이라면 '다른 어떤 존재'를 가리킨다.

첫째, 성경의 문맥을 통해서 그것이 문자적 의미인지 상징적 의미인지를 구별할 수 있다. 일례로 계시록 8장의 셋째 천사가 나팔을 불 때, 강들의 삼분의 일에 떨어진 "횃불 같이 타는 큰 별"은 '물질적인 별'이다. 첫째 나팔부터 넷째 나팔까지가 모두 자연 환경에 대한 심판으로서 '물질적인 별'이 떨어짐으로 '물질적인' 강물과 물 샘을 쓰게 만들었기 때문이다.

만일 성경을 단편적으로 본다면, 계시록 8장의 '땅으로 떨어진 큰 별'이 물질적인 별이었기 때문에, 9장의 '하늘에서 땅으로 떨어진 별 하나'를 물리적인 별로 볼 가능성이 많다. 이것은 계시록의 문맥을 고려하지 않은 것이다.

1절은 "하늘에서 땅에 떨어진 별 하나가 있는데 그가 무저갱의 열쇠를 받았더라"고 말한다. '별 하나'가 '무저갱의 열쇠'를 받았다는 것은 '별 하나'를 인격체로 의인화(상징)한 것이다. 또한 '그 별'이 무저갱을 연다는 것도 '의인화(상징)'된 것이다. 자유 의지를 가진 인격체를 생명이 없는 다른 사물로 표현한 것이 의인화이다. 만일 '하늘에서 땅으로 떨어진 별 하나'를 물질적인 별로 해석한다면, '그 별'이 무저갱의 열쇠를 받아서 무저갱을 연다는 것은 모순되기 때문에 잘못된 해석이 된다.

**둘째,** 성경 전체의 흐름을 통해서 알 수 있다. 욥기 38:6~7은 "그것의 주추는 (the foundations) 무엇 위에 세웠으며 그 모퉁잇돌을 누가 놓았느냐 그 때에 새벽 별들이(the morning stars) 기뻐 노래하며 하나님의 아들들이(the sons of God) 다 기뻐 소리를 질렀느니라"고 말한다. 주추를 세웠다는 것은 4절의 "땅의 기초를 놓을 때"인 창조의 때를 가리킨다. '그때'도 창조의 때를 가리키며, 창조를 목격한 새벽 별들이 기뻐 노래했고, 이어서 나오는 '하나님의 아들들'과 동격으로 천사들을 가리킨다. 이것은 천지를 창조하기 전에 이미 천사들을 창조하셨음을 보여주고, 천지 창조 때에 모든 천사들이 하나님의 아름답고 위대한 창조를 보고 기뻐했다는 것을 의미한다.

성경은 천사들을 '별'로 비유했다. 이사야 14:12 이하는 루시퍼의 타락에 대하여 말씀한다. 루시퍼를 '아침의 아들'이라 부르는 것은 우주 가운데 가장 먼저 피조되었기 때문이다. 계명성은 "계명성, 금성, 빛나는 것"을 의미하는 '헤렐'(helel)로 라틴어 벌게이트역은 '루시퍼'(Lucifer)로 번역했다. '새벽 별들'(the morning stars)과 '하나님의 아들들'은 모두 '복수'로서 천사들을 가리키고, 아침의 아들과 계명성은 '단수'로서 천사장이었던 사탄을 가리킨다. '하늘에서 땅으로 떨어진 별 하나'는 계시록 9장의 문맥에서 사탄을 '비유'했고, 성경의 흐름에서도 '일반 천사'가 아니라 천사장이었던 '사탄'을 가리킨다.

## 3) 이사야 14장과 연관성

이사야 14:12~15은 사탄의 타락에 대하여 말씀한다.

> 너 아침의 아들(son of the morning) 계명성이여(O Lucifer) 어찌 그리 하늘(heaven)에서

떨어졌으며 너 열국을 엎은 자여 어찌 그리 땅에 찍혔는고 네가 네 마음에 이르기를 내가 하늘(heaven)에 올라 하나님의 뭇 별 위에 내 자리를 높이리라 내가 북극 집회의 산 위에 앉으리라 가장 높은 구름에 올라가 지극히 높은 자와 같아지리라 하는도다 그러나 이제 네가 스올(hell) 곧 구덩이 맨 밑에 떨어짐을 당하리로다(shalt be brought down to hell)(사 14:12~15)

이사야서는 예언으로 계시록 9장의 '하늘에서 땅으로 떨어진 별 하나'와 연관이 있다. 만일 양자의 연관성이 있다고 해서 두 구절을 '동일한 시기'의 구절로 간주한다면 그것은 오류이다. 양 구절의 공통점과 차이점이 무엇인지를 비교해 보자.

### (1) 사탄의 타락 시기

이사야 14장과 계시록 9장은 모두 타락한 천사, 루시퍼에 대한 말씀이라는 공통점이 있다. 만일 동일한 대상인 사탄에 대한 것이라고 해서, 양 구절을 '동일한 시점'에 대한 것이라 단정하면 오류이다. 이사야 14장은 루시퍼가 타락할 때를 가리킨다. 천지 창조에서 '하늘들'과 '하늘에 있는 자들'인 천사들이 먼저 창조되었다. 욥기는 그 후 땅과 우주(물질적인)가 창조될 때에 천사들이 기뻐 노래했음을 보여준다. 따라서 천지 창조되기까지 루시퍼의 반역이 없었고, 창조 후에 반역이 있다는 것을 암시한다. 계시록 9장은 장차 있을 일로서 공중 권세를 잡은 사탄이 하늘(공중, 첫째 하늘)에 있다가 땅으로 내쫓긴다는 것을 가리킨다. 계시록 9장 '별 하나'가 예수님의 초림으로 인해 땅으로 떨어졌다는 이필찬 박사의 해석은 성경 문맥을 고려치 않은 견해이다.

### (2) 창1:2- 창조의 초기 상태 vs 심판 상태

창세기 1:1은 "태초에 하나님이 천지를 창조하시니라"는 말씀 후에, 2절은 "땅이 혼돈하고 공허하며 흑암이 깊음 위에 있고 하나님의 영은 수면 위에 운행하시니라"고 말한다. 흔히 '혼돈과 공허와 흑암'을 창조의 초기 상태로 오해한다. (무천년설의 오류이다) 만일 그것이 사실이라면, 하나님은 전지전능하신 분이 아니게 된다. 왜냐하면, 창조의 상태가 혼돈과 공허와 흑암이라는 것은 하나님의 능력이 불완전하다는 것을 의미하기 때문이다. 혼돈과 공허와 흑암은 창조의 초기 상태가 아니라, 사탄의 반역으로 인한 하나님의 심판의 상태를 의미한다.

### (3) 이사야 14:15 셋째 하늘 vs 계시록 9장 '하늘(공중)'

이사야 14장의 루시퍼가 떨어진 '하늘'은 지극히 높은 자와 하나님의 보좌가 있는 하늘로서 '셋째 하늘'을 가리킨다. 루시퍼가 하늘에서 떨어졌다는 것은 하나님과 같아지려는 그의 교만과 반역으로 인해 '셋째 하늘'에서 추방됐다는 것을 가리킨다. 이런 일이 있었던 때는 천지 창조 후일 것이다. 이 박사의 주장하는 것과 같이 '초림'에 있는 일이 아니다. 즉 루시퍼가 셋째 하늘에서 쫓겨난 것은 그가 타락한 이후 즉시 있었던 일로서, 천지창조 후이다. 이와 반면에 계시록 9장의 하늘에서 떨어진 별 하나로 불린 사탄이 하늘에서 떨어진 것은 '장차 될 일들'로서 '미래'이다. 장차 일곱째 인이 떼어지고 첫째 나팔로부터 넷째 나팔 재앙이 있은 후 다섯째 나팔이 불 때, 하늘(첫째 하늘, sky)에서 땅으로 내쫓길 것이다. 그래서 이 땅에 대환난이 시작된다.

### (4) 이사야 14:15와 계시록 20:1의 관계

이사야 14:15은 "그러나 이제 네가 스올(hell) 곧 구덩이 맨 밑에 떨어짐을 당하리로다(shalt be brought down to hell)"고 말하는데 루시퍼의 심판에 대한 예언이다. 루시퍼가 스올의 맨 밑에(무저갱) 떨어져 갇히는 것은 오늘날까지 아직 성취되지 않았다. 이것은 주님의 재림 후에 성취될 것이다. 계시록 20:1~4은 이사야 14:15의 성취이다.

> 또 내가 보매 천사가 무저갱의 열쇠(the key of the bottomless pit)와 큰 쇠사슬(a great chain)을 그의 손에 가지고 하늘로부터 내려와서 용(the dragon)을 잡으니 곧 옛 뱀(that old serpent)이요 마귀(the Devil)요 사탄(Satan)이라 잡아서 천 년(a thousand years) 동안 결박하여 무저갱에 던져 넣어 잠그고 그 위에 인봉하여 천 년이 차도록 다시는 만국을 미혹하지 못하게 하였는데 그 후에는 반드시 잠깐 놓이리라(계 20:1~4)

무천년설을 주장하는 그레고리 K. 비일과 이필찬 박사는 사탄이 무저갱에 감금된 것을 예수님 초림의 때로 해석하는데, 성경과 어긋난다. 그런 이유를 가까운 계시록에서도 찾을 수 있다. 계시록 2~3장은 소아시아의 일곱 교회에 대한 편지로서 예수님 초림 이후, 승천 후이다. 서머나 교회에 대한 편지인 계시록 2:10에서 "너는 장차 받을 고난을 두려워하지 말라 볼지어다 마귀(the devil)가 장차 너희 가운데에서 몇 사람을 옥에 던져(shall cast some of you into prison) 시험을 받게 하리니 너희가 십 일 동안 환난을 받으리라 네가 죽도록 충성하라 그리하면 내가 생명의 관을 네게 주리라"고 말씀한다. 만일 무천년설의 주장대로 마귀가 초림 때에 무저갱에 갇혔다면, 승천 이후에 있었던 서머나 교회를 마귀가 옥에 던져 시험을 받게 할 수 없기 때문이다. 마귀가 무저갱에 감금됐다는 것은 그가 어떤 핍박과 대적도 할 수 없다는 것을 의미한다.

아마도 무천년설자는 마귀가 서머나 교회를 시험한 것을 '상징적 의미'라고 주장할 것이다. (무천년설의 원칙이 상징적 해석이기 때문에) 물론 이것은 마귀가 직접적으로 서머나 교회를 박해했다는 것을 의미하지 않는다. 서머나 교회의 '십 일 동안'의 환난은 약 250년간 있었던 '로마의 10대 황제들의 박해'로 서머나 교회를 직접적으로 박해한 것은 로마제국의 황제들이다. 그런데 성경은 로마 황제들이라고 하지 않고 "마귀(the devil)가 시험하리니"라고 말씀한다. 그것은 로마제국의 박해의 영적인 실체가 마귀라는 것을 보여주기 위한 것이다.

무천년설은 네로 황제를 계시록 13장의 적그리스도라고 해석하여 대환난을 미래에 있을 일이 아니라 과거의 일로 간주한다. 만일 그것이 사실이라면, 마귀는 무저갱에 갇혔을지라도 로마제국을 통해 박해한 것이라는 결론이 된다. 그렇다면, 마귀는 무저갱에 갇혀서도 로마 제국을 통해서 약 250년 동안 교회를 박해할 수 있었다는 결론이 되고, 마귀가 무저갱에 감금된다는 것은 의미가 없게 된다. 마귀는 무저갱에 감금되든지 감금되지 않든지 큰 차이가 없게 되고 마치 마귀는 '전능한 자'와 방불하다고 할 수 있다. 이런 모든 가정들이 성립되지 않는 것은 초림 때에 마귀가 무저갱에 감금됐다는 무천년설의 주장이 오류이기 때문이다. 무천년설은 성경도 오해하고 하나님의 능력도 오해한 학설이다. 사실 무천년설은 '로마 가톨릭의'(of the Roman Catholic)", '로마 가톨릭에 의하여'(by the Roman Catholic)", '로마 가톨릭을 위하여'(for the Roman Catholic) 만들어진 학설이다.

## 4) 누가복음 10:18과의 연관성

### (1) 이필찬 박사의 견해

이필찬 박사는 『요한계시록』(에스카톤, p.802)에서 누가복음 10장과의 관계를 다음과 같이 말한다.

> 누가복음 10장 18절에서 예수님은 사탄을 하늘로부터 번개같이 떨어지는 것으로 표현하신다. 이러한 발언은 이 본문의 직접 본문인 누가복음 10장 17절에서 70인이 예수님으로부터 권세와 능력을 위임받아 활동한 후 돌아와서 예수님께 귀신들이 자신들에게 항복했다는 경험을 나누는 내용과 밀접한 관계가 있다. 왜냐하면 후자는 전자에 대한 반응으로 주어지고 있기 때문이다. 이러한 관계로 미뤄볼 때 사단이 하늘로부터 떨어지게 된 것은 예수님의 성육신으로 말미암은 결과로서 하나님의 통치를 이 땅에 실현하는 것으로 간주될 수 있다. 더 나아가서 요한계시록 12장 8-9절은 '큰 용이 던져졌다. 마귀라고 불리는 자, 옛 뱀 곧 사탄이 … 땅으로 던져졌다'라고 기록하고 있다. 여기에서 사용되는 '떨어지다'와 '던져지다'라는 동사들은 모두 부정적인 의미를 갖는다. 이 두 본문의 두 동사는 앞서 언급된 에녹1서의 '떨어지다'와 '던지다'라는 동사와 동일하다. 명백히 사단은 하늘에서 땅으로 떨어진 신세가 된 것이다.(이필찬, 『요한계시록』,에스카톤, p.802)

다음의 도표는 이필찬 박사의 견해를 필자가 이해를 돕기 위해서 일곱 나팔 심판과 관련하여 도표로 나타낸 것이다.

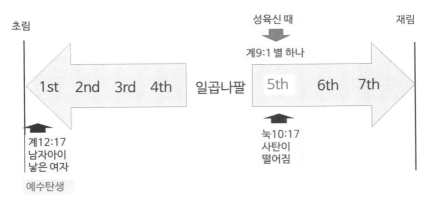

[무천년설 이필찬 박사 : 계9장 별(사탄)이 떨어진 때]

## (2) 필자의 비평 및 견해

### ① 첫째 나팔의 시기

이필찬 박사는 무천년설의 지론을 따라 첫째 나팔을 초림으로, 일곱째 나팔은 재림의 때로 해석한다. 이런 견해는 그레고리 K. 비일과 김추성 박사를 비롯한 대부분의 무천년설 지지자들이 동일하다. 이들은 첫째 나팔 심판으로부터 넷째 나팔까지의 심판이 예수님 초림 때에 있었다고 해석한다. 계시록의 기본적 세 구조는 첫째, 네가 본 것과 둘째, 지금 있는 것들과 셋째, 장차 될 일들이다. 그런데 무천년설은 장차 될 일들을 모두 '과거'에 있었던 일로 간주한다. 그 결과 계시록의 대부분의 일들을 '미래'가 아닌 '과거'로 바꾸었다.(오류이다) 만일 이런 견해가 성경과 일치한다면, 사탄이 떨어진 것, 예수님의 탄생 등 여러 가지 일들을 적용할 때 충돌이 없어야 한다. 그러나 무천년설의 견해가 성경과 일치하지 않으므로, 여러 가지 모순이 우후죽순처럼 발생한다. 이런 성경의 내증을 통해서 신학적인 견해가 성경과 일치하는 것인지 아닌지를 분별할 수 있다. 첫째 나팔 심판부터 넷째 나팔 심판은 역사상 한 번도 없었던 전무후무한 천재지변의 재앙이다. 무천년설자들은 이런 나팔 재앙이 초림에 발생했다고 하면서 구체적인 사건을 아무 것도 제시하지 않는다. 아니 제시하지 못한다는 말이 적절하다. 왜냐하면 이것은 아직 발생하지 않았고, 장차 있을 일들이기 때문이다.

위의 도표에 예수님의 탄생을 표시했다. 무천년설은 계시록 12:5의 해(sun)를 입고 발로 달(moon)을 밟고 열두 별(star)의 면류관을 쓴 여자를 '마리아'로, 그 여자가 낳은 '남자 아이'를 '예수님'으로 해석한다. 예수님의 탄생은 사도행전에도 없고, 서신서에도 없다. 오직 복음서의 첫 부분에 기록된다. 그런데 무천년설 학자들은 계시록 12장을 예수님의 탄생으로 해석한다.

계시록 12장을 다섯째 나팔에 적용해 보자. 무천년설은 계시록 8장의 첫째 나팔이 초림에 있을 일이라 간주하면서, 그보다 한참 뒤에 있는 계시록 12장의 기록을 초림의 시작인 '예수님 의 탄생'으로 간주한다. 그렇다면 시기적으로 계시록 12장은 계시록 8장보다 선행된 일이 된다. 계시록이 이렇게 무질서하고 원칙도 없이 중구난방으로 기록된 말씀이라는 것은 무천년설의 기본 관념이 성경과 일치하지 않기 때문이다.

## ② 누가복음 10장 번개 같이 떨어진 사탄과의 관계

이필찬 박사는 누가복음 10장의 "하늘로부터 번개같이 떨어진 사탄"을 계시록 9장의 하늘에서 떨어진 큰 별과 동일시한다. 필자도 동의한다. 두 구절은 모두 사탄이 땅으로 떨어진 것을 가리킨다. 그런데 대상이 일치한다고 해서 발생하는 시기가 같은 것은 아니다. 이 박사는 누가복음 10장의 "사탄이 하늘로부터 번개같이 떨어진 때"를 예수님의 성육신으로서 하나님의 통치가 이 땅에 실현된 것으로 간주해서, 초림의 때에 성취된 것으로 해석했다. 무천년설의 지론을 따랐지만, 성경과 불일치한다. 이 박사의 주장이 설득력을 갖기 위해서는 누가복음 10장의 "사탄이 하늘로부터 번개같이 떨어진 것"이 무저갱에 감금된 것이라고 해석해야 앞뒤가 맞게 된다. 물론 누가복음 10장의 사탄이 땅에 떨어진 것은 무저갱에 감금된 것을 가리키지 않는다. 이 박사 논리의 비약에는 '오류들'이 내재되어 있다.

하나님은 가장 높은 하늘인 '셋째 하늘'에 계신다. 둘째 하늘은 '우주'를 가리키고, 첫째 하늘은 '대기가 있는 하늘'을 가리킨다. 사탄이 땅으로 떨어졌다는 것은 하늘(첫째 하늘, 공중)에 있다가 그곳에 있지 못하고, 더 낮은 곳인 땅으로 내쫓겼다는 것을 가리킨다. 사탄이 하늘(공중)에 있다가 땅으로 내어쫓기지 않고, 바로 아뷔쏘스(무저갱)에 감금될 수 없다. 성경에 나타난 사탄의 심판에는 몇 가지 단계가 있기 때문이다. 이것은 계시록 12장의 하늘의 전쟁과 관계있다. 교회 가운데 이기는 자인 남자 아이가 휴거됨으로 천사장 미가엘과 그의 천사들과 마귀와 그 천사들의 전쟁이 하늘(첫째 하늘)에서 있고, 마귀가 패배함으로 더 이상 하늘(공중)에 있을 곳을 얻지 못하고 땅으로 내쫓겼기 때문이다.

### ③ 공중 권세를 잡은 임금

에베소서 2:2은 "그 때에 너희는 그 가운데서 행하여 이 세상 풍조를 따르고 공중의 권세 잡은 자(the prince of the power of the air)를 따랐으니 곧 지금 불순종의 아들들 가운데서 역사하는 영이라"고 말한다. '공중 권세 잡은 자'는 사탄을 가리킨다. 왜 성경은 마귀를 그렇게 부르는가? 사탄이 공중의 권세를 잡고 땅을 다스리고 있기 때문이다.

개역개정은 '공중 권세 잡은 자'라고 완곡하게 번역했고, KJV은 "the prince of the power of the air" 즉 "공중의 권세를 잡은 임금"이라고 번역했다. 이것은 헬라어 'τὸν ἄρχοντα'(톤 알콘타)로 '왕, 통치자, 지배자'라는 의미이기 때문에 'the prince'는 바른 번역이다. 예수님께서도 마귀를 '이 세상 임금'(요 12:31)이라고 부르셨는데, 여기서 '임금'은 에베소서 2:2의 'ἄρχον(알콘)'과 동일하다. 개역개정은 동일한 'ἄρχον(알콘)'이란 단어를 요한복음 12장에서는 '임금'이라고 제대로 번역하고, 에베소서 2:2에서는 ' … 자'로 일관성 없게 번역했다. 성경이 사탄을 '이 세상 임금'이라고 부르는 것은 말뿐이 아니라 '영적인 실재'이기 때문이다. 눈에 보이지 않지만 본질적으로 세상은 모두 사탄의 통치 아래 있다. 물론 그의 권세는 '잠시 동안'의 권세이고 '불법적인 권세'이기 때문에 하나님의 심판이 있다.

요한복음 12장은 예수님의 공생애 때로 사탄이 '이 세상 임금'의 위치에 있다는 것을 말씀한다. 에베소서 2:2은 사도 바울의 서신으로 예수님의 승천 이후에도 여전히 사탄이 '공중 권세를 잡은 임금'이라는 것을 가리킨다. 따라서 이필찬 박사가 누가복음 10:18의 "사탄이 땅에 번개같이 떨어졌다"는 것을 계시록 9장의 떨어진 별과 일치시켜서 하나님의 통치가 성취됐다고 해석하는 것은 여러 성경의 증거들과 충돌되기 때문에 오류이다.

지금도 이 세상은 여전히 사탄의 통치 아래 있으며 주님이 재림하시기 전까지 계속될 것이다. 그러기 때문에 교회는 박해를 당하고 순교자들이 있다. 무천년설이 주장하는 하나님의 왕국의 도래는 '세상'에 임한 것이 아니라, '교회'에 '내

적’으로 임한 것이다. 왜냐하면 성령이 임하심으로 성령의 다스림을 받고 하나
님 말씀에 순종하는 신자들에게 하나님의 통치가 ‘invisible’(불가견적)하게 이뤄
지기 때문이다. 온 세상에 ‘visible’(가견적)하게 하나님의 왕국 즉 하나님의 통치
가 임할 때는 주님의 재림의 때이다. 무천년설은 교회 안에 ‘내적으로’ ‘invisible’
하게 임한 하나님의 왕국 즉 하나님의 통치를 ‘온 세상’에 임한 것으로 오해해서
교회가 왕 노릇 한다고 간주했다.

### ④ 첫째 나팔의 시기

이필찬 박사는 계시록 9장의 하늘에서 떨어진 별 하나를 해석하면서 요한복
음 12:31은 “이제 이 세상에 대한 심판이 이르렀으니 이 세상의 임금(the prince of
this world)이 쫓겨나리라”는 중요한 관련 구절을 빼놓았다. 만일 이 구절을 참조
했더라면, 사탄이 떨어진 것이 초림이 아니라는 것을 볼 수 있었을 것이다. ‘이
세상 임금’은 사탄을 가리키는데 “그가 쫓겨나리라”고 말씀한다. 이 박사가 계
시록 9:1의 “떨어졌다”와 계시록 12:9의 “던져졌다”는 것이 모두 ‘부정적인 의
미’라는 것을 본 것처럼, 요한복음 12:31의 “쫓겨나리라”는 것도 ‘부정적인 의미’
이다. 이 구절들은 쫓겨나는 대상이 사탄에 대한 것이라는 공통점이 있다. 요한
복음 12:31은 사탄이 땅으로 쫓기는 것이 언제 있을 것인지를 분별하는데 시금
석 역할을 한다.

계시록 9:1의 “떨어진”은 헬라어 ‘πεπτωκότα’(페프토코타)로 ‘떨어지다’를 뜻하
는 ‘πίπτω’(핍토)의 “동사 완료 분사 남성 단수”이고, 계시록 12:9의 “내어쫓기니”
는 ‘βαλλω’(발로)의 “과거 수동태 3인칭 단수”로 모두 완료되었음을 가리킨다. 계
시록의 시제의 특성은 ‘하나님의 관점’에서 모두 성취되었기 때문에 ‘완료 시제’
를 사용한다. 이필찬 박사는 계시록의 두 구절과 누가복음 10:18의 ‘완료 시제’
만을 참조하고, 요한복음 12:31을 간과함으로써 초림 때에 있는 일로 간주하는
오류를 범했다. 성경을 해석할 때 일어나는 흔한 오류이다. 요한복음 12:31은 주
님께서 제자들과 무리들에게 하신 말씀으로 사람의 관점에서 “언제 마귀가 쫓겨
나는가?”를 말씀하셨기 때문에 이 시점을 분별할 가장 중요한 근거가 된다.

요한복음 12:31의 “쫓겨나리라”는 헬라어 ‘ἐκβληθήσεται’(에크블레데세타이)로서
“쫓아내다”를 의미하는 ‘ἐκβαλλω’(에크발로)의 ‘3인칭 단수 수동태 미래 시제’이

다. 즉 예수님께서 공생애 동안 사역하실 때, 이 세상 임금인 마귀가 '장차'(미래) 내어쫓길 것을 언급하셨다. 이것이 이필찬 박사의 주장과 같이 초림 때에 마귀가 '이미' 무저갱에 감금됐다는 것과 일치하지 않는 이유는 이 박사의 해석이 오류가 있기 때문이다. 개역개정도 '미래 시제'로 번역됐다. 언어 특성상 시제가 확연히 드러나는 KJV은 "now shall the prince of this world be cast out"이라고 번역했다. 계시록 9:1과 계시록 12:9와 요한복음 12:31은 동일한 사탄이 땅으로 내어쫓김에 대하여 말한다. 이것은 초림 때에 있는 일이 아니라 '장차 될 일'로서 오늘날까지 이 말씀은 아직 성취되지 않았다. 이것은 장차 성취될 일로서, 계시록 9장의 다섯째 나팔이 불 때 성취될 것이다.

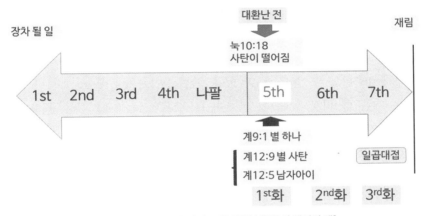

[필자의 전천년설 견해 : 계9장 별(사탄)이 떨어진 때]

### ⑤ 다섯째 나팔의 시기: not 초림 but 장차(미래)

위 도표는 일곱 나팔을 중심으로 계시록 9:1의 하늘에서 떨어진 별 하나와 "사탄이 하늘에서 땅으로 떨어지는 것을 보았다"는 누가복음 10:18 그리고 계시록 12:5의 남자 아이를 낳은 여자에 대한 시기를 나타냈다. 첫 번째 나팔은 지금 시점으로 볼 때, 아직 성취되지 않은 '장차 될 일들'이다. 따라서 그 이후의 둘째 나팔로부터 모든 나팔도 미래에 있을 일들이다. 무천년설은 계시록의 대부분을 과거에 있었던 일로 간주하기 때문에 오류가 있을 수밖에 없다.

무천년설은 대환난, 적그리스도 심지어 휴거도 인정하지 않는다.(상징적 해석으로) 성경이 그리스도와 교회에 대해 말씀하는 것처럼, 계시록도 예수 그리스도와 그의 몸인 교회에 대한 것으로 세상에 대한 심판은 부차적인 것이다. 계시록 12장의 초반부의 여자가 낳은 남자 아이는 교회에 대한 하나님의 계획을 보여준다. 이상 중의 여자는 세 부분으로 이뤄졌다. 열두 별(stars)의 면류관은 율법이 주어지기 전의 열조 시대(율법 전 시대)를 가리키고, 발로 밟은 달(moon)은 구약 시대의 성도들을 가리키며, 해(sun)는 신약 시대의 성도들을 가리킨다. 즉 이상 중의 여자는 '세 시대'로 이뤄진 '전(全)시대에 걸친 교회'를 가리킨다. 그 여자가 해산하여 낳은 '남자 아이'는 교회 가운데 '이기는 자들'이다. 소아시아의 일곱 교회에서 '이기는 자들'을 언급한 것과 같이, 교회 가운데 이기는 자들이 있고 이기지 못하는 자들이 있다.

이기는 자들의 휴거는 대환난 전에 있고, 그 후에 하늘에 전쟁이 있다. 이것은 휴거의 중요한 의미를 암시한다. 이기는 자들은 하나님을 대적하는 마귀와 그 천사들과 싸우는 하늘의 전사이다. 남자 아이의 휴거는 교회 가운데 이기는 자들로서 대환난 전에 있다. 계시록 9:1은 사탄이 땅에 떨어짐으로 대환난이 시작됨을 보여준다. 다섯째 나팔을 '첫 번째 화'라고 부르는 것도 그것이 대환난의 첫째 화이기 때문이다.

계시록 9장은 다섯째 나팔이며 첫 번째 화로서 대환난의 시작이다. 그런데 남자 아이의 휴거인 계시록 12장은 9장보다 뒤에 있는 기록이기 때문에, 그 시기가 불일치로 보일 수 있다. 계시록의 기본 구조는 일곱 인과 일곱 나팔과 일곱 대접이다. 일곱 나팔은 첫째 나팔로 시작해서 일곱째 나팔로 이어진다. 이것은 '기수'가 아니라 '서수'이다. 서수란 순서가 있다는 의미이다. 따라서 일곱 나팔은 순서가 있다. 결코 순서가 뒤바껴서 발생할 수 없다.(무천년설의 병렬식 해석은 오류이다)

요한계시록의 문맥 구조에서 언급했듯이, 계시록은 두 부분으로 이뤄졌다. 1장으로부터 11장은 일곱 인과 일곱 나팔을 중심으로 개괄적인 조망을 간단하게 보여준다. 그런 후 12장부터 22장까지는 중요한 주제별로 상세하게 조명한다. 계시록 12장은 둘째 부분인 '상세 부분'에 해당한다. 사탄이 하늘에서 땅으로 떨어지는 것과 여자가 낳은 남자 아이와 어떤 관계에 있을지를 보여준다. 남자 아이의 휴거가 있은 후, 하늘에 전쟁이 있다. 미가엘과 그의 천사들이 사탄과 그의 천사들과 싸워 이김으로 마귀와 그의 천사들이 하늘(공중)에 있을 곳을 얻지 못하고 땅으로 내어쫓긴다. 이 때로부터 대환난이 시작된다. 왜냐하면 대환난은 하늘(공중)에서 내어쫓긴 사탄이 땅에서 역사하고, 사탄에게 권세를 받아 그를 위해서 일하는 '한 짐승(적그리스도)'이 있고, 한 짐승을 위해 일하는 '다른 짐승(거짓 선지자)'이 이적으로 사람들을 미혹하기 때문이다. 세 악의 근원이 이 땅에서 마지막으로 대적하는 때가 대환난이다.

### ⑥ 하나님에게는 모든 사람이 살았느니라(live)

계시록 9:1의 '하늘에서 땅으로 떨어진 별 하나'는 사탄이 공중 권세를 잡은 임금으로 있다가, 땅으로 떨어질 일로 '장차 있을 일'이다. 누가복음 10:18에서 "사탄이 번개같이 땅으로 떨어지는 것을 보았다"는 구절이 '완료형'인 것은 주님의 관점(신성)에서 '성취된 것'이라는 의미이다. 예를 들어 보자. 부활을 믿지 않는 사두개인들이 모세의 법인 형사취수의 문제를 들면서 마지막 부활 때에 여자는 누구의 아내가 될 것인가를 물었다. 부활 때에는 시집가고 장가가지 않고 하늘의 천사와 같다고 말씀하시면서 우리들에게 '예상치 못한 보너스 같은 말씀'을 주셨다. 만일 이 말씀이 없었다면 "사탄이 번개같이 떨어지는 것을 보았다(과거형)"는 것을 성경의 난제로 보았을지도 모른다.

성경은 "죽은 자가 살아난다는 것은 모세도 가시 떨기나무에 관한 글에서 주를 아브라함의 하나님이요 이삭의 하나님이요 야곱의 하나님이시라 칭하였나니 하나님은 죽은 자의 하나님이 아니요 살아 있는 자의 하나님이시라 하나님에게는 모든 사람이 살았느니라(live)"(눅 20:37~38)고 말씀한다. '살았느니라'의 동사의 시제를 주목하자. 이 단어는 헬라어 'ζῶσιν'(조신)으로 '살다, 숨 쉬다'의 뜻을 가진 'ζαω'(자오)의 '3인칭 복수 현재형'이다. 이 동사는 '미래형'이 아니라 '현재형'이다. 언어 특성상 동사의 시제가 잘 드러나는 NIV는 "for to him all are alive"로, KJV은 "for all live unto him"으로 번역했다. 동사의 시제는 모두 '현재형'이다.

위 구절에서 '시제의 불일치'가 발견된다. 아브라함과 이삭과 야곱을 비롯한 모든 사람은 다(all) 죽었다. 즉 다시 말하면 '과거 완료'이다. 그런데 주님은 "하나님께서는 모든 사람이 '살았다'(현재형)"고 말씀한다. 이미 '죽은 사람'을 '현재 살았다'(현재형)고 하신다. 우리의 관점으로는 시제가 일치되기 위해서 "모든 사람이 살아날 것이다" 즉 '미래형'이어야 한다. 그러므로 이 차이를 찾는 것이 문제 해결의 열쇠이다. 주님이 말씀하신 "살았느니라"(현재 시제)는 '지금 살아 있다'는 것이 아니라, 그들이 '장차 부활할 것'을 가리킨다. 사람의 관점에서는 모든 사람이 죽었기 때문에 '죽은 사람'이지만, 하나님의 관점에서는 '모든 사람이 살았다'(live, 현재형)라는 것이다.

개역개정의 '하나님께'라는 구절은 'αὐτῷ'(아우토, 헬라어 원문은 여격 대명사인)가 앞의 하나님을 가리키는 것이기 때문에 이해를 돕기 위해서 '하나님께는'이라고 번역했다. 이 구절에 함의된 의미는 하나님에게는 '산 것'이지만, '사람의 관점으로는' '살았다'(live, 현재시제)는 것을 알지 못한다는 것을 암시한다. 왜냐하면 사람은 '죽은 사람'이 살아날 때 비로소 '살았다'(live)라고 말할 수 있기 때문이다. 이런 본질적 차이는 '창조주'와 '피조물'의 차이이다. 누가복음 10:18의 '사탄이 번개같이 땅으로 떨어지는 것'은 실제로(시간 안에서) 계시록 12:9에서 성취된다. 누가복음에서 '완료형'으로 말씀하신 것은 계시록의 관점과 같이, 주님이 하나님의 아들(신성)로서 사탄이 하늘에서 땅으로 떨어진 것을 보았다는 것을 의미한다. 만일 이필찬 박사와 같이 이것을 초림 때 성취된 것으로 해석하면 여러 가지 불일치와 모순들이 발생한다.

### ⑦ '첫째 화'인 다섯째 나팔

계시록 9장은 다섯째 나팔 심판으로 '첫 번째 화'로 불린다. 무천년설은 계시록 9:1의 큰 별이 떨어진 것을 초림 때로 간주했다. 따라서 '첫 번째 화가 초림 때에 있었다'는 결론에 도달한다. 주님의 승천 후에 사도들은 은혜의 복음을 전하고 '지금은 구원의 날'이라고 했는데 서로 모순된다. 첫 번째 화로 불리는 다섯째 나팔을 초림에 '일어난'(과거) 일로 보는 무천년설의 견해가 맞는가? 아니면 주님 승천 후 '구원의 날'과 '은혜의 복음'을 전한 사도들의 증거가 맞는가? 성경 전체를 조망하면, 첫째 화로 불리는 다섯째 나팔 심판이 초림에 있었다고 간주할 수 없다. 앞의 도표에 나타나듯이 세 화는 대환난을 구성한다.

## 5) 계시록 20:1-3의 연관성 : 무천년설 견해

이필찬 박사는 『요한계시록』(에스카톤, p.803~804)에서 계시록 20장의 무저갱의 감금과의 관계를 다음과 같이 해석했다.

> 9장 1절의 '하늘로부터 땅으로 떨어져 있는 별'이 상징하는 타락한 천사와 20장의 천사가 동일한지 아니면 다른 대상인지 대해서는 논란이 있다. 앞선 논의에서 유대적, 구약적, 신약적 자료들을 배경으로 살펴본 바에 따르면, 9장 1절의 별은 타락한 천사를 상징하는 것으로 결론을 내릴 수 있다. 하지만 20장의 하늘로부터 내려온 천사는 9장 1절의 타락한 천사와 여러 면에서 차이점을 가지고 있다. 먼저 20장의 경우에는 천사가 직접 아뷔쏘스 열쇠를 가지고 있고 용을 아뷔쏘스에 가두어, 그 열쇠로 그것을 잠그는 반면, 9장의 '하늘에서 땅으로 떨어져 있는 별'은 열쇠를 누군가로부터 받고 그 열쇠로 아뷔쏘스의 문을 열어 마귀적 세력들을 풀어놓는다. 또한 20장의 경우에는 아뷔쏘스가 사탄에게 감옥인 반면, 9장의 경우에는 아뷔쏘스가 사탄에게 집과 같은 곳으로 간주된다. 그리고 20장에서는 천사가 '하늘로부터 내려왔다'라고 표현하는 반면, 9장에서는 '하늘로부터 땅으로 떨어져 있다'고 기록한다. (중략)이로 인하여 두 본문은 전혀 다른 상황을 기록하고 있으므로 9장의 별과 20장의 천사를 동일시할 수 없다.(이필찬, 『요한계시록』,에스카톤, p.803~804)

## 6) 무천년설에 대한 필자의 비평

### (1) 타락한 천사

이필찬 박사는 9:1의 '하늘로부터 땅으로 떨어져 있는 별'을 상징적 의미인 '타락한 천사'로 해석했다. '별 하나'를 타락한 천사로 보는 것은 틀리지 않지만, 명확치 않다. 계시록 9:1에서 '하늘로부터 땅으로 떨어진 별 하나'의 강조점은 '하나'에 있다. 개역개정에서 '별 하나'는 '별'(star)을 의미하는 헬라어 $\dot{\alpha}\sigma\tau\acute{\epsilon}\rho\alpha$(아스텔라)로 KJV은 'a star'로 번역했다. '별 하나'를 타락한 천사라고 하는 것은 포괄적이다. 왜냐하면 타락한 천사에는 사탄도 있고, 창세기 6장의 하나님의 아들들로서 사람의 딸들을 취한 '타락한 천사'도 있고, 사탄과 함께 타락한 '천사의 삼분의 일'이 있기 때문이다. 계시록 9:1의 '하늘로부터 땅으로 떨어져 있는 별은 '사탄'을 가리킨다. 그래서 누가복음 10:18의 '번개같이 떨어진 사탄'과 계시록 12:9의 '하늘에서 내어쫓긴 큰 용인 마귀와 사탄'은 모두 '단수'로서 사탄을 가리킨다.

### (2) 계시록 20장과 계시록 9장의 천사는 다르다

이 박사는 계시록 20장의 하늘로부터 내려온 천사와 계시록 9:1의 타락한 천사는 여러 면에서 차이점이 있고, 동일시할 수 없다고 했다. 그의 견해에 동의한다. 양자는 동일시될 수 없다. 양자는 여러 가지 면의 차이뿐만 아니라, 본질적인 차이가 있다. 계시록 9장은 하늘에서 내어쫓긴 사탄에 대한 것이고, 계시록 20장은 큰 용인 사탄을 무저갱에 감금하는 천사이다. 사탄을 무저갱에 감금하는 천사란 적어도 사탄이 아니라는 것을 가리킨다. 그뿐만 아니라 하나님의 명령을 수행하는 천사이기 때문에 사탄과 동일시할 수 없다. 계시록 9장은 하늘에서 땅으로 내어쫓긴 '사탄'에 대한 것이고, 계시록 20장은 하늘로부터 내려와 사탄을 무저갱에 감금하는 천사로 완전히 대조된다.

계시록 9장에서 사탄이 하늘로부터 땅으로 떨어진 것은 계시록 12장의 하늘의 전쟁에서 패배하여 내어쫓긴 것인 반면, 계시록 20장에서 천사가 하늘로부터 땅으로 내려온 것은 하나님의 명령을 수행하기 위해서 내려온 것이다. 계시록 9장의 '떨어짐'은 심판을 '상징'하는 것으로 '소극적인 의미'이고, 계시록 20장의 천사가 '내려옴'은 하나님의 뜻을 수행하기 위한 '적극적인 의미'로서 '물리적인 내려옴'을 의미한다. 요한복음 3:13에서 주님은 자신에 대하여 "하늘에서 내려온 자(he that came down from heaven) 곧 인자 외에는 하늘에 올라간 자가 없느니라"고 말씀한다. "하늘에서 내려온 자"라는 것은 그리스도의 성육신을 가리키는 것으로, 계시록 20장의 하늘로부터 내려온 천사의 내려옴과 같이 '물리적인' 의미가 있다.(필자 주: 말씀이 육신이 되신 것은 예수님에게만 적용됨)

### (3) 무저갱 열쇠를 받는 목적의 차이

계시록 9장의 '하늘로부터 땅으로 떨어진 별 하나'인 사탄이 다섯째 천사로부터 무저갱의 열쇠를 받아 무저갱을 열어 인을 맞지 않은 사람들을 해하게 할 황충을 나오게 한다. 반면에 계시록 20장의 천사가 무저갱 열쇠와 쇠사슬을 받은 것은 사탄을 무저갱에 천 년 동안 감금하기 위한 것이다. 사탄이 무저갱의 열쇠를 받는 것은 하나님의 주권 아래 다섯째 천사로부터 받은 것이다.

### (4) 받는 시기의 차이

9장의 사탄이 하늘에서 땅으로 떨어진 것은 장차 있을 일로 대환난 직전에 있다. 사탄이 땅으로 내쫓긴 후에 이 땅에 대환난이 있다. 이와 반면에, 20장의 천사는 하나님을 섬기는 천사가 하나님의 대적자인 사탄을 무저갱에 감금한다. 20장의 천사가 사탄을 감금하는 것은 대환난 후, 주님의 재림 후에 있을 일이다. 사탄이 무저갱에 감금되면, 이 땅에 주님이 왕으로 통치하는 천년왕국이 시작된다. 사탄의 무저갱의 감금과 주님이 천 년 동안 통치하는 것은 동전의 양면과 같다.

### (5) 아뷔쏘스(무저갱)의 성격

이 박사는 계시록 20장의 아뷔쏘스(무저갱)는 사탄에게 감옥인 반면, 계시록 9장의 아뷔쏘스(무저갱)는 사탄에게 집과 같은 곳이라고 했다. 계시록 20장의 아뷔쏘스는 감옥이 틀림없지만, 계시록 9장의 아뷔쏘스를 '집 같은 곳'이라는 견해는 전자의 견해와 모순된다. 동일한 아뷔쏘스를 먼저는 사탄에게 감옥이라고 했다가, 후자에서는 '집과 같은 곳'이라고 간주했기 때문이다. 그가 무저갱을 사탄에게 집과 같은 곳이라고 한 것은 그곳에서 사탄의 수하들인 황충들이 나왔기 때문이다. 이것은 황충들이 아뷔쏘스(무저갱)를 집같이 편하게 있다가 나온 것으로 이해할 수 있다. 황충이 아뷔쏘스(무저갱)에 있던 것은 그곳이 그의 집이었기 때문이 아니라, 하나님의 심판을 받고 감금되어 있었다는 것을 의미한다. 주님의 재림 후에 사탄도 무저갱에 감금된다. 마치 황충이 무저갱에 갇혔다가 대환난 때에 땅에 거하는 자들을 심판할 도구로 사용되듯이, 사탄도 천 년 동안 무저갱에 감금됐다가 잠시 놓이는데(스스로 탈출한 것이 아니다), 곡과 마곡을 미혹한 후에 불과 유황 못에 던져진다.(계 20:7~10) 아뷔쏘스는 사탄이 감금되고 '형벌을 받는 장소로서 집'이라고 할 수 있지만, 단지 '그의 집'이라는 것은 오해의 소지가 있는 표현이다. 단지 '집'이라고 하는 것은 마치 안락한 곳으로 그곳의 주권이 사탄에게 있다는 것을 의미하기 때문이다. 아뷔쏘스는 사탄이 감금되고 심판받는 곳을 의미한다. 그곳의 주권은 감금된 자에게 있지 않고 전적으로 하나님께 있다.

| | 계시록 9장 | 계시록 20장 |
|---|---|---|
| 대상 | 하늘에서 땅으로 떨어진 별 하나 | 사탄을 감금하는 천사 |
| 의미 | 하늘에서 떨어짐(쫓김) | 하늘에서 내려옴(물리적) |
| 정체 | 대적자 사탄 | 하나님의 명령 수행 |
| 열쇠 | 무저갱 열쇠 받음 | 무저갱 열쇠 가지고 |
| 목적 | 감금된 황충 나오도록 | 사탄의 감금 |
| 시기 | 대환난 전 | 대환난 후 재림 시 |

### (6) 무천년설의 병렬식 해석과 계시록 9장 큰 별과의 관계

이필찬 박사는 아래의 그림과 같이 계시록을 병렬식 구조로 해석한다. 첫째 (1st) 인이 초림 때에 시작하여 일곱째(7th) 인이 재림 때에 있다. 초림은 첫째(1st) 나팔로 시작하여 재림 때에 일곱째(7th) 나팔이 있다. 계시록 16:2의 첫째 대접이 초림 때 시작하여 일곱째 대접이 재림 때에 있다고 해석한다. 계시록 9장은 다섯째 나팔을 뗄 때의 일이고 하늘에서 땅으로 '한 별'이 떨어진다. 이 박사는 이 큰 별을 사탄이라고 해석한다. 필자도 동의한다. 그런데 이 박사는 계시록을 병렬식으로 해석하기 때문에 계시록을 구조적으로 훼손한다. 왜냐하면 사탄이 땅으로 떨어지는 것은 다섯째 나팔에 있을 일인데, 첫째 나팔을 초림으로 간주하기 때문이다. 무천년설의 논리는 성경의 문맥과 일치하지 않는다.

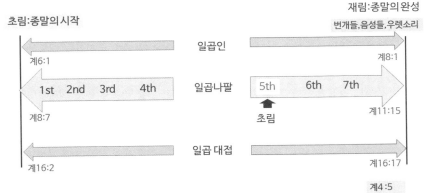

[무천년설 이필찬 박사 관점 : 반복의 관계(병렬식)로 본 계9장 별(사탄)이 떨어진 때]

## 3. 아뷔쏘스 (무저갱)

### 1) 구약 배경에 대한 무천년설의 견해

#### (1) 이필찬 박사 견해(이필찬 요한계시록 연구소장)

무천년설을 주장하는 이필찬 박사는 『요한계시록』(에스카톤, p.806~807)에서 아뷔쏘스에 대한 견해를 말했다.

> 아뷔쏘스는 어떤 것을 가리키는 것일까? 이것은 우리가 흔히 알고 있는 우주 가운데 있는 물리적 공간이 아니다. 흔히 '아뷔쏘스'를 이해하려고 '무저갱'이라는 물리적 장소라는 개념을 먼저 설정하고 접근하려는 경향이 있다. (중략) 이런 용례들은 아뷔쏘스라는 단어가 본래 창세기 1장 2절의 '깊음'이라는 단어에서 파생된 것임을 보여준다. 그리고 여기에서 발전하여 요한계시록 9장 1절에서 의미와 유사하게 '여호와의 대적의 거처'를 가리키는데 사용되거나 '죽은 자들의 거처'라는 의미로 사용되기도 한다.(시 71:20; 88:6) 욥기에서 이 아뷔쏘스는 '우주적 바다 용의 거처'로 나타난다.(욥 41:31~32)

한편 이 아뷔쏘스는 '하데스'라는 개념과 동일시되기도 한다.(욥기 38:16; 겔 31:15 욘 2:6) 에녹1서 18장 14절에서 아뷔쏘스는 타락한 천사들이 갇혀 있는 '구덩이' 혹은 '감옥'을 뜻한다. 여기에서 우리는 아뷔쏘스가 의미의 진화를 거듭한 끝에 결국 원래 의미를 벗어나 상징적 성격을 띠게 되는 것을 발견한다. 곧 창세기 1장 2절의 '깊음'에서 출발하여 '땅의 깊은 곳' 혹은 깊은 바다 그리고 대적자들의 혹은 죽은 자들의 거처나 타락한 천사의 거처 혹은 감옥 등의 다양한 의미를 갖게 되었다. 그러나 이렇게 의미가 변하는 과정에서는 변하지 않는 점이 하나 있는데, 그것은 아뷔쏘스가 대체로 악의 세력과 관련된 부정적 개념을 유지하고 있다는 것이다. 이는 창세기 1장 2절의 '깊음'이 창조 질서 이전의 무질서한 혼돈과 공허한 상태를 함축하는 의미로 사용되고 있기 때문일 것이다.(이필찬, 『요한계시록』, 에스카톤, p.806~807)

## (2) 무천년설: 김추성 박사의 견해

김추성 박사(합동 신학대학원)는 『요한계시록 1~9장 주석집』(킹덤북스, p.523~524)에서 무저갱에 대한 견해를 말했다.

구약에서 무저갱은 '태고의 바다'(창 1:2), 심해, 이스라엘 백성이 지나온 홍해, 지하수, 죽은 자들이 가는 곳을 뜻한다. 유대문헌에서 무저갱은 악한 천사들이 갇히는 감옥이란 뜻으로 사용되었다. 악인들과 귀신들이 갇히는 장소가 바로 무저갱이다. 무저갱(ἄβυσσος)은 신약에서 모두 9회 사용되었으며 요한계시록에서 7회 사용되었다.(계 9:1,2, 11; 11:7; 17:8; 20:1,3) 신약에서 무저갱(ἄβυσσος)은 '귀신들과 사탄이 갇히는 곳, 짐승들이 나오는 장소, 죽은 자들이 가는 곳'을 뜻한다. 무저갱은 불못이나 게헨나와는 구별되는 장소다. 불못은 영원한 형벌의 장소인데 비해서 무저갱은 악한 영들과 사탄을 가두는 곳이다. 귀신들이 무저갱을 두려워하여 이곳으로 보내지 않도록 예수님께 간청하였다.(눅 8:31) 요한계시록에서 무저갱은 죽은 자들의 처소와 가두는 장소(계 20:1~3), 적그리스도인 짐승의 처소(계 11:7,) 그리고 지하 세계의 아바돈(Abaddon)의 처소(계 9:11)를 뜻한다.(김추성, 『요한계시록 1~9장 주석집』, 킹덤북스, p.523~524)

## 2) 무천년설에 대한 필자의 비평 및 견해

아뷔쏘스(무저갱)에 대한 이필찬 박사의 견해와 필자의 견해는 완전히 상반된다. 그는 무저갱이 '물리적인 장소'라는 것을 부인하고 '상징적 장소'라고 해석한다. 무천년설의 관점으로 보면 계시록의 모든 것은 '상징'이기 때문에 의미가 없는 책으로 만든다. 무천년설의 오류를 각 항목별로 논증하고자 한다.

### (1) 아뷔쏘스(무저갱)가 진화했는가

이필찬 박사는 "아뷔쏘스가 의미의 진화를 거듭한 끝에 결국 원래 의미를 벗어나 상징적 성격을 띠게 되었다"라고 주장한다. 즉 다시 말하면 '무저갱(아뷔쏘스)'이 원래는 타락한 천사들이 감금된 장소로 쓰였는데, 후에 계시록에서는 상징적인 의미로 바뀌었다는 것이다. 하나님께서는 천지를 창조할 때도 모든 것을 '그 종류대로' 만드셨다. 그런데 특별 계시인 성경에서 유독 '무저갱'의 의미가 진화했다는 것은 비논리적이고 성경과도 일치하지 않는다.

### (2) 창세기 1:2 '깊음'과의 관계

이 박사는 창세기 1:2의 '테흠'(깊음)을 무저갱과 연관시킨다. '테흠'은 '깊음, 깊은 곳, 심연'이란 의미가 있다. 창세기 1:2의 '테흠'(깊음, the deep)은 하나님의 심판으로 인해 온 땅이 깊은 물에 잠겼고 그 위는 흑암으로 덮였다는 것을 의미한다. 따라서 이 구절은 무저갱과 직접적인 연관이 없다. 이 박사를 비롯한 무천년설은 창세기 1:2을 창조의 초기 상태로 해석하기 때문에 근본적인 오류 위에서 성경을 해석한다. "흑암이 깊음 위에 있다"는 것을 이해하기 위해서 창조에 대한 전통적인 관념을 바꿔야 할 필요가 있다. 대부분 창세기 1:2의 "혼돈과 공허와 흑암이 깊음 위"의 상태를 '카오스'의 상태로 부르고, 1:2을 천지 창조한 이후의 상태로 단정한다. 만일 그것이 사실이라고 하면, 하나님의 창조는 불완전하다는 것을 의미하고, 하나님은 전지전능한 분이 아니라는 결론에 도달하게 된다. 이것은 무천년설의 전통적인 관념에 문제가 있다는 것을 가리킨다.

한 가지 예를 들어보자. 대개 지구를 만드신 날을 셋째 날로 생각한다. 지구는 셋째 날 이전에도 존재했다. 창조의 셋째 날을 기록한 창세기 1:9~10은 "하나님

이 이르시되 천하의 물이 한 곳으로 모이고 뭍(the dry land)이 드러나라(let appear)
하시니 그대로 되니라 하나님이 뭍(the dry land)을 땅(에레츠, Earth)이라 부르시고
모인 물을 바다라 부르시니 하나님이 보시기에 좋았더라"고 말한다.

셋째 날에 온 땅(Earth)이 물로 덮여 있었고, 땅을 융기시킴으로 땅을 덮고 있던
물들이 한 곳에 모이게 되어 바다를 이뤘다. 셋째 날은 땅(지구)을 창조하신(bara)
것이 아니라, 땅을 덮고 있는 물들을 한 곳에 모으시고 땅을 융기시킴으로 '드러
나게' 하신 것이다. 그래서 셋째 날의 땅을 드러나게 하신 것은 '창조'(바라, create)
가 아니라 '되니라'(원문: 하야, it was so)고 말한다. 빛을 창조한 첫째 날에도 지구(땅)
는 존재했다. 창세기 1:2의 "흑암이 깊음 위에 있다"는 것은 '깊음'(테홈, 깊음, 심연)
이 흑암에 덮였고, 따라서 땅(지구)이 물로 덮여 있고, 암흑으로 덮혀 있는 상태였
다는 것을 가리킨다. 이 박사가 말하는 '테홈'(깊음)은 무저갱과 관계없다.

### (3) 시편과 이사야의 관계

시편 42:7이나 이사야 58:10에서 '깊은 바다' 혹은 '깊은 물'은 무저갱과 직접
적으로 관련이 없고, 단지 '물의 깊음'이라는 공통점이 있다. 시편 42:7은 "주의
폭포 소리에 깊은 바다가 서로 부르며 주의 모든 파도와 물결이 나를 휩쓸었나
이다"라고 말한다. '깊은 바다'는 '바다가 깊다'는 것을 의미할뿐, 사탄이 감금되
는 무저갱과 직접적인 관계가 없다. 굳이 관계가 있다면 땅 위보다는 깊은 바다
가 무저갱과 가깝다는 연관성이 있을 뿐이다.

### (4) 이사야서 '상징적 의미'

이사야 58:10은 "주린 자에게 네 심정이 동하며 괴로워하는 자의 심정을 만족
하게 하면 네 빛이 흑암 중에서 떠올라 네 어둠이 낮과 같이 될 것이며"라고 말
하는데, 사탄이 감금되는 무저갱과 관계가 없다. 하나님께 통회하고 금식하며
기도하면 흑암의 상태에서 빛이 비침 같고, 어둠이 낮과 같이 될 것을 약속하신
것이다. 여기에서의 '흑암'과 '어둠'과 '빛'은 '상징적인 의미'로, '물리적인 어두
움'을 의미하는 창세기 1:2의 "흑암이 깊음 위에 있다"는 것과 관계없다.

### (5) 시편 71편 '신자 사후 가는 음부'

시편 71:20은 "우리에게 여러 가지 심한 고난을 보이신 주께서 우리를 다시 살리시며 땅 깊은 곳에서(the depths of the earth) 다시 이끌어 올리시리이다"라고 말한다. 여기의 '깊음'은 창세기 1:2의 '깊음'의 '테홈'과 동일한 단어이다. 따라서 이 박사의 견해대로 시편의 문맥은 '땅 깊은 곳'과 죽은 자들이 존재하는 장소는 상관관계가 있다. 그런데 그가 시편 기자가 언급한 '땅의 깊은 곳'과 사탄이 감금되는 '무저갱'을 동일시한 것은 적절치 못하다. 그의 주장이 사실이라고 할 때, 신자인 시편 기자가 죽어서 가는 '땅의 깊은 곳'(스올, 하데스)과 사탄이 감금되는 '무저갱'이 동일한 장소라는 결론이 된다. 하나님께서 구원받은 신자와 사탄을 동일한 무저갱에 감금한다는 것은 있을 수 없다. '땅의 깊은 곳'과 '무저갱'은 땅속 깊은 곳에 있다는 공통점이 있을 뿐, 그 안에서 서로 구별되기 때문이다.

### (6) 범죄한 천사들과 타르타로스

이 박사는 에녹1서 18:14에서 아뷔쏘스는 타락한 천사들이 갇혀 있는 '구덩이' 혹은 '감옥'을 뜻한다고 했다. 에녹서의 이 구절은 외경이지만 성경과 일치하기 때문에 필자도 동의한다. 베드로후서 2:4은 "하나님이 범죄한 천사들을(the angels that sinned) 용서하지 아니하시고 지옥(hell)에 던져 어두운 구덩이에(chains of darkness) 두어 심판 때까지(unto judgement) 지키게 하셨으며"라고 말한다.

개역개정의 '지옥에 던져'는 헬라어 'ταρταρώσας'(타르타로사스)로 '타르타로스에 포로로 잡아두다'라는 의미의 '아오리스트 분사'이다. 이 동사가 능동태 단수인 것은 타락한 천사들을 '타르타로스'에 던지시고 감금하신 분이 하나님이시기 때문이다. 'ταρταρώσας'(타르타로사스)를 'ᾅδης'(하데스, 지옥)로 번역한 것은 전적으로 틀리다고는 할 수 없지만, 그렇다고 맞다고 할 수 없다. 왜냐하면, 정확하게 번역되지 않았기 때문이다. 양자는 모두 땅속 중심부에 있는 곳이라는 공통점이 있지만, 'ταρταρώσας'는 'ᾅδης'(하데스) 가운데 중심부로서 '가장 깊은 곳'을 가리키기 때문이다. 그래서 성경은 그곳을 부르는 명칭이 '각각' 다르다. 이곳을 '어두운 구덩이'로 번역된 'σειραῖς ζόφου'(세이라이스 좁후)에서 '어두운'이 부가된 것도 이곳이 하데스(음부, hell) 중에서 특별한 곳으로서 '가장 깊은 곳'을 가리키기 때문이다. 이 박사가 '타르타로스'를 타락한 천사들이 갇혀 있는 곳으로 인식한 것은 긍정적이지만 무저갱을 상징적으로 해석하고, 타르타로스도 상징이라는 것은 모순된다.

### (7) 아뷔쏘스의 진화

이 박사의 논리적 비약과 모순은 "아뷔쏘스가 의미의 진화를 거듭하고 끝에 결국 원래 의미를 벗어나 상징적 성격을 띠게 되었다"는 말에 나타난다. 그의 주장을 액면 그대로 받아들인다면, 이제까지 아뷔쏘스가 '물리적인 감금 공간'이었다가 마지막에는 '상징적인 성격'을 띠게 되었다는 것이다. 지극히 '주관적인 해석'이다. 게다가 상징적으로 진화되었다는 어떤 근거도 제시하지 않았다. 이런 논리의 비약은 극단적 주관주의의 결과이다.

이 박사가 창세기 1:2의 '깊음'을 아뷔쏘스(무저갱)로 간주한 것은 다소 의아스럽다. 그런 이유는 그는 무저갱을 '물리적인 장소'가 아니라 상징적인 의미라고 했기 때문이다. '깊음'으로 번역한 '테홈'은 "심연, 깊음"이라는 뜻으로 땅이 깊은 물에 잠겨 있는 상태를 가리킨다. 계시록 9장의 무저갱은 황충들이 감금된 곳이다. 시편과 이사야서는 '깊음'이라는 공통점 외에 아뷔쏘스(무저갱)와 관계가 없는 것을 진화되었다고 간주한 것은 챨스 다윈의 진화론의 논리를 보는 듯하다. 그는 무저갱이 타락한 천사들이 감금된 실제적인 장소라는 것까지는 봤는데, 진화라는 논리까지 상상해서 상징적인 장소가 되었다고 주장했다. 그는 결국 "기-승-전-무천년설"로 돌아갔는데, 이것은 성경과 일치하지 않는다.

### (8) 각 단어의 의미는 구별된다

모든 단어는 그 단어의 고유한 의미가 있다. 시편 42:7의 "주의 폭포 소리에 깊은 바다"에서 '깊은 바다'는 '물리적인 바다의 깊음'을 의미한다. 이사야 58:10의 '흑암'은 흉악한 결박을 풀어주는 참된 금식을 언급하면서 '둘러싼 어두운 환경'의 비유적인 표현이다. 시편 71:20의 "땅 깊은 곳(the depths of the earth)"은 죽은 자의 '혼(soul)'이 가는 '음부'(스올, 하데스)를 가리킨다. '음부'(스올, 하데스)와 아뷔쏘스(무저갱)는 '땅속 중심부'라는 공통점이 있지만, 시편 기자가 말하는 음부는 구원받은 신자가 가는 '낙원'이다. 이와 반면에 아뷔쏘스(무저갱)는 신자와 전혀 관계가 없고 '타락한 천사들'과 사탄을 감금하는 장소이다. 무저갱은 땅속 중심부에 있는 '음부'(물리적인 장소)에서도 가장 깊은 곳인 '타르타로스'이다. 따라서 신자의 혼이 가는 음부(낙원)와도 구별된다. 앞서 언급된 각 구절들은 각각 그 의미가 있고, 결코 진화된다는 것을 나타내지 않는다. 국가마다 악인을 가두는 감옥에도 일반 감옥이 있고, 극악한 죄수를 가두는 특별한 감옥이 있는 것과 같다.

### (9) 아뷔쏘스와 악의 세력과의 관계

이 박사는 무저갱의 의미가 변하는 과정에서 변하지 않는 하나는 아뷔쏘스가 대체로 악의 세력과 관련된 부정적 개념을 유지하고 있다고 주장했다. 아뷔쏘스는 악한 자를 가두는 곳이기 때문에 자연히 부정적인 개념이라는 것은 의심할 바 없다. 그런데 그가 말하는 아뷔쏘스는 타락한 천사가 감금된 '타르타로스'로서 아뷔쏘스의 개념이 변한다는 것은 잘못된 해석이다. 만일 그가 주장하듯이 아뷔쏘스의 개념이 '진화되어 상징적인 의미로 변화'되었다면, 그곳에 감금된 악한 천사도 진화되어 상징적인 의미로 변화되었을 때 가능하다. 처음부터 음부는 음부이고 '타르타로스'는 '타르타로스'이지 다른 어떤 것으로 변하지 않는다.

## 3) 신약의 용례에 대한 무천년설의 견해

이필찬 박사는 『요한계시록』(에스카톤, p.807~808)에서 신약 성경에 나타난 아뷔쏘스(무저갱)에 대한 그의 견해를 말한다.

> 신약 성경에서 아뷔쏘스는 요한계시록을 제하면 로마서 10장 7절과 누가복음 8장 31절에서 많이 사용된다. 먼저 로마서 10장 7절에서 아비쏘스는 죽은 자들이 존재하는 장소를 의미하고, 누가복음 8장 31절에서 악한 영들의 감옥을 의미한다. (중략) 마태복음 8장 28~34절에서는 아뷔쏘스는 물론 이러한 요구 자체를 기록하지 않는다. 이것을 종합해 보면 복음서 저자들뿐만 아니라 신약 성경 저자들 사이에서도 아뷔쏘스란 표현에 대한 보편적인 이해가 통일되어 있지 않음을 알 수 있다. 따라서 누가복음에서 사용된 아뷔쏘스는 사실적 묘사가 아니라 에녹1서 18장 14절을 배경으로 하는 상징적인 묘사로서, 누가 자신의 독특한 접근이라는

주장이 더욱 힘을 얻고 있다. 만일 아뷔쏘스라는 장소가 실제로 존재했다면 많은 신약 성경 저자들이 공통적으로 그 사실적 대상을 언급했을 것이다. 따라서 신약 성경에서 아뷔쏘스는 절대적 개념을 갖지 않고 구약을 배경 삼아 다양한 상징적 의미로 사용되므로, 문맥에 따라 적절한 의미를 결정해야 할 필요가 있다.(이필찬, 『요한계시록』, 에스카톤, p.807~808)

## 4) 무천년설에 대한 필자의 비평 및 견해

### (1) 음부과 무저갱의 구별

이필찬 박사는 "로마서 10:1에서 아뷔쏘스는 죽은 자들이 존재하는 장소를 의미하고, 특별히 롬 10:7의 아뷔쏘스(개역한글은 '음부', 개역개정은 '무저갱')는 죽은 자들이 존재하는 장소로서 '스올'과 동일한 의미를 갖기도 한다"고 말했다. 로마서 10:7은 "혹은 누가 무저갱(the deep)에 내려가겠느냐(shall descend) 하지 말라 하니 내려가겠느냐 함은 그리스도를 죽은 자(the dead) 가운데서 모셔 올리려는 것이라(to bring up)"는 구절의 무저갱은 원문 'ἄβυσσος'(아뷔쏘스)를 번역한 것으로 "무저갱, 지옥의 심연"을 의미한다. 개역개정의 '무저갱'이나 KJV의 'the deep'은 원문을 잘 살린 번역이다.

로마서 10장은 '믿음으로 말미암은 의'를 말씀하면서 무저갱을 언급한다. "누가 무저갱에 내려가겠느냐?"라는 것은 주님이 십자가에 죽으신 후 '무저갱에 내려가셨다'는 팩트를 전제로 한다. 우리가 구원받기 위해서 땅속 중심부 중에서도 가장 '깊은 곳'인 무저갱에 내려갈 필요가 없는 이유는 믿음의 말씀이 가까이에 있기 때문이다.

이 박사는 음부와 무저갱을 구별하지 못했기 때문에 무저갱을 '죽은 자들'이 있는 곳이라고 간주했다. 죽은 자들은 포괄적으로 '음부'(스올, 하데스)에 있다. 죽은 자들 가운데 신자들이 있고 불신자들이 있다. 이들은 죽은 자들이 있는 '땅속 중심부'로서 같은 곳이라고 할 수 있지만, 서로 구별된다. 구원받은 거지 나사로는 아브라함이 있는 '낙원'에 갔고, 불신자인 부자는 심연 건너편인 불꽃이 있는 '지옥'(하데스, hell)에 갔다. 주님께서 구원받은 강도에게 "네가 오늘날 나와 함께 낙원에 있으리라"고 하신 곳은 아브라함이 있는 음부(하데스)로서 구체적으로 말하면 '낙원'을 가리킨다. 따라서 'ἄβυσσος'(아뷔쏘스)와 '스올'(하데스)이 동일하다는 이 박사의 견해는 완전히 틀리다고 할 수 없지만, 그렇다고 정확하다고 할 수 없다. 왜냐하면 '스올'(하데스)은 죽은 자가 가는 "땅속 중심부"를 가리키고, 그 가운데 가장 깊은 구덩이는 'ἄβυσσος'(아뷔쏘스, 무저갱)로서 구별되기 때문이다.

### (2) 무저갱에 대한 누가복음과 마가복음의 차이

이 박사는 마가복음 5:10에서 아뷔쏘스(무저갱)에 대한 언급 없이 단지 "그 지방에서 내보내지 마시기를 간구하더니"라고만 기록되어 있기 때문에 복음서 기자들이 아뷔쏘스에 대한 이해가 통일되어 있지 않다고 했다. 이것은 기본적으로 "성경이 성령의 감동으로 기록됐다"는 것을 벗어난 것이다. 그는 '복음서 기자'라고 하면서 마치 '복음서의 저자'로 취급한다. 예수님의 행적을 기록한 복음서가 한 개의 복음서만 있지 않고 네 개의 복음서가 있다. 이것은 각 복음서가 전하고자 하는 메시지(주제)가 다르기 때문이다. 사복음서는 하나님의 보좌 주위에 있는 네 생물과 연관된다. 마태복음은 사자 복음, 마가복음은 송아지 복음, 누가복음은 인자 복음, 요한복음은 독수리 복음으로 불리는 것은 각 복음서가 전하고자 하는 메시지가 다르기 때문이다. 거라사인의 지방에서 군대 귀신 들린 자에 대한 누가복음 8:30~32을 보자.

> 예수께서 네 이름이 무엇이냐 물으신즉 이르되 군대(Legion, 로마의 군단)라 하니 이는 많은 귀신이(many devils) 들렸음이라 무저갱으로(into the deep) 들어가라 하지 마시기를 간구하더니 마침 그 곳에 많은 돼지 떼가 산에서 먹고 있는지라 귀신들이 그 돼지에게로 들어가게 허락하심을 간구하니 이에 허락하시니(눅 8:30~32)

군대 귀신이 들어가지 말게 해달라고 말한 무저갱은 'ἄβυσσος'(아뷔쏘스)이다. 이것은 귀신(devils, 마귀들)들이 결국 가야할 곳이 무저갱이라는 것을 알고 있다는 것을 의미한다. 따라서 '왜 주님은 귀신들을 무저갱으로 보내지 않으셨는가?'라는 의문을 갖게 된다. 하나님의 계획 가운데 마귀와 귀신들을 무저갱에 감금하는 것은 주님의 재림 후의 일이기 때문이다. 본문은 무저갱이 귀신들을 감금하는 실제하는 물리적 장소라는 것을 보여준다. 무천년설이 말하는 것처럼 '상징적인 장소'가 아니다. 만일 상징적인 의미였다고 하면, 귀신들이 무저갱에 들어가게 하지 말라는 간구는 의미가 없는 말이 된다. 마가복음 5장은 군대 귀신들린 자에 대한 기사가 있다. 이필찬 박사가 말한 대로 마가복음의 기록은 누가복음과 차이가 있다. 마가복음 5:9~13의 현장으로 가보자.

> 이에 물으시되 네 이름이 무엇이냐 이르되 내 이름은 군대(Legion)니 우리가 많음이니이다(we are many) 하고 자기를 그 지방에서(the country) 내보내지 마시기를 간구하더니 마침 거기 돼지의 큰 떼가 산 곁에서 먹고 있는지라 이에 간구하여 이르되 우리를 돼지에게로 보내어 들어가게 하소서 하니 허락하신대 더러운 귀신들이 나와서 돼지에게로 들어가매 거의 이천 마리 되는 떼가 바다를 향하여 비탈로 내리달아 바다에서 몰사하거늘(막 5:9~13)

누가복음과 마가복음의 기록은 차이가 있지만, 서로 모순되지 않는다. 누가복음은 "무저갱(아뷔쏘스)에 들어가게 하지 말라"는 것에 초점을 맞췄고, 마가복음은 "그 지방에서 내보내지 말게 해달라"는 것에 초점을 맞췄기 때문이다. 이박사가 이것을 복음서의 기자가 아뷔쏘스(무저갱)에 대한 이해가 통일되지 않았다고 생각한 것은 복음서의 특징을 간과한 것이다. 양자의 차이는 '틀림(being wrong)'이 아니라 '다름'(different)의 문제이다. 만일 누가복음과 마가복음이 동일한 기록이라면, 두 복음서 중 하나는 없어도 된다는 결론에 이른다.

군대 귀신이 '이 지방'에 대한 애착을 갖는 것은 '이 지방에 사는 사람들'의 영적 상태와 밀접한 관계가 있다. 군대 귀신 들려 비참한 삶을 살았던 사람이 예수님으로 인해 귀신이 내어쫓기고 구원을 받았다. 그 지방 사람들은 그 모든 사실을 듣고 함께 기뻐하지 않았다. 마가복음 5:17은 "그들이 예수께 그 지방에서 떠나시기를 간구하더라"고 말한다. 이것은 어떤 간구인가? 앞서 군대 귀신은 "그 지방을 떠나지 않기를 간구"했고, 그 지방 사람들은 예수님이 "그 지방을 떠나기를" 간구했다.

이것은 거라사인의 지방 사람들의 영적 상태가 귀신들이 좋아하는 환경을 가졌다는 것을 보여준다. 약 이천 마리나 되는 돼지가 몰사함으로 큰 경제적인 손해를 입었기 때문에 예수님이 그 지방을 떠나기를 원했을 것이다. 예수님은 어떤 이유로 군대 귀신의 간구를 들어 돼지에게로 들어보내도록 허락하셨는가? 주님은 귀신들이 돼지 떼에게 들어가서 몰사할 것을 아셨을 것이다. 여기에서 우리는 주님의 깊은 의도를 읽을 수 있다.

레위기의 율례에 따르면, 돼지는 하나님께 제물로 드릴 수 없는 '부정한 짐승'이다. 거라사인의 사람들이 돼지를 친다는 것은 하나님께 드릴 수 없는 '더러운 직업'에 종사한다는 것을 의미한다. 주님께서는 주권적으로 군대 귀신들린 자를 구원하시면서 '그 지방 사람들'이 부정한 직업으로부터 벗어나 하나님의 백성으로 살기를 원하셨다. 그래서 귀신들이 돼지 떼에 들어가는 것을 허락했다. 그러나 그 지방 사람들은 '하나님께 돌이킬 기회'를 외면하고 그 대신 주님이 그 지방을 떠나가시는 것을 선택했다. 누가복음이 '무저갱'에 초점을 맞추고, 마가복음이 '그 지방'에 초점을 맞춘 것은 복음서의 기자가 무저갱에 대한 개념이 통일되지 않은 것이 아니라, 복음서를 기록하게 하신 성령님의 주권과 지혜로 인한 것이다.

### (3) 누가복음의 무저갱이 상징인가?

이 박사는 "누가복음에서 사용된 아뷔쏘스는 사실적 묘사가 아니라 에녹1서 18:14을 배경으로 하는 상징적인 묘사로서, 누가 자신의 독특한 접근이라는 주장이 더욱 힘을 얻고 있다"고 주장했다. 누가복음에 나타난 무저갱(아뷔쏘스)이 실재가 아니라면, 군대 귀신은 있지도 않은 무저갱(아뷔쏘스)에 들어가지 않게 해달라고 한 것이 되고, 주님은 허락하셨다는 것이 된다. 실제로 군대 귀신은 무저갱이 아니라 돼지 떼에 들어갔고, 바다로 치달아 모두 몰사했다. 무저갱은 실재하는 '물리적 장소'이다. 주님은 십자가 사후에 무저갱에 내려가셨다. '땅속 중심부'에 있기 때문에 '내려간다'고 말한다. 베드로전서 3:18~20은 주님이 십자가 사후 무저갱에 있는 타락한 영들에게 승리를 선포했음을 말씀한다.

그리스도께서도 단번에 죄를 위하여 죽으사 의인으로서 불의한 자를 대신하셨으니 이는 우리를 하나님 앞으로 인도하려 하심이라 육체로는 죽임을 당하시고 영으로는 살리심을 받으셨으니 그가 또한 영으로 가서 옥에 있는 영들에게 선포하시니라 그들은 전에 노아의 날 방주를 준비할 동안 하나님이 오래 참고 기다리실 때에 복종하지 아니하던 자들이라(벧전 3:18~20)

## 4. 무저갱에서 나온 황충들

다섯째 천사가 나팔을 불 때, 일어나는 중요한 일들이 있다.

첫째, "하늘에서 땅에 떨어진 별 하나"로 불리는 사탄이다. 사탄을 '별 하나'로 비유했기 때문에 "하늘에서 떨어졌다"고 말씀한다. 이것은 계시록 12장의 삽입부에서 '공중 권세를 잡은 임금'인 사탄과 그의 천사들이 미가엘과 그의 천사들과 벌어진 '하늘의 전쟁'에서 '패배하여' 땅으로 내쫓긴 것을 의미한다.

둘째, "사탄이 무저갱의 열쇠를 받았다"는 것은 사탄이 '본래' 가진 것이 아니라는 것을 가리킨다. 만일 사탄이 무저갱의 열쇠를 '원래부터' 가지고 있었다면, 그가 열쇠를 받는다는 것은 필요치 않기 때문이다. 사망과 음부의 열쇠를 예수 그리스도께서 갖고 계시기 때문에 '무저갱의 권세'도 그리스도께 있다.

셋째, 사탄이 무저갱을 열게 될 때, 그 구멍에서 큰 화덕의 연기 같은 연기가 올라오고, 해와 공기가 그 구멍의 연기로 말미암아 어두워지고, 또 황충이 연기 가운데로부터 땅 위에 나온다. 황충들은 땅에 있는 전갈의 권세와 같은 권세를 받았다. 이 땅에 거하는 자들에게 재앙은 "무저갱에서 나온 전갈의 권세를 받은 황충"으로 인한 것이다. 황충들은 하나님에 의하여 무저갱에 감금되어 있다가, 다섯째 나팔이 불 때 순교자들의 신원의 기도의 응답으로 이 땅에 거하는 자들을 심판하는 도구로 쓰인다.

하나님께서는 다섯째 나팔 이전에는 '이 땅에 거하는 자들'에게 직접적으로 심판하지 않으셨다. 오직 땅과 바다와 강들과 샘들과 천체들에 직접적인 손상을 입혔다. 즉 사람을 둘러싼 모든 환경에 대한 심판이었다. 환경에 대한 재앙은 '간접적으로' 사람들에게 영향을 끼쳤다. 따라서 전반부 네 나팔은 대환난으로 들어가는 전주곡(prelude)과 같다. 땅과 바다와 강들과 물샘들과 천체에 대한 하나님의 심판은 이 땅에 거하는 자들에게 하나의 경고이다. 이런 경고가 넷째 나팔까지 있은 후, 다섯째 천사가 다섯째 나팔을 불 때 이 땅에 거하는 자들은 '직접적으로' 고통을 당할 것이다. 다섯째 나팔 재앙의 심판의 도구는 하늘에서 떨어진 사단이 무저갱 열쇠를 받아 무저갱을 열어서 나오는 전갈의 권세를 받은 황충이다.

## 1) 구약에 나타난 황충

다섯째 나팔 재앙의 도구는 황충이다. 황충은 구약에서도 나타난다. 애굽에 대한 심판과 일곱 나팔 재앙은 유사성이 있다. 애굽은 하나님의 백성들을 억압했던 실존했던 국가로서 세상을 상징한다. 하나님은 하나님의 백성들을 출애굽 시키기 위해서 애굽 사람들과 애굽의 신들을 심판하셨다. 애굽에 대한 심판은 하나님의 백성들에게는 구원을 의미한다. 성경에서 말하는 '말세'는 하나님의 아들이 성육신할 때부터를 가리킨다. 지금은 주님의 재림이 점점 가까워 오는 시대로서 '말세지말' 즉 '말세 가운데 마지막 시대'라고 할 수 있다. 하나님을 대적하는 세상 나라들을 심판하고, 이 세상 왕국에 그리스도의 왕국을 가져오시기 위해서 반드시 '세상에 대한 심판'이 필요하다. 하나님의 백성들을 출애굽 시키기 위해서 여덟 번째로 '메뚜기 재앙'이 있었다. 바로의 강팍함으로 인해 메뚜기 재앙이 온 애굽을 덮었다. 황충(메뚜기)은 애굽에 대한 심판의 도구로만 쓰이지 않았다. 하나님의 백성들이 악을 행하여 하나님을 잊고 헛된 우상을 섬기면, 이스라엘 백성들의 손으로 하는 모든 일에 여호와께서 저주와 혼란과 책망을 내려 속히 파멸하게 하실 것과 '메뚜기'를 심판의 도구로 쓰실 것을 말씀하셨다. 신명기 28:38~42은 다음과 같이 말씀한다.

> 네가 많은 종자를 들에 뿌릴지라도 메뚜기가 먹으므로 거둘 것이 적을 것이며 (중략) 네가 자녀를 낳을지라도 그들이 포로가 되므로 너와 함께 있지 못할 것이며 네 모든 나무와 토지 소산은 메뚜기가 먹을 것이며(신 28:38~42)

황충이 매우 특별한 심판의 도구라는 것을 언급한 것은 요엘서이다. 요엘 1:3~4은 다음과 같이 말씀한다.

너희는 이 일을 너희 자녀에게 말하고 너희 자녀는 자기 자녀에게 말하고 그 자녀는 후세에 말할 것이니라 **팥중이**(palmerworm)가 남긴 것을 **메뚜기**(locust)가 먹고 **메뚜기**가 남긴 것을 **느치**(cankerworm)가 먹고 느치가 남긴 것을 **황충**(caterpiller)이 먹었도다(욜 1:3~4)

요엘서의 문맥을 소홀히 대하면 심판의 도구로 언급된 팥중이, 메뚜기, 느치, 황충을 문자적인 의미인 '곤충'으로 오해할 수 있다. 6절을 보면 이것들이 '비유적인 표현'이라는 것을 보게 된다. 요엘 1:6~7은 다음과 같이 말씀한다.

**다른 한 민족이**(a nation) **내 땅에**(my land) 올라왔음이로다 그들은 강하고(strong) 수가 많으며(without number) 그 **이빨은**(whose teeth) 사자의 **이빨**(the teeth of a lion) 같고 그 어금니는 암사자의 어금니 같도다 그들이 내 포도나무를 멸하며 내 무화과나무를 긁어 말갛게 벗겨서 버리니 그 모든 가지가 하얗게 되었도다(욜 1:6~7)

개역개정의 '다른 한 민족'은 원문 'goee'(고이)를 번역한 것으로 '이방 나라, 이방 백성'을 의미한다. 땅을 의미하는 '에레츠'가 '내 땅'으로 번역된 것은 에레츠가 '1인칭'이기 때문이다. 성경에서 '에레츠'(땅)는 '약속의 땅'인 '유대 땅'을 가리킨다. 유다 왕국의 멸망은 바벨론의 침략으로 성취되었다. 그런 까닭으로 요엘서의 예언이 바벨론만을 가리킨다고 단정한다. 이것은 매우 근시안적인 관점이다. 만일 요엘이 예언한 것이 바벨론만을 가리킨 것이라고 한다면, 굳이 '네 종류의 황충들'을 언급할 필요가 없다. 역으로 네 종류의 황충들을 언급한 것은 '성경의 완전성'에 결격 사유가 되고, 이것은 하나님도 완전하신 분이 아니라는 결론에 이를 수 있다. 그러나 이런 일은 어디까지 가정에 불과하다.

요엘서에서 언급한 네 종류는 '메뚜기 종류'라는 공통점이 있지만, 차이가 있다. 개(dog)에도 여러 종류가 있고, 고양이도 다양한 종류가 있는 것과 같다. 하나님의 심판의 도구인 팥중이와 메뚜기와 느치와 황충은 같은 종류지만, 서로 다른 이름으로 불리는데, 이것은 그들이 서로 구별되기 때문이다. 요엘서의 예언은 앞으로 다가올 바벨론 뿐만 아니라 그 후에 유대 땅을 짓밟을 '이방 나라들'이 유대 땅을 황폐케 할 것에 대한 예언이다.

요엘서에서 첫째 언급한 팥중이는 바벨론 군대를, 팥중이(바벨론)가 남긴 것을 '메뚜기'가 먹는다는 것은 그 후에 일어날 '페르시아의 제국'을, 메뚜기(페르시아 제국)가 남긴 것을 '느치'가 먹는다는 것은 페르시아 제국 후에 일어날 '헬라 제국'을, 느치(헬라 제국)가 남긴 것을 '황충'이 먹는다는 것은 헬라 제국 후에 일어날 '로마 제국'을 가리킨다. 요엘서에 언급된 네 왕국을 가리키는 네 황충들에 대한 예언은 다니엘서에 다른 방면으로 계시됐다. 다니엘서에서 느브갓네살 왕이 꿈에서 본 금 신상은 바벨론 제국으로부터 마지막 때까지 이르는 세계 정세에 대한 예언이다. 이것은 역사의 주관자는 하나님이심을 드러낸다. 다니엘 2:39~42은 왕이 본 신상을 다음과 같이 해석한다.

> 왕이여 왕은 여러 왕들 중의 왕이시라 하늘의 하나님이 나라와 권세와 능력과 영광을 왕에게 주셨고 사람들과 들짐승과 공중의 새들, 어느 곳에 있는 것을 막론하고 그것들을 왕의 손에 넘기사 다 다스리게 하셨으니 왕(you)은 곧 그 금 머리(this head of gold)니이다 왕을 뒤이어 왕보다 못한(inferior) 다른 나라(another kingdom)가 일어날 것이요 셋째로 또 놋 같은 나라(another third kingdom of brass)가 일어나서 온 세계를(all the earth) 다스릴 것이며 넷째 나라(the fourth kingdom)는 강하기가 쇠 같으리니(as iron) 쇠는 모든 물건을 부서뜨리고 이기는 것이라 쇠가 모든 것을 부수는 것 같이 그 나라가 뭇 나라를 부서뜨리고 찧을 것이며 (단 2:39~42)

다니엘서에서 '금 신상'의 이상을 통해 바벨론 제국과 그 후에 일어날 페르시아 제국과 알렉산더 대왕의 헬라 제국과 그 후에 일어난 로마 제국을 보이셨다. 바벨론은 '금(gold) 머리'로, 페르시아 제국은 은(silver)으로 된 가슴과 두 팔로, 헬라 제국은 '놋'(bronze)으로 된 '배와 넓적다리'로, 로마 제국은 '철(iron)로 된 두 종아리'로 비유됐다. 네 왕국을 구성하는 우상의 각 부분들의 재질은 그 제국의 특성들 즉 영광과 강함의 상관관계를 나타낸다. 다니엘서의 관점은 이 세상 모든 왕국들은 '헛된 우상'이라는 것을 의미한다. 그래서 사람의 손으로 하지 않은 '뜨인 돌'에 의해서 파괴되어 태산을 이룬다. 세상 모든 왕국들이 '뜨인 돌'이신 그리스도에 의하여 심판받고 '태산'을 이루듯이 하나님의 왕국이 영원히 설 것이다.

요엘서는 유대 땅을 황폐케 할 하나님의 심판의 도구를 '네 종류의 황충'으로 언급한다. 이것은 다니엘서의 신상에 나타난 네 왕국과 일치한다. 요엘서의 관점은 이방 나라들이 "해충인 황충들"과 같고, 다니엘서의 관점은 세상 나라가 강하고 영광스럽게 보일지라도 '헛된 우상'과 같다는 것을 가리킨다. 요엘서의 황충들은 '해충인 황충들'이 아니라, 유대 땅을 침략하여 황폐케 하는 바벨론과 페르시아 제국과 헬라 제국과 로마 제국을 가리킨다. 아래 도표는 요엘서의 네 심판의 도구인 황충들과 다니엘서의 금 신상의 관계를 보여준다. 이것은 성경이 성령의 감동으로 기록됐다는 또 다른 증거이다.

[요엘서의 황충들과 다니엘서의 금 신상 관계]

## 2) 황충의 모양(7~10)

다섯째 나팔 재앙의 도구인 황충을 자세히 묘사한다. 황충들의 모양은 전쟁을 위하여 준비한 말들(horses) 같다. 이것은 황충이 단순한 황충이 아니라 창세 이후로 없었던 황충이라는 것을 의미한다. 그런 까닭은 다섯째 나팔의 황충이 대환난의 첫째 화의 심판의 도구이기 때문이다.

### (1) 전쟁을 위하여 준비된 말들 같다

7절은 황충의 모양이 "전쟁을 준비한 말들 같다"고 말한다. 이것은 그들이 전쟁을 하는 '군대와 같다'는 것을 가리킨다. 요엘서에서 하나님은 유대를 심판하기 위해서 '네 종류의 황충 군대'를 보내겠다는 것과 유사하다. 계시록의 황충들은 요엘서의 황충들과 같지 않지만, 그들은 서로 연관성이 있다. 예레미야서는 이방 군대를 황충으로 비유했다.

- 여호와의 말씀이니라 그들이 황충보다 많아서 셀 수 없으므로(innumerable) 조사할 수 없는 그의 수풀을 찍을 것이라(렘 46:23)

- 만군의 여호와께서 자기의 목숨을 두고 맹세하시되 내가 진실로 사람을 메뚜기 같이 네게 가득하게(will fill) 하리니 그들이 너를 향하여 환성을 높이리라(a shout against thee) 하시도다(렘 51:14)

- 땅에 깃발을 세우며 나라들 가운데에 나팔을 불어서 나라들을 동원시켜 그를 치며 아라랏과 민니와 아스그나스 나라를 불러 모아 그를 치며 사무관을 세우고 그를 치되 극성스런(rough) 메뚜기같이 그 말들을 몰아오게 하라(렘 51:27)

예레미야 46:23은 '셀 수 없이 많음'을 강조하고, 예레미야 51:27은 '거칠고 포악함으로 극성스런 것'을 강조한다. 요엘서 2장은 황충으로 비유된 이방 군대를 가장 구체적으로 묘사한다. 요엘 2:4~10을 보자.

그의 모양(The appearance)은 말같고(as the appearance of horses) 그 달리는 것은 기병 같으며 그들이 산 꼭대기에서 뛰는 소리는 병거 소리와도 같고 불꽃이 검불을 사르는 소리와도 같으며 강한 군사가 줄을 벌이고 싸우는 것 같으니 (중략) 그 앞에서 땅이 진동하며 하늘이 떨며 해와 달이 캄캄하며 별들이 빛을 거두도다(욜 2:4~10)

이필찬 박사는『요한계시록』p.822에서 요엘 2:4~10 예언이 유다 왕국을 침공한 바벨론의 군대라고 말한다. 이런 관념은 요엘서의 예언을 곧 도래할 바벨론의 침략으로 보는 무천년설 관점 때문이다. 다니엘서의 금 신상을 통해서 모든 역사를 보여주는 것처럼, 요엘서도 유다를 황폐케 할 '네 황충들' 뿐만 아니라 재림의 때에 있을 여호와의 날에 대한 예언이다. 요엘 2:1은 "시온에서 나팔을 불며 나의 거룩한 산에서 경고의 소리를 질러 이 땅 주민들로 다 떨게 할지니 이는 여호와의 날이 이르게 됨이니라 이제 임박하였으니"라고 말하듯이, 요엘 2:11은 여호와의 날(the day of the LORD)에 있을 일을 가리킨다.

바벨론을 비롯한 그 후에 유대를 황폐케 하는 황충들은 요엘 1:4에 개괄적으로 말씀하고, 요엘 1:6~7은 "다른 한 민족이 내 땅에 올라왔음이로다 그들은 강하고 수가 많으며 그 이빨은 사자의 이빨 같고 그 어금니는 암사자의 어금니 같도다"는 예언은 곧 임한 바벨론의 군대들을 가리킨다. 성경에서 '여호와의 날(the day of the LORD)'은 마지막 때에 있을 재림과 관계된 심판을 가리킨다.

### (2) 머리에 쓴 금 면류관 같은 것

9:7b은 "그 머리에 금 같은 관 비슷한 것을 썼다"라고 말한다. '금 같은 관'은 'στέφανοι(스테파노이)'로 '면류관'을 의미하는 'στέφανος'(스테파노스)의 '주격 복수형'이다. 따라서 "금 같은 면류관들 비슷한 것을 썼다"라는 번역이 적절하다. 황충들이 머리에 쓴 것은 '금으로 된 면류관과 같은 것'이다. 면류관은 권세를 의미한다. 황충들은 다섯 달 동안 이마에 인을 맞지 않는 자들을 해칠 권세가 주어졌다. 이 땅에 거하는 자들 가운데 어느 누구도 그 권세로부터 벗어날 수 없다는 것을 의미한다. 황충의 권세는 철저히 하나님의 주권 아래 있다.

### (3) 사람의 얼굴 같은 얼굴

9:7c은 "그 얼굴은 사람의 얼굴 같고"라고 말한다. 이 표현은 황충의 머리 부분 가운데 앞 모양을 가리킨다. '얼굴'은 헬라어 'πρόσωπα'(프로소파)로 '얼굴, (눈앞에 드러난)앞면'을 뜻하는 'πρόσωπον'(프로소폰)의 '주격 복수형'이다. 무저갱에서 나온 황충의 얼굴이 "사람의 얼굴 같다"는 것은 그 모양에 대한 것이다. 그뿐만 아니라 그들의 왕인 '무저갱의 사자'와도 밀접한 관계가 있다.

### (4) 여자의 머리카락 같은 머리카락

8a절은 "또 여자의 머리털 같은 머리털이 있다"라고 말한다. 곤충인 황충은 여자의 머리털과 같은 것이 없다. 무저갱에서 나온 황충이 여자의 머리털과 같은 머리털이 있다는 것은 곤충인 황충과 달리 매우 특별한 모양을 가진 '황충'이라는

것을 의미한다. 황충들은 이제까지 무저갱에 감금되었다가 이 땅의 사람들을 심판할 도구로 쓰기 위해 다섯째 나팔이 불 때 무저갱으로부터 이 땅으로 나온다.

### (5) 사자의 이빨과 같은 이빨들

8b절은 "그 이빨은 사자의 이빨 같다"라고 말한다. 사자(lion)는 짐승의 왕이다. 네 생물 가운데 첫 번째 생물은 '사자 같다'고 한다. 마태복음은 '사자 복음'으로 불린다. 사자의 적극적인 의미는 왕이신 그리스도를 가리킨다. 사자가 부정적인 의미로 쓰인 예도 있다. 베드로전서 5:8은 "근신하라 깨어라 대적 마귀가 우는 사자같이 두루 다니며 삼킬 자를 찾나니"라고 하며 마귀를 먹이감을 찾는 굶주린 사자에 비유하며 경고했다. 동일한 단어가 문맥에 따라 의미가 달라진다. 사자의 권세는 그의 이빨에 있다. 성경은 황충의 이빨이 "사자의 이빨과 같다"고 한다. 이것은 황충의 해치는 권세를 아무도 막을 수 없다는 것을 의미한다. 다섯째 나팔을 불 때, 황충은 푸른 풀과 수목들을 하나님에 의해서 해치지 못하도록 제한됐기 때문에, 이마에 인을 맞지 않은 사람들만을 해칠 것이다. 그 황충의 권세가 사자의 이빨로 비유된 것은 황충 재앙으로부터 벗어날 자가 없다는 것을 가리킨다.

### (6) 철로 된 호심경 같은 호심경

계시록 9:9a은 "또 철 호심경 같은 호심경이 있다"라고 말한다. 원문은 "θώρακας ὡς θώρακας σιδηροῦς"(도라카스 호스 도라카스 시데루스)이다. θώρακας(도라카스)는 '가슴, 흉배들(복수)'을 의미하고 σιδηροῦς(시데루스, 복수)는 '철들로 만든'이란 의미이다. KJV은 "breastplates, as it were breastplates of iron" 즉 "철들로 만든 흉갑들과 같은 흉갑들"로 번역했다. 이것은 적들의 공격으로부터 가슴 부위를 보호하기 위한 방어 도구이다. 황충이 이런 방어 도구를 가진 것은 사람들을 해하는 다섯 달 동안 아무도 황충을 해칠 수 없다는 것을 의미한다. 그래서 황충들은 하나님이 허락한 다섯 달 동안 이 땅에 거하는 자들에게 고통을 줄 수 있다.

## (7) 전장으로 달려가는 말들의 병거 같은 소리

계시록 9:9b은 "그 날개들의 소리는 병거와 많은 말들이 전쟁터로 달려 들어가는 소리 같다"라고 말한다. 황충들이 날아갈 때 날개 소리는 많은 말과 병거가 전쟁터로 달려가는 소리로 비유된다. 전장으로 달려가는 강하고 많은 군대들을 막을 수 없는 것과 같다.

## 3) 황충의 전갈의 권세와 대상자

다섯째 나팔을 불 때의 심판의 도구인 황충은 출애굽기의 '해충인 메뚜기'와도 다르고, 요엘서의 네 종류의 황충으로 유대 땅을 황폐케 하는 네 왕국과도 다르다. 출애굽기의 메뚜기는 하나님이 창조한 피조물이고, 요엘서의 황충들은 하나님을 대적하는 이 땅의 '타락한 사람들의 네 왕국(나라)들'이었다. 이에 반하여 요한계시록의 황충은 무저갱에 감금되었던 황충이다. 이 황충은 다섯째 나팔을 분 천사에게서 무저갱의 열쇠를 받은 사탄에 의하여 놓임으로 '첫째 화'인 다섯째 나팔 심판의 도구로 사용된다. 사탄은 황충을 그의 수하로서 '자신의 뜻'을 이루는데 사용한다고 생각할 것이다. 그러나 하나님의 주권 가운데 사탄과 무저갱에서 나온 황충은 이 땅에 거하는 자들을 심판하는 도구로 쓰신 것이다. 그래서 다섯째 나팔을 분 천사가 사탄에게 무저갱의 열쇠를 주었다. 다섯째 나팔을 불 때 나오는 황충은 매우 특별하다. 3~5절은 황충에 대하여 이렇게 말한다.

> 또 황충(locusts)이 연기(smoke) 가운데로부터 땅(the earth) 위에 나오매 그들이 땅에 있는 전갈의 권세와 같은 권세(as scorpions of the earth have power)를 받았더라 그들에게 이르시되 땅의 풀이나 푸른 것이나 각종 수목은 해하지 말고 오직 이마에 하나님의 인침을(the seal of God) 받지 아니한 사람들만 해하라 하시더라 그러나 그들을 죽이지는 못하게 하시고 다섯 달 동안 괴롭게만 하게 하시는데 그 괴롭게 함은 전갈이 사람을 쏠 때에 괴롭게 함과(as the torment of a scorpion) 같더라 (계 9:3~5)

첫째 화의 심판의 도구인 황충은 땅에 속한 황충이 아니다. 황충이 무저갱에 감금되었다는 것은 황충이 '악한 존재'라는 것을 의미한다. 해충인 황충은 땅의 풀이나 농작물과 수목들에게 해를 끼치고 직접적으로 사람에게 해를 끼치지 않는다. 무저갱에서 나온 황충에게 "땅의 풀이나 푸른 것이나 각종 수목은 해하지 말고"라는 명령은 그들이 풀과 수목에 해를 끼칠 수 있는 능력을 가졌다는 것을 가리킨다. 하나님의 주권 가운데 풀과 수목을 해하지 말라고 명령하시면서, "오직 이마에 하나님의 인침을(the seal of God) 받지 아니한 사람들만 해하라"고 명령한다. 이것은 황충들이 사람에게 해를 끼칠 수 있다는 것을 의미한다. 하나님의 주권 가운데 황충은 오직 "이마에 인을 맞지 않은 사람"만 해할 수 있다. 황충이 해할 수 없는 '이마에 인을 맞은 사람들'은 계시록 7장 전반부에 언급된 '다른 천사'(another angel)에 의하여 이마에 인침을 받은 이스라엘의 열두 지파 가운데 144,000이다. 이들은 아직 완악한 가운데 있지만, 구약의 율법을 지키는 경건한 무리들로 주님의 발이 감람산 위에 서게 될 때에 회개하고 구원받을 자들이다. 하나님은 이스라엘의 '남은 자들'을 구원하시기 위해서 대환난의 '첫째 화'인 '다섯째 나팔 재앙'으로부터 보호하시기 위하여 '다른 천사'를 통하여 인을 치셨다. 또 한편으로 다섯째 나팔 재앙의 심판의 도구인 무저갱에서 나온 황충들에게 "하나님의 인침을 받지 않은 사람들만 해하라"는 명령으로 '인침을 받은 유대인들'을 보호하신다.

이필찬 박사는 무천년설의 지론을 따라 계시록 7장 전반부의 하나님의 인을 받은 144,000을 교회라고 해석한다. 무천년설은 휴거를 인정하지 않기 때문에 그들의 관점에서 교회는 고난받는 교회 공동체(계 11장에서 성전 밖 마당)로서 대환난을 통과한다. 마지막 때에 있을 대환난을 초림 때부터 재림 때까지라고 해석한다. 그것은 오류이다. 계시록 7장은 삽입부로서 대환난의 심판 가운데 하나님의 백성들을 어떻게 보호하실 것인가에 대한 기록이다. 이스라엘 자손들 가운데 각 지파별로 12,000명씩 144,000의 이마에 하나님의 인을 쳐서 그들을 보호한다. 이들은 거듭나지 않았기 때문에 이스라엘 열두 지파도 '문자적 의미'인 '혈통적 이스라엘 족속'을 가리킨다.

### 4) 황충의 활동 기간

다섯째 나팔 심판의 도구인 황충이 '활동하는 영역'은 제한된다. 첫째, 하나님의 인을 맞지 않은 자들만 해할 수 있다. 즉 하나님의 인을 맞은 144,000은 해할 수 없다. 둘째, "다섯 달 동안" 괴롭게 한다. 즉 무한정 사람들을 괴롭게 할 수 없을 뿐 아니라, 인맞지 않은 사람들을 죽일 수는 없고 괴롭게만 할 수 있다. 이필찬 박사는 『요한계시록』(에스카톤, p.818)에서 다섯 달 동안 괴롭게 한다는 것을 다음과 같이 해석한다.

> 두 번째 명령인 '다섯 달 동안 괴롭게만 할 것'은 문자 그대로 다섯 달 동안만 그들이 심판을 받는 것으로 생각해서는 안 되고, **다섯 달 동안만 생존하는 황충의 생애 주기나 팔레스타인 지역의 건기로 황충이 나타나기 시작하는 기간 (4월부터 8월까지)에 근거해서 산출된 기간을 적용하고 있는 것으로 이해할 것이다.** (이필찬, 『요한계시록』, 에스카톤, p.818)

그는 무천년설의 지론인 '상징적 해석'의 관념으로 보기 때문에 '다섯 달 동안'을 문자적으로 해석하지 않는다. 그리고 곤충인 황충의 생존 주기와 팔레스타인 지역의 건기로 황충이 나타나기 시작하는 기간(4월부터 8월까지)에 맞춰서 해석한다. 이런 해석은 유사점을 언급하기 때문에 '그런가'라고 생각할 수 있다. 그러나 성경을 QST하면 잘못된 적용이라는 것을 발견할 수 있다.

김추성 박사는 『요한계시록 1~9장 주석집』(킹덤북스, p.531)에서 황충과 그가 괴롭게 하는 다섯 달 동안을 다음과 같이 해석한다.

> 메뚜기는 다섯 달 동안 하나님의 인침을 받지 않은 사람들을 괴롭히도록 허락받는다. 다섯 달은 메뚜기가 생존하는 기간 전체를 가리킬 수 있다. 혹은 메뚜기가 활동하는 4월부터 5월 사이의 건기를 가리킬 수도 있다. 그렇다고 해서 **메뚜기가 문자적으로 다섯 달 동안 사람을 괴롭힐 것이라고 해석하기는 어렵다.** 본문의 메뚜기는 악령을 상징하고 있으며 자연적 메뚜기를 가리키지 않는다. 또한 일반적인 메뚜기떼가 실제로 다섯 달 동안이나 떼지어 다니는 것은 아니다. **다섯 달이 무엇을 의미하는지는 정확하게 알기 어렵다.** 다만 본문은 상징을 복합적으로 사용해서 악령이 주는 고통이 얼마나 극심한지를 보여준다.(김추성, 『요한계시록 1~9장 주석집』, 킹덤북스, p.531)

김추성 박사는 이필찬 박사와 동일한 무천년설자이지만 공통점과 차이점이 있다. 공통점은 다섯 달의 기간을 모두 '상징적인 기간'으로 해석한다. 차이점은 이 박사는 황충을 '곤충인 메뚜기'로 보는 반면, 김 박사는 '악령'이라고 해석한다. 황충에 대한 여러 가지 방면들을 QST하여 성경이 말씀하는 바가 무엇인지 찾아보자.

### (1) 메뚜기 생애 주기 관계

이 박사는 황충이 괴롭게 하는 다섯 달 동안을 메뚜기의 생애 주기와 팔레스타인 지역에 나타나는 건기에 근거한다고 단정한 것은 성경의 원칙을 벗어난 것이다. 그는 단순히 다섯 달이라는 유사성을 근거로 들었다. 출애굽기의 메뚜기와 요엘서의 황충들과 계시록의 황충은 '황충'이라는 유사성이 있다. 그런데 계시록의 황충은 창세 이후에 없었던 전무후무한 황충이다. 왜냐하면 그들이 무저갱에 감금되어 있다가, 무저갱의 열쇠를 받은 사탄에 의하여 땅 위로 나오며, 그의 모양과 그가 가진 전갈의 쏘는 권세와 같은 권세를 가졌기 때문이다. 계시록의 황충이 무저갱에서 나온다는 것은 귀신들에게 사로잡힌 것임을 의미한다. 이렇게 전혀 다른 황충을 메뚜기의 생애 주기에 적용하고, 팔레스타인의 건기로 해석하는 것은 비논리적이다.

### (2) 해를 끼치는 범위

땅의 곤충인 황충은 땅의 풀이나 농작물과 수목들에게 해를 끼치고 직접적으로 사람에게 해를 끼치지 않는다. 계시록의 황충은 그 모양이 곤충으로서의 황충과 유사성이 있다. 그런데 계시록에서 황충이 무저갱에 감금되었다가 땅 위로 나온다는 것은 땅에 속한 황충과 다르다는 것을 가리킨다. 무저갱과 사탄과 관계되는 황충은 '악한 존재'이다. 해충인 황충과 달리 무저갱에서 나오는 황충은 농작물뿐만 아니라 사람들에게 직접적으로 해를 끼칠 수 있다.

### (3) 해를 끼치는 능력

'곤충인 황충'은 농작물을 갉아 먹음으로 해를 끼치지만, '계시록의 황충'은 농작물에도 해를 끼칠 수 있고, 사람들을 해칠 수 있는 전갈의 꼬리를 갖고 있다.

그 꼬리에는 '쏘는 살'이 있다. '쏘는 살'은 헬라어 'κέντρα'(켄트라)로 '일침(독), 점, 막대기'를 의미하는 'κέντρον'(켄트론)의 '목격격 복수'이다. 즉 계시록의 황충은 꼬리에 '독침들'(복수)을 갖고 있기 때문에 KJV은 'stings'(복수)로 번역했다. 출애굽 때의 메뚜기와 어느 시대를 막론하고 이런 독침을 가진 황충은 없었다.

성경은 "그 꼬리에는 다섯 달 동안 사람들을 해하는 권세가 있더라"고 말한다. 계시록의 황충이 다섯 달 동안 사람을 해하는 권세가 있는 것은 황충의 생애 주기를 가리키지 않는다. 만일 황충의 생애 주기를 가리킨다면, 해충인 황충이 다섯 달을 살다가 죽는 것처럼 죽는다는 것을 의미한다. 김추성 박사의 견해처럼 메뚜기는 다섯 달 동안 떼지어 다니지 않는다. 계시록의 황충이 사람들을 괴롭게 할 다섯 달 동안의 권세는 '황충의 꼬리가 가진 권세의 기간'을 의미한다. 무천년설의 해석은 성경의 문맥(context)을 간과했다.

### ⑷ 신자는 비유, 불신자는 문자

계시록은 기본적으로 '문자'와 함께 여러 가지 '상징(비유)'으로 기록됐다. 상징(비유)은 교회에 대한 것이고, 세상에 대한 심판은 '문자적 의미'이다. 마태복음 7:6에서 주님은 "거룩한 것을 개에게 주지 말며 너희 진주를 돼지 앞에 던지지 말라"고 말씀한다. 산상수훈은 제자들에게 하신 것으로 '개'와 '돼지'가 '비유'인 것처럼, 그것과 관련된 '거룩한 것'과 '진주'도 '비유'로서 영적인 것들을 의미한다.

거듭나지 않은 세상 사람에 대하여 비유(상징)로 말씀하시는 것은, 마치 진주를 돼지에게 주는 것과 같고, 거룩한 것을 개에게 주는 것과 같다. 일례로서 계시록 2장의 서머나 교회에게 "너희가 십 일 동안 환난을 받으리라 네가 죽도록 충성하라 그리하면 내가 생명의 관(στέφανος, 스테파노스, crown)을 네게 주리라"(계 2:10)고 말씀한다. 환난을 받는 "십 일 동안"은 '문자적인 십 일'을 가리키지 않고, 상징적 의미로서 약 250년간 있었던 '로마 10대 황제들의 핍박'을 가리킨다.(이 내용은 2장에서 다뤘다) 이렇게 상징(비유)으로 말씀하신 것은 서머나 교회가 '거듭난 교회'이기 때문이다.

다섯째 나팔 심판의 황충이 전갈과 같은 꼬리의 권세로 이 땅에 거하는 자들을 괴롭게 하는 '다섯 달 동안'은 '문자적 의미' 그대로 '다섯 달'을 가리킨다. 왜냐하면 일곱 나팔 심판은 이 땅에 거하는 자들 즉 '육적인 세상 사람들'에 대한 심판이다. 불신자에 대한 것은 '상징(비유)'이 아니라 '문자적 의미'로 말씀한다.

## 5) 고통을 당하는 자들의 반응

6절은 "그 날에는 사람들이 죽기를 구하여도 죽지 못하고 죽고 싶으나 죽음이 그들을 피하리로다"라고 말한다. 황충에 의하여 심판받는 자들 즉 이마에 하나님의 인을 맞지 않은 사람들의 고통이 얼마나 심각한가를 보여준다. 황충에게 전갈의 쏘는 침 같은 것으로 고통을 당하는 사람들은 스스로 죽기를 구한다. 이들에게 죽음은 고통의 마지막 탈출구이다. 그런데 놀라운 것은 그들이 죽기를 구해도 죽지 못하고 죽음이 그들을 피한다. 이것은 어떤 자들도 하나님의 심판을 피할 수 없다는 것을 가리킨다. 이런 다섯째 나팔 재앙의 상황은 욥기와 예레미야 성경에서 나타난다.

> 어찌하여 고난당하는 자에게 빛을 주셨으며 마음이 아픈 자에게 생명을 주셨는고 이러한 자는 죽기를 바라도 오지 아니하니 땅을 파고 숨긴 보배를 찾음보다 죽음을 구하는 것을 더하다가 무덤을 찾아 얻으면 심히 기뻐하고 즐거워하나니 (욥 3:20~22)

> 이 악한 민족(this evil family)의 남아 있는 자, 무릇 내게 쫓겨나서 각처에 남아 있는 자들이 사는 것보다 죽는 것을 원하리라 만군의 여호와의 말씀이니라(렘 8:3)

욥기는 신자로서 고난을 당하는 사람의 경우이고, 예레미야서도 하나님의 백성들에 대한 것이다. 예레미야서에서 '이 악한 민족'은 원문에서 '가족, 친척들의 집단, 종족'을 의미하는 מִשְׁפָּחָה(미쉬파하)로서 "이 악한 가족"은 '패역한 하나님의 백성들'을 가리킨다.(악한 민족을 이방인으로 보는 것은 오류이다) 공의로운 하나님께서는 그의 백성들이 패역함으로 인해 "사는 것보다 죽는 것을 원할 것"을 말씀하셨다. 물론 이 경우 계시록과는 달리 죽고자 할 때 죽음이 피하지 않는다. 따라서 이스라엘 백성들은 죽기를 원한다면, 스스로 죽음으로 고통을 끝낼 수 있다. 그런데 하나님의 백성들이 '스스로 죽는 것'은 심각한 죄라는 것을 알고 있기 때문에 그런 일은 거의 없다. 따라서 유대의 백성들은 하나님의 징계의 심판으로 인해 극심한 고통을 당했다.

계시록 9장에서 황충이 준 고통으로 인해 죽기를 구해도 죽을 수 없고 죽음이 피해 가는 사람들은 '신자'가 아니라 '이 땅에 거하는 자들'이다. 이방인들은 자신의 생명을 자신의 것으로 생각하기 때문에 죽는 것을 죄로 생각하지 않는다. 따라서 참을 수 없는 극심한 고통을 당할 때, 스스로 죽는 것을 주저하지 않는다. 죽기를 갈망하는 자는 얼마든지 죽을 수 있다고 생각할 것이다. 그렇지만 하나님의 주권 가운데 이 땅에 거하는 자들은 죽을 수도 없고, 죽음이 피한다. 하나님께서는 땅에 거하는 자들을 심판하시지만 죽지 않게 하실 뿐만 아니라, 스스로 죽기를 구하여도 죽을 수 없게 하신다. 이런 상황은 창세 이후로 한 번도 없었다. 다섯째 나팔은 첫째 화로서 이 땅에 거하는 자들에 대한 하나님의 심판이다.

## 6) 황충의 독특성

### (1) 애굽의 메뚜기 재앙: '전에도 없었고 후에도 없을 것임'

출애굽기의 메뚜기 재앙과 다섯째 나팔의 황충의 재앙은 '이 땅에 거하는 자들'에 대한 심판으로 공통점이 있다. 출애굽기 10:14은 여호와께서 모세에게 "메뚜기가 애굽 온 땅에 이르러 그 사방에 내리매 그 피해가 심하니 이런 메뚜기는 전에도 없었고(before them there were no such locusts as they) 후에도 없을 것이라(neither after them shall be such)"고 말씀했다. 여호와의 말씀은 '진실하고' '순수'하기 때문에 한치의 오차도 없다. 메뚜기 재앙이 '이전에' 없었다는 것은 성경을 통해서 확증되고, '후에도 없을 것이라'는 말씀도 변함이 없는 사실이기 때문에 다섯째 나팔의 황충은 출애굽기의 메뚜기 재앙과 같은 종류일 수 없다.

여호와 하나님의 말씀은 다섯째 나팔을 불 때 무저갱에서 나온 황충 재앙은 애굽에 내렸던 '메뚜기 재앙'과 다르다는 것을 알게 된다. 만일 다섯째 나팔의 황충 재앙이 애굽에 내렸던 황충(메뚜기) 재앙의 재현이라고 생각했다면, 출애굽기 10:14을 QST하지 못했기 때문이다. 곤충으로서 메뚜기 재앙은 애굽에 내린 재앙이 가장 큰 재앙이었다. 다섯째 나팔의 황충 재앙은 애굽의 메뚜기 재앙과 비교할 수 없다. 애굽의 메뚜기 재앙은 '동풍을 불게 하여' 메뚜기들이 나타난 반면, 다섯째 나팔의 황충은 무저갱을 열어서 나온 귀신적인 것들이다. 다섯째 나팔의 황충은 무저갱에서 나온 것으로서 '귀신들에게 사로잡힌' 악한 것이기 때문에 창세 이후로 없었던 재앙이다.

### (2) 왕의 유무 관계

잠언 30:27은 "임금이 없으되(The locusts have no king) 다 떼를 지어(all of them by bands) 나아가는 메뚜기"라고 말씀한다. 곤충인 메뚜기는 왕이 없다. 그런데 다섯째 나팔의 황충에 대하여 계시록 9:11은 "그들에게 왕이 있으니(they had a king over them) 무저갱의 사자라"고 말한다. 무저갱에서 나온 황충에게 왕이 있다는 것은 매우 특별한 황충이라는 것을 가리킨다. 그뿐만 아니라 황충의 왕은 자신의 뜻을 따라 황충들을 지휘하며 이마에 인을 맞지 않는 자들을 해칠 것이다.

### (3) 방어하는 흉갑

계시록의 황충은 "또 철 호심경 같은 호심경이 있다"(9)고 말한다. 에베소서 6:14은 "그런즉 서서 진리로 너희 허리 띠를 띠고 의의 호심경(the breastplate of righteousness)을 붙이고"라고 말씀한다. 에베소서가 말하는 영적 싸움에 필요한 호심경은 '물질적인 흉갑'을 가리키지 않는다. 교회에 대한 것은 비유이다. 그래서 이 호심경(흉갑)을 '의의 호심경'이라고 부른다. 신자로서 영적 싸움에서 승리하기 위해서 의롭게(righteousness) 생활하는 것이 우리들의 가슴 즉 마음을 지키는 흉갑 같다는 것을 의미한다. 의로운 삶을 살지 못하면 마귀의 참소가 있을 뿐만 아니라, 하나님이 우리 안에 주신 '양심'이 자신을 정죄한다.

계시록의 황충이 "철 호심경과 같은 호심경"을 갖고 있다는 것은 황충들이 자신을 보호하는 '물리적인 방어 수단'을 갖고 있다는 것을 의미한다. 이필찬 박사는 '곤충인 메뚜기'라고 해석하고, 김추성 박사는 무천년설의 지론을 따라 '상징'으로 해석했다. 기본적으로 상징이 아닌 이유는 다섯째 나팔 재앙 심판이 실제적이며, 그 심판의 대상 또한 '이 땅에 거하는 자들'로서 '문자' 그대로 사람들이기 때문이다. 계시록의 황충들이 '철 흉갑 같은 흉갑'을 갖고 있다는 것은 자신을 보호할 수 있다는 것이며 전갈의 쏘는 독과 같은 것으로 사람들을 해칠 때,

사람들이 자신을 보호하기 위해서 황충들을 공격한다는 것과 동시에 황충들은 그 공격을 막을 수 있다는 것을 암시한다. 황충들의 흉갑을 "철 호심경 같다"라는 '직유'로 묘사했다는 것은 황충이 비유(상징)가 아니라는 반증이다. 김추성 박사가 황충을 귀신의 영이라고 한 것은 긍정적이다. 그러나 한편만 보고 다른 방면을 보지 못했다. 왜냐하면 이 황충은 '물리적으로' 메뚜기의 모양을 갖고 있으면서, 동시에 전갈의 쏘는 권세를 갖고 있다. 더욱이 무저갱의 귀신의 영들에게 사로잡혔기 때문이다.

## 5. 무저갱의 사자

계시록 9:11은 "그들에게 왕이 있으니 무저갱의 사자라 히브리어로는 그 이름이 아바돈이요 헬라어로는 그 이름이 아볼루온이더라"고 하며 황충의 왕에 대하여 말한다.

### 1) 무천년설 견해

이필찬 박사는 『요한계시록』(에스카톤, p.828~830)에서 하늘에서 떨어진 별과 무저갱의 천사(사자)가 동일하다는 견해를 제시했다.

> '아뷔쏘스의 천사'가 황충의 왕으로 군림하고 있는 것이다. 여기에서 이 '아뷔쏘스의 천사'는 9장 1절에서 아뷔쏘스의 열쇠를 받은 '하늘로부터 땅으로 떨어져 있는 별'이 상징하는 타락한 천사를 가리키는 것이라고 할 수 있다. (중략) 이러한 관계로 인하여 1절의 별과 '아뷔쏘스의 천사'를 동일시하는 것은 자연스러운 것이라고 할 수 있다. (중략) 이 두 가지 이유로 인하여 1절의 하늘로부터 떨어진 별, 그 타락한 천사와 11절의 아뷔쏘스의 천사는 동일시될 수 있다. 이렇게 다섯 번째 나팔 심판의 처음(1절)과 끝(11절)에서 아뷔쏘스의 천사가 동일하게 언급되어 1절과 11절이 서로 평행을 이룸으로서 다섯 번째 나팔 심판이 수미상관(inclusio) 구조를 갖는다는 사실을 알 수 있다(이필찬, 『요한계시록』, 에스카톤, p.828~830)

## 2) 무천년설 견해에 대한 필자의 비평 및 견해

### (1) 수미상관 관계가 아니다

이필찬 박사는 계시록 9:1의 "하늘에서 떨어진 별"과 계시록 9:11의 "황충들의 왕으로 불린 무저갱의 천사(사자)"가 동일하기 때문에 1절과 11절은 수미상관 관계를 갖는다고 평가했다. 만일 그의 견해대로 양자가 동일하다면 수미상관 관계라고 할 수 있다. 그런데 양자는 서로 다른 존재이기 때문에 그의 견해는 오류이다. 9장의 문맥(context)은 양자가 서로 구별됨을 보여준다.

### (2) 사탄은 무저갱의 열쇠를 받은 자

계시록 9:1의 "하늘에서 떨어진 별 하나"는 '공중 권세를 잡은 임금'인 사탄을 가리킨다. 하늘의 전쟁에서 미가엘과 그의 천사들에게 패배하여 땅으로 내쫓긴 것을 비유적으로 표현했다. '별 하나'는 '사탄'을 가리키고, '떨어졌다'는 것은 '전쟁에서 패배하여 내어쫓겼다'는 것을 의미한다. 사탄은 무저갱의 열쇠를 받는데, 열쇠를 누가 주는지 '직접' 드러나지 않았지만 문맥은 다섯째 나팔을 분 천사임을 가리킨다.

성경은 "사탄이 무저갱 열쇠를 받았더니"라고 말한다. '받았다'는 주체는 사탄이다. 원문 'ἐδόθη'(에도데)는 '받았다'라는 의미의 과거 수동태 3인칭 단수이다. '그가'로 번역된 것은 'αὐτῷ'(아우토, to him, 남성 단수 여격)로서 '별 하나'인 사탄을 가리킨다. 개역개정에서는 사탄에게 무저갱 열쇠를 준 자에 대하여 '누구에게서 열쇠를 받았다'는 것이 생략되었다. 사탄은 열쇠를 받은 자이기 때문에 '원칙상' 열쇠를 주는 자가 될 수 없다. 사망과 음부의 열쇠를 그리스도께서 가지셨기 때문에 무저갱의 열쇠도 그리스도께서 갖고 계신다. 다섯째 천사가 사탄에게 무저갱의 열쇠를 준 것은 그가 그리스도께로부터 받았고, 그런 후에 사탄에게 주었다는 것을 가리킨다.

### (3) 계시록 9장의 문맥으로 본 '별 하나'와 '무저갱의 사자'

계시록은 11a절의 후반부에서는 '아뷔쏘스의 천사(사자)' 즉 '무저갱의 사자'를 황충들의 왕으로 말한다. 이것이 무저갱에서 나오는 황충의 '독특성'이다. 그런데 이필찬 박사는 "이 '아뷔쏘스의 천사'를 계시록 9:1의 '하늘로부터 땅으로 떨어져 있는 별'과 동일시하는데, 문맥상 양자는 동일시될 수 없다.

11절은 "그들에게 왕이 있으니 무저갱의 사자라 히브리어로는 그 이름이 아바돈이요 헬라어로는 그 이름이 아볼루온이더라"고 한다. 이 구절은 직접적으로 '무저갱의 사자'가 누구인지를 지칭하고 있지 않기 때문에 단순하게 보면, '하늘에서 떨어진 별 하나'인 사탄을 가리킨다고 오해할 수도 있다. 9장의 문맥은 사탄이 무저갱의 열쇠를 받아 무저갱을 열 때, 황충들이 나왔고 그들에게 왕이 있는데 '무저갱의 사자'라는 것이다.

무저갱의 사자의 원문은 "τὸν ἄγγελον τῆς ἀβύσσου(톤 앙겔론 테스 아뷔쑤)로, 'ἄγγελον(앙겔론)'은 "천사, 사자"를 의미하는 ἄγγελος(앙겔로스)는 '목적격 단수'이고, ἀβύσσου(아뷔쑤)는 '무저갱, 심연, 바닥이 없는 구덩이'를 의미하는 ἀβύσσος(아뷔쏘스)의 '단수 소유격'이다. 따라서 이것은 단어적으로는 "무저갱의 천사"나 "무저갱의 사자"라고 번역할 수 있다. 계시록 13장과 17장과의 관계를 보게 되면 "무저갱의 사자"라고 불리는 것이 적절하다. 사탄은 무저갱의 열쇠로 무저갱을 열었고, 그 결과 무저갱의 사자가 나왔다. 이것은 양자가 동일한 자가 아니라는 반증이다.

### (4) '무저갱의 사자'라는 이름에 나타난 정체

황충들의 왕이 '무저갱의 사자'라 불리는 것은 그가 "무저갱에 갇힌 황충들과 함께 있었다"라는 것을 전제한다. 다섯째 나팔의 심판의 도구인 황충들이 무저갱에 있었고, 당연히 황충들의 왕인 '무저갱의 사자'도 황충들과 함께 무저갱에 있었다는 것은 논리적이다. 사탄이 무저갱을 열 때, 황충들과 황충들의 왕인 '무저갱의 사자'도 함께 나왔다. 계시록 9장의 문맥은 사탄이 무저갱의 열쇠로 무저갱을 여는 것으로 종결된다. 그 이후는 무저갱에서 나온 황충들과 그들의 왕이 무저갱의 사자라는 것을 보여준다.

사탄이 무저갱의 사자가 될 수 없는 이유가 있다. "무저갱의 사자"란 "무저갱으로부터 보내진 자"라는 의미이다. 이 명칭은 그에 대한 고유 명칭이 아니라 '일반적인 명칭'이다. 이것은 그가 '무저갱에 있었던 자'라는 것을 의미한다. 사탄이 무저갱의 열쇠로 무저갱을 열게 될 때 비로소 나온다는 의미이다. 이필찬 박사가 사탄과 무저갱의 사자를 동일시하는 것은 어떤 모순이 있는가? 사탄이 무저갱의 열쇠를 갖고 무저갱을 열어 그곳에 감금된 황충들과 무저갱의 사자가 나왔는데, 무저갱을 연 자도 사탄이 되고 무저갱에서 나온 자도 사탄이 된다. 이것은 비논리적이다. 황충들을 수많은 군대에 비유하는 것은 그들이 많고 또한 유사성이 있기 때문이다. 무천년설은 무저갱의 사자가 '황충들의 왕'이기 때문에 악한 자의 우두머리인 사탄으로 간주한 것으로 추측된다. 사탄의 왕국은 일정한 조직과 체계를 갖고 있다. 다섯째 나팔의 황충들은 악한 자로서 땅에 거하는 자들을 직접적으로 해를 끼치는 '하급 군사들'에 해당하다. 사탄이 그들의 우두머리라는 것은 당연하다. 하지만, 그에게 통치자들(개역한글에서 정사로 번역함)과 권세들과 어둠을 주관하는 악한 영들이 있다는 것을 간과하면 안된다. 무저갱의 사자는 황충들의 왕으로서 사탄의 다스림을 받는 자이다.

### (5) 정관사의 유무의 문제

이필찬 박사는 "1절의 '별' 앞에 정관사가 사용되지 않은 반면에, 11절의 '아뷔쏘스의 천사'라는 문구의 '천사' 앞에 정관사 '톤'(τòν)이 사용되었는데, 이 정관사는 1절의 별을 의식한 결과라고 할 수 있다"고 말한다. 잘못된 적용이다. 1절의 "별 하나"는 헬라어 ἀστέρ(아스텔라)로 '별'을 의미하는 ἀστέρ'(아스텔)의 '단수 목적격'이다. 1절에서 '정관사'가 쓰이지 않은 것은 계시록 9장에서 처음 언급되었고, 문맥상 "단지 하늘에서 떨어진 별 하나"를 가리키기 때문이다. 이와 반면에 11절의 "무저갱의 사자"(혹은 아뷔쏘스의 천사) 앞에 정관사 '톤'(τòν)을 사용한 것은 1절의 '별 하나'를 의식한 것이 아니라, 사탄이 연 '그 무저갱'에서 나온 것을 가리킨다. 헬라어 원문은 "τòν ἄγγελον τῆς ἀβύσσου(톤 앙겔론 테스 아뷔쑤)로서 '정관사'인 τòν(톤)과 τῆς(테스)를 살려서 직역하면 "그 무저갱의 그 사자"라는 의미이다.

계시록 9장의 문맥에서 '별 하나'인 사탄의 역할은 무저갱의 열쇠로 무저갱을 열면서 일단락된다. 즉 계시록 9:1의 "다섯째 천사가 나팔을 불매 내가 보니 하늘에서 땅에 떨어진 별 하나가 있는데 그가 무저갱의 열쇠를 받았더라"와 2a절의 "그가 무저갱을 여니"는 사탄에 대한 것으로 여기서 그의 역할은 끝난다. 2b절 이후에 사탄에 대한 것은 나오지 않는다. 그 이후로 11절까지는 무저갱에서 나온 황충에 대하여 설명하고 마지막에 '무저갱의 사자'가 무저갱에서 나온 황충의 왕이라는 것을 밝힌다. 계시록 9장에서의 중점은 사탄이 아니라, 황충이며 황충들의 왕인 무저갱의 사자이다. 11절의 '그 무저갱의 그 사자'는 문맥상 사탄이 될 수 없다.

### (6) 사탄과 무저갱의 사자의 관계

계시록 9:1절의 '별'은 'ἀστέρ'(아스텔)로서 '단수'이고, 11절의 '무저갱의 사자'(혹은 아뷔쏘스의 천사)도 '단수'이다. 만일 양자가 '단수'라는 공통점 때문에 동일한 것으로 간주한다면, 매우 성급한 해석이다. '별 하나'는 사탄이 '공중 권세를 잡은 임금'으로 '유일한 자'이기 때문에 단수이다. 황충들의 왕이라 불리는 '무저갱의 사자'도 '하나'이기 때문에 단수이다. 물론 무저갱의 사자가 사탄의 수하라는 것은 두 말 할 필요도 없다. 사탄은 모든 사악한 것들의 왕으로서 '사탄의 왕국'을 대표하기 때문이다.

### (7) 무천년설의 오류: 초림 때 사탄이 무저갱에 갇혔는가?

무저갱의 사자와 관련하여 무천년설의 근간이 오류라는 것을 검증할 수 있다. 무천년설은 사탄이 무저갱에 감금된 것이 초림에 성취되었고, 따라서 초림부터 천년왕국이 시작됐다고 주장한다. 무천년설의 관념으로는 오늘날 교회가 세상에서 왕 노릇 하고 있다. 대한민국에서 교회가 왕 노릇 하고 사탄이 무저갱에 감금되었다고는 보이지 않는다. 무천년설의 주장이 성경과 일치한다면, 성경의 어떤 말씀이든지 불일치하거나 모순이 생기지 않아야 한다. 역으로 무천년설의 주장이 성경과 일치하지 않는 주장이라면, 무천년설과 관련된 것들이 성경과 불일치할 것이다. 다섯째 나팔 심판에서 사탄이 무저갱을 여는 것으로 시작되는 계시록 9장의 말씀은 무천년설을 검증할 수 있는 하나의 시금석이 된다.

무천년설은 첫째 나팔을 초림으로 시작해서 일곱째 나팔을 재림으로 간주한다.(그들은 계시록을 병렬식으로 해석하기 때문에 첫째 인과 첫째 나팔과 첫째 대접을 초림이라고 주장한다.) 사탄의 무저갱의 감금이 초림으로 성취되어 재림 때까지 계속된다고 간주한다. 다섯째 나팔은 초림 이후 재림 이전에 있는 일이다. 따라서 무천년설의 관점으로 보면 다섯째 나팔 심판 때에 사탄은 무저갱에 감금되어 있어야 한다. 계시록 9:1~2a은 어떻게 말씀하는가?

> 다섯째 천사가 나팔을 불매 내가 보니 하늘에서 땅에 떨어진 별 하나가 있는데
> 그가 무저갱의 열쇠를 받았더라 그가 무저갱을 여니(계 9:1~2a)

하늘에서 땅으로 떨어진 별 하나는 이 박사가 말하듯이 '타락한 천사'이고, 구체적으로 사탄이다. 무저갱의 열쇠를 받은 자는 사탄이다. 무저갱의 열쇠로 무저갱을 연 자인 '그는(he)' 하늘에서 떨어진 별 하나인 '사탄'이다. 이 정확한 팩트를 보면서 이 박사를 비롯한 무천년설자들이 아무 것도 깨닫지 못했다는 것은 놀랍다. 무천년설을 주장하는 모든 학자들은 다섯째 나팔 때에 사탄이 무저갱의 열쇠를 받아 무저갱을 열었다는 것을 보고도 사탄이 첫째 나팔(초림) 때에 무저갱에 감금됐다고 주장할 수 있는가? 다섯째 나팔 때에 사탄이 무저갱에 감금되지 않았다는 것은 '팩트'이다. 이 '팩트'를 보고도 사탄이 무저갱에 감금됐다고 말하는 것은 어떻게 된 일인가? 성경의 '팩트'와 관계 없이 성경을 해석하는 것은 아무런 의미가 없다. 이 박사가 무저갱의 사자를 사탄이라고 주장하는 것은 오류이다. 사탄이 무저갱에 감금되는 것은 주님의 재림 후이다.

## 6. 아바돈과 아폴뤼온

### 1) 무천년설 견해

이필찬 박사는 『요한계시록』(에스카톤, p.830~832)에서 아바돈과 아폴뤼온에 대하여 다음과 같이 진술했다.

> '아뷔쏘스의 천사'를 일컫는 이름의 헬라어 음인 '아폴뤼온'도 '아바돈'과 동일하게 '파괴하다'라는 의미를 갖는 '아폴뤼미'의 분사형이다.(중략)여기서 흥미로운 것은 70인역이 히브리어 '아바돈'을 번역할 때 요한계시록에서 계시된 '아폴뤼온'은 한 번도 사용하지 않고 그 대신 '아폴레이아'라는 단어를 사용한다는 점이다.

이것은 요한에 의해 의도된 변형이라고 할 수 있다. (중략) 당시에 지중해 지역을 중심으로 숭배되었던 것으로 널리 알려진 '아폴로'(Appolo)를 의식한 것이라는 견해를 제시하고 있는데, 이는 '아폴뤼온'과 '아폴로'가 거의 같은 음을 가지고 있을 뿐 아니라 아폴로에 대한 상징 중 하나로 황충(메뚜기)이 사용된다는 점에서 두 대상이 서로 연결되기 때문이다. **따라서 아폴로와 관련된 '아폴뤼온'이란 이름을 사용함으로써 아폴로 숭배를 간접적으로 질타하려는 의도를 갖는다고 볼 수 있다.** 더 나아가서 '아폴뤼온'이란 이름의 설정은 요한계시록이 기록되던 시기에 생존해 있던 로마제국의 황제 도미티아누스가 자신을 성육신한 아폴로로 간주했다는 사실과도 관련된다. 만일 그렇다면 '아뷔쏘스의 천사'를 일컫는 '아폴뤼온'이란 이름은 요한계시록에서 사탄적 세력의 한 축을 형성하는 도미티아누스를 정황적 배경으로 삼아 설정되었을 것이다. 이 관계를 다음과 같은 도표로 표시할 수 있다. 이 도표에서, 비록 이 본문이 황제에 대한 저항을 직접적으로 표현하지는 않지만 '아폴뤼온'이라는 표현을 사용함으로서 로마제국의 황제(도미티아누스)를 '아뷔쏘스의 천사'와 같은 사탄적 속성을 지닌 대상으로 설정하고 있음을 알 수 있다. 달리 말하면, 이런 관계는 '아폴뤼온'의 정황적 배경을 이해하는데 도움을 준다. (이필찬, 『요한계시록』, 에스카톤, p.830~832)

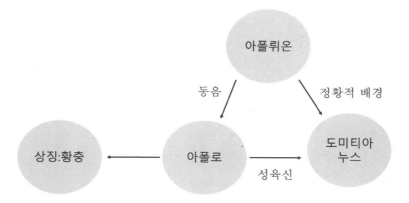

[ 계9장 아바돈과 아폴뤼온에 대한 이필찬 박사의 견해 , 에스카톤 p. 832 ]

## 2) 필자의 비평 및 견해

### (1) 무저갱의 사자와 사탄의 관계

'무저갱의 사자'는 히브리어로 멸망을 의미하는 '아바돈'으로, 헬라어로 '파괴자'를 의미하는 '아폴뤼온'으로 불린다. 무저갱의 사자가 '파괴자'로서 '멸망'의 속성이 있기 때문에 붙여졌다. 이필찬 박사는 아바돈과 아폴뤼온으로 불리는 '아뷔쏘스 천사(무저갱의 사자)를 계시록 9:1의 '하늘에서 땅으로 떨어진 별 하나'와 동일시한다. 이것은 '사탄'을 황충들의 왕인 무저갱의 사자로 '더하면서(+)', 다섯째 나팔의 심판의 도구인 황충들의 왕인 '무저갱의 사자'를 '없애는(-)' 결과를 가져온다. 계시록 9장에서 사탄은 하늘에서 땅으로 내쫓긴 후, 무저갱을 열어 황충들을 나오게 하는 역할만을 기록한다. 계시록 9장의 전반부의 중심은 무저갱에서 나온 황충들에 대한 것이고, 그들의 왕인 '무저갱의 사자'에 대한 것이다.

### (2) 아바돈과 사탄의 관계

이 박사는 "아바돈과 아폴뤼온이란 이름을 하늘로부터 떨어진 별인 사단에게 부여하는 것은 그를 '땅에 사는 자들'에 대한 심판의 도구로 사용하려는 목적에 매우 부합한다"고 말한다. 총론에서는 부합하지만, 그 대상에 오류가 있다. 왜냐하면 아바돈과 아폴뤼온은 사탄에게 부여된 이름이 아니라, 사탄의 수하이며 황충들의 왕인 무저갱의 사자에게 부여된 것이기 때문이다. 황충과 무저갱의 사자와 사탄은 모두 '하나님을 대적하는 악한 무리들이다. 사탄의 왕국은 사탄을 우두머리로 하며 일정한 체계를 갖고 있다. 에베소서 6:12은 우리들의 싸움에 대한 영적 실제를 보여준다.

> 우리의 씨름은 혈과 육을 상대하는 것이 아니요 통치자들(against principalities)과 권세들(against powers)과 이 어둠의 세상 주관자들(against the rulers of the darkness of this world)과 하늘에 있는 악의 영들을 상대함이라(against spiritual wickedness in high places)
> (엡 6:12)

'혈(blood)'과 '육(flesh)'은 사람의 땅에 속한 부분을 가리킨다. 우리가 상대하는 통치자들과 권세들과 어둠의 세상 주관자들과 하늘의 악한 영들은 그 공통점이 이 땅에 있는 사람을 가리키지 않고, 보이지 않는 '악한 세력들'을 가리킨다. 여러 종류로 언급한 것은 사탄을 우두머리로 해서 사탄의 왕국이 일정한 체계와 조직을 갖고 있기 때문이다. 계시록 9장에서도 사탄의 왕국의 조직과 체계를 볼 수 있다. 이 땅에 거하는 자들을 괴롭게 할 황충들은 하급 군대로서 사람들에게 직접적인 해를 끼치고, 황충들의 왕인 무저갱의 사자는 황충들에게 명령을 내려 모든 것을 지시한다. 사탄은 악한 것들의 우두머리로써 가장 하급의 수하인 황충들을 다스리지 않고, 무저갱의 사자를 통해서 실행한다.

### (3) 70인역과의 관계

이 박사는 70인역이 히브리어 '아바돈'을 번역할 때, 요한계시록에서 계시된 '아폴뤼온'은 한 번도 사용하지 않고 그 대신 '아폴레이아'라는 단어를 사용했기 때문에 이것은 요한에 의해 의도된 변형이라고 주장했다. 70인역이 '아바돈'을 '아폴레이아'라고 번역한 것은 요한과 관계가 없고, 70인역이 그렇게 번역했을 뿐이다. 따라서 "요한에 의해 의도된 변형"이라는 것은 이 박사가 계시록을 '계시'가 아닌 '묵시문학'으로 간주하고 요한을 요한계시록의 '저자'로 간주했기 때문인데, 성경을 벗어난 관점이다.

### (4) 아폴로와 아폴뤼온의 관계

이 박사는 요한이 아폴뤼온으로 부른 이유가 당시 '아폴로'(Appolo) 숭배를 질타하기 위해서 요한이 의도적으로 변형시켰다고 해석했다. 매우 '주관적'인 해석이다. 그런 주장을 하기 위해서는 적어도 70인역이 '아폴뤼온'이 아니라 '아폴로'라고 번역했다면 가능하다. 그런데 아폴로와 아폴뤼온은 '유사한 음'이지만 전혀 관계가 없다. 황충이 아폴로의 상징이라는 것도 성경적 근거가 없는데도 불구하고 다소 억지스런 해석을 하는 이유는 무엇인가? 무천년설은 과거주의 해석법(The Preterist interpretation)을 따라 계시록의 사건들을 당시 로마제국의 상황 안에 적용시키기 때문이다. 그리스 신화에 나오는 프로크루스테스(Procrustes)가 사람을 자신의 침대에 눕혀 침대보다 더 크면 다리를 자르고, 더 작으면 다리를 강제로 늘려서 죽인 것과 같이, 무천년설이라는 침대에 맞추기 때문이다.

사도 요한 당시에 로마제국의 황제 도미티아누스가 자신을 성육신한 아폴로로 간주한 것은 황제의 신격화에 불과하고 계시록 9장의 아폴뤼온과는 전혀 관계없다. 계시록의 다섯째 나팔 재앙은 '첫째 화'로서 이 땅에 거하는 악한 자들에게 대한 심판이다. 계시록은 사도 요한 당시의 모든 성도들을 포함해서 전(全)시대 성도들에게 하나님의 창조 경륜이 어떻게 완성될 것인가를 보여주기 위해서 기록됐다. 무천년설이 요한계시록을 과거 로마 시대의 고난받은 성도들에게 위로를 주기 위해서 기록했다는 것은 전적으로 틀리지 않지만, 전(全)시대의 성도들을 위해 기록했다는 것을 간과했다. 따라서 계시록을 과거 로마 황제들의 핍박을 당하는 교회에만 초점을 맞춰서 해석하는 것은 오류이다.

아폴뤼온이 '아폴로'와 비슷한 발음이기 때문에 요한이 의도적으로 '아폴뤼온'이라고 했다는 해석은, 마치 '나사'(NASA, 미항공 우주국)에 이르는 도로명이 '나사로'인데, 그렇게 명명한 이유를 죽었다가 살아난 '나사로'를 기념하기 위해서 명명했다는 생각과 유사하다.

### (5) 아폴뤼온과 도미티아누스 관계

이 박사는 그가 제시한 "위 도표에서 '아폴뤼온'이라는 표현을 사용해서 로마제국의 황제(도미티아누스)를 '아뷔쏘스의 천사'와 같은 사탄적 속성을 지닌 대상으로 설정하고 있다"고 주장한다. 그 주장을 액면 그대로 받아들인다면, '출처면에서' 도미티아누스 황제는 적어도 무저갱에서 나왔다고 하면 약간의 가능성이 있다. '시기적'인 면에서도 도미티아누스는 사도 요한이 계시록을 기록할 때 '이미' 존재했다. 이런 시시콜콜한 것들을 적용하는 이유는 모든 사실들이 무저갱의 사자가 아폴뤼온(파괴자의 뜻)으로 불린 것이 도미티아누스 황제와 관련이 없다는 것을 상기시키기 위한 것이다. 로마제국은 본질적으로 하나님을 대적하는 악한 세력으로 어둠의 권세라는 동질성이 있다. 그렇다고 도미티아누스 황제를 아폴뤼온으로 해석해서 무저갱의 사자로 간주하는 것은 성경과 일치하지 않는다.

### (6) 황충은 상징이 아니다

이필찬 박사는 무저갱에서 나온 황충들을 '상징'이라고 말한다. 그의 책에서는 구약에 관련된 것들만 언급했기 때문에 어떤 의미인지 알 수 없었다. 그의 도표를 보면 "황충-상징"으로 해석했다. 이 박사는 무천년설 지지자로서 "기-승-전-무천년설"이라는 패턴에 충실하다. 황충이 상징이라면, 이 땅에 거하는 자들에 대하여 죽을 정도의 고통을 주는 것은 아무 의미가 없다. 성경은 황충들이 전갈의 쏘는 독과 같은 권세를 갖고 있다고 말한다. 황충이 갖고 있는 권세가 이 땅의 것으로 설명할 수 없기 때문에 "전갈의 쏘는 것 같다"고 표현했다. '같다'라는 것은 '직유법'이고, 실제적인 고통을 준다는 것을 의미한다. 성경에서 "백합화 같이 아름답다"라고 표현하는 데, 비유(직유)라고 해서 그 아름답다는 것이 '실제'가 아니라고 생각지 않는다. 애굽에 내렸던 재앙들이 상징이 아니라 '실제'였던 것처럼, 계시록의 심판도 '상징'이 아니라 '실제'이다.

### (7) 스올과 아바돈의 관계
이 박사는 '아바돈'은 히브리어 '스올'(쉐올, 하데스)의 동의어로 사용되고(욥 26:6; 잠 15:11;27:20), '사망'과 함께 '의인화되어' 사용되기도 하고, 또한 욥기 31:12과 시편 8:11에서 '아바돈'은 '죽은 자들의 처소'를 의미한다고 주장했다. 그렇다면 '스올'이 '아바돈'과 동의어로 쓰였는지 욥기 26:6을 살펴보자.

> 하나님 앞에서는 스올(Hell)도 벗은 몸으로 드러나며 멸망(destruction)도 가림이 없음이라(욥 26:6)

'스올'은 히브리어 '쉐올(우리말로 스올)'이고, '멸망'은 '아바돈'이기 때문에, 단순히 '의미'만을 본다면 동의어로 생각할 수 있다. 스올(하데스)은 죽은 자들이 가는 곳이고, 멸망이라 번역한 '아바돈'은 '같은 종류'의 단어이지만, 서로 구별된다. 양자를 '동의어'로 보는 것은 "초록은 동색"이라는 관념으로 본 것이다. '초록'과 '녹색'은 '동일 계열'로서 아주 비슷하지만 서로 구별되는 색이다. 동일한 원칙으로 '스올'과 '아바돈'은 소극적인 의미로 같은 종류이지만, 서로 구별된다.

욥기의 말씀은 "땅속 중심부에 있는 '스올'도 다 벗은 몸과 같이 드러나고, 스올보다 가장 깊은 구덩이인 '아바돈'도 가릴 것이 없이 다 드러난다"는 것을 의미한다. 스올과 아바돈이 같은 종류라는 것만을 보고 서로 구별된다는 것을 간과하면 '동의어'로 생각할 수 있다. 그러나 양자는 같은 종류이지만 각각의 단어가 갖는 '특별한 의미'가 있다. 따라서 스올과 아바돈이 동의어라는 이 박사의 견해는 매우 미흡하다.

이 박사는 욥기 28:22의 '멸망(아바돈)'이 '사망'과 함께 '의인화되어' 사용됐다고 말한다. 욥기는 "멸망(destruction)과 사망(death)도 이르기를 우리가 귀로 그 소문은 들었다 하느니라"는 구절이다. '멸망'은 '멸망, 멸망의 장소'를 의미하는 '아바돈'을 번역한 것이고, '사망'은 '죽음, 사망'을 의미하는 '마베트'를 번역한 것이다. 이 구절은 외적으로 멸망과 사망으로 번역됐기 때문에 '의인화'되었다는 견해는 합당하다. 그러나 양 단어가 '동의어'로서 사망과 함께 의인화됐다고 하는 것은 오류이다. '아바돈'이란 단어는 '멸망'과 '멸망의 장소'라고 번역할 수 있다. 어떻게 번역되는지는 '문맥'에 따라 결정된다. 욥기 28:22의 멸망(아바돈)과 사망은 모두 의인화되었다. 이들은 인격체가 아니라 모두 '사물'인데 "우리가 귀로 그 소문을 들었다"라고 인격체와 같이 표현했다. 이 구절의 '원의'(original meaning)를 상고해 보자. 뒤에 언급된 사망은 '죽음의 실체'로 다른 의미로 와전될 수 없다. 사망은 사망이지 어떤 다른 것을 상징한다고 말할 수 없기 때문이다. 그에 반하여, 앞의 '아바돈'은 사망과 '비슷한 의미인' '멸망'이 아니라, 사망의 결과로서 가는 '멸망의 장소'를 의미한다. 개역개정이 '아바돈'을 '멸망'으로 번역한 것은 '잘못된 번역'이라고 할 수는 없는데, 아바돈이 가진 의미 가운데 '멸망'을 선택했기 때문이다. 그러나 이런 경우 문맥(context)상 '멸망의 장소'로 번역하는 것이 성경의 원의(original meaning)에 부합한다. 욥기의 요지는 죽어서 '스올'이나 '아바돈' 즉 '타락한 천사들이 가는 곳'도 그 소문을 듣고, 죽음의 원인인 사망도 그 귀로 듣게 된다는 것을 의미한다. 이와 유사한 관계를 알 수 있는 성경 구절이 있다. 계시록 20:14은 천년왕국 후에 죽은 자들이 자기들의 행위를 따라 심판받기 위하여 '최후의 심판'인 '백보좌 심판' 앞에 나오는 광경을 보여준다. 욥기와 같이 죽음의 두 요소를 언급한다.

> 또 사망(death)과 음부(hell, 하데스)도 그 가운데에서 죽은 자들을 내주매 각 사람이 자기의 행위대로 심판을 받고 사망(death)과 음부(hell, 하데스)도 불못(the lake of fire)에 던져지니 이것은 둘째 사망(the second death) 곧 불못이라(계 20:13~14)

사망(death)과 음부(hell, 하데스)가 그 가운데에서 죽은 자들을 내어준다고 말한다. 이것은 죽은 불신자들이 심판받기 위해서 '심판의 부활'로 나오는 것을 가리킨다. 이필찬 박사는 사망과 음부를 '동의어'로 간주할 것이다.(직접적인 언급이 없으나 추측할 때) 사망과 음부는 전혀 다른 의미가 아니라 '같은 종류'로서 양자는 소극적인 공통점을 갖고 있지만, 그 의미는 구별된다. '사망'은 눈에 보이지 않지만, 죽음의 원인이다. 사망이 실제로 존재하기 때문에 죽음이 있다. 사망은 볼 수 없지만, 사망의 결과 즉 사람이 사망에게 쏘이고 삼킨 바 될 때 '주검'을 통해서 볼 수 있다. 죽은 자가 살아나기 위해서는 사망을 벗어나야 한다. 성경은 사망뿐만이 아니라 '음부'도 죽은 자를 내어준다고 말씀한다. '음부'(하데스)는 죽은 자들의 혼(soul)'이 감금된 장소로 '땅속 중심부'에 있다.

부자와 나사로의 이야기에서 부자는 불신자로서 죽은 후 '음부의 불꽃'에서 고통당하며 목말라했다. 죽은 자들의 혼(soul)이 백보좌 심판을 받기 위해서 '음부의 문'을 나와야 한다. 사망은 죽음의 실체인 '소프트 웨어'와 같고, '음부'는 죽은 자들을 가두는 '감옥'으로서 '하드 웨어'와 같다. 백보좌 심판이 있은 후 사망과 음부는 불못에 던져진다. 왜냐하면 백보좌 심판 이후에는 새 하늘과 새 땅 새 예루살렘이 오고, 더 이상 죽는 자가 없기 때문에 '사망'도 필요 없고, 죽은 자를 가두는 '음부'도 필요 없기 때문이다. 사망과 음부가 같은 종류로서 비슷한 의미지만 서로 구별되는 것과 같이, 욥기 28:22의 '스올'과 '멸망(아바돈)'도 유사한 종류이지만, 서로 구별된다. 이 박사가 스올과 멸망(아바돈)이 동의어라는 것은 오류이다. 비유하자면 그의 견해는 '사망'과 '음부'를 동의어라고 주장하는 것과 같다.


## 7. 무저갱의 사자와 적그리스도와의 관계

다섯째 나팔 심판의 도구인 무저갱에서 나온 황충들의 왕은 '무저갱의 사자'이다. 사자로 번역된 ἄγγελος(앙겔로스)는 "천사와 사자"라는 뜻이 있다. '천사'란 "하늘에서 보냄을 입은 자'라는 뜻이다. 따라서 황충들의 왕이 '무저갱의 사자'로 불리는 것은 '무저갱으로부터 보냄을 입은 자"라는 의미이다. 다섯째 나팔 심판이 '첫째 화'로 불리는 것은 대환난의 '세 개의 화' 가운데 '첫째 화'이기 때문이다. 대환난은 중요한 부분이기 때문에 계시록의 상세부에서 언급된다. 여섯째 나팔 이후의 첫 장인 계시록 10장도 구름을 입고 계신 '힘센 다른 천사'에 대한 삽입부이다.

계시록 11장의 전반부는 거룩한 성이 이방인(적그리스도)에게 42달 동안 짓밟힐 때 재앙을 내리는 '두 증인'에 대한 삽입부이고, 후반부는 일곱째 나팔이 있고 세상 왕국이 그리스도의 왕국이 될(become) 것을 선포한다. 12장은 해와 달과 열두 별의 면류관을 쓴 여자와 그가 낳은 남자 아이와, 남자 아이의 휴거 후에 하늘의 전쟁이 있고 용이 남자 아이를 낳은 여자를 핍박한 '상세부'이다. 13장은 짐승인 적그리스도가 42달의 권세를 받아 성도를 핍박하는 '상세부'이다. 14장은 처음 익은 열매로 시작하여 영원한 복음으로부터 마지막 수확까지 포함하는 '상세부'이다. 이와 같은 상세부는 모두 대환난을 시점으로 있을 일들이라는 공통점이 있다. 그런 이유는 무엇인가? 대환난에 관련된 각 주제들에 대하여 '상세히' 보여주고자 하기 때문이다. 각 주제들의 '상세부'는 그 내용이 '따로따로' 떨어진 것이 아니라, '직접적'으로 '간접적'으로 관계가 있다. 다섯째 나팔은 사탄이 하늘에서 떨어지면서 무저갱의 열쇠를 받아 무저갱에 갇힌 황충들과 그들의 왕인 무저갱의 사자를 땅 위에 올라오게 함으로 다섯 달 동안의 재앙을 가져온다.

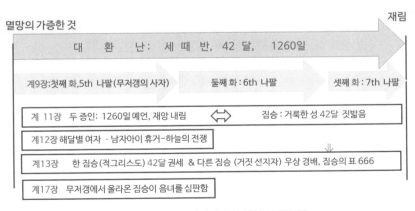

[ 계9장의 무저갱의 사자와 삽입부의 관계 ]

계시록 9장의 다섯째 나팔은 여섯째 나팔과 일곱째 나팔과 함께 세 화로서 대환난을 이룬다. '세 때 반'이며 '42달' 그리고 '1,260일'이다. 일곱 나팔의 각 나팔은 순서적으로 일어난다. 일곱 나팔은 '서수'로서 순서가 있기 때문이다. 다섯째 나팔에서 사탄이 무저갱을 열어 황충들과 그들의 왕인 '무저갱의 사자'가 나온다. 그가 무저갱의 사자로 불리는 것은 그가 '무저갱'에 감금되었다가 나오기 때문이다. 사탄에 의해서 무저갱에 갇혔다가 나오는 무저갱의 사자는 계시록의 삽입부와 연관된다. 이런 연결 고리를 아는 것이 계시록을 바로 이해하는 데 도움이 된다.

# Chapter 35 ·
# 둘째 화, 여섯째 나팔(9:12~21)

여섯째 나팔은 '둘째 화'로 불린다. 다섯째 나팔을 '첫째 화'로 불렀고, 일곱째 나팔을 '셋째 화'로 간주한다. 세 화는 대환난을 구성한다.

## 1. 후에 있을 두 개의 화

### 1) 무천년설 견해

이필찬 박사는 두 개의 화에 대하여 『요한계시록』(에스카톤 p. 840)에서 다음과 같이 밝힌다.

> 이것은 문자적으로 시간적 순서의 사건을 말하는 것이 아니라 이 문맥에서 흐르고 있는 내러티브 가운데 논리적 순서로 일어나는 사건들을 가리키려는 의도를 반영한다. 곧 다섯 번째 나팔 심판 후에 소개할 화가 두 개 더 남아 있다. 그리고 12b절에서 사용된 '보라'(ἰδού, 이두)라는 표현은 앞으로 소개될 두 가지 화의 내용에 집중하게 만든다. 여기에서 두 개의 화는 무엇인가? 하나는 여섯 번째 나팔 심판이고, 나머지 하나는 일곱 번째 나팔 심판을 가리킨다.(이필찬, 『요한계시록』, 에스카톤 p. 840)

### 2) 필자의 비평 및 견해

이 박사의 견해에는 바른 견해와 잘못된 견해가 뒤섞여 있다.

## (1) 이견 없음

이 박사가 다섯째 나팔을 첫째 화로 보았고, 이후에 두 개의 화는 여섯째 나팔과 일곱째 나팔을 가리킨다고 말한 것에 필자도 동의한다. '이것들 후에'(μετὰ ταῦτα, 메타 타우타)는 첫째 화인 9:1~11의 다섯 번째 나팔 심판이 지나가고 난 후를 의미한다는 이 박사의 견해에 필자도 동의한다. 성경의 '팩트'이기 때문이다.

## (2) 시간적인 순서 vs 논리적 순서

이 박사의 오류는 "이것은 문자적으로 시간적 순서의 사건을 말하는 것이 아니라 이 문맥에서 흐르고 있는 내러티브 가운데 논리적 순서로 일어나는 사건들을 가리키려는 의도를 반영한다"는 주장에 나타난다. 여섯째 나팔과 일곱째 나팔의 시간적인 순서를 부인하면서 '논리적인 순서'를 주장하는 것은 모순이다. 다섯째 나팔 이후에 '두 개의 화'가 '논리적 순서'로 일어나기 위해서 반드시 '시간적인 순서'가 포함되어야 한다는 것을 이 박사는 간과했다. 그는 일곱 나팔은 '첫째, 둘째 … 일곱째'라는 '서수'로서 순서를 갖고 있고, '순서'는 반드시 '시간적인 요소'를 포함한다는 것을 배제한 것은 비논리적이다. 이 박사가 "후에 있을 일"이라는 것조차도 '상징적'으로 해석하고 있다는 것은 놀랍다.

## (3) 첫째 화는 기수

12절의 첫째 화는 'Ἡ οὐαί'(헤 우아이)로서 '한 화'이다. 'Ἡ'(헤)는 기수이기 때문에 KJV에서 'One woe'로 번역됐다. 개역개정의 '둘째 화'는 'δύο οὐαί'(뒤오 우아이)로서 '두 화'이다. δύο(뒤오)는 '기수'이기 때문에 KJV에서 'two woes'로 번역됐다. 따라서 원문을 문자 그대로 번역하면 "한 화는 지나갔으니 보라 아직도 두 화가 이르리로다"라는 뜻이다. 개역개정이 '한 화'를 '첫째 화'로 번역한 반면에, '화 둘'은 원문 그대로 '화 둘'로 번역했다. 개역개정의 '첫째 화'는 이해를 돕기 위해서 '기수'를 '서수'로 의역을 한 것이지만, 그 의미를 왜곡시키지는 않는다.

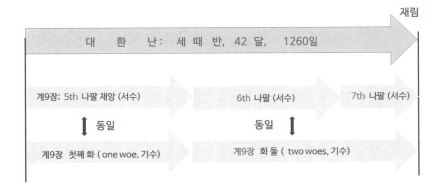

[ 계9장의 다섯째 나팔, 여섯째 나팔, 일곱째 나팔과 세 화의 관계; 시간적 순서 존재 ]

## (4) 기수 vs 서수

'한 화'나 '화 둘'은 기수이고, 다섯째(5th) 나팔과 여섯째(6th) 나팔과 '일곱째(7th) 나팔'은 '서수'이다. 따라서 12절에서 기수로서 '한 화'와 '화 둘'을 사용한 것은 시간적 순서가 없기 때문에 쓰여진 것이 아니다. 이전의 다섯째 나팔이 '한(one) 화'였고, 이후에 있을 '두 화'가 있다는 것을 언급하기 위한 것이다. 만일 12절에서 '서수'를 사용한다면, 첫째의 경우는 자연스럽지만, 둘째의 경우는 어울리지도 않고 뜻이 왜곡된다. 12절을 서수로 적용해 보자.

"첫째 화는 지나갔으니 보라 아직도 둘째 화가 이르리로다." 첫째 화는 모순되지 않지만, '화 둘'(두 개의 화)은 '둘째 화'로 바뀌게 되어, '두 화' 중의 '한 화'는 삭제되는 결과가 된다. 그래서 12절에서는 서수를 사용하지 않고, 기수를 사용했다.

## (5) 시간적인 순서 vs 논리적인 순서

이 박사가 일곱 나팔의 '시간적인 순서'를 부정하면서 '논리적인 순서'라는 것을 주장하려면, 성경을 수정해야 가능하다. 성경은 일곱(7) 나팔을 '첫째(1st) 나팔, 둘째(2nd) 나팔, 셋째(3rd) 나팔, 넷째(4th) 나팔, 다섯째(5th) 나팔, 여섯째(6th) 나팔, 일곱째(7th) 나팔'로 부른다. 이것은 '서수'로서 순서가 있다는 것을 의미한다. 일곱 나팔의 '시간적 순서'를 부정하기 위해서는 계시록의 일곱 나팔이 '한 나팔, 두 나팔, 세 나팔, 네 나팔, 다섯 나팔, 여섯 나팔, 일곱 나팔'과 같이 '기수'

여야 한다. 만일 그렇게 바뀌어진다면 어떤 의미가 되는가?

계시록 9:1은 "다섯 천사가 다섯 나팔을 불 때에 내가 보니 하늘에서 땅에 떨어진 별 하나가 있는데"가 된다. 나팔을 부는 천사도 '다섯째' 천사인 '한 천사'가 아니라 '다섯 천사들'이 있어야 하고, '한 나팔'로서의 다섯째 나팔은 '다섯 나팔'이 되어 '다섯 개의 나팔'을 불어야 한다. 그에게 주어진 것은 '다섯째(5th) 나팔 하나'인데 '네 개의 나팔'을 어디서 가져와서 불어야 하는가?

계시록 9:13에 여섯째(6th) 나팔(서수)이 있는데, 이 박사의 견해대로 순서가 없는 '기수'를 '여섯 나팔'(기수)에 적용해 보자. "여섯 천사가 여섯 나팔을 불매 내가 들으니 하나님 앞 금 제단 네 뿔에서 한 음성이 나서"로 바뀐다. '한 나팔'인 여섯째(6th) 나팔은 '여섯(6) 개의 나팔'이 되고, 그 나팔들을 불어야 할 천사도 '여섯 천사'가 있어야 한다. 그에게 주어진 것은 '여섯째(6th) 나팔 하나'인데 '다섯 개의 나팔'을 어디서 가져와서 불어야 하는가? 이런 모순들은 이 박사가 주장하듯이 다섯째 나팔로부터 일곱째 나팔에 이르는 '세 나팔'이 '시간적 순서'가 없는 '논리적인 순서'라는 주장이 가져오는 오류들이다.

## 2. 금단으로부터 나오는 음성

### 1) 무천년설의 견해

이필찬 박사는 『요한계시록』(에스카톤, p.840)에서 금단으로부터 나오는 음성에 대한 견해를 말한다.

> 더 나아가 그 음성이 '하나님 앞에 있는 금 제단의 네 뿔들'로부터 나온다는 것은 무엇을 의미하는 것인가? (중략) 그렇다면 하나님 앞의 금 제단에서 음성이 나와 심판을 시행하게 되는 것은 바로 성도들의 기도에 대한 응답으로 말미암은 것이라고 추정할 수 있다. 그러나 여기서 6장 9~11절과 8장 3-5절과 9장 13b절이 유기적으로 연결되어 있는 것은 신중해야만 한다. 왜냐하면 6장 9~11절의 순교자들의 기도는 일단 8장 3절에서 응답된 것으로 봐야 하기 때문이다.(이필찬, 『요한계

시록』,에스카톤, p. 840)

## 2) 필자의 비평 및 견해

여섯째 나팔을 불 때 '금 제단'에서 나는 음성에 관한 이 박사의 견해에 대한 필자의 비평과 견해는 다음과 같다.

### (1) 계시록 8:3의 금 제단과 계시록 9:13의 금 제단

이 박사는 "계시록 8:3의 '금 제단'은 계시록 9:13의 '금 제단'과 동일한 문구로 되어 있고, 금 제단은 하나님의 말씀의 증거를 인하여 죽임을 당한 희생 제물로 드려진 성도들의 기도가 올려지는 것인 동시에 그 기도가 응답되는 장소이고, 하나님 앞의 금 제단에서 음성이 나와 심판을 시행하게 되는 것은 바로 성도들의 기도에 대한 응답으로 말미암은 것이라고 추정할 수 있다"고 하며 양자의 연관성을 시인했다. 그런 후 정반대의 견해를 제시했다. "계시록 6:9~11의 순교자들의 기도는 일단 계시록 8:3에서 응답된 것으로 봐야 하기 때문에 유기적으로 연결하는 것은 신중해야 하며, 다만 인 심판의 두 본문을 통해 금 제단의 성격이 무엇인지를 파악하는데 어느 정도 도움을 받을 뿐이다"라고 하며 결론이 없이 끝을 맺었다. 이것은 양자의 공통점인 '금 제단'만을 보고 계시록 9:13이 구체적으로 보여주는 핵심인 '금 제단의 네 뿔'의 의미를 보지 못했기 때문이다.

### (2) 음성이 나는 곳

계시록 8:3의 '금 제단'은 계시록 9:13의 '금 제단'과 동일하다. 그렇지만 9:13의 핵심 메시지는 "금 제단의 네 뿔"에서 한 음성이 난다는 것을 가리킨다. 이 박사는 음성이 나는 곳이 '금단의 네 뿔'이라는 것을 주목하지 못하고 단지 '금단'으로 간주한 것은 핵심을 놓친 것이다.

### (3) 금 제단의 네 뿔에 발라진 제물의 피와 음성의 관계

이 박사의 주장과 같이 다섯째 인을 뗄 때에 있었던 순교자들의 기도에 대한 응답은 첫째 나팔에서 시작됐다. 계시록 8:3에서 향이 성도들의 기도와 함께 금단에서 나오는 것은 순교자들의 신원의 기도에 대한 응답이었다. 계시록 9:13에서 말하는 바는, 하나님의 음성이 '금단'이 아니라 '금단의 네 뿔'에서 나온다는 것을 가리킨다. 만일 이 음성이 성도들의 기도에 대한 응답이라면, 음성이 금단에서 나와야 한다. 왜냐하면 금단의 향은 '금단'(향단)에 태워지는 것이고, '금단의 네 뿔'에 태워지는 것이 아니기 때문이다. 구약 시대에서 오직 '속죄제의 피'만이 금단의 '네 뿔'에 발라졌다. 그런 이유는 무엇인지 레위기 16:18~19을 보자.

> 그는 여호와 앞(before the LORD) 제단(the altar)으로 나와서 그것을 위하여 속죄(an atonement)할지니 곧 그 수송아지의 피(the blood)와 염소의 피(the blood)를 가져다가 제단 귀퉁이 뿔들에(the horns of the altar round about) 바르고 또 손가락으로 그 피(the blood)를 그 위에 일곱 번(seven times) 뿌려 이스라엘 자손의 부정(the uncleanness)에서 제단을 성결하게 할 것이요(레 16:18~19)

레위기 16:18과 19절의 '제단'과 '제단의 귀퉁이 네 뿔'은 '제단'으로 번역됐다. 그래서 성막 마당에 있는 제단 즉 제물들이 죽임을 당하는 '놋 제단'이라고 간주하기 쉽다. 제단으로 번역된 원문은 '미즈베아흐'로서 '제단' 혹은 '단'의 의미이기 때문에 개역개정의 '제단'은 잘못된 번역이 아니다.(단어적으로) KJV도 'the altar'로 원문을 '그대로' 번역했다. 이 단어를 이해하는 것은 독자들의 몫이다.

대부분 이 제단을 '성막의 마당에 있는 제단'으로 단정한다. 성막에는 두 개의 단이 있는데 "두 개의 단 중에서 어떤 단을 의미하는가?"라는 것을 생각할 필요가 있다. 성막 마당에 '단'(번제단)이 있고, 성소에 있는 '단'이 있다. 성막 마당의 단은 '놋'으로 만들어져서 '놋 제단'이라 부르고, 성소에 있는 '단'은 '금'으로 만들어져서 '금 단'(금 향단)이라고 부른다. 두 단은 '단'이라는 공통점이 있지만, 성막에서 그 위치와 성격이 다르다. '놋 제단'은 제물들이 죽어지는 곳으로 성막 마당에 있고, '금 단'은 성소에 위치하면서 '향'을 태워 드리는 곳으로서 '금 향단'이라 부른다. 제단의 네 귀퉁이 뿔들에 제물의 피를 바르고 일곱 번 뿌린 '제단'은 '놋 제단'이 아니라 '금 향단'이다. 왜냐하면 이 제단은 '여호와 앞 제단'이라고 말하기 때문이다. 성막 가운데 여호와 하나님은 '가장 거룩한 곳'인 '지성소'

안에 계신다. "여호와 앞의 제단"이란 지성소 앞의 성소(거룩한 곳)인 금 향단을 가리킨다.

제사장이 이스라엘 자손들의 죄를 성결하게 하기 위해서 수송아지와 염소의 피를 금 향단의 네 뿔에 발랐다. 송아지를 비롯한 제물들은 예수 그리스도를 예표하고, 제물들의 피는 십자가에서 우리 죄와 죄들을 위해 죽으신 '예수 그리스도의 보혈'을 의미한다. 계시록 9:13에서 '하나님 앞 금 제단의 네 뿔'에서 음성이 났다는 것은 하나님께서 예수님의 십자가의 사역에 근거하여 이 땅에 거하는 사람들을 심판하신다는 의미이다. 하나님께서 이 땅에 거하는 자들을 심판하시는 이유는 땅에 거하는 자들이 십자가에 죽으시고 부활하신 예수 그리스도를 믿지 않았기 때문이다. 은혜의 시대에는 하나님이 패역한 사람들을 오래 참으셨기 때문에 누구든지 복음을 믿어 구원받을 수 있었다. 그러나 이 땅에 거하는 자들은 복음을 멸시하고 믿지 않고 복음에 불순종했다. 첫째 나팔로부터 넷째 나팔은 순교자들의 신원의 기도에 대한 응답이다. 여섯째 나팔 심판이 '금단의 네 뿔'에서 음성이 나온 후 시작된다는 것은 이 땅에 거하는 사람들이 믿지 않고 멸시한 예수 그리스도의 십자가의 보혈을 근거로 하여 심판하신다는 것을 의미한다. 예수 그리스도는 믿는 자에게는 하나님의 능력이요 하나님의 지혜이다. 그러나 십자가의 도를 믿지 않는 자들에게 하나님의 진노와 심판이 임하게 된다. 하나님 앞의 금 제단에서 나오는 음성은 하나님의 음성이다. 오직 하나님만이 금 향단 뒤에 계시기 때문이다.


## 3. 금단의 네 뿔

### 1) 무천년설 견해

이필찬 박사는 금단의 네 뿔에 대하여 『요한계시록』(에스카톤, p. 842-843)에서 다음과 같은 견해를 제시했다.

여기에서는 마치 네 뿔이 말하는 것처럼 설정되어 있는데, 이것은 일종의 '의인화'(personification)로서 심판의 정당성을 설파하는 16장 7절에서도 사용되는 방식이다. 이것은 금 제단의 상황을 좀 더 정확하게 설명하려는 목적을 갖는다. 또한 '넷'이라는 숫자는 '완전함'(completeness)을 의미하며 '뿔'은 '능력'(power)을 의미한다. (중략) 이상 네 뿔들의 의미를 요한계시록에 적용하면 하나님 앞에 있는 금 제단 네 뿔들은 완전하신 능력을 가지신 하나님의 백성에 대한 보호와 안전의 의미를 가지며, 그러한 보호의 차원에서 세상에 대한 심판이 주어지는 것으로 이해할 수 있다. (이필찬, 『요한계시록』, 에스카톤, p. 842-843)

## (2) 필자의 비평 및 견해

### (1) 계시록 6장 제단 vs 계시록 8장 9장은 금단

이 박사는 계시록 9장의 금 제단을 계시록 6:9~11의 금 제단과 계시록 8:3~5의 금 제단이 동일한 '금 제단'이라고 언급했다. 8장은 '금 제단'이기 때문에 적절하다. 그러나 6장의 다섯째 인을 뗄 때의 "제단 아래'는 '금 제단'이 아니라 '번제단'(제물이 죽임을 당하는 곳)이기 때문에 잘못된 적용이다. 제물들이 죽임을 당하는 '제단(번제단, 놋제단)'과 성소에 있는 '금단(금 제단 혹은 금 향단)'을 기본적으로 구별하지 못하면 오류가 생길 수밖에 없다.

### (2) 네 뿔로부터 나는 음성 : not 의인화

이 박사는 '네 뿔들로부터 나는 음성'에 대하여 '의인화'(personification)라고 해석했다. 이 박사가 "네 뿔들로부터 나는 음성"이 의인화됐다는 것은 잘못된 해석이다. 만일 의인화되었다면, "네 뿔로부터"가 아니라 "네 뿔이 말했다"라고 기록되어야 한다. "네 뿔들로부터 나는 음성"이라는 구절은 네 뿔이 말했다는 것을 가리키는 것이 아니라, 하나님의 음성이 다른 곳이 아닌 "금단의 네 뿔" 뒤에서 났다는 것을 보여주는 것으로 의인화가 아니다. 그래서 하나님의 음성이 나는 '네 뿔'의 의미가 중요하다.

### (3) 네 뿔로부터 음성이 난 이유

이 박사는 "금 제단 네 뿔들은 완전하신 능력을 가지신 하나님의 백성에 대한 보호와 안전의 의미를 가지며, 그러한 보호의 차원에서 세상에 대한 심판이 주어지는 것"이라고 해석했다. 네 뿔에서 하나님의 음성이 난 의미를 알기 위해서는 금단의 네 뿔과 관련된 구약의 예표를 참조해야 한다. 구약에서 제사장은 이스라엘 자손들의 죄를 성결하게 하기 위해서 수송아지와 염소의 피를 '금 향단의 네 뿔'에 발랐다. 그 금단의 네 뿔에 그리스도의 피가 발라졌다는 것은 '금단'과 '네 뿔에 발라진 피'가 복합적으로 연결된다는 의미이다.

계시록 9:13에서 '하나님 앞 금 제단 네 뿔'에서 음성이 났다는 것은 첫째 "순교자들이 자신의 피를 신원하여 주시기를 언제까지 하십니까"라는 신원의 기도가 하나님께 응답되었다는 것을 의미하고, 하나님께서 이 땅에 거하는 자들을 심판하신다는 의미이다. 따라서 "금단의 네 뿔로부터 음성이 났다"는 것은 하나님께서 예수 그리스도의 보혈을 근거로 세상을 심판하신다는 것을 가리킨다. 다섯째 인을 뗄 때, 순교자들의 신원의 응답으로 심판한 것은 첫째 나팔부터 넷째 나팔 심판이다. 여섯째 나팔 심판은 금단의 네 뿔에 발라진 예수 그리스도의 십자가의 피를 근거로 하여 심판하신다는 의미이다. 그래서 금단의 네 뿔로부터 하나님의 음성이 나고 그 후에 여섯째 나팔 심판이 있다.


## 4. 네 천사

### 1) 무천년설 견해

이필찬 박사는 큰 강 유브라데에 결박된 네 천사들에 대하여 『요한계시록』(에스카톤, p.843~844)에서 그의 견해를 제시했다.

> 네 천사는 '큰 강 유브라데에 결박되어 있는' 천사들이다. 이 네 천사와 관련해서는 두 개의 쟁점이 있다. 첫째, 이 네 천사는 하나님을 수종드는 선한 천사인가 아니면 타락하고 악한 마귀적 천사인가? (중략) 곧 '결박되어 있는'과 '놓아주라'가 짝을 이뤄 사용되면서 이 네 천사를 '마귀적 속성'을 가진 존재라고 판단할 수 있는 근거를 제공한다. (중략) "결박되어 있는"이란 동사는 신적 수동태로서, 네 천

사가 하나님이 정하신 시점에 하나님의 명령을 수행하기 위해 하나님께 제어된 상태로 대기하고 있는 상황을 설명하고 있다. 이 맥락에서 네 천사는 이야기 전개 과정에서 설정된 상징적 캐릭터이며, 따라서 '결박되다'라는 표현도 사실적이라기보다는 은유적 표현이라고 봐야 할 것이다. 따라서 이런 내용들을 역사 속에서 문자 그대로 이루어져야 하는 시나리오를 이해하는 것은 적절하지 않다.(이필찬, 『요한계시록』, 에스카톤, p.843~844)

## 2) 필자의 비평 및 견해

### (1) 계시록 9장의 네 천사와 계시록 7장의 네 천사와의 관계

계시록 9장의 여섯째 나팔 심판을 가져오는 '결박된 네 천사'와 계시록 7:1~3의 '네 바람을 붙잡은 네 천사'는 이 박사가 언급한 대로 '네 천사'라는 공통점이 있을 뿐 그 성격과 본질적인 것에서 차이가 있다. 네 바람을 잡은 천사는 하나님의 명령을 '적극적'으로 수행하기 위해 땅의 네 모퉁이에 서서 바람을 잡고 있다. 계시록 9장의 '네 천사'는 '결박되어' 있고, 여섯째 나팔의 심판의 도구로 쓰이기 위해 여섯째 천사가 풀어준다. 이런 관계는 사탄이 무저갱을 열어 황충들과 그들의 왕인 무저갱의 사자를 놓이게 한 것과 여섯째 나팔을 분 천사가 유브라데 강에 결박된 네 천사를 풀어놓는 것과 유사하다. 따라서 계시록 7장의 '네 바람을 붙잡은 네 천사'는 하나님의 명령을 수행하는 선한 천사이고, 계시록 9장의 '결박된 네 천사'는 사탄과 함께 타락한 천사로서 사탄을 따르는 '악한 천사들'이다. 두 천사는 그 정체성에 있어 완전히 구별된다.

### (2) 상징적 캐릭터와 은유적 의미

이 박사는 "네 천사는 이야기 전개 과정에서 설정된 상징적 캐릭터이며, 따라서 '결박되다'라는 표현도 사실적이라기보다는 은유적 표현이라고 봐야 할 것이다. 따라서 이런 내용들을 역사 속에서 문자 그대로 이루어져야 하는 시나리오를 이해하는 것은 적절하지 않다"라고 주장했는데, 이 박사의 "기-승-전-무천년설"의 관념을 그대로 보여준다. 왜냐하면 무천년설의 근간은 모든 것을 '문자 그대로'(실제)가 아닌 '상징적 의미'로 해석하기 때문이다.

만일 무천년설의 관념을 따라 마지막 재앙인 '장자 죽임의 재앙'이 '상징적인 표현'이었다고 가정해 보자. 강퍅한 바로가 이스라엘 백성들이 애굽 땅을 떠나는 것을 결국 허용한 것은 어떻게 설명할 것인가? 계시록의 나팔 재앙이 이 땅에 거하는 악한 자들에 대한 심판이라는 것은 그것이 애굽에 내렸던 재앙과 같이 실제적인 심판이라는 것을 가리킨다. 무천년설이 각종 심판들을 '상징적 표현'으로 해석하는 것은 잘못된 관점이다.

### (3) 네 천사가 놓인 목적

계시록 9장의 네 천사가 놓인 목적은 이 땅에 거하는 자들을 죽이기 위한 것이다. 15절은 "그 년 월 일 시에 이르러 사람 삼분의 일을 죽이기로 준비된 자들이더라"고 말한다. 이만 만의 마병대는 동쪽으로부터 오는 군대로 유브라데스 강을 건너가기까지 수많은 사람을 살육한다. 다섯째 나팔은 무저갱에서 놓인 황충에 의한 재앙이었고, 여섯째 나팔은 동쪽에서부터 오는 군대로 인해 "그 땅의 그 삼분의 일"이 죽임을 당하는 심판이다. 계시록 16장은 이만 만의 군대가 큰 강 유브라데 강에 이를 때 여섯째 대접을 유브라데에 쏟으면 강물이 말라 동방에서 오는 왕들의 군대가 가는 길이 예비된다고 말한다. 계시록 16:12~14을 보자.

> 또 여섯째 천사가 그 대접을 큰 강 유브라데에 쏟으매 강물이 말라서 동방에서 오는 왕들의 길이(the way of the kings of the east) 예비되었더라  또 내가 보매 개구리 같은(like frogs) 세 더러운 영(three unclean spirits)이 용의 입과 짐승의 입과 거짓 선지자의 입에서 나오니 그들은 귀신의 영(the spirits of devils)이라 이적을 행하여 온 천하 왕들에게 가서 하나님 곧 전능하신 이의 큰 날에 있을 전쟁을 위하여 그들을 모으더라(계 16:12~14)

계시록 9장에서는 유브라데 강에 결박된 네 천사가 놓여 동방의 이 억의 군대가 "그 땅의 삼분의 일"을 죽인다. 계시록 16장의 '개구리 같은 세 더러운 영'이라 불리는 '귀신의 영'이 온 천하 왕들을 미혹하여 큰 날 전쟁을 위하여 모이게 한다. 양자의 관계는 16장에서 다룰 것이다.

## 5. 유브라데 강

### 1) 무천년설 견해

이필찬 박사는 큰 강 유브라데 강에 대하여 『요한계시록』(에스카톤, 845~847)에서 다음과 같은 견해를 제시했다.

> 다윗은 유브라데 강까지 땅을 정복함으로써 약속의 땅을 완전히 정복했다는 명성을 얻게 된다. 따라서 유브라데 강이란 이름은 '약속의 땅 전체'를 상징하기도 한다. 바벨론, 페르시아 같은 제국들이 이스라엘을 침공할 때 유브라데 강을 건너야만 했다. (중략) 이와 같이 유브라데 강은 아브라함에게 약속하신 땅의 경계로서 긍정적인 의미를 갖는 동시에 이스라엘에 대한 심판이라는 부정적인 이미지를 가지고 있다. (중략) 여기에 덧붙여 요한은 죽은 것으로 알려졌던 네로 황제가 구사일생으로 살아나서 파르티아제국으로 도망갔고 자신을 죽이려 했던 로마제국에 복수하기 위해 파르티아 제국 군대를 이끌고 유브라데 강을 건너 로마제국으로 귀환할 것이라는 소문으로 인한 긴장과 두려움을 고조시키기 위해 활용하고 있다.(시빌의 신탁 5:92~110) 이처럼 요한은 거침없는 파르티아의 파멸적 속성을 사용해서, 네 천사를 통해 악한 세력에게 임할 하나님의 심판을 좀 더 효과적으로 설명하고 있다. 이것이 바로 네 천사가 결박되어 있는 장소를 유브라데 강으로 설정한 요소라고 할 수 있다. 여기에서 유브라데 강은 그것의 지역적 특성이 배경으로 활용된다는 점에서 '문자적'으로 사용되고 있지만, 그와 동시에 심판의 정황을 극대화하기 위한 목적으로 활용되고 있다는 점에서는 '은유적'으로 사용된다고 볼 수 있다.(이필찬, 『요한계시록』, 에스카톤, p.845~847)

### 2) 필자의 비평과 견해

이 박사는 여섯째 나팔의 네 천사의 심판을 과거 로마제국 시대에 맞춰서 '과거적'으로 '은유적'으로 해석을 한다. 여섯째 나팔은 일곱 나팔과 함께 '장차 될 일'로 2021년 오늘날 시점으로 볼 때도 아직 성취되지 않은 일이다. 그의 견해를 각 항목별로 조명해 보자.

### (1) 아브라함과 다윗 시대의 의미

이 박사는 유브라데 강의 구약적 배경으로 아브라함에게 약속한 동쪽 경계를 다윗이 유브라데 강을 정복함으로 약속의 땅을 완전히 정복했다고 말한다. 그것은 성경의 팩트이기 때문에 필자도 동의한다.

### (2) 유브라데 강은 약속의 땅 상징인가?

이 박사가 "유브라데 강이란 이름은 '약속의 땅 전체'를 상징하기도 한다"는 견해는 모호하다. "다윗이 유브라데 강까지 정복했다"는 것은 약속의 땅의 동쪽 경계가 유브라데 강까지라는 것을 의미하고, '약속의 땅 전체'를 의미한다고 할 수 없다. '유브라데 강이라는 자체'가 '약속의 땅의 전체'를 의미하는 것이 아니기 때문이다. 기본적으로 유브라데 강은 '한 지역'에 있는 큰 강으로서 '그냥(just)' 유브라데 강을 의미한다. 약속의 땅의 일부로서 동쪽의 한 경계를 의미하고, 그것 자체가 약속의 땅의 전체라는 의미를 갖지 않는다.

### (3) 구약에서 유브라데 강의 의미

이 박사는 이사야 7:20과 이사야 8:7의 '하수 저쪽' 곧 유브라데 강 너머에 있는 앗수르가 이스라엘에 대한 심판의 도구로 사용될 것을 말하면서, 유브라데 강이 이스라엘에 대하여 부정적인 이미지를 갖는다는 견해는 비논리적이다. 유브라데 강은 '한 지역에 있는 강'으로서 앗수르가 이스라엘을 침공하기 위해서 반드시 유브라데 강을 건너야 한다. 따라서 이스라엘을 침공하는 앗수르가 유브라데 강이 넘치듯이 유브라데 강을 건너 침공할 것을 가리킨다. 유브라데 강이 부정적인 의미를 갖는 것이 아니라, 유브라데 강을 넘어 침공하는 앗수르가 부정적인 의미이다. 유브라데 강은 '지역 명칭'으로 그 자체가 긍정적이거나 부정적인 의미를 갖지 않는다.

다윗 시대에 유브라데 강까지 경계를 넓혔다는 것은 아브라함에게 주신 약속을 성취했기 때문에 '적극적인 의미'가 있다. 아브라함의 자손이 약속을 따라 유브라데 강을 차지했기 때문이다. 유브라데 강의 의미는 그 곳을 누가 차지하느

나에 따라 좌우된다. 앗수르가 유브라데 강의 창일하는 강물과 같이 넘친다는 것은 이스라엘의 패역으로 인해 하나님께서 앗수르를 심판의 도구로 사용하신 다는 의미이다. 따라서 유브라데 강은 심판과 관련되어 있기 때문에 '부정적'인 의미를 갖는다. 유브라데 강은 '지역 명칭'으로 '그 자체'가 좋고 나쁜 의미가 없 고, 그 땅의 소유가 누구인가에 따라 결정된다.

출애굽 시의 상황을 예로 들어보자. 모세가 애굽 땅에 재앙을 내렸을 때, 애굽 사람들과 애굽의 모든 가축들에게도 임했다. 그러나 이스라엘 백성들이 거하는 고센 땅의 가축들에게는 재앙이 임하지 않았다. 이 박사의 관념대로 한다면, 애 굽의 가축들에게 재앙이 임했기 때문에 애굽 땅에 있는 가축들이 죄가 많고, 고 센 땅의 가축은 죄가 없다고 하는 것과 같다. 애굽 사람들의 가축들과 고센 땅의 가축들은 모두 '동일한 가축'이다. 애굽의 가축들에게 재앙이 임한 것은 애굽 사 람들의 소유였기 때문이지, 애굽의 가축이 죄가 많았기 때문이 아니다. 애굽 사 람들의 소유에 대한 심판은 애굽 사람에 대한 간접적인 심판의 성격을 갖는다. 이와 반대로 고센 땅에 있는 가축들에게 재앙이 내리지 않았던 것은 그 가축들 이 하나님의 백성들의 소유였기 때문이다. 가축이나 강은 그 자체에 부정적인 의미가 없고, 그것이 누구의 소유인가에 따라 의미가 달라진다. 다윗이 유브라 데 강을 통치할 때는 적극적인 의미를 갖고, 앗수르가 유브라데 강을 넘는 것은 이스라엘을 침공하는 것이기 때문에 '부정적'인 의미를 갖는다.

### (4) 유브라데 강과 관련된 상황의 의미

이 박사는 "여섯 번째 나팔 심판의 문맥에서 이러한 유브라데 강이 등장하는 것은 구약을 배경으로 심판의 의미를 적용하려는 목적이 있다"고 주장했다. 이 것은 유브라데 강과 그와 관련된 사건을 서로 구별하지 못한 결과이다. 아브라 함 시대에도 유브라데 강이 있었고, 다윗 시대에도 유브라데 강이 있었다. 유브 라데 강은 그것과 관련된 각 시대의 상황에 따라 의미가 달라진다. 그런 까닭은 유브라데 강의 의미가 변하기 때문이 아니라, 그 시대의 상황이 다르기 때문이 다. 아브라함은 유브라데 강을 약속의 땅의 동쪽 경계로 약속을 받았고, 장차 성 취될 것을 바랐다. 다윗이 왕이 된 후에 유브라데 강까지 경계를 넓혔고(삼하 7:3, 대하 18:3) 하나님의 약속의 말씀이 성취되었기 때문에 유브라데 강은 '긍정적'인 의미를 띤다. 왜냐하면, 하나님의 약속을 성취했다는 것은 이스라엘이 하나님의 뜻을 따랐다는 것을 의미하기 때문이다. 이와 반대로, 이스라엘의 패역으로 앗수르를 심판의 도구로 사용할 때, 앗수르가 이스라엘을 침공하기 위해서 반드시 '유브라데 강'을 건너야 하고, 이것은 하나님의 심판을 의미하기 때문에 부정적인 의미를 갖는다.

　여섯째 나팔에서 큰 강 유브라데 강에 결박한 네 천사를 놓아주는 것은 이만 만 즉 이억의 마병대가 유브라데 강을 건너도록 하기 위한 것이다. 이들이 유브라데 동쪽으로부터 강을 건너는 이유는 무엇인가? 과거 앗수르가 약속의 땅인 이스라엘을 침공했던 것처럼 이스라엘 땅을 침공하기 위한 것이다.

　여섯째 나팔을 불 때, 이스라엘 땅을 통치하고 있는 자는 누구인가? 이 당시의 예루살렘의 상황은 11장과 13장에 나타난다. 11장은 두 증인에 대한 삽입부로서 거룩한 성이 이방인에 의하여 42달 동안 짓밟힌다. 11장의 '이방인'은 13장의 '한 짐승'과 동일한 자로 적그리스도를 가리킨다. 여섯째 나팔 심판의 대상은 이스라엘을 장악하고 있는 적그리스도와 그의 왕국에 대한 침공이다. 하나님께서는 여섯째 나팔 심판에서 결박된 네 천사를 놓음으로 동방에서 오는 이억의 마병대가 유브라데 강을 건너게 하심으로 적그리스도와 적그리스도의 왕국을 치게 하신다. 물론 앗수르가 하나님의 심판의 도구였던 것과 같이 유브라데 강을 건너는 이 억의 마병대도 하나님의 심판의 도구에 불과하다.

### (5) 로마제국과 파르티아 군대의 대치 상황

　이 박사가 언급하듯이 당시 로마제국의 동쪽 경계는 유브라데 강이었다. 그런데 그는 여섯째 나팔을 불 때의 유브라데 강을 '과거' 로마제국과 파르티아 군대의 대치 상황으로 해석한다. 여기서도 '기-승-전-무천년설'이라는 그의 관념을 볼 수 있다. 무천년설자들은 계시록이 "네가 본 것과 지금 있는 일과 장차 될 일"이라는 것을 잊은 듯하다. '장차 될 일들'은 '문자 그대로' '장차 될 일들'을 말하며, 과거 로마제국의 상황을 가리키지 않는다. 로마제국과 파르티아 군대의 대치 상황은 그 당시(과거) 로마제국의 중요한 관심이었겠지만, 성경과 계시록에서 '파르티아 제국'은 어디에도 언급되지도 않고 어떤 연관성도 없다. 무천년설자인 이 박사가 여섯째 나팔 심판을 '과거' 로마제국과 파르티아 관계로 해석한 것은 잘못된 적용이다.

### (6) 시빌의 신탁

이 박사가 유브라데 강을 로마제국과 파르티아 군대의 대치 상황의 관계로 해석한 근거는 '묵시문학'의 하나인 '시빌의 신탁'이다. 시빌은 그리스의 전설적인 여자 예언자였다. 처음에는 최근의(당시) 사건들을 '예언'함으로써 신뢰를 얻은 뒤, 미래의 사건들을 예언했다. BC 150~AD 180년경에 유대교와 그리스도교 작가들이 만든 헬레니즘계 유대교나 그리스도교 특유의 교리들을 확증해 모아 놓았다. 시빌의 예언서는 '하나님의 계시'가 아니라, 시빌이 여러 가지 예언들을 참조하여 그의 의도된 생각을 표현한 문학 작품에 지나지 않는다. 묵시문학과 계시의 차이는 계시록 1장에서 이미 논증했다. 이 박사가 여섯째 나팔의 유브라데 강에 대한 것을 묵시문학인 '시빌의 신탁'을 근거로 주장한 것은 잘못된 관점이다. 사도 요한이 거침없는 파르티아의 파멸적 속성을 사용해서 네 천사를 통한 악한 세력에게 임할 하나님의 심판을 좀 더 효과적으로 설명한다는 이 박사의 주장은 '주관적인 생각'이다. 계시록 어디에도 그렇게 볼 '객관적 근거'를 하나라도 찾을 수 없다.

### (7) 문자적이면서 동시에 은유적이라는 것은 비논리적이다

이 박사는 "유브라데 강이 지리적인 배경으로 활용되기 때문에 '문자적'으로 사용된다고 말하면서, 그와 동시에 심판의 정황을 극대화하기 위한 목적으로 활용되고 있다는 점에서는 '은유적'으로 사용된다고 볼 수 있다"고 주장한다. 여기에서도 '기-승-전-무천년설'이라는 관념을 본다. 유브라데 강을 '문자적'으로 보지 않을 수 없기 때문에 '문자적'이라고 했다가, 동시에 '은유적'(상징적)이라고 주장하는 것은 논리적으로도 모순이다.

# 6. 죽임 당하는 삼분의 일의 사람

## 1) 무천년설 견해

이필찬 박사는 네 천사에 의해 죽임을 당하는 사람들의 삼분의 일에 대하여 『요한계시록』(에스카톤, p.848~849)에서 다음과 같은 견해를 제시했다.

> 물론 '사람들의 3분의 1'이 문자 그대로 정확하게 사람들의 3분의 1을 의미하는 것은 아니다. 그것은 처음 네 개의 나팔 심판에서 모든 자연계에 대한 심판의 명확한 한계를 보여주면서 '3분의 1'이란 표현을 사용했던 것과 같은 맥락에서 이해되어야 한다. (중략) 다만 삼분의 일이라는 한계를 설정함으로써, 심판 중에도 사람들에게 주어지는 하나님의 은혜를 발견할 수 있다는 것을 보여주며, 그와 동시에 그들을 향하여 주어지는 하나님의 심판의 상징적 의미를 드러내고 있는 것이다.(이필찬, 『요한계시록』, 에스카톤, p.848~849)

이필찬 박사는 『요한계시록』(에스카톤, p.856)에서 재앙으로 죽임을 당한 삼분의 일은 문자 그대로 3분의 1을 의미하는 것이 아니라, 심판의 공포스런 느낌을 강조하기 위한 문학적 차원에서 설정한 상상의 시나리오라는 견해를 제시했다.

> 이 재앙으로 말미암아 죽임을 당하지 않은 남은 자들은 심판으로 말미암아 죽임당한 3분의 1에 속하지 않고 살아 남은 삼분의 일의 사람들을 가리킨다. 물론 이러한 구성도 문자 그대로 사람들의 3분의 1이 죽임당할 것을 말하는 것이 아니라, 심판의 공포스러운 느낌을 강조하기 위해 문학적 차원에서 설정한 상상적 시나리오다.(이필찬, 『요한계시록』, 에스카톤, p.856)

## 2) 필자의 비평 및 견해

### (1) 문학적 상상의 시나리오인가?

이 박사는 전자에는 '문자 그대로' 삼분의 일을 의미하지 않는다고 했다가 후반에서는 "심판의 공포스러운 느낌을 강조하기 위해 문학적 차원에서 설정한 상상적 시나리오다"라고 주장한다. 이 박사의 주장대로라면, 계시록의 계시성은 없다. 요한이 쓴 시나리오라는 것은 예수의 계시와 상관없기 때문이다. 이 박사는 계시록을 묵시문학으로 간주하기 때문에 놀랄 일도 아니다. 사도 요한이 여러 가지 자료들을 참조하여 자신의 생각과 의도를 갖고 썼다고 간주하기 때문에 "문학적 차원"이라든지 "사도 요한이 설정한 상상적 시나리오"라는 문구를 사용한다. 이것은 이 박사의 문제일 뿐만 아니라 무천년설의 문제이다.(계시와 묵시문학의 관계는 계시록 1장에서 다뤘다.)

### (2) 온 땅의 삼분의 일 vs 그 사람들의 그 삼분의 일

여섯째 나팔 재앙에서 네 천사에 의하여 죽임을 당하는 '사람들 중 삼분의 일'에 대한 고정 관념이 있다. 그것은 '온 땅의 삼분의 일'이라고 해석한다. 단순히 보면 아무 문제가 없어 보이기 때문에 대개 그렇게 단정한다. 이것은 성경을 안일하게 본 것이다. '사람들의 삼분의 일'이라는 구절의 원문은 'τὸ τρίτον τῶν ἀνθρώπων'(토 트리톤 톤 안드로폰)이다. τρίτον은 '삼분의 일'을 의미하는 τρίτος(트리토스)의 '목적격'이고, ἀνθρώπων(안드로폰)은 '사람'을 의미하는 ἀνθρώπος(안드로포스)의 '소유격 복수형'이다. 소홀하기 쉬운 단어가 정관사 τὸ(토)와 τῶν(톤)인데, 정관사가 있는 것과 없는 것은 현격한 차이가 있다. 정관사가 있으면, '그'라는 의미가 더해져서 '어떤 것을 한정'하기 때문이다. 따라서 원문은 "그 사람들의 그 삼분의 일이 죽임을 당한다"는 것을 의미한다. '온 땅의 삼분의 일'과 '그 사람들의 그 삼분의 일'은 비슷해 보이지만, 큰 차이가 있다.

### (3) 그 사람들의 그 삼분의 일의 의미

네 천사에 의하여 죽임을 당하는 '사람들 중 삼분의 일'은 '그 사람들 중 그 삼분의 일'이란 의미이다. '그 사람들'이란 어떤 특정한 곳을 가리킨다. 구체적으로 어디를 가리키고 있지 않기 때문에 알 수 없다. 그러나 여섯째 나팔의 상황들을 종합해 볼 때, 예측이 가능하다. 유브라데 강에 결박된 천사가 놓이고 '그 사람들 중 그 삼분의 일'이 죽임을 당한다. 이것은 이만 만 즉 이 억의 마병대와 관련된다. 이 억의 마병대가 유브라데 강을 건넌다는 것은 그들이 동쪽으로부터 온다는 것을 의미하고, 적그리스도의 영토를 침공하기 위한 것이다. 왜냐하면, 계시록 11장의 삽입부에서 언급하듯이, 장차 거룩한 성을 이방인이 42달 동안 짓밟도록 허락하셨고, 예루살렘을 비롯한 이스라엘은 적그리스도의 통치 하에 있다. 이 억의 마병대는 동쪽으로부터 유브라데 강을 건너 아마겟돈으로 가는 도중 그 곳에 이르기까지 그 땅의 사람들의 삼분의 일이 죽임을 당한다는 것을 가리킨다.

### (4) 여섯째 대접과의 관계

여섯째 나팔의 유브라데 강에 결박된 네 천사가 놓이는 것은 계시록 16장의 여섯째 대접 재앙과 관계있다. 여섯째 나팔이 불 때, 유브라데 강에 결박된 네 천사가 놓이는 것과 계시록 16장에서 여섯째 대접을 유브라데 강에 쏟는 것은 밀접한 관계가 있다. 계시록 16:12을 보자.

> 또 여섯째 천사(the sixth angel)가 그 대접을 큰 강 유브라데에(the great river Euphrates) 쏟으매 강물이 말라서 동방에서 오는 왕들의 길(the way of the kings of the east )이 예비되었더라(계 16:12)

여섯째 대접을 가진 천사가 그 대접을 큰 강 유브라데에 쏟을 때 강물이 마르게 된다. 유브라데 강이 마른 것은 동방에서 오는 왕들의 군대가 유브라데 강을 건너는 것을 돕고, 그 강을 건너 이스라엘을 차지하고 있는 적그리스도를 공격하도록 하기 위한 것이다. 동방에서 오는 왕들의 군대는 여섯째 나팔에서 언급한 이만 만 즉 이억의 마병대이다. 여섯째 나팔과 여섯째 대접의 유브라데 강과 동쪽에서 오는 이만 만의 마병대와 동쪽에서 오는 왕들의 길이 예비되는 것은 서로 일치한다.

### (5) 여섯째 나팔과 여섯째 대접의 시기

여섯째 나팔의 유브라데 강에 결박된 네 천사가 놓이는 것과 여섯째 대접에서 유브라테스 강이 마르는 것은 시기적인 차이가 있다. 여섯째 나팔에서 유브라데스 강에 결박된 천사가 놓이는 것은 '먼저' 일어나는데 반해, 여섯째 대접을 유브라데스 강에 쏟음으로 강물이 마르는 것은 '나중'에 일어난다. 왜냐하면 동방에서 오는 이만 만의 마병대가 유브라데스 강에 이르기 위해서는 많은 시간이 소요되기 때문이다. 이 억의 마병대는 가면서 "그 땅의 그 삼분의 일"의 사람들을 죽인다는 것은 '상당한 기간' 동안에 일어난다는 것을 가리킨다. 이에 반하여 여섯째 대접에서 유브라데스 강이 말라 동방의 왕들의 길이 예비되는 것은 비교적 '짧은 시간'에 이뤄지기 때문이다.

## 7. 이만 만의 마병대

### 1) 무천년설 견해

이필찬 박사는 이만 만의 마병대에 대하여 『요한계시록』(에스카톤, p. 849~850)에서 그의 견해를 제시했다.

> 16c절에서 사용되는 '마병대 이미지'는 강력한 마병대를 보유했던 파르티아 제국의 병사들을 모델로 하여 파죽지세로 몰려오는 무수한 군사들의 모습을 떠올리게 하는데, 이는 15절에서 '유브라데 강'을 언급함으로써 파르티아 군대 이미지를 떠올리게 했던 것과도 연결된다. 그 숫자는 이만 만(2×100,000,000)으로서 2억에 해당한다. 이런 숫자는 문자적인 숫자를 떠올리게 하기보다는 무수히 많은 무리를 나타내기 위한 것이다. 실제로 그 당시 그 어떠한 제국도 이런 숫자에 군대를 보유하고 있지 않았다. 다만 이런 숫자는 상상 속에 존재하는 악한 천사들에 의해 풀려난 '마귀적 마병대' 세력의 이미지를 극대화하려는 목적을 갖는다고 할 수 있다. 따라서 이 숫자를 문자 그대로 해석하여 이러한 규모의 군대를 가졌던 국가를 구체적으로 지목하여 시도하는 것은 올바른 해석 자세가 아니다.
>
> 이것은 사단이 아뷔쏘스의 문을 열어 마귀적 속성을 가진 무수한 황충을 보냄으로써 땅에 사는 자들을 괴롭게 하는 것과 같은 패턴이다. 그러므로 이만 만의 마병대는 하나님의 심판이 얼마나 극렬하게 집행되는지를 강조해서 보여주고 있다.(이필찬, 『요한계시록』, 에스카톤, p. 849~850)

## 2) 필자의 비평과 견해

### (1) 과거 파르티아 제국의 병사의 모델과의 관계

이 박사는 "'이 억의 마병대 이미지'는 강력한 마병대를 보유했던 파르티아 제국의 병사들을 모델로 하여 파죽지세로 몰려오는 무수한 군사들의 모습을 떠올리게 한다"고 말했다. 여섯째 나팔 심판은 대환난의 '둘째 화'로서 전에도 없었고 후에도 없을 심판이다. 따라서 '과거' 로마 시대의 숙적이었던 파르티아를 적용하는 것은 매우 '지엽적'이고 '주관적'인 해석과 적용이다. 여섯째 나팔 심판은 그리스도의 구속으로 주어진 은혜의 복음 시대가 끝나고 이 땅에 거하는 자들에 대한 심판이다. 따라서 로마 시대의 파르티아 군대라든지, 심지어 1차 세계대전과 2차 세계대전의 군대와 전혀 상관이 없다. 이 군대는 마지막 시대에 일어난 군대이기 때문에 과거 시대 어떤 나라를 적용할 수 없다. 여섯째 나팔의 동쪽으로부터 오는 이 억의 마병대는 재림 전에 있을 아마겟돈 전쟁과 관련이 있다. 이런 계시록의 흐름을 무시하고 이천 년 전의 로마제국의 숙적이었던 파르티아 제국의 병사로 적용하는 것은 오류이다.

### (2) 이만 만은 무수히 많은 무리를 상징하는가?

이 박사는 "2억에 해당하는 이만 만이 '문자적인 숫자'를 떠올리게 하기 보다는 무수히 많은 무리를 나타내기 위한 것이고 그 증거로 실제로 그 당시 그 어떠한 제국도 이런 숫자의 군대를 보유하고 있지 않았다"고 주장했다. 그는 초지일관 '기-승-전-무천년설'이라는 관념에 충실하다. 성경에서 교회에 대한 것은 '비유(상징)'로 나타내고, 세상에 대한 것은 '문자 그대로'를 의미한다. 그런 이유는 교회는 거듭났기 때문이고, 세상 사람은 불신자로서 거듭나지 않았기 때문이다. 세상에 대한 심판은 물리적인 심판이기 때문에 모두 문자적인 의미이다.

예를 들어보자. 열 처녀와 달란트는 '비유'이다. 두 비유는 교회에 대한 것으로서 '천국'(the kingdom of heaven) 비유이기 때문이다. 두 비유 즉 열 처녀 비유와 달란트 비유가 비유로 불리는 것은 '문자적' 의미로 해석하지 않기 때문이다. 그러나 흔히 "양과 염소의 비유"(비유가 아니다)로 불리는 말씀은 주님이 이 땅에 재림하셔서 '영광의 보좌'에 앉으실 때 살아 있는 불신자들에 대한 심판이다. 이것을 비유라 불리는 것은 잘못된 관념이다. 마태복음 25:31~33을 보자.

> 인자(the Son of man)가 자기 영광으로(in his glory) 모든 천사와 함께 올 때에 자기 영
> 광의 보좌(the throne of his glory)에 앉으리니 모든 민족(all nations)을 그 앞에 모으고
> 각각 구분하기를 목자(a shepherd)가 양(his sheep)과 염소를(from the goats) 구분하는
> 것 같이 하여 양은 그 오른편에 염소는 왼편에 두리라(마 25:31~33)

만일 '양과 염소의 비유'라고 하기 위해서는 "인자가 자기 영광으로 모든 천사
와 함께 올 때에 자기 영광의 보좌에 앉으리니 양과 염소를 그 앞에 모은다"라
고 말씀했다면 가능하다. 그런데 성경은 "모든 민족을 그 앞에 모은다"라고 말
한다. '모든 민족'(all nations)은 주님이 재림하실 때, '살아 있는 모든 열방, 이방,
불신자들'을 가리키기 때문에 비유가 아니다. 모든 민족을 비유로 말씀하시지
않은 이유는 그들이 '거듭난 교회'가 아니기 때문이다.

성경은 '모든 민족들'(열방, 이방, 불신자)을 구분하기를, 마치 목자가 염소들로
부터 그의 양들을 구분하는 것처럼 한다고 '직유'로 말씀한다. 직유는 어떤 한 부
분을 쉽게 표현하기 위한 것으로, 열 처녀 비유와 달란트 비유와 같은 '은유'(비
유)와 구별된다. 모든 민족(불신자)은 우리 눈에 보기에 다 동일한 사람들 같지
만, 목자이신 주님은 마치 염소들 가운데서 그의 양을 구분하는 것과 같이 구분
하신다는 것을 가리킨다. 이에 관련된 여러 가지 내용은 참고 영상들과 필자가
쓴 "저 사람 천국 갈 수 있을까"와 "구원 탈락인가 거짓 신자인가"의 "열 처녀
비유과 최후의 심판"(p.218~226)과 재림 때의 불신자의 심판: 양과 염소의 심판
(p.227~315)을 참조하길 바란다.

### (4) 하나님의 심판의 극렬한 집행은 상징인가?

이 박사는 "이런 숫자는 상상 속에 존재하는 악한 천사들에 의해 풀려난 '마귀
적 마병대' 세력의 이미지를 극대화하려는 목적을 갖기 때문에, 이 숫자를 문자
그대로 해석하여 이러한 규모의 군대를 가졌던 국가를 구체적으로 지목하여 시
도하는 것은 올바른 해석의 자세가 아니다"라고 주장했다. 성경 해석의 기본 원
칙은 '문자적 해석'이다. 이것을 부인하고 오히려 문자로 해석하는 것을 올바른

해석의 자세가 아니라는 그의 주장이 잘못된 견해이다.

무천년설이 '이 억의 마병대'라는 문자적 의미를 부인하고 상징으로 해석하는 이유가 있다. 그가 언급했듯이 역사적으로 이억의 군대라는 것은 비현실적이었기 때문이다. 그런 관점의 맹점은 여섯째 나팔이 초림 때에 이뤄진 것이라고 생각했기 때문이다. 이 박사는 "이만 만의 마병대는 하나님의 심판이 얼마나 극렬하게 집행되는지를 강조해서 보여준다"고 상징적으로 해석한다. 그의 견해는 과거주의에 사로잡힌 '주관적'인 해석으로, '객관적 성경의 근거'와 거리가 멀다. 만일 그의 주장대로 하나님의 심판이 극렬하게 집행되는 것을 보여주기 위해서라면, 이만 만보다 더 큰 수를 말했을 것이다. 예를 들면, '십만 만'(십 억)이든지 '이십만 만'(이십 억)이라고 하는 것이 더 적절하지 않겠는가? '이만 만'은 성경에서 언급된 가장 큰 수이다. 이 숫자는 과거 비현실적인 수로 여겨지기도 했다. 그래서 무천년설의 '상징적 해석'에 힘이 실리는 듯 했다.

세계 인구의 통계를 보자. 2021년 6월 26일 현재의 세계 인구는 78억 7,495만 5,732명이다. 국가별 통계를 보면, 세계시록 1위는 중국으로 약 14억 4,421만 명, 2위 국가는 인도로 약 13억 9,340만 명, 3위는 미국으로 약 3억 3,291만 명, 4위는 인도네시아로 약 2억 7,636만 명, 5위는 파키스탄으로 약 2억 2,519만 명, 6위는 브라질로 약 2억 1,399만 명, 7위는 나이지리아로 약 2억 1,140만 명, 8위는 방글라데시로 약 1억 6,630만 명, 9위는 러시아로 약 1억 4,591만 명, 10위는 멕시코로 약 1억 3,026만 명이다. 마지막 때에 하나님의 주권 가운데 2억의 마병대가 동쪽에서 유브라데 강을 건너 적그리스도가 통치하는 이스라엘을 침공한다는 것은 하나님의 계시로서 장차 성취될 것이다. 따라서 '이만 만'(2억)의 마병대는 실제의 이만 만의 군대이다. 과거 이 억의 군대가 비현실적이라는 이유 때문에 이만 만을 상징적으로 해석하는 것은 현재의 인구 상황과 성경의 문맥에도 일치하지 않는다.

### (5) 문학 작품 vs 선지적 환상

이 박사는 "16b절의 '내가 그들의 수를 들었다'라는 표현에서 언급되는 '들음'은 요한의 '선지적 행위'로서 이곳에 기록된 내용들이 하늘로부터 들은 선지적 환상의 자료들임을 명백하게 밝힌 것으로 이 기록이 단순히 문학적인 작품으로 간주되어서는 안 된다는 것을 보여준다"고 주장했다. 이 박사는 앞에서 무천년설의 지론을 따라 계시록을 '묵시문헌'으로 간주하고, 사도 요한이 여러 가지 정황을 고려하여 자신의 '생각과 의도'를 갖고 저작했다고 주장했다가, 여기서는 "단순히 문학 작품으로 간주해선 안된다"고 하면서 이전의 입장을 번복한다. 이박사의 이런 관점은 계시록을 '각 상황에 따라' 묵시문학으로서 사도 요한을 '작가(作家)'라고 말하고, 여섯째 나팔은 '선지자의 환상'이라고 바꾸는 것은 그의 견해가 일관성이 없고 비논리적이라는 반증이다. 성경의 관점은 모두 일정하게 비치는 빛과 같다. 이런 차이는 그의 무천년설 견해가 성경과 일치하지 않기 때문이다.

## 8. 마병대의 모습

### 1) 무천년설 견해

이필찬 박사는 『요한계시록』(에스카톤,p. 851~852)에서 마병대에 대한 견해를 제시했다.

> 사람들의 3분의 1이 죽임을 당하는 원인으로 지목되는 '불/연기/유황'과 짝을 이룬다. 이러한 '불/연기/유황'은 유황불이 타는 정황을 연상케 하며 특별히 구약에서 심판의 상징으로 자주 사용되기도 한다. (중략) 이상에서 마병대는 파괴적이고 포악한 마귀 세력의 특징을 보여준다. 하나님은 그것들을 사용하셔서 세상을 심판하고 계신 것이다. 그리고 이러한 패턴은 다섯 번째 나팔 심판의 황충의 경우와 동일하다.(이필찬, 『요한계시록』,에스카톤,p. 851~852)

### 2) 필자의 비평 및 견해

#### (1) 소돔과 고모라의 심판과의 관계
이 박사는 마병대가 사람들의 삼분의 일을 죽이는 '불과 연기와 유황'은 구약에서 심판의 상징으로 사용된다고 주장했다. 불과 유황이 심판을 상징하기 때문에 틀리다고 말할 수 없지만 미흡한 표현이다. 필자의 견해는 소돔성에 내린 불과 유황이 물리적인 불과 유황이라는 '팩트'를 전제하고, 그 심판의 도구인 불과 유황이 심판을 상징한다고 해야 올바른 관점이다. 성경을 보자. 창세기 19:24은 "여호와께서 하늘 곧 여호와께로부터 유황과 불을 소돔과 고모라에 비같이 내리사"라고 말하며, 아브라함이 그 아침에 일찍이 일어나 바라볼 때의 상황인 28절은 "소돔과 고모라와 그 온 지역을 향하여 눈을 들어 연기가 옹기 가마의 연기같이 치솟음을 보았더라"고 말한다. 소돔과 고모라에 내렸던 '유황과 불과 연기'는 이 박사가 말하듯이 '심판의 상징'이 아니라 '실제 심판'이었다.

| 창세기 19장 소돔 | 계시록 9장 마병대 | 의미 |
|---|---|---|
| 유황 | 유황 | Not 상징 But 실재 |
| 불 | 불 | Not 상징 But 실재 |
| 연기 | 연기 | Not 상징 But 실재 |

이 박사는 소돔 성을 심판한 '유황'이 심판을 상징한다고 하면서, 계시록 9장의 불과 유황을 실재하는 불과 유황이 아니라 심판을 상징한다고 주장했다. 따라서 이 박사는 소돔 성이 불과 유황으로 심판받은 것을 부인하고 있다는 인상을 떨칠 수 없다. 왜냐하면, 이 박사의 논리는 소돔 성에 내렸던 불과 유황이 상징적인 의미이기 때문에, 계시록 9장의 불과 유황도 실제적인 불과 유황이 아니라 심판을 상징한다고 주장하기 때문이다.

소돔 성을 심판했던 불과 유황은 상징이 아니라 '문자 그대로'로 실재였고, 계시록 9장의 마병대의 불과 유황도 상징이 아닌 실재인 유황이다. 소돔 성의 심판으로 하늘로 치솟은 옹기 가마에서 나는 '연기 같은' 연기는 상징이 아니라 '문자 그대로'로 실제적인 연기였고, 계시록 9장의 마병대의 연기도 상징이 아니라 '물질적인' 연기이다. 양자는 "유황과 불과 연기"라는 세 가지 동일한 요소를 갖고 있다. 소돔과 고모라가 패역한 도시에 대한 하나님의 심판이라는 것은 '문자 그대로' 실제였다. 동일한 원칙으로, 계시록 9장의 여섯째 나팔에서 마병대의 재앙으로 "그 땅의 삼분의 일의 사람들"을 살육하는 것은 무천년설의 주장과 같이 상징이 아니라, 실제이다.

### (2) 마병대는 상징이 아니다

이 박사는 마병대의 모습에 대하여 구체적으로 언급하지 않았기 때문에 속단할 수 없지만, 그는 다섯째 나팔 심판의 도구인 황충을 '상징'이라고 했고 마병대의 숫자인 '이만 만'(이 억)을 실제적인 이 억이 아니라 '무수히 많은 숫자'라는 의미의 상징이라고 했기 때문에 마병대도 상징으로 해석할 것이라 추측된다. 이 것은 이 땅에 거하는 자들에 대한 심판의 성격을 오해했기 때문이다. 무천년설이 모든 것을 상징으로 해석하는 것은 필연적으로 오류가 발생할 수밖에 없다. 마병대를 묘사하면서 "말들의 머리는 사자 머리 같고"라는 것은 '직유'로 표현한 것이다. 또한 '꼬리는 뱀 같고'라는 것도 마병대의 꼬리를 '직유'로 표현한 것이기 때문에 마병대는 상징이 될 수 없다. 첫째 나팔부터 넷째 나팔 심판이 상징이 아니라 '실제'로서 '문자 그대로'인 것처럼, 다섯째 나팔과 여섯째 나팔은 실제로 있는 심판이다.


## 9. "그 년 월 일 시"

### 1) 무천년설의 견해

이필찬 박사는 『요한계시록』(에스카톤, p. 847~848)에서 "그 년 월 일 시"에 대한 견해를 제시했다.

특별히 정관사(τὴν, 텐)가 '시간' 앞에서만 사용되어 나머지 항목과 하나의 단위를 구성하고 있는데, 이것은 하나님이 심판 자체에 대한 통제권을 가지셨을 뿐 아니라 구속사적 맥락의 정확한 시점에 관한 통제권도 가지셨다는 것을 강조한다. 이런 표현은 발생하는 모든 일들이 하나님의 미리 정하신 계획 안에서 일어난다고 생각하는 묵시적 사상의 '결정론적 세계관'의 영향을 받았다고 볼 수 있다. 묵시 문헌에는 이 세상에서 일어나는 모든 사건들이 하나님이 정하신 정확한 시점에 발행한다는 개념이 있다. (중략) 15b절의 표현들은 독자들에게 심판의 사건이 어느 특정한 미래의 시점에 역사적으로 일어날 특정한 사건임을 알려 주려는 의도를 갖는 것이 아니라, 모든 심판의 발생 시점을 하나님이 주관하신다는 것을 밝힘으로서 여섯 번째 나팔 심판이 하나님의 주권 안에 진행되고 있음을 강조하려는 의도를 반영한다.(이필찬, 『요한계시록』,에스카톤, p.847~848))

## 2) 필자의 비평 및 견해

### (1) 미래의 특정한 시점

이 박사는 '그 시간과 날과 달과 년'에 대하여 미래의 특정한 시점을 알려주려는 의도를 갖는 것이 아니라고 말한다. 계시록은 어떤 특정한 시점을 말하는 방식으로 말씀하지 않고, 어떤 일이 일어나는 방식으로 말씀한다. 예를 들면, 대환난이나 휴거가 일어나는 "그 날과 시"는 아무도 모르고 오직 아버지만이 아신다고 말씀하신 주님께서 계시록에서 어떤 특정한 때를 언급하지 않는다는 것은 자명하다. 그런 의미에서 이 박사가 어떤 특정한 때를 알려주는 것이 아니라는 것은 긍정적이다. 그러나 그가 '미래'에 일어나는 사건임을 부인하는 것은 더 큰 오류이다. 무천년설은 계시록의 여섯째 나팔이 미래에 있을 일이라는 것을 부인하고 '과거' 로마 시대 때 일어난 일들과 연관시키는 것은 잘못된 해석이다.

### (2) 심판에 대한 하나님의 주권(상징적 의미)

이 박사는 '그 년 월 시'를 "모든 심판의 발생 시점을 하나님이 주관하신다는 것을 밝힘으로서 여섯 번째 나팔 심판이 하나님의 주권 안에 진행되고 있음을 강조하려는 의도를 반영한다"라며 '상징적'으로 해석한다. 여기에서도 그의 '기-승-전-무천년설'의 관념을 볼 수 있다. 둘째 화인 여섯째 나팔에 대하여 구체적인 것으로 명시한 '그 년 월 시'라는 것을 일반화시킨 상징적인 해석은 비논리적이다. 만일 모든 것을 상징화해서 '하나님의 주권'과 같이 포괄적으로 해석하면, 모든 문제를 해결하는 만능열쇠 같다는 장점이 있다. 그런데 계시록이 말씀하는 구체적인 의미를 상실해 버리기 때문에 아무런 의미가 없게 되는 결과를 가져온다. 이것이 무천년설의 과오이다.

### (3) 대환난의 세 화의 관계

여섯째 나팔에서 '그 년 월 시'를 언급한 것은 매우 특별하다. 계시록의 문맥과 전체 흐름에서 볼 필요가 있다. 여섯째 나팔 심판은 다섯째 나팔과 일곱째 나팔과 연관성이 있기 때문에 공통점을 찾을 수 있다. 다섯째 나팔은 '첫째 화'로 부른다. 이후에 두 나팔을 '두 화'가 올 것이라고 부른다. 따라서 여섯째 나팔은 '둘째 화'이고, 일곱째 나팔은 셋째 화이다. 대환난은 첫째 화와 둘째 화와 셋째 화로 구성된다. 다니엘서와 마태복음 24:15은 "멸망의 가증한 것이 거룩한 것에 서는 것을 볼 때 … 대환난이 있을 것"을 말씀한다. 대환난은 다니엘서에서 '한 때 두 때 반 때' 즉 '세 때 반'이라 말씀하고, 계시록 11장과 13장은 짐승인 적그리스도가 거룩한 성을 짓밟는 것인 42달, 1,260일 동안 허락됐다고 말씀한다. 42달은 1,260일로서 삼 년 반과 일치한다. 이로써 다니엘의 세 때 반은 '해'(year)로서의 '삼 년 반'이라는 것을 알게 된다. 대환난의 기간을 '해'(year)와 '달'(month)과 '날'(day)로 각각 말씀한 것은 문자적 의미라는 증거이다. 그런데 '상징적 의미'라고 주장하는 무천년설의 해석은 비논리적이고 비성경적이다.

| | 다섯째 나팔 | 여섯째 나팔 | 일곱째 나팔 |
|---|---|---|---|
| 심판의 도구 | 황충들 | 네 천사 놓임<br>이 억의 마병대 | 일곱 대접 |
| 화 | 첫째 화 | 둘째 화 | 셋째 화 |
| 공통점 | 대환난 (3년 반, 42달, 1,260일) | | |
| 기간 | 다섯 달 | 그 연 월 일 시 | 언급 없음 |
| 성격 | 직접 언급 | 간접 언급 | 언급 없음 |

### (4) 성경의 역본들

대환난의 '세 화'의 관계를 살펴보자. 다섯째 나팔은 무저갱에서 놓인 황충들이 그 전갈의 쏘는 것과 같은 권세로 땅에 거하는 자들을 '다섯 달' 동안 괴롭게 한다고 '구체적'으로 그 기간을 언급한다. 그런데 여섯째 나팔은 '구체적 기간'을 언급하지 않고 '그 년 월 시'라고 말씀한다. 대부분 이것을 '어떤 특정한 때'라고 단정하는데, 성급한 해석이다. 대환난의 셋째 화인 일곱째 나팔에는 '기간에 대한 언급'이 전혀 없다. 대환난의 세 화는 각각 세 가지 특징을 갖는데, 여섯째 나팔은 언급이 됐지만 '구체적 기간'을 명시하지 않고 '페이드 아웃'(fade-out)방식으로 기록됐다.

이필찬 박사는 성경이 말하는 '그 년 월 시'를 '그 시간과 날과 달과 년을 위하여'(εἰς τὴν ὥραν καὶ ἡμέραν καὶ μῆνα καὶ ἐνιαυτόν, 에이스 텐 호란 카이 헤메란 카이 메나 카이 에니아우톤)로 번역했다. 즉 전치사 'εἰς'(에이스)를 ' … 을 위하여'로 번역했다. 이것을 어떻게 번역할 것인가는 계시록의 문맥을 보는 관점에 달렸다. 아래의 표는 논란이 되는 위 구절을 성경의 번역본들이 어떻게 번역했는지를 정리했다. 대부분 '특정한 때'를 언급하는 것으로 번역했다. 성경의 번역은 '문자적으로 충실히' 번역하면 된다. 그런데 어떤 번역은 특별히 성경의 흐름과 문맥에 대한 이해가 필요한 경우도 있다.

| 개역개정 | 그 년 월 시에 이르러 |
|---|---|
| 표준새번역 | 그 해, 그 달, 그 날, 그 때에 |
| 킹제임스 흠정역 | 어느 해 어느 달 어느 날 어느 시에 |
| 우리말 | 지정된 연월일시를 위해 |
| 바른성경 | 정해진 연월일시를 위해 |

### (5) 여섯째 나팔과 여섯째 대접의 문맥 관계

여섯째 나팔 심판은 동쪽에서 오는 이만 만(이 억)의 마병대가 유브라데 강을 건너 거룩한 성인 예루살렘을 향해 침공하므로 "그 땅의 그 삼분의 일"이 살육을 당하는 심판이다. 이 심판은 계시록 16장의 여섯째 대접 심판과 밀접한 관계가 있다. 여섯째 나팔은 유브라데에 결박된 네 천사를 풀어놓음으로 시작되고, 여섯째 대접 심판은 여섯째 대접을 유브라데 강에 쏟아 강물을 마르게 하고 동방에서 오는 왕들의 길을 예비한다. 동방에서 오는 왕들이 큰 날의 전쟁을 위하여 몰려가는 것은 귀신의 영들이 이적을 행하여 온 천하의 왕들을 미혹했기 때문이다. 따라서 네 천사가 "그 땅의 그 삼분의 일"을 죽이는 것은 동방에서 오는 이 억의 마병대를 통하여 일어날 것이다. 마병대가 "그 땅의 그 삼분의 일"을 죽이는 것은 '어느 한 날'이나 '몇 날'에 되는 것이 아니라 상당한 시간이 소요된다.

적어도 이 억의 마병대가 동방에서 유브라데 강을 건너기까지 '많은 시간'이 걸리기 때문이다.

따라서, "그 년 월 일 시"는 여섯째 나팔의 문맥 안에서 상당한 시간이 걸린다는 것과 관계있다. 다섯째 나팔 심판은 다섯 달 동안 있게 되고, 세 화로 구성되는 대환난과 다니엘서에서 예언한 '한 때 두 때 반 때'는 계시록 11장과 13장의 거룩한 성을 짓밟는 42달과 1,260일과 정확히 일치한다. 따라서 '해(year)'로서의 '세 때 반'이라는 것을 알 수 있다. 여섯째 나팔 재앙은 42달 1,260일에서 다섯 달을 뺀 날 수보다 '더 클 수' 없고, 그보다 '더 작은 날'이다. "εἰς τὴν ὥραν καὶ ἡμέραν καὶ μῆνα καὶ ἐνιαυτόν"(에이스 텐 호란 카이 헤메란 카이 메나 카이 에니아우톤)을 QST해 보자.

첫째, 'ἐνιαυτόν'(에니아우톤)은 '해, 년(year)'을 의미하는 ἐνιαυτός(에니아우토스)의 '단수 목적격'이다. 그러므로 '일 년'을 의미한다.

둘째, 'μῆνα'(메나)는 '월, 달(month)'을 의미하는 'μῆν'(멘)'의 '단수 목적격'으로 "한 달"을 의미한다.

셋째, 'ἡμέραν'(헤메란)은 "일, 날(day)"를 의미하는 'ἡμέρα'(헤메라)'의 '단수 목적격'으로 "하루"를 의미한다.

넷째, 'ὥραν'(호란)은 '시간, a hour'을 의미하는 'ὥρα'(호라)'의 '단수 목적격'으로 "한 시간"을 의미한다.

따라서 이 구절은 "일 년, 한 달, 하루, 한 시간" 즉 "13개월 하루 한 시간" 동안에 유브라데 강에서 놓인 네 천사가 동방에서 오는 이 억의 마병대를 통하여 유브라데 강에 이르기 까지 '그 땅의 그 삼분의 일의 사람들'을 살육한다는 것으로 해석할 수 있다. 이 심판은 다섯째 나팔의 재앙보다 더 참혹할 것이다.

요한계시록 INSIDE - 1~11장: 그가 왕 노릇 하시리로다

# 10. 여섯째 나팔 심판에 대한 관점

## 1) 무천년설 견해

이필찬 박사는 『요한계시록』(에스카톤, p. 855~856)에서 여섯째 나팔 심판이 상징적 의미로서 사도 요한이 공포스런 느낌을 자아내기 위해서 인위적으로 표현했다는 주장을 제시했다.

> 이러한 내용의 묘사들은 앞으로 일어날 특정 사건들을 미리 예고하기 위한 것이 아니라 하나님을 배역한 인간들을 향한 하나님의 진노에 대한 '공포스러운 느낌'을 자아내려는 목적을 갖는다는 점을 기억하는 것은 매우 중요하다. 곧 요한은 결박되었다가 풀려난 네 천사와 관련된 말들과 관련하여 머리는 사자 같고, 꼬리는 뱀 같고 머리가 달려 있는 '기괴하고 치명적인' 이미지를 만들어 내어 세상을 심판하기 위한 하나님의 마음을 성공적으로 표현해 내고 있는 것이다. 스웨터는 이러한 이미지 형성이 '공포를 강화하려는' 목적을 갖는다고 설명한다. 따라서 이러한 내용의 글들을 대할 때 문자 그대로 해석하여 앞으로 일어날 사건들을 추적하는 것은 본문의 의도를 벗어나는 것이며 아무런 결과도 기대할 수 없다.(이필찬, 『요한계시록』, 에스카톤, p. 855~856)

## 2) 필자의 비평 및 견해

### (1) 상징이라면 심판은 의미 없다

이 박사는 여섯째 나팔에 나오는 유브라데 강에서 놓인 네 천사, 이만 만의 마병대와 마병대의 불빛과 자줏빛과 유황빛 흉갑과 말들의 입에서 나오는 불과 연기와 유황을 '실재'가 아니라 '상징적 의미'라고 주장한다. 이 땅에 거하는 자들에 대한 심판은 죽임을 당한 순교자들의 신원의 기도에 대한 응답이다. 만일 그의 주장대로, 다섯째 나팔과 여섯째 나팔 심판이 상징에 불과하다면, 하나님께서는 순교자들의 기도에 응답한 것이 아니라 '속이신 것'이 된다. 이런 일이 있을 수 있는가? 이런 귀결은 여섯째 나팔 심판이 '상징적 의미'라는 무천년설의 주장이 오류라는 것을 의미한다.

### (2) 미래를 부정

이 박사는 "이러한 내용의 묘사들은 앞으로 일어날 특정 사건들을 미리 예고하기 위한 것이 아니라"고 말한다. 그렇다면 계시록 1:19의 "그러므로 네가 본 것과 지금 있는 일과 장차 될 일을 기록하라"는 예수 그리스도의 말씀을 훼손시킨다. 계시록은 세 가지 주제를 계시하는데 그 중의 마지막 주제가 '장차 될 일들'이다. 이 박사의 견해는 밤 하늘의 북극성과 같은 계시록 1:19을 벗어난 '주관적인 견해'이다.

### (3) 치명적인 이미지인가?

이 박사는 "요한은 결박되었다가 풀려난 네 천사의 말들이 머리는 사자 같고, 꼬리는 뱀 같고 머리가 달려 있는 '기괴하고 치명적인' 이미지를 만들어 내어 세상을 심판하기 위한 하나님의 마음을 성공적으로 표현해 내고 있는 것이다"라고 주장한다. 이 견해는 계시록의 계시성을 부인하고 '묵시문헌 작품'으로 간주한다. 여섯째 나팔의 말들과 관련된 것을 "기괴하고 치명적인 이미지를 사도 요한이 의도적으로 만들었다"는 것은 성경의 영감성과 계시록의 계시성을 부인한다. 이런 무천년설의 견해는 계시록을 이 박사가 표현한 대로 '계시록에 대한 기괴하고 치명적인 해석'이라 할 수 있다.


## 11. 회개치 않는 사람들의 반응

### 1) 무천년설 견해

### (1) 그리고리 K. 비일 견해

그레고리 K. 비일은 『NIGTC 요한계시록』(새물결플러스, p.857)에서 심판을 받은 사람들이 회개치 않는 것에 대한 견해를 제시했다.

남은 불신자들을 경고하는 이유는 많은 사람들이 실제로 회개하도록 하려는데 있는 것이 아니다. 그들에게는 회개란 것이 없다. 오히려 하나님이 영적인 개혁의 충분한 기회를 제공함으로써 그의 주권을 보이시고 특히 '인침을 받지 못한' 모든 무리를 일곱 번째 나팔불 때 최종적으로 심판하셔서 그의 의로우심을 드러내시려는 데 신학적인 목적이다. 목회적인 목적은 독자들에게 그럼에도 그들이 충성된 증인에 반대하는 일이 역사가 끝날 때까지 계속될 것이며 그들은 낙담하지 말아야 한다는 것을 상기시키는데 있다. (그레고리 K. 비일, 『NIGTC 요한계시록』, 새물결플러스, p.857)

### (2) 이필찬 박사의 견해

이필찬 박사는 여섯째 나팔 심판에 대하여 『요한계시록』(에스카톤, p. 856~857)에 제시했다.

> 먼저 여기에서 '회개하지 않았다'는 것은 '회개하기를 거부했다'라는 의미로 이해하는 것이 좋다. (중략) 곧 그들의 '손의 행위'란 손으로 한 행위만을 가르치는 것이 아니라 그들의 삶 전체 행위를 포함한다. (중략) 여기에서 회개의 초점은 우상 숭배를 하지 않는 것에 맞춰져 있다. 이것은 회개 목록이 주로 우상 숭배에 집중되어 있다는 것을 통해 분명하게 알 수 있다. 유대적 전통에서 회개는 우상 숭배에서 돌이키는 것과 같은 구체적인 행동의 변화를 전제한다. (중략) 또한 20절에서는 '귀신들'과 '우상들'이 병치되어 있다. 이것은 우상의 배후에는 귀신들에 의해 대표되는 사탄적 세력이 작용하고 있음을 의미한다. 신명기 32장 16~17절에서는 우상 숭배를 마귀/사탄을 향한 경배로 규정한다.(이필찬, 『요한계시록』, 에스카톤, p.856~857)

## 2) 필자의 비평 및 견해

### (1) '회개치 않더라'의 의미

이 박사는 사람들이 구체적인 행동의 변화를 위한 회개를 거부했다는 것으로 간단하게 언급했고, 그레고리 K. 비일은 "그들에게는 회개란 것이 없기 때문에 많은 사람들이 실제로 회개하도록 하려는데 있는 것이 아니다"라고 단정했는데 매우 미흡하다. 이 재앙은 이 땅에 거하는 자들에 대한 하나님의 심판이다. 하나님의 의도는 성경에 나타난다. 성경은 그들의 상황을 "이 재앙에 죽지 않고 남은 사람들은 그 손으로 행하는 일을 회개치 아니하고"라고 말한다. 이것은 하나님이 세상을 심판하시는 가운데서도 "이 땅에 거하는 자들이 회개할 것을 원하신다"는 것을 함의한다. 따라서 비일의 견해는 그 결과만을 보고, 심판 중에서도 회개하기를 원하시는 하나님의 의도를 간과했다. '회개치 않았다'는 원문에서 'οὐ μετενόησαν'(우 메테노에산)으로, '회개하다'는 'μετενόέω'(메타노에오)로서 '마음을 바꾼다, 생각을 바꾼다'라는 뜻이고, οὐ(우)는 부정불변사로 'no, not'의 뜻이다. 따라서 재앙에 죽지 않고 살아남은 자들이 '우상 숭배와 다른 죄에 대한 생각을 바꾸기를 원하지 않았다', '마음을 바꾸는 것을 즐거워하지 않았다'라는 의미이다. 이 땅에 거하는 자들의 완악하고 강퍅한 상태를 보여준다.

### (2) 우상 숭배의 죄들을 언급하는 특별한 이유

여섯째 나팔 심판의 결과로 사람들의 반응에서 가장 먼저 "오히려 여러 귀신과 또는 보거나 듣거나 다니거나 하지 못하는 금, 은, 동과 목석의 우상에게 절하고"라며, 우상 숭배와 관련된 죄들을 언급하는 특별한 이유가 있다. 여섯째 나팔 심판은 대환난의 '둘째 화'이다. 대환난은 계시록 11장의 거룩한 성인 예루살렘 성이 이방인에게 42달, 1,260일 동안 짓밟히는 기간이고, 계시록 13장은 짐승의 우상이 다른 짐승인 거짓 선지자의 선동으로 세워져서 사람들로 경배하게 하고, 짐승의 표인 666을 이마나 오른 손목에 받지 않으면 물건을 사지도 팔지도 못하게 하는 극심한 우상 숭배가 성행하는 때이다.

여섯째 나팔은 동방에서 오는 이만 만의 마병대에 의해 "그 땅의 그 삼분의 일"이 죽임을 당하는 사람들은 "귀신과 또는 보거나 듣거나 다니거나 하지 못하는 금, 은, 동과 목석의 우상에게 절을 한 사람들"인데, 적그리스도의 우상 숭배와 관계가 있다. 그래서 우상과 관련된 죄를 첫 번째 언급한다. 우상 숭배의 죄가 먼저 언급된 이후 "그 살인과 복술과 음행과 도둑질"이 언급된다. 복술은 우상 숭배와 함께 영적인 타락을, 음행은 윤리적인 타락을, 도둑질은 탐욕으로 치닫는 시대라는 것을 가리킨다.

재림

```
대 환난 = 세 때 반 , 42달 , 1260일  적그리스도 우상 숭배
```

계9장; 5th 나팔 심판 → 6th 나팔 심판 → 7th 나팔 심판

그 땅의 1/3 죽임 당함
그 손으로 행한 일 회개치 않음
귀신과 금 은 동 목석의 우상

[ 계9장 6th 나팔 심판: 회개치 않는 사람들과 우상 숭배의 관계 ]

## (3) 창세 이후로 말하는 우상

여섯째 나팔 재앙을 당한 사람들과 우상의 관계를 구체적으로 언급한다. 20절은 "오히려 여러 귀신과 또는 보거나 듣거나 다니거나 하지 못하는 금, 은, 동과 목석의 우상"이라고 말한다. 우상이 할 수 없는 세 가지를 언급한다. 첫째, 우상은 볼 수 없다. 둘째, 듣지 못한다. 셋째, 다니지 못한다. 시편 115:4~7은 우상이란 존재가 어떤 존재인지를 구체적으로 묘사한다.

> 그들의 우상들은 은과 금이요 사람이 손으로 만든 것이라 입(mouths)이 있어도 말하지 못하며 눈(eyes)이 있어도 보지 못하며 귀(ears)가 있어도 듣지 못하며 코(noses)가 있어도 냄새 맡지 못하며 손(hands)이 있어도 만지지 못하며 발(feet)이 있어도 걷지 못하며 목구멍(their throat)이 있어도 작은 소리조차 내지 못하느니라 (시 115:4~7)

우상이 할 수 없는 일곱 가지를 언급한다. 창세 이후로 모든 우상은 입과 눈과 귀와 코와 손과 발이 있어도 아무런 응답을 할 수 없었다. 그런데 계시록 9장의 여섯째 나팔 심판으로 인한 사람들의 반응을 말할 때 "보거나 듣거나 다니거나 하지 못하는 금, 은, 동과 목석의 우상"이라고만 말한다. 중요한 한 가지가 언급되지 않은 것이 있다. 성경을 연구할 때, 비교를 통해서 없는 것을 발견하는 것

도 중요하다. 그것은 "입이 있어도 말하지 못하며"라는 구절이 언급되지 않는다. 그런 이유는 대환난 중에 예루살렘 성전에 세워질 '멸망의 가증한 것'인 우상이 말하기 때문이다. 이에 대하여 계시록 13:15은 구체적으로 언급한다.

> 그가 권세를 받아 그 짐승의 우상(the image of the beast)에게 생기(life)를 주어 그 짐승의 우상으로 말하게 하고(should both speak) 또 짐승의 우상에게 경배하지 아니하는 자는 몇이든지 다 죽이게 하더라(계 13:15)

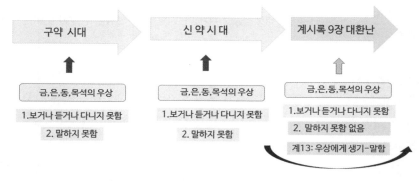

[ 각 시대별 우상들의 상태와 대환난 때의 우상 비교 ]

위의 도표는 구약 시대의 우상이 눈과 코와 입과 귀와 발과 손이 있어도 아무 것도 할 수 없다는 것을 나타낸다. 신약 시대에도 이것은 동일하다. 그런데 계시록의 대환난 시대에는 적그리스도의 우상이 세워지고 거짓 선지자가 짐승의 우상에게 생기를 주어 말하게 한다. 이것은 '속임수'가 아니라 실재이다. 얼마나 많은 사람들이 기적적인 일에 미혹되어 우상을 경배할 것인가! 그래서 많은 사람들이 짐승의 표를 받게 된다. 여섯째 나팔 재앙은 둘째 화로서 대환난의 한 가운데의 상황이다. 재앙에 죽지 않고 살아남은 자들이 우상에게 절한 것을 회개하지 않는다는 것을 언급하면서, "입이 있어도 말하지 못하며"라는 구절이 없는 것은 대환난 시대의 적그리스도의 우상은 말을 하기 때문이다. 표적을 구하는 사람들은 모두 적그리스도의 우상에게 경배할 것이다.

## 요한계시록 9장 요약

# 1. 다섯째 나팔: 하늘에서 떨어진 별 하나와 무저갱의 사자에 대한 비교

아래의 표는 다섯째 나팔에 대한 무천년설과 전천년설(필자)의 견해를 비교 정리한 표이다. 양자의 의미를 비교하면 온전한 의미를 분별할 수 있다.

| | 무천년설 | 전천년설(필자) |
|---|---|---|
| 떨어진 별 하나 | 사탄<br>or 타락한 천사 | 사탄 |
| 떨어진 시기 | 예수님 초림 때 | 장차 다섯째 나팔 불 때 |
| 무저갱 | not 물리적 공간<br>(상징 해석) | 물리적 장소 |
| 무저갱 | 사탄의 거처(상징) | 물리적 감금 장소 |
| 연기로 어두워짐 | 연기 양이 많다 | 실제로 어두워짐 |
| 황충 | 상징 | 문자대로 |
| 전갈의 권세 | 세상에서 활동하는 영적 악의 능력 | 전갈의 독 같은 권세 |
| 연기, 황충, 전갈 | 심판의 혹독함 상징 | 문자대로 |
| 땅의 풀, 푸른 것<br>모든 수목 | 출애굽기 인용<br>해석 안함 | 문자대로 |
| 인 맞지 않은 사람들 | 인 맞지 않은 사람<br>(문자적) | 문자대로<br>인 맞은 14만 4천 外 |
| 다섯 달 동안 해함 | 메뚜기 생애 주기<br>심판의 제한된 기간 | 문자대로 다섯 달 |

| 무저갱의 사자 | 땅으로 떨어진 별<br>사탄과 동일시 | 사탄과 다름<br>황충들의 왕 |
|---|---|---|
| 아바돈/아폴뤼온 | 아폴로 음과 유사<br>우상 숭배 질타 목적 | 파괴자<br>무저갱의 사자 별칭 |
| 특징 | 상징적 해석 기반에<br>문자적 해석 혼용 | 문자적 해석 |
| 평가 | 원칙이 없이 해석 | 원칙이 있음 |

## 2. 여섯째 나팔: 큰 강 유브라데에 결박한 천사의 놓임에 대한 비교표

| 내용 | 무천년설 | 전천년설(필자) |
|---|---|---|
| 두 개의 화 | not 시간적 순서<br>but 논리적 순서 | 두 개의 화가<br>순서적으로 있다 |
| 하나님 앞의 금제단 | 하나님 앞(문자) | 하나님 앞 |
| 네 뿔들로부터 음성 | 의인화 | 음성의 방향 |
| 네 천사 결박되다 | 은유적 표현 | 문자대로 |
| 유브라데 강 | 문자적 의미<br>& 은유적 사용 | 문자대로 강이다 |
| 풀려났다 | 하나님의 주권 | 문자대로 |
| 사람 1/3 죽임 | not 문자대로 1/3<br>but 공포스런 느낌 | 그 사람의 그 1/3 |
| 이만 만 마병대 | not 문자<br>but 많은 무리 의미 | 2억의 군대<br>문자대로 |
| 불, 연기, 유황 | 심판의 상징 | 문자대로 |
| 전반적 의미 | not 특정 사건 예고<br>but 하나님이 진노의 공포 상징 | 문자대로<br>예고 |
| 회개하지 않았다 | 문자대로 | 문자대로 |
| 금,은,동,나무로<br>만든 우상 | 문자대로 우상 | 문자대로 |

| 회개하지 않았다 | 계시록의 심판이<br>심판 목적 아니다 | 심판하시는 중에도<br>회개할 기회 주심 |
|---|---|---|
| 특징 | 상징적 해석과<br>문자적 해석 혼용 | 문자적 의미 |
| 평가 | 원칙 없이 해석 | 원칙 있음 |

## 3. Youtube; "워킹바이블 요한계시록 연구소" 채널 참고 영상

#34 루시퍼 사탄! 에스겔28장 기원 지위 타락

#35 사탄! 악의 근원! 성경에 나타난 사탄의 역사!

#36 무천년설과 전천년설 신학교별 성향! 목회자는 무엇을 가르치는가

#37 천년왕국 바로 보기! 불못이 상징이기 때문에! 무저갱과 천년왕국 상징이다??

## 4. Youtube; "워킹바이블TV 채널" 타락한 천사, 네피림의 정체 참고 영상

[네피림]#51 하나님의 아들들과 네피림 완전 정복 A

[네피림]#52 하나님의 아들들은 자손을 낳을수 있는가?

[네피림]#54 아브라함에게 나타난 천사들은 겉만 사람인가?

[성경비밀]#55 네피림이 모두 남자인 사실! 성염색체 XY!

[네피림]#50 홍해 사건과 거인족 두 왕, 시혼 왕과 옥 왕의 패배!

[네피림]#102 하나님의 아들들이 네피림을 낳은 가증한 목적!

[네피림]#103 노아가 완전한 자라는 의미? 네피림 전성 시대에!

[네피림] #104 12명의 정탐꾼과 가나안 땅의 아낙 자손들인 거인들!

[네피림]#105 노아 홍수 때 멸절했는데 어떻게?

[네피림]#106 가나안 땅의 네피림과 어깨에 멘 포도송이!

[네피림]#107 거대한 포도 송이! 하나님 율법의 이종 교배 금지

[네피림]#108 천지창조 종류의 법칙 vs 네피림 이종교배 법칙

[네피림]#109 사단과 네피림의 대적! 성경의 4대 이종교배 사건!

[네피림] #110 창세기 동물계 이종 교배 사건과 노새들!

[네피림]#111 성경의 4대 이종교배 사건! 이방 결혼과 노새들?!

[네피림]#112 홍수 심판 모든 동물들이 멸절된 이유는?

[네피림]#113 네피림 시대의 이종교배종!

[네피림] #114 하나님의 아들들이 내려온 때! 창 6장인가?

[네피림]#115 에녹과 에녹서! 하나님의 아들들에 대한 심판 예언!

[네피림] #116 라멕과 당시 상황! 네피림들의 대살육 사건!

[네피림] #117 노아의 출생의 독특성! 당황한 아버지 라멕

[네피림] #118 노아 시대의 패역한 상황들 엿보기!

[창세기]#119 노아 방주와 탑승객들 이야기!

[노아방주]#120 성경과 야살의 책으로 본 홍수 시작 후 사건!

[네피림] #121 거인들의 땅이 존재했다?! 네피림 바산 왕 옥

[네피림]#122 네피림족의 3대 특징 세계 최초 공개!

[네피림]#124 네피림 가드 사람 골리앗과 다윗!

[네피림]#125 태양과 달도 멈춘 위대한 전쟁!

[네피림]#126 다윗 시대의 네피림들! 골리앗의 아우 라흐미

[네피림]#128 오늘날 네피림은 왜 나타나지 않는가?

[네피림]#129 네피림이 포도만 이종 교배한 양대 목적은?

[네피림]#130 네피림들은 언제부터 가나안 땅을 장악했는가?

[네피림]#146 천사끼리 결혼할 수 없는가? 여자 천사는 없는가?

## Chapter 36 ·
# 힘센 다른 천사(10:1~11)

계시록 10장은 하늘에서 내려오는 '힘센 다른 천사'에 대한 계시이다. 계시록 10장은 일곱 나팔에 속한 것이 아니라 '삽입부'이다. 계시록 10장의 내용을 아는 것뿐만 아니라, 이 부분이 "어디에 위치하고 있는가? 언제 발생하느냐?"라는 것도 매우 중요하다. 계시록 9장은 일곱 나팔 중, 다섯째 나팔과 여섯째 나팔 심판에 대한 것이다. 일곱 나팔은 '전반부' 네 나팔과 '후반부'의 세 나팔로 구성된다. 전반부의 네 나팔은 '자연환경'에 대한 심판으로 이 땅에 거하는 자들에 대한 '간접적인' 심판의 성격을 갖는다. 이에 반하여 다섯째 나팔부터는 이 땅에 거하는 자들에 대한 '직접적인 심판'이다. 네 나팔은 자연환경에 대한 심판으로 '문자적' 의미이고, 후반의 세 나팔은 사람에 대한 '직접적인' 심판이다. 계시록 10장 다음의 기록인 계시록 11장에는 일곱째 나팔이 나온다. 계시록 10장이 여섯째 나팔을 기록한 계시록 9장과 일곱째 나팔을 기록한 계시록 11장 사이에 위치한 것은 여섯째 나팔과 일곱째 나팔의 '삽입부'이기 때문이다. 아래의 도표는 계시록 9장과 계시록 10장의 힘센 다른 천사에 대한 삽입부와 계시록 11장의 일곱째 나팔 관계를 나타냈다.

[ 계10장 힘센 다른 천사에 대한 삽입부 ]

일곱 나팔이란 일곱 개의 나팔을 의미할 뿐만 아니라, 그 일곱 나팔들은 '순서' 가 있다. 그래서 첫째 나팔, 둘째 나팔, 셋째 나팔 … 일곱째 나팔로 부른다. 첫째, 둘째, 셋째 … 일곱째는 '서수'이다. 서수는 '순서가 있는 수'이기 때문에 '시간적' 순서가 있다. 계시록에서 일곱 인과 일곱 나팔과 일곱 대접은 모두 '서수(序數)'로서 순서가 있다. 서수라는 것은 무천년설의 주장처럼 '병렬식 구조'가 아니라, '직렬식 구조'라는 것을 의미한다. 병렬식 구조는 일곱 인과 일곱 나팔과 일곱 대접의 각각의 순서가 존재한다는 것을 인정하지만, 정작 '큰 구조'인 일곱 인과 일곱 나팔과 일곱 대접의 순서는 인정하지 않고 동일한 시점인 초림에 '인과 나팔과 대접'이 발생한다고 해석한다. 그 결과 일곱 인이 일어날 때, '동시에' 일곱 나팔이 차례로 일어나고, '또 동시에' 일곱 대접이 일어난다고 해석한다. 이것은 계시록의 구조를 크게 오해한 것이다. 무천년설은 근본적으로 계시록의 내용들을 기계적인 '상징적 해석'과 병렬식 구조의 관념으로 보기 때문에, 계시록의 메시지를 왜곡되게 해석할 수밖에 없는 한계를 가졌다. 계시록의 기본 구조는 직렬식으로 일곱 인과 일곱 나팔과 일곱 대접이 순서적으로 일어난다. 계시록의 두 번째 독특성은 삽입부이다. 삽입부는 일곱 인이나 일곱 나팔에 연속되지 않고, 각 인과 나팔 사이에 위치하여, 중요한 장면들을 자세히 보여준다.

# 1. 힘센 다른 천사

## 1) 무천년설 견해

### (1) 그레고리 K. 비일의 견해

그레고리 K. 비일은 『NIGTC 요한계시록』(새물결플러스, p.863)에서 힘센 다른 천사가 신적인 존재나 그리스도 자신이라는 견해를 제시했다.

이 천상적인 존재가 '천사'로 불리긴 했지만, 그는 천사 그 이상의 존재다. 그는 5:2와 18:21의 천사와는 급이 다르다. 만일 그가 천사라면 그는 매우 특별한 천사다. 그가 요한계시록에 등장하는 다른 천사와는 다르게 장엄한 방법으로 묘사되기 때문이다. 그는 구약성경에서 하나님에게 또는 요한계시록에서 하나님이나 그리스도에게만 부여된 성품을 지녔다. 그래서 이 천상적인 존재는 신적 품성을 지닌 그리스도 자신이든지 야웨의 신적 권위를 지닌 천사다. 주석가들 중에는 이 천사가 요한계시록에서 묘사하는 그리스도와 비슷하다는 점을 인정하지만 그 천사가 그리스도일 수가 없다고 결론을 내리는 사람이 있다. ἄγγελος(천사)가 요한계시록 어디에서도 그리스도로 사용된 적이 없고 급이 낮은 천상적 존재에게만 사용되었다는 것을 그 이유로 든다. 하지만 14:14의 '인자 같은 이'는 전후 문맥에서 다른 여섯 천사들과의 관계를 볼 때 천사로 간주될 수 있다.(그레고리 K. 비일, 『NIGTC 요한계시록』, 새물결플러스, p.863)

그레고리 K. 비일은 『NIGTC 요한계시록』(새물결플러스, p.869)에서 힘센 다른 천사에 대하여 앞에서 제시했던 견해와 다르게 미가엘과 같은 천사일 것이라고 말했다. 서로 상반된 비일의 견해는 힘센 다른 천사가 보통 천사와 전혀 다르기 때문이고, 또한 힘센 다른 천사에 대한 무천년설 관념을 벗어나기가 힘들다는 반증일 것이다. 그의 견해를 보자.

계시록 10:1의 천사가 단순히 그리스도의 특성을 소유한 그리스도를 대표하는 천사에 불과할 가능성은 있다. 만일 그렇다면 미가엘이 좋은 후보일 것이다. 그는 12:7~9에서 그리스도를 대표한다. 개중에는 10:1의 천상적인 존재가 '하나님의 강한 자'란 뜻의 이름을 가진 가브리엘이라고 생각하는 사람들이 있다. 3 En. 35:1~4에는 '모든 천사'가 '키 큰' 거인으로 묘사되며 그들의 얼굴 모양은 빛과 같고 발은 불타는 주석 같고 말을 할 때 그들의 음성은 허다한 무리가 소리를 내는 것 같다고 소개된다. 천사들은 '책들이 펼쳐진' 하늘 법정의 구성원들이다.(그레고리 K. 비일, 『NIGTC 요한계시록』, 새물결플러스, p.869)

## (2) 이필찬 박사의 견해
이필찬 박사는 『요한계시록』(에스카톤, p.870, p.873)에서 힘센 다른 천사에 대한 견해를 제시했다.

다른(ἄλλον, 알론)이란 표현이 사용된다는 점으로 볼 때, 적어도 요한계시록 차원에서는 여러 힘센 천사들로 구성된 어떤 그룹이 존재한다는 것을 알 수 있다. 천사에 대해 이렇게 표현하는 것은 성경의 다른 책들에서는 등장하지 않은 요한계시록 특유의 것이다. 학자들은 1a절의 다른 힘센 천사를 가브리엘로 간주하거나 1장 12-16절에서 그리스도를 소개했던 것처럼 그리스도로 간주하기도 한다. 그러나 요한이 가브리엘과 같은 어떤 특정한 천사를 염두에 두었다는 증거는 희박하며, 1장 12-16절의 그리스도에 대한 묘사와 유사한 부분들이 존재하는 것은 분명하지만 이 천사를 그리스도와 동일하다고 단정짓는 것은 10장 전체적인 문맥을 봤을 때 무리가 있다.(『요한계시록』,에스카톤, p.870)

이러한 관련성에 의해 이 천사(힘센 다른 천사)가 이런 책을 손에 들고 있다는 표현은 이 천사가 그리스도의 구속 사역을 선포하도록 보냄받은 메신저로서의 지위를 갖는다는 사실을 시사한다. 그러므로 이 천사를 그리스도나 하나님이나 가브리엘이라는 하나의 캐릭터에 집중하여 그 의미를 결정하기보다는 이러한 여러 캐릭터의 조합으로 '다른 힘센 천사'가 하나님의 구속 사건의 메신저로서 그 어떤 경우보다 의미 있는 역할을 하고 있다고 정리할 수 있을 것이다.(이필찬, 『요한계시록』,에스카톤, p.873)

## 2) 힘센 다른 천사에 대한 필자의 견해

### (1) 그레고리 K. 비일의 견해에 대한 필자의 비평

비일은 '힘센 다른 천사'가 '천사'로 불리긴 했지만, 그는 천사 그 이상의 존재이고, 그래서 "만일 그가 천사라면 그는 매우 특별한 천사"이며 하나님이나 그리스도에게만 부여된 성품을 지녔기 때문에 이 천상적인 존재는 신적 품성을 지닌 그리스도 자신이든지 야웨의 신적 권위를 지닌 천사다라고 한 것은 매우 긍정적이다. 그런데 비일은 계시록 14:14의 '인자 같은 이'는 전후 문맥에서 다른 여섯 천사들과의 관계를 볼 때 천사로 볼 수 있다고 상반되는 견해를 피력했다.

이런 사실들은 비일이 '힘센 다른 천사'가 하나님의 속성을 지녔다는 것을 보았음에도 불구하고 '힘센 다른 천사'의 온전한 의미를 확신하지 못했기 때문이다. 사실 '힘센 다른 천사'가 누구인지를 아는 것이 쉽지 않다는 것을 반증한다. 무천년설이 힘센 다른 천사를 '보통 천사'로 인식한 것에 비하면, 비일의 관점은 성경에 근접했다고 할 수 있다. 하지만 비일은 결과적으로 그리스도인 것 같기도 하고, 천사인 것 같기도 한다며 모호한 견해로 흘렀다. 이런 결과는 성경 전체의 문맥에서 힘센 천사가 계시록에서 하나님의 심판을 수행하시는 그리스도라는 것을 알지 못했기 때문이다.

### (2) 이필찬 박사의 견해에 대한 필자의 비평

이필찬 박사는 '힘센 다른 천사'의 독특성에 관심을 갖지 않는다. 그는 힘센 다른 천사가 그리스도에 대한 묘사와 유사한 부분들이 존재하는 것은 분명하지만 이 천사를 그리스도와 동일하다는 것은 10장 전체적인 문맥을 봤을 때 무리라고 단정했다. 그 결과 다른 힘센 천사를 "그리스도나 하나님이나 가브리엘이라는 하나의 캐릭터에 집중하여 그 의미를 결정하기보다는 이러한 여러 캐릭터의 조합으로 '다른 힘센 천사'가 하나님의 구속 사건의 메신저로서 역할을 한다"는 것으로 매듭짓는다. "누구인지가 중요하지 않다"는 것은 문맥(context)의 기본을 무시하는 것이다. 어떤 사건이든 이야기든지 육하원칙인 5W1H는 중요하다. 그중에서 "그는 누구인가"(Who is he?)라는 것은 첫째 사항이다. 그럼에도 불구하고 이 박사는 "캐릭터에 집중하지 말라", "누구인지는 중요하지 않다"고 일축하는 것은 지극히 '주관적인' 견해이다. 이런 근본적인 원인은 '힘센 다른 천사'를 규명하는 것이 난해하기 때문이기도 하고, 따라서 외면하려는 심리 때문이다. 그래서 이 박사는 '힘센 다른 천사'를 하나님의 구속 사건의 메신저로서 역할을 한다는 정도로 마무리했다. 계시록 10장의 삽입부 한 장을 차지하는 중요한 위치에 있는 '다른 힘센 천사'에 대한 것을 마치 해결되지도 않은 의혹투성이인 사건을 서둘러 덮어버리는 것과 같다.

### (3) 성경에서 'ἄγγελος'(앙겔로스)의 의미

천사로 번역된 'ἄγγελος'(앙겔로스)에 대한 고정관념이 있다. 그것은 'ἄγγελος'가 천사, 즉 '피조된 천사' 혹은 '날개 달린 천사'만으로 간주한다. 그레고리 K. 비일이 '힘센 다른 천사'가 하나님과 그리스도의 성품을 가졌다는 것을 인지했음에도 불구하고, 다른 특별한 천사 정도로 귀결된 근본 원인도 'ἄγγελος'(앙겔로스)에 대한 이해가 결핍되었기 때문이다.

대개 'ἄγγελος'(앙겔로스)를 '날개 달린 천사'로만 알고 있는데, 이 단어는 '사자, 천사, 전령, 보냄을 입은 자, 하나님의 사자'라는 뜻이 있다. 성경에서 말하는 천사의 의미는 "하늘에서 보냄을 입은 자", 다시 말하면 "하늘에서 즉 하나님에 의하여 특별한 임무를 위임받아 보냄을 입은 자"라는 의미이다. 우리가 보편적으로 아는 모든 천사들이 그 가운데 속한다. 그러나 그런 천사들과 전혀 다른 분으로서 하늘에서 보냄을 받은 유일한 한 분이 있다. 그는 예수 그리스도이시다. 성경의 예를 들어보자. 요한복음 3장은 거듭남에 대한 니고데모와 예수님의 대화가 기록됐다. "성령과 영과 바람"에 주의를 기울이며, 요한복음 3:5~8을 보자.

> 예수께서 대답하시되 진실로 진실로 네게 이르노니 사람이 물과 **성령으로** (πνεύματος) 나지 아니하면 하나님의 나라에 들어갈 수 없느니라 육으로 난 것은 육이요 **영으로**(πνεύματος) 난 것은 **영**(πνεῦμα)이니 내가 네게 거듭나야 하겠다 하는 말을 놀랍게 여기지 말라 **바람**(πνεῦμα)이 임의로 불매 네가 그 소리는 들어도 어디서 와서 어디로 가는지 알지 못하나니 **성령으로**(πνεύματος) 난 사람도 다 그러하니라 (요 3:5~8)

위 구절에서 붉게 표시한 다섯 단어, '성령으로, 영으로, 영이니, 바람이, 성령으로'는 모두 동일한 헬라어 단어 'πνεῦμα'(프뉴마)를 번역한 것이다. 첫째, '물과 성령으로'에서 '성령으로'는 πνεύματος(프뉴마토스, πνεῦμα의 소유격)를, 6절의 '영으로'도 πνεύματος(프뉴마토스)를 번역한 것이고, 6절의 '영'은 πνεῦμα(프뉴마)를 번역한 것이다. 8절의 '바람'도 'πνεῦμα(프뉴마)를 번역한 것이고, 뒤이어 언급된 '성령으로'는 πνεύματος(프뉴마토스)를 번역한 것이다.

우리의 생각에 '성령과 바람'은 다른 단어라 생각할 수 있다. 그런데 헬라어 원문은 동일한 'πνεῦμα'(프뉴마)이다. 그런 이유는 'πνεῦμα'(프뉴마)라는 단어가 '영(spirit)'이라는 의미뿐만 아니라 '바람(wind)' 그리고 '호흡(breath)'이라는 의미를 갖고 있기 때문이다. 따라서 어떤 의미로 쓰였는지는 문맥(context)에 따라 결정된다.

8절에서 'πνεῦμα'(프뉴마)가 '바람'으로 번역한 것은 적절하다. 왜냐하면

'πνεύμα'(프뉴마) 뒤의 구절이 "임의로 불매 네가 그 소리를 들어도 어디서 와서 어디로 가는지 알지 못하나니"라는 말씀은 바람의 특징을 언급하기 때문이다. 만일 이것을 바람으로 번역하지 않고, 영으로 번역하면 어떻게 되겠는가? "영 (spirit)이 임의로 불매 네가 그 소리를 들어도 어디서 와서 어디로 가는지 알지 못하나니"라는 문맥이 불일치하는 구절이 되어 버린다. 이와 동일하게 'ἄγγελος'(앙 겔로스)는 "천사, 사자"라는 의미가 있기 때문에 문맥(context)에 따라 결정된다.

계시록의 사례를 보자. 계시록 1:20에서 "일곱 별은 일곱 교회의 사자요"라고 말씀한다. '사자'는 'ἄγγελος'(앙겔로스)를 번역한 것이다. 무천년설을 주장하는 그 레고리 K. 비일이나 이필찬 박사와 김추성 박사는 일곱 교회의 사자를 '일곱 교 회의 천사들'로 해석한다. 즉 일곱 교회의 대표가 '천사들'이라고 해석하는(이것 은 번역의 문제가 아니라 해석의 문제다) 것도, 'ἄγγελος'(앙겔로스)를 '천사'(피조된)로만 보기 때문이다.

어떻게 천사가 교회의 대표가 될 수 있는가? 이런 오류가 발생하는 것은 'ἄγγελος'(앙겔로스)에 대한 이해가 부족하기 때문이다. 적어도 '일곱 별'이 '일곱 교회의 천사'가 아니라는 것을 안다면, 'ἄγγελος'(앙겔로스)가 "피조된 천사"나 "날 개 달린 천사"만을 가리키지 않는다는 것을 알게 될 것이다.

KJV은 "The seven stars are the angels of the seven churches"로 번역했다. 즉 '사자' 를 'the angels'로 번역했기 때문에 '천사'로 해석하는 무천년설의 견해가 옳다고 생각할 수 있다. 이것은 잘못 이해한 것이다. KJV은 원문 "οἱ ἑπτὰ ἀστέρες ἄγγελοι τῶν ἑπτὰ ἐκκλησιῶν εἰσίν"을 의역하지 않고 그대로 번역했을 뿐이다. KJV의 'the angels'는 'ἄγγελος'(앙겔로스)의 '복수형'인 'ἄγγελοι'(앙겔로이)를 직역한 것이다.

마가복음 1:2은 "하나님의 아들 예수 그리스도의 복음의 시작이라 선지자 이 사야의 글에 보라 내가 내 사자를 네 앞에 보내노니 그가 네 길을 준비하리라" 고 말씀한다. "내 사자"는 세례 요한을 가리킨다. 이 구절의 원문은 "τὸν ἄγγελόν μου"(톤 앙겔론 뮈)이다. 'μου'(뮈)는 '1인칭 대명사 소유격'으로 '나의'(my)라는 의 미이다. "사자"는 천사를 의미하는 'ἄγγελος'(앙겔로스)의 목적격인 'ἄγγελόν'(앙겔 론)이다. 천사(앙겔로스)에 대한 고정관념을 가진 사람은 깜짝 놀랄 것이다. 그리 고 개역개정이 '내 사자를'이라고 번역이 잘못됐다고 생각할 수 있다. 그렇다면 어떻게 번역되어야 하는가? "내 천사를 앞서 보내노니 그가 네 길을 준비하리라"는 의미가 된다.

세례 요한을 '천사'라 부를 수 없기 때문에 또다시 진퇴양난에 빠질 것이다. 왜냐하면, 그의 부모는 사가랴와 엘리사벳으로서 사람인데 그의 아들을 천사라고 할 수 없기 때문이다. 전통적인 천사에 대한 관념과 마가복음 1:2는 충돌하는 것처럼 보인다. 이것은 성경의 문제가 아니라, 우리들의 관념이 온전치 못하다는 것을 가리킨다. 단어적으로도 'ἄγγελος'(앙겔로스)는 '사자, 천사, 전령, 보냄을 입은 자, 하나님의 사자'라는 뜻이다.

성경이 세례 요한을 'ἄγγελος'(앙겔로스)로 부르는 것은 '팩트'이다. 따라서 앙겔로스의 단어가 가진 의미뿐만 아니라, 성경에서도 앙겔로스가 "천사와 사자"를 의미한다는 것을 알 수 있다.(1장의 일곱 별과 앙겔로스의 의미 도표 참조) 이 단어가 어떻게 번역될 것인가는 문맥에 따라 결정된다. 계시록 8:2는 문맥상 '(피조된)천사'를 가리킨다. 마가복음 1:2은 세례 요한(사람)을 가리키기 때문에 '사자'로 번역되어야 하고, 계시록 1:20의 일곱 별은 '일곱 교회'와 관계되기 때문에 '천사'가 아닌 '사자'로 번역되어야 한다.

따라서 KJV의 "The seven stars are the angels of the seven churches"는 '일곱 교회의 사자들(보냄을 입은 자들)'로도 번역될 수 있고, '일곱 교회의 천사들'로도 번역될 수 있다. 개역개정은 '일곱 교회의 사자'로 번역했다. 그런 이유는 일곱 교회는 천사들의 모임이 아니라 구속함을 입은 사람들이기 때문에 '일곱 교회의 사자'라고 번역했다. 일곱 별들은 '일곱 교회'와 관계있기 때문에 '일곱 교회의 사자들(사람)'이라는 것은 의심할 바 없다. 히브리서 1장에서 천사들과 구원받은 상속자인 교회가 구별되듯이, 양자는 그 신분과 위치가 전혀 다르다. 교회는 직접적으로 천사들과 관계있지 않고 상속자인 신자들과 관계있다. 천사와 교회와의 관계는 간접적인 관계이다. 왜냐하면, 하나님께서 상속자인 교회를 섬기라고 보내신 자들이 천사들이기 때문이다.

### (4) 구약에 나타난 여호와의 천사

구약에 나타난 '여호와의 사자'는 우리가 아는 '그런 천사'가 아니라, '여호와'이면서 '여호와의 사자'라는 것을 보게 된다. 아브라함이나 모세나 기드온에게 나타난 '여호와의 사자'를 '하나님께 보내심을 입은 사자'로서 '그리스도'로 이해할 때 온전한 의미를 깨달을 수 있다.

### ① 창세기 22장 아브라함에게

아브라함에게 나타난 분은 여호와의 사자(the angel of the LORD)이다. 여호와의
사자는 우리가 알고 있는 '그런 천사'가 아니라, 여호와께 보냄을 입은 분으로서
이 땅에서 하나님의 명령을 수행하는 분으로서 그리스도이다. 계시록 10장의 힘
센 다른 천사는 하나님의 심판을 수행하는 분으로서 그리스도이다.

> 여호와의 사자(the angel of the LORD)가 하늘에서부터 그를 불러 이르시되 아브라
> 함아 아브라함아 하시는지라 아브라함이 이르되 내가 여기 있나이다 하매 사자
> (he)가 이르시되 그 아이에게 네 손을 대지 말라 그에게 아무 일도 하지 말라 네가
> 네 아들 네 독자까지도 내게 아끼지 아니하였으니 내가 이제야 네가 하나님(God)
> 을 경외하는 줄을 아노라(창 22:11~12)

### ② 출애굽기 3장: 모세에게

출애굽기 3:2~5에서 여호와 하나님께서 모세에게 나타나셨다.

> 여호와의 사자(the angel of the LORD)가 떨기나무 가운데로부터 나오는 불꽃 안에
> 서 그에게 나타나시니라 그가 보니 떨기나무에 불이 붙었으나 그 떨기나무가 사
> 라지지 아니하는지라 이에 모세가 이르되 내가 돌이켜 가서 이 큰 광경을 보리라
> 떨기나무가 어찌하여 타지 아니하는고 하니 그 때에 여호와(the LORD)께서 그가
> 보려고 돌이켜 오는 것을 보신지라 하나님(God)이 떨기나무 가운데서 그를 불러
> 이르시되 모세야 모세야 하시매 그가 이르되 내가 여기 있나이다 하나님(God, he)
> 이 이르시되 이리로 가까이 오지 말라 네가 선 곳은 거룩한 땅이니 네 발에서 신
> 을 벗으라(출 3:2~5)

모세에게 나타나신 여호와의 사자(the angel of the LORD)는 여호와께 보냄을 입
고 이 땅에서 하나님의 명령을 수행하는 분으로서 그리스도이다. 그런 근거를
본문에서 찾아볼 수 있다. 모세에게 나타난 분은 '여호와의 사자'이다. 그런데 모

세에게 떨기나무 가운데서 모세를 보신 분은 '여호와'시다. 우리들의 관념으로는 모세에게 여호와의 사자가 나타났기 때문에 그에게 말씀하는 분도 여호와의 사자여야 하는데, 성경은 여호와라고 말씀한다. 이것은 어떤 의미인가? 이런 '팩트'는 여호와의 사자가 '보통 천사'가 아니라 '여호와' 자신이라는 것을 가리킨다. 더 나아가 떨기나무 가운데서 모세에게 말씀하신 분을 '하나님'이라고 말씀한다. 이것은 여호와의 사자가 여호와이시고, 또한 하나님이심을 계시한다. 계시록 10장의 '힘센 다른 천사'는 하나님의 심판을 수행하는 분으로서 그리스도이다.

### ③ 사사기 6:11-24 기드온에게 나타나신 여호와의 사자

사사기 6:11~24에 여호와의 사자가 기드온에게 나타났다. 일부 구절을 보자.

> 여호와의 사자(an angel of the LORD)가 아비에셀 사람 요아스에게 속한 오브라에 이르러 상수리나무 아래에 앉으니라 마침 요아스의 아들 기드온이 미디안 사람에게 알리지 아니하려 하여 밀을 포도주 틀에서 타작하더니 여호와의 사자(an angel of the LORD)가 기드온에게 나타나 이르되 큰 용사여 여호와(The LORD)께서 너와 함께 계시도다 하매 기드온이 그에게 대답하되 오 나의 주여(Oh my Lord) 여호와께서 우리와 함께 계시면 어찌하여 이 모든 일이 우리에게 일어났나이까 (삿 6:11~13)

기드온에게 나타난 분은 여호와의 사자(the angel of the LORD)이신데 우리가 알고 있는 '그런 천사'가 아니라, 여호와께 보냄을 입고 이 땅에서 하나님의 명령을 수행하는 분으로서 그리스도이다. 그는 기드온에게 "여호와께서 너와 함께 하신다"고 말씀했고, 기드온은 여호와의 사자에게 "오 나의 주여(Oh my Lord)"라고 고백했다. 이것은 여호와의 사자가 '보통 천사'가 아니라 'Lord'라는 것을 의미한다. 신약에서 "나의 주여!"라는 고백은 예수 그리스도에 대한 것이다.

기드온은 이스라엘을 미디안의 손에서 구원하라는 여호와의 사자의 말씀에 "내가 무엇으로 이스라엘을 구원하리이까 보소서 나의 집은 므낫세 중에 극히 약하고 나는 내 아버지 집에서 가장 작은 자니이다"라고 대답했다. 기드온에게 말씀하신 분은 '여호와의 사자'가 아니라 '여호와(the LORD)'이다. 양자가 불일치하는 것처럼 보이기 때문에 의문을 가질 수 있다. 성경은 그 결과로서 우리들에게 여호와의 사자가 어떤 분이라는 것을 보여준다. 여호와의 사자(an angel of the LORD)는 '여호와께 보냄을 입은 분'인데, 그분은 또한 '여호와(the LORD)'라는 것을 가리킨다. 여호와의 사자(an angel of the LORD)는 다른 어떤 천사가 아니라 '여호와(the LORD)' 자신이시다. 계시록 10장의 힘센 다른 천사는 하나님의 심판을 수행하는 분으로 그리스도로서 구약에 나타난 여호와의 사자와 동일하다.

### ④ 스가랴 1:11-13 스가랴에게

스가랴서 1장에도 아브라함과 기드온에게 나타났던 여호와의 사자가 언급된다.

> 그들이 화석류나무 사이에 선 **여호와의 천사**(the angel of the LORD)에게 말하되 우리가 땅에 두루 다녀 보니 온 땅이 평안하고 조용하더이다 하더라 **여호와의 천사** (the angel of the LORD)가 대답하여 이르되 **만군의 여호와**(O LORD of hosts)여 여호와께서 언제까지 예루살렘과 유다 성읍들을 불쌍히 여기지 아니하시려 하나이까 이를 노하신 지 칠십 년이 되었나이다 하매 **여호와**(the LORD)께서 내게 말하는 천사에게 선한 말씀, 위로하는 말씀으로 대답하시더라(슥 1:11~13)

### (5) 계시록 5장의 두루마리와의 관계

계시록 10장의 '힘센 다른 천사'가 누구인지를 알 수 있는 중요한 근거는 하나님의 비밀의 경륜을 담은 두루마리와 관계있다. 즉 계시록 5장에는 두루마리와 그것을 취하시는 어린 양이 있고, 계시록 10장에는 손에 두루마리를 들고 있는 '힘센 다른 천사'가 있다. 양자의 공통점은 '두루마리'다. 이 공통분모는 양자가 어떤 관계에 있는지를 보여주는 '단서'이다.

계시록 5장에서 '두루마리'는 중요한 위치를 차지한다는 것을 알 것이다. 보좌에 앉으신 분의 오른손에 두루마리가 있었다. 그런데 그 두루마리를 취하거나 열어 볼 자가 하늘에서나 땅 위에서나 땅 아래에 아무도 없었다. 그래서 사도 요한이 울었다. 그때 장로 중 하나가 어린 양이 두루마리를 취하시고 떼시기에 합당하신 분이라고 증거했다. 두루마리의 본질은 어떤 천사, 미가엘과 가브리엘도 하나님의 오른손에 있는 인봉된 두루마리를 취할 수도 없고, 인봉을 뗄 수도 없다. 오직 어린 양이신 그리스도만이 두루마리를 취하시고 인봉을 떼실 수 있다. 이것이 두루마리에 대한 성경의 '원칙'이다. 일곱 인으로 봉인된 첫째 인으로부터 일곱째 인을 떼시는 분은 '어린 양'이시다. 다른 어떤 천사도 두루마리를 취할 수도 없고, 인봉을 떼는 것도 불가능하다.

계시록 10장에는 하늘에서 구름을 입고 내려오는 '힘센 다른 천사'가 있다. 계시록 10:2은 "그 손에는 펴 놓인 작은 두루마리를 들고 있다"고 말한다. 작은 책(βιβλαρίδιον, 비블라리디온)을 가진 하늘에서 내려오는 '힘센 다른 천사'를 미가엘이나 가브리엘이나 다른 어떤 특별한 천사라고 생각하는 것은 두루마리가 함의한 본질을 놓쳤기 때문이다. 또한 '힘센 다른 천사'가 보좌에 앉으신 분의 오른손에 있는 두루마리를 취하신 어린 양과 같이 두루마리를 들고 있다는 것은 '어린 양과 같은 분'이라는 증거이다. 이것이 10장이 보여주는 '팩트'이다.

첫째 인을 떼시는 분도 어린 양이시고, 둘째 인을 떼시는 분도 어린 양이시다. 이렇게 셋째 인, 넷째 인, 다섯째 인, 여섯째 인, 일곱째 인을 떼시는 분은 모두 어린 양이시다. 인봉된 두루마리를 미가엘이나 가브리엘 같은 천사일지라도 어느 누구도 뗄 수 없다. 그런데 계시록 10장에는 "하늘에서 내려온 힘센 다른 천사"의 손에 펴 놓은 작은 책(두루마리)이 있다. 두루마리를 취하거나 펼자는 오직 어린 양이신 그리스도밖에 없는데, 어떻게 힘센 다른 천사가 '작은 책'(βιβλαρίδιον, 비블라리디온)을 그의 손에 들고 있을 수 있는가? 이것은 '힘센 다른 천사'가 '어린 양'과 같은 분이라는 것을 가리키는데, 이것이 계시록의 문맥(context)이 의미하는 것이다.

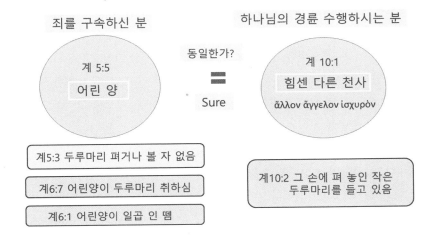

죄를 구속하신 분

계 5:5
어린 양

동일한가?
**=**
Sure

하나님의 경륜 수행하시는 분

계 10:1
힘센 다른 천사
ἄλλον ἄγγελον ἰσχυρὸν

계5:3 두루마리 펴거나 볼 자 없음

계6:7 어린양이 두루마리 취하심

계6:1 어린양이 일곱 인 뗌

계10:2 그 손에 펴 놓인 작은
두루마리를 들고 있음

### (6) 어린 양과 힘센 다른 천사의 관계

계시록 5장의 어린 양과 계시록 10장의 '힘센 다른 천사'는 공통분모인 '두루 마리'를 통해서 같은 분이라는 것을 가리킨다. 그렇다면 "왜 계시록 10장의 힘 센 다른 천사를 '어린 양'으로 부르지 않았는가?"라는 의문이 들 수 있다. 예수 그리스도는 한 분이지만 그분의 사역은 다양하다. 그리스도는 '왕의 직분'과 '제 사장의 직분'과 '선지자의 직분'이 있다. 어떤 때는 왕이시라고 말하고, 어떤 때 는 멜기세덱의 반차를 따른 대제사장이라고 말하는데, 이것을 모순으로 생각하 는 사람은 아무도 없다. 성경이 그리스도를 어린 양과 힘센 다른 천사로 부르는 것도 그와 같다.

어린 양이라 불리는 이유는 '구속의 방면'을 가리킨다. 요한복음 1:29은 "보 라 세상 죄(the sin of the world)를 지고 가는(takes away) 하나님의 어린 양(the Lamb of God)이로다"라고 말씀한다. 어린 양은 우리들의 모든 죄를 지시고 대속하시는 예수 그리스도의 사역을 의미한다. 예수님은 "천지를 창조하신 하나님"이기 때 문에 세례 요한은 "천지 만물을 창조하신 하나님이다"라고 소개할 수 있었다. 그것은 분명한 사실이지만 그렇게 증거하지 않고 '어린 양'으로 소개했다. 그것 은 예수님이 우리들의 죄를 구속하시기 위해서 오셨기 때문에 합당한 소개이다.

구약에서 그리스도는 하나님의 명령을 수행하는 분으로서 '여호와의 사자'(the angel of the LORD)로 나타나셨고, 신약에서는 성육신으로 우리 죄를 구속하시는 분으로서 '어린 양'으로 불리신다. 계시록에서 하나님의 오른손에 있는 두루마리를 취하시고 펴시는 분에 대하여, 장로(천사의 대표)는 유다 지파의 사자(lion)라고 소개했고, 사도 요한은 '어린 양'을 봤다. 이것은 장로(천사의 대표)는 원수 마귀를 심판하시는 '유다 지파의 사자(lion)'에 관심이 있고, 사도 요한은 구속함을 받은 교회의 입장에서 '어린 양'을 관심하기 때문이다. 이것은 그리스도의 사역의 두 가지 방면을 보여준다. 계시록의 일곱 나팔 심판은 하나님께서 세상의 불의에 대하여 인내하신 은혜의 시대가 끝나고 '심판의 시대'로 들어섰다는 것을 의미하고, 하나님의 심판을 수행하는 그리스도는 '힘센 다른 천사'로 불린다. '힘센 다른 천사'는 미가엘이나 가브리엘과 같은 천사가 아니라 하나님의 심판을 수행하시는 그리스도의 다른 이름이다. 구약에는 '여호와의 사자'(the angel of the LORD)로 나타났고, 신약에는 주님이 직접 오셨기 때문에 '여호와의 사자'로 나타나지 않았다. 그리고 계시록 10장의 '힘센 다른 천사'는 하나님의 심판을 수행하는 분이신 그리스도이다.

## 2. 구름으로 옷 입음

### 1) 무천년설: 그레고리 K. 비일의 견해

그레고리 K. 비일은 『NIGTC 요한계시록』(새물결플러스 p.863~865)에서 "구름으로 옷 입은 천사"에 대한 견해를 제시했다.

> 이것은 계시록 14:14의 '인자'가 천상적인 인물임을 강하게 시사한다. 이 사실에 비추어 볼 때 10:1의 등장인물은 야웨 자신으로 언급된 구약성경의 '야웨의 천사'와 동일할 것이다. (중략) 이것은 우리가 앞에서 관찰한 다니엘서에 등장한 인자와 초기 유대교와 기독교에서 신적인 인물로 해석되었다는 사실과 맥을 같이 한다. 다니엘 7:13과 계시록 1:7에서 신적 품성을 지닌 인자는 구름을 타고 오신다. 이것은 그가 계시록 10:1의 '힘센 천사'처럼 구름으로 둘러싸였음을 암시한다. 계시록 1장에서 인자의 형상은 분명히 예수다. 그는 10:1에서 주의 천사와 동일시될

수도 있다.(그레고리 K. 비일, 『NIGTC 요한계시록』, 새물결플러스 p.863~865)

## 2) 무천년설 : 이필찬 박사 견해

이필찬 박사는 『요한계시록』(에스카톤, p.871)에서 구름으로 옷 입은 것에 대한 견해를 제시했다.

> 첫째 '구름이 입혀진 채' 있다. 이것은 1장 7절에서 구름과 함께 승천하시는 예수님의 모습과 관련된다. 구름은 성경에서 신적 운송 수단이며, 영광스러운 신적인 임재를 나타내기 위해 사용되고 있다. 이러한 관점에서 10장 1절의 '다른 힘센 천사'에게 하나님의 영광스러운 신적 임재와 그리스도의 승천의 영광의 정황이 반영되고 있음을 발견할 수 있다.(이필찬 박사, 『요한계시록』, 에스카톤, p.871)

## 3) 필자의 비평 및 견해

하늘에서 내려오는 힘센 다른 천사는 '구름을 입고' 하늘에서 내려온다. '구름을 입다'는 περιβεβλημένον νεφέλην(페리베블레메논 네펠렌)인데 '구름을 옷 입다, 구름으로 에워싸다'라는 의미이다. KJV은 "clothed with a cloud"로, NIV는 "He was robed in a cloud"로 번역했다. 구름으로 옷을 입었다는 것은 무엇을 의미하는가?

### (1) 구름을 타고 오심

이것은 '공개적'이며 가견적(visible) 재림인 '지상 재림'과 대조를 이룬다. 예수님은 지상 재림에 대하여 마태복음 24:30에서 '구름을 타고' 오실 것을 말씀했다.

> 그 때에 인자의 징조가 하늘에서 보이겠고 그 때에 땅의 모든 족속들이 통곡하며 그들이 인자가 구름을 타고(coming in the clouds of heaven) 능력과 큰 영광으로 오는 것을 보리라(shall see)(마 24:30)

마태복음 26:64에서도 "이 후에 인자가 권능의 우편에 앉은 것과 하늘 구름을 타고 오는 것을 너희가 보리라"고 하셨다. 공통적인 것은 "구름을 타고 오신다"는 것이다. 이것은 공개적으로 자신을 드러내신다는 것을 의미한다. 그래서 모든 땅의 족속인 불신자들이 그들의 눈으로 볼 수 있게(visible) 주님 자신을 공개적으로 드러내신다는 것이다. 따라서 각 말씀은 "인자가 오는 것을 보리라(shall see)"고 말씀한다. "구름을 타고" 오시는 주님은 세상에 대한 것이다. 그러면 교회에 대하여는 어떻게 오시는가?

### (2) 구름을 옷 입고 오심

계시록 10:1은 '구름을 타고' 오시는 것이 아니라, '구름을 옷 입은' 힘센 다른 천사를 본다. '구름을 옷 입다'라는 것은 지상 재림의 '구름을 타심'과 상반된다. 누구든지 구름으로 옷을 입는다면, 구름을 입은 자가 누구인지 알 수 없다. 왜냐하면 구름으로 가리웠기 때문이다. 힘센 다른 천사가 '구름을 옷 입었다'는 것은 구름으로 자신을 가리웠고 따라서 사람들이 볼 수 없다는 것을 의미한다. 왜냐하면, 구름으로 자신을 감추셨기 때문이다. 감람산 강화에서 주님은 '구름을 입고 오심'에 대하여 말씀하셨다.

마태복음 24:40~41에는 밭에 있는 두 사람(남자)과 맷돌을 갈고 있는 두 여자의 사례가 있다. 두 남자가 함께 밭에서 일하고, 두 여자가 맷돌을 간다는 것은 주님의 재림의 때에 그들이 살아있는 성도라는 것을 가리킨다. 이것은 열 처녀 비유 가운데 슬기있는 다섯 처녀와 어리석은 다섯 처녀와 다르다. 대개 슬기 있는 다섯 처녀는 신랑을 맞이하고 어리석은 다섯 처녀는 신랑을 맞이하지 못한 이유를 슬기 있는 다섯 처녀는 깨어 있었는데 어리석은 다섯 처녀는 깨어 있지 못했기 때문이라고 생각한다. 그것은 성경을 오해한 것이다. 마태복음 25:5은 어떻게 말씀하는가?

신랑이 더디 오므로 다(they all) 졸며(slumbered) 잘새(slept)(마 25:5)

열 처녀 비유에서 신랑이 올 때, 졸며 잔 자들은 '다(they all)'이다. 어리석은 처녀만이 졸며 잔 것이 아니다. 슬기 있는 처녀도 졸며 잤다. '졸며 잤다'는 것은 비유이다. 이것을 대부분 '영적으로 졸며 잤다'는 의미로 해석하기 때문에 성경의 메시지가 왜곡된다. '졸며 잤다'는 것은 "육신적으로 병들고 쇠약해지다가 죽었다"라는 것을 비유한다. 열 처녀는 신랑이신 주님을 기다리다가 죽은 성도들을 상징한다. 하나님의 백성은 '열둘'이다. 주님의 재림을 기다리다가 죽은 성도가 대부분일 것이기 때문에 주님은 주권적으로 '열'로 비유했다. 그러면 나머지 '둘'은 어디에 있는가? 밭에서 일하는 두 사람과 맷돌을 가는 두 여자는 네 사람이 아니라 '두 사람'이다. 일하고 있다는 것은 그들이 살아있다는 것을 가리킨다. 주님이 오실 때 살아있는 성도는 '둘(two)'로 비유됐다. 하나는 데려감을 당하고(휴거 됨), 하나는 버려둠을 당했다.(휴거되지 못함) 두 여자가 함께 맷돌을 갈고 있다가 하나는 데려감을 당하고(휴거 됨), 하나는 버려둠을 당할 것(휴거 되지 못함)을 말씀하셨다. 그리고 다음과 같이 경계하셨다.

> 그러므로 깨어 있으라. 어느 날에 너희 주가 임할는지 너희가 알지 못함이니라. 너희도 아는 바니 만일 집 주인이 도적이 어느 경점에 올 줄 알았더면 깨어 있어 그 집을 뚫지 못하게 하였으리라. 생각지 않은 때에 인자가 오리라(마 24:42~44)

이뿐만 아니라 주님께서 '구름을 옷 입고' 은밀하게 오신다는 것은 아무도 모른다는 것을 의미한다. 마태복음 24:36은 "그러나 그 날과 그때는 아무도 모르나니 하늘의 천사들도 아들도 모르고 오직 아버지만 아시느니라"고 말씀하셨다. 이와 같은 말씀들은 주님이 은밀하게 오시는 방면을 의미한다. 만일 이것이 지상 재림을 의미한다면 땅의 모든 족속들이 다 보고 통곡한다고 했는데 서로 모순된다. 도적 같이 오시는 것은 계시록 10장의 "구름을 옷 입고" 오시는 주님의 방면을 가리킨다.

### (3) 사데 교회에 도둑 같이 오심

계시록의 일곱 교회 가운데 사데 교회는 계시록 10장의 '구름을 옷 입으신 그리스도'와 관계가 있다. 계시록 3:3은 "만일 일깨지 아니하면 내가 도둑 같이 이르리니 어느 때에 네게 이를는지 네가 알지 못하리라"고 말씀한다. 주님은 사데 교회에 주님의 재림에 대하여 말씀하는데, '도둑 같이' 임할 것이라고 하셨다. 이것은 사데 교회가 일깨지 않을 경우에 대한 경고이다. '일깨지 않으면'은 '회개치 않으면'과 일맥상통한다. '도둑 같이'는 주님이 이 땅에 계셨을 때 제자들에게 경고하신 말씀과 동일하다. 이 땅의 도둑은 물질적인 금과 은과 보석과 같은 귀중품을 훔쳐가기 위해서 집 주인이 잠들어 있는 때, 아무도 알지 못하는 시간에 오는 것같이, 주님은 주님을 사랑하고 섬기는 보화 같은 성도들을 데려가는 것(휴거)을 보이기 위해서 친히 주님 자신을 '도적'으로 비유하셨다. 주님은 하늘에 속한 비밀스럽고 영광스런 도적이시다. 이 땅의 도적은 어둠을 타고 보화를 훔치기 위해 오지만, 하늘의 도적이신 주님은 "구름을 옷 입고" 보화 같은 성도들을 데려가려고 오신다. 사데 교회는 이신칭의로 구원을 받았지만, 행위의 온전한 것이 없는 상태였다. 따라서 주님이 '도둑과 같이 임하실 때'를 전혀 깨닫지 못할 것을 의미한다. 그래서 주님은 일깨어 있을 것을 권면했다.

마태복음 24:42 이하에 "그러므로 깨어 있으라(Watch therefore) 어느 날에 너희 주가 임할는지 너희가 알지 못함이니라 너희도 아는 바니 만일 집 주인이 도둑이 어느 시각에 올 줄을 알았더라면 깨어 있어 그 집을 뚫지 못하게 하였으리라 이러므로 너희도 준비하고 있으라(Therefore be ye also ready) 생각하지 않은 때에 인자가 오리라"고 말씀한 것도 사데 교회에 대해 말씀하신 것과 동일한 원칙을 보여준다. '도적 같이'와 '생각지 않은 때'는 주님의 지상 재림을 가리키는 것이 아니라, 계시록 10장의 "구름을 옷 입으신" 주님을 가리킨다. 믿음이 없는 불신자들은 지상 재림할 때 주님이 '구름을 타고' 오시는 것을 보고 통곡할 것이지만, 신자들은 '구름을 타고' 오시기 전에 '구름을 옷 입으신' 주님과 관계있다. 두 사람이 밭에 있다가, 두 여자가 맷돌을 갈다가 한 사람은 데려감을 당하고 한 사람은 버려둠을 당하듯이, 항상 깨어 있어 주님을 섬긴 성도들, 이기는 자들은 처음 익은 열매로 휴거될 것이다.

# 3. 머리 위의 무지개

## 1) 무천년설: 그레고리 K. 비일의 견해

그레고리 K. 비일은 『NIGTC 요한계시록』(새물결플러스, p.865)에서 머리 위의 무지개에 대한 견해를 제시했다.

> 10:1절의 천사가 신적 존재임을 암시하는 또 다른 증거는 그의 머리 위에 있는 무지개다. (중략) 이곳 외에 무지개가 언급된 신약의 유일한 본문은 계시록 4:3이다. 여기서 '무지개는 하나님이 앉으신 보좌에 둘러' 있다. 4:3과는 대조적으로 본문에서는 ἶρις에 정관사 ἡ(그 무지개)가 있다. 이것은 이전에 언급된 것을 가리키는 정관사일 것이다. 따라서 4:3의 무지개가 지금 10:1의 천상적인 존재에게 적용된다. 4:3의 신적인 무지개가 10:1의 천상적 존재에게로 이전된 것은 본문의 천상적 존재가 4:3에 언급된 하나님과 동일함을 밝히기 위함이다. 이런 적용의 근거는 그리스도가 이미 '옛적부터 계신 이'와 연결되었다는 데 있다.(1:13~14)(그레고리 K. 비일, 『NIGTC 요한계시록』, 새물결플러스, p.865)

## 2) 무천년설: 이필찬 박사 견해

이필찬 박사는 『요한계시록』(에스카톤 p.871~872)에서 머리 위의 무지개에 대한 견해를 제시했다.

> 머리 위에 '그 무지개'가 있다. 무지개는 1장에 나타난 예수님의 모습과는 관계가 없다. 다만 4장 3절에서 하나님을 언약에 신실하신 분으로 표현할 때 사용된 바 있다. 특별히 본문에서는 4장 3절에서는 사용되지 않았던 '그'(ἡ, 헤)라는 정관사가 사용되어 이곳에 등장한 무지개가 4장 3절의 무지개를 지칭하는 것일 수 있다는 가능성을 열어 놓았다. 이 무지개는 창세기 9장 13절에서 구름과 함께 노아 언약의 신실함을 확정해 주기 위해 나타난 바 있고, 에스겔 1장 28절에서 하나님의 영광을 나타낼 때 사용된 바 있다. 이 두 가지를 종합하면 이 천사는 언약의 신실

하신 하나님의 신적인 속성을 공유하고 있다고 할 수 있다.(이필찬 박사, 『요한계시록』,에스카톤 p.871~872)

## 3) 필자의 비평 및 견해

### (1) 신적 존재

그레고리 K. 비일은 비록 마지막에는 힘센 다른 천사를 '어떤 특별한 천사'라고 했지만 힘센 다른 천사가 신적인 존재라는 것을 이 박사보다 더 강조했음에도 불구하고 이처럼 용두사미처럼 된 근본적인 원인은 '힘센 다른 천사'의 본질적인 의미를 발견하지 못했기 때문이다. 힘센 다른 천사가 '신적인 존재'라는 것으로는 미흡한 표현이다. 왜냐하면, 힘센 다른 천사는 요한계시록에서 하나님의 심판을 수행하는 분이신 그리스도이기 때문이다.

### (2) 계시록 4:3 관계

힘센 다른 천사의 머리 위에 무지개가 있는 것은 특별하다. 계시록에서 '무지개'는 본문인 계시록 10장뿐만 아니라 계시록 4:3에 나온다. 계시록 10장에서는 계시록 4:3과는 달리 ἶρις(이리스, 무지개)에 정관사 ἡ(헤, 그)가 있다. 그런 이유는 계시록 4:3에 이미 무지개가 언급됐기 때문이다. 계시록 4:3에는 보좌에 앉으신 하나님 뒤로 무지개가 둘러있었다. 그런데 계시록 10장의 하늘에서 내려오는 힘센 다른 천사의 머리 위에도 무지개가 있다. 이런 상황은 힘센 다른 천사가 "보통(just) 천사"가 아니라 보좌에 앉으신 분과 방불한 분이라는 것을 보여준다. 이것은 해석이라기보다 '팩트'이다. 만일 양자의 동일성을 발견했더라면, 비일이나 이 박사는 힘센 다른 천사가 그리스도와 동일한 분이라는 것을 알았을 것이다.

### (3) 성경의 첫 번째 무지개

무지개가 계시록에 있다는 것은 성경의 모판이며 뿌리인 모세오경에 있다는 것을 의미한다. 성경에서 첫 번째 무지개가 언급된 곳은 창세기이다. 하나님께서 패역하고 부패한 모든 호흡이 있는 것들을 심판하신 후, 방주에 탄 노아의 가족과 동물들로 새로운 시작을 하게 하셨다. 창세기 9:11~13은 다음과 같이 말씀한다.

내가 너희와 언약(my covenant)을 세우리니 다시는 모든 생물을 홍수로 멸하지 아니할 것이라 땅을 멸할 홍수가 다시 있지 아니하리라 … 내가 내 무지개(my bow)를 구름 속에(in the cloud) 두었나니 이것이 나와 세상 사이의 언약의 증거니라(a token of a covenant)(창 9:11~13)

하나님은 노아(모든 피조물의 대표자)와 언약을 맺으셨다. 무지개는 다시는 물로 심판하지 않으시겠다는 언약의 징표였다. 무지개가 하나님의 보좌 주위에 둘러 있다는 것은 하나님께서 이 세상을 심판하실 때에라도 노아와 맺으신 언약을 기억하시고 진멸치 않으신다는 것을 의미한다. 바로 그 무지개가 하늘에서 내려오는 '힘센 다른 천사'의 머리 위에 있다. 무지개 언약은 하나님과 피조물을 대표하는 노아의 언약이다. 따라서 힘센 다른 천사는 '피조된 천사'가 아니다. 비일이나 이 박사가 힘센 다른 천사를 "하나님의 명령을 수행하는 분으로서 그리스도"라는 것을 발견하지 못한 것은 힘센 다른 천사에 대한 실제를 보지 못했기 때문이다. 거기에 천사(앙겔로스)가 사람과 그리스도에게도 쓰인다는 성경의 팩트(성경 신학적인 문제)를 보지 못했기 때문이다.

### (4) 에스겔서의 무지개

성경에서 두 번째로 무지개가 언급된 곳은 에스겔서이다. 에스겔 1:28은 "그 사방 광채의 모양은 비 오는 날 구름에 있는 무지개(the appearance of the bow) 같으니 이는 여호와의 영광의 형상의 모양이라(the appearance of the likeness of the glory of the LORD) 내가 보고 엎드려 말씀하시는 이의 음성을 들으니라"고 말한다. 에스겔 1장에서 에스겔이 본 네 생물과 보좌는 계시록 4장에서 요한이 본 것과 동일하다. 보좌를 두르고 있는 무지개는 하나님께서 다시는 세상을 홍수로 심판하지 않으시겠다는 노아와 맺으신 언약의 증거이다. 계시록 6장으로부터 시작하여 여섯 인-여섯 나팔-여섯 대접 그리고 마지막 진노의 포도주 틀을 밟으시기까지 이 땅을 심판하실 때, 노아와의 언약을 기억하시고 진멸하지 않으신다는 것을 가리킨다. 하나님은 그의 말씀 하신 바를 식언치 않으시고 신실하게 언약을 지키실 것이다.

# 4. 해 같은 얼굴

## 1) 무천년설: 그레고리 K. 비일의 견해

그레고리 K. 비일은 그의 책 『NIGTC 요한계시록』(새물결플러스, p.865)에서 그의 얼굴이 해같은 것에 대한 견해를 제시했다.

> 1절에 결론적인 어구는 그 천사가 적어도 하나님이나 그리스도의 특성을 가진 존재임을 확증한다. '그의 얼굴은 해 같고'(τὸ πρόσωπον αὐτοῦ ὡς ὁ ἥλιος) 1:16에서 그리스도를 묘사하는 거의 같은 어구(ἡ ὄψις αὐτοῦ ὡς ὁ ἥλιος)를 상기시키며 마태복음 17:2에서 기록된 그리스도의 변화된 모습을 묘사하는 어구를 정확히 재생한다.(그레고리 K. 비일, 『NIGTC 요한계시록』, 새물결플러스, p.865)

## (2) 무천년설 이필찬 박사 견해

이필찬 박사는 『요한계시록』(에스카톤, p.872)에서 해 같은 얼굴에 대한 견해를 제시했다.

> '그의 얼굴은 해 같다'라는 문구는 '신적 현현'을 나타나기 위한 은유적인 표현이다. 이런 특징은 1장 16절에서 예수님의 얼굴이 해가 비치는 것처럼 비치고 있는 모습과 마태복음 17장 2절의 변화산에서 예수님의 모습에 잘 나타나고 있다. 또한 얼굴을 해와 비교하는 것은 하나님으로부터 보냄 받은 천사를 표현할 때 나타나고(에녹2서 1:5,8) 종말에 나타날 의인들과 관련해서도 사용된다. (중략) 따라서 시내 산에서 내려온 모세를 전형적 모델로 하여 구약의 하나님과 요한계시록의 그리스도의 광채가 10장 1절에서 천사에게 반영되고 있다.(이필찬 박사, 『요한계시록』, 에스카톤, p.872)

## 3) 필자의 비평 및 견해

성경에서 해는 오직 그리스도에게만 사용되었다. 미가엘이나 가브리엘 천사에게도 사용되지 않았다.

## (1) 말라기서에서

말라기 선지자는 예수 그리스도의 오심을 의로운 해가 떠오르는 것으로 예언했다. 말라기 4:2은 "내 이름을 경외하는 너희에게는 의로운 해가 떠올라서 치료하는 광선을 발하리니 너희가 나가서 외양간에서 나온 송아지 같이 뛰리라"고 말한다. 장차 떠오르게 될 '의로운 해'는 예수님의 초림으로 성취되었고, 또한 재림의 때에 완전히 성취될 것이다. 왜냐하면, 초림의 때에 주님은 치료하는 광선으로 소수의 사람들을 치료하셨다. 이것은 믿음이 있는 자들이 주님의 은혜를 맛본 것이다. 모든 장애자와 병든 자를 치료하실 때는 주님의 재림의 때이다. 그 때는 모든 저주를 받은 동식물계도 타락하기 이전으로 회복될 것을 이사야 11:6~9은 다음과 같이 말씀한다.

> 그 때에 이리가 어린 양과 함께 살며 표범이 어린 염소와 함께 누우며 송아지와 어린 사자와 살진 짐승이 함께 있어 어린 아기에게 끌리며 암소와 곰이 함께 먹으며 그것들의 새끼가 함께 엎드리며 사자가 소처럼 풀을 먹을 것이며 젖 먹는 아이가 독사의 구멍에서 장난하며 젖 뗀 어린아이가 독사의 굴에 손을 넣을 것이라 내 거룩한 산 모든 곳에서 해 됨도 없고 상함도 없을 것이니 이는 물이 바다를 덮음 같이 여호와를 아는 지식이 세상에 충만할 것임이니라(사 11:6~9)

## (2) 마태복음 17장 변화산에서

마태복음 16:28은 "진실로 너희에게 이르노니 여기 서 있는 사람 중에 죽기 전에 인자가 그 왕권(his kingdom)을 가지고 오는 것을 볼 자들도 있느니라"고 말씀하셨고, 엿새 후에 베드로와 야고보와 그 형제 요한을 데리시고 따로 높은 산으로 올라가셨다. 그곳에서 주님의 얼굴이 해 같이 빛났고, 옷은 빛과 같이 희어졌다. 예수님은 완전한 하나님이시며 완전한 사람이셨다. 사람들이 볼 수 있는 것은 '나사렛 예수'였지만, 영광의 하나님의 본체이셨다. 이것을 직접 볼 수 있는 사람은 아무도 없다. 그러나 성경과 성령이 증거하는 것을 통해서 나사렛 예수가 그리스도(메시아)이며 하나님의 아들인 것을 제자들과 그를 따르는 무리들은 믿었다. 세상 사람들이 예수께서 하나님의 아들인 것을 '눈으로'(visible) 목격할 때는 재림하실 때이다. 주님은 주권적으로 세 제자에게 주님이 어떤 분이신지를 나타내셨다. 이것 또한 계시이다. 세 제자 앞에서 변형되어 주의 얼굴이 해와 같이 빛났다. 얼마나 놀라운 일이었겠는가? 이것은 나사렛 예수 인성 안에 있는 '하나님의 영광을 나타내신 것'이다. 오직 주님의 얼굴 만이 '해 같이' 빛난다. 이와 같은 말씀들은 얼굴이 해 같은 힘센 다른 천사가 그리스도이심을 증거한다. 하늘에 태양이 하나이듯이 오직 그리스도는 유일하신 구원자로서 해로 상징된다. 심지어 미가엘일지라도 그 얼굴이 해 같다고 말할 수도 없고, 그렇게 말하지도 않는다. 힘센 다른 천사이신 그리스도는 우리가 생각하는 천사들과 구분된다.

### (3) 서신서에 나타난 영광의 광채이신 그리스도

그리스도의 영광의 복음의 광채에 대하여 고린도후서 4:3~4은 다음과 같이 말씀한다.

> 만일 우리의 복음이 가리었으면 망하는 자들에게 가리어진 것이라 그 중에 이 세상의 신(the god of this world)이 믿지 아니하는 자들의 마음을 혼미하게 하여(has blinded) 그리스도의 영광의 복음의 광채(the light of the glorious gospel of Christ)가 비치지 못하게 함이니 그리스도는 하나님의 형상이니라(고후 4:3~4)

하나님은 사람들이 복음 즉 전도의 미련한 것으로 구원하시기를 기뻐하신다. 그래서 복음을 '그리스도의 영광의 광채'라고 한다. 이 광채는 물질적인 광채가 아니라 '영적인 광채'이다. 이 세상 신인 마귀가 믿지 않는 사람들에게 이 영광의 광채가 비치지 못하게 마음을 혼미케 한다. 은혜의 복음은 그리스도의 영광의 광채이시다. 이것은 내적이고 영적인 것이다. 그러나 주님이 다시 오실 때, 그의 얼굴은 해와 같이 '물리적으로' 힘있게 비춰져서 자신을 나타내시고 모든 민족들을 심판하실 것이다. 마태복음 25장은 주님이 이 땅에 재림하셔서 살아있는 '모든 민족들'(all nations, 불신자)을 소환하셔서 심판하실 때 "영광의 보좌에 앉으신다"고 말한다. 이것은 주님 자신의 영광을 사람들에게 드러내신다는 의미이다.

## (4) 계시록에 나타난 얼굴이 해 같은 분

계시록 1장에서 등대 사이의 인자 같은 이(그리스도)의 얼굴은 해가 힘있게 비취는 것 같다고 말한다.(계 1:13,16) 이분은 의심할 바 없이 승천하신 그리스도이다. 계시록 10장의 하늘에서 내려오는 '힘센 다른 천사'의 얼굴이 해 같이 빛난다는 것은 그가 '그리스도'이심을 가리킨다. 구약에서 나타난 '여호와의 사자(여호와의 천사)'는 계시록에서 하나님의 심판을 수행하기 위해 보냄을 입으신 '힘센 다른 천사'이신 그리스도이시다.


## 5. 풀무에 단련된 빛난 주석 같은 발

### 1) 무천년설: 그레고리 K. 비일의 견해

그레고리 K. 비일은 『NIGTC 요한계시록』(새물결플러스, p.866)에서 풀무불에 단련된 빛난 주석 같은 발에 대한 견해를 제시했다.

> 10:1의 마지막 묘사로 우리는 1:15을 떠올리게 된다. '그 [그리스도]의 발은 풀무불에 단련된 빛난 주석 같다.' 이것은 1장의 그리스도의 묘사와 10:1의 천사 묘사 사이의 의도적인 연결을 다시 확증한다. (중략)10:1의 인물이 구약에 등장하는 천사처럼 주님의 신적 품성을 가진 천사라는 결론의 정당성은 1:15의 어구와 본문 간의 어휘의 차이가 적다는 데서도 확인된다.(그레고리 K. 비일, 『NIGTC 요한계시록』, 새물결플러스, p.866)

### 2) 무천년설: 이필찬 박사 견해

이필찬 박사는 『요한계시록』(에스카톤, p.872)에서 풀무불에 단련된 빛난 주석 같은 발에 대한 견해를 제시했다.

> 그의 발은 '불의 기둥 같다'. 이것은 1:15에서 '그의 발은 풀무에 제련된 것처럼

빛나는 청동 같았다'라는 표현과 동일하지는 않지만 다소 유사한 점을 가지고 있다. 이러한 모습은 에스겔 1장 27절의 ' … 그 허리 아래의 모양도 불 같아서 사방으로 광채가 나며 … '나, 다니엘서 10장 6절의 ' … 그의 팔과 발은 빛난 놋과 같고 …'를 반영하며 요한계시록 1장 15절에서 예수님의 광채를 '그의 발은 풀무에 제련된 것처럼 빛나는 청동 같았다'라고 표현하는 것과 비교된다.(이필찬 박사, 『요한계시록』, 에스카톤, p.872)

## 3) 필자의 비평 및 견해

### (1) 발의 의미
'발'은 움직이고 행하기 위한 기능을 가진 지체이다. 짐승의 왕인 사자도 발을 다친다는 것은 달릴 수 없고, 사냥할 수 없다는 것을 의미한다. 일반 초식 동물들은 말할 필요도 없다. 달릴 수 있는 발이 있어야 생존할 수 있다. 사람도 발을 다치면 걷지도 못하고, 아무 일도 하지 못한다. 주님의 발은 "주님의 걷고 행하심"을 의미한다.

### (2) 출애굽기의 불기둥
구름을 입고 하늘에서 내려오는 힘센 다른 천사의 발이 불기둥 같다. 성경에서 불기둥이 첫 번째 언급된 곳은 출애굽기이다. 이스라엘 백성들을 인도한 불기둥에 대하여 출애굽기 13:21~22은 다음과 같이 말한다.

> 여호와께서 그들 앞에서 가시며 낮에는 구름 기둥(a pillar of a cloud)으로 그들의 길을 인도하시고 밤에는 불 기둥(a pillar of fire)으로 그들에게 비춰사 주야로 진행하게 하시니 낮에는 구름 기둥, 밤에는 불 기둥이 백성 앞에서 떠나지 아니하니라 (출 13:21~22).

구름 기둥과 불 기둥이란 무엇인가? 낮에는 구름 기둥 안에 계신 여호와께서 그들을 인도하시고, 밤에는 불 기둥 안에 계신 여호와 하나님께서 그들을 인도하셨다는 것을 가리킨다. 구름 기둥과 불 기둥은 '둘'이기 때문에 '두 개'로 생각할 수 있다. 그러나 이것은 둘이 아니라 '하나'이다. 그런 이유는 무엇인가? 여호와께서 그의 백성들을 낮에는 구름 기둥으로 인도했다. 낮이 가고 밤이 될 때, 구름 기둥은 떠나고 불 기둥이 온 것이 아니라 구름 기둥이 불 기둥으로 바뀌었을 것이다. 그와 반대로 밤이 지나고 날이 밝아 올 때, 불기둥은 구름 기둥으로 바뀌었을 것이다. 이렇게 생각할 수 있는 근거는 무엇인가? 구름 기둥과 불 기둥이 하나님과 따로 있는 것이 아니라, 하나님이 그 가운데 임재하셨기 때문이다. 구름 기둥과 불 기둥은 하나이며 하나님의 임재를 의미한다. 예표론에서 구름은 '성령'을 상징하고 불은 '하나님의 말씀'을 상징한다. 불 기둥이 이스라엘 백성들을 비춘 것 같이, 하나님의 말씀은 우리를 비추기 때문이다. 시편 119:105은 "주의 말씀은 내 발(my feet)의 등(a lamp)이요, 내 길(my path)의 빛(a light)이니이다"라고 말씀한다. 출애굽 후 광야에서 여호와 하나님은 불 기둥으로 그의 백성들과 함께하시고 인도하셨다. 하늘에서 내려온 '힘센 다른 천사'의 발이 불 기둥 같다는 것은 그가 여호와 하나님과 같은 분이라는 것을 의미한다. 비일과 이필찬 박사가 말했듯이 '신적인 존재'이다. 바로 그분이 그리스도이시다.

### (3) 성막에 기구들 중 놋으로 만든 제단

이스라엘 백성들이 애굽에서 영광의 탈출을 한 후 광야에서 성막을 건축했다. 성막에는 여러 기구들이 있다. 성막을 들어가면 첫 번째로 만나게 되는 것이 제단이다. 성막의 번제단은 놋으로 만들어졌다.(출 27:1) 예표에서 놋은 심판을 상징한다. 번제단은 제물이 심판받아 죽임을 당하는 곳이다. 제물에게 안수하는 것은 그 제물을 드린 자의 죄를 전가시킨 것을 가리킨다. 따라서 하나님의 눈으로는 그 제물을 드린 사람이 죽임 당하고 심판당한 것으로 간주된다. 오늘날 우리는 '영원히 그리고 단번에'(once for all) 십자가(제단)에서 죽임당한 어린 양이신 예수 그리스도의 속죄함으로 구원받았다. 십자가를 의미하는 제단은 죽임을 당한 것으로 하나님의 심판과 관계있다

제단은 '금'이나 '은'으로 만들지 않고 '청동(놋)'으로 만들었다. 여호와께서는 왜 십자가를 예표하는 제단을 '청동'으로 만들도록 하셨는가? 제단은 심판받는 곳이기 때문에 '금'이 아닌 '청동'으로 만들도록 하셨다. 성막 기구의 성격과 그 재료는 서로 일치한다. 이와 같이 '주석~놋~청동'은 '거룩하신 하나님의 심판'

을 의미한다. 그 발이 '빛난다'는 것은 '시험을 이기고 승리했다'는 것을 의미한다. 주님은 우리 죄를 대신 지시고 십자가에서 심판받으실 수 있었던 것은 흠 없는 어린 양이시기 때문이다.

### (4) 복음서에 나타난 주님의 행하심(발)

사복음서의 주님은 이 땅에서 행하실 때 '빛나는 주석과 같은 발'로 다니셨음을 보여 준다. 마귀의 유혹도 물리치심으로 주님의 발은 '빛나는 놋'과 같았다. 만일 마귀의 유혹에 넘어가서 '돌덩이로 떡'을 만드셨다면, 시험을 이기지 못했기 때문에 공생애로 들어갈 자격을 잃으셨을 것이다. 마귀가 천하만국 영광을 보이면서 자신에게 절하면 모든 권세를 다 주겠다고 유혹할 때, 십자가 없는 영광을 취하셨더라면 구속의 역사를 이루지 못했을 것이다. 그러나 이런 일은 결코 있을 수 없다. 예수님은 "오직 하나님을 경배하고 그를 섬기라"고 하시며 마귀의 유혹을 물리치셨다. 주님의 발은 세 번의 큰 시험을 이기심으로 '빛나는 주석 같은 발'이셨다.

예수님은 직접적으로 마귀에게 시험받으셨지만, 다른 한편으로 성령님에 이끌려 마귀에게 시험받으러 가셨기 때문에 아버지 앞에서 시험을 통과해야 했다는 것을 의미하기도 한다. 주님은 유혹과 여러 가지 시험을 이기셨다. 유월절 어린양은 나흘 간 검사를 받은 후 '흠이 없는 것'만을 잡을 수 있었다. 유월절 어린양이신 그리스도는 마지막 유월절을 앞 두고 시험하는 자들에게 세 가지 시험을 받으셨다. 마태복음 22장에서 바리새인들은 "가이사에게 세금을 바치는 것이 옳으니이까 옳지 않으니이까?"(마 22:17)라는 정치에 관련된 질문으로 주님을 시험했다. 주님은 "가이사의 것은 가이사에게, 하나님의 것은 하나님께 바치라"(21)라고 하심으로 시험을 이기고 십자가로 가셨다. 주님의 발은 '빛나는 놋과 같은 발'이시다.

부활이 없다고 믿는 사두개인들이 부활의 문제를 들고 주님을 시험했다. 형사취수의 문제로 있지도 않은 일을 가정하면서 "일곱 형제 모두 죽었다고 하면 그 여자는 부활 때에 이전에 남편이었던 일곱 중에서 누구의 아내가 되겠는가?"라는 '간교한 가상 질문'이었다. 주님은 하나님의 지혜로 말씀하셨다. 마태복음 22:29~32을 보자.

예수께서 대답하여 이르시되 너희가 성경도, 하나님의 능력도 알지 못하는 고로 오해하였도다 부활 때에는(in the resurrection) 장가도 아니 가고 시집도 아니 가고 하늘에 있는 천사들과 같으니라(but are as the angels of God in heaven) … 하나님은 죽은 자의 하나님이 아니요 살아 있는 자의 하나님이시니라(마 22:29~32)

주님의 발(foot)은 사두개인의 간교한 시험을 이길 뿐만 아니라 하나님이 어떤 분이신지를 밝히셨다. 주님의 발은 '빛나는 주석'과 같아서 십자가로 한 걸음 한 걸음 나가셨다. 사두개인들이 예수로 말미암아 대답할 수 없게 되었다는 것을 들은 바리새인이 모였고, 마지막 시험하기 위해서 한 율법사가 "율법 중에 어느 계명이 큰가?"라는 문제로 시험했지만 승리하셨다. 유월절 어린 양이신 주님은 유대교를 대표하는 무리들에게 세 가지 시험을 받았지만, 모두 시험을 통과하고 승리하심으로 십자가의 길로 당당히 나가셨다. 계시록에는 바로 주님의 발이 '빛나는 주석과 같다'라고 말씀한다. 우리 주님은 이 땅에 계실 때 마귀와 모든 대적자들의 시험을 이기시고 승리하심으로 '풀무불에 연단한 빛나는 주석 같은 발'이라고 말한다. 그리스도는 자격을 가지셨기 때문에 우리를 구원하실 수 있고 또한 온 땅을 심판하시기에 합당하신 분이시다.

## (5) 계시록 1장 인자 같은 이의 풀무에 연단한 빛난 주석 같은 발

계시록 1:15은 촛대 사이에 거니시는 인자이신 그리스도의 발이 "풀무에 연단한 빛난 주석 같다."고 말씀한다. 풀무에 연단되었다는 것은 시험을 받으셨다는 것을 뜻한다. 그리스도께서는 이 땅에서 사실 때에 많은 고난을 받으셨다. 그래서 그리스도의 발은 빛나는 놋과 같아서 불의한 자들을 심판할 것을 의미한다. 계시록 1장의 인자이신 그리스도의 발이 빛난 주석 같고, 계시록 10장의 힘센 다른 천사의 발이 불기둥 같은 것은 그가 '어떤 천사'가 아니라 그리스도이심을 가리킨다. 오직 그리스도만이 그런 자격을 갖고 계신다. 따라서 그분이 땅과 바다를 소유하러 오실 때, 이 땅을 망하게 하는 자들과 불의하고 거역적인 자들을 그리스도의 공의로 심판할 것을 가리킨다.

## 6. 손에 들린 작은 두루마리 책

### 1) 그레고리 K. 비일의 견해

그레고리 K. 비일은 『NIGTC 요한계시록』(새물결플러스, p.869~872)에서 작은 두루마리 책에 대한 견해를 제시했다.

> 두 책 사이에는 약간의 차이가 있다. (중략) (1)두 책 모두 펼쳐진다. (2) 두 책 모두 그리스도가 가지고 계신다. (10장의 천사가 주님의 천사가 된 경우) (3) 그리스도는 사자에 비유된다. (4) 두 책 모두 에스겔 2장의 두루마리를 암시한다. (5) 두 책 모두 '외치는' '힘 센' 것과 관련된다. (중략) 그러므로 합리적으로 추정할 수 있는 것은 10장에 소개된 두루마리에 의미가 일반적으로 5장의 그것과 동일하다는 것이다. 5장의 두루마리는 심판과 구원과 관련된 하나님의 계획을 가리키는 상징이었다.(그레고리 K. 비일, 『NIGTC 요한계시록』, 새물결플러스, p.869~872)

### 2) 이필찬 박사의 견해

이필찬 박사는 『요한계시록』(에스카톤 p.877)에서 작은 책에 대한 그의 견해를 말했다.

> 10장의 작은 책이 5장의 책과 동일하다는 것이 의미하는 바는 무엇인가? (중략) 적어도 문학적 차원에서 보면 그것은 바로 6~8장에서 5장의 인봉된 책이 일곱 인을 떼었던 어린 양의 행위를 가리킨다. (중략) 여기서 **중요한 것**은 이러한 연결이 역사적으로 정확하게 전개되는 시간적 순서로 제시하기보다는 문학적 차원의 논리적 순서를 나타낸다는 점을 인지하는 것이다.(이필찬 박사, 『요한계시록』, 에스카톤 p.877)

## 3) 필자의 비평과 견해

### (1) 동일한 두루마리

비일이나 이 박사는 계시록 5장의 일곱 인으로 인봉된 두루마리와 계시록 10장의 "열려진 작은 두루마리(책)"를 동일한 것으로 본다. 필자도 동의한다. 계시록의 문맥(context)에서 두 책이 동일한 책이라는 것은 확실하다. 계시록 5장의 보좌에 앉으신 분의 오른 손에 들리고, 어린 양이 취한 두루마리는 βιβλίον(비블리온)이고, 계시록 10장의 힘센 다른 천사의 손에 들린 '작은 책'은 βιβλαρίδιον(비블라리디온)이다. 모두 같은 두루마리이다. 부언하자면, 두루마리를 취할 수 있는 분은 어린 양밖에 없기 때문에, 작은 두루마리를 들고 있는 힘센 다른 천사는 그리스도이다. 이것을 두 사람은 간과했다.

### (2) 논리적 순서 vs 시간적인 순서

이필찬 박사는 "역사적으로 정확하게 전개되는 시간적 순서로 제시하기보다는 문학적 차원의 논리적 순서를 나타낸다"고 하면서 일곱 인의 '시간적인 순서'를 부정한다. 시간적 개념이 없는 논리적인 순서는 있을 수 없다. 양자는 동전의 양면과 같다. 만일 논리적 순서에서 시간적 요소를 분리한다면, 그것은 '논리 자체'를 벗어난 것이다. 일곱 인은 '서수'로서 일정한 순서가 있다. 첫째 인으로부터 '차례대로' 어린 양에 의해서 인이 떼어짐으로 성취된다.

계시록 10장은 여섯째 나팔이 기록된 계시록 9장 이후의 삽입부이다. 이때는 '이미' 여섯째 인이 떼어지고, 일곱째 인이 떼어질 때 반 시간 쯤 고요함이 있은 후 첫째 나팔로부터 시작하여 여섯째 나팔까지 불어짐으로 이 땅에 거하는 자들에 대한 심판이 있다.

이 박사는 이런 계시록의 기본 흐름을 '논리적인 순서'라는 이름으로 '논리적인 순서'의 핵심인 '시간적인 순서'를 부정한다. 일곱 인을 비롯한 일곱 나팔은 모두 이 땅에서 일어나는 일들로서 '시간성'을 내포한다. 만일 '시간성'을 부정한다면, 이 땅에는 아무 일도 일어나지 않을 것이다. 계시록에서 '시간성' 즉 '시간적 순서'를 부정하는 것은 계시록을 부인하는 것과 같은 결과를 가져온다. 이 땅에 거하는 자들에 대한 심판이 있어도 시간의 요소가 없다면 없는 것과 같기 때문이다.

이 박사가 시간적인 순서를 부정하는 '논리적인 순서'를 주장하려면, 그것을 뒷받침할만한 성경의 근거를 제시해야 한다. 다시 말하면 적어도 '잘못된 근거'일지라도 무엇인가 제시해야 논리적이라 할 수 있다. 그런데 아무런 근거도 제시하지 않고, 단지 "문학적 차원의 논리적인 순서를 나타낸다"고 정의하는 것은 비논리적이고 비성경적이다.

### (3) 계시록 10장에서 작은 책인 이유

계시록 5장의 보좌에 앉으신 분의 오른손에 들렸고, 어린 양이 취한 두루마리는 βιβλίον(비블리온)이고, 계시록 10장의 힘센 다른 천사의 손에 들린 '작은 책'은 βιβλαρίδιον(비블라리디온)이다. 양자는 의심할 바 없이 '같은 책'이다. 단지 차이가 있다면 계시록 10장의 책은 계시록 5장의 책(두루마리)에 비해 '작다'는 것이다. 그런 이유는 무엇인가? 하나님의 비밀의 경륜을 담고 있는 두루마리는 일곱 인과 일곱 나팔과 일곱 대접으로 이뤄졌는데, 이미 여섯째 인이 떼어졌기 때문이다. 또한 일곱째 인이 떼어졌고 일곱 인의 내용인 일곱 나팔도 여섯째 나팔까지 불어졌기 때문이다. 산술적으로 계산해도 일곱 인 가운데 여섯 인이 떼어졌기 때문에, 적어도 '7분의 6'의 분량이 열려졌고, '7분의 1'만이 남았다. 일곱 인의 '7분의 1'의 부분인 '일곱째 인'은 일곱 나팔이 그 내용이다. 일곱 나팔 가운데서도 여섯 나팔은 '이미' 불어졌다. 이런 일련의 과정들을 이해한다면, 계시록 10장의 두루마리가 '작은 책'이라고 불리는 이유를 알 것이다. 작은 책은 이것을 들고 있는 '힘센 다른 천사'와 관련된다.


## 7. 바다를 밟은 오른발과 땅을 밟고 있는 왼발

### 1) 무천년설: 그레고리 K. 비일의 견해

그레고리 K. 비일 『NIGTC 요한계시록』(새물결플러스 p.873~875)에서 바다와 땅을 밟고 있는 힘센 천사가 누구인지를 제시했다.

바다와 땅을 밟고 있는 '발'이 '불 기둥 같다'는 것은 그리스도께서 땅에 대해 가진 지배권이 어떤 것인지를 의미한다. 요한계시록의 여러 곳에 사용된 πυρ(불)은 예외 없이 믿지 않는 사람들에 대한 심판을 가리키는 비유적 표현으로 사용되었다.(24번 가량) (중략) 거대한 천사의 우주적인 주권은(하늘이나 산이나 공기나 별이나 달이나 그밖에 어떤 것과 결합되지 않고) '바다와 땅'이라는 어구만 사용된 것에도 극명하게 드러난다. '바다와 땅'이라는 어구는 그렇게 사용될 때 일반적으로 하나님의 피조물 전체를 지칭한다. 그리고 구체적으로 아담과 노아와 장차 임할 이상적인 다윗 같은 왕이 다스리게 되는 땅을 지칭한다. (중략) 10:3~7에서 그 천사가 우주에 대해 어떤 주권을 가지고 있는지가 더 자세히 설명된다.(그레고리 K. 비일 『NIGTC 요한계시록』, 새물결플러스 p.873~875)

## 2) 무천년설: 이필찬 박사의 견해

이필찬 박사는 『요한계시록』(에스카톤, p.878~879)에서 바다와 땅을 밟고 있는 힘센 다른 천사에 대한 그의 견해를 제시했다.

힘센 천사는 오른발을 바다에 두고 왼발을 땅에 두었다. 이 모습을 어떻게 이해해야 할 것인가? 먼저 '땅과 바다'는 지상적 존재들의 정체성을 의미하는 구약의 관용구라고 할 수 있다. 이러한 점에서 힘센 천사가 양쪽 발을 바다와 땅에 두고 있다는 것은 '온 세상에 대한 그 천사의 지배권'을 강조한다. (중략) 특별히 10장 1절의 '그의 발은 불의 기둥 같다'는 '신자들에게는 구원을, 불신자들에게는 심판을 강조한다.'(이필찬, 『요한계시록』, 에스카톤, p.878~879)

## 3) 필자의 비평과 견해

### (1) 통치와 소유의 의미

비일은 바다와 땅을 밟고 있는 '발'이 '불 기둥 같다'는 것은 그리스도께서 땅에 대해 가진 지배권이라고 보았다. 필자도 동의한다. 힘센 다른 천사(그리스도)는 지배권뿐만 아니라 소유권도 가졌기 때문이다. 이필찬 박사는 '온 세상에 대한 그 천사의 지배권'이라고 말하는데, 바다와 땅을 밟는 것을 '지배권'이라고 비일과 동일하게 해석한 반면, 그 지배권을 '천사'가 가졌다고 말한다. 계시록 10장에서 모든 증거들이 어린 양이신 그리스도를 가리키는 것임에도 불구하고 그는 '어떤 천사'로 간주한다. 그리스도를 '어떤 천사'로만 지칭하는 것은 매우 미흡하다.

### (2) 신명기와 여호수아서에서

신명기 11:23~24은 이스라엘에게 약속의 땅이 어떻게 소유가 될 것인지를 말씀한다.

> 여호와께서 그 모든 나라 백성을 너희 앞에서 다 쫓아내실 것이라 너희가 너희보다 강대한 나라들을 차지할 것인즉 너희의 발바닥으로 밟는 곳은 다 너희의 소유가 되리니 너희의 경계는 곧 광야에서부터 레바논까지와 유브라데 강에서부터 서해까지라(신 11:23~24)

"발바닥으로 밟다"는 것은 이스라엘 백성들이 그 땅을 "정복하고 소유한다"는 것을 의미한다. 하나님은 가나안 땅을 앞에 두고 모세에게 주셨던 신명기의 말씀을 상기시키며 여호수아에게 약속의 땅을 어떻게 주실 것인지를 여호수아 1:3~4은 다음과 같이 말씀한다.

> 내가 모세에게 말한 바와 같이 너희 발바닥(the sole of your foot)으로 밟는(shall tread) 곳은 모두 내가 너희에게 주었노니 곧 광야와 이 레바논에서부터 큰 강 곧 유브라데 강까지 헷 족속의 온 땅과 또 해 지는 쪽 대해까지 너희의 영토가 되리라 (수 1:3~4)

이스라엘 백성들은 하나님의 약속의 말씀을 믿고, 그 땅의 거민들과 싸웠고 승리했고 결국 그 땅을 그들의 발바닥으로 밟아 정복했다. 발로 땅을 밟는다는 것은 그 땅을 지배하고 소유하신다는 것을 의미한다.

### (3) 시편 8편에서

시편 8편은 여호와이신 그리스도의 이름이 '온 땅'에 지극히 아름다울 것을 예언적으로 노래했다. 1절은 "여호와 우리 주여 주의 이름이 온 땅(all the earth)에 어찌 그리 아름다운지요 주의 영광이 하늘을 덮었나이다"고 노래한다. 마지막 9절에도 동일한 어구로 찬양한다. 수미상관형의 시편이다. 시편 8편을 기록할 당시나 오늘날을 보면, '온 땅'의 상황은 어떠한가? 온 땅이란 우리가 있는 대한민국과 북한과 중국과 일본과 미국 등 세계 모든 나라를 가리킨다. 현재 주의 이름이 높임을 받는다고 할 수 있는가? 그렇다고 말할 수 없다. 세상의 권세자와 관원들이 그리스도와 교회를 대적하고 핍박한다. 이런 상황을 그리스도의 시편인, 시편 2:1~3은 예언적으로 노래했다.

> 어찌하여 이방 나라들이 분노하며 민족들이 헛된 일을 꾸미는가 세상의 군왕들이 나서며 관원들이 서로 꾀하여 여호와와 그의 기름 부음 받은 자를 대적하며 우리가 그들의 맨 것을 끊고 그의 결박을 벗어 버리자 하는도다(시 2:1~3)

다윗은 시편 8편에서 "온 땅에 주의 이름이 지극히 아름답다"고 노래했다. 이것은 예언적인 시(詩)이다. 성경은 다윗을 선지자라고 말한다. 장차 그리스도께서 온 땅을 통치하시러 다시 오실 때 성취될 것을 믿음으로 바라보고 노래했다. 시편 8:6은 "주의 손으로 만드신 것을 다스리게 하시고 만물(all things)을 그의 발 아래(under his feet) 두셨다"고 찬양한다. 만물, 즉 바다와 땅과 사람들을 비롯한 모든 피조물들을 주님의 발 아래 두고 다스리실 때는 재림의 때이다. 계시록 10장은 하늘에서 내려오는 힘센 다른 천사(그리스도)가 바다와 땅을 밟고 서는 것을 보여준다. 시편 8편의 성취이다. 이것은 결국 일곱째 나팔이 불 때 '완전히' 성취될 것이다. 시편 8편의 '주 여호와'와 계시록 10장의 '힘센 다른 천사'는 온 땅을 밟고 소유하시는 분으로서 그리스도를 가리킨다.

### (4) 일곱째 나팔이 불 때

하나님의 경륜 가운데 온 땅과 바다를 그리스도께서 지배하실 것이다. "지배한다"는 것은 그분이 "왕으로 통치한다"는 것을 의미한다. 계시록 11:15은 "일곱째 천사가 나팔을 불매 하늘에 큰 음성들이 나서 이르되 세상 나라(βασιλεία, 바실레이아, kingdom)가 우리 주와 그의 그리스도의 나라(βασιλεία, kingdom)가 되어 그가 세세토록 왕 노릇 하시리로다"라고 찬양한다. 세상 왕국을 통치하고 소유하실 분은 예수 그리스도이시다. 그런데 계시록 10장에서 '바다와 땅'을 두 발로 밟고 있는 것은 '힘센 다른 천사'이다. 만일 이것을 성경의 불일치로 본다면, 성경의 문맥(context)을 소홀히 한 것이다. 바다와 땅을 밟고 있는 힘센 다른 천사가 그리스도이기 때문이다. 그리스도 외에 어떤 천사도 바다와 땅을 지배하고 소유할 수 없다. 세상 왕국이 그리스도의 왕국이 되기 위해서, 이 땅의 심판을 수행하는 분으로서 그리스도는 '힘센 다른 천사'로 불린다. 구약에 나타난 '여호와의 사자'는 '보통 천사'가 아니라 '하나님의 명령을 수행하는 분으로서 그리스도'이시다.

## 8. 사자와 같이 부르짖음

### 1) 무천년설: 그레고리 비일의 견해

그레고리 K. 비일 『NIGTC 요한계시록』(새물결플러스 p.880)에서 사자와 같이 부르짖는 힘센 천사에 대한 견해를 제시했다.

> 그 천사가 그리스도든지 아니면 적어도 그의 유일무이한 대리인이라는 암시를 4 Ezra 11:37; 12:31에서 찾을 수 있다. 이 본문에는 악한 자들을 향한 심판이 '사자가 포효하는 것과 같다'고 묘사된다. 또한 계10:7에 암3:8이 분명하게 암시된 것을 보면, 계시록 10:3의 사자의 부르짖음은 아모스 3:8에서 암시한 것일 개연성도 있다. (중략) 이것은 3절의 천사의 모습을 한 화자의 기독론적 특성만 아니라 신적 측면을 더욱 강조한다.(그레고리 K. 비일 『NIGTC 요한계시록』, 새물결플러스 p.880)

## 2) 무천년설: 이필찬 박사의 견해

사자와 같이 부르짖는 힘센 천사에 대하여 이필찬 박사는 『요한계시록』(에스카톤, p.882~883)에서 그의 견해를 제시했다.

> 요한계시록에는 중요한 선포의 시기마다 '큰 소리'라는 표현이 사용된다. '큰 소리'의 구약 배경은 예레미야 25장 30절이다. "그들은 사자처럼 소리를 내시는 여호와를 따를 것이라 여호와께서 소리를 내시면 자손들이 서쪽에서부터 떨며 오되"(호 11:10) "사자가 부르짖은즉 누가 두려워하지 아니하겠느냐 주 여호와께서 말씀하신즉 누가 예언하지 아니하겠느냐"(암 3:8) 이 두 구약 본문은 여호와께서 말씀하시는 모습을 사자의 용맹스러운 부르짖음에 비유한다. 이런 배경에 비추어 볼 때, 3a절에서 힘센 천사가 사자같이 큰 소리로 외치는 것은 하나님의 음성을 대신하고 있는 것임을 확인할 수 있다. (이필찬, 『요한계시록』, 에스카톤, p.882~883)

## 3) 필자의 비평 및 견해

### (1) 창세기 49장 유다의 축복과 사자

창세기 49:8~10은 야곱의 예언적인 축복을 통해서 유다 지파의 사자로 상징된 그리스도께서 원수인 마귀를 움키시고 찢는 유다 지파의 사자(lion)라고 예언한다.

> 유다야 너는 네 형제의 찬송이 될지라 네 손이 네 원수(your enemies)의 목을 잡을 것이요 네 아버지의 아들들이 네 앞에 절하리로다 유다는 사자 새끼로다 내 아들아 너는 움킨 것을 찢고 올라갔도다 그가 엎드리고 웅크림이 수사자 같고 암사자 같으니 누가 그를 범할 수 있으랴 규(The scepter)가 유다(Judah)를 떠나지 아니하며 통치자의 지팡이가 그 발 사이에서 떠나지 아니하기를 실로가 오시기까지 이르리니 그에게 모든 백성이 복종하리로다(창 49:8~10)

예수 그리스도는 유다 지파의 자손으로 오셨다. 마태복음 1:1은 "아브라함과 다윗의 자손 예수 그리스도의 세계라"고 말씀한다. 그가 왕권을 약속받은 유다의 자손으로 오셨다는 것을 증거한다. 유다에게 예언적으로 약속한 '왕권'은 유다 지파인 다윗 왕을 통해서 성취되었다. 그런데 하나님의 백성들의 패역으로 유다 왕국은 멸망했다. 그러나 다윗의 자손으로 오신 유다 지파의 사자이신 그리스도에 의하여 '완전히' 성취될 것이다. 유다에 대한 예언 중 "네 원수의 목을 잡을 것"은 원수인 '사탄'에 대한 것이다. 이것은 한편으로 십자가의 구속을 통해서 "뱀의 머리를 상하게 한 것"으로 성취되었고, 예수 그리스도의 재림으로 하나님의 왕국을 이 땅에 가져올 때 완전히 성취될 것이다.

성경에서 미가엘 천사장이나 가브리엘을 불문하고 어떤 천사도 '사자로 비유' 되지 않는다. 오직 예수 그리스도에게만 사용된다. 계시록 10장에서 힘센 다른 천사가 "사자가 부르짖는 것 같이 큰 소리로 외친다"라는 것은 그가 그리스도라는 것을 가리킨다. 이것은 성경 전체의 '팩트'이다. 계시록에서 그리스도께서 "힘센 다른 천사"로 불리는 것은 하나님의 명령을 수행하는 분으로서 하나님의 심판을 수행하시기 때문이다. 구약에는 하나님의 명령을 수행하는 '여호와의 사자(천사)'로 나타났다.

### (2) 구약 선지서에서

호세아서는 "그들은 사자처럼 소리를 내시는 여호와를 따를 것이라 여호와께서 소리를 내시면 자손들이 서쪽에서부터 떨며 오되"(호 11:10)라고 말한다. 여호와를 사자로 비유해 사자처럼 소리내신다고 말한다. 아모스서에도 사자가 부르짖은즉 누가 두려워하지 아니하겠느냐 주 여호와께서 말씀하신즉 누가 예언하지 아니하겠느냐"(암 3:8)라고 하며 여호와를 사자로 비유했다. 중요한 하나의 원칙은 '사자'(lion)를 여호와께만 비유하고 다른 어떤 천사에게도 사용하지 않는다. 계시록 10장에서 '힘센 다른 천사'가 "사자 같이 큰 소리로 부르짖는 것"은 성경의 모든 말씀이 증거하듯이 그가 '그리스도'임을 가리킨다. 그냥 '신적인 존재'라거나 '하나님의 대리자'라는 것은 적절치 않다.

### (3) 계시록 5장에서

성경의 마지막 책인 계시록의 장로의 증거를 통해서 유다 지파의 사자(lion)

이신 그리스도의 또 다른 방면을 보게 된다. 예수 그리스도는 유다 지파의 사자(lion)로서 이기셨기 때문에 두루마리를 펴고 볼 자격과 능력이 있으시다. 창세기의 유다에 대한 축복이 '원수를 움키는 사자'이듯이 어린 양이신 그리스도가 '유다 지파의 사자(lion)'로 불리는 것은 원수인 사탄을 심판하시는 분이기 때문이다. 유다서를 보면, 모세의 시체를 두고 미가엘과 마귀의 변론이 있다. 유다서 9절은 "천사장 미가엘이 모세의 시체에 관하여 마귀와 다투어 변론할 때에 감히 비방하는 판결을 내리지 못하고 다만 말하되 주께서 너를 꾸짖으시기를 원하노라 하였거늘"이라고 말한다. 미가엘은 '주' 즉 '주 예수 그리스도'의 이름으로 꾸짖어 그를 물리쳤다. 오직 원수 마귀를 심판하실 분은 유다 지파의 사자(lion)이신 그리스도이시다. 어떤 천사도 사자와 같이 비유되지 않고, 사자와 같은 큰 소리를 낼 수 없다. 사자의 큰 소리로 부르짖는 '힘센 다른 천사'는 '그냥(just) 천사'가 아니라 '하나님의 명령을 수행하는 분이신 그리스도'이시다.

## 9. 봉인된 일곱 우렛소리

### 1) 무천년설: 그레고리 K. 비일의 견해

그레고리 K. 비일 『NIGTC 요한계시록』(새물결플러스, p.880~881)에서 우렛소리에 견해를 제시했다.

> 일곱 우레는 천상적인 존재나 존재들의 선포를 가리키는 비유로 이해해야 한다. (중략) 패러 (Farrer)는 그 음성이 1:10의 그리스도의 음성 묘사를 다시 언급하는 4:1절과 유사하다는 점을 근거로 제시하면서, 그 음성이 그리스도의 음성이라고 주장한다.(그레고리 K. 비일, 『NIGTC 요한계시록』, 새물결플러스, p.880~881)

### 2) 무천년설: 이필찬 박사의 견해

이필찬 박사는 『요한계시록』(에스카톤, p.884~885)에서 일곱 우렛소리에 대한 견해를 제시했다.

> 여기서 천사들의 큰 소리와 일부 우렛소리는 서로 구별되는 관계로 보인다.(중략) 시편 29편 3~9절에서 여호와 하나님의 소리는 일곱 번 언급되며 '우렛소리'로 표현되기도 한다. (중략) 6장 1절에서는 네 생물 중 하나의 소리가 우렛소리와 같았다 말하고, 14:2에서는 하늘에서 들리는 소리를 '큰 우렛소리'로 표현하며, 19장 6절에서는 그리스도의 목소리를 '큰 우렛소리'로 표현한다. 이상의 소리들은 하나님의 뜻을 계시하는 소리들로서, 신적 기원을 특징으로 한다. 그러므로 요한계시록 10장 3b절 일곱 우렛소리는 하나님의 뜻과 계획을 알리는 소리라고 할 수 있다.(이필찬 박사, 『요한계시록』, 에스카톤, p.884~885)

### (3) 필자의 비평 및 견해

#### (1) 비유가 아니다

그레고리 K. 비일은 "일곱 우레는 천상적인 존재나 존재들의 선포를 가리키는 비유로 이해해야 한다"고 하면서 '비유(상징)'로 간주했다. 계시록 6:1에서 네 생물 중 하나의 음성에 대하여 "그 때에 내가 들으니 네 생물 중의 하나가 우렛소리 같이 말하되 오라"고 말한다. 여기서 '우렛소리 같이'라는 것은 그것이 비유라는 것을 의미한다. 하지만 계시록 10장은 "우렛소리 같은"이라고 하지 않고, '우렛소리'라고 말한다. 이것은 비유가 아니다. 비일이 비유라고 한 것은 힘센 다른 천사가 '하나님의 심판을 수행하시는 그리스도'라는 것을 확신하지 못했기 때문이다.

#### (2) 하나님의 심판을 수행하시는 그리스도

사자와 같이 부르짖는 '힘센 다른 천사'는 하나님의 심판을 수행하시는 분으로서 '그리스도'이고, 일곱 우레가 소리를 내어 말했다. 사도 요한은 그 일곱 우레의 소리를 기록하려 했다. 그것은 사도 요한이 일곱 우레가 하는 말을 들었다는 것을 가리킨다. 그런데 "하늘에서 소리가 나서 말하기를 일곱 우레가 말한 것을 인봉하고 기록하지 말라"(10:4b)는 음성을 들었다. 사도 요한은 하늘의 명령을 따라 기록하지 않았다. 하늘의 음성은 그리스도도 아니고 천사들도 아니고 하나님의 음성이다. 변화산에서도 "이는 내 사랑하는 아들이요 내 기뻐하는 자니, 너희는 저희 말을 들으라"고 말씀하신 분은 하나님이셨다.

### (3) 인봉되어 감춰짐

일곱 우레의 소리는 하늘의 지시를 따라 기록되지 않았고 인봉되었기 때문에 아무도 알 수 없다. 그러나 일곱 우레의 내용이 무엇인지는 그 때가 올 때 알게 될 것이다. 이것은 땅에 거하는 자들에 대한 심판으로서 하나님의 주권 가운데 감춰졌다.


## 10. 힘센 다른 천사의 맹세

### 1) 무천년설: 그레고리 K. 비일의 견해

그레고리 K. 비일은 『NIGTC 요한계시록』(새물결플러스 p.886~887)에서 힘센 다른 천사의 맹세에 대한 견해를 제시했다.

> 일곱 우레의 계시를 인봉하라는 앞의 명령과 대조적으로 천사가 하나님께 하는 맹세는 구속사가 어떻게 절정에 이르게 될지를 계시한다. (중략) 하지만 하나님은 신32장과 구약 성경 여러 곳에서 실제로 맹세하셨다.(창 22:16; 출 32:13; 사 45:23; 겔 20:5; 암 6:8; 히 6:13) 더욱이 요한복음에서처럼, 그리스도는 여기서 언약을 신실하게 수행하시는 하나님에 대한 증인으로 묘사된다. 이것은 일찍이 그리스도를 1:5과 3:14에서 '증인'으로 묘사한 것을 발전시킨 것이다.( 그레고리 K. 비일, 『NIGTC 요한계시록』,새물결플러스 p.886~887)

### 2) 무천년설: 이필찬 박사 견해

이필찬 박사는 『요한계시록』(에스카톤 p.889~890)에서 힘센 다른 천사의 맹세에 대한 그의 견해를 제시했다.

'다른 힘센 천사'는 이러한 창조주 하나님의 이름으로 결연하게 맹세한다. (중략) 출애굽기 32장 13절 따르면 하나님은 자신보다 더 높은 존재가 없기 때문에 하나님 자신의 이름으로 맹세하신다. 그리고 '주께서 … 저를 가리켜 맹세하는 장면을 보여주는 것은 이 약속이 필연적으로 실현될 것을 확증한다. 반면 마태복음 5:34~35에서 예수님은 하늘로도 땅으로도 맹세하지 말라고 권면하시는데, 이는 피조물에 불과한 하늘과 땅은 맹세를 실현시켜 줄 수 없기 때문이다. 그러나 요한계시록 본문에서 힘센 천사는 하나님의 대행자이기 때문에 그의 맹세는 곧 하나님 자신의 맹세이며 이러한 성격의 맹세는 하나님의 뜻의 성취와 완성을 필연적으로 보장하는, 반드시 이루어 질 수밖에 없는 맹세다.(이필찬 박사, 『요한계시록』,에스카톤 p.889~890)

## (3) 필자의 비평 및 견해

### (1) 구약의 맹세들

그레고리 K. 비일과 이필찬 박사는 구약에 맹세들이 나온다는 것을 인식했다. 필자도 동의한다. 이것은 '팩트'이기 때문이다. 구약에는 많은 맹세들이 있다. 이들의 공통점은 여호와께서 맹세하신 것이다.

- 창세기 22:16~17(여호와의 맹세); "이르시되 여호와께서 이르시기를 내가 나를 가리켜 맹세하노니 네가 이같이 행하여 네 아들 네 독자도 아끼지 아니하였은 즉 내가 네게 큰 복을 주고 네 씨가 크게 번성하여 하늘의 별과 같고 바닷가의 모래와 같게 하리니 네 씨가 그 대적의 성문을 차지하리라"

- 출애굽기 32:13(여호와의 맹세); "주의 종 아브라함과 이삭과 이스라엘을 기억하소서 주께서 그들을 위하여 주를 가리켜 맹세하여 이르시기를 내가 너희의 자손을 하늘의 별처럼 많게 하고 내가 허락한 이 온 땅을 너희의 자손에게 주어 영원한 기업이 되게 하리라 하셨나이다"

- 이사야 45:23; "내가 나를 두고 맹세하기를 내 입에서 공의로운 말이 나갔은즉

돌아오지 아니하나니 내게 모든 무릎이 꿇겠고 모든 혀가 맹세하리라 하였노라"

- 에스겔 20:5; "이르라 주 여호와께서 이같이 말씀하셨느니라 옛날에 내가 이스라엘을 택하고 야곱 집의 후예를 향하여 **내 손을 들어 맹세하고** 애굽 땅에서 그들에게 **나타나 맹세하여** 이르기를 나는 여호와 너희 하나님이라 하였노라"

- 아모스 6:8; "만군의 하나님 여호와의 말씀이니라 주 여호와가 당신을 두고 **맹세하셨노라**"

- 히브리서 6:13 "하나님이 아브라함에게 약속하실 때에 가리켜 **맹세할 자가** 자기보다 더 큰 이가 없으므로 **자기를 가리켜 맹세하여**"

맹세에 대한 공통점은 모두 여호와 하나님께서 그 백성들에게 맹세한 것이다. 사람은 자신의 맹세를 지킬 능력이 없다. 하지만 하나님은 인생이 아니시기 때문에 맹세를 지킬 수 있는 분이시다. 그는 식언치 않으시고 신실하게 행하신다. 하나님의 맹세는 그 약속하신 것을 반드시 이루신다는 의미를 내포한다.

### (2) 맹세에 대한 신약의 가르침

산상수훈 가운데 마태복음 5:33~37에서 주님은 모세의 율법에 있는 맹세를 언급하시면서 맹세에 대한 새 계명을 가르치셨다.

> 또 **옛 사람에게 말한 바 헛 맹세를 하지 말고 네 맹세한 것을 주께 지키라** 하였다는 것을 너희가 들었으나 나는 **너희에게 이르노니 도무지 맹세하지 말지니 하늘로도 하지 말라** 이는 하나님의 보좌임이요 **땅으로도 하지 말라** 이는 하나님의 발등상임이요 **예루살렘으로도 하지 말라** 이는 큰 임금의 성임이요 네 머리로도 하지 말라 이는 네가 한 터럭도 희고 검게 할 수 없음이라 오직 **너희 말은 옳다 옳다, 아니라 아니라 하라** 이에서 지나는 것은 악으로부터 나느니라 (마 5:33~37)

"옛 사람에게 말한 바"라는 것은 모세를 통하여 구약 시대에 말씀하신 것을 의미한다. 구약에는 "헛 맹세를 하지 말 것"과 "맹세한 것을 반드시 주께 지킬 것"을 말씀했다. 이것은 구약 시대에 하나님의 백성들이 '맹세할 수 있었다'는 것을 의미한다. 그런데 왕이신 주님은 이 율법을 완전케 하시기 위하여 말씀을 하신다. "δὲ ἐγὼ λέγω ὑμῖν (데 에고 레고 휘민) 즉 "그러나 나는 너희에게 말한다"라 는 말씀은 시대의 전환을 암시한다. 천국을 선포하신 주님은 이제부터 "도무지 맹세하지 말 것"을 가르치셨다. 이것을 통해서 맹세에 대한 원칙을 보게 된다. 구약 시대에는 맹세가 허용되었으나, 천국(하늘의 왕국)이 도래한 신약시대에는 '맹세를 금지'하셨다.

맹세에 대한 금지는 서신서에도 나타난다. 행함을 강조하는 야고보서 5:12는 "내 형제들아 무엇보다도 맹세하지 말지니(swear not) 하늘로나 땅으로나 아무 다 른 것으로도 맹세하지 말고 오직 너희가 그렇다고 생각하는 것은 그렇다 하고 아니라고 생각하는 것은 아니라 하여 정죄 받음을 면하라"고 말한다.

맹세하지 말아야 할 이유는 무엇인가? 이 박사는 "이는 피조물에 불과한 하늘 과 땅은 맹세를 실현시켜 줄 수 없기 때문이다"라고 했는데, 문맥(context)을 잘 못 이해했다. 그는 주님이 맹세를 금지시킨 것이 '하늘과 땅'의 문제가 아니라 '우리의 문제, 사람의 문제'라는 것을 간과했다. 다시 말하면, "너희들은 피조물 에 불과한 사람이기 때문에, 하늘이든지 땅이든지 무엇을 두고 맹세하지 말아야 한다"는 의미이다. 하늘로도 맹세하지 말아야 할 이유는 "이는 하나님의 보좌" 이기 때문이고, 땅으로도 하지 말아야 할 이유는 "하나님의 발등상"이기 때문이 다. 예루살렘으로도 맹세하지 말아야 하는데 그 이유는 '큰 임금의 성'이기 때문 이다. 맹세를 하는 사람은 심지어 자신의 머리카락 한 올도 희게 하거나 검게 할 수 없는 데, 어떻게 하늘과 땅과 예루살렘을 두고 맹세할 수 있는가! 만일 이것 들을 맹세하는 사람의 주관대로 할 수 있다고 하면, 그것을 두고 맹세할 수 있을 것이다. 그러나 어느 누구도 하늘과 땅과 자신의 머리카락조차도 자신의 뜻대로 할 수 없다. 따라서 맹세를 하는 것은 헛되다. 그것들은 모두 우리들의 것이 아 니고 하나님의 것이며, 우리들이 주장할 수 있지 않고 하나님만이 주장하실 수 있기 때문이다. 오직 우리는 맹세를 하는 대신 옳은 것은 옳다고 하고, 아닌 것 은 아니라고 해야 한다. 맹세에 대한 중요한 전환은 신약 시대에는 맹세를 금지 하셨다. 이것은 원칙(Doctrine)이다.

### (3) 그레고리 K. 비일의 오류

비일은 요한복음의 예를 들면서 계시록에서 그리스도는 언약을 신실하게 수행하시는 하나님에 대한 '증인으로' 묘사되는 것이 계시록 10장에서 맹세로 나타난다고 주장했다. 즉 계시록 10장의 힘센 다른 천사의 맹세는 예수님을 '증인'으로 묘사한 것이 맹세로 발전했다는 것을 말한다. 이것은 잘못된 관점이다. 그런 이유는 신약에는 맹세가 금지됐기 때문이다. 비일은 신약에서 천국의 헌장을 선포하신 주님께서는 어떤 것으로도 맹세하지 말 것을 선포했다는 것을 간과했기 때문에 맹세로 발전됐다는 잘못된 관점으로 흘러갔다. 더 크게는 "구약-신약-계시록"에 나타난 맹세에 대한 흐름을 보지 못했기 때문이다.

### (4) 구약- 신약- 계시록에 나타난 맹세의 의미

全 시대에 나타난 맹세에 대한 변화를 나타낸 도표를 참조하면 시대별로 어떻게 변화되었는지를 알 수 있다.

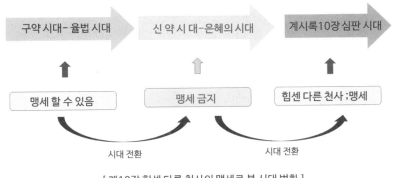

[ 계10장 힘센 다른 천사의 맹세로 본 시대 변화 ]

첫째, 구약 시대에는 헛 맹세를 하지 말라는 경고가 있었다. 하지만 맹세가 금지되지 않았다. 따라서 구약 시대에는 맹세가 소극적으로나마 허용이 됐다.

둘째, 신약 시대에서 주님은 맹세를 금하셨다. 이것은 주님이 말씀을 주시는 분으로서 신약 시대로 전환하셨다는 것을 의미한다.

셋째, 계시록 10장에서 힘센 다른 천사는 창조주께 맹세한다. 따라서 자연히 계시록의 심판 시대에서 구약 시대와 같이 맹세가 있다는 것을 보게 된다.

넷째, 위의 세 경우는 맹세에 대한 '팩트'이다. 이 팩트는 어떤 해석으로도 뒤집을 수 없다.

다섯째, 구약 시대에는 맹세가 있고 신약에는 금했다가, 계시록에 맹세가 있다. 구약 시대에 맹세가 허용된 것은 율법 시대였고, 신약 시대에 맹세를 금한 것은 은혜의 시대와 관계있다.

여섯째, 계시록 10장에서의 맹세는 성도들이 하는 것이 아니다. 힘센 다른 천사가 창조주께 맹세한다. 힘센 다른 천사는 이 땅에 거하는 자들에 대한 하나님의 심판을 수행하시는 그리스도로, 그가 바다와 땅을 두 발로 밟는 것은 심판하심으로 소유하신다는 것을 의미한다.

일곱째, 힘센 다른 천사가 창조주께 맹세하는 내용은 "지체하지 않는다"(10:6)는 맹세이다. 즉 하나님의 뜻을 따라 이 땅을 지체치 않고 심판하심으로 온 땅을 소유하신다는 것을 의미한다. 이 땅에 거하는 자들에 대해 하나님의 심판을 수행하는 그리스도를 "힘센 다른 천사"로 부르는 이유는 계시록의 심판의 때가 구약 시대와 같다는 것을 가리킨다. 구약 시대의 '여호와의 사자(천사)'는 하나님의 명령을 수행하시는 그리스도이다. 신약 시대는 한편으로 온 세상에 대하여 하나님이 오래 참으시는 시대이고, 다른 한편으로는 교회가 '구원의 날'에 은혜의 복음을 전하는 시대이다. 구약과는 달리 신약 시대에는 맹세하는 것을 금했다. 그 은혜의 시대가 지나가고 세상을 심판하는 때가 올 때, 그리스도는 하나님의 심판을 수행하는 '힘센 다른 천사'로서 창조주께 "지체치 않고 심판할 것을 맹세"한다. 이런 상관 관계는 이 땅을 심판하시기를 시작하실 때는 구약 시대와 같이 전환되었다는 것을 가리킨다.


## 11. 일곱째 나팔과 하나님의 그 비밀의 성취

삽입부인 계시록 10:7은 "일곱째 천사가 소리 내는 날 그의 나팔을 불려고 할 때에 하나님이 그의 종 선지자들에게 전하신 복음과 같이 하나님의 그 비밀이 이루어지리라 하더라"고 말씀한다. "하나님의 그 비밀"이 성취되는 것은 일곱째 나팔을 불 때이다. 따라서 일곱째 나팔은 하나님의 비밀의 경륜의 중요한 부분을 차지한다.

## 1) 무천년설: 이필찬 박사의 견해

이필찬 박사는 『요한계시록』(에스카톤, p.899~900)에서 일곱째 나팔과 다니엘서의 관계에 대하여 말했다.

> 지금까지 내용을 '한 때 두 때 반 때' 혹은 3년 반, 달리 표현하면 '1,260일'이라는 기간과 관련해서 자료를 정리해 보았다. '한 때 두 때 반 때' 기간은 다니엘서에서 안티오쿠스 4세가 이스라엘 백성을 핍박하는 기간으로서 요한계시록에서는 초림부터 재림 사이로 재해석된다. 그리고 앞서 언급한 것처럼 다니엘서 12장 9절은 요한계시록 5장에서 초림 사건으로 재해석되고, 다니엘서 12장 7절은 요한계시록 10장 5~7절에서 하나님의 비밀이 완성되는 예수님의 재림으로 재해석된다.(이필찬, 『요한계시록』, 에스카톤, p.899~900)

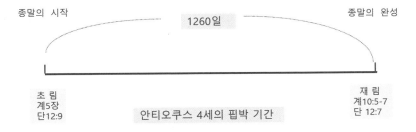

[이필찬 박사의 계시록과 다니엘서를 보는 견해 표] (요한계시록, 에스카톤, p.900)

## 2) 필자의 비평 및 견해

### (1) 기본 구조의 오류

이 박사의 견해는 위 도표에 나타났다. 이것은 무천년설의 기본 구조이다. 따라서 무천년설의 관점으로 성경을 보면 구조적인 왜곡 현상이 일어날 수밖에 없다. 무천년설이 초림으로 간주하는 다니엘 12:9은 "그가 이르되 다니엘아 갈지어다 이 말은 마지막 때까지 간수하고 봉함할 것임이니라"는 구절이다. 계시록 5:1도 초림으로 간주한다. 계시록 5장은 7절이 말하듯이 일곱 인으로 봉한 두루마리를 취하시는 하늘의 광경을 보여준다. 어린 양이 두루마리를 취하시는 것은 초림(성육신 이후)에 있었던 일이 아니다. 주님은 이미 십자가와 부활을 통해 구속의 역사를 성취하셨다. 그런 후에 하늘로 승천하셨다. 계시록 5장은 초림이 아니라 승천하신 후의 하늘의 광경이다. 양자가 비슷한 것 같지만, 큰 차이가 있다.

### (2) 1,260일은 상징이 아니다

무천년설이 재림으로 간주하는 다니엘 12:7b은 "반드시 한 때 두 때 반 때를 지나서 성도의 권세가 다 깨지기까지이니 그렇게 되면 이 모든 일이 다 끝나리라 하더라"는 구절이다. 이 박사 주장과 같이 "한 때 두 때 반 때"는 1,260일이다.(팩트이기 때문에 필자도 동의한다) 다니엘서 '세 때 반'은 단위가 없다. 따라서 그것이 '해'인지 '월'인지 '날'이 단위인지를 알 수 없다. 그러나 다니엘서와 계시록은 그것을 42달이라고 또한 1,260일이라고 말한다. 세 단위의 기간이 일치하는 같은 기간이라는 것은 자연스런 성경 해석이다. 그런데 무천년설은 "한 때 두 때 반 때"이며 '1,260일'이라는 기간을 다니엘서 12장의 시점 즉 안티오쿠스 4세가 핍박하던 때라고 간주한다. 안티오쿠스 에피파네스 4세(신의 현현이라는 의미, 자신을 신의 아들로 지칭했다)는 셀루쿠스 왕조를 다스린 바실레우스 왕으로 BC 215년경~BC 164년에 거룩한 예루살렘 성전을 모독했던 악한 왕이었다. 그는 BC 164년에 이미 죽었는데, 그가 주님의 재림 때까지 핍박한다고 간주한다. 재림은 아직 성취되지 않았기 때문에 오늘날로 기준하면, 안티오쿠스 4세가 핍박하던 BC 164년부터 AD 2021년이니, 약 2,185년이 지났다. 그런데 이 기간을 1,260일이라고 상징적으로 해석한다. 이것은 성경과 일치하지 않는다.

이 박사도 '한 때 두 때 반 때'를 1,260일로 인정했다. 이것은 '세 때 반'이 '삼년 반'으로서 '1,260일'이라는 것과 일치하기 때문에 '상징'이 아니라 '문자적 의미'라는 것을 가리킨다. 따라서 이런 양자의 관계를 상징이라고 하는 것은 비논리적이고 비성경적이다. 이뿐만 아니라 계시록은 삼 년 반이라는 기간을 42달과 1,260일이라고 확실히 말씀한다. 해(year)와 월(month)과 날(day)이라는 기본적인 세 가지 단위로 언급된 성경의 '팩트'는 성경이 성경을 해석한 것이다. 따라서 이런 움직일 수 없는 '팩트'를 '상징'이라고 주장하는 것은 성경을 벗어난 것이다. 이 주제는 계시록 11장과 계시록 13장과 연관되기 때문에 후에 자세히 논증할 것이다.

### (3) 'ἡμέραις'(날들)

일곱째 나팔을 불 때, "하나님의 그 비밀"이 성취된다. '다른 나팔들'(첫째부터 여섯째 나팔)과 '일곱째 나팔'이 구별되는 두 가지가 있다. 첫째, 마지막 나팔로서 모든 비밀이 완성된다. 둘째, 다른 나팔들은 한 번 부는 것이지만. 일곱째 나팔은 일정 기간 지속하여 분다는 것이다. 개역개정의 '날'이라 번역된 원문은 'ἡμέραις'(헤메라이스)로서 '날'(day)을 의미하는 'ἡμέρα'(헤메라)의 '복수형'이다. 따라서 "일곱째 천사가 소리 내는 날들"이라고 번역돼야 한다. 이것은 일곱째 나팔을 부는 것이 한동안 지속될 것임을 가리킨다. 그런 이유는 무엇인가? 하나님의 그 비밀이 성취되는 것은 많은 것들을 포함하고 상당한 기간이 필요하기 때문일 것이다. 일곱째 나팔이 불 때 많은 일들이 있다는 것을 계시록 11:17~18은 다음과 같이 말씀한다. 그런 이유로 일곱째 나팔은 '상당한 기간' 불게 된다.

> 이르되 감사하옵나니 옛적에도 계셨고 지금도 계신 주 하나님 곧 전능하신 이여 친히 큰 권능을 잡으시고 왕 노릇 하시도다 이방들이 분노하매 주의 진노가 내려 죽은 자를 심판하시며 종 선지자들과 성도들과 또 작은 자든지 큰 자든지 주의 이름을 경외하는 자들에게 상 주시며 또 땅을 망하게 하는 자들을 멸망시키실 때로소이다 하더라(계 11:17~18)

### (4) 성경에 나타난 비밀들

성경에서 "비밀"이라고 언급한 구절들은 다음과 같다. 무엇을 비밀이라고 하는지 주목하자.

- 마태복음 13:11은 "대답하여 이르시되 천국(the kingdom of heaven) 비밀(the mysteries)을 아는 것이 너희에게는 허락되었으나 그들에게는 아니되었나니"라며, 천국(왕국)의 비밀을 말씀한다.

- 누가복음 8:10은 "이르시되 하나님 나라의 비밀(the mysteries of the kingdom of God)을 아는 것이 너희에게는 허락되었으나 다른 사람에게는 비유로 하나니 이는 그들로 보아도 보지 못하고 들어도 깨닫지 못하게 하려 함이라"며 하나님 왕국의 비밀을 말씀한다.

- 고린도전서 4:1은 "사람이 마땅히 우리를 그리스도의 일꾼이요 하나님의 비밀(the mysteries of God)을 맡은 자(stewards)로 여길지어다"라며 하나님의 비밀을 말씀한다.

- 고린도전서 15:51은 "보라 내가 너희에게 비밀(a mystery)을 말하노니 우리가 다 잠 잘 것이 아니요 마지막 나팔(the last trump)에 순식간에 홀연히 다 변화되리니(shall be changed)"라고 육체의 부활의 비밀을 말씀한다.

- 에베소서 1:9은 "그 뜻의 비밀(the mystery of his will)을 우리에게 알리신 것이요 그의 기뻐하심을 따라 그리스도 안에서 때가 찬 경륜을 위하여 예정하신 것이니"라며 하나님의 뜻의 비밀을 말씀한다.

- 에베소서 3:3~4은 "곧 계시로 내게 비밀을 알게 하신 것은 내가 먼저 간단히 기록함과 같으니 그것을 읽으면 내가 그리스도의 비밀(the mystery of Christ)을 깨달은 것을 너희가 알 수 있으리라"고 하며 그리스도가 비밀임을 말씀한다.

- 에베소서 3:9은 "영원부터 만물을 창조하신 하나님 속에 감추어졌던 비밀의 경륜(the fellowship of the mystery)이 어떠한 것을 드러내게 하려 하심이라"며 비밀의 경륜을 말씀한다.

- 에베소서 5:32은 "이 비밀이 크도다(a great mystery) 나는 그리스도와 교회(Christ and the church)에 대하여 말하노라"고 하며 그리스도와 교회가 비밀임을 말씀한다. 아마 교회가 비밀이라는 사실에 의아할 수 있다.

- 에베소서 6:19은 "또 나를 위하여 구할 것은 내게 말씀을 주사 나로 입을 열어 복음의 비밀(the mystery of the gospel)을 담대히 알리게 하옵소서 할 것이니"라며 복음의 비밀을 말씀한다.

- 골로새서 1:26~27은 "이 비밀은 만세와 만대로부터 감추어졌던 것인데 이제는 그의 성도들에게 나타났고 하나님이 그들로 하여금 이 비밀의 영광(the glory of this mystery)이 이방인 가운데 얼마나 풍성한지를 알게 하심이라 이 비밀은 너희 안에 계신 그리스도(Christ in you)니 곧 영광의 소망이니라"고 하며 우리 안에 계신 그리스도께서 이 비밀의 영광이라고 말씀한다.

- 디모데전서 3:16은 "크도다 경건의 비밀이여(the mystery of godliness), 그렇지 않다 하는 이 없도다 그는 육신으로 나타난 바 되시고 영으로 의롭다 하심을 받으시고 천사들에게 보이시고 만국에서 전파되시고 세상에서 믿은 바 되시고 영광 가운데서 올려지셨느니라"고 하며 성육신이 비밀임을 말씀한다.

이런 모든 비밀들이 요한계시록 10:7에서 말씀하는 것처럼, "일곱째 천사가 소리 내는 날 그의 나팔을 불려고 할 때에 하나님이 그의 종 선지자들에게 전하신 복음과 같이 하나님의 그 비밀이 이루어지리라"는 말씀이 성취될 것이다.

## 12. 작은 두루마리 책을 먹는 요한

하늘에서 나서 내게 들리던 음성이 또 내게 말하여 이르되 네가 가서 바다와 땅을 밟고 서 있는 천사의 손에 펴 놓인 두루마리를 가지라 하기로 내가 천사에게 나아가 작은 두루마리를 달라 한즉 천사가 이르되 갖다 먹어 버리라 네 배에는 쓰나 네 입에는 꿀 같이 달리라 하거늘(계 10:8~9)

### 1) 하늘의 음성과 다른 천사와 요한의 관계

본문에는 세 주체가 있다. 첫째, 하늘에서 나는 음성이다. 둘째, 바다와 땅을 밟고 있는 힘센 다른 천사가 있다. 셋째, 천사의 손에 펴놓은 두루마리를 먹는 요한이 있다. 바다와 땅을 밟는 힘센 다른 천사는 '일반 천사'가 아니라 하나님의 심판을 수행하시는 그리스도이다. 오직 그분만이 온 땅과 바다를 소유하실 수 있다. 하늘에서 나는 음성은 힘센 다른 천사와 요한이 어떻게 해야 할 것을 명령하신 분이시다. 따라서 하나님이시다. 하늘에 하나님이 계시고, 힘센 다른 천사는 하나님의 명령을 수행하는 분으로서 바다와 땅을 밟고 계시며, 그의 손에 펴 놓은 작은 두루마리를 하나님의 명령에 따라 요한에게 준다. 요한에게 두루마리를 준 까닭은 '힘센 다른 천사'(그리스도)가 '갖다 먹으라'고 말씀한 것에 나타난다. "갖다 먹으라"는 것은 어떤 의미인가?

## 2) 갖다 먹으라

두루마리는 하나의 책이다. 책은 읽기 위한 것이다. 그런데 힘센 다른 천사(그리스도)는 그 두루마리를 '갖다 먹으라'고 한다. 사람은 음식을 먹지 않으면 살 수 없다. 만일 식탁의 풍성한 음식이 있을지라도 먹지 않는다면 배고플 것이고, 더 나아가 기력을 잃게 되고 쓰러지게 될 것이다. 하나님이 사람들에게 식물을 주신 것을 감사함으로 먹듯이, 하나님의 말씀도 먹는 것이다. 먹는다는 것은 내 안에 받아들이고, 또한 그 음식을 소화하여 모든 영양분을 섭취해야 한다는 것을 말한다. 주님은 마귀의 시험을 물리치실 때 "사람이 떡으로만 살 것이 아니요 하나님의 입으로 나오는 모든 말씀으로 살 것이니라"고 선언하셨다. 하나님의 모든 말씀이 우리의 영의 양식이다. 사도 요한은 계시록의 말씀을 자신의 삶 속에 받아들여 자신의 것이 되게 해야 했다.

예레미야는 "만군의 하나님 여호와시여 나는 주의 이름으로 일컬음을 받는 자라 내가 주의 말씀을 얻어 먹었사오니 주의 말씀은 내게 기쁨과 내 마음의 즐거움이오나"(렘 15:16)라고 고백했다. 그는 하나님의 말씀을 갖다 먹는 사람이었다. 에스겔 2:8~9은 "너 인자야 내가 네게 이르는 말을 듣고 그 패역한 족속 같이 패역하지 말고 네 입을 벌리고(open your mouth) 내가 네게 주는 것을 먹으라(eat that I give you) 하시기로 내가 보니 보라 한 손이 나를 향하여 펴지고 보라 그 안에 두루마리 책이 있더라"고 말한다. 여호와 하나님께서는 이스라엘 백성들을 패역한 족속이라고 부른 이유는 하나님이 주시는 말씀을 먹지 않는 자들이었기 때문이다. 그래서 에스겔에게 그들과 같이 되지 말고, 너는 내가 주는 말씀, 두루마리의 말씀을 먹으라고 말씀한다. '하나님의 말씀을 먹는다'는 것은 하나님의 말씀을 안으로 받아들여 그 말씀대로 살고 순종하는 것이다.

히브리서 11장에 나오는 믿음의 사람들을 보라, 아벨은 첫 번째 순교자로서 하나님의 말씀을 전 생애 동안 먹었던 사람이다. 그래서 가인보다 더 나은 제사를 드렸다. 아담의 칠 대손 에녹도 므두셀라를 낳기 전에는 하나님과 동행하지 못했다. 즉 하나님의 말씀을 갖다 먹지 못했다. 그러나 므두셀라를 낳은 후 하나님과 동행하기 시작했고, 300년을 동행하다 죽음을 보지 않고 하나님에 의해서 데려감을 당한 사람이 되었다. 하나님의 말씀을 갖다 먹는다는 것은 "믿음으로 살아낸다"는 것을 의미한다. 믿음으로 살지 못한다는 것은 하나님의 말씀을 갖다 먹지 않는 자라는 것을 가리킨다.

### 3) 입에는 달콤하나 배에는 쓰다

에스겔이나 예레미야는 하나님의 말씀을 갖다 먹는 사람이었다. 그런데 이스라엘 백성들은 왜 갖다 먹지 않았는가? 사도 요한은 그 원인을 두루마리를 갖다 먹은 후에 깨달았다. 10절은 "내가 천사의 손에서 작은 두루마리를 갖다 먹어 버리니 내 입에는 꿀 같이 다나 먹은 후에 내 배에서는 쓰게 되더라"고 말한다. 일반적으로 입에서 달콤했다면, 배에서도 달콤해야 한다. 입에서는 달콤했는데 배에서는 쓰게 되었다는 것은 매우 역설적이다. 반대의 경우를 생각할 수 있다. 만일 입에서는 쓴데 배에서는 달다면, 상황은 달라질 수도 있다. 문제는 성경은 그렇게 말하지 않는다.

하나님의 말씀은 입에서 달콤하다. 그렇지만 위와 배에서 소화되면서 쓰게 된다. 이것이 하나님께서 정하신 원칙(doctrine)이다. 어느 누구도 "입에서 달콤했는데, 배에서도 달콤하다"고 할 사람은 없다. 만일 그렇다면, 하나님의 백성들이 모두 예레미야와 에스겔과 같은 믿음의 사람이 되었을 것이다. 오늘날 하나님의 백성들이 믿음의 사람이 되지 못하는 이유는 하나님 말씀이 내 안에 들어와 내 것으로 소화되기 위해서 반드시 "배에서 쓰게 되기" 때문이다. 전 시대의 모든 믿음의 선진들은 배에서는 쓰게 되었을지라도, 하나님의 약속을 바라며 자신을 쳐 복종시키고 달려갈 길을 달려갔다. 신자들이 하나님 말씀을 따라 살 때, 세상은 믿는 자를 대적하고 핍박하는 등 많은 어려움이 있다. 사도 바울도 우리가 하나님의 나라(왕국)에 들어가려면 많은 환난을 겪어야 할 것을 권면한 것도 이런 이유 때문이다. 우리의 소망은 이 땅에 있지 않고 하늘에 있다. 따라서 영광의 주님을 따르는 길에는 십자가가 있다. 예나 지금이나 변하지 않는 진리가 있다. No cross, no crown!

### 4) 또다시 예언하라

사도 요한은 또다시 예언하라는 말씀을 들었다. 계시록 10:11은 "그가 내게 말하기를 네가 많은 백성과 나라와 방언과 임금에게 다시 예언하여야 하리라 하더라"고 말씀한다. 사도 요한은 작은 두루마리 책을 갖다 먹은 후에, 입에는 달콤하지만 배에서는 쓰다는 것을 체험한 후, 또다시 예언하라는 명령을 받았다. 이런 상관관계를 통해서 하나님의 말씀을 대언하는 자의 자격이 무엇인지를 본다. 하나님의 예언(말씀)을 전하는 자는 반드시 하나님의 말씀을 따라 순종하고 살아야 한다는 것을 가리킨다. 이것이 예수 그리스도의 증인이며 제자된 신자의 '참된 체험'이다. 만일 사도 요한이 작은 두루마리 책을 갖다 먹지 않았다면, 입에는 달콤하지만 배에서는 쓰다는 것을 체험하지 못했을 것이고, 백성들과 나라와 방언들과 임금들에게 또다시 예언하라는 명령을 듣지 못했을 것이다.

다시 예언해야 할 것은 무엇인가? 사도 요한이 갖다 먹은 작은 두루마리 책을 가리킨다. 이것을 통해서, 반드시 두루마리를 갖다 먹은 것을 증거해야 한다는 '하나님의 원칙'을 본다. 작은 두루마리 책인 것은 이미 첫째 인으로부터 여섯 나팔까지 불어졌기 때문이고, 이제 마지막 일곱째(7th) 나팔만이 남았기 때문이다. 요한이 다시 예언해야 할 것은 일곱 나팔부터 주님이 재림하셔서 세상 나라들을 그리스도의 왕국이 되게 하시어 이 땅에서 세세토록 왕 노릇 하는 것과 새 하늘과 새 땅까지를 포함한다.

## 1. 힘센 다른 천사에 대하여

무천년설자인 그레고리 K. 비일은 힘센 다른 천사를 신적 성품을 가진 그리스도로 해석하는 반면, 이필찬 박사는 그리스도이든 하나님이든 가브리엘이든 캐릭터에 집중하지 말고 여러 종합적인 캐릭터로서 구속 사건의 메신저의 역할을 하는 천사라고 말한다. "그가 누구인가?"라는 것이 기본적으로 중요하다. 이 박사의 '주관적 견해'는 비논리적이다. 전천년설의 입장의 필자는 '힘센 다른 천사'는 하나님의 심판을 수행하는 분으로서 그리스도라고 해석한다. 그레고리 K. 비일이 무천년설자임에도 불구하고 힘센 다른 천사를 그리스도라고 해석한 것은 긍정적이다. 왜냐하면 비록 '힘센 다른 천사'의 의미를 분별하지 못했을지라도, 그에 대한 모든 내용들은 그리스도만이 소유한 특성이기 때문이다. 성경을 해석할 때 문맥(context)의 중요성을 다시 한 번 실감한다. 이에 반하여 이 박사는 이런 명백한 성경 문맥의 '팩트'를 주목하지 못하고, 누구인가라는 캐릭터는 중요하지 않다고 하면서 일반적인 명칭인 '구속 사건의 메신저'로 결론을 내린 것은 아쉽다.

| 구분 | | 힘센 다른 천사 | 특징 |
| --- | --- | --- | --- |
| 무천년설 | 그레고리 비일 | 신적 성품을 가진 그리스도 | 문맥을 따른 해석 |
| | 이필찬 | 그리스도, 하나님, 가브리엘의 여러 캐릭터 종합으로 구속사건 메신저로 역할 | 포괄적인 의미 – 천사의 지배권 |
| 전천년설 필자 | | 하나님의 심판을 수행하시는 분이신 그리스도 | 땅을 소유하시는 그리스도 |

## 2. 여호와의 천사와 맹세와 하나님의 심판으로 본 시대별 변화

힘센 다른 천사를 이해하기 위해서는 계시록 10장뿐만 아니라 성경 전체에 나타난 여호와의 사자(or 천사)를 연구해야 한다. 구약에 나타난 '여호와의 사자'는 '보통 천사'가 아니라, 구약에 나타난 그리스도이다. 즉 하나님의 명령을 수행하는 분으로서 그리스도이다. 구약 시대에 여호와의 사자가 나타났고, 신약 시대에는 전혀 없다. 그리고 요한계시록에는 '힘센 다른 천사'가 나타난다. 구약에는 하나님의 심판이 있었고, 신약에는 하나님의 심판이 없는 은혜의 시대였다가, 계시록에는 하나님의 심판이 있다. 구약에는 맹세가 허용된 반면에, 신약에는 맹세하는 것을 금하셨고, 계시록에는 힘센 다른 천사가 하나님께 맹세한다. 이런 것을 종합할 때, 계시록에서 하나님의 심판이 있고 힘센 다른 천사가 하나님의 명령을 수행하고 신약에서 금지됐던 맹세가 나온다는 것(필자 주: 이것은 성경의 팩트임)은 계시록의 시대는 구약 시대와 같다는 것을 가리킨다. 구약에 시내 산에서 하나님이 나타날 때도 음성과 번개와 뇌성이 있었다. 신약에는 번개와 음성과 뇌성이 나타나지 않았다. 그런데 계시록에도 구약과 같이 번개와 뇌성과 음성이 나타난다. 이런 시대적인 변화는 무엇을 의미하는가? 계시록 10장은 나팔 심판이 있다. 이것은 구약 시대로 돌아갔다는 것을 의미한다. 그래서 애굽을 심판하신 것처럼, 은혜의 시대를 지나 계시록에는 세상을 공의로 심판하신다. 아래 표는 성경에 나타난 세 시대의 '팩트'를 나타냈다. '세 시대'라는 숲을 한 눈에 비교하면, 그 시대가 어떤 시대인지 확연히 드러난다. 구약 시대는 율법 시대였고, 신약 시대는 은혜의 시대이다. 계시록의 나팔 심판은 구약 시대와 같이 이 땅에 거하는 자들을 심판하는 시대라는 것을 알 수 있다.

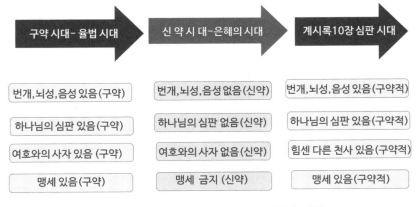

[ 여호와의 천사인 힘센 다른 천사로 본 시대별 구분 ]

## 3. Youtube "워킹바이블TV" 채널 참고 영상

#29 당신만 모르는 성경의 비밀! 사울에서 바울로 바뀌다! 흔한 오해와 하나님의 은밀한 주권적 섭리!

#149 신앙생활의 딜레마! 예수님은 포도주를 마셨나요?

#150 기독교인은 술을 마시면 안 되나요?1

#151 기독교인은 술을 마시면 안 되나요?3 구약의 포도즙과 포도주! 신약의 십자가 보혈과 성령님!

#472(마태 75강) 주님의 재림과 양과 염소들! 양은 신자? 염소는 불신자인가? 1

#473(마태 76강) 재림과 양과 염소 비유! 양들이 신자가 아닌 증거들2

#474(마태 77강) 양과 염소의 비유와 영원한 복음! 대환난 중 천사가 전하는 복음!

# Chapter 37 ·
# 이방인에게 짓밟힌 거룩한 성(11:1~2)

계시록 11장은 여섯째 나팔과 일곱째 나팔 사이에 있는 '삽입부'이다. 삽입부인 10장과 11장이 여섯째 나팔과 일곱째 나팔 사이에 있다는 것은 이 시점에 발생할 일이기 때문이다. 11장에는 예루살렘이 이방인들에게 42달 동안 짓밟히는 이상과 그 적그리스도를 쳐서 예언하며 재앙을 내리는 두 증인의 사역을 기록한다.

예루살렘이 이방인에 의해 42달 동안 짓밟히는 것과 두 증인이 42달 동안 예언하고 재앙을 내리는 것은 동전의 양면과 같다. 다른 성경도 그러하지만, 특히 요한계시록의 각 주제를 다루는데 '5WIH' 원칙에 따라 세밀하게 연구해야 한다. 즉 누가(who), 무엇을(what), 어디서(where), 언제(when), 왜(why), 어떻게(how)를 염두에 두고, 마치 사건을 추적하는 기자와 수사관 같은 예리한 통찰력을 가져야 할 필요가 있다. 요한계시록은 관념적인 책이 아니라, 하나님의 비밀의 경륜으로서 이 땅에서 일어날 하나님의 계획을 보여주기 때문이다. 무천년설은 계시록의 구조를 병렬식으로, 그 시기를 '과거'에 있었던 일로 간주하기 때문에 계시록의 메시지를 알 수 없게 만들어 버린다.

## 1. 지팡이(막대기) 같은 갈대

계시록 11:1은 "또 내게 지팡이 같은 갈대를 주며 말하기를 일어나서 하나님의 성전과 제단과 그 안에서 경배하는 자들을 측량하되"라고 말씀한다. 지팡이 같은 갈대는 측량하는 도구이다.

## 1) 갈대와 측량

에스겔 40:3은 "나를 데리시고 거기에 이르시니 모양이 놋 같이 빛난 사람 하나가 손에 삼줄과 측량하는 장대를 가지고 문에 서 있다"라고 말한다. '측량하는 장대'는 원문에서 "측량하는 갈대(a measuring reed)를 가리킨다. 에스겔 42:15~19에서도 성전의 담을 측량할 때 '갈대'를 사용한다.

> 그가 안에 있는 성전 측량하기를 마친 후에 나를 데리고 동쪽을 향한 문의 길로 나가서 사방 담을 측량하는데 그가 측량하는 장대(the measuring reed) 곧 그 장대(the measuring reed)로 동쪽을 측량하니 오백 척(reeds)이요 그 장대(the measuring reed)로 북쪽을 측량하니 오백 척(reeds)이요 그 장대로 남쪽을 측량하니 오백 척(reeds)이요 서쪽으로 돌이켜 그 장대로 측량하니 오백 척(reeds)이라(겔 42:15~19)

개역개정의 '장대'는 원문에는 '갈대(reed)를 의미하는 'קָנֶה'(카네)인데 측량 도구로 쓰였다. 어떤 것을 갈대로 "측량한다"는 것은 적극적인 의미인데, 본문에서도 이런 의미를 찾을 수 있다. 먼저 하나님의 성전과 제단과 그 안에서 경배하는 자들을 측량할 것을 말씀하고, 2절에서는 "성전 바깥 마당은 측량하지 말라"고 금지하셨다. 측량을 금지하신 이유가 바로 언급되는데, "이것은 이방인에게 주었은즉 그들이 거룩한 성을 마흔두 달 동안 짓밟으리라"고 말씀한다. 성전 밖 마당을 측량하지 말라는 이유는 그 이방인들이 거룩한 성을 마흔두 달 동안 짓밟기 때문이다. 따라서 측량하지 않았다는 것은 "그것을 거룩하게 보호하지 않는다"는 '소극적인 의미'이다. 이와 반면에 "성전을 측량한다는 것은 거룩하게 보호하시고 하나님이 소유하신다"는 '적극적인 의미'이다.

## 2) not 지팡이 but 막대기

계시록 11장의 측량의 도구는 단순히 '갈대'가 아니라 '지팡이 같은 갈대'이다. 개역개정의 '지팡이'는 원문에서 'ῥάβδῳ'(라브도)로서 "막대기, 지팡이"를 의미하는 'ῥάβδος'(라브도스)의 소유격이다. 따라서 원문은 지팡이와 막대기로 번역할 수 있다. 따라서 계시록 11장의 문맥에서 어떤 단어가 적합한지를 선택해야 한다. 이것은 번역의 문제가 아니라 해석의 문제이다.

구약 성경에서 '막대기'가 어떻게 쓰였는지를 살펴보자. 잠언 10:13은 "명철한 자의 입술에는 지혜가 있어도 지혜 없는 자의 등을 위하여는 채찍이 있느니라"고 말씀한다. 개역개정의 '채찍'의 원문은 'שֵׁבֶט'(쉐베트)로서 "(측량하기 위한, 징계하기 위한) 막대기"를 의미한다. 그리고 원문을 '문자 그대로' 번역하는 특징을 가진 KJV는 'a rod'로 번역했다.

개역개정이 '채찍'으로 번역한 것은 "막대기를 의미하는 쉐베트"가 어리석은 자의 등을 때리는 용도로 사용했기 때문에, 그 의미를 잘 나타내기 위해서 '채찍'으로 의역했다. 채찍은 때리는 도구로서 막대기와 같은 성격을 갖고 있지만, 노예를 때리거나 죄인을 처벌할 때 사용되는 것이다. 따라서 자녀들을 징계하는 용도와 현격한 차이가 있다는 것을 간과했다.

잠언 29:15은 "채찍과 꾸지람이 지혜를 주거늘 임의로 행하게 버려 둔 자식은 어미를 욕되게 하느니라"고 말씀한다. 개역개정에서 '채찍'으로 번역된 단어는 "막대기, 지팡이"를 의미하는 'שֵׁבֶט'(쉐베트)로서 위의 구절과 동일하다. KJV는 원문이 의미하는 대로 'a rod'로 번역했다. 위와 동일하게 때린다는 의미를 살리기 위해서 '채찍'으로 의역한 것은 과유불급(過猶不及)이다.

이사야 10:5은 "앗수르 사람은 화 있을진저 그는 내 진노의 막대기(the staff)요 그 손의 몽둥이는 내 분노라"고 말씀한다. '막대기'는 원문에서 앞의 잠언에서 쓰인 'שֵׁבֶט'(쉐베트)이다. 여기서도 '내 진노'가 막대기를 수식하여, '막대기'가 진노의 도구라는 것을 나타냈다. 하나님께서 이방 나라인 앗수르를 하나님의 백성들에 대한 '징계의 막대기'로 사용하셨다. 여기서는 동일한 '쉐베트'가 원래 의미인 막대기로 잘 번역됐다. 계시록 11:1의 문맥에 '지팡이 같은 갈대'보다 '막대기 같은 갈대'가 적합하다. 갈대는 '측량한다'는 적극적인 의미이고, '막대기'는 '징계'를 의미한다. 따라서 하나님께서 막대기로 징계하신 후에(정결케 하셔서) 측량하여 소유로 삼으신다는 의미이다.

## 2. 하나님의 성전과 바깥 마당

계시록 11:1은 "또 내게 지팡이 같은 갈대를 주며 말하기를 일어나서 하나님의 성전과 제단과 그 안에서 경배하는 자들을 측량하되"라고 말씀한다. 측량할 곳은 '하나님의 성전'과 '제단'이었다. 첫 번째로 측량하라는 '하나님의 성전'은 무엇을 가리키는가? 먼저 무천년설의 견해를 소개한다.

### 1) 무천년설: 이필찬 박사의 견해

#### (1) 하나님의 성전에 대한 견해

이필찬 박사는 『요한계시록』(에스카톤, p.920~921)에서 하나님의 성전에 대한 그의 견해를 제시했다.

> 2절에서 '성전의 바깥 마당'이 '나오스'와 구별되어 사용되고 있으므로 '나오스'는 성전 바깥 마당을 제외한 구역을 가리키는 것이 틀림없다. (중략) 이 사실에 근거하면, 요한계시록 11장 1c절의 '나오스'는 '문자적 건물'이 아니라 '하나님을 예배하는 기독교 공동체'를 상징하는 것이 분명하다. 그러므로 11장 1c절에서 성전을 측량하라고 명령하시는 것은 교회 공동체를 보호하시겠다는 하나님의 의지를 나타내는 것으로 이해할 수 있다. (중략) 하지만 여기에서 성전을 문자적인 건물로 봐서는 안 되고, 성취라는 관점에서 교회 공동체에 대한 상징적 의미를 갖는 것으로 봐야 한다.(이필찬 박사, 『요한계시록』, 에스카톤, p.920~921)

#### (2) 성전 밖 마당에 대한 견해

이필찬 박사는 『요한계시록』(에스카톤, p.923~924)에서 "바깥 마당"에 대한 그의 견해를 제시했다.

> 요한계시록 11장 2a절에서는 1c절에서 측량하도록 명령된 '성전'(ναὸς, 나오스)과는 달리 측량하지 말아야 할 부분으로서 '성전의 바깥 마당'이 등장한다. (중략) 그러므로 측량 대상인 '나오스'가 예배 공동체인 교회 공동체의 보호받는 특징을 보여

준다면, 측량 대상이 아닌 '바깥 마당'은 '히에론'의 한 부분으로서 교회 공동체의 또 다른 측면을 보여주려는 목적이 있다고 할 수 있다.(이필찬, 『요한계시록』, 에스카톤, p.923~924)

## 2) 필자의 비평 및 견해

계시록 11장에서 측량되는 하나님의 성전이 무엇을 의미하는가는 중요하다. 이필찬 박사는 "성전의 바깥 마당"이 '나오스'와 구별하여 사용되기 때문에 '하나님의 성전'(나오스)은 성전 바깥 마당을 제외한 구역을 가리킨다고 주장했다. 그런 후에 그리스도의 부활의 종말적 성취로 계시록 11장에서 언급한 '하나님의 성전'(나오스)은 '문자적 건물'이 아니라 '하나님을 예배하는 기독교 공동체'를 상징하며, 따라서 "성전을 측량하라"고 명령하시는 것은 "교회 공동체를 보호하시겠다"는 하나님의 의지라고 해석했다.

이와 반면에, "측량되지 않은 바깥 마당"은 '히에론'의 한 부분으로서 교회 공동체의 또 다른 측면, "고난당하는 교회 공동체"라고 해석했다. 이 고난은 거룩한 성을 42달 동안 이방인이 짓밟기 때문인데, 이 박사는 다니엘 8:13의 안티오쿠스 에피파네스 4세에 의해 발생한 "지극히 높으신 이의 성도"에 대한 핍박과 동일한 사건으로 해석한다. 아래의 그림은 '하나님의 성전'과 '성전 바깥 마당'에 대한 이필찬 박사의 견해를 나타낸 도표이다. 성전의 위치에 대한 것은 '성경의 팩트'이기 때문에 아무 문제가 없다. 그러나 다음 그림에 나타난 무천년설의 견해(붉은 글씨)는 이 박사의 해석이기 때문에 검증이 필요하다. 그의 견해가 성경의 문맥과 일치하는지 QST하면 검증이 가능하다.

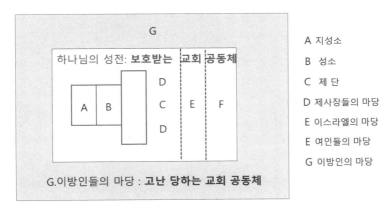

G

하나님의 성전: **보호받는 교회 공동체**

A 지성소
B 성소
C 제단
D 제사장들의 마당
E 이스라엘의 마당
F 여인들의 마당
G 이방인의 마당

G.이방인들의 마당 : **고난 당하는 교회 공동체**

[ 무천년설 이필찬 박사의 계11장 하나님의 성전과 바깥 마당에 대한 견해]

### (1) 성경의 팩트

성전의 각 부분들 즉 지성소와 성소, 제단과 제사장들의 마당, 이스라엘의 마당, 여인들의 마당과 이방인의 마당은 출애굽기와 에스겔서에 나오는 것으로써 성경의 '팩트'이기 때문에 해석이 필요없는 부분이다.

### (2) 이방인의 마당에 대한 해석

우리가 주목할 것은 이 박사가 언급한 성전의 세 부분, 즉 지성소와 성소와 이스라엘을 위한 마당과 여인들을 위한 마당은 "보호받는 교회 공동체"를 상징하고, "이방인의 바깥 마당은 고난 당하는 교회 공동체를 상징하는가?"라는 것이다. 어떤 것을 해석할 때는 상당한 성경적인 근거가 필요하다. 따라서 이 박사의 견해는 충분한 검증과 분별이 필요하다. 성경의 문맥(context)과 일치하는지를 QST하면 그 진위를 알 수 있다.

### (3) 주관적인 구분의 근거

성전의 세 부분을 '보호받는 교회 공동체'라는 것은 잠시 접어두고, '이방인의 마당'을 '고난 당하는 교회 공동체'로 해석한 것을 QST해 보자. 이 박사의 주장대로 두 부분이 모두 '교회 공동체'라는 공통점을 인정한다면, '이방인의 마당'을 '고난받는 교회 공동체'라고 할 수 있는 근거는 무엇인가? 성전의 마당, 이스라엘을 위한 마당, 여인들을 위한 마당은 모두 하나님의 백성들과 관계있기 때문에 '교회 공동체'라고 한다면, '이방인의 마당'이 '고난받는 교회 공동체'라는 것은 비논리적이다. 시야를 넓혀 성경에 나타난 '이방인'의 사례들을 적용해 보자. 마태복음 8장은 로마 군대의 백부장에 대해 기록한다. 그는 이방인이었다. 그뿐 아니라 유대 땅을 점령한 로마 군대의 백부장이었다. 주님이 백부장의 그런 외적인 이유 때문에 그들을 외면하시고 차별하셨는가? 마태복음 8:10~12을 보자.

> 예수께서 들으시고 놀랍게 여겨 따르는 자들에게 이르시되 내가 진실로 너희에게 이르노니 이스라엘 중 아무에게서도 이만한 믿음을(so great faith) 보지 못하였노라 또 너희에게 이르노니 동서로부터 많은 사람이 이르러 아브라함과 이삭과 야곱과 함께 천국에(in the kingdom of heaven) 앉으려니와 그 나라의 본 자손들은 바깥 어두운 데 쫓겨나 거기서 울며 이를 갈게 되리라(마 8:10~12)

이방인인 백부장은 이스라엘의 본 자손들보다 '더 큰 믿음'을 가졌다. 이것은 백부장이 '적어도' 교회의 일원이 되었다는 것을 의미한다. 그뿐 아니라 본 자손들은 바깥 어두운데 쫓겨나지만 백부장은 아브라함과 함께 천국에 앉을 것을 말씀하셨다. 당시 백부장은 이방인이었기 때문에 이방인의 마당에만 들어갈 수 있도록 허용이 되었다.(구속이 성취 되기 전) 그런데 이 박사는 "이방인의 마당"을 '고난받는 교회 공동체'라고 해석한다. 만일 이 박사의 주장이 사실이라고 하면, 백부장에 대한 주님의 칭찬은 무색케 된다. 따라서 단지 이방인이라고 해서 '고난당하는 교회 공동체'로 간주하는 것은 주관적인 견해에 불과하다.

이 박사가 '성전'을 '보호받는 교회 공동체'라고 해석하면서, '고난받은 교회 공동체'를 '이방인의 마당'과 결부시키는 것은 비논리적이고 비성경적이다. 이방인의 마당은 구약 시대와 예수님 당시 하나님을 경배하기 위해 찾아온 이방인을 위한 곳이다. 그러나 신약 시대에는 유대인도 없고 헬라인도 없고 로마인도 없고 아무런 차별이 없다. 이런 사실들은 이 박사의 견해가 성경과 불일치한다는 것을 가리킨다.

어떤 나무가 좋은 나무인지 나쁜 나무인지 분별할 수 있는 방법은 그 나무에 어떤 열매가 열렸는지는 보는 것이다. 성경을 바르게 해석했다면, 어떤 성경을 적용해도 어떤 문제나 불일치가 나오지 않지만, 잘못된 해석은 성경과 불일치한다. 성경에서 휴거되는 성도가 있고, 휴거되지 못하고 대환난을 통과하는 성도가 있기 때문에 "보호받는 교회 공동체"가 있고 "고난 당하는 교회 공동체"가 있다고 할 수 있다. 고난 당하는 신자는 두 가지 경우가 있을 것이다. 첫째는 소극적인 의미로서 휴거되지 못했기 때문에 대환난이라는 고난을 당하는 경우이고, 둘째는 '적극적인 의미'로서 순교자로서 고난 당하는 신자가 있을 수 있다. 따라서 이 박사가 계시록 11장의 측량된 하나님의 성전을 "보호받는 교회 공동체"로 해석하고, 측량되지 않은 성전 바깥 마당을 "고난 당하는 교회 공동체"로 해석하는 것은 전혀 다른 문제이다.

### (4) 계시록 문맥을 통한 해석

힘센 다른 천사는 요한에게 하나님의 성전은 측량하고, 성전 밖 마당은 측량하지 말라고 했다. "측량한다는 것은 분별해서 하나님의 소유로 삼고 보호하신다"는 의미이다. 따라서 측량하지 않는 '성전 밖 마당'은 하나님께서 보호하시지 않는다는 의미를 내포한다. 그런 이유는 이방인들에게 주었고 그들이 42달 동안 거룩한 성을 짓밟기 때문이다. '이방인'은 계시록 13장의 '한 짐승'인 적그리스도를 가리킨다. 따라서 측량하지 않는 '성전 밖 마당'은 유대 땅에 있는 '예루살렘 성'을 가리키고, 2절의 '거룩한 성'이라 부르는 것과 일치한다. 이 땅에서 '거룩한 성'이라 불리는 곳은 '예루살렘 성'이 유일하다. 이사야 52:1과 마태복음 27:53은 예루살렘 성을 거룩한 성이라고 부른다.

> 시온이여 깰지어다 깰지어다 네 힘을 낼지어다 거룩한 성(the holy city) 예루살렘이
> 여 네 아름다운 옷을 입을지어다(사 52:1)

> 예수의 부활 후에(after his resurrection) 그들이 무덤에서 나와서 거룩한 성(the holy
> city)에 들어가 많은 사람에게 보이니라(마 27:53)

따라서 측량되지 않은 '성전 밖 마당'은 유대 땅에 있는 '거룩한 성'인 '예루살렘 성'을 가리킨다. 그와 반대로 측량되는 "하나님의 성전은 이방인인 적그리스

도가 짓밟지 못한 곳"이라는 것을 의미한다. 이방인(유대인이 아닌)인 적그리스도는 사탄에게 권세를 받아 하나님을 대적하는 사탄의 하수인으로, 거룩한 성을 짓밟고 하나님을 대적한다. 그러나 하나님의 성전과 제단(향단을 가리킴)은 사탄이나 그의 하수인인 적그리스도가 범접하지 못하는 곳이다. 계시록 11장의 문맥은 하나님의 성전과 성전 밖 마당의 관계를 통해서 양자의 의미를 보여준다.

만일 하나님의 성전을 예루살렘 성전이라고 간주한다면, 계시록 11장의 문맥과 충돌이 일어난다. 왜냐하면, '예루살렘 성'이 짓밟히는 데 '예루살렘 성전'이 짓밟히지 않는다는 것은 있을 수 없는 일이기 때문이다. 둘째, 마흔두 달 동안 예루살렘 성이 짓밟힐 때 거룩한 곳이라 불리는 예루살렘 성전에 멸망의 가증한 것(적그리스도의 우상)이 날개를 달고 설 것이다. 계시록 11장은 이 땅의 예루살렘 성이 대적에게 짓밟히지만, 하늘에 있는 하나님의 성전은 어떤 문제도 없음을 대비하여 보여 준다. 성경을 성경으로 해석하면 물 흐르듯이 자연스럽다. 이것이 해석의 기본 원칙이다. 양자의 관계의 비교표를 보면 이해하기 쉽다.

| 하나님의 성전 | 성전 밖 마당 |
|---|---|
| 측량하라(보호와 소유) | 측량하지 말라<br>(보호 안함, 징계) |
| 아무도 짓밟지 못함 | 거룩한 성이라 부름(11:2) |
| | 42달 이방인에게 줌 |
| 하늘에 있는 성전을 가리킴 | 이 땅의 예루살렘 성을 가리킴 |

## (5) 제단(하늘 성소의 향단)으로 분별하기

이필찬 박사는 하나님의 성전과 같이 측량되는 '제단'이 번제단이 아니라, 하늘의 성소 안에 있는 '향단'이라고 해석한다. 필자도 동의한다. 하나님의 성전은 하늘에 있고, 그와 함께 언급된 제단(향단)도 동일한 하늘에 있다.

이 박사는 '제단'(향단)을 하늘의 성소에 있는 것이라 주장하면서(필자도 동의), 그와 같이 언급된 '하나님의 성전'을 '보호받는 교회 공동체'라고 해석한 것은 모순이다. 제단(향단)이 하늘에 있는 성소에 있으므로, 반드시 하나님의 성전이 있어야 한다. 그런 이유로 하나님의 성전이 먼저 언급되고 제단(향단)이 언급됐다.

즉 하나님의 성전이 있어야 제단(향단)이 있을 수 있다. 하나님의 성전이 없는데 제단(향단)이 있을 수 없다. 계시록 11장의 하나님의 성전과 제단(향단)은 모두 하늘에 있는 성전과 제단(향단)을 가리킨다. 그렇기 때문에 이 박사가 하나님의 성전을 '보호받는 교회 공동체'라고 해석한 것은 문맥과 일치하지 않는다. 측량되는 하나님의 성전과 제단(향단)은 모두 하늘에 있기 때문에 이방인이 짓밟지 못한다는 것을 가리키고, 성전 밖 마당은 이 땅에 있는 거룩한 성(예루살렘 성)으로 이방인에게 짓밟히기 때문에 측량하지 말라고 말씀하신 것이다.

### (6) 또 다른 불일치

성전 바깥 마당을 '고난 당하는 교회 공동체'로 잘못 해석하면, 문제들이 꼬리에 꼬리를 물고 나타난다. 성전 바깥 마당이 42달 동안 이방인에게 짓밟힌다는 것은 '물질적인' 거룩한 성인 예루살렘 성이 짓밟힌다는 것을 가리킨다. 이 박사는 "성전 바깥 마당이 짓밟힌다"는 '팩트'를 부인하지 않으면서 성전 바깥 마당이 짓밟히는데, 하나님의 성전(성소)과 제단(향단)은 짓밟히지 않는다는 것은 비논리적이다.(그는 하나님의 성전과 제단을 보호받는 교회 공동체라고 해석하기 때문에) 어떤 시대에도 그런 일은 있을 수 없다. 안티오쿠스 에피파네스가 성전의 바깥 마당을 짓밟은 후, 반드시 성소를 짓밟았다. 계시록 11장과 평행 구절인 계시록 13장은 적그리스도가 하나님의 성전에 그의 우상을 세우고 사람들에게 경배하게 할 것을 말씀한다. 마태복음 24장에서도 멸망의 가증한 것(우상)이 거룩한 곳(성전)에 선 것을 볼 때 대환난이 있을 것을 말씀했다. 이것은 이 땅에 있는 예루살렘 성전이 짐승에 의해서 짓밟힌다는 것을 가리킨다. 그러므로 이 박사가 하나님의 성전과 성전 바깥 마당을 "보호받은 교회 공동체"와 "고난 받은 교회 공동체"라는 해석은 무천년설의 지론을 따른 것으로 성경과는 일치하지 않는다. 이런 불일치의 원인은 문자적인 의미를 상징적으로 해석했기 때문이다.


## 3. 제단

이필찬 박사는 '제단'이 하늘의 성소 안에 있는 '향단'을 가리킨다고 말한다.

필자도 동의한다. 계시록 11:1의 제단은 'θυσιαστήριον'(뒤시아스테리온)으로 '제단'
이란 의미이다. 그런데 성전 마당에 있는 '번제단'을 가리키지 않는다. 성전에는
두 개의 단이 있다. 성전의 마당에는 번제단이 있고, 성소 안에 있는 제단은 '금
단' 혹은 '금 향단'이라 부른다. 요한계시록에서 하나님의 성전과 '하나님 앞에'
라는 구절과 '금'(gold)이라는 단어가 같이 쓰일 때는 반드시 '금 향단'을 가리킨
다. 예를 들면, 계시록 8:3에서 "또 다른 천사가 와서 제단(θυσιαστήριον) 곁에 서서
금 향로를 가지고 많은 향을 받았으니 이는 모든 성도의 기도와 합하여 보좌 앞
금 제단에 드리고자 함이라"는 구절의 제단은 금향단을 가리킨다. '막대기 같은
갈대'로 측량되는 하나님의 성전과 제단(향단)은 모두 하늘에 있는 성전에 있고,
측량되지 않는 성전 밖 마당은 이 땅의 '예루살렘 성'을 가리킨다. 이것은 42달
동안 적그리스도가 예루살렘 성을 짓밟을지라도, 하늘에 속한 어떤 것도 대적할
수 없다는 것을 보여준다. 주님은 주기도문에서 "뜻이 하늘에서 이뤄진 것 같이
땅에서도 이루어지이다"라고 가르치셨다. 하나님의 뜻은 하늘에서 다 이뤄졌기
때문에 아무 문제가 없다. 이와 반면에 땅에서도 하나님의 뜻이 이루어져야 하
는데, 하나님의 뜻을 대적하는 사탄과 타락한 사람들과 적그리스도와 거짓 선지
자가 있기 때문이다. 그러나 일곱째 나팔을 불 때 모든 것들이 이뤄질 것이다.

## 4. 42달 동안 짓밟히는 거룩한 성

계시록 11:2~3은 "이것은 이방인에게 주었은즉 그들이 거룩한 성을 마흔두
달 동안 짓밟으리라 내가 나의 두 증인에게 권세를 주리니 그들이 굵은 베옷을
입고 천이백육십 일을 예언하리라"고 말씀한다. 거룩한 성이 짓밟히는 42달은
두 증인이 굵은 베옷을 입고 예언하는 1,260일과 동일하다. 양자는 동전의 양면
과 같다. 한편으로 하나님의 주권 가운데 예루살렘 성이 적그리스도에게 짓밟히
도록 허락하셨지만, 또 한편으로 두 증인에게 권세를 주어 심판을 예언하고 재
앙을 내리신다.

## 1) 무천년설: 이필찬 박사 견해

이필찬 박사는 『요한계시록』(에스카톤, p.932)에서 거룩한 성이 마흔두 달 동안 이방인에게 짓밟히는 것에 대한 견해를 제시했다.

> 2d절에 의하면 이방인들이 42달 동안 거룩한 도시 예루살렘을 짓밟는다. '마흔두 달 동안'이라는 기간은 이 본문의 구약 배경인 다니엘서 8장 13절의 직후 본문인 8장 14절의 '2300 주야'와는 느슨한 평행관계이다. 이 외에도 다니엘서 7장 25절 12장 7절에서 '한 때와 두 때와 반 때'라는 표현이 나오는데 이것은 '삼 년 반'의 기간으로서 결국 요한계시록 본문의 42달과 동일한 기간이다. 요한계시록 내에 서는 11장 24절에서 '마흔두 달'이 거룩한 도시 예루살렘이 짓밟히는 기간을 가리키는 것을 비롯해서, 11장 2절에서 '1,260일'이 두 증인의 증거 활동 기간을 가리키고, 12장 6절의 '1,260일'과 12장 14절의 '한 때와 두 때와 반 때'는 교회를 의미하는 여자가 광야에서 양육하는 기간을 가리키며, 13장 5절에서는 '42달'이 짐승의 활동 기간을 가리킨다.(이필찬, 『요한계시록』, 에스카톤, p.932)

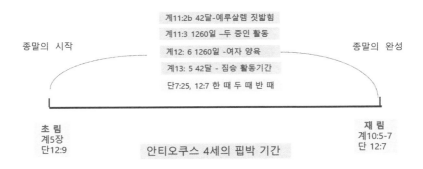

[이필찬 박사의 계11장 42달과 1260일에 대한 무천년설 견해 ]

이필찬 박사는 그의 책 '요한계시록, 에스카톤, p.900~901'에서 "'한 때 두 때 반 때'의 기간은 다니엘서에서 안티오쿠스 4세가 이스라엘 백성을 핍박하는 기간으로서 계시록에서는 초림부터 재림 사이로 재해석된다. 그리고 앞서 언급한 것처럼 다니엘 12:9은 요한계시록 5장에서 초림 사건으로 재해석되고, 다니엘 12:7은 요한계시록 10:5~7에서 하나님의 비밀이 완성되는 예수님의 재림으로 재해석된다"라고 주장했다. 이것이 무천년설의 가장 큰 오류이다.

## 2) 필자의 비평 및 견해

### (1) 알카자의 과거주의 해석법

위의 표에 나타난 내용들은 계시록의 주요 사건들에 대한 무천년설의 견해이다. 무천년설은 예루살렘이 42달 짓밟히는 것과 두 증인이 활동하는 1,260일과 여자가 양육을 받은 1,260일, 짐승이 권세를 받은 42달, 다니엘서의 한 때 두 때 반 때를 동일한 기간으로 간주한다. 이것은 성경의 '팩트'이기 때문에 필자도 동의한다. 무천년설의 가장 큰 문제는 이 기간을 '초림으로부터 재림까지의 기간'이라고 해석하는데 있다. 이필찬 박사의 견해에는 계시록을 푸는 두 가지 해석법이 들어갔다. 첫째는 상징적 해석이고, 둘째는 과거주의 해석법이다. 교회사는 그 내막을 우리에게 알려준다.

종교개혁 당시 종교개혁자들은 교황이 성경에서 예언된 적그리스도라고 맹렬히 공격했다. 로마 가톨릭은 교황을 보호하기 위해 신학적 조치를 은밀히 취했다. 스페인 출신의 예수회 사제 알카자(Luis de Alcazar, 1554~1613)는 40년에 걸친 연구 끝에 9백 페이지 분량의 요한계시록 주석책을 "과거주의 해석법"으로 썼다. 그는 이 책에서 계시록의 전반부는 유대인의 메시아 거절과 예루살렘 멸망에 관한 것으로 해석하고, 후반부는 이교 로마의 멸망과 기독교로 개종한 것으로 돌리면서 자연스럽게 적그리스도는 '네로 황제'라고 못을 박아 중세 로마 가톨릭과는 전혀 관계 없는 예언으로 만들었다. 이것이 로마 가톨릭이 만든 무천년설적인 계시록의 과거주의 해석법이다.

중요 내용을 소개하자면, 요한계시록 11장과 12장의 1,260일을 과거 유대인이 그리스도인을 핍박한 기간으로 해석하고, 다니엘서의 "한 때, 두 때, 반 때"(단 7:25)는 과거 시리아 왕 안티오쿠스(Antiochus Epiphanes)가 유대인을 핍박한 기간으로 돌려 해석해 버리므로 교황이 다니엘서와 요한계시록의 적그리스도로 해석될 '시간적 소지'를 원천적으로 없앴다. 이것이 무천년설 신학의 뿌리이고 출생이다. 이런 학설이 종교개혁 후에도 자연스럽게 침투하여 오늘날까지 이르렀다.

### (2) 무천년설의 모순들

무천년설의 가장 큰 오류는 "42달, 1,260일, 세 때 반의 기간을 예수님의 초림부터 재림까지"로 단정하는 데 있다. 마흔두 달과 1,260일과 '한 때 두 때 반 때' 즉 '세 때 반'은 '해'(year)로서의 삼 년 반이다. 무천년설은 시간의 중요한 세 단위인 해(year)와 달(month)과 일(day)이라는 구체적인 기간까지도 상징적인 기간으로 해석했다. 이것은 단어라는 기본적 의미를 부정하는 것으로 비논리적이며 비성경적이다.

위 무천년설의 표의 연관성을 QST하면, 무천년설 논리에 어떤 모순점이 있는지를 발견할 수 있다. 무천년설은 초림부터 재림까지 기간을 교회가 왕 노릇 하고, 동시에 마귀가 무저갱에 감금됐다고 주장(해석)하면서, 같은 기간에 적그리스도에 의해서 예루살렘 성이 42달 동안(초림과 재림 사이) 짓밟힌다고 주장하는 것은 모순이다. 계시록 13장의 짐승인 적그리스도가 사탄에게 42달 동안 일할 권세를 받아 예루살렘 성전(거룩한 곳)에 우상(멸망의 가증한 것)을 세워서 경배하게 하고, 사람들에게 '666 짐승의 표'를 받게 하며, 그 표를 받지 않는 자들을 죽이는 것은 모순이 된다.

1,260일을 초림과 재림의 기간으로 간주하면서 마귀가 무저갱에 감금됐고 교회가 왕 노릇 하고 있다고 주장하면서, 마귀가 짐승에게 권세를 주어 42달(1,260일) 동안 성도를 핍박한다는 것은 어떻게 된 것이고, 여자가 뱀의 분노로 광야로 도피하는 것은 어떻게 설명할 것인가? 이런 꼬리에 꼬리를 무는 의문들은 초림 때 마귀가 무저갱에 갇힌 것이 아니기 때문이다. 마귀가 무저갱에 천 년 동안 갇히고 동시에 그리스도께서 천 년 동안 왕 노릇 하는 때는 주의 재림 후의 일이다.

아래의 표는 필자의 전천년설 견해로서, 계시록의 중요한 사건들이 언제 일어나는지를 표시했다. 무천년설을 나타낸 위의 표와 서로 비교하면 어떤 차이가 있는지 쉽게 분별할 수 있다. 계시록 11장의 거룩한 성이 이방인에게 짓밟히는 마흔두 달과 두 증인의 활동 기간인 1,260일, 여자가 양육받는 1,260일, 계시록 13장의 짐승인 적그리스도가 42달 동안 권세를 받는 기간, 다니엘 7:25의 한 때 두 때 반 때 즉 '세 때 반'이 모두 일치한다. 이 때는 마태복음 24:15에서 '멸망의 가증한 것'(우상)이 '거룩한 곳'(성전)에 서게 됨으로 시작되는 대환난과 동일한 기간이다. 이것이 역사적 전천년설을 지지하는 필자의 견해이다. 전천년설은 주님이 재림하신 후 마귀를 천 년 동안 무저갱에 감금하므로, 그리스도께서 온 땅을 통치하시는 천년왕국이 시작된다는 견해이다. 대환난은 '세 화'로서 42달, 1,260일, 세 때 반, 삼 년 반이 될 것이다.

[ 계11장 이방인의때 42달 & 두 증인의 사역 시기에 대한 전천년설 견해 ]

사도 바울은 불법의 사람과 멸망의 아들이라 불리는 적그리스도가 먼저 나타나기 전에는 결코 주의 재림이 없음을 말했다. 데살로니가 교회의 성도들은 이 가르침을 잊고 주님의 재림이 가까웠다는 소문에 마음이 흔들리고 두려워했다. 데살로니가후서 2:1~4은 다음과 같이 말씀한다.

> 형제들아 우리가 너희에게 구하는 것은 우리 주 예수 그리스도의 강림하심(the coming of our Lord Jesus Christ)과 우리가 그 앞에 모임에 관하여 영으로나 또는 말로나 또는 우리에게서 받았다 하는 편지로나 주의 날이 이르렀다고 해서 쉽게 마음이 흔들리거나 두려워하거나 하지 말아야 한다는 것이라 누가 어떻게 하여도 너

희가 미혹되지 말라 먼저(first) 배교하는 일이 있고 저 불법의 사람(that man of sin) 곧 멸망의 아들(the son of perdition)이 나타나기 전에는 그 날이 이르지 아니하리니 그는 대적하는 자라 신이라고 불리는 모든 것과 숭배함을 받는 것에 대항하여 그 위에 자기를 높이고 하나님의 성전에(in the temple of God) 앉아 자기를 하나님이라고 내세우느니라(shewing himself that he is God)(살후 2:1~4)

# Chapter 38 ·
# 두 증인(11:3~13)

계시록 11:3~14은 두 증인에 대한 기록이다. 두 증인의 사역과 거룩한 성이 이방인에게 짓밟히는 것은 동전의 양면과 같다. 계시록 11:1~2은 거룩한 성, 예루살렘 성이 이방인에게 42달 동안 짓밟히는 것을 기록하고, 계시록 11장의 후반부는 적그리스도를 대적하는 두 증인의 사역을 기록한다. 적그리스도는 사탄에게 권세를 받아 하나님과 성도들을 대적하고, 두 증인은 그리스도로부터 권세를 받아 적그리스도를 대적한다.

## 1. 두 증인에 대한 두 관점

기자가 기사를 쓸 때 '5W1H' 원칙을 따른다. 즉 누가(who), 무엇을(what), 어디서(where), 언제(when), 왜(why), 어떻게(how)를 염두에 둔다. 계시록의 모든 사건들마다 첫째 관심을 둬야 할 것이 "Who is he?"이다. 따라서 두 증인은 누구인가를 규명하는 것이 가장 중요하다. 먼저 무천년설의 주장을 소개하고 필자의 비평과 견해를 제시한다.

### 1) 무천년설 견해

그레고리 K. 비일은 『NIGTC 요한계시록』(새물결플러스,p.942~943)에서 두 증인을 '전(全)시대의 교회'라고 주장했다.

> 우리가 문맥을 분석하는 것에 의하면 1~6절은 과거, 현재, 미래 교회 시대 전체

를 망라한다. 두 증인은 그가 모세와 엘리야가 되었던지, 에녹과 엘리야, 바울과 베드로, 또는 기원후 68년에 살해된 유대교의 두 제사장이 되었든지간에 두 명의 예언자를 의미하지 않는다. 두 증인 중 어느 누구도 그리스도교 공동체의 일부분에만 속하지 않았다. 그들이 유대인 출신의 그리스도인이 되었든지, 기독교 예언자 또는 순교자가 되었든지 말이다. (중략) 오히려 두 증인은 신앙공동체 전체를 가리킨다. 그들의 일차적인 역할은 예언하는 증인이 되는 것이다.(그레고리 K. 비일, 『NIGTC 요한계시록』,새물결플러스, p.942~943)

이필찬 박사는 『요한계시록』(에스카톤, p.942)에서 비일과 같은 견해를 밝혔다.

> 성령이 두 증인을 묘사하는 두 감람나무와 관련되는 것은 스가랴 4장과 요한계시록 11장을 비교해 볼 때 더욱 분명하게 드러난다. 스가랴 4장에서 여호와의 영이 두 감람나무인 여호수아와 스룹바벨을 도와 능히 성전 건축을 이룰 수 있게 했던 것처럼(슥 4:5~6), 요한계시록 11장에서는 '모든 땅으로 보내심을 받은 하나님의 일곱 영인 성령이 두 증인 곧 교회 공동체를 도와 그리스도의 구속 사역을 온 땅에 널리 적용케 하고 그들을 통해 그의 사역을 완성할 것이다.(이필찬, 『요한계시록』,에스카톤, p.942)

무천년설은 두 증인을 "전(全)시대 교회 공동체"로 해석한다. 이것은 두 증인을 비유(상징)로 해석했기 때문이다. 그래서 비일은 "두 증인은 어쨌든지 두 명의 예언자를 의미하지 않는다"고 주장하며 '문자적 의미'를 부정한다. 무천년설의 문제는 천편일률적으로 "기-승-전-무천년설 상징적 해석"으로 적용하는 데 있다.

## 2) 문맥(context)이 말하는 무천년설의 오류들

필자는 무천년설의 주장이 오류라는 근거를 제시하고 논증할 것이다. 두 증인을 비롯한 계시록의 주제들을 상징으로 해석하고 문자적으로 해석하는 것은 기계적인 것이 아니다. 어떤 것이 문자적인 의미인지 상징적인 의미인지는 성경의 문맥(context)에 따라 결정된다. 무천년설의 주장대로 두 증인을 '전시대 교회 공동체'라고 가정하고 두 증인에 대한 문맥(context)에 적용해 보자. 만일 무천년설의 주장이 성경과 일치한다면, 어떤 모순적인 상황도 없이 물 흐르듯이 자연스러울 것이다. 그러나 성경과 불일치한다면, 문제가 발생하게 될 것이다.

### (1) 소아시아의 일곱 교회 적용

3절은 "내가 나의 두 증인에게 권세를 주었다"라고 말씀한다. 두 증인에게 권세를 주는 분은 10장의 '힘센 다른 천사'이신 그리스도이시다. 만일 권세를 받은 '두 증인'이 '전(全)시대 교회 공동체'라고 하면, 전(全)시대 교회가 계시록 11장에 언급된 '두 증인'과 같은 사역을 한다는 것을 의미한다.

계시록 2~3장에 나오는 소아시아의 일곱 교회에 적용해 보자. 만일 무천년설의 주장이 맞다면, 일곱 교회는 모두 권세를 받은 두 증인으로서 두 감람나무로 불리는 스룹바벨과 대제사장 여호수아와 같았을 것이고, 만일 잘못된 견해라면 일치하지 않을 것이다. 일곱 교회 중에서 칭찬만 있고 책망이 없는 서머나 교회와 빌라델비아 교회는 예수님의 증인이라고 말할 수 있다. 갑론을박 논란이 있을 수 있는 에베소 교회는 제외하더라도, 버가모 교회는 발람의 교훈과 니골라 당의 교훈을 지켰기 때문에 '두 증인'이라는 것과는 일치하지 않는다. 두아디라 교회는 행위들이 많았지만, 자칭 여선지자인 이세벨을 용납했고 우상의 제물을 용납했기 때문에 이런 교회를 '두 증인'이라고 말할 수 없다. 두아디라 교회가 이세벨을 용납했다는 것은 이스라엘 왕 아합이 이세벨과 연혼하여 바알과 아세라 우상을 섬긴 것에 비교할 수 있다. 아합 왕이 통치하는 이스라엘을 '두 증인'이라고 말할 수 없다는 것은 자명하다. 사데 교회와 라오디게아 교회도 초대 교회와 같은 '두 증인'의 신앙을 가졌다고 말할 수 없다. 이것은 무천년설이 두 증인을 전 시대의 교회 공동체로 해석한 것이 성경적 근거가 없는 오류라는 것을 가리킨다.

| 일곱교회 | 특징 | 책망 | 두 증인 여부 |
|---|---|---|---|
| 에베소 교회 | 9가지 칭찬 | 처음 사랑 잃음 | 보류 |
| 서머나 교회 | 고난받는 교회 | 없음 | Yes |
| 버가모 교회 | 세상과 결혼 | 발람의 교훈<br>니골라당 교훈 | No |
| 두아디라 교회 | 행위가 많음 | 여선지자 이세벨<br>우상의 제물 | No |
| 사데 교회 | 살았다는 이름 | 실상은 죽음 | No |
| 빌라델비아 교회 | 주의 이름 지킴 | 없음 | Yes |
| 라오디게아 교회 | 주님 문 밖에 | 차지도 않고 덥지도 않음 | No |

### (2) 굵은 베옷

두 증인이 굵은 베옷을 입었다는 것은 "베옷을 입고 슬퍼하고 애통한다"는 의미이다. 요나가 니느웨에 가서 사십 일이 지나면 니느웨가 무너질 것을 선포했을 때 니느웨 백성들은 어떻게 반응했는지를 요나 3:5~8은 다음과 같이 말씀한다.

> 니느웨 사람들이 하나님을 믿고 금식을 선포하고 높고 낮은 자를 막론하고 굵은 베 옷을 입은지라 그 일이 니느웨 왕에게 들리매 왕이 보좌에서 일어나 왕복을 벗고 굵은 베 옷을 입고 재 위에 앉으니라 왕과 그의 대신들이 조서를 내려 니느웨에 선포하여 이르되 사람이나 짐승이나 소 떼나 양 떼나 아무것도 입에 대지 말지니 곧 먹지도 말 것이요 물도 마시지 말 것이며 사람이든지 짐승이든지 다 굵은 베 옷을 입을 것이요 힘써 하나님께 부르짖을 것이며 각기 악한 길과 손으로 행한 강포에서 떠날 것이라(욘 3:5~8)

니느웨 백성들이 입은 베옷은 니느웨 백성들이 '슬퍼했다'는 '상징적' 의미만을 뜻하지 않는다. 그들이 '문자 그대로' 베옷을 입었으며, 통회하고 자복했음을 의미한다. 무천년설이 두 증인을 '전(全)시대의 교회 공동체'라고 해석한다면, 적어도 전(全)시대 공동체는 베옷을 입어야 한다. 초대 교회 성도들은 어떤 옷을 입었는가? 사도들과 오순절 날 구원받은 삼천 여명이 베옷을 입었다고 주장하는 사람은 없을 것이다. 고린도 교회와 에베소 교회 그리고 골로새 교회 등 어떤 교회도 베옷을 입지 않았다. 이런 사실들은 두 증인이 '전(全)시대의 교회 공동체'가 아니라는 것을 가리킨다. 무천년설자들은 '두 증인'을 상징으로 보기 때문에, '베옷'도 상징으로 해석한다. 따라서 이 문제를 다루지 않을 수 없다.

### (3) 굵은 베옷이 상징적 의미라면

무천년설자들은 두 증인을 상징으로 해석하기 때문에, 베옷도 상징(비유)으로 해석한다. 그레고리 K. 비일은 『NIGTC 요한계시록』(새물결플러스, p.947)에서 두 증인이 입은 베옷에 대하여 다음과 같이 진술했다.

> '증인들은 베옷을 입었다.' 이것은 몇 사람이 회개할 것이라는 소망도 담고 있겠지만, 그들의 메시지로 인해 야기될 심판 때문에 슬퍼하는 것을 암시한다. 구약성경에서 베옷이 회개를 가리킨 적이 이따금 있지만, 주로 심판에 대하여 슬퍼하는 표시가 된다.(그레고리 K. 비일 『NIGTC 요한계시록』, 새물결플러스, p.947)

비일의 견해에는 모순이 함의되어 있다. 비일이 말하는 메시지는 '복음'을 가리키는 것으로 유앙겔리온(εὐαγγέλιον)이다.(필자 주: 계시록 11장의 두 증인의 메시지는 복음이 아니라 심판의 메시지라는 것을 구별하지 못했기 때문에, 무천년설은 두 증인의 메시지를 오늘날과 같은 복음으로 간주하는 오류를 범했다) 그런데 두 증인이 그들의 메시지로 인해 야기될 심판 때문에 '슬퍼한다'는 것은 대체 무슨 말인가? 두 증인인 교회 공동체가 복음을 전했는데, 믿지 않는 자들이 받을 심판 때문에 베옷을 입고 슬퍼한다는 것은 이해할 수 없다.

사도행전 8장에서 빌립이 복음을 전한 상황을 살펴보자. 예루살렘 교회에 큰 핍박이 일어나 사도 외에는 다 유대와 사마리아 모든 땅으로 흩어졌다. 그 흩어진 사람들이 두루 다니며 복음의 말씀을 전했고 빌립은 사마리아 성에 내려가 그리스도를 백성에게 전파했다. 사도행전 8:6~8은 그 과정과 결과를 우리에게 보여준다.

무리가 빌립의 말도 듣고 행하는 표적도 보고 한마음으로 그가 하는 말을 따르더라 많은 사람에게 붙었던 더러운 귀신들이 크게 소리를 지르며 나가고 또 많은 중풍병자와 못 걷는 사람이 나으니 그 성에(in that city) 큰 기쁨(great joy)이 있더라

(행 8:6~8)

무천년설의 주장이 맞다면, 빌립(교회 공동체)이 복음을 전했고 구원받은 사마리아 사람들이 빌립의 메시지로 인해 야기될 심판 때문에 '베옷'을 입지 않았더라도 적어도 슬퍼해야 했다. 그런데 그런 상황은 찾을 수 없다. 오히려 사마리아 성에 작은 기쁨도 아니고 '큰 기쁨'(great joy)이 있었다고 말한다. 그들에게서 심판으로 인한 슬픔의 그림자도 보이지 않는다. 마지막 희망을 전도자 빌립에게 걸어보자. 왜냐하면 적어도 무천년설의 주장이 요건을 갖추려면, 전도자 빌립이라도 하나님의 심판으로 인해 야기될 심판 때문에 '슬퍼해야 할 것'이기 때문이다. 사도행전 8장에서 빌립이 슬퍼했다는 것을 찾는 것은 가나 혼인잔치 집에서 베옷을 입고 슬퍼하는 사람을 찾는 것과 같다. 이런 사실들은 두 증인을 전시대 공동체로 비유하고, 베옷을 상징적으로 해석한 것이 잘못된 해석이라는 것을 가리킨다. 두 증인과 그들이 베옷을 입은 것은 모두 문자적 의미인데, 상징적으로 해석을 했기 때문에 벌어진 일들이다. 또 다른 사례를 보자. 사도행전 16장은 바울과 실라가 빌립보 감옥에 갇혔다가 극적으로 간수와 그의 가정이 구원받게 된다. 사도행전 16:30~34을 보자.

선생들이여 내가 어떻게 하여야 구원을 받으리이까 하거늘 이르되 주 예수를 믿으라(Believe in the Lord Jesus Christ) 그리하면 너와 네 집이 구원을 받으리라(shall be saved) 하고 주의 말씀을 그 사람과 그 집에 있는 모든 사람에게 전하더라 그 밤 그 시각에 간수가 그들을 데려다가 그 맞은 자리를 씻어 주고 자기와 그 온 가족이 다 세례를 받은 후(straightway) 그들을 데리고 자기 집에 올라가서 음식을 차려 주고 그와 온 집안이 하나님을 믿으므로(believing in God) 크게 기뻐하니라(rejoiced)

(행 16:30~34)

간수의 온 집안이 하나님을 믿으므로 '크게 기뻐했다'고 말하는데, 이 단어의

원문은 'ἀγαλλιάω'(아갈리아오)로서 '기뻐 날뛰다, 대단히 기뻐하다, 미칠 듯이 기뻐하다'라는 의미이기 때문에 'rejoiced'라고 번역한 KJV보다 원문을 더 잘 나타냈다. 구원받은 간수의 가족에게서 하나님의 심판으로 인해 슬퍼하는 상황을 찾는 것은 낙타가 바늘귀로 들어가는 것보다 어렵다. 무천년설의 주장이 맞다면, 이제 막 구원받은 간수와 그의 가족들은 제외하더라도 적어도 바울과 실라는 애통하고 슬퍼해야 했다. 그런데 그런 상황은 찾을래야 찾을 수 없다. 바울과 실라가 슬퍼한다면 마땅히 음식을 멀리해야 했다. 그런데 간수의 가족들이 음식을 차려 대접할 때, 모두 잔치와 같은 분위기에서 식탁을 누렸다. 이것은 구원의 기쁨을 함께 누린 것이다. 바울과 실라는 간수의 권속들이 구원받았음으로 인해서 크게 기뻐했다. 구원받은 간수의 집에 있는 사람에게서 슬퍼하는 사람을 찾는 것은 성경에서 행위로 구원을 받는 말씀을 찾는 것과 같다. 이런 실제적인 상황은 두 증인에 대한 무천년설의 주장이 '탁상공론'에 지나지 않는 견해라는 것을 증명한다.

### (4) 베옷과 구원의 날의 관계

무천년설은 '베옷'을 상징적으로 해석하면서 하나님의 심판과 연관시켰는데, 이 문제를 QST해 보자. 고린도후서 6:2는 "내가 은혜 베풀 때에 너에게 듣고 구원의 날에 너를 도왔다 하셨으니 보라 지금은 은혜받을 만한 때요 보라 지금은 구원의 날이로다"라고 말씀한다. 무천년설은 두 증인을 '전(全)시대의 교회 공동체'로 해석하는데, 이 시대가 '구원의 날'이요 '은혜받을 만한 때'라는 것을 간과했다. 구원의 날에는 구원의 감격과 감사가 있다. 결코 심판에 대한 애통과 슬픔은 구원받은 자들과 관계가 없다. 무천년설이 지금이 '구원의 날'인 것을 간과하고 정반대로 심판으로 인한 슬픔으로 간주한 이유는 두 증인이 전하는 메시지와 사역을 상징적인 의미로 해석했고, 대환난이라는 제한된 상황을 초림과 재림으로 바꾸었기 때문이다.

### (5) 두 증인을 해하지 못함

5절은 "만일 누구든지 그들을 해하고자 하면 그들의 입에서 불이 나와서 그들의 원수를 삼켜 버릴 것이요 누구든지 그들을 해하고자 하면 반드시 그와 같이 죽임을 당하리라"고 말씀한다. 두 증인은 1,260일을 예언할 권세를 받았고 그 기간 동안 죽임을 당하지 않는다. 따라서 무천년설의 주장과 같이 두 증인이 '전(全)시대의 교회 공동체'라고 하면, 초림부터 재림에 이르기까지 죽임을 당하는 성도가 없어야 한다. 왜냐하면, 무천년설은 초림부터 재림까지를 1,260일로 간주하고(상징적 해석), 성경은 이 기간 동안 누구든지 두 증인을 죽일 수 없다고 말씀하기 때문이다.

초대교회의 상황을 적용해 보자. 첫 번째 순교자는 스데반 집사였다. 사도행전 7:59~60은 "그들이 돌로 스데반을 치니 스데반이 부르짖어 이르되 주 예수여 내 영혼을 받으시옵소서 하고 무릎을 꿇고 크게 불러 이르되 주여 이 죄를 그들에게 돌리지 마옵소서 이 말을 하고 자니라"고 말한다. 사도행전 8:1에서 "사울은 그가 죽임 당함을 마땅히 여기더라"고 하며 스데반이 순교했음을 말한다.

사도행전 12:1~2은 "그 때에 헤롯 왕이 손을 들어 교회 중에서 몇 사람을 해하려 하여 요한의 형제 야고보를 칼로 죽이니(killed)"라며 야고보가 순교를 당했음을 보여준다. 스데반과 야고보 뿐만 아니라 사도 요한을 제외한 모든 사도들은 죽임을 당했다. 두 증인이 '전(全)시대의 교회 공동체'라면, 1,260일로 상징된 '초림과 재림 사이 전 시대'에 죽임을 당한 신자가 있어서는 안 된다. 두 증인이 죽는 것은 1,260일이 끝난 후에 있기 때문이다. 무천년설의 주장은 성경과 일치하지 않는다. 스데반과 야고보도 순교를 당했고, 모든 사도들이 순교를 당했다. 로마 10대 황제들의 핍박이 약 250년간 있었고, 많은 순교자가 있었음을 역사는 증거한다. 두 증인이 전시대의 교회 공동체라면 아무도 죽임을 당하는 자들이 없어야 하는데, 성경과 역사는 무천년설의 주장과 일치하지 않는다. 그런 이유는 무천년설이 두 증인을 전(全)시대의 교회 공동체로 상징적으로 해석했기 때문이다.

### (6) 1,260일 동안 기적을 행함

두 증인을 해치지 못하는 이유는 그들이 '힘센 다른 천사'(그리스도)로부터 권능을 받았기 때문이다. 6절은 "그들이 권능을 가지고 하늘을 닫아 그 예언을 하는 날 동안 비가 오지 못하게 하고 또 권능을 가지고 물을 피로 변하게 하고 아무 때든지 원하는 대로 여러 가지 재앙으로 땅을 치리로다"라고 말한다. 무천년설의 주장과 같이 두 증인이 전시대의 교회 공동체라고 하면, 모든 교회는 권능을 받고 하늘을 닫아 비가 오지 못하게 하든지 물을 피로 변하게 해야 한다. 이런 기적들을 초대 교회의 어떤 사도들도 행하지 않았다. 이것은 무엇을 의미하는가? 무천년설은 하늘을 닫고 비를 오지 않게 하는 것을 비유로 간주하여 '상징적'으로 해석한다. 비가 오지 않게 하는 것은 '문자 그대로'를 의미하는데 아모스 8:11~12을 상징적 해석의 근거로 삼을 것이다.

> 주 여호와의 말씀이니라 보라 날이 이를지라 내가 기근(a famine)을 땅에 보내리니 양식이 없어 주림이 아니며(not a famine of bread) 물이 없어 갈함이 아니요 여호와의 말씀을 듣지 못한 기갈이라(but of hearing the words of the LORD) 사람이 이 바다에서 저 바다까지, 북쪽에서 동쪽까지 비틀거리며 여호와의 말씀을 구하려고 돌아다녀도 얻지 못하리니(암 8:11~12)

여호와께서 보내는 '기근'은 '물질적인 양식'이 없는 기근이 아니라 '하나님의 말씀이 없는 기근'을 가리키기 때문에 상징적인 의미이다. 따라서 무천년설자는 두 증인이 비를 오지 못하게 하는 것을 이 구절과 동일시할 수 있는데, 이것은 오해이다. 아모스서에서 언급된 기근이 상징적인 의미인 이유는 그 대상이 '하나님의 백성'이기 때문이다. 이에 반하여 두 증인이 비를 오지 않게 하는 것은 '이 땅에 거하는 자들'(불신자)이기 때문에 '물리적인 비'를 오지 않게 한다는 것을 의미한다. 불신자에게 아모스서의 '상징적 기근'을 적용하는 것은 잘못된 적용이다. 두 증인이 1,260일, 42달, '한 때 두 때 반' 동안 기적을 행한다는 것은 악한 자들에 대한 것이기 때문에 '상징적 의미'가 아니라 문자 그대로의 의미이다. 구약 시대 모세와 엘리야가 실제로 기적적인 재앙을 내렸던 것처럼 '두 사람의 증인'은 기적적인 재앙을 내린다.

### (7) 짐승에게 죽임을 당함

7절은 "그들이 그 증언을 마칠 때에 무저갱으로부터 올라오는 짐승이 그들과 더불어 전쟁을 일으켜 그들을 이기고 그들을 죽일 터인즉"이라고 말한다. '증언을 마칠 때'는 1,260일의 끝으로 주님이 재림할 때를 가리킨다. 따라서 무천년설의 주장대로 '두 증인'이 '全시대 교회 공동체'를 상징한다면, 모든 신자들은 주님이 재림할 때 짐승인 적그리스도에게 죽임을 당해야 한다. 이런 상황이 성취되기 위해서 기상천외한 일이 따라야 하는데, 全시대의 교회 공동체가 두 증인으로서 죽지 않고 살아 있어야 한다. 초대교회 성도들은 오늘날까지 살아있어야 하니 약 2000년을 산 것이 된다. 그리고 재림 전 짐승인 적그리스도에게 죽임을 당해야 한다. 이런 꼬리에 꼬리를 무는 의문들이 생길 수밖에 없게 된다. 두 증인이 죽임을 당하는 것은 1,260일, 42달, 한 때 두 때 반 때가 '상징적 의미'가 아니라 '문자적 의미'이다.

### (8) 시체가 십자가에 못 박힌 곳에 있음

8절은 "그들의 시체가 큰 성 길에 있으리니 그 성은 영적으로 하면 소돔이라고도 하고 애굽이라고도 하니 곧 그들의 주께서 십자가에 못 박히신 곳이라"고 말한다. 무천년설의 주장대로 '두 증인'이 '전시대 교회 공동체'를 상징한다면, 전(全)시대 성도들은 1,260일 후 즉 주의 재림시에 모두 죽임을 당해야 하고 죽은 후에 장사되지 않고, 주님이 십자가에 못 박히신 곳인 예루살렘 성의 큰 성 길바닥에 있어야 한다.

무천년설은 이것을 '상징적 의미'라고 주장할 것이다. 그러나 성경은 '큰 성 길'을 영적으로 하면 소돔이라고도 하고 애굽이라고도 하면서, 주님께서 십자가에 못 박히신 곳이라고 구체적으로 명시하기 때문에 결코 상징적인 의미가 아니다. 만일 '주님께서 십자가에 못 박히신 곳'을 끝까지 상징이라고 주장한다면 어떤 불상사가 일어나는가? 주님이 십자가에 죽으신 것도 상징이라는 가능성을 열어 놓는 오류를 범할 수 있다.

무천년설은 성경을 벗어난 견해이기 때문에 모든 상황에서 문제가 발생할 수밖에 없다. 이런 꼬리에 꼬리는 무는 의문들은 두 증인을 상징적으로 해석했기 때문이다. 두 증인은 문자적 의미로써 '두 사람'을 가리킨다. 두 증인에 대한 모든 말씀들은 '상징적 의미'가 아니라 '문자 그대로' 즉 '실재 그대로'를 의미한다. 문자적 의미를 상징적으로 해석하면 메시지의 왜곡이 일어난다. 예를 들어 보자. 오늘날 주님의 부활을 '상징적으로 해석'하는 자들이 있는데, 그들은 무엇이라고 해석하는가? "예수가 부활했다는 것은 예수가 죽었다가 실제로 부활했다는 것을 가리키는 것이 아니라, 정의는 반드시 승리한다는 것을 의미한다"라고 주장한다. 모두 하나님과 성경을 심각하게 오해한 것이다.

### (9) 사흘 반 후에 살아나서 하늘로 올라감

11~12절은 "삼 일 반 후에 하나님께로부터 생기가 그들 속에 들어가매 그들이 발로 일어서니 구경하는 자들이 크게 두려워하더라 하늘로부터 큰 음성이 있어 이리로 올라오라 함을 그들이 듣고 구름을 타고 하늘로 올라가니 그들의 원수들도 구경하더라"고 말한다. 성경은 두 증인이 죽임 당한 후에 부활할 것을 말한다. "그들이 발로 일어서서"라는 것은 죽임을 당한 몸이 부활을 의미한다는 뜻이다. 마치 나사로가 부활해서 일어선 것처럼 육체적으로 살아나고, 그 광경을 구경하는 자들이 보고 두려워한다. 왜냐하면, 그들의 눈으로 죽임을 당해 사흘 반 동안 큰 길 가에 방치되었던 것을 목격했는데, 두 증인의 발로 일어서서 살아났기 때문이다. 그리고 "이리로 올라오라"는 하늘로부터 큰 음성이 있고, 살아난 두 증인이 구름을 타고 하늘로 올라가고 원수들이 그 광경을 목도한다. 바로 그 때에 큰 지진이 발생하여 예루살렘 성 십분의 일이 무너지고 지진으로 칠천 명이 죽임을 당한다. 이런 일을 목도한 사람들이 두려워하여 영광을 하나님께 돌린다. 이 모든 것은 상징적인 의미가 아니라 실제적인 상황이다.

## 2. 두 증인은 누구인가

이필찬 박사는 『요한계시록』(에스카톤, p.955)에서 두 증인과 모세와 엘리야와의 관계에 대한 견해를 말했다.

> 지금까지 5~6절에서 모세와 엘리야를 모델로 하는 두 증인에 대한 묘사를 살펴보았다. 그렇다면 왜 두 증인을 묘사하는 모델로 모세와 엘리야를 선택했을까? 엘리야는 구약의 대표적인 선지자들이다. 모세는 율법을 대표하고 엘리야는 선지서를 대표한다. (중략) 결국 두 증인은 이 두 선지자에 의해 대표되는 구약 전체의 선지적 약속을 성취하고 구약의 선지적 특징을 계승하는 존재라고 할 수 있다. 이것을 달

리 말하면 오늘날의 교회 공동체가 바로 구약의 약속을 성취하는 주체이고 구약의 선지자들 특성을 계승하는 존재라고 할 수 있다. 사실상 이러한 역할을 먼저 감당하신 분은 다름 아닌 예수님이시다. (이필찬 박사, 『요한계시록』, 에스카톤, p.955)

무천년설은 두 증인이 '전(全)시대의 교회 공동체'라고 상징적으로 해석하면서 모세와 엘리야를 언급한 것은 '문자적 의미'인 모세와 엘리야에 대한 미련을 버리지 못했기 때문이다. 두 증인은 '실재적인 두 사람'을 가리키는 것이 '팩트'이기 때문에 쇠붙이가 자석의 힘을 부인해도 자석에 끌려가는 것과 같다.

## 1) 두 감람나무와 두 촛대로서의 두 증인

두 증인이 두 감람나무로 칭하기 때문에 반드시 구약에서 어떤 의미로 쓰였는지를 알아야 한다. 스가랴 3장에서는 대제사장 여호수아에 대하여 기록하고, 스가랴 4장에서는 '두 감람나무'에 대하여 말한다. 스가랴 4:2~3에서 스가랴는 두 증인을 '두 감람나무'라고 부르는데, 두 증인을 비유한 것이다. 두 증인을 설명하는데 여러 종류의 나무들이 있을지라도 '두 감람나무'를 언급한 것은 그 나무의 특징 때문이다. 감람나무(올리브 나무)의 아름다움은 열매에 있고, 그 열매는 기름으로 충만하기 때문에 기름(올리브유)을 낸다. 스가랴 4장에서 스가랴는 "순금 등잔대와 그 곁에 두 감람나무"를 보았다.(슥 4:3) 스가랴는 두 감람나무가 무슨 뜻이냐고 물었는데, 여호와의 천사는 다음과 같이 대답했다. 스가랴 4:6~7을 보자.

> **여호와께서 스룹바벨에게 하신 말씀이 이러하니라** 만군의 여호와께서 말씀하시되 이는 힘으로 되지 아니하며 능력으로 되지 아니하고 오직 나의 영으로 되느니라 큰 산아 네가 무엇이냐 네가 스룹바벨 앞에서 평지가 되리라(슥 4:6~7)

여호와의 천사는 스룹바벨이 성전의 기초를 놓았은즉 또한 완성하기 위해서 오직 하나님의 영으로 성전을 건축할 수 있다고 격려했다. 대제사장 여호수아는 "등잔대 좌우의 두 감람나무는 무슨 뜻이니이까"라고 묻고, 또다시 "금 기름을 흘리는 두 금관 옆에 있는 이 감람나무 두 가지는 무슨 뜻이니이까"라고 물었다.

스가랴 4:14에서는 "이는 기름 부음 받은 자 둘(the two anointed ones)이니 온 세상의 주 앞에 서 있는 자니라 하더라"고 말씀한다. '기름 부음 받은 자'라는 것은 그들이 '기름으로 충만한 사람들'이라는 것을 의미한다.

이 구절은 계시록 11:4에서도 언급된다. "그들은 이 땅의 주 앞에 서 있는 두 감람나무와 두 촛대니"라고 말씀하는데, '힘센 다른 천사'이신 그리스도께서 사도 요한에게 하신 말씀이다. 양자의 관계는 스가랴서에 언급된 '두 감람나무'가 바로 두 증인이라는 것을 의미한다. 스가랴서에서 대제사장 여호수아와 총독인 스룹바벨은 성건을 건축하는 책임자로서 '기름이 충만한 자'였다. 스가랴서와 계시록 11장의 관계를 통해서 대제사장 여호수아와 총독인 스룹바벨은 '기름의 아들들'(the two anointed ones)이라 불리는 '두 증인'의 예표였다.

| 스가랴 4장 | 계시록 11장 두 증인 |
|---|---|
| 화자: 여호와의 천사 | 화자: 힘센 다른 천사 |
| 순금 등잔대(슥 4:2) | 두 촛대(등대) (계 11:4) |
| 두 감람나무(슥 4:3) | 두 감람나무 (계 11:4) |
| 여호수아와 스룹바벨(예표) | 두 증인 |
| 실재 두 사람 (not 상징) | 실재 두 사람 (not 상징) |
| 온 땅의 주 앞에 서 있는자<br>(슥 4:14) | 온 땅의 주 앞에 서 있는 자<br>(계 11:4) |
| 예언 | 성취 |

위의 표는 스가랴 4장의 '순금 등잔대'와 '두 감람나무'와 계시록 11장의 두 감람나무와 두 촛대(등대)로 불린 '두 증인'을 비교한 표이다. 양자는 공통점이 많다. 왜냐하면, 구약은 그림자이고 신약은 실체의 관계이기 때문이다. 스가랴 4장에서 '말하는 천사'는 '여호와의 천사'(the angel of the LORD)이고, 계시록 11장은 '힘센 다른 천사'(another mighty Angel)로 하나님의 명령을 수행하시는 그리스도로서 동일하다. 스가랴서에서 관계된 인물은 성전을 건축하는 데 앞장선 대제사장 여호수아와 총독 스룹바벨이었다.

그 시대의 사명은 성전 건축이었다. 성전 건축은 사람의 힘으로도 안 되고 능으로도 안 되고, 오직 하나님의 영으로만 될 수 있다. 결국 스룹바벨과 여호수아는 성전 건축을 완공했는데, 그런 이유는 '기름으로 충만한 사람들'이었기 때문이다. 그들은 장차 마지막 때의 두 감람나무와 두 촛대 즉 '두 기름의 아들들'로 불리는 '두 증인'의 예표였다. 대제사장 여호수아와 총독인 스룹바벨이 '상징적 의미'가 아니고 실재 '두 사람'이었던 것과 같이, 두 기름의 아들들로 불리는 계시록 11장의 두 증인도 '상징적 의미'가 아니라 '실제 두 사람'(문자적 의미대로)이다. 스가랴 4:14과 "온 땅의 주 앞에 서 있는 자니라"는 구절과 계시록 11:4의 "온 땅의 주 앞에 서 있는 자니라"는 평행 구절이다. 양자의 관계를 말한다면, 스가랴 4:14는 예언이고 계시록 11:4은 성취의 관계이다. 스가랴 4장의 '기름의 아들들'로 불린 대제사장 여호수아와 총독 스룹바벨이 '두 사람'이었던 것과 같이, 계시록 11장의 두 증인도 '실제 두 사람'이다. 만일 계시록 11장의 두 증인을 상징적 의미로 고수한다면, 대제사장 여호수아와 총독인 스룹바벨도 '두 사람'이 아니라 '구약 시대 교회 공동체'라고 상징적인 해석을 해야 한다. 이렇게 주장하지 못하는 것은 무천년설 해석이 오류이기 때문이다.

## 2) 모세와 엘리야라는 견해

두 증인을 문자적 의미 그대로 '두 사람'으로서 모세와 엘리야로 간주하는데 여러 가지 근거가 있다. 두 증인은 1,260일 동안 적그리스도의 멸망을 예언한다. 마흔두 달의 권세를 받은 적그리스도가 두 증인을 가만둘리 만무하다. "만일 누구든지 저를 해하고자 하면"(5)이라는 구절은 적그리스도가 자신의 심판을 예언하는 두 증인을 죽이려 할 것임을 보여준다. 만일 누구든지 두 증인을 죽이려 하면, 그들의 입에서 불이 나와서 그들의 원수를 삼켜 버릴 것이요 누구든지 그들을 해하고자 하면, 반드시 그와 같이 죽임을 당한다.(5) 이것은 '힘센 다른 천사'이신 그리스도께서 두 증인에게 준 권세이다. 그리고 6절은 그들이 권능을 가지고 하늘을 닫아 그 예언을 하는 날 동안 비가 오지 못하게 한다. 구약의 선지자 중에서 하늘을 닫아 비를 오지 않게 한 사람은 엘리야이다. 그가 사역한 시대는 아합 왕 시대였는데, 아합은 엣바알의 딸인 이세벨과 정략 결혼하여 하나님의 법을 거역하고 바알과 아세라를 섬겼다.(왕상 16:30~33) 하나님의 사람 엘리야는 아합 앞에 나아가 "나의 섬기는 이스라엘 하나님 여호와의 사심을 가리켜 맹세하노니 내 말이 없으면 수년 동안 우로가 있지 아니 하리라"(왕상 17:1,2)고 선언했고, 삼 년 육개월 동안 비가 오지 않았다. 이에 대하여 야고보는 "엘리야는 우리와 성정이 같은 사람이로되 그가 비가 오지 않기를 간절히 기도한즉 삼 년 육개월 동안 땅에 비가 오지 아니하고 다시 기도하니 하늘이 비를 주고 땅이 열매를 맺었느니라"(약 5:17~18)고 말한다. 갈멜산에서 바알과 아세라의 선지자 850명과의 대결에서 엘리야는 불로 응답을 받았다. 이와 같은 성경의 근거는 두 증인 가운데 한 사람이 엘리야일 것이라는 확신을 주기에 충분하다.

6절은 "또 권능을 가지고 물을 피로 변하게 하고 아무 때든지 원하는 대로 여러 가지 재앙으로 땅을 치리로다"라고 말한다. 성경에서 물이 변하여 피가 되게 한 사람은 모세였다. 애굽에서 이스라엘을 이끌어내기 위해 애굽의 젖줄인 나일 강물을 피가 되게 했다.(출 7:20) 모세는 애굽에 열 가지 재앙을 내렸다. 나일 강물이 피가 되게 한 것을 비롯하여 개구리 재앙, 이 재앙, 파리 재앙, 악질 재앙, 독종 재앙, 우박 재앙, 메뚜기 재앙, 흑암 재앙을 내렸다. 이런 사실들은 두 증인 중의 다른 한 사람이 모세일 것이라고 생각하기에 충분하다.

더욱이 모세와 엘리야는 구약을 대표하는 인물이다. 왜냐하면, 구약은 '율법'과 '선지자의 글'로 구성되었는데, 모세는 율법을 대표하고 엘리야는 선지자를 대표하기 때문이다. 주님도 엠마오로 내려가는 두 제자에게 "또 이르시되 내가 너희와 함께 있을 때에 너희에게 말한 바 곧 모세의 율법과 선지자의 글과 시편에 나를 가리켜 기록된 모든 것이 이루어져야 하리라"(눅 24:44)고 말씀하신 것도 이 때문이다. 이들은 사역 뿐만 아니라 그의 생애 마지막 또한 특별하다. 엘리야는 회오리 바람을 타고 데려감을 당했고(왕하 2:11), 모세는 그의 마지막 임종시에 그 눈이 흐리지 아니하였고 기력이 쇠하지 않았으며(신 34:7), 모세의 무덤은 아무에게도 알려지지 않았다.

마태복음 17장에서 예수님이 베드로와 야고보와 요한을 데리고 높은 산으로 올라가셨을 때, 예수님의 얼굴이 해 같이 빛나고 그 옷이 빛과 같이 희어지는 놀라운 광경이 펼쳐졌다. 마태복음 17:3은 "그 때에 모세와 엘리야가 예수와 더불어 말하는 것이 그들에게 보이거늘"이라고 말씀하는데, 그때 나타난 두 사람은 모세와 엘리야였다. 그들은 예수님이 예루살렘에서 별세(ἔξοδος, 엑소도스, 떠남)할 것에 대하여 대화를 나눴다. 변화산에서 다른 사람이 아닌 모세와 엘리야가 나타난 것은 특별하다. 모세는 율법을 대표하고 엘리야는 선지자의 대표로서, 모든 성경이 예수 그리스도에 대하여 말씀한 것임을 웅변적으로 보여준다. 두 사람은 이 땅에 있을 때도 하나님과 그의 백성들을 위하여 예언하고 능력을 행했다. 유다서에는 사탄이 모세의 시체를 탈취하려 했을 때, 천사장 미가엘은 이를 저지했다.(유 6)

두 증인은 두 감람나무와 두 촛대로 불린다. 감람나무(올리브 나무)의 아름다움은 '외적'인 것에 있지 않고 '내적'인 것에 있다. 감람나무의 열매는 올리브 기름을 낸다. 구약 시대에는 하나님을 섬기는 왕이나 선지자와 제사장들을 세울 때 기름을 부어 세웠는데, 보이지 않는 성령님의 임재를 상징한다. 두 증인이 두 감람나무로 불리우는 것은 기름으로 상징된 성령으로 충만하기 때문이다. 엘리야는 기름이 충만한 사람으로써 가장 어두운 시대인 아합 시대에 '촛대'(원문은 등대)로 쓰임받았다. 세상을 상징하는 '어둠의 왕국'인 애굽에서 이스라엘 백성들을 인도한 모세는 빛을 발하는 '촛대'(등대)와 같았다.

특히 엘리야는 죽지 않고 데려감을 당했기 때문에 두 증인 중에 한 사람이 될 것이라는 확신을 준다. 모세는 애굽에 재앙을 내린 사람으로 나일 강을 피로 만들었기 때문에 그를 연상하는 것은 자연스럽다. 모세와 엘리야는 하나님의 종으로서 어두운 시대에 두 등대와 같고, 두 감람나무와 같이 성령으로 충만한 사람이었다. 따라서 두 증인으로 손색이 없다.

## 3) 모세가 아닌 에녹일 가능성

필자는 지금부터 30년 전인 1991년에 요한계시록 강해집인 "요한계시록과 다니엘서의 전반적인 조망 : 때를 알라 주님이 오신다"(송명덕, 광야의 소리, p.510)를 출판했다. 30년이 지난 지금 수정해야 할 한 가지가 있다면, 두 증인에 대한 것이다. 이전에는 두 증인이 모세와 엘리야가 될 것이라고 말했기 때문이다. 엘리야가 두 증인 중 한 사람이라는 것은 이론의 여지가 없다. 문제는 "두 증인 중 다른 사람이 누구인가?"라는 것이다. 모세는 두 증인이 되기에 충분히 자격이 있다. 모세도 자격이 충분하고, 에녹도 자격이 충분하기 때문에 "누가 더 능력이 있느냐? 누가 더 우월한가?"의 문제가 아니라는 것을 상기할 필요가 있다. 성경의 여러 가지 방면들을 종합했을 때, 모세보다는 에녹에 더 무게가 실린다.

아래의 비교표의 각 항목을 살펴보면 모세보다 에녹이 더 합당하다는 것을 알게 된다. 이것은 그들의 '능력'에 대한 문제가 아니라 '하나님의 법'의 관점에서 본 것이다. 한 번 죽는 것은 사람에게 정하신 것이다.(히 9:27) 엘리야가 두 증인 가운데 확신할 수 있는 것은 선지자를 대표할 뿐만 아니라 죽음을 보지 않고 데려감을 당했기 때문이다. 따라서 두 증인의 사역을 한 후에 짐승에게 죽임을 당한다면, '한 번' 죽음을 보게 되기 때문에 하나님의 법에 합당하다. 동일한 원칙을 모세와 에녹에게 적용해 보자. 모세는 한 번 죽었다. 만일 모세가 두 증인이라고 하면, 대환난인 42달 후에 짐승에게 죽임을 당하게 될 때 '두 번' 죽는 것이 된다. 이와 반면에 에녹은 죽음을 보지 않고 데려감을 당했기 때문에, '한 번' 죽는 것이 된다. "두 증인은 누구인가?"라는 문제는 어떻게 보면 그리 큰 문제가 아닌데, 세 사람 모두 충분한 자격을 갖고 있기 때문이다. 모세와 엘리야가 두 증인이든, 에녹과 엘리야가 두 증인이든 그들에게 주어진 사역을 충실히 할 것이다. 그러나 성경의 원칙으로 종합해 볼 때, 모세보다는 에녹에게 더 무게가 실린다.

| | 모세 | 엘리야 | 에녹 |
|---|---|---|---|
| 성경 | 율법 대표 | 선지자 대표 | 열조 시대 |
| 시대 | 율법 시대 | 왕정 시대 | 율법 前 시대 |
| 죽음 | 죽음 | 죽지 않음 | 죽지 않음 |
| 휴거 | X | 휴거 | 휴거 |
| 성격 | 애굽 재앙 예언 | 심판, 예언 | 심판, 예언 |
| 능력 | 피가 되게 함 | 하늘 문 닫음 | 선지자 |
| 변화산 | 나타남 | 나타남 | X |
| 적용 | 죽임 당함 | 죽임 당함 | 죽임 당함 |
| 횟수 | 두 번 죽음 | 한 번 죽음 | 한 번 죽음 |
| 적합도 | 3순위 | 1순위 | 2순위 |

## 3. 두 증인의 사역 장소

### 1) 무천년설 견해

이필찬 박사는 『요한계시록』(에스카톤 p.973)에서 두 증인이 사역한 장소인 '큰 도시'에 대한 견해를 말했다.

> 이러한 틀을 전제로 이곳의 표현을 ESV처럼 상징적으로 보거나, NIV처럼 비유적으로 볼 수 있다. 결국 이 본문이 표현하는 것은 과거에 하나님의 임재와 통치가 발현되었던 예루살렘이 소돔과 애굽과 같은 악의 소굴로 간주된다는 매우 비극적인 현실이다. 그러나 동시에 '큰 도시'라는 표현이 사용된다는 점에서 이 도시를 바벨론이 상징하는 로마를 가리키는 것으로 간주하는 것도 가능하다. 왜냐하면, 두 증인이 증거 사역을 펼친 대상은 당시에 세상 그 자체가 볼 수 있었던 로마제국이기 때문이고, 실제로 요한계시록 안에서도 바벨론이 상징하는 로마제국을 '큰 도시'라고 칭하는 경우가 있기 때문이다. (중략) 그 예수님이 십자가에 못 박히신 것이 '큰 도시'라면 '큰 도시'는 당연히 예루살렘을 의미한다고 추정할 수 있다. 여기에서 저자 요한은 예루살렘을 선지적으로 해석하여 소돔과 애굽 같은 곳이라고 한다. 예루살렘을 소돔과 애굽 같은 존재로 간주하는 것은 그곳에서 예수님이 죽임을 당하셨기 때문이다. 그리고 이러한 예루살렘을 소돔과 애굽이라는 함축적인 표현으로 비판하고 있다.

> 그런데 여기에서 독자들이 놓치지 말아야 할 것은 저자가 왜 예루살렘을 두 증인이 죽임을 당한 곳으로 설정하고 있는가라는 점이다. 이것은 저자 요한이 관심을 가지고 있는 것이 지정학적 장소뿐 아니라 예수님이 가신 길을 두 증인이 따라가고 있다(혹은 따라가야 한다)는 사실이고, 그 정점에 소돔 및 애굽과 같은 예루살렘이 죽음의 장소로서 있다는 것이다. 그곳이 소돔과 애굽처럼 하나님을 대적하는 반역의 장소라 하더라도 예수님이 가신 길이라면 마다 하지 말아야 한다는 것이다. 이 문맥의 곳곳에서 두 증인이 예수님이 걸어가신 길을 쫓아가고 있다는 흔적이 발견되고 있는 만큼 두 증인이 상징하는 교회 공동체가 주님이 걸어가신 고난

의 길을 걸어간다는 것이 매우 중요하게 취급되고 있다.(이필찬, 『요한계시록』,에스카톤, p.973)

## 2) 필자의 비평 및 견해

두 증인이 사역하고 죽임을 당한 장소에 대한 해석도 무천년설과 전천년설 견해는 서로 상반된다. 무천년설은 모든 것을 상징적으로 해석하기 때문이다. 따라서 그들의 견해에 대한 비평과 함께 필자의 견해를 제시한다.

### (1) 주께서 십자가에 못 박히신 곳

두 증인이 죽임을 당한 곳에 대하여 계시록 11:8은 "그들의 시체가 큰 성 길에 있으리니 그 성은 영적으로 하면 소돔이라고도 하고 애굽이라고도 하니 곧 그들의 주께서 십자가에 못 박히신 곳이라"고 말한다. 주님이 십자가에 못 박히신 곳은 유대 땅에 있는 예루살렘 성을 가리킨다. 그런데 이 박사는 "그 예수님이 십자가에 못 박히신 것이 '큰 도시'라면 '큰 도시'는 당연히 예루살렘을 의미한다고 추정할 수 있다"고 했는데, 의심할 바 없이 예루살렘을 가리킨다.

이 박사가 "선지적으로 해석한다"는 것 또한 틀리는 표현은 아니지만, 그렇다고 적절한 표현이라고 할 수 없다. 개역개정의 "영적으로 하면"의 원문은 καλεῖται πνευματικῶς(칼레이타이 프뉴마티코스)로서, καλεῖται(칼레이타이)는 '부르다, to call'을 의미하고, πνευματικῶς(프뉴마티코스)는 '영적으로'를 의미한다. KJV은 "spiritually is called"(영적으로 말하면)로 번역했다. 이 박사가 πνευματικῶς(프뉴마티코스)를 '선지적으로'라고 한 것은 NRSV를 인용한 것으로, 그의 생각과 일치했기 때문이지만 '선지적으로'(prophetically)라고 번역한 것은 적합하지 않다. 그런 이유를 구체적으로 말한다면, πνευματικῶς(프뉴마티코스)라는 단어를 변형시킨 것이기 때문이다. '영적으로'라는 단어가 있고, '선지적'이라는 단어가 따로 있고, 두 단어는 바꾸어 쓸 수 없다. 각 단어가 갖는 고유한 의미가 있기 때문에 이 박사가 "어떤 이유로 '선지적으로'라는 단어를 택했는가?"라는 그의 견해를 보면 단어의 의미를 '변형'시킨 이유를 알 수 있다. 예루살렘 성이라는 실제(문자적 의미)의 도시를 상징적인 해석으로 끌고 가야 하기 때문이다.

이렇게 말할 수 있는 증거는 무엇인가? 이 박사는 "이 도시(예루살렘 성)를 바벨론이 상징하는 로마를 가리키는 것으로 간주하는 것도 가능하다"고 하면서 무천년설의 지론인 상징적 해석을 적용했다. 상징이 아닌 것을 상징으로 해석하면 다양한 문제들이 발생한다. 주님이 십자가에 못 박히신 곳은 '예루살렘'으로 이곳은 상징적인 의미가 될 수 없다. 십자가의 죽음에 대하여 마태복음 27:32~36에서 이렇게 말씀한다.

> 나가다가 시몬이란 구레네 사람을 만나매 그에게 예수의 십자가를 억지로 지워 가게 하였더라 골고다 즉 해골의 곳이라는 곳에 이르러 쓸개 탄 포도주를 예수께 주어 마시게 하려 하였더니 예수께서 맛보시고 마시고자 하지 아니하시더라 그들이 예수를 십자가에 못 박은 후에 그 옷을 제비 뽑아 나누고 거기 앉아 지키더라(마 27:32~36)

주님이 십자가에 못 박히신 곳은 '예루살렘'이었다. 계시록 11:8은 "그 성은 영적으로 하면 소돔이라고도 하고 애굽이라고도 하니 곧 그들의 주께서 십자가에 못 박히신 곳이라"고 말한다. 이 구절은 예수님이 십자가에 못 박히신 곳이 '애굽'과 '소돔'이라는 의미가 아니다. 주님을 십자가에 못 박은 예루살렘(사람들)의 영적 상태가 "애굽이고, 소돔이다"라는 의미이다. 아래 표에 나타나듯이 예루살렘 성의 영적인 두 가지 모습을 '애굽과 소돔'이라는 단어가 나타낸다. 이것은 어떤 의미인가?

첫째, 예수님을 십자가에 못 박은 곳인 예루살렘 성이 "영적으로 애굽이다"라는 것은 애굽의 '우상 숭배'의 방면을 가리킨다. 애굽은 태양신과 더불어 여러 신들을 섬겼고, 바로를 신의 아들로 숭배했다. 애굽은 우상 숭배하는 세상을 상징한다. 상징이라는 것은 애굽이라는 실재하는 나라가 있었고, 그 애굽이 우상 숭배하는 세상의 방면을 대표한다는 의미이다. 성경이 예루살렘 성을 "영적으로 애굽으로 불린다"라고 한 것은 대환난 때에 적그리스도가 한 때 두 때 반 때 즉, 마흔두 달 동안 예루살렘 성을 짓밟으면서 극심한 우상숭배를 하기 때문이다. 마태복음 24장의 "멸망의 가증한 것이 거룩한 곳에 서는 때"는 대환난으로 짐승의 우상을 거룩한 성전에 세우고 경배할 때라는 것을 가리킨다. 이런 상황은 계시록 13장에 자세히 계시된다.

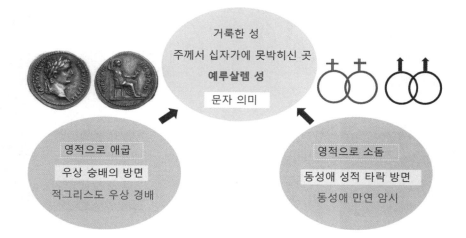

거룩한 성
주께서 십자가에 못박히신 곳
**예루살렘 성**
문자 의미

영적으로 애굽
**우상 숭배의 방면**
적그리스도 우상 경배

영적으로 소돔
**동성애 성적 타락 방면**
동성애 만연 암시

둘째, 예수님을 십자가에 못 박은 곳인 예루살렘 성이 "영적으로 소돔이라고 불린다"는 것은 '동성애의 성적인 타락의 방면'을 가리킨다. 소돔과 고모라가 불과 유황 비에 멸망당한 것은 동성애의 죄 때문이었다. 두 천사(남자 청년의 모습)가 롯의 집에 들어갔을 때, 소돔 사람들이 몰려들어서 무엇이라고 말했는지를 창세기 19:4~5을 유의하여 보자.

> 그들이 눕기 전에 그 성 사람 곧 소돔 백성들이 노소를 막론하고 원근에서 다 모여 그 집을 에워싸고 롯을 부르고 그에게 이르되 오늘 밤에 네게 온 사람들(천사들)이 어디 있느냐 이끌어 내라 우리가 그들을 상관하리라(창 19:4~5)

두 천사가 롯을 방문할 때 '청년(남자)'의 모습으로 왔다. 두 천사가 롯의 집을 방문했는데, 소돔 성 사람들 노소를 막론하고 원근 각처에서 모일 수 있었던 이유는 무엇인가? 낯선 방문자인 두 천사는 젊고 매우 용모가 뛰어나서 사람들의 이목을 끌었을 것이고, 그 소식이 사람들에게 전해졌기 때문이다. 소돔 사람들은 낯선 방문자를 환대하기는커녕 그들의 정욕의 희생물로 삼고자 했다. 이것이 소돔 성의 도덕적 상태였다. 영적 상태를 누구든지 알 수 있는 바로미터는 '도덕적' 상태이다. 개역개정의 '상관하다'는 것은 매우 완곡하게 번역됐기 때문에 뜻이 모호하다. '상관하다'라는 단어는 히브리어 '야다'로서 "육체적인 경험을 통하여 안다"는 의미이다. 창세기 4:1에서 "아담이 그의 아내 하와와 동침하매"에서 '동침하다'는 히브리어 "야다"로서 소돔 사람들이 "상관하다"라는 단어와 동일한 단어이다. KJV은 "knew"(알았다)로 NIV는 "lay with"(동침하다)로 번역했다.

소돔 사람들이 두 천사(남자)와 상관하겠다는 것은 "성관계를 갖겠다"는 것을 가리킨다. 남자가 남자(두 천사)에 대하여 성관계를 갖는다는 것은 그들이 '동성애자'라는 것을 가리킨다. KJV은 '야다'를 "we may know them"으로 원문을 문자 그대로 번역했고, 성경을 의역하는 NIV는 "we can have sex with them"으로 번역했다. NIV의 경우 '야다'를 그대로 번역했기 때문에 의도하지 않게 문자적인 번역이 됐다. '남색(男色)'을 가리키는 영어 'sodomy'가 소돔(sodom) 주민들의 성적 문란에서 파생됐다는 것은 잘 알려진 사실이다. 소돔 성이 동성애의 죄악 때문에 멸망당한 것은 부인할 수 없는 사실이다. 성경은 창조의 법칙을 거스리는 동성애를 금지한다. 동성애를 심각한 죄로 간주하는 구약과 신약의 말씀들은 다음과 같다.

- 누구든지 여인과 동침하듯 남자와 동침하면 둘 다 가증한 일을 행함인즉 반드시 죽일지니 자기의 피가 자기에게로 돌아가리라(레 20:13)

- 이 때문에 하나님께서 그들을 부끄러운 욕심에 내버려 두셨으니 곧 그들의 여자들도 순리대로 쓸 것을 바꾸어 역리로 쓰며 그와 같이 남자들도 순리대로 여자 쓰기를 버리고 서로 향하여 음욕이 불 일듯 하매 남자가 남자와 더불어 부끄러운 일을 행하여 그들의 그릇됨에 상당한 보응을 그들 자신이 받았느니라 (롬 1:26~27)

- 불의한 자가 하나님의 나라를 유업으로 받지 못할 줄을 알지 못하느냐 미혹을 받지 말라 음행하는 자나 우상 숭배하는 자나 간음하는 자나 탐색하는 자나 남색하는 자나(고전 6:9)

데살로니가후서 2:3은 거룩한 성, 예루살렘 성을 짓밟는 적그리스도를 "불법의 사람 곧 멸망의 아들"이라고 말한다. '불법의 사람'은 원문에서 '죄의 사람'(man of sin)인데, 개역개정은 "죄를 짓는 것"이 불법이기 때문에 의역을 했다. 적그리스도가 '죄의 사람'으로 불리는 것은 그가 '하나님의 법'을 대적하기 때문이다. 우상 숭배는 하나님에 대한 가장 큰 대적이다. 그래서 성경은 예루살렘 성을 "영적으로 애굽이라 불린다"라고 말한다. 애굽은 우상을 숭배하는 세상을 상징한다. 또한 그가 '죄의 사람'(man of sin)이라고 불리는 것은 적그리스도가 동성애를 '인간의 자유와 행복 추구권'이라는 미명으로 합법화하고 인간애의 극치로 장려할 것이기 때문이다. 성경에서 그런 증거를 찾을 수 있는데, 계시록은 예루살렘 성을 "영적으로 소돔이다"라고 하는 것도 그 때문이다. 이것은 동성애가 창궐했던 소돔 성과 같이 예루살렘 성에서 소돔의 동성애의 죄악들이 만연할 것을 가리킨다. 소돔 성에서 모든 주민이 동성애를 정당시했기 때문에 롯이 비정상적인 사람으로 간주됐던 것처럼, 장차 두 증인이 사역하는 예루살렘도 소돔과 같이 패역한 도시일 것이다. 오늘날 예루살렘이 LGBT(동성애)의 중심지라는 것도 주지의 사실이다.

## (2) 십자가에 못 박힌 곳과 거룩한 성과의 관계

첫째, 예수님이 십자가에 못 박혀 죽으신 곳은 예루살렘이다. 무천년설은 이것을 부인하지 않으면서(부인할 수 없다는 표현이 적절하다), '큰 성'이라고 불렸기 때문에 상징적 해석을 적용하여 로마를 가리킬 수 있다고 주장한다. 이것은 비논리적이고 비성경적이다. 예수님이 십자가에 못 박히신 곳은 로마(도시)와 상관이 없고, 두 증인이 사역하는 장소도 로마(도시)와 관계가 없기 때문이다. 계시록 11장의 문맥은 두 증인이 사역하는 곳을 '거룩한 성'이라고 말하며, 거기는 예수님이 십자가에 못 박혀 죽으신 곳이라고 말한다. 두 증인과 예수님이 사역한 곳이 동일한 예루살렘이란 것을 보여준다. 무천년설은 성경 문맥을 관심하지 않고 모든 것을 상징적으로 해석하기 때문에 성경을 벗어났다는 것도 알지 못한다. 주께서 십자가에 못 박히신 곳을 '큰 성 로마'(상징 해석)로 해석한다면, 주님이 못 박히신 곳도 '로마'라고 말해야 논리적(무천년설의 해석대로 하면)이다. 그런데 차마 그런 주장을 하지 못하는 이유는 주님이 못 박히신 곳을 로마(도시)라고 할 수 없기 때문이다. 그런데도 불구하고 두 증인이 죽은 곳을 로마라고 할 수도 있다고 주장하는 것은 모순이다.

둘째, 주님이 십자가에 못 박히신 곳과 관련하여 두 증인의 시체가 '큰 성 길'에 있었다. 이 박사(무천년설)는 예루살렘 성이 '큰 성'이라는 것을 큰 바벨론과 큰 성 로마에 일치시켰다. 그는 모든 나라마다 '큰 성'이라 불리는 '수도'(city)가 있다는 것을 간과했다. 이스라엘의 큰 성은 '예루살렘 성'이고, 바빌로니아의 큰 성은 '바벨론'이고, 로마제국의 큰 성은 '로마시'이다. 계시록 11장에서 말하는 '큰 성 길'은 예루살렘 성을 가리킨다. '큰 성'이라고 했기 때문에 바벨론과 로마제국에 적용한 것은 계시록 문맥을 벗어난 것이다.

계시록 11장의 문맥은 주께서 십자가에 못 박히신 곳이 '큰 성'이고(8), 그 성은 '거룩한 성'(2)이라 불린다는 것을 가리킨다. 무천년설이 모든 것을 상징으로 해석하면서 가장 중요한 문맥을 주의하지 않았다는 증거는 '큰 성'='거룩한 성'이라는 성경의 '팩트'를 외면한 것에도 나타난다. 성경에서 '큰 성'과 '거룩한 성'이라고 부르는 곳은 오직 예루살렘 성 밖에 없다.

계시록 11장의 '큰 성'이라는 호칭은 예루살렘 성에만 적용되고 다른 모든 나라에 적용되지 않는다. 왜냐하면, 계시록 11장의 문맥은 '예루살렘 성'을 배경으로 하기 때문이다. 무천년설은 기본적인 문맥도 주의하지 않기 때문에 십자가에 못 박힌 곳이며, 두 증인이 사역하고 죽임을 당한 '큰 성'과 '거룩한 성'이라 불리는 예루살렘 성을 로마로 해석한 것은 성경을 벗어난 것이다.

셋째, 계시록 11장에서 이방인(적그리스도)이 마흔두 달 동안 거룩한 성을 짓밟는 것과 두 증인이 1,260일 동안 거룩한 성에 대해 예언하는 것은 평행 구절이다. 양자는 동전의 양면과 같다. 예수님이 십자가에 죽으신 곳은 '상징'이 아니라 '문자 그대로' '예루살렘 성'을 가리킨다. 또한 '그 성'(예루살렘 성)이란 두 증인의 시체가 방치된 '큰 성 길'을 가리킨다. 이곳은 두 증인이 베옷을 입고 1,260일 동안 사역한 예루살렘 성이다. 무천년설은 두 증인을 전(全)시대의 교회 공동체로 해석하면서 예루살렘에서 초림부터 재림까지 사역했다는 것은 성경의 문맥과 일치하지 않는다. 이런 제반 문제들은 두 증인에 대한 모든 것들이 '문자적 의미'(실재)인데 상징적으로 해석했기 때문에 발생하는 오류들이다.

## 4. 두 증인이 예언하는 1,260일

"두 증인이 언제 활동하는가?"라는 것은 중요하다. 만일 두 증인이 누구라고 밝혔을지라도, 그의 활동 시기에 오류가 있다면 심각한 문제가 발생할 것이다. "요한계시록은 복음서와 서신서와 달리 그것이 언제 있는 일인가?"라는 문제가 '상대적으로' 중요하다. '언제'라는 것은 "0000년 0월 0일"과 같은 날짜를 가리키지 않는다. 성경은 그런 방식으로 말씀하지 않는다. 적어도 "일곱 인과 일곱 나팔과 일곱 대접이 발생하는 때가 과거인가? 현재인가? 미래에 있을 일인가?"라는 것을 가리킨다. 각 나팔과 대접 재앙은 그 재앙들이 발생할 때에 비로소 몇 번째 나팔 심판(언제)이라는 것을 알 수 있다.

### 1) 무천년설 견해

이필찬 박사는 거룩한 성 예루살렘을 짓밟는 마흔두 달에 대하여 『요한계시록』(에스카톤, p.932)에서 그의 견해를 말했다.

> 2b 자료에 의하면 이방인들이 마흔 두 달 동안 거룩한 도시 예루살렘을 짓밟는다.(중략) 이 외에도 다니엘서 7장 25절과 12장 17절에서 '한 때와 두 때와 반 때'라는 표현이 나오는데, 그것은 '삼 년 반'의 기간으로서 결국 요한계시록 본문의

마흔두 달과 동일한 기간이다. 요한계시록 내에서는 11장 2d절에서 '마흔두 달' 이 거룩한 도시 예루살렘이 짓밟히는 기간을 가리키는 것을 비롯해서 11장 3절에서는 '천이백육십 일'이 두 증인의 증거 활동 기간을 가리키고, 12장 6절의 '천이백육십 일'과 12장 14절의 '한 때와 두 때와 반 때'는 교회를 의미하는 여자가 광야에서 양육하는 기간을 가리키며, 13장 5절에서 '마흔두 달'이 짐승의 활동 기간을 가리킨다.(이필찬, 『요한계시록』, 에스카톤, p.932)

아래의 표는 이필찬 박사의 무천년설 견해를 나타낸 도표이다. 다니엘서와 계시록의 중요한 '기간'이 표시되었는데 상관관계를 비교 관찰하면, 무천년설의 견해에 모순이 있는지 없는지를 분별할 수 있다. 아래의 언급된 기간(주제)들은 성경의 중요한 주제들을 포함하고 있다. 부언하자면 아래 도표에 나타난 기간은 무천년설의 뿌리에 해당하는 천년왕국과 마귀의 무저갱 감금 기간과 일치한다. 즉, 무천년설은 초림부터 재림까지를 "1,260일, 42달, 세 때 반"으로 간주하고, 이 시기를 교회가 왕 노릇 하는 천년왕국인 동시에 마귀가 무저갱에 감금된 시기라고 주장(해석)한다.

어떤 견해에 대한 내증은 그것이 모순이 있는지 없는지에 대한 기초 점검과 같다. '내증'이란 상대되는 관점으로 분별하는 것이 아니라, 무천년설의 주장들이 논리 정연하게 확립된 것인지, 모순이 있는지를 검증하는 것이기 때문이다. 내증에서조차 모순이 있다면, 계체량을 통과하지 못한 운동 선수와도 같기 때문에 출전조차 할 수 없다. 내증도 통과하지 못한 견해를 제시하는 것은 임상 실험도 거치지 않는 백신을 전국민들에게 접종하는 것과 같다.

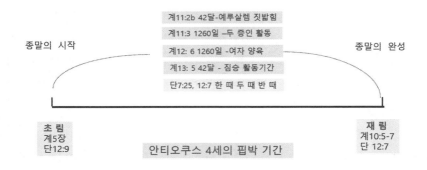

계11:2b 42달-예루살렘 짓밟힘

계11:3 1260일 -두 증인 활동

계12: 6 1260일 -여자 양육

계13: 5 42달 - 짐승 활동기간

단7:25, 12:7 한 때 두 때 반 때

종말의 시작　　　　　　　　　　　　　　　　　　종말의 완성

초 림
계5장
단12:9

재 림
계10:5-7
단 12:7

안티오쿠스 4세의 핍박 기간

[이필찬 박사의 계11장 42달과 1260일에 대한 무천년설 견해 ]

## 2) 필자의 비평 및 견해

위의 표는 계시록 11장의 거룩한 성이 이방인에게 짓밟히는 마흔두 달과 천이백육십 일 동안 예언하는 두 증인에 대한 이필찬 박사(무천년설 견해)의 견해를 나타내고, 아래의 표는 전천년설(필자)의 견해를 나타낸 도표이다. 양자를 비교하면 차이가 무엇인지 알기 쉬울 것이다.

### (1) 42달= 1,260일= 세 때 반

기본적으로 거룩한 성을 짓밟는 '마흔두 달'과 여자가 광야로 도망가서 양육을 받는 1,260일과 적그리스도인 짐승이 사탄에게 권세를 받은 42달 기간과 다니엘 7:25의 마지막 '한 이레'의 절반인 '한 때 두 때 반 때'와 일치한다. 이 부분은 무천년설과 필자(전천년설)와 같다. 위의 기간들은 "1,260일=42달=세 때 반=삼 년 반"으로 연월일이라는 단위만 다를 뿐 그 기간은 동일하다. 무천년설도 같은 기간으로 간주하는데 성경의 '팩트'에 해당하기 때문이다.

### (2) 초림부터 재림까지의 기간을 상징적 기간으로 해석하는 것은 오류다

무천년설의 대표적인 오류는 "1,260일-42달-세 때 반-삼 년 반"이라는 기간을 초림부터 재림까지의 기간으로 상징으로 해석하는 것이다. '초림'이란 예수님이 이 땅에 성육신하신 것을 가리킨다. 예수님이 이 땅에 오셨을 때부터 예루살렘이 주님의 재림까지 이방인에게 짓밟히는 기간이라고 해석한다.(여섯 가지 항목도 동일함) 위에서 언급했듯이, "1,260일–42달–세 때 반–삼 년 반"이라는 기간은 이론이 없이 일치한다. 그런데 무천년설은 이 모든 기간을 '상징적 기간'으로 해석한다. 이 땅에서의 시간의 기본 단위는 '해'(year)와 '월'(month)과 '날'(day)이다. 1,260일은 마흔두(42) 달이고 또한 삼 년 반이다. 성경이 구체적으로 세 단위로 말씀하신 이유는 이것이 상징적 의미가 아니라, 문자 그대로의 의미라는 것을 보여주기 위한 것이다.

무천년설의 상징적 해석이 설득력을 갖기 위한 유일한 전제 조건(가정)이 있다. 그것은 1,260일과 마흔두(42) 달이라는 구절이 없이, 오직 "한 때 두 때 반 때"로만 언급한 경우이다. 그렇게 되면 "한 때 두 때 반 때"가 해(year)로서 '세 때 반'인지, 월(month)로서 '세 때 반'인지, 날(day)로서의 '세 때 반'인지 알 수 없기 때문에 상징적 의미인가 혹은 문자적 의미인가라는 논쟁이 있을 수 있다. 그런데 성경은 하나님의 지혜로 기록됐기 때문에 그런 여지를 불식시키려는 듯이, 해(year)와 달(month)과 날(day)로 말씀한다. 이것은 성경의 '팩트'이다. 이것은 위 기간이 상징적 의미가 아니라, 실제의 '시간 단위'라는 것을 가리킨다. 묵시문학의 특징은 아무도 알 수 없는 은밀한 언어로 메시지를 숨기는 것이지만 '계시'는 하나님께서 감추인 것들을 벗겨내어 보게 하시는 것이기에 양자는 성격이 전혀 다르다. 요한계시록은 묵시문학이 아니라 하나님의 계시이다. 무천년설은 요한계시록을 묵시문학으로 간주하면서 명백한 세 단위의 기간을 상징적으로 해석한다. 이것은 성경을 원칙적으로 벗어난 것이다.

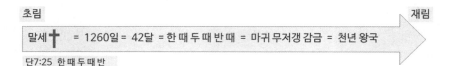

[ 단 12:9 마지막 때 – 말세 ; 전천년설 필자 견해 ]

### (3) 말세-마지막 때

이 박사(무천년설)는 다니엘 12:9이 초림-예수님이 이땅에 오셨을 때를 가리킨다고 해석한다. 다니엘 12:9은 "그가 이르되 다니엘아 갈지어다 이 말은 마지막 때까지 간수하고 봉함할 것임이니라"는 구절이다. 무천년설은 '마지막 때'를 초림으로 간주했다. 전혀 근거가 없지는 않다. 왜냐하면 대다수의 사람들은 말세를 "이 세상의 마지막 때-대환난"이라고 단정하는데, 반드시 틀린다거나 또한 맞다고도 말할 수 없다. 왜냐하면, 말세는 대환난을 포함하지만 그것이 전부가 아니기 때문이다. 사람이 생각하는 말세와 성경이 가르치는 말세는 차이가 있다. 그래서 성경이 말씀하는 말세의 의미가 무엇인지 알아야 한다. 히브리서 1:1~2은 말세란 무엇인지를 말씀한다.

> 옛적에(in time past) 선지자들을 통하여(by the prophets) 여러 부분과 여러 모양으로 우리 조상들에게 말씀하신 하나님이 이 모든 날 마지막에는(in these last days) 아들을 통하여 우리에게 말씀하셨으니 이 아들을 만유의 상속자로 세우시고 또 그로 말미암아 모든 세계를 지으셨느니라(히 1:1~2)

"이 모든 날 마지막"은 말세라 부를 수 있다. 성경이 말하는 말세는 "아들을 통하여 말씀하신 때로부터"라는 것을 가리킨다. 구약 시대에는 선지자들을 통해서 말씀하셨고, 이제 하나님의 아들이 직접 오셔서 말씀하신 때를 '말세'라고 부른다.(필자 주: 성경에서 말세에 대한 중요한 정의이다) 아들이 처음 오신 때를 '초림'이라고 부른다. "이 모든 날 마지막에"라는 구절은 헬라어 "ἐπ᾽ ἐσχάτου τῶν ἡμερῶν τούτων"(에프 에스카투 톤 헤메론 투톤)으로 직역하면, "이들의 마지막 날들에"(복수)라는 의미이다. 한자로 표현하면 '말세(末世)'라 할 수 있다. 헬라어 원문에서 중요한 단어는 'ἡμερῶν'(헤메론)이다. 'ἡμερῶν'(헤메론)은 '날'(day)을 의미하는 'ἡμέρα'(헤메라)의 복수형이다. 따라서 '날들'(days)이라는 의미이다. 마지막 날이 '날들'이라는 것은 그 기간이 "상당한 기간 동안 지속된다"는 것을 가리킨다. 말세는 어떤 '한 시점'을 가리키지 않는다. 전통적인 관념은 '마지막 날', '말세'를 재림 전의 대환난을 떠올리는데 성경의 원칙(doctrine)과 다르다. 무천년설이 초림부터 말세로 간주하는 것은 성경과 일치한다. 그런데 무천년설의 가장 큰 문제는 다니엘 7:25의 "한 때 두 때 반 때"를 초림으로 간주한다는 데 있다. 다니엘서의 "한 때 두 때 반 때"는 계시록의 42달 1,260일과 같은 기간으로서 적그리스도가 예루살렘 성을 42달 동안 짓밟는 기간이며, 두 증인이 1,260일 동안 활동하는 기간으로 대환난과 일치한다.

### (4) 다니엘 12:9의 마지막 때

말세에 대한 이 박사(무천년설)의 오류는 다니엘 12:9의 "마지막 때까지"를 초림으로 간주하는 데 있다. 다니엘서의 문맥을 보면 다니엘 12:9의 '마지막 때'가 언제를 가리키는지 알 수 있다. 다니엘 12:6~9을 보자.

> *이 놀라운 일의 끝이 어느 때까지냐 하더라 내가 들은즉 그 세마포 옷을 입고 강물 위쪽에 있는 자가 자기의 좌우 손을 들어 하늘을 향하여 영원히 살아 계시는 이를 가리켜 맹세하여 이르되 *반드시 한 때 두 때 반 때를 지나서 성도의 권세가 다 깨지기까지이니 그렇게 되면 이 모든 일이 다 끝나리라 하더라 내가 듣고도 깨닫지 못한지라 내가 이르되 내 주여 이 모든 일의 결국이 어떠하겠나이까 하니 그가 이르되 다니엘아 갈지어다 *이 말은 마지막 때까지 간수하고 봉함할 것임이니라(단 12:6~9)

위 본문에서 '마지막 때'가 3회 나온다.(필자 주: 이해를 돕기 위해 *표시했다) 6절에서 "이 놀라운 일의 끝이 어느 때까지인가?"를 묻는다. 여기의 '끝'은 다니엘 12:9의 '마지막 때'를 가리킨다. 7절은 그 때가 어느 때인지 대답한다. 그 마지막 때는 "반드시 한 때 두 때 반 때를 지나서 성도의 권세가 다 깨지기까지"이며 그런 일이 있게 되면 "이 모든 일이 다 끝나리라"고 하며 예언의 성취를 말한다.

개역개정의 "성도의 권세가 다 깨지기까지"라는 구절은 '교회의 성도'를 떠올리기에 충분하기 때문에 오해의 소지가 많다. '성도'로 번역된 원문은 'ימ־קֹדֶשׁ'(코데쉬 암)으로 "거룩한 백성"이란 뜻이다. KJV은 "the holy people"로 원문을 잘 번역했다. 이 호칭은 '교회의 성도'가 아니라, '이스라엘 백성들'을 가리킨다. 왜냐하면 계시록 11장에서 '거룩한 성'은 예루살렘 성을 가리키며, 다니엘 12장은 교회에 대한 예언이 아니라 '이스라엘 백성'(혈통적)들에 대한 예언이기 때문이다.

다니엘 12:1에도 "그 때에 네 민족을 호위하는 큰 군주 미가엘이 일어날 것이요 또 환난이 있으리니 이는 개국 이래로 그 때까지 없던 환난(a time of trouble)일 것이며 그 때에 '네 백성'(the children of your people) 중 책에 기록된 모든 자가 구원을 받을 것이라"고 말한다. '개국 이래 없었던 환난'은 '대환난'을 가리키고, 그 대환난 가운데 구원받을 '너희 백성'은 다니엘과 같은 이스라엘 자손들을 가리킨다.

다니엘 12:1의 '개국 이래 없었던 환난'을 다니엘 12:7에서는 '한 때 두 때 반 때'라고 말하며, '거룩한 백성'인 이스라엘 백성들의 권세가 깨어지기까지라고 말한다. 무천년설이 '한 때 두 때 반 때'를 초림으로부터 재림까지의 기간으로 해석한 것은 여러 가지 이유가 있는데(오류이다), 그 중의 하나가 "성도들의 권세가 깨어지기까지"라는 구절을 교회가 당할 환난으로 오해했기 때문이다.

대환난은 예루살렘이 적그리스도에 의해서 마흔두 달 동안 짓밟히기 때문에 예루살렘은 환난의 중심지가 될 것이다. 따라서 예루살렘에 살고 있는 '이스라엘 백성들'(거룩한 백성)은 개국 이래 없었던 환난을 당하게 된다. 그 때에 '네 백성'(the children of your people) 중 책에 기록된 모든 자가 구원을 받을 것이라고 한 것은 계시록 7장의 이스라엘의 열두 지파 가운데 각 지파 별로 하나님의 인침을 받은 144,000을 가리킨다. 그들이 '거룩한 백성'으로 불리는 것은 '택함을 입은 백성'일 뿐만 아니라, 율법을 지키는 경건한 무리들이기 때문이다. 하나님은 그 약속하신 것을 지키시기 위해서 대환난이 있기 전에 인치심으로 그들을 보호하실 것이다. 교회는 예수를 믿어 구원받을 때에 이미 '성령으로 인침'을 받았기 때문에 또 다른 인침이 필요하지 않다. 그러나 유대인들은 경건한 무리일지라도 거듭나지 않았기 때문에, 다른 천사를 통한 인침이 필요하다. 유대인(거룩한 백성)들의 인침은 대환난에서 보호하는 '소극적인 의미'이지만, 교회가 성령으로 인침을 받은 것은 비교할 수 없이 '적극적인 의미'로 구별된다.

### (5) 42달과 1,260일의 관계

아래의 표는 필자(전천년설)의 견해로서, 계시록의 중요한 사건들이 언제 일어나는지를 표시했다. 무천년설을 나타낸 위의 표와 서로 비교하면 어떤 차이가 있는지 쉽게 분별할 수 있다. 거룩한 성이 이방인에게 짓밟히는 마흔두 달과 두 증인의 활동 기간인 1,260일과 여자가 양육받는 1,260일과 계시록 13장의 짐승인 적그리스도가 42달 동안 권세를 받는 기간이 다니엘 7:25의 한 때 두 때 반 때 즉 '세 때 반'과 일치한다. 이것은 마태복음 24:15에서 '멸망의 가증한 것'(우상)이 '거룩한 곳'(성전)에 서게 됨으로 시작되는 대환난과 일치한다. 이 기간은 초림과 재림 사이가 아니라, 주님이 재림하시기 전에 있을 대환난의 때를 가리킨다. 이 표를 염두에 두고 계시록을 본다면 모든 것을 명확히 이해할 수 있다.

[ 계11장 이방인의때 42달 & 두 증인의 사역 시기에 대한 전천년설 견해 ]

## 5. 두 증인이 예언하는 목적

두 증인의 사역의 목적과 방법을 살펴보자. 이 방면은 서로 연관되어 있다. 두 증인이 사역하는 때는 영적으로 가장 어두운 시대(Dark Ages)이다. 죄의 사람, 멸망의 아들인 적그리스도가 사탄에게 권세를 받아 믿는 이들을 핍박하고 하나님의 거룩한 성전을 짓밟고 모든 사람에게 짐승의 표인 666을 받게 하며 표가 없는 자는 물건을 매매하지 못하게 하는 시대이기 때문이다. 사람의 관점에서 볼 때, 짐승이 온 세상을 통치하는 것 같이 보일 것이고, 어떤 사람은 하나님께서 우리를 돌보지 않으시는가라며 절망에 빠질 수 있다. 그런데 실상은 하나님께서 거룩한 성, 예루살렘을 사탄의 화신인 적그리스도에게 넘겨 준 것으로, 이스라엘의 불신과 패역으로 인한 하나님의 주권적인 징계이다.

로마서 9:17~18은 "성경이 바로에게 이르시되 내가 이 일을 위하여 너를 세웠으니 곧 너로 말미암아 내 능력(my power)을 보이고 내 이름(my name)이 온 땅에 전파되게 하려 함이라 하셨으니 그런즉 하나님께서 하고자 하시는 자를 긍휼히 여기시고 하고자 하시는 자를 완악하게 하시느니라"고 말씀한다. 출애굽 때 바로를 사용하셨듯이(소극적 의미), 마지막 때에 적그리스도와 마귀조차도 하나님의 뜻을 이루기 위해서 사용하실 것이다. 이것은 결코 이스라엘을 버렸다는 것을 의미하지 않는다. 사도 바울도 로마서 11:1~2a에서 "그러므로 내가 말하노니 하나님이 자기 백성을 버리셨느냐 그럴 수 없느니라 나도 이스라엘인이요 아브라함의 씨에서 난 자요 베냐민 지파라 하나님이 그 미리 아신 자기 백성을 버리지 아니하셨나니"라고 말한다.

바울은 성경이 엘리야를 가리켜 말한 것을 상기시킨다. 즉 엘리야가 이스라엘을 송사하기를 "주여 그들이 주의 선지자들을 죽였으며 주의 제단들을 헐어 버렸고 나만 남았는데 내 목숨도 찾나이다"(롬 11:3)라고 탄원했다. 하나님께서는 엘리야에게 "나를 위하여 바알에게 무릎을 꿇지 아니한 사람 칠천 명을 남겨 두었다"(롬 11:4)라고 응답하셨다. 결론적으로 로마서 11:5은 "그런즉 이와 같이 지금도(at this present time) 은혜로 택하심을 따라 남은 자(a remnant)가 있느니라"고 말씀한다.

하나님께서 이스라엘의 완악함과 불신과 패역으로 인하여 예루살렘을 적그리스도에게 내어주어 심판하시지만, 그럼에도 불구하고 두 증인을 보내어 예언하고 재앙을 내리신 것은 이스라엘 가운데 '남은 자'(remnant)를 위한 것이다. 남은 자는 완악한 유대인들 가운데 하나님의 계명을 지키는 경건한 유대인들을 가리키는데, 그들을 격려하시기 위한 것이다. 왜냐하면, 경건한 유대인들은 하나님의 계명을 지키기 때문에 우상 경배를 거부하고 따라서 극심한 고난과 죽임을 당할 것이므로 두 증인이 내리는 재앙과 예언은 힘이 될 것이기 때문이다. 대환난 가운데 두 증인의 예언은 적그리스도의 멸망과 주 예수 그리스도의 재림에 대한 예고와 적그리스도의 우상에게 경배하지 말고 짐승의 표를 받지 말라는 내용이 주를 이루는 것도 그 때문이다. 계시록 14:6~7은 "또 보니 다른 천사(another an-gel)가 공중에 날아가는데 땅에 거주하는 자들 곧 모든 민족과 종족과 방언과 백성에게 전할 영원한 복음(the everlasting gospel)을 가졌더라 그가 큰 음성으로 이르되 하나님을 두려워하며 그에게 영광을 돌리라 이는 그의 심판의 시간이 이르렀음이니 하늘과 땅과 바다와 물들의 근원을 만드신 이를 경배하라 하더라"고 말씀한다.

땅에서는 두 증인이 적그리스도를 쳐서 예언하며 이스라엘의 남은 자들에게 힘을 줄 것이다. 두 증인의 사역은 적그리스도와 우상 숭배자들에게는 재앙이지만, 이스라엘의 '남은 자들'에게는 어둠 속에 비치는 한 줄기 빛과 같을 것이다. 두 증인은 특별한 복장을 하고 있는데, 계시록 11:3은 "그들이 굵은 베옷을 입고"라고 말한다. 굵은 베옷은 상을 당한 사람이 입는 옷으로 특별한 기간에만 입는 옷이다. 그런데 두 증인은 하루, 이틀, 사흘이 아니라 1,260일 동안 베옷을 입는다. 베옷은 상을 당할 때 입는 옷일 뿐만 아니라, 슬픔을 의미하고 하나님 앞에 회개할 때 입는 옷이다. 요나 선지자는 니느웨 성에 가서 40일이 지나면 니느웨가 무너질 것을 외치며 회개를 촉구했다. 니느웨 백성들은 하나님을 믿고 금식을 선포하고 무론대소하고 굵은 베옷을 입고 회개했다.(욘 3:4,5) 두 증인도 하나님의 심판에 대한 메시지를 외칠 것이다.

# 6. 두 증인이 증거를 마칠 때의 일들

## 1) 무천년설: 두 증인의 부활

이필찬 박사는 『요한계시록』(에스카톤, p.983)에서 두 증인의 부활을 상징한다는 견해를 제시했다.

> 이렇게 교회를 상징하는 두 증인에게 생명의 영이 들어가 그들의 발로 일어서게되는 사건이 창세기 2장 7절과 에스겔 37장 9~10절을 배경으로 주어지는 것은 창세기의 에덴에서 아담을 통해 시작된 인류를 새 창조에서 새로운 인류인 교회 공동체가 대신하게 됨으로써 온전한 회복을 이루게 된다는 것을 예고한다. 이것은 예수님의 재림 때에 최종적으로 이루어질 것이지만, 그 성취 환경은 예수님의 초림부터 이미 이루어진 상태다. 교회 공동체가 예수님의 발자취를 따라 증거의 사역을 충실하게 감당할 때 인간 공동체는 최초에 에덴에서 기획되었던 상태를 온전히 이루게 될 것이다.(이필찬, 『요한계시록』,에스카톤, p.983)

## 2) 필자의 비평 및 견해

이필찬 박사는 두 증인의 부활과 에스겔 37장의 '마른 뼈의 살아남'을 평행구절로 보고 적용했다. 양자는 죽은 자가 살아난다는 공통점이 있지만, 그 의미가 근본적으로 다르다는 것을 간과했다. 두 증인은 두 사람으로서의 증인(문자적 의미)을 가리키지만, 에스겔 37장은 포로 상태에 있는 이스라엘 족속에 대한 것으로 '비유'이기 때문에 평행구절이 아니다. 반짝인다고 모두 금이 아니듯이, 양자는 평행 구절이 아니다.

| 에스겔 37장 | 의미 | 계시록 11장 | 의미 |
|---|---|---|---|
| 상황 | 바벨론<br>포로 상태 | 상황 | 대환난<br>짐승 통치 |
| 마른 뼈 | 영적 죽음 상태 | 두 증인 죽음 | 육적 죽임 당함 |
| 생기 들어감 | 영적 의미 | 생기 들어감 | 육적 살아남 |
| 일어섰다 | 영적 소생 | 그 발로 일어섬 | 문자적 의미 |
| 결과 | 이스라엘<br>땅으로 귀환 | 결과 | 살아서 하늘로 올라감 |
| 대상 | 이스라엘 족속 | 대상 | 두 증인(개인) |
| 해석 | 상징적 의미 | 해석 | 문자적 의미 |

에스겔 37장의 마른 뼈가 소생하는 것은 '문자적 의미'가 아니라 '상징적 의미'이다. 만일 문자적 의미라면 이스라엘 족속들이 '마른 뼈'의 상태로 있다가 그런 후에 마른 뼈들이 살아나야 한다. 에스겔 37:11~12은 다음과 같이 말씀한다.

> 또 내게 이르시되 인자야 이 뼈들은 이스라엘 온 족속이라 그들이 이르기를 우리의 뼈들이 말랐고 우리의 소망이 없어졌으니 우리는 다 멸절되었다 하느니라 그러므로 너는 대언하여 그들에게 이르기를 주 여호와께서 이같이 말씀하시기를 내 백성들아 내가 너희 무덤을 열고 너희로 거기에서 나오게 하고 이스라엘 땅으로 들어가게 하리라(겔 37:11~12)

에스겔 37장은 포로가 되어 마른 뼈와 같은 이스라엘 족속을 어떻게 회복시킬 것인가를 대언했다. 골짜기의 마른 뼈들은 이스라엘 족속들의 영적인 상태를 비유적으로 나타낸 것이다. 그들은 마른 뼈와 같이 소망이 없었다. 그래서 하나님께서는 에스겔을 통하여 대언하여 무덤을 열고 나오게 하고(포로 상태를 비유함) 이스라엘 땅으로 들어가게 할 것(포로 귀환)을 예언했다. '마른 뼈'는 특정한 사람을 가리키지 않고 '포로가 된 이스라엘 족속들'을 가리킨다. 그래서 에스겔 37장은 '비유'이다. 그런데 비유라고 해서 '실체가 없는 것'이 아니다. 에스겔 37장의 하나님의 약속의 예언을 따라 이스라엘 족속은 모두 이스라엘 땅으로 돌아갔다.

계시록 11장의 두 증인은 비유가 아니라 실제 두 사람의 증인이 마흔두 달 동안 거룩한 성이 짓밟힐 때, 1,260일 동안 예언하며 재앙을 내리는 '두 인물'이다. 에스겔 37장은 비유이고, 계시록 11장은 '문자적 의미'인데 양자를 평행 구절로 간주했기 때문에 불일치와 충돌이 일어난다.

에스겔 37장의 생기가 들어가 일어나 서는 것은 이스라엘 족속들이 '영적으로' 소생하여 무덤과도 같은 포로 상태를 벗어나 이스라엘 땅으로 돌아갈 것에 대한 예언이고, 계시록 11장은 두 증인(개인)이 대환난 때 사역하다가 죽임을 당하고 '문자 그대로' 살아날 것을 가리킨다.

두 증인은 1,260일을 예언하고 권능을 행하는 권세를 '힘센 다른 천사'(그리스도)로부터 받았다. 두 증인이 활동하는 1,260일은 적그리스도가 사단에게 권세를 받은 42달과 같은 기간이다. 두 증인이 사역하는 기간 동안에 누구든지 그들을 해하려 하면 그들의 입에서 불이 나와서 누구든지 죽임을 당한다. 그러나 두 증인이 증거를 마칠 때, 무저갱으로부터 올라오는 짐승이 두 증인과 더불어 전쟁을 일으켜 두 증인을 죽이고 그 시체를 예루살렘 성 큰 길에 놓아둔다. 이것은 두 증인의 사역이 적그리스도와 대적들에게 큰 고통을 주었다는 것을 의미한다. 두 증인이 죽임을 당한 것에 대하여 의아해 할 수 있다. 왜냐하면, 적그리스도가 하나님의 종들을 죽인 것은 그의 능력이 크다고 여길 수 있기 때문이다. 그러나 여기에는 하나님의 주권적인 섭리가 숨겨져 있다. 사람의 관점으로는 두 증인이 적그리스도에게 죽임을 당하는 것으로 보이지만, 사실은 하나님께서 허락하셨기 때문이다.

마태복음 10:28은 "몸(body)은 죽여도 영혼(soul)은 능히 죽이지 못하는 자들을 두려워하지 말고(fear not) 오직 몸과 영혼을 능히 지옥에(in hell) 멸하실 수 있는 이를 두려워하라"고 말씀한다. 주님은 부활의 생명을 갖고 계신다. 그러므로 주 예수를 믿는 자는 죽어도 산다.(요 11:25)

두 증인이 대적에게 죽임을 당한 것조차도 하나님의 영광을 드러낸다. 왜냐하면, 삼일 반 후에 하나님께로부터 생기가 두 증인에게 들어가 그 발로 서는 것을 대적자들이 목격하게 되고 크게 두려워하며 하나님께 영광을 돌리기 때문이다. 적그리스도가 두 증인을 죽일 때, 자신이 하나님의 보내신 자를 이겼음으로 크게 교만하여 많은 자에게 이렇게 외칠 것이다.

보라! 하나님이 보내신 저들로 인해 하늘이 닫혀 비가 오지 않고 물이 피가 되고 수많은 재앙으로 우리들에게 고통을 주었다. 그러나 결국 저들은 나에게 죽임을 당했고 내가 이겼다. 우리들에게 재앙을 내리고 심판을 말하던 저들이 죽어 넘어져 있다. 큰 길 위에 널부러진 시체를 봐라. 나를 당할 자는 이 세상에서 아무도 없다. 너희는 오직 나만을 경배해야 한다.

적그리스도는 자신의 능력을 과시하고 두 증인을 욕되게 하기 위해서 그 시신을 장사하지 못하게 하고, 예루살렘 성밖 큰 길에 놓아둔다. 예루살렘의 지나가는 사람들마다 그 시체를 보고 기뻐할 것이다. 두 증인이 죽임당한 시체가 방치된 광경은 전 세계 사람들에게 생중계될 것이다. 그런 근거는 무엇인가? 계시록 11:9은 "백성들과 족속과 방언과 나라 중에서 사람들이 그 시체를 사흘 반 동안을 보며 무덤에 장사하지 못하게 하리로다"라고 말씀하기 때문이다. 백성과 족속과 방언들과 나라들은 세계 사람들을 가리킨다. TV가 없던 시대에는 두 증인의 죽음을 전 세계 사람들이 본다는 것을 생각지도 못했기 때문에 이해하지 못했다. 그러나 오늘날 이것을 의심하는 사람은 아무도 없다. 적그리스도가 예루살렘을 통치하므로 우상을 경배하고 짐승의 표를 받게 하는 것은 전 세계의 이목을 끌기에 충분하다. 따라서 두 증인이 초자연적인 재앙을 내리는 것도 예루살렘과 유럽뿐만 아니라 세계 뉴스의 초점이 될 것이고, 1,260일 후에 두 증인의 죽임 당한 사건은 세계의 톱 뉴스가 될 것이다.

예루살렘과 유대에 사는 사람들은 두 증인의 죽음을 기뻐한 나머지 서로 선물들을 보낸다. 우상 숭배자인 그들이 볼 때 두 증인은 재앙을 내려서 그들을 괴롭힌 사람들이기 때문이다. 두 증인이 죽임을 당한지 사흘 반이 되던 그날도 시체를 보고 기뻐하고 조롱하는 무리가 보는 가운데 두 증인의 시체가 살아나 자기 발로 일어서는 것을 목도하고 크게 두려워한다. 그때 하늘로부터 큰 음성이 있어 이리로 올라오라 함을 그들이 듣고 구름을 타고 하늘로 올라가니 그들의 원수들도 구경하고 크게 두려워 한다. 이 모든 일들은 상징이 아니라 실재 있을 일들이다.

## (7) 예루살렘의 큰 지진

두 증인이 살아서 구름을 타고 올라갈 때에 예루살렘에 큰 사건이 발생한다. 계시록 11:13은 "그 때에 큰 지진이 나서 성 십분의 일이 무너지고 지진에 죽은 사람이 칠천이라 그 남은 자들이 두려워하여 영광을 하늘의 하나님께 돌리더라"고 말한다. 이 지진은 '상징'이 아니라 '실제 상황'으로 그로 인해 죽은 자는 7,000명이나 되는데, 적그리스도의 우상에 절하고 경배했던 자들일 것이다. 지진에서 살아남은 자들은 두려워하여 하늘의 하나님께 영광을 돌린다. 두 증인과 관련된 일련의 사건을 당하면서 이런 일들이 우연이 아니라 하나님의 역사라는 것을 깨달았을 것이기 때문이다. 스가랴 12장은 주님이 재림하시기 전의 상황을 예언한다. 스가랴 12:9~11은 다음과 같이 말씀한다.

> 예루살렘을 치러 오는 이방 나라들을 그 날에 내가 멸하기를 힘쓰리라 내가 다윗의 집과 예루살렘 주민에게 은총과 간구하는 심령을 부어 주리니 그들이 그 찌른 바 그를 바라보고 그를 위하여 애통하기를 독자를 위하여 애통하듯 하며 그를 위하여 통곡하기를 장자를 위하여 통곡하듯 하리로다 그 날에 예루살렘에 큰 애통이 있으리니 므깃도 골짜기 하다드림몬에 있던 애통과 같을 것이라(슥 12:9~11)

# Chapter 39 ·
# 일곱째 나팔(11:14~18)

    계시록 11장의 두 번째 부분은 '일곱째 나팔'이다. 계시록 11:15는 "일곱째 천사가 나팔을 불매 하늘에 큰 음성들이 나서 이르되 세상 나라가 우리 주와 그의 그리스도의 나라가 되어 그가 세세토록 왕 노릇 하시리로다"라고 찬양한다. 세상 나라(왕국)가 그리스도의 왕국이 되기 위해서는 반드시 세상에 대한 심판이 있어야 한다. 그 가운데 우상을 경배하게 한 적그리스도와 거짓 선지자와 그들에게 권세를 준 사탄과 그와 함께 타락한 천사들이 있고, 우상을 숭배하고 하나님을 대적한 이 땅에 거하는 자들에 대한 심판이 있다. 고린도전서 15:51~52는 일곱째 나팔에 대하여 말씀한다.

> 보라 내가 너희에게 비밀을 말하노니 우리가 다 잠잘 것이 아니요 마지막 나팔에 순식간에 홀연히 다 변화되리니 나팔 소리가 나매 죽은 자들이 썩지 아니할 것으로 다시 살아나고 우리도 변화되리라(고전 15:51~52)

    에스겔 37장의 "마른 뼈들이 살아난다"는 것은 이스라엘 족속에 대한 비유적인 예언이었다. 고린도전서 15장의 '마지막 나팔'은 일곱째 나팔을 가리키는데, 죽은 자들(성도)이 썩지 아니할 것으로 다시 살아나는 것은 비유가 아니라 '실재적인 부활'이다. 이 모든 것은 일곱째 나팔이 불 때 성취된다. 일곱째 나팔은 다른 여섯 나팔과 달리 매우 특별하다.

# 1. 일곱째 나팔과 재림의 불일치의 문제

무천년설 관점을 가졌거나, 그렇지 않더라도 일곱째 나팔에 대한 의문을 가질 수 있다. 계시록 11:15는 "일곱째 천사가 나팔을 불매 하늘에 큰 음성들이 나서 이르되 세상 나라가 우리 주와 그의 그리스도의 나라가 되어 그가 세세토록 왕 노릇 하시리로다"라고 했는데, 그리스도의 왕 노릇 하시는 것은 계시록 11장에 나오지 않고, 계시록 19장에서 비로소 나오기 때문이다. 이와 같이 불일치처럼 보이는 것을 발견하는 것도 성경 안으로(inside) 들어가는 첫 단계이다.

더구나 무천년설로 계시록을 본다면, 이런 불일치는 더욱 확연해진다. 무천년설은 계시록의 구조를 오른쪽의 표와 같이 이해한다. 즉, 첫째 인을 뗄 때가 초림이고, 일곱째 인을 뗄 때가 재림이다. 일곱째 인을 뗄 때 종말의 완성인 재림은 어디에도 없다. 계시록 8:1~2은 "일곱째 인을 떼실 때에 하늘이 반 시간쯤 고요하더니 내가 보매 하나님 앞에 일곱 천사가 서 있어 일곱 나팔을 받았더라"고 말한다. 일곱째 인을 뗀 후에 하늘이 반 시간쯤 고요한 것이 주님의 재림은 아니기 때문이다. 단지 일곱 나팔을 가진 천사들이 나팔 불기를 준비한다(계 8:6)고 말하는데, 이것도 주의 재림을 가리키지 않는다. 무천년설은 계시록의 문맥을 관심하지 않은 결과, 병렬식 구조를 계시록의 구조로 삼았기 때문에 오류가 발생할 수밖에 없다. 무천년설의 병렬식 구조는 첫째 나팔을 초림으로, 일곱째 나팔을 재림으로 해석한다. 그런데 일곱째 나팔을 분 후에 재림에 대한 것은 어디에도 찾을 수 없다. 단지 17절은 "옛적에도 계셨고 지금도 계신 주 하나님 곧 전능하신 이여 친히 큰 권능을 잡으시고 왕 노릇 하시도다"라고 말씀한다.

일곱째 나팔을 불고 주님의 재림이 있은 후 전능하신 이가 왕 노릇 하신다는 것은 초림 때에 왕 노릇 한다는 것과 서로 일치되지 않고, 무천년설이 초림 때를 천년 왕국의 시작으로 해석하는 것도 오류라는 것이 드러난다. 오른쪽 위의 "일곱째 나팔과 그리스도의 왕국 관계 도표"에 나타난 전천년설의 직렬식 구조는 이런 불일치를 말끔히 해결한다. 일곱째 나팔은 표면상 그 자체로는 아무런 내용이 없어 보이나, 일곱째 나팔의 내용은 '일곱 대접 심판'으로 나타난다. 오른쪽 표의 전천년설의 직렬식 구조에서 일곱 나팔은 재림까지 간다. 일곱째 나팔의 내용이 일곱 대접이기 때문에 '동격'(포함된다는 의미)이라고 할 수 있다. 하나님의 섭리 가운데 일곱째 나팔은 많은 것들을 포함한다. 다른 여섯 나팔은 각각 '하나의 사건'이 발생했다. 그러나 일곱째 나팔은 '많은 것들'을 포함하기 때문에 일곱 대접으로 정하셨다.(결과로 알게 됨) 따라서 일곱째 천사가 나팔을 불 때, 세상 왕국이 우리 주와 그리스도의 왕국이 되어 세세토록 왕 노릇 하는 것은 일곱 대접 심판이 쏟아진 후이다. 일곱 대접 심판은 일곱째 나팔에 속한 것으로 일곱째 나팔과 동일시되기 때문이다.

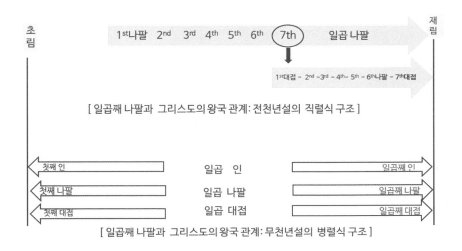

[ 일곱째 나팔과 그리스도의 왕국 관계: 전천년설의 직렬식 구조 ]

[ 일곱째 나팔과 그리스도의 왕국 관계: 무천년설의 병렬식 구조 ]

## 2. 일곱째 나팔은 하나님의 비밀의 성취인데 간략히 기록된 이유

"일곱째 나팔을 불 때, 어떤 일들이 발생하는가?"라는 것을 주목하자. 계시록 10:7은 "일곱째 천사가 소리 내는 날 그의 나팔을 불려고 할 때에 하나님이 그의 종 선지자들에게 전하신 복음과 같이 하나님의 그 비밀이 이루어지리라 하더라"고 말씀한다. 일곱째 나팔은 하나님의 그 비밀의 완전한 성취를 가져온다. 그런데 계시록 11:15~18에서 일곱째 나팔을 불 때의 일은 매우 간략하게 기록됐다. 일곱째 나팔을 불 때에 여러 가지 일들이 발생하는데 첫째, 세상 나라가 그리스도의 나라가 되어 세세토록 왕 노릇 한다고 말씀한다. 그런데 어떤 과정을 통해서 그리스도께서 왕 노릇 할 것인가? 계시록의 '상세부'에 해당하는 계시록 19:6~8은 어린 양의 신부들이 준비될 때 어린 양의 혼인 잔치와의 관계를 보여준다.

> **할렐루야 주 우리 하나님 곧 전능하신 이가 통치하시도다** 우리가 즐거워하고 크
> 게 기뻐하며 그에게 영광을 돌리세 어린 양의 혼인 기약이 이르렀고 그의 아내가
> 자신을 준비하였으므로 그에게 빛나고 깨끗한 세마포 옷을 입도록 허락하셨으니
> 이 세마포 옷은 성도들의 옳은 행실이로다 하더라(계 19:6~8)

계시록 20:4~6은 그리스도와 함께 왕 노릇 할 자들은 구약과 신약의 순교자
들이 살아서 그리스도와 더불어 천 년 동안 왕 노릇 할 것을 말한다. 둘째, 죽은
자를 심판한다. 셋째, 종 선지자들과 성도들과 또 작은 자든지 큰 자든지 주의
이름을 경외하는 자들에게 상 주신다. 넷째, 땅을 망하게 하는 자들을 멸망시킨
다는 것을 포함한다.

만일 일곱째 나팔에 대하여 큰 기대를 했다면, 기대가 큰 만큼 실망도 클 것이
다. 왜냐하면, 하나님의 비밀이 이뤄진다기에는 매우 간략하게 기록됐기 때문이
다. 이런 상황은 종종 나타나는데 계시록에 대한 이해의 결핍으로 인한 것이다.
성경에 나타난 '팩트'는 일곱째 나팔의 내용은 일곱 대접이다. 계시록 13장으로
부터 22장까지는 일곱째 나팔을 불 때 일어나는 상세한 내용을 보여 주는 '상세
부'이다. 아래의 표는 계시록 11장의 일곱째 나팔이 불 때와 각 항목에 해당하는
상세부와의 관계를 나타낸다.

| 계시록 11장 일곱째 나팔(개괄적) | 계시록 상세부(상세한 조명) |
|---|---|
| 1. 그리스도가 왕 노릇 하심(15) | ① 어린 양의 혼인잔치(19:1~10) |
| | ② 천 년 동안 왕 노릇 하심(20:4~6)(머리) |
| | ③ 그와 더불어 왕 노릇할 자(몸) |
| 2. 죽은 자를 심판함 | ① 재림 후: 죽은 자들(요 5:29) |
| | ② 백보좌 심판(20:11~15) |
| 3. 주의 이름을 경외하는 자들에게 상 주심 | ① 첫째 부활(20:4~6) |
| | ② 왕 노릇 할 신자들(20:4~6) |

| 계시록 11장 일곱째 나팔 (개괄적) | 계시록 상세부 (상세한 조명) |
|---|---|
| 4. 땅을 망하게 하는 자들을 멸망시킬 때 | ① 바벨론 심판(17:2, 18:3) |
| | ② 진노의 포도주 틀(19:11~16) |
| | ③ 짐승과 거짓 선지자가 불못에 던져짐(19:20) |
| | ④ 마귀의 무저갱 감금(20:1~3) |
| | ⑤ 곡과 마곡 심판(20:7~9) |
| | ⑥ 마귀가 불못에 던져짐(20:10) |

## 3. 일곱 나팔과 일곱 대접의 포함 관계

일곱째 나팔의 내용은 일곱 대접이라고 여러 차례 언급했다. 그러기 때문에 일곱째 나팔은 일곱 대접과 완전히 동일한 것으로 간주할 위험성이 있다. 일곱째 나팔은 매우 특별하다. 계시록 10:7은 "일곱째 천사가 소리 내는 날 그의 나팔을 불려고 할 때에 하나님이 그의 종 선지자들에게 전하신 복음과 같이 하나님의 그 비밀이 이루어지리라"고 말한다. 일곱째 나팔을 불 때, '하나님의 그 비밀'이 이루진다는 것은 매우 중요다는 것을 의미한다. 그런 이유는 일곱째 나팔은 '일곱 대접'뿐만 아니라 '모든 것'을 포함하고 있기 때문이다. 앞의 표와 아래의 벤 다이어그램에 나타난 것처럼 일곱째 나팔은 그리스도의 왕 노릇 하심, 죽은 자들에 대한 심판, 주의 이름을 경외하는 자들에게 '상 주심', 땅을 망하게 하는 자들에 대한 심판을 포함한다. 일곱째 나팔은 일곱 대접뿐만 아니라, '적극적'으로 그리스도의 왕 노릇 하심과 교회 가운데 경외하는 자들에게 상 주심이 있고, '소극적'으로 죽은 자들의 심판과 땅을 망하게 하는 자들에 대한 심판이 있다. 일곱째 나팔은 모든 것들의 완성을 포함한다. 세상에 대한 심판이 없이 왕 노릇 하심이 있을 수 없다. 양자는 동전의 양면과 같다.

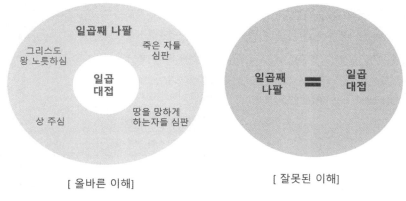

[ 올바른 이해]　　　　　　　[ 잘못된 이해]

[일곱째 나팔과 일곱 대접의 관계]

## 4. 세상 왕국이 그리스도의 왕국이 됨

계시록 11:15은 "일곱째 천사가 나팔을 불매 하늘에 큰 음성들이 나서 이르되 세상 나라가 우리 주와 그의 그리스도의 나라가 되어 그가 세세토록 왕 노릇 하시리로다"라고 말한다. 일곱째 나팔은 무천년설의 관점으로도, 전천년설의 관점으로도 도래하지 않았다. 오늘날 현재 일곱째 나팔이 불어졌다고 생각하는 사람은 없다. 장차 일곱째 나팔이 불 때, 그 때에야 세상 나라(필자 주: 원문은 βασιλεία, 바실레이아로 왕국, 왕권, 왕의 통치를 의미함)가 그리스도의 왕국이 된다. 그리스도의 왕국이 된다는 것은 "그리스도께서 왕으로서 이 땅을 통치한다"는 것을 의미한다. 이 구절은 일곱째 나팔을 불기 전에는 그리스도께서 이 땅에서 왕으로 통치하시지 않으셨다는 것을 가리킨다. 오늘날 이 땅의 어느 나라에도 그리스도의 통치가 '아직'(not yet)임하지 않았다. 시편 2편에 예언된 것과 같이 오히려 세상 나라들이 직접적으로 간접적으로 그리스도와 교회를 대적한다. 이것이 오늘날의 상황이다. 무천년설은 초림과 재림의 기간을 천년왕국으로 간주하여, 땅에서는 교회가 왕 노릇 하고, 하늘에서는 죽은 성도들이 왕 노릇 한다고 주장하는데, 계시록 11:15는 일곱째 나팔이 불 때에야 그리스도께서 세상 왕국을 통치하신다고 말씀한다. 그런데 어떻게 오늘날 교회가 왕 노릇 한다고 말할 수 있는가?

주님보다 교회가 먼저 왕 노릇 할 수 있다는 것은 모순이다. 만일 초림부터 교회가 왕 노릇 했다면, 초대 교회의 수많은 순교자는 어떻게 설명할 수 있는가? 사도행전 8장을 보면 예루살렘에 큰 핍박이 났고 순교자들이 속출했다. 사도행전 8:1~3은 그 당시의 상황을 보여준다.

> 사울은 그가 죽임 당함을 마땅히 여기더라 그 날에 예루살렘에 있는 교회에 큰 박해가 있어 사도 외에는 다 유대와 사마리아 모든 땅으로 흩어지니라 경건한 사람들이 스데반을 장사하고 위하여 크게 울더라 사울이 교회를 잔멸할새 각 집에 들어가 남녀를 끌어다가 옥에 넘기니라 (행 8:1~3)

무천년설의 주장이 맞다면, 초림부터 초대 교회가 왕 노릇 해야 하는데, 오히려 예루살렘에 있는 교회에 큰 박해가 있었다. 스데반은 죽임당했고(순교) 신자들은 감옥에 감금됐다. 이런 실제적인 상황을 외면하고 초림부터 교회가 왕 노릇 한다고 주장하는 것은 비논리적이고 비성경적이다. 무천년설이 성경을 벗어났기 때문에, 성경을 위한 신학이 아니라, 신학을 위한 신학이라 할 수 있다. 이런 근본적인 원인은 무천년설은 로마 가톨릭에 의한, 로마 가톨릭을 위한 신학이기 때문이다. 육신 안에 아무 선한 것이 없듯이, 로마 가톨릭 안에 아무 선한 것이 없다. 500여 년 전 종교개혁자들이 로마 가톨릭으로부터 믿음의 도를 회복하여 개혁을 한 것처럼, 로마 가톨릭의 잔재를 발본색원하고 성경으로 돌아갈 때 바른 신학과 신앙으로 건강하고 순수한 교회를 세울 수 있다.

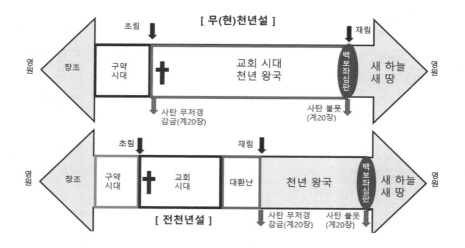

위의 도표는 무천년설과 전천년설의 천년왕국이 '언제인가'를 나타낸다. 천년 왕국은 '적극적으로' 주님이 이 땅에서 왕 노릇 하는 것이 언제인가라는 것과 '소극적으로는' 마귀가 언제 무저갱에 감금되는가로 결정된다. 주님이 왕 노릇 하는 것과 마귀의 무저갱 감금은 동전의 양면과 같다. 무천년설(Amillennianism)은 "천년왕국이 없다"는 의미가 아니라, 천년이라는 기간이 정해지지 않았다는 의미이다. 그래서 무천년설은 '현천년설'로도 부르는데, 초림부터 재림까지의 기간을 천년왕국으로 간주하기 때문이다. 무천년설의 관점으로 보면, 교회가 약 2000년 넘게 왕 노릇 하고 있다. 초대 교회도 이 땅에서 왕 노릇 했고, 오늘날 지구상의 교회들이 왕 노릇 하고 있다는 견해이다. 우상 숭배 하는 북한 독재 정권이 신자들을 정치범 수용소에서 감금하고 비인도적인 고문으로 죽어가고 있는데 왕 노릇 한다고 말할 수 있는가? 중국에서는 교회의 십자가와 철탑이 철거되고, 복음을 전하면 체포되고 투옥되는 등 핍박을 당하고 있는데 무천년설은 교회가 왕 노릇 한다고 말할 수 있는가? 다른 종교로의 개종을 헌법으로 금지하는 이슬람 국가들은 더 말할 것도 없다. 무천년설의 주장은 오늘날의 상황과도 일치하지 않고, 성경과도 일치하지 않는다.

그러나 전천년설(Premillennianism)의 관점으로 보면 모든 문제가 명확해진다. 천년왕국은 현재(초림과 재림 사이 기간)가 아니라 주님이 재림하신 후 부터이다. 그 때에 마귀는 무저갱에 천 년 동안 감금되고 인자이신 주님께서 세상 나라들을 왕으로 통치(물리적으로)하신다. 따라서 재림 이전에 주님은 이 땅에서 '물리적으로' 왕 노릇 하시지 않으셨다는 것을 가리킨다. 이 기간에 교회는 모든 사람에게 복음을 증거한다. 고린도후서 6:2는 "보라 지금은 은혜 받을 만한 때요 보라 지금은 구원의 날이로다"라고 말씀하는 것도 그 때문이다. 하나님이 패역한 세상에 대하여 오래 참으시는 때이고, 따라서 복음을 전하는 교회는 핍박을 받기도 하고 죽임을 당하기도 한다. 그러나 죽도록 충성한 자들에게 생명의 면류관을 주실 것을 약속했다. 세상에 대한 하나님의 오래 참으심과 그에 따른 신실한 성도들이 받는 고난과 핍박에는 다시 오실 주님의 상이 있다.

## 5. 죽은 자들에 대한 심판

18a절은 "이방들이 분노하매 주의 진노가 내려 죽은 자를 심판하시며....때로소이다"라고 말씀한다. 일곱째 나팔이 불 때 죽은 자들을 심판하신다는 것을 본다. 죽은 자들에 대한 심판은 천년왕국 후 백보좌 심판에도 있기 때문에 동일한 심판으로 간주하기 쉽다. 양자는 죽은 자라는 공통점이 있지만, 그 시기가 다르기 때문에 구별된다. 18a절의 '죽은 자의 심판'은 일곱째 나팔을 불고 주님이 왕 노릇 하실 때의 일이고, 백보좌 심판은 천년왕국 후에 있을 마지막 심판이다.

무천년설은 현재(초림과 재림 사이 기간)를 천년왕국으로 간주하기 때문에 주님의 재림 후에 '백보좌 심판' 때 '한 번' 있다고 해석한다. 즉 신자와 불신자 그리고 산 자나 죽은 자를 불문하고 백보좌 심판에서 '한 번' 심판한다고 해석한다.(위의 무천년설과 전천년설을 나타낸 도표를 참조하라) 일곱째 나팔을 불게 되면, 세상 나라가 그리스도의 왕국이 된다. 일곱째 나팔을 불 때, 그리스도의 왕국이 임하기 때문에 "죽은 자들에 대한 심판"은 재림 후에 있을 심판을 가리킨다. 요한복음 5:27~29은 이 때의 일을 말씀한다.

> 아버지께서 아무도 심판하지 아니하시고 심판을 다 아들에게 맡기셨으니 이는 모든 사람으로 아버지를 공경하는 것 같이 아들을 공경하게 하려 하심이라 아들을 공경하지 아니하는 자는 그를 보내신 아버지도 공경하지 아니하느니라 내가 진실

로 진실로 너희에게 이르노니 내 말을 듣고 또 나 보내신 이를 믿는 자는 영생을 얻었고 심판에 이르지 아니하나니 사망에서 생명으로 옮겼느니라 진실로 진실로 너희에게 이르노니 죽은 자들이 하나님의 아들의 음성을 들을 때가 오나니 곧 이 때라 듣는 자는 살아나리라 (요 5:27~29)

요한복음 5:29의 '죽은 자들'이란 모든 죽은 자들 즉 신자와 불신자 모두를 가리킨다. 계시록 11:18a의 "죽은 자들의 심판"은 요한복음 5:29과 평행 구절이다. 모두 주님의 재림 시에 죽은 자들에 대한 심판을 언급하기 때문이다. 요한복음 5:29에서 "하나님의 아들의 음성을 듣고 살아나는 자"는 신자들이다. 계시록 11:18a은 "죽은 자들의 심판"이 있을 것을 말한다. 따라서 하나님의 아들의 음성을 듣고 살아나기 전에 "죽은 자들에 대한 심판"이 있다. 다시 말하면 죽은 신자와 불신자들 가운데 누가 '생명의 부활'로 나아오고(신자가 대상), 누가 천년왕국 후에 있을 '심판의 부활'로 나아갈 지를(불신자가 대상) 심판하는 것을 말한다.

무천년설자인 이필찬 박사는 '죽은 자의 심판'의 대상을 '죽은 불신자'로 한정하는데, 그럴 수 밖에 없는 이유는 성도들은 사후에 모두 하늘에 있는 천국으로 갔다고 단정하기 때문이다. 이것은 로마 가톨릭과 동일한데 무천년설은 로마 가톨릭을 확립한 신학이기 때문이다. 이 땅에는 교황으로 대표되는 로마 가톨릭 교회가 왕 노릇 하고 있기 때문에, 죽은 성도들은 하늘에서 왕 노릇 하고 있다고 간주했는데, 이것은 비성경적이다.

## 6. 상 주심

계시록 11:18은 "종 선지자들과 성도들과 또 작은 자든지 큰 자든지 주의 이름을 경외하는 자들에게 상 주시며"라고 말한다. 일곱째 나팔이 불 때 구약과 신약의 성도들 가운데 경외하는 자들에게 상을 주신다. 상 주심은 교회에 대한 방면이다. '상 주심'에 대한 무천년설의 견해는 다음과 같다.

## 1) 무천년설: 이필찬 박사의 견해

이필찬 박사는 『요한계시록』(에스카톤, p.1023~1024)에서 '상 주심'에 대한 견해를 말했다.

> 여기에서 저자는 심판이나 멸망이라는 표현 대신 "상을 주시다"라는 표현을 사용한다. (중략) 그 상대 개념으로서 심판 혹은 멸망과 대조적 관계에서 상의 의미를 고려할 필요가 있다. 그러므로 이 문맥에서 심판 혹은 멸망과 대조되는 개념이라면, 그것은 바로 구원이 아닐 수 없다. 종말의 완성 때에 주어질 완전한 구원을 주시는 것이 바로 "상 주심"인 것이다. 이미 2~3장에서 이기는 자에게 주어지는 여러 다양한 상들을 구원의 다양한 표현이라고 규정한 바 있다. 이와 같은 맥락에서 11장 18c절에서 언급되는 "상"도 바로 심판과 대조되는 구원의 의미를 갖는 것으로 이해하는 것이 가능하다. (이필찬, 『요한계시록』, 에스카톤, p.1023~1024)

## 2) 필자의 비평 및 견해

### (1) 상 주심은 세상의 멸망과 대조적 관계가 아니다

이필찬 박사와 그레고리 비일을 비롯한 무천년설자들이 '상 주심'을 모든 신자들이 받는 구원의 의미라고 해석했다. 그렇게 해석한 이유는 무엇인가? 상 주심을 불신자의 심판 혹은 멸망과 대조적 관계로 보았기 때문이다. 그 결과 "그러므로 이 문맥에서 심판 혹은 멸망과 대조되는 개념이라면, 그것은 바로 구원이 아닐 수 없다"라는 기상천외한 결론을 내렸다. 무천년설의 특징은 "…라면"이라는 '가정'의 문구에 잘 나타난다. 성경적 근거도 없는 하나의 상상을 기초로 삼아 '상 주심'을 '구원'이라고 해석했다. 아래의 벤 다이어그램은 '상 주심'과 땅을 멸망케 하는 자들의 관계를 나타낸다.

계시록 11:18의 "종 선지자들과 성도들과 또 작은 자든지 큰 자든지 주의 이름을 경외하는 자들에게 상 주시며"라는 것은 '교회에 대한 방면'이다. 교회란 하나님의 은혜로 말미암아 믿음으로 구원을 받았다는 것을 의미한다. 즉 하나님의 은혜 안에 있는 자들이다. 세상(불신자)은 하나님의 구원의 때에 은혜의 복음과 하나님의 구원을 거부했다. 땅을 멸망케 하는 자들(세상)이 심판받는 것은 '하나님의 공의'에 따른 것이다. 이제까지 하나님은 은혜로 대하시고 오래 참으셨지만, 일곱째 나팔을 불 때, 공의로 심판하신다.

아래의 왼쪽 벤 다이어그램은 교회(진녹색 포함)에 대한 방면을 나타낸다. 신자는 하나님의 은혜로 구원받았다. 구원받은 후 하나님을 경외했는지 아니면 자신의 육체의 욕심을 따라 살았는지를 심판(회계)하셔야 한다. 교회란 '은혜의 방면' 안에 있다는 것을 의미하고, 교회 중에 주의 이름을 경외하는 자들에게 상 주시는 것은 '하나님의 공의의 방면'이다. '상 주심'은 멸망받을 세상(불신자)과 대조되는 개념이 아니다. 교회와 세상(불신자)의 대조는 '은혜의 방면'이다. 교회는 은혜를 받았고, 세상은 은혜를 멸시했기 때문이다. 신자가 은혜로 구원받은 이후에 주의 이름을 경외했는가 경외하지 않았는가에 따라 '상 주심'이 있다. 따라서 교회 가운데 상을 받을 신자가 있고, 상을 받지 못하는 신자가 있다. 교회에 대한 '상 주심'은 '하나님의 공의'의 방면이다. 세상이든지 교회든지 하나님의 공의는 반드시 성취되어야 한다. 만일 그렇지 않다면, 하나님은 공의로운 분이라할 수 없기 때문이다. '상 주심'은 심판받아 멸망하는 세상(불신자)에 대한 것이아니라, 교회에 대한 방면이다. 불신자들은 '상 주심'과 관계도 없고, 그들이 행한 것을 따라 받는 공의의 심판만이 있다. 이필찬 박사(무천년설)가 '상 주심'을 불신자가 멸망받는 것에 대조로 간주하여, 모든 신자들이 받을 구원이라고 해석한 것은 성경과 일치하지 않는다.

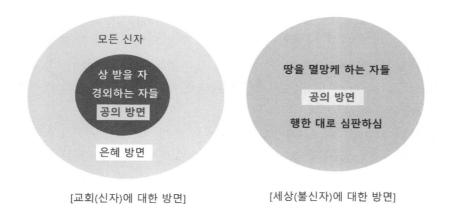

[교회(신자)에 대한 방면]          [세상(불신자)에 대한 방면]

## (2) 주님의 약속과 상 주심 관계

이필찬 박사는 무천년설의 지론을 따라 "주의 이름을 경외하는 자들에게 상 주심"을 모든 성도들이 받는 구원이라고 말한다. 성경에서 구원을 '상'이라고 부르는 곳이 단 한 번도 나오지 않는다. 에베소서 2:8은 "너희는 그 은혜에 의하여 믿음으로 말미암아 구원을 받았으니 이것은 너희에게서 난 것이 아니요 하나님의 선물이라"고 말씀한다. '하나님의 선물'이라는 것은 값없이 은혜로 믿는 자 모두에게 주시기 때문이다. 무천년설이 구원을 상이라고 간주하는 것은 성경과 일치하지 않는다. 따라서 성경에서 말하는 '상'(μισθός, 미스도스, reward)에 대한 개념도 왜곡시켰다. '상'에 대한 사전적인 의미는 "잘한 일이나 훌륭한 일을 칭찬하기 위하여 주는 증서나 물건 또는 돈"으로 정의한다. 세상 어느 나라에서도 '상'이라는 것을 모든 사람들에게 준다고 생각하지 않는다. 이것은 일반은총 안에 있는 것으로 성경에서도 동일하다.

서머나 교회의 사례를 적용해 보자. 서머나 교회는 박해받는 교회였다. 주님께서는 "네가 죽도록 충성하라 그리하면 내가 생명의 관을 네게 주리라"(계 2:10)고 약속하셨다. '생명의 관'은 'τὸν στέφανον τῆς ζωῆς'(톤 스테파논 테스 조에스)로서, 'ζωή'(조에)는 '영원한 생명', 'στέφανος'(스테파노스)는 '면류관'을 의미한다. 면류관은 이기는 자에게 주시는 약속의 보상이다.

일곱째 나팔을 불 때, "주의 이름을 경외하는 자들에게 상 주심"이 있다. 서머나 교회가 끝까지 신실하다면 주를 경외하는 자들로서 배반하지 않고 순교하게 될 것이다. 교회사는 로마의 10대 황제들의 박해 동안에 많은 순교자들이 있음을 증거한다. 이 박사의 주장처럼 상을 구원이라고 해석하는 것은 죽도록 충성하지 않는 신자도 생명의 면류관을 받는다고 주장하는 것과 같다. 이것은 성경과 일치하지 않는다.

성경의 모든 사례를 보면, 'στέφανος'(스테파노스) 즉 '면류관'은 구원받았기 때문에 주는 것이 아니라, 신자 가운데 신실함으로 이기는 자들에게 약속된 것이다. 계시록 3:11에서 빌라델비아 교회에게 "내가 속히 오리니 네가 가진 것을 굳게 잡아 아무도 네 면류관을 빼앗지 못하게 하라"고 격려하셨고, 고린도전서 9:25에서 "이기기를 다투는 자마다 모든 일에 절제하나니 그들은 썩을 승리자의 관(στέφανος, 면류관)을 얻고자 하되 우리는 썩지 아니할 것(στέφανος, 면류관)을 얻고자 하노라"고 말씀한다.

디모데후서 4:8에서 "이제 후로는 나를 위하여 의의 면류관(στέφανος)이 예비되었으므로 주 곧 의로우신 재판장이 그 날에 내게 주실 것이며 내게만 아니라 주의 나타나심을 사모하는 모든 자에게도니라"고 말씀했고, 야고보서 1:12에서 "시험을 참는 자는 복이 있나니 이는 시련을 견디어 낸 자가 주께서 자기를 사랑하는 자들에게 약속하신 생명의 면류관(στέφανος)을 얻을 것이기 때문이라"고 말씀한다. 베드로전서 5:3~4에서 "맡은 자들에게 주장하는 자세를 하지 말고 양 무리의 본이 되라 그리하면 목자장이 나타나실 때에 시들지 아니하는 영광의 관(στέφανος, 면류관)을 얻으리라"고 말씀한다. 모든 신자들 중에서 '이기는 자들'에게 면류관(στέφανος)을 주실 것을 약속했다. 이기는 자가 되는 것은 신실하게 되는 것이다. 이들은 모두 첫 번째 부활에 참여하여 그리스도의 신부로 천 년 동안 왕 노릇 할 것이다.

무천년설자인 그레고리 K. 비일과 이필찬 박사는 계시록 11:18의 "주의 이름을 경외하는 자들에게 상 주심"을 모든 신자들이 받을 구원이라고 주장하는데 만일 그것이 사실이라면, 주님은 '생명의 면류관'을 받는 것이 서머나 교회의 모든 신자가 받을 구원의 분깃이라는 것을 모르고, 죽도록 충성하라고 말씀하신 것이 된다. 신학은 중요한데, 성경 안에 있는 원칙을 발견한 것을 정리한 것이기 때문이다. 무천년설이라는 신학이 성경과 일치한다면, 성경과 어떤 충돌도 발생하지 않을 것이지만 일치하지 않을 때 문제가 발생할 것이다.

주를 경외하는 자들에게 주는 '상 주심'의 문제에도 무천년설은 성경과 충돌한다. 이런 현상이 일어나는 이유는 무엇인가? 무천년설 신학이 성경을 벗어났기 때문이다. 상식적으로나 성경적으로나 '상'(μισθός, 미스도스, reward)은 모든 자들에게 주는 것이 아니라, 자격을 갖춘 자에게 주어지는 것을 가리킨다. 만일 그렇지 않다면, '상'은 더 이상 '상'이라고 할 수 없다. 생명의 면류관도 주님께 죽도록 충성하는 신자에게 약속된 것이다. 만일 서머나 교회가 죽도록 충성하지 않는다면, 변절했다는 것을 의미하고 장차 생명의 면류관을 받지 못한다는 것을 가리킨다.

계시록 2~3장의 일곱 교회에 대한 권면과 약속(보상)을 상고하면 '상 주심'의 의미를 알 수 있다. 각 교회마다 경고와 권면이 있고, 그에 따른 약속(상)의 말씀이 있다. 각 약속들은 순종하는 자에게 주어지는 '상'(μισθός, 미스도스, reward)이다. 주님이 약속하신 '상'을 처음 사랑을 갖지 않고, 죽도록 충성하지 않고, 우상의 제물과 음행을 한 신자들도 모두 다 '상'을 받는다는 무천년설 주장은 사람을 기쁘게 할지는 몰라도 성경을 벗어나도 한참 벗어난 것이다. 구원은 '은혜의 방면'이고, '상 주심'은 '공의의 방면'이다. 은혜의 방면을 행위로 바꾸면 '행위 구원'이라는 괴이한 구원론이 잉태되고, '공의의 방면'인 '상 주심'을 '은혜의 방면'으로 바꾸면 '하나님의 공의'는 훼손된다. 교회 가운데 하나님의 공의가 나타나기 위해서 일곱째 나팔을 불 때, 주의 이름을 경외하는 자들에게 '상 주심'이 있다.

| 교회 | 경고 및 권면 | 약속 (상) | 자격 |
|---|---|---|---|
| 에베소 교회 | 처음 사랑 회복하라 | 생명나무 열매 | 순종해야 |
| 서머나 교회 | 죽도록 충성하라 | 생명의 면류관<br>둘째 사망의 해 | 순종해야 |
| 버가모 교회 | 니골라당 교훈 회개하라 | 만나와<br>흰 돌을 줌 | 순종해야 |
| 두아디라 교회 | 우상의 제물, 음행 회개하라 | 새벽별을 줌 | 순종해야 |
| 사데 교회 | 흰 옷을 더럽히지 말라 | 생명책에서 이름이 흐려지<br>지 않음 | 순종해야 |
| 빌라델비아 교회 | 면류관을 뺏기지 말라 | 성전 기둥이 됨 | 순종해야 |
| 라오디게아 교회 | 금, 흰 옷, 안약 사라 | 보좌에 함께 앉음 | 순종해야 |

## 7. 땅을 망하게 하는 자들의 심판

일곱째 나팔을 불 때, "또 땅을 망하게 하는 자들을 멸망시키실 때로소이다 하더라"고 말씀한다. 땅을 망하게 하는 자들이란 세상(불신자)을 가리키고 그들이 심판받을 것을 의미한다. 계시록을 보면 하나님을 대적한 여러 종류의 악한 자들이 있다. 계시록의 상세부(계 13~22장)에 어떤 자들이 있는지 차례대로 찾아보자.

첫째, 계시록 17장은 땅의 임금들을 음행하게 하고 땅에 사는 자들을 그 음행의 포도주에 취하게 한 '큰 음녀'라고 부르는 큰 바벨론에 대한 심판이 있다. 로마 가톨릭은 여자(교회)가 아니라 '음녀'(변절한 음란한 교회)로서 땅의 임금들과 땅에 거하는 사람들을 음행의 포도주에 취하게 했기 때문에 짐승인 적그리스도를 통하여 심판하신다.

둘째, 계시록 19장은 주님이 하늘의 군대들과 오실 때, 진노의 포도주 틀을 밟으실 것을 말한다. 진노의 포도주 틀이란 짐승(적그리스도)의 군대와 땅의 임금들의 군대들이 그리스도를 대적하기 위해 아마겟돈에 모이는 군대들을 심판하시는 것을 포도주 틀을 밟는 것에 비유한 것이다.

셋째, 불법의 사람이며 멸망의 아들인 짐승(적그리스도)과 거짓 선지자가 가장 먼저 불못에 던져진다. 그들은 짐승의 표를 받게 하고, 짐승의 우상에게 경배하던 자들을 표적(기적)으로 미혹했다. 거룩한 성 예루살렘을 마흔두 달 동안 짓밟았던 적그리스도와 거짓 선지자는 산 채로 유황불 붙는 못에 던져진다.

넷째, 천하를 미혹했던 마귀는 무저갱에 천 년 동안 감금되고, 주님이 이 땅에서 왕 노릇 하시는 천년왕국이 시작된다. 마귀는 천년왕국 후에 잠시 놓이는데, 곡과 마곡을 미혹하여 사랑하는 성과 성도의 진을 대적한다. 곡과 마곡은 불로 멸망 당하고, 마귀는 영원한 불 못에 던져진다.

다섯째, 새 하늘과 새 땅이 오기 전에 "죽은 불신자들"에 대한 심판이 있다. 그들은 모두 지옥(음부의 불꽃)에서 고통을 받고 있다가, 심판의 부활로 나와 백보좌 심판에서 심판을 받고 영원한 불 못에 던져진다.

여섯째, 모든 악한 자들이 심판받은 후에 새 하늘과 새 땅, 새 예루살렘이 시작되기 위하여 '사망과 음부'가 불못에 던져진다. 이로써 모든 악한 세상과 사탄의 하수인이었던 짐승(적그리스도)과 거짓 선지자가 불 못에 던져지고, 마귀도 불 못에 던져진다.


## 8. 일곱째 나팔 후의 하늘의 광경

일곱째 나팔을 분 후의 하늘의 광경에 대하여 19절은 "이에 하늘에 있는 하나님의 성전이 열리니 성전 안에 하나님의 언약궤가 보이며 또 번개와 음성들과 우레와 지진과 큰 우박이 있더라"고 말씀한다.

## 1) 무천년설: 이필찬 박사의 견해

이필찬 박사는 『요한계시록』(에스카톤, p.1025)에서 계시록 11:19a의 성전의 열림과 계시록 4:1의 하늘의 열림에 대한 견해를 말했다.

> 먼저 19a절에서 "하늘에 있는 하나님의 성전이 열려졌다"고 한 것은 4장 1절에서 "하늘에 열려져 있는 문이 있다"라는 문구를 연상케 한다. 4장 1절의 경우에 하늘은 하늘 성전과 동일시 되므로 하늘의 문이 열렸다는 것은 하늘 성전이 열린 것과 동일하다. 두 본문 모두에서 "열렸다"는 표현이 종말적 의미를 갖는다는 점에서 두 본문은 공통점이 있지만, 4장 1절은 예수님의 초림으로 말미암아 이루어진 정황인 반면 11장 19a절은 예수님의 재림의 때에 곧 미래적인 종말의 때에 일어나는 정황이라는 점에서 서로 다른 차원의 성격을 갖는다. 또한 이 둘은 전자가 후자를 대망하고 후자는 전자의 완성이라는 점에서 서로 유기적인 의미를 갖기도 한다. (이필찬, 『요한계시록』, 에스카톤, p.1025)

## 2) 필자의 비평 및 견해

첫째, 이필찬 박사는 계시록 11:19a의 성전의 열림과 계시록 4:1의 하늘의 열린 문을 동일시했다. 그런 근거는 하늘과 하늘 성전을 동일시했기 때문이다. 하늘과 하늘 성전은 '하늘'이라는 공통점이 있지만, 하늘 가운데 하늘 성전이 구별된다. 하늘은 셋째 하늘을 가리키고, 하나님의 성전은 셋째 하늘의 중심이라는 것을 간과했다.

둘째, 계시록 4:1의 하늘의 열린 문이 예수님의 초림으로 말미암아 이뤄진 것이라 단정했다. 계시록 4:1은 초림의 때가 아니라 승천하신 후라는 것을 간과했다. 초림 때에 하늘이 열린 것은 예수님이 세례를 받으실 때 인자 위에 하늘이 열렸고 성령이 비둘기 같이 임하셨다. 그러나 그 때에 하나님의 보좌나 하나님의 성전이 보이지 않았다. 하늘의 성전이 보이기 위해서는 야곱의 꿈으로 계시된 하늘에 닿은 사닥다리이신 그리스도께서 승천한 후라야 가능하다.

| 하늘이 열린 때 | 하늘과의 관계 | 결과 |
|---|---|---|
| 마태복음 3:16 세례 시(초림) | 하늘이 열림 | 성령이 비둘기 같이 임함 |
| 계시록 4:1 승천 후 | 하늘의 열린 문 | 하나님의 보좌를 봄 |
| 계시록 11:19a 7th 나팔 | 하나님의 성전이 열림 | 성전 안의 하나님의 언약궤를 봄 |

　계시록 4장에서는 사도 요한이 성령에 감동되었고 하늘의 열린 문을 통하여 하늘의 보좌와 그 보좌에 앉으신 이를 보았다. 이 때는 예수님이 승천하신 후이다.(이 부분은 4장을 참조하라) 요한이 하나님의 보좌를 보았지만 하나님의 성전 안에 있는 하나님의 언약궤는 보이지 않았다. 계시록에 나타난 하나님의 보좌는 오늘날 우리가 누리는 '은혜의 보좌'가 아니라 '심판의 보좌'이다. 땅에 대한 모든 심판은 하나님의 보좌로부터 나온다. 하나님의 보좌에 무지개가 둘린 것은 하나님께서 세상을 심판하실지라도 멸절하지 않겠다는 노아와의 언약을 기억하신다는 것을 가리킨다. 계시록 5장은 어린 양에 대한 계시이고 그 이후 계시록 6장으로부터 11장까지는 땅에 거하는 자들에 대한 심판이 있는데, 모두 하나님의 보좌로부터 말미암은 것이다. 계시록에 있는 하나님의 보좌는 공의로 심판하시는 보좌이다.

| 하늘이 열림 | 계시록 4:1 | 계시록 11:19a |
|---|---|---|
| 본 것 | 하늘이 열림 하나님 보좌를 봄 | 하나님의 성전 열림 하나님의 언약궤 봄 |
| 의미 | 심판하는 보좌 (세상에 대한 방면) | 교회에 대한 방면 |
| 관련 성경 | 계6~11장 | 계 12~22장 |
| 특징 | 소극적인 것 처리 | 적극적인 면 하나님의 성전될 교회 |
| 결과 | 하나님의 심판 | 언약궤이신 그리스도와 성전인 교회 |

계시록 11:19a의 일곱째 나팔을 분 후, 하나님의 성전이 열린 것은 '내적인 방면'이다. 그리고 하나님의 성전 안의 언약궤를 본 것은 더 적극적인 의미이다. 계시록 4:1의 하나님의 보좌는 세상을 심판하는 보좌였다. 계시록 11장에서 하나님의 성전이 열리고 하나님의 언약궤를 본 것은 교회에 대한 방면이다. 계시록 11장에서 하늘에 있는 하나님의 성전이 열린 때는 일곱째 나팔이 분 후, 하나님의 모든 비밀이 이뤄진 후이다. 그때 참된 언약궤이신 그리스도와 그의 교회가 하나님의 성전이 될 것을 의미한다. 에베소서 2:20~22은 그리스도 안에서 성전이 되어 간다고 말씀한다.

> 너희는 사도들과 선지자들의 터 위에 세우심을 입은 자라 그리스도 예수께서 친히 모퉁잇돌이 되셨느니라 그의 안에서 건물마다 서로 연결하여 주 안에서 성전이 되어 가고 너희도 성령 안에서 하나님이 거하실 처소가 되기 위하여 그리스도 예수 안에서 함께 지어져 가느니라(엡 2:20~22)

"주안에서 성전이 되어 가고"의 원문은 "αὔξει εἰς ναὸν ἅγιον ἐν κυρίῳ"(아욱세이 에이스 나온 하기온 엔 퀴리오)이다. ναὸν(나온)은 성전을 뜻하는 ναός(나오스)의 목적격이다. 에베소서의 성전과 계시록 11:19a의 '하나님의 성전'의 성전도 동일한 ναός(나오스)이다. 주목해야 할 단어는 'αὔξει'(아욱세이)인데, '자라게 하다, 증가하다'를 뜻하는 αὔξανω(아욱사노)의 '능동태 현재형'이다. 다시 말하면, '성전으로 지어지는 것'이 완료된 것이 아니라 현재형이다. 그렇다면, 성전으로 지어가는 것은 언제 성취될 것인가? 계시록 11:19a은 일곱째 나팔이 분 후에 하나님의 성전이 열리고 언약궤가 보인다는 것은 그 이후에 교회의 머리이신 그리스도와 그리스도의 몸인 교회가 성전으로 지어질 것을 암시한다.

하나님의 성전이 열리고 하나님의 언약궤가 보일 때, 번개와 음성들과 뇌성과 지진과 큰 우박이 발생한다.(11:19) 일곱째 나팔은 일곱 대접을 포함한다는 것을 기억할 것이다. 계시록 16:17~21은 일곱째 천사가 대접을 쏟을 때 일어나는 일들을 기록한다. 아래 비교 표에 있는 것과 같이, 계시록 11:19의 일곱째 나팔을 분 후의 하늘의 광경과 일곱 대접 심판의 다섯 가지 항목은 완전히 일치하는데, 일곱째(7th) 나팔은 일곱 대접을 포함하기 때문이다. 일곱째 나팔을 불 때, 일어나는 하늘의 광경은 구체적으로 일곱 대접을 쏟을 때 발생한다. 일곱째 나팔은 마지막 나팔로서 대환난 끝에 있을 것이다. 큰 지진이 얼마나 큰지 땅이 있어 온 이래로 이같은 큰 지진은 없다고 말한다.(16:18) 그 결과 큰 성 예루살렘 성은 세 갈래로 갈라지고, 만국의 성들도 무너지고, 큰 성 바벨론이 맹렬한 진노의 포도주 잔을 받아 각 섬이 없어지고 산악도 간 데 없게 된다. 무게가 한 달란트(한 달란트는 히브리 단위로는 약 34.2kg, 그리스 단위로는 20.4kg이다) 되는 큰 우박이 하늘로부터 사람에게 떨어져 우박 재앙으로 인해 하나님을 비방한다.

| 계시록 11:19<br>7th 나팔 | 번개 | 음성들 | 우레 | 지진 | 큰 우박 |
|---|---|---|---|---|---|
| 계시록 16:17~21<br>7th 대접 | 번개<br>(18) | 큰 음성<br>계16:17 | 우레<br>(18) | 큰 지진<br>(18) | 큰 우박<br>(21) |
| 일치 여부 | 일치 | 일치 | 일치 | 일치 | 일치 |

　일곱째 나팔을 불게 될 때, 하나님이 그의 종 선지자들에게 전하신 복음과 같이 하나님의 그 비밀이 이루어진다.(계 10:7) 주님의 재림이 있기 위해서는 반드시 일곱째 나팔이 불어져야 한다.

## 1. 하나님의 성전과 성전 밖 마당에 대한 양대 견해 정리

무천년설은 하나님의 성전과 성전 밖 마당을 상징적으로 해석해서 고난받는 교회 공동체와 보호받는 교회 공동체로 해석하고, 그 시기도 초림과 재림 사이의 전 기간으로 간주한다. 이에 반하여 전천년설(필자)은 짓밟히는 성전 밖 마당은 예루살렘 성이 적그리스도에 의해서 짓밟히는 것으로, 하나님의 성전은 '하늘에 있는' 하나님의 성전으로 문자적으로 해석한다. 그 시기는 대환난으로 42달, 1,260일이다.

| 구분 | 무천년설: 이필찬, 그레고리 K. 비일 | 전천년설: 필자 |
|---|---|---|
| 성전 밖 마당 | 고난받는 교회 공동체 | 예루살렘 성(땅) |
| 하나님의 성전 | 보호받는 교회 공동체 | 하늘의 하나님의 성전 |
| 해석 | 상징적 해석 | 문자적 해석 |
| 시기 | 全시대(초림-재림) | 대환난 42달 |

## 2. 두 증인에 대한 양대 견해 정리

무천년설은 두 증인을 "전 시대의 교회 공동체"로 상징적으로 해석하고, 전천년설(필자)은 '문자대로' 개인적인 두 인물로 해석한다. 두 증인이 활동하는 시기에 대한 것도 무천년설은 상징적 해석을 하여 '전시대'로, 필자(전천년설)는 멸망의 가증한 것이 거룩한 곳에 서는 때(마 24:15)인 대환난으로 문자적으로 해석한다. 양대 학설은 동일한 두 증인을 전혀 다른 관점에서 본다. 따라서 바른 메시지를 분별하지 못하면 큰 손실이 있다. 두 증인에 대한 양대 학설에 대한 비교 표이다.

| 내용 | 무천년설<br>(이필찬, 그레고리 K. 비일) | 전천년설<br>(필자) |
|---|---|---|
| 두 증인 | 全시대의 교회 공동체(상징) | 두 사람<br>문자대로 |
| 1,260일 | 초림부터 재림까지(상징) | 문자대로 |
| 베옷 입음 | 회개 촉구 선지적 행위(상징) | 문자대로 |
| 불이 나옴 | 엘리야 언급만: 해석 못함 | 문자대로 |
| 비 오지 못하게 | 엘리야 언급만: 해석 못함 | 문자대로 |
| 물을 피로 변하게 | 모세 언급만: 해석 못함 | 문자대로 |
| 여러 가지 재앙 | 모세 언급만: 해석 못함 | 문자대로 |
| 무저갱에서 올라온 짐승 | 로마제국 황제(상징, 과거) | 적그리스도 |
| 두 증인 죽임 | not 교회 공동체 물리적 죽음<br>but 증거할 때 패배처럼 보임 | 문자대로 죽음 |
| 시체가 있는<br>큰 성 길 | 예루살렘 성(문자)<br>& 로마(상징) | 예루살렘 성 |
| 장사 못하게 함 | 수치의 극치(상징) | 문자대로 |
| 삼 일 반 방치 | 성도들의 승리에 비하면<br>적그리스도 승리는 짧고 무의미하다(상징) | 문자대로 |
| 즐거워하고 기뻐하며<br>선물을 보내다 | 두 증인에게 깊은 상처받았다는 의미(상징) | 문자대로 |
| 발로 일어섬 | 교회 공동체가 예수님의 발자취를 따라간다<br>(상징) | 문자대로: 부활 |
| 큰 두려움 | 두 증인 부활했기 때문에<br>문자적 해석 | 문자대로 |
| 구름 타고 | 재림 때 예수님처럼 영광의 지위를 얻는다<br>(상징) | 문자대로: 휴거 |
| 대적자들이 바라보다 | 승천을 바라본다<br>(문자적 해석) | 문자대로 |

| 내용 | 무천년설<br>(이필찬, 그레고리 K. 비일) | 전천년설<br>(필자) |
|---|---|---|
| 지진 | 정황상 문자적 해석 | 문자대로 |
| 성 십분의 일 무너짐 | 예루살렘 인구 1/10(문자)<br>& 제한된 숫자(상징) | 문자대로 |
| 죽은 사람 칠천 | 다수가 구원받는다(상징) | 문자대로 |
| 남은 자들 | 두아디라 교회의 사탄의 가르침을 모르는 자<br>(상징&문자 해석) | 죽은 칠천 외의 사람들 |
| 두려움과 영광 돌림 | 회개하여 하나님 백성 되었다<br>(문자적 해석) | 문자대로 |
| 해석 방법 | 상징적+문자적 / 해석 못함 | 문자 해석 |
| 평가 | 원칙이 없이<br>상황에 따라 해석함 | 일정한 원칙 있음 |

## 3. 거룩한 성이 짓밟히는 42달과 두 증인이 예언하는 1,260일

무천년설은 두 증인의 활동 시기를 초림부터 재림까지의 기간으로 상징적으로 해석한다. 그런 이유는 두 증인을 문자의 의미대로 '두 인물'이 아니라 '전시대의 교회 공동체'라고 상징적인 해석을 하기 때문이다. 따라서 두 증인이 예언하는 '1,260일'과 거룩한 성이 짓밟히는 '42달' 그리고 다니엘서의 '세 때 반'이 같은 기간임에도 불구하고 상징적으로 해석한다. 그들의 관점으로는 이 기간은 약 2,000년이 넘게 지속되고 있다. 이에 반하여 필자(전천년설)는 두 증인이 예언하는 1,260일과 거룩한 성이 짓밟히는 42달은 대환난으로서 한 때 두 때 반 때 즉 '삼 년 반'으로서의 '문자 그대로'의 기간이다. 이 기간이 지나면 주님의 재림이 있다. 두 증인이 예언하는 때는(아래 표에 있듯이) 복음서의 기간과 일곱 인과 일곱 나팔 가운데 네 나팔을 분 후이다. 이와 같이 무천년설과 전천년설은 '필연적으로' 그 내용뿐만 아니라 시기에 큰 차이가 있다. 따라서 이것을 잘 분별해야 한다.

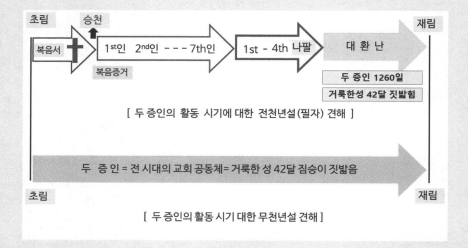

[ 두 증인의 활동 시기에 대한 전천년설(필자) 견해 ]

두 증 인 = 전 시대의 교회 공동체 = 거룩한 성 42달 짐승이 짓밟음

[ 두 증인의 활동 시기 대한 무천년설 견해 ]

## 4. Youtube "워킹바이블 요한계시록 연구소" 채널 참고 영상

#01 세계 최초 대공개! 아무도 몰랐던? 적그리스도의 정체 신비 & 비밀!

#02 계시록 짐승의 표! 666! 베리칩인가?

#05 대환난의 사단의 화신! 적그리스도는 누구인가?

#06 사탄의 전략! 적그리스도와 마귀의 은밀한 빅 딜!

#07 창세 이후 사탄의 두 번의 빅 딜! 예수님 시험 & 마귀의 첫번째 빅 딜?

#08 대환난 중 사탄 편의 두 사람! 적그리스도와 거짓 선지자!

#09 창세 후 특별한 네 사람! 대환난과 하나님 편의 두 사람

#14 대환난과 두 증인에 대한 유튜브 견해들!

#15 두 감람나무와 두 촛대! 두 증인은 누구인가?

#16 두 증인은 누구인가? 무천년설: 상징인가? 전천년설: 문자로 실제 두 사람인가?

#17 대환난의 두 촛대! 두 증인의 사역 시기! 언제인가?

#18 대환난의 두 감람나무와 두 촛대! 복음 전파인가? 심판 예언인가?

#19 대환난에 영원한 복음을 전하는 천사들! 영원한 복음 vs 은혜의 복음

# 5. Youtube "워킹바이블 TV" 채널 참고 영상

#157 차별금지법과 교황의 견해! 프란치스코 교황 "하나님은 당신을 동성애자로 창조했다"

#159 차별금지법이 통과된 국가들! 도대체 어떤 일이 일어나고 있는가?

#160 포괄적 차별금지법 제정! 새로운 세상은 어떤 모습?!

#161 억지로 진 십자가로부터! 기쁨으로 지는 십자가의 길까지!

#174 종교인에서 거듭나서 제자가 된 사람! 한밤중의 방문자 니고데모!

#181 하나님은 어떤 분이신가요? 나는 스스로 있는 자니라!

#182 엘리야의 승천 NO! 그러면 어디로 갔나요? 1000년만에 밝혀진 비밀 대공개!

#183 엘리야의 승천인가? 휴거인가? 어떤 차이가 있나요?

#188 첫 번째 순교자 아벨! 당신은 양치는 자입니까?

# 워킹바이블연구소장의 저서 안내

- **계시록과 다니엘서의 전반적인 조망 – 때를 알라 주님이 오신다**
  (1992, 광야의 소리, 박아론 박사 추천, 510p.)
- **저 사람 천국 갈 수 있을까**(2016, 좋은땅, 376p.)
- **구원탈락인가 거짓신자인가**(2017, 워킹바이블, 400p.)

- **야곱의 천국레슨 Inside**

  야곱이라는 이름은 "발꿈치는 잡은 자"라는 의미로서, 야곱이 이스라엘로 변화되는 과정은 구원받은 신자가 어떻게 하나님의 사람으로 변화되는 것인지를 보여준다. 야곱 같은 인생이 이스라엘로 변화되는 것이 신앙생활의 목표이며, 이것을 천국 레슨이라고 할 수 있다.(2022년 5월 경 예정)

- **하나님의 나라와 천국 Inside**

  전통적으로 하나님의 나라와 천국을 동일시한다. 그런 까닭은 양자의 공통분모가 있기 때문인데 양자는 공통분모 뿐만 아니라 서로 상이한 부분이 있다. 이런 신학적인 문제는 신학의 원천인 성경신학으로 분별할 수 있다. (2022년 8월 경 예정)

- **창조의 경륜과 하나님의 왕국의 완성, 요한계시록 Inside**
  **12-22장: 할렐루야 전능하신 이가 통치하시도다**

  요한계시록 상세부인 12-22장을 통하여 성경의 주요 주제들을 각 장마다 세세하게 보여준다. 12장은 전시대에 걸친 교회에 이기는 자들과 마귀와의 싸움을 보여주고, 13장은 대환난의 중심인물인 짐승인 적그리스도와 거짓 선지자가 하나님을 대적하는 42달 동안 있을 일과, 14장은 첫 열매의 휴거로부터 마지막 진노의 포도주틀을 밟는 것까지 모든 사람들에 대한 심판이 있다. 계시록의 상세부를 통해서 마지막에 있을 각 주제들에 대한 하나님의 경륜의 비밀들을 볼 수 있다. (2022년 12월경)

• 네피림의 정체 Inside

아담의 타락에 옛 뱀인 마귀가 배후에 있었던 것처럼, 창세기로부터 직접 간접적으로 끊임없는 세상 임금인 마귀를 중심하여 사탄의 왕국의 대적이 있었다. 대표적인 것은 창세기 6장의 하나님의 아들들이 사람의 딸들을 취하여 네피림을 낳은 것이다. 창세기로부터 민수기와 신명기 여호수아서와 이스라엘을 대적했던 골리앗과 그의 아우 라흐미는 가드 사람으로서 거인 족속인 네피림이었다. 전성경에서 네피림이 어떻게 하나님을 대적했는지를 보게 될 것이다.


• 신자는 사후에 즉시 하늘로 가는가 Inside

로마 가톨릭과 종교개혁의 후예들이 동일한 신학 사상을 가지고 있다는 것은 놀랍다. 그것은 "신사 사후 즉시 하늘에 있는 천국으로 간다"는 것이다. 이 신학 사상은 로마 가톨릭의 기초를 놓은 어거스틴 이후 오늘날까지 대부분의 신학자들과 목회자 및 성도들이 공유하는 신앙이다. 천동설 신앙에서 지동설 신앙으로 가는 것에 비유할 수 있다. 성경이 말씀하는 것이 무엇인지 확실히 볼 수 있다.


• 천년왕국! Inside 현재인가? 주의 재림 이후인가?

천년왕국설은 하나의 신학의 주제이지만, 성경을 보는 프레임이 되는 중요한 주제이다. 천년왕국설에는 무천년설과 전천년설과 후천년설이 있다. 오늘날까지 어느 것을 취해도 큰 문제가 되지 않는다고 태도를 가졌다. 그러나 이것은 모순이 아닐 수 없다. 성경이 말하는 천년왕국의 참된 의미를 되찾는다면 우리들의 신앙생활은 달라질 것이다.


• 사복음서! Inside 그 베일을 벗기다

신자들이나 목회자들이 가장 쉽게 대하는 성경이 복음서로서 흔히 공관복음으로 불리며 비슷한 기사로 간주하든지, 다른 복음서 기자들이 마가복음을 참고하여 기록했다고 간주하는 오류를 범한다. 성령님께서 하나의 복음서이면 충분할 것을 사복음서를 주신 데에는 목적이 있다. 본서를 통하여 오늘날 베일에 가린 사복음서의 진면목을 보게 될 것이다.